LES PAPES D'AVIGNON

DU MÊME AUTEUR

Les Archives (P.U.F., 1959 ; 5ᵉ édition 1993).
Un conseiller de Philippe le Bel : Enguerran de Marigny (P.U.F., 1963).
Cartulaire et actes d'Enguerran de Marigny (Imprimerie nationale, 1965).
Les finances pontificales à l'époque du Grand Schisme d'Occident (De Boccard, 1966).
De Marco Polo à Christophe Colomb (Larousse, Livre de poche, 1968).
Histoire de la Normandie, en collaboration (Privat, 1970).
Les contribuables parisiens à la fin de la guerre de Cent Ans (Droz, 1970).
Finance et fiscalité au bas Moyen Âge (C.D.U.-S.E.D.E.S., 1971).
Paris au xvᵉ siècle (Diffusion Hachette, 1974).
Le commerce fluvial dans la région parisienne au xvᵉ siècle (Imprimerie nationale, 1975).
Philippe le Bel (Fayard, 1978 ; nouv. éd. revue, 1998).
La guerre de Cent Ans (Fayard, 1980).
François Villon (Fayard, 1982).
La France médiévale (directeur d'ouvrage ; Fayard, 1983 ; 2ᵉ édition, 1990 ; 3ᵉ édition, 2002).
Le temps des principautés (Fayard, 1984), t. II de l'Histoire de France publiée sous la direction de Jean Favier.
De l'or et des épices. Naissance de l'homme d'affaires au Moyen Âge (Fayard, 1987).
Archives nationales. Quinze siècles d'histoire (en collaboration avec Lucie Favier ; Nathan, 1988).
L'univers de Chartres (Bordas, 1989).
Les grandes découvertes (Fayard, 1991).
Dictionnaire de la France médiévale (Fayard, 1993).
Paris, deux mille ans d'histoire (Fayard, 1997).
Charlemagne (Fayard, 1999).
Louis XI (Fayard, 2001).
Les Plantagenêts. Origines et destin d'un empire (xiᵉ-xivᵉ siècles) (Fayard, 2004).

Jean Favier
de l'Institut

LES PAPES
D'AVIGNON

Fayard

Introduction

Le titre que j'ai donné à chacune des trois parties de ce livre exprime, je l'espère, une réalité que cache le titre général de l'ouvrage, un titre inévitablement emprunté à l'usage. Cette histoire s'ouvre sur une période d'incertitude. Le Siège apostolique subit les effets des désordres romains et trouve souvent refuge dans les petites villes de l'état pontifical. Une élection difficile donne à l'Église un pape qui n'est guère familier de Rome et qui voit plus de raisons à demeurer en deçà des Alpes que d'incitations à gagner la Ville éternelle. Le Saint-Siège demeure le Siège apostolique de Rome et la curie est toujours la Cour de Rome mais, dans la réalité, l'un et l'autre vont « De Rome à Avignon ». Le choix d'Avignon n'a rien de délibéré. Il doit tout aux circonstances. Il résulte surtout d'une accumulation des motifs que l'on voit à différer le départ pour Rome d'un pape qui n'est pourtant, encore, que dans un cantonnement provisoire.

Le titre de la deuxième partie, « Les papes à Avignon », est une formulation significative. Certes, ce sont là les pontifes que l'histoire appelle communément les « papes d'Avignon », et le titre même de ce livre doit tout à la tradition. Mais, si l'on excepte l'antipape Nicolas V qui n'est à tous égards qu'une épisodique marionnette, les cinq pontifes qui se succèdent de 1316 à 1378 sont bien les chefs de l'Église romaine. Leur résidence sur la rive du Rhône est un trait caractéristique, elle ne change en rien la nature de leur fonction spirituelle et temporelle. Elle ne touche ni l'unicité de leur souveraineté ni celle de leur magistère. Comme avant Clément V, il y a un pape, et il se trouve qu'il est à Avignon au lieu d'être à

Rome. Or on n'a jamais dit le « pape de Viterbe » ou le « pape de Pérouse ». Dire sans quelque précaution « le pape d'Avignon » laisserait croire qu'il est ailleurs un autre pape.

La papauté du XIVe siècle à Avignon ne ressemble cependant qu'assez peu à la papauté du XIIIe à Rome. Au premier regard, on voit le remplacement d'un milieu humain majoritairement italien par un milieu essentiellement français, et la première approche souligne souvent, peut-être un peu vite, l'entrée en jeu des intérêts français – ceux du roi de France comme ceux du clergé français – dans la politique pontificale. Parce que le lieu commun est bien ancré, on ne peut éviter de se demander si cette papauté est sous influence et si les papes sont les exécutants d'une politique souhaitée par le gouvernement du Valois.

Quand on y regarde de plus près, d'autres caractères deviennent évidents, qui distinguent la papauté à Avignon de ce qu'elle était à Rome. Il y a la distance, qui fait maintenant des affaires italiennes un champ d'intervention et non plus un environnement. Il y a les affaires proprement religieuses, où l'on voit le magistère confronté à de nouveaux problèmes. Le temps n'est plus aux affirmations théocratiques d'un Innocent III, d'un Innocent IV ou d'un Boniface VIII. Il n'est plus aux interrogations des théologiens et des logiciens devant l'irruption de la métaphysique aristotélicienne. Jadis condamné, Thomas d'Aquin est maintenant canonisé. Et l'Église ne chancelle plus en quelques régions sous les coups du catharisme. Mais l'édifice ecclésial est ébranlé par les coups temporels que lui portent les empereurs Henri VII et Louis de Bavière comme il l'est, quant à la discipline et quant à la doctrine, par les « spirituels » qui entraînent dans l'insurrection une notable partie de l'ordre franciscain.

Le temps des papes à Avignon est celui de la très rapide construction d'une énorme machine politique, administrative et financière, une machine qui va donner à la notion même de papauté des traits durables. En cela, l'organisme pontifical ne fait d'ailleurs que constituer à l'échelle de la chrétienté latine ce qui, à la même époque, transforme des puissances naguère féodales en états au sens moderne du mot. L'organisation institutionnelle de l'Église correspond très exactement à celle qui, de Philippe le Bel à Charles V, donne au royaume de France les structures

qui passeront les siècles et qu'imiteront bien des principautés territoriales. De ce fait, Avignon devient une capitale et la curie que
l'on voit sur la rive du Rhône et que l'on dit toujours romaine
ressemble beaucoup plus à ce qui se forme à Paris dans la Cité
qu'à ce que connaissait la Rome du siècle précédent.

Vient la double élection de 1378 et le Grand Schisme d'Occident, qui sont à bien des égards la conséquence dramatique des
comportements antérieurs. Je n'ai pas suivi la tradition de l'historiographie française qui arrête le plus souvent à la mort de Grégoire XI l'histoire des papes d'Avignon. Le Schisme n'est pas un
accident et ce n'est pas une tout autre histoire. C'est bien le fruit
de la papauté à Avignon. Mais, parce qu'il est maintenant un pape
à Rome, c'est du « pape d'Avignon » qu'il faut désormais parler.
Le pape d'Avignon n'est plus le pape, il est un pape.

Il était donc logique de consacrer la dernière partie de ce livre
à ces papes d'Avignon qui règnent après 1378 sur leur obédience
comme en d'autres temps ils eussent régné sur l'ensemble, avec
les mêmes institutions et souvent les mêmes hommes. Mais une
nouvelle fois les problèmes changent. Il y a, naturellement et
dominant le tout, la recherche ou le refus de la réunification. La
quête des adhésions donne de nouveaux profils aux rapports du
Saint-Siège et des princes temporels. Celle des remèdes confère
importance et résonance aux mouvements réformateurs. Elle
engage à une réflexion sur le gouvernement de l'Église qui donne
aux universitaires en corps une place inattendue dans la vie de
l'Église. Alors que la « voie de fait », c'est-à-dire le recours à
la force, reprend les allures d'anciens conflits, que la « voie de
compromis » change sans cesse de propos et que la « voie de
cession » se heurte à l'obstination des papes et de leurs fidèles,
c'est la « voie de concile » qui oriente finalement l'Église vers
les nouveaux équilibres politiques et théologiques qui l'emporte-
ront au xvᵉ siècle.

Pendant ces années où il est un pape d'Avignon, nul ne peut
ignorer ce qu'est la papauté de Rome. Il faut bien le dire, le Grand
Schisme n'aurait pas duré trente-six ans si, fort de l'avantage
considérable qu'il tenait de la Ville éternelle et du tombeau des
Apôtres, le pape de Rome était parvenu à l'emporter. L'une et
l'autre des deux papautés ont échoué. Mais elles ont duré. On ne

saurait écrire sur l'une en ignorant l'autre. On ne s'étonnera pas de trouver dans ce livre plus que de simples allusions aux papes qui ne sont pas « d'Avignon ».

Si l'on excepte le cas de Nicolas V, que seul l'empereur qui l'avait fait a tenu quelque temps pour pape, j'ai écarté de mon vocabulaire le mot « antipape » dont on use souvent à la légère. Ce n'est pas, de ma part, une prise de position qui serait pure prétention. Outre qu'elle implique un jugement qui n'appartient pas à l'historien, cette appellation est anachronique. Elle ne correspond pas à la réalité qu'ont vécue dans le monde chrétien d'Occident les clercs et les laïcs. Pour chaque moitié de la chrétienté latine, il n'est qu'un pape, et l'autre – « qui se dit pape » et que l'on dit « intrus » – serait un antipape si le mot existait alors. Il m'a semblé plus juste de tenir qu'il y avait deux papes. Je n'ai fait que suivre ici la sagesse qui a toujours épargné à Henri VI de Lancastre l'appellation d'antiroi de France.

L'histoire des pontifes qui règnent à Avignon n'est, précisons-le bien, ni l'histoire de l'Église ni celle du christianisme. Ces domaines de l'histoire n'ont place ici qu'en tant que les papes y tiennent un rôle direct. On trouvera dans ce livre l'histoire de la Vision béatifique parce qu'un pontife s'y fourvoie et qu'un autre le désavoue. On y trouvera l'affaire de la pauvreté évangélique parce qu'elle ébranle le Saint-Siège. On n'y trouvera pas la prédication des curés ou les pratiques de la dévotion populaire, non plus que les querelles internes du monde universitaire.

En revanche, l'histoire des papes ne se réduit pas à l'histoire religieuse ou à l'histoire ecclésiastique. On ne saurait négliger les interventions du Siège apostolique dans les affaires du siècle, qu'il s'agisse des affrontements avec des puissances temporelles ou des médiations tentées pour réduire les conflits des princes. La papauté est, tout au long de cette histoire, l'un des acteurs de la vie politique européenne, et pas seulement des agitations italiennes dans lesquelles elle est directement impliquée puisqu'elle est, à raison des états de l'Église, l'une des puissances de la Péninsule. Par le développement de son système financier, le Saint-Siège fait d'Avignon l'un des pôles bancaires de l'économie occidentale, ce que n'était pas la Rome du siècle précédent. Par l'ampleur de la nouvelle curie et de ce qu'on appelle couramment la cour pontificale, Avignon prend dans les courants et les échanges intellectuels aussi bien qu'artistiques une place d'exception que Rome n'aura que par la suite. Plus généralement, la mutation politique et institutionnelle du pouvoir pontifical qui commence avec Jean XXII contribue à la formation de nouveaux équilibres européens, et la crise qui résulte d'abord du Schisme et ensuite de la détresse de Benoît XIII conduit à l'implication des puissances séculières dans les soubresauts de l'Église conciliaire au temps de Constance et de Bâle.

Il me faut dire ce que je dois aux nombreux historiens qui se sont penchés avant moi – depuis Pierre Dupuy voici trois cent cinquante ans – sur cette page de l'histoire de la papauté. Certains m'étaient déjà familiers lorsque, voici un demi-siècle, je travaillais sur l'histoire des finances pontificales. D'autres se sont ajoutés. Après les explorations qui suivirent l'ouverture en 1881 des Archives du Vatican, on a vu se développer les grandes collections de publications documentaires comme celles de l'École française de Rome, de la Görresgesellschaft ou de l'Institut belge de Rome. Depuis les premiers ouvrages de Mgr Guillaume Mollat et de Robert Holtzmann, les travaux ont donc abondamment fleuri, éclairant la personnalité des protagonistes, la mise en place des institutions, le déroulement des événements. Ma gratitude va en particulier à ceux qui furent ou sont mes maîtres ou mes amis, Charles Samaran, Robert Fawtier, Joseph R. Strayer, Yves Renouard, Marie-Hyacinthe Laurent, Édouard Perroy, Michel de Boüard, Étienne Delaruelle, Paul Ourliac, Marcel Pacaut, Bernard Guillemain, Hermann Hoberg, Raoul Manselli, Bernard Guenée, Jean Glénisson, Louis Duval-Arnould, Alain Erlande-Brandenburg, Michel Laclotte, Pierre Jugie, Henri Bresc, Bruno Galland et tant d'autres. Et je ne saurais oublier ce qu'une nouvelle fois je dois à la compétence éditoriale et à l'amitié de Denis Maraval et de Nathalie Reignier-Decruck.

Note

Pour la commodité du lecteur, j'ai simplifié la désignation de personnages qui ont changé de titre au fil des temps et j'ai donné la préférence au nom sous lequel ils sont habituellement connus. Ainsi ai-je cité Louis d'Orléans même pour les années où il n'était encore que comte de Valois ou duc de Touraine. Alors que les documents n'appellent jamais un évêque que par le nom de son diocèse et qu'un cardinal n'est désigné que par son titre ou sa diaconie, j'ai systématiquement usé du nom de famille, lequel ne change pas au fil des carrières. Pour la même raison de clarté, j'ai traduit les noms latins des livres, traités et libelles, assuré que mes lecteurs érudits reconnaîtront les titres d'origine. Le latin a cependant été conservé pour les bulles, qui sont traditionnellement identifiées par leurs premiers mots. J'ai, enfin, simplifié certaines références monétaires et arrondi les montants financiers.

PREMIÈRE PARTIE

De Rome à Avignon

CHAPITRE PREMIER

La Ville éternelle

La Rome de 1300

Dans les années 1300, Rome apparaît à la fois comme l'héritière du monde antique, la gardienne de la tombe de saint Pierre et le siège naturel de l'Église. Mais, depuis le temps des empereurs romains d'Occident, la ville s'est resserrée à l'intérieur de l'enceinte élevée à partir de 270 par Aurélien (*voir plan 1*). Des espaces jadis habités sont maintenant, et même dans l'enceinte, des terrains vagues. Avec quinze à vingt mille habitants, la Ville éternelle vient très loin derrière les grandes villes que sont déjà Milan qui dépasse les cent mille, Florence et Venise qui en approchent, Sienne, Gênes et Naples qui frôlent les cinquante mille. Encore ces villes ne sauraient-elles souffrir la comparaison avec Paris, qui atteindra bientôt les deux cent mille.

La population romaine s'est redistribuée dans le nouvel espace urbain. Les hauteurs comme le Caelius, l'Aventin ou le Pincio ont été abandonnées parce que l'eau des montagnes voisines ne parvenait plus dans les aqueducs mal entretenus. La population s'est entassée près du Tibre dans les quartiers bas du Champ de Mars sur la rive gauche, du Borgo et du Trastevere sur la droite. Les édifices de la Rome impériale et de la Rome païenne se sont dégradés. Le *forum* est une pâture d'où émergent des sommets d'arcs de triomphe et quelques colonnes de temples en ruine. Le Palatin est un promontoire désert.

D'autres édifices ont survécu en changeant de fonction. Le siège du pape est dans ce palais du Latran, sur l'ancien domaine des *Laterani*, qui fut d'abord un palais impérial. Le baptistère qui le flanque occupe quelques éléments des thermes du domaine. Sur le *forum*, la bibliothèque du temple d'Auguste s'est muée en une église Sainte-Marie-Antique, le temple d'Antonin s'est transformé en une église Saint-Laurent *in Miranda*, le *secretarium* du Sénat républicain est maintenant l'église dédiée à saint Luc et sainte Martine. Sur le Champ de Mars, le Panthéon d'Agrippa a encore fière allure avec son toit de bronze mais c'est maintenant Sainte-Marie-aux-Martyrs.

Si les catacombes ne connaissent alors aucune faveur, les tombeaux et le souvenir des apôtres marquent profondément la ville et font la réputation des grandes basiliques élevées au IVe siècle par Constantin. La première, c'est évidemment, jouxte le palais, la basilique du Saint-Sauveur, encore dite de Saint-Jean-de-Latran, en quoi l'on continue de voir la cathédrale de Rome et la « mère de toutes les églises de la chrétienté ». En partie détruite par un incendie en 1308, elle est reconstruite sur les instructions de Clément V. Dans le voisinage immédiat, un escalier – la *Scala santa* – passe pour avoir été celui, gravi par le Christ, du palais de Pilate, et les pèlerins le montent à genoux. À Sainte-Marie-Majeure, l'intérêt se porte sur l'icône de la Vierge que l'on attribue au talent de peintre de saint Luc. Et l'on trouve à Saint-Paul-hors-les-Murs la tombe de l'apôtre des Gentils.

Sur la rive droite, hors la ville médiévale comme jadis hors de l'enceinte d'Aurélien, la basilique de Saint-Pierre-au-Vatican ne doit rien aux monuments de l'Antiquité, mais elle jouit du prestige attaché à la tradition qui situe en cet endroit le supplice et la sépulture du premier des papes. De plus en plus, au cours du XIIIe siècle, c'est la basilique Saint-Pierre qui fait figure de centre religieux de la ville papale, sinon de cathédrale du pape. Avec ses cinq nefs précédées d'un escalier monumental et d'un vaste portique, la basilique édifiée à partir de 322 par Constantin est impressionnante par ses dimensions comme par son décor, et le visiteur ne manque pas d'admirer la mosaïque dont Honorius III, au XIIIe siècle, a orné une abside dont on observe qu'elle est à l'ouest de l'édifice, non à l'est comme le veut l'usage des églises d'Occident.

Dans cette cavité que l'on a formée au VIIe siècle en haussant le pavement de la basilique et que l'on appelle la Confession se vénèrent les chefs de saint Pierre et de saint Paul, qu'Urbain V transférera plus tard au Latran dans deux reliquaires réalisés par l'orfèvre siennois Giovanni di Bartolo, qui était à Avignon l'un des familiers de la cour pontificale, et placés dans un ciborium édifié pour cela à la croisée du transept. Mais on prie également au Vatican devant le siège de bois et d'ivoire dont la tradition fait la « chaire de saint Pierre », et devant des tombes ou des reliques d'apôtres, de personnages de légende comme Pétronille – la fille de saint Pierre – et de quelques papes fameux comme saint Léon et saint Grégoire le Grand. C'est à Saint-Pierre qu'a été couronné Charlemagne pendant la messe de Noël 800. Depuis ce temps, c'est à Saint-Pierre que le pape couronne les rois des Romains élus par les princes allemands pour en faire des empereurs du Saint Empire romain germanique.

Le petit palais du Vatican qu'a construit Eugène III dans les années 1150 au sud de la basilique a beaucoup gagné en importance. Innocent III l'a agrandi, fortifié et pourvu d'une vaste salle propre à tenir des assemblées comme on en tient au Latran dans le temps des grands conciles. Des édifices à fonction administrative l'ont flanqué vers le nord. Au milieu du XIIIe siècle, Innocent IV a élevé là une forte tour, à la fois forteresse défensive et résidence princière. Si la basilique du Latran demeure le lieu traditionnel de bien des liturgies et notamment des célébrations pascales, le Vatican prend de plus en plus les allures d'un siège politique et administratif de la papauté. Ajoutons, ce qui n'échappe à aucun pape : hors la ville, le Vatican est moins menacé que le Latran par les effervescences urbaines.

La vie religieuse a donc bouleversé le panorama autant que la société. Installées dans des monuments antiques ou construites dans et depuis le temps de Constantin, la Ville éternelle compte quelque quatre cents basiliques et églises. Il y a en premier lieu les « titres » cardinalices et les « diaconies », ces églises qui sont attribuées aux cardinaux-prêtres et aux cardinaux-diacres, cependant que le premier ordre du Sacré Collège est constitué des cardinaux-évêques, évêques des diocèses de la province de Rome. Mais il y a aussi les abbayes et les prieurés, les églises paroissiales et les chapelles. Il est inutile d'insister longuement sur le fait que, maigrement pourvue de reliques insignes et de souvenirs notables, la ville d'Avignon n'offrira pas aux fidèles les mêmes occasions de dévotion. Les papes ne tenteront même pas d'en créer.

D'un point de vue administratif, qui est celui de la Commune, la Ville éternelle est divisée en douze *rioni* dessinés au XIe siècle pour succéder aux sept régions ecclésiastiques qui avaient, au temps de la domination byzantine, remplacé les quatorze régions d'Auguste en laissant de côté l'île et la rive droite, c'est-à-dire le Trastevere, le Borgo et le Vatican. Mais, dans la vie publique et dans le vécu quotidien de la société politique, c'est une topographie quasi féodale qui définit l'espace romain et conditionne les événements dont le retentissement touche immédiatement le Saint-Siège. Rome est aux mains d'une aristocratie dont les appétits de puissance ne laissent à l'écart ni le pouvoir temporel du pape, souverain de l'état pontifical, ni son pouvoir spirituel étendu sur l'Église universelle.

DES FAMILLES ET DES PARTIS

L'aristocratie romaine, c'est surtout, à la fin du XIIIe siècle, une douzaine de familles riches de leur implantation ancienne en ville et dans la région, donc appuyées sur quelques villes fortes du Latium – ces places que l'on a coutume d'appeler les *castelli romani* – et de l'Italie moyenne. Elles ont constitué en ville des clientèles au sein desquelles on rencontre aussi bien la petite noblesse que le menu peuple, et ces clientèles sont une part essentielle de leur influence, voire de leur force. Formant une classe de « barons » au sommet de l'aristocratie, revendiquant à l'occasion des ascendants jusqu'aux origines de la Rome antique, quelques familles sont parvenues à la position particulière que traduit un rôle politique dans le gouvernement de la ville et même dans celui de l'Église et de ses états. Annibaldi, Colonna, Conti, Orsini et Savelli rivalisent ainsi de longue date. Il en est apparu plus récemment, et les Caetani sont de ces nouveaux barons auxquels les anciens ne font que difficilement place dans le jeu politique.

Si les appartenances familiales et les solidarités lignagères dessinent pour l'essentiel les bases de ce jeu politique, ces solidarités souffrent comme ailleurs des querelles successorales et de l'inégale fortune des branches familiales. Mais il est des mésententes, voire des conflits, que fait émerger à Rome le caractère particulier des ambitions tournées vers le chapeau rouge des cardinaux, voire vers la tiare pontificale. Avec un de ses membres, c'est évidemment toute une famille qui prend place dans le gouvernement de l'Église, mais c'est bien l'individu qui devient cardinal et des lignages peuvent se trouver troublés, voire divisés par les rivalités de frères, d'oncles et de neveux.

Non contents de dominer tel secteur de la région romaine, les barons tiennent plus ou moins fermement l'un ou l'autre des quartier de la ville, normalement autour de leur résidence urbaine mais aussi autour des positions fortes que procure la topographie des collines. Les Savelli sont sur l'Aventin, les Colonna sur le Monte Citorio comme sur le Quirinal, les Frangipani sur le Palatin et les Orsini sur le Monte Giordano, cependant que les Pierleoni jouissent de la position privilégiée de l'île du Tibre. Ces mêmes féodaux ne profitent pas moins de l'imposante masse de monuments antiques aisément fortifiés. Héritiers des comtes carolingiens, les Conti tiennent le marché de Trajan. Quand ce ne sont pas les Frangipani, les Annibaldi sont sur le Colisée. Les Savelli, les Pierleoni et les Orsini se succèdent pour occuper le théâtre de Marcellus. Quant aux Frangipani, déjà maîtres des deux arcs de Titus et de Constantin qui leur assurent le contrôle de la Voie sacrée, ils ont fortifié les hautes architectures du *Septizonium*, cette façade monumentale des palais impériaux qui, à la pointe sud-est du Palatin, domine le vaste espace du Grand Cirque. Les Colonna tiennent la lourde architecture des thermes de Constantin, et ils ont repris l'*Augusta*, c'est-à-dire le Mausolée d'Auguste que leur avaient un temps enlevé les Orsini. Ceux-ci, en revanche, font leur le Mausolée d'Hadrien devenu le château Saint-Ange, cette imposante forteresse qui contrôle le fleuve.

Certaines branches se distinguent, au sein de leur famille, par le quartier de leur principale implantation. On parle ainsi des Orsini dal Campo dei Fiori, des Orsini dal Castel Sant'Angelo qui comptent parmi eux le cardinal Matteo Rosso Orsini, des Orsini dal Ponte ou des Orsini da Marino, dont la tête est le cardinal Napoleone Orsini. Les bases dont disposent les branches hors la ville ne sont pas moins éponymes : on parle des Colonna da

Palestrina. Autant dire que les affrontements politiques se traduisent en ville par des échauffourées de quartier, parfois spontanées, souvent organisées. Cette turbulence rémanente, dans laquelle chaque pape est tributaire de ses origines ou de ses alliances, ne cesse évidemment de perturber le gouvernement de l'Église. La forte présence de cette féodalité se dénote dans le paysage. Comme tant de villes italiennes, Rome a vu surgir des tours, à la fois défenses militaires et affirmation politique. Il en est tant que l'on a pu surnommer la Ville éternelle *Roma turrita*. Elles dominent des monuments fortifiés comme l'arc de Septime Sévère, le Mausolée d'Auguste ou le théâtre de Pompée. Elles surmontent surtout les résidences aristocratiques. Certaines prennent une importance particulière, comme celle qui borde à l'ouest le Quirinal au-dessus du marché de Trajan, cette tour des Milices qu'à la fin du XIIIe siècle un neveu de Boniface VIII, Pietro Caetani, achète des Annibaldi qui l'avaient eux-mêmes achetée des Conti. L'acharnement avec lequel les papes ou la Commune ont parfois saisi le premier prétexte pour faire raser telle ou telle tour suffit à prouver l'importance politique d'une telle construction. Lorsque, ramené au pouvoir en 1257 par une émeute populaire, le sénateur Brancaleone – pourtant issu d'une vieille famille de Bologne, ville connue pour ses tours – a repris sa lutte contre la noblesse romaine, il a fait raser cent quarante tours, et la foule a fait la fête pour applaudir ce qui était un signe fort de l'abaissement de l'aristocratie. On n'a pas moins approuvé semblable destruction de tours ordonnée par le sénateur qu'était à Rome Charles d'Anjou.

À la fin du XIIIe siècle, parmi les clans entre lesquels se partagent les clientèles dans Rome et dans la campagne romaine mais aussi au sein du Sacré Collège, il en est trois dont les affrontements tournent périodiquement à la guerre. Les Orsini ont leurs principales positions au nord de Rome, entre Tivoli à l'est et Civita Castellana et le lac de Bracciano à l'ouest. Ils sont richement pourvus dans tout le Latium, en Romagne et dans le royaume de Naples. Ils ont vu l'un des leurs, Giovanni Gaetano Orsini, sur le Siège de saint Pierre, mais ce Nicolas III, élu en novembre 1277, n'a pas régné trois ans. Les Colonna ont leurs appuis à l'est, entre Rome et le royaume angevin de Naples. Ils disposent avec Palestrina d'une place forte d'intérêt stratégique. La famille n'est pas moins fortement possessionnée en Romagne et dans le royaume de Naples. Les Colonna ont fortement soutenu, après son élection en 1288, un Nicolas IV qui, originaire d'Ascoli, manquait terriblement d'alliances familiales à Rome mais qui a solidement mis en place dans la gestion politique de l'état pontifical divers membres laïques ou ecclésiastiques du clan Colonna.

Plus récemment apparus dans le paysage politique, les Caetani tiennent la petite ville d'Anagni et quelques positions autour d'Alatri, à l'est de Rome, sur la route de Naples. Les appétits qu'ils manifestent alentour ne laissent pas d'inquiéter les Colonna. Surtout, la famille Caetani n'est pas romaine et – le mariage de la sœur du pape Boniface VIII avec un Orsini est fort incertain – il lui manque dans la Ville des alliances comme celles qui font depuis trois siècles la force des Colonna et des Orsini. Cardinal – mais seulement cardinal-diacre – en 1281, Benedetto Caetani a été le premier de sa famille à accéder au Sacré Collège. Les Caetani se sont déjà dotés d'une forteresse : élevé à cheval sur la *Via Appia*, autour du mausolée de Cecilia Metella, c'est le château *Capo di Bove*. L'achat de la tour qui fut jadis aux Conti est un signe : ils ont entrepris de se faire une place en ville et dans la région.

S'entendre avec l'un des clans contre l'autre serait habile. S'attaquer aux deux à la fois présente quelque risque, et les Caetani le savent. Les choses sont d'autant plus compliquées que, dans la plupart des villes, le représentant du pouvoir pontifical doit composer avec le baronnage local, voire – comme à Rimini les Malatesta ou à Urbino les Montefeltro – avec des seigneurs peu enclins à partager l'autorité.

Les agitations populaires contribuent notablement à l'insécurité du séjour à Rome du pape et de la curie. Mais, si Rome est en proie à l'agitation, voire aux turbulences, ce n'est pas toujours par l'effet des rivalités féodales. Les relations sont normalement mauvaises entre la Commune et l'aristocratie. Né à partir de 1143 de la capitulation du pape devant une coalition de la petite noblesse, de la bourgeoisie et du peuple, le Sénat a d'abord été élu par le peuple, et la petite noblesse romaine tenait là dans le gouvernement de la ville un rôle que les grands barons ne lui reconnaissaient pas ailleurs. Certes, la Commune ne prétend à rien dans le gouvernement de l'Église, mais elle représente en ville une force politique que ne peuvent négliger ni le pape ni les cardinaux. C'est encore le peuple, officiellement constitué en assemblée, qui ratifie les décrets du Sénat. On voit donc une revanche pour le pape dans la réforme qui, en 1197, remplace le Sénat par deux sénateurs assistés d'un Conseil. Sénateurs et conseillers sont nommés par le pape, et ce pouvoir de la Commune – c'est-à-dire d'une bourgeoisie dans la main du pape – sera vite tenu par les barons pour une offense et une menace. En 1255, ils se sont unis pour enlever d'assaut le siège de la Commune, le palais du Capitole. Cela peut recommencer.

Les états de l'Église

L'état pontifical est né au VIIIe siècle de la donation faite par un Pépin le Bref venu secourir le pape contre les Lombards, confirmée par Charlemagne et appuyée dès ce moment sur une « Donation de Constantin » au pape Sylvestre dont la fausseté ne sera définitivement admise que fort lentement, après la publication en 1442 de l'érudite démonstration de l'humaniste romain Lorenzo Valla. La donation de Pépin a résisté au temps pour la simple raison que, faite en réplique aux extensions du royaume lombard, elle était surtout dessinée aux dépens d'un empire byzantin hors d'état de revendiquer vraiment ses droits en Italie.

L'ensemble ainsi constitué n'a ni cohérence géographique ni unité politique. Pépin a certainement cru donner au pape un état. Il n'a donné – et l'histoire n'a constitué – qu'un complexe plus justement qualifié d'états de l'Église. Dans les années 1300, après les substantielles annexions du XIIe siècle (Ancône, Spolète) et l'effondrement au XIIIe de ce redoutable concurrent qu'était l'empereur Hohenstaufen, ils atteignent leur plus grande extension, même s'il s'en faut que l'autorité pontificale soit partout respectée. Ils forment alors une large bande de territoires qui, de Bologne au nord à Terracina au sud, prend en écharpe l'Italie moyenne de part et d'autre de Rome (*voir carte 2*). Depuis Innocent III, cet ensemble est divisé en provinces, chacune pourvue d'un recteur et d'une administration. Autour de Rome et de Viterbe, le Patrimoine de saint Pierre trouve tout son intérêt dans les petites villes qui sont autant de refuges de proximité contre les tumultes romains mais aussi contre la canicule qui écrase, l'été, la Ville éternelle. Complété par le comté de Sabine et par la terre des Arnulfi, étendu au sud jusqu'à Terracina, il comprend toute la partie pontificale du littoral tyrrhénien. La Toscane méridionale forme le Patrimoine en Tuscie. Au nord, la *Romandiola* – la Romagne – avec les comtés de Bologne et Bertinoro et avec les villes d'Imola et Rimini, constitue le front le plus important face aux puissances politiques que sont Florence, Venise au-delà de Ferrare et Milan au-delà de Modène. Bologne n'en est pas moins une place stratégique au pied de la traversée de l'Apennin. Avec Ancône, Pesaro et Fano, la Marche d'Ancône s'ouvre largement sur l'Adriatique. Au centre, le duché de Spolète, avec les importantes places de Spolète, Pérouse, Narni, Rieti et Todi, assure l'équilibre géographique de l'ensemble et tient la frontière face à Sienne. Aux confins du Latium et de la Toscane, autour de Grosseto, l'état pontifical comprend la Campagne et la Maremme. Au sud, un peu isolé au cœur du royaume de Naples, on trouve le district de Bénévent.

En grande partie montagneux, avec les principaux sommets des Abruzzes, l'état du pape comprend beaucoup de villes petites et moyennes. La plupart ne sont pas autre chose qu'un chef-lieu local et une place de refuge. Si l'on excepte Ancône sur l'Adriatique et Civitavecchia sur la Tyrrhénienne, on n'y trouve guère de ports et en tout cas aucun port comparable aux grandes escales maritimes que sont Gênes, Pise, Venise ou Naples.

On n'en remarque que mieux la force des mouvements autonomistes qui agitent les grandes villes du Nord comme Bologne. On y ressent les poussées annexionnistes des seigneuries lombardes, avant tout de Milan et de Ferrare, et l'autorité pontificale y est des plus incertaines face à des communes que tente le modèle républicain de Florence ou de Venise. À Rome même, où l'on cultive volontiers les souvenirs d'une Rome antique qui ne devait rien au Saint-Siège, les rivalités entre le Peuple et le Sénat aristocratique tournent rarement à l'avantage du pape. Quant à Ravenne, la tentative de rétablissement de l'autorité pontificale à laquelle se risque en 1290 le recteur de Romagne Stefano Colonna s'est soldée par un retentissant échec.

LE PAPE HORS DE ROME

Entre le pape, la Commune et les clans aristocratiques, pour ne pas parler ici des partisans de l'empereur et de ceux du roi angevin de Naples, les conflits sont quotidiens et les occasions de troubles se succèdent dans la Ville éternelle sans profit pour personne. Dans ces conditions, les papes ont souvent trouvé avantage à s'absenter. Malgré ce qu'en ont pensé trop tard bien des Italiens et que formule Pétrarque en de bouillantes incantations, ce n'est pas le séjour des papes à Avignon qui a fait le malheur de l'Italie, et les papes n'ont pas attendu de connaître Avignon pour se méfier de Rome. Dans les années 1310, alors que rien n'est joué pour Avignon, Dante pleurait déjà (*Purg.* VI, 76-78).

Ahi serva Italia, di dolore ostello,
Nave senza nocchiere in gran tempesta,
Non Donna di provincie, ma bordello.

Ah, Italie esclave, maison de douleur,
Navire sans pilote dans la grande tempête,
Non Dame de provinces, mais bordel.

Aussi bien Innocent IV que son successeur Alexandre IV préfèrent ne pas affronter en ville la concurrence d'une Commune qui a gagné en indépendance, et Alexandre IV ne cache guère son peu d'enthousiasme à supporter Brancaleone, alors sénateur. Cela n'a rien de vraiment nouveau et l'on a donc vu, au XIIe siècle, des pontifes éloignés de Rome pendant de longues années. La France a souvent servi de refuge. C'est d'Orvieto que Grégoire X convoque en 1273 un concile pour lequel il pense, non au Latran, mais à Montpellier avant de le réunir, comme en 1245 déjà, à Lyon. Plus simplement, au séjour romain du vaste palais du Latran ou du nouveau manoir du Vatican bien des papes ont préféré les petites mais calmes forteresses des villes de l'état pontifical, aisément défendues par de modestes garnisons et commodément reliées à la Ville éternelle. Dans les petites villes de l'état pontifical, des papes ont été élus. Ils y ont vécu et y ont gouverné l'Église. Certains y sont morts. Les pontifes du XIIIᵉ siècle n'ont, au total, résidé à Rome que le tiers du temps. Certes, l'habitude s'est prise dès le temps d'Innocent III de passer l'été au frais, hors de Rome, et on ne saurait mettre au débit des Romains l'impossibilité où se sont trouvés Grégoire IX et Innocent IV de résider à Rome du fait de leur conflit avec l'empereur Frédéric II. Mais depuis l'élection d'Innocent IV à Anagni en 1243, six papes ne se sont pas même montrés une fois à Rome durant leur pontificat. Or, si le Génois Adrien V n'a régné qu'un mois, les Français Urbain IV, Clément IV et Martin IV auraient eu le temps d'aller au moins une fois prier sur la tombe de saint Pierre. Ils parvinrent même à ne jamais entrer dans Rome. Élu à Viterbe en 1261, Urbain IV s'installa dans le palais pontifical que son prédécesseur Alexandre IV venait de faire entreprendre dans cette ville et dont il mena à bien l'achèvement. Quand Urbain IV quitta Viterbe, ce fut pour Orvieto, puis Todi et peut-être Pérouse. Élu à Pérouse, Clément IV ne quitta cette ville que pour Viterbe. Quant à Martin IV, l'ancien chancelier de saint Louis Simon de Brie, il ne trouva en quatre ans ni le temps ni l'envie de visiter la Ville éternelle.

Depuis Innocent IV, les papes ont donc été élus une fois à Arezzo, deux fois à Naples, trois fois à Pérouse et cinq fois à Viterbe. Un seul, Nicolas IV en 1288, l'a été à Rome. Dans le même temps, il est mort un pape à Naples, un à Soriano, un à Arezzo, quatre à Viterbe, deux à Pérouse. Trois seulement — non compris Boniface VIII qui y revient pour mourir — sont morts à Rome. Nicolas IV a été le dernier à résider de manière presque continue à Rome.

Que le pape se rencontre dans l'état pontifical peut d'ailleurs apparaître comme un moindre mal. Nombreux sont les pontifes qui, menacés ou chassés au fil des derniers siècles, ont trouvé loin de Rome et souvent en France une terre d'accueil. Pascal II avait dû s'exiler ainsi en 1007, Innocent II en 1137, Alexandre III de 1160 à 1165 et de 1168 à 1178. Le souvenir n'en est pas perdu.

Les contemporains ont été sensibles à ce qui pouvait tourner au scandale : l'évêque de Rome ne prenant jamais possession de son diocèse, le successeur de saint Pierre négligeant la tombe du Vatican. On a donc inventé une justification qui trouvera une ample application au temps de la papauté d'Avignon. Innocent IV, le premier, l'a énoncée dans un commentaire des *Décrétales* : les visites *ad limina* dues par les nouveaux évêques ne sont pas des visites de dévotion aux tombeaux des Apôtres, ce sont des visites de soumission au pape. Elles se font donc « où est le pape ». Les canonistes Hostiensis et Baldo reprendront l'argument et, en lui donnant une tout autre portée par un rappel du principe de droit romain selon lequel « Rome est où est l'empereur », ils en tireront un adage : *Ubi est papa, ibi est Roma*, « Où est le pape, là est Rome ». Et Hostiensis de préciser : « Ce n'est pas le lieu qui sanctifie l'homme, c'est l'homme qui sanctifie le lieu. » Toute la justification de la papauté d'Avignon est déjà là, dans les années 1260.

Au temps d'Avignon les théologiens et les canonistes n'ont donc aucun mal à justifier ce que les polémistes italiens appellent, avec Pétrarque, un exil ou une captivité. Agostino Trionfo se fonde sur le prophète Isaïe (66,1), « Le ciel est mon trône et la terre l'escabeau de mes pieds », pour affirmer que, « vicaire de Celui dont le ciel est le trône et la terre le marchepied, le pape n'a nul besoin de résider en un lieu déterminé ». La communauté des chrétiens ne se cantonne pas dans une muraille. « Le corps mystique du Christ est là où se trouve sa tête, le pape... Là où est le pape, là est l'Église romaine », écrit donc Pelayo. Et le décréta-liste Baldo degli Ubaldi de renforcer l'argument : « Là où se trouve le pape, là se trouvent Rome, Jérusalem, la colline de Sion et la commune patrie. » En gardant l'appellation courante de « curie romaine », l'usage fait écho aux théoriciens : Rome est à Avignon.

À vrai dire, les exils pontificaux ont depuis longtemps ruiné le principe jamais écrit selon lequel l'autorité pontificale ne saurait s'exercer ailleurs qu'à Rome. Viterbe et Pérouse ont ainsi précédé Avignon, et pour les mêmes raisons. Viterbe et Pérouse caution-nent donc à l'avance Avignon. Rome ne retrouvera, pour un temps, son importance qu'avec la réitération en 1350 du jubilé de l'année sainte inventée pour 1300. Il ne s'agira pas, en 1350, d'une visite au pape, alors à Avignon, mais bien d'un pèlerinage à Rome, au tombeau des Apôtres.

En ces dernières années du XIIIe siècle, Viterbe a pris les allures d'une résidence normale des papes. S'y tiennent les conclaves où, depuis 1241, on enferme les cardinaux pour hâter leur choix. Ils en font une sorte de capitale pontificale. C'est l'installation des papes à Avignon qui réduira Viterbe au rang d'une petite ville.

CHAPITRE II

Turbulences

BONIFACE VIII

Le Siège apostolique n'avait été vacant que dix jours. L'élection de Benedetto Caetani, à laquelle le conclave parvint la veille de Noël 1294, pouvait sembler prometteuse. Les circonstances de l'élection étaient malheureusement propres à susciter quelques réticences.

Nicolas IV était mort le 4 avril 1292 et il avait fallu vingt-sept mois pour réunir au sein du Sacré Collège la majorité capable de lui donner un successeur. Fâcheusement, ce successeur avait été Célestin V, et celui-ci n'avait régné que quatre mois. Le 5 juillet 1294, en effet, le Sacré Collège avait cru sortir du cercle infernal des rivalités partisanes en élisant un religieux tout à fait étranger au monde romain, l'octogénaire Pietro del Morrone, un ermite dont on connaissait surtout la réputation de sainteté et qu'on était allé chercher dans les Abruzzes. Ce pauvre Célestin V était plus doué pour la piété que pour le gouvernement, et il se trouva vite dépassé par le rôle qu'on lui faisait jouer. Il se fatigua, de surcroît, de la protection abusive du roi de Naples Charles II d'Anjou. L'ancien ermite regrettait amèrement sa tranquillité quand l'excellent juriste qu'était le cardinal Benedetto Caetani lui démontra qu'il avait parfaitement le droit d'abdiquer. On colporta, non sans quelque raison, que le texte de renonciation lu le 13 décembre par Célestin V était de la main de Caetani.

La suite ne démentit pas cette interprétation. Alors que Célestin V pensait se retirer dans son ermitage, son successeur n'attendit guère : il allégua le risque d'un enlèvement du vieillard par un parti désireux de s'en servir et, par précaution, le fit enfermer dans le château de Fumone où le saint homme demeura jusqu'à sa mort, le 19 mai 1296. Tout cela portait donc à penser que Caetani avait poussé l'ermite hors de la chaire de saint Pierre pour prendre sa place. C'est en tout cas ce que colportèrent ceux qu'inquiétaient les ambitions nouvelles des Caetani. Les Colonna étaient naturellement au premier rang.

Si le pontificat de Célestin V avait été des plus brefs, il avait bouleversé les conditions du gouvernement de l'Église et celles de l'élection suivante. Le vieillard avait en effet, le 18 septembre 1294, créé treize cardinaux. C'était autant en une seule fois que, en onze ans, ses trois prédécesseurs réunis. Quant à la composition de la fournée, elle laissait à désirer : on y comptait six moines mais il n'y avait ni un dominicain ni un franciscain. C'était mettre en danger la présence traditionnelle des ordres mendiants dans un Sacré Collège où ils n'étaient plus représentés que par deux frères. Caetani avait donc été largement soutenu par les cardinaux anciens, ceux qui savaient que le temps jouait contre eux : au prochain conclave, les nouveaux auraient eu le temps d'organiser leur capacité d'influence. Il importait donc de hâter la succession. Naturellement, Caetani avait contre lui ceux qui n'appartenaient pas à la majorité ancienne et avaient bon espoir de mettre les nouveaux dans leur jeu. C'était, là encore, le cas des Colonna.

Devenu Boniface VIII, Caetani s'employa d'abord à rétablir ce qui lui paraissait être l'équilibre : parmi les six cardinaux qu'il créa avant la fin de 1295, on vit un Orsini, un Stefaneschi, deux Caetani et un franciscain originaire d'Anagni. Le maître général des dominicains reçut à son tour le chapeau en décembre 1298. Deux franciscains, dont le ministre général de l'ordre, suivirent en 1300 et 1302. On ne parla plus ni de moines ni des Colonna.

Lorsque le pape mit à contribution le trésor pontifical pour aider les Caetani à acheter de nouvelles terres dans les marais Pontins, les Colonna prirent l'offensive. Le 2 mai 1297, Stefano Colonna attaqua sur la voie Appienne le convoi de numéraire et emporta son butin à Palestrina. Boniface VIII pouvait difficilement répliquer par la force, mais cet argent appartenait officiellement au trésor du Saint-Siège, et cela lui donnait une arme. Il prit des otages : on pouvait tenir pour complices, au moins par leur acquiescement, les deux cardinaux Colonna, tous deux cousins de Stefano. Giacomo était cardinal depuis 1278 et son neveu Pietro l'était depuis 1288. Menacés de destitution, les deux cardinaux firent pression sur Stefano, qui restitua l'argent. Mais celui-ci revint aux Caetani, et les cardinaux Colonna se sentirent désormais libres de dénoncer le pape.

Ils ne se contentèrent pas de l'affaire. Ils firent placarder dans Rome un libelle qui accusait Boniface d'hérésie et de simonie. C'était autre chose qu'un détournement d'argent. Puis ils firent savoir qu'ils en appelaient à un futur concile pour juger un pape qu'ils traitaient maintenant d'usurpateur. Ainsi commençait une longue querelle, qui allait dépasser de loin son objet initial.

Rome n'était plus sûre. Le pape prit du champ et s'installa à Orvieto. De là, après avoir excommunié les Colonna, il lança contre eux ce qu'il appela une croisade. Lui aussi dramatisait l'affaire. Ayant privé les Colonna de leur chapeau de cardinal, il prononça la confiscation de leurs biens. Un temps prisonniers, les deux prélats parvinrent à s'évader et gagnèrent d'urgence la France. Ils y retrouvèrent les frères de Pietro et en particulier un Giacomo que l'on appelait Sciarra Colonna, un chevalier volontiers brutal.

L'affaire prenait à nouveau une autre dimension. Philippe le Bel et ses légistes étaient alors en plein conflit avec le pape pour de tout autres enjeux mais leur action était jusque-là assez mal relayée en cour de Rome. L'arrivée des Colonna était providentielle. Le roi de France ne pouvait se priver d'une telle alliance, même si elle introduisait une certaine confusion : l'hostilité des Colonna à Boniface VIII avait pris, dans le contexte proprement italien qui n'était pas celui des légistes français, les couleurs d'une alliance avec les gibelins qui menaient le combat en Italie septentrionale et centrale contre les prétentions théocratiques du pape. Or les gibelins se trouvaient de ce fait en opposition au roi de Naples Charles II d'Anjou, qui était le champion du parti guelfe mais était aussi le neveu de saint Louis, donc le cousin du roi de France. L'affaire des Colonna conduisait à l'imbroglio.

Avec la France, les relations de la papauté n'avaient pas toujours été sans nuage. Mais, depuis que Philippe Auguste avait été sanctionné pour ses comportements matrimoniaux et que la

France s'était trouvée de ce fait en interdit, jamais les nuages n'avaient engendré un drame. Bien au contraire, les manifestations de bonne entente n'avaient pas manqué entre la curie romaine et la cour de France. Même au temps des grandes affirmations théocratiques d'Innocent III et Innocent IV, c'est avec le Saint Empire romain germanique et avec l'Angleterre qu'avaient eu lieu les plus sérieux affrontements, non avec le royaume de France. Alors que l'on n'en avait pas vu depuis Urbain II, le prédicateur de la première croisade, trois Français avaient été élus papes : Urbain IV (Jacques Pantaléon) en 1261, Clément IV (Guy Foucois) en 1266, Martin IV (Simon de Brie) en 1281. Foucois avait été le conseiller de saint Louis, l'un de ses diplomates préférés, un temps son garde du sceau. Simon de Brie avait été chancelier de France. Les uns et les autres avaient attiré à la curie des clercs souvent liés à l'entourage royal. Les retombées n'avaient pas tardé : Charles d'Anjou avait dû à Urbain IV une couronne de Sicile d'abord proposée au roi de France lui-même, comme Charles de Valois, frère de Philippe le Bel, avait dû plus tard à Martin IV son éphémère couronne d'Aragon. Rien n'annonçait la fin de l'entente.

L'ÉGLISE ET L'ÉTAT

Nul n'a vraiment vu venir les crises violentes qui vont caractériser les relations de la France et du Saint-Siège. Elle tiennent avant tout à la forte personnalité d'un Boniface VIII peu porté au compromis sur les principes et à l'entrée en scène, dans l'entourage de Philippe le Bel, de légistes, c'est-à-dire de juristes nourris de droit romain et – tels que d'abord Pierre Flote et ensuite Guillaume de Nogaret – tout aussi incapables de transiger sur les prérogatives de l'État. La première crise, dite de la décime, culmine le 24 février 1296 avec la bulle *Clericis laïcos*. Elle tourne autour de la question que pose brutalement la réplique des légistes du roi de France : pour le temporel de leurs églises, les clercs doivent-ils contribuer aux charges financières du royaume ? La deuxième crise, plus violente, a pour occasion le procès que le roi veut intenter à l'évêque de Pamiers Bernard Saisset, justement accusé d'un complot purement politique et temporel. Dans les deux cas, l'objet profond du litige touche à la nature même du clergé. Dans le royaume de France, un clerc est-il d'abord d'Église ou d'abord du royaume ? Être homme d'Église le dispense-t-il d'être sujet du roi ? Les biens donnés aux églises cessent-ils d'être dans le royaume ? Les clercs ne sont-ils pas, comme les laïcs, bénéficiaires de la protection assurée par l'autorité royale ?

C'est poser dans le concret la question du rapport des deux pouvoirs, le spirituel et le temporel, tels que les définit saint Augustin dans la *Cité de Dieu*, ce maître livre qu'ont lu et que citent depuis bientôt neuf siècles tous ceux qui se penchent sur les structures de la société. Tous les esprits politiques du temps s'enflamment alors à ce sujet et les traités se multiplient comme jamais en la matière. C'est d'abord, en 1296, visiblement destiné au public, la *Dispute du clerc et du chevalier*, une longue exploitation de l'Écriture, de « Rendez à César » à « Mon royaume n'est pas de ce monde ». Conçue pour un public plus formé à la scolastique et constituant une réponse directe à la bulle *Ausculta fili,* c'est ensuite en 1302, sous la plume d'un canoniste habile à jouer du *Décret,* la *Question à deux parties.* L'archevêque de Bourges Gilles Colonna – Gilles de Rome, pourtant naguère précepteur du futur Philippe le Bel – écrit entre 1301 et 1302 un traité *Du pouvoir ecclésiastique* où son penchant pour la sagesse et l'équilibre le pousse dans le camp du pape.

Boniface VIII passe à l'offensive. S'appuyant sur le « pouvoir des clés » confiées par le Christ à saint Pierre, il ne craint pas d'affirmer que tout comportement humain est, à raison du péché, justiciable du pouvoir spirituel. Le 18 novembre 1302, il publie la bulle *Unam sanctam.*

Les deux glaives sont au pouvoir de l'Église, le spirituel et le temporel. L'un doit être manié pour l'Église, l'autre par l'Église, l'un par la main du prêtre, l'autre par celle des rois et des chevaliers, mais sur l'ordre du prêtre et avec sa permission. Car il faut que le glaive soit sous le glaive et que l'autorité temporelle soit soumise à la spirituelle...

En conséquence, nous déclarons, disons et définissons que toute créature humaine est en tout, en vue du Salut, soumise au pontife romain.

Cette fois, c'est la guerre. L'Université de Paris n'attend pas : bien connue sous le surnom de *Roi pacifique*, la *Question sur le pouvoir du pape* est au début de 1303 une réplique cinglante des théologiens et des canonistes aux déclarations du pape. Le théologien dominicain Jean de Paris, gardien respecté de la tradition de Thomas d'Aquin au couvent de la rue Saint-Jacques et sans doute déjà impliqué dans la rédaction du *Roi pacifique*, reprend dans un traité *Du pouvoir royal et papal* la thèse platonicienne de l'État naturel. Se gardant des allégories toujours incertaines et des approximations aléatoires, il fait la glose très stricte des références scripturaires et, non sans s'inspirer de la *Cité de Dieu* de saint Augustin, il invoque l'exemple du roi David.

C'est le gouvernement d'un groupe parfaitement ordonné, assumé par un seul pour le bien commun... selon la parole du Seigneur à Ézéchiel : « Mon serviteur David sera sur tous, et il sera l'unique pasteur de tous »... Le pouvoir séculier n'est pas un pouvoir mineur, soumis au pouvoir supérieur dont il serait issu et dérivé. L'un et l'autre procèdent directement de la puissance supérieure, celle de Dieu.

Mais Jean de Paris ne craint pas d'aller vers ce qui sera plus tard la thèse des partisans du concile : la légitimité et la garantie de l'unité sont dans le corps formé par les membres de l'Église. Les partisans du recours au concile ne diront pas autre chose à la fin du siècle quand il s'agira de mettre fin au schisme, et c'est bien cette pensée que l'on retrouvera en 1417 dans le décret *Frequens* du concile de Constance.

Parlant en son nom personnel devant l'assemblée réunie au Louvre le 12 mars 1303, Nogaret demande au roi d'assembler les prélats, princes et barons du royaume. Il le dit sans fard, il attend d'eux qu'ils exigent la convocation d'un concile chargé de juger Boniface. On élira ensuite un nouveau pape. Même si la démarche bénéficie par la suite du soutien de la majorité du clergé français, Nogaret se met donc personnellement en avant. Il le paiera très cher, passant à tort pour coupable de l'échauffourée d'Anagni et attirant d'autant plus l'attention qu'il s'acharnera à se disculper. Mais cette citation devant le concile, qu'il va lui-même signifier au pontife et qui est cause de sa présence à Anagni au moment où Sciarra Colonna et ses affidés ne cherchent qu'à rudoyer le pape, voire à le tuer, n'est qu'un acte de procédure. Elle annonce cependant la position de principe qui sera si souvent, dans les décennies suivantes, l'instrument des combats contre la papauté, de ceux de Louis de Bavière contre Jean XXII à ceux de l'Église de France, au temps du Grand Schisme, contre Benoît XIII : la supériorité du concile sur le pouvoir pontifical.

Sur le fond, la réplique des légistes est empruntée au droit naturel que fonde une vue aristotélicienne de la société : « Avant qu'il y eût des clercs, le roi de France avait la garde de son royaume. » Cette pièce *Antequam essent clerici* apparaît, face à la bulle, comme un coup de tonnerre.

Cet affrontement des principes n'a pas grand-chose à voir avec les querelles épisodiques qui secouent Rome, la société romaine et la curie. L'effondrement politique de Boniface VIII à la suite du tumulte d'Anagni (6-7 septembre 1303) et sa mort (11 octobre 1303) ouvrent cependant aux Colonna la possibilité d'un retour. Mais la disparition dramatique de Boniface VIII et le brusque dénouement du conflit avec les Colonna n'ont fait disparaître aucune des causes de ce malaise qui accompagne depuis quelques décennies – sinon quelques siècles, car on se rappelle les circonstances purement romaines de la venue de Charlemagne en 800 – la présence à Rome de la personne pontificale. Si l'on ne voit plus sur le Siège de saint Pierre un Caetani, Rome fourmille encore des rivalités et des agitations dont le clan dominé par la famille de Boniface n'était qu'un acteur momentanément prépondérant. Orsini et Colonna sont toujours là, entraînant leurs alliés du patriciat noble aussi bien que leur clientèle populaire.

Le clan Orsini est cependant moins solidaire que ne l'est celui des Colonna. Face à Matteo Rosso Orsini, doyen du Sacré Collège et tête du parti qui défend la mémoire de Boniface VIII, se dresse un personnage des plus entreprenants, son cousin Napoleone Orsini, cardinal depuis 1288 et doyen après la mort de Matteo Rosso en septembre 1305. En l'absence des cardinaux Colonna,

Napoleone prend dès 1303 la tête de ceux qui veulent poursuivre devant un concile le procès contre la mémoire de Boniface VIII. On est alors en plein marchandage : l'abandon du procès contre Boniface, un procès qu'exige le roi de France, se négocie contre la levée des sentences frappant les acteurs du dramatique incident d'Anagni : en tête de ceux-ci, on trouve évidemment Sciarra Colonna qui, à la tête de ses hommes d'armes, a conduit l'invasion violente du palais pontifical, mais aussi Guillaume de Nogaret, qui en a tiré parti pour entrer chez le pape et prononcer sa citation à comparaître devant le futur concile. Naturellement, Napoleone Orsini jouit de la confiance du roi de France, lequel se sert à l'occasion de lui comme d'un agent diplomatique et le rémunère en conséquence. Mais son crédit est fragile, et Napoleone pâtira durablement de l'échec de sa légation de 1309 en Italie. Le roi s'en servira encore, mais avec plus ou moins de bonheur.

BENOÎT XI ET PÉROUSE

En octobre 1303, le conclave fait choix du calme cardinal Niccolò Boccasini pour succéder au bouillant Boniface. Ce sexagénaire, qui fut le très respecté maître général des dominicains, s'est tenu à l'écart de l'affrontement entre les partisans du pape Caetani et ceux du roi de France ou des cardinaux Colonna, mais on a noté le courage avec lequel, lors de l'affaire d'Anagni, il est demeuré au côté de Boniface VIII. À peine ce Benoît XI est-il élu que Philippe le Bel lui fait savoir qu'il souhaite fermement la convocation d'un concile. Le nouveau pape croyait bien que, Boniface mort, on n'en parlerait plus. Il ne voit là qu'un risque de nouvelles agitations et, comme l'y porte son tempérament, il fait la sourde oreille tout en apaisant quelque peu les esprits par l'absolution qu'il accorde, en avril 1304, aux ennemis du défunt pape et en particulier au roi de France. Il n'excepte de ce pardon que les gens qu'il tient pour les fautifs d'Anagni : Nogaret, Sciarra Colonna, et ceux qui ont pillé le trésor pontifical.

Sciarra Colonna a eu la première part de responsabilité dans l'attentat d'Anagni, et le nouveau pape doit tenir compte de ceux qui, derrière le doyen du Sacré Collège, Matteo Rosso Orsini, exigent la condamnation des fauteurs d'une violence sur la personne d'un souverain pontife, mais les cardinaux Colonna n'y sont pas directement impliqués. Benoît XI annule donc les sentences qui les frappaient, sans pour autant les rétablir au sein du Sacré Collège, ce que fera son successeur Clément V dès sa première promotion de cardinaux. On parlera de nouveau des cardinaux Colonna. L'oncle mourra en 1318, le neveu en 1326.

On pourrait croire la paix revenue dans l'Église. Elle ne l'est pas pour autant dans Rome. Et le roi de France ne saurait s'accommoder des perspectives d'un procès que l'on semble préparer contre Nogaret. Cet acharnement contre son principal conseiller sera pour beaucoup dans la détermination du roi au regard du concile. La vindicte pontificale à l'égard de Nogaret va se heurter à la loyauté politique d'un Philippe le Bel qui n'achètera pas la paix en désavouant le zèle bruyant de son fidèle. Bien plus, quand viendra l'affaire du Temple, Clément V trouvera devant lui un Nogaret non seulement en charge de l'affaire mais conforté par sa promotion à la tête de la Chancellerie royale. Ce qui relèguera Nogaret à l'arrière de la scène politique, c'est l'ascension d'Enguerran de Marigny, qui n'a rien d'un légiste et qui placera avant tout dans ses vues politiques la connivence du pape contre les Flamands. La mémoire de Boniface importera peu à Marigny. Il sera, pour lui, plus important que les Flamands soient excommuniés s'ils ne paient pas l'indemnité due pour prix de leur rébellion.

Après cinq mois d'un séjour romain qu'il tient pour pénible et bien que, le dernier avant longtemps, il y ait été élu, Benoît XI s'éloigne de Rome. Peut-être songe-t-il un temps à aller s'établir durablement en Lombardie. Mais, si l'état pontifical n'est pas d'un gouvernement facile, on y trouve quand même un calme relatif. Le choix de Benoît XI est donc aisément fait. C'est à Pérouse, au cœur du duché de Spolète, qu'il s'installe en mars 1304, sans même attendre la fin des offices romains de la Semaine sainte. Il y meurt le 7 juillet pour avoir, racontera-t-on, mangé trop de figues fraîches. Il n'est guère que le troisième pape à mourir à Pérouse. Nul ne s'en étonne.

Naturellement, on continue de parler de la Cour de Rome, et on ne reviendra même pas sur cette appellation au temps de la papauté d'Avignon. Il est vrai que le tombeau des Apôtres demeure à Rome, et c'est bien à Rome que Boniface VIII a convié les chrétiens quand il a inventé, pour l'année 1300 et afin de donner plus de prestige au Siège de saint Pierre, la notion de jubilé. En revanche, le caractère itinérant de cette Cour n'a pas laissé se développer un véritable système centralisé d'administration spirituelle et temporelle de l'Église. Allant sans cesse de Spolète à Viterbe ou à Pérouse, le pape ne saurait être accompagné que d'un entourage proche. Il est significatif que Benoît XI ait établi les archives pontificales en Ombrie, dans le couvent des frères mineurs d'Assise, ce qui les rend parfaitement inutilisables pour le gouvernement de l'Église. Le renforcement et la fixation des moyens centraux de gouvernement, que l'on entrevoit à Paris comme à Westminster dès la fin du XIIᵉ siècle, ne viendront pour la papauté qu'avec l'installation durable à Avignon.

La curie a suivi ou rejoint Benoît XI à Pérouse. C'est donc là qu'on entreprend sur-le-champ de procéder à l'élection d'un nouveau pape. Faite pour éviter les atermoiements, la constitution *Ubi periculum* de 1274 qui régit l'élection pontificale exige la convocation du Sacré Collège dans les dix jours et dans la ville où est mort le dernier pape. Mais, en ce début d'été 1304, les passions qui ont porté les événements de l'année précédente ne sont pas encore apaisées, et on ne dispose plus d'un candidat assez distant des deux partis pour rassembler la majorité des deux tiers exigée par le concile de Latran de 1179 et reprise par la constitution *Ubi periculum*, un temps abrogée mais rétablie par Célestin V. Sur dix-neuf cardinaux réunis « sous clé » – c'est depuis 1241 la pratique, que signifie le mot conclave – on ne compte que deux Français, Jean Le Moine et l'ancien abbé de Cîteaux Robert de Pontigny, qui ont été tous deux des créatures de Célestin V. Mais, s'il y a quinze Italiens et si neuf d'entre eux doivent leur chapeau à Boniface VIII, ces cardinaux italiens sont loin de constituer un groupe uni, capable d'imposer un candidat.

Plus que des groupes nationaux, les deux partis qui s'affrontent à Pérouse sont bien les anciens clans, que dominent d'une part Matteo Rosso Orsini et Francesco Caetani, d'autre part les fidèles des Colonna qu'a rejoints Napoleone Orsini, mais ces clans de familles et de clientèles ont pris une nouvelle identité en soutenant, dans le conflit qui est achevé mais non oublié, la cause de Boniface VIII ou celle de Philippe le Bel. Car, si nul ne se réfère plus à la bulle *Unam sanctam* et si nul ne parle plus d'excommunier le roi de France, celui-ci n'a toujours pas renoncé à faire juger par un concile la mémoire du pape que Nogaret est allé citer à Anagni.

BERTRAND DE GOT

Aux cardinaux enfermés, le temps paraît long. Dix ans plus tard, alors que le conclave ne trouvera aucun successeur à Clément V, Napoleone Orsini évoquera, dans une lettre à Philippe le Bel, le séjour des cardinaux « en prison à Pérouse ». Comme il est évident qu'après onze mois le conclave de 1304 est enlisé, l'idée émerge une nouvelle fois d'un prélat que l'on choisirait hors du Sacré Collège, un prélat qui ne serait lié ni aux Caetani ni aux Colonna. Encore veillera-t-on à ne pas renouveler l'erreur de 1294 : on se méfie maintenant des saints hommes qui n'ont pas l'expérience des affaires. Ce ne serait pas la première fois qu'on prendrait le pape hors du collège des cardinaux. Ce ne serait pas la dernière : on verra encore pendant ce même siècle à Avignon l'élection de l'abbé de Saint-Victor de Marseille et à Rome celle de l'archevêque de Bari.

L'idée d'un choix extérieur étant d'abord venue de Napoleone Orsini, son cousin Matteo Rosso s'y oppose sur-le-champ et les fidèles de Boniface font front jusqu'à ce que la maladie contraigne Matteo Rosso à quitter le conclave. Ce départ renforce alors le parti de l'appel à l'extérieur, et Napoleone en vient à évoquer lui-même le nom d'un prélat auquel il n'était pas dès l'abord favorable mais qui est connu pour sa prudence – ses adversaires parleront plus tard de sa pusillanimité – et réputé comme bon canoniste et comme excellent administrateur. Il s'agit donc, non d'un ermite, mais de l'archevêque de Bordeaux.

S'il est sujet du roi de France, Bertrand de Got a ses possessions familiales et son siège épiscopal dans la seigneurie du Plantagenêt. Philippe le Bel ayant autorisé les évêques des grandes principautés comme la Guyenne, la Bretagne ou la Bourgogne à se rendre au concile romain de la Toussaint 1302 – on y a vu quarante-cinq sujets du roi de France : quatre archevêques, trente-cinq évêques et six abbés – alors qu'il l'interdisait aux évêques du domaine royal, Bertrand de Got s'y est rendu, mais il a réprouvé les outrances théocratiques de Boniface VIII et il s'est gardé de tremper dans l'élaboration de la bulle *Unam Sanctam*. Naturellement, il n'était pour rien dans l'appel du Capétien au concile universel, mais il a pris part à l'assemblée du clergé français convoquée en avril 1302 à Paris et il a, sans barguigner, payé au roi de France les décimes qui avaient été l'objet du premier conflit.

Bien éloigné des clans romains, Bertrand de Got n'est vraiment lié ni aux Orsini ni aux Colonna. Au plus a-t-il rencontré en France Napoleone Orsini, mais on sait à quel point celui-ci se laisse malaisément classer dans un clan. Cela n'empêche pas l'archevêque de Bordeaux d'avoir de l'expérience et des relations. Son oncle est évêque d'Agen, son frère est archevêque de Lyon. Avant de pratiquer un népotisme de haut niveau, Bertrand de Got aura été le bénéficiaire d'un népotisme assez normal : son frère le prend comme vicaire général, l'emmène à Rome, le fait nommer chapelain du pape. Aux écoles de droit d'Orléans et de Bologne, Bertrand a connu les meilleurs juristes du temps, ses maîtres, et il a eu comme condisciples nombre de ceux qui, comme lui, font une honorable carrière dans l'Église ou dans l'État. Il est tenu pour un sage. Quand on fera l'inventaire de sa riche bibliothèque, on y trouvera surtout des livres de piété et des ouvrages de droit. Il n'est pas homme à collectionner les troubadours.

Le Plantagenêt a eu recours aux services de ce juriste issu de son duché continental : Bertrand de Got était, plus que les juristes anglais, au fait du droit féodal français et des jurisprudences canoniques de la France. Édouard Ier l'a donc chargé de suivre à Paris devant le Parlement quelques affaires concernant la Guyenne. Écrivant à la fin du siècle, Froissart ne fera que répéter, avec une exagération qu'explique le temps de guerre franco-anglaise, ce que l'on dit depuis longtemps en France.

Il était gascon, de la nation de Bordeaux, et tout le lignage de ce pape demeurait sous le roi d'Angleterre. Et aussi, de condition et en toutes ses œuvres il était anglais, et ne voulait pour rien courroucer le roi d'Angleterre.

Ce clerc juriste n'est ni avocat ni procureur, mais il est homme d'entregent, et l'on apprécie son caractère avenant, son humeur égale, toutes qualités qui tranchent avec la superbe du colérique Boniface VIII. À Paris comme auparavant à Orléans, Bertrand de Got a connu du monde. Lorsqu'en 1294 les relations entre la France et l'Angleterre ont tourné au conflit ouvert, on a vu le futur archevêque de Bordeaux au cœur des négociations de Londres. Il n'est pas interdit de penser que sa nomination à Bordeaux, en 1299, était, de la part d'un Boniface VIII soucieux de l'établissement d'une paix durable, la mise en place d'un prélat estimé des deux rois.

Lorsqu'en 1305 il s'agit de faire un pape, choisir le Gascon convient assez bien aux anciens partisans de Boniface VIII, qui auraient tout à craindre de l'élection d'un Colonna ou d'un client des Colonna. Bertrand de Got est d'ailleurs, en France, en querelle avec l'archevêque de Bourges, rival naturel de celui de Bordeaux pour la primatie d'Aquitaine. Or, même s'il n'est qu'assez lointain parent des cardinaux romains, l'archevêque de Bourges s'appelle Gilles Colonna. Pour Philippe le Bel et ses conseillers, comme pour le roi de Naples Charles II d'Anjou, Bertrand de Got semble assez malléable pour qu'on n'ait rien à craindre de lui. Il a, jusque-là, montré l'art de « ne mécontenter personne et de laisser un bon souvenir à tout le monde » (B. Guillemain).

Que l'élection de Bertrand de Got paraisse favoriser les intérêts du Capétien est indéniable. Et l'on peut comprendre le souci qu'en a la cour de France si l'on pense à ce que serait l'élection d'un fidèle de Boniface VIII. Même s'ils forcent la réalité en imaginant des cardinaux achetés à prix d'or par les gens du roi au profit d'un « complot français » et en accusant le conclave de simonie, les chroniqueurs florentins n'ont pas tort de voir dans l'élection de Bertrand de Got le doigt du roi de France. Encore faut-il s'en tenir là et ne pas attribuer à celui-ci et à ses conseillers plus d'intentions qu'ils n'en ont. C'est a posteriori et avec les facilités de l'anachronisme qu'en temps de forte hostilité entre le roi de France et la Flandre, un chroniqueur flamand qui voit le pape alors installé à Avignon prête au Philippe le Bel de 1305 le dessein d'établir en France le siège de l'Église. Alors qu'on en est à évoquer le nom de l'archevêque de Bordeaux, nul ne pense à Avignon. On pense beaucoup plus aux séquelles du récent conflit, au sort des cardinaux Colonna et à la connivence de la papauté sur l'échiquier diplomatique. Et, sans escompter une soumission d'un prélat qui s'est distingué en assistant à Rome en 1302 au concile convoqué par Boniface VIII pour réformer à sa façon le royaume de France et que l'on a vu fort dévoué aux affaires du Plantagenêt, on peut attendre de lui un engagement plus équilibré du Saint-Siège face aux tensions qui ne cessent de perturber la paix et de retarder ainsi la croisade. On sait Bertrand de Got homme de bonne volonté, soucieux de ménager tout le monde et volontiers porté au compromis. C'est le côté positif d'un tempérament que l'on trouvera souvent velléitaire.

Le roi de France dépêche donc une ambassade pour notifier son souhait au conclave. On y voit des personnages bien différents, comme Geoffroy du Plessis ou le Lombard Mouche. À la fois clerc du roi et protonotaire du pape, Geoffroy du Plessis demeurera l'un des diplomates de prédilection de Philippe le Bel et il assurera jusque pendant le concile de Vienne la liaison entre les deux cours. Agent discret des missions délicates, il aurait apporté à Pérouse quelques documents confidentiels qui ne sauraient être que des preuves de différentes accusations portées contre la mémoire de Boniface. Quant au financier Musciatto Guidi dei Franzesi, cet homme d'affaires toscan que les Français appellent « sire Mouche », il gouverne à la fois les finances du roi et les siennes propres. Quand on voit ces deux hommes ainsi dépêchés au conclave, on ne peut écarter l'idée d'un certain chantage mené par Geoffroy et d'un marchandage conduit par Mouche, mais il faut rappeler que ce dernier a, pendant les mois qui ont précédé l'affaire d'Anagni, sillonné l'Italie moyenne de part en part, et qu'il connaît mieux la société romaine que le protonotaire. Pour l'élection du pape, la diplomatie française use à l'évidence de tous les moyens. Jamais, dans le passé, le roi de France n'a à ce point poussé son candidat. Après le pontificat de Boniface VIII, Philippe le Bel peut regretter de n'avoir pas été plus vigilant lors des conclaves précédents.

Depuis le départ de son cousin Matteo, l'habile Napoleone Orsini a gagné en influence, et il parvient à convaincre Francesco Caetani de voter pour un candidat que l'on sait peu vindicatif. Avec quelques concessions territoriales au-delà d'Anagni, autour de Ferentino, les Colonna aident pour leur part à un revirement auquel leur nouvel isolement poussait déjà les Caetani. Lorsqu'on en vient au vote, Bertrand de Got obtient dix voix. Les cinq autres électeurs, dont le neveu de Matteo Orsini, le bénédictin Jacopo Caetani Stefaneschi, se rallient. Napoleone l'écrira plus tard, il a « fait le plus magnifique présent au roi de France ». À vrai dire, tout le monde est content d'en finir. Le 5 juin 1305, l'archevêque de Bordeaux est donc élu, en son absence et, pour une part au moins, à son insu. Le 19 juin, la nouvelle lui parvient alors qu'il se trouve en Poitou, à Lusignan. Il rentre précipitamment à Bordeaux et, là, il annonce qu'il prend le nom de Clément V.

Aller à Rome ?

Son premier réflexe semble avoir été de gagner Rome. Bertrand de Got n'est pas familier de la Ville éternelle, et il ne fait qu'entrevoir le guêpier qu'elle serait pour lui. L'a-t-on déjà mis en garde quand il parle de son couronnement ? S'agit-il simplement de ne pas retarder l'avènement ? On a peine à croire qu'un archevêque de Bordeaux, frère et ancien vicaire général d'un archevêque de Lyon devenu cardinal, ait pu ignorer les tumultes romains. Quoi qu'il en soit, les cardinaux s'empressent de l'instruire. Par lettre du 8 juin, ceux qui l'ont fait pape lui brossent de la situation politique comme de la ruine matérielle de Rome et des états de l'Église un tableau destiné à le convaincre de venir le plus tôt possible et de prendre les choses en main avec la plus grande fermeté. La matière même du tableau et le ton catastrophique de la lettre ont cependant tout pour dissuader Clément V de se lancer dans des combats pour lesquels il n'est pas fait. Les cardinaux soulignent la confiance qu'ils placent en leur élu. Ils ne sont, semble-t-il, que médiocrement informés de son caractère. On le sait bon juriste, on ne le sait pas faible. En quatre ans, à Bordeaux, il n'a affronté aucune tempête. Quand ils le pressent d'aller mettre de l'ordre dans la Péninsule, les cardinaux ne savent pas que leurs arguments sont propres à dissuader le nouvel élu d'exposer en Italie sa personne et son autorité.

Les rapports qu'on lui fait ne concernent pas seulement ce qu'il savait déjà, du moins dans les grandes lignes : les crises internes de la société romaine et leurs implications dans les petites villes de la campagne romaine. Très vite, Clément V discerne trois champs de bataille, différents par la taille comme par les enjeux. Il y a Rome, les conflits des familles, les tensions entre l'aristocratie et le peuple. Il y a l'état pontifical, avec les pulsions indépendantistes qui animent les seigneuries et les communes des régions excentriques du Nord comme Ferrare, Bologne, Rimini ou Urbino et qui font que le pape est assez mal le maître de ses états. Il y a enfin les difficiles relations avec les puissances, souveraines comme l'empereur d'un Saint Empire qui ne se limite pas à la Germanie ou quasi souveraines comme le roi de Naples, cet Angevin qui est en théorie le vassal du pape mais est aussi le cousin bien placé du roi de France. Et on ne peut oublier l'exemple donné par les seigneuries urbaines qui, comme Venise, Gênes, Milan, Mantoue ou Modène, prétendent à une autonomie qui, dans la conduite des affaires sinon dans les affirmations de principe, confine à l'indépendance souveraine.

Les relations avec les souverains ne sont pas de simples affaires de voisinage ou de frontières. Aussi bien l'empereur que le roi de Naples apparaissent comme les alliés, voire les puissances tutélaires, des factions et des partis qui se déchirent à l'intérieur même des villes et qui s'inscrivent ainsi à la suite des vieux conflits du Sacerdoce et de l'Empire comme des épisodiques affrontements nés de rivalités locales. Le lien de l'empereur et des gibelins n'est pas seulement un lien d'allégeance envers l'autorité légitime qu'est celle de l'empereur. Il est aussi, par la nature des choses, tissé de l'hostilité envers un complexe politique formé des guelfes partisans du pape, d'un roi de Naples trop heureux du rôle de protecteur qu'on lui procure et d'une autorité pontificale incapable de se placer au-dessus des partis et jouant maladroitement de ses alliances à l'échelle des villes comme à celle de l'Europe. Si l'on ne craignait pas de compliquer le tableau, on évoquerait ici le fait que les villes des terres impériales ne sont pas toutes et toujours fidèles à l'empereur, que l'Angevin de Naples se prend volontiers pour chargé des intérêts politiques de la seigneurie romaine du Saint-Siège, que les guelfes sont divisés – on reviendra sur cet affrontement des noirs et des blancs – et que les seigneuries gibelines en mal de croissance se disputent des terres et des places.

Confronté à cet imbroglio, Clément V renâcle devant ce que lui proposent les cardinaux. S'il gagne l'Italie, il lui faudra faire face en même temps à toutes les difficultés. Il prend la décision qu'il croit judicieuse et qui n'a évidemment rien de courageux : laisser décanter. Des interventions ponctuelles, menées par des légats, devraient clarifier la situation à Rome et dans les proches états pontificaux, pacifier la Toscane et remettre de l'ordre du côté de Bologne. On verrait alors à rapatrier la papauté. Un homme industrieux se présente pour une telle mission. En mars 1306, Clément V envoie comme légat le cardinal Napoleone Orsini. Celui-ci ne regagnera Avignon que trois ans plus tard, après avoir échoué sur toute la ligne.

Toujours est-il que le nouveau pape décide de ne pas attendre que vienne le temps de prendre la route pour Rome. Il se fera couronner à la Toussaint. Précisons-le, il ne s'agit que d'un couronnement : contrairement à plusieurs de ses prédécesseurs – comme Benedetto Caetani qui n'était que cardinal-diacre – auxquels il a fallu conférer d'abord l'onction du sacre épiscopal avant de les couronner papes, Bertrand de Got n'était pas cardinal mais il était déjà évêque.

Il a décidé que cela se ferait à Vienne. Dès lors que l'on n'attend pas d'être à Rome, le choix de Vienne est compréhensible, et il n'a, pour l'instant, rien à voir avec la décision, non encore prise, de tenir là un futur concile. La ville a son prestige : certains se rappellent qu'elle a été la capitale des Gaules. Vienne n'est pas dans le royaume de France, dont la frontière est là au Rhône, et l'on ne pourra dire que le pape est couronné sous le contrôle du Capétien. Vienne est en terre d'Empire, mais cette rive gauche du Rhône est bien marginale dans le Saint Empire, et nul n'imagine qu'on y pourrait subir, pour le couronnement du pape, la présence encombrante de l'empereur. En revanche, Vienne n'est éloignée ni de la France ni de l'Allemagne ni de l'Italie, en sorte que l'on peut compter sur un afflux de prélats, de princes et de fidèles propre à donner à la cérémonie le lustre qu'elle n'aurait peut-être pas, dans les circonstances actuelles, au Latran. Venant de Pérouse, les cardinaux qui joignent enfin leur nouvel élu ne contribuent pas peu, par la description qu'ils renouvellent de la situation à Rome, à en persuader Clément V : mieux vaut ne pas se précipiter vers la Ville éternelle. Autant se faire sacrer « par-deçà ».

C'est quand même compter sans Philippe le Bel. Depuis qu'il a appris l'élection, le Capétien multiplie les prévenances, qui sont autant de précautions. Il a, en juillet, dépêché à Bordeaux son demi-frère Louis d'Évreux flanqué du fidèle légiste qu'est l'archevêque de Narbonne Gilles Aycelin. En août, il y envoie son frère germain Charles de Valois. Ces ambassadeurs de haut rang ne sont pas simplement chargés de présenter leurs compliments au nouvel élu : le roi de France contraint le nouveau pape à changer son dispositif. Le couronnement aura lieu à Lyon, sur la rive droite, donc en France. Et Philippe le Bel sera là.

LE GASCON ET LE CAPÉTIEN

Le roi n'a que de bonnes raisons à invoquer pour justifier la précipitation avec laquelle il annonce qu'il veut rencontrer le pape : toutes touchent à la paix dans l'Église et dans la chrétienté. Il faut clore au plus vite les séquelles du conflit avec Boniface VIII. Il faut consolider la paix récemment rétablie entre la France et l'Angleterre et donner pour cela aux affaires d'Aquitaine une solution qui convienne à la fois au Capétien et au Plantagenêt. On devine que le Gascon qui vient d'arriver sur le trône de saint Pierre est prêt à entendre ce langage. Sa carrière ecclésiastique s'est déroulée dans ces terres qui sont à l'Anglais tout en étant françaises.

Pour expliquer l'attitude de Clément V à l'égard du roi de France au cours des années qui suivent – et en négligeant les réticences qu'il manifestera souvent face aux exigences du Capétien – on a coutume de le qualifier de pape français. Ce serait plus juste si Bertrand de Got n'était viscéralement un baron gascon. Béraud de Got, son père, était seigneur de Villandraut, de Grayan, de Livran et d'Uzeste, toutes seigneuries – de faible rapport – situées au sud de Bordeaux, non loin de Bazas. La mère du futur pape, Ide de Blanquefort, appartenait de même à la bonne noblesse gasconne, une noblesse souvent désargentée mais riche de ses alliances matrimoniales. Né à Villandraut, Bertrand a été chanoine de Bordeaux et d'Agen, puis évêque de Saint-Bertrand-de-Comminges. S'il s'est quelque temps éloigné de la Gascogne, c'est pour suivre son frère Béraud, devenu archevêque de Lyon. Leurs frères et sœurs sont tous alliés par leurs mariages à ces familles de petite mais excellente noblesse qui tiennent les places et les seigneuries du Bazadais et du voisinage.

Si le juriste qu'est Bertrand de Got sait la portée du lien qui le fait sujet du roi de France, sa situation familiale ne lui permet pas de tenir pour accessoire le lien vassalique qui fait des siens les hommes du duc d'Aquitaine, autrement dit du Plantagenêt. Le nouveau pape est l'exemple même de ces nobles – la même attitude s'observera longtemps en Normandie – qui se savent tenus à deux fidélités parfois contradictoires et sont donc très normalement amenés à composer, voire à balancer entre les deux. Comme clerc et comme évêque, Bertrand n'était tenu à aucune fidélité séculière. Les laïcs de sa parenté l'étaient et le restent. Lui-même avait des biens patrimoniaux et, archevêque de Bordeaux, il avait un temporel. Or ç'avait été, on l'a dit, le premier *casus belli* entre Philippe le Bel et Boniface VIII : un clerc français est-il d'abord du royaume ou d'abord d'Église ? On sait la réponse apportée à cette question par les légistes du Capétien. Il serait faux de voir en Bertrand de Got un prélat anglais, et il serait abusivement simple d'en faire tout simplement un Français. Cette simplification fondera pourtant bien des jugements portés par ceux qui se trouveront déçus d'une politique pontificale par trop favorable à la France.

Le chroniqueur florentin Giovanni Villani poussera le zèle gibelin jusqu'à inventer une entrevue secrète du roi de France et de l'archevêque Bertrand de Got, entrevue au cours de laquelle, dans la forêt de Saint-Jean-d'Angély, le roi se serait engagé à faire élire pape l'archevêque en échange d'une promesse de bons services. Le futur Clément V aurait promis la condamnation de la mémoire de Boniface VIII, l'octroi d'une décime pour financer les campagnes de Flandre et, bien sûr, la réintégration des cardinaux Colonna. Et Villani de parler de complot, voire de simonie. Il est inutile d'insister longuement : en 1305, Philippe le Bel n'est pas en position de faire élire un pape.

CONVERSATIONS À LYON

Le 4 septembre 1305, Clément V quitte Bordeaux. Il a convoqué à Lyon un Sacré Collège qui attendait les ordres à Pérouse. Le 14 novembre, dans l'église Saint-Just de Lyon, le doyen du Sacré Collège qu'est maintenant Napoleone Orsini pose sur le front de l'élu la tiare qui est tenue depuis le XIIᵉ siècle pour un « ornement impérial », ainsi que l'écrivait l'abbé de Saint-Denis Suger.

Comme il l'avait annoncé, le roi de France est à Lyon, avec nombre de ses chevaliers. À travers la ville, un cortège permet au nouveau pape, écrira le chroniqueur catalan Amalric Auger, de « montrer publiquement son couronnement à tout le peuple ». À pied, Charles de Valois et le duc de Bretagne Jean II tiennent le frein du cheval de Clément V. La foule se presse, et les Lyonnais n'y sont pas seuls. En longeant l'enceinte antique, on fait le tour de la ville. Surchargé, le mur s'effondre quand passe le cortège. On comptera parmi les blessés le duc de Bretagne et le frère du pape, Gaillard de Got. L'un et l'autre en mourront peu après. Le cheval du pape s'est affaissé et, si le pontife n'est que légèrement blessé, la tiare a roulé par terre. On mettra quelque temps à retrouver la précieuse escarboucle, un rubis estimé à six mille florins, qui l'ornait au sommet et qu'on y placera de nouveau. Certains voient dans cette chute de la tiare un mauvais présage. L'affaire d'Anagni est encore dans toutes les mémoires.

Philippe le Bel n'est pas venu que pour la parade. Il est là pour parler. L'assiste son confesseur, le dominicain Nicolas de Fréauville, cousin de l'influent chambellan Enguerran de Marigny que l'on ne cessera de retrouver pendant dix ans dans les affaires pontificales. Le roi de France fait alors connaître ses exigences, car deux affaires le préoccupent, auxquelles le nouveau pape, pour

des raisons bien différentes, ne peut que prêter une oreille attentive. L'une est faite des séquelles du conflit avec Boniface VIII.
L'autre concerne les relations entre le Capétien et le Plantagenêt,
autrement dit la situation en Guyenne. Il n'y a là rien qui puisse
surprendre Bertrand de Got.

Certes, le conflit avec Boniface a subitement pris fin lorsque,
secoué physiquement et humilié, le pape Caetani est mort un mois
après l'invasion du palais d'Anagni. En prononçant, à la faveur
du coup de force de Sciarra Colonna qui lui ouvrait les portes, la
formule de citation à comparaître devant le concile, Nogaret a
rendu vaine l'excommunication du roi de France que Boniface
devait publier le lendemain. La mission du légiste était accomplie.
Demeurent les deux menaces réciproques.

D'un côté, le roi entend toujours faire condamner par un
concile œcuménique, sinon la personne de Boniface, du moins sa
mémoire. Si l'on se souvient des déclarations de principe conte-
nues dans la bulle *Unam sanctam* et si, plus généralement, on se
rappelle les diverses professions de foi théocratiques de Boniface VIII, il est certain que le roi ne poursuit pas seulement sa
querelle par appétit de vengeance et par acharnement personnel :
il s'agit bien, non de pourfendre un mort, mais de faire condamner
par l'Église elle-même une doctrine dont le radicalisme impliquait
la sujétion des souverains temporels dans leurs actes de gouvernement. Philippe le Bel veut vider une fois pour toutes l'abcès. Clément V lui donnera satisfaction en abrogeant, le 2 février 1306,
les deux bulles *Clericis laïcos* et *Unam sanctam*, autrement dit
tout ce que Boniface a publié comme affirmations dogmatiques
sur les relations du pouvoir spirituel et des pouvoirs temporels.

En sens inverse, le roi entend bien faire lever la condamnation
portée par Boniface après la nuit d'Anagni contre les fauteurs du
tumulte. Benoît XI l'a déjà levée pour les simples comparses,
mais elle demeure pour Sciarra Colonna et pour Nogaret. Celui-
ci est donc le premier à souhaiter cette révision, et il va multiplier
les démarches assez maladroitement pour que les esprits s'habi-
tuent à le tenir pour responsable d'un tumulte dont il n'a fait
que profiter. Pour dire les choses crûment, la menace d'un procès
insupportable pour le Saint-Siège, celui qui touche la personne
même de l'ancien pape, sera la matière du chantage permanent

dont Philippe le Bel et ses légistes ne peuvent se priver pour en finir avec l'affaire d'Anagni. Il convient de s'en souvenir si l'on veut comprendre l'attitude de Clément V, à partir de 1307, dans l'affaire du Temple.

Quant à la situation en Guyenne, elle empoisonne depuis un siècle et demi les relations entre le Capétien et le Plantagenêt. Autour de Bordeaux et de Bayonne, la Guyenne – qui inclut la Gascogne chère au nouveau pape – est ce qui reste de l'empire continental du Plantagenêt Henri II, un empire qui comprenait à son apogée au xiie siècle la Normandie, le Maine, l'Anjou et l'Aquitaine dans sa totalité. Mais l'Anglais – appelons-le ainsi par commodité – n'est pas plus résigné à se contenter de ce reste que le Français ne l'est à y voir autre chose qu'un fief comme les autres. Entre les deux rois, la paix a été faite en 1298, et elle est affermie par le remariage d'Édouard Ier avec Marguerite de France, sœur de Philippe le Bel, et par les fiançailles du futur Édouard II et d'Isabelle de France, fille du même. Toutefois, cette paix a laissé l'écharde dans la plaie : Édouard Ier n'a pu obtenir que la Guyenne formât un duché souverain. Le patrimoine continental de celui qui est par ailleurs roi d'Angleterre demeure un duché tenu en fief du roi de France. Les escarmouches sont donc quotidiennes entre les officiers de l'un et de l'autre : sur la frontière souvent incertaine, on fait du zèle.

Autant dire que demeurent les causes d'une mésentente capable de préoccuper un pape gascon parce qu'il est gascon mais aussi parce que, moins de quinze ans après la chute d'Acre, on rêve d'une nouvelle croisade et qu'on en connaît la condition nécessaire : la paix assurée entre les princes chrétiens. Même si nul ne la croit imminente, le pape et le roi n'ont pas manqué, à Lyon, d'évoquer cette croisade.

Les appétits d'une famille

Chacun a exprimé ses préoccupations et le pape a désormais plusieurs raisons de s'attarder en France, autant pour en finir avec les affaires de France que pour esquiver les difficultés prévisibles à Rome. On peut se séparer. Clément V entreprend alors de constituer son gouvernement.

Le 15 décembre, ayant d'abord – malgré quelques murmures – réintégré dans le Sacré Collège les deux cardinaux Colonna que Benoît XI s'est contenté d'absoudre, Clément V confère le chapeau de cardinal à dix prélats parmi lesquels on compte le Londonien Thomas Jorz, confesseur du roi Édouard Ier et commentateur des *Sentences*, et deux fidèles du roi de France, le chancelier Étienne de Suizy et l'inévitable confesseur Nicolas de Fréauville. Mais la fournée compte sept clercs gascons dont cinq neveux ou cousins du pape (*voir tableau généalogique 1*). À l'un d'eux, Arnaud de Canteloup, le nouveau pape vient tout juste de donner sa propre succession à l'archevêché de Bordeaux en même temps que la fonction essentielle de camérier de l'Église, autrement dit de chef de l'administration financière du Saint-Siège. Comme on ne peut être en même temps cardinal et archevêque d'un diocèse, un autre Arnaud de Canteloup, neveu du précédent, deviendra en juillet suivant archevêque de Bordeaux.

Clément V ne néglige pas sa parenté laïque. Cette bonne noblesse gasconne n'est pas riche, et la fortune imprévue de Bertrand de Got tourne vite la tête des siens. Les uns et les autres se font donner des gouvernements rémunérateurs dans l'état pontifical. Le frère aîné du pape, Arnaud Garcie de Got, auquel Philippe le Bel donne pour sa part la vicomté de Lomagne et d'Auvillar, sera recteur du duché de Spolète cependant que, pourvu par le roi de France de la terre de Duras et par le roi d'Angleterre de la châtellenie de Blanquefort, son fils Bertrand aura la Marche d'Ancône. D'autres recevront la Campagne, la Maremme, Bénévent ou le Patrimoine de saint Pierre. Bien évidemment, aucun d'eux n'a la moindre connaissance des affaires italiennes. Installés à la cour pontificale, ils se contenteront de faire percevoir par des vicaires le revenu de leur fonction, ne dédaignant pas de garder de surcroît une bonne part de ce qui devrait revenir au pape. Napoleone Orsini critiquera vertement ces neveux, « plus larrons que recteurs ». Le Comtat Venaissin ira à un neveu du pape, Raimond Guilhem de Budos, lequel profitera de l'occasion pour s'allier à la très ancienne féodalité provençale : il épousera Cécile des Baux.

Tout cela n'interdit pas à Clément V de faire bénéficier de sa nouvelle fortune le patrimoine familial. À Villandraut, il fait reconstruire son château natal, une étonnante forteresse : on n'y voit aucun donjon mais, aux angles de la courtine de plan carré et autour de la porte qui ouvre au-dessus d'un fossé inondable, six fortes tours hautes de vingt mètres assurent la sécurité de la place et affirment sur l'horizon de la plaine la grandeur du Gascon devenu pape.

Qu'il s'agisse de cardinaux, de recteurs ou de gouverneurs, les chiffres ne permettent guère de suivre le dernier – et excellent – historien de Clément V, Sophia Menache, quand elle réfute l'accusation de népotisme en écrivant que ce pape n'a donné aucun office important à un seul membre de sa famille.

Il est vrai que le népotisme n'est pas chose nouvelle à la cour pontificale. Dès sa première promotion, Boniface VIII a conféré la pourpre à deux Caetani. Jamais, cependant, on n'a vu une irruption à ce point massive de la proche parenté du pape. Les grandes familles de l'aristocratie italienne rivalisaient pour maintenir et entretenir leur présence dans le Sacré Collège, mais aucune ne pouvait penser que l'occasion ne se représenterait pas et qu'il fallait la saisir en force dans l'instant. L'élection de l'un des leurs ne tournait pas la tête d'un Orsini ou d'un Colonna, et qu'un pape Orsini fît cardinaux quelques Orsini ne passait pas pour abus de népotisme. À un Got, une élection pontificale n'apparaît pas comme l'occasion d'un avantage normal. Elle l'est encore moins aux yeux d'autrui. Le Florentin Giovanni Villani résumera durement le jugement de bien des contemporains : les Gascons sont « naturellement cupides ».

Cette irruption des Gascons est donc un premier sujet de stupéfaction. Il en est un autre, et de grande portée : c'est l'ampleur du renouvellement du Sacré Collège, un renouvellement à la faveur duquel, pour la première fois, la majorité échappe aux Italiens. Au conclave qui vient d'élire Clément V on comptait dix-neuf cardinaux, dont quinze Italiens. Deux autres promotions, en 1310 et 1312, porteront à vingt-quatre – dont treize Gascons – le nombre des « créatures » de Clément V. Parmi ces nouveaux cardinaux, on ne verra pas un seul Italien. La décision de ne pas aller à Rome n'est pas inspirée d'un simple souci de commodité.

Nul ne s'étonne donc vraiment de voir Clément V, après quelques mois de séjour lyonnais, prendre, non le chemin de la Ville éternelle où nul ne l'attend, mais celui de Bordeaux où l'accueille son successeur et neveu Arnaud de Canteloup. Entouré de la plupart de ses cardinaux, le pape y tiendra sa cour pendant un an. Il gagnera ensuite le Poitou pour y rencontrer Philippe le Bel et traiter avec lui de la paix entre la France et l'Angleterre. On s'en étonne à peine. Après les exemples donnés à Pérouse ou à Viterbe, nul ne s'en scandalise.

LE TEMPLE ET LA CROISADE

Lors de la longue entrevue – trois semaines – d'avril-mai 1307 à Poitiers, c'est bien l'ensemble des contentieux qui encombrent la chrétienté que le pape et le roi de France passent en revue. Le Temple n'est alors qu'une affaire entre autres, et qui ne touche nullement, comme naguère l'affrontement avec Boniface VIII, les fondements et les principes du pouvoir royal et du pouvoir pontifical. Mais le roi de Naples Charles II d'Anjou n'est pas venu pour rien : il obtient la remise d'une dette d'argent qu'il avait à l'égard du Saint-Siège. Le comte de Flandre Robert de Béthune est venu négocier, en espérant la médiation du pape, une révision des clauses du terrible traité d'Athis-sur-Orge qui a mis fin au conflit avec la France après la défaite flamande de Mons-en-Pévèle. Quant aux ambassadeurs d'Édouard Ier, ils ont à parler des châtellenies gasconnes que se disputent les deux rois. Bref, l'entente nouvelle du pape et du Capétien fait que nul ne peut plus négliger leur arbitrage et leur autorité.

On a tenté d'en finir avec les menaces réciproques. Le pape s'est dit prêt à accorder, sous condition de croisade, une entière absolution au roi et à tous ses sujets tenus pour coupables ou responsables de l'affaire d'Anagni, ce qui inclurait Nogaret. Le roi renoncerait à faire juger la mémoire de Boniface. L'erreur est de vouloir duper Nogaret, et de laisser hors du pardon le parti des Colonna. La paix sera, sur ces points, repoussée.

A-t-on, à Lyon en 1305, parlé du Temple ? Bien que l'on eût déjà entendu les premières dénonciations, rien ne laissait alors attendre le drame qui éclate en 1307. Il est en revanche certain que, lors des entretiens de 1307, Philippe le Bel aborde d'abord ce qui lui paraît un scandale. On évoque les accusations d'hérésie, d'idolâtrie et de sodomie qui nourriront enquêtes et procès, comme tant d'autres en d'autres temps. Il ne s'agit dans la plupart des cas que de l'incompréhension des subtilités théologiques – une image peut se vénérer, non s'adorer – par de braves soldats et sans doute de stupides brimades infligées aux jeunes par les anciens, mais ce sont, en ce XIVe siècle, des griefs auxquels on ne passe pas outre. Cela dit, le véritable scandale n'est pas là. Il tient aux tergiversations des dignitaires de l'ordre et en premier lieu du grand maître Jacques de Molay quant à la préparation de la future croisade. L'abus qui sera fait, et en premier lieu par les papes d'Avignon, du prétexte qu'offrait la croisade à toutes les exactions fiscales de la papauté et des souverains ne doit pas cacher le fait que, pour une génération contemporaine des héros d'Acre et de l'effondrement en mai 1291 du dernier bastion de la chrétienté en Terre sainte, la plaie est encore à vif. En bref, la reconquête des Lieux saints n'a rien d'un vague propos. Le projet d'une croisade n'est pas un phantasme alors qu'un Jean de Joinville, compagnon de saint Louis en Égypte comme en Syrie, est encore en vie et que, certes octogénaire mais ayant l'esprit vif et le souvenir sûr, il poursuit l'achèvement de ses *Mémoires*.

La croisade, tout le monde en parle donc. Un obscur clerc normand, simple licencié en droit canonique et avocat des causes ecclésiastiques dans le bailliage de Coutances, Pierre Dubois, multiplie les écrits qu'il envoie au roi. Nul ne saura jamais si Philippe le Bel les a reçus et s'il les a lus, mais le traité *De la récupération de la Terre sainte* qu'achève Dubois en 1307 et le mémoire *Pour le fait de la Terre sainte* qu'il compose rapidement en 1308 sont suffisamment significatifs des ambitions du chrétien moyen pour qu'on en fasse quelque cas. Même si sa position sociale est des plus modestes, Dubois est cependant un juriste, et le projet qu'il élabore n'a rien à voir avec le propos développé deux siècles plus tôt par Urbain II et qui était la prise en main des affaires de la chrétienté par le pape. Pour l'avocat de Coutances, la croisade appelle d'abord l'établissement de la souveraineté universelle du Capétien, donc la relégation du Siège apostolique dans le rôle pieux que lui assignait jadis Charlemagne. Ce qu'on peut retenir des élucubrations de Dubois, c'est l'idée d'une responsabilité particulière du roi de France dans la perspective de la croisade. Cette idée rejoint l'initiative que finit par prendre Philippe le Bel à propos du Temple.

On l'a compris, après tant d'échecs : le retour de la Terre sainte à la chrétienté ne se fera plus par l'envoi d'une armée épisodique faite d'autant de bonnes volontés que de méconnaissances de la situation en Orient. La croisade est une action, qui ne dure pas. Il faudra donc une force permanente, constituée en Occident à cette fin et capable de conserver et d'organiser en Orient ce qui aura été repris. C'est bien l'idée que l'on se fait d'un ordre de chevalerie et c'est ce qu'étaient à leur origine le Temple et l'Hôpital de Saint-Jean de Jérusalem, pour ne pas parler des ordres moins présents dans le royaume latin parce qu'occupés ailleurs, les ordres espagnols et le teutonique. Mais, au fil des années, les deux ordres du Temple et de l'Hôpital sont devenus concurrents, ont développé une certaine idée de leur indépendance, ont fait fi de l'autorité du roi de Jérusalem, ont parfois combattu l'un contre l'autre. Le Temple, de surcroît, est devenu une puissance financière, et c'est la principale image que l'on a de lui en Occident alors qu'il ne combat plus en Orient : la mort héroïque des défenseurs d'Acre ne fait pas oublier que les maisons de l'ordre en Occident ont pris des allures d'agence d'une banque internationale. Alors qu'on vient de canoniser Louis IX, certains se rappellent que, sénéchal de Champagne, Joinville a dû monter de force sur la galée du Temple et menacer de fracturer le coffre à la hache pour que les templiers acceptent de financer la rançon du roi de France captif des Mamelouks. Dans l'entourage d'un Philippe le Bel qui vénère la mémoire de son grand-père, l'incident n'est pas oublié.

Dans les projets que l'on forme alors en Occident, plusieurs possibilités se laissent entrevoir, et aucune ne s'accommode du maintien du statu quo. L'une, déjà évoquée en 1274 au concile de Lyon et de nouveau en 1292 peu après la chute d'Acre, est la fusion des deux ordres, avec une efficace mise en commun de leurs forces et de leurs moyens financiers. L'autre est leur suppression et la création d'un nouvel ordre, à la tête duquel le roi de France ne refuserait pas de voir l'un de ses fils. La suppression de deux ordres, toutefois, ne va pas de soi, surtout quand, à raison d'une fonction charitable que les tâches militaires n'ont pas fait prescrire, l'un au moins, l'Hôpital, demeure populaire. Fondre le Temple et l'Hôpital serait plus simple. Malheureusement, pendant que, aux ordres du grand maître Foulque de Villaret, les hospitaliers provisoirement réfugiés à Chypre s'apprêtent à prendre Rhodes dont ils feront un bastion de la chrétienté en Méditerranée orientale, Jacques de Molay s'oppose à toute fusion, et cela avec les plus mauvais arguments. Bien pis, il ne propose rien.

Le pape ne cache pas que, dans ce propos, c'est l'Hôpital qui a sa faveur. Sans doute peut-on voir un signe dans le choix qu'il fait du grand maître de l'Hôpital pour organiser, afin de financer la croisade, la collecte de la décime imposée sur tout le clergé de France le 11 août 1307. Nul ne s'étonnera quand en septembre 1309 le même Villaret accompagnera Pierre de Chassagne, patriarche latin de Jérusalem et légat du pape, dans une expédition qui ira en Orient « pour préparer le passage », comme l'écrit Bernard Gui, et qui s'achèvera piteusement par un naufrage au large de Brindisi.

Clément V n'est pas homme à se décider dans l'urgence. C'est là son grand défaut, qui le disqualifie vite aux yeux d'un Philippe le Bel peu porté à la temporisation. La mesure est comble quand le pontife s'excuse, le 24 août 1307, de devoir reporter l'information qu'il faudrait ouvrir sur les reproches faits au Temple : il est prêt « à prendre des potions préparatoires, puis à se purger ». Chacun comprend que le pape prend son temps pour réfléchir.

L'OFFENSIVE DU ROI

Le roi de France décide alors de le placer devant le fait accompli. Le 13 octobre, tous les templiers de France sont arrêtés à la même heure. L'opération mettant en œuvre dans tout le royaume quelques centaines d'officiers royaux et aux abords de chaque commanderie quelques solides acolytes prévenus par lettres du 14 septembre, on ne peut que faire une constatation accablante : en un mois, nul n'a prévenu les templiers du danger. Lorsque le visiteur de France Hugues de Pairaud dit à mi-voix qu'il essaiera de se tirer d'affaire, c'est simplement parce qu'il sait les accusations qui courent sur l'ordre. L'impopularité des templiers va donc faciliter le jeu du roi et de ses légistes, en premier lieu celui d'un Nogaret devenu, le 22 septembre, garde du sceau royal, autrement dit chancelier sans le titre. Si l'on rapporte cette nomination à l'affaire d'Anagni, on voit la pression qu'entend maintenant exercer le roi sur le pape. Il n'y a aucun doute : le zèle que met Nogaret à rassembler les éléments d'une affaire du Temple n'est pas sans rapport avec le besoin qu'il éprouve d'une réplique aux accusations qui, depuis Anagni, pèsent sur lui.

Le 14 octobre, c'est à Paris dans la salle du chapitre de Notre-Dame que Nogaret met publiquement le Temple en accusation. Sont présents les théologiens de l'Université, les chanoines de la cathédrale et quelques officiers royaux. Le 15, le même Nogaret et quelques autres fidèles du roi – notamment des dominicains liés à l'Inquisition – haranguent la foule des Parisiens assemblés dans le jardin du Palais, à la pointe de la Cité. Dans le même temps, Philippe le Bel écrit aux souverains, aux princes et aux cardinaux. Une chose est évidente : le roi de France n'attend pas le concile et, faute de pouvoir lui-même condamner, il se charge du réquisitoire. Les officiers royaux, d'ailleurs, assistent déjà les inquisiteurs pour les premiers interrogatoires des templiers arrêtés.

Pour la plupart, les souverains répondent qu'il convient d'attendre les instructions du pape. Bref, Philippe le Bel a échoué à doubler le pape. Les hésitations et la pusillanimité de celui-ci permettent cependant au roi de reprendre la main. Au su des aveux qu'ont faits les templiers interrogés, le pape finit par faire droit aux requêtes du roi. Le 22 novembre 1307, Clément V enjoint à tous les princes chrétiens d'imiter le roi de France.

Dans un sursaut, en mars 1308, le pape révoque les pouvoirs de l'Inquisition, qu'il juge trop sensible aux sollicitations des officiers royaux et dont, en général, il réprouve l'excessive sévérité. Il instruira lui-même l'affaire. Ce n'est pas mettre les templiers hors de cause, mais c'est rappeler au roi qu'une accusation d'hérésie relève de l'Église. Consultée, l'Université opine pour sa part que le roi n'a pas à se mêler d'une accusation d'hérésie. Mais Philippe le Bel comprend bien qu'en se réservant l'instruction

Clément V enterre l'affaire. Il ne renonce donc pas à faire pression sur le pape et pour cela il reprend la méthode naguère utilisée contre Boniface VIII : l'appel à l'opinion. À Tours, vers le 15 mai, les barons, les prélats, les chapitres et les représentants des bonnes villes – cela fait une assemblée de plus de mille personnes – entendent les harangues des légistes ainsi que quelques procès-verbaux d'interrogatoire, judicieusement choisis. Le point de vue du roi est applaudi. Reste à revoir le pape.

Cette troisième rencontre, à Poitiers, à la fin de mai 1308, ne fait guère avancer les choses, même si, pour intimider le pape, le roi s'est fait accompagner d'une forte délégation de cette assemblée qui vient, à Tours, de l'approuver. On évoque de nouveau la fusion des ordres mais des trois décisions qui semblent nécessaires, sur les personnes, sur les biens et sur l'ordre même, nul ne sait laquelle doit venir en premier. Et le pape de gagner du temps en feignant de voir dans la croisade l'objet principal de l'entretien.

Guillaume de Plaisians, le légiste qui apparaissait toujours comme le second de Nogaret, passe soudain au premier plan : il faut détacher l'affaire du Temple de celle des séquelles d'Anagni. Les accusations contre l'ordre ne doivent pas être un simple volet du marchandage que poursuit Nogaret. Il est d'ailleurs un autre volet : le roi de France plaide fortement pour que l'on canonise Célestin V, étant entendu que la canonisation du pape poussé au renoncement par Boniface serait une condamnation implicite de ce dernier. La demande sera officiellement faite le 6 juillet, en même temps qu'une requête inspirée par Nogaret, requête difficilement soutenable alors que nul n'a jugé Boniface : le roi exige tout simplement qu'on ouvre la tombe du défunt pape et qu'on brûle ses os. Naturellement, on n'en fera rien. Après une difficile enquête où bien des désaccords se manifesteront quant à la valeur des témoignages et à celle des miracles allégués selon qu'ils ont été constatés avant, pendant ou après le pontificat, Célestin V ne sera canonisé qu'en 1313, et Philippe le Bel n'aura qu'en partie satisfaction : c'est comme « confesseur » qu'est élevé sur les autels l'ancien ermite, et non, ainsi que l'aurait préféré le roi, comme « pape et martyr ».

Cette canonisation n'en porte pas moins à dauber sur un pape aux ordres du roi de France. De divers côtés, on fait de l'ironie.

Sans même juger le nouveau saint digne d'être nommé, Dante n'hésitera pas à mettre dans son *Enfer* « l'ombre de celui qui par vileté fit le grand refus » (*Enfer,* III, 59-60) .

C'est encore à Plaisians qu'il revient, le 29 mai 1308, de prononcer la harangue de fond sur le Temple. Il le fait en Consistoire, donc devant le pape et les cardinaux alors présents à Poitiers, mais en langue vulgaire – en français d'oil – ce qui ne s'imposait pas pour le discours d'un légiste parfaitement à l'aise en latin et s'adressant au pape : la langue normale du Consistoire, c'est le latin. Ce choix de la langue – ni le latin ni la langue d'oc – n'est évidemment pas une bévue : Plaisians se soucie avant tout de se faire comprendre des délégués de l'assemblée de Tours, que l'on a admis, comme les conseillers du roi, à côté des cardinaux. Ces témoins pourront rapporter à travers le royaume les termes d'un réquisitoire royal qui passera pour approuvé par le pape : le royaume doit savoir que le pape soutient le roi. Toutes précautions sont également prises pour que les propos tenus à Poitiers soient rapidement connus des cours étrangères. Comme si souvent, le roi d'Aragon a sur place ses observateurs, lesquels prennent des notes. Il n'est naturellement pas le seul.

Plaisians, dont le texte a certainement été mis au point avec Nogaret, passe vite des accusations ponctuelles à des déclarations de principe. C'est comme vicaire de Dieu au temporel dans son royaume que le roi de France a agi et toute son action a pour objet la libération des Lieux saints. D'ailleurs, il ne suffit pas de juger les fautifs, autrement dit les pécheurs que sont les templiers, il convient de juger en son ensemble un ordre que l'on sait corrompu. Les dispositions prises pour l'administration des biens de l'ordre suffisent à prouver que le roi ne cherche pas à se les approprier. Elles manifestent donc le « juste zèle » du roi de France. Encore faut-il se hâter : la temporisation est en soi un scandale.

Le Consistoire se poursuit en latin. Il y a là, dans la grande salle du palais des ducs d'Aquitaine, les deux cours, celle du roi et celle du pape. L'archevêque de Narbonne, Gilles Aycelin, puis l'archevêque de Bourges, Gilles Colonna, prennent la parole pour soutenir le point de vue du roi. Un baron et deux bourgeois – l'un de Paris, l'autre de Toulouse – font de même. Mêlant les deux langues, Clément V conclut qu'il va se décider. Le 14 juin, dans un autre Consistoire, Plaisians fait remarquer que le pape s'est déjà engagé plusieurs fois à rendre leurs pouvoirs aux inquisiteurs, et que rien ne vient. Et de brandir la menace : le roi pourrait bien se substituer au pape. Comme c'est ce qu'il a déjà fait, la menace est prise au sérieux, mais Clément V demeure égal à lui-même : il se contente d'exiger du roi qu'il lui remette les personnes des templiers et les biens de l'ordre. C'est un dialogue de sourds.

Le roi frappe alors un grand coup : le 27 juin, il remet les templiers au pape. Celui-ci ne peut que commencer à les faire interroger. Le procès est ouvert. Comme nombre de templiers passent les aveux qu'on attendait, le pape cède : il rétablit les inquisiteurs. Et il accorde son pardon aux templiers qui se repentent. Pour la suite, les templiers seront jugés dans chaque diocèse par le tribunal de l'évêque.

L'affaire est engagée, mais elle est loin de sa conclusion. Les procès contre les personnes se succèdent pendant trois ans encore. Le pape laisse espérer aux dignitaires de l'ordre une audience à laquelle ils n'auront jamais droit et que remplace leur audition par une commission de trois cardinaux qui rendra compte, en premier, au roi, lequel a ouvertement pris le gouvernement de l'affaire. Il veille à l'envoi des bulles pontificales qui fondent l'organisation des tribunaux d'inquisition diocésains. Il intervient à tout propos pour hâter la procédure. Il se mêle même de la mise en place des tribunaux par les évêques allemands et va jusqu'à se soucier de la gestion des domaines du Temple dans les pays d'Empire. Soigneusement choisis, soixante-douze templiers sont remis au pape, devant lequel ils confirment leurs aveux.

Reste surtout à décider du sort de l'ordre, donc de la destination des biens séquestrés. C'est alors que Plaisians, au nom du roi, présente à ce propos une requête inattendue : que le pape demeure en France et qu'il y convoque un concile. En juillet 1308, cette demande d'un concile prend les allures d'un ultimatum. Le 12 août, Clément V cède. Il se défausse sur un futur concile du soin d'en finir avec ce qui est devenu l'affaire du Temple, car il ne s'agit plus de la pénitence individuelle des pécheurs mais bien du sort de l'ordre lui-même. Pour un tel objet, qui s'inscrit dans le cadre de l'Église universelle, l'instruction ne peut qu'échapper aux inquisitions diocésaines : le pape en charge des commissions pontificales, établies dans les provinces, et parfois, comme pour la France, dans tout un royaume. Ces commissions ne rendront compte qu'au pape et au concile.

CHAPITRE III

Le concile de Vienne

UN CONCILE « PAR-DEÇÀ » ?

Quoi qu'il en soit de la requête de Plaisians, tout cela n'a pas laissé le pape penser à un éventuel départ pour l'Italie. Revenu à Bordeaux en mai 1306, Clément V n'a plus quitté cette région qui lui est chère, la Gascogne ou l'Aquitaine capétienne voisine. Les affaires qui se présentent sont en France, il reste en France. C'est le plus simple et le plus confortable. Certes, le pape commence à s'interroger, et peut-être faut-il prendre au sérieux le propos qu'il tient à Poitiers en mai 1308, lorsqu'il se dit heureux de revoir le roi de France avant de partir pour l'Italie. En fait, il commence de voir les inconvénients de ce séjour en France. Faute d'une cour organisée, les cardinaux doivent s'accommoder d'un train de vie que supportent mal les anciens, qui ont souvenir de leurs résidences romaines, et les nouveaux qui, devenant cardinaux, ont quitté un siège épiscopal bien pourvu. Naturellement, les prélats de la curie qui demeurent attachés à la mémoire et à la pensée de Boniface VIII ressentent durement la perte d'influence qui résulte du séjour en France. Un autre inconvénient touche le gouvernement de l'Église : si le pape est à l'écart des agitations romaines, il l'est aussi des affaires de l'état pontifical. Les archives, rappelons-le, sont toujours à Assise, et si la diplomatie peut se gérer au jour le jour, le gouvernement d'un état et de ses finances se fait mal sans les titres et les comptes.

Enfin et surtout, Clément V supporte de plus en plus mal les interventions du roi de France dans les affaires de l'Église, voire dans les relations du pape et des princes d'Empire. Un ambassadeur aragonais ironise : le Capétien est à la fois « roi, pape et empereur ». Le roi ne va-t-il pas jusqu'à corriger la prose du pape en lui reprochant le manque de clarté de ses instructions aux évêques ? Ne désigne-t-il pas lui-même les membres de la commission pontificale chargée d'enquêter en France sur l'ordre du Temple, une commission qu'il fait présider par son fidèle conseiller Gilles Aycelin ? La mainmise royale sur le procès des personnes des templiers devient patente quand Philippe de Marigny, le frère d'Enguerran, devient archevêque de Sens : Paris, où l'on devra juger les principaux templiers, est dans la province de Sens. L'archevêque montrera son zèle : cinquante-quatre templiers qui, devant la commission pontificale, reviennent sur leurs aveux, seront brûlés comme relaps le 12 mai 1310.

Clément V pense-t-il franchement à gagner Rome ? Il faut préparer et tenir un concile, et il n'est pas vraiment question de convoquer celui-ci ailleurs que « par-deçà ». Le tenir au Latran serait prendre le risque de graves désordres, et la pression des clans romains n'est pas plus souhaitable que celle du roi de France. Les raisons étant toujours les mêmes, Clément V en revient donc à ce qui était, trois ans plus tôt, son premier choix pour le couronnement. Le concile qu'il convoque le 8 août 1308 se tiendra à Vienne, aux portes du royaume de France mais hors de celui-ci. Il devra s'ouvrir le 1er octobre 1310.

Réunir un concile universel n'a rien d'extraordinaire. Depuis un siècle, on a connu plusieurs conciles œcuméniques, où toute l'Église latine était représentée. C'était le cas au Latran en 1215, à Lyon en 1245 et en 1274. Les conciles nationaux ou provinciaux ont été plus nombreux encore. Il a toujours paru normal de charger une assemblée de prélats – qu'on la qualifie de concile, de synode ou autrement – de juger un évêque ou un prince pour ses comportements personnels ou un théologien pour les dérives dogmatiques de son enseignement et de ses écrits. Ni la réforme grégorienne ni les définitions de la doctrine ne se sont faites depuis le xie siècle sans nombre d'assemblées de la sorte. Ce qui est propre à étonner en ce début du xive siècle, c'est qu'après l'échec du concile réuni à Rome par Boniface VIII pour réformer le gouvernement du royaume de France, un concile œcuménique soit prévu pour juger un pape et convoqué pour juger un ordre religieux. Lorsqu'à Lyon en 1274 on a supprimé vingt-deux ordres, il ne s'agissait que de clarifier les structures de l'Église en revenant sur une prolifération récente et passablement désordonnée. Le propos n'était pas de condamner.

À mesure que passe le temps, de nouvelles préoccupations surgissent, qui pourraient inciter le pape à gagner l'Italie. Albert de Habsbourg – beau-frère de Philippe le Bel – a été assassiné le 1er mai 1308 et l'élection du comte Henri de Luxembourg qui devient, le 27 novembre 1308, le roi des Romains Henri VII, donc l'empereur désigné, va déclencher la procédure habituelle de la « descente » impériale vers Rome. L'élu doit aller y chercher sa couronne s'il veut renouer avec les signes de la légitimité : on n'a pas couronné un empereur depuis Frédéric II en 1220. Mais, et nul ne s'y trompe, Henri VII ne se lance pas dans une pareille expédition par le seul souci d'un geste hautement significatif : le comté de Luxembourg est une petite principauté, et le nouvel empereur a besoin de l'Italie pour alimenter un trésor impérial capable de porter de grandes ambitions. Cela ne manquera pas de ranimer les agitations des partis italiens : la venue du roi des Romains ne peut que provoquer un regain de ses fidèles gibelins.

L'élection de Henri VII n'est pas sans incidences sur les relations du pape et du roi de France. Philippe le Bel a tenté de placer son frère Charles de Valois sur le trône que l'on dit être celui de Charlemagne et Henri de Luxembourg a pris d'entrée de jeu le contre-pied des guelfes qui s'appuient sur le roi de Naples Charles II d'Anjou, donc sur le neveu de saint Louis. Clément V a nettement marqué sa défiance envers le comte de Valois : son élection à l'Empire aurait durablement assuré la tutelle des Capétiens sur le Siège apostolique. Le pape a donc tout avantage à prendre ses distances avec la France et à donner à l'élection de Henri VII une confirmation que celui-ci charge en juin 1309 ses ambassadeurs d'aller solliciter du pape et que ce dernier annonce solennellement en Consistoire le 26 juillet. D'ailleurs, les trois archevêques électeurs ont tous été nommés par Clément V, et ils ont voté pour un Henri de Luxembourg qui est d'ailleurs le frère de l'un d'eux, l'archevêque de Trèves. De surcroît, comme en 1272 – quand on parlait déjà d'une candidature capétienne – et comme ce sera longtemps encore le cas, les électeurs n'ont guère de goût pour un candidat trop puissant ou trop bien allié. Ils ont à choisir un empereur, non un maître. Charles le Téméraire, en 1473, l'éprouvera durement. Clément V voit alors les affaires italiennes tourner à son avantage. Le 27 août 1309, Robert d'Anjou, qui vient de succéder à son père Charles II, fait comme roi de Naples son hommage au pape. Le 11 octobre 1310, à Lausanne, Henri VII jure de défendre l'Église et, en échange de l'impunité qu'il promet aux guelfes, l'autorité pontificale le garantit contre les villes guelfes de Toscane. La paix du pape semble donc s'étendre sur l'Italie, au nord comme au sud de l'état pontifical. Reste l'affaire qui oppose Venise à l'état pontifical et à Bologne à propos de Ferrare, et qui appelle en Italie même une présence renforcée du pouvoir temporel du Saint-Siège. N'était le concile, Clément V pourrait donc modifier son attitude et quitter l'Hexagone.

Mais il y a ce concile où le marchandage s'annonce en sorte qu'on y parlera autant de Boniface VIII et de l'Empire que du Temple. Clément V ne saurait franchir les Alpes en ce moment précis où se prépare le concile. Il n'est que d'attendre deux ans. Nul ne peut penser que les délais s'allongeront. Pour tout dire, le pape ne s'en trouve pas plus mal. On sait ce qu'était la présence pontificale à Rome. Pour qui veut être réaliste, la question n'est pas de s'établir à Vienne plutôt qu'à Rome, elle est d'être à Vienne plutôt qu'à Viterbe ou à Pérouse.

Le pape ne semble pas avoir pensé à résider lui-même au cœur du concile. Une place tranquille, à proximité, sera plus indiquée. Une courte distance ménagera les temps nécessaires à la réflexion, voire aux réactions, car le concile pourrait se montrer turbulent. Il n'y aura pas de papauté de Vienne.

Clément V aurait toutes raisons de s'installer chez lui, dans ce Comtat Venaissin qui appartient au Saint-Siège depuis qu'en 1274 le roi Philippe III le lui a cédé. Il fait partie, comme le Patrimoine ou la Marche d'Ancône, des états de l'Église. Mais, si Carpentras a remplacé en 1305 Sorgues comme capitale du Comtat, Carpentras demeure à l'évêque, et échappe ainsi à la seigneurie du pape. En attendant la cession de Carpentras, qui n'interviendra qu'en 1320, le vrai chef-lieu du Comtat est une très petite ville, Pernesles-Fontaines, où l'on établirait difficilement la cour pontificale :

pour faire face à un concile non sans assurer toutes les tâches du gouvernement de l'Église et de l'état pontifical en Italie, cette cour ne saurait être réduite au seul service domestique. Le pape aura besoin de son entourage politique, de ses juristes, de ses administrateurs, de ses financiers. Même réduite comme elle l'est depuis que Clément V parcourt l'Aquitaine, la curie comprend quelque quatre cents personnes, qu'il faudra loger. Même s'il n'y est pas chez lui, Clément V se décide donc pour Avignon. Le 12 août 1308, avant de quitter Poitiers pour un bref retour en Gascogne, il donne rendez-vous à sa curie pour le 1er décembre à Avignon. En fait, les retards s'additionneront et, passant par Bordeaux, Agen, Toulouse et Nîmes, Clément V ne parviendra à Avignon que le 9 mars 1309.

AVIGNON

La ville, qui est au comte de Provence Charles II d'Anjou, n'est pas médiocre. Le port fluvial est commode et les liaisons routières sont aisées. Ne nous y méprenons cependant pas : dans une région où la forte romanisation a multiplié les cités, donc les villes et les sièges épiscopaux, Avignon n'a rien d'un chef-lieu. Du point de vue ecclésiastique, l'évêque n'est qu'un suffragant de l'archevêque d'Arles. Le diocèse est exigu, et il n'est que modestement rémunérateur. L'administration fiscale du pape le taxe à 1 600 florins, alors qu'Aix est taxé à 2 400 et Arles à 2 000. Du point de vue politique, la ville n'est que le centre d'une petite seigneurie, passablement excentrique dans la Provence de la maison d'Anjou et surtout établie sur le cours inférieur de la Sorgue. Quant au centre économique, il ne supporte évidemment pas la comparaison avec les grands ports que sont Marseille, Aigues-Mortes ou Montpellier, reliés avec toutes les places méditerranéennes, non plus qu'avec les grandes foires qui se tiennent à Beaucaire, à Pézenas ou à Montagnac.

Sans doute faut-il le dire ici fortement, si Avignon jouit d'une bonne position sur le Rhône, et si cette position dans le Saint Empire mais dans les marges où l'autorité impériale est singulièrement absente, et hors de France mais à quelques pas de la

France, est un facteur décisif du choix que vont en faire les papes, la situation par rapport à l'Occident chrétien n'a rien d'exceptionnel. Les relations avec la France, avec les îles Britanniques et avec les pays de la mer du Nord sont aisées. Elles ne sont, avec l'Europe centrale et orientale, pas plus encombrées qu'elles ne l'étaient pour la papauté établie à Rome ou alentour. Elles sont en revanche catastrophiques avec l'Italie. La route de la côte est inexistante. Pour aller d'Avignon à Gênes, il faut trouver à Marseille un navire. On ne va pas, les deux papes qui regagneront la Ville éternelle le sauront, d'Avignon à Rome sans quelques semaines, voire quelques mois d'un voyage où alternent les journées de mer et les longues attentes au port. Il faut quatre mois à un pape, six mois à un autre, pour aller à Rome ou à Naples. Il est vrai que, encombrés d'une suite et de bagages, ils ne peuvent changer le dispositif. De moindres personnages y vont plus vite. Il leur faut quand même de un à trois mois.

Le voyage d'Avignon à Naples d'un personnage qui, comme Pétrarque, jouit d'une certaine aisance de moyens mais non d'une notoriété génératrice de passe-droits est à cet égard significatif et il en a conté les épisodes (je cite la traduction d'Ugo Dotti). C'est à la mi-septembre 1343 que Pétrarque quitte Avignon.

> Je m'étais embarqué à Nice, la première ville italienne à l'Occident, et j'arrivai à Monaco sous un ciel constellé d'étoiles... Nous restâmes à Monaco toute la journée suivante, à contrecœur, essayant en vain de repartir. Le jour suivant, le temps était incertain, nous levâmes les ancres et, continuellement battus par les vagues, nous abordâmes à Port-Maurice comme la nuit était déjà presque noire. En raison de l'heure, on ne nous autorisa pas à entrer dans le château et, ayant trouvé par hasard sur la plage une couchette de matelot, j'assaisonnai mon dîner avec ma faim et fus débiteur du sommeil à ma fatigue.
>
> La colère s'empara de moi, et je commençai à connaître les mauvais tours que joue la mer. Je n'en dis pas plus. Après avoir réfléchi, je résolus à l'aube de préférer la dure terre à l'esclavage des eaux.

Le poète se heurte à la guerre entre Milan et Pise, doit reprendre un bateau, se réjouit de n'avoir plus rencontré d'inconvénients, entre dans Rome le 4 octobre, repart le 7 et atteint Naples à la mi-octobre. Il aura mis un mois.

Si l'on regarde les choses de plus près, l'intérêt de la position géographique d'Avignon tient d'abord à l'éperon rocheux constitué par le rocher des Doms, qui procure un contrôle de la voie fluviale à laquelle donne accès un double port. Il ne tient pas moins au pont qui, le premier sur le Rhône depuis la mer car le pont romain d'Arles est de longue date effondré, assure la communication entre l'Empire et le Royaume. Ce pont porte le nom de saint Bénezet, un personnage en partie légendaire qui aurait multiplié les miracles pour convaincre les autorités de la nécessité d'un pont. Construit entre 1177 et 1185, restauré après le passage en 1226 du Capétien Louis VIII en campagne contre les cathares et plus généralement contre l'insurrection du Languedoc, ce pont fait maintenant le prix de la position. Il n'en est que plus convoité, et il faudra attendre les bonnes relations de Clément VI et de Charles V pour que le roi de France, qui revendiquait jusque-là tout le lit du Rhône et par conséquent la totalité du péage perçu au passage du pont, reconnaisse au Saint-Siège, désormais seigneur d'Avignon, la propriété du pont jusqu'à la chapelle Saint-Nicolas qui se dresse sur la deuxième pile. Clément VI ne s'embarrassera pas de la restriction : il fera reconstruire le pont, en pierre cette fois mais élevé sur des degrés qui en interdiront l'accès aux chariots et en limiteront donc l'intérêt économique, et il en fortifiera l'accès par un châtelet comparable à celui qui, à Paris, contrôle le Grand Pont.

Les Avignonnais ont su tirer parti de cette position. Ayant développé une fonction de marché régional et de centre artisanal, profitant habilement de la Sorgue et d'une dérivation de la Durance pour animer une meunerie des plus actives, ils ont obtenu en 1129 du comte de Forcalquier la création d'un consulat, autrement dit d'un gouvernement municipal tenu par une petite noblesse urbaine de chevaliers et de prud'hommes et chargé de gérer les intérêts communs sans en accaparer le profit. Ils ont habilement mis l'évêque dans leur jeu, lui reconnaissant le droit d'approuver l'élection des consuls et de présider l'assemblée. Toujours avec l'accord du comte, les Avignonnais ont enclos la ville d'une nouvelle enceinte, qu'il leur a fallu raser, de même que trois cents maisons à tours qui faisaient leur fierté, en punition de la résistance opposée en 1226 à l'armée de Louis VIII. Charles d'Anjou n'a pas laissé rétablir cette enceinte dans son ancienne capacité militaire, mais ce qui en reste délimite quand même une ville de 45 hectares. Dans les années 1300, ce chiffre ne caractérise pas une simple bourgade épiscopale.

C'est en effet, depuis 1209, le comte de Provence qui, en partage avec l'évêque, exerce les droits de seigneurie. Par son mariage avec l'héritière des comtes, le comte Charles d'Anjou, frère de saint Louis, est devenu en 1246 comte de Provence. Un demi-siècle plus tard, c'est son fils Charles II, par ailleurs roi de Naples, qui règne en Provence. Choisi hors de la ville, un viguier le représente à Avignon, nomme les membres du conseil qui a succédé au consulat et gère les affaires locales. Pour le roi de Naples, cette seigneurie d'Avignon est une petite chose : une modeste ville de marchands. Quand, par le mariage de la fille de Charles II avec le frère de Philippe le Bel, Charles de Valois, le comté d'Anjou passe à la maison de Valois, Avignon apparaît comme une position singulièrement marginale dans l'ensemble que forment le royaume de Naples – avec ses intérêts dans toute l'Italie guelfe – et le comté de Provence.

Avignon (*voir plan 3*) est alors une cité de quelque six à huit mille habitants, en majorité citoyens de la ville. À la même époque, bien des villes non dénuées d'importance, comme Arles, Cahors, Rodez ou Périgueux, n'atteignent pas les dix mille. Pour répondre au besoin pastoral et comme dans toutes les villes en pleine croissance démographique, les paroisses se sont multipliées. Sept paroisses sont donc venues soulager l'impressionnante cathédrale Notre-Dame-des-Doms dont la tour-lanterne domine le paysage urbain et qu'accompagnent dans l'enceinte romaine les églises Saint-Étienne sur le flanc qui domine le fleuve et Saint-Agricol face au sud. Entre la cathédrale et Saint-Étienne s'élève le baptistère. Hors l'enceinte, sont apparues la paroisse de Saint-Pierre dès le xe siècle au pied de l'enceinte orientale, et au xiie à l'est celle de Saint-Symphorien et au sud celles de Saint-Didier, Saint-Geniès et Notre-Dame-la-Principale. Dans les années 1300, tout cet habitat est largement compris dans la nouvelle enceinte qui, englobant même huit bourgs, multiplie par quatre la superficie de l'acropole du Bas-Empire.

Les établissements monastiques sont nombreux en pleine ville et dans le voisinage immédiat : les bénédictins sont à Saint-Agricol, les augustins à Saint-Ruf, les bénédictines à Saint-Laurent, les cisterciennes à Sainte-Catherine, les clarisses à Sainte-Claire. Dominicains, franciscains et carmes ont leurs couvents, les antonins ont leur maison hospitalière. Au-delà de la porte du nord, les frères de la Pénitence du Christ tiennent leur maison de Notre-Dame-de-Fenouillet. On trouve en pleine ville la commanderie de l'ordre de Saint-Jean-de-Jérusalem – autrement dit l'Hôpital – et, bien qu'elle soit sous séquestre depuis 1307, celle du Temple. Il y a même, implantée au sud, hors de l'enceinte, l'Université créée en 1303 par Boniface VIII. Il faut y insister, tous ces centres de vie religieuse sont là bien avant qu'y vienne le pape.

C'est donc à Avignon que, le 9 mars 1309, s'établit un Clément V qui ne voit là qu'une installation commode et tout à fait temporaire. Depuis son élection, il n'a cessé d'aller d'une ville à l'autre. Sur la rive gauche du Rhône, il est là en terre d'Empire mais à une longueur de pont du royaume de France dont le plus proche symbole sera au temps de Charles V le vaste fort Saint-André élevé sur la rive droite où le roi de France se sentira obligé de rappeler ses droits alors que tant de cardinaux et le pape lui-même se dotent là de résidences. Quand Clément V vient à Avignon, il y est chez le comte de Provence, lequel n'a jamais songé à y habiter. Il n'est pas inutile de rappeler que Charles II est, comme roi de Naples, le vassal du pape. Résider quelque temps chez son vassal est une pratique courante. Au reste, on ne logera pas chez le comte, qui n'a pas de château à Avignon. Autant dire que le pape sera tranquille. Quand finira le concile, on avisera. Reporter à plus tard n'est pas pour gêner Clément V.

Il n'est pas question de déloger l'évêque. Certes, Clément V montrera un certain goût pour le mobilier de luxe et pour la vaisselle précieuse, et il saura thésauriser pour l'Église comme pour lui-même et ses neveux au point qu'on le trouvera parmi les principaux créanciers de Philippe le Bel et d'Édouard II, mais il ne cherche pour sa cour ni la grandeur ni le faste, et ce n'est pas de son temps que date à la curie la multiplication des officiers et des courtisans. Après son élection, on lui a apporté quelques pièces du trésor pontifical, mais la plupart sont demeurées à Pérouse et on ne se souciera de les réclamer qu'en 1311. En bref, Clément V n'est pas en train de constituer ce qu'on appellera l'Avignon des papes. Il organise seulement une résidence pour le temps du concile. Il s'installe donc, hors la ville et au-delà de la petite rivière qui la borde au sud, la Sorgue, dans le vaste couvent des dominicains. Le cloître garantit le calme et l'église est assez grande pour accueillir à l'occasion quelque cérémonie liturgique. C'est encore là qu'on couronnera Benoît XII et Clément VI. L'été venu, le pape ira vivre au frais dans la montagne du Comtat, c'est-à-dire à Malaucène ou tout à côté dans le prieuré du Groseau, sur le versant nord du Ventoux. Dans les deux cas, il financera la reconstruction et le décor des églises. Il n'en fréquentera pas moins, sur la rive du Rhône, le château qui, fort agrandi par la suite, donnera au lieu son nom définitif : Châteauneuf-du-Pape.

En attendant le concile

En attendant le concile, on reparle du procès contre la mémoire de Boniface VIII. Philippe le Bel et ses légistes tiennent là un merveilleux moyen de pression. Le 12 août 1308, alors qu'il met de l'ordre dans ses affaires avant de quitter Poitiers et qu'il lui faut tenir ce qu'il a promis au roi, le pape déclare devant un consistoire public qu'il ne peut plus ignorer les accusations portées contre le défunt pape, qu'il ne peut refuser à quiconque le droit de les formuler et qu'en conséquence il ouvrira la procédure en février. À la cour de France, on croit un peu vite l'affaire engagée. Il n'en est rien. On l'a dit, le pape n'arrivera à Avignon que le 9 mars, feignant d'avoir oublié son propos de Poitiers. En privé, il se plaint : l'affaire l'occupe au point qu'il n'a plus le temps de faire autre chose.

Surtout, Clément V se sent soutenu dans la temporisation qui lui est naturelle par tous ceux pour qui il est temps d'en finir avec cette vieille querelle. Bien des clercs n'apprécient guère que le pape soit aux ordres du roi. Les souverains ne souhaitent pas un scandale et le roi d'Aragon Jacques II l'écrit en propres termes : ne pouvant s'opposer au procès, puisque de graves accusations sont portées, il prie Clément V de conduire la procédure avec tact.

Clément V ne tient nullement à ce procès, mais il ne souhaite pas davantage entrer en conflit avec le Capétien. Observateur bien placé du drame de 1303, il sait ce qu'il en coûterait à l'Église de sembler reprendre les hostilités. Fragile, car le pape gascon n'ignore pas qu'on l'a élu par défaut, il sait qu'en cas d'affrontement il aurait peu de soutiens. Il voit bien que ni le roi de France ni Nogaret ne lâcheront leur proie. Le 13 septembre 1309, Clément V se décide à contrecœur. Il cite à comparaître devant lui les accusateurs : le roi de France, son demi-frère Louis d'Évreux, le comte Jean de Dreux et Guillaume de Plaisians. Toujours excommunié, Nogaret n'est pas cité mais il prend la tête de la mission qui gagne Avignon et à laquelle, naturellement, le roi ne saurait se joindre. La procédure et le débat s'ouvrent le 16 mars. Certes, c'est le pape qui cite et le pape qui juge, mais on juge un pape, accusé d'hérésie et d'usurpation. La dignité pontificale ne peut qu'en souffrir.

Nogaret mène l'assaut. Nombre de témoins sont entendus, soit par le pape, soit par les deux cardinaux qu'il a désignés à cette fin et qui sont tout acquis à Philippe le Bel, Étienne de Suizy et Bérenger Frédol. La plupart de ces témoins ont été choisis par Nogaret, lequel poursuit là, au nom du roi de France, ce qui est de plus en plus une affaire personnelle : le garde du sceau entend être lavé des accusations relatives à son rôle dans la nuit d'Anagni. Tous les moyens lui semblent bons, et en particulier les ragots tardifs sur la jeunesse de Boniface, sur ses mœurs et sur ses manquements à l'orthodoxie doctrinale.

Clément V n'a qu'un désir, là comme ailleurs : gagner du temps. Convaincu que plaignants et témoins finiront par disparaître et que l'affaire s'enlisera, il accumule donc les prétextes à report et à délais. Le 21 mai, le procès est suspendu. Le pape va passer l'été au Groseau, mais Nogaret et Plaisians ne cessent pas d'adresser aux cardinaux des réquisitoires. À la reprise, à la mi-novembre, le procès s'enlise de nouveau dans les atermoiements cependant que, d'un côté comme de l'autre, devient visible l'exaspération.

GUELFES ET GIBELINS

Les fidèles de Boniface ne baissent pas les bras, et moins encore en Italie qu'ailleurs. Le cardinal Jacopo Caetani Stefaneschi, en particulier, se montre fort actif, qui intègre sa défense du défunt pape dans une hostilité d'ensemble à la politique de Clément V, à l'ingérence de Philippe le Bel dans les affaires de l'Église et au maintien de la papauté hors de l'Italie qui a rapidement mis fin à l'influence dont il jouissait avant l'élection de 1305. La disparition de Charles II d'Anjou, mort à Naples le 5 mai 1309, et l'avènement de son fils, le roi Robert, lui paraissent donc propices à une manœuvre politique d'envergure.

À trente-cinq ans, Robert d'Anjou a la réputation d'un habile politique et d'un homme énergique, une réputation que, malgré quelques naïvetés, justifiera la suite des événements. Alors que le roi des Romains Henri VII prépare sa descente en Italie, on peut prévoir la reprise de l'éternel conflit entre les gibelins que revivifie la venue impériale et les guelfes qui, malgré sa tendance à la modération, pourront s'appuyer sur un roi de Naples autrement actif qu'un Charles II pratiquement absent des affaires italiennes.

Celles-ci s'ordonnent autour d'un équilibre sans cesse remis en cause entre des puissances aussi dissemblables par leur nature et leurs intérêts que par leurs alliances. Occupant, mais dans une géographie dépourvue de cohérence, le centre de la Péninsule, l'état pontifical est immédiatement bordé au sud par la lourde structure territoriale du royaume de Naples. Certes, depuis l'insurrection dite des « Vêpres siciliennes » (1282) et l'installation en Sicile d'un roi aragonais qu'à Rome on n'appellera bientôt que le « roi de Trinacrie », il ne reste à la maison d'Anjou que la partie continentale du royaume de Sicile offert jadis par le pape au frère de saint Louis. D'une part, toujours tenu en fief du Siège apostolique, ce royaume de Naples – appelons-le ainsi pour éviter les confusions, mais le pape le considère toujours comme « de Sicile » – occupe d'une mer à l'autre le tiers de la Péninsule. D'autre part, la solidarité dynastique jouant, le pape ne peut traiter ses relations avec Naples en ignorant que le Capétien fait place à la Couronne napolitaine dans toute politique visant à une hégémonie européenne. Ajoutons que Charles II d'Anjou a épousé en 1270

Marie de Hongrie, la fille et héritière du roi Étienne V, et que son petit-fils aîné revendique avec succès en 1309 la Couronne de saint Étienne. C'est maintenant un Angevin, donc un Capétien, qui règne sur la Hongrie. La solidarité lignagère reparaîtra quand la royauté napolitaine sera en crise, et le Saint-Siège verra alors poindre un risque d'encerclement par la puissance hongroise. Quand il regarde vers Naples, le pape doit donc tenir compte de tout un système d'alliances à l'échelle de l'Europe.

L'autre grande puissance qui fait contrepoids en Europe à l'influence capétienne et angevine, c'est celle de l'empereur. S'il est germanique de fait, l'empereur sait qu'il est l'héritier des rois lombards dont il ceint traditionnellement à Milan la Couronne de fer avant de recevoir à Rome le diadème impérial. Il sait aussi que les villes de l'Italie moyenne sont villes d'Empire. Bologne est à cet égard un enjeu de premier ordre. Mais, si le pape a profité de l'excommunication de Frédéric II en 1250 pour transformer le royaume sicilien du Hohenstaufen en un royaume vassal du Saint-Siège, on ne saurait oublier que l'empereur Henri VI, père de Frédéric II, avait bel et bien épousé l'héritière des rois normands de Sicile. C'est dire qu'il est entre le pape et l'empereur un conflit fondamental et qu'aucun acteur du jeu politique italien ne saurait se situer ailleurs que dans le camp de l'un ou dans celui de l'autre.

C'est vrai des seigneuries qui se constituent après l'effondrement du régime communal dans les villes prospères de l'Italie septentrionale. Maîtres de Milan depuis 1311, les Visconti sont le premier appui de ce parti impérial auquel on donne le nom de gibelins. À Vérone, ce sont les Della Scala, communément appelés Scaliger. Profondément attachées à leur tradition communale, des villes toscanes comme Pise et Lucques ne sont pas moins gibelines. Il va de soi que l'Aragonais qui règne à Palerme est porté, par hostilité aux Angevins de Naples et à leur suzerain le pape, à apporter éventuellement son appui aux villes du parti impérial. La connexion du pape, des guelfes et de l'Angevin fait que la Sicile ne saurait être autre chose que gibeline.

En face, le parti guelfe ne se définit pas avec la même facilité. La place forte en est Florence, qui vient en quelques décennies de passer du modeste niveau d'une petite ville sans ouverture sur la mer au rang de centre industriel et commercial en relations avec tout le monde connu. Florence est en passe d'occuper la place qui était celle de Sienne à la tête du système bancaire européen. Certes, l'attachement des Florentins à un régime oligarchique aux fortes traditions républicaines les conduit à se méfier de l'empereur plus que du pape et à voir dans les tentatives d'expansion territoriale et de concurrence économique des villes gibelines une menace pour leur indépendance et pour leur prospérité. Des querelles intestines sans relation initiale avec les grands conflits ne cessent toutefois d'agiter la vie politique de Florence et de diviser le parti guelfe lui-même. Ni le pape ni l'empereur n'y sont pour rien, mais le Florentin est surtout préoccupé par l'affrontement des blancs et des noirs.

LES BLANCS ET LES NOIRS

Ces noms sont empruntés aux deux factions qui, se partageant Pistoia, sont venues chercher appui à Florence en se rangeant dans l'une ou l'autre des clientèles que distinguent et opposent leurs relations avec la vieille aristocratie des magnats, l'origine et le niveau de leurs fortunes, leurs relations avec le menu peuple. Quand se dégagent les partis qui vont se partager les guelfes et se battre pour le pouvoir, on voit les blancs se forger une idéologie intransigeante du refus de toute autorité extérieure, les noirs se tenir aux aguets de tout ce qui pourrait servir la grandeur de Florence, fût-ce au prix de quelque compromission. Après une journée d'affrontement dans les rues, le 1ᵉʳ mai 1300, c'est la guerre. À cette date, les blancs tiennent encore Florence, et tous les prieurs – les chefs des « arts majeurs » qui forment la seigneurie élective – sont pris dans leurs rangs.

Porté, entre deux conflits, à la réconciliation avec la cour de France, Boniface VIII fait intervenir sur la scène italienne un nouveau protagoniste. Charles de Valois ne s'y refuse pas, plus riche qu'il est d'ambitions que de principautés. Comte de Valois, d'Alençon et de Chartres, ce qui est peu, le frère germain de Philippe le Bel a épousé la fille de Charles II d'Anjou qui lui a apporté l'Anjou et le Maine, puis Catherine de Courtenay dont il tient des prétentions sur l'empire latin de Constantinople, perdu en 1261 par Baudouin de Courtenay. Il épousera enfin Mahaut de Saint-Pol, fille d'un des plus grands lignages de la féodalité occidentale. En 1285, il s'est vu roi quand il a accepté de conduire la croisade lancée, avec la bénédiction du pape Martin IV, par son père Philippe III contre le roi Pierre III d'Aragon, que le Saint-Siège tenait pour coupable de sa conquête de la Sicile, mais le comte de Valois n'a gagné en l'affaire que le ridicule d'être couronné roi d'Aragon avec un chapeau de cardinal emprunté faute de couronne.

Nommé en 1301 vicaire pontifical et assuré du soutien financier de son frère, puis désigné en 1302 comme capitaine général en Sicile, Charles de Valois se voit donc chargé de porter secours à Charles II d'Anjou, de reconquérir la Sicile où le duc de Calabre, autrement dit le futur roi Robert, n'est parvenu qu'à mettre un pied et de rétablir au passage l'ordre en Toscane et plus précisément à Florence.

Malheureusement, Charles de Valois n'est que médiocrement intelligent. Bon chef de guerre, il n'est guère diplomate. Philippe le Bel le sait bien, qui chargera son autre frère, Louis d'Évreux, des difficiles négociations avec la Flandre. Le comte de Valois se révèle incapable de comprendre les subtilités de la situation italienne. À Florence où il se fait seconder par le brutal podestat de Gubbio Cante de' Gabrielli, il s'aliène définitivement les blancs que l'on avait vus favorables à Charles II d'Anjou. Il compromet sa réputation dans le massacre des blancs en novembre 1301, puis dans de sordides exigences financières qui servent ses alliés les banquiers de la compagnie Franzesi, celle-là même des financiers de Philippe le Bel, Albizzo et Musciatto Guidi, connus à Paris comme « Biche et Mouche ». Il clôt l'épisode par une fournée de proscriptions parmi lesquelles on trouve un Dante Alighieri qui se vengera en lui faisant place dans le *Purgatoire* (trad. de J. Risset).

> Il sort sans armes, avec l'unique lance
> Dont joua Judas, et cette pointe
> Qui fait crever le ventre de Florence.
> Il gagnera ainsi non des terres
> Mais de la honte et des péchés...

Il est vrai que, bien que venu avec une armée, Charles de Valois ne doit qu'à des complaisances d'avoir pu entrer dans Florence. Dans le royaume de Naples, il se fait connaître par des pillages inconsidérés. Tout cela ne l'aura pas guéri des ambitions et en 1308, à la mort d'Albert de Habsbourg, il tentera de se porter candidat au Saint Empire.

Les blancs ne reprendront pas le pouvoir à Florence. Réfugiés à Pistoia où les assiègent les guelfes noirs de Florence et de Lucques renforcés de leurs alliés napolitains, les blancs sont pour un temps sauvés par l'intervention d'un Clément V qui prend ici le contre-pied de Boniface VIII. En septembre 1305, le pape dépêche en effet à Florence l'évêque de Mende Guillaume Durand le Jeune, flanqué de l'abbé de Lombez. Les nonces promulguent en novembre une trêve qui interrompt l'offensive, marquant ainsi en faveur des blancs un retournement de la politique pontificale qui suscitera bien des rancunes à Florence. Mais, si le roi de Naples Charles II d'Anjou abandonne les noirs pour ne pas s'aliéner le pape dont il attend le renouvellement de son investiture royale, les Florentins et les Lucquois refusent de se soumettre. Ils reprennent le siège de Pistoia.

Les noirs vont alors de succès en succès. En mars 1306, ils sont maîtres de Bologne. En avril, Pistoia capitule sous la pression exercée par le duc de Calabre. L'affaire a provoqué une redistribution des cartes : à changer de camp, le pape s'est retrouvé dans celui du vaincu, les blancs ne doivent plus rien à Naples et les noirs, qui ont souffert de l'attitude pontificale, se tournent – en perdant là un peu de leur crédit – vers les gibelins lucquois d'Uguccione della Faggiuola.

Comme les gibelins ont déjà cause commune avec les blancs, le parti qui devrait être celui du pape se trouve démantelé : le vieux parti guelfe du pape et des Angevins n'existe plus. Émerge de la confusion un nouveau clivage. Un parti groupe les blancs finalement déçus par les interventions de Clément V et les gibelins qui demeurent viscéralement hostiles au pouvoir temporel du Saint-Siège. Un autre parti est celui des noirs, dont les récentes orientations de la politique pontificale font désormais des ennemis déclarés du pape. Autant dire que, si les deux partis demeurent opposés pour tout ce qui concerne le gouvernement des villes, le pape ne peut plus compter l'un d'eux comme allié. Clément V croit rétablir sa position par l'envoi d'un légat prestigieux. C'est Napoleone Orsini, auquel les Florentins puis les Bolognais opposent un violent refus quand il parle de faire revenir les blancs de leur exil. Le cardinal tentera alors un recours à la force : il ne trouvera que l'appui d'Arezzo. L'échec sera complet. L'affaire de Pise est menée avec plus de discernement. Les noirs voient à juste titre dans le plus grand port de Toscane une place forte du parti gibelin. Or le pape songe à affaiblir cette puissance en favorisant les ambitions du roi d'Aragon Jacques II, lequel convoite la Corse et la Sardaigne pour compléter la mainmise aragonaise sur la Sicile. Afin de faire pièce aux Angevins de Naples, Boniface VIII a appuyé cette constitution d'un bassin aragonais de la Méditerranée centrale et il a, en 1297, donné au roi Jacques II l'investiture de ces deux îles que Génois et Pisans ne cessent de se disputer.

On notera que le pape a assez habilement offert les deux îles au roi d'Aragon lui-même et non à son frère Frédéric II qui règne en Sicile. L'intérêt du Saint-Siège n'est pas de fortifier un roi de Trinacrie qui n'a jamais renoncé à conquérir un jour la partie continentale du royaume de ses ancêtres maternels et à reconstituer ainsi le royaume de Sicile des Hohenstaufen. Comme le roi de Naples Charles II d'Anjou prépare en sens opposé une reconquête de la Sicile insulaire, une conquête que tentera vainement son fils Robert, le don des deux îles au roi d'Aragon borne les ambitions angevines. Le pape se sert des Aragonais pour contenir l'Angevin et, en suscitant une rivalité parmi les deux Aragonais, garde entre eux un certain équilibre. Le 29 octobre 1305, Clément V confirme donc le don des deux îles mais, il le sait, Jacques II est bien incapable de les conquérir.

C'est alors que les noirs de Toscane jugent habile d'ébranler Pise en offrant leur aide au roi d'Aragon : ils lui promettent 50 000 florins pour financer un débarquement. Clément V se doit de répliquer : il écoute la suggestion de Niccolò Albertini da Prato, un dominicain toscan qui a été évêque de Spolète et qui fut l'un des rares cardinaux créés par Benoît XI. Niccolò da Prato, dont on dit qu'il a joué quelque rôle dans l'élection de Clément V, est acquis depuis longtemps à l'idée d'une entente avec l'empereur, donc porté à tout ce qui pourrait diminuer l'influence des Angevins de Naples. Il se charge de convaincre Clément V que Pépin le Bref et Charlemagne ont donné au pape la suzeraineté de la Toscane. C'est lui permettre de disposer à son gré de la seigneurie de Pise pour en investir le roi d'Aragon.

Pour le pape, ce serait frapper un grand coup : non seulement évincer Pise des îles, mais se poser, sans l'appui d'aucun parti italien, en maître d'une place gibeline. C'est trop. À son habitude, Clément V gagne prudemment du temps : il opine en faveur de l'Aragonais mais ne lui promet aucun appui effectif. De son côté, Jacques II manifeste une vue réaliste des choses : il remercie mais laisse entendre qu'il se contenterait des îles. Quant aux Noirs, ils confirment leur promesse d'une aide financière. L'affaire en restera là. Le pape y aura gagné une chose : on a compris que mieux vaut tenir compte de lui dans les affaires italiennes.

Mais le calme ne revient guère. La perspective de la « descente en Italie » du nouveau roi des Romains Henri VII ne peut que faire naître de nouvelles appréhensions. Malgré la bonne réputation de Robert, l'avènement d'un nouveau roi à Naples ajoute une inconnue au problème.

UN ROYAUME D'ARLES

Dans ce contexte, le cardinal Stefaneschi croit pouvoir pacifier la Péninsule au prix d'une simple négociation. Non sans quelque naïveté, il imagine en 1309 d'organiser, par un habile mariage du fils du roi Robert, le duc Charles de Calabre, et de la fille de Henri VII, Béatrice de Luxembourg, la paix entre les deux souverains. Henri VII aurait ainsi les mains libres en Italie. On donnerait à l'Angevin, pour récompense, un royaume d'Arles qui, résurrection du royaume carolingien de Bourgogne, élargirait la mainmise de Robert, comte de Provence autant que roi de Naples, sur cette partie de l'Empire qu'est la rive gauche du Rhône. Ainsi ferait-on pièce à un Philippe le Bel toujours porté à grignoter des droits et des terres au-delà du Rhône : on le voit bien à Lyon où le roi ne cesse de pousser ses pions et où l'archevêque a, en 1307, cédé au roi ses droits de justice.

La faiblesse de la manœuvre tient à la vue simple que Stefaneschi, plus féru de liturgie que de politique, veut imposer d'une situation qu'il ramène à ses bases : l'affrontement des deux pouvoirs. Pour italien qu'il soit, le cardinal est d'abord un Romain qui tient pour négligeables la complexité des querelles locales et l'imbrication de celles-ci à l'échelle de la Péninsule. Il ne s'agit pas seulement de réconcilier le pape et un souverain temporel, et le cardinal ne s'en avise pas. Il ne mesure pas davantage la profondeur des haines exacerbées dans le peuple par les séquelles sociales, économiques et humaines des soubresauts politiques.

Dans un premier temps, Clément V approuve le projet. Le roi de France devrait n'avoir aucune raison avouable de s'y opposer : l'union proposée doit procurer la paix. Au vrai, Philippe le Bel ne saurait se satisfaire d'un possible rétablissement du royaume d'Arles. L'Empire aux portes du royaume, c'est tolérable dès lors qu'on ne voit jamais l'empereur sur les bords du Rhône. Un royaume d'Arles revivifié, ce serait plus inquiétant qu'un dauphin de Viennois, un comte de Savoie et un comte de Provence. Sur le fond, mieux vaut donc ne pas compter pour une telle manœuvre sur la connivence de Philippe le Bel. À peine est-il prévenu qu'il charge l'un de ses diplomates préférés, l'évêque de Bayeux Guillaume Bonnet, d'une protestation : ni le pape ni l'empereur n'ont quelque droit à créer un royaume d'Arles qui n'existe pas.

C'est cependant par la faute des deux parties que l'affaire échouera : Henri VII se montre trop pressé d'exiger un hommage de l'hypothétique roi d'Arles pour son réel comté de Provence et Robert d'Anjou laisse voir sa cupidité en comptant sur la dot de la princesse luxembourgeoise pour payer ses dettes. Favorable à une alliance qui garantissait la paix en Italie et mettait l'actuel siège de la papauté hors d'atteinte du roi de France, Clément V n'en est pas moins tenu à une certaine discrétion : il aurait quelque peine à soutenir ouvertement un projet aussi nettement orienté contre les intérêts du Capétien. Il se contente de laisser tomber que ce serait pour lui un péché que de s'opposer au mariage. Clément V n'est pas homme à tenir bon, surtout quand il sent que l'affaire a peu de chances de se réaliser. Le projet de Stefaneschi se trouve enterré. On n'en reparlera que timidement en 1311 devant Brescia.

L'AFFAIRE DE FERRARE

Avec l'affaire de Ferrare, on n'est plus parmi les rêves. C'est un conflit ouvert qui oppose en 1308, après la mort du marquis Azzo d'Este, ses deux frères Aldebrandino et Francesco à son fils naturel et héritier désigné, Fresco. Même si Ferrare a pris les allures d'une principauté indépendante, la ville et son territoire demeurent dans la suzeraineté du pape, et celle-ci, plutôt ressentie comme une alliance que comme une domination, n'a jamais été mise en cause. Maîtres de Ferrare depuis 1208, les marquis d'Este sont parmi les soutiens traditionnels du parti pontifical et le pape gagne plus à cette alliance aux confins de l'état vénitien qu'à une illusoire souveraineté que le Saint-Siège serait fort embarrassé de revendiquer. Encore faut-il qu'on se rappelle quand même que Ferrare appartient à l'Église. Beaucoup l'ont quelque peu oublié.

La compétition pour la succession conduit chacun à chercher des alliés. Fresco d'Este, qui tient la place, et ses deux oncles font appel aux puissances qui ne peuvent laisser passer l'occasion d'élargir leur aire d'influence, voire leur emprise. Fresco se tourne vers Bologne et Venise. Ses oncles croient pouvoir compter sur Padoue, qui les abandonnera dès leur premier revers. À peine de se voir dénier sa suzeraineté, Clément V est tenu d'intervenir à Ferrare. Il ne peut laisser à Venise le soin de rétablir l'ordre dans une ville où l'agitation va croissant et où Fresco est de plus en plus contesté. Les Ferrarais poussent d'ailleurs à cette intervention pontificale car, d'un soutien à Fresco, Venise passe à une véritable domination : ses exigences commerciales et fiscales compromettent les droits de Ferrare sur le trafic fluvial du Pô. Le pape comprend vite que Ferrare n'entend pas n'être plus qu'une cité sujette de la Sérénissime. Il y a là une occasion à saisir.

Il est d'autres villes qui ne tiennent pas à voir se fortifier la position de Venise, et c'est d'abord le cas de Bologne. Lorsque deux nonces viennent faire le tour de la région, ils sont fort bien accueillis. Contre la coalition qui s'organise ainsi, Venise choisit à nouveau de conforter Fresco, lui promet une pension viagère et met des troupes à Ferrare, sans cacher que le jeune marquis paiera en cédant sa seigneurie. Ce qu'apprenant, les nonces lancent un ultimatum, les Ferrarais se révoltent et, Fresco s'étant retranché dans la forteresse de Castel Tedaldo, les forces vénitiennes se replient, le 5 octobre 1308, dans la citadelle où l'armée des coalisés les assiégera en vain pendant deux mois. Le 1er décembre, un accord est conclu. Venise y gagne, avec le *statu quo* à Ferrare, la reconnaissance de sa domination économique sur la vallée du Pô. Clément V désavouera ses nonces et, en mars 1309, enverra un légat, le cardinal Arnaud de Pellegrue, à la tête de deux mille hommes d'armes dont la présence donnera consistance à l'excommunication lancée contre Venise.

Cette fois, la Sérénissime doit faire face à une coalition renforcée, où l'on trouve tous ceux qui se réjouiraient de saper sa position en Méditerranée comme en Italie septentrionale. Sous la bannière pontificale, s'assemblent donc Bologne et Padoue, Florence, Lucques et Sienne. Vainement la Sérénissime envoie-t-elle aux assiégés de Castel Tedaldo une armée de secours. Celle-ci se fait battre. Le 24 septembre, les Vénitiens abandonnent le combat.

L'affaire dépasse désormais l'échelle locale. L'excommunication touche tous les intérêts vénitiens en Europe. Ses partenaires commerciaux habituels mettent en sommeil leurs relations avec Venise. En bien des villes, on arrête les ressortissants de la Sérénissime et on met leurs biens sous scellés. Quelques jours encore, et c'est la ruine. Venise ne peut que céder. Dans un premier temps, le Sénat croit éviter le pire en abandonnant simplement la cause de Fresco d'Este. Clément V ne s'en contente pas. En mars 1310, les pourparlers de paix s'ouvrent entre Francesco Dandolo pour Venise et trois cardinaux pour le pape. Après trois années de négociation, ils aboutissent à la paix du 17 février 1313, par laquelle Venise renonce à Ferrare aussi bien qu'à divers avantages commerciaux dans la vallée du Pô et, de surcroît, paie les frais de la guerre.

Fresco garde le gouvernement de Ferrare. Son oncle Francesco, qui a tant espéré de l'intervention pontificale, a été assassiné le 24 août 1312 par les soldats du pape. Les Ferrarais manifestent contre la mainmise pontificale. Clément V n'est pas homme à s'entêter : il cède le gouvernement direct de la ville et y nomme un vicaire.

Le vicaire pontifical, c'est le roi Robert. L'erreur est flagrante. Attachés à leur indépendance, les Ferrarais s'inquiètent – comme bien d'autres – de cette avancée de l'Angevin de Naples dans l'Italie du Nord. L'arrivée des Napolitains prend vite les allures d'une catastrophe. Les clameurs s'élèvent contre les abus, les violences et les malversations des gens du roi de Naples. Le 4 août 1317, à l'instigation des Este et avec le soutien des gibelins qui ne peuvent se satisfaire de voir là les gens du roi Robert, l'insurrection éclate. La garnison est massacrée. Le 14, la foule fait un triomphe à Fresco d'Este. Toute la politique de Clément V se solde ainsi après sa mort par un retentissant échec. Il n'y a, pour atténuer celui-ci, que le désir de paix qui inspirera longtemps le comportement de Ferrare.

PERSPECTIVES DE COURONNEMENT IMPÉRIAL

Après que les princes allemands ont élu un roi des Romains, le pape a deux prérogatives : ratifier l'élection et couronner l'élu. Clément V a, le 29 juillet 1309, ratifié l'élection. Henri VII a donc attendu huit mois, et nul n'ignore que le roi de France a sa part de responsabilité dans ce retard. Même si la coïncidence des dates ne tient pas seulement à la volonté du pape, l'Europe entière note que, cinq jours plus tard, le 3 août, Clément V a couronné à Avignon le roi de Naples Robert d'Anjou.

Reste à couronner Henri VII. Il faut donc fixer une date à laquelle le pape et le futur empereur devraient se retrouver à Rome devant la confession de saint Pierre. Peu pressé de passer les Alpes et ne souhaitant en aucun cas le faire avant le concile, encore prévu pour novembre 1310, Clément V fixe le couronnement au 2 février 1312. Cela ne fait évidemment pas l'affaire de l'élu : Henri VII est condamné à attendre deux ans et demi son titre impérial et le surcroît d'autorité qu'il devrait lui assurer, mais aussi à craindre pendant ce temps une intervention française et un retournement du pape. Cette attente ne mécontente pas moins ses partisans gibelins, qui souhaitent profiter au plus vite de l'occasion que sera la « descente » en Italie du roi des Romains pour redorer un blason que les conflits internes à la Péninsule n'ont pas laissé intact. Henri VII propose donc une date plus proche : le 30 mai 1311, jour de la Pentecôte. Il invoque pour cela le souci de l'ordre public que met en danger en Allemagne comme en Italie une trop longue attente, voire une trop longue absence s'il gagne Rome pour y attendre finalement le pape. Il n'évoque pas moins la croisade, qui sera retardée d'autant. Avec réalisme, il fait savoir qu'il accepte de n'être couronné, si le pape est absent, que par un légat.

Clément V n'ignore pas qu'une expédition impériale vers Rome serait contrariée par la résistance des villes guelfes et en particulier celle de Florence, de Lucques, de Sienne et de Pérouse. Pour quelque empereur que ce soit, la traversée de l'Italie moyenne n'a rien d'une promenade. Or Philippe le Bel est à même de conforter cette résistance. Enguerran de Marigny va donc notifier au pape que l'intérêt général est de retarder le couronnement. Convaincre Clément V de temporiser est chose aisée.

D'ailleurs, le pape est maintenant pris comme témoin des griefs qu'accumule le roi Robert à l'endroit du futur empereur. C'est bien évidemment pour le rabaisser que Henri VII a, dès 1311, fait savoir au roi de Naples que l'hommage dû pour ces terres d'Empire que sont les comtés de Provence et de Forcalquier ne saurait être fait par procureur. Le roi des Romains attend de l'Angevin qu'il vienne à Rome et qu'il se mette en personne à genoux devant son seigneur l'empereur. Une telle exigence pousse évidemment Robert à l'hostilité. En mars 1312, en plein concile de Vienne, les ambassadeurs du roi de Naples dressent pour le roi de France et devant le Consistoire le catalogue des plaintes : Henri VII a fait enlever une statue de Charles Ier – le fondateur de la dynastie angevine – à Piacenza, il a annulé des conventions avec Gênes comme avec Asti, il projette de marier sa fille Béatrice de Luxembourg avec le roi de Sicile Frédéric II d'Aragon, il a nommé sénateur de Rome Louis de Savoie, le beau-père d'Azzo Visconti, et il a même méprisé la bannière du roi de Naples. En août, Robert d'Anjou revient à la charge : il fait consigner sa protestation contre le couronnement de Henri VII. Philippe le Bel ne manque pas de se joindre à son cousin. Il le fait observer au pape, les entreprises de l'empereur contre le roi de Naples compromettent gravement les chances d'une prompte croisade.

L'INDISPENSABLE COMPROMIS

Philippe le Bel s'inquiète cependant de l'imbroglio que provoque l'accumulation des affaires. L'enquête contre Boniface et l'excommunication de Nogaret, le procès contre le Temple et les procès contre les templiers non moins que la gestion de la fortune foncière de l'ordre, le couronnement de Henri VII et l'éternel conflit des guelfes et des gibelins, à quoi s'ajoute l'appel des villes flamandes au pape contre les clauses financières du traité d'Athis, tout cela ne trouvera pas son terme, et un terme heureux pour les fleurs de lis, dans quelque délibération du concile à venir. Comme le pape lui-même, ce concile va se trouver en terre d'Empire à l'abri de toute sérieuse intimidation par le roi de France. Le pape ne se prive donc plus de contrarier ouvertement le Capétien. Il faut, pour en finir, négocier un compromis. C'est précisément ce que préfère Clément V : ne trancher de rien.

Geoffroy du Plessis et Guillaume Bonnet reprennent en novembre 1310 le chemin d'Avignon. Les deux prélats ne sont impliqués dans aucune des affaires en cours et ils peuvent se faire entendre. Ils font habilement comprendre au pape – et surtout à son neveu Arnaud de Canteloup et au camérier Bertrand de Bordes – que la protection de l'empereur se révélera vite encombrante. En Italie, ajoutent-ils, l'hostilité des gibelins sera d'autant plus gênante pour le Saint-Siège que les guelfes seront affaiblis. Dans le même temps, Geoffroy du Plessis et Guillaume Bonnet rencontrent le cardinal Pierre de la Chapelle-Taillefer. Familier du pape depuis le temps de leurs études de droit à Orléans, ce légiste a été l'un des hommes de confiance du roi de France. Il a montré son dévouement en jouant, comme archevêque de Toulouse, un rôle de premier plan au service du roi contre l'évêque de Pamiers Bernard Saisset. Les envoyés de Philippe le Bel ne sauraient donc suspecter ses avis. Or, après les avoir admonestés pour la forme, le cardinal leur glisse un bon conseil : si le roi abandonnait cette affaire de Boniface qui met si mal à l'aise le pape actuel, celui-ci mettrait certainement quelque distance dans ses relations avec Henri VII.

Nogaret est fort attaché à la condamnation de Boniface, mais Nogaret n'est plus maître au Conseil du roi. Le temps est venu d'Enguerran de Marigny, lequel n'est ni un clerc ni un légiste mais un baron et un financier. Chambellan du roi, maître de son hôtel, puis de son administration financière, Marigny est devenu depuis 1305 l'homme de tous les marchandages politiques et, plus que des vieilles affaires du temps de Boniface VIII, il se soucie de l'exécution du traité d'Athis. Or les Flamands sont incapables de payer les 200 000 livres qui devraient racheter la moitié de la rente de 20 000 livres par an que le traité leur a imposée en sus de l'indemnité de 400 000 livres. Le pape pourrait se trouver dans le cas prévu par le traité : excommunier les Flamands pour ce parjure qu'est la non-exécution d'un traité dûment juré. En 1312, la rente sera finalement remplacée par la cession au roi de France des châtellenies de Lille, Douai et Béthune. Dès 1310, la soumission de la Flandre passe donc par l'alliance du pape, et Marigny voit là un enjeu autrement important que l'absolution de Nogaret. Les témoins diront de lui qu'il est le vice-roi et, même en faisant la part de la jalousie qui transparaît dans ces propos à l'encontre d'un parvenu, on ne peut nier que Marigny ait, à partir de 1310, imposé au roi une politique pratique. Celle-ci laissera Nogaret sur le bord de la route.

Pour retardé qu'il soit car, au motif que les commissions d'enquête sur le Temple n'en ont pas fini, le pape a décidé de le reporter du 1er octobre 1310 au 1er octobre 1311, le concile approche et il faut en finir avant que les contentieux étrangers à l'affaire du Temple soient pris en main par le monde entier. En février 1311, le roi donne au pape sa version définitive – combien atténuée – des événements de 1303. Le ton est sec mais, sans renoncer à ses accusations, il ouvre la porte à l'enterrement de l'affaire.

En ce qui concerne l'accusation proposée contre Boniface, de son vivant, sur le point de savoir s'il était pape légitime, sur son hérésie et sur les autres crimes qu'on lui reproche, que l'on procède à la damnation de sa mémoire ou à son absolution.

Le roi exonère Nogaret des violences d'Anagni et notamment du vol du trésor pontifical mais, en soulignant les responsabilités de Boniface, il s'en remet à Clément V de la décision finale, à prendre en concile ou hors concile : condamner ou n'en plus parler. Le pape devrait, de son côté, reconnaître le juste zèle du roi. Bref, des deux côtés on se désisterait des accusations portées contre l'un et l'autre. On supprimerait des archives pontificales tout ce qui peut concerner l'affaire et les procédures entreprises à la suite.

Le pape souhaite sincèrement qu'on en finisse avec le passé et qu'on parle sérieusement de la croisade. Il consulte. Nicolas de Fréauville a fort bien résumé ce que, dans ces consultations, a entendu Clément V. L'ancien confesseur de Philippe le Bel se souvient des bruits fâcheux qui couraient dès 1297 contre Boniface, ne peut jurer qu'ils étaient fondés mais atteste qu'ils ont déterminé le comportement du roi. Cette version n'a pas grand-chose à voir avec les affaires de la décime et de la juridiction. Elle ne retient que les accusations contre les mœurs et l'orthodoxie de Boniface. Il est vrai que c'est de cela que l'on parle, et non plus des causes politiques qui ont quand même donné lieu aux terribles bulles *Clericis laïcos* et *Unam sanctam*. Mais c'est cette réduction de l'affaire qui prend le dessus. Cette version de l'attitude royale est confirmée devant le pape par Napoleone Orsini, Pietro Colonna et Jean Le Moine, ce qui est bien le moins qu'ils pouvaient faire. Les témoins qui viennent ensuite n'étonnent pas : ni Bérenger Frédol ni Geoffroy du Plessis ni Guillaume Bonnet ni Enguerran de Marigny ne disent autre chose que le juste zèle du roi pour l'Église.

Le 27 avril 1311, Clément V tire les conclusions. Par la bulle *Rex gloriae virtutum*, il déclare nuls tous les actes à l'encontre de Philippe le Bel, car le zèle du roi ne peut être mis en doute. Ce n'est pas condamner pour autant Boniface : juste zèle ne signifie pas bien-fondé. Pour Nogaret, comme pour Sciarra Colonna, la décision est subtile : on ne reconnaît pas leur juste zèle mais ils sont absous sous condition d'une participation à la prochaine croisade et, en attendant celle-ci, de quelques pèlerinages. Seuls demeurent condamnés ceux qui ont pillé le trésor pontifical à Anagni. Nul n'en saurait dresser la liste.

L'opinion publique marquera quelque étonnement. Invoquer « la juste dévotion et la foi sincère » du roi très chrétien peut sembler normal, mais c'était incongru en la circonstance. Un drame qui avait secoué la chrétienté s'achevait dans un marchandage. La cupidité du pape était notoire. On le suspecta de vénalité, et Geoffroi de Paris se dit lucide.

> Beau Sire, qui vit trop voit !
> Ainsi l'absolution prit
> Du pape [celui] qui tant méprit
> Si comme l'on dit, et fut absous
> Non pas pour Dieu, mais pour les sous !

Le chroniqueur Ptolémée de Lucques va plus loin qui avance des chiffres, sans même chercher à les différencier. La réconciliation de Venise avec l'Église aurait coûté 100 000 florins à la Sérénissime. Ptolémée est à l'évidence mal informé de l'affaire, mais il met l'absolution du roi de France au même prix.

En avril, les ambassadeurs du roi de France traitent de la paix avec les Bonifaciens. Les uns renoncent à l'accusation, les autres à la défense. De surcroît, le roi est, pour diverses raisons et causes, excusé de la capture du seigneur Boniface. Guillaume de Nogaret est absous avec une dure pénitence, condamné qu'il est au passage outre-mer et à tous les pèlerinages qu'ont coutume de faire les chrétiens. Les ambassadeurs ont donc offert à la Chambre du pape 100 000 florins comme pour récompense des travaux au sujet de ladite cause.

Un nom n'apparaît nulle part, et c'est sans doute le grand paradoxe de cette affaire d'accusations abandonnées et de pardons conditionnels : on ne parle pas de celui qui a mené, pour le roi de France, tout le combat contre la théocratie. On pourrait croire que Pierre Flote n'a pas été le plus pugnace adversaire de Boniface. Il l'a été de 1296 à 1303, quand on se battait pour des principes, pour les droits fondamentaux de l'Église et de l'État. Il ne l'est plus quand, en 1311, on apure des comptes que l'on a délibéré de ramener à leur composante épisodique. Le chancelier Flote est mort l'épée à la main à la bataille de Courtrai le 8 juillet

1302, mais son nom est délibérément sorti de l'affaire parce que, mort, il n'était pas à Anagni. Guillaume de Plaisians est de même hors de l'affaire : il a secondé Nogaret à Tours, mais il n'a pas secoué le pape à Anagni. L'affaire que l'on déclare close, ce n'est plus celle qui a connu son apogée avec la bulle *Unam sanctam*. Ce n'est plus le terrible affrontement des deux pouvoirs et de deux principes. C'est un tumulte dans la nuit d'Anagni, un tumulte dont nul ne peut nier qu'il était beaucoup plus le fait de Sciarra Colonna et de ses séides que d'un juriste venu, avec deux écuyers pour toute armée, à seule fin de notifier une citation. Cette réduction du conflit est pour tous la voie commode vers la paix.

LA SUPPRESSION DU TEMPLE

Le concile pouvait s'ouvrir. Demeuraient à son ordre du jour l'affaire du Temple et la réforme de l'Église. Comme on devait parler aussi de la croisade, le pape avait invité les souverains. Philippe le Bel se montra sur le tard. Henri VII et Édouard II s'abstinrent. Quant aux évêques et abbés, le pape en avait invité près de trois cents, et il n'en vint que cent quatorze, français et italiens pour la plupart. Le monde ecclésiastique boudait le concile, en partie parce qu'y aller coûtait cher, en partie parce que le clergé n'en voyait pas la nécessité. Malgré cette faible fréquentation, on allait vite s'aviser que Vienne était une petite ville et que le séjour y était incommode.

Les travaux commencèrent le 16 octobre 1311. On examina les procès-verbaux des commissions d'enquête sur le Temple. La plupart ne prouvaient rien. Celui de la commission parisienne, seule, comprenait de graves assertions. Encore la procédure, qui avait pour unique fin de procurer des aveux, était-elle suspecte, et l'on avait entendu quelques voix s'élever en faveur de l'ordre. À mesure que l'affaire avançait, l'impression qui se dégageait était qu'on pouvait condamner individuellement quelques fautifs, non condamner en son ensemble l'institution qu'était l'ordre. En décembre, le concile vota : les prélats opinèrent qu'on devait entendre les templiers prêts à défendre l'ordre.

C'était désavouer le roi de France. Ce n'était pas moins la critique d'un pape qui ne s'était pas élevé contre les décisions du Capétien. Philippe le Bel réagit en reprenant la manœuvre qui avait réussi à Tours : il convoqua une assemblée, et il la réunit à Lyon, donc à une journée de marche de Vienne. En février, l'assemblée conclut que les procès des personnes ne faisaient que charger l'ordre. Encore tout le monde n'était-il pas d'avis que les fautes des uns fissent le malheur des autres, et celui de l'ordre en son ensemble. Pendant que le roi était à Lyon, on voyait à Vienne Louis d'Évreux, Marigny, Nogaret et Plaisians, qui ne cessaient d'entretenir de l'affaire les cardinaux. Puis ils rejoignirent le roi. Celui-ci vint alors s'établir à Mâcon et, de là, fit tenir au pape un véritable ultimatum. Il demandait « que l'ordre fût anéanti ».

Marigny revint à Vienne et vit le pape. Le propos devint raisonnable : même si on ne pouvait le condamner, l'ordre était devenu source de scandale. Les fautes des templiers n'étaient certes pas celles de l'ordre, mais elles l'avaient déshonoré, ce qui ne suffisait pas pour le condamner. Si on entendait ses défenseurs, il ne serait pas condamné en tant qu'ordre. Si on refusait de les entendre, on ne pouvait le condamner. Seule une pure et simple suppression mettrait fin au scandale. L'excellent juriste qu'était Jacques Duèse – le futur Jean XXII – précisa que le pape pouvait tout à fait supprimer l'ordre en vertu de sa plénitude du pouvoir. Si le pape acceptait, ajouta Marigny, le roi le laisserait décider du sort à réserver aux biens du Temple. C'était évoquer la préparation de la croisade. Pendant qu'on y était, on agita l'argument : le pape voulait-il vraiment la croisade ? C'était mettre Clément V mal à l'aise. Il n'est pas impossible que l'on ait à nouveau parlé de la mémoire de Boniface.

Le 20 mars 1312, ce fut la surprise. Accompagné de ses deux frères, de ses trois fils et de représentants de l'assemblée de Lyon, mais aussi d'une petite troupe en armes, Philippe le Bel faisait son entrée à Vienne. Le 22, le pape cédait : il réunit le Consistoire – en l'occurrence les cardinaux seuls – et obtint d'une forte majorité un avis favorable à la suppression de l'ordre. Le 3 avril, devant le concile auquel assistait le roi, Clément V publiait la bulle *Vox clamantis* par laquelle, en vertu de son autorité propre, il supprimait l'ordre du Temple sans pour autant le condamner.

Il allait le répéter à propos des biens de l'ordre, il n'était pas « juridiquement en mesure de prononcer une sentence ». Il se contentait donc d'agir « par voie de provision », mais une provision « irrévocable et perpétuelle ». L'ambiguïté du vocabulaire suffit à dire l'embarras du pape.

On fit savoir que le roi de France allait préparer la croisade. S'il n'y allait lui-même, il y enverrait son fils le roi de Navarre, le futur Louis X qui avait en 1305 hérité le royaume de sa mère la reine Jeanne de Navarre.

Comme il l'avait toujours annoncé mais ne l'avait pas fait, le pape devait juger lui-même les dignitaires, le grand maître Jacques de Molay, Hugues de Pairaud, visiteur de France, Geoffroy de Charnay, précepteur de Normandie, et Geoffroy de Gonneville, précepteur d'Aquitaine. Mais le roi de France en demeurait le gardien. En fait, Clément V se défaussa. Nicolas de Fréauville, Arnaud d'Aux et Arnaud Nouvel furent dépêchés à Paris pour juger les dignitaires. Les trois cardinaux étaient secondés par l'archevêque de Sens Philippe de Marigny, ce fidèle exécutant des volontés du roi qui avait quatre ans plus tôt présidé le procès des templiers parisiens. Espérant toujours comparaître devant le pape, les dignitaires se défendirent fort mal. Le 19 mars 1314, les cardinaux les condamnèrent à la prison à vie.

Molay comprit alors qu'il avait été dupé et qu'il ne pourrait jamais se justifier devant le pape. Pendant que Pairaud et Gonneville s'inclinaient pour sauver leur vie, Molay et Charnay eurent un sursaut. S'accusant d'avoir trahi l'ordre par leurs aveux, ils revinrent sur ceux-ci. De ce fait, ils étaient relaps et tombaient sous le coup du bras séculier. Ils furent sur-le-champ conduits au bûcher. À cette date, le pape était mourant. Il ne protesta pas. Il n'est pas inutile de rappeler que Nogaret était mort depuis un an.

Entendus par les commissions diocésaines, les templiers que l'on jugeait un par un trouvaient pour la plupart judicieux d'avouer ce qu'on voulait, de demander pardon et de rejoindre le monde laïc après avoir accepté une pénitence.

Si le roi de France avait renoncé à sa plainte contre Boniface, Clément V s'était engagé à poursuivre l'audition des témoins. On en entendit encore quelques-uns, mais personne ne poussait plus l'affaire. On cessa rapidement d'en parler.

Naturellement, on n'avait pas attendu pour parler de la fortune du Temple. Clément V le rappela, les biens donnés au Temple l'avaient été « pour les besoins de la Terre sainte et la croisade contre les ennemis de la foi chrétienne ». C'était rappeler ce qui avait été, au fond, le plus gros grief fait au Temple. Mais créer un nouvel ordre était une opération complexe, et nombreux étaient au concile ceux qui n'étaient pas prêts à accepter que l'ordre à créer fût la chose du roi de France. Ni l'ordre de Calatrava, actif en Espagne et très fortement soutenu au concile par les cardinaux espagnols et italiens et par les envoyés du roi d'Aragon, ni celui de l'ordre teutonique, actif en Europe orientale mais dont les intérêts étaient assez mal défendus à Vienne, ne paraissaient capables de mener à bien une nouvelle croisade en Terre sainte. Pour mener l'entreprise, il ne restait qu'un ordre : malgré le risque d'un renforcement de sa puissance, l'ordre de l'Hôpital paraissait donc le meilleur héritier possible des biens du Temple. Il était respecté et offrait des gages d'efficacité. Poussé par Marigny qui entretenait d'étroites relations avec les hospitaliers, Clément V se décida très vite. Il annonça le 2 mai 1312, par la bulle *Ad providam*, la dévolution des biens du Temple à l'Hôpital. Exception était faite des biens du Temple situés dans le royaume de Valencia, donnés au nouvel ordre de Montesa, et ceux du Portugal, qui firent la fortune de l'ordre du Christ.

Le séquestre avait trop duré pour ne pas favoriser les appropriations abusives. Il fallut convaincre les détenteurs de remettre à l'Hôpital ce qui lui appartenait désormais. Des princes – Robert d'Anjou en Provence – aux simples particuliers, beaucoup se firent tirer l'oreille. On vit surgir de toutes parts des créanciers du Temple qui, comme Charles de Valois, tenaient à être payés avant toute dévolution à l'Hôpital. Le pape demanda l'aide de Philippe le Bel, lequel exigea qu'on lui rendît d'abord l'argent qu'il avait mis en dépôt au Temple avant l'affaire et qu'on lui payât ce qu'avait coûté au trésor royal la gestion des biens séquestrés. Celle-ci, qui concernait un très grand nombre de petits temporels, n'avait été ni simple ni vraiment rémunératrice. Une commanderie, c'était le plus souvent un modeste domaine qui suffisait à entretenir deux ou trois templiers, non à alimenter un trésor de l'ordre qui devait beaucoup plus aux opérations financières avec l'Orient auxquelles l'arrestation de 1307 avait brutalement mis fin. En mars 1313, on se mit d'accord pour un règlement définitif. En novembre, à la demande de l'Hôpital, Marigny alla en Angleterre pour y veiller à la remise. Les comptes ne furent soldés, pour la France, qu'en mars 1318 : il en coûta 50 000 livres à l'Hôpital.

L'entente rétablie entre le roi et le pape fut scellée lorsqu'en mai 1312 Clément V approuva la mainmise royale sur Lyon qu'officialisa la ratification du traité par lequel, cinq ans plus tôt, l'archevêque avait accepté de transférer au roi toute sa justice. C'était l'achèvement d'un long processus entamé au xiie siècle et poursuivi, surtout depuis un demi-siècle, au fil des empiètements royaux. Le pape abandonnait au roi un prestigieux archevêché, et l'archevêque reniait au profit du Capétien l'appartenance de la ville au Saint Empire.

On n'en avait pas fini avec les ordres de chevalerie. Dans l'été de 1309, une forte délégation de l'ordre teutonique vint à Avignon proposer de se joindre à l'Hôpital afin de reprendre le combat en Orient. Les hospitaliers répondirent qu'ils étaient bien assez nombreux pour cela. Pour l'heure et depuis la perte de la Terre sainte, ils étaient réfugiés à Chypre où le roi Henri II de Lusignan les avait accueillis en comptant sur eux pour défendre l'île en cas de besoin. Mais le grand maître Foulque de Villaret voulait son indépendance et les débuts de l'affaire du Temple lui avaient donné à penser qu'il serait sage de mettre le siège de l'Hôpital et son trésor hors d'atteinte de quelque prince que ce fût. Il avait à cette fin jeté son dévolu sur l'île de Rhodes, qui pouvait constituer une utile tête de pont face à l'Asie mineure et une base sur la route maritime de Byzance à Chypre. Même si l'île était en réalité au pouvoir des Turcs, Rhodes appartenait à l'empereur de Byzance mais celui-ci ne trouverait guère de défenseurs en Occident, où l'on continuait de regretter l'empire latin effondré en 1261. En plusieurs étapes, du premier débarquement dans l'île en 1308 à la prise de la ville en 1310, l'Hôpital s'établit donc à Rhodes et dans les petites îles du Dodécanèse. La population turque se soumit. Byzance s'inclina devant le coup de force.

BILAN DU CONCILE

Même s'il se clôt le 6 mai 1312 par un *Te Deum*, le concile de Vienne se solde par un échec. Convoqué sans autre raison que l'incapacité de Clément V à trancher par lui-même et n'ayant pour objet réel que l'apurement des contentieux ouverts sous Boniface VIII, il prend fin sans conclure. C'est dire son inutilité. Pour la première fois depuis longtemps, un concile ne s'est vraiment saisi d'aucune question de doctrine. On a une nouvelle fois parlé d'Averroès et de l'accès qu'il ouvre à la pensée d'Aristote. On a entendu le grand logicien catalan Raymond Lull que sa connaissance de l'arabe et sa fréquentation au Maghreb des philosophes arabes mettent à même de pourfendre la métaphysique naturelle et la liberté individuelle de l'averroïsme sans passer, comme la plupart des philosophes européens, par les traductions et les commentaires des juifs et des mozarabes. Le concile a écouté mais s'est gardé de prendre position.

De la croisade, on a beaucoup parlé, mais les pères conciliaires sont des hommes d'Église aussi incompétents pour imaginer une campagne en armes que pour analyser les ressorts politiques de l'Orient. On n'a fait au concile qu'ébaucher des plans. Raymond Lull a opiné que le chef de l'expédition devait être l'un des souverains, ce que voulait éviter Urbain II pour la première croisade et qui a fait le malheur des suivantes. Le même Lull a multiplié les naïvetés stratégiques pour en arriver à imaginer que, pour recouvrer Jérusalem, il suffirait d'intimider les arabes et d'organiser en terre d'islam une prédication massive. Préférant la conversion à la conquête, il demande qu'on enseigne l'arabe, ainsi que l'hébreu et le syriaque, à Rome, à Paris, à Oxford et à Salamanque. De son côté, l'évêque d'Angers Guillaume Le Maire a proposé pour la croisade un plan de financement. Comme Pierre Dubois dans son traité *De la récupération de la Terre sainte,* tous ceux qui ont parlé ou écrit sur le sujet ont fait de la paix en Occident la condition nécessaire d'un succès commun en Orient.

Pour énoncer de tels propos, point n'était besoin d'un concile. Le pape lui-même, pour ardent propagandiste de la croisade qu'il soit dans ses déclarations solennelles, marque les réticences qu'impose la médiocrité des moyens financiers disponibles.

Clément V a été gravement déçu par le Temple. Il n'est guère plus reconnaissant à l'Hôpital. Celui-ci, il est vrai, s'agite beaucoup et profite du vide créé par la mise en sommeil du Temple. Le grand maître Foulque de Villaret sait bien que l'oubli de leur vocation à reconquérir la Terre sainte pèse lourd contre l'ordre rival. Il annonce donc au pape, en 1308, que Jérusalem sera aux chrétiens dans les cinq ans. Le pape est assez lucide pour faire la part de la rhétorique quand, dans son homélie de clôture, il annonce que la croisade, le « passage », vient de commencer.

Le 11 août 1308, Clément V assure le financement de l'expédition : il commue pour ces cinq ans en dons de numéraire à l'ordre de l'Hôpital tous les vœux d'abstinence et de pèlerinage. Ce n'est pas une mince subvention : le don doit être au moins égal à ce qu'aurait coûté le voyage. Les vœux mis à part, le pape incite les fidèles à la générosité : des troncs seront placés dans chaque église et l'une des trois clés sera aux mains du prieur local de l'Hôpital. On avance des chiffres : Clément V pense pouvoir mettre ainsi dans l'affaire 300 000 florins, et il en attend 100 000 du roi de France. Naturellement, le grand maître partagerait avec un légat pontifical qui reste à désigner le commandement de la croisade. Autant dire qu'il en serait le véritable chef.

Les contemporains ne s'y sont pas trompés, et le franciscain Paulin de Venise, évêque de Pouzzoles et pénitencier de Jean XXII, se montrera sévère dans sa chronique.

> Pour le passage, on a réuni de l'argent, ainsi qu'une quantité d'armes et de choses diverses, les fidèles, hommes et femmes, offrant des joyaux et ce qu'ils avaient de plus cher. Tout cela a été vendu à vil prix par les hospitaliers chargés de cette mission. Mais pour le passage, rien n'en a suivi. Il en a résulté un grand scandale dans le peuple chrétien.

Les princes ne marquent qu'un enthousiasme de façade, aux orientations combien diverses. Ainsi en va-t-il de Philippe le Bel, que son frère Charles de Valois, veuf de Catherine de Courtenay, pousserait plutôt à la conquête de Constantinople d'où les Grecs ont évincé les successeurs latins des croisés de 1204 et où Michel Paléologue a ceint le diadème qui fut un siècle plus tôt celui des

Courtenay. Les rois ibériques ne pensent, à juste titre, qu'à pousser la Reconquête de leur péninsule, et les prélats aragonais présents au concile n'ont pas caché qu'ils attendaient surtout un soutien financier de l'ensemble de l'Église : pour eux, même s'ils ne le disent pas ouvertement, Grenade passe avant Jérusalem. En Angleterre, le futile Édouard II n'est pas homme à se croiser. À Naples, Robert d'Anjou pense plutôt à reconquérir sur les Aragonais son royaume insulaire perdu aux Vêpres siciliennes. Et l'empereur Henri VII a naturellement assez de mal à s'imposer en Italie pour ne pas songer sérieusement à une entreprise orientale.

Comme il faut quand même faire quelque chose, on s'accorde sur une décime. Un impôt sur les biens des églises – un dixième du revenu net, charges déduites – va donc grossir les trésors des souverains en attendant que s'ébranle la croisade. La décime est imposée pour six années consécutives, le premier terme étant à la Sainte-Madeleine, donc le 22 juillet 1313. Bien qu'aucun signe de départ pour l'Orient ne soit perceptible, on la lève scrupuleusement, sous la responsabilité des évêques qui en reversent le produit à des commissaires royaux, notamment en France à l'évêque d'Auxerre, à l'abbé de Saint-Denis et à Geoffroy du Plessis. Il est juste de dire que la perception ne se fait pas sans mal : les collecteurs épiscopaux essuient des refus, et on voit des évêques garder la recette. Il faudra lancer des excommunications. Naturellement, on ne laisse pas dormir cet argent : le roi de France en use pour ses guerres de Flandre. Par la suite, la question se posera d'une restitution de cet impôt que certains jugeront indu et dont la durée a été cependant portée par Clément V de six à dix ans. Le pape Jean XXII dispensera Philippe V de cette restitution. Le clergé se rappellera qu'il a payé pour la croisade, et il continuera de grogner.

Le difficile apurement des comptes suffit à montrer que le roi n'a, à saisir les biens du Temple, que gagné la disposition temporaire d'une masse financière qu'il aurait aussi bien pu emprunter sans intérêt au Temple, son banquier. S'il y a eu connivence du pape, elle n'a pas eu pour fin un service financier au roi. Au reste, on ne saurait invoquer les difficultés financières des années 1303-1305 comme cause d'une affaire du Temple qui éclate en 1307 alors que le problème monétaire a été résolu en 1306. Il faut bien le dire, le côté financier de l'affaire n'en a pas été la cause mais une conséquence. On ne saurait en dire autant de la réconciliation du pape et du roi : elle a réellement procuré au roi, sans provoquer la moindre crise politique, six années de décime.

À côté de ses objectifs à court terme, le concile avait à se préoccuper de la réforme de l'Église. La clause n'avait rien d'original, et le fait que Clément V ait attendu d'être contraint au concile par l'affaire du Temple montre bien que la réforme n'entrait pas dans ses premiers soucis. Tout le monde en était conscient : sans l'affaire du Temple et sans les séquelles du conflit avec Boniface, on n'aurait pas parlé de la réforme. D'ailleurs, on se sépare en mai 1312 parce qu'on en a fini avec le Temple. On a cependant collecté les plaintes du clergé et pris note des suggestions. Le fait que les unes et les autres soient nombreuses prouve que le besoin de réforme est sérieusement ressenti. Parmi ces plaintes, viennent en premier les atteintes aux libertés des églises et les exactions des autorités ecclésiastiques ou temporelles : chacun se plaint de l'autre. Il s'agit aussi bien des conflits de juridiction que des querelles domaniales. Comme bien des empiètements sont imputables aux princes et aux seigneurs temporels, y remédier ouvrirait un nouveau champ clos entre le spirituel et le temporel. Au sortir d'un siècle d'affrontements et de quinze ans de querelles parfois dramatiques, nul n'a le goût d'y revenir. De part et d'autre, on s'accorde pour enterrer aussi bien *Unam sanctam* que *Antequam essent clerici*.

En finir avec les querelles de principes et les affrontements politiques était un propos louable. Mais il est à cette pacification une conséquence qui va durablement marquer la vie de l'Église : ni Clément V ni le concile de Vienne n'ont parlé de théologie, ne se sont soucié de spiritualité, n'ont abordé la réforme hors du champ des institutions. Avec ses outrances, Boniface VIII avait plongé le monde chrétien dans la crise, mais il avait parlé des fins de l'Église. Clément V et le concile n'ont parlé que du cadre et des moyens.

Les pères conciliaires se séparent passablement déçus par l'institution conciliaire elle-même. Ils avaient cru qu'on les appelait à donner leur avis. On les a à peine consultés et la principale décision a été prise sans eux. Le chroniqueur anglais Walther de

Hemingburgh ira jusqu'à mettre pour cela en doute la légitimité même du concile. Comme on discutait de l'attribution des biens du Temple, Clément V a apostrophé les prélats :

> Si vous consentez à l'attribution à l'Hôpital, je la prononcerai d'accord avec vous avec plaisir. Sinon, je la ferai quand même, que cela vous plaise ou non.

Le concile n'en a pas moins poursuivi une œuvre juridique suffisamment substantielle pour que, revus et récrits – certains après la clôture du concile – par le juriste qu'était Clément V, les décrets conciliaires publiés en forme de décrétales puissent former, à l'initiative de Jean XXII, ce septième livre du futur *Corpus juris canonici* que l'on qualifie usuellement de « *Clémentines* ». On y trouve aussi bien des mesures générales que la réponse à des questions d'actualité comme cette condamnation des abus commis au détriment des fidèles par les quêteurs qui se croient encouragés par la multiplication des indulgences consécutive au jubilé de 1300.

CHAPITRE IV

Un avenir incertain

HENRI VII EN ITALIE

Les affaires italiennes ne se laissaient pas oublier, et la curie suivait attentivement les événements qui accompagnaient la descente de Henri VII. Tant qu'il n'avait pas ceint le diadème impérial, le roi des Romains n'était qu'un maître contestable du Saint Empire. De plus, Henri VII pensait bien profiter des rivalités qui agitaient les seigneuries urbaines de la Péninsule pour se faire payer par elles à très haut prix la légitimité que pouvait, mieux qu'un roi que l'on disait « des Romains » mais qui n'était jusque-là qu'un roi de Germanie, conférer un empereur consacré à Rome par le geste sacramental. Il faut le rappeler, le comte de Luxembourg n'était qu'un petit prince, et ce qui lui avait valu des voix était précisément cette modicité financière à laquelle le voyage en Italie pouvait mettre fin.

Henri avait passé les Alpes à l'automne de 1310. Le 30 octobre, il était à Turin où il croisa l'ambassade qu'envoyaient au pape les Romains. C'est là que se discuta un détail essentiel : le pape s'excusait de ne pouvoir se rendre à Rome et l'on tomba d'accord pour que le geste liturgique qui lui revenait ne fût fait qu'en son nom. En attendant, Henri VII ceignit à Milan, le 6 janvier 1311, la couronne des rois lombards, cette « couronne de fer » ainsi nommée parce qu'on y avait serti un clou de la Croix du Christ. L'archevêque de Milan et l'évêque de Verceil officièrent. La fête s'acheva par l'adoubement de cent soixante chevaliers. Tous étaient naturellement de fidèles gibelins.

Jusque-là, tout était normal. Dans un souci d'apaisement, le roi décida que l'accompagnerait à Rome une délégation milanaise assez curieusement constituée : les guelfes choisirent vingt-cinq gibelins, dont Matteo Visconti, les gibelins vingt-cinq guelfes, dont Guido della Torre. Mais la venue du futur empereur suffisait à déclencher la guerre, et les guelfes s'avisèrent que l'absence de leurs chefs allait décapiter leur parti, alors que les gibelins resteraient en nombre suffisant. À Milan même, où tout était remis en cause et où chaque parti faisait de la surenchère pour acheter à prix d'or une reconnaissance impériale, Henri VII affronta donc en février une révolte ouvertement suscitée par Guido della Torre. Au moment où Jean de Luxembourg, qui sera plus tard Jean l'Aveugle, recevait à Prague la couronne de saint Wenceslas, le père se faisait conspuer à Milan. Dans les rues, on criait « À mort les Allemands ! », ce qui déplaçait le clivage politique. Crémone, Lodi et Brescia se soulevèrent de même contre ce qui s'annonçait comme une domination germanique. Entre Milan, Crémone et Brescia, le roi des Romains demeura en Lombardie jusqu'à l'automne de 1311. Il avait cru se présenter en pacificateur. Par la force des choses, il était devenu ce qu'il était naturellement, le chef du parti gibelin.

En octobre, il atteignit Parme, puis Modène. On était encore loin de la Ville éternelle. Les cités guelfes de Toscane s'insurgèrent. Avec une armée insuffisante en nombre, Henri VII avait les moyens de progresser vers Rome, mais non de soumettre le pays. Le temps passait en négociations et en sièges. Prié d'user des armes canoniques contre les rebelles à l'autorité pontificale, le légat Arnaud de Falguières en référait au pape pour gagner du temps. Crémone fut prise en mai 1311 et taxée d'une amende de 60 000 florins. Après quatre mois de blocus, c'est Brescia, principal refuge des guelfes chassés des villes lombardes, qui tomba aux mains de l'empereur le 18 septembre. Clément V intervint pour éviter le bain de sang. Les habitants achetèrent pour 70 000 florins le privilège d'échapper au massacre.

Henri VII paraissait vainqueur mais, à assiéger des villes bien fortifiées au lieu de marcher sur Rome à travers la Toscane comme le lui avait conseillé son entourage, il avait perdu son temps et usé ses forces. S'ajoutant aux 40 000 florins de Gênes, aux 50 000 florins payés par Matteo Visconti pour son vicariat impérial de Milan – Guido della Torre avait avancé une surenchère à 100 000 – et aux 100 000 florins que coûtèrent à Padoue les faveurs royales, les sacs d'or que ses conquêtes procuraient au roi des Romains servaient tout juste à payer l'armée. Pour riches qu'elles fussent après deux siècles d'expansion économique, les villes s'estimèrent rançonnées. Henri avait également mécontenté les légats qui s'employaient sans relâche à procurer l'apaisement. Pour accompagner Arnaud de Falguières, Clément V avait en effet délégué trois cardinaux italiens, bons connaisseurs de la situation, Leonardo Patrasso, Niccolò Alberti da Prato et Luca Fieschi. L'évêque de Bitonto Nicolas de Ligny, qui suivait Henri VII, faisait la liaison avec les cardinaux.

Quant au roi Robert, il multipliait les ambassades, se faisait informer au jour le jour et hésitait encore sur la conduite à tenir. On s'interrogea quand il annonça son intention d'assister au couronnement de l'empereur afin de l'honorer. Robert n'avait qu'une préoccupation, et ce n'était pas de gêner le roi des Romains : c'était d'éviter une collusion entre celui-ci et le roi de Trinacrie Frédéric d'Aragon. Manifester une neutralité bienveillante devant Henri VII et se garder d'un appui trop marqué aux villes guelfes semblait encore de bonne politique. Robert alla jusqu'à charger une ambassade, qui joignit Henri VII sous les murs de Brescia, de ranimer le projet d'un mariage de l'Angevin Charles de Calabre et de Béatrice de Luxembourg. Dans le même temps, la petite armée de mercenaires catalans que le roi de Naples avait d'abord envoyée en Romagne se tenait désormais en Toscane, prête à l'action. Henri VII fit savoir qu'il ne traiterait qu'après le retrait des Catalans.

L'entreprise impériale s'enlisait. Henri VII le savait, les Florentins avaient fortifié les passages de l'Apennin. Il alla hiverner à Gênes. Son armée avait fondu. À Avignon, Clément V ne manifestait pas la moindre intention d'intervenir. Comment l'eût-il fait, alors qu'il avait confirmé l'élection de Henri VII mais que les guelfes étaient les alliés traditionnels du parti du pape ? Il se contenta de jouer les bons offices quand Henri VII, désireux d'abaisser le roi Robert et de lui faire perdre la face sans l'attaquer, exigea qu'il vînt en personne, à l'occasion du couronnement, faire l'hommage qu'il devait à l'empereur pour ses terres d'Empire, autrement dit pour le comté de Provence. Or Clément V ne tenait nullement à voir Henri VII manifester sa suzeraineté sur la rive gauche du Rhône. Se posant en pacificateur, il fit valoir à Henri VII que, pour éviter des troubles dans Rome, mieux valait que le roi de Naples s'abstînt de venir au couronnement.

En mars 1312, alors que la date fixée pour la cérémonie – c'était, on l'a dit, la Chandeleur – était dépassée, l'empereur atteignait péniblement Arezzo, puis Cortona. Il revint alors sur Pise et commença d'échanger avec les Romains des ambassades dont l'objet était simplement l'organisation de sa venue. Il en profita pour désigner comme sénateur l'ennemi juré des Angevins qu'était Louis de Savoie.

Malgré les manœuvres plus ou moins habiles de Clément V, le ton montait donc entre l'empereur et le roi de Naples. Celui-ci devait renoncer à empêcher une collusion entre Henri VII et Frédéric II de Trinacrie. On parlait de nouveau de la main de Béatrice de Luxembourg, mais nul n'y croyait plus. Robert échafaudait pour une entente avec l'empereur des combinaisons plus naïves les unes que les autres, et le pape multipliait les messages pacifiques. Mais en avril Frédéric II offrait à l'empereur l'aide d'une armée et d'une escadre. Même s'il assurait n'avoir aucune intention offensive contre la papauté et contre le roi de France, l'appui qu'apportait à Henri VII le roi de Trinacrie ne pouvait qu'être dirigé contre le roi de Naples et contre ses alliés guelfes. Le roi Robert comprit un peu tard qu'il n'avait rien à espérer des concessions politiques. Le 16 avril, il envoya son frère Jean d'Anjou, duc de Gravina, prendre position dans Rome. Les villes guelfes de Toscane lui procurèrent des renforts. C'était la guerre.

Le 23 avril, renforcée par de nouvelles troupes venues d'Allemagne, l'armée impériale faisait mouvement vers Rome. Elle se regroupa à Viterbe. Malgré Louis de Savoie et ses alliés du parti Colonna, Jean d'Anjou tenait la ville. Contrôlant le pont Molle – le pont Milvio illustré par la victoire de Constantin – qui commandait l'accès à la ville par la route de Viterbe, ses balistes interdisaient tout passage. Henri VII tenta de négocier : il ne demandait qu'à aller se faire couronner, donc à atteindre Saint-Pierre. Le duc Jean répondit par des menaces. Le 6 mai, l'armée impériale passait en force le pont Molle. Un an et demi après avoir quitté l'Allemagne et après avoir perdu les trois quarts de ses troupes, Henri VII entrait enfin dans Rome. Les affrontements se succédèrent. Le 26 mai, les hommes du duc Jean infligèrent aux impériaux, près du pont Saint-Ange et dans les rues du Champ de Mars, une sanglante défaite. Louis de Savoie ne put empêcher Jean d'Anjou d'occuper le Capitole.

UN COURONNEMENT DIFFICILE

S'il était parvenu à Rome, le roi des Romains ne pouvait même pas à atteindre le Vatican. Les troupes angevines tenaient tous les ponts. Des barricades obstruaient les rues, et les tireurs du duc Jean étaient postés aux fenêtres. Les légats étaient tiraillés : ils ne pouvaient ignorer ni les relations du pape avec le roi de France et son cousin le roi de Naples, ni l'alliance naturelle du Saint-Siège et du parti guelfe, ni le rejet par le pape de la candidature de Charles de Valois à l'empire et la satisfaction que l'on avait ressentie à Avignon de l'élection de Henri VII. Ils tentèrent vainement d'imposer leur médiation. Une lettre du roi de France n'arrangea rien : ne tenant aucun compte des accords passés avec le pape, Philippe le Bel priait les Romains de ne pas aider le roi des Romains contre le roi Robert.

Henri VII était venu pour se faire couronner. Clément V avait confirmé l'élection et, le 19 juin 1311, il avait chargé Falguières, Albertini et Fieschi de procéder au couronnement. Et tout butait sur le franchissement d'un pont. Henri VII n'occupait que l'est de la ville, autour du Latran, de Sainte-Marie-Majeure et du Colisée. Se voyant barrer par Jean d'Anjou l'accès au Vatican, il proposa que la cérémonie se déroulât au Latran. Il fallut, avec l'aide de quelques canonistes, convaincre les cardinaux que la bulle les chargeant de procéder au couronnement à Saint-Pierre n'interdisait pas d'opérer à Saint-Jean-de-Latran. Ils demandèrent au pape des instructions qui n'arrivèrent pas. On parla une nouvelle fois du mariage de Béatrice. Surtout, les Romains commençaient de s'impatienter et menaçaient de s'insurger si l'on n'en finissait pas. Les cardinaux cédèrent. C'est donc au Latran que, le 29 juin, deux légats accueillirent le roi des Romains : Niccolò Albertini procéda au sacre et Arnaud de Falguières imposa la couronne. Le tir des archers angevins troubla la fête. Les chanoines de Saint-Pierre firent consigner une protestation.

Le nouvel empereur demeura trois semaines à Rome, puis gagna Tivoli. Il commença de régler ses comptes et annonça le mariage de Béatrice de Luxembourg, mais c'était cette fois avec le fils du roi de Trinacrie Frédéric d'Aragon, le futur Pierre II. Ayant proféré des menaces à l'encontre du roi Robert, il prit ensuite, à petites étapes, le chemin du retour. En septembre, il crut pouvoir enlever Florence, qui faisait figure de capitale du monde guelfe. Après un siège de six semaines, il lui fallut renoncer. En mars 1313, il était à Pise.

Henri VII avait à se venger de l'appui donné par le roi Robert et le duc Jean aux guelfes insurgés contre l'autorité impériale. En bref, il avait été, à Rome, proprement ridicule. Le 26 avril 1313, il rendit un jugement qui condamnait à mort Robert d'Anjou pour haute trahison et prononçait la confiscation de ses terres. Puis il annonça son intention de conquérir le royaume de Naples et, en mai, chargea de l'affaire le roi de Trinacrie. Aiguillonné par Philippe le Bel, Clément V s'y opposa de justesse en menaçant d'excommunication, le 12 juin, quiconque entreprendrait contre un royaume tenu en fief du Siège apostolique. Plus tard, le 14 mars 1314, le pape cassa dans les formes la sentence de l'empereur et désigna le roi Robert comme vicaire général de l'Empire. C'est alors que les juristes de la curie reprirent contre Henri VII les arguments naguère mis en avant contre Philippe le Bel. L'empereur était bel et bien traité de vassal du Saint-Siège. Henri VII riposta en se déclarant « le maître du monde ». Perdant le sens de la mesure, il exigea du pape qu'il désavouât tous ceux qui avaient servi sa politique, en premier lieu Falguières dont les réticences dans l'affaire du Latran n'étaient pas oubliées.

Les esprits s'enflammaient. Les juristes multipliaient, dans les deux camps, les traités et les pamphlets aux arguments les plus divers. On avançait d'un côté la souveraineté universelle de l'empereur et donc l'évidence de la trahison du roi Robert, de l'autre l'immunité que valait au roi de Naples le fait d'être vassal du Saint-Siège et la faute de droit qu'était une condamnation sans comparution de l'accusé. On invoqua, ce qui n'était pas pour déplaire au Capétien, la limitation géographique de la juridiction impériale : c'était nier l'universalité de l'Empire. La constitution *Pastoralis cura* allait reprendre le 26 avril 1313, au compte du pape, la condamnation d'une procédure où l'accusé n'avait été ni cité ni par conséquent mis à même de défendre sa position. Les canonistes allaient, en commentant cette décrétale, accentuer cette exigence d'un véritable procès avant toute condamnation. Plus tard, le grand juriste Bartolo da Sassoferrato, glossateur réputé du *Corpus juris civilis* mais aussi auteur d'un *Traité de la tyrannie,* n'hésitera pas à donner la décision de l'empereur comme exemple de traîtrise.

Sur son retour de Rome, l'empereur renonça à assiéger Florence que tenaient fermement les noirs. En donnant pour cinq ans la seigneurie de la ville au roi Robert, les noirs parachevèrent en mai 1313 leur politique anti-impériale et manifestèrent ce qui était leur véritable ambition : s'en remettre à un maître pour ce qui était de l'ordre public et faire pendant ce temps leurs affaires en paix. Les banquiers du roi de Naples se voyaient prospérer, et c'étaient les plus grandes parmi les jeunes sociétés florentines, celle des Bardi et celle des Peruzzi. Ce faisant, les Florentins donnaient surtout une caution inespérée à l'implantation du pouvoir angevin au nord de l'état pontifical. Rome était cette fois cernée.

Une telle situation n'était pas pour convaincre Clément V de venir résider en Italie. Le concile ne justifiait plus le séjour à Avignon. Certes, la mort de Henri VII, survenue brutalement près de Sienne le 24 août 1313 alors qu'il se préparait à revenir vers Rome et à attaquer Naples, mettait provisoirement un terme au conflit en Italie. Frédéric II le comprit vite : à peine avait-il mis le pied sur le continent qu'il rembarqua. Rien, cependant, ne poussait le pape à quitter la rive du Rhône : comme on pouvait s'y attendre, la mort de l'empereur ranimait en Europe les compétitions.

SÉQUELLES

Une nouvelle fois, le Capétien convoitait la couronne impériale, cette fois – après quelques hésitations – pour son deuxième fils le comte de Poitiers, le futur Philippe V. Le Capétien devait toutefois compter avec le fils de Henri VII, Jean de Luxembourg, déjà roi de Bohême, ce prince qui allait trouver la mort en 1346 à Crécy en combattant – malgré sa cécité – dans l'armée du roi de France. Philippe le Bel ne devait pas moins compter avec le duc d'Autriche Frédéric de Habsbourg, voire avec le fils du comte de Flandre, le comte Louis de Nevers.

Comme toujours, on achetait les électeurs. Écrivant le 30 juillet 1314 à frère Simon de Pise, agent discret qui, officiellement chapelain du cardinal Napoleone Orsini, s'employait en Allemagne à soutenir la candidature du comte de Nevers, Enguerran de Marigny ironisait avec quelque mépris : Louis de Nevers n'avait pas l'argent nécessaire et son homme de main, qui s'était vanté, était prié de se montrer modeste : « Ne vous entremettez de néant d'écrire à moi tels frivoles comme vous avez fait.» Avec son habituelle prudence, Clément V évita de s'en mêler : rien n'était sûr, et mieux valait un élu qui ne devrait rien au Saint-Siège qu'un empereur élu contre le Saint-Siège. À la fin, alors que le successeur de Clément V n'était pas encore élu, émergea chez les princes la candidature inattendue du duc de Haute-Bavière. Le 19 septembre 1314, Frédéric d'Autriche était élu par quatre électeurs. Quatre autres, le lendemain, élisaient Louis de Bavière. C'est celui-ci qui, vainqueur à Mühldorf après huit ans de guerre, allait finalement l'emporter en 1322.

La disparition de Henri VII ne faisait que laisser planer la menace d'une nouvelle descente impériale. L'histoire recommençait. Mais l'élection impériale et ses conséquences n'étaient qu'un épisode à côté de l'interminable lutte des villes de l'état pontifical en mal d'indépendance, d'expansion et de domination. Alors que s'érigeaient en Europe des entités politiques de large extension territoriale, l'Italie partait à son tour vers une plus ample répartition de l'espace politique aussi bien que des aires de relations et d'exploitation économiques. Les états de l'Église étaient d'autant plus menacés qu'ils n'avaient jamais été autre chose qu'un conglomérat. Les convoitises des voisins n'en étaient que plus âpres. Ce pouvaient être des états, comme Venise qui voulait se soumettre Ferrare ou comme Milan dont les Visconti étaient définitivement maîtres depuis 1311, ce qui les incitait à mettre la main sur les villes de Romagne. Ce pouvaient être aussi de simples villes désireuses d'élargir leur territoire, comme Orvieto qui aurait bien soumis Viterbe.

Naturellement, les querelles proprement romaines n'avaient pas pris fin avec le départ du Siège apostolique. La Ville éternelle résonnait toujours des affrontements entre les factions aristocratiques, que dominaient les Colonna et les Caetani, mais aussi entre celles-ci et les populaires parfois lassés de n'être que des hommes de main et tentés de s'agiter pour leur propre compte. Installé au Capitole, le représentant du vicaire pontifical à Rome qu'était depuis 1314 le roi Robert d'Anjou avait déjà assez de peine à assurer sa propre sécurité. C'est en vain qu'on lui aurait demandé de garantir celle du pape.

Il n'y avait là rien de nouveau, à ceci près que ces conflits italiens intégraient parmi leurs protagonistes un pape qui n'était pas là et que, s'ils constituaient pour lui une sérieuse préoccupation, ces conflits lui procuraient aussi autant de raisons de ne pas s'aventurer dans la Péninsule. Il eût été sage d'envoyer en Italie un légat à la ferme autorité et à l'intégrité prouvée. Malheureusement, Clément V n'avait pu s'empêcher de faire de l'état pontifical une source de profits pour sa famille et ses amis. Au côté des recteurs déjà cités, frères ou neveux du pape qui n'étaient que rarement sur place, tout un groupe d'administrateurs et de collecteurs d'impôts venus de Gascogne s'étaient taillé en Italie une épouvantable réputation. Même si Clément V était porté à sousestimer la responsabilité des siens, il ne pouvait ignorer le mécontentement qui se faisait entendre à toute occasion. Il n'était pas homme à l'affronter.

LA FIN DE CLÉMENT V

Depuis qu'on en avait fini avec les séquelles des anciens conflits, les relations du Saint-Siège avec la France voisine étaient excellentes. Devenu le maître de la politique flamande du roi de France parce que l'exécution des clauses financières du traité d'Athis était essentielle pour le trésor royal, Enguerran de Marigny mettait en jeu l'audience que lui valait à la curie le réalisme avec lequel il avait abandonné l'affaire de Boniface. Le pape maniait l'arme redoutable qu'était, à l'encontre des Flamands – parjures puisque n'exécutant pas un traité juré – une excommunication dont lui seul pouvait relever. Mais, comble de duplicité, c'est au roi de France que Clément V envoyait en juin 1313 la bulle d'absolution, en le laissant libre de la remettre ou non. Cela n'empêchait pas Marigny de refuser, contre l'avis du roi et de son Conseil mais en parfaite connaissance de l'état du Trésor royal, le subside que demandait le pape en vue d'une action navale contre les Infidèles de Terre sainte.

Car le souci de la croisade ne quittait pas le pape. Dans son testament, Clément V allait laisser 300 000 florins à son neveu le vicomte de Lomagne sous condition de faire – lui-même ou par autrui – une croisade de deux ans et demi avec cinq cents chevaliers. Le neveu gardera l'argent. On peut se demander si l'oncle croyait vraiment la chose réalisable ou s'il légitimait ainsi un legs exorbitant.

Le concile achevé, le temps pouvait sembler venu du voyage vers Rome. Clément V n'en parla même pas. Il ne pérennisait pas pour autant le rôle d'Avignon : de la fin du concile à sa mort, il ne séjourna que cinq mois sur le rocher des Doms. Il passa l'été de 1312 dans ses résidences favorites du Comtat, en particulier au Groseau. Il revint pour l'hiver à Avignon, puis reprit au Groseau ses quartiers d'été de 1313. Depuis les lendemains du concile, toutefois, sa santé déclinait. Alors qu'il passait normalement les hivers à Avignon, il s'installa pour l'automne à Châteauneuf et s'établit en décembre dans le petit château qu'avait acheté à Monteux, près de Carpentras, son neveu le vicomte de Lomagne Bertrand de Got. Les services de la curie et notamment l'Audience s'établirent à Carpentras, mais c'est à Monteux que, le 21 mars 1314, le pape réunit un Consistoire pour publier les décrétales – elles formeront, on l'a dit, les *Clémentines* – qui sont pour une bonne part les décrets du concile de Vienne sans doute aménagés pour plus de cohérence.

Ce pape n'avait, à son élection, hérité que de situations dramatiques et de contentieux en apparence inextinguibles, et il avait
vu surgir de nouveaux tracas, non moins dramatiques. Il n'avait
cessé d'éluder et de louvoyer. Il avait semblé donner des gages
pour gagner du temps au risque de laisser à son successeur des
crises non résolues. Si l'on regarde les choses avec le recul du
temps, l'image de Clément V apparaît cependant bien différente,
et la pusillanimité si souvent reprochée au pape gascon prend à
bien des égards, quand on en mesure les fruits, les couleurs d'une
habileté pragmatique et d'une sagesse sans prétentions.

Des graves affaires qu'avaient été les conflits avec la Couronne
de France et leurs séquelles, aucune n'était réglée au fond, mais
la paix était rétablie, ce que l'on doit mettre à l'actif de Clément V
même si l'effacement des légistes y avait sa part. Même au temps
de la Pragmatique Sanction et de ses avatars, jamais les problèmes
endormis sous Clément V n'ébranleront l'Église comme au temps
de la bulle *Unam Sanctam* et de la pièce *Antequam essent clerici*.
On en avait fini avec le Temple d'une façon qui n'avait rien de
glorieux, mais la chrétienté paraît bien s'en être contentée et, renforcé par les retombées financières de l'affaire du Temple, l'ordre
de l'Hôpital allait tenir pendant plusieurs siècles le rôle essentiel
de rempart de la chrétienté en Méditerranée. La papauté n'échappait pas, sur la rive du Rhône, aux pressions politiques, mais lui
étaient épargnées là les contraintes et les menaces, les émeutes et
les luttes de clans qui paralysaient les pontifes du temps qu'ils
étaient à Rome. Et voilà qu'en ses derniers jours, avec ces décrétales qui justifiaient a posteriori un concile de Vienne appelé à
passer pour un concile de circonstance, Clément V prenait sa
place dans la suite respectée des papes législateurs en mettant au
clair dans la sérénité les règles de fonctionnement de l'Église en
tant qu'institution et du monde chrétien en tant que société
humaine.

Pour actif qu'il restât, Clément V voyait avec lucidité venir sa
fin. Il fit un testament qui léguait à ses proches l'essentiel de sa
fortune en numéraire, ne laissant à son successeur que le dixième
du tout. Au printemps, il souhaita gagner sa Gascogne natale pour
y mourir. Il avait à peine passé le Rhône que, le 20 avril 1314, la
mort le rattrapa à Roquemaure. Ses obsèques furent célébrées en

la cathédrale de Carpentras. Comme il l'avait demandé, on fit sa sépulture en Gascogne, dans la collégiale d'Uzeste qui avait bénéficié de ses libéralités, au cœur de ce petit pays où sa famille avait ses racines.

L'INTERMINABLE CONCLAVE

Comme prévu par la constitution de 1274, on avait tenu les derniers conclaves dans la ville où était mort le pape. Cela ne présentait guère de difficulté quand il s'agissait d'une ville de l'état pontifical où l'on disposait d'un château et d'une infrastructure. Il était plus incertain de tenir un conclave dans une demeure de la famille de Got. Or, avec son habituel pragmatisme, Clément V avait prévu qu'appliquer à la lettre les clauses de 1274 pouvait être embarrassant. Il avait donc décrété en 1311 par une constitution *Ne Romani* que les cardinaux s'assembleraient soit dans une ville à choisir dans le diocèse où il mourrait, soit dans la ville où serait établie au jour du décès la curie, ou plus précisément – la curie pouvait être dispersée – l'Audience des causes. En avril 1314, il n'y avait pas à s'interroger : le conclave se tint tout naturellement à Carpentras.

La situation semblait conduire la papauté à un changement de siège. Clément V avait délaissé Avignon, et rien ne laissait attendre qu'Avignon devînt rapidement propriété du Saint-Siège. À Carpentras, dans son Comtat, le pape, quel qu'il fût, était chez lui, et la curie y avait pris ses marques. Le conclave de Carpentras aurait pu se muer en une papauté de Carpentras. Les événements qui contrarièrent le conclave et poussèrent, dans l'été de 1314, les cardinaux à se séparer ruinèrent les chances de Carpentras.

À peine Clément V était-il enterré que les cardinaux gascons imaginèrent en effet d'assurer à l'un d'eux la succession. S'ils laissaient passer l'occasion, elle passait pour toujours. Il leur parut habile d'intimider le conclave en faisant appel à quelques troupes hâtivement recrutées par la famille de Got qui, le 24 juillet 1314, donnèrent l'assaut à Carpentras. En faisant savoir qu'ils ne voulaient qu'enlever la dépouille du défunt pape pour l'enterrer en terre gasconne, ils ne trompèrent personne. En fait, ils massacrèrent quelques Italiens et mirent le feu à quelques édifices, non sans avoir pillé les maisons des banquiers toscans. C'était aller trop loin dans l'interprétation de la constitution de 1311 qui prévoyait une intervention modérée des autorités municipales dans le cas – et uniquement dans ce cas – où un conclave interminable pousserait certains cardinaux à rentrer chez eux. Il s'agissait de forcer les cardinaux à élire, non de leur imposer un élu.

La manœuvre des Gascons rappelait étrangement les comportements des barons romains. Elle eut un effet contraire à ce qu'espéraient ses instigateurs : se voyant assiégés, les cardinaux non gascons prirent peur, quittèrent le conclave en ouvrant une brèche dans le mur et s'égaillèrent. Même les cardinaux gascons s'inquiétèrent : ils gagnèrent Avignon, où de bonnes murailles et la garnison de Robert d'Anjou assuraient une meilleure sécurité. Le conclave était bel et bien interrompu. Et les Italiens de proclamer qu'ils ne reconnaîtraient pas un pape élu par les Gascons. Bref, on frôlait le schisme et tout le monde se trouva bien d'attendre quelque peu.

Conclusion inattendue de l'incident, on allait se rappeler que Carpentras n'était pas une ville sûre. Avignon semblait l'être. Le destin du rocher des Doms se dessinait donc plus fortement. Il allait être scellé par l'élection du cardinal Jacques Duèse, qui avait été évêque d'Avignon.

Pendant deux ans, on négocia à la fois la reprise du conclave et le choix d'un pape. Les candidats ne manquaient pas. Dans le Sacré Collège qui se réunit le 1er mai 1314, on comptait vingt-trois cardinaux : dix Gascons, sept Italiens et six Français. La majorité des deux tiers étant requise, il fallait seize voix pour faire un pape. Les Gascons ne pouvaient former à eux seuls une majorité, ils avaient contre eux une forte hostilité et il était illusoire de penser qu'ils gagneraient des voix. Quant aux Italiens, ils se montraient incapables de s'entendre sur l'un d'eux. Ils soutinrent Guillaume de Mandagout, un Languedocien que refusaient d'élire les autres Français et les Gascons. Napoleone Orsini en écrivit au roi de France avec une certaine hypocrisie et non sans glisser une méchante allusion à la faveur dont les Gascons avaient joui auprès de Clément V.

Nous n'avions ni ne cherchions rien en lui, sinon ses notoires qualités. C'est le seigneur Guillaume, évêque de Palestrina, dont nous, le peuple et le clergé, avons cru que les Gascons l'accepteraient sur-le-champ. C'est pourquoi nous nous sommes étonnés de rencontrer tant de résistances dont nous n'avons pu trouver la cause, si ce n'est peut-être que certains le croyaient homme à persister dans les défauts du défunt.

En fait, Napoleone Orsini offrait ses services au roi de France afin de « pourvoir à l'honneur de l'Église ». Il avait surtout envie de recouvrer quelque influence après un pontificat où, disait-il, on avait tout vu « à l'angle de la Gascogne ».

On crut un temps que sonnait l'heure du cardinal Nicolas de Fréauville, ce dominicain auquel les Italiens n'étaient pas hostiles et qui avait été le confesseur de Philippe le Bel. Son cousin Enguerran de Marigny se hâta, en septembre 1314, de conclure une pause dans l'affaire de Flandre – on lui reprochera un impôt levé pour financer une campagne que l'on n'avait en définitive pas faite – pour aller négocier en curie l'élection de Fréauville. Favorisée par le croisement des manœuvres de Marigny sur les deux terrains de l'élection pontificale et de l'élection impériale, la rumeur aggravait les choses. C'est ainsi que, dans une allusion aux menées de Marigny, le chroniqueur Jean de Condé confondait Fréauville et Philippe de Marigny dont on n'ignorait pas qu'il avait servi le roi dans l'affaire des templiers.

> Voulait l'archevêque de Sens
> Faire pape, qui est son frère,
> Et puis voulait être empereur.

On disputait toujours du lieu du conclave : les Italiens refusaient Avignon, les Gascons ne voulaient pas de Lyon et, malgré la constitution de 1311, tout le monde s'opposait à Carpentras. Là encore, Philippe le Bel s'entremit. En septembre, et par une lettre sans doute apportée par Marigny, le roi enjoignit aux deux têtes du parti français, Bérenger Frédol et Arnaud de Pellegrue, de passer aux actes. Certes, le roi présentait son intervention comme une offre de bons services – on notera la formule « dans notre royaume ou ailleurs » – et la justifiait par la volonté d'éviter un schisme, mais c'est bien en maître et en observateur lucide qu'il donnait des leçons, non sans ménager au cardinal de Saint-Eusèbe, Fréauville, une place particulière dans la procédure préalable.

Par des envoyés amicaux et par lettres, nous vous avons exhortés de vous réunir avec tous les autres cardinaux en un autre lieu idoine et apte, dans notre royaume ou ailleurs, où vous puissiez jouir de sécurité et de liberté, et que vous vous occupiez rapidement de pourvoir l'Église d'un pasteur, comme le veut la nécessité de l'Église et de toute la chrétienté.

Il est évident que les cités d'Avignon et de Carpentras étaient et sont, pour les causes qu'ils ont dites et en raison de réelles difficultés, suspectes aux cardinaux italiens, et on doit tenir pour légitime leur récusation.

La cité de Lyon que proposent, entre autres cités, les cardinaux italiens, où la curie romaine a jadis siégé en diverses occasions et où ont été tenus plusieurs conciles, ne présente aucun risque de pression ou de violence, et l'élection pourrait s'y dérouler en toute liberté et en sécurité...

Pour décider en faveur de cette cité, que se réunissent un de votre part et un de la part des Italiens, ainsi que frère Nicolas, cardinal-prêtre du titre de Saint-Eusèbe...

En effet, si vous procédiez à l'élection à Avignon ou à Carpentras en méprisant les objections des autres et en leur absence, il est certain qu'ils se mettraient d'accord pour procéder à l'élection d'une autre personne, qui ne serait pas de nos amis.

La mort de Philippe le Bel, le 29 novembre 1314, et la rapide disgrâce de Marigny, pendu le 30 avril 1315, brisèrent les chances d'un Fréauville que le roi imposait ainsi. On continua de négocier. Au bout de deux ans, on approcha du compromis. Au printemps de 1316, les cardinaux se retrouvèrent au couvent des dominicains de Lyon où les poussa l'énergique diplomatie du comte de Poitiers, le deuxième fils du défunt Philippe le Bel.

Les choses faillirent se gâter quand, le 5 juin, la mort prématurée du roi Louis X fit de Philippe de Poitiers le régent du royaume, en attendant que la mort du nourrisson posthume Jean Ier fît, le 20 novembre, du même comte de Poitiers un roi de France,

Philippe V. Le temps qui passait à Lyon dans ces moments jouait à Paris contre Philippe de Poitiers : nul ne savait si l'enfant qu'attendait la veuve de Louis X serait un fils et, si Philippe avait pris sans peine la régence en attendant la naissance, il n'en irait pas de même, au lendemain de celle-ci, pour la longue régence qu'imposerait une éventuelle minorité royale. Les compétitions pour le pouvoir étaient prévisibles, et mieux valait n'être pas éloigné de la cour. Or la constitution de 1311 comportait une clause de précaution : si les cardinaux se séparaient sans élire un pape, les pouvoirs publics auraient charge de les ramener de force au conclave. Philippe fit cerner le couvent et, le 28 juin, le comte Jean de Forez alla de sa part signifier aux cardinaux qu'ils ne sortiraient de là qu'une fois le pape élu. Le geste n'avait rien d'original : c'est parce qu'en 1241 un sénateur de Rome avait enfermé les cardinaux « sous clé » qu'on parlait de conclave.

On évoqua de nouveau toutes les candidatures possibles, sans exclure celle d'un non-cardinal tel que naguère Bertrand de Got. Napoleone Orsini sortit le conclave de l'ornière en accordant les Italiens et les Gascons sur le nom de Jacques Duèse, qui avait la faveur du comte de Poitiers et celle du roi Robert de Naples, lequel appréciait un Duèse qui avait mis ses talents de juriste au service de son père Charles II. Le conclave ne pouvait cependant qu'échouer à désigner un pape *concorditer*, « par compromis », ce qui eût renforcé le prestige de l'élu mais supposait une unanimité que le trop long affrontement rendait impossible. On renonça et on vota, ce qui n'empêcha pas les prélats bien intentionnés d'assurer que l'élection s'était faite par compromis.

Le 7 août 1316, l'Église avait enfin un pape, que l'on couronna le 5 septembre. Jean XXII était septuagénaire, ou du moins le disait-on. On parla d'un pape de transition. Les cardinaux italiens n'avaient en fin de compte voté pour lui que pour éviter un nouveau Gascon. Sans doute attendaient-ils de Duèse, non parce qu'il était du Quercy mais parce qu'il leur devait sa tiare, qu'il pensât sérieusement à rétablir à Rome la résidence pontificale et le siège de la curie. Quant aux cardinaux gascons, ils étaient assez mécontents pour qu'on pût évoquer par la suite un complot certainement imaginaire dont le propos eût été l'assassinat du nouveau pape. Napoleone Orsini avait beaucoup fait pour l'élection, mais il trouva vite que lui-même et ses amis n'en tiraient guère d'avantages. Il n'allait cesser d'ironiser sur celui qu'il appelait « Jacques de Cahors » ou simplement « le Cahorsin », étant entendu que, pour les gens du XIVe siècle, un Cahorsin n'est plus un grand marchand originaire de Cahors mais tout simplement un usurier qui n'est ni lombard ni juif. On trouvera le cardinal Napoleone, définitivement enfermé dans une vaine opposition aux papes et par là même au Saint-Siège, dans tous les complots que favoriseront les hostilités du pape et de l'empereur Louis de Bavière.

L'histoire retiendra que, après l'élection du Gascon Clément V, celle du Quercynois Jean XXII entretenait ce qui allait être une constante des élections pontificales jusqu'en 1378, l'appropriation du Siège de saint Pierre par des prélats nés dans cette France de langue d'oc que bordent le Bordelais et le Gévaudan. Pour les contemporains, qui n'avaient pas la même vision géographique, les choses n'apparaissaient pas ainsi. Certes, les Italiens – gens de la langue de *si* – allaient voir dans tous ces papes que l'on dit français des successeurs et compatriotes de Clément V. En réalité, la langue d'oc était d'une grande diversité linguistique, mais aussi politique. Pour les électeurs de 1316, élire Duèse, c'était précisément ne pas élire un Gascon.

Même si l'ambassadeur du roi d'Aragon faisait savoir à son maître que les cardinaux étaient parvenus au meilleur choix possible, l'interminable conclave avait constitué un sujet d'étonnement, voire de scandale, dans les cours comme dans le peuple chrétien. Il faut le noter ici, le Sacré Collège ne recommencera pas. En ajoutant le délai de convocation au temps de la session, aucun interrègne ne durera plus de deux semaines. On verra même en 1370 un pape, Grégoire XI, élu en une nuit.

TUER LE PAPE ?

C'est sur la dénonciation d'un serviteur du vicomte de Lomagne Arnaud Garcie de Got, sans doute désireux de se venger de ses maîtres, que surgit dès les premiers mois du pontificat cette histoire d'un projet d'assassinat dont les contours sont assez irréalistes pour que rien n'en soit crédible. Il s'agissait tout simplement d'égorger le pape en plein Consistoire, donc devant tous les cardinaux présents à la curie. On devait tuer de même les compatriotes du pontife, autrement dit tous les gens originaires du Quercy qui l'avaient rejoint à Avignon. Les chefs de la conjuration n'étaient autres que quatre cardinaux gascons : Arnaud de Pellegrue et Bernard de Garves, tous deux parents de Clément V, l'ancien nonce en Angleterre Guillaume Teste, déjà connu pour ses compétences financières, et le camérier du Sacré Collège Bérenger Frédol le Jeune. Il est certain que Pellegrue s'était, un temps, cru sur le chemin de la tiare, et que tous voyaient s'effondrer leur influence. Cela ne constitue pas une preuve.

Il va de soi qu'une telle tuerie aurait déclenché ripostes, représailles et procès. S'ils avaient réellement voulu la mort du pape, les conspirateurs auraient inventé quelque chose de moins patent. Aucun de ces cardinaux n'est connu pour stupide et nul ne doutait, au lendemain de l'élection, que le nouveau pape ne laissât rapidement la place. Pas un homme de sens n'aurait pensé que Jean XXII était encore là pour dix-huit ans et le tuer à grand spectacle était parfaitement inutile. C'est d'ailleurs ce à quoi aboutit l'enquête que l'on ne manqua pas de diligenter. L'affaire fut classée. Dire qu'on n'en parla plus serait excessif.

Alors que rien ne prouve le complot des cardinaux, celui d'Hugues Géraud est bien réel. Ce Normand était devenu évêque de Cahors en 1313 sur la recommandation du roi de France, mais il se voyait menacé de procès et de déposition pour toutes sortes de fautes, et notamment pour des pratiques simoniaques. Il ne vit qu'un moyen d'échapper à la justice de l'Église : faire mourir le pape, que son attachement à sa ville natale, Cahors, rendait particulièrement attentif à l'affaire. Pendant qu'on y était, on hâterait également la mort de quelques cardinaux connus pour bénéficier de la confiance de Jean XXII comme son neveu Jacques de Via, son cousin Bertrand du Pouget ou le cousin de sa sœur, Gaucelme de Jean, qui venait d'être en Angleterre un efficace légat.

Encore fallait-il ne provoquer aucun soupçon. Les usages criminels du temps offraient pour cela deux moyens plus discrets que le poignard, moyens qu'il était aisé de combiner : l'empoisonnement et l'envoûtement. Ils pouvaient être également efficaces pour peu qu'on ne hâtât pas trop les choses : à l'âge du pape un dépérissement ne semblerait guère prématuré.

En cette année 1316, le monde bruissait d'affaires d'empoisonnement et de sorcellerie. On venait de pendre à Paris l'homme fort des dernières années de Philippe le Bel, le chambellan Enguerran de Marigny, et sa condamnation, qui tenait en réalité à la vengeance des princes contre un parvenu trop puissant et trop vite enrichi, n'était juridiquement étayée que par des histoires de poupées de cire – des « voults », c'est-à-dire des visages – transpercées d'aiguilles et par la dénonciation d'un démon incube au service du chambellan et lui parlant à l'oreille. Quelques années plus tôt, on avait fait un sorcier de l'évêque de Troyes, Guichard, lui aussi coupable surtout de son insolente fortune. On avait de même taxé de sorcellerie Boniface VIII. Entre ceux que l'on accusait de sorcellerie et ceux qui recouraient à la sorcellerie, il y avait un lien : il n'était personne pour ne pas croire aux maléfices. Jean XXII allait bientôt diligenter une grande enquête sur les pratiques de sorcellerie.

Pour tuer le pape, il ne fallait qu'un apothicaire et un sorcier. Les deux se trouvaient et, quand on en aurait fini, leur discrétion serait garantie par leur désir de survie. Pour son malheur, l'évêque de Cahors parla trop et mit trop de gens dans l'affaire.

Hugues Géraud était à Avignon. Il se reposa sur un complice qui se mit en quête du nécessaire : de l'arsenic – un poison assez lent pour n'être pas décelé – et des poupées de cire. Il trouva d'abord une poupée chez un juif qui l'apporta à l'évêque lui-même. On la baptisa Jacques de Via, on y planta les aiguilles et, le 13 juin 1317, le neveu du pape mourut. Géraud en fut convaincu de l'efficacité de ses pratiques. Restait à passer au pape. Pour compléter l'envoûtement, l'évêque s'entendit avec deux maîtres d'hôtel de Jean XXII qui se chargèrent de verser l'arsenic par petites doses dans la nourriture de leur maître. Un apothicaire de Toulouse procura l'arsenic. Un juif vendit trois poupées.

Il ne manquait plus que de mettre dans l'affaire un autre prélat. Comme il fallait baptiser les poupées pour que le diable s'y reconnût, on trouva un évêque que sa médiocre condition rendait apte à tous les mauvais coups. On s'assembla, dans la chapelle du palais des évêques de Toulouse, avec des témoins parmi lesquels le vicomte de Bruniquel – petit-fils d'un demi-frère du dernier comte de Toulouse Raymond VII – et l'évêque de Toulouse lui-même, Galhard de Pressac. C'était plus qu'il n'en fallait.

À Avignon, l'évêque de Cahors s'impatientait. On lui fit porter l'arsenic et les poupées précautionneusement cachées dans des pains évidés. Confier le tout à un homme seul était hasardeux : on embaucha plusieurs porteurs, qui furent assez maladroits pour voyager de conserve. À la porte d'Avignon, la petite troupe attira l'attention des sergents, qui examinèrent leur bagage. On trouva l'arsenic, qui suffisait à dénoncer un projet d'assassinat, et surtout les trois poupées que l'on avait pourvues, à leur baptême, de languettes de parchemin fort explicites puisque destinées à éviter les confusions et à éclairer le démon : on y lisait « Que pape Jean meure et non un autre », « que Bertrand du Pouget meure... », « Que Gaucelme de Jean meure... ». Les sergents du pape ne pouvaient s'y méprendre.

Privé de ses moyens matériels, Hugues Géraud devint nerveux. Alors que l'enquête piétinait et que l'on ne savait comment remonter des porteurs aux commanditaires, il se mit à tenir contre le pape des propos qui éclairèrent la justice pontificale. En mars 1317, on l'arrêta. À Toulouse, les gens du roi de France débusquèrent les fournisseurs et les complices. On jugea l'évêque. Pour simonie – la première accusation – et sorcellerie, le tribunal ecclésiastique le priva de son caractère épiscopal et le condamna à la prison perpétuelle. Géraud fut ensuite remis au maréchal de la Cour qui le jugea pour tentative d'assassinat et, le 3 septembre 1317, l'envoya au bûcher. Jean XXII fit ensuite preuve de clémence envers les complices. Sans doute lui parut-il sage de s'en tenir à un seul coupable : une enquête élargie eût sans doute compromis trop de monde. Galhard de Pressac dut quitter son évêché et se retrouva évêque de Riez, mais il ne garda que quelques jours cet évêché qu'il troqua pour celui de Maguelonne. Il remplaçait là Jean-Raymond de Comminges pour qui le siège de Toulouse venait d'être transformé en archevêché. Dès février 1318, Galhard obtint l'archevêché d'Arles où il finit ses jours cinq ans plus tard.

L'affaire avait défrayé la chronique. Elle laissa un goût amer. Il n'était pas habituel qu'on cherchât à tuer le pape. Même si le complot ne réunissait que peu de gens, ils étaient trop nombreux pour qu'on pût parler de vengeance individuelle. Les contemporains ne s'y trompèrent pas : tout cela dénotait une crise des esprits. L'Église n'était pas sortie indemne d'une vacance du Saint-Siège pendant deux ans. Elle n'était pas, non plus, indemne d'une élection acquise au bénéfice de la mort attendue de l'élu. Ce qu'on avait gagné en évitant de regagner Rome, c'est-à-dire un certain oubli des conflits romains, était fâcheusement compensé par d'autres rivalités et d'autres tensions. Les querelles des Orsini et des Colonna semblaient loin. Français, Gascons et Italiens ne faisaient pas mieux.

DEUXIÈME PARTIE

Les papes à Avignon

CHAPITRE V

Conclaves et pontifes

JEAN XXII

Né dans la bourgeoisie aisée de Cahors, Jacques Duèse avait étudié à Cahors, puis à Montpellier, d'où il était revenu docteur en droit civil et en droit canonique. On appréciait son esprit de juriste épris de clarté logique mais aussi d'administrateur capable d'efficacité. Il était homme d'ordre, d'autorité. Pour tout dire, ses capacités allaient trouver à s'employer, et il avait déjà montré ses talents d'organisateur. En 1308, Charles II d'Anjou en avait fait son chancelier de Provence. On louait l'esprit vif et la capacité de travail de ce petit homme qui suivait les affaires dans le détail et négociait avec autant d'habileté que de fermeté.

Il avait été archidiacre de Sarlat, puis en 1300 évêque de Fréjus, et il était devenu en mars 1310 évêque d'Avignon alors même que cet évêché appelait une attention particulière puisque le pape y avait déjà établi une résidence que l'on disait provisoire mais dont l'attente du concile laissait penser qu'elle allait durer quelque temps. Autant dire que le nouvel évêque avait été choisi pour son attachement à Clément V. Pour les mêmes raisons que naguère le comte de Provence, le pape lui confia le gouvernement de sa chancellerie. En décembre 1312, Duèse était cardinal-prêtre. Cinq mois plus tard, il était cardinal-évêque. Cela semblait l'ultime récompense d'un vieux serviteur de la papauté.

La carrière de Jacques Duèse avait été lente, et pour une bonne raison : il n'était ni italien ni gascon. Il était sujet du roi de France, mais il lui fallait se faire traduire en latin une lettre du roi Charles IV écrite en langue d'oïl et il ne se gênait pas pour demander à la cour de France qu'on cessât de lui écrire dans un français du Nord qu'il lisait assez péniblement. Cela n'avait pas fait de lui un homme irremplaçable sur l'échiquier politique des années 1300. On ne l'avait pas vu sillonner la chrétienté. Il avait surtout été, et il allait rester, un homme de cabinet. Les contemporains notèrent son goût pour la lecture et, constatant que les charges du pontificat lui laissaient peu de temps pour cela, il fit compiler des résumés et des tables qui lui permettaient d'aller rapidement à l'essentiel.

Même s'il faut accepter avec prudence les estimations avancées par le chroniqueur Giovanni Villani, qui en fait un élu de soixante-douze ans, il est sûr que Duèse n'était pas encore cardinal à soixante ans. S'il avait tenu sa place au concile de Vienne, il n'avait eu aucune part aux consistoires. À l'évidence, nul ne s'attendait à voir ce vieillard mince et pâle prendre en main toutes les affaires de l'Église et celles de l'état pontifical, gouverner lui-même sa diplomatie aussi bien que ses finances, intervenir d'une voix légère mais assurée dans les controverses théologiques et dans les affaires de discipline ecclésiastique. Bref, les cardinaux allaient être surpris par une extraordinaire capacité de travail et, plus encore sans doute, par une volonté de puissance qu'ils n'avaient pu soupçonner.

Lorsque Clément V, en décembre 1312, lui avait enfin conféré le chapeau rouge, Duèse avait laissé son siège épiscopal à son neveu Jacques de Via, lequel s'était empressé d'ordonner des travaux d'agrandissement de la cathédrale romane Notre-Dame-des-Doms. Lorsque, quatre ans plus tard, Via devint à son tour cardinal, le pape Jean XXII jugea commode – et rémunérateur car il se réserva les revenus du temporel – de maintenir le siège d'Avignon vacant et de charger l'évêque de Marseille d'une administration extrêmement contrôlée. La vacance du siège laissait donc libre le palais épiscopal. Alors que Clément V s'était gardé d'y prendre la place de l'évêque, sinon à l'occasion comme lorsqu'il s'y était réfugié quelques heures pour n'être pas rejoint par les ambassadeurs français qui l'importunaient, Jean XXII trouva normal, en 1316, de se réinstaller sur le rocher des Doms dans ce palais qui avait été pendant deux ans le sien et qui allait l'être de nouveau pendant dix-huit ans.

Si Clément V avait pu tenir ce séjour avignonnais pour limité au temps du concile, Jean XXII ne cultivait guère l'illusion d'un prompt voyage à Rome. Les agitations n'avaient pas cessé en Italie avec la mort de Henri VII. Les villes revendiquaient leur indépendance. Pour protecteur qu'il fût, Robert d'Anjou se révélait à l'occasion fort encombrant, et il était plus proche de Rome à Naples que ne l'était d'Avignon le Capétien qui régnait à Paris. Lorsqu'en 1318 le roi de France Philippe V lui suggéra d'établir le Saint-Siège dans le royaume de France où sa sécurité serait assurée, le pape marqua sa détermination : Avignon était « un lieu adéquat, remarquablement fertile, vaste et riche de possibilités ». Le principal était pour Jean XXII de se trouver sur les terres d'un prince dont il avait été le chancelier et qui, fort occupé en Italie, se montrait en Provence un hôte accommodant.

Alors, s'il se contentait du palais épiscopal, le nouveau pape le transforma quelque peu. Pour provisoire que fût le séjour sur le Rhône, il convenait qu'il fût digne d'un pape. On conserva la vieille tour de la Campane qui, comme son nom l'indique, servait de clocher, mais on monta des créneaux sur les murs, et on transforma en chapelle papale l'église Saint-Étienne qui s'élevait sur l'enceinte romaine. La Chambre apostolique et la Trésorerie prirent la place des chanoines. Un nouveau bâtiment abrita l'Audience des causes. Le complexe s'étendit jusqu'à une porte fortifiée dite tour de Trouillas. Une grande salle, sur le côté est du cloître, fut aménagée en salle du Consistoire. Quant aux cardinaux et aux curialistes, ils avaient rapidement jeté leur dévolu sur tous les logements possibles. La moindre de ces premières « livrées » cardinalices comportait une douzaine de maisons. Les officiers chargés par le pape d'assigner à chacun son logis arrivèrent le plus souvent trop tard, les arrivants ayant fait affaire avec des propriétaires assez avisés pour tirer avantage d'une telle demande. En quelques jours, il ne demeura plus à Avignon une pièce inoccupée. Les Avignonnais qui n'étaient pas propriétaires de maisons à louer se plaignirent de l'avidité des curialistes. Les loyers venaient de s'envoler. Comme la Chambre apostolique supportait une partie du coût du logement des gens du pape, il fallut parfois se fâcher au nom du pape pour limiter l'âpreté des bailleurs.

Nous verrons dans quelles conditions Jean XXII abandonna le projet d'un retour à Rome qu'il forma, encouragé par les éphémères succès de Bertrand du Pouget, dans les années 1330 et auquel il lui fallut renoncer en raison de l'échec final de sa politique italienne et du très grave conflit qui l'opposait à l'empereur Louis de Bavière. À voir les réalisations politiques de ce pape, rigoureux organisateur de l'appareil pontifical et d'un système administratif et financier étendu sur toute la chrétienté latine, force est de conclure que Jean XXII a plus que quiconque fixé à Avignon la papauté.

Si cet excellent administrateur a vraiment créé cette cour pontificale qui fera d'Avignon une capitale et non une simple résidence pontificale, il n'en a pourtant pas fait la cour brillante que l'on connaîtra au milieu du siècle. Jean XXII a conservé sur le Siège apostolique ses habitudes d'économie domestique modeste. Se gardant d'une inutile austérité, il ne se refusait pas moins le luxe tapageur qu'il reprochait aux cours princières. La croissance des dépenses qui appela la pression fiscale tint au financement d'un lourd appareil gouvernemental, non à celui d'un train de vie.

C'est cependant un pape fort décrié qui mourut le 4 décembre 1334 et que l'on enterra à Notre-Dame-des-Doms. Et d'abord parce qu'il avait survécu. Il avait été élu à raison de son âge, et un pontificat de dix-huit ans n'était pas dans les vues de ses électeurs. Quand se mourait Jean XXII, il n'y avait plus au Sacré Collège que trois des cardinaux qui avaient participé en 1316 à son élection : le Romain Jacopo Stefaneschi, qui aura siégé quarante-six ans au Sacré Collège, le Gascon Raymond-Guillaume de Fargues, mais surtout le doyen, Napoleone Orsini qui ne manqua pas de manifester une dernière fois, alors que le pape était à l'agonie, sa mauvaise humeur à l'encontre de celui qu'il avait fait élire. Henri de Dissenhoven nous donne la raison : Jean XXII n'avait pas ramené le Saint-Siège à Rome.

Après l'heure des vêpres, le pape fit appeler tous les cardinaux qui étaient à Avignon. Bien qu'il fût dans la ville et appelé par le pape, le seigneur Napoléon, Romain, cardinal-diacre et le plus ancien de tous les cardinaux, refusa de venir. Il ne fut pas même aux obsèques, non plus qu'à l'ouverture du testament du pape.

On pensa qu'il avait agi ainsi parce que le pape, à son élection qui fut faite à Lyon, avait juré qu'il ne monterait plus jamais sur un cheval ou sur une mule s'il n'allait à Rome. Ce qu'il observa, puisqu'il alla à Avignon en naviguant et qu'il atteignit à pied le palais, lequel il ne quitta plus jamais, si ce n'est pour entrer dans la cathédrale, qui est contiguë au palais. Il observa ainsi son serment, puisqu'après l'avoir fait il ne chevaucha plus. De là vint que ledit cardinal ne l'estima pas.

A la faveur dont jouissaient sous Clément V les Gascons avait succédé celle que réservait Jean XXII à ses compatriotes du Quercy, et le népotisme avait encore fait des progrès, que l'on reprochait au pape autant que ses erreurs de théologien dans cette affaire de la « Vision béatifique » qui avait fait craindre, nous le verrons, le spectacle d'un pape condamné pour hérésie. Il est vrai que dans le besoin qu'éprouvait Jean XXII de placer ses proches dans les fonctions de l'Église – les neveux cardinaux ne sont que la partie la plus visible du népotisme – on voyait la réaction d'un pontife qui se sentait souvent trahi et qui ne cessait de craindre les complots de tout genre dont certains, tels que celui de l'évêque Hugues Géraud, n'avaient rien d'imaginaire : il pensait avoir moins à craindre de gens qui savaient devoir tout perdre s'il disparaissait. Quant au clergé qui ne fréquentait ni la curie ni les universités, au petit clergé des paroisses et des chapitres, il était aussi étonné que frappé par une fiscalité sans précédent, car la mise en place de l'énorme machine que devenait le gouvernement pontifical à partir de Jean XXII avait un coût, et chacun voyait bien que la pression financière qui s'exerçait maintenant sur les temporels des églises ne bénéficiait guère à la croisade. Dès le temps du concile de Constance, donc un siècle après son avènement, Jean XXII était considéré par les prélats bien informés comme l'inventeur de la fiscalité pontificale.

Dans ses *Histoires florentines*, Giovanni Villani allait donner quelques chiffres qui, sous la plume d'un familier des milieux économiques, semblent fondés sur une estimation faite par des gens qui savaient compter. Pour Villani, Jean XXII laissait à sa mort une fortune personnelle de 25 millions de florins, dont 18 en numéraire et 7 en joyaux, vases liturgiques et vaisselle précieuse. D'autres contemporains ont donné des chiffres supérieurs. La réalité était bien moindre : on ne compta que 750 000 florins dans le Trésor pontifical. Entre ces chiffres, il y a l'épaisseur de la jalousie des hommes d'affaires et de la douleur des contribuables. Dans les temps difficiles où l'on ne trouvera jamais plus de quelques pièces dans le Trésor, on pourra cependant rêver de ces 750 000 florins.

Benoît XII

C'est le souci d'une orthodoxie mieux assurée qui poussa les vingt-quatre cardinaux au choix qu'ils firent à l'unanimité le 20 décembre 1334 après une semaine de conclave, pour donner un successeur à un Jean XXII qui n'avait cessé de les étonner et qui, la veille de sa mort, était encore au travail. Pour la plupart, on l'a dit, ils n'avaient jamais participé à un conclave, et le vieux Jacopo Stefaneschi dut dire à ses collègues comment fonctionnait un conclave. Le nouvel élu, Jacques Fournier, était l'un de ceux qui avaient conduit Jean XXII à ne pas persévérer dans une erreur dogmatique qui laissait loin derrière elle les hérésies que Guillaume de Nogaret et Guillaume de Plaisians s'ingéniaient jadis à trouver dans les propos et les comportements de Boniface VIII. Taxer l'adversaire d'hérésie était, au Moyen Âge, une pratique relativement courante. Voir un pape prendre solennellement des positions théologiques controversées était moins fréquent. Le conclave de 1334 préféra choisir un sage.

On racontera que, menés par le cardinal de Périgord, les Français avaient d'abord porté leurs voix sur Jean-Raymond de Comminges. Premier archevêque de Toulouse lors de la création, en 1317, de la nouvelle province, il s'était distingué par la vigueur avec laquelle il défendait les intérêts de l'église de Toulouse contre les empiétements des officiers royaux. Ce fils du comte de Comminges n'était pas homme à accepter des conditions. Or ses collègues français en posaient une : qu'il s'engageât à ne pas ramener la curie à Rome. Il refusa net. Le vote pour Fournier aurait été, de la part des Français, un vote de dépit. À beaucoup, il apparut comme un moindre mal. Avec une modestie affichée et souvent répétée, l'élu ne se disait-il pas lui-même indigne de la fonction ?

Le conclave s'était tenu dans le palais épiscopal, qui demeurait la résidence du pape, et le nouvel élu s'y installa. Mais, le 7 janvier 1335, il alla s'établir au couvent des dominicains où, le lendemain, Napoleone Orsini, comme doyen du Sacré Collège, le couronna de la tiare après une simple bénédiction : déjà évêque, l'élu n'avait pas à être sacré. On notera que, trente ans plus tôt, c'était déjà Napoleone Orsini qui couronnait Clément V. Le 9, Benoît XII regagnait le palais.

Jacques Fournier était un moine de l'ordre de Cîteaux. Issu d'une modeste famille du comté de Foix qui comptait déjà un oncle cistercien, le futur cardinal Arnaud Nouvel, alors abbé de Fontfroide, le jeune Jacques avait pris l'habit dans le monastère languedocien de Boulbonne. On l'avait envoyé à Paris au collège Saint-Bernard, qui était la maison des écoliers cisterciens distingués par leur ordre, et il y avait étudié puis enseigné quelque temps la théologie. En 1311, il avait été élu abbé de Fontfroide, successeur de son oncle que Clément V faisait cardinal. En 1317, Jacques Fournier était évêque de Pamiers, son diocèse natal. Il rencontrait là, avec le souvenir des complots politiques de son deuxième prédécesseur, Bernard Saisset, les derniers soubresauts du catharisme et, fort de sa réputation de théologien, il appuya sévèrement les efforts de l'inquisition diocésaine dans sa lutte contre les ultimes déviations doctrinales. Il était donc, plus que bien d'autres prélats, aux aguets quant à la pureté dogmatique des prédications et des comportements.

Ce cistercien austère entendait bien ne pas oublier sa famille spirituelle. Il en donna un signe en gardant la robe de laine blanche de son ordre. Il n'était pas moins attentif aux retombées des abus administratifs de la papauté dans l'image que celle-ci donnait d'elle-même au peuple chrétien. Le cardinal qu'il était devenu en 1327 – après avoir été quelques mois évêque de Mirepoix – avait vite conquis l'oreille de ceux que l'évolution du Saint-Siège ne laissait pas d'inquiéter. Même si Fournier s'était vu immédiatement chargé des affaires de foi, s'il avait eu notamment en charge les causes portées devant le pape en appel des inquisitions diocésaines, s'il avait dû donner un avis sur les thèses des maîtres franciscains comme Pierre-Jean Olieu, Guillaume d'Ockam et Michel de Césène, et s'il avait aidé Jean XXII à prendre position sur l'orthodoxie du dominicain Durand de Saint-Pourçain, c'est un prélat porté vers la réforme de l'Église que choisissaient en connaissance de cause les cardinaux qui avaient eu le temps d'apprécier la justesse de ses vues.

Nul n'ignorait le rôle qui avait été le sien dans le redressement dogmatique accepté par Jean XXII. C'est donc bien un grand théologien qu'élisait le conclave. Même s'il avait une claire vue du droit canonique, Benoît XII n'était pas un juriste tel que ses prédécesseurs. Bien plus, il cultivait une prévention à l'encontre du droit et des juristes, et il n'hésitait pas à écarter les jeunes cisterciens des études juridiques, qu'elles fussent de droit canonique ou de droit civil.

Il s'occupa donc très vite du rétablissement définitif du dogme, non sans consulter cardinaux et théologiens. En 1336, la bulle *Benedictus Deus* mit un terme aux discussions sur la « Vision béatifique ». De la part de celui qui avait « converti » Jean XXII à l'article de la mort, c'était la moindre des choses.

Le premier souci de Benoît XII fut ce qu'il pouvait réformer le plus vite. Il annonça que sa famille n'avait rien à attendre. Melchisédech, aurait-il dit, « n'avait pas de lignage ». Quand on se rappelle les conditions de sa carrière monastique, on peut sourire. Mais le propos était sincère, il était à moindre frais, et le nouveau pape allait s'y tenir. Dans l'ensemble, cependant, la réforme de l'Église se révéla, nous le verrons, moins aisée. Certes, les premiers gestes du nouveau pape furent significatifs. À peine était-il réinstallé au palais épiscopal qu'il vit arriver un flot de sollicitations. Il les écarta et ordonna qu'on lui fît rapport sur les demandeurs et sur ce qu'il en coûterait de satisfaire leurs demandes. Le lendemain – on était le 10 janvier – il réunit le Consistoire et fit savoir que tous ceux qui avaient des bénéfices avec charge d'âmes, autrement dit les évêques, abbés et curés, disposaient de trois semaines pour gagner leur bénéfice et s'en occuper. Il se réservait de traiter en personne et avec parcimonie le cas de ceux qui feraient valoir des raisons pour demeurer à la curie. Même si la mesure s'en trouvait ainsi atténuée et si elle ne touchait pas les bénéfices sans *cura animarum* comme les prébendes des chanoines et les chapellenies, elle disait assez ce que pensait le nouveau pape des cumuls et des dispenses de résidence. Pour faire bonne mesure et comme il ne pouvait se priver de toute la curie, Benoît XII changea, le 31 mai 1335, le sens de son dispositif. Au lieu d'ordonner aux curialistes d'aller dans leurs bénéfices, il annula toutes les commendes, à la seule exception de celles dont jouissaient les cardinaux.

Soucieux d'un bon usage des bénéfices ecclésiastiques, Benoît XII ne l'était pas moins des bénéficiers eux-mêmes, qui ployaient déjà sous le poids de la fiscalité pontificale. Constatant que l'on ne faisait rien pour la croisade, il révoqua, le 16 décembre 1336, les décimes imposées pour la financer. Au plus laissait-il au roi de France – non aux autres – les sommes déjà levées.

Touchant aussi bien le gouvernement central et la curie que l'exercice du ministère pastoral dans les diocèses et les paroisses, concernant tous les ordres religieux car infiniment diverse, la réforme supposait cependant une vue d'ensemble. Elle manqua parfois à un pape sans expérience du gouvernement et dont les exigences morales ne s'embarrassaient pas de compromissions. Pour dire les choses en clair, Benoît XII se noya souvent dans les détails, comme lorsqu'il précisa qu'on n'avait pas à donner une gratification à ses courriers puisqu'il les payait, et les décisions qu'il prit se révélèrent en bien des cas inapplicables par des établissements ecclésiastiques trop fragiles pour opérer du jour au lendemain des changements de structure ou de discipline. De surcroît, la réforme avait son coût : la machine ecclésiale existait, et force était de la faire vivre. Supprimer les commendes était une chose, donner aux fonctionnaires de la curie les moyens de leur subsistance en était une autre. Théologien par vocation, le pape n'était ni canoniste ni financier. Il le disait, le droit n'était pas utile à un moine pour prier. Peut-être un peu d'esprit juridique eût-il été utile à un pape pour gouverner.

Benoît XII se voyait d'autre part pris au piège d'une contradiction. Il entendait poursuivre les réformes entreprises par son prédécesseur, et le cardinal Pierre de Chappes demeurait l'inspirateur d'une bonne part de ces réformes. Mais, dans le même temps, que ce fût sur le népotisme, sur les commendes, sur la fiscalité ou sur la Vision béatifique, il prenait des positions en tout opposées à celles de Jean XXII. Certains se retrouvèrent mal dans ses affirmations de politique ecclésiale.

Certes, Benoît XII était sincère quand au lendemain de son élection il annonça qu'il allait gagner Rome. Mais le cistercien ne confondait pas l'austérité avec la misère et il n'entendait pas entrer à Rome au milieu des ruines. Dès le premier Consistoire, il ordonna que l'on investît 50 000 florins dans la restauration des édifices romains dont l'état s'était dégradé. Saint-Pierre, le Latran, diverses églises et quelques palais en eurent le bénéfice. Jean Poisson, le frère de l'architecte chargé du palais d'Avignon, fut dépêché à Rome. En juillet 1335, une ambassade de la Commune de Rome renforça sa détermination : sa place était, il le savait, dans la Ville éternelle. Malheureusement, et sa formation de théologien et sa carrière d'adversaire de l'hérésie l'avaient mal préparé à comprendre les réalités complexes de la politique italienne. De surcroît, les certitudes de sa foi le conduisaient à un autoritarisme en tous les domaines. Benoît XII était l'homme des raisonnements rigoureux de la scolastique universitaire. Cette tournure d'esprit s'accommodait mal avec la pratique des compromis.

L'échec de sa politique italienne et la persistance des troubles qui avaient conduit à l'exil d'Avignon finirent par le convaincre d'écouter ceux des cardinaux qui lui répétaient que la route de Rome restait fermée. Alors s'imposa la décision qu'avait pu retarder le procédé commode du maintien en vacance du siège épiscopal d'Avignon. Administrateur apostolique du diocèse, l'évêque de Marseille Aymar Ameilh était mort en 1334 et, dans l'incertitude où il se trouvait encore quant à un départ pour Rome, Benoît XII ne lui avait pas donné de successeur. Il n'y avait donc plus ni évêque d'Avignon ni administrateur du diocèse d'Avignon. La vacance était absolue. Le scrupuleux Benoît XII décida de faire rentrer les choses dans l'ordre. En 1336, il pourvut Avignon d'un évêque en la personne de Jean de Cojordan.

Cela pouvait signifier que le pape quittait le palais épiscopal. Il avait eu le temps de mesurer les inconvénients, pour le fonctionnement de la curie, de cette implantation que l'on disait provisoire et qui, pour une bonne part des institutions pontificales, restait dispersée dans la ville. Malgré son humilité personnelle et son désir de soulager le clergé d'une pression fiscale à laquelle le train de vie de la curie ne pouvait que contribuer, Benoît XII comprenait qu'un souverain se devait d'être chez lui et d'y avoir ses hommes. La modestie n'implique pas l'inefficacité. Même un pape cistercien ne pouvait, faute d'aller à Rome, continuer à cantonner. Enfin, l'hostilité que lui manifestait Louis de Bavière pouvait se traduire un jour par une menace proche et cela, par un élémentaire souci de prudence, portait le pape à disposer d'une véritable forteresse. Il en résulta la construction d'un palais pontifical. Même si un Benoît XII ne rêvait pas d'une résidence de prestige, l'opération exigeait de l'espace. Elle conduisit à un troc dont nous reparlerons.

Le 31 juillet 1337, Benoît XII annonçait officiellement que la situation en Europe lui imposait de demeurer à Avignon. On put alors, sans feindre d'attendre le retour à Rome, organiser dans l'espace avignonnais la machine administrative héritée de Jean XXII. On fit enfin, en 1339, venir les archives. Avignon avait été un séjour. C'était maintenant une capitale. Pour le principe, on parlait toujours de la curie romaine.

Aux yeux des contemporains, le pape qui mourut de la gangrène le 25 avril 1342 dans le palais qu'il avait construit reste une figure controversée. Les uns font honneur à Benoît XII de son orthodoxie, de sa rectitude morale, de sa volonté de réforme. On observe qu'il laissa le Trésor bien garni : 1 117 000 florins, soit 50 % de plus que ce qu'il avait trouvé à son avènement. Cette somme, après la dépense de la construction du palais, suffirait à prouver la sagesse de la gestion financière de Benoît XII. Pour d'autres contemporains, ce pape accumula tous les torts et tous les échecs. Il se méfia du Sacré Collège, il persécuta les ordres mendiants.

Ptolémée de Lucques fréquenta la curie et connut Benoît XII. D'un pape dont il rapporte que sa mort plongea la curie et la chrétienté dans la tristesse il fait le portrait d'un homme dur et ferme sur ses positions, grand juriste – ce qui est excessif – et grand théologien. Il lui fait honneur d'avoir renoncé à favoriser sa famille et d'avoir toujours, avec justice, veillé à ne pas conférer de bénéfices à des clercs indignes. Mais l'éloge de Ptolémée souligne la faiblesse du politique : un esprit trop entier.

Il ne craignait personne quand le droit et la justice n'étaient pas observés partout dans le monde. Il aima trop les bons et il eut trop en haine les mauvais.

Donnant dans la caricature, le prieur prémontré de Floreffe Pierre de Herenthals fait au contraire un portrait au vinaigre. Il ne craint pas de ramener toute l'action réformatrice du pape à quelques mesures qu'il imposa à ses chapelains : faire attention en récitant les heures canoniques, dormir tous dans un même dortoir et n'avoir d'autre revenu que la nourriture et le vêtement de la dotation papale. Et Herenthals se fait un plaisir de conclure en reproduisant un distique aussi féroce qu'incohérent.

> Celui-ci fut Néron, la mort pour les laïcs, une vipère pour le clergé,
> Délaissant la vérité, outre pleine de vin.

L'austérité de Benoît XII passa souvent pour pingrerie, voire pour hypocrisie. Sa rigueur passa pour étroitesse d'esprit et sa simplicité pour balourdise. Il n'eut pour lui ni les Italiens frustrés du Saint-Siège, ni les Français qui ne profitaient guère de la papauté avignonnaise, ni les partisans de Louis de Bavière. Ce pape au train de vie modeste n'eut même pas pour lui ces apôtres de la pauvreté que furent les fraticelles. Et il eut la malchance d'avoir contre lui un Pétrarque.

Clément VI

Comme le Sacré Collège de 1334 a choisi un pape bien différent de Jean XXII, celui de 1342 fait choix d'un personnage qui ne ressemble en rien à l'austère cistercien Benoît XII. Pierre Roger est déjà tout autre chose qu'un prélat de curie quand les cardinaux se tournent vers lui. D'abord, malgré des origines limousines – fils de Guillaume Roger, seigneur de Rosières, il est né dans le château ancestral de Maumont, non loin d'Égletons – et nonobstant une prise d'habit en 1301, à l'âge de dix ans, au monastère de la Chaise-Dieu, c'est un Parisien. Dès 1307, le jeune moine de la Chaise-Dieu est à Paris, où son abbé l'envoie étudier la théologie et le droit canonique. Le milieu universitaire lui fait rapidement une réputation. Il s'est montré brillant, voire redoutable, dans les controverses entre théologiens. Avant même la canonisation de 1323, il s'est risqué, en trois panégyriques, à comparer Thomas d'Aquin à saint Augustin. Propos de bon augure pour un futur pape, il a argumenté contre les thèses anti-pontificales du *Defensor pacis*.

Reçu maître en théologie en 1323 sans avoir accompli les six années de la scolarité de rigueur, et ce grâce à une dispense pontificale demandée par le roi Charles IV et eu égard à seize années d'études qui l'ont fait maître ès arts et bachelier en théologie, Pierre Roger a gagné une juste renommée d'intelligence, d'éloquence, de compétence et de savoir-faire quand il revient vers la vie monastique. En 1326, le voici abbé de Fécamp. Le monastère jouit à la fois de la tombe des ducs de Normandie Richard Ier et Richard II, d'un pèlerinage réputé autour de la relique insigne du Saint-Sang et, ce qui n'a rien d'indifférent, d'un assez beau revenu. L'abbé figure dorénavant dans les ambassades royales.

Pierre Roger ne s'attarde pas à Fécamp. En 1328, il est évêque d'Arras et il entre au Parlement. L'année suivante, il succède à Philippe de Marigny comme archevêque de Sens. Il est donc, à Paris, dans sa province, ce qui lui donne un rang privilégié au sein de ces assemblées de prélats et de barons que les péripéties de la succession à la Couronne de France multiplient en ce temps-là. À l'assemblée de Vincennes de 1329, il s'oppose avec éloquence aux prétentions des légistes du roi de France et notamment à Pierre de Cugnières quant aux droits des juridictions temporelles sur les affaires ecclésiastiques, mais il se fait assez apprécier de Philippe VI pour que celui-ci en fasse son homme de confiance. Pierre Roger entre donc au Conseil royal. Il est à la Chambre des enquêtes du Parlement. Il préside la Chambre des comptes. En 1330, il est chancelier de France.

Sur la recommandation commune du roi de France et du roi d'Angleterre, ce qui en dit long sur son rôle dans les négociations entre les deux souverains, il reçoit cette même année le siège le mieux pourvu de France : il est archevêque de Rouen. Manifestant déjà l'idée qu'il se fait de lui-même, il prend argument de ce qu'il ne saurait prêter serment de fidélité qu'au roi lui-même pour refuser de le prêter au jeune duc de Normandie, le futur Jean le Bon. Il faudra menacer de saisir son temporel pour le faire céder. En 1338, Philippe VI n'obtient pas moins pour lui le chapeau de cardinal. Si Pierre Roger est un prélat difficile, c'est un homme précieux. Le chapeau rouge n'est pas une raison pour s'installer à Avignon. C'en est une pour siéger au premier rang chez le roi. D'ailleurs, l'archevêque ne s'était pas installé à Rouen. Certes, l'usage des nouveaux cardinaux pourvus à Paris de charges séculières était jusque-là d'abandonner celles-ci et de gagner Avignon, ce qui n'interdisait pas de servir à la curie les intérêts du roi de France. Mais Roger innove en différant ce transfert à Avignon qui semblait s'imposer. D'autres l'imiteront, comme Jean de Dormans ou Jean de la Grange, qui garderont leur place dans l'appareil monarchique et mettront ouvertement tout le poids de la pourpre au service du roi de France.

Pierre Roger demeure donc l'homme du roi, mais c'est maintenant comme légat qu'il sert à la fois le pape et le roi : dès les prémisses de la guerre et jusqu'à son élection au souverain pontificat, il s'emploie à chercher une issue honorable au conflit qui oppose le roi d'Angleterre Édouard III à Philippe VI de Valois dont, sans prétendre lui-même à une Couronne à laquelle il n'a aucun droit, l'Anglais n'accepte que fort mal de reconnaître la légitimité. Certes, le légat échoue à maintenir la paix, mais il acquiert dans cette longue mission aux multiples épisodes la réputation d'un diplomate habile et intelligent, d'un médiateur impartial et d'un excellent connaisseur de la vie politique.

C'est donc un homme d'exception que les cardinaux élisent le 7 mai 1342 après quatre jours de conclave. Si l'on excepte Bertrand de Montfavet, écarté du conclave par la maladie, ils ont été unanimes. Celui qui prend le nom de Clément VI est couronné le 19 mai, jour de la Pentecôte, en l'église des dominicains et avec la plus grande solennité. Il y a là quelques princes comme le duc de Bourgogne, le duc de Bourbon et le dauphin de Viennois, mais celui que l'on voit en premier, c'est le duc de Normandie qui sera un jour le roi Jean le Bon. Nul ne peut se tromper quant aux sympathies du nouveau pape.

Les cardinaux n'ont pas choisi d'élire un parangon de piété. Ils savent que Pierre Roger n'a rien d'un modeste. Le conclave a délibérément fait choix d'un grand seigneur et d'un homme d'État. Après Benoît XII, la curie éprouve le besoin d'un peu de lustre. Elle n'est pas indifférente, non plus, à ce que le nouveau pape soit homme d'expérience, et d'expérience diverse. Il a enseigné. Régulier, il sait ce qu'est le gouvernement d'un monastère, mais il a tenu sa place dans le monde des séculiers, et il connaît les problèmes d'un diocèse. L'Église souhaite une tête subtile et le monde appelle un diplomate. Or le nouveau pape ne saurait agir dans le conflit de la France et de l'Angleterre qu'en demeurant capable de réactions rapides et d'interventions à propos, ce qu'interdirait le délai des communications avec Rome, et il ne pourra garder quelque liberté qu'en se tenant physiquement hors des tourbillons de la vie politique italienne. Il lui faut de surcroît tenir compte des limites qu'imposent à son activité d'innombrables ennuis de santé : les rhumatismes lui laissent peu de répit et les coliques néphrétiques lui gâchent la vie. En bref, il oppose un refus catégorique aux sollicitations de la délégation de Romains que conduit en 1343 un Cola di Rienzo qui commence à faire parler de lui. Délibérément, Clément VI tient Avignon pour siège normal du pouvoir pontifical. Il n'y est pas pour attendre le départ. Et de s'ancrer encore plus solidement dans le Comtat : en 1344, il achète du dauphin Humbert II la forteresse de Visan.

Il accordera aux Romains une compensation qu'ils apprécieront : l'année 1350 sera celle d'un jubilé, comme l'a été l'année 1300 pour laquelle Boniface VIII a inventé la chose. Mais la première année sainte était une arme de la papauté dans un moment précis d'affrontements politiques mais aussi de prédictions apocalyptiques qu'il fallait réfuter en affirmant le rôle de l'Église dans le Salut des chrétiens. Ce n'est pas par hasard que la bulle *Cathedra Petri* qui créait ce premier jubilé romain avait été publiée le 22 février 1300, en la fête de la Chaire de saint Pierre à Rome. Et c'est seulement à la clôture de cette année sainte que le pape avait jugé nécessaire d'en prévoir le renouvellement, en fixant une périodicité de cent ans qui faisait échapper l'événement aux termes d'une vie humaine et le faisait dépendre d'un symbole plus populaire que théologique, le changement de millésime. Le deuxième jubilé, après cinquante ans seulement, est une reconnaissance de la place de la Ville éternelle dans la vie spirituelle de l'Église latine. C'est une délégation de l'aristocratie au pouvoir à Rome qui, dès son avènement en 1342, a demandé à Clément VI de réitérer le jubilé. Et le propos du pape, développé le 27 janvier 1343 dans la bulle *Unigenitus Dei filius*, est bien de faire converger les fidèles de toute la chrétienté.

> Que le plus grand nombre de chrétiens puissent prendre part à cette indulgence alors que bien peu, eu égard à la brièveté de la vie humaine, parviennent à la centième année.

Que le pape y soit ou non, la tombe des Apôtres se trouve à Rome, et c'est sur cette tombe que l'on gagne l'indulgence. Ni le pape ni la plupart des curialistes n'éprouveront toutefois le besoin de gagner pour eux-mêmes cette « indulgence pleine et salutaire ». On verra à Rome quelques prélats, comme l'évêque de Marseille Robert de Mandagout, mais aucun des grands noms de la cour d'Avignon, sinon le légat Guy de Boulogne avant qu'il ne quitte en mai 1350 l'Italie pour regagner Avignon.

Pour les Romains, le jubilé est aussi une faveur mesurable. Selon Pierre de Herenthals, on aurait compté chaque jour de l'année quelque cinq mille « romées ». Certains pèlerins attirent l'attention, comme cette Anglaise qui se fait accompagner, pour gagner l'indulgence, de vingt serviteurs. Il est vrai que d'autres Anglais sont demeurés chez eux, sensibles à l'argument d'Édouard III selon qui le voyage de Rome n'est pas compatible avec la poursuite des hostilités en France : cela supposerait une trêve qui ne serait favorable qu'aux Français. Disons simplement que les Romains ont vu passer des foules. Matteo Villani, le frère de Giovanni, en est le témoin.

> La foule était continuellement énorme, excessive. Aussi advint-il à plusieurs reprises que, tantôt deux, tantôt quatre, voire six et jusqu'à douze personnes moururent du fait de la compression et du piétinement de la multitude.

On sait depuis longtemps le profit que tire un monastère d'un pèlerinage bien géré. Dans une ville durement touchée par la Peste noire de 1348, et même si la venue de tant de voyageurs multiplie les tire-laine, l'année sainte est une aubaine. Et cette même mortalité a suffisamment perturbé les esprits dans toute la chrétienté pour susciter nombre de venues en actions de grâces. C'est le jubilé des survivants.

Ce l'est aussi au regard des périls surmontés pour atteindre Rome, périls que le succès du jubilé ne fait qu'aggraver. Les malfaiteurs le savent, on ne voyage pas sans quelque argent. Par précaution, les pèlerins se groupent pour le voyage mais bien des brigands, comme sur le Rhin Berthold von Eberstein, rançonnent d'abondance. Clément VI demande à Florence de solder des hommes d'armes à seule fin d'assurer la sécurité des routes toscanes. Comme on vient de toute la chrétienté, le pape ne saurait obliger tous les justiciers d'Europe à renforcer leur police.

L'afflux de pèlerins ne va pas sans créer quelques difficultés qui touchent même le petit peuple de Rome. S'il faut en croire Matteo Villani, les spéculateurs s'entendent à en créer pour tirer parti de l'aubaine.

> Pour gagner de l'argent de manière déraisonnable, les Romains, qui auraient pu procurer aux romées des vivres d'abondance et à bon prix, maintinrent toute l'année la cherté du pain, du vin et de la viande, empêchant les marchands de faire venir de l'extérieur le vin et le blé à seule fin de vendre plus cher le leur. Ce fut grande cherté du foin, de la paille, du bois, du poisson, de l'herbage. Le marché était convenablement approvisionné de viande, mais les bouchers ont fraudé en mêlant habilement la mauvaise viande à la bonne.

Ce jubilé sur la tombe des Apôtres mais en l'absence du pape suscite quelques interrogations. Venue à Rome pour le jubilé, la mystique Brigitte de Suède y demeure en annonçant qu'elle attend l'arrivée du successeur de saint Pierre dont elle espère, il est vrai, une reconnaissance pour l'ordre qu'elle se propose de fonder, cet ordre du Saint-Sauveur qui ne sera finalement approuvé que par Urbain V en 1370. Sentant à quel point son absence sera ressentie, Clément VI se fait représenter aux cérémonies romaines par un légat qu'il choisit parmi les cardinaux italiens mais dont il a, en France, éprouvé les qualités de diplomate. C'est l'ancien archevêque de Naples Annibaldo Caetani da Ceccano, dont la piété est illustrée par la fondation à Sorgues d'un couvent de célestins qu'il a richement doté. Il n'y gagne même pas la popularité qu'on pouvait attendre. Pendant qu'il fait pour son propre compte le tour des quatre basiliques dont la visite est la condition de l'indulgence, le légat reçoit deux viretons. Il en réchappe, mais on en conclut que le pape n'est pas pardonné et qu'il n'est vraiment pas temps d'envisager un retour. La mort du vieux cardinal, dans l'été, paraît donc un nouveau signe fâcheux. On racontera que Ceccano a été empoisonné par l'un de ses proches. À l'appui de ce dire, Werner de Bonn précisera que les serviteurs qui ont bu le fond de la carafe en sont morts.

Décidé dans ces conditions à ne pas quitter Avignon, celui qui a vécu à la cour de France ne se satisfait ni du modeste entourage de ses prédécesseurs ni d'une vie de cour réduite aux offices et confinée dans l'austère outil de travail qu'est le palais fortifié de Benoît XII. Le palais de Clément VI sera un instrument de prestige. Certes, Clément VI est depuis longtemps un grand de ce monde et il a ses habitudes, qui ne sont pas de modestie. Mais le développement de la cour d'Avignon dans tous les domaines révèle aussi une pensée politique : le pape conçoit mal que, comme pour son prédécesseur, le pouvoir aille sans faste. La souveraineté n'est pas seulement une notion de philosophie politique, elle est une réalité qui doit être manifeste. Il en va du souverain pontife comme des souverains temporels. La cathèdre de Clément VI – autrement dit son trône – est une œuvre d'argent massif, pesant 130 marcs et ornée de quatre pommeaux aux armes du pontife.

La souveraineté temporelle du pape n'est pas moins onéreuse. L'achat d'Avignon n'entre pas seulement dans la politique de grandeur. Dès lors que la papauté demeure à Avignon, il importe qu'elle y soit chez elle, et cela n'a pas de prix. Le palais d'un souverain ne s'élève pas à l'étranger, et la cour d'un souverain ne se tient pas en terre d'emprunt. Quant aux campagnes pour rétablir ou assurer l'autorité pontificale en Italie, elles sont un gouffre financier. Bologne comme Rome ont leur prix. Résister à Bernabò Visconti coûte cher. Fastueux par nature, accueillant aux écrivains et aux artistes, convaincu que les clientèles se paient – l'alliance du roi de France coûte 600 000 florins en cinq ans, celle du comte de Comminges se paie d'un prêt de 32 000 florins – et professant que la largesse est une vertu politique, Clément VI ne fait face à ses charges qu'en alourdissant la fiscalité pontificale et en s'arrogeant au détriment des collateurs ordinaires la disposition des bénéfices ecclésiastiques. À ceux qui lui reprochent le gaspillage des ressources de l'Église et l'abus qu'il fait de la réserve des bénéfices, il répond que ses prédécesseurs « n'ont pas su être papes ». Il est vrai qu'il se donne pour règle que « nul ne reparte mécontent ». Les critiques faites à Benoît XII lui donnent en partie raison. Peut-être faut-il rappeler qu'à la même époque le roi de France Jean II mérite le surnom de Jean le Bon parce que, courageux à la guerre, il est aussi digne d'éloges par sa générosité, par sa largesse et par le grand train qu'il mène et dont il fait bénéficier sa chevalerie. Si l'on cite les dépenses de prestige de Clément VI, les contemporains ne font pas moins l'éloge de sa bonté, de sa clémence et de sa générosité. Dans son oraison funèbre, Jean de Cardaillac s'y étendra.

> Son affabilité se manifestait dans son regard, dans son commerce avec autrui, dans son langage, par sa clémence et par sa magnificence.

De même vante-t-on son courage. Avec la Peste noire, Clément VI rencontre en effet des difficultés inhabituelles. Il lui faut, on le verra, soutenir le moral de la population et organiser la résistance à l'épidémie. On mettra à son actif le fait qu'il refuse de quitter Avignon alors que l'on a parfaitement compris que l'épidémie frappe plus durement en ville qu'à la campagne. Il est moins sûr que tout le monde le comprenne quand il protège la communauté juive, que bien des gens tiennent pour responsable du fléau, et quand il met pour cela en jeu les sanctions canoniques : le 4 juillet 1348, il fulmine l'excommunication contre tout chrétien qui molesterait un juif. Dans les deux cas, le pape se comporte comme ce qu'il entend être et qui coûte si cher au trésor pontifical : comme un grand seigneur.

Au regard de la postérité, Clément VI souffrira, lui aussi, de l'hostilité d'un Pétrarque qui se voulait naguère de ses amis mais se montre de plus en plus furieux du maintien à Avignon de la papauté. Le poète, dès lors, est prêt à toutes les affabulations – vices cachés, dépravation publique – pour assombrir le portrait d'un pape surtout coupable d'avoir donné à Avignon un lustre dont manque la Ville éternelle et d'avoir, à Rome, pris finalement parti contre Cola di Rienzo. Notons cependant les contradictions du témoignage : bien douteuse est l'attitude d'un homme qui fréquente la cour pontificale, cherche à y tenir une place et loue Clément VI d'être un « pasteur d'élite », mais qui met en cause sa foi, ses mœurs et sa politique. La mystique princesse Brigitte de Suède fait écho au poète quand elle se présente comme une seconde Marie en charge d'instruire les apôtres de leur mission et quand elle mêle dans son hostilité le train de vie du pape et son refus de gagner Rome. Les critiques ne viennent pas moins de ce parti composite que forment les fidèles de Louis de Bavière, ceux des Visconti et, autour de Guillaume d'Ockam, les derniers rebelles de l'ordre franciscain.

Comme jadis à l'encontre de Boniface VIII, l'excès et l'invraisemblance des accusations se retourneront contre leurs auteurs : la postérité jugera que l'on n'a pas trouvé grand-chose à mettre au passif de Clément VI. Au moins les légistes pouvaient-ils, pour qualifier ses positions politiques et canoniques, taxer Boniface VIII d'hérésie. Pour Clément VI, que sa faible propension à disserter de théologie met à l'abri des propos hérétiques, on cite des maîtresses et des bâtards que nul n'a jamais vus, des scènes de débauche et de lubricité qui n'ont eu aucun témoin, des maladies honteuses jamais prouvées. Et Brigitte de Suède d'en faire un « amateur de chair fraîche ».

Sans cacher son goût pour le luxe et pour la fête, d'autres vanteront Clément VI pour sa charité. Dans les années qui précèdent la Peste noire de 1348, le pape consacre quelque 50 000 florins par an – 17 % de son revenu – aux actions charitables à Avignon et dans le Comtat. Pierre de Herenthals ne fait donc pas que reproduire la rumeur et, même si l'exagération est manifeste comme chaque fois que les chroniqueurs du temps mesurent foules ou armées, son témoignage dit bien à quel point le changement des usages de la curie a pu frapper les esprits. Benoît XII n'avait pas habitué Avignon à des grâces, autrement dit à des aumônes publiques.

Comme en cette même année [1342], vers la Pentecôte, il fit des grâces générales à Avignon, il arriva une telle multitude de clercs voulant avoir leur part dans la grâce des pauvres qu'il fut possible de compter, en vérifiant leurs diocèses qui étaient du monde entier, jusqu'à cent mille clercs, ainsi que, me trouvant là, j'ai pu personnellement en vérifier l'exactitude.

On soulignera donc comme une vertu ce qui est sans doute une faiblesse : Clément VI ne sait pas éconduire les solliciteurs. L'examen des grâces accordées montre cependant le discernement dont il fait preuve, réservant les bénéfices anglais à des clercs insulaires et ne donnant aux maîtres italiens de l'Université de Paris que des bénéfices italiens. Il aura manifesté ces qualités que l'on attend d'un prince de ce monde et qui font le bon chevalier : naturellement, il se montre large. Le népotisme entre normalement dans cette munificence et c'est sans ironie qu'un chroniqueur fait observer qu'en 1353, quand on transfère le corps de Clément VI à son ancien monastère de la Chaise-Dieu dont il a financé la reconstruction, il est accompagné de cinq cardinaux : son frère, trois neveux et un cousin. Dix-huit prélats de la famille auront leur effigie sur le tombeau. Le reste est à l'avenant et, aux yeux de beaucoup, les palais qu'il édifie à Avignon comme à Villeneuve-lès-Avignon ne paraissent que les dignes résidences du Souverain Pontife.

INNOCENT VI

Emporté par une crise de gravelle purulente, Clément VI meurt le 6 décembre 1352. Le conclave se tient aussitôt dans les conditions fixées un an plus tôt par une bulle *Licet* qui adoucissait les règles posées par Grégoire X. Les cardinaux peuvent dorénavant tirer un rideau autour de leur lit, se faire accompagner de deux serviteurs et ajouter au pain et au vin quelques fruits, du fromage et même, aux deux repas, de la viande ou du poisson. Comme lors du précédent conclave, c'est à renverser la politique du défunt que pensent les cardinaux. Lassés du pouvoir très personnel exercé par Clément VI et désireux de mettre un frein aux dépenses occasionnées par une politique ambitieuse et par le train de la cour pontificale, les électeurs s'accordent avant de voter sur une règle de gouvernement que, dans une Église habituée à ce que tout soit mis au net en canons et en décrétales, ils jugent utile de rédiger en forme de constitution. En bref, le nouveau pape devra suivre les choix politiques du Sacré Collège.

Dans la pratique, cela signifie d'abord que le pape ne nommera de nouveaux cardinaux que, à concurrence d'un effectif global de vingt, s'il y a au moins quatre chapeaux vacants. Chaque nomination de cardinaux devra être approuvée par les deux tiers des survivants. Ainsi veut-on interdire les fournées par lesquelles le pontife a parfois bouleversé les structures politiques du Sacré Collège. Pour les nominations des évêques, c'est l'avis du Consistoire qui emportera le choix. Il en ira de même, à la majorité des deux tiers, pour nommer les officiers de la curie. On écorne même le népotisme : les parents du pape ne pourront accéder à la charge de maréchal de la Cour et, surtout, aux fonctions hautement rémunératrices de recteur d'une province des états de l'Église. Autant dire que le pape ne sera plus maître de son gouvernement. Plus généralement, le futur élu s'engage à ne faire aucun acte de juridiction, de politique financière ou d'administration domaniale sans l'approbation du Consistoire. Il n'imposera, en particulier, aucune décime sans cette autorisation. En fait, rien ne se fera sans l'avis des cardinaux, exprimé en corps ou individuellement. On ne pourra plus parler d'un gouvernement de l'Église par le pape.

L'idée est dans l'air du temps. Les cardinaux réagissent sans doute au gouvernement excessivement monarchique de Clément VI, mais ils ont aussi des exemples sous les yeux. On vient de voir les États généraux imposer depuis 1346 au roi de France d'interminables négociations qui portent aussi bien sur les structures de l'appareil gouvernemental que sur le choix des hommes et, bien entendu, sur l'opportunité, le montant et l'utilisation des impôts. Maintenant, c'est l'empereur qui se prépare à donner, par la Bulle d'or de 1356, aux élections impériales une base moins aléatoire.

Pour bien assurer ce pouvoir collectif dont ils rêvent, les cardinaux cherchent un parangon de modestie. Un instant, ils pensent au général des chartreux, le très pieux Jean Birel, mais, fortement éclairés par le cardinal de Périgord qui ne manque pas de sens politique, ils entrevoient à temps que le saint homme pourrait bien être un nouveau Célestin V, incapable de faire face à ses devoirs de chef de l'Église. Comme ils cherchent toujours un pape qui leur sera soumis, ils élisent donc, le 18 décembre, le vieux cardinal Étienne Aubert. Celui-ci entre bien, à certains égards, dans la lignée des premiers papes d'Avignon. Issu d'une famille de petits notables campagnards comme il en est tant en Limousin, c'est un juriste, mais c'est le droit civil qu'il a enseigné à l'Université de Toulouse, donc en un centre intellectuel où le droit de l'Église supporte la dure concurrence du droit romain. Il a même été dès 1328 juge mage royal de la sénéchaussée de Toulouse. En 1336, il siégeait au Parlement. Philippe VI lui a souvent accordé une totale confiance : à six reprises, Étienne Aubert s'est vu chargé par le roi de traiter à Avignon avec Benoît XII des affaires de l'Église de France.

Autant dire que l'on voit maintenant un légiste sur le Siège de Pierre. Évêque de Noyon en 1338, puis en 1340 de Clermont, il a été fait cardinal en 1342. Il est devenu grand pénitencier, donc titulaire d'une fonction prestigieuse mais de faible poids politique. Il est, à ce titre, promu cardinal-évêque d'Ostie en 1352. On peut attendre de cet homme aux comportements modestes et à la santé fragile la fin de la politique de prestige, la réduction des exigences fiscales, une plus grande écoute aux revendications des villes de l'état pontifical.

Innocent VI surprend vite tout le monde, et notamment le cardinal de Périgord qui voyait en Étienne Aubert un homme influençable. À peine élu, le pape rappelle que, depuis Grégoire X, le droit canonique interdit aux cardinaux de prendre quelque décision que ce soit pendant la vacance du Saint-Siège. Premier paradoxe, le légiste donne ici aux canonistes une leçon de droit canonique. L'accord passé entre les cardinaux est donc illicite, ce qui permet au pape d'annoncer, le 6 juillet 1353, qu'il n'est pas tenu par un serment qu'il a prêté par mégarde et, dit-il, sous réserve. Il en délie naturellement les autres, ce qui paraît équitable et n'a aucun sens. S'étant ainsi moqué du Sacré Collège, Innocent VI annonce, par la constitution *Sollicitudo pastoralis*, qu'il gouvernera lui-même, ainsi qu'il appartient au vicaire du Christ. Cela dit, les contemporains le noteront, il prendra volontiers conseil, et en premier lieu des cardinaux.

Laissant pour plus tard les projets de croisade dont il est évident qu'ils seront vains tant que les rois de France et d'Angleterre ne sortiront pas de leur affrontement sans cesse ravivé, il reprend le combat de ses prédécesseurs pour un renforcement durable de l'état pontifical. Il va être servi pour cela par un légat d'exception, Gil Albornoz, auquel il donne pour première mission de restaurer en Italie l'autorité pontificale. Le légat devra cependant faire face à des circonstances imprévues : l'émergence, avec l'affaire de Rienzo, d'un Peuple romain capable de se targuer d'une autorité naturelle et historique et non moins capable de rêver, avec Pétrarque, à une solidarité des villes italiennes, sinon déjà à une unité de l'Italie.

Quand on sait le prix qu'attachaient ses prédécesseurs au rétablissement d'une paix durable entre la France et l'Angleterre, on mesure le boulet que traîne Innocent VI avec les séquelles de la bataille de Poitiers et du traité de Brétigny-Calais. Nul n'ose plus, à ces moments, invoquer la perspective de croisade. Les légats s'épuisent à courir d'un camp à l'autre, puis d'une négociation à l'autre, et il leur est souvent difficile d'échapper à l'accusation de partialité. Les difficultés ne sont pas moindres en Espagne, où Castille, Aragon et Navarre ne cessent de s'affronter. Les forces de la chrétienté en Méditerranée sont affaiblies par la grave crise qui affecte l'ordre de l'Hôpital. Quant aux franciscains, ils redeviennent comme au temps de Jean XXII l'une des lancinantes préoccupations de la papauté.

Un autre souci tient à la divagation des compagnies laissées sans emploi quand s'interrompent les hostilités entre France et Angleterre : les compagnies sans embauche font plus de dégât que les campagnes ordonnées, et le revenu de la fiscalité pontificale souffre des dommages causés au temporel des églises. De plus, le fléau touche durement Avignon et le Comtat Venaissin. Ces turbulences ont leur part dans la décision que prend Innocent VI de réviser le système défensif de la ville d'Avignon.

Enfin, la peste est de retour. D'avril à juillet 1361, la curie et la ville d'Avignon sont décimées. On compte neuf morts parmi les cardinaux. Le pape, comme tout le monde, doit admettre que le cavalier de l'Apocalypse qui a fait ses ravages avec la Peste noire de 1348 n'avait pas sévi une fois pour toutes. Devenue un ennemi familier, la maladie engendre une psychose, avec les conséquences que l'on sait sur les mentalités et les comportements religieux et moraux.

Autant dire que le grand juriste qu'est Innocent VI voit s'additionner contre lui les amertumes. Innocent VI n'est pas un diplomate. Il est naïf et il est versatile. Cela se sait vite. Son esprit d'économie l'a poussé à modérer le train de vie pontifical et cela concerne naturellement celui de son entourage. Ayant réduit le nombre de ses familiers, il réduit aussi les effectifs des livrées cardinalices et n'oublie pas de réviser le montant des gages servis aux officiers. Si les moralistes le complimentent, les victimes de ces mesures somptuaires n'en ont aucune gratitude envers le pape. Déjà acharnée contre Clément VI, Brigitte de Suède n'épargne pas son successeur, le jugeant « plus abominable que les usuriers juifs, plus traître que Judas ». Malgré ces économies, Innocent VI n'a pas, après les dépenses de son prédécesseur, la marge de manœuvre que lui procurerait un trésor en bon état. En 1358, il lui faut vendre au poids sa vaisselle précieuse. Surtout, sa politique italienne coûte fort cher. Même si Albornoz la conduit intelligemment et obtient des résultats significatifs, elle est entachée de trop d'hésitations pontificales qui sont autant de gaspillages.

Urbain V

À peine Innocent VI est-il mort, le 12 septembre 1362, que les vingt et un cardinaux s'avisent qu'ils ne pourront s'entendre sur l'un d'eux, tant est forte la tension entre deux clans qui, comme à l'accoutumée, tiennent aux origines géographiques. Il y a celui des Limousins et des neveux ou proches parents des deux derniers papes. On y trouve Hugues et Pierre Roger, Nicolas de Besse, Raymond de Canilhac, Audouin et Étienne Aubert, Pierre de Monteruc, Gilles Aycelin. Être compatriotes ne les empêche d'ailleurs pas d'être divisés. Et il y a naturellement le clan, infiniment divers, de ceux qui trouvent qu'on en a trop fait pour les Limousins.

Après avoir si souvent joué le rôle décisif dans les conclaves, le cardinal de Périgord se verrait bien pape à son tour, mais il vieillit. Gil Albornoz est en Italie, et on n'en parle pas. Bien qu'il ait ses partisans, le vieux cardinal Guy de Boulogne n'a pas de majorité et il ne saurait, nous le verrons, compter sur le roi de France pour le soutenir. Un premier scrutin, mal préparé, donne quinze voix sur vingt à Hugues Roger, le frère de Clément VI. Ce bénédictin a été abbé de Saint-Jean-d'Angély, puis évêque de Tulle, et son frère l'a, vingt ans plus tôt, fait cardinal. Hugues Roger est un vieil homme – il va mourir dans quelques mois – et il n'est pas candidat. Il refuse. Un nouveau scrutin donne onze voix à Raymond de Canilhac, et on comprend qu'il n'atteindra pas les quatorze voix qui feraient la majorité des deux tiers. Comme en 1305, on juge alors commode de choisir hors du Sacré Collège, et le vieux cardinal Guillaume d'Aigrefeuille ne manque pas de pousser alors un juriste dont son frère Pierre a apprécié les services comme vicaire général. Le 28 septembre, l'abbé de Saint-Victor de Marseille, Guillaume Grimoard, est élu. Il prend le nom d'Urbain V. Comme il n'était pas évêque, il faudra le sacrer avant de le couronner. On aura noté le poids des prélats âgés dans les affaires du conclave.

La carrière de Guillaume Grimoard a été des plus classiques, mais elle ne semblait pas conduire au Siège apostolique. Issu de la petite noblesse du Gévaudan, ce bénédictin austère a étudié le droit dans les plus prestigieuses universités : à Montpellier, à Toulouse, à Avignon, à Paris. À Montpellier et à Avignon, il a ensuite enseigné le droit canonique. Ainsi l'a-t-on tenu à la curie pour un canoniste confirmé. Sa réputation de savant juriste, de théologien à la piété exigeante et à l'orthodoxie assurée n'est plus à faire. On ne s'est pas étonné de le voir en 1352 abbé de Saint-Germain d'Auxerre, puis en 1361 abbé de Saint-Victor, l'une des plus prestigieuses abbayes de l'ordre.

Guillaume Grimoard est avant tout un moine, et il le souligne en gardant sa robe noire de bénédictin. À un abbé qui demande à célébrer revêtu des ornements pontificaux, il répond froidement : « Un moine ne doit pas avoir de telles envies. » De ce fait, le nouveau pape n'a aucune pratique d'un évêché. Il n'en a guère des affaires du monde : ni son ordre ni les papes ne lui ont confié ces missions dans lesquelles ont excellé quelques prélats et en dernier lieu Albornoz. Il n'a jamais été ni cardinal ni nonce du pape, et encore moins recteur de quelque province de l'état pontifical. Au plus Innocent VI l'a-t-il chargé de rares missions diplomatiques à Naples. C'est d'ailleurs là qu'il a été dépêché dès qu'on a appris la mort de Louis de Tarente, et qu'on va le chercher pour lui annoncer qu'il est pape. Les cardinaux sont à ce point incertains de sa réponse qu'ils attendent, pour publier le résultat de leur vote, l'acquiescement d'un élu qui, pour envoyer aux cardinaux son accord écrit, attend lui-même d'être à Marseille où il arrive le 27 octobre. Encore n'est-il pas à Avignon : une crue du Rhône et de la Durance l'empêche de passer pendant deux jours. Le 31 octobre 1362, il est à Avignon. Le cardinal Audoin Aubert, le neveu d'Innocent VI, procède le 6 novembre à un couronnement dépourvu de tout faste. Urbain V devient pape dans l'intimité. Alors que tout est prêt pour la traditionnelle chevauchée à travers la ville, il la refuse. Pour tout dire, Urbain V est un timide et un scrupuleux : à l'idée des responsabilités qui viennent de lui échoir, il tremble.

Cet homme de Dieu, dont toute la curie apprécie la piété et la bonté, se montre avant tout soucieux de morale. Il n'a là qu'un défaut, mais un défaut grave : ce scrupuleux ne sait pas distinguer ce qui relève du jugement du pape et ce qu'il pourrait déléguer. Veillant à ne concéder les bénéfices qu'à des clercs qui en sont dignes, il se laisse accaparer par le détail, s'assure de l'âge des requérants, vérifie lui-même les titres universitaires dont ils se targuent, s'assure de leur comportement, se soucie de leur apparence. Le vice-chancelier se voit ainsi chargé d'enquêter pour savoir si un solliciteur de prébende ne porte pas « un habit de laïc ou d'écuyer ». Un chanoine augustin se voit enjoindre, pour obtenir son bénéfice, de porter un surplis à manches. Et le pape fixe lui-même le délai donné, pour quitter Avignon, à ceux qu'il force à la résidence dans leur bénéfice. La vigilance du pontife n'est pas moindre au regard des laïcs.

> Il est de mon intention – et je veux – que la grâce de l'indulgence à l'article de la mort ne soit valable que s'ils portent dorénavant des robes longues au moins jusqu'au genou.

Dans la même semaine de novembre 1363, Urbain V aura ainsi répondu, en les annotant de sa main, aux suppliques d'un prince anglais, d'une duchesse silésienne, d'un modeste clerc du Puy, d'un curé anglais, d'un abbé toscan, de l'ensemble des moines d'un prieuré sicilien, d'une noble dame d'York, d'un bourgeois de Bayeux et de la veuve d'un Londonien, mais il aura aussi confirmé l'élection d'un prieur, permis à un chanoine de cumuler deux prébendes dans la même ville contrairement à la coutume de l'église d'Utrecht et autorisé par avance l'enterrement en terre sacrée d'un clerc qui craint de mourir en un lieu frappé d'interdit. Le 10 novembre, il autorise les bénédictins siciliens de Licodia à célébrer l'office aux grandes fêtes de l'année nonobstant que le royaume de Sicile est en interdit : dans leur supplique, ils ont fait valoir qu'ils sont à l'écart de tout lieu habité. Et le pape de préciser qu'ils maintiendront les portes fermées et ne sonneront pas les cloches. Et, le 17 novembre, il accorde au franciscain Guillaume du Pré, un Parisien qui a longtemps étudié et enseigné à Oxford, le droit de revenir enseigner la théologie dans sa ville natale si le chancelier et les autres maîtres régents de Paris l'en jugent capable.

Quelques annotations de sa main en disent long sur ce caractère scrupuleux et toujours incertain de lui-même. À des curialistes qu'il met en demeure d'aller résider dans leur bénéfice, il écrit « Quitte la curie, et si ton maître ou un autre me demande l'autorisation de rester, que la grâce soit nulle », voire « Quitte la curie sans espoir d'une autre dispense ». Mais, avant d'accorder une indulgence à l'article de la mort, il s'informe des mœurs du suppliant.

Urbain V fonde des églises. Il protège les artistes et favorise les universités. À Toulouse, à Montpellier et à Avignon comme à Bologne, il crée des collèges. Il ne manque pas une occasion d'encourager les jeunes clercs à étudier, et pas seulement les sciences sacrées. Ni la musique ni la poésie ne sont étrangères à l'ami de Pétrarque. Quant à l'idée qu'il se fait des études, elle est étonnamment moderne, comme le montre le propos rapporté par un contemporain (cité par P. Amargier).

> Il est bon et désirable... que dans l'Église de Dieu abondent les gens qualifiés. Je conviens que tous ceux que je fais élever et à qui j'accorde des bourses ne seront pas des gens d'Église. Certains se feront religieux. Pour la plupart, ils resteront dans le monde pour y être pères de famille. Quel que soit l'état qu'ils embrasseront, et même s'ils exercent des métiers mécaniques, il leur sera toujours utile d'avoir étudié.

Pour tout dire, Guillaume Grimoard semblait être parti pour une carrière d'universitaire et à cinquante-deux ans il ne manifestait plus aucune ambition. Malheureusement, Urbain V ignore sereinement les partis qui se déchirent en Toscane, et le traité de Brétigny n'est pour lui qu'un événement étranger à l'Église. De l'administration pontificale il ne soupçonne pas les arcanes et il ne sait de la fiscalité pontificale que ce que savent les contribuables appelés, comme il l'était naguère, à payer la décime et les annates. Aux yeux de tous et aux siens propres, il n'est l'homme de personne, et il n'a servi aucun prince.

Très vite, il inscrit quelques priorités parmi ses préoccupations. La première, c'est le retour à Rome, dont il rêve au point de nommer Rome le complexe de bâtiments qu'il fait élever dans le verger du palais. La seconde, c'est la croisade. L'une et l'autre n'ont rien d'original. Ce qui change, c'est l'attention qu'y porte Urbain V. C'est aussi qu'il s'en fait une idée simple, voire naïve. Pour la croisade, il ira de déception en déception. Il ne fera que gaspiller ses finances et aggraver le désordre. La naïveté et la déception ne seront pas moindres à propos de l'union des Églises : Urbain V se montrera un peu vite convaincu que l'empereur Jean V Paléologue exprime le sentiment général des Byzantins.

Parce qu'il s'est peu penché sur les affaires italiennes, Urbain V juge avec sérénité que la place du Saint-Siège est devant la tombe de saint Pierre, non sur le Rhône. Il entend volontiers les

arguments de l'ambassadeur florentin qui lui prêche le retour –
« Rome appelle son époux... L'Italie est veuve... » – et ne cache
pas l'intérêt politique d'un tel rétablissement : l'absence du pape
sera cause de la perte des états de l'Église. Traduisons le propos
du Florentin : cette absence sert les ambitions de Bernabò Visconti. Parce qu'il n'a guère fréquenté la curie, Urbain V ne se
sent pas chez lui à Avignon. S'il nomme évêque d'Avignon, en
décembre 1362, son frère Anglic Grimoard, un augustin du
monastère de Saint-Ruf de Valence qui s'est jusque-là contenté
d'un très modeste prieuré à Die et dont il fera un cardinal en
1366, c'est moins pour assurer la fortune de sa famille que pour
rétablir l'évêché d'Avignon et y placer un clerc dont tout le
monde admire la rectitude morale.

Clément VI est en effet revenu à la pratique de Clément V et,
depuis 1349, le siège d'Avignon n'a cessé d'être réservé au Saint-
Siège avec pour administrateurs le camérier et le trésorier du
pape. Innocent VI n'y a rien changé. Or le rigoureux Urbain V se
tient à l'écart des abus de népotisme qu'il a lui-même jugés avec
sévérité au temps de ses prédécesseurs. Il combat même deux des
pratiques qui se sont développées depuis un demi-siècle malgré
quelques mesures prises naguère par Benoît XII : le cumul des
bénéfices ecclésiastiques, tenus pour de simples sources de
revenu, et la non-résidence qui en procède.

Urbain V ne peut cependant tout refuser. Il aura ainsi donné
huit bénéfices à Androin de la Roche, neuf à son frère Anglic
Grimoard et dix à l'Anglais Simon Langham. Souvent, il ne
confère de nouveaux bénéfices que moyennant résignation d'anciens. Raymond de Canilhac obtient ainsi deux prévôtés en renonçant à neuf bénéfices.

Il semble qu'il soit plus sévère pour de moindres personnages.
À un curialiste qui postule pour une expectative à Reims et rappelle au pape que, après avoir été son étudiant, il sert depuis vingt-
cinq ans l'Église à Avignon, il répond par écrit : « Il est temps
que tu quittes la curie. » Nombreux sont ceux auxquels il donne
le choix : l'office en curie ou le bénéfice avec résidence. L'évêque
de Rome, observe Urbain V, ne saurait s'exonérer de l'obligation
canonique de résidence. L'évêque de Rome à Rome et un évêque
à Avignon, les choses seront ainsi en ordre.

Ce que le pape ne maîtrise pas, c'est le péril représenté autour d'Avignon par les compagnies. Là encore, il multiplie les maladresses. Il croit qu'au prix d'une décime Jean le Bon viendra mettre de l'ordre sur le Rhône, quand le propos du roi de France concerne surtout le Languedoc royal que ravagent les compagnies. Il pense même trouver des défenseurs sans avoir à les payer : en 1364, en publiant une condamnation des routiers, il concède à qui viendra les combattre une indulgence à l'article de la mort. Les volontaires se feront attendre. D'autres déconvenues suivent quand, en 1365, Urbain V imagine qu'il peut libérer la vallée du Rhône en engageant les routiers à aller contre les Turcs et en finançant d'une nouvelle décime l'entreprise d'un Bertrand du Guesclin chargé d'emmener quelques compagnies en Espagne. Dans le même temps, Urbain V néglige les appels au secours du roi de Chypre.

On a envoyé quelques compagnies en Italie, mais elles y représentent désormais une réelle menace pour les états de l'Église. La « Compagnie blanche » du condottiere anglais John Hawkwood – les Italiens disent Giovanni Acuto – se vendra pendant vingt ans au plus offrant, servant successivement Pise contre Florence, Pérouse contre Viterbe, Visconti contre Florence et se faisant même le soldat du pape Grégoire XI avant d'entrer en 1377 pour 130 000 florins au service de Florence et d'y devenir le personnage dont le monument funéraire orné d'une fresque de Paolo Uccello au mur du Dôme dit bien la longue renommée. C'est dans ces conditions que, dans une sereine ignorance des difficultés qui l'attendent, Urbain V tentera un retour à Rome sur lequel il nous faudra revenir. Un retour vite interrompu par la mort. Et nul ne s'étonnera que, pour mourir, le moine qu'il est resté se fasse transporter dans le palais épiscopal qui est la résidence de son frère Anglic. Dans le somptueux palais de Clément VI, Urbain V ne se sent pas à l'aise.

Quand, en 1870, l'Église prononcera sa béatification, ce sera pour ses vertus chrétiennes plus que pour le bilan de son pontificat. À vrai dire, appuyée sur les miracles que l'on attribue à son intercession, la béatification d'un pape est, à cette date, une réplique à la mainmise italienne sur la ville de Rome et à cette captivité dans le Vatican que s'imposent alors les pontifes. On s'en tiendra là, et nul ne parlera de canoniser Urbain V.

GRÉGOIRE XI

Fils de Guillaume Roger, comte de Beaufort, qui était le frère aîné de Clément VI, Pierre Roger de Beaufort est donc neveu de pape. Il a d'abord été protonotaire. Clément VI l'a créé cardinal en 1348. À dix-huit ans, il était alors le benjamin du Sacré Collège. Un chroniqueur l'a alors décrit.

> Il était humble, et bénigne, et de bonne humeur. Il était capable, intelligent, subtil, très porté vers l'étude des lettres, et il savait beaucoup de droit civil.

À peine passé les fêtes de Noël et après une nuit de conclave, les dix-neuf cardinaux l'élisent le 30 décembre 1370. Parfait produit de la curie et cardinal-diacre depuis vingt-deux ans, il n'a jamais été ni abbé ni évêque. Il n'est pas même prêtre et Guy de Boulogne commence par ordonner le nouveau pape. Il faut ensuite lui conférer l'onction épiscopale. Sacré le 4 janvier, Grégoire XI est couronné le 5. Supprimée par Urbain V, la chevauchée qui montre au peuple le nouveau pape dans toute sa splendeur est rétablie. Le duc Louis d'Anjou, le frère de Charles V, tient la bride du cheval. C'est un extraordinaire exemple de népotisme que ce Grégoire XI qui prend à quarante ans le gouvernement d'une Église sérieusement affectée par le double et cuisant échec du pieux et studieux Urbain V.

Mais, parce qu'il jouissait de la confiance de son oncle et que ni Innocent VI ni Urbain V ne sont revenus sur cette confiance, il a acquis au service de l'Église une bonne connaissance des affaires et une solide expérience de l'Italie, deux vertus qui manquaient singulièrement à Urbain V. Paradoxe dû à son jeune âge, c'est après avoir reçu le chapeau que, sur instruction de son oncle, il a séjourné à Pérouse pour y étudier sous la férule de Baldo degli Ubaldi. Celui-ci fera l'éloge de son élève, et on vantera la modestie de ce cardinal capable de s'astreindre à suivre des cours et à passer des examens. Le grand canoniste Gilles Bellemère dira de même la considération qu'il a pour la science juridique et la clarté d'esprit de Grégoire XI. De ce premier séjour en Italie, le jeune prélat est revenu docteur *in utroque*, « dans les deux droits », ce qui est, en un temps où la théologie s'apprécie modérément à la curie, le titre le plus approprié pour qui veut faire une carrière ecclésiastique. En fait, il passera surtout pour légiste. Ainsi aura-t-on tout fait pour que, comme l'écrira Ptolémée de Lucques, il ne paraisse pas être parvenu au cardinalat *carni et sanguini*, « par la chair et le sang ». Pour Pierre Roger de Beaufort, la carrière paraît assurée, mais on ne la lui reprochera plus.

Au reste, l'homme attire vite les sympathies, voire le respect. De ses fréquentations d'Avignon et de Pérouse comme d'un caractère discret qui le porte vers la lecture plus que vers le spectacle, il a gardé un goût pour les lettres classiques qui va en faire le premier véritable humaniste parmi les papes. Il n'est pas moins remarqué pour sa piété. On connaît en particulier sa dévotion au Sang du Christ qu'entretiennent chacune à sa façon les deux grandes voix du mysticisme, Brigitte de Suède et Catherine de Sienne. Mais ce quadragénaire affable est aussi un homme d'expérience, et on lui reconnaît un bon jugement. N'ayant jamais rompu avec les milieux intellectuels italiens, le cardinal s'en est trouvé en position de servir la diplomatie de trois papes en bon connaisseur des subtilités de la situation politique de la Péninsule. Urbain V, en particulier, a beaucoup recouru à lui pendant le séjour à Rome.

En sens inverse, et même si la reprise périodique de la guerre l'affecte en tant qu'il est limousin et qu'il a beaucoup d'attaches dans sa région natale, Grégoire XI est médiocrement au fait des affaires de la France et de l'Angleterre qui ont si souvent accaparé et embarrassé les papes d'Avignon. L'élu de 1370 est donc, à bien des égards, profondément différent de ses prédécesseurs, tant par la formation que par les horizons et les intérêts. Sur un point, cependant, il s'inscrit dans la continuité : à son tour, il parle de la croisade. On en parle aussi à Byzance, mais c'est pour en désespérer, et l'empereur Jean V Paléologue prend son parti de négocier avec le sultan. En 1375, les Turcs sont maîtres de la Petite Arménie.

Reste à savoir si, comme on l'affirme depuis trois quarts de siècle, la réalisation de la croisade passe par l'interminable médiation entre France et Angleterre. Faute de pouvoir faire autrement, Grégoire XI ne cesse de s'employer pour une paix qui demeure impossible : Charles V ne veut pas en entendre parler tant qu'il n'a pas chassé de France cet intrus qu'il voit dans l'Anglais de Guyenne et Édouard III ne l'acceptera pas tant qu'on ne lui aura pas rendu ce en quoi il voit à juste titre l'héritage des Plantagenêts. Grâce, au moins pour une part, à l'intermédiaire que procurent les légats et les nonces du pape, on négocie à Calais en 1372, à Bruges de 1373 à 1376, et l'on parvient même à conclure une trêve. L'affaire n'est pas terminée pour autant : la trêve favorise plutôt la préparation des campagnes qui suivent.

Au vrai, les grandes affaires du pontificat, assez étroitement liées, sont l'abaissement des Visconti et le retour à Rome. Les ambitions des Milanais lui paraissent la plus grave des menaces qui planent sur l'indépendance temporelle du Saint-Siège en Italie, et Grégoire XI reste sourd à tous les conseils de paix qu'on lui prodigue. Il veut la guerre avec Milan. Quant au retour à Rome, il demeure affecté par l'échec d'Urbain V, dont il a été le témoin fort impuissant, mais il ne cesse de penser à la Ville éternelle. Nous dirons dans quelles conditions il préparera ce retour et, sans ignorer les objections et les réserves, il y parviendra.

CHAPITRE VI

Le Sacré Collège

LES CARDINAUX

Le Sacré Collège n'est pas seulement l'ensemble des cardinaux, c'est un organe de gouvernement ayant en corps sa fonction propre. De ses lointaines origines, il garde la hiérarchie du clergé romain dont le pape est l'évêque. Les cardinaux-diacres sont les administrateurs de la Ville, et les diaconies qui leur sont affectées sont parmi les plus anciens sanctuaires de Rome, comme Sainte-Marie *in Cosmedin*, Saint-Georges-au-Vélabre ou Saints-Côme-et-Damien. Les cardinaux-prêtres sont les curés des paroisses les plus prestigieuses, que l'on appelle des « titres », comme les Douze-Apôtres, Saint-Clément, les Saints-Quatre-Couronnés ou Sainte-Cécile. Le plus souvent, ils ont été évêques, mais ils n'ont plus de diocèse. Sur 134 cardinaux créés entre 1305 et 1378, 81 abandonnent ainsi un évêché et 11 laissent une abbaye. C'est dire que les autres, autrement dit un bon nombre de ceux qui reçoivent la pourpre, n'avaient jusque-là qu'un bénéfice modeste. On en connaît qui, népotisme aidant, n'étaient que de simples étudiants. Les cardinaux-évêques, qui sont les évêques « suburbicaires » c'est-à-dire les évêques des diocèses de la province du Latium – Albano, Ostie, Porto, Palestrina, Sabine, Frascati (Tusculum) – dont le pape est archevêque, sont tous d'anciens cardinaux-prêtres qui ont bénéficié là d'une promotion.

Cette hiérarchie des trois « rangs » est encore perceptible quand le Sacré Collège s'assemble, mais elle ne reflète plus depuis long-temps l'influence à la curie, le poids politique dans les affaires de l'Église ou la considération des puissances séculières. Tout le monde a oublié qu'au XIᵉ siècle les cardinaux-évêques décidaient et que les autres approuvaient. Être « transféré » du rang des cardinaux-prêtres au rang des cardinaux-évêques peut être flatteur et témoigner du rôle tenu dans le gouvernement de l'Église. C'est comme cardinaux-évêques que finissent leur carrière Bertrand du Pouget, Hélie Talleyrand de Périgord, Guy de Boulogne, Gil Albornoz ou Jean de la Grange, cependant que Jacques Duèse la finit comme pape (Jean XXII). Mais ce n'est pas l'évêché suburbicaire qui fait le rôle. De n'être que cardinal-diacre n'aura empêché Napoleone Orsini ni d'être doyen du Sacré Collège ni de couronner plusieurs papes. Et l'on voit élus papes des cardinaux-diacres : Pierre Roger en 1370 (Grégoire XI), Pedro de Luna en 1394 (Benoît XIII), Baldassare Cossa en 1410 (Jean XXIII), Ottone Colonna en 1417 (Martin V).

Le premier trait qui caractérise le Sacré Collège n'a rien d'exceptionnel dans une Église où l'on est évêque à vie et où un évêque ne change de diocèse que par un transfert demandé ou accepté, et ne perd son diocèse qu'après un jugement pour hérésie. Les cardinaux ne sont pas seuls à être nommés à vie. Mais ils sont les seuls à la curie. Du vice-chancelier ou du camérier au notaire et à l'huissier, tous les officiers sont révocables, en sorte que le pape peut n'être très vite entouré que de créatures à lui, ou à tout le moins de gens en qui il a et garde confiance. Pour le Sacré Collège, il en va différemment. Boniface VIII l'a bien vu quand il a déchu les cardinaux Colonna, on ne se débarrasse pas aisément d'un cardinal. On n'écarte pas les anciens pour la seule raison qu'on veut les remplacer.

Bien plus, le népotisme aggrave ce poids des anciens. Car, à nommer des cardinaux de vingt ou vingt-cinq ans, on favorise les longues carrières. Dix-sept prélats auront à Avignon porté la pourpre plus de trente ans. Six l'auront portée plus de quarante ans. Cardinal en 1288 à vingt-cinq ans, Napoleone Orsini siège pendant cinquante-quatre ans dans un Sacré Collège dont il est dès 1305 le doyen, connaît ainsi huit papes et, après avoir joué un rôle décisif dans plusieurs élections, consacre le plus clair de son activité, jusqu'à sa mort en 1342, à ourdir des complots quand il ne se déclare pas ouvertement en faveur des ennemis avérés du Saint-Siège. Créé cardinal à vingt-cinq ans en 1295 par son parent

Boniface VIII, Jacopo Caetani Stefaneschi sera encore là quarante ans plus tard pour expliquer aux autres comment fonctionne un conclave. À sa mort en 1341, il aura connu cinq papes, dont quatre l'auront regardé avec une méfiance qui laissa à cet excellent juriste du temps libre, grâce auquel il put compiler une table du *Décret* et commenter le *Corpus juris canonici*. Ces exemples suffiraient à dire que le pape doit gouverner en ayant à ses côtés des cardinaux qui ne sont ni ses créatures ni ses fidèles, quand encore ils ne remâchent pas l'amertume de s'être vu préférer un autre par le conclave.

Les observateurs – au premier rang desquels il faut citer les ambassadeurs aragonais et siennois – distinguent donc au sein du Sacré Collège des clans, voire des partis, dont la configuration semblerait fixée par les origines et une solidarité d'ambitions et d'intérêts à préserver si les circonstances et les comportements du pape ne conduisaient à bien des revirements. Il y a les créatures du pontife régnant, souvent parents, plus souvent encore compatriotes. Il y a les créatures du ou des prédécesseurs, parmi lesquels les anciennes différences ne sont pas oubliées. Vingt ans au Sacré Collège ne font pas d'un Gascon un Languedocien. Il y a, naturellement, ceux qui doivent la pourpre au roi de France et, souvent après l'avoir servi dans les grands offices royaux, se font plus ou moins – et plus ou moins longtemps – ses interprètes à la curie. Mais, si l'empereur, le roi d'Angleterre, le roi d'Aragon ou le roi de Naples ne parviennent guère à peupler le Sacré Collège de leurs créatures, ils savent comment s'y faire des obligés : il n'est que de pensionner un cardinal, ou de donner quelques seigneuries à ses neveux laïques. Il y a les Italiens, que les résurgences des clans familiaux et des affrontements d'antan divisent autant que les unit l'appartenance à la *lingua di si*. S'ils sont peu nombreux, ils constituent souvent l'appoint pour une élection. Il y a enfin, d'un parti à l'autre, ceux qui, par des fonctions – légats, recteurs – ou par des alliances savamment entretenues, ont en Italie des intérêts personnels d'ordre politique ou financier. Naturellement, si l'on n'est pas à la fois limousin et italien, on peut être languedocien, neveu de pape et client du seigneur de Milan ou du roi de Naples.

Parce que l'on voit, au fil des générations, émerger des têtes au sein du Sacré Collège, il est des partis qui ne se définissent que par le clientélisme mais que cimente le népotisme. Les clientèles de temps passé, celles d'un Colonna ou d'un Orsini, sont au temps d'Avignon remplacées par celles d'un Hélie Talleyrand de Périgord, d'un Guy de Boulogne, d'un Pierre Ameilh, d'un Gil Albornoz, d'un Jean de la Grange. On comprendra que ces partis au service d'intérêts extérieurs et d'ambitions familiales, voire dynastiques, s'intègrent dans le jeu des partis nationaux ou régionaux.

De Clément V à Grégoire XI, on l'a dit, sept papes ont créé 134 cardinaux. Les Français du Midi ont eu la part belle : on en compte 95, surtout originaires de Gascogne sous Clément V, du Quercy sous Jean XXII, du Limousin ensuite. On peut leur joindre un Provençal, qui n'est pas sujet du roi de France. La France de langue d'oil n'aura fourni que 17 cardinaux, principalement sous Grégoire XI. Face à ces Français qui sont loin de former un groupe uni, les Italiens ne sont que 14. Le reste de la chrétienté occidentale est pratiquement absent : on voit deux Anglais, trois Castillans, deux Aragonais mais ni un Allemand ni un Portugais, ni un Écossais, ni un Scandinave.

Cette confiscation du Sacré Collège, qui procède du favoritisme et du népotisme, ne tient pas moins au besoin ressenti par les papes d'un entourage politique à la fidélité assurée. Contrairement à ce que l'on a souvent dit et écrit, les souverains n'ont joué qu'un rôle secondaire dans l'établissement de cet équilibre et de cette injustice. Relayés en curie par des ambassades permanentes ou épisodiques, leurs efforts ont rarement été couronnés de succès. Passé le temps du concile de Vienne, les ambassadeurs sont plus des observateurs que des intervenants. Lorsque, en 1329, Philippe VI suggère une fournée de cardinaux et propose ses candidats, Jean XXII réplique froidement qu'il y a déjà au Sacré Collège assez de Français et assez de bons théologiens. Les protégés du roi n'auront la pourpre que deux ans plus tard. Encore faut-il noter que, si les rois de France sont capables de procurer le chapeau à sept de leurs chanceliers, les rois d'Angleterre l'auront tout juste procuré au confesseur d'Édouard Ier et à l'un des chanceliers d'Édouard III, et que, pour active qu'elle soit, la diplomatie des rois d'Aragon n'aura remporté en la matière que de rares et tardifs succès : le premier cardinal aragonais sera en 1356 l'inquisiteur d'Aragon. Plus que la recommandation des rois, comptent la solidarité des groupes d'origine, et le cas qu'en fait le pape. Pour atteindre la pourpre, un oncle pape ou cardinal vaut mieux qu'un roi, fût-il très chrétien. Les candidats dont le pape se méfie plus que de tous autres sont les princes eux-mêmes. Passe encore pour un évêché : il est difficile de refuser au roi qui veut y voir son fils. Mais un cardinal doit tout devoir au pape, non à une naissance princière. Jean XXII le dit sans ambages à l'ambassadeur aragonais, le Christ « n'a pas pris ses apôtres chez les rois ». L'infant aragonais don Juan, archevêque de Tolède – en Castille – à 28 ans, puis patriarche d'Alexandrie et pourvu de revenus par l'administration de l'archevêché de Tarragone, n'aura jamais le chapeau, non plus que l'évêque de Toulouse Louis d'Anjou, qui sera pourtant canonisé. Quelques rejetons des grandes familles féodales ont revêtu la pourpre, comme Jean-Raymond, le fils du comte de Comminges, ou Hélie Talleyrand, le fils du comte de Périgord, ou Guy de Boulogne, le fils du comte de Boulogne et d'Auvergne. Robert de Genève est fils du comte de Genève Amédée III et cousin des maisons de France, de Savoie et de Luxembourg. La mort de son frère Pierre ferait de lui en 1392 un comte de Genève, donc un prince d'Empire, s'il ne s'effaçait, parce que devenu pape, devant son puîné. Tous ces prélats disposent d'une belle fortune. Mais si la pourpre va à la très haute noblesse, les familles souveraines sont délibérément écartées.

Ce jeu des positions acquises à partir de Clément V est lourd de conséquences. D'une part, la composition du Sacré Collège ne reflète ni la géographie politique de l'Église latine ni les structures ecclésiastiques du clergé. Même si l'on exonère les cardinaux d'avoir été, comme on l'a trop facilement écrit, les fidèles représentants des intérêts nationaux et les exécutants des politiques des souverains, ils n'ont représenté qu'une partie de la chrétienté. L'idée même que le Sacré Collège puisse représenter la chrétienté semble n'avoir jamais effleuré l'esprit des papes et de leurs créatures. Les cardinaux forment, avant tout, le Conseil du pape, et celui-ci choisit ses conseillers comme le roi de France ou l'empereur choisit les siens, sans souci de représentativité. On le sait, les conflits qui mèneront la France de la fin du siècle à la guerre civile tiennent pour une grande partie à des affrontements de clans et de clientèles princières pour la domination du Conseil royal. Il en va de même à Avignon. Les cardinaux émanent de groupes de pression, et ils les représentent. Ils ne sont pas une assemblée comme le sont – ou prétendent l'être – au XIVe siècle les Communes anglaises ou les États généraux français. On peut analyser cette structure du Sacré Collège. La dénoncer serait un anachronisme.

Les clans liés aux origines géographiques des papes et fortifiés par la pratique du népotisme ont naturellement eu pour premier souci de subsister, voire de se renforcer. Il en a résulté un immobilisme de la structure humaine de l'institution. Passé l'arrivée des Gascons et l'éviction des Italiens, le Sacré Collège apparaît comme un organisme sclérosé. Il figure une mainmise sur le Saint-Siège. Il provoque l'exaspération des exclus, que ressentent en premier ceux qui, jusque-là, trouvaient normal de jouir de cette mainmise : les Italiens. Le Grand Schisme sera l'inévitable conséquence de cette mise à l'écart du haut clergé péninsulaire. À plus long terme, l'exclusion des Anglais, des Allemands et des Scandinaves ne sera pas sans de lourdes conséquences. Pour avoir été tenus hors du gouvernement de l'Église, ils prêteront volontiers l'oreille aux propos antipontificaux des pré-réformateurs du XVe siècle et à la révolte des réformateurs du XVIe. Certes, ni le mouvement hussite ni la Réforme de Luther n'ont pour cause l'accaparement des chapeaux cardinalices, et l'hostilité anglaise à l'autorité pontificale date du XIIe siècle. Cet accaparement n'est que le reflet mesurable d'une attitude générale.

En majorité, les cardinaux sont issus du clergé séculier. On compte 91 prélats ou clercs diocésains, contre 17 moines bénédictins, 8 frères dominicains et 8 franciscains. Beaucoup ont eu une expérience du gouvernement des églises. À côté de 81 anciens évêques ou archevêques, on voit deux maîtres généraux de l'ordre dominicain et trois ministres généraux de l'ordre franciscain. Comme nonces du pape, flanquant ou non un légat, ils ont souvent, avant de recevoir le chapeau, assumé des missions diplomatiques auprès des puissances temporelles. Certains ont tenu une place dans le gouvernement ou l'administration des princes. Pour s'en tenir à ce qui ne relève pas seulement des bonnes relations et des réseaux d'influence, les cardinaux Étienne de Suisy, Pierre d'Arrablay, Pierre de Chappes, Pierre Roger, Pierre de la Forêt, Gilles Aycelin de Montagut et Jean de Dormans ont été chanceliers de France, Simon Langham a été chancelier d'Angleterre, Jacques Duèse chancelier de Charles II d'Anjou et Guillaume de Chanac chancelier de Louis Ier d'Anjou. Jean de la Grange a présidé la Cour des aides. Archevêque de Naples, puis d'Embrun en l'attente d'un chapeau qui ne viendra qu'au temps du Grand Schisme, Pierre Ameilh a siégé aux Enquêtes du Parlement et il garde à Paris de l'influence et des amis dévoués. Au reste, de tels liens ne sont pas de ceux que l'on cache. Dans la harangue qu'il prononce lors de l'intronisation d'Innocent VI, Jean de Cardaillac n'oublie pas que le nouveau pape a, comme juge mage de la sénéchaussée de Toulouse, été le serviteur de la monarchie française.

> Il est plus riche d'expérience que Salomon. Il est en effet homme d'expérience dans les affaires temporelles comme dans celles de l'Église. Il a bien passé quinze ans dans la maison de France. Il a été prélat plus de vingt ans, pénitencier de l'Église romaine pendant quatre ans, et onze ans cardinal de la Sainte Église.

Beaucoup ont des titres universitaires qui témoignent de solides études, soit en théologie, soit − plus fréquemment car les jeunes clercs savent que c'est la porte des carrières ecclésiastiques − en droit. Sur les 134 cardinaux rencontrés à Avignon entre 1309 et 1376, on compte 66 gradués d'une université. Même si, des cardinaux de Clément V à ceux de Grégoire XI, on compte 21 docteurs en droit canonique, et s'il en est sept pour se titrer « docteurs *in utroque* », on observe que l'Église porte le même intérêt au droit civil qu'au droit canonique : les docteurs ès lois sont 18, comme les maîtres en théologie.

Le Sacré Collège est avant tout le Conseil du pape et le corps électoral du Saint-Siège. Il constitue de droit le Consistoire et forme à lui seul le conclave ainsi que l'a établi Alexandre III et que le confirme Clément VI en 1351 par la décrétale *Licet in constitutione*. Certaines fonctions de la curie – grand pénitencier, chancelier – lui sont en fait réservées. Mais il est aussi un vivier d'hommes de confiance dans lequel puise le pape pour les charges et les missions les plus diverses. À leur tour et avec des succès divers, certains gouvernent ou intriguent en Italie : ainsi Napoleone Orsini, Bertrand du Pouget, Guillaume Court, Gil Albornoz, Géraud du Puy, Androin de la Roche, Philippe Cabassole et Robert de Genève. D'autres, comme Pierre des Prés, Annibaldo Caetani da Ceccano, Guilhem Peyre de Godin, Hélie Talleyrand de Périgord, Niccolò Capocci et Guy de Boulogne, négocient en France. Aimery de Châtelus a tenté – sans grand succès, il est vrai – de jouer les régents à Naples mais Guy de Boulogne traite avec le roi des Romains et avec la cour de Naples comme avec celle de Hongrie, et Grégoire XI l'enverra à la fin de sa vie en Portugal, en Castille et en Navarre. C'est accompagné des futurs cardinaux Jean de la Grange et Pierre Ameilh qu'on le voit à la cour de Castille. Bertrand de Déaux mène les affaires à Naples. Bernard d'Albia joue les médiateurs entre la Castille et le Portugal, impose une trêve entre Aragon et Majorque. Avec moins de succès, Guillaume de la Jugie tente de calmer le jeu dans les querelles internes de la Castille, et des échecs cuisants sanctionnent la mission de Gaucelme de Jean en Écosse et celle de Gilles Aycelin de Montagut pour les affaires de Majorque.

C'est dire que certains cardinaux ont eu, plus que d'autres, des occasions de se faire connaître des cours, si tant est qu'on ne les ait pas employés là parce qu'ils étaient déjà connus des gouvernants. Quand ils partent pour une mission diplomatique, les rejetons d'illustres lignages comme un Périgord ou un Boulogne n'ont pas à se faire admettre. Il y faut cependant quelque subtilité : annonçant au roi Louis de Hongrie la venue de Guy de Boulogne, Clément VI ne manque pas de lui rappeler que le légat est cousin de la reine mais il se garde d'évoquer sa parenté avec Jeanne de Naples, oubli que relèvera perfidement le roi Louis. En revanche, de longues absences de la curie ne sont pas sans conséquences sur la politique générale de la papauté, ou sur la carrière des cardinaux. Bertrand du Pouget et Gil Albornoz auront été, l'un et l'autre, quatorze ans hors d'Avignon.

Ceux qui sont moins souvent sur les routes n'en ont peut-être que plus d'influence sur les orientations de la politique pontificale. Les princes savent à l'occasion acquérir leur oreille, voire leur connivence. Ainsi voit-on en curie des cardinaux qui passent, presque ouvertement, pour les représentants des puissances séculières. Le roi de France, le roi d'Aragon, le roi de Naples sont en tête de ces princes assez avisés pour avoir à Avignon un avocat bien placé. L'ambassadeur de Jacques II d'Aragon, qui sait par Napoleone Orsini tout ce qui se passe et se dit dans la chambre du pape, et qui se vante de ce que « le seigneur Napoleone a à cœur les affaires du roi », ne nomme que rarement son informateur : jusqu'à dix fois par lettre, il cite « notre ami ». Le fait est patent quand le cardinal que l'on a connu chancelier de France exprime publiquement, comme Pierre de Chappes, Pierre Bertrand ou Jean de la Grange, les souhaits de son ancien maître. Les seigneuries urbaines d'Italie, Venise, Florence, Milan, Ferrare, Mantoue font de même. Tout se mêle, à ce niveau, et infléchir les alliances pontificales ou obtenir un archevêché passe par les mêmes relais.

Il arrive que l'on s'arrache un prélat. Ainsi en va-t-il du dominicain Pierre de la Palu, devenu patriarche d'Alexandrie, ce qui fait de lui un personnage à l'instar d'un cardinal. Le roi de France, qui l'a souvent utilisé pour les missions les plus diverses, l'a convoqué à son Parlement, mais le pape a besoin de lui pour étudier l'affaire de la Vision béatifique et il lui faut écrire au roi, le 8 juillet 1335, pour lui demander comme une grâce spéciale de renoncer à la présence du patriarche. Peut-être faut-il souligner que le neveu du patriarche, également nommé Pierre de la Palu, sera sénéchal de Toulouse et d'Albi, et capitaine général en Languedoc. Cette famille de hobereaux savoyards sait combiner les fidélités.

PARTIS, CLANS ET RÉSEAUX

Il est enfin des cardinaux qui, comme autrefois à Rome ceux qui appartenaient aux grandes familles romaines, apportent à la curie d'Avignon le poids de leurs alliances familiales, de leurs réseaux féodaux, de leurs relations politiques. C'est, bien entendu, le cas de ceux qui ont eu place parmi les gouvernants. Pierre Roger et Jean de la Grange en sont les exemples. C'est aussi celui de Hélie Talleyrand de Périgord, de Guy de Boulogne et de Robert de Genève, respectivement apparentés aux maisons de Duras, d'Auvergne et de France. Les liens lignagers ont donc leur rôle dans les deux sens. D'une part, le pape et les cardinaux sont attentifs aux ambitions et aux intérêts de leurs proches. Clément V et la famille de Got auront à cet égard donné l'exemple. D'autre part, les cardinaux font bénéficier les affaires pontificales et les leurs propres des solidarités qui tiennent à leurs origines.

Parmi ces réseaux qui se constituent et durent plus ou moins, il en est pour ne rien devoir qu'à l'idée que se fait chacun des avantages qu'il y trouve et de ce qu'il apporte pour les mériter. Il s'agit ici d'échanges, combien intéressés, de bons procédés politiques. Se mettent en place, à la faveur de l'entregent d'un cardinal, des systèmes à plusieurs têtes qui constituent des partis à tous égards analogues à ceux que l'on discerne, génération après génération, à la cour de France. Ce sont « des segments emboîtés : cliques horizontales cardinalices, partis verticaux qui correspondent aux *familie* (clientèles à la fidélité unique mais changeante) et qui se compliquent de solidarités horizontales (communautés de corps, formation universitaire) et régionales, et surtout se décomposent en sous-cliques, chacune avec sa politique et son chef » (Henri Bresc).

On a souligné le faisceau de relations qu'entretient Guy de Boulogne (*voir tableau généalogique 4*). Fils du comte de Boulogne et d'Auvergne Robert III et de Marie de Flandre, le cardinal de Boulogne est déjà par là un prince. La maison de Boulogne s'honore d'avoir compté jadis un cadet nommé Godefroy de Bouillon. Au XIIIe siècle, elle était alliée aux maisons de Flandre, de Blois et de Brabant. Au XIVe, les mariages de ses proches valent à Guy de somptueuses alliances. Par celui de sa sœur Mahaut de Boulogne avec le comte Amédée III de Genève, il est l'oncle de Robert de Genève qui sera le pape Clément VII. Par celui de sa nièce Jeanne, héritière de Boulogne et de l'Auvergne, il est l'oncle du duc de Bourgogne Philippe de Rouvre, puis celui du futur roi Jean le Bon, ce qui le fait oncle par alliance du roi de Navarre dont il servira les intérêts. On ne compte plus ses cousins, parmi lesquels se distinguent Androin de la Roche, lui-même apparenté aux Roger, et Gilles Aycelin de Montagut, l'un des maîtres de la nouvelle génération de légistes français. On a vu Aycelin parmi les généraux réformateurs de 1357, il a été l'un des négociateurs du traité de Brétigny en 1360 et Jean le Bon a fait de lui, d'abord à Londres, puis à Paris, son chancelier. Gravitent assez naturellement dans son orbite des personnages de première importance, véritables relais d'influence comme le sont à Paris Jean de la Grange et le futur chancelier Arnaud de Corbie, ou à Naples l'archevêque Pierre Ameilh.

Les partis s'affrontent au Consistoire et plus généralement en curie, mais les enjeux sont souvent plus lointains, et les moindres ne sont pas ceux qui se situent en Italie. Pendant qu'un parti de Boulogne soutient assez aveuglément l'action d'Androin de la Roche en Italie, voire la candidature du cardinal Guy au conclave, un parti adverse, essentiellement formé de Limousins et mené tantôt par Hélie Talleyrand de Périgord et tantôt par Guillaume d'Aigrefeuille l'Ancien, apporte son appui à Gil Albornoz. On y trouve quelques futurs papes : Étienne Aubert, Pierre Roger. Lorsque, soutenu par Guy de Boulogne, Androin de la Roche forme le projet d'un mariage entre l'héritière du royaume de Naples et le frère de l'évêque Robert de Genève, c'est Albornoz qui fait échouer une politique dont il voit qu'elle fortifierait ses adversaires. En compensation, Robert de Genève sera, en 1371, cardinal avant ses trente ans. Sept ans plus tard, il sera pape.

Des deux hommes forts qui n'ont cessé de rivaliser au Sacré Collège, Boulogne et Périgord, aucun n'aura été pape. Certes, les fidélités sont autant d'hostilités qui se neutralisent. Mais une chose est certaine : au moment de voter, les cardinaux écartent les trop fortes personnalités. Ceux qui tentent – fort maladroitement – de mettre en 1352 le Saint-Siège en tutelle ne sont évidemment pas portés à confier les clés de saint Pierre à tel prélat connu pour sa propension à conduire une politique personnelle et à l'imposer. Dans cette mise à l'écart des trop fortes statures, Pierre Roger aura été une exception. Encore n'a-t-il pas de parti à lui. C'est une tête politique. Ce n'est pas un chef. Le Sacré Collège ne veut pas de chef.

UN NOUVEAU NÉPOTISME

Il serait injuste d'écrire que le népotisme est né avec les papes d'Avignon. Il est, tout simplement et depuis longtemps, l'adaptation au monde ecclésiastique d'un principe fondamental de la société politique à l'âge féodal : le prince est tenu d'assurer aux siens les moyens de tenir leur rang, et il est en premier lieu assisté d'eux, cette assistance étant pour eux un droit aussi bien qu'un devoir. L'entourage politique d'un prince ne se conçoit pas sans ses frères, ses fils, ses neveux et ses cousins. Inventé dans ses derniers jours par Philippe le Bel pour son fils Philippe de Poitiers, le système de l'apanage – une avance d'hoirie à un fils qui ne devrait pas avoir un jour la couronne, avec clause de retour à la Couronne faute de succession masculine – n'est qu'un habile compromis entre l'obligation du roi envers ses proches et la sauvegarde de l'État, une préoccupation qui n'apparaissait pas encore quand les premiers Capétiens donnaient à leurs fils de simples fiefs, indifféremment transmissibles. Le nouveau système ne change cependant rien au devoir du prince envers son lignage. Il en va de même à de moindres niveaux.

Un bref regard sur le Conseil du roi de France suffit à éviter, pour ce qui est du népotisme pontifical, les jugement moraux anachroniques. Au temps du pape Clément V, le Conseil de Philippe le Bel est d'abord composé du frère du roi, Charles de Valois, de son demi-frère Louis d'Évreux, de ses fils le roi de Navarre, le comte de Poitiers et le comte de la Marche, de son cousin germain le sire de Bourbon, de son cousin issu de germain le comte d'Artois, puis de la fille de celui-ci, la comtesse Mahaut. Sont également là quelques cousins, le duc de Bourgogne, qui descend de Robert le Pieux, le comte de Dreux qui descend de Louis VI. Viennent ensuite, et seulement ensuite, les conseillers choisis, les chevaliers du roi, les grands officiers, les légistes. C'est Charles de Valois qui parle le premier, et il parle haut. Passons trois générations. Au temps du pape Grégoire XI, le Conseil de Charles V est dominé par ceux qui seront les maîtres du royaume pendant la minorité de Charles VI : les trois frères du roi, les ducs Louis d'Anjou, Jean de Berry et Philippe de Bourgogne, auxquels se joint le beau-frère, le duc Louis II de Bourbon.

Notons qu'aucun de ces quatre princes ne tient d'un héritage l'essentiel de sa fortune. Ils doivent tout – l'Anjou, le Berry, la Bourgogne – à la générosité de leur père. Et, lorsque la maladie de Charles VI aura transformé le Conseil en un champ clos, les deux partis qui s'y affronteront seront celui du duc Louis d'Orléans, frère du roi, et celui du duc Jean de Bourgogne, cousin du roi. Il faudra attendre Charles VII – bien obligé – et surtout Louis XI pour que soit mis fin à cette lourde présence de la parenté royale dans le Conseil. Au XIVᵉ siècle, les papes ne font donc que suivre et exploiter un modèle.

Le népotisme est pour le lignage une nécessaire adaptation au monde ecclésiastique de la quasi-obligation alimentaire à laquelle le monde laïc satisfait sans étonner en concédant des fiefs aux fidèles, en partageant les héritages entre les fils et en dotant les filles. On ne peut oublier ce principe de la morale que véhiculent aussi bien la littérature chevaleresque que la prédication morale : laisser les siens dans le besoin est une faute. Le népotisme est donc l'inévitable conséquence du succès remporté jadis par la réforme grégorienne contre le nicolaïsme, autrement dit contre le concubinage des clercs et l'appropriation des bénéfices de tout niveau par les familles épiscopales et sacerdotales. Alexandre III l'a dit sans ambages : « Le Seigneur a pris nos fils, et il nous a donné des neveux. »

Au siècle précédent, les papes ne se sont pas gênés pour favoriser lignages et clientèles. Les Fieschi, les Orsini, les Colonna, les Caetani ont toujours eu au moins l'un des leurs parmi les cardinaux, et c'était dans la nature des choses. C'est cependant avec Clément V que le népotisme devient un système, et certains s'en scandalisent alors. Si l'on n'est pas choqué des princes, on l'est des Got. On ne s'indigne pas que des évêchés aillent à des fils de roi, mais on jase quand les deux frères d'Enguerran de Marigny sont archevêques. Il en va de même quand la famille de Got et les familles alliées fournissent sept cardinaux. Ces hobereaux étaient assurément de bonne noblesse, mais c'étaient des gens de peu.

Certains ont eu des illusions. À peine Jean XXII est-il élu que l'ambassadeur aragonais écrit à son roi : « On croit que, pour lui et pour les autres, le nouvel élu évitera la simonie. » Le mot est évidemment de large compréhension. Il n'empêche que le Sacré

Collège accueille ensuite cinq parents de Jean XXII, huit parents de Clément VI, trois d'Innocent VI et quatre de Grégoire XI (*voir tableaux généalogiques 1 à 3*). Il n'y aura que deux exceptions : le cistercien Benoît XII se refuse à cette pratique, et le bénédictin Urbain V se contente de promouvoir, en des circonstances bien particulières, son frère Anglic Grimoard.

Encore ce décompte laisse-t-il de côté les simples compatriotes : en soixante-dix ans, le Sacré Collège aura accueilli treize Gascons, huit Quercynois et vingt-quatre Limousins. Naturellement, un tel recrutement se perpétue par la grâce des premiers pourvus : il y a longtemps que Jean XXII n'est plus de ce monde que les cardinaux et les curialistes qu'il a mis en place continuent d'assurer la fortune de leurs compatriotes : parmi les évêques du temps de Jean XXII à celui de Grégoire XI, soit pendant plus de soixante ans, on a pu identifier 165 prélats originaires du Quercy, dont 95 en France et 55 en Italie. Longs sont les fruits du népotisme.

Pour assez normale que paraisse la pratique, elle choque bien des contemporains pour deux raisons : l'excès en nombre, et la concentration quasi nationale. On s'était habitué à ce que la majorité du Sacré Collège fût italienne. On s'étonne de la voir gasconne ou quercynoise. Cela dépasse les usages.

L'origine des promus est une chose, leur aptitude en est une autre. La nomination, à l'âge de vingt ans, de son neveu Bernard de Fargues comme évêque d'Agen, puis sa promotion comme archevêque de Rouen avaient coûté quelques difficultés à Clément V qui ne put négliger les plaintes du roi de France à l'encontre d'un jeune homme aussi prétentieux que générateur de troubles. Pour l'éloigner de Paris, on en fit quand même un archevêque de Narbonne.

L'archevêque de Rouen nommé Bernard, neveu du pape Clément, ne pouvait, en raison de l'insolence de sa jeunesse, avoir une bonne paix avec la noblesse de Normandie. On le transféra à l'archevêché de Narbonne. Cela procura la dignité d'archevêque de Rouen à Gilles [Aycelin], alors archevêque de Narbonne, l'un des principaux conseillers du roi, homme prudent en ses actions et très compétent dans l'un et l'autre droits.

Le propos du chroniqueur – ici le continuateur de Guillaume de Nangis – est une condamnation sans appel du jeune prélat. Mais certaines promotions sont caricaturales, et l'on voit en février 1345 Clément VI créer deux cardinaux dont l'un, Nicolas de Besse, est le frère de sa sœur cependant que l'autre, le jeune Pierre Bertrand de Colombiers, est le neveu du cardinal Pierre Bertrand qu'on appellera dorénavant l'Ancien. Clément VI se rend compte de l'excès quand il cherche à justifier la pourpre de son neveu Pierre Roger, le futur Grégoire XI, qui n'a alors que dix-huit ans.

Comme bien l'on pense, de moins proches ou moins recommandés ne sont pas oubliés pour autant. La curie est peuplée de ces clercs que favorise une parenté ou une origine. Le Quercynois Aymar Ameilh est pendant dix-sept ans le trésorier de Jean XXII, lequel prend dans son diocèse de Cahors six des sept clercs de sa Chambre apostolique. Le comptage réalisé par Bernard Guillemain est éclairant : sur 474 curialistes dont on connaît l'origine sous Jean XXII, 76 viennent de Cahors ou du Quercy, et on ne compte pas, sous Clément VI, moins de 106 Limousins sur 646 curialistes. Naturellement, les chapeaux rouges et les offices de curie ne sont pas pour tout le monde mais, grâce à la réserve des bénéfices, le pape dispose aussi des bénéfices – de l'archevêché à la prébende de chanoine – qui lui permettent de rémunérer les services et les fidélités.

Il y a ce que le pape donne à sa famille. Il y a aussi ce qu'il obtient pour elle. Là encore, l'aristocratie romaine a montré la voie. On a dit ce que l'élection de Clément V avait procuré à la famille de Got en fait de seigneuries, qu'elles fussent données par le roi de France, par le roi d'Angleterre ou par le roi de Naples. Comment interdire à l'un ou à l'autre un geste généreux ? Le frère aîné du pape, Arnaud Garcie de Got, est vicomte de Lomagne et Auvillar, son fils Bertrand est seigneur de Duras. Marquise de Got reçoit et apporte à son mari Arnaud de Durfort les deux seigneuries agenaises de Duras et Blanquefort. Le mouvement ne cesse pas avec Jean XXII, dont la famille bénéficie en 1321 des largesses de Philippe V : 1 000 livres à asseoir en terres à son frère Pierre Duèse, dont les deux fils ont été faits cardinaux, et 300 à chacun de ses neveux Pierre de Via et Arnaud de Trian, cependant qu'un neveu, Arnaud Duèse, est armé chevalier et qu'Arnaud de Trian est nommé maréchal de la Cour pontificale. La rente donnée à Pierre Duèse sera échangée contre la vicomté de Caraman, achetée à cette fin pour 21 000 livres de Bertrand de Lautrec.

Les motivations ne sont même pas cachées. Ainsi quand le futur Jean le Bon accorde au frère de Clément VI un don de mille livres à asseoir en Anjou et Maine.

> Jean, aîné fils du roi de France etc. Savoir faisons à tous présents et à venir que, pour contemplation de notre Très Saint Père le pape Clément le sixième, et considéré le bon amour qu'en tous ses états il a eu à notre très cher seigneur et père le roi et à l'hôtel et Couronne de France et à nous, eu aussi regard et considération aux très bons et agréables services que notre aimé et féal chevalier messire Guillaume Roger, seigneur de Chambon, frère dudit Saint Père, a faits à notre dit seigneur et père...

Avant d'être pape, Clément VI était, à la cour du roi de France, de ceux qui ne méprisaient ni les faveurs ni les dons. Pape, il n'oublie pas ses proches. Son frère aîné, Guillaume Roger, devient en 1350 vicomte de Turenne, autrement dit l'un des plus notables parmi les féodaux du Limousin. Il n'en coûte que l'achat d'une partie de l'héritage des comtes de Comminges. Le pape et le roi s'entendront pour dédommager les héritiers.

La pratique des faveurs aux parents laïcs passe à ce point pour normale que l'on s'étonne quand un pape n'en abuse pas. Alors qu'il ne s'est pas privé de pourvoir les clercs de sa famille, Innocent VI se distingue en ayant peu de neveux laïcs et en ayant peu fait pour eux. Un chroniqueur en fait donc la remarque :

> Il s'est contenté de faire en sorte que ses parents puissent, après sa mort, vivre bien et honorablement avec leurs descendants. Il ne les a cependant pas comblés de dignités et d'honneurs.

Benoît XII, déjà, se méfiait. Quand on fit chevalier à Naples son neveu Guillaume Fournier, il marqua de l'humeur. Ne cherchait-on pas à le circonvenir ? Mais c'est Urbain V qui dénonce le plus courageusement le népotisme indirect que d'autres acceptaient puisqu'il ne coûtait rien à l'Église et que pratiquent sans vergogne les princes dans la mesure où, même si le pape se refuse à y mettre la main, il peut être bon de se concilier les siens. Le roi Charles V ayant donné une rente de 500 livres au chevalier Guillaume Grimoard, père du pape, par considération pour celui-ci, le pontife enjoint à son père de refuser. C'est condamner le trafic d'influence. Les contemporains en font la remarque, l'unique neveu du pape vit de son héritage paternel et n'a pas profité des circonstances pour se hausser dans la société : il a épousé la fille d'un marchand de Montpellier, et non des plus riches. Quant à sa nièce, mariée à un négociant de Toulouse, Urbain V déclare la bien connaître mais n'avoir « comme pape, aucun parent ». À ceux de sa famille qui lui rendent visite à Avignon, il fait simplement la grâce de leur rembourser leurs frais de voyage.

Le népotisme, c'est la faveur réservée aux neveux. En pratique, c'est l'octroi de fonctions, de bénéfices ecclésiastiques et de revenus à des proches. On ne saurait d'ailleurs réserver cette appellation aux seuls parents par le sang ou par les alliances matrimoniales, encore que les mariages – les papes ont des sœurs – ne soient pas le plus mauvais des chemins vers les profits du népotisme. À côté des frères, des neveux et des cousins, il faut évidemment compter ceux qui bénéficient de relations nouées dans une région d'origine, dans une université ou dans d'anciennes fonctions d'Église ou du siècle.

Les papes – ou du moins certains d'entre eux – ne sont pas seuls à pratiquer le népotisme. Du puissant cardinal au plus modeste curialiste, chacun pousse qui lui est cher et qui pourra à son tour l'aider. Il y a longtemps que les souverains placent et rémunèrent aux frais des églises leurs proches et ceux qui servent leur justice, leur administration ou leur diplomatie. De moins en vue font de même, chacun au niveau qui peut être le sien. Et il n'est pas abusif de parler d'un « népotisme diffus » (Henri Bresc), celui des cardinaux qui empiètent sur celui du pape comme celui des évêques ambitieux qui contrarient toute stratégie des puissants. Cette diffusion présente au moins un avantage : elle limite quelque peu la constitution des clientèles, donc la capacité d'influence des partis. À tous les degrés de l'échelle, chacun attend beaucoup de ses protecteurs et on attend services et fidélité des protégés que l'on a pourvus comme de ceux qui espèrent. C'est d'abord aux dépens des églises que tout un chacun, quand il est en position de l'obtenir, assure l'avenir de ses proches. Un cardinal se doit de procurer aux siens quelques bénéfices mineurs pour commencer, sans préjudice d'un évêché ou d'une abbaye dans les étapes suivantes.

Analysé par Bernard Barbiche, le cas de Jean de Meudon n'a rien d'exceptionnel. Il n'est en 1316 que le clerc d'un notaire et secrétaire du roi de France, et on le voit à Avignon comme procureur du roi et de la Sainte-Chapelle. Cinq ans après, il est chapelain d'un cardinal et deux évêques l'ont pris comme procureur. Douze ans plus tard, il sera secrétaire du roi de Navarre. Chemin faisant, il est devenu curé en Bretagne et chanoine à Paris, Noyon, Évreux, Mortain, Compiègne et Guérande lorsque Jean XXII lui impose en 1333 de résigner trois canonicats et sa paroisse s'il veut être chanoine à Beauvais où les prébendes sont riches.

Aucune retenue n'est ici de mise : la quête aux bénéfices est patente. Lors de l'avènement de Clément VI, chaque cardinal remet à un pape encore capable de gratitude envers ses électeurs un rouleau de suppliques pour ses parents et ses familiers. Bernard d'Albia en demande dix, Hélie Talleyrand neuf. Le bénéficier ainsi pourvu est souvent loin de l'âge prévu par le droit canonique. On voit des chanoines qui n'ont que sept ou dix ans. Il faut donc obtenir une dispense d'âge. La dispense de résidence est une autre faveur, nécessaire à tout âge et d'autant plus que l'on cumule des bénéfices situés à tous les horizons de la chrétienté. On voit même des bénéficiers dispensés de recevoir les ordres sacrés : Étienne Aubert, le futur Innocent VI, est déjà archiprêtre qu'il n'est pas encore ordonné prêtre et il faut ordonner d'urgence un cardinal-diacre quand on en fait un pape, comme ce sera le cas pour Grégoire XI et Benoît XIII.

Le népotisme ne favorise pas que des médiocres ou de trop jeunes clercs. Lorsque Jean Roland succède à Jean de la Grange dans son évêché d'Amiens, on peut noter qu'il est le neveu d'Aimery de Châtelus, mais aussi qu'il est docteur ès lois. On fait la même remarque à propos du futur Grégoire XI, ce Pierre Roger de Beaufort qui devient un excellent juriste après avoir obtenu à dix-huit ans de son oncle Clément VI le chapeau de cardinal.

Ce népotisme des cardinaux est aussi visible que celui des papes. On ne s'étonne pas de voir dans le même temps au Sacré Collège deux cardinaux qui portent le même nom. Force est de distinguer par un surnom les deux Bérenger Frédol, les deux Pierre Bertrand, les deux Guillaume d'Aigrefeuille. La papauté d'Avignon n'innove guère : nul n'a oublié le temps des Orsini, des Colonna et des Caetani, et l'on aura vu, à Avignon même, les cardinaux Matteo Rosso Orsini, Napoleone Orsini, Matteo Orsini, Rinaldo Orsini et Jacopo Orsini.

Les cardinaux ne sont pas en reste pour enrichir leurs proches aux dépens de l'état pontifical. Gil Albornoz ne manque pas, dans sa légation en Italie, d'assurer la fortune de son neveu Gomez Albornoz, d'abord fait sénateur de Rome, puis justicier du royaume de Naples et finalement pourvu d'une principauté dans les Pouilles.

Hélie Talleyrand de Périgord, lui, n'a pas eu besoin du pape pour être ce qu'il est : le fils du comte de Périgord Hélie VII et de Brunissende de Foix. Autant dire qu'il n'emploie pas seulement son crédit à procurer des bénéfices de chanoine ou d'archidiacre. Il n'est pas encore évêque quand en 1321 sa sœur Agnès fait un mariage digne de sa lignée : avec une dot de 35 000 florins, elle épouse le dernier frère du roi Robert de Naples, Jean d'Anjou, un prince auquel sa famille a donné, outre une illusoire principauté d'Achaïe, un très réel duché de Durazzo que les Français ont appelé Duras, au risque d'une fréquente confusion avec la bastide gasconne de ce nom (*voir tableau généalogique 5*). Devenu le cardinal de Périgord, Hélie Talleyrand s'emploie en faveur de son neveu Charles de Duras pour lui permettre d'épouser sa cousine Marie d'Anjou, sœur cadette de la reine Jeanne et héritière virtuelle du royaume de Naples. À une simple alliance matrimoniale avec Naples le cardinal ajoute ainsi une perspective d'héritage, et il s'agit d'une couronne. Et c'est encore lui qui, afin d'éviter la mainmise des Angevins de Hongrie sur Naples, intervient auprès du pape pour que la reine Jeanne puisse épouser son cousin et amant Louis de Tarente, ce qui ne l'empêchera pas de se retourner contre ce dernier et de soutenir la tentative que feront Louis et Robert de Duras pour s'assurer du gouvernement de Naples et de la Provence.

Les voies du népotisme sont parfois indirectes. On peut citer à ce propos l'étonnante faveur qu'accorde le 3 mars 1293 – donc bien avant la papauté d'Avignon – le pape Nicolas IV à un évêque d'Agen qui n'est autre que Bertrand de Got, l'oncle du futur Clément V : faire son testament en disposant de ses biens meubles ecclésiastiques qui ne servent pas au culte et de tous les biens meubles acquis par ses églises, et ce « pour les dépenses de ses obsèques et la rémunération de ceux qui l'auront servi dans sa vie, qu'ils soient consanguins ou autres ». Rappelons que les biens meubles ne sont pas seulement le mobilier, les vêtements et ornements et les objets divers : ce sont aussi les sommes provenant des revenus du temporel. On ne saurait être plus explicite quant à l'exploitation des églises par les laïcs. En comblant sa famille, Clément V n'innovera donc pas.

LES REVENUS DE LA POURPRE

Le chapeau cardinalice ne signifie pas seulement un rôle et une influence. Il s'accompagne d'un complexe de revenus capable de procurer rapidement la fortune sans laquelle le cardinal ne saurait entretenir un train de maison. Un cardinal ne saurait se passer d'un camérier, d'un auditeur, d'un procureur, d'un ou plusieurs chapelains et naturellement d'une domesticité qui permet de recevoir dignement. L'ancien archevêque de Naples Annibaldo da Ceccano n'a pas moins de cinquante écuyers et son maître queux dispose de trente aides. Dès 1316, Jean XXII a cru devoir donner des limites au paraître des cardinaux : pas plus de dix chapelains et vingt écuyers, ce qui, avec les nécessaires officiers de maison, d'hôtel et de chapelle, permet à chacun d'entretenir quelque cinquante personnes. C'est déjà en vain. On n'a pas oublié ce qu'était à Rome le train des cardinaux.

Si l'on compte en moyenne une vingtaine de cardinaux, cela fait pour le moins, dans le même temps, un millier de familiers – dont quelque cinq cents clercs – dans les livrées cardinalices. À lui seul, Guy de Boulogne aura entretenu en trente ans 195 familiers dont 176 clercs, non moins que 79 « obligés » ou protégés. Un tiers sont des chapelains, un tiers des administrateurs de la livrée, des biens propres et des bénéfices du cardinal. Celui-ci dispose de deux chanceliers, de vingt scribes, de cinq notaires, de deux secrétaires, de quatre auditeurs pour sa justice et, pour ses finances, d'une Chambre où l'on voit cinq camériers, dix chambriers et un trésorier. Cuisiniers, maîtres d'hôtel, huissiers et palefreniers font le reste.

Comme les familiers sont pour la plupart recrutés dans la région d'origine de leur maître, et comme celui-ci est souvent le compatriote du pape régnant ou du précédent pape, ce gonflement des livrées se traduit par un afflux à Avignon de gens de tous niveaux qui constituent de forts groupements ethniques et linguistiques. Ceux-ci forment à l'occasion des groupes de pression, voire des forces disponibles pour les coups violents. On l'a vu dès 1314 quand les compatriotes de Clément V massacrent les Italiens des entourages cardinalices venus dix ans plus tôt avec les créatures de Boniface VIII et de Benoît XI. Très vite, cependant, se distinguent par un certain cosmopolitisme les entourages des cardinaux qui – comme légats ou autrement – ont vécu dans l'ensemble de la chrétienté. Dans la livrée du cardinal de Périgord, on ne s'étonne pas de rencontrer des Bretons et des Flamands. De même l'activité institutionnelle de la curie permet-elle à un cardinal de repérer tel ou tel pour ses compétences et de l'agréger à son propre entourage.

L'importance d'un cardinal se mesure aussi au décor de sa livrée, à l'orfèvrerie de sa table et de sa chapelle, à la qualité de ses chantres, à l'approvisionnement de son cellier, à la qualité de ses chevaux. Toujours persiflant la cour d'Avignon, Pétrarque montre les chevaux des cardinaux « rongeant de l'or et bientôt chaussés d'or ». Pierre de Banac n'a pas pourvu les siens de fers en or mais, quand il arrive à Rome en 1367, il lui faut louer dix écuries pour les quatre-vingts chevaux avec lesquels il a fait le voyage. On ne sait combien il en a laissé à Avignon.

Dans le temps où le haut du pavé était tenu au Sacré Collège par l'aristocratie romaine, bien des cardinaux jouissaient d'une fortune familiale à laquelle la pourpre permettait d'ajouter. Mais les cardinaux gascons ou limousins n'ont pas les patrimoines et les revenus d'un Orsini, d'un Colonna ou d'un Fieschi. Pour la plupart, ils doivent tout à la pourpre. Quand Hugues Roger laisse à sa mort dans son coffre rouge et ferré, en monnaie trébuchante et sans y compter ce qu'il a dépensé pour son train de vie, un trésor de quelque 170 000 florins, il faut se rappeler que rien de ce pactole ne vient des revenus patrimoniaux d'une famille de petite noblesse limousine et que le défunt n'a pas eu le temps de profiter de l'élévation de son frère au pontificat.

Il y a tout d'abord la rémunération normale du chapeau rouge. Depuis 1289, elle est constituée de la moitié des cens versés par les vassaux du Saint-Siège, rois ou non, et la moitié des communs services que doivent tous les évêques et abbés à l'occasion de chaque collation. Ces sommes vont à la caisse du cardinal camérier du Sacré Collège, qui n'est jamais le camérier du pape, lui-même non-cardinal. Elles sont réparties entre les cardinaux présents au Consistoire lors de la collation du bénéfice, ce qui suppose un enregistrement très précis et une comptabilité détaillée. De même l'un des cinq menus services est-il destiné aux serviteurs des cardinaux.

Pour cette rémunération, les cardinaux ne sont pas tous logés à la même enseigne : ceux qui ne quittent pas la curie s'en trouvent favorisés. Heureusement, ceux que des missions hors d'Avignon privent de leur part des revenus collégiaux ne sont pas les derniers à bénéficier des autres revenus par lesquels le pape assure leur subsistance. Il n'y a rien de dommageable à être l'un des hommes de confiance du pape. Le principal avantage est formé des bénéfices en commende : ce sont parfois des évêchés et pas nécessairement de ceux dont le cardinal a précédemment été l'évêque, mais il s'agit le plus souvent d'abbayes. Lorsqu'en décembre 1334 Benoît XII promulgue en Consistoire la révocation des commendes accordées par ses prédécesseurs pour des évêchés et des abbayes, il exempte de la révocation les cardinaux et les patriarches. Il est vrai que les patriarches que l'on rencontre à Avignon, ceux – tous *in partibus infidelium* – de Jérusalem, de Constantinople, d'Alexandrie et d'Antioche, ne sauraient vivre des revenus de l'église dont ils portent le titre et qu'ils n'ont aucune part aux communs services.

De cette pratique qui ne s'avoue pas dans les principes vient une constante ambiguïté dans les appellations. On continue de dire « l'évêque de Rodez » pour parler du patriarche de Jérusalem Pierre de Chassagne, lequel ne sera remplacé à Rodez qu'après sa mort. Dans la plupart des cas, cependant, c'est uniquement par commodité que l'on donne aux cardinaux un nom emprunté à leur ancien évêché. Ni Bernard d'Albia, « le cardinal de Rodez », ni Gilles Aycelin de Montagut, le « cardinal de Thérouanne », ni Jean de la Grange, « le cardinal d'Amiens », n'ont gardé ces évêchés en commende après leur élévation à la pourpre. On ne se prive d'ailleurs pas de faire appel à d'autres types de surnoms : Hugues de Montalais, qui a été évêque de Tréguier et de Saint-Brieuc et chancelier du duc de Bretagne, restera « le cardinal de Bretagne » et Pedro de Luna sera « le cardinal d'Aragon ».

Dans le revenu des cardinaux, on ne peut oublier les bénéfices mineurs qu'ils tiennent grâce à des dispenses de résidence. Les autres prélats de la curie sont également rémunérés par des bénéfices, plus que par de médiocres gages, quand la fonction en comporte. Mais entre les bénéfices que tient un évêque et ceux dont jouit un cardinal, il est une différence : le nombre. Le cardinal Gaucelme de Jean est en 1317 chantre et chanoine de Saintes, trésorier de l'église de Lichfield et chanoine de Cahors, et il y joint des paroisses et prébendes dans les diocèses de Cantorbéry, d'York, de Londres, de Lincoln, de Reims et de Rouen. Au milieu du siècle, les cardinaux ont pour la plupart de dix à vingt bénéfices. Albornoz en a vingt, Hélie Talleyrand de Périgord trente et un, Pierre Roger trente-six. Hugues Roger en a soixante-neuf dont neuf archidiaconés, dix prieurés et vingt-quatre paroisses. De moindres personnages vivent aussi de leurs cumuls : un simple clerc des Requêtes du Parlement comme Guillaume Bertrand est quand même en 1327 trésorier de Laon et chanoine de Paris, Orléans, Coutances, Lisieux et Beauvais, toutes cathédrales où il ne mettra jamais le pied. Pour tous ces bénéficiers, la dispense de résidence vient avec la collation.

Sans grande incidence pour les prébendes de chanoine, ces dispenses affectent sérieusement la *cura animarum* des prieurés et des paroisses. Le prieur ou le curé n'est là ni pour le prône ni pour les sacrements. Ces collations rencontrent donc l'hostilité des fidèles, qui n'y peuvent rien, mais aussi celle des collateurs ordinaires – normalement les évêques – et celle des patrons laïques, tout à fait capables d'y faire obstacle en retardant ou en empêchant la mise en possession de bénéficiers nommés dans de telles conditions. Les procureurs des cardinaux rencontrent parfois, comme en Angleterre, l'opposition d'officiers royaux ou seigneuriaux chargés de leur interdire de force l'accès au bénéfice. Il leur arrive même de trouver le bénéfice occupé par un clerc déjà désigné par le collateur ordinaire et, de manière compréhensible, soutenu par les fidèles qui s'y sont habitués. Il est donc des bénéfices dont la disposition semble rapporter moins aux cardinaux qu'elle ne leur suscite de tracas, dus pour l'essentiel à l'impossibilité d'assurer une saine gestion de revenus aussi divers et aussi dispersés dans l'espace.

Il en est cependant pour pressurer leurs bénéfices. La succession de Guilhem Peyre de Godin est à cet égard révélatrice. Ce dominicain originaire de Bayonne et formé à l'Université de Paris s'est fait une réputation de théologien et a exercé des responsabilités au sein de son ordre, qui lui a confié en 1301 le gouvernement de l'importante province de Provence. Clément V en a fait le lecteur de la curie – ce qu'on appellera plus tard « maître du Sacré Palais » – qui est à lui seul l'école pontificale de théologie et comme tel le prédicateur attitré du pape, voire un expert consulté sur les questions controversées. Il a, bien que candidat de Clément V, échoué deux fois à être élu maître général de l'ordre. Clément V a répliqué en le nommant cardinal, ce pour quoi on en a fait d'abord un évêque. C'est alors qu'il amasse une fortune considérable. On le voit bien quand, sur ses propres revenus, il finance la réfection de la chapelle du couvent des dominicains d'Avignon, cette chapelle qui est celle de Clément V du temps qu'il loge au couvent et qui abritera les deux conclaves où seront élus Benoît XII et Clément VI. Quand il meurt en 1336 presque octogénaire, après avoir passé un quart de siècle au Sacré Collège sans guère bouger d'Avignon, il lègue d'importantes sommes pour l'achèvement des travaux entrepris, sans doute avec son aide, dans plusieurs couvents de dominicains, ceux de Bayonne, d'Orthez et de Toulouse.

Or la fortune de Guilhem Peyre de Godin vient en bonne partie des bénéfices séculiers que, tout dominicain qu'il soit, il ne se prive ni de recevoir ni d'exploiter. Lorsque seront désignés de nouveaux bénéficiers, ils trouveront les temporels en si mauvais état qu'ils en feront dresser constat. Le défaut d'entretien sera patent, et les exécuteurs testamentaires seront obligés d'indemniser les successeurs. Le cas n'est malheureusement pas isolé. À leur initiative ou sur requête, les austères Benoît XII et Urbain V diligentent nombre d'enquêtes sur les dommages occasionnés aux églises par la négligence de cardinaux plus portés à encaisser le revenu qu'à voir celui-ci amputé des frais d'une bonne gestion.

À cela s'ajoutent, selon les hommes et les tâches qu'on leur réserve, la rémunération de leur influence. Les cardinaux ne se gênent pas pour accepter des princes des dons et des pensions qui, pour mal assuré qu'il soit dans le long terme, forment un revenu casuel parfois considérable. Au cardinal Pierre Roger – le futur Clément VI – qui ne cache pas les services qu'il lui rend, le roi de France Philippe VI accorde 1 000 livres de rente. Il arrive que le pape s'inscrive parmi ces bienfaiteurs, comme le font au lendemain de leur élection Jean XXII et Benoît XII avec un don de 100 000 florins au Sacré Collège qu'ils viennent de quitter. Clément VI va jusqu'à 108 000 florins. Innocent VI s'en tient à 75 000 et le saint homme Urbain V à 40 000, ce qui n'est quand même pas une obole.

Alors que tout souverain pensionne les conseillers des autres et que le roi d'Angleterre – avisant de la chose le roi de France – sert une pension à Enguerran de Marigny, comment aurait-on exclu de cette pratique de la « largesse » le seul entourage pontifical ? Les souverains ne se cachent pas d'acheter des cardinaux. Napoleone Orsini se fait payer son entregent par Philippe le Bel, puis par Louis de Bavière. Les puissances italiennes font de même et Florence nomme ses « protecteurs » les trois cardinaux – Pierre Bertrand, Rinaldo Orsini et Bertrand de Déaux – pensionnés en 1354 d'un « cens » annuel de 300 florins. En 1374, alors qu'on négocie avec Bernabò Visconti, Grégoire XI fait intercepter la correspondance du comte de Savoie et celle du seigneur de Milan pour savoir quels personnages de la curie leur sont acquis moyennant finance. En 1378, comme on l'informe de l'élection d'Urbain VI, Charles V feint de s'étonner.

> Répondit qu'il n'avait encore eu aucunes certaines nouvelles de cette élection, et aussi avait tant de bons amis cardinaux, dont plusieurs avaient été serviteurs de ses prédécesseurs rois de France et de lui, et encore y en avait plusieurs qui étaient à lui et de sa pension, qu'il tenait si fermement que, si aucune élection avait été faite, ils la lui eussent signifiée.

Il serait juste de mettre en face de ces profits ce qu'il en coûte de tenir son rang. Lors du somptueux festin qu'il offre en 1343 à Clément VI et à la fin duquel on présente une fontaine garnie de paons et de faisans, puis un arbre d'argent chargé de fruits et de raisins d'or, le cardinal Annibaldo da Ceccano fait présent au pontife d'un destrier blanc et de deux anneaux ornés l'un d'un saphir et l'autre d'une topaze. Sa générosité ne s'arrête pas au pape : les seize cardinaux et les évêques présents reçoivent un anneau, les clercs ont une ceinture et une bourse pleine d'or, les sergents d'armes une ceinture.

Tenir son rang peut signifier aussi l'échange de bons procédés. Au même Charles V qui le comble de pensions et de dons, Jean de la Grange fait en 1376 le don de ses deux maisons de Creil et de Senlis, avec jardins, vignes et pêcheries, « résidences paisibles » dans lesquelles il a, à plusieurs reprises, reçu le roi.

CHAPITRE VII

Construction d'un pouvoir

UNE MONARCHIE CENTRALISÉE

La nature même du pouvoir pontifical tel qu'on peut le définir au lendemain d'un concile de Vienne qui ne laisse guère d'illusions sur le rôle de l'institution conciliaire naguère illustrée au Latran comme à Lyon, le renforcement de l'influence personnelle du pape par la mise en place de sa parenté et de sa clientèle, la régression des capacités d'autonomie dogmatique ou disciplinaire jadis reconnues à l'épiscopat et aux conciles provinciaux mais fortement touchées par la réserve des bénéfices et la possibilité que celle-ci donne au pape de choisir des évêques dont la carrière ne dépend plus que de son bon vouloir, tout cela donne au système politique qui se développe dans l'Église à partir de Clément V une structure et des modes de gouvernement caractérisés par une forte centralisation.

On ne peut d'ailleurs nier un mouvement général, perceptible dans la plupart des royaumes occidentaux, et il serait excessif de voir dans la centralisation bureaucratique de la papauté une invention brutale de Jean XXII. Le centralisme d'Avignon est plus ou moins amorcé, voire déjà dessiné, par les grands papes qui ont, depuis Innocent III, exercé avec une forte autorité leur pouvoir spirituel et temporel. Le pape ne se comporte guère autrement que les princes temporels, dont le pouvoir s'assoit désormais sur des organes centraux solidement institutionnalisés, organes que le prince peuple de ses créatures.

Les pouvoirs du roi d'Angleterre étant quelque peu contenus par le Parlement, l'exemple le plus significatif est celui de la

France, cette France dont précisément les papes d'Avignon sont originaires et où plusieurs d'entre eux et nombre de leurs cardinaux ont personnellement fait l'expérience des affaires publiques. La papauté d'Avignon s'organise – le texte essentiel est la constitution *Cum ad sacrosanctam* de 1316 – alors que, de Philippe le Bel à Philippe V, le royaume des fleurs de lis remplace une Cour du roi aux configurations changeantes par un Conseil royal de gouvernement, un Parlement judiciaire, une Chambre des comptes, un Trésor. Le droit à une fiscalité établie sur les sujets du roi, donc hors du revenu domanial, commence de s'affirmer, répondant aux nécessités nouvelles de la machine judiciaire et administrative autant qu'aux besoins de la diplomatie et de la guerre. Dans tous ces cas, même s'il lui faut négocier, c'est le roi qui décide, qui choisit, qui nomme, et l'entourage comprend à parts égales ceux qui ont le droit de s'y trouver et ceux que le roi y appelle. Quant au contrôle de l'appareil monarchique par les élus des États généraux, donc par les représentants théoriques de la nation, on sait qu'il ne survit pas aux agitations dont la figure d'Étienne Marcel reste l'illustration. Et l'on observe une semblable émergence institutionnelle à Naples et à Barcelone, et même à Westminster. De même voit-on le pouvoir central efficacement représenté dans le pays par des agents nommés. C'est le roi qui choisit les baillis et les sheriffs, alors qu'il ne choisissait plus depuis longtemps ses comtes. Les « élus sur le fait des aides » sont rapidement des officiers nommés. Rien de tout cela n'est passé inaperçu des papes et de leurs proches. Le pape choisira ses évêques, comme ses collecteurs.

Autant dire que la papauté prend, après le concile de Vienne, « une direction monarchique » (Raoul Manselli). Il en est un symbole, qui ne trompe pas : la tiare. C'est encore au XIIIe siècle un ornement épiscopal, qui ne se distingue guère de la mitre précieuse qu'ont normalement à leur trône les évêques, par ailleurs pourvus d'une mitre simple, c'est-à-dire sans joyaux ni broderies pour le cours de la messe, et d'une mitre blanche pour les offices de deuil. Comme la mitre, la tiare est ceinte à sa partie inférieure d'un ruban d'orfroi, lequel commence de se muer en un cercle d'or, une sorte de couronne. Après son propre couronnement et afin de symboliser la plénitude du pouvoir spirituel et du pouvoir temporel, Boniface VIII décide d'orner sa tiare d'une deuxième couronne. Cinq ans plus tard, sans s'expliquer vraiment à ce sujet, Clément V ajoute une troisième couronne, jugeant sans doute que deux n'est pas un chiffre sacré. On explique ensuite, sous Jean XXII, que les trois couronnes figurent l'Église souffrante, l'Église militante et l'Église triomphante. L'allégorie politique est là des plus claires : en s'attribuant la souveraineté sur l'Église militante, le pape manifeste qu'il en dépossède l'empereur.

Dès lors, la tiare est une couronne, non plus un ornement liturgique. Pas une seule fois le cérémonial pontifical ne la mentionne hors du cas du couronnement lui-même, faisant en revanche de subtiles distinctions entre les mitres dont l'usage est soigneusement codifié. La première, qui sert surtout pour les cortèges, est la mitre « noble et solennelle » qu'enrichissent des joyaux et des figures brodées de soie et d'or. Moins précieuse est la mitre d'orfrois, que porte le pape pendant la plupart des cérémonies. On use aussi d'une mitre brodée et d'une mitre de tapisserie. La mitre simple et la mitre blanche servent surtout lors des cérémonies funèbres. La mitre consistoriale est, comme son nom l'indique, à l'usage des assemblées, non des liturgies. Les mitres sont distinguées dans le cérémonial par leur usage liturgique. Elles se portent à la chapelle, selon les cérémonies et les moments des cérémonies. La tiare n'est distinguée qu'en termes d'orfèvrerie, et elle ne se porte qu'au palais.

Au nombre de couronnes près, la tiare d'Innocent VI est en 1353, comme l'était en 1305 celle qu'héritait Clément V, ornée de perles, de pierres précieuses et, au sommet, d'un rubis, la flamboyante escarboucle tombée pendant le cortège de 1305. En 1315 déjà, pendant la vacance du Saint-Siège, un inventaire du trésor hésite de manière significative quant au nom qu'il faut donner à la coiffure pontificale : *Corona que dicitur regnum sive tiara, cum 3 circulis auri et multis lapidibus preciosis*, « La couronne que l'on appelle règne ou tiare, avec trois cercles d'or et de nombreuses pierre précieuses ». Le cérémonial de Jacopo Stefaneschi ne parle que de *regnum sive corona*, et cela restera l'appellation officielle de cette « couronne ronde et pointue » qui s'apparente plus aux *regalia* des souverains temporels qu'aux ornements liturgiques des évêques. C'est tout dire. L'escarboucle fera rêver l'auteur anonyme d'une vie de Clément VI, le pape couronné un jour de Pentecôte.

> De même qu'en ce jour le Saint-Esprit apparut à tous les apôtres comme une langue de feu, on vit le feu descendre sur le Souverain Pontife Suprême en voyant la pierre lumineuse du précieux charboucle posé au sommet de la tiare ou diadème.

Du pontificat de Jean XXII à la mort de Grégoire XI, personne ne parle plus guère de concile. S'il s'interroge, le pape consulte des experts, et des experts qu'il choisit. « Ce qui lui plaît a force de loi », écrit vers 1340, anticipant sur l'adage des légistes « Si veut le roi, si veut la loi », le flagorneur pénitencier Alvaro Pelayo. L'indiscutable influence du Sacré Collège ne ferait du gouvernement pontifical un système oligarchique que si le pape se voyait imposer ses cardinaux. Or, eux aussi, sont ses « créatures ». Quand les vicissitudes et les crises mettent un frein à l'autorité de Jean le Bon ou à celle de Charles VI, le système reste assez solide, à Avignon, pour que les papes échappent à toute mise en tutelle. La seule tentative malencontreusement faite par le Sacré Collège en 1352 a fait, on l'a dit, long feu en quelques jours. La tendance ne s'inversera même pas à la faveur du Schisme : on le verra, le conciliarisme des adversaires de Benoît XIII cassera l'autorité du pape, il ne conduira pas à un partage.

On ne saurait toutefois négliger les facteurs personnels. Les certitudes doctrinales d'un Benoît XII conduisent nécessairement à une autorité spirituelle largement étendue et rapportée en tout à la décision pontificale. Un pape aussi pragmatique qu'Urbain V se montre au contraire à l'écoute des demandes et des propositions. Il en résulte deux attitudes bien différentes, en particulier dans le rapport entre le pouvoir pontifical et des ordres religieux peu portés à accepter des réformes imposées.

Quelques circonstances favorisent cette évolution vers un système plus centralisé qu'au siècle précédent. Bien que le choix d'Avignon ait surtout répondu aux besoins à court terme, il présente des avantages géographiques à l'échelle de la chrétienté occidentale, avantages qui favorisent les relations dans l'espace : sur la carte de l'Europe, Avignon est dans une position plus centrale que ne l'était Rome. Ses relations difficiles avec l'Italie sont, paradoxalement, l'exception.

Il est à la centralisation pontificale un trait spécifique qui s'accentue avec une papauté qui n'est plus à Rome : l'assise territoriale de l'État n'a pas grand-chose à voir avec celle de la puissance temporelle, autrement dit avec les états de l'Église. La papauté est forte, voire riche, de ses clercs, de son pouvoir spirituel conforté par une capacité juridictionnelle, de ses relations diplomatiques, d'une fiscalité étendue sur des bénéfices qui ne lui appartiennent pas. Même si leur exploitation n'était en permanence déficitaire à raison des conflits qui y surviennent mais n'y ont rien de structurel, les provinces de l'état pontifical ne sauraient jouer dans la vie de la papauté un rôle comparable à ce que sont pour les royaumes voisins le domaine royal ou pour l'Empire les principautés patrimoniales de l'empereur. Nul n'ignore que l'ambition à long terme du roi de France est de faire coïncider un jour son domaine avec son royaume. Une telle ambition est parfaitement étrangère au pape, qui nourrit en revanche celle de fonder sur son pouvoir spirituel une puissance politique. Dans l'organisation de la monarchie pontificale au temps d'Avignon, la place des états de l'Église n'est ni centrale ni essentielle. Il en résulte une originalité des domaines et des fonctions. Ni la justice du pape ni ses finances ne sont réductibles à des modèles temporels et les gens du pape sont contraints de créer un droit et une jurisprudence pour lesquels il n'est aucun exemple.

Maître spirituel d'une aire géographique que définit la chrétienté latine, le pape n'y est, quant à ses capacités d'exécution, en aucun cas chez lui. Tout ce qu'il attend ou prétend exiger des clercs et des églises est à négocier avec les princes, voire avec les clercs eux-mêmes et avec les universitaires. Le coût de la diplomatie s'inscrit donc dans les charges du gouvernement centralisé. Il s'exprime en florins, mais aussi en hommes. Pour envoyer vers tous les horizons européens des légats et des nonces pour des missions de durée incertaine – on en connaît qui sont restés plusieurs années absents d'Avignon – il ne suffit pas de les payer ou de les faire rémunérer par le revenu de quelques bénéfices, il faut encore disposer d'hommes suffisants en quantité comme en qualité. Le marché de l'emploi avignonnais est attractif pour qui a conquis un grade – juriste plus souvent que théologien – et pour qui a, par sa famille ou par son propre parcours, des relations et des introductions. L'importance de ce corps d'agents efficaces est amplement démontrée, a contrario, par la détresse administrative de la papauté romaine aux lendemains de la double élection de 1378, quand tous les hommes d'expérience se retrouvent à Avignon cependant qu'à Rome on peine à donner une substance humaine aux organes qui sont héritiers d'une fonction mais pas de fonctionnaires.

Le pape se réservant la collation des bénéfices majeurs, il conforte sa centralisation en plaçant ses hommes à la tête des diocèses. Les Italiens s'en plaignent déjà au temps de Jean XXII, quand ils voient arriver à la tête des provinces de l'état pontifical des recteurs et des vicaires généraux français et, bien pis à leurs yeux, des évêques français. Pour la seule Romagne, on compte deux archevêques et neuf évêques français. Trois Français se succèdent comme évêques de Bologne, et l'on verra deux archevêques français sur le siège de Ravenne.

Quoi qu'il en soit des précédents, il est au fonctionnement de la machine politique, administrative, judiciaire et financière une condition entièrement nouvelle : la stabilité géographique. Après la continuelle errance de la cour pontificale entre Rome, Viterbe et Pérouse, Avignon est maintenant la place permanente du gouvernement de l'Église. Que le pape aille passer l'été dans le Comtat n'y change rien : la stabilité est réelle. Avignon n'est pas Rome, loin de là, mais de 1316 à 1378 le pape est à Avignon, et y sont avec lui tous les organes qui composent cette machine. Cela durera encore vingt ans pour l'obédience avignonnaise du Grand Schisme. De Jean XXII à la soustraction d'obédience et à l'évasion de Benoît XIII, Avignon est une vraie capitale. On ne saurait en dire autant au XIIIe siècle de Rome, non plus que de Pérouse ou de Viterbe. La permanence dans l'espace est en soi une donnée nouvelle. Ajoutons qu'on ne rencontre pas à Avignon les interférences politiques avec la population de la ville qui pesaient si lourdement sur le pape à Rome. À Avignon, il n'a pas à tenir compte de considérations locales. Il en a les coudées plus franches. Rome était capitale de l'Église et de l'état pontifical. Avignon n'est que capitale de l'Église.

Il y a plus. Au xiiie siècle, l'implantation du pouvoir pontifical était, à Rome même, divisée entre plusieurs sites, les principaux étant le Latran, le Vatican et le château Saint-Ange. Les papes d'Avignon ont au contraire groupé l'essentiel dans le palais : ils y résident, comme leurs principaux officiers, ils y ont leurs bureaux, le Consistoire s'y réunit, les juridictions y siègent, la grande chapelle y accueille les cérémonies liturgiques. Lorsque viendra le temps de l'insécurité, le palais sera la nécessaire forteresse. Tout cela constitue une commodité, mais c'est aussi un signe politique.

La constitution d'archives est à la fois condition et conséquence de la centralisation. Depuis plus d'un siècle, tous les gouvernements s'en sont avisés, et l'enregistrement des droits ou des décisions n'a pas attendu que le pape se fixe à Avignon. Mais c'est bien chez le pape que, dès le temps de Jean XXII, la mémorisation par écrit et la conservation des actes d'administration ou de juridiction prennent le caractère le plus systématique. Il y a, certes, les rôles anglais et les registres parisiens. Mais nulle part on ne descend aussi bas dans la hiérarchie documentaire. On ne maîtrise pas les affaires à l'échelle de l'Europe entière en fondant la cohérence des institutions sur la mémoire personnelle et la transmission orale. On n'enregistre donc pas seulement les bulles de toute nature, c'est-à-dire les correspondances politiques, les collations de bénéfices et les dispenses canoniques, on enregistre aussi les lettres du camérier, les lettres du trésorier, les obligations des prélats, les quittances délivrées, les suppliques reçues, les paiements quotidiens, les listes de bénéfices imposables. Peut-être faut-il rappeler que, dans les derniers temps romains, les archives étaient à Assise, où n'était pas le pape. À Avignon, elles sont dans la même tour que le pape et le camérier.

Aucun des organes de gouvernement qui font cette capitale n'est nouveau. Clément V et Jean XXII n'ont inventé aucune institution. Le fait doit être souligné, car cette apparente continuité permet à quiconque, quand il doit s'adresser au pape, de connaître les structures et les compétences. Seuls vont évoluer les formats et les pratiques de fonctionnement. Pour le reste, ni les princes ni les prélats n'ont besoin d'un apprentissage pour trouver l'accès à l'autorité apostolique.

Une nouvelle carte

L'Église n'avait cessé, depuis deux bons siècles, d'adapter la carte des lieux de culte aux besoins d'un peuple chrétien dont l'implantation dans l'espace était bouleversée par la croissance démographique, par les défrichements et par l'extension du tissu urbain. On avait multiplié les prieurés. On avait ensuite créé des paroisses. Point n'était besoin de recourir au pape pour cela. Mais on n'avait pas touché aux diocèses, dont la carte était à peu près fixée depuis les créations du ve siècle dans les régions anciennement christianisées de l'ancien Empire romain et depuis celles que, du viiie au xe, avaient permis les avancées du christianisme dans les régions de mission. On avait encore créé quelques évêchés bretons et on avait transféré quelques sièges d'une ville en déclin à une ville en essor, comme de Javols à Mende, d'Eauze à Auch, de Labourd à Bayonne, de Vermand à Noyon ou d'Alet à Saint-Malo. La carte des années 1300 laisse donc voir une dissémination de petits évêchés dans les anciens pays romains d'Italie ou de Provence, dissémination qui tranche avec l'étendue des diocèses carolingiens ou ottoniens de l'Empire germanique.

Alors que l'on pouvait faire le bilan des phénomènes démographiques intervenus depuis l'an mil, quelques retouches s'imposaient. Jean XXII les conduisit avec une certaine brusquerie, sans doute pour ne pas laisser aux avocats des intérêts locaux le temps d'intervenir et de compliquer les choses. Il est certain que l'intérêt soudainement manifesté pour les diocèses languedociens tenait aussi à l'attention portée aux dernières manifestations du catharisme et au rôle dévolu à des inquisitions diocésaines encouragées à redoubler d'activité. Le pape se montrait soucieux de balancer l'influence et la capacité de décision des inquisiteurs par celles des évêques eux-mêmes. Il convenait donc de rapprocher les évêques de leurs fidèles et d'alléger leurs charges pastorales et administratives en réduisant l'extension matérielle des diocèses.

Un premier train de créations donna le ton : on ne supprimait aucun des diocèses qui, comme celui de Glandèves, perpétuaient abusivement en s'étiolant d'anciennes cités romaines, mais on divisait des diocèses dont l'étendue nuisait ou pouvait nuire à l'efficacité des institutions. Celui de Toulouse venait en tête. La

création, en 1295, par Boniface VIII, du diocèse de Pamiers laisse
penser que la réflexion était déjà engagée et que Jean XXII ne fit
que réaliser ce dont on avait parlé vingt ans plus tôt. L'ordre des
prêcheurs avait d'ailleurs précédé la hiérarchie séculière : dès
1303, il avait créé, aux dépens de la province dominicaine de
Provence, une province de Toulouse que justifiaient les nécessités
de la lutte contre l'hérésie. Ajoutés à celui de Pamiers, les diocèses de Montauban, Rieux, Lombez, Saint-Papoul, Mirepoix et
Lavaur constituèrent donc en 1317 une province autour de Toulouse, dont le siège fut élevé au rang d'archevêché. Furent créés
de même les diocèses de Castres aux dépens d'Albi, de Vabres
aux dépens de Rodez, de Sarlat aux dépens de Périgueux et de
Condom aux dépens d'Agen. En d'autres régions on vit naître les
diocèses de Luçon et Maillezais taillés dans celui de Poitiers, celui
de Tulle pris sur Limoges. L'année suivante, on prit sur celui de
Narbonne le territoire de deux nouveaux diocèses, Saint-Pons-de-
Thomières et Alet, et celui de Saint-Flour fut créé aux dépens de
Clermont.

La France n'était pas seule affectée par le remodèlement, mais
les choses furent ailleurs plus simples. Une province de Saragosse
fut créée en 1318 par le rattachement de cinq des douze diocèses
de l'immense province de Tarragone. C'était là traduire enfin
dans la géographie ecclésiastique les réalités politiques de la
Reconquête : il y avait deux cents ans que l'Aragon avait reconquis Saragosse. Ailleurs, il fallait mettre la carte ecclésiastique en
conformité avec les réalités politiques. En Bohême, à la sollicitation de Charles IV et sans consulter son père le roi de Bohême,
Clément VI créa en 1344 une province autour de Prague. L'empereur voulait faire de ce qui était devenu une ville de 30 000 habitants la véritable capitale de ses états. Il y édifiait un château, un
pont, une nouvelle cathédrale. Il en développait par des privilèges le rayonnement économique. La structure ecclésiale devait
refléter ce nouveau destin : le siège devint archiépiscopal, avec
pour suffragants l'ancien évêché d'Olmütz et celui que l'on créa
à Litomysl. C'est pour de semblables raisons que fut créé en
1358 un archevêché de Curtea de Arges pour la Valachie. On se
souciait aussi d'organiser l'espace en fonction des avancées de
la latinité : en 1375, Grégoire XI accorda au roi de Pologne

l'érection à Galicz d'un archevêché qui, pour les terres ruthènes récemment annexées, allégeait la charge du siège primatial de Gniezno. De même Urbain VI, au temps du Grand Schisme, créat-il un évêché à Vilnius pour une Lituanie dont la conversion était en cours.

Une vague de créations universitaires achève de remodeler la carte de l'Europe des clercs. En 1348, c'est précisément à Prague que Clément VI et Charles IV fondent une université riche, dès son ouverture, de quatre facultés, une université dont on parlait déjà à la fin du xiiie siècle mais dont le projet avait alors rencontré l'hostilité de la Diète, inquiète d'un développement du pouvoir des clercs. L'exemple de la Bohême est suivi en Pologne quand en 1363 Casimir le Grand amorce la création d'une université de Cracovie dont le rayonnement ne se fera sentir que vers 1400, donc au fort du Grand Schisme et sans grand appui de la papauté. Mais Charles IV n'est pas quitte et, en 1365, c'est à Vienne qu'apparaît une université qui va vite attirer les étudiants de tout l'Empire. Celles de Heidelberg en 1385 et de Cologne en 1388 viendront rétablir un équilibre géographique au profit de la Rhénanie. Même si certaines tentatives peut-être prématurées ne rencontrent pas le succès, la volonté de doter l'Europe centrale d'un système de haut enseignement se note dans les éphémères créations de facultés à Pecs en 1367 et près de Buda en 1383. Rappelant étrangement ce que pensait Jean XXII des gens de science et de la diffusion des livres, l'empereur Charles IV a très clairement énoncé son programme : donner au royaume « l'ornement que peuvent lui apporter les hommes de savoir » et épargner à ses sujets d'avoir à « faire le tour du monde pour étudier les sciences ».

En Italie, Jean XXII alla jusqu'à faire en 1322 de l'abbaye du Mont Cassin un évêché. Il y avait quelque témérité à séculariser ainsi la prestigieuse fondation de saint Benoît lui-même, l'exemple de toutes les abbayes bénédictines. Dix évêques s'y succédèrent en quarante ans. En 1367, le bénédictin Urbain V rétablit l'abbaye. Trois ans plus tard, pour financer la restauration du Mont Cassin, il imposait à tous les monastères bénédictins de la chrétienté un impôt d'un soixantième.

LE CONSISTOIRE

La fonction du Sacré Collège est définie par le *Sexte* de Boniface VIII et par la glose qu'en a procurée au début du siècle le cardinal Jean Lemoine. Le pape vivant, la plénitude du pouvoir apostolique est en lui. Quand le Siège est vacant, elle est dans le Sacré Collège, mais non en chaque cardinal. Réunis en Consistoire – ils en sont membres de droit dès lors que le pape leur a remis l'anneau et « ouvert la bouche » en leur conférant leur diaconie ou leur titre – les cardinaux forment le conseil du pape.

C'est une étrange procédure que cette « ouverture de la bouche » du cardinal déjà élevé à la pourpre. Elle seule lui permet de prendre part au Consistoire et d'y donner son avis. C'est exclure du Consistoire, tant qu'ils n'ont pas rejoint Avignon, les prélats élevés à la pourpre pendant qu'ils sont absents de la curie. Mais une jurisprudence contraire s'est établie en ce qui concerne le conclave. En 1304, le dominicain anglais Walter Winterburn, confesseur du roi Édouard Ier, se présenta au conclave de Pérouse qui siégeait déjà depuis cinq mois mais le défunt Benoît XI l'avait nommé sans l'avoir jamais vu et ne lui avait pas ouvert la bouche. Les cardinaux jugèrent qu'il ne pouvait voter sans avoir son titre, mais qu'on ne pouvait lui interdire l'accès au conclave et qu'il était licite d'anticiper sur l'intervention d'un pape. Le doyen du Sacré Collège prit sur lui d'ouvrir la bouche à ce cardinal incomplètement constitué, mais on ne lui donna aucun titre. Winterburn était vieux et le voyage l'avait fatigué. Il mourut avant la fin du conclave sans avoir reçu ni titre ni chapeau. L'exemple n'était pas oublié et la procédure fut reprise à Avignon quand en 1362 Androin de la Roche fut admis à voter alors que, élevé à la pourpre pendant sa mission en Italie, il était arrivé en curie quelques heures avant la mort d'Innocent VI.

Le Sacré Collège est d'abord un conseil où l'on approuve ou refuse les nominations de prélats. On s'y dispute pendant un an, en 1331, pour nommer un évêque d'Auxerre. C'est un conseil où l'on examine les affaires judiciaires portées devant le pape en personne. C'est surtout le conseil où se déterminent la politique du pape, que ce soit à l'égard du roi de France, de l'empereur ou du roi de Naples, ainsi que sa position dans les domaines proprement ecclésiaux, autrement dit dans les affaires de discipline et dans les controverses théologiques. Jean XXII consulte ainsi le Consistoire sur le culte des images, sur le mariage des clercs engagés dans les ordres majeurs, sur la pauvreté évangélique, sur la croisade. Il va jusqu'à faire lire en Consistoire, pour avis, une première rédaction de la bulle *Cum inter nonnullos* qui doit en 1323 condamner les spirituels. Lorsqu'il le juge bon, le pape joint aux cardinaux, membres de droit, des prélats ou des docteurs tenus pour des experts. Enfin, lorsque cela s'impose, on entend en Consistoire des personnages du monde laïque, des ambassades ou des délégations qui exposent une affaire ou défendent un point de vue. On se souvent de Plaisians flanqué de clercs, de nobles et de bourgeois pour parler au nom du roi de France devant le Consistoire de Poitiers.

On discute parfois très âprement les vues du pontife mais celui-ci décide finalement à son gré. Lorsque le 4 octobre 1323 Jean XXII déclare qu'il va condamner pour hérésie l'empereur Louis de Bavière, il se trouve un parti de cardinaux, mené par Napoleone Orsini, Jacopo Caetani Stefaneschi et Pietro Colonna, pour juger que l'élection comme roi des Romains suffit à assurer la légitimité impériale, que le pape n'y a donc aucune part, que le couronnement n'est qu'une formalité et qu'il serait fâcheux de sévir après avoir tergiversé pendant sept ans. Jean XXII devra menacer de publier une décrétale, ce qui n'a, en la circonstance, aucun sens.

On ne saurait dire ce qu'est le poids réel du Consistoire et de ses avis dans les décisions stratégiques du pape. Cela dépend à la fois du pontife, du moment et de l'objet. Bien souvent, l'observateur a le sentiment que le pape entend les cardinaux parce que c'est l'usage mais que les cardinaux savent très bien que la décision ne leur appartient pas. Devant l'ambassadeur aragonais Vidal de Villanova, en mars 1323, le vieux cardinal Bérenger Frédol, qui va mourir trois mois plus tard, se montre désabusé.

> J'ai dit au cardinal ce que le pape m'a dit de proposer en Consistoire ou devant les six cardinaux qui étaient là. Le cardinal m'a répondu : « Seigneur Vidal, si vous voulez garder l'honneur du roi

d'Aragon, ne proposez rien en Consistoire. Sachez que le pape ne met rien en Consistoire, sinon ce qu'il ne veut pas faire. »

Le propos est abusif. Ce n'est pas en vain que les cardinaux ont assumé tant de missions diplomatiques dont ils ont rendu compte en Consistoire et qui ont éclairé les décisions pontificales. Ce qui signifie que le pape écoute ceux en qui il a confiance. Si le Consistoire, en corps, est souvent placé devant les décisions déjà prises, c'est normalement entouré de quelques cardinaux que le pape traite des affaires majeures. Les princes et les rois n'auraient pas consacré tant d'argent à pensionner un Arnaud de Pellegrue s'ils n'avaient su que Clément V ne faisait rien sans son avis. La considération que manifestent les souverains à un Hélie Talleyrand de Périgord ou à un Guy de Boulogne tient évidemment au rang que leur vaut leur naissance, mais aussi à ce que ces prélats ont l'oreille de Clément VI, quand encore l'un ou l'autre ne mène pas une diplomatie que le pape soutient en sachant fort bien à quel point elle est personnelle. Et les mêmes souverains n'auraient pas cultivé l'amitié de Guillaume d'Aigrefeuille s'ils n'avaient su le cas qu'en faisait Urbain V. Autant dire que le pape, s'il subit un Sacré Collège qu'il a pour une part hérité, choisit lui-même ses conseillers. Les autres cardinaux sont parfois amers, comme le sont sous Clément V les Italiens, brutalement déchus de leur prééminence habituelle et réduits, disent-ils, à n'être que de simples clercs. Mais on voit Benoît XII s'incliner devant les objections présentées par un Sacré Collège presque unanime quand en 1335 il songe à rétablir le Saint-Siège à Rome.

Cela dit, il faut rappeler l'échec des cardinaux qui ont, par une sorte de conjuration, voulu brider à l'avance et durablement le pouvoir de l'élu attendu du conclave de 1352. Le principe demeure selon lequel, le Siège vacant, les cardinaux constituent de droit le conclave mais avec une capacité d'initiative strictement limitée à l'élection. Dans le cas où le pape réunit un concile, les cardinaux n'y ont qu'une prééminence, sans que leur rôle se distingue de celui des évêques et abbés, mais le pape peut toujours – comme le fait Clément V au concile de Vienne pour la suppression du Temple – réunir le Consistoire pendant le concile. En tout temps, le Sacré Collège dispose d'une petite structure administrative et financière, mais son autonomie s'arrête là. Les cardinaux ne jouent donc dans la vie quotidienne de l'Église et dans son gouvernement que le rôle que veut bien confier à chacun le pape en fonction de critères personnels dont il ne rend nul compte.

Si le pape ne peut créer des cardinaux qu'en Consistoire, c'est-à-dire devant les cardinaux présents à la curie, il réunit le Consistoire à sa guise et confère à qui il veut ce chapeau rouge qui est depuis 1245 l'insigne des cardinaux. Le nouveau cardinal est toujours un clerc dûment tonsuré. Il n'est pas nécessaire qu'il soit évêque, et nul ne s'étonne quand il faut – notamment si le promu vient d'un des ordres mendiants – procéder éventuellement à son sacre. Le Consistoire ne s'attend pas moins à ce que le pape justifie ses choix. Clément VI, qui n'est ni modeste ni démagogue, se plie à l'usage et fait, le 26 février 1344, une véritable présentation de Pierre Bertrand de Colombiers – le neveu du cardinal Pierre Bertrand – qu'il entend créer cardinal du titre de Sainte-Suzanne, non sans exposer avec lucidité les interventions dont a bénéficié l'évêque d'Arras.

> On peut se demander pourquoi celui-ci plutôt que d'autres. Et d'abord, s'il a été évêque d'Arras, c'est de la part de la reine de France qui est ardemment intervenue pour lui, de la part de son oncle qui fit son éloge, ensuite de notre part, qui avons donné sans peine notre accord, et enfin de sa part, puisqu'il a accepté avec reconnaissance.
>
> Mais je dois dire qu'en premier lieu c'est la reine de France qui est intervenue sans relâche et n'a manqué ni d'écrire ni d'envoyer des ambassadeurs en faveur de l'évêque d'Arras, car le seigneur Louis de Savoie a accompli à ce sujet une ambassade spéciale, et le seigneur Regnaut de Moulins est longtemps demeuré en curie pour traiter de cette affaire.
>
> Ensuite, son oncle avait un très grand désir de voir cardinal son neveu. Si le cardinal d'Autun était là, je ne le dirais pas. Réjouissons-nous qu'il n'y soit pas. Mais ce Collège est grandement honoré de sa présence, en raison de son expérience, de sa prudence, de sa science et de sa vie.

La promotion sera publiée le 19 mai. Quand il donne à Pierre Bertrand le titre cardinalice de Sainte-Suzanne, le pape revient sur les raisons de son choix.

S'il est cardinal, c'est d'abord parce qu'il est très capable. Il est docteur ès lois, et il a été évêque de Nevers, puis d'Arras. Dans les deux évêchés il a fort bien agi, avec beaucoup de prudence.

Le pape passe alors à l'autre promu, l'évêque élu de Limoges Nicolas de Besse, qui n'a pas encore été sacré et sera cardinal-diacre. Là, il ne s'agit plus de recommandations mais de pur et simple népotisme, et le pape l'expose très ouvertement. Mais il est quelque peu agacé : visiblement, alors que la promotion est faite, des critiques ont été formulées. Il est évident que les cardinaux ont d'emblée préféré un neveu de pape à un conseiller du roi de France.

> Il est notre neveu. Le fils de notre sœur. Nous avons commencé par le nourrir [*l'entretenir*]. Nous l'avons fait venir à Paris, où nous l'avons fait étudier. Puis il a étudié à Orléans, et il y lisait [*enseignait*] quand nous l'avons fait venir en curie.
> Hier, quand nous sommes entrés en Consistoire, nous avons discuté de sa promotion comme d'une chose qui n'est pas. À la demande de tout le Collège, personne n'étant en désaccord, il apparut que je devais le promouvoir. Il s'est trouvé des cardinaux pour dire qu'ils n'accepteraient [le cardinal d'] Arras que si je promouvais Nicolas. Donc, je l'élève.

LA JUSTICE DU PAPE

Le pape exerce une fonction de juge, au spirituel « à raison du péché » et au temporel pour les affaires de l'Église, aussi bien celles qui touchent aux bénéfices que les affaires purement séculières qui concernent les états et les seigneuries du Siège apostolique. Le Consistoire forme donc très tôt un tribunal que préside le pape. Mais, les causes se multipliant, des juges sont délégués pour une justice de première instance. De même le pape charge-t-il des commissaires *ad hoc* d'enquêter sur place quand il est impossible de se faire une opinion sans quitter la curie. Ainsi en va-t-il quand parviennent à Avignon des plaintes contre les agissements de tel prélat ou de tel collecteur. Ces commissaires ne rendent pas de sentences mais, en fait, les avis qu'ils donnent ressemblent bien à des jugements à confirmer par le pape et l'on connaît des collecteurs condamnés après enquête sur des malversations dénoncées à Avignon par des bénéficiers. Plus que d'une première instance, c'est d'une juridiction d'instruction que l'on peut parler pour les affaires soumises à Avignon, sur commission précise du pape, à l'un ou l'autre des cardinaux, dont l'auditeur prépare la sentence qui est portée au pape pour qu'il la rende définitive. On en vient cependant, pour limiter les abus de l'appel, à donner à l'Audience des causes du Palais une juridiction de dernier ressort.

Cette Audience des causes, dont le rôle est attesté dès 1274, commence de prendre dans la pratique vers 1330 le nom de « rote » qu'elle doit au banc circulaire, dûment rembourré, sur lequel prennent place les auditeurs. Elle siège dans le palais même, où Clément VI fait aménager pour elle la vaste salle dite de la Grande Audience. Constituée d'une douzaine de juristes réputés – Grégoire XI y fait venir Gilles Bellemère, qui sera plus tard l'auditeur des lettres contredites – et tous titrés chapelains du pape, elle est le tribunal ordinaire pour toutes les causes portées devant le pape mais dont celui-ci ne se réserve pas la connaissance. En fait, elle décharge le Consistoire d'une charge que son rôle politique ne lui laisserait pas la possibilité de porter. Elle connaît notamment des innombrables litiges portant – en raison de la réserve pontificale – sur la collation des bénéfices et des contentieux nés de la transmission, d'un bénéficier à l'autre, des avoirs et des dettes d'un temporel ecclésiastique.

C'est afin de donner une base à la jurisprudence – et à la cohérence dans le temps – que bien des cours laïques et ecclésiastiques enregistrent leurs arrêts et les préservent. L'absence de tables qui rendraient opérationnelle cette source documentaire laisse cependant des doutes sur l'usage que l'on en fait dans la pratique. Il en va différemment à Avignon. Dès le temps de Benoît XII, on constitue des collections raisonnées des décisions de l'Audience susceptibles de transmettre l'interprétation donnée des décrétales par les grands juristes qui la composent. Gilles Bellemère, quand il rédigera l'une de ces compilations, prendra soin d'éclairer le fond de quelque sept cents décisions par les commentaires et avis émis à l'Audience par lui-même et par ses collègues.

Alors que le Consistoire apparaît bien comme un organe collégial de jugement, c'est une étrange procédure qui régit l'élaboration des sentences de l'Audience. Chaque auditeur se voit confier par le vice-chancelier un certain nombre d'affaires et, pour convoquer les parties ou les témoins comme pour entendre les procureurs et examiner les preuves écrites produites, il dispose d'une entière indépendance. Mais, lorsqu'il est parvenu à une conclusion qu'il rédige, signe et scelle de son propre sceau, il la communique pour avis à ses collègues, lesquels ont un délai de réflexion de douze jours. Ils formulent ensuite par écrit leur acquiescement et y mettent leur sceau. C'est seulement au terme de cette procédure particulièrement collégiale que la sentence est transmise à l'un des quelque quarante notaires de l'Audience. On l'enregistre enfin et on la notifie par écrit aux parties. Elle n'est alors plus susceptible d'appel.

Les causes portées devant l'Audience sont nombreuses, et les auditeurs – chacun étudie ses dossiers mais on en discute en commun – ne sont que huit ou dix. L'engorgement favorise donc un enlisement des procès et les plaideurs savent, lorsque cela les arrange, en profiter pour faire durer les affaires. Un procès peut durer deux ou trois ans, parfois dix, exceptionnellement vingt. La justice du pape n'est, sur ce point, guère différente de celle des princes temporels.

Nombre d'affaires qui relèvent principalement ou secondairement du droit canonique conduisent à des peines spirituelles dont la plus fréquente est l'excommunication. Lorsque le fautif vient à résipiscence, il convient de prendre toutes assurances avant de lever la peine. Un tribunal spécial, la Pénitencerie, examine le cas et forme un jugement, que publie sous sa responsabilité et sous son propre sceau le cardinal grand pénitencier. Celui-ci est assisté d'un auditeur toujours choisi parmi les docteurs en droit canonique et d'une quinzaine de pénitenciers mineurs recrutés à raison de leur connaissance des langues autant que du droit et de la théologie morale. Au temps d'Urbain V, on parle à la Pénitencerie une douzaine de langues, dont le breton, le tchèque et le polonais : le pécheur doit pouvoir se faire comprendre sans ambiguïté (B. Guillemain).

Le cardinal grand pénitencier est à la fois le premier des confesseurs de la curie et le juge délégué du pape pour les pécheurs, en particulier les clercs dont sont suspects la doctrine, la morale ou la discipline. Seul le pape peut lever l'excommunication d'un souverain, mais on ne le dérange pas pour un curé de campagne excommunié par un collecteur pour non-paiement de l'annate. Les excommunications automatiques qui frappent les prélats pour un seul jour de retard dans le paiement de leurs communs services sont levées au premier paiement et sans autre forme de procès.

Le pape ne juge donc plus, en personne et avec les cardinaux, que les affaires de grande importance, affaires politiques, affaires doctrinales, affaires disciplinaires. C'est en Consistoire que l'on délibère en 1308 comme en 1312 du sort à réserver au Temple, que l'on dispute en 1322 de la pauvreté évangélique ou du mariage des clercs, que l'on entend en 1348 la reine Jeanne se défendre d'avoir fait assassiner son mari. On ne se contente pas d'entendre et d'émettre un avis : s'il le faut, comme en 1312, on passe au vote.

Le pape peut évidemment condamner à des peines temporelles – prison ou amende – les coupables qui se trouvent dans le cas d'être arrêtés à Avignon ou dans le Comtat. Dans la plupart des cas, cependant, ce sont les sentences canoniques qui sont prononcées, contre les clercs aussi bien que contre les laïcs. Car les tribunaux temporels de l'état pontifical en Italie n'ont jamais cessé de rendre la justice comme par le passé, et il en va de même pour la cour du Comtat. Pour Avignon, en revanche, la venue de la papauté met en place, à côté du tribunal ordinaire qui juge normalement les Avignonnais, un système nouveau, calqué sur celui que connaissait auparavant Rome. Le maréchal de Justice, plus communément appelé maréchal de la Cour, dirige la police dans la ville et préside un tribunal avec compétence sur toutes les affaires civiles et criminelles qui touchent les curialistes mais ne mettent en cause ni un clerc ni un familier du pape ou des cardinaux. Le maréchal a même compétence sur les poids et mesures. Deux juges l'assistent au tribunal, devant lequel un procureur fiscal représente les intérêts du Saint-Siège. Un capitaine et une trentaine de sergents assurent la police.

Le maréchal de la Cour est un grand personnage. On voit se succéder dans la fonction des hommes que les papes ont choisis parmi leurs neveux ou ceux d'un cardinal : Arnaud de Trian, Hugues Roger, Hugues de la Roche, Guillaume Rolland, Aymar d'Aigrefeuille.

LA CHANCELLERIE

C'est la Chancellerie qui met en forme et expédie les actes qui traduisent la volonté du pape. Pourvue de son organisation définitive par Jean XXII dès les lendemains de son élection, elle est dirigée par un vice-chancelier que seconde tout un monde de spécialistes du vocabulaire juridique et de la forme diplomatique. La compétence de ces petits officiers est estimée avant tout recrutement : on vérifie les titres universitaires et les candidats qui n'en ont pas doivent passer devant un petit jury un examen de lecture, de rédaction et même, ce qui s'explique parce qu'ils peuvent être amenés à servir à la chapelle, de chant.

Le vice-chancelier est un grand personnage. Jusqu'à Jean XXII, le pape choisit un prélat qui deviendra cardinal. Ensuite, on voit deux vice-chanceliers nommés alors qu'ils ont déjà revêtu la pourpre : Pierre des Prés qui, cardinal pendant quarante et un ans, reste en charge de la Chancellerie pendant trente-six ans (1325-1361) et son successeur Pierre de Monteruc, cardinal pendant trente ans et vice-chancelier pendant vingt-quatre (1361-1385). Rarement absents pour des missions diplomatiques, les vice-chanceliers ont à Avignon une activité lourde et quotidienne. Elle fait d'eux des hauts fonctionnaires plus que des dignitaires disponibles.

Malgré le rang éminent qu'il occupe et nonobstant qu'il soit normalement gradué en droit, le vice-chancelier n'a aucun pouvoir d'appréciation et ne prend lui-même aucune décision. Contrairement aux chanceliers de bien des souverains contemporains, celui du pape n'est en rien le chef d'une cour judiciaire. Il gouverne des bureaux, dont l'ensemble forme un système exactement calqué sur la procédure d'obtention des grâces pontificales. Ce système est, à la mesure des domaines d'intervention de la papauté, et la plupart des règles de procédure que l'on y constate au temps d'Avignon étaient déjà appliquées au début du XIIIᵉ siècle. S'il est, à partir du pontificat de Jean XXII, développé, voire hypertrophié, il le doit à la multiplication des requérants que fait venir à Avignon, en personne ou par procureur, la centralisation administrative et juridique de l'Église. Obtenir un bénéfice, en particulier, passe maintenant par la curie et met en jeu la Chancellerie. On compte déjà cent dix scripteurs des lettres apostoliques pendant le séjour de Clément V à Vienne. Le chiffre ne variera guère.

Tout commence par la supplique que présente au pape en personne le demandeur d'une faveur spirituelle ou temporelle, son protecteur – un cardinal ou un grand du monde laïque – ou simplement son procureur. La supplique est lue au pape par un personnage qui ressortit plus au service privé qu'aux structures de la Chancellerie mais dont l'importance va croissant à mesure que se multiplient les demandes sur lesquelles il ne se prive pas de porter un jugement et d'en informer le pape. C'est le référendaire. Plusieurs feront, par la suite, de grandes carrières. La plupart auront, dans le temps même de leurs fonctions, rendu d'autres services à la papauté. Guillaume Noellet interrompt son activité à la Chancellerie quand Urbain V l'envoie en Bohême, en Hongrie ou en Grèce, et il joue même le médiateur pour le pape entre Venise et les Este. Simone da Brossano, juriste milanais formé aux universités de Padoue et de Bologne, reçu docteur en l'un et l'autre droits, puis professeur de droit canonique dans ces mêmes universités et sans doute attiré à Avignon par Urbain V, est à la fois le référendaire qui présente les suppliques et suggère la décision, le maître qui enseigne le droit canonique, le glossateur qui commente les décrétales de Clément V et le diplomate subtil que Grégoire XI utilisera pour des missions en Aragon et en Allemagne. Brossano sera cardinal.

Si le pape la juge fondée, il vise la supplique en ordonnant « que l'on fasse » ce qui est demandé : il écrit donc *Fiat*, voire *Fiat pro omnibus* au bas de rôles portant de longues listes de suppliants qui attendent une expectative. Il signe d'une lettre conventionnelle qui change avec chaque pape et qui n'est ni l'initiale de son nom de baptême ni celle de son nom de pape.

Jean XXII (Jacques Duèse) signe ainsi *B*. Plus tard, Benoît XIII signera *L*. Le pape se contente parfois de notifier verbalement son accord au vice-chancelier, lequel écrit en marge : « Concédé ». Intervient alors le dataire, qui porte la date de la décision pontificale.

La réponse pontificale ne se réduit pas à un simple oui ou non. Souvent, le pape modifie l'objet de la supplique, en réduit la portée, met des conditions à sa bienveillance. Urbain V, toujours réticent devant le flot de demandes, en modère ainsi les trois quarts, compte non tenu de celles qu'il déchire purement et simplement (A.-M. Hayez).

La supplique part alors pour le bureau des suppliques où elle est sommairement mentionnée dans un répertoire qui se transforme, en 1342, en un véritable enregistrement. Puis on l'enfile à sa place chronologique sur une cordelière. Vient alors le moment où le demandeur se manifeste. On recherche la supplique, on la détache et on l'enregistre plus à plain. On le précise en écrivant *R* au verso : *Registratum*. Toutes les suppliques sorties ce jour sont enfin mises en un sac, qu'un clerc porte au bureau des minutes.

C'est là que se fait le véritable travail, que le vice-chancelier distribue lui-même entre ses collaborateurs. Après avoir lu la supplique, un abréviateur rédige en quelques mots un projet de réponse. Un correcteur s'empare alors de cette minute et en vérifie quant au sens la conformité à la demande et à ce que l'on sait de la décision pontificale. Il arrive, si l'affaire est délicate, qu'on la soumette de nouveau au pape.

La minute est ensuite transmise au bureau des grosses. Avec la grosse, qui est la rédaction définitive prête à recevoir la bulle, paraît enfin le souci de correction en la forme : style, formules, clauses juridiques, forme matérielle. Aussi les scripteurs sont-ils l'aristocratie de ce peuple de notaires. Mais ils sont soumis à de fortes contraintes. La rédaction d'une grosse ne doit pas attendre plus d'une semaine, et le correcteur, qui examine le fond autant que la forme, est impitoyable pour celui qui cadence mal ses phrases ou qui rature, comme pour celui qui a mal compris l'affaire et pourrait mettre ainsi dans l'embarras l'autorité pontificale.

S'il faut recommencer le travail, le fautif risque de n'être pas payé.

C'est au bureau du correcteur et en fait par lui-même qu'est prise une décision souvent délicate : doit-on lire la bulle au pape ? Pour certains objets, c'est indiscutable. Ce l'est aussi eu égard à certains destinataires. Tout est affaire de jugement. Pour le plus grand nombre, les actes prêts au scellement ne sont lus que devant les auditeurs des lettres contredites.

Il convient en effet de prévenir les conflits qui pourraient résulter d'une décision intempestive ou d'une cause de nullité. La même Audience des lettres contredites a donc charge de prévenir les litiges en examinant d'un point de vue purement juridique les actes émanés de l'autorité pontificale et de se prononcer sur la validité des exceptions invoquées par les justiciables pour récuser les preuves – quelle qu'en soit l'origine – produites devant l'Audience des causes. Les enjeux procéduraux sont tels que l'Audience des lettres contredites se tient rarement dans le calme. Jean XXII se voit obligé de frapper d'amendes les perturbateurs qui vocifèrent pour empêcher la lecture à haute voix des textes examinés.

On passe enfin au scellement. Situé hors du palais, le bureau des bulles est d'abord formé de deux ou trois bulleurs que seconde une dizaine de collaborateurs. Les bulleurs sont désignés par le pape en personne, car on devine l'usage que pourraient faire de la détention du sceau papal un malfaisant ou un mauvais plaisant. En fait, ils sont choisis parmi des hommes de confiance, frères convers de l'ordre cistercien, mais qui ne savent pas lire et ignorent le latin. La confidentialité est à ce prix. C'est dire que la fonction récompense parfois un ancien convers jardinier. On attend surtout du bulleur une précision du geste : le plomb à la juste température, la quantité exacte pour former la galette, la pression convenable de la pince qui réunit les deux matrices de l'avers et du revers.

LES BULLES

Une bulle, c'est un sceau de métal. La bulle du pape est d'un modèle qui n'a pas varié depuis le début du XIIᵉ siècle. On y voit à l'avers les figures de saint Pierre et de saint Paul, identifiables l'un à sa barbe bouclée, l'autre à sa barbe en pointe, et au revers le nom et le numéro du pape. Rappelons que l'empereur use, en des occasions solennelles, d'une bulle d'or. La bulle du pape, en signe d'humilité, est de plomb. Elle est attachée au parchemin par un écheveau de lacs de soie rouge et jaune pour les actes destinés à constituer un titre pour leur bénéficiaire et dont la forme est particulièrement soignée, par une simple cordelette de chanvre pour les autres actes, qui sont les mandements par lesquels le pape notifie sa volonté dans le gouvernement de l'Église ou intervient de manière casuelle dans les affaires. Pour que les bulleurs, qui ne doivent rien savoir du contenu de l'acte, n'hésitent pas sur le mode de scellement, les scripteurs ont, dans la date des bulles à sceller sur soie, passé au rouge l'initiale du nom du pape.

On a très tôt appelé bulle l'acte pontifical, en tout comparable aux chartes et lettres patentes du monde laïque, qui est validé par la suspension d'une bulle. La teneur diplomatique en est cependant particulière. La bulle commence par le nom du pape, qualifié de « serviteur des serviteurs de Dieu » et sans numéro. La salutation qui suit est complétée de la bénédiction apostolique. La principale clause de corroboration comporte la malédiction encourue par qui violera la volonté pontificale. La date est exprimée selon le calendrier romain (nones, ides et calendes) et complétée de l'année du pontificat, sans référence à l'année de l'ère chrétienne.

Pour leur contenu, on distingue dès le milieu du XIIIᵉ siècle deux sortes de bulles, et au XIVᵉ trois sortes, que rien ne différencie dans la forme matérielle ou dans la rédaction. Les « lettres secrètes » concernent les affaires politiques et administratives, notamment les relations avec les princes, avec les prélats et avec les agents pontificaux, nonces ou collecteurs. Elles sont ainsi dénommées depuis Benoît XII. Les « lettres curiales » sont surtout des décisions à valeur générale. Et puis, il y a les milliers de « lettres communes » qui sont autant de concessions individuelles, de collations et de promesses de bénéfices, mais aussi de dispenses grâce auxquelles la société chrétienne, et en premier lieu le monde ecclésiastique mais non lui seul, peut contourner les rigueurs du droit canonique. Le pape autorise ainsi un laïc à disposer d'un autel portatif pour son chapelain, à se faire donner par son confesseur l'absolution plénière à l'article de la mort, à faire célébrer la messe avant le lever du jour ou à franchir la clôture des couvents de moniales, mais il dispense aussi de résidence un bénéficier en l'autorisant à percevoir cependant les fruits du bénéfice, il permet un mariage consanguin, il accorde des délais à des bénéficiers qui n'ont pas encore été ordonnés ou il accorde l'accès aux ordres sacrés à des enfants conçus hors mariage ou n'ayant pas encore l'âge requis. On voit même un octogénaire se faire dispenser de prêtrise parce que ses mains tremblent, à condition qu'il reçoive les autres ordres. On aura compris que les lettres secrètes et curiales sont émises à l'initiative du pape et de ses grands officiers, le camérier, le grand pénitencier ou le vice-chancelier, alors que les lettres communes sont la réponse à des requêtes, le plus souvent formulées par écrit en des suppliques.

Les bulles font, depuis le début du xiiie siècle, l'objet d'un enregistrement qui reproduit le texte même des lettres secrètes et curiales, par définition différentes les unes des autres. On n'abrège que les formules connues comme la titulature du pape ou les clauses juridiques. Pour les lettres communes qui sont répétitives et pour lesquelles on ouvre vite des chapitres particuliers, on se contente d'indiquer le destinataire et l'objet. C'est, au bureau des registres, la fonction des registreurs que de transcrire fidèlement l'essentiel. On ne peut dire, cependant, qui décide d'enregistrer ou de ne pas enregistrer une bulle. La théorie semble ne pas tolérer d'exceptions, mais le nombre des scribes aussi bien que les achats de parchemin et de plomb, voire le fréquent renouvellement des matrices, laissent penser que les bulles émises sont infiniment plus nombreuses que les bulles enregistrées. Pour deux années du pontificat de Boniface VIII, la Chancellerie a acheté de quoi réaliser environ 70 000 bulles et en a enregistré 1 883 (Robert Fawtier). L'idée a été émise que l'enregistrement ne serait souvent fait qu'à la requête du bénéficiaire, désireux de voir la curie garder une preuve de la décision pontificale et prêt à payer pour cette sécurité.

Le registre n'est encore qu'un cahier de papier. Cela permet d'introduire, au temps de Clément VI, une clarification que rend nécessaire le nombre de bulles expédiées. Les registreurs ouvrent alors des cahiers distincts par objet, cahiers qui sont autant de chapitres. Le procédé permet de ne plus porter au registre que le nom des bénéficiaires.

Les lettres secrètes ont un traitement privilégié. Non seulement elles sont transcrites tout au long, mais elles le sont, en raison de leur objet le plus souvent politique, en un registre particulier et par un scribe spécialisé. Les autres scribes n'y ont pas accès.

L'enregistrement est occasion de vérifier encore et de corriger. Un ausculteur collationne l'enregistrement à l'original. Contrairement à la bulle elle-même, que l'on doit refaire s'il s'y rencontre une faute, le registre n'est pas réinscriptible. On gratte, on cancelle, on corrige entre les lignes. Un rubriqueur résume enfin chaque acte d'un mot et s'en sert pour la composition de la table. Le parcours s'achève alors par la taxation : les droits à payer, dont Jean XXII a fixé le taux dès 1316, varient selon l'objet de la bienveillance papale.

On pourrait croire qu'une telle procédure, infiniment plus lourde que celle des chancelleries impériale ou royales puisqu'elle fait passer la bulle par sept bureaux et plus d'une douzaine d'officiers, suffit à assurer le bon fonctionnement du gouvernement pontifical, à satisfaire le monde laïque et ecclésiastique, à constituer la mémoire efficace que sont les archives et à justifier l'existence même d'une centaine de personnages dûment rémunérés. Il n'en est rien. On commence de recopier les registres de papier en de luxueux registres de parchemin. Opposés aux « registres d'Avignon » qui ne prendront fin qu'avec le départ de Benoît XIII et demeureront au palais des papes jusqu'à leur transfert à Rome en 1784, ces registres de parchemin seront dénommés « registres du Vatican », après leur transfert à Rome dans les années 1430.

LE COURRIER DU PAPE

Tout voyageur peut à l'occasion transporter des messages. Le gouvernement pontifical ne saurait cependant s'en remettre, pour

206 LES PAPES À AVIGNON

sa correspondance administrative ou diplomatique et notamment pour les lettres secrètes du pape, à ces voyageurs qui ne sont pas nécessairement pressés et dont la discrétion n'est pas toujours assurée. Encore moins le pape pourrait-il dépendre des systèmes de courriers organisés par les grandes sociétés italiennes. Que ce soit pour acheminer les instructions et les citations ou pour faire revenir l'information, la Chambre apostolique met très tôt en place un système propre, sous l'autorité directe d'un maître des courriers.

Ces courriers – une cinquantaine d'hommes jusque dans les années 1350 – se voient parfois confier des missions qui ne sont pas de simple transport. Ils notifient des arrêts aux princes, publient des bulles d'importance politique, placardent les sentences solennelles de la justice papale, procèdent même à des arrestations et à des transferts. Il leur arrive de garder des prisonniers. Ils sont souvent de l'escorte du pape. À la longue, le port de la correspondance cesse d'être l'essentiel de leur activité : cela les occupe « de façon accessoire » (Yves Renouard). Il est vrai qu'il part vingt bulles chaque jour, et pour des dizaines de destinations. Les courriers sont des personnages qui prêtent serment et sont bien rémunérés. Un habillement les distingue. Pour acheminer la correspondance, ils ne sauraient suffire.

Le service des courriers est onéreux, et les risques liés au voyage sont tels qu'il faut les prendre en compte dans les gages consentis par le camérier. Pour bien des lettres, on recourt tout simplement à ces nombreux marchands qui vont de ville en ville et dont le service est presque gratuit. Encore faut-il s'attendre à des retards et à des aléas de tous genres. On ne peut espérer que ses pas portent rapidement un marchand vers une place pour la seule raison que le pape y envoie une lettre. Le marchand a ses négoces à mener. On hésitait parfois à confier à de tels messagers des correspondances secrètes. S'il est défaillant, ou s'il trompe la confiance du pape, le marchand n'aura qu'à ne pas revenir à Avignon.

Force est donc de s'adresser aux grandes compagnies commerciales et bancaires, aux compagnies florentines avant tout. Leur intérêt garantit leur efficacité et leur discrétion. Elles ont depuis longtemps mis en place un système de courriers et en louent volontiers le service. Le pape paie, mais le courrier part dans l'heure, et il n'a à ce moment-là qu'un seul client. Il en coûte de 14 à 20 florins pour porter en quatre ou cinq jours une lettre à Paris, de 12 à 18 florins pour en porter une en huit jours à Bologne ou à Florence. C'est assez cher pour que l'on y regarde à deux fois, et le trésorier de Bénévent en fait l'amère expérience quand la Chambre apostolique lui refuse le remboursement de 58 florins dépensés pour l'aller et retour d'un courrier : le camérier jugera que l'on « pouvait par marchands ». Bardi, Acciaiuoli, Peruzzi acheminent ainsi des centaines de lettres jusqu'au moment où la vague des faillites, entre 1342 et 1345, les emporte. Le camérier trouve alors difficilement à les remplacer, les compagnies qui émergent à la suite n'ayant pas le réseau de relations à travers toute la chrétienté qui faisait la force des précédentes. Plus tard, les Alberti et les Malabayla ne pourront jouer le rôle qu'avaient les compagnies d'avant la crise : c'est la curie qui se méfie. Le fait que les rois de France aient eu à l'encontre de la société astésane des Malabayla une constante méfiance et que certains de ses agents aient été arrêtés par les gens du roi n'améliore pas leur capacité à transporter des courriers confidentiels à travers la France.

Un indépendant se montre alors assez habile pour faire agréer ses services : Piero di Gieri da Scarperia, un hôtelier italien établi à Avignon qui parvient en 1355 à faire accepter sa mainmise sur le courrier destiné à l'Italie. À sa mort, un compatriote, Tommaso Cardini, prendra la relève.

La papauté n'a pas renoncé pour autant à se servir des réseaux financiers. De tout temps, ils ont eu un rôle positif, très différent du simple transport des messages pontificaux. Pour gouverner l'Église, le pape doit être informé de l'évolution des situations et des conjonctures. Savoir ce qu'il en est de la guerre et de la paix, et ce qu'on attend, lui est aussi important que connaître la fortune des positions politiques. C'est vrai de la France comme de la Castille, de l'Angleterre comme de l'Empire. Or les agents permanents du pape, et en premier lieu les collecteurs, sont souvent accablés par un métier qui les fait aller de paroisse en paroisse plus que fréquenter les allées du pouvoir. Les réseaux constitués par les grandes compagnies financières, non moins intéressées par ce type d'informations et normalement introduites dans les sphères dirigeantes, peuvent au contraire procurer au pape ce qui le concerne. Longtemps familier de la cour de France et du Conseil royal, Clément VI en écrit sans fard, par une lettre de janvier 1348 découverte par Yves Renouard, au Florentin Jacopo di Alberto degli Alberti.

> Nous éprouvons le vif désir d'être tenu exactement au courant de toutes les nouveautés et les faits nouveaux qui se produisent, afin de pouvoir y porter le remède opportun comme il nous incombe de par notre devoir pastoral et comme il importe à l'intérêt du Seigneur. Comme nous avons en ta discrétion pleine confiance pour ce service aussi bien que pour les autres, nous te prions instamment d'ordonner par lettres à tous tes associés, où qu'ils résident, de prendre soin de nous signifier rapidement, à nous ou à tes facteurs qui résident à la curie romaine, toutes les nouveautés et les faits nouveaux qui méritent d'être rapportés, tels qu'ils se seront produits et chaque fois qu'ils se seront produits.

Il n'est pas question de rémunération, mais les frais seront remboursés. Les paiements que l'on connaît montrent que Clément VI sait être généreux quand il s'agit de motiver le zèle des banquiers. À cette date, il est préoccupé par les événements de Naples. Lorsque les inquiétudes du pape seront calmées, on jugera l'information trop chère, et on ne parlera plus de courriers spéciaux. La curie n'en continuera pas moins à écouter ce qui se dit à Avignon chez les associés des grandes compagnies. Ils savent ce qui se passe à l'hôtel Saint-Paul ou à Westminster.

LE DROIT : LES DÉCRÉTALES

Le droit canonique n'est pas seulement ce droit selon lequel sont ou doivent être conduites les affaires de l'Église et des gens d'Église. Certes, il est le droit des clercs séculiers et celui des moines, le droit de la défense de l'orthodoxie doctrinale et celui de la discipline ecclésiale, le droit des sacrements et celui des bénéfices. Mais le ramener au besoin juridique des clercs serait singulièrement réducteur de son importance dans la société. Le droit canonique est aussi celui des chrétiens et notamment des laïcs en tant qu'ils sont ou peuvent être pécheurs, qu'ils recourent aux sacrements, qu'ils sont acteurs de la vie politique dans la Jérusalem terrestre, qu'ils ont un rôle dans la vie économique d'une société pour laquelle la morale est un chapitre de la théologie et un moyen du Salut.

On le voit bien quand, pour traiter du juste prix ou du prêt à intérêt, théologiens et juristes interviennent dans le même débat, et souvent avec des positions qui diffèrent à la mesure des différences manifestées dans leur approche de la société : un chanoine n'est pas un franciscain et, pour clercs qu'ils soient l'un et l'autre, le fils d'un homme d'affaires florentin voit ce que ne voit pas celui d'un notaire parisien. Le droit canonique est le droit des gens qui se marient, car le mariage est un sacrement, dont dépendent la dot et le douaire. Il est aussi celui des gens qui font leur testament, car tout testament comprend des clauses de charité et de dévotion. Il gouverne le sort des gens qui meurent et que l'on ensevelit, car le droit aux prières et à la sépulture en terre sacrée tient à l'ultime situation canonique du défunt. Il est enfin le droit que ne peut ignorer quiconque voit ses intérêts matériels confrontés aux intérêts d'un clerc ou d'une église. Si la clarification du droit canonique est affaire de clercs juristes, elle concerne toute la société. Or, depuis le milieu du XIIe siècle, cette clarification ne cesse de faire des progrès.

Longtemps, elle a été le chantier des maîtres de l'enseignement juridique : elle était un moyen de cet enseignement, auquel il fallait des textes épurés de leurs discordances et de leurs obscurités. Burchard de Worms vers 1010, Yves de Chartres vers 1095 et surtout vers 1140 le moine italien Gratien ont ainsi pourvu maîtres et élèves des ouvrages de référence qui ne disparaîtront pas de l'usage scolastique avant la fin du Moyen Âge. Mais au XIIIe siècle, l'initiative de la mise en ordre et en cohérence est passée au magistère pontifical. Les papes d'Avignon ne font que s'inscrire ainsi dans la continuité, mais leur contribution n'a rien d'insignifiant. Clément V est un juriste, comme l'était Boniface VIII, et comme le sera Jean XXII. C'est à eux que l'œuvre doit d'être enfin achevée et de correspondre aux besoins d'une

société qui n'est plus celle des lendemains de la réforme grégorienne.

Le texte fondamental du droit canonique, c'est toujours le
Décret, cette compilation des anciennes collections de textes
canoniques rédigée à Bologne vers 1140 par Gratien. Mais
l'Église et la société n'ont pas cessé de vivre, et l'on a dû compter
avec les décrétales, c'est-à-dire les constitutions publiées – en la
forme, ce sont des bulles – par les papes depuis le *Décret*. Elles
interprètent, elles complètent, elles réforment. Les cinq livres des
décrétales ont formé ce recueil qu'on n'officialisera qu'en 1582
sous le nom de *Corpus juris canonici* mais qu'a déjà mis en forme
sur ordre de Grégoire IX, en 1234, le grand pénitencier Raymond
de Peñafort. Les décrétales de Boniface VIII ont en 1298 formé
le sixième livre, le *Sexte*.

Restent cependant en suspens bien des points de droit, en particulier ceux qui touchent la discipline ecclésiastique à laquelle se
sont attachés en 1313 Clément V et les pères du concile de
Vienne. On sait dans quelles conditions ont été publiées les décrétales issues du concile de Vienne. Il faut donc mettre en forme la
fin de l'œuvre de Clément V, ce à quoi se voue le grand juriste
qu'est Jean XXII. Sans doute faut-il rendre ici ce qui lui appartient
à Guillaume de Mandagout. Archevêque d'Embrun, puis d'Aix,
cardinal en 1312, il a été notaire apostolique et il en garde l'esprit
de rigueur qui s'impose pour une telle codification de textes souvent inspirés dans l'instant par l'actualité. De l'élaboration du
Sexte à celle des *Clémentines*, Mandagout a joué dans l'ombre le
rôle essentiel du rédacteur. Mais c'est par la volonté de Jean XXII
qu'en 1317 on publie, aussitôt après les *Clémentines* qui constituent le septième livre du *Corpus*, un huitième livre qui restera
sous son premier nom usuel : les *Extravagantes*, autrement dit les
décrétales absentes du *Corpus* de 1313. On s'en tiendra là.

LA CHAMBRE APOSTOLIQUE

La Chambre apostolique est l'organe de gouvernement du pape
dans les domaines financiers. Jusqu'au début du XIVe siècle, il
ne s'agit pour l'essentiel que des revenus des états de l'Église,

lesquels sont perçus sur place mais aussi dépensés sur place pour une large part. La Chambre apure donc les comptes des agents locaux, mais elle n'intervient ni dans la gestion ni dans le maniement des deniers. Ce n'est pas à Rome qu'on va payer la solde de mercenaires, l'entretien d'une enceinte ou les frais d'exploitation domaniale. Avec le développement de la fiscalité, les fonctions de la Chambre changent. Elle devient l'organe central d'organisation et de contrôle de la fiscalité non moins que celui des perceptions et des paiements. La mise en place du réseau des collecteurs donne lieu à une nécessaire correspondance de gestion quotidienne et à un apurement périodique des comptabilités.

Le chef de la Chambre apostolique est un prélat, le camérier. Au temps de Clément V, le camérier était un cardinal, ce qui correspondait bien à l'importance de la fonction d'un Arnaud de Canteloup, d'un Bertrand de Bordes ou d'un Arnaud d'Aux. Alors que l'alourdissement du système fiscal donne un rôle accru au camérier, Jean XXII change l'usage et ses successeurs s'y tiendront. Il s'agit d'abord de ne pas accentuer le poids et l'influence du personnage, mais aussi d'éviter les confusions entre les finances du pape et celles du Sacré Collège. Bref, après 1319, on ne verra plus un camérier porteur de la pourpre, sinon chez Grégoire XII lors de la débandade de 1409. La plupart des camériers ne recevront jamais le chapeau. Ils sont normalement pourvus de sièges épiscopaux (Marseille) ou surtout archiépiscopaux (Arles, Narbonne, Toulouse, Bourges) qui leur assurent revenu et considération. Dans les débuts du Grand Schisme, Pierre de Cros fait exception, qui est créé cardinal le 23 décembre 1383, mais il quitte le lendemain la Chambre apostolique.

Maître indiscuté du gouvernement financier, responsable de la politique monétaire, chef hiérarchique du trésorier et des officiers de la Trésorerie, organisateur du système des courriers, le camérier est également un personnage prépondérant parmi les curialistes. Il gouverne la vie matérielle de la cour pontificale, il distribue les livrées à Avignon et répartit les cantonnements dans les déplacements. C'est devant lui que tous les officiers prêtent serment. Il reçoit les évêques en visite *ad limina*. Plus généralement, il prend les dispositions en tout genre qu'exige la vie de la cour pontificale. Il a même son propre tribunal, qui connaît des litiges en matière de fiscalité qui sont – les cas de doctrine mis à part – l'essentiel des contentieux portés en Cour de Rome.

De tous les dignitaires de la curie, il est le seul que sa fonction place à la tête d'une administration étendue sur l'ensemble de la chrétienté, avec ces quelques dizaines de nonces que sont les collecteurs, amenés à négocier dans les provinces avec les princes temporels aussi bien qu'avec les prélats et tenus de rendre des comptes qui ne sont pas seulement des livres de recettes et dépenses. Autant dire que le camérier est, entre tous, l'homme de confiance et le conseiller par excellence du pape et que rien ne lui échappe vraiment de la politique pontificale. Il n'est donc pas choisi pour ses compétences de comptable ou de financier. Deux camériers ont été trésoriers. Pour la plupart, ils ont surtout fait la preuve de leur fidélité.

Aussi le camérier est-il assisté de techniciens, comme le trésorier, le changeur de la Trésorerie et surtout les deux, trois ou quatre clercs de la Chambre. Chargés de la rédaction des actes et de la vérification des comptes rendus à la Chambre, ces clercs sont parfois envoyés hors d'Avignon pour toutes sortes de missions – c'est l'un d'eux qui va en 1329 accueillir à Nice l'antipape Nicolas V et recevoir sa deuxième abjuration – et plus normalement pour inspecter la gestion des collecteurs ou informer sur des dépenses prévisibles. Certains sont, de ce fait, particulièrement absents d'Avignon. En 1372 et 1373, Élie de Vodron est ainsi chargé d'organiser l'imposition et la levée d'une décime qui doit financer la guerre contre Milan. Cette mission le conduira en Allemagne, en Bohême, en Hongrie, en Pologne, en Suède, en Norvège et au Danemark. Autant dire que, pendant près de deux ans, on n'a pas vu Vodron à la curie.

Lorsque le camérier a besoin de conseils, il s'entoure de personnages dont la diversité reflète celle des questions abordées. On voit là des cardinaux, des archevêques, des juristes. Émergent cependant au temps de Grégoire XI de véritables officiers permanents, les conseillers de la Chambre apostolique qui sont normalement d'anciens clercs ou d'anciens collecteurs. Ce sont des hommes d'expérience, aguerris dans les négociations financières avec le clergé comme Jean de Murol qui sera un jour cardinal, ou simplement anciens collecteurs comme au temps du Grand

Schisme Sicard de Bourguerol que l'on a connu collecteur de Toulouse, puis de Narbonne, et qui finira évêque de Couserans. Quant à Pierre Girard, un clerc de la Chambre que Clément VII ne cesse d'envoyer de tous les côtés « pour les affaires de l'Église », il sera rapidement évêque, puis en 1390 cardinal.

Pour la rédaction de sa correspondance propre, laquelle est aussi abondante que répétitive, le camérier dispose de scribes qui portent à partir de 1341 le titre de secrétaires. Les lettres partent sous son sceau et sont enregistrées à la Chambre même.

Le trésorier – généralement un évêque – est au côté du camérier et placé sous son autorité, mais il n'est nullement son adjoint. On ne connaît que deux trésoriers nommés camérier : Gasbert de Laval en 1319 et Étienne Cambarou en 1347. Le changement de fonction n'aura pas été pour eux une mauvaise affaire : Laval finira archevêque de Narbonne et Cambarou, un temps évêque de l'épisodique évêché du Mont-Cassin, deviendra archevêque d'Arles, puis de Toulouse.

La tâche du trésorier est aussi simple que celle du camérier est diverse. Il est en charge de la Trésorerie, laquelle ne cesse de se développer à raison du développement de la fiscalité. Il ne s'agissait, au temps de Clément V encore, que de garder un trésor fait des pièces précieuses qu'étaient les vases et les ornements liturgiques, de même que la vaisselle de table. Le numéraire disponible s'y ajoutait. La multiplication des impositions et notamment ce qui résulte de la réserve des bénéfices n'a fait qu'alourdir le rôle de la Trésorerie. Il y a la taxe sur les bulles de collation, perçue à la Chancellerie, il y a les impositions levées par les collecteurs et il y a – pour les communs services en premier lieu – les paiements effectués à la Trésorerie. Le développement de la Trésorerie est donc parallèle à celui du système bénéficial et il n'est pas étonnant que le fonctionnement de la Trésorerie ait été réglementé dès 1316 par Jean XXII. Avec l'essor du système financier, le trésorier devient l'homme qui garde l'encaisse, qui reçoit les versements des collecteurs ou des prélats et qui en donne quittance, qui effectue les paiements que le camérier n'a pas assignés sur des recettes particulières et qui tient scrupuleusement ces livres de comptes dits *Introïtus et exitus* – « Entrées et sorties » – qui sont à la fois l'instrument de la gestion quotidienne des paiements, la preuve des versements effectués à la Trésorerie et celle des paiements de la Trésorerie.

Le formalisme s'est vite mué en sclérose. Dans les comptes de la Trésorerie, une rubrique avait été ouverte pour la cire, c'est-à-dire pour l'éclairage du palais. On l'avait élargie : « extraordinaires et cire ». Et c'est ainsi que la construction de galères se trouva rubriquée « cire ». De même le salaire des compagnies embauchées pour les guerres d'Italie est-il porté sous la rubrique « cire », cependant que la rubrique « guerre » ne comprend plus que les gages des maigres garnisons du Comtat Venaissin.

La fonction est assez lourde – et la responsabilité assez inquiétante – pour que, jusqu'au pontificat de Benoît XII, on ait parfois jugé utile d'avoir deux trésoriers, l'un pour les objets précieux, l'autre pour le numéraire. Clément VI a trop vécu à la cour de France pour ignorer cette vérité première de toutes les gestions financières au Moyen Âge : les objets précieux ne sont qu'une forme de thésaurisation du numéraire disponible, et ce trésor est immédiatement mobilisable. En bref, on les vend, on les engage, on les fond. Entre les deux trésoriers, les difficultés sont quotidiennes. Clément VI marquera donc sa préférence pour une gestion unique. Après 1347, il n'y a plus qu'un seul trésorier.

En cas d'absence du camérier, le pape désigne un lieutenant, lequel n'est jamais le trésorier. L'administration pontificale distingue donc sagement les fonctions de gouvernement et d'ordonnancement et celles de maniement des espèces. Le camérier prend des décisions ou les suggère au pape. Le trésorier n'en prend guère. Son travail est d'une scrupuleuse routine, et il appelle une attention de tous les instants. Mais il appartient au trésorier de délivrer les quittances et de valider dans ses comptes les inscriptions comptables qui font foi d'un paiement de la Trésorerie, la validation des paiements par des tiers étant assurée par la mention, en marge, des noms de deux témoins.

C'est à la Chambre apostolique et non à la Chancellerie que sont tenus et conservés depuis les années 1260 les registres des bulles en matière fiscale et financière. Ces registres sont dits « caméraux ». Le pape n'est pas le seul à émettre des actes. La correspondance administrative du camérier, notamment avec les

collecteurs, et les quittances du trésorier donnent lieu à de substantielles séries de registres tenus et conservés à la Chambre
apostolique. Celle-ci garde également les registres où sont consi-
gnées les obligations pour les communs services que souscrivent
les évêques et abbés lors de la collation de leur bénéfice, les
comptes qu'ont rendus les collecteurs et naturellement les livres-
journaux de recettes et dépenses de la Trésorerie. On comprend
le handicap dont souffrira pendant le Grand Schisme une papauté
romaine démunie de ces instruments essentiels du gouvernement
financier.

Les contestations ne cessent pas quant à la taxation ou au paiement des impôts. Il y a aussi les malversations – abus de pouvoir
au détriment des contribuables ou détournement de fonds au détriment du pape – dont sont accusés les agents du fisc. Une justice
à deux niveaux s'est donc constituée auprès du camérier. Assisté
d'avocats fiscaux, l'auditeur de la Chambre préside en première
instance une Audience de la Chambre. En appel ou par évocation
directe d'une affaire, l'Audience présidée par le camérier juge en
dernier ressort. Par exception et suivant une décision de Clément VI en date de 1342, le camérier et le ou les trésoriers forment en la circonstance un tribunal collégial. À cette pratique, qui
conduit à de nombreuses plaintes pour abus de pouvoir puisque
l'on juge ainsi des plaintes contre le camérier et ses hommes,
Innocent VI mettra un terme et il réorganisera en 1353 la juridiction d'appel : flanqué d'un grand juriste, docteur en l'un et l'autre
droits, le camérier restera cependant seul juge, et donc seul responsable de ses jugements.

Nonces et collecteurs

Jusque dans les années 1340, la Chambre apostolique envoyait
des commissaires, dans des circonscriptions épisodiques et avec
charge d'un impôt ou d'un autre. En 1317, le doyen de Beaune
Jean Oger percevait ainsi les annates dans les provinces de
Lyon, Vienne, Embrun, Besançon et Tarentaise. Pour les décimes,
les évêques désignaient des collecteurs. Ensuite, il parut utile de
maintenir le même homme, et un homme du pape, avec

compétence sur l'ensemble de la fiscalité dans le même ressort, plus réduit dans l'espace. Ainsi apparurent le collecteur et la collectorie. Oger devint collecteur de la province de Reims. Dès le temps de Jean XXII, donc, la carte des collectories est à peu près fixée dans toute la chrétienté, à l'exception de l'Italie où elle demeurera étroitement tributaire des circonstances politiques. Quelques retouches seront opérées par la suite, la dernière étant en 1382 l'œuvre du camérier Pierre de Cros.

Les collecteurs sont tous des clercs, souvent gradués en droit, soit civil soit canonique, et parfois même docteurs : l'essentiel est qu'un collecteur ait assez de connaissances juridiques pour faire face, sans avoir à les juger lui-même, aux inévitables contentieux et procédures. Mais il faut aussi au collecteur un minimum de connaissances financières, en particulier de pratique monétaire. Tous portent le titre de « nonce apostolique et collecteur ». Nommés nonces par bulle du pape et collecteurs par lettres patentes du camérier, ils sont en fait choisis par celui-ci.

Chaque collecteur est en charge d'une province ou de plusieurs diocèses qui forment sa collectorie. Dans chaque diocèse ou presque, il est assisté d'un sous-collecteur qu'il nomme à son gré et qui, bien que jouissant des privilèges des officiers et familiers du pape, n'appartient pas à la Chambre apostolique. Un sous-collecteur général décharge dans quelques cas le collecteur d'une partie de son travail. À poste fixe au chef-lieu de la collectorie, il permet au collecteur de s'absenter. Ainsi le collecteur de Narbonne n'a-t-il pas même une résidence à Narbonne, où habite son sous-collecteur général. Car l'activité du collecteur exige de nombreuses tournées et des visites répétées pour la perception. Elle ne comprend pas moins la tenue à jour des listes de bénéfices – ce que les érudits modernes ont publié sous le nom de pouillés – et implique évidemment des voyages à Avignon, voire dans telle ville dont la place bancaire est propre à négocier des changes sur Avignon.

Cette tenue des listes de bénéfices est indispensable. Compte tenu du nombre de paroisses rurales, de chapelles et de prieurés, le collecteur qui n'aurait pas à sa disposition une liste transmise par son prédécesseur et mise à jour par lui-même s'exposerait à des déconvenues. Le bénéficier que l'on oublierait de visiter ne se plaindrait pas. Le collecteur lui-même aurait quelque difficulté à rendre à la Chambre apostolique un compte précis de son activité et du sérieux de celle-ci. Le métier de collecteur est tout sauf facile. À tous égards, pour le clergé, le collecteur est un ennemi. Certains ne le sont que pour avoir fait leur métier. D'autres ont multiplié les malversations, inégalement prouvées. « Quatre volumes ne suffiraient pas à en faire la liste », disait du collecteur de Lyon Jean Bernier une victime désabusée. Oubliant de transmettre à la Trésorerie l'argent de ses recettes, pressurant les clercs en jouant abusivement de l'excommunication et notamment contre des morts, ainsi privés de sépulture chrétienne, tenant de fausses écritures et ne se privant pas de prêter à usure en son nom propre l'argent du pape, Bernier avait en quelques années accumulé une énorme fortune. En 1335, il fut cité devant le trésorier, révoqué et condamné à une amende.

Si le collecteur est rarement assommé par le contribuable comme il arrive dans le monde laïque à des receveurs et à des fermiers, les risques physiques sont considérables : le collecteur est un homme seul ou accompagné d'un clerc, qui voyage à petits frais – il n'a pas les moyens de s'offrir une escorte – et avec dans son sac des espèces trébuchantes. Il va ainsi d'un bout à l'autre d'une ou plusieurs provinces. Il va à Avignon. Autant d'occasions d'être, sur la route comme à l'auberge, attaqué, détroussé, malmené, rançonné. Même si le fait est rare, on connaît en Languedoc un sous-collecteur chassé à coups de lance, lapidé par la population et finalement tué à l'épée par le frère d'un bénéficier cependant que son notaire ne trouve le salut que dans une fuite précipitée. On en connaît un autre, en Allemagne, dont le courrier se fait étrangler.

Les collecteurs sont généralement pourvus d'un bénéfice mineur, mais on rencontre exceptionnellement parmi eux quelques évêques. Lorsque Guy de la Roche, collecteur de Tours, devient évêque de Lavaur, il est toutefois remplacé dans sa collectorie. Outre leur bénéfice, les collecteurs ont une rémunération que fixe le camérier lors de la reddition des comptes. Normalement imputée sur leur recette et sur le solde de celle-ci, cette gratification n'a rien d'un salaire obligatoire, et on ne manque pas de rappeler au collecteur qu'il jouit d'un bon bénéfice : il est assez normalement chanoine, prieur ou archidiacre. On est très près de la pratique des rois de France qui paient un chancelier en le faisant archevêque. Mais on aurait mal compris qu'un tel travail ne soit pas honoré. Devenu clerc de la Chambre, l'ancien collecteur Sicard de Bourguerolles biffera sur un compte la prétention d'un collecteur qui a osé chiffrer sa rémunération.

> Supprimez, parce qu'il n'est pas de l'usage de la Chambre de donner certains gages aux collecteurs. Mais, selon ce qu'ils prouvent de leurs mérites et de leurs travaux, le seigneur camérier et le Conseil de la Chambre taxent ce qu'il leur semble bon.

Celui qui n'est même pas chanoine a de plus grandes chances de recevoir un véritable salaire, calculé au prorata du temps passé : à peu près un florin par jour. Au moins le collecteur peut-il tenter de se faire rembourser – en les gonflant discrètement – les dépenses occasionnées par sa mission. Il a payé un notaire pour un inventaire de dépouilles, un sergent pour effectuer une saisie, un courrier pour correspondre avec la Chambre, sans oublier son domestique. Il a dû faire soigner ou ferrer le vieux cheval, ou s'en offrir un nouveau. Il lui a bien fallu loger à l'auberge. Dans les situations topographiques délicates, il a pris un guide. Parfois, il a dû chercher un interprète. Pour transformer en un numéraire maniable la masse de piécettes reçue des bénéficiers, il a eu recours à un changeur local. Tout cela est, selon la doctrine de la Chambre, à ses frais, « Qu'il paie le notaire et le courrier sur son bénéfice », note le camérier en marge d'un compte. En pratique, le collecteur présente le décompte de ses frais et se fait assez souvent rembourser, mais non sans d'âpres discussions sur l'opportunité de la dépense ou sur son montant. Variant de ville à ville et de jour en jour, les taux de change pratiqués sur des places où les gens de la Chambre n'ont jamais mis les pieds sont évidemment causes d'affrontements : ni les clercs de la Chambre ni les changeurs de la Chambre ne peuvent démontrer à Avignon et longtemps après l'opération que le collecteur pouvait à l'époque trouver de meilleures conditions, mais ils ne se privent pas de le lui dire. Le métier est difficile. C'est le prix du bénéfice.

Le dédoublement de 1367

Urbain V avait décidé de rétablir à Rome le Siège apostolique, mais il n'avait pas mesuré les difficultés de l'entreprise. En 1305 et encore au temps du concile de Vienne, il ne s'agissait pour Clément V que d'un problème de résidence. La curie, habituée à l'itinérance, suivait naturellement la résidence pontificale. L'alourdissement de la machine ecclésiale depuis le pontificat de Jean XXII, la création d'institutions nouvelles ou renouvelées, fortes d'hommes et d'archives, la centralisation de toutes les relations au sein de l'Église et entre celle-ci et les puissances séculières, tout cela faisait d'un déménagement vers Rome autre chose qu'un déplacement du pape et de ses proches tel qu'on en avait connu entre Rome, Pérouse ou Viterbe, voire Anagni. Faire partir pour Rome quelques hauts prélats était aisé. Ce l'était moins de faire partir quelques milliers de curialistes de tout niveau, de serviteurs et de médecins, de secrétaires et de notaires, de cuisiniers et de palefreniers. On ne pouvait abandonner tout ce monde-là sur les bords du Rhône pour le reconstituer en un instant sur les rives du Tibre.

Il y avait aussi à prévoir les inévitables bagages domestiques, du mobilier aux ornements liturgiques et aux vêtements de ville. Comme ni le pape ni les cardinaux n'entendaient changer leurs habitudes, on emportait même des vivres : le fromage et le poisson salé furent du voyage, et une grosse barque porta d'Arles à Corneto soixante-cinq barils de vin de Beaune. S'ajoutaient à cela les archives et l'encaisse de la Trésorerie. Il y avait enfin les trésors de vaisselle et d'orfèvrerie qui faisaient la fierté des hôtels, des livrées et des chapelles autant que celle du palais pontifical.

À Rome, rien n'était prévu. Le Latran était à l'abandon et la curie dut rompre avec la tradition héritée de l'Empire romain : pour peu qu'on en colmatât la toiture et qu'on remplaçât les portes et les fenêtres pourries, le palais du Vatican était presque en état d'accueillir le pape. Dès l'automne de 1365, on y entreprit les travaux nécessaires. Mais on s'avisa que le palais n'était pas aux dimensions de la curie qui arrivait d'Avignon. On se heurtait enfin à une circonstance tout à fait nouvelle. Les cardinaux du XIIIᵉ siècle logeaient souvent dans leurs palais familiaux. Alors que les grandes familles avaient quitté Rome et que les cardinaux de 1367, limousins ou autres, n'avaient aucune parenté entre le Capitole et le Champ de Mars, il fallait trouver autre chose. On improvisa donc, et dans des conditions qui laissèrent quelques doutes sur la durée de l'expérience. Si la Chancellerie, la Pénitencerie et la Chambre apostolique s'établirent à Rome, ce fut souvent sans leurs archives et avec un personnel restreint. Avec cinq cardinaux âgés dont deux presque mourants, demeuraient à Avignon – on ne précisait pas pour combien de temps – la Trésorerie et la Bibliothèque. Les clivages organiques étaient tout sauf logiques : sauf pour les courriers urgents, plusieurs semaines de route séparaient le chef des finances pontificales – le camérier Arnaud Aubert assisté à Rome des conseillers et des clercs de la Chambre – de son adjoint immédiat et principal exécutant, le trésorier Gaucelme de Deux qui demeurait à Avignon mais auquel on donna par commodité un adjoint romain en la personne d'un clerc de la Chambre nommé vice-trésorier, Géraud Maurel. On avait emporté l'encaisse, mais c'est à Avignon que se faisaient les versements des collecteurs. Quant au chancelier, il avait laissé à Avignon une partie de ses notaires. Plus concerné que les autres par les tombes des Apôtres et les pèlerinages qu'elles suscitaient même en dehors du jubilé, le grand pénitencier Guillaume Bragose avait emmené la plupart des pénitenciers mineurs, mais il fallut attendre plusieurs mois après sa mort en 1368 pour voir arriver son successeur, Étienne de Paris. Autant dire que, si le gouvernement de l'Église et les fonctions politiques étaient désormais à Rome, l'administration était coupée en deux.

Urbain V s'avisa que la situation juridictionnelle des curialistes demeurant à Avignon et celle des courtisans allaient être difficiles à tenir puisque l'essentiel de la justice pontificale suivait la curie à Rome. On pouvait dédoubler quelques organes de gouvernement, en gardant la direction des affaires à Rome et en ne laissant à Avignon que des annexes, mais il ne pouvait être question de créer à Avignon une justice au rabais. Le 26 mars 1367, le pape prenait donc le parti de modifier le statut des personnes. Tout courtisan qui restait à Avignon devenait citoyen de cette ville et par là justiciable de la cour temporelle. Le changement offrait un avantage supplémentaire : alors que la menace des compagnies de routiers ne cessait guère, créer de nouveaux citoyens renforçait le groupe social sur lequel allait reposer une part notable de la défense. On procéda à un recensement des nouveaux citoyens. Naturellement, ceux-ci virent en l'affaire une diminution de leurs privilèges et ils allaient profiter du retour de la papauté, en 1370, pour demander le rétablissement de leur ancien statut. Préparant son propre départ, Grégoire XI reprit en 1376 les dispositions prises par son prédécesseur. Effectué dès 1371, le recensement consigné dans un *Livre de la division des courtisans et des citoyens de la Cour romaine et de la cité d'Avignon* procure les noms des 3 830 courtisans, clercs ou chefs de famille, demeurés à Avignon. Il n'y en eut que 1 471 – un tiers – pour accepter le nouveau statut, celui de citoyen, cependant que les deux tiers attendaient de voir venir : en 1376, l'exemple de 1370 incitait à la prudence quant à un choix présenté comme définitif. L'opération n'avait naturellement pas réglé le problème juridictionnel évoqué dès 1367. La double élection et le Grand Schisme d'Occident allaient rapidement changer les données : la papauté qui revenait à Avignon n'avait plus aucune raison de vouloir supprimer le statut des courtisans.

Depuis l'élection de Clément V, on n'émettait plus dans les ateliers monétaires de l'état pontifical italien que les espèces non pontificales. Lorsque Urbain V s'installa à Rome, on s'avisa que les monnaies frappées à Avignon n'atteignaient pas Rome et que les espèces frappées normalement à Rome ne constituaient pas une suffisante affirmation du retour du Saint-Siège. Quelques monnaies d'argent furent donc émises selon le type des gros d'Avignon mais avec la légende complémentaire *facta in Roma*. L'expérience ne dura pas assez pour qu'on passât à la frappe d'une espèce d'or.

Le monde extérieur joua l'attentisme. Banquiers et fournisseurs du pape, les grandes compagnies toscanes avaient l'habitude d'organiser le mouvement des fonds autour de la place d'Avignon. Même des mouvements d'argent sans rapport avec l'Église avaient Avignon parmi leurs pivots : la cité des papes était devenue une place bancaire, et tirer un change de Bruges sur Avignon était passé dans les schémas normaux de l'économie occidentale. Les compagnies se voyaient d'autant moins portées à se transférer à Rome qu'elles y avaient déjà leurs agences, lesquelles répondaient à de tout autres besoins : compte tenu de la carte des centres économiques de l'Europe occidentale, la position géographique d'Avignon était plus avantageuse que celle de Rome, ville prestigieuse au regard de la religion mais qui n'était qu'une place d'affaires complètement excentrée par rapport à Florence, Venise et Gênes, à Paris et Londres, à Bruges et Lübeck, à Barcelone et Valencia. Les filiales établies à Avignon depuis les années 1320 y demeurèrent.

L'économie locale avait bénéficié de circonstances d'exception auxquelles le retour à Rome mettait brutalement fin. Urbain V ne pouvait qu'en être soucieux : le risque d'une crise de chômage, en particulier, n'avait rien d'hypothétique, et cette crise allait survenir peu après le rétablissement d'un équilibre compromis par deux épidémies aux lourdes conséquences démographiques. Or, si la papauté se retirait, Avignon et le Comtat demeuraient seigneurie de l'Église, et on ne pouvait s'accommoder de les ruiner. L'idée se fit jour d'un avantage à donner aux entrepreneurs capables de procurer du travail. Le 18 mars 1368, le pape adjoignait à Philippe Cabassole deux cardinaux – Raymond de Canilhac et Jean de Blandiac – spécialement chargés de la vie économique. Le 23 septembre, ceux-ci promulguaient un statut particulièrement avantageux pour les tisserands de laine. À ceux qui viendraient s'installer à Avignon, les cardinaux offraient dix années d'exonération fiscale. La tentative ne paraît pas avoir porté ses fruits.

L'avantage géographique d'Avignon n'était pas à l'origine du choix fait par Clément V mais le Saint-Siège s'en était fort bien trouvé, et il n'était pas moindre pour le clergé appelé à fréquenter la curie sans lui appartenir. Évêques et abbés venant souscrire leur obligation pour les communs services, puis payer ceux-ci en une ou plusieurs fois, collecteurs apostoliques venant rendre leurs comptes et verser leur revenant-bon, solliciteurs de bénéfices ou de privilèges, tous étaient plus sensibles au temps de voyage qu'au voisinage de la tombe des Apôtres. Pour ceux-ci encore, et à l'exception du clergé de l'Italie centrale et méridionale, la position d'Avignon sur une grande route fluviale et terrestre et à équidistance de Naples et de Cologne l'emportait sur celle de Rome d'où l'on voyait au sud Naples et la Sicile, et au nord tout le reste de la chrétienté latine.

Il fallait gouverner Avignon et le Comtat. Urbain V jugea raisonnable de grouper les pouvoirs locaux et même de confier à un seul homme les responsabilités spirituelles et temporelles. Un prélat offrait à cet égard toutes les garanties : Philippe Cabassole. Patriarche de Jérusalem depuis 1361 et recteur du Comtat depuis 1362, Cabassole avait été évêque de Cavaillon depuis 1334, et rien de ce qui concernait la région ne lui était étranger. Le 13 avril 1367, le pape le nomma vicaire général d'Avignon. Il s'installa dans le palais et prit efficacement en main la défense de la ville quand en mars 1368 se présentèrent les routiers de Du Guesclin. Malheureusement, le pape le fit peu après cardinal, l'appela en Italie et ne jugea pas bon de le remplacer.

CHAPITRE VIII

Les moyens du gouvernement

L'HÉRITAGE DE CLÉMENT V

Le Consistoire, ce sont les cardinaux présents à la cour, auxquels peuvent s'ajouter – on parle alors de Consistoire public – quelques princes ou ambassadeurs. On y a vu à Poitiers des nobles et des bourgeois délégués par l'assemblée de Tours. Pour le reste, l'entourage de Clément V n'a aucun des caractères humains ou institutionnels d'un gouvernement. Au temps de ses prédécesseurs romains, la cour pontificale était déjà peu de chose. La cour qui va de ville en ville avant de se fixer sans le dire à Avignon est encore moins. Elle est la *familia* pontificale : le service personnel et domestique du pape, le service religieux de la chapelle et quelques services administratifs permettant au Saint-Siège de tenir sa partie dans la vie politique de son temps : une Chancellerie avec ses notaires et ses courriers, une Audience des causes pour la justice, une Chambre pour la gestion des finances et une Trésorerie pour l'encaisse. Quelques chevaliers et écuyers assurent la sécurité. Rien de tout cela n'est permanent : un pape – et à plus forte raison un nouveau pape – garde, renvoie et nomme qui il veut. Ce caractère très personnel de l'entourage pontifical interdit de s'étonner de l'irruption des Gascons à la cour de Clément V. On avait vu, de même, les familiers des Caetani peupler celle de Boniface VIII.

Cela fait du monde, il est vrai. Dans les premiers mois de l'établissement à Avignon, on consomme chaque semaine de dix à quarante bœufs, de deux cents à quatre cents moutons, une centaine d'hectolitres de vin. La paneterie distribue chaque jour

277 rations. On use de dix à quarante charrettes de foin. Toutes les estimations concordent : la curie des années 1309, ce sont quatre à cinq cents personnes, de tout rang : cent de plus qu'à Rome au temps de Boniface VIII. C'est une cour importante, digne d'un souverain pontife. Ce n'est pas encore un gouvernement.

Ce l'est d'autant plus difficilement que jusqu'en 1309 la cour souffre de nomadisme et qu'ensuite elle n'a qu'une implantation provisoire, tant à Vienne qu'à Avignon. Après son retour de Vienne en 1312, Clément V passe plus de temps au prieuré du Groseau qu'à Avignon, et ce qu'il apprécie au Groseau c'est le calme d'une résidence simple près d'une source. Cela veut dire que le pape n'a pas toujours avec lui ceux dont il aurait besoin, que les ambassadeurs courent derrière lui pour s'acquitter de leur mission, que l'application des décisions politiques est parfois retardée parce que l'on n'est pas en état d'expédier une bulle.

Clément V n'aura eu d'ambitions financières que pour la famille de Got. À vrai dire, on ne voit pas celles qu'il aurait pu nourrir pour le Saint-Siège. Embarrassé par un maintien de ce côté des Alpes dont on ne sait ce qu'il durera mais qui ne paraît pas encore justifier les frais d'une implantation, limité dans le développement de sa curie par un caractère ambulant, et plus généralement accablé par un caractère velléitaire, le premier pape d'Avignon finance la vie domestique de la cour grâce aux ressources traditionnelles. Le compte de sa quatrième année, tenu par le camérier Bertrand de Bordes et heureusement publié par Bernard Guillemain, permet de dresser un bilan. Clément V aura dépensé 120 000 florins, dont 30 000 pour son hôtel : gages, vivres, vin, cire, bois, foin, blanchissage, entretien des chevaux, sans oublier les aumônes. Les dépenses d'ordre non domestique sont les achats de parchemin et de papier, les gages de chapelains, de notaires ou de messagers. On ne voit pas apparaître ce que sont, dès cette époque, les dépenses de gouvernement. Les revenus de l'état pontifical financent sur place, comme naguère, les gages du personnel d'administration et de justice, l'entretien des fortifications et celui des garnisons. On sait à combien de parents Clément V a confié des gouvernements en Italie, à charge de se payer sur le pays. Quant à Rome, Clément V et ses successeurs immédiats vont y laisser à l'abandon le patrimoine foncier de l'Église.

Le nomadisme a ses profits : tant que la cour pontificale va de ville en ville, son entretien quotidien est à la charge des autorités locales. Bien des évêques gardent un souvenir amer des passages du pape, après lesquels ils n'ont plus un sou vaillant. Mais cette itinérance a ses charges : faute de pouvoir procurer vivres, boisson et foin à une cour qui ne saurait se regrouper tous les soirs dans une même petite ville, on en vient à donner à chacun une indemnité en argent : trois gros par jour, plus un gros pour les bêtes. Cela simplifie la gestion, mais c'est autant d'argent qu'il faut trouver chaque jour.

Les recettes ordinaires proviennent d'abord de la suzeraineté du Saint-Siège : les cens dus par le roi de Naples, par le roi de Trinacrie et par les seigneurs de Bologne, de Palestrina, de Pesaro, de Montefiascone ou de Terracina, le denier de saint Pierre dû par les royaumes scandinaves. Encore faudrait-il que ces cens fussent payés. Quand Jean XXII prend en main le gouvernement de l'Église, il entretient les cardinaux de la débâcle.

> Le roi de Jérusalem, c'est-à-dire le roi Robert, et le roi de Trinacrie, c'est-à-dire le seigneur Frédéric, tous deux fils et vassaux de l'Église romaine, sont en grand péril à raison des cens qu'ils n'ont pas payés pour le temps passé. Le roi Robert a manqué trois paiements et il est de ce fait excommunié, sa terre est en interdit et il a perdu le droit qu'il avait sur son royaume. En effet, s'il manque un paiement il est excommunié, s'il manque le deuxième sa terre est frappée d'interdit et s'il manque le troisième la terre est en commise. Mais, si le seigneur Frédéric est excommunié et si sa terre est interdite parce qu'il a manqué deux paiements, sa terre n'est pas en commise parce que le seigneur Simon, son procureur, a fait le troisième paiement.

Il va de soi qu'on ne peut tenir à la fois pour excommuniés tous les rois. On trouvera un accommodement. De même quelques monastères doivent-ils des cens plus recognitifs que substantiels. La Trinité de Vendôme bénéficie ainsi de la protection pontificale moyennant un cens annuel de 12 sous. La grande abbaye de Saint-Augustin de Cantorbéry ne doit qu'un cens de 2 florins et demi. Au total, quand ils sont payés, les cens féodaux procurent

32 500 florins. Les communs services dus par les nouveaux évêques et abbés procurent, eux, presque autant que les revenus seigneuriaux : 26 000 florins. Quelques arrérages de décimes complètent la recette. Tout cela ne constitue pas un système financier capable de supporter un véritable gouvernement. À ne rien dépenser, Clément V est parvenu à constituer un petit trésor : plus d'un million de florins. Il en a affecté le plus clair à des générosités bien orientées : il a pensé aux rois de France et d'Angleterre, mais surtout à sa famille. Quand Jean XXII prend les choses en main, en 1316, il ne trouve dans la caisse que 70 000 florins. Il lui faut donc en appeler au clergé. Rien n'est vraiment nouveau en ce domaine : on a déjà inventé les annates, les décimes et les communs services. Ce que, pour se doter des moyens d'un gouvernement centralisé, va inventer Jean XXII, c'est l'omniprésence de la fiscalité pontificale dans la vie de l'Église. Et, pour y parvenir, le pape va mettre la main sur les bénéfices : la personne physique des clercs est par nature peu solvable. Ce qui l'est, c'est le bénéfice. Et il est aisé de démontrer que les biens donnés aux églises l'ont été à l'Église.

C'est à partir de Clément VI que, de nouveau, les choses vont empirant. Les guerres d'Italie sont de plus en plus coûteuses et, parce qu'elles appauvrissent l'Italie, les ressources de l'état pontifical y suffisent de moins en moins. L'Église va payer pour l'Italie.

LA RÉSERVE DES BÉNÉFICES

La première démarche, c'est de réserver le plus grand nombre possible de bénéfices au Saint-Siège : la fiscalité est conditionnée par la réserve des collations. Il convient de faire ici une distinction entre la réserve des collations, qui permet au pape de disposer des bénéfices ecclésiastiques en faveur de qui il veut, et la réserve des bénéfices vacants qui est une pure et simple appropriation temporaire du bénéfice non pourvu et de son revenu.

Tout au long du XIIIe siècle, les papes ont trouvé dans les abus qui accompagnaient la pratique canonique les justifications d'innombrables interventions. Pour les bénéfices majeurs – évêchés et abbayes – l'élection était de règle, mais elle s'accompagnait de compétitions, de contestations, de conflits d'influence, voire de recours à la violence. Pour les bénéfices mineurs, les collateurs ordinaires – prélats ou patrons laïques – se montraient trop sensibles aux arguments et aux recommandations de toutes sortes. Dès le début du XIIIᵉ siècle, Innocent III multipliait les réserves spéciales, c'est-à-dire des réserves dont l'objet était identifié et précisé. Appelés en arbitrage ou s'imposant d'eux-mêmes, les papes n'ont donc cessé d'intervenir dans les collations. On en vint à tenir cette intervention comme l'exercice d'un droit : chef de l'Église, le successeur de saint Pierre était maître des églises, donc des bénéfices.

En posant en principe une pratique nouvelle, la réserve générale frappant tel ou tel ensemble de bénéfices non individualisés, le pape français Clément IV avait jugé prudent d'en limiter l'application. Le Saint-Siège ne souhaitait pas provoquer une insurrection des clercs qu'eussent volontiers soutenue les princes temporels. Édictée par Clément IV le 27 août 1265, la décrétale *Licet ecclesiarum* réservait donc d'abord au pape les bénéfices dont le titulaire était mort en cour de Rome, localisation que Boniface VIII étendit avec sagesse à deux jours de marche pour tenir compte des usages de la vie à Rome, notamment en période chaude.

Tous les papes ajoutèrent ensuite des cas de réserve. Jean XXII, par la constitution *Ex debito,* étendit le droit du pape aux bénéfices, quels qu'en fussent la nature et le niveau, des clercs déposés – le cas était rare – mais surtout à ceux des clercs qui avaient un lien de fonction avec la curie ou qui renonçaient à un bénéfice pour en obtenir un autre, donc s'étaient démis en cour de Rome. Chaque pape, alors, ne fit qu'ajouter des cas. Il n'y eut plus un évêché et plus une paroisse de campagne qui ne fût à la collation du pape. Ayant confirmé à son avènement les réserves édictées par son prédécesseur, Grégoire XI se réserva la collation de tout bénéfice mineur qui se trouvait vacant au jour de la mort d'Urbain V, puis des bénéfices laissés vacants par la mort d'un familier d'un cardinal, puis des bénéfices situés à moins de deux jours de marche d'Avignon et vacants par la mort d'une victime de la peste, et enfin de ceux dont le titulaire était mort en se rendant à la curie. En ce qui concerne les prélatures, Grégoire XI eut le courage d'appeler les choses par leur nom. Il se réserva la collation de tous les évêchés et de toutes les abbayes vacants ou appelés à vaquer en quelque lieu et pour quelque raison que ce fût.

Le pape se donnait le beau rôle. Il n'agissait ainsi que pour mettre fin aux scandales. Il est vrai que dans bien des chapitres les élections canoniques tournaient à la guerre, et que les collateurs ordinaires ne faisaient pas toujours choix du meilleur candidat pour les bénéfices mineurs dont ils disposaient. Les sièges vacants appelaient toutes les convoitises, et les féodaux du voisinage saisissaient souvent l'occasion pour ranimer de vieux contentieux. On alla jusqu'à évoquer le dommage causé aux âmes, notamment quand, à raison d'élections contestées, des sièges demeuraient vacants. Quand on sait l'usage qu'allait faire des vacants la papauté d'Avignon, on peut sourire.

Mais il fallait de l'argent. Jean XXII, qui ne se privait ni des réserves ni des collations qu'elles lui permettaient, ne manquait pas de lucidité. Lui qui allait, au long de son pontificat, nommer lui-même quatre cent cinquante-cinq évêques et abbés faisait, dès 1318, le procès des réserves.

> L'expérience m'a prouvé et me prouve que les prélats promus par le Saint-Siège ne se sont montrés et ne se montrent ni reconnaissants envers l'Église ni ses dévots fils mais plutôt comme des rejetons dégénérés, stimulant leur propre zèle à y mettre le trouble.

Outre les profits fiscaux que l'on citera et qui font de la collation par le Siège apostolique la première condition de la taxation d'un bénéfice, il y a d'abord la capacité à rémunérer ainsi aux frais d'un temporel ecclésiastique les services ou les activités d'ordre politique, administratif ou juridique. Le pape en use d'abord pour ceux qui le servent. La curie est peuplée de clercs qui, percevant ou non des gages, jouissent surtout de leurs bénéfices, des centaines de bénéfices majeurs que sont les évêchés et les abbayes aux milliers d'archidiaconés, de prieurés, de paroisses, de chapellenies et de prébendes. Naturellement,

l'entourage des cardinaux ne manque pas de profiter de la distribution. Ils ont, eux aussi, des fidélités à assurer et des services à
rémunérer. Le service des princes n'est pas oublié. On fait archevêque un
chancelier, chapelain un secrétaire. Du pape lui-même aux princes
temporels et aux personnages bien introduits, tout le monde en
use. La pratique n'est même pas déguisée : un bon bénéfice vaut
gages et le roi de France cesse de servir les gages d'un officier
royal qui reçoit la consécration épiscopale, même s'il n'interrompt
pas pour autant son service. Certains n'hésitent pas à demander
que soit reculée la date de cette consécration : ainsi peuvent-ils
cumuler gages et revenu du temporel (R. Cazelles). Naturellement, de telles promotions à l'épiscopat ne favorisent pas la résidence des évêques. On en connaît qui, accaparés par le service
d'un prince et à plus forte raison par des missions diplomatiques,
ne sont presque jamais dans leur siège.

En bien des cas, les bénéfices réservés autrement que par une
mesure générale le sont pour satisfaire quelque personnage qui
les souhaite pour lui-même ou pour un de ses protégés. Mais on
ne peut sous-estimer l'avantage politique que vaut au pape ou à
un prince de ses alliés la capacité à nommer le titulaire d'une
importante prélature. Le roi de France obtient plus facilement une
nomination par le pape qu'une élection par des chanoines imbus
de leur éphémère pouvoir. Quant aux bénéfices mineurs, le Saint-
Siège dispose ainsi d'une manne dans laquelle le roi, en sollicitant
le pape, puise plus aisément que dans la dispersion des collations
ordinaires.

Pour obtenir un bénéfice, point n'est besoin d'être connu du
pontife : un bon intercesseur y suffit, et les rois ne sont pas les
seuls à tirer profit du système. Un Enguerran de Marigny ne cesse
de recommander à Clément V ses proches, qu'ils soient maîtres
des comptes ou trésoriers du roi aussi bien que simples secrétaires
ou chapelains. De telles collations, qui témoignent de l'influence
de l'intermédiaire, passent à ce point pour chose normale que la
Chancellerie pontificale prend l'habitude d'en mentionner la raison dans les bulles : « par considération pour le seigneur Enguerran dont il est le chapelain ». Il va de soi que le bénéfice n'est

tenu que pour un revenu : le clerc ainsi pourvu reçoit aussi une dispense de résidence en bonne et due forme.

Déjà au point sous Clément V, le système se développe à mesure que la réserve se généralise. Jean XXII et Clément VI en profitent sans modération. Benoît XII et Urbain V, par l'idée qu'ils se font du pouvoir pontifical, en usent avec ménagement et Innocent VI, qui n'est pourtant pas un moraliste, tente de freiner une pratique dont il voit les inconvénients. Pierre de Herenthals rapporte la leçon qu'il fit un jour à l'un de ses chapelains qui sollicitait pour son neveu.

Tu as sept bons bénéfices. Le mieux serait que tu résignes l'un d'eux pour ce jeune homme. Ainsi, tu auras six bénéfices qui te suffiront largement pour tes dépenses. Après tout, choisis les trois meilleurs et résigne les trois autres ! Je les donnerai pour l'amour de Dieu à trois pauvres clercs.

Il est un élément de la conjoncture qui accélère brutalement cette augmentation : l'épidémie. La Peste noire ayant, pense-t-on, tué dans beaucoup de régions et surtout dans les villes une personne sur trois, on peut, sans entrer dans des supputations hasardeuses, entrevoir le nombre de bénéfices devenus vacants dans les années 1348-1350, 1361 et 1374. Il est pour la Peste noire un décompte accablant : un quart des dépouilles saisies en un siècle à la mort de bénéficiers l'a été pendant le pontificat de Clément VI. Les pestes ont notablement amoindri la valeur des bénéfices, et elles diminuent assurément le nombre des demandeurs de bénéfices. Elles conduisent les papes à jouer subitement d'un nombre accru de bénéfices réservés. Le marché s'est donc ouvert, et les premiers à en tirer profit sont certainement ceux qui disposent des collations. D'une part, le trésorier a engrangé les obligations pour les communs services des prélats récemment pourvus en remplacement des morts, cependant que les collecteurs ont géré dans l'immédiat des dépouilles et des vacants, de même que à court et moyen terme des annates. D'autre part, le pape et les rois ont vu croître leur capacité à répondre aux solliciteurs, donc le nombre de leurs obligés.

La collation des bénéfices représente pour le pape une sérieuse augmentation de sa capacité d'influence sur le clergé. Pour les princes séculiers, elle est une non moins considérable valorisation de la capacité de recommandation auprès du pape. En Italie et en France, la résistance vient surtout des électeurs et elle fait de certaines successions épiscopales des champs clos où chacun joue au plus fin. Quand le pape doit s'accommoder d'un évêque élu contre son candidat, il offre autre chose à son homme et fait mine de nommer lui-même l'élu des chanoines. Ainsi Benoît XII, qui aura nommé en France quarante-neuf évêques, aura confirmé l'élection de neuf autres par les chapitres. Ailleurs, en nommant un évêque le jour même où le siège devient vacant par un transfert qu'il vient d'accorder, il ne laisse pas au chapitre le temps de s'aviser et de voter. Pour habile que paraisse le procédé, il a cependant pour les finances pontificales le sérieux inconvénient de tarir ce revenu qu'est la saisie des fruits de l'évêché pendant la vacance. En fait, chaque cas se traite par négociation, et les chapitres finissent par se lasser de combats devenus inutiles.

Le pape rencontre au contraire une résistance farouche dans l'Empire. Par principe, le pouvoir impérial est hostile à toute intervention du Saint-Siège dans les affaires des églises. Le clergé allemand fait donc corps derrière Louis de Bavière pour récuser les nominations pontificales, mais le pape n'a guère plus de satisfaction avec Charles IV. Les chanoines allemands sont des seigneurs. Quand on leur annonce un candidat du pape, il leur arrive de sortir les épées. À Würtzburg, un clerc français envoie trois compatriotes publier la bulle qui le nomme archidiacre : les chanoines les font jeter dans le Main. Le Français se le tiendra pour dit.

Il conviendra d'étudier à part le cas des bénéfices anglais, qui demeure depuis le XIIe siècle et encore jusqu'au XIVe l'un des *casus belli* entre le roi, le clergé et le Saint-Siège. Il en ira de même dans la France du XVe siècle. Dans l'Angleterre de la seconde moitié du XIVe siècle, se mêlent les conflits pour la collation des bénéfices et pour l'exemption de la juridiction pontificale. Le problème de l'indépendance religieuse de l'Angleterre reste posé, et non seulement celui des droits des collateurs ordinaires.

SUPPLIQUES ET EXPECTATIVES

L'habitude se prend de présenter au pape des suppliques pour l'attribution d'une paroisse, d'une prébende ou d'un prieuré. Il y a pour cela des moments plus favorables que d'autres : le meilleur temps, c'est le début d'un pontificat, quand un nouveau pape n'ose pas refuser et qu'il n'a pas encore pris la mesure des demandes qui vont pleuvoir sur lui. Même par la suite, le pape se garde le droit de modérer, voire de refuser.

À celui qui demande un nouveau bénéfice, le scrupuleux Urbain V impose souvent de renoncer à l'un de ceux qu'il a déjà, voire à tous, quand il ne porte pas un refus catégorique : « Ce qu'il a lui suffit. » Sur la supplique d'un secrétaire du duc de Berry, il note : « Il a plus qu'il ne suffit. » À celui qui sollicitait un bénéfice réellement vacant il ne concède qu'une expectative, autrement dit une promesse dans date. Il se montre attentif à l'intérêt des églises au point de refuser une prébende à Saint-Martin de Tours au motif que « l'église est trop chargée » ou de refuser un bénéfice dont l'éloignement laisse entendre que celui qui le sollicite ne le desservira pas sérieusement : « Qu'il demande quelque chose dans sa région. » Il ne l'est pas moins à la qualité des demandeurs, reportant sa décision en l'attente d'informations sur la « bonne conversation » du sollicitant et écartant systématiquement des chapitres cathédraux les clercs dépourvus de grades universitaires ou les renvoyant à leurs études.

L'administration doit maîtriser cette masse de requêtes, d'autant plus difficile à gérer que s'allonge le délai entre la présentation et la réponse du pape. Dès le temps de Clément VI, on enregistre donc les suppliques, ou du moins celles auxquelles le pape donne une réponse favorable. En trente ans, 46 registres garderont mémoire de quelque 80 000 ou 90 000 suppliques ainsi acceptées. Le nombre ne cesse d'ailleurs d'augmenter : on compte 20 500 suppliques en 11 registres pour quarante mois du pontificat d'Urbain V. C'est dire la concurrence. Celui qui sollicite une paroisse se glisse dans la masse. Pour obtenir un archevêché, mieux vaut envoyer un négociateur habile et discret.

Quel que soit le rang du bénéfice espéré, il est bon de disposer d'arguments trébuchants. Dès 1309, un envoyé aragonais l'écrit sans fard : « Personne ne croit que l'on peut rien faire par bon droit, par merci ou par charité si l'on n'a pas de deniers. » Autrement dit, il ne suffit pas de connaître un cardinal que l'on n'hésite pas à qualifier de « notre protecteur », il faut encore l'honorer de présents à Noël, gratifier en toute occasion son chapelain et amadouer à chaque fois son portier. Que l'on distribue des florins ou que l'on offre du gibier, l'essentiel est de donner. C'est en vain qu'Urbain V, par ailleurs réticent envers les suppliants qui jouent d'une recommandation et même envers ceux qui se targuent d'avoir été ses élèves, interdit explicitement toute gratification. Ceux qui les distribuent y trouvent leur avantage.

L'obtention d'un bénéfice réservé suppose donc quelques moyens financiers, et les gratifications ne sont pas la plus lourde charge. Celui qui fait lui-même sa besogne a la charge de son déplacement et de son logement pendant plusieurs mois. Heureux est ici le régulier, car un couvent ne refuse pas de loger les frères de son ordre. Le clerc séculier, lui, ne peut compter sur ses semblables pour loger gratis. Or le temps passe vite. Douze clercs limousins auront attendu cinq ans une réponse favorable à leur supplique (B. Guillemain). Quant à celui qui, parce qu'il n'en a pas les moyens ou parce qu'il a autre chose à faire, ne peut venir à Avignon, il doit charger de sa supplique un procureur, et les procureurs les plus habiles – ou les mieux introduits – ne sont pas les moins chers. On comprend l'avantage que vaut aux gradués des universités la pratique du rôle portant plusieurs noms et présenté en une démarche collective.

Les papes s'inquiètent à la longue de ces centaines de clercs qui, en attendant qu'on examine leur supplique, traînent leur ennui et souvent une véritable marginalité dans les rues d'Avignon. Tous ne trouvent pas un gîte dans une maison religieuse, couvent ou hospice, et rares sont ceux qui peuvent s'offrir une bonne auberge. Parmi les mendiants qui tendent la main dans les rues et qui se pressent aux distributions de nourriture de la Pignotte, les « pauvres clercs » sont les plus nombreux. Bref, ces quémandeurs entretiennent le désordre aux portes du palais pontifical. De surcroît, ceux qui ont déjà un bénéfice le désertent ainsi au détriment de la vie culturelle. Les mêmes papes qui multiplient pour les bénéficiers déjà bien pourvus les autorisations de cumul et de non-résidence ne montrent pas semblable compréhension envers le commun des clercs à portion congrue. Benoît XII, Innocent VI et Urbain V se fâchent. Même la menace d'excommunication se révèle modérément efficace. Quand, en 1364, Urbain V décide que seuls les clercs ayant une fonction ou un rôle à la curie seront admis à demeurer à Avignon, il ne peut définir ce statut privilégié. Tous ceux qui resteront se trouveront de bonnes raisons.

On peut juger prudent de s'inscrire à l'avance, autrement dit de solliciter par supplique un bénéfice qui n'est pas encore vacant, voire de demander en général n'importe quel bénéfice d'une catégorie donnée. Pour peu que l'on sache y faire, le pape ne refuse pas ce qui s'appelle une « grâce expectative ». Malgré l'interdiction explicitement formulée en 1179 par le concile du Latran, les promesses de la sorte se multiplient. Ce qui était une commodité devient un système. Benoît XII aura ainsi promis deux mille bénéfices non encore vacants. Des listes d'expectatives circulent, comme les suppliques collectives présentées pour leurs gradués par les universités, dont les procureurs en curie se montrent assez habiles pour requérir de la Chancellerie pontificale, quand le pape les a agréées, un enregistrement qui augmente les chances qu'on n'en perde pas mémoire. Quand on ne peut se battre pour un bénéfice, on se bat pour une expectative. On voit donc se multiplier les chanoines dûment nommés qui peuvent porter l'aumusse et siéger au chapitre mais attendent plusieurs années la prébende qui les fera vivre. Lorsque le même bénéfice encore occupé est déjà promis pour les trois prochaines vacances, nul ne se fait d'illusions. Le suppliant vit de rêve, et le pape perçoit sur l'expectative un droit de chancellerie.

Les expectatives « dans la forme des pauvres » sont un autre leurre. Elles sont destinées aux clercs qui n'ont rien ou à ceux dont le revenu personnel et le bénéfice rapportent moins de 15 livres par an. Elles consistent en un ordre donné à un collateur ordinaire de réserver au « pauvre clerc » l'un des bénéfices qui viendront à vaquer. On les enregistre parfois, et le pape s'en tient là. Mais la réserve des bénéfices ne fait que diminuer le nombre de ce dont disposent les collateurs ordinaires, et rien n'assure de leur docilité à un ordre dont nul ne vérifie l'exécution. Il y aurait là matière à procès si les bénéficiaires ainsi dupés n'étaient trop pauvres pour engager une procédure.

LA FISCALITÉ : LA TAXATION DES BÉNÉFICES

Tous les bénéfices de la chrétienté latine ont été l'objet d'une évaluation financière et d'une taxation fondée sur l'évaluation du revenu net après une négociation qui tenait compte des charges d'exploitation pesant sur le revenu brut, mais aussi de la situation économique de la région. On s'accorda souvent sur un tiers du revenu brut. Aux débuts de la fiscalité pontificale, les collecteurs prenaient l'initiative de ces taxations. C'est un simple collecteur qui, en 1275, taxa à son gré les églises écossaises. Très vite, le pape prit les choses en main. En 1291, Nicolas IV ordonna une taxation d'ensemble des églises anglaises. Les églises de France furent taxées à partir de 1307 en tenant probablement compte des perceptions antérieures dont le montant avait été négocié ou imposé à chaque occasion.

Cette taxation pour la décime, *taxatio ad decimam*, qui sert aussi de base à la perception de l'annate, est réduite de moitié, province par province, à partir de 1363 pour tenir compte de l'amoindrissement des bénéfices qu'il faut bien constater en raison de la crise économique, de la Peste noire et des dégâts occasionnés par la guerre. De cette réduction opérée région par région et à des dates différentes résulte certainement une disparité du poids fiscal, sans doute plus lourd dans la France du Nord que dans celle du Midi. Encore ne peut-on exploiter qu'avec prudence la comparaison des taxes et leur rapport à la pauvreté réelle des temporels. En 1374, toutes les taxations ont été réduites, mais il faut souvent, en pratique, consentir aux contribuables des rabais : en 1346 dans la province de Sens, 60 % des bénéficiers paient en définitive moins que la taxe (J.-D. Morerod). Les suppliques présentées à la Chambre apostolique pour l'obtention de tels rabais ont donné matière à des vues catastrophiques de la situation économique des temporels ecclésiastiques et plus généralement des villes et des campagnes (H. Denifle), vues qu'il convient de nuancer en sachant que les contribuables n'écrivent jamais pour dire que leur situation est bonne et qu'ils ne paient pas assez d'impôts. En sens inverse, il peut arriver que le collecteur juge insuffisante la taxation. Naturellement, on ne va pas tout réviser parce que se présente un cas. La Chambre apostolique a donc imaginé une procédure : au lieu de percevoir le montant de la taxe, le collecteur peut choisir de percevoir la différence avec le revenu brut. Cette pratique s'applique même dans les cas où, par commodité, le collecteur recourt à l'affermage de la perception, lequel ampute la recette du profit d'un fermier mais laisse à celui-ci le travail et les risques, dispensant en outre le collecteur du recrutement de receveurs dont la rémunération lui incomberait. Dans le cas que voici, dans le pays de Caux, la ferme est partagée entre un clerc et un laïc.

Selon la taxation pour la décime, cette église vaut soixante livres. Après la mise aux enchères à laquelle a procédé le doyen de Longueville, elle a été donnée en ferme à Jean Doublel, damoiseau, et Pierre du Bois, clerc, comme plus offrants pour 161 livres tournois. Compte tenu des charges à supporter, la taxation a été délaissée et on a choisi pour la Chambre du pape le reste, soit 101 livres.

On l'aura compris, il s'agit là d'une annate, donc en théorie de la perception d'une année du revenu net que représente la taxe. Dans le cas d'une décime, on en lève le dixième. Lorsque le collecteur choisit le surplus, la décision est parfaitement arbitraire et conduit naturellement à des contentieux devant la Cour de l'auditeur de la Chambre apostolique. Il arrive même qu'un bénéficier ait à se plaindre parce que le collecteur a délibérément ignoré la réduction et levé l'impôt « selon la taxation ancienne ». Une taxation particulière, elle aussi réalisée sur le rapport des collecteurs, touche les bénéfices majeurs et se reflète dans une énorme comptabilité que tient la Trésorerie : celle des obligations souscrites par les évêques et abbés pour leurs communs services et celle des paiements par termes, souvent étalés sur plusieurs années, voire sur plusieurs générations de bénéficiers. Au contraire de la taxation pour la décime, la taxe des obligations pour les communs services ne fut jamais réduite en son ensemble, la Chambre apostolique jugeant probablement que la pratique des délais suffisait à alléger le poids de l'imposition. On peut cependant citer quelques cas de réduction, comme celle que justifie le démembrement des diocèses de Toulouse et Narbonne en 1317, donc le partage des temporels, ou comme celle dont, par une intervention politique, l'abbé de Saint-Germain-des-Prés Richard de Laistre obtient la faveur en 1363.

La taxation n'est certes pas un reflet fidèle de la valeur financière du bénéfice, et le poids des charges n'est pas dans un rapport constant au revenu brut, ce qui réduit la portée des comparaisons. On peut cependant noter que les plus lourdes taxes sont pour les évêchés celles de Rouen et Winchester (12 000 florins de la Chambre), Aquilée, Auch, Cantorbéry, Cologne, York et Salzbourg (10 000 florins), et pour les monastères celles de Cluny, Fécamp et Saint-Germain-des-Prés (8 000 florins).

LE CASUEL : ANNATES ET COMMUNS SERVICES

La fiscalité procure au pape deux types principaux de recettes : les annates et les décimes, également fondées sur l'estimation des revenus nets des bénéfices. Mais, alors que le produit de la décime est escomptable, celui des annates est purement casuel. Imposée à l'Angleterre par Clément V dès 1306, à la plupart des pays par Jean XXII, et à la France en dernier lieu en 1326, l'annate ne touchait au début que les bénéfices « vacants en cour de Rome », autrement dit ceux dont le titulaire était mort à la cour pontificale et ceux qui, pour en obtenir un nouveau, avaient résigné en curie leur bénéfice. La réserve générale des collations au pape permit de toucher rapidement tous les bénéfices : ainsi réservés, ils étaient présumés vacants en curie.

Pour les clercs, l'annate est fort lourde : une année, on l'a dit, du revenu net, la stricte subsistance du nouveau bénéficier étant plus ou moins comptée dans les charges, de même que les frais d'exploitation du temporel, alors que ne l'est pas l'entretien des bâtiments et de l'outillage. Ne pouvant être réitérée pour le même bénéficier, sinon pour un nouveau bénéfice, l'annate n'est payée qu'en plusieurs termes, et parfois sur de nombreuses années. Il n'est pas rare qu'un clerc paie à la fois une part de son annate et une part du solde des annates non soldées par ses prédécesseurs. Même si l'on ne prend pas en compte les cadences de paiement, le produit des annates tient à la fois au nombre de collations faites par le pape en vertu de la réserve et à la valeur économique des bénéfices ainsi pourvus. Le revenu des annates est donc imprévisible. Il représente une lourde charge de perception. Pour les collecteurs obligés de battre la campagne pour quelques sous, c'est une véritable corvée.

Les communs services sont aux prélatures ce que sont les annates aux bénéfices mineurs. Depuis le XIIIe siècle, ils sont dus par les évêques et abbés autant de fois qu'ils reçoivent un bénéfice majeur réservé au Saint-Siège. La bulle de provision n'est délivrée au prélat qu'après qu'il a souscrit à la Trésorerie une obligation aux termes de laquelle il doit payer ses services dans les deux ans. La moitié est payée à la Chambre apostolique, l'autre au camérier du Sacré Collège, qui la répartit entre les cardinaux présents au Consistoire lors de la nomination. Le rapport des services ne fait donc qu'augmenter à mesure que croissent les cas de réserve de la collation au Saint-Siège. Les communs services sont complétés par les cinq menus services, proportionnels à la part des communs services qui revient à chaque cardinal. Ces menus services, d'autant plus substantiels que les cardinaux étaient peu nombreux au Consistoire, sont respectivement destinés au camérier, aux clercs de la Chambre apostolique et aux serviteurs des cardinaux.

Payés à la Trésorerie – très exceptionnellement à un collecteur – par le prélat ou son procureur, les communs services sont rarement payés en une seule fois. Le zèle de certains prélats n'est pas à mettre nécessairement au compte d'un dévouement au pape ou d'un excès de revenus : celui qui ambitionne d'échanger rapidement son évêché ou son monastère pour un autre, plus rémunérateur, sait bien qu'on écoutera d'autant plus ses sollicitations que l'on ne prendra pas le risque de voir le même mauvais payeur cumuler les obligations insolvables.

Le paiement en deux ans demeure de règle jusqu'au temps de Clément VI. Ensuite, les crises des temporels ecclésiastiques servant d'alibi à toutes les dérobades des contribuables, c'est le paiement étalé qui devient d'usage. Le prélat paie une petite somme, le trésorier lui accorde un délai pour le solde, dont chacun sait qu'il sera lui aussi partiel. Le plus fréquemment on lui accorde deux termes annuels, en général la Saint-Jean et Noël. Il arrive qu'on ne lui accorde que des délais plus courts : Pâques, la Saint-Jean et Noël. Mais les délais sont renouvelés de terme en terme. C'est ainsi que les clients de l'habile procureur Thomas Le Pourri parviennent à payer leurs services en vingt ans : l'abbé de Saint-Germer de Fly qui s'oblige pour 500 florins en 1372 n'aura soldé sa dette qu'à Noël 1390, et celui de Saint-Loup de Troyes qui s'oblige pour 300 florins en 1375 ne solde la sienne qu'en 1394 avec des versements – trois en général, quatre certaines années – qui vont de quatre à six florins. Thomas Le Pourri sera au moins parvenu à un réel succès : de ses onze principaux clients, trois seulement auront fini de payer avant de mourir.

Comme l'obligation demeure attachée à la personne, les prélats qui ont changé de siège traînent parfois pendant de longues années des reliquats de dette. S'il n'a pas fait diligence, on voit ainsi un vieil évêque payer quelques florins par an pour l'évêché de sa jeunesse. Logiquement, à sa mort, l'obligation passe à ses héritiers. Mais là, la Chambre apostolique adopte une règle dont la mauvaise foi éclate. Prétextant qu'elle ne connaît pas les héritiers – que connaîtrait le collecteur local, lequel n'a pas compétence pour les communs services – et arguant de ce qu'on voit mal devant quelle justice les poursuivre, la Chambre ne connaît plus que les successeurs. La vraie raison est simple : on aura plus aisément raison d'un prélat que d'un héritier laïque. Un évêque qui se croyait tranquille apprend soudain ce qu'il doit pour les services de son prédécesseur parfois lointain, voire indirect, dont la succession est naturellement allée aux héritiers naturels. Un nouvel évêque ou un nouvel abbé doit donc, en s'obligeant pour ses services, s'obliger pour les « restes » de ses prédécesseurs morts en fonction. Naturellement, il a toute capacité de se retourner ensuite contre les héritiers. La Chambre négocie quand même parfois avec ceux-ci, surtout quand ils sont eux-mêmes en relations avec la cour pontificale.

Après plusieurs transferts, la situation d'un prélat mort sans avoir payé les services dus pour différents bénéfices n'a rien de clair. Le successeur n'entend pas payer pour les précédents sièges de son prédécesseur et il est illusoire de se tourner vers les titulaires actuels, qui n'ont jamais souscrit d'obligation à ce sujet puisque leur prédécesseur était vivant. Payer pour un troisième ou quatrième prédécesseur sous prétexte que celui-ci vient de mourir sans avoir réglé ses dettes est impensable. Bien sûr, celui qui paierait ainsi pourrait traîner devant les tribunaux laïques les héritiers du défunt. Après quelques décennies, savoir ce qui, dans l'héritage, est venu de tel ou tel bénéfice ancien relève de la gageure. Ceux qui accepteront s'arrangeront pour ne payer que quelques florins pour le prédécesseur et compenseront en prenant des délais pour leurs propres services. Le pape n'aura rien gagné.

Tout retard dans le paiement des services, même d'une journée, entraîne *de facto* une excommunication dont le fautif est absous dès qu'il verse une somme même très faible. On voit donc les procureurs en curie se succéder à la Trésorerie pour verser des acomptes et repartir avec la quittance portant absolution de leur client. Si le prélat meurt pendant ce temps de retard, rien ne sera cependant payé avant que s'en occupe le successeur. On connaît donc des évêques et des abbés dont la dépouille attend la nomination d'un nouveau prélat et son bon vouloir pour recevoir une sépulture décente. Un modeste abbé vendéen restera ainsi plusieurs années sous un pommier.

La Chambre apostolique doit parfois constater l'incapacité réelle du prélat. On observe à ce sujet de sensibles différences entre le prélat qui ne vivra que de son bénéfice et celui qui dispose d'une fortune personnelle ou familiale. Durement affecté par la guerre, le temporel de l'abbaye normande du Bec-Hellouin ne permet pas à l'abbé de payer ses communs services. Ayant souscrit son obligation le 18 janvier 1362, Guillaume de Beuzeville meurt donc en 1385 sans avoir fini de payer. Pourvu à ce moment, Estaud d'Estouteville – un rejeton fortuné d'une grande famille normande – paie tout sur-le-champ et en une seule fois. Transféré en 1391 à l'abbaye de Fécamp, il paie également en une seule fois et trois jours avant de souscrire l'obligation.

Si les communs services et l'annate sont semblables en leur principe et si le poids qui les distingue tient normalement à ce qu'un évêché rapporte plus qu'une chapellenie, il faut cependant noter que le chapelain attend le collecteur alors que le prélat ou son procureur se présente à la Trésorerie. Le débiteur de l'annate ne supporte donc aucun frais de paiement. Le débiteur de communs services, lui, doit venir à Avignon et y séjourner au moins deux ou trois jours. S'il veut échapper au voyage, son procureur se fait payer la peine. Un bon procureur, c'est celui qui obtient les meilleurs délais, mais un bon procureur se paie. Pour peu que le prélat mette dix ans à s'acquitter de sa dette, les frais se renouvellent au moins vingt fois.

On le voit, le fait qu'ils soient payables en curie fait des services un cas très particulier dans l'ensemble de la fiscalité pontificale. Et c'est en plus, par le caractère ambigu de l'obligation, un cas d'une extrême complexité.

LE MARCHANDAGE POUR LA DÉCIME

La décime n'est que le dixième du revenu net. Mais elle n'est pas due une fois pour toutes. Au contraire de l'annate, le produit d'une décime n'a rien de casuel : elle frappe tous les bénéfices. Il est connu par la somme des taxations. On sait que, selon la taxation de 1291, les bénéfices anglais doivent un total de 20 000 livres sterling, dont 16 000 pour la province de Cantorbéry et 4 000 pour celle d'York. La décime étant renouvelable et parfois imposée d'emblée pour plusieurs années comme dès 1311 avec une décime sexennale immédiatement suivie d'une décime biennale et d'une décime annuelle, elle est exigible dans l'année de son imposition. Il en va cependant de la décime comme des annates : le contribuable paie quand il peut ou quand il veut, le collecteur tenant alors une comptabilité distincte pour les diverses décimes qu'il perçoit pour les termes échus. Là encore, la comptabilité des perceptions est, pour le collecteur, un casse-tête.

Inventée jadis pour le financement de la troisième croisade – cette « dîme saladine » avait provoqué une insurrection – et plusieurs fois réitérée, la décime a normalement pour objet le financement d'une future croisade ou la solution des difficultés qui retardent cette croisade. On a imposé un vingtième – autrement dit une demi-décime – en 1221 pour financer la croisade contre les Albigeois. Le concile de Lyon en 1274 et celui de Vienne en 1312 ont établi une décime pour six ans afin de préparer des croisades qui ne se firent pas. Bien pis, on baptise « croisade » l'entreprise du roi de France Philippe Ier contre l'Aragon et on impose alors en 1284 au profit du Capétien, tenu pour le bras armé de l'Église, une décime qui pèse non seulement sur le clergé français mais aussi sur celui des provinces de Besançon, Vienne, Lyon, Embrun et Tarentaise et sur celui des diocèses de Liège, Metz, Toul et Verdun.

Cette clause des dépenses préalables à la croisade aura permis aux rois de France de financer les guerres de Flandre, les guerres de Guyenne, la lutte contre les compagnies de routiers. Le bénéficiaire de la décime n'est donc pas le pape mais le prince qui conduira la croisade. En 1335, annonçant son désir d'aller en Terre sainte, Philippe VI obtient une décime sexennale dont le pape se fera rendre le produit quand on cessera de parler de croisade. Mais on s'abstient parfois de l'alibi : on invoque alors tout simplement « les charges de l'Église romaine ».

Dans l'Empire, seul Charles IV obtient une décime, mais la plupart des rois en ont obtenu : le clergé de France, Angleterre, Norvège, Castille, Aragon, Majorque, Naples et Hongrie s'est trouvé, avec une efficacité incertaine, imposé pour des décimes destinées au souverain. Naturellement, le marchandage porte aussi bien sur le partage que sur la finalité. Ainsi se dispute-t-on chez Jean XXII le 26 février 1323 quand, en présence du roi Robert de Naples, l'ambassadeur Vidal de Villanova tente d'obtenir une décime pour son maître Jacques II, lequel a bien l'intention d'en employer le produit, non plus pour « le fait de Grenade » comme il était entendu depuis le pontificat de Boniface VIII, mais à la conquête de la Sardaigne qui est pour l'heure aux Génois.

> Je lui ai parlé de l'aide que demande le roi d'Aragon d'une décime. [Le pape] a protesté très fort que ce n'était pas son affaire, et que l'aide d'une décime ne se donnait pas contre des chrétiens, alors que ce que demande le roi d'Aragon est tout à fait raisonnable et juste. Le roi lui a répondu : « Saint Père, qu'il plaise à Votre Sainteté de chercher une autre manière pour que le roi d'Aragon se puisse aider de la décime puisque vous ne voulez pas la donner pour aider cette

affaire. » Le pape a répliqué : « Nous ne trouverons en aucune manière puisque je ne mettrai pas la décime dans la conquête de la Sardaigne. » Le roi Robert me dit alors, à moi, Vidal : « Je ne vois pas que vous puissiez avoir quelque chose de la décime. » J'ai conclu : « Seigneur, le roi mon seigneur et l'infant son fils feront les affaires sans la décime, bien et complètement, à la volonté de Dieu ! »

Le 1er mars, l'ambassadeur est de nouveau devant le pape.

« Saint Père, si vous ne voulez pas donner cette décime à mon seigneur, prêtez-la-lui. Et si vous ne voulez pas la prêter en entier, prêtez-en une partie. » Il me répondit : « La décime est levée contre les Sarrazins. Si le roi d'Aragon veut la mettre contre les Sarrazins, je la lui donnerai volontiers. »

C'est donc par un détournement que le pape se réserve une part ou la totalité de la décime elle-même détournée de son objet normal, la croisade. Les annates sont, au contraire, ouvertement destinées au financement des affaires pontificales. Elles ne sont qu'exceptionnellement affectées aux besoins d'argent des princes, comme lorsqu'en 1316 le roi de France Philippe V obtient le produit des annates pour quatre ans.

Le clergé anglais n'est pas quitte pour autant avec le roi. Lorsque celui-ci ne bénéficie pas d'une décime, il n'hésite pas à solliciter du Parlement un subside qui peut, selon les occasions, équivaloir à une ou deux décimes. Seuls y échappent les ordres mendiants.

C'est donc un constant marchandage, dont nul ne peut dire qui est dupe. Ayant à payer sa rançon après sa défaite de Poitiers, Jean le Bon pense que les églises pourraient l'aider. Il n'obtient une décime sexennale qu'en promettant, en 1363, d'aller en croisade. Mais lorsqu'il dépêche son fidèle Robert de Lorris à Avignon afin de demander une nouvelle décime pour financer la répression des compagnies de routiers qui infestent la France, le pape se fâche et lui donne le choix : ou la décime pour six ans aux fins de la croisade, ou la simple décime d'un an pour la France. Le roi fera le choix le plus raisonnable.

LE DÉTOURNEMENT DES PROCURATIONS

Les procurations sont tout autre chose et leur réserve au Saint-Siège est un détournement. Les évêques, les archidiacres et les doyens ont en effet l'obligation de visiter à intervalles réguliers les églises placées dans leur juridiction. Ils bénéficient de l'hospitalité et, en pratique, sont dédommagés de leur travail par une somme d'argent, une « procuration » que paie le bénéficier visité. Plusieurs papes et notamment Innocent IV ont interdit cet usage, car ils voyaient l'exigence financière substituée à ce qui paraissait normal, l'hospitalité au sens convivial du terme pour une visite effectivement pastorale. Cette indemnité de déplacement fut finalement autorisée par Boniface VIII, mais Clément V rappela qu'il ne pouvait s'agir que d'exigences modérées. Bien des prélats se faisaient cependant dispenser d'effectuer réellement leur visite. Remplacés par des délégués plus ou moins zélés, ils ne se privaient pas pour autant de percevoir les procurations. Dès les années 1340, les procurations sont souvent une taxe sans contrepartie pastorale.

Corrélative à la multiplication des dispenses de résidence, la connivence du Saint-Siège n'est pas gratuite. Jean XXII charge des officiers pontificaux d'aller dans plusieurs diocèses de France et d'Espagne percevoir les procurations, parfois la totalité, souvent la moitié. On conçoit alors la chose comme un don du prélat au Saint-Siège. On enregistre même à Avignon les véritables obligations qu'en 1346 souscrivent des prélats pour financer la lutte contre les Turcs. C'est la visite du diocèse par l'évêque qui devient l'exception. Lorsque l'évêque fait sa tournée pastorale, il la fait « par autorité apostolique » et perçoit alors ses procurations, dont il remet les deux tiers au pape.

Urbain V simplifie les choses. En 1365, il interdit aux évêques de se faire payer plus que des demi-procurations. En 1369, il se réserve la totalité des demi-procurations dues aux évêques. Un temps oubliées, les procurations dues aux archidiacres sont en définitive traitées comme les autres. Lorsque Grégoire XI renouvelle la confiscation, il ne cache même pas qu'il s'agit de financer la guerre en Italie. Certes, les évêques gardent le droit de parcourir leur diocèse, mais à titre gratuit. On n'en verra guère.

Les collecteurs ajoutent tout simplement les procurations à ce qu'ils levaient déjà.

Cette réserve par le pape est une confiscation, mais elle est assortie de la suspension d'une activité canonique. On ne saurait dire si le peuple a souffert de ne pas voir le prélat. Le bas clergé a certainement peu souffert de ne pas être inspecté. C'est surtout avec le Schisme que la cessation des visites pastorales prendra un caractère de crise, notamment dans les marges des deux obédiences, où s'affronteront parfois deux évêques et où le clergé se demandera lequel est le bon.

Tout cela ne suffit pas. On invente finalement le subside caritatif, autrement dit le don par amour. Les subsides caritatifs, malgré leur nom, n'ont évidemment rien de volontaire. Ils sont une imposition exceptionnelle, tout juste justifiée par les « besoins du Siège apostolique ». Le montant global en est à la discrétion du pape et les collecteurs peuvent excommunier les récalcitrants. Les subsides sont immédiatement exigibles mais, là encore, les atermoiements sont d'usage. On voit donc le pape et les clercs rivaliser de rhétorique dramatique. Pour les clercs, les églises sont exsangues. Pour le pape, c'est l'Église qui l'est. Jean XXII ne se gêne pas, quand en 1326 il impose un subside afin de financer sa guerre d'Italie, pour recourir à une argumentation qui n'a pas grand-chose à voir avec la conclusion.

> Partout les hérésies pullulent, la foi catholique périclite, les libertés et les droits ecclésiastiques sont foulés aux pieds, les prélats et les clercs sont arrêtés avec ignominie, les églises et les monastères sont spoliés de leurs terres et de leurs autres biens. On se rit des censures de l'Église. L'incendie ravage les villes et les châteaux, et il n'épargne même pas les églises qui s'y dressent. Les routes sont peu sûres ; les voyageurs sont détroussés... Pour refréner l'audace des hérétiques, le pape ne peut suffire avec ses seules ressources. Que les prélats se laissent émouvoir de pitié et qu'ils viennent à l'aide de leur pasteur suprême.

Les subsides caritatifs étant justifiés par le besoin urgent de la papauté, la cession de leur produit demeure exceptionnelle. On ne peut citer que quelques cas, sous Jean XXII, Urbain V et Grégoire XI. On joue parfois sur les mots, comme lorsque le clergé réuni à Metz pour la Diète de Noël 1356 accorde à l'empereur Charles IV « un subside au lieu de décime ». En fait, il s'agit simplement, sans la justification de la croisade, de l'autorisation donnée à un prince laïque d'imposer son clergé, et le recours à la cession d'un subside n'est qu'un moyen de ne pas violer l'exemption de la fiscalité laïque reconnue au clergé. C'est bien le pape qui impose, mais l'argent va au prince. Charles V ne se gêne pas pour exiger sa part alors que Grégoire XI exige un subside caritatif pour ses guerres d'Italie.

LES CONFISCATIONS : DÉPOUILLES ET VACANTS

Moins bien tolérés par le clergé et les fidèles sont les confiscations humiliantes ou nuisibles pour la vie religieuse : les dépouilles, les vacants. Le droit de dépouilles est issu de l'usage immémorial selon lequel les familiers d'un prince ou d'un évêque pillaient plus ou moins sa chambre après sa mort. Les évêques, au XIIIᵉ siècle, imaginèrent de s'approprier ce prétendu droit : ils commencèrent de saisir les meubles des bénéficiers de leur diocèse. Jean XXII ne voit pas pourquoi le pape ne se réserverait pas ce droit. D'abord limité aux biens des bénéficiers morts en cour de Rome, il s'étend vite, à la mesure de la réserve des collations, donc de la notion de vacance en curie. Là encore, on multiplie les cas où le bénéfice est censé vacant en curie. Urbain V, en 1362, commence de généraliser. Avec Grégoire XI, le droit de dépouille n'épargne plus personne, en théorie partout et de fait en France. Au total, de sa mise en œuvre sous Jean XXII à sa suppression par le concile de Constance et en comptant les obédiences postérieures à 1378, on aura saisi les biens – ou des biens – de 1 191 clercs (D. Williman). On est très loin du nombre réel de bénéficiers, majeurs ou mineurs, morts pendant ce siècle.

L'exigence pontificale se heurte en effet à bien des résistances, et d'abord à celle des princes temporels. Les collecteurs ne se risquent pas à saisir quoi que ce soit en Angleterre, et ils se font discrets dans l'Empire. C'est donc surtout en France que les collecteurs font du zèle. Et les abus de se multiplier.

Si aucun homme d'Église, prélat ou autre, meurt, le pape veut succéder dans les biens et tout prendre s'il n'est attaché à pierre, à bois ou à fer. Un collecteur papal prit naguère une porte qu'un prélat peu avant trépassé avait fait faire pour mettre en son hôtel, pour ce qu'elle n'était pas encore pendue. Il fit dépouiller un prêtre mort étant dans l'église pour être enterré revêtu d'une chasuble, en disant que la chasuble était bonne, et lui ôta.

Il convient cependant de nuancer ce que la saisie des biens du défunt peut avoir de choquant. D'abord, le collecteur est par là tenu de payer les obsèques, de faire célébrer des messes, de dédommager les serviteurs, de solder les dettes. Il exécute les legs pieux et charitables. Il ne saisit ni ce qui sert au culte – orfèvrerie liturgique, ornements – ni ce qui reste utile à l'entretien du temporel du bénéfice : outillage, bétail, armes. Naturellement, on ne vide ni le grenier ni le cellier : le successeur doit trouver de quoi vivre. Quant aux biens provenant du patrimoine personnel et familial du bénéficier, et non des revenus du bénéfice, ils sont remis aux héritiers, faute de quoi ceux-ci traîneront le collecteur devant le juge laïque.

On ne peut négliger un aspect du problème, explicitement mentionné en quelques documents. La saisie des dépouilles reste l'ultime recours à la mort d'un bénéficier qui laisse trop de dettes fiscales en curie (communs services) et en collectorie pour qu'on puisse espérer en voir le solde. Les dépouilles font gagner du temps. On n'aura plus à faire le compte des décimes impayées...

C'est en particulier ce qui se passe bien souvent après la mort d'un cardinal. En droit, les cardinaux sont exempts de dépouilles. Leur succession va à leurs héritiers, sous réserve des legs et notamment de ceux qu'il est de bon ton de faire au pape. On verra la Chambre apostolique de Benoît XIII obligée de payer les dettes de Pierre Ameilh, les gages dus à ses serviteurs et même l'édification de son tombeau, pour la raison que le cardinal a institué le pape légataire universel. Mais, plus normalement, le cardinal reste, à sa mort, débiteur de bien des annates et décimes dues pour ses bénéfices, voire pour les deux anneaux que tout nouveau cardinal doit offrir au pape et que certains tardent à fournir. Comme pour tout clerc, quand on ne négocie pas un compromis avec les exécuteurs testamentaires, la Chambre saisit ce qui lui convient et vend le reste en vrac. Les livres vont à la bibliothèque du pape et les pièces d'orfèvrerie sont conservées par la Trésorerie qui s'en servira à l'occasion pour gager les emprunts du pape.

La saisie des dépouilles est donc une tâche lourde. Avant la stabilisation des collectories, il fallait envoyer des commissaires. Il en fallut deux pour les seules dépouilles d'un archevêque d'Auch. Pour peu que l'on trouve des biens précieux tels qu'orfèvrerie, vaisselle d'or ou joyaux, le collecteur ne peut pas lésiner sur la garde : il est responsable. Il lui en coûte de devoir louer un coffre chez un changeur ou chez un banquier. Par la suite, bien des collecteurs font savoir à la Chambre apostolique qu'ils renoncent à percevoir des dépouilles, le profit s'annonçant inférieur au coût de l'inventaire et de la mise en vente. La Chambre apostolique le sait bien, saisir les biens d'un chanoine ou d'un curé, voire ceux d'un abbé cistercien, ne rapporterait pratiquement rien. Saisir des hardes n'est d'aucun intérêt. On en vient donc à choisir avec discernement les dépouilles à saisir. Les collecteurs s'en tiennent normalement à celles qui s'annoncent riches de quelque orfèvrerie ou de quelques livres de prix. En un demi-siècle, on n'aura réservé dans le comté de Savoie que les dépouilles de neuf évêques, deux abbés bénédictins, un prévôt, un prieur et un chanoine.

Il n'est guère de succession épiscopale qui ne provoque la convoitise des proches. Le collecteur n'arrive pas toujours le premier, et force est souvent d'engager ensuite des procédures d'autant plus hasardeuses que la justice séculière ne se presse pas au service du fisc pontifical. En 1361, il faut menacer la famille de l'évêque de Vabres Bertrand de Pébrac pour qu'elle rende les joyaux du défunt. En 1363, il faut engager une action en justice contre le chevalier Jean de Cojordan qui s'est approprié les biens de son parent l'évêque qui fut trésorier du pape. En 1386, c'est un chanoine qui a mis la main sur la vaisselle de l'évêque de Périgueux Pierre d'Artis, que l'on a connu recteur du Patrimoine. Lorsque le collecteur fait trop de zèle, le sénéchal de Périgueux lui promet de le faire conduire à Paris, pieds et poings liés, sur le dos d'un âne. L'honnête collecteur Pierre de Mortiers l'écrira sans fard : « À cause de cela, je n'ai plus osé m'en mêler. » Dans tous ces cas, placarder des menaces ou des sentences à la porte de la cathédrale ne procure pas un sergent. Le lendemain matin, le placard a disparu.

Ce qui rapporte le plus rapidement, ce sont les vacants : le revenu des bénéfices vacants en cour de Rome, la réserve des collations faisant que tout bénéfice est censé vacant en cour de Rome. Le caractère casuel de cette saisie est fortement tempéré par la liberté que se donne le pape de maintenir vacant tel ou tel bénéfice pendant le temps qu'il veut. Il suffit de différer le choix d'un nouveau bénéficier. Mais le pape – et non plus ses officiers de finance – ne peut se cacher un sérieux inconvénient : les princes temporels sont plus attentifs à ce que leurs évêchés soient pourvus qu'à ce qu'on perçoit sur les bénéficiers vivants. Le choix des évêchés et des abbayes à laisser vacants est donc, en bonne partie, un choix politique.

Si le pape, maître des collations, se contentait de conférer les bénéfices à ses protégés ou à ceux qu'on lui recommande, ce serait moindre mal. Mais le besoin est là, et le système permet d'y répondre. On prend donc l'habitude de donner « en commende » des bénéfices vacants, ce qui signifie qu'on ne pourvoit pas au remplacement du dernier bénéficier et qu'on donne l'évêché, l'abbaye, le prieuré ou la paroisse à un clerc déjà pourvu par ailleurs et dispensé, en fait, de l'exercice de la charge d'âmes. Le procédé ne rapporte rien à la Trésorerie, mais il procure, en exonérant le Saint-Siège de toute charge de gestion, un revenu à un dignitaire ou à un fonctionnaire de la curie, voire à n'importe quel clerc suffisamment recommandé. L'auteur anonyme d'une *Vie* de Clément VI a sobrement rapporté l'histoire de l'ancien dauphin de Viennois Humbert II que le roi de France, peu désireux de lui laisser la possibilité de remettre en cause la vente du Dauphiné, souhaitait voir définitivement casé dans l'Église.

À la demande de Jean, roi de France, et de ses représentants, le pape le fit patriarche d'Alexandrie et lui donna à perpétuité en commende l'Église de Reims. Et, pour l'honorer et afin qu'il ne puisse pas revenir sur sa décision, il lui conféra en une seule fois tous les ordres sacrés.

BILANS

On ne peut renoncer à donner une estimation des revenus du Saint-Siège. Encore faut-il se rappeler ici qu'une bonne partie des moyens de rémunération dont dispose le pape vient des fonctions et des bénéfices attribués. Les charges de recteur des provinces de l'état pontifical, les abbayes et évêchés conférés aux fidèles serviteurs, tout cela constitue non une recette ou un revenu mais une très appréciable économie. L'argent qui parvient à la Trésorerie et celui que versent directement les collecteurs ne sont que la partie du bilan qui s'exprime à la Chambre apostolique en numéraire dûment compté. Les chiffres n'en sont donc pas significatifs des moyens d'action de la papauté.

Il est difficile de proposer une estimation raisonnable de la charge fiscale que la papauté fait peser sur les églises et sur les bénéficiers. L'annate ou les communs services sont plus lourds quand les bénéficiers se suivent à brève échéance, moins lourd quand un évêque ou un curé reste vingt ans sans changer. On l'a dit, la Peste noire a multiplié les collations, mais pour des bénéfices en partie ruinés. La charge fiscale s'alourdit dans son ensemble quand les décimes s'enchaînent sans relâche, mais la temporisation et les arrérages impayés l'allègent en fait. L'un dans l'autre, le clerc qui tient un bénéfice pendant dix ans paie en moyenne annuelle 20 % du revenu net, après déduction des charges de subsistance et d'entretien du bénéfice. Cela peut signifier un prélèvement de 6 à 7 % du revenu brut.

Cela dit, si l'on ajoute le produit de la fiscalité aux cens et au denier de saint Pierre, aux recettes seigneuriales, aux taxes de chancellerie et aux profits de justice, on parvient à un bilan dont, plus que les chiffres en valeur absolue, la progression suffit à dire ce qu'a été l'alourdissement de la pression fiscale. Cette progression reflète la construction de la machine administrative, l'édification du palais d'Avignon, le poids des guerres d'Italie. Clément V dispose, quand il fait son testament, d'un capital en numéraire de 770 000 florins. En moyenne annuelle, le véritable inventeur de la fiscalité, Jean XXII, reçoit 228 000 florins par an. Le raisonnable Benoît XII s'en tient à 166 000. Le chiffre remonte sous le fastueux Clément VI avec 188 500 florins et surtout sous

Innocent VI avec 253 600. La progression continue avec Urbain V, qui reçoit 260 000 florins. Et le bilan explose avec Grégoire XI, dont le revenu annuel est de 481 000 florins. Le chiffre paraît énorme. Quelques comparaisons semblent significatives. Au début du siècle, le douaire assigné à Isabelle de France par le roi d'Angleterre Édouard II était de 20 000 livres, Philippe le Bel donnait 2 000 livres de revenu à son frère Charles de Valois pour cadeau de mariage et le revenu d'Enguerran de Marigny, qui faisait scandale, atteignait 15 000 livres tournois, ce qui représentait un capital d'environ 150 000 livres. Quelques années plus tard, le budget du roi Philippe VI se concluait, « au roi pour faire ses dépenses », à 275 000 livres tournois en 1332, à 537 000 en 1344. En Angleterre, Édouard III disposait de budgets extrêmement variables selon les concessions du Parlement, mais qui ne dépassaient que rarement les 300 000 livres sterling, soit environ 375 000 livres tournois. À la fin du siècle, celui de Charles VI dépassait les deux millions de livres et la dot d'Isabelle de France, épousant l'Anglais Richard II, était fixée à 800 000 livres, dont seulement 300 000 immédiatement exigibles et réellement payées.

Quoi qu'il en soit de l'implication pontificale dans les conflits italiens et du coût de la diplomatie pontificale en France comme en Italie, le pape ne supporte évidemment ni une guerre de Cent Ans ni les affrontements successoraux de la maison d'Anjou. Autant dire que, parmi les grands de son temps, le pape est riche. Il peut entretenir une cour et bâtir, et c'est évidemment sous Clément VI que les dépenses proprement avignonnaises sont à leur point culminant avec une moyenne de 96 000 florins. Il peut aussi financer une politique active, et c'est sous Grégoire XI que la charge des guerres en Italie atteint un maximum qu'on ne saurait chiffrer tant les assignations sur les recettes locales l'emportent sur le mouvement connu de la Trésorerie.

C'est alors que la Chambre doit multiplier les emprunts et qu'il faut les gager car la confiance est limitée. Les cardinaux eux-mêmes ne prêtent que contre gages. Guillaume d'Aigrefeuille reçoit ainsi en 1373 deux croix d'or chargées d'émeraudes, de perles, de saphirs et de camées, puis une vaisselle d'argent, des candélabres et même la cathèdre d'argent qui fut celle de

Clément VI, le tout pesant quelque 30 marcs d'or et 1 600 marcs d'argent. Comme il avance de ses revenus propres la solde des compagnies qu'il emploie dans les guerres de Lombardie, le cardinal Robert de Genève reçoit en 1376 une impressionnante vaisselle d'or : treize calices avec leur patène, douze coupes à couvercle émaillé et un lot disparate d'orfèvrerie de table. À de moindres prêteurs vont de moindres gages. Nul ne prête plus sur la seule garantie du pape.

LE MOUVEMENT DES FONDS

Dans l'espace, l'équilibre des ressources fiscales et des besoins financiers est profondément différent de ce qu'on voit dans le système financier des souverains et des princes. Pour ceux-ci, l'argent du fisc se récolte à travers toute la principauté et se dépense en des lieux précis : la capitale et la cour avec leurs dépenses de personnel et leurs dépenses de prestige, les théâtres d'opération militaire avec les compagnies à solder et les fortifications à relever ou entretenir. Pour le pape, dont les recettes proviennent de toute la chrétienté, il n'est dans l'espace aucune redistribution du produit de l'impôt si ce n'est vers l'Italie. Pour les dépenses à la cour d'Avignon, pour le fonctionnement de l'énorme machine administrative et judiciaire, pour le financement d'une mission diplomatique, pour la mise en défense du Comtat, le numéraire doit d'abord être concentré à Avignon.

Or la prudence conseille de faire voyager le moins possible des chariots chargés de sacs d'or. Sur une route, cela se voit, et c'est facile à prendre. Même si le collecteur, qui n'est guère protégé quand il va de paroisse en paroisse avec son sac, n'hésite pas à embaucher une escorte de « brigands » quand il transporte la recette d'une ou plusieurs années, le voyage est en tout point hasardeux.

Le prince temporel joue habilement des assignations. La solde d'une garnison est assignée sur la recette du bailli local, l'achat de soieries à Lyon sur celle du receveur de Lyon. C'est autant d'argent qui ne voyage pas. Sinon pour des achats de vivres ou de matériaux, le pape ne peut faire sienne avec la même facilité

cette pratique de l'assignation sur une recette locale, et le créancier qui, en lieu d'espèces, reçoit une lettre lui permettant d'aller
se faire payer ailleurs pourrait bien être un créancier dont la bonne
volonté s'en trouvera vite tarie. Elle le sera d'autant plus que le
collecteur n'est pas tenu de payer au-delà de ce qu'il a en caisse.
« Sur vos recettes ou sur vos prochaines recettes », lui est-il
précisé.

Certes, la Chambre examine dans le moindre détail les comptes
des collecteurs, mais c'est au terme de plusieurs années. Ne gardant que l'enregistrement de la lettre d'assignation mais n'en
tenant aucune comptabilité, n'ayant aucun moyen de savoir avant
la reddition de comptes ce qui est réellement payé, le camérier et
le trésorier ne savent pas de quoi est obérée une collectorie au
moment précis où ils la chargent à nouveau. On n'assigne pas au
hasard et l'on garde sans doute mémoire des gros ordres de paiement dont sont frappées les collectories qui rapportent gros. Pour
le reste, les assignations s'entassent chez le collecteur. Après tout,
l'essentiel est que la Trésorerie soit « déchargée ». Or, quand la
Chambre abuse de ce qui est un moyen de n'être plus importunée
et de renvoyer le paiement, le collecteur peut se trouver visé par
plusieurs assignations qui dépassent ses moyens. C'est alors lui
qui juge de l'urgence. En fait, il paie en premier celui qui est le
plus en mesure de lui créer des difficultés.

Pour la Chambre, le procédé est commode : elle s'est déchargée
de son obligation. Pour le créancier, cela peut l'être aussi, car
tous les créanciers n'ont pas envie de venir se faire payer à la
cour pontificale et de chercher ensuite le moyen de rapatrier leur
argent. Plus souvent, c'est un leurre et, à multiplier ainsi la fausse
monnaie, la Chambre ne gagne pas en crédibilité. Il arrive que le
créancier soit de mauvaise humeur : payé de ce qui lui restait dû
pour ses services par une assignation sur le sous-collecteur de
Rennes qui se révéla insolvable, le damoiseau Jean de la Houssaye fit appel à la justice laïque, parfaitement compétente pour
juger des obligations. Celle-ci jeta en prison le sous-collecteur,
qui n'y pouvait rien.

Finalement, c'est surtout pour financer des missions que l'on
recourt plus raisonnablement à l'assignation. On se retrouve là
dans le même cas de figure que les princes temporels. Quiconque

va en mission à Paris reçoit ce qui lui est nécessaire du collecteur de Paris. Il en va de même quand il faut lever des troupes. C'est le collecteur de Narbonne qui finance en 1374 la levée de mercenaires en Languedoc par Raymond de Turenne. Plus tard, le Breton Jean de Malestroit est payé de ses campagnes en Italie d'une assignation sur la collectorie de Tours, laquelle comprend la Bretagne.

Ayant ainsi allégé un transfert financier qui demeure nécessaire car on a besoin d'argent à Avignon, la Chambre apostolique attend les envois des collecteurs. Ceux-ci savent qu'ils seront surtout jugés sur ces envois intermédiaires, dont le versement effectué à terme après la reddition et la clôture de leur compte ne sera que le solde. Un collecteur, parfois, se déplace lui-même, éventuellement au nom de plusieurs collègues et voisins. Plutôt que d'y perdre leur temps, les collecteurs chargent plus souvent un de leurs familiers ou un de leurs sous-collecteurs de porter à Avignon le petit sac d'écus ou de florins obtenus chez un changeur local. Le porteur est souvent accompagné. Sans doute pour hâter les apports de numéraire, mais aussi pour profiter des occasions, bien des hommes de confiance que le pape charge d'aller régler un problème ou négocier une affaire ont à se présenter chez le collecteur local pour en recevoir le nécessaire non moins que pour rapporter ce qu'il pourrait se trouver de liquidités disponibles. En un temps où aucune route n'est sûre, de tels transports de fonds demeurent hasardeux et passablement dangereux. Un clerc à cheval cache mal un sac d'écus. Il va de soi qu'un chariot d'or n'arriverait jamais. Quand le roi doit acheminer un chariot d'or, il l'environne d'une troupe en armes.

Reste à recourir aux banques. Encore faut-il en trouver. Alors même que – nous y reviendrons – la grande banque italienne s'installe à Avignon et fait de la cité des papes l'une des grandes places bancaires d'Occident, les mêmes compagnies qui fleurissent à Avignon n'ont que rarement des succursales ou des facteurs aisément accessibles dans toutes les provinces de la chrétienté occidentale. Avec l'Italie, on ne rencontre pas de difficultés, mais le besoin de transfert est moindre, la diplomatie et la guerre suffisant à absorber les ressources italiennes du fisc pontifical. Ailleurs, c'est la voie bancaire qui est inadaptée au besoin des collecteurs. Certes, il y a des places de change, et les collecteurs savent s'adresser à Londres, Bruges, Paris, Montpellier, Barcelone ou Lisbonne. Mais le réseau ne va guère plus loin. De Bretagne ou de Touraine comme de Champagne ou de Normandie, qui veut envoyer de l'argent à Avignon par la voie bancaire doit d'abord porter le numéraire à Paris pour y souscrire un contrat de change. Pour atteindre le banquier de Paris, le sous-collecteur de Nantes doit payer un batelier sur la Loire, puis un charretier.

Le banquier fait alors son affaire d'un paiement qui a donné lieu à plusieurs opérations de change manuel plus ou moins réel mais toujours scruté par les clercs de la Chambre au moment de la reddition des comptes. Il y a les espèces reçues des contribuables, les espèces encaissées par le facteur parisien ou brugeois, les espèces versées à la Trésorerie par la succursale avignonnaise et l'enregistrement comptable en florins de la Chambre. Ainsi en est-il en 1369 pour les 1 000 francs que le collecteur de Tours Guy de la Roche envoie par change de Paris.

> Jacopo di Andrea, de ladite société, pour Jaqueto et ladite société, a versé ce jour en mains propres à nous, recevant au nom de la Chambre, en paiement de 1 000 francs, chaque franc compté pour un florin de la Chambre et un sou bolognais et demi, 33 bolognais pour un florin de la Chambre et chaque florin compté pour 26 sous monnaie avignonnaise, la somme de 1 065 florins de la Chambre 11 sous 8 deniers de ladite monnaie.

On ne saurait négliger une cause de ce maigre recours à la voie bancaire : ce monde de clercs est naturellement réticent devant toute novelleté. Les comportements ne changent que lentement. Aller chez le banquier paraît naturel à qui fréquente les grands centres, non à qui n'a dans son horizon que l'usurier chez qui l'on retrouve parfois, mises en gages, les hardes d'un clerc dont on a saisi les dépouilles. Transporter de l'or au risque de se faire égorger peut paraître moins risqué que faire abandon de cet or en échange d'une languette de parchemin. La cascade de faillites des années 1342-1346 ne fait qu'alourdir la méfiance. À Avignon, on verra rapidement arriver les nouvelles sociétés. La substitution sera moins évidente aux yeux d'un clerc breton, saxon ou écossais.

Quand on le peut, on va quand même chez le banquier, et d'autant plus que l'ordre en est donné d'Avignon. Là, tout le monde est d'accord. Les sociétés sont prêtes à rendre des services qui leur valent une clientèle pour toutes sortes d'affaires et non seulement pour des transferts de fonds. Car le banquier est marchand. Travailler pour le pape, c'est s'en faire un client. Sur un autre plan, la curie a besoin de ses fournisseurs, et encore plus de ses prêteurs. En bien des cas, il n'y a pas transfert mais compensation. En versant sa recette aux Alberti ou aux Acciaiuoli, le collecteur paie les dettes du pape.

La Chambre n'entend pas se laisser duper. On ne saurait laisser aux banquiers une excessive disponibilité des fonds pontificaux. Le risque est particulièrement aggravé par le transfert d'Avignon sur Rome, qui dépend entièrement des sociétés financières. Il y a quelque raison de se méfier, surtout alors que l'on en a fait l'objet d'un nouveau contrat. Le 29 mai 1369, par lettre datée de Montefiascone, le camérier Arnaud Aubert notifie donc à tous ses collecteurs de France, d'Aragon et d'Angleterre, ainsi qu'à ceux de Metz et Toul, des instructions adéquates à cette nouvelle situation.

À réception des présentes ou le plus tôt qui sera possible, vous nous écrirez distinctement et en détail, sous votre sceau, quelles assignations d'argent ont été faites par vous durant tout le temps où vous avez été collecteur et aussi dans toute la mesure où vous pourrez les retrouver, du temps de votre prédécesseur, aux gens de la société des Alberti Antichi et à quiconque autre au nom de la Chambre apostolique, et ce en indiquant le jour, l'année et les espèces des monnaies, en sorte que nous puissions savoir clairement et sûrement s'ils les ont bien versées à la Chambre...

Vous assignerez toutes les sommes reçues et à recevoir par vous pendant deux années aux gens de la société des Alberti Antichi avec lesquels nous avons fait un pacte et qui doivent recevoir de vous et d'autres collecteurs lesdites sommes et les assigner ici à la Chambre apostolique.

Et si par hasard leurs facteurs refusaient de recevoir ces sommes, faites-leur requête par acte notarié en protestant des dommages occasionnés à la Chambre. Et ensuite, s'ils persistent à refuser lesdites sommes, envoyez-les-nous par tout autre meilleur et plus sûr moyen.

Quelle est la voie la plus économique ? Le banquier prend de deux à trois pour cent. Il n'en coûte pas moins d'envoyer un sous-collecteur sur les routes pendant deux mois. Le bon sens paraît ici gouverner le choix : sur les grandes distances, la banque ; sur les courtes et moyennes, le voyage, qui permet au collecteur de traiter à la Chambre de l'ensemble de ses affaires. Mais de Lisbonne à Avignon, la question ne se pose pas : nonce en Portugal en 1368, le chapelain du pape Bertrand de Massello convoque le Génois Quilico Doria et, en présence d'un tabellion et de témoins, lui remet un sac d'espèces portugaises contre lequel Doria s'engage à verser 3 000 florins de la Sentence à la Trésorerie pontificale, à Rome ou n'importe où on trouvera le pape, dans un délai de vingt-deux jours. Elle ne se pose pas davantage quand, la même semaine, le trésorier demeuré à Avignon transfère vers son vice-trésorier établi à Rome, Géraud Maurel, 7 464 florins de la Chambre. Autant que de la distance et de la somme à transférer on tient compte, dans le recours à la voie bancaire, de la conjoncture générale du crédit et de la diversité des relations entre le Saint-Siège et les sociétés.

CHAPITRE IX

Les crises de l'Église

LA RÉFORME DES ORDRES

Si l'affaire du Temple avait pris un caractère dramatique et, en raison du scandale autant que de la volonté du roi de France, un caractère d'urgence, la réforme de l'ensemble de l'institution régulière était depuis longtemps à l'ordre du jour. De temps immémoriaux, on en traitait par la création de nouveaux ordres. La floraison d'ordres comme Cîteaux, Prémontré, Grandmont ou la Chartreuse était, autour de l'an 1100, la réplique du peuple chrétien à la défaveur des formes traditionnelles du monachisme, et notamment de l'ordre bénédictin même rénové par Cluny. Dans le même temps, les ordres de chevalerie répondaient au nouveau besoin que faisait surgir la situation de la Terre sainte. Au XIIIᵉ siècle, la création des ordres mendiants, et notamment des frères prêcheurs par saint Dominique et des frères mineurs par saint François d'Assise, était une réaction à l'émergence du fait urbain et au développement d'une nouvelle société économique. À la fin du siècle, la pléthore des formes d'organisation monastique devenait flagrante. Le concile de Lyon, en 1274, supprima quelques ordres, ce que ne compensa pas, l'année suivante, la création de l'ordre d'ermites qui, après le pontificat de son fondateur, sera connu comme celui des célestins. La suppression du Temple s'intégrait donc, de manière pas entièrement fortuite, dans ce courant réducteur qui portait déjà la fusion des ordres militaires dont on avait plusieurs fois évoqué le projet depuis l'effondrement du royaume latin de Jérusalem. On ne créait donc plus, on supprimait. Mais supprimer la moindre institution suscitait assez de résistances pour que l'on songeât à une solution moins douloureuse : on allait réformer.

Rien d'étonnant, donc, à ce que les papes d'Avignon fissent de la réforme – en général – une préoccupation constante de l'Église. Les canons du concile de Vienne, déjà, dénonçaient dans l'Église séculière bien des défauts auxquels il eût été aisé de porter remède si la papauté n'avait elle-même donné le mauvais exemple. Cumul des bénéfices, non-résidence des bénéficiers chargés des âmes, non-examen des aptitudes morales et intellectuelles, tout cela continuait malgré la réitération périodique des bonnes intentions. La politique pontificale n'était d'ailleurs pas exempte de contradictions et le même Jean XXII qui révoquait, le 19 novembre 1317, par la bulle *Execrabilis* toutes les autorisations de cumul et de non-résidence accordées par Clément V ne se priva pas d'accorder ensuite de semblables dispenses. Il n'en refusait pas moins le prestigieux archevêché de Rouen au chancelier de Philippe VI, répliquant au roi qu'on ne pouvait être à la fois attentif à la chancellerie et au gouvernement d'un archevêché : Guillaume de Sainte-Maure dut se contenter de demeurer trésorier de l'Église de Laon.

Il était plus facile de s'attaquer aux réguliers, les ordres religieux prêtant le flanc à la critique par le fait même de leurs rivalités. Si l'on excepte quelques cardinaux issus de ces ordres – on en comptait six à l'avènement de Jean XXII : un bénédictin, un cistercien, un franciscain et trois dominicains – les réguliers ne formaient à la curie aucune force d'influence. Celle-ci n'allait commencer qu'avec les papes eux-mêmes issus des ordres, donc à partir de Benoît XII. Les religieux avaient en revanche un point commun, qui les rendait fragiles : leur obligation statutaire d'obéissance. Jean XXII le rappela durement dès 1317 aux frères mineurs, elle fondait le pouvoir discrétionnaire du pape en matière de discipline et non seulement en matière de foi.

Une première affaire éclata subitement en 1320. Elle s'inscrivait dans une tradition déjà séculaire : l'hostilité des maîtres séculiers de l'Université de Paris à l'égard des ordres mendiants. Enseignant à l'écart dans leurs couvents, vivant non de bénéfices et de salaires mais de charité, ne faisant donc pas payer leurs leçons, les maîtres dominicains et franciscains faisaient une dure concurrence à qui voulait vivre de son savoir et de son talent. Bien pis, le prestige dont jouissaient les ordres mendiants détournait vers leurs maisons la générosité des fidèles, et le clergé paroissial avait donc cause commune avec les maîtres séculiers. Tout le XIIIe siècle avait résonné de ce conflit corporatif que venait aggraver la diversité des doctrines enseignées, car il s'en fallait que les ordres mendiants fissent un front commun contre les séculiers.

Or voici qu'en 1320 le maître séculier Jean de Pouilly se prit à assurer que la juridiction des évêques et des curés venait directement de Dieu : toute limitation ou réduction de cette juridiction était donc sacrilège. Les frères étant exempts de la juridiction ordinaire – celle des évêques – et statutairement étrangers à la hiérarchie séculière, l'enseignement de Jean de Pouilly contestait aux ordres mendiants le droit d'accorder l'absolution. Nul ne s'y trompa : plus que la rémission des péchés, le propos visait les offrandes consécutives au sacrement de pénitence. Mais il attentait à la juridiction supérieure, celle du pape, puisque le Saint-Siège avait approuvé les règles des ordres mendiants, ces règles qui exemptaient les frères de la juridiction ordinaire. Jean XXII convoqua Jean de Pouilly à Avignon, l'entendit fort sérieusement et, le 24 juillet 1321, le condamna. L'affaire fit long feu. Il y avait bien pis.

On n'en parlait pas moins de réforme, et la prétention des mendiants à échapper aux règles de l'Église hiérarchique alimentait les indignations. Les franciscains furent les premiers touchés par l'exigence de discipline qu'il fallait bien leur rappeler. Ils avaient eux-mêmes, en suscitant la controverse publique sur la propriété dont nous allons reparler, rendue inévitable l'intervention du pape. La rébellion du général de l'ordre donna à l'affaire une couleur dramatique. Elle ne mit fin ni au malaise créé par ces spirituels que l'Inquisition ne put que condamner comme hérétiques sans parvenir à les convaincre, ni au traumatisme causé à l'ordre dans son ensemble. Au mieux Benoît XII, imposant le 28 novembre 1336 par la bulle *Redemptor noster* une nouvelle constitution, ramena-t-il un peu de paix dans les couvents.

S'il n'y avait pas chez les dominicains le conflit fondamental qui était alors bien près d'emporter l'ordre rival et si, de ce fait,

Jean XXII leur témoignait quelque faveur, l'indiscipline n'était pas moindre chez les prêcheurs que chez les mineurs. Le rôle dévolu à l'ordre – par saint Dominique lui-même – dans la répression de l'hérésie et la mission qu'il s'était fait reconnaître dans l'enseignement universitaire favorisaient des prises de position qui ne devaient rien au magistère pontifical. C'est ce souci d'originalité qui poussa les frères prêcheurs à refuser un droit de propriété – notamment sur leurs couvents – que voulut leur reconnaître en 1337 le pape Benoît XII et qui eût fait de l'ordre de saint Dominique un monachisme de type traditionnel. L'affaire traîna et c'est à Innocent VI qu'il revint d'imposer en 1360 une réforme en soutenant le maître général Simon de Langres que son chapitre avait déposé pour mettre fin à ses initiatives réformatrices. Les résultats de cette réforme demeurèrent cependant modestes. Grégoire XI acheva l'œuvre en cassant les privilèges des frères prêcheurs et en plaçant au-dessus de la hiérarchie interne un cardinal chargé de veiller au bon ordre.

Les structures du monachisme traditionnel rendaient plus difficile l'action pontificale à son endroit, chaque abbaye bénéficiant d'une autonomie de gouvernement qui laissait peu de place aux interventions extérieures. Benoît XII put cependant, en 1336 et 1340, rappeler aux bénédictins l'obligation de travail intellectuel : c'était l'une des dispositions essentielles de la règle de saint Benoît. De même, cistercien lui-même, mit-il l'ordre de Cîteaux – parfois de force en déposant quelques abbés – en demeure de respecter l'esprit et la lettre de la *Charte de charité* qui était sa constitution.

La floraison des années 1100 avait porté ses fruits au xiiᵉ siècle. Deux siècles après, elle était facteur de confusion. Des ordres comme Grandmont s'étiolaient cependant que les chapitres de chanoines réguliers oubliaient les principes mêmes de la règle dite de saint Augustin. Jean XXII multiplia les actions ponctuelles, remplaça abbés et prieurs, fit contrôler la gestion des temporels. Benoît XII rappela aux uns et aux autres leurs obligations. Tout cela n'était qu'une suite de retouches.

Il faut citer ici les initiatives prises par la princesse Brigitte de Suède et sa fille Catherine. Brigitte, dont on dira la place qu'elle tint dans les controverses politiques de la papauté, avait créé en

1346 à Vadstena (auj. Västergötland) un monastère double pour des hommes et des femmes qu'elle soumit à une règle qu'approuva en 1370 Urbain V à la condition que les dispositions en fussent calquées sur celle de saint Augustin, c'est-à-dire celle des chanoines réguliers, et que les deux monastères fussent parfaitement distincts. Catherine, qui succéda à sa mère quand celle-ci mourut en 1373, fit reconnaître en 1378 un ordre proprement féminin, placé sous l'invocation du Saint-Sauveur, que représentaient dès la fin du siècle une trentaine de couvents en Scandinavie et en Allemagne, mais aussi en Angleterre et même à Florence et à Rome. L'une et l'autre avaient tenu une place modeste dans les préoccupations des papes d'Avignon, Brigitte en vivant à Rome, Catherine en choisissant très normalement, après 1378, l'obédience de Rome.

LES PAPES ET LA THÉOLOGIE

Pour la plupart, les grandes controverses théologiques des siècles passés avaient épargné la papauté. Si l'on excepte les fortes interventions de Charlemagne – la condamnation de l'adoptianisme, l'insertion du *Filioque* dans le symbole de Nicée, c'est-à-dire dans le *Credo* de la messe – les décisions dogmatiques avaient été prises par des conciles. Jusqu'à la réforme grégorienne, ç'avait été le temps des conciles locaux, assemblées diversement convoquées et composées, réunissant en général évêques et abbés d'une ou plusieurs provinces, voire d'un royaume. Rares étaient les cas que leur importance ou les circonstances faisaient venir devant le pape. Les choses avaient changé quand était revenu le temps des conciles œcuméniques. Ils avaient connu leur apogée avec ceux de Latran en 1215, de Lyon en 1245 et encore de Lyon en 1274. Les décisions y avaient alors été prises en accord entre le pape et la communauté de l'Église que représentait le concile.

Après le concile de Vienne, on ne parle plus de soumettre la doctrine au concile, non plus que de faire juger par lui les propositions hérétiques. À la centralisation politique et administrative organisée par Jean XXII et ses successeurs répond la centralisation dogmatique. Les universités ne font que formuler des avis, que la plupart du temps personne ne leur demande. Les débats universitaires ne dépassent pas le cadre des collèges. Ainsi en va-t-il de celui qui, au temps de Jean XXII, agite les maîtres parisiens autour de l'omniscience de Dieu, donc de sa présence aux événements par-delà le temps et de sa relation au futur éventuel. Parmi les papes qui se succèdent à partir de 1305 les théologiens reconnus sont rares. Clément V, Jean XXII, Innocent VI et Grégoire XI sont des juristes, comme le seront au temps du Schisme Clément VII et Benoît XIII. Gradué en théologie grâce à une dispense, Clément VI ne passe pas pour un expert en l'Écriture sacrée, *in Sacra Pagina* comme on dit en latin. Le seul vrai théologien, c'est le pieux Benoît XII, que sa modestie naturelle ne porte pas aux actions d'éclat.

L'effacement de la théologie n'est pas le fruit du développement de la machine administrative et financière sous Jean XXII. Dante, déjà, au temps de Clément V, fait le procès d'un monde de clercs que les affaires du siècle détournent de l'Écriture. Et d'en accuser aussi Florence, la patrie dont il est exilé et qu'il tient pour responsable de la fabrication de la « maudite fleur », entendons : du florin et de ce qu'il représente. Mais c'est surtout aux docteurs de son temps qu'il en veut : on délaisse l'Évangile et les Pères de l'Église, on n'étudie plus que les décrétales. La pensée du pape et des cardinaux va là, et « non plus à Nazareth » (*Par.,* IX, 127-137).

Même si le propos semble paradoxal, il faut noter que la plus vive querelle qui surgit au sein de l'Église entre le temps de Jean XXII et celui de Grégoire XI, celle de la pauvreté évangélique, se traduit avant tout par des questions d'ordre canonique et des décisions à caractère disciplinaire. Alors même que s'affrontent le Saint-Siège et l'ordre de saint François, on voit les esprits s'enflammer sur le point de savoir si le droit naturel et le droit positif sont les deux maillons d'une même chaîne ou s'ils appartiennent à deux sphères différentes. Et l'affaire de la Vision béatifique dont nous reparlerons aura plus troublé la curie que les profondeurs de l'Église.

Le premier conseiller du pape en matière de doctrine, c'est évidemment ce personnage qu'on appelle le théologien du pape, normalement un dominicain, dont le rôle est d'assurer les prédications ordinaires, de gouverner les lectures, de répondre aux interrogations de chaque jour. Naturellement, il enseigne à l'Université d'Avignon, mais nul ne songe à le faire juge des affaires controversées. Au moins est-il parfois chargé de les instruire : ainsi en va-t-il quand en 1340 Benoît XII doit se faire une opinion sur le théologien lorrain Nicolas d'Autrécourt dont on a dénoncé l'enseignement en Sorbonne, par trop hostile à la pensée aristotélicienne et trop teinté d'ockamisme : le pape consulte d'abord le maître du Sacré Palais Arnaud de Saint-Michel, puis son successeur Raymond Durand. Un expert prêt à répondre est donc précieux.

Quant au confesseur du pape, d'abord pris chez les carmes puis chez les augustins et normalement promu sur-le-champ à l'épiscopat, nul ne saurait dire quels avis il donne, mais le fait qu'il gère la bibliothèque papale, qu'il organise la vie liturgique, qu'il veille sur les ornements et qu'il garde les objets du culte laisse penser que sa charge spirituelle n'est pas pour l'accaparer. Il a cependant, dans la préparation des cérémonies, à entendre et à réformer en cas de besoin les sermons qui seront prononcés en présence du pape et dont, de ce fait, les propositions pourraient passer pour approuvées par le magistère apostolique.

Le Sacré Collège, au contraire, devrait être là dans son rôle de conseil du pape. Même si le népotisme porte à la pourpre quelques prélats médiocrement doués ou trop jeunes, il est nombre de cardinaux dont la renommée intellectuelle n'est pas usurpée. Quinze prélats et docteurs constituent, sous la présidence du cardinal Guillaume Court, la commission qui juge en définitive Nicolas d'Autrécourt. On ira jusqu'à deux cents experts pour juger Jean de Roquetaillade. Malheureusement, les juristes sont, là encore, plus nombreux que les théologiens. Sur 66 cardinaux d'Avignon dont on connaît le passé universitaire, on a compté (B. Guillemain) 18 théologiens et 47 juristes. Un Piero Corsini, dont la bibliothèque personnelle, riche de 320 livres, atteste la large culture mais une culture surtout portée vers Ovide et Tite Live, Pétrarque et Boccace, n'a évidemment rien d'un docteur de l'Église. Corsini a été auditeur des causes, c'est-à-dire juge du pape. Pour ce qui est de la théologie, c'est autre chose. Giovanni

Orsini, lui, a l'honnêteté de se récuser quand on sollicite son avis. Mais les cardinaux sont à chaque occasion mis à contribution. Quand le pape entend parler d'une affaire de foi, d'un prédicateur douteux ou d'un simple illuminé, il charge trois ou quatre cardinaux d'en connaître. De même sont-ce des cardinaux qui mènent les enquêtes préalables aux canonisations. Naturellement, lorsque l'un d'eux est envoyé comme légat, il lui appartient de discerner les affaires dont il doit se saisir et celles qu'il doit renvoyer au pape.

Peu préoccupé de théologie, Urbain V n'en est pas moins attentif à la qualité de l'enseignement, et les privilèges qu'il accorde à la faculté de théologie de Toulouse en sont la preuve. Les contemporains sont surtout frappés par la décision qu'il prend en 1368 de transférer à Toulouse le corps de Thomas d'Aquin.

En pleine disgrâce et assez découragé pour ne pas achever son œuvre, l'auteur de la *Somme théologique* est mort en 1274 au monastère cistercien de Fossanova où il n'était que de passage alors qu'il se rendait au concile de Lyon, et on l'y a enterré avec discrétion. Trois ans après sa mort, 219 articles résumant plus ou moins la pensée aristotélicienne plus ou moins teintée d'averroïsme qu'est le thomisme ont été condamnés par l'évêque de Paris Étienne Tempier, et cela sans dire explicitement que la sentence vise en son ensemble l'enseignement de Thomas d'Aquin. Naturellement, les franciscains n'étaient pas pour rien dans la confusion organisée qui compromettait l'aristotélisme chrétien, c'est-à-dire le compromis entre la foi et la raison, avec l'aristotélisme outrancier d'Averroès. Les franciscains ont ensuite avivé les attaques directes contre le thomisme, et leur chapitre général a adopté en 1282 comme corps de doctrine le *Correctoire* de Guillaume de la Mare qui était une réfutation générale du thomisme. L'ordre de saint Dominique saura, très vite, régler ses comptes avec celui de saint François.

Dans l'immédiat, les couvents des frères prêcheurs, et notamment les Jacobins de Paris comme ceux de Toulouse, ont affecté d'ignorer la condamnation et continué d'enseigner la théologie selon Thomas. Ils ont même, en 1309, proclamé le thomisme doctrine officielle de l'ordre. Compte tenu du rôle des couvents

dominicains dans l'enseignement de la théologie, la décision était et demeurait lourde de conséquences.

La sentence de l'évêque n'a pas été confirmée à Rome, et Jean XXII n'a pas caché son inclination pour le thomisme, ou plutôt pour un ordre de saint Dominique qui fait contre-poids à l'hostilité des franciscains. Finalement, il passe outre aux querelles des théologiens. En 1317, il a fait ouvrir à Naples – où Thomas a en dernier lieu enseigné – l'enquête qui conduit à proclamer en 1323 la sainteté d'un Thomas d'Aquin que l'Église, par la grâce de Pie V, déclarera plus tard docteur de l'Église, ce qui vaudra au saint le surnom de « docteur angélique ». Apprenant la canonisation, l'évêque de Paris Étienne Bourret se donne le ridicule de déclarer solennellement que c'est par erreur que l'on a cru que la condamnation de 1277 pouvait toucher la doctrine du nouveau saint.

Thomas d'Aquin est donc devenu célèbre quand les dominicains font observer qu'il serait mieux à sa place dans une église de leur ordre que dans un monastère cistercien. Ils chargent alors leur maître général de mener, en évitant de susciter trop de protestations, une affaire qui pourrait créer quelques remous dans une Italie où l'on n'oublie pas que le saint était italien. D'aucuns feront d'ailleurs observer que, si Thomas a enseigné à Paris, on n'a pas entendu ses leçons à Toulouse.

Le choix de Toulouse ne tient d'ailleurs pas au saint. Il tient à l'ordre. Pour les frères prêcheurs, Toulouse demeure la ville où a été fondé l'ordre de saint Dominique, et le pape est sensible à l'argument. Et puis, alors qu'en 1368 il pense encore avoir définitivement ramené à Rome le Saint-Siège, il lui paraît adroit de donner à la France une compensation. À Fossanova, on agit donc vite et sans tapage. À Toulouse, en revanche, c'est en grande pompe que l'on accueille le corps dans cette église des Jacobins dont le parti architectural et l'ampleur témoignent de la volonté de puissance des fils de saint Dominique. On construira pour saint Thomas une magnifique châsse d'orfèvrerie.

Urbain V prend goût aux décisions théologiques qui ne l'engagent pas dans des querelles. L'année même où il décide du transfert de Thomas d'Aquin, il intervient dans l'expression liturgique de la foi. Le chant et la récitation du *Credo* étaient jusque-là réservés aux fêtes les plus importantes, celles du Christ, de la Vierge et des apôtres. En 1368, pendant son séjour à Rome, le pape étend ce rite à la fête de saint Jean Baptiste, le 24 juin, sachant pourtant fort bien que le Baptiste est le dernier des prophètes et non un apôtre. Ce n'est que préciser les hiérarchies sacrées. L'affaire ne causera guère d'émotion.

Dès le XIIIe siècle, la controverse sur la prédestination a agité quelques milieux universitaires. Saint Augustin a sévèrement dénoncé au Ve siècle l'hérésie du moine Pélage pour qui le Salut ne dépend que de la volonté de l'homme, ce qui réduit à peu de chose la grâce et par conséquent les sacrements. Reprenant le propos de saint Augustin qui conciliait la prescience de Dieu et la liberté de l'homme, Thomas d'Aquin a, dans la *Somme théologique*, formulé « l'ordination au Salut éternel » de certains hommes dans le plan divin, non sans reconnaître que Dieu permet à l'homme de ne pas s'inscrire dans ce plan divin. Il affirmait ainsi la valeur essentielle de la grâce, donnée à l'homme pour lui permettre de « mériter » librement la gloire, celle-ci étant la « cause finale » de la grâce.

À la suite de saint Bonaventure, les franciscains s'en sont mêlé. À Paris, Pierre d'Auriole se prononce en 1317, à l'encontre d'une détermination individuelle, pour une « élection générale » des hommes : Dieu veut le Salut de quiconque ne s'oppose pas à la grâce. Dans son enseignement d'Oxford et son commentaire des *Sentences* comme dans un traité *De la prédestination et de la prescience de Dieu au regard des contingents à venir*, Guillaume d'Ockam clarifie le problème dans un sens favorable à la prédestination et au rôle primordial des mérites individuels.

Chanoine de Lincoln et maître à Oxford avant d'être en 1349, deux mois avant sa mort, archevêque de Cantorbéry, le logicien Thomas Bradwardine s'est fait remarquer dès 1328 par un traité *Des proportions* qui introduit les mathématiques dans la philosophie naturelle et la théologie. Il réplique en 1344 dans un traité *De la cause de Dieu contre Pélage* où il réfute tout la pensée des néo-pélagiens. Bradwardine propose donc une relation du temps et de l'éternité qui doit beaucoup à Aristote, et il attribue le premier rôle à la grâce, donc à la volonté de Dieu. Il reconnaît toutefois que Dieu peut laisser à l'homme la liberté de ses actes.

L'augustin Grégoire de Rimini alimente encore le débat en 1344, récusant l'élection générale et formulant la thèse de la double élection particulière qui voit Dieu sauver certains et vouer les autres à la damnation.

Une observation s'impose : pour fondamentale qu'elle soit car elle touche un problème plus sensible pour tous les chrétiens que la querelle des universaux qui anime encore les facultés des arts au début du xve siècle, la controverse sur la prédestination et la prescience de Dieu n'a suscité aucune prise de position du Saint-Siège ou même des hiérarchies locales de l'Église. Même si la pensée de Thomas d'Aquin est en cause et même si les franciscains se mettent en avant, l'affaire n'a jamais pris les dimensions d'un affrontement des ordres. Et elle n'occupe qu'une place limitée dans les enseignements qui valent à Guillaume d'Ockam les difficultés que l'on sait. Au plus peut-on dire qu'Ockam n'a voulu demeurer étranger à aucun des débats de son temps.

Dans le sillage des deux principaux ordres mendiants, le xive siècle voit prospérer les tiers ordres, c'est-à-dire des formes de vie chrétienne proposées aux laïcs, hommes et femmes. Inspirés de la spiritualité des religieux, ils sont adaptés au maintien dans le monde et à la vie sociale. C'est dans ce contexte qu'il faut situer les deux grandes mystiques qui ont marqué le temps des papes d'Avignon : Brigitte de Suède et Catherine de Sienne. L'une et l'autre sont des personnages, Brigitte parce qu'elle est princesse, Catherine parce que, entrée dans le tiers ordre dominicain, elle bénéficie du soutien de l'ordre qui ira jusqu'à lui fournir secrétaires et confesseurs. Il est juste de dire que, si leurs incantations contre l'exil de la papauté loin de Rome ne passent pas inaperçues, si les interventions de Catherine dans les relations politiques des villes italiennes font quelque bruit et si les demandeurs d'une réforme de l'Église font quelque cas de leur aspiration à cette réforme, le Saint-Siège ne considère sur le moment leurs écrits mystiques, leur dévotion et leurs extases – Catherine écrit beaucoup et à toute la chrétienté – que comme l'expression d'élans très personnels. Au reste, les propos de l'une comme de l'autre n'appellent de la part du magistère aucun jugement, leur « mariage mystique » avec le Christ et l'itinéraire de l'âme vers son union avec la Sainte-Trinité ne constituant ni une doctrine ni même une position théologique. Le monde de clercs qu'est l'Église semble n'avoir guère mesuré la portée de ces exemples de spiritualité féminine.

Il se défie en revanche d'un prophétisme laïque qui, fondé sur une relation directe avec Dieu, fait peu de cas du rôle dévolu à l'Église hiérarchique. Opposant la lecture de l'Apocalypse à la prédication et tirant de cette lecture des perspectives eschatologiques, le prophétisme conduit souvent, aux yeux des clercs et en premier lieu du pape, à des visions illuminées de la société et du destin humain. Et le Saint-Siège ne se méfie pas moins des communautés de laïcs qui échappent souvent au contrôle de l'autorité.

C'est pourquoi Clément V et le concile de Vienne, puis Jean XXII condamnent les déviations doctrinales que l'on impute aux bégards et aux béguines et qui font approcher soit du catharisme soit des spirituels ces pénitents que l'on rencontre surtout en Allemagne, en Alsace et en Flandre. Le dominicain allemand que l'on appelle Maître Eckhart ayant, à l'intention de groupes de béguines et de bégards, développé un certain panthéisme et laissé entendre que les âmes pures sont quasi divinisées dès leur séjour ici-bas, Jean XXII fait étudier ses œuvres par une commission que préside l'archevêque de Cologne Heinrich von Virneburg et qui travaille dans la hâte car Eckhart n'a plus longtemps à vivre. Puis, par une bulle *In agro dominico* qu'il adresse à la province de Cologne, il condamne en 1329 vingt-six propositions qu'on trouve hérétiques. La treizième aurait suffi à convaincre.

> Ce qui est propre à la nature divine est également propre à l'homme juste et divin. Ce que Dieu fait, cet homme le fait. Il a, avec Dieu, créé le ciel et la terre, il a engendré le Verbe éternel, et Dieu, sans un tel homme, ne saurait faire quoi que ce soit.

L'affaire se complique du fait que, contrairement à tous les théologiens dans leurs écrits, Eckhart a, pour faire l'amalgame de la métaphysique néoplatonicienne et du thomisme en combinant scolastique et mysticisme, choisi de traiter de la doctrine en langue vulgaire, afin de se faire comprendre du peuple en passant outre à l'intermédiaire des prédicateurs et de leurs interprétations.

Et c'est sans doute parce que la pensée du dominicain ne saurait se répandre dans un monde universitaire qu'il ne cherche pas à toucher que le pape se contente de publier la condamnation à Cologne, Mayence et Strasbourg. Le reste de la chrétienté l'ignorera, et à plus forte raison la France et l'Italie.

LE CATHARISME

Depuis le temps des premiers « parfaits », le catharisme a bien changé. À la fin du XIIIe siècle, il est devenu une sorte de religion populaire et ses différences avec l'orthodoxie sont moins dans le dogme ou dans les règles de vie que dans un refus de la société telle que l'ont remodelée deux siècles de développement économique. Sauf dans le comté de Foix où les soutient le comte Roger-Bernard III, les cathares ne se rencontrent plus dans la bourgeoisie et son émanation que sont les consulats des villes languedociennes. Ils sont dans le petit peuple des villes et des campagnes. Menée par les dominicains Geoffroy d'Ablis à partir de 1305 et Bernard Gui à partir de 1307, l'Inquisition a, au début du XIVe siècle, intensifié la répression.

Si la papauté s'est, dès le temps d'Innocent III, directement impliquée dans la lutte contre l'hérésie albigeoise, jamais la crise provoquée par celle-ci n'a atteint l'Église universelle. C'est bien comme une déviation développée au niveau régional que l'on a vu ce catharisme qui a justifié les initiatives de saint Dominique quant à la prédication, nécessité la mise en place de l'Inquisition pontificale et renforcé les inquisitions diocésaines. Quelques essaimages en Lombardie et en Catalogne n'ont pas ébranlé le Saint-Siège. La dernière grande vague de condamnations, en 1312, n'a touché que 225 villageois de la région du Tarn, dont cinq furent envoyés au bûcher. Une autre sentence, en 1316, condamna 76 hérétiques, dont un seul à la peine de mort. Le Languedoc tremble encore, mais dans l'ensemble de la chrétienté ni l'orthodoxie dogmatique ni l'autorité pontificale ne sont menacées.

Juriste plus que prédicateur, Clément V n'aime guère les dominicains. Le 30 avril 1312, par la bulle *Multorum querela*, il rogne les pouvoirs d'une Inquisition dont il réprouve les excès et transfère une grand partie de ses prérogatives aux évêques, toujours juges ordinaires dans leur diocèse. C'est évidemment irriter les dominicains au moment même où la papauté va avoir besoin d'eux pour contrarier les assauts des franciscains. À peine Jean XXII est-il pape que Bernard Gui et Geoffroy d'Ablis le saisissent de leur protestation. À vrai dire, rares sont les évêques qui, comme Jacques Fournier – le futur Benoît XII – à Pamiers, ont réellement pris en main la répression. La responsabilité donnée aux évêques par Clément V ne peut être vraiment exercée que dans les petits diocèses. C'est à cette impossibilité que répond la décision prise par Jean XXII de remodeler la carte des diocèses de la France méridionale : la création de douze nouveaux diocèses rapproche des fidèles les centres d'observation et de répression.

Fournier s'emploie à en finir avec Bernard Délicieux, ce franciscain proche du catharisme qui ne cesse, avec des accents apocalyptiques, de prêcher contre l'Inquisition et contre les dominicains, et qui a déjà passé quelques années en prison pour s'être mêlé d'un complot contre Philippe le Bel. Le pape le fait venir à Avignon et, en mai 1317, le fait arrêter. Mais Jean XXII en est vite embarrassé : il le garde donc quelque temps en une captivité assez douce et le laisse finalement se retirer à Béziers. D'autres procès seront menés à leur terme. Bernard Gui officie jusqu'en 1324. En 1322 et 1323, Fournier et Gui jugent encore 166 cathares dont beaucoup sont renvoyés chez eux. Les bûchers se font rares, à la fois parce que Bernard Gui se montre modéré et parce qu'il y a de moins en moins de cathares. Encore la plupart des condamnés à mort sont-ils non des cathares mais des béguins. Le dernier parfait mort sur le bûcher est en 1321 Guillaume Bélibaste. L'Inquisition se saisit encore de quelques croyants. Les trois derniers sont brûlés à Carcassonne en 1329.

L'Inquisition, maintenant, juge surtout des morts que l'on exhume pour la circonstance et que leurs héritiers, s'il s'en trouve, peuvent défendre. Certains sont morts depuis un demi-siècle. Il en restera encore dix-huit à juger lorsqu'en 1331, diligentée par Jean XXII, une commission pontificale conclura à l'irrégularité de la procédure : si longtemps après les faits, on ne prouve plus rien.

L'aspiration à des formes de perfection n'a pas disparu pour autant. Certains se trouvent satisfaits de la spiritualité proposée par les ordres mendiants. D'autres, et jusque dans les couvents, sont prêts pour une nouvelle recherche, touchant moins que le catharisme les définitions dogmatiques et les approches théologiques du monde mais plus soucieuses de modes de vie individuels et communautaires conformes à l'Évangile.

LES SPIRITUELS

L'affaire des spirituels s'inscrit parmi ces conflits auxquels doit faire face la papauté si elle veut mener à bien la réforme de la vie religieuse, mais elle dépasse largement les contours d'une affaire de discipline à quoi son objet pourrait la ramener. Avec le mouvement né au sein de l'ordre franciscain, c'est l'orthodoxie dogmatique qui est ébranlée, et c'est à la fois comme refus de discipline et comme hérésie que Jean XXII et ses successeurs doivent traiter la rébellion de ceux qui se disent les spirituels à seule fin de souligner le crime qu'ils imputent à l'Église : l'oubli du message évangélique. Depuis les origines de l'ordre fondé par François d'Assise, on s'interroge sur la propriété des biens de l'ordre car, pour être voués à vivre de mendicité quant à leur subsistance quotidienne, cette mendicité ne saurait s'exercer sans un cadre. Quant aux couvents, ils ne peuvent être réputés propriété de ceux qui donnent à la quête. En écho à l'exigence d'absolue pauvreté manifestée par bien des frères, le monde entend aussi l'accusation d'hypocrisie formulée par les clercs séculiers qui voient la générosité des fidèles se détourner d'eux au bénéfice des mendiants. Dans un *Roman de la rose* qui demeure l'un des livres les plus lus des clercs comme des laïcs, le franciscain apparaît sous les apparences et le nom de Faux-Semblant. Clément V a cru mettre un terme à l'ambiguïté. En 1312, il faisait condamner par le concile de Vienne les thèses du franciscain provençal Pierre-Jean Olieu, qui se faisait appeler en latin Olivi, un théologien dont, quelques années plus tard, la *Postille* allait être condamnée pour une lecture peu orthodoxe de l'Apocalypse. En 1313, la bulle *Exivi de paradiso* a réaffirmé la nécessaire pauvreté de l'ordre comme des personnes et déclaré l'Église propriétaire des biens. Tout le monde n'a pas été convaincu qu'il n'y avait pas là une réapparition de Faux-Semblant.

L'affaire n'intéresserait que le monde des clercs si la société laïque n'était dans le même temps en proie aux incertitudes morales qui résultent de la discordance entre la doctrine de l'Église et les nécessités de la vie économique. Un malaise s'est installé à la fin du XIIIe siècle dans les élites urbaines, particulièrement perceptible dans ces régions de la France méridionale où l'Inquisition, qui s'attache encore aux relents de catharisme, se montre toujours vigilante à l'égard de toute déviation. Le béguinisme exprime alors chez les laïcs « un idéal de dépouillement qui traduit un malaise devant la richesse » (J.-L. Biget). Idéal, faut-il le dire, que l'on cherche à accommoder avec la pratique des profits réputés illicites. On ne peut s'étonner que les franciscains se montrent accueillants à ceux que tourmente la recherche du Salut hors des voies tracées par la hiérarchie.

Le drame s'ouvre en 1317 par une querelle dont l'objet ne va cesser de s'amplifier. Au début, ce n'est qu'une discussion sur le costume. Cela fait longtemps que, parmi les lointains disciples de saint François, on ergote sur le manquement à l'obligation de pauvreté que représentent la détention et le port d'un vêtement convenable. Le fondateur a voulu un vêtement simple, un vêtement grossier, non un vêtement en loques, répondent bien des franciscains aux radicaux qui affectent de ne porter que des robes élimées, déchirées, rapiécées. Généralisant le propos sur la pauvreté, les mêmes radicaux s'attaquent aux pratiques des couvents où l'on ne se contente pas de vivre des aumônes – on parle bien des ordres « mendiants » – sans rien posséder personnellement, et où les frères s'accordent le droit à une détention collective des moyens de survie que sont des provisions de blé, de vin et d'huile.

La querelle est ancienne. Elle tient aux nécessités de la vie quotidienne : saint François n'admettait que les dons en nature et la mendicité, mais ni les dons de vivres ni les aumônes ne permettent d'acquérir et d'entretenir les couvents. Elle tient aussi à l'évolution des vocations : on ne saurait prendre part à la vie de l'Église sans étudier, donc sans posséder des livres. Pour sortir de l'ambiguïté, et bien que saint François ait, « au nom de l'obéissance, interdit de mettre des gloses à la règle et à ses paroles », l'ordre a fait appel à l'interprétation du pape, lequel n'a pas manqué de faire observer que le testament de François d'Assise n'avait pas force de loi. Dès les lendemains de la mort du fondateur, les papes ont donc défini une doctrine commode : les biens sont donnés à saint Pierre, et le Siège apostolique les met à la disposition de l'ordre. Bien plus, par une bulle *Exiit qui seminat* du 14 août 1279, Nicolas III a rappelé que, sans posséder ni meubles ni immeubles, le Christ et ses apôtres avaient une bourse commune grâce à laquelle ils se mettaient au niveau des plus faibles. Bref, mendier n'est pas manger sur-le-champ chaque aumône.

Naturellement, il est dans l'ordre un courant de pensée qui récuse cette intervention de la papauté à l'encontre de la volonté de saint François. L'un de ces courants procède de la prédication de Pierre-Jean Olieu. Bien plus, Olieu a trouvé un argument auquel on peut difficilement répliquer : les statuts de l'ordre de saint François comportent l'obligation de pauvreté et le pape Nicolas III les a approuvés par la constitution *Exiit qui seminat*, en sorte que revenir sur la pauvreté est dire qu'un pape s'est trompé. Clément V est difficilement parvenu à empêcher les disciples d'Olieu de faire sécession de l'ordre. Sans les approuver, il leur a accordé quelques satisfactions, écartant en particulier de la curie le procureur de l'ordre, Bonagrazia da Bergamo, adversaire convaincu des radicaux. Mais ceux-ci, les spirituels, adeptes de la pauvreté absolue, se sentent de plus en plus mal à l'aise dans un ordre gouverné par ces partisans de la propriété communautaire que l'on appelle les conventuels.

Le ministre général des frères mineurs élu en mai 1316, Michel de Césène, s'inquiétant des menaces répétées de dissidence, donc d'éclatement de l'ordre, il en réfère au pape. Jean XXII, qui vient de rappeler Bonagrazia, n'hésite pas : le 7 octobre 1317, par la bulle *Quarumdam exigit*, il intime aux spirituels l'ordre de cesser immédiatement de se distinguer des autres franciscains par le vêtement. Pendant qu'il y est, il rappelle que l'obéissance est, avant la pauvreté, la première vertu des religieux. La bulle est notifiée le 12 à une délégation de soixante-quatre franciscains. Vingt-cinq d'entre eux, qui refusent dès le 6 novembre de s'incliner, sont déférés sur-le-champ à l'inquisiteur de Provence lequel, chose remarquable, est un franciscain, Michel Lemoine, connu pour son hostilité aux adeptes de la pauvreté évangélique. Pour la plupart, ceux qui se sont risqués à Avignon se soumettent. L'intervention pontificale n'a servi à rien. Les porteurs de guenilles qui se disent désormais « petits frères », ou *fraticelli*, en français « fraticelles », partent en guerre contre le luxe de la cour pontificale et plus généralement contre les compromissions de l'Église avec le monde. Bien plus, ils drainent maintenant les mécontents de tout genre, et l'on voit reparaître ici le frère Bernard Délicieux : lassé de méditer dans la solitude du couvent de Béziers et afin de mieux se faire entendre du monde entier, il a l'imprudence de venir à Avignon où, en mai 1317, Jean XXII le fait à nouveau jeter dans un cachot en attendant un procès qui, conduit par Jacques Fournier, s'ouvre en septembre 1319. Les griefs sont nombreux. Ils vont de l'insurrection contre la hiérarchie et de l'adhésion aux hérésies des spirituels à la trahison contre le roi de France – au bénéfice du roi de Majorque – et à la complicité dans un assassinat imaginaire de Benoît XI. Condamné à la prison, l'impénitent franciscain y mourra vite.

Dans ces circonstances, la canonisation de Louis d'Anjou vient en 1317 assez mal à propos. Le fils de Charles II d'Anjou avait renoncé à ses droits sur l'Anjou, Naples et la Provence, et s'était fait franciscain au couvent de Toulouse. Il était mort, évêque de Toulouse, en odeur de sainteté, mais certainement plus proche des spirituels que des conventuels, et nul n'aurait à Avignon lancé l'idée de l'inscrire au nombre des saints si son père, puis son frère le roi Robert n'avaient fait le siège du pape. Lors de l'enquête, bien des franciscains ont saisi l'occasion de faire l'éloge des vertus de pauvreté et d'ascétisme. La bulle de canonisation est restée discrète sur ce point et l'éloge du saint a gommé de manière étonnante les vertus qui faisaient sa réputation.

L'agitation des fraticelles donne une nouvelle actualité à divers mouvements dont le propos commun est, au moins autant que le retour à la pauvreté évangélique, la récusation systématique de l'autorité hiérarchique dans l'Église. Plusieurs s'étaient sentis confortés, vingt ans plus tôt, par le saint ermite Célestin V. On a donc vu prospérer, surtout en Italie et dans la France méridionale, les associations de béguins, de frères de la pauvre vie, de bizoches et de béguines qui, notons-le, n'ont que le nom en commun avec ceux qui peupleront plus tard les béguinages du Nord. Jean XXII décide alors de frapper un grand coup. On n'en est plus à parler de la robe. À deux reprises, le 30 décembre 1317 par la bulle *Sancta Romana* et le 23 janvier 1318 par la bulle *Gloriosam Ecclesiam*, il condamne les fraticelles et leurs émules et fulmine à leur encontre l'excommunication. Ceux qui refusent de se soumettre sont arrêtés et jugés. De nouveau, on allume les bûchers de l'Inquisition. Refuge des sympathisants laïques qui se recrutent surtout dans la couche aisée des populations citadines, le tiers ordre des béguins est supprimé.

Si l'Église en a fini avec les fraticelles, elle n'a pas répondu à la question de fond posée par les franciscains : l'obligation de pauvreté s'étend-elle à l'ordre en tant que tel ? Les textes fondateurs n'ont, à l'évidence, pas prévu que les frères mineurs, voués à l'apostolat dans les villes, devraient s'y loger autrement qu'en acceptant pour le temps de l'installation l'hospitalité de pieux fidèles. La solution « conventuelle » jusqu'ici admise, à savoir la dévolution à l'Église de la propriété des biens donnés à l'ordre et le simple usage de ceux-ci laissé aux maisons, n'a qu'un inconvénient : l'imbroglio juridique dans les relations avec les pouvoirs laïques comme avec les voisins. De la question pratique posée en 1317 pour les provisions de bouche on passe donc en 1322 à la question fondamentale – et qui touche à la théologie – du mode de vie apostolique. Le Christ et ses apôtres ont-ils possédé quelque chose ?

Le pape a pris la chose au sérieux. Pendant que l'inquisition de Narbonne condamne pour hérésie la thèse de l'absolue pauvreté du Christ, Jean XXII lance à travers l'Église – et non chez les seuls franciscains – une vaste consultation. Il prend l'avis des cardinaux, celui de nombreux prélats, celui de quelques théologiens réputés. Quatre consistoires se succèdent en mars 1332, où l'on entend non seulement les cardinaux mais aussi tous les prélats et tous les maîtres en théologie présents à la curie. Certains sont priés de consigner par écrit leur opinion. Louis Duval-Arnould a dénombré parmi ces experts choisis par le pape seize cardinaux dont deux franciscains, vingt-six évêques dont six franciscains et cinq dominicains, et neuf maîtres en théologie dont deux franciscains. On voit là quelques grands noms de la théologie dominicaine : le maître général des dominicains et le théologien du pape, mais aussi le patriarche d'Alexandrie Gilles de Ferrare et Durand de Saint-Pourçain. Bonagrazia da Bergamo représente le chapitre de l'ordre franciscain.

Quelques prélats se trouvent bien embarrassés, tiraillés qu'ils sont entre leur jugement et leur fidélité, quand ils ne le sont pas par le souci de leur carrière. Arnaud de Pellegrue est cardinal mais aussi protecteur en titre de l'ordre franciscain. Il hésite, finit par dire qu'il n'a pas d'opinion. Le pape s'en montrera agacé. Quant au cardinal-diacre Giovanni Caetani Orsini, il se tire d'affaire en déclarant froidement qu'il ne connaît rien à la théologie.

D'autres donnent d'abondance leur avis, et parfois sans qu'on le leur ait demandé. Les traités *De la pauvreté des apôtres* se multiplient sous la plume des cardinaux Guillaume Teste et Bérenger Frédol aussi bien que de Bonagrazia ou de François de Meyronnes. Un temps favorable aux fraticelles, puis résolument hostile, Frédol en écrit deux, Meyronnes trois, dont un pour montrer que la propriété appartient au droit positif né de la volonté des hommes, alors que le droit naturel qui traduit la volonté divine laisse toutes choses communes à tous. Le roi Robert, qui a habitué la cour de Naples à l'entendre prononcer des sermons, se prend maintenant pour un théologien et rédige un traité *De la pauvreté évangélique* dont la prétention irrite Jean XXII autant qu'elle satisfait le Florentin Giovanni Villani qui fait de Robert un « très grand maître en théologie et un philosophe insigne ». Le cardinal franciscain Vital du Four adhère sans nuances au parti des spirituels et se fait traiter d'hérétique par le pape, mais il est vrai qu'il s'attaque aux fondements de la société : le droit de propriété, écrit-il, est un fruit du péché, et son développement est le signe de la corruption de l'homme. Quant à l'évêque de Majorque, le carme Guy Terrien, il mêle tous les problèmes dans un traité *De la perfection de vie*. Le pape ne sait pas encore ce que sera la conclusion d'une aussi vaste enquête mais il penche lui-même pour une exégèse qui exclurait l'absolue pauvreté, ce qu'il montre quand il ne laisse pas s'exprimer devant le Consistoire quelques prélats franciscains.

LA RÉVOLTE DES FRANCISCAINS

C'est alors que, le 30 mai 1322, le général des frères mineurs, Michel de Césène, réunit à Pérouse un chapitre général où l'on invoque quelques témoignages propres à gêner le pape, comme ceux des cardinaux Bertrand de la Tour et Vital du Four, ou ceux de quatre prélats franciscains, les archevêques de Salerne et de Bénévent et les évêques de Lucques et de Caffa en Crimée. Le franciscain Bertrand de la Tour, ce théologien quercynois dont Jean XXII a fait un archevêque de Salerne et aussitôt après un cardinal, se montre tenté par la thèse radicale des spirituels, mais il mesure le risque d'une rupture entre l'ordre et l'Église et, rentré à Avignon, il se pose en médiateur. Au vrai, les positions des uns et des autres sont plus flexibles qu'il n'y paraît à la lecture des traités polémiques et elles ne sauraient se ramener à l'affrontement d'une thèse de l'ordre et d'une thèse du Sacré Collège. Se fondant sur une lecture critique de l'Écriture, Bertrand de la Tour qui fut naguère un exégète du Nouveau Testament défend avec vigueur une idée qui est au vrai un compromis : le Christ et les apôtres n'ont pas eu la propriété juridique de biens mais ont eu l'usage de ce qui leur était nécessaire. De cette idée chaque camp retiendra ce qui sert sa thèse. Ces approches n'empêchent pas le chapitre de Pérouse de déclarer, à l'instigation de Césène, qu'est parfaitement orthodoxe la thèse de la pauvreté évangélique et de se prononcer pour sa stricte observation.

Les réactions ne manquent pas, comme celle du dominicain Pierre de la Palu qui compose un traité dont la cible est explicite : *De la pauvreté du Christ et des apôtres contre Michel de Césène.* Le pape commence par refuser l'argument que tirait jadis Olieu de l'infaillibilité du pape en matière de dogme. Pour Jean XXII, ce serait nier la plénitude du pouvoir pontifical qu'interdire au pape d'interpréter et de réformer les décisions de ses prédécesseurs. Le 8 décembre, la bulle *Ad conditorem canonum* transfère donc à l'ordre franciscain la propriété des biens dont Innocent IV ne lui avait que laissé l'usage en attribuant la propriété à l'Église. Bien plus, Jean XXII ne s'en tient pas à une mesure juridique, quelque révolutionnaire qu'elle soit. Il donne une leçon de morale : l'important, ce n'est pas la pauvreté, c'est la charité, et l'absolue pauvreté ne permet pas la charité. Le 14 janvier, Bonagrazia proteste devant le Consistoire et réfute la bulle. Il est jeté en prison. Chacun le comprend, la guerre est déclarée.

Entre-temps, Vital du Four a sauvé son chapeau rouge en se rétractant. Les quatre prélats qui ne sont pas venus à résipiscence sont sanctionnés. L'archevêque de Salerne sera heureux de finir ses jours évêque de Sarlat.

Devant la violence d'une répression qui paraît à beaucoup disproportionnée par rapport à l'objet de la controverse, ce n'est plus une tendance au sein de l'ordre, c'est l'ordre de saint François dans son ensemble qui s'insurge. Les franciscains se placent hors du système juridique que constitue l'Église institutionnelle. Chacun comprend que de l'ordre on passe à l'Église : l'affaire est maintenant de dénoncer la richesse de l'Église et plus précisément celle de la papauté.

L'affaire des spirituels se confond alors, en la personne de Guillaume d'Ockam, avec les grandes controverses philosophiques qui secouent le monde universitaire. Ce franciscain anglais a développé, dans son enseignement à Oxford, une doctrine fortement marquée par un nominalisme renouvelé d'Abélard. Pour lui, l'universel n'existe pas, et les seules réalités sont les individus. L'homme ou l'arbre, cela n'existe pas. Il y a des hommes et des arbres. L'universel n'est qu'une appellation, un mot. Une telle conception du monde serait sans conséquences si elle ne touchait la définition même d'un Dieu unique en trois personnes. Alors que le dominicain Thomas d'Aquin s'est efforcé de concilier les concepts en mettant la foi à part du domaine rationnel, Guillaume d'Ockam prend la tête d'un courant de pensée qui ranime le nominalisme.

C'est pour cette doctrine qu'en 1323 le chancelier de l'Université d'Oxford l'a taxé d'hérésie. Jean XXII a voulu l'entendre et l'a convoqué à Avignon. Guillaume d'Ockam, qui a un tempérament de polémiste, soutient dès son arrivée en 1324 les positions de ses frères sur la pauvreté. Les deux combats n'ont aucun lien philosophique ou doctrinal. Ils se trouvent liés par la personnalité du maître d'Oxford et par sa fidélité à un ordre dont il est alors la plus grande voix.

Plusieurs fois remise sur le chantier et enfin datée du 12 novembre 1323 et affichée le 14, la décrétale *Cum inter nonnullos* est le fruit d'une longue réflexion du pape et de ses conseillers, en premier lieu de Bérenger Frédol, réflexion nourrie par la consultation des prélats et des théologiens. Les deux partis adverses ont été lus et entendus, notamment le dominicain Durand de Saint-Pourçain et le cardinal Vital du Four qui fut provincial d'Aquitaine de l'ordre franciscain et n'a cessé d'en exposer, devant le Consistoire comme par des avis écrits, les points de vue. La bulle sera intégrée dans le livre des *Extravagantes*. Le pape y déclare solennellement que le Christ, vivant en pauvre, n'a pas renoncé pour autant à la propriété. L'ordre franciscain doit donc accepter la propriété de ses moyens de ministère et de subsistance. Guillaume d'Ockam s'obstinant, il sera confiné dans le couvent avignonnais des frères mineurs avec, bien entendu, interdiction d'enseigner le nominalisme. En 1326, cinquante et un articles formulant l'essentiel de sa doctrine seront censurés.

Michel de Césène renonce à espérer l'appui effectif d'un roi Robert que la raison politique retient d'un affrontement avec le pape et qui finira ainsi par décevoir les deux camps. À la fin de 1327, cherchant toujours à faire prévaloir un accommodement, Césène vient à Avignon où il se voit, à son tour, mis en résidence surveillée. Le maître général prend très mal la chose et fait consigner par acte notarié que le pape est illégitime et hérétique. Cette fois, on le met en prison.

Voyant poindre un procès, il s'évade en mai 1328 en compagnie de Guillaume d'Ockam et de Bonagrazia. Il ne peut plus que se ranger délibérément dans le parti des ennemis politiques du pape : il rédige contre lui un long réquisitoire, accusant notamment Jean XXII de s'être laissé circonvenir par les dominicains. On le retrouvera chez l'empereur Louis de Bavière, et partisan du pape imposé par celui-ci contre Jean XXII, Nicolas V. Autant dire que s'additionnent à la cour impériale les ressentiments d'origine politique, voire historique, et ceux qui tiennent à l'interprétation de la doctrine.

La crise trouve son dénouement quand un chapitre général où ne sont que les franciscains fidèles à la ligne fixée par le pape prononce la déposition du général et son remplacement. Michel de Césène mourra en 1348 sans avoir reparu sur la scène. Quant à Guillaume d'Ockam, hôte du couvent franciscain de Munich, il prendra la tête du mouvement dissident de l'ordre et ne cessera de prêcher et d'enseigner contre la papauté. En 1331, il réfutera la thèse du pape à propos de la Vision béatifique et ne pourra que se réjouir de la voir combattue au sein même de la curie. Il composera en 1338 un traité *Du pouvoir des empereurs et des pontifes*, et multipliera les correspondances avec les couvents de son ordre. Il y dénoncera aussi bien – comme Marsile de Padoue, qui s'en tient au droit politique et se garde de toute prise de position en faveur des spirituels – les prétentions du pouvoir pontifical à une supériorité dans le gouvernement des états, la richesse de l'Église et la confiscation abusive du système bénéficial que l'illégitimité des exigences fiscales et la lourdeur de l'appareil bureaucratique développé depuis l'installation du Saint-Siège à Avignon. Guillaume d'Ockam mourra à Munich en avril 1347.

À ce moment-là, les esprits se sont calmés. L'ordre franciscain survit à la crise, ne gardant en définitive que les esprits modérés parmi lesquels les nécessaires accommodements se font. Les radicaux ont fini par s'isoler dans leur opposition, et ils ne font guère souche. En 1354 encore, le mardi après la Pentecôte, les Avignonnais voient cependant conduire au bûcher deux franciscains « qui pensaient mal et notamment sur l'article de la haute pauvreté ». Trois ans plus tard, Innocent VI reçoit à Avignon l'archevêque d'Armagh, le théologien Richard Fitzralph, qui vient se plaindre des franciscains irlandais mais est surtout porté à leur reprocher d'empiéter sur les droits et prérogatives du clergé séculier. Le temps des querelles de théologiens semble s'achever, et revient celui des conflits corporatistes : l'Université de Paris a résonné, un siècle plus tôt, des griefs des maîtres séculiers et tout simplement des curés qui voyaient les frères mendiants accaparer la pratique et les offrandes des fidèles. L'archevêque irlandais mourra pendant son séjour à Avignon. La plainte en restera là.

Les conventuels ne sont pas fermés au point de vue des spirituels qui n'ont pas suivi le schisme de Césène et qui font des préceptes évangéliques de saint François une lecture attentive aux réalités économiques et sociales. Cette convergence conduit à l'acceptation sans réserve des décisions pontificales et à un refus de la propriété que tempère la nécessité des biens courants. On le précise clairement en 1331, cela touche même l'argent, dans la mesure où il paraît impossible de s'en passer. C'est ainsi qu'à Foligno en 1368 comme à Mirebeau en 1388 on voit s'esquisser une forme de vie religieuse qui emprunte au monachisme traditionnel autant qu'à un érémitisme dégagé de toute outrance. La crise est passée.

LA « VISION BÉATIFIQUE »

La question de ce qu'on a appelé la « Vision béatifique », c'est-à-dire la vue de Dieu, ne peut manquer de se poser. Les théologiens continuent de discuter du Purgatoire entrevu par saint Augustin et l'on sait que Dante ne craint pas d'y situer le tiers de sa *Divine Comédie*. L'apparition d'une mathématique de la religion, qui connaîtra plus tard son apogée mais qui sous-tend déjà les indulgences décomptées en jours et en quarantaines, conduit logiquement à imaginer une chronologie temporelle du Salut, ce qui est introduire la notion de temps dans la théologie des fins dernières. Deux citations alimentent, entre autres, le débat. « Tu seras avec moi ce jour même dans le Paradis », dit le Christ au bon larron. « Il viendra juger les vivants et les morts », énonce le concile de Nicée dont on récite à la messe le Symbole. Simplement formulée, la question est la suivante : le juste est-il admis dès sa mort à la vue de Dieu, ou doit-il attendre pour cela le Jugement dernier ?

Jean XXII n'est pas aussi bon théologien qu'il est bon juriste, et il ferait mieux de ne point mêler à chaud l'autorité apostolique à ce qui pourrait rester une querelle scolastique. On l'a naguère entendu dire, avec un grand bon sens, que mieux vaut chercher à imiter la pureté de la Vierge Marie que disserter sur sa conception. C'est dire que le pape se passionne peu pour les controverses, que les jeux intellectuels des universitaires lui paraissent souvent vains et qu'il ne craint pas, en tant d'autres occasions, d'avouer son incertitude, voire sa perplexité. Sans doute laisserait-il de côté l'affaire de la Vision béatifique si celle-ci ne se greffait sur une crise conjoncturelle : elle interfère fâcheusement avec l'agitation des spirituels. Bref, l'autoritaire Jean XXII a l'habitude d'aller rapidement à la décision, et cette réticence devant les ratiocinations le pousse à prendre trop vite parti. Dans sa prédication de la Toussaint 1331, il formule ce qui serait une hérésie dans l'enseignement d'un maître en Sorbonne et que l'Université de Paris rejetait déjà en 1241, mais qui pourrait bien constituer un scandale dans la bouche d'un pape.

Le 15 décembre, le pontife précise sa pensée : la béatitude ne saurait être atteinte qu'après la résurrection des corps. Le 5 janvier, un troisième sermon étend, *a contrario*, le raisonnement au séjour infernal : les démons et les damnés ne seront en enfer qu'après le Jugement dernier. S'il en allait autrement, dit le pape, le Jugement dernier, base de toute l'eschatologie savante et populaire, ne servirait à rien. C'est alimenter bien inutilement l'agitation des spirituels. Jean XXII ne mesure pas le retentissement d'une telle position : faire attendre aux justes le Jugement dernier, c'est les pousser au désespoir.

Les théologiens se partagent immédiatement, et la question met naturellement le feu à l'ordre franciscain. Il n'en est que quelques-uns, comme le maître général Guiral Ot, qui a pris la tête des conventuels, pour soutenir l'opinion du pape. D'ailleurs, ayant cru habile d'aller en Angleterre expliquer cette position, Ot a l'imprudence de s'arrêter à Paris et d'y prêcher aux Cordeliers une doctrine qui suscite l'insurrection immédiate du couvent. Contraint de s'en émouvoir, le roi Philippe VI réunit à Vincennes, le 19 décembre 1333, tous les prélats et tous les théologiens qui se trouvent à Paris. Ceux-ci confirment la réaction du couvent et l'écrivent à Avignon.

Pour la plupart, en effet, les franciscains manifestent une franche opposition. Ceux qui ont accompagné Michel de Césène et Bonagrazia da Bergamo dans leur rébellion ne manquent pas de crier à l'hérésie, et Guillaume d'Ockam n'est pas le dernier à accuser Jean XXII. Les fraticelles n'attendaient qu'une occasion pour élargir leur opposition à l'Église constituée et s'attaquer au pape dans le domaine de la foi : ils le dénoncent. Un soutien aussi inattendu qu'explicable leur vient de Louis de Bavière, rapidement porté à voir dans l'erreur de Jean XXII la justification de sa déposition. La « Vision béatifique » vient ainsi au secours de l'antipape Nicolas V.

Les franciscains ne sont pas seuls. Un dominicain aussi orthodoxe que Durand de Saint-Pourçain prend une position contraire à celle du pape. À Avignon même, Napoleone Orsini, qui cultive une amertume proportionnelle à sa perte d'influence et qui conspire volontiers depuis qu'il ne peut plus influer sur le cours des choses, parle presque ouvertement de faire juger le pape par un concile.

Il est dans l'entourage de Jean XXII un théologien sensé : le cardinal cistercien Jacques Fournier. Habilement, Fournier pousse le pape à changer d'avis : mieux vaut se déjuger qu'être traduit pour hérésie devant un concile, car nul ne pourrait, en pareil cas, voir dans la convocation d'un concile une simple manœuvre politique. Pour commencer, Fournier précise que le pape n'a parlé qu'en tant que théologien privé, non en tant que détenteur du magistère suprême de l'Église. Cette casuistique ne convainc naturellement personne : on condamne bien pour hérésie toutes sortes de théologiens qui n'ont parlé qu'en leur nom propre.

Avec honnêteté, le pape finit par où il aurait dû commencer : il interroge des évêques et des docteurs. Il finit par se rendre, mais ne se décide à la rétractation que la veille de sa mort. Le 3 décembre 1334, il fait donc devant les cardinaux une déclaration solennelle.

> Les âmes séparées des corps et pleinement purifiées sont dans le royaume des Cieux, au Paradis, avec Jésus-Christ, dans la compagnie des anges. Suivant la loi commune, elles voient face à face Dieu et l'Essence divine.

Jean XXII ne peut cependant s'empêcher de faire une restriction. Les âmes ne voient Dieu que « autant que le comportent l'état et la condition de l'âme séparée ». Il garde donc dans sa doctrine une frange d'incertitude. Le lendemain matin, le pape s'éteint. Pour apprécié qu'il soit car il pacifie les esprits, son revirement n'aura rien fait pour illustrer la fin de son pontificat.

Et c'est Jacques Fournier qui devient le pape Benoît XII. Sagement, il s'empresse d'en finir, et il l'annonce dès février 1335

dans son sermon de la messe de la Purification. En juillet, il fait
venir à Sorgues quelques théologiens et notamment le patriarche
de Jérusalem Pierre de la Palu, ce dominicain qui, à la fois théologien et canoniste, fut à Paris l'un des maîtres les plus réputés du
couvent des Jacobins. Les conséquences de la précipitation de
Jean XXII ont servi de leçon : Benoît XII prend conseil. Publiée
en Consistoire le 29 janvier 1336, la bulle *Benedictus Deus in
donis suis* met enfin le dogme au clair : c'est dès l'instant de leur
mort et donc sans attendre le Jugement dernier que les justes, qui
n'ont aucune faute à expier, voient la face de Dieu et que les
damnés sont relégués en enfer.

Cette définition dogmatique, sur laquelle l'Église ne reviendra
jamais, donne dans le plan du Salut une place des plus réduites à
ce Jugement dernier anecdotique et pittoresque qui a tant inspiré
en des variations diversement inspirées les prédicateurs, les poètes
et les artistes de l'époque romane. Bien avant la « Dévotion
moderne » et l'*Imitation de Jésus Christ* qui ne verra le jour qu'au
siècle suivant, la morale personnelle du chrétien l'emporte, dans
un rapport direct à Dieu, sur l'eschatologie collective du genre
humain. Encore faut-il préciser qu'il s'agit ici d'une querelle de
théologiens, et que les papes – sauf sans doute Grégoire XI
– n'ont guère marqué d'intérêt pour les questions de prière et de
dévotion. Même s'ils ne sont pas en état de garnir les églises
d'Avignon de reliques propres à nourrir la piété des fidèles, aucun
d'entre eux ne paraît avoir manifesté l'intention d'un pèlerinage
personnel. Les reliques de la chapelle pontificale constituent un
trésor plus qu'un objet de vénération. Les exercices religieux auxquels nous voyons les papes d'Avignon prendre part sont ceux
des fonctions liturgiques qui s'imposent à tout évêque.

C'est, semble-t-il, sans grand rapport avec la question de la
Vision béatifique que se développe alors une pratique pieuse : la
prière pour les « âmes du Purgatoire ». Dans la querelle qui a
animé la cour pontificale, on a peu parlé du Purgatoire, mais le
monde des religieux, celui des ordres mendiants et celui des universitaires, n'a pu qu'avoir présentes à l'esprit ces âmes en attente
de la vision de Dieu. Prier pour elles est la conséquence logique
de ce regain d'intérêt pour un Au-delà qui s'est longtemps réduit
à l'opposition du Paradis et de l'Enfer. Pour le peuple qui regarde

le Jugement dernier des tympans historiés, il n'y avait qu'une alternative. Il n'y en aura pas d'autre, au siècle suivant, dans les différentes interprétations du *Mystère de la Passion*. À entendre les prédicateurs, cependant, le Salut paraît désormais moins simple. Les initiatives viennent donc du peuple chrétien, non du magistère ou des universités. Elles sont faites non de déclarations doctrinales mais d'œuvres de piété comme, en premier lieu, les legs nominatifs pour des messes que la nouvelle pratique de multiplication des gestes de dévotion conduit à programmer au fil des années. De plus modestes offrandes, anonymes celles-là, sont récoltées par des quêtes ou par des troncs, tous moyens qui procèdent, eux, de l'initiative du clergé local dans les paroisses comme dans les couvents.

On n'en est que plus étonné qu'Avignon apparaisse, à partir des années 1330, comme le point de départ de cette pieuse pratique en Provence, en Languedoc et dans la vallée du Rhône. Un premier legs est fait à Avignon en 1333 et une première confrérie est fondée en 1343 aux Célestins d'Avignon. La curie n'est pas absente quand en 1365 le haut clergé de la région, réuni à Apt sous la présidence de Philippe Cabassole, répond favorablement à un curé qui demande qu'on accorde des indulgences à ceux qui, certains jours de fête, prieront dans son église pour les âmes du Purgatoire.

CHAPITRE X

Une capitale

Le pape ne pouvait continuer d'habiter chez son vassal, le comte de Provence fût-il roi de Naples. Les villes et les résidences du Comtat, qui accueillaient facilement le séjour estival d'un pontife accompagné de quelques proches, n'étaient évidemment pas capables d'héberger la curie, du Sacré Collège aux services domestiques. La chance servit Clément VI : pour son retour à Naples, la reine Jeanne, comtesse de Provence, avait besoin d'argent. Le 9 juin 1348, Clément VI lui achetait pour 80 000 florins la seigneurie d'Avignon. Comme la ville était en terre d'Empire, il fallait le consentement de l'empereur Charles IV. Celui-ci ne le refusa pas et accorda même que la seigneurie fût désormais tenue pour franc alleu, et non pour fief comme l'était toute terre de l'ancien royaume d'Arles passée dans le Saint Empire. Le pape ne devrait donc ni hommage, ni fidélité, ni services. À la façade de la maison commune, près de Saint-Pierre, on martela les armes de la reine Jeanne et on sculpta celles du pontife. Celui-ci était désormais chez lui, en toute liberté et en toute sûreté, ce qui n'était pas vraiment le cas à Rome.

Les Avignonnais mirent quelque temps à accepter la chose. Ils troquaient un maître qu'ils ne voyaient jamais pour un maître très présent. Clément VI eut l'habileté de ne rien brusquer. C'est seulement en avril 1358 que les deux syndics, un noble et un bourgeois, jurèrent fidélité au Saint-Siège. Innocent VI et le camérier Étienne Cambarou promirent alors de respecter les anciennes libertés. À la suite, pendant deux semaines, tous les citoyens défilèrent pour jurer. On compta sept chevaliers et six damoiseaux, mais aussi 798 citoyens dont quelques Lombards, et 201 juifs : au total, dix ans après la Peste noire, il y avait à Avignon 1 062 chefs de famille représentant autant de feux qui pouvaient grouper autour de 5 000 personnes.

On passa ensuite à la conséquence : le pape imposa sur la ville des gabelles, qu'il justifia par la nécessité d'assurer la défense d'Avignon sans la mettre à la charge du Siège apostolique. Il y eut des gabelles sur le vin et le sel, qui devaient se perpétuer, et une gabelle, plus épisodique, sur toutes les marchandises qui entraient en ville. On passa immédiatement outre au principe annoncé : le pape se réserva la plus grosse part du revenu des gabelles, ne laissant à la ville, selon les années, qu'un tiers, ou quart ou même un sixième, pour assurer l'entretien des remparts, des rues et des chemins, ainsi que la garde des portes. Comme partout ailleurs, les gabelles furent affermées à des marchands, dans des conditions qui provoquèrent bien des protestations et poussèrent Urbain V à instaurer pour un temps une régie directe en chargeant de la recette un clerc de la Chambre apostolique. La ferme revenue, on l'adjugea dans des conditions qui de nouveau pouvaient « parfois sembler équivoques » (A.-M. Hayez). Clément VII, en 1382, se vit tenu de préciser que la ferme récemment concédée n'avait pas de caractère usuraire. Sans doute murmurait-on en ville. Mais les gabelles étaient de bon rapport : bon an mal an, celle du vin rapportait 30 000 florins,

L'empereur avait quand même à rappeler sa souveraineté sur le royaume d'Arles. Un franc alleu n'y échappait pas. Charles IV saisit l'occasion de la visite qu'il fit à Urbain V. Le 5 juillet 1365, il reçut la couronne à Saint-Trophime d'Arles, ce à quoi l'archevêque Guillaume de la Garde se prêta de bonne grâce, trop heureux de voir ainsi son siège valorisé. Le prélat comme le pape jugèrent que, d'un point de vue politique, c'était là une formalité sans importance.

CURIALISTES ET COURTISANS

Une capitale, cela veut dire une population hétérogène et cosmopolite. Il y a les clercs qui, du cardinal au simple fonctionnaire de l'administration pontificale, participent au gouvernement de l'Église. Viennent en tête de cette cour pontificale les hauts personnages du gouvernement de l'Église et de l'entourage laïque ou ecclésiastique du pape. Le personnel ecclésiastique est en nombre : le pape a une trentaine de chapelains – sans compter une centaine de chapelains d'honneur qui ne sont pas astreints au service de la chapelle – et chaque prélat a les siens. Du protonotaire, des notaires et des registreurs de la Chancellerie aux clercs de la Chambre apostolique et aux employés d'écriture de la Pénitencerie, les clercs chargés de tenir les registres et de rédiger les actes sont dans tous les services. On les rencontre dans des fonctions qui n'ont rien d'ecclésiastique, et l'ancien moine Benoît XII ne voit pas de meilleure organisation pour la curie que celle d'un monastère où les religieux se partagent les tâches, même matérielles. Les frères convers sont faits pour cela, et ce sont deux convers cisterciens, venus de son ancien monastère de Boulbonne, qu'il met à la tête de son écurie. Urbain V, lui, ne cache pas ses raisons : il pense imposer plus aisément à des clercs les exigences morales qui permettront de citer la cour pontificale en exemple.

Cela n'exclut pas le personnel laïque, du maréchal de la Cour aux menus officiers des services domestiques. Dès 1320, on compte autour de Jean XXII cent huit écuyers, et tous les services du Palais, comme toutes les livrées, ont chambriers, cuisiniers ou palefreniers. Et, si l'on tient registre des entrées et sorties de la Trésorerie, on n'en tient pas moins ceux des provisions de bouche. Quelques fonctions ne sont pittoresques qu'à nos yeux. Nul ne s'étonne à l'époque que le pape ait un gardien du chameau et un gardien des cerfs, alors que le roi de France a un gardien du lion. Au total, la cour comprend de trois à quatre cents personnes.

Très vite, Avignon attire les jeunes clercs en mal de carrière. Si l'on ne trouve pas un emploi chez le pape, on le trouve parfois chez un cardinal qui ne saurait tenir son rang sans un entourage de « familiers commensaux » qui savent très bien faire valoir leur dévouement à un maître dont l'influence et donc le prestige se mesurent pour une part à ce qu'il est capable d'obtenir pour ses protégés, qu'ils soient ou non des neveux ou des compatriotes. Le cardinal constitue donc, en les retenant par lettres patentes scellées et en leur conférant ainsi un statut reconnu, une *familia* de clercs et de laïcs qu'il loge dans sa propre maison – sa livrée – et auxquels il assure une rémunération régulière en espèces, des cadeaux en espèces et en nature, une part notable de leur habillement et une protection qui comprend naturellement l'intercession pour leurs éventuelles suppliques au pape. Guillaume Teste a 56 familiers en 1326, Guy de Boulogne en a 56 en 1362, Anglic Grimoard en a 57 en 1378. À ces chiffres il conviendrait d'ajouter les domestiques propres des familiers. Un camérier gère la vie matérielle de cette sorte de « famille artificielle » (P. Jugie) et un auditeur veille à la justice interne.

Le dévouement d'un familier au cardinal son maître n'interdit d'ailleurs nullement de montrer quelque entregent au profit des princes. On a dit le rôle de Simon de Pise, chapelain de Napoleone Orsini mais aussi homme de confiance du comte de Flandre et de son fils Louis de Nevers dans leurs difficiles négociations avec la curie. Secrétaires, lecteurs, chapelains, conseillers se multiplient donc auprès des princes de l'Église. Les uns trouveront ensuite place dans la curie, à la Chancellerie, à l'Audience des causes, voire à la Chambre apostolique. D'autres glaneront les évêchés, ou à tout le moins les prébendes de chanoine.

Significative est la carrière de Jean de Murol, que Robert de Genève rencontre parmi les familiers de Guy de Boulogne. Murol suivra dans sa légation en Italie un Robert de Genève qui lui fera obtenir l'évêché de Genève sur lequel, comme frère du comte de Genève, il a quelque droit de présentation. Il sera cardinal en 1385. Devenu le pape Clément VII, son ancien protecteur le chargera d'importantes missions financières. Dans les moments difficiles des débuts de l'obédience avignonnaise du Grand Schisme, il aura la charge de s'assurer sur place de la fidélité et de l'efficacité des collecteurs de la France de langue d'oil, de négocier de nouvelles ressources, d'obtenir les subsides grâce auxquels le pape d'Avignon pense encore l'emporter par la « voie de fait », autrement dit par la guerre. Il aura, chemin faisant, amassé une énorme fortune. Il lui sera arrivé de financer de sa cassette la politique du pape auquel il doit tant.

Sur 2 224 curialistes identifiés par Bernard Guillemain pour les années 1305-1378, on ne s'étonne pas de trouver 1 552 Français, toutes origines régionales confondues. Cette écrasante majorité (70 %) ne saurait cependant être appréciée hors d'une considération : nombreux dans l'entourage du pape et dans tous les services, les Français forment 90 % du personnel des services domestiques et 80 % des corps de garde pour lesquels, bien évidemment, les papes recrutent volontiers parmi leurs compatriotes, ne serait-ce que pour ne pas voir bouleversées leurs habitudes de vie et leurs préférences alimentaires. En forte majorité sous Clément V, les Gascons disparaissent peu à peu, et on n'en rencontre plus un seul sous Grégoire XI. Les Italiens, au contraire, demeurent nombreux sous Clément V et Jean XXII, qui sont attentifs à la continuité des services administratifs : lorsqu'il s'agit d'assumer des compétences précises, on ne fait pas venir un Gascon ou un Quercynois qui n'a jamais pratiqué la curie. C'est donc seulement sous Benoît XII que le nombre des Italiens va diminuant dans l'administration pontificale, mais ils sont encore très présents jusqu'au temps d'Urbain V. Au total, on aura vu 521 Italiens dans la curie d'Avignon. Quant aux Espagnols, qui auront été 50, leur nombre toujours modeste demeure à peu près égal d'un pontificat à l'autre. Pour compléter ces chiffres, on trouve 24 Anglais et 69 originaires des terres d'Empire, surtout d'Allemagne.

Tous les jeunes gens qui gravitent autour des cardinaux, du camérier, du maréchal de la Cour ou des parents du pape ne recevront pas le chapeau rouge. Tous peuvent en rêver. En attendant, ils se font des relations et tentent de gagner quelque bénéfice. Alors que les études universitaires assurent de moins en moins à une pléthore d'étudiants l'accès aux offices de l'administration et de la justice royales, se faire abriter chez l'un des grands de la cour pontificale apparaît une voie moins incertaine vers le succès. Plus que des grades universitaires qui ne sont vraiment considérés que pour l'accès à l'Audience des causes et à la Pénitencerie comptent ici les recommandations. Un oncle ou un cousin en place est évidemment le meilleur introducteur. Le recrutement familial est presque de règle dans certains services. Quand un sergent d'armes ou un palefrenier fait venir son fils, son neveu ou un garçon de son village, il ne fait que suivre l'exemple du pape qui confère la pourpre à ses parents et à ses compatriotes.

Il y a ensuite les courtisans, ces gens qui, à un titre quelconque, ont affaire avec la cour et ressortissent peu ou prou de la juridiction du maréchal de la Cour. C'est notamment le cas des opérateurs économiques, du banquier attitré au fournisseur occasionnel en passant par l'artisan familier. Lors du recensement de 1371, on recense 129 tailleurs et 115 savetiers, 71 fourniers et 63 bouchers, 47 merciers et 44 épiciers, mais aussi une gantière, un bonnetier, un marchand de paille et un fabricant de gâteaux au lait. Et 282 hommes de peine ou manouvriers non spécialisés disent bien qu'un courtisan n'est pas nécessairement un notable. La clientèle tant permanente qu'en séjour occasionnel justifie 97 taverniers, 54 hôteliers et 8 aubergistes. L'ensemble des courtisans forme, à la veille du départ de Grégoire XI, les trois quarts de la population.

S'y ajoutent les intermédiaires professionnels, en premier lieu les hommes de loi. Quelques avocats devant le Consistoire, nommés par le pape, ont le droit de prendre la parole en présence du pontife. Les avocats en Cour romaine, plus nombreux, sont les nécessaires praticiens des procédures devant l'Audience des causes et devant celle des lettres contredites. Ils partagent avec les procureurs la charge des formalités à accomplir à la Chambre apostolique et à la Trésorerie, ainsi que celle de la présentation des suppliques et de leur entretien jusqu'à la réponse pontificale. Bien entendu, les mêmes praticiens sont aussi devant la cour du maréchal ou devant les juridictions communes d'Avignon et du Comtat. Avocats – souvent italiens – et procureurs entretiennent des clientèles faites de prélats lointains aussi bien que de curialistes, voire de financiers ou de négociants, ce qui ne leur fait pas mépriser les affaires des simples habitants d'Avignon.

Pour les uns comme pour les autres, la clientèle a ceci de particulier qu'elle est notamment faite de clercs de tout l'Occident, lesquels n'ont pas nécessairement les moyens de venir à Avignon aussi souvent et d'y demeurer aussi longtemps qu'il faudrait. Certes, il est devant le Parlement de Paris des procureurs dont la clientèle est à Toulouse ou à Lille, mais les clients des hommes de loi établis près la curie peuvent être à Séville, à Édimbourg, à Hambourg ou à Palerme, et l'on voit des procureurs se spécialiser dans les affaires anglaises, bavaroises ou castillanes. Plus que d'autres, les avocats et les procureurs sont à Avignon des représentants permanents. Déjà cité, le procureur Thomas Le Pourri, qui a dans sa clientèle le roi de France, l'Université de Paris et une dizaine d'évêques et d'abbés, se sera, sans compter d'autres démarches qui nous échappent, rendu à la Trésorerie vingt-quatre fois en treize ans pour son client l'évêque de Langres et trente-deux fois en quinze ans pour l'abbé de Saint-Loup de Troyes.

Si les clercs, les églises et les universités constituent, pour bien des raisons, l'essentiel de la clientèle des avocats et procureurs, les princes ne peuvent se passer d'un procureur, parfois à demeure, souvent envoyé pour une démarche. Bernard de Bari est, selon les affaires, le procureur du roi de France ou du roi d'Angleterre, de l'abbaye de Wendling, de l'évêque de Sarlat ou de celui de Limoges. Mais le roi de France dépêche aussi à l'occasion l'un de ses hommes de loi, notaire royal ou secrétaire, quand il ne donne pas procuration à un scribe de la Chancellerie pontificale ou à tel familier d'un cardinal lié à la cour de France. Il est donc des procureurs de métier et des gens agissant épisodiquement en vertu d'une procuration. À certains égards, se recouvrent les fonctions du procureur, de l'ambassadeur et du simple envoyé. On aura vu, dans ce rôle, le chevalier du guet et le cuisinier du roi. Très divers sont donc ces gens, clercs ou laïcs, que des princes, des communes, des prélats, des chapitres ou des monastères entretiennent à Avignon pour veiller sur leurs intérêts et, ce n'est pas une mince responsabilité, les informer. Pour le roi d'Aragon, on parle d'ambassadeurs. Pour Hambourg ou Florence, on parle de procureurs. Les vraies différences ne sont pas dans les appellations mais dans les niveaux d'entregent.

Autres hommes de loi, les notaires publics sont de plus en plus nombreux, au point de susciter le mécontentement des procureurs. Investis pour la plupart par autorité apostolique mais bien distincts des notaires du Saint-Siège qui officient à la Chancellerie et de ceux qui servent de secrétaires aux cardinaux, ces notaires publics sont indispensables pour tous les actes qu'exigent en ville les activités commerciales et financières, mais aussi pour les démarches à accomplir auprès de la curie, et ce n'est pas par hasard que cinquante-cinq notaires opèrent en 1352 « dans des officines proches du palais ».

Quant aux changeurs et aux banquiers, ils trouvent une clientèle cosmopolite faite des gens de passage et de ceux qui ont gardé des intérêts dans leur région natale. Tel qui cherche des florins de la Chambre pour payer ses communs services les trouve plus aisément chez le changeur avignonnais que dans son diocèse d'origine. Des bénéfices en Angleterre, cela fait d'un cardinal qui dépense son revenu à Avignon le tributaire d'un banquier capable d'assurer les transferts.

Autant dire que toutes les nationalités sont là présentes, avec une forte dominante de Français et d'Italiens, mais on voit aussi des Espagnols et quelques Anglais, notamment parmi les juges de l'Audience et parmi les juristes de la Pénitencerie. Même si la plupart des clercs sont capables de s'exprimer en latin, ou du moins dans un latin de base riche de formules habituelles, il reste une large part de la population permanente ou flottante pour n'user que de langues vernaculaires. Avignon est, plus encore que Paris, une ville où l'on entend bien des langues.

Naturellement, cette population a rendu nécessaire l'organisation d'une police. Ce sont les sergents du maréchal de la Cour. Il n'empêche que la coexistence de citoyens d'Avignon et de curialistes du pape ou de simples courtisans pose quelques problèmes, notamment en matière de juridiction. Car ces gens vivent ensemble, travaillent souvent ensemble et ont inévitablement des intérêts croisés. Il faut à plusieurs reprises assurer que les courtisans sont bien tenus pour des habitants normaux, et que les citoyens ne perdent pas leur droit s'ils se mêlent des affaires de la curie. Le départ pour Rome obligera, on l'a dit, Urbain V comme Grégoire XI à une révision de l'équilibre des statuts juridiques.

Lorsque, après le départ de Grégoire XI pour Rome, on recense ceux qui restent à Avignon, on trouve 1 471 citoyens et 2 359 courtisans. Parmi ces courtisans, certains jouissent d'un statut particulier et d'une juridiction spéciale : ce sont les « citoyens de la Cour romaine », qui ne sont pas nécessairement les plus huppés puisqu'on y trouve bien des domestiques employés au palais et dans les livrées cardinalices. À tout ce monde il faut bien évidemment ajouter les Avignonnais de récente implantation, car la présence du pape a développé les emplois de toutes sortes, et bien des habitants du Comtat ou de la proche Provence viennent chercher fortune au voisinage du rocher des Doms. Avec les Avignonnais fixés depuis au moins une génération, ces gens venus du voisinage représentent à peu près le tiers de la population.

On voit assez naturellement, surtout parmi les artisans, des gens originaires d'une large bande méridienne qui s'étend de la Provence et du Dauphiné jusqu'en Champagne, en Bourgogne et en Lorraine, voire jusqu'à Liège et Utrecht. La conséquence de cette géographie sociale est la part – un tiers – des ressortissants de l'Empire parmi les courtisans, part qui ne signifie nullement une présence germanique autre que sporadique : moins de 3 %. Les Italiens – Lombards, Piémontais, Génois et surtout Toscans – sont nombreux et se rencontrent principalement parmi les marchands, les hommes d'affaires et les praticiens du droit. La France méridionale, d'où viennent tant de prélats et de curialistes, est à peine représentée chez les immigrants en quête d'un emploi dans la société citadine : de leurs diocèses d'origine, les cardinaux font venir les clercs aussi bien que les peintres et les musiciens, non les savetiers.

Les plus favorisés de ces nouveaux Avignonnais sont devenus à la cour pontificale des sergents ou des huissiers, des cuisiniers ou des palefreniers. D'autres se contentent des activités que développe la ville, une ville où se rencontrent en nombre des demandeurs de services ou de denrées que caractérise un haut pouvoir d'achat. On y voit aussi bien des artisans, des barbiers, des porteurs d'eau et des domestiques que des servantes d'auberge, des lavandières et, bien entendu, des prostituées. Construire et aménager des palais et des livrées ou restaurer des églises, tout cela fait la fortune des métiers du bâtiment, mais le décor et le train de vie appellent les artistes. Il y a de beaux jours pour qui approvisionne la cour pontificale en soieries, en pelleteries ou en épices. Même si la mort frappe aussi bien les puissants que les misérables, Avignon est une ville où beaucoup de gens ont les moyens de se soigner. Il y a une clientèle pour les médecins et les chirurgiens, et pas seulement au temps des épidémies. Il y en a aussi pour les boulangers, même dans les temps où la Pignotte ne distribue pas aux pauvres, comme dans les temps difficiles, quelque 200 000 pains par mois.

C'est pendant le pontificat de Jean XXII, dans le temps où la présence de la curie à Avignon paraît devoir durer, que change le panorama social de la ville. On compte six pelletiers vers 1320, trente-cinq vers 1330. Il est une trentaine d'auberges et de tavernes vers 1320, plus de soixante-dix dix ans plus tard. Malgré la construction du palais et toutes les certitudes de maintien à Avignon qui caractérisent le pontificat de Clément VI, les chiffres baissent ensuite, assez vite après 1348, par l'effet conjugué des épidémies, de l'insécurité et des annonces renouvelées d'un retour à Rome.

Tout cela fait une ville encombrée, bruyante, agitée. La vie y est chère, les loyers sont hors de prix. Cosmopolitisme et renouvellement font que, hors d'un milieu que définissent les institutions, on y croise beaucoup d'inconnus. Chacun y veille sur ses intérêts ou sur ses illusions. Si les vrais complots sont rares, les ragots sont le sel des conversations quotidiennes. Si les vitupérations de Pétrarque sont marquées au sceau de la mauvaise foi, car il n'est pas démontré qu'on trouve dans la « sentine de tous les vices » plus de vices qu'à Rome ou Florence, on ne saurait passer outre à la simple constatation que fait un homme pourtant protégé des promiscuités. Ayant en juillet 1335 besoin de réfléchir au problème de la Vision béatifique, Benoît XII se retire à Sorgues : « encombré par la foule », écrit-il, il ne peut travailler tranquille à Avignon.

La présence d'une population fortunée et la circulation de numéraire comme de marchandises de prix ne peuvent évidemment qu'attirer les marginaux, les déracinés en tout genre et les véritables malfaiteurs. Pour la plupart, les chenapans viennent des petites villes et des campagnes voisines. On n'en rencontre pas moins parmi ceux qui sont connus pour s'être fait prendre d'authentiques clercs, clercs vagabonds en quête de mauvaises aventures ou simples quémandeurs de bénéfices ou d'offices venus à Avignon dans l'espoir d'y obtenir quelque chose et obstinés à y survivre alors qu'ils n'ont plus rien à espérer. L'industrie de tous ces larrons isolés ou formant des bandes d'importance très variable va, comme ailleurs, du vol à la tire dans les lieux publics et même dans les églises à des cambriolages avec intrusion nocturne chez le simple citoyen ou chez le cardinal.

Tout cela relève de plusieurs juridictions : d'abord la Cour temporelle, mais aussi pour les courtisans la Cour du maréchal et pour les clercs l'Audience des causes. Les bourreaux ne chôment pas. On pend quelque vingt à trente condamnés par an, on voit normalement une trentaine de corps aux fourches de Montfaut et l'on entend trois fois par semaine les cris des gens que l'on fouette en place publique, quand on ne leur coupe pas la langue, les oreilles ou le poing.

Comme dans toute ville où la proportion de célibataires dépasse la normale, ce qui est en particulier le cas à Paris, la prostitution trouve à Avignon un terrain d'élection. Si le Comtat et le proche voisinage fournissent une bonne partie de l'effectif, il est significatif que nombre de ces « femmes folles » soient originaires de régions relativement éloignées, d'Italie comme d'Allemagne. Il y a les filles qui racolent dans la rue et celles, plus aisées, qui reçoivent chez elles ou chez leur souteneur. Il y a surtout les lupanars ou étuves que l'on trouve en plusieurs lieux proches de la vieille enceinte, avec un fort groupement de ces « maisonnettes » encore dites « bonnes maisons » aux abords des Carmes et surtout près des Franciscains dans la « bonne rue » du Bourg Neuf. Les syndics de la ville et le maréchal de la Cour se partagent une juridiction qui conduira la ville à ouvrir l'œuvre des repenties et le maréchal à lever une taxe de deux sous par semaine et par tête jusqu'à ce qu'Innocent VI en interdise, en 1353, la pratique.

L'AUSTÈRE PALAIS DE BENOÎT XII

Alors qu'ils l'occupaient, Jean XXII et Benoît XII ont réalisé d'importants travaux pour agrandir le palais épiscopal, ce quadrilatère autour d'un cloître auquel ont été annexées quelques maisons voisines. Jean XXII, qui faisait déjà restaurer et embellir Notre-Dame-des-Doms et fortifier le baptistère voisin, avait en particulier construit en 1319 au sud de ce palais un grand bâtiment pour l'Audience des causes et en 1330 un bâtiment plus modeste pour l'Audience des lettres contredites. Le franciscain Pierre Dupuy mettait le décor au goût du jour. Pendant que le pape et la Trésorerie occupaient la tour du palais, le camérier et le personnel de la Chambre apostolique étaient installés dans une maison proche de la porte Notre-Dame, la maison de l'Aumône, c'est-à-dire de l'Aumônerie capitulaire.

En février 1336, Benoît XII a acquis en ville plusieurs maisons qui ont appartenu au cardinal Arnaud de Via, dont le frère était évêque d'Avignon. Au nord de la ville, au pied du château et tout contre l'enceinte du XIIIe siècle, cet ensemble forme un hôtel, une « livrée de Via » que l'on appellera vite le Petit Palais. Le pape organise alors une permutation : le palais épiscopal devient propriété de l'Église romaine cependant que ces maisons entrent dans le temporel de l'évêché. L'échange sera acté en juin 1336 et confirmé en 1341. Auront successivement leur résidence au Petit Palais l'évêque d'Avignon et trésorier du pape Jean de Cojordan, puis le cardinal de Périgord et enfin Anglic Grimoard.

L'évêque est de nouveau sans résidence. Or, le 12 décembre 1362, Urbain V a nommé évêque d'Avignon son frère Anglic Grimoard, et celui-ci fait valoir qu'il n'a en ville aucun domicile convenable. À peine Hélie Talleyrand est-il mort, le 17 janvier 1364, que le pape, le 22, donne le Petit Palais à son frère, mais « pour lui et ses successeurs », non à titre personnel. Avignon a de nouveau un palais épiscopal.

C'est Benoît XII qui décide de doter le Saint-Siège de l'édifice qui paraît nécessaire dès lors que le droit veut que le pape rende à l'évêque d'Avignon son diocèse et sa demeure, et alors que les économies les plus simples sont celles que l'on peut faire en renonçant à un retour immédiat à Rome : l'échec de Jean XXII et de Bertrand du Pouget a montré quel gaspillage financier a été la grande politique italienne. Le palais qui fut épiscopal n'était qu'un pis-aller, médiocre de dimensions comme d'apparence. Après la dilatation de la curie sous Jean XXII, le palais ne suffit plus. Mais c'est une bâtisse austère que fait construire Benoît XII (*voir plan 5*). Ce premier palais pontifical sera un outil de travail et une sécurité, non un élément de prestige princier. Le chroniqueur Heinrich de Diessenhoven résume, lui aussi avec une pittoresque sobriété, le propos pontifical.

Il agrandit la chapelle de son palais et il construisit et acheva presque une grande tour contiguë au palais, laquelle est à sa ressemblance, grande et carrée.

Un autre dira que le palais de Benoît XII est fait de deux angles, ce qui est pour le moins réducteur mais, tout le monde en est d'accord, le propos du pape est austère. La comparaison avec le palais de Clément VI ne doit cependant pas fausser le jugement : les contemporains de Benoît XII ont vu s'élever « un palais grandiose, d'une beauté merveilleuse ». Et de noter parfois, non sans perfidie, que la dépense compense les économies procurées par un train de vie modeste.

C'est donc sous Benoît XII qu'apparaît dans le panorama d'Avignon, à côté de la cathédrale Notre-Dame-des-Doms, sur l'emplacement du palais épiscopal comme de quelques maisons achetées pour leur terrain et pour une part autour des bâtiments de Jean XXII, ce qui va rester le palais pontifical.

Notons bien que la préoccupation du pape n'a rien d'extraordinaire. Les progrès de l'appareil gouvernemental se traduisent partout par un besoin d'espace doublé d'un besoin de sécurité. Après que Philippe Auguste a élevé à la porte de Paris la forteresse du Louvre et que l'on a, de saint Louis à Philippe Auguste, donné une grandeur nouvelle au palais de la Cité, Charles V crée une agréable résidence de ville avec l'hôtel Saint-Paul et il agrandit et rénove la forteresse de Vincennes qui est à la fois un séjour plaisant et un refuge en cas de troubles urbains. Et l'on ne peut oublier les travaux menés à Naples dans le palais de Robert d'Anjou ou à Sienne dans le Palais communal.

Dès 1335, Benoît XII a confié le chantier du palais à un laïc, Pierre Poisson, qu'il a connu à Mirepoix quand il y était évêque. Il le fait venir et l'agrège à la curie comme écuyer et maître d'œuvre du palais, le chargeant ainsi du gouvernement de tous les corps de métier.

Poisson élève d'abord, au sud de l'ensemble et sur l'emplacement de l'Aumônerie capitulaire, une grande tour, achevée dès mars 1337, à laquelle l'usage donnera des noms divers : la Grande Tour, la tour du Pape, la tour du Trésor, voire la tour de Plomb en raison de sa couverture, et au XVIe siècle la tour des Anges.

Haute de 46 mètres, elle ne comprend pas moins de cinq niveaux dont seul le rez-de-chaussée en léger contre-bas est couvert d'une voûte. La cave constitue le cellier du pape, auquel on accède par un escalier extérieur récemment découvert.

Au rez-de-chaussée, la salle du Trésor ou Trésorerie basse est une imposante salle voûtée d'ogives qui reposent sur une pile circulaire. Elle est meublée en 1343 des quarante coffres renforcés de ferrures où l'on garde les sacs de numéraire mais aussi les pièces précieuses et en particulier l'orfèvrerie que procurent les dépouilles des prélats. On y aménage même des caveaux de sûreté, sous les dalles du sol. Les archives y sont aussi, qui occupent en 1369 trente coffres. Y sont enfin les réserves de draps et de toiles envoyés par les collecteurs ou rapportés par les pourvoyeurs, en l'attente d'une affectation dans le palais ou d'une distribution aux curialistes qui bénéficient des largesses du pape. Des pièces contiguës offrent des locaux de travail pour les gens de la Chambre apostolique, notamment l'audience où siège l'auditeur de la Chambre et une salle pour les travaux d'écriture.

À l'étage, ce qu'on appelle la chambre du camérier est à la fois son bureau de travail, où il reçoit ses collaborateurs et où il se fait apporter les pièces d'archives, et – du moins jusqu'en 1354 – sa chambre à coucher. Au-dessus, c'est la chambre du pape, à laquelle n'accèdent que les dignitaires de la curie. On y remarque, parmi les meubles, une horloge mobile. Tout en haut se trouvent, séparées par une cloison, la Trésorerie haute où l'on regroupera sous Urbain V l'ensemble des coffres de la Trésorerie et une grande bibliothèque surtout riche de bibles enluminées. Les chambres de la tour sont ornées de fresques auxquelles, dès 1338, travaillent les peintres Raynald Batala, Guillaume de Foix, Jean Jacomini et Jean Lobo. Les tables et comptoirs sont couverts de toile verte, puis de tapis verts. Au sol, ce sont des tapis roses que l'on voit à la fin du siècle.

Partant de la tour du Pape, tout un complexe architectural s'étend rapidement vers le nord et l'ouest autour d'un cloître. S'élève d'abord, au nord, face à Notre-Dame-des-Doms et sur les vestiges conservés de la chapelle de Jean XXII, la grande chapelle Saint-Jean. On construit ensuite à l'est une salle pour les séances du Consistoire. À l'étage au-dessus du Consistoire, un « Grand

Tinel » long de 48 mètres et couvert d'un plafond en charpente apparente est à la fois salle d'assemblées et salle de banquet. On y tient les séances du conclave.

Prolongent le Consistoire vers la tour du Pape, sur l'emplacement de l'Aumônerie capitulaire, un bâtiment dont les trois étages comprennent les locaux de la Trésorerie, une chambre dite de Jésus en raison d'un motif décoratif et une chambre de Parement. À peine ce bâtiment est-il achevé qu'on l'agrandit, en le flanquant à l'ouest par un Petit Tinel de cinq travées voûtées d'ogives (aujourd'hui disparu) où le pape prend ses repas et où il dispose d'une chapelle. Une Garde-Robe et une cuisine font la jonction avec la tour du Pape. Du côté du jardin, une tour basse, dite de l'Étude, est appliquée contre la chambre de Parement. Benoît XII y établit à l'étage son bureau de travail. Au nord du Consistoire, on aménage un dressoir, une vaste cuisine coiffée d'une hotte monumentale et une tour des latrines, forte construction à deux étages sur une haute fosse qui élève sur le jardin sa double arcade.

Une tour Saint-Jean flanque alors le Consistoire sur le jardin. Au niveau du Consistoire, une chapelle y est consacrée aux deux saints Jean, le Baptiste et l'Évangéliste. À celui du Grand Tinel on trouve une autre chapelle, que Clément VI appellera plus tard Saint-Martial en l'honneur du saint particulièrement honoré en Limousin.

La démolition de ce qui subsistait du palais de Jean XXII permet enfin à Benoît XII de compléter vers l'ouest le quadrilatère et de fermer ainsi le cloître. Construites en une série d'opérations dont la complexité tient à ce qu'on ne peut interrompre la vie de la cour pontificale, ce sont l'aile du Conclave, où logent les cardinaux pendant leur réclusion mais aussi les hôtes de marque, et l'aile des Familiers. On en profite pour rénover les galeries qui entourent le cloître. Le pape juge alors que le temps est venu d'occuper lui-même des locaux plus agréables et moins isolés que ceux des appartements privés au sud du Consistoire. Il s'aménage dans l'aile des Familiers un nouveau bureau de travail. Quant à l'aile dont les locaux ne devaient servir qu'à l'occasion de conclaves, elle comprend maintenant aux étages un appartement « des Hôtes » qu'occuperont en 1350 le roi de France Jean le Bon et en 1365 l'empereur Charles IV, en sorte qu'on parlera successivement de la Chambre du roi et de la Chambre de l'empereur.

C'est alors que l'on se préoccupe des deux tours qui dominaient le palais de Jean XXII et qui paraissent fragiles. En 1339, on entreprend de reconstruire la tour de la Campane. Avec ses cinq étages dont les deux plus élevés sont voûtés d'ogives, elle forme, face à la rue qui monte vers la cathédrale, l'angle nord-ouest du palais de Benoît XII. Deux ans plus tard, on met à bas au nord-est la vieille tour de Trouillas, où l'on gardait la réserve de bois et où logeaient fort mal quelques chapelains. On la reconstruit comme une très forte tour à sept étages qui équilibre, avec la tour du Pape, la façade du palais au regard de la ville dont la séparent les frondaisons du verger enclos d'un rempart. Au-dessus de deux niveaux voûtés en berceau dont l'un accueille l'indispensable bûcher, la tour compte deux étages dont l'un, voûté d'ogives sur une pile centrale, servira de prison et l'autre, qui ne sera voûté qu'au siècle suivant, abritera les sergents de garde. Les étages supérieurs, couverts de plafonds, abriteront divers services.

Avec leurs mâchicoulis, les nouvelles tours de Trouillas et de la Campane soulignent la fonction et l'aspect de forteresse que Benoît XII a voulus pour son palais. Avec d'autres mâchicoulis, d'autant plus impressionnants qu'ils sont portés par de forts arcs brisés, la façade occidentale – celle de l'aile des Familiers – renforce encore l'austérité du parti.

S'ajoutant à 55 000 florins payés pour l'acquisition des immeubles à démolir, et non compté l'échange avec l'évêque, c'est-à-dire la valeur du terrain procuré par le palais épiscopal, Benoît XII aura dépensé en travaux, pendant seulement sept ans, quelque 130 000 florins. Ce chiffre appelle une observation : de 20 à 30 000 florins par an ne sont pas, à l'échelle du budget pontifical, dont la moyenne annuelle est de 166 000 florins, une charge excessive. Il convient de se rappeler ici que, en s'installant à Avignon, Clément V ne trouvait rien. Peut-être faut-il noter aussi le souci d'économie qui préside à l'organisation de la résidence pontificale pendant les travaux. Benoît XII s'astreint à occuper le plus longtemps possible le vieux palais et, avant de s'établir enfin dans les locaux qui remplacent le vieux palais, il s'installe d'abord dans les incommodes espaces ménagés par ses premières constructions.

Une chose est sûre, Benoît XII n'a pas entrepris d'entrée de jeu la construction de ce qui restera son palais. Il n'y a pas eu un plan d'ensemble, préalable, non plus qu'un dessein de grandeur. Le premier propos est de compléter le palais de Jean XXII avant d'en abattre une partie. Les hésitations sont perceptibles, notamment au sujet de l'éventuelle reconstruction des deux tours du vieux palais. À mesure que se fait sentir le besoin et sur un plan improvisé et assez peu cohérent, on implante de manière sporadique les nouveaux éléments de ce qui, achevé, donne précisément l'impression de cette incohérence. En résulte un ensemble disparate dont les pièces sont mal reliées et auquel manque singulièrement une entrée qui soit autre chose qu'une porte de service.

Tout l'appareil gouvernemental ne saurait cependant trouver place au palais, et il en sera de même après les agrandissements de Clément VI. Certains organes demeurent au plus près du pape, comme la Chancellerie avec ses archives, la Chambre apostolique avec la Trésorerie, l'Audience ou la Pénitencerie. D'autres trouvent place dans des maisons achetées ou louées à cet effet. Ainsi en va-t-il pour la Pignotte et son service de bienfaisance, le bureau du sceau, la maréchalerie chargée de l'entretien des chevaux de la Cour, l'échansonnerie et ses celliers, sans oublier la prison du maréchal de la Cour qui est, au sud-ouest de la place, contiguë de la vieille Audience de Jean XXII.

Pendant sept ans, on n'a cessé d'ajouter au palais. Il paraît maintenant terminé. Mais, lorsqu'il faut, en mai 1342, organiser le couronnement du successeur de Benoît XII, on s'avise qu'aucune des chapelles, et pas même la chapelle Saint-Jean, n'est de taille à accueillir la cérémonie.

LE FASTUEUX PALAIS DE CLÉMENT VI

Un tel palais ne saurait satisfaire un Clément VI qui est un habitué des cours. À peine est-il couronné que, sans faire abstraction du palais qui domine maintenant le rocher des Doms, il décide de lui donner une suite. Ce palais de Clément VI, qui va flanquer au sud-ouest celui de Benoît XII, répond au nouveau besoin d'espaces qu'a exacerbé le développement de la curie, mais il est aussi, et par-dessus tout, œuvre de prestige. Là encore, il n'est pas de plan d'ensemble initial. Les premières extensions du palais procèdent, comme sous Benoît XII, de décisions successives. Le plan cohérent viendra très vite, mais Clément VI aura la sagesse de ne faire table rase que de ce qui subsiste des constructions de Jean XXII. Il y aura donc, assez mal juxtaposés, deux palais (*voir plan 5*).

Le maître d'œuvre du nouveau palais est un entrepreneur de maçonnerie, Jean de Louvres, parfois appelé de Loubières. Il peut s'appuyer sur la confiance du pape, et celle-ci ne se démentira pas. Mais le choix d'un maçon et non d'un architecte sera pour une bonne part responsable de quelques graves erreurs quant aux équilibres architectoniques, au poids des voûtes et à leurs poussées. On les constatera dans le grand édifice de la Grande Audience et de la chapelle Clémentine, mais aussi dans la fâcheuse surimposition de la tour de la Gâche.

C'est quand il ouvre le chantier de la Grande Audience que Jean de Louvres propose le parti général d'un ensemble cohérent formé de deux ailes, l'une au sud et l'autre à l'ouest, autour de l'ancienne place publique ainsi fermée et muée en cour d'honneur. Grand avantage, il peut faire table rase des immeubles acquis par Jean XXII au sud du palais épiscopal devenu palais du pape. Ses prédécesseurs, eux, étaient tenus de construire sur l'emplacement du palais encore occupé puisqu'il fallait maintenir la résidence du pape et les activités de la curie. Louvres, lui, a les mains libres.

Non sans achever la tour de Trouillas, on commence par quelques commodités. Ainsi, pour doubler la cuisine de Benoît XII, construit-on sur le rempart du verger une deuxième cuisine pourvue d'une vaste cheminée à la hotte en mitre octogonale. Entre la tour de Trouillas et le chevet de la chapelle Saint-Jean, un local bas est aménagé pour la provision de charbon. On crée un réseau de canalisations pour évacuer vers un égout extérieur et la rivière les eaux de pluie, celles des latrines et celles des cuisines. Un autre réseau, plus tard, répartira l'eau du puits et une citerne complétera l'approvisionnement. Pour l'usage personnel du pape, on met en place, sous la galerie qui avance au droit de la tour du Pape en longeant le verger de Benoît XII, un complexe sanitaire : une étuve avec sa baignoire de plomb, et naturellement une chaufferie. Toujours enserré dans son rempart, le verger de Benoît XII ne saurait être agrandi. On le double donc d'un nouveau verger, fermé par une clôture de pierre que flanque une galerie couverte. Voisin des cuisines, ce verger n'est pas seulement un jardin d'agrément : avec des charmilles et un parc où se promènent des paons, on y voit des arbres fruitiers et des parterres de légumes. La véritable promenade, ce seront les terrasses du nouveau palais.

Vient le temps des grandes réalisations. La première est une tour de la Garde-Robe qu'élève Jean de Louvres au sud de la tour du Pape, en s'appuyant sur le mur méridional de la tour de Benoît XII. À tous les étages, et même dans l'escalier, Matteo Giovanetti et son équipe de peintres réalisent là un somptueux décor. Située au-dessus de nouvelles étuves, et d'une garde-robe somptueusement décorée de motifs géométriques à l'imitation de tissus précieux, la chambre de travail du pape restera célèbre en raison de ses fresques : c'est la chambre du Cerf ou du Cerf-volant. Au dernier étage, Clément VI se dote d'une nouvelle chapelle privée, qu'il dédie à saint Michel. Couvert d'une draperie d'or et de soie rouge, l'autel porte un tabernacle d'or émaillé qu'orne l'image de la Vierge. Une croix accostée de six lions surmonte le tout. On voit dans cette chapelle un véritable trésor, des croix, des images des saints, et des reliquaires d'argent et de cristal, dont celui que son décor armorié dit venir des dépouilles de Bertrand du Pouget. On y trouve aussi une épine de la Couronne du Christ, un clou de la Croix, du sang du Christ, un bras de saint Louis et une relique de sainte Élisabeth aussi bien que deux « chefs de l'une des onze mille Vierges », c'est-à-dire des martyres de Cologne au IVe siècle. On garde naturellement là toutes sortes de vases sacrés, mais aussi des livres dont certains ne sont pas d'usage liturgique, comme des ouvrages de théologie et de droit canonique, non moins que de dialectique, de médecine – y compris celle d'Avicenne – et d'histoire.

Cette tour de la Garde-Robe communique évidemment avec les appartements privés de la tour du Pape. Elle assure vers l'ouest, et par-dessus un accès au palais que l'on appelle la porte de la Peyrolerie, la liaison avec l'ouvrage remarquable qui va fermer le côté sud de la vaste cour appelée à remplacer la place publique. Le premier élément de ce qu'on appelle vite « l'œuvre nouveau » est un ample bâtiment à trois étages élevé sur l'emplacement des anciennes audiences de Jean XXII dont, en attendant les nouveaux locaux, on va tenir les séances aux Dominicains.

Commencés en 1345, les travaux sont ralentis par la Peste noire qui tue bien des ouvriers et paralyse les apports de matériaux. Il faut également revenir sur certains choix, comme sur le voûtement du dernier étage dont l'absence de contrebutement laisse craindre l'effondrement de murs trop minces. Force est de consolider ces voûtes par des tirants de fer avant de les remplacer tout simplement par un plafond.

Au rez-de-chaussée en léger contrebas de l'aile méridionale, on admire la Grande Audience, siège de l'Audience des causes – la Rote – qui rend la justice du pape. Avec ses deux nefs aux six travées voûtées d'ogives que séparent de forts piliers à colonnettes, c'est un vaste espace, haut de 11 mètres, qui sera, pour la commodité des séances, recoupé par des cloisons. Un escalier d'un type alors exceptionnel, puisque formé de deux rampes rectilignes, fait accéder, à l'étage supérieur, à une grande chapelle – une seule nef longue de 52 m et large de 15, haute de 19,5 m – dédiée à saint Pierre et vite nommée la chapelle Clémentine. Le pape dispose enfin, pour ses grandes cérémonies, d'un large vaisseau à sept travées d'ogives formant une nef unique et lumineuse. Bref, on ne se verra plus dans le cas d'aller chez les dominicains pour couronner les papes. Un vaste vestibule formant une *loggia* ouvre sur la cour d'honneur par une large fenêtre au fenestrage couronné d'une rosace, la fenêtre dite « de l'Indulgence » parce que le pape s'y montre aux grandes fêtes et donne de là sa bénédiction à la foule avant que le cardinal-évêque qui l'assiste proclame l'indulgence accordée pour l'occasion. Le dernier étage est occupé par un Grand Promenoir que surmonte une terrasse dallée. Bien qu'il serve parfois de grenier, le Grand Promenoir accueille les manifestations les plus diverses. On y tient de simples réunions de travail. On y donne des fêtes et des banquets. Le front occidental de ce bâtiment de prestige s'orne à l'extérieur de deux grandes arcades qui encadrent les hautes verrières de la chapelle.

Comme on doit compenser la déclivité, on construit sous la Grande Audience un long sous-sol qui forme à l'ouest une cave et qui accueille à l'ouest l'école de théologie. L'architecture en est naturellement robuste, et l'éclairage parcimonieux. On y accède directement de la rue : les élèves n'auront pas à traverser le palais.

Avancés quand meurt Clément VI, au point que ce pape peut prêcher dans la chapelle Clémentine à la Toussaint de 1352, les travaux de ce grand bâtiment ne seront vraiment achevés que vers 1360. Encore Grégoire XI y apportera-t-il quelques compléments.

Dans le temps où il construit l'Audience et la chapelle, Jean de Louvres ferme la cour d'honneur en élevant l'aile qui forme le front occidental du nouveau palais. On y aménage en particulier des appartements de résidence : l'un au sud pour le camérier, l'autre au nord pour le trésorier. On parlera de l'aile des Grands Dignitaires. Des locaux de travail accompagnent la résidence et, le camérier étant archevêque et le trésorier évêque, chacun dispose de sa chapelle. Une salle vite dénommée la Petite Audience sera enfin offerte, en 1352, sous les locaux du camérier, à l'Audience des lettres contredites.

Au-dessus de l'Audience des lettres contredites et de la chambre du camérier, la construction d'une tour de guet, la tour de la Gâche, n'aura pour effet que de compromettre la stabilité des murs. Il faudra l'écrêter, avant de la détruire pour l'essentiel au XVIIIe siècle.

Benoît XII n'avait ni prévu ni réalisé les deux éléments qui auraient pu donner quelque solennité à son palais : un escalier de quelque envergure et une grande porte. Jean de Louvres n'oublia ni l'un ni l'autre. Donnant accès au double portail de la chapelle Clémentine, c'est-à-dire sur le passage des invités aux cérémonies pontificales, un grand escalier à deux volées rectangulaires scandées par des paliers s'élève dans le bâtiment ajouté sur la cour à la Grande Audience. Le palais a de même l'entrée monumentale qui lui manquait, une porte dite des Saints Pierre-et-Paul ou des Champeaux – c'est le nom de la rue sur laquelle elle ouvre – qu'orne l'écu sculpté aux armes de Clément VI et que surmontent deux hautes tourelles en encorbellement. Avec ses colonnettes et ses faisceaux de fines voussures, la porte complète le décor de la façade à hautes arcades de l'aile des Grands Dignitaires. Des salles des gardes la flanquent et une salle des herses la surmonte. Comme on n'accède plus au palais de Benoît XII que par la cour de Clément VI, un accès direct est enfin ménagé dans l'aile du Conclave par la porte Notre-Dame. Reste à consolider et à équilibrer vers le nord la façade occidentale. Une tour d'angle y pourvoit.

La liaison entre les deux palais, qui ne se faisait encore qu'en traversant la cour d'honneur, est enfin assurée à couvert quand on aménage, tout au long du second étage de l'aile des Grands Dignitaires, une longue galerie dite du Conclave puisqu'elle aboutit au nord à l'aile du Conclave du palais de Benoît XII et au sud, par un escalier, au Grand Promenoir de Clément VI.

La mort de Clément VI n'interrompt pas l'œuvre presque achevée. Innocent VI garde sa confiance à Jean de Louvres. Celui-ci avait prévu d'encadrer la façade méridionale de la Grande Audience et de la chapelle Clémentine par deux tours monumentales, dont le rôle n'aurait pas été de pure esthétique : les voûtes de l'Audience et celles de la chapelle exercent à 30 mètres du sol une forte poussée, que ne contiennent ni contreforts ni arcs-boutants. Les deux tours amélioreraient l'équilibre. On en élève une, à l'est, un haut édifice – 44 mètres – à six étages fortement voûtés sur des murs épais de 3 mètres. Elle sera le domaine des gardes et des servants des herses. La mort de l'architecte et les difficultés financières feront qu'on s'en tiendra à cette tour des Vestiaires ou Saint-Laurent. Un grand arc-boutant sera assez maladroitement édifié contre le mur méridional.

Urbain V n'apportera que de légers compléments au palais. Il fera creuser, au milieu de la cour, un nouveau puits, restaurer les toitures et les terrasses, améliorer la clôture du verger et construire une tour au fond de ce verger.

Quel que soit le propos de prestige qui présidait aux constructions de Clément VI, il faut noter que le palais nouveau est, comme celui de Benoît XII, une forteresse tout à fait défendable. De hautes tours, une garniture complète de chemins de ronde et de mâchicoulis, des portes aisément contrôlables, tout cela assure la sécurité du pape et de sa curie contre toute agression. Certes, les bandes de routiers que l'on verra menacer Avignon à la fin du siècle n'atteindront pas les abords du palais, retenues qu'elles seront par l'enceinte fortifiée de la ville. Et il est vrai que Philippe Cabassole, gouverneur de la ville pendant l'épisodique retour d'Urbain V à Rome, fera par précaution murer toutes les portes sauf une, de même que les fenêtres de la Grande Audience, trop aisément accessibles au rez-de-chaussée et trop grandes au regard de la sécurité. Mais l'échec renouvelé des tentatives de force contre Benoît XIII au temps de la soustraction d'obédience donnera mainte occasion de vérifier que le programme défensif n'était pas inutile et que la défense était efficace.

La forteresse n'interdit ni le confort ni l'agrément. C'est certainement ce qu'entend dire Froissart, qui voit le palais alors qu'il a pris son extension définitive, quand il loue « la plus belle et la plus forte maison du monde, et la plus aisée à tenir ». Certes, l'austère Benoît XII n'a laissé au décor qu'une place réduite : ce sont les images religieuses des fresques qui ornent la grande chapelle Saint-Jean et les petites chapelles Saint-Jean et Saint-Martial de la tour Saint-Jean. Le palais du pape est d'abord la résidence d'un moine cistercien. Avec Clément VI, c'est le palais d'un prince que l'on aménage, et le décor touche maintenant, autant que les chapelles, les grandes salles et les appartements. Si la sculpture tient là une place modeste, il n'en va de même ni du décor peint ni de ce décor apporté que forment les tapisseries.

Ce qui a frappé les contemporains, c'est la diversité des thèmes retenus par le décor figuré. À la chambre du Cerf on admire les vues de jardin en trompe l'œil et les scènes de chasse qui illustrent plus la vie de cour que le gouvernement de l'Église. À la tour Saint-Jean le Sacré Collège peut voir dans la chapelle basse qui ouvre sur le Consistoire des scènes de la vie des deux saints Jean ainsi que, dans l'oratoire situé à l'étage au voisinage du Grand Tinel, et avec une Crucifixion, celles de la vie de saint Martial qui rappellent opportunément les origines limousines du pape. On a observé (Christian Heck) que l'insistance avec laquelle, aux deux étages de la chapelle du Consistoire comme dans la chapelle de la livrée d'Aigrefeuille, l'iconographie avignonnaise présente en parallèle les deux saints Jean, ce qui procède d'un thème proprement romain, plusieurs fois illustré au Latran. Il s'agit assurément là d'un programme politique mettant en évidence la continuité du Siège apostolique de Rome à Avignon.

Avant même de se doter d'un palais, les papes se devaient de donner leurs soins aux églises d'Avignon, et d'abord à Notre-Dame-des-Doms qui, à deux pas du palais, restait la cathédrale du diocèse. Ce n'était ni la cathédrale du pape – qui demeurait Saint-Jean-de-Latran – ni la chapelle privée. Ce n'en était pas moins, surtout avant Clément VI, le lieu des grandes cérémonies publiques. Dès le temps de Jean XXII, on agrandit l'espace intérieur en dotant l'unique nef de chapelles latérales propres à accueillir les tombeaux des papes et des cardinaux.

Il est un établissement religieux appelé à un rôle d'exception : le couvent des dominicains. Hors l'enceinte du XIIIᵉ siècle, disposant d'espaces, il est la résidence de Clément V, Jean XXII y installe une partie des services de la curie et l'ensemble formé par la chapelle, le cloître et les galeries est assez vaste pour accueillir, jusqu'à l'édification du palais de Clément VI, des assemblées du clergé, des consistoires, les couronnements de papes et même, en 1334 et en 1342, les deux premiers conclaves tenus à Avignon. Le fait que les frères prêcheurs offrent un très solide appui au Saint-Siège face à l'offensive des franciscains ajoute évidemment aux raisons qui poussent papes et cardinaux à faire bénéficier le couvent de leurs générosités.

LES LIVRÉES

Hors du palais pontifical où sont logés quelques officiers et la masse des serviteurs, se sont multipliées à Avignon les résidences d'officiers, de dignitaires, de parents du pape et, bien entendu, celles des cardinaux. Pour ces derniers, on parle de « livrées », ce mot étant là dérivé d'une acception courante pour désigner les vêtements offerts par un notable à ses fidèles pour les honorer mais aussi marquer leur appartenance à une maison ou à une clientèle. Le sens s'en affaiblira plus tard, quand la livrée sera l'habillement uniforme des domestiques d'une grande maison. Dans le cas d'Avignon, « livrée » signifie seulement que les gens du cardinal sont tous logés à la même enseigne. Cela ne touche évidemment ni les parents et alliés, ni les collaborateurs dans le cadre des offices de la curie, ni les clercs et prélats liés au cardinal par une fidélité politique.

Au temps de Jean XXII, alors que l'on parle encore sérieusement du retour de la papauté à Rome, chacun s'est logé comme il a pu, quitte à aménager les maisons pour en faire des résidences aristocratiques, dûment signalées au respect du peuple par de hautes tours à la mode italienne. Pour régler à l'amiable les conflits relatifs aux loyers, un service de taxateurs a été mis en place par la curie et la commune. Il se maintiendra, surtout occupé à limiter la spéculation.

Presque tous les cardinaux ont obtenu une livrée dans l'enceinte du XIIIe siècle, notamment au sud autour de Saint-Didier. Cinq ou six en ont reçu une dans l'enceinte romaine. Cette implantation dans le centre urbain n'a pas que des avantages : l'espace y est réduit, les livrées ne sont pour la plupart que des îlots faits de bâtisses disparates et les agrandissements ou les restructurations supposent de longues négociations pour le rachat des maisons voisines. Quelques cardinaux de haut rang préfèrent donc loger, certes dans l'enceinte d'Innocent VI, mais hors de la ville ancienne : Hélie Talleyrand de Périgord au nord dans le Petit Palais, Guy de Boulogne et Jean de la Grange à l'ouest, près du couvent des dominicains, et Androin de la Roche au sud, au-delà même de la Sorgue. Le même phénomène s'observe d'ailleurs à cette époque à Paris, où les princes et les notables de l'administration royale occupent les espaces disponibles hors de l'ancienne enceinte vers le nord comme le roi de Navarre, le duc de Bourgogne, le connétable de Clisson ou les grands financiers de Charles V, ou vers l'est comme le roi de Naples ou le duc d'Orléans.

Naturellement, cette subite arrivée de candidats au logement – et de candidats relativement fortunés – a provoqué en ville une hausse des prix de l'immobilier et en conséquence un développement de la résidence extra-urbaine. Bien des Avignonnais vont alors peupler le voisinage immédiat de la ville. Ensuite, à partir des années 1335-1340, les perspectives de maintien à Avignon se traduisent par la construction ou l'aménagement de résidences en ville et par l'implantation de semblables résidences hors la ville, là où l'espace permet de vastes constructions et l'aménagement de somptueux jardins. C'est dans sa villa aux terrasses surplombant la Sorgue que le cardinal Annibaldo Caetani da Ceccano reçoit en 1343 le pape en personne, et l'on admire la salle tendue de tapisseries, le sol couvert de velours et les sièges ornés de cramoisi doublé d'hermine.

Il est alors des cardinaux pour s'installer sur la rive droite, donc dans le royaume de France. On y voit, dans de véritables palais, Arnaud de Via, Napoleone Orsini, Pierre Bertrand, Guy de Boulogne, Bertrand du Pouget et Étienne Aubert, le futur Innocent VI. Devenu pape, Clément VI lui-même se fait construire à Villeneuve-lès-Avignon un palais contigu à celui qu'y avait Napoleone Orsini. Ce goût pour les résidences périphériques résistera mal à l'insécurité que feront régner à partir de 1366 les compagnies de routiers et l'aristocratie pontificale. Jean de Cros, Pierre de Cros, Pierre Ameilh et Jean de Murol occuperont successivement une livrée en face du palais pontifical cependant que Robert de Genève, Pierre-Raymond de Barrière, Hugues de Montalais et Thomas de Casaco auront la leur au chevet de Saint-Pierre. On ne verra pas moins, pendant le Grand Schisme encore, Amédée de Saluces, Pierre de Thury ou Pierre Blau occuper des livrées à Villeneuve. Bien qu'on ne puisse pour lui parler de livrée, on ne peut négliger la superbe résidence, avec un décor de fresques sur des thèmes de chasse, dont dispose à Sorgues dans les années 1370 le futur grand maître Juan Fernandez de Heredia quand il est capitaine général du Comtat.

Il est naturellement des livrées de tous les niveaux, et elles ne sont que rarement d'une pièce. En 1316, celle d'Arnaud d'Aux occupe en tout ou en partie trente et une maisons de la ville. En 1321, Bernard de Garves en compte cinquante et une. Vers 1330, Matteo Orsini en a sept en entier et vingt-trois en partie. Mais la livrée au sens propre est une petite forteresse, qui assure la sécurité du cardinal et de ses familiers et qui illustre dans le paysage urbain la puissance et la fortune du maître.

Ainsi logé, le cardinal peut disposer de quelques dizaines de serviteurs, tenir belle et bonne table, orner sa chapelle des ornements et des pièces d'orfèvrerie qui conviennent, avoir une écurie bien garnie. Il peut aussi, soit par goût soit par besoin d'ostentation, faire appel à des artistes. On rencontre dans les livrées quelques maîtres de chapelle dont le talent rehausse offices et banquets, comme chez Giovanni Colonna qui fait venir de Flandre des polyphonistes et qui accueille chez lui le jeune Pétrarque. De prestigieux peintres ornent les résidences comme les chapelles, quand encore le cardinal ne fait pas bénéficier de son mécénat un édifice public. C'est le vieux cardinal Jacopo Caetani Stefaneschi qui fait venir en 1339 le Siennois Simone Martini et commence par lui passer commande, pour le porche de Notre-Dame-des-Doms, d'un décor de fresques où il se fait représenter devant la Vierge.

Fêtes

Les premières fêtes qui illuminent la cour pontificale sont évidemment celles de la vie cultuelle. Certes, la vie liturgique est quotidienne à Avignon. C'est chaque jour que, au palais comme dans les livrées, on dit la messe, on chante l'office, on récite les heures. Mais les fêtes du cycle de Noël, du cycle de Pâques ou du cycle des saints sont autant de solennités, donc de spectacles offerts à la curie et au public. Au calendrier déjà fixé, Jean XXII ajoute la fête de la Trinité, le dimanche après la Pentecôte. Friand de festivités et de liturgies grandioses, Grégoire XI emprunte à l'Orient la Présentation de la Vierge pour laquelle il charge Philippe de Mézières de réaliser un jeu scénique, il compose lui-même un office en l'honneur de la Sainte-Croix, et il renforce la solennité de la Nativité de la Vierge.

Quelques canonisations font apparaître de nouvelles fêtes. Ainsi élève-t-on sur les autels l'évêque de Toulouse Louis d'Anjou en 1317, l'évêque de Hereford Thomas de Canteloup en 1320, l'universitaire Thomas d'Aquin en 1323, l'avocat de Tréguier Yves Héloury de Kermartin en 1347 et l'un des hommes de confiance du roi Robert à Naples, Elzéar de Sabran, que l'on canonise avec sa femme en 1369. Ce sont autant de manifestations solennelles : pour Thomas d'Aquin, Jean XXII prononce lui-même deux panégyriques.

Le pape entend normalement sa messe en privé, dans sa chapelle. Les chapelains célèbrent. S'il assiste à une messe solennelle
ou aux vêpres sans célébrer lui-même, le pontife occupe son trône
et donne sa bénédiction par la formule *Precibus et meritis* encore
en usage au XXIᵉ siècle. Lorsqu'il célèbre en personne, ce qui
implique généralement qu'il prononce lui-même le sermon, c'est
le grand cérémonial que l'on met en œuvre, ce cérémonial successivement codifié par Grégoire X, par Jacopo Stefaneschi au plus
tard sous Benoît XII, par Pierre Ameil peu après 1378 pour le
compte d'Urbain VI et par François de Conzié en 1406 pour
Benoît XIII. Le pontife est alors assisté du doyen du Sacré Collège et d'un autre cardinal-évêque, ainsi que de deux cardinaux-
diacres dont la fonction principale est pour l'un de coiffer le pape
de sa mitre et pour l'autre d'enlever ladite mitre. Le diacre d'office et le sous-diacre du pape ont leur fonction normale comme
en toute messe solennelle. Un cérémonial moins complexe régit
l'ordonnance des cérémonies présidées par un cardinal.

Nombreuses sont les occasions d'accorder des indulgences.
L'indulgence *in articulo mortis* relève d'une procédure particulière qui autorise le bénéficiaire nommément désigné à la recevoir
le moment venu de son confesseur. L'indulgence générale,
valable pour tous les assistants, est mesurée. À l'issue de la messe
et en sortant de la chapelle, le pape se montre à la grande fenêtre,
bénit la foule et fait proclamer les indulgences. Les privilégiés
qui ont eu place dans la chapelle ne sont donc pas les seuls
bénéficiaires de ces grâces. Le pape concède ainsi sept ans et
sept quarantaines tous les dimanches pendant l'Avent et le
Carême, et tous les jours pendant la Semaine sainte. Les occasions exceptionnelles ne manquent pas. Le couronnement du
pape, une canonisation appellent une pluie d'indulgences sur
les assistants. À peine élu, le nouveau pape concède à ses
électeurs, en remerciement, une indulgence plénière qu'ils
auront à obtenir de leur confesseur. Encore ces indulgences
particulières sont-elles souvent soumises à des conditions. Nous
connaissons celle que, à Rome, en 1391, mettra Boniface IX lors
de la canonisation de Brigitte de Suède : une visite à Saint-Pierre
et une à Saint-Laurent *in Panisperna*.

L'indulgence du jubilé est d'un tout autre ordre. Alors que les indulgences accordées à toute occasion le sont sans réserve à toutes les personnes présentes, celle du jubilé se mérite. Il en coûte un effort – celui du voyage – et ces gestes rituels que sont les visites aux basiliques romaines, de même qu'il en coûte l'offrande en argent qui accompagne ces visites. C'est dire que, si le jubilé est décrété par le pape, l'indulgence qu'en retirent les chrétiens ne tient qu'à eux. Elle échappe au pape. En ce qui concerne le lustre que donnent à la curie d'Avignon les solennités religieuses, le jubilé de 1350, bien entendu, est un échec. La fête est à Rome, non à Avignon, et elle est maigre parce qu'elle se passe sans le pape. Et c'est à Padoue que, à l'occasion de cette Année sainte, Guy de Boulogne préside en février à la translation du corps de saint Antoine.

Les processions sont faites pour faire participer la ville et impressionner même le peuple qui n'aura jamais sa place dans la nef des cérémonies. Jusqu'au temps d'Urbain V, viennent d'abord le prélat qui porte le Saint-Sacrement, puis la croix, puis le camérier suivi de trois cardinaux. Apparaissent alors les chevaux blancs du pape, que suit le porteur du chapeau pontifical. Alors seulement vient le pontife, suivi du Sacré Collège et des curialistes retenus pour la cérémonie. Grégoire XI inversera le début de la procession, faisant passer les chevaux blancs en tête. Même pour accompagner le pape à Châteauneuf, à Sorgues ou à Malaucène, on forme un cortège. Le pape chevauche un cheval blanc, mais quatre ou six chevaux blancs de rechange l'accompagnent. On notera que la célèbre mule n'apparaît nulle part dans les cérémonies, réservée qu'elle est aux longs voyages.

L'avènement d'un nouveau pape est évidemment occasion de cérémonies et de fêtes. S'il n'est que prêtre, il faut le sacrer évêque. S'il n'est que diacre, on l'ordonne d'abord prêtre. S'il est déjà évêque, on procède, le dimanche suivant l'élection, à son couronnement. La cérémonie commence par la bénédiction de l'élu par les trois plus anciens cardinaux-évêques. Puis le doyen des cardinaux-diacres impose les mains au nouveau pape et agrafe sur ses épaules le pallium, cette écharpe de laine blanche ornée de croix noires qui signifie sa collégialité avec les évêques de toute la chrétienté et que l'on fait parvenir à tout nouvel archevêque. Le cardinal-évêque d'Ostie célèbre la messe, interrompue par la litanie des saints que suit la lecture de l'Évangile en latin et en grec. À l'issue de la messe, tout le cortège sort de l'église et c'est le doyen des cardinaux-diacres qui, devant le peuple, procède au couronnement. Il ôte la mitre précieuse du pape et la remplace par cette tiare qu'au sacre de Martin V on appellera encore la *corona que vocatur regnum*. Toujours précis et pratique, le cérémonial de Stefaneschi va jusqu'à prévoir une maladresse : « Attention à poser le *regnum* bien droit, en sorte que le milieu soit au milieu du visage du pape. » Le doyen des cardinaux-évêques proclame l'indulgence. Le peuple chante *Kyrie eleison*. Et le cortège s'ébranle dans Avignon, le pape chevauchant un cheval blanc garni d'un drap écarlate, suivi des cardinaux et des prélats dont les montures s'ornent d'un drap blanc.

Il faut bien le dire, il manque quelque chose à la solennité : Rome. La cavacalde dans les rues d'Avignon ne saurait se comparer à ce cortège qui conduisait jadis le nouvel élu au Latran et aux grandes basiliques dont il prenait possession. Le peuple d'Avignon n'est pas le peuple romain, et les syndics de la ville ne sont pas le Sénat du Capitole. Manquent terriblement les tombes des Apôtres. Pour tout dire, le cadre est exigu, l'église des dominicains n'est pas l'archibasilique du Saint-Sauveur que reste officiellement Saint-Jean-de-Latran mais que l'on dit être la « basilique Léonine », les splendeurs du palais d'Avignon ne sont pas chargées d'histoire comme l'est ce palais du Latran que l'on appelle « la Grande Maison », voire le palais du pape Zacharie. Et l'on n'entrevoit pas sur le rocher des Doms les ombres de Constantin ou de Grégoire le Grand.

Quelques heures plus tard, on réunit le Consistoire, ce que le pape n'est pas fondé à faire avant son couronnement. La messe est un office religieux, le Consistoire est un organe de gouvernement de la monarchie pontificale, et le pape non encore couronné ne peut ni présider la réunion ni nommer ou promouvoir quiconque, encore moins faire quelque provision de bénéfice ecclésiastique. Dès l'ouverture du Consistoire, l'avocat fiscal du pape prononce une harangue pour évoquer à l'intention du pontife ce que sera son pouvoir de juridiction. Le pape, qui sait généralement à quoi s'en tenir, répond sobrement. Puis, c'est à la

Chancellerie de jouer : faute d'avoir pu le faire avant la confection de la matrice des bulles au nom du nouveau pontife, on rédige des lettres pour annoncer l'avènement aux souverains chrétiens, lesquels sont, évidemment, déjà informés par leurs ambassadeurs ou par les agents qu'ils entretiennent à la curie. Le pape n'en fait pas moins honneur à quelques chevaliers ou clercs en les chargeant d'aller remettre ces lettres à leurs illustres destinataires. Dans le même temps, le nouvel élu accorde quelques provisions à des bénéfices ecclésiastiques. Il s'agit d'affirmer son droit, non de satisfaire dans l'immédiat tous les quémandeurs qui, en personne ou par procureur, se pressent déjà aux portes du palais.

Comme en toute cour, les fêtes sont l'occasion de rivaliser. Celles que donne un Clément VI sont restées célèbres. Malgré les rappels à l'ordre de Jean XXII et d'Innocent VI qui ont tenté d'édicter des normes raisonnables, les cardinaux ne font pas moins.

La venue de souverains fournit et impose parfois l'occasion. Après Philippe le Bel et Philippe V, on voit à Avignon Philippe VI en 1330 et 1336, Jean II en 1351, 1362 et 1363. Jean XXII reçoit en 1332 le roi de Bohême Jean de Luxembourg. Les rois de Navarre viennent chercher l'aval des papes à leur revendication contre le roi de France : Philippe d'Évreux vient trois fois, Charles le Mauvais deux fois. En 1336, quand on parle sérieusement de la croisade, Benoît XII réunit les rois de France, de Navarre et de Majorque. Naturellement, la participation d'un roi aux offices religieux est régie par un strict protocole : deux cardinaux-évêques assistent le souverain à son trône, lequel n'est qu'un simple siège sans estrade si le pape célèbre en personne. Il va de soi que, quand le souverain souhaite parcourir à cheval la ville entre la messe et le banquet, il est flanqué de deux cardinaux-diacres, lesquels le laisseront après le repas se promener avec les seuls membres de sa suite.

C'est l'austère Benoît XII qui voit arriver en 1340 l'extraordinaire caravane – cent chevaux conduits par des esclaves maures – qui lui apporte, de la part du roi de Castille Alphonse XI, une part du butin fait à la bataille de Tarifa : des armes de prix et des bannières. En 1354, Innocent VI doit faire face au fabuleux déploiement de munificence qu'occasionne, alors que le roi de

Navarre est déjà à Avignon, la venue des ambassades du roi de France et du roi d'Angleterre chargées de ratifier le traité de Guines et que conduisent le duc Henri de Lancastre et le duc Pierre de Bourbon. Chaque cortège comprend quelque cinq cents chevaux. Le roi et les ducs logent au palais, chez le frère et le cousin du pape. On paiera neuf porteurs d'eau pendant deux jours rien que pour le service des cuisines lors du banquet de Noël, mais on colporte que Lancastre a fait approvisionner son hôtel de cent tonneaux du meilleur vin gascon. Le modeste Urbain V ne doit pas moins faire face à des visites qui appellent la fête. En 1363 et derechef en 1368, c'est le roi de Chypre Pierre de Lusignan – à vrai dire venu en quémandeur – et en 1364 le roi de Danemark Waldemar V. En 1365, avec d'autres connotations politiques que celles de simples visites de courtoisie, il reçoit l'empereur Charles IV.

Même lorsque le visiteur est mû par l'intérêt, on offre la fête. Il en va ainsi quand à cinq reprises, de 1331 à 1339, le roi de Majorque Jacques II vient chercher l'alliance pontificale contre l'Aragon, et quand vient ensuite, en 1339 et en 1355, le roi d'Aragon Pierre IV. Tout au long du séjour pontifical à Avignon, les souverains angevins de Naples, de surcroît comtes de Provence, sont les visiteurs les plus fréquents. On voit souvent le roi Robert et, dans des circonstances parfois dramatiques, la reine Jeanne.

La fête n'est pas réservée aux personnalités étrangères à la curie. Le retour de mission d'un cardinal légat donne lieu à cérémonies et à réjouissances. Le camérier accueille le cardinal, le conduit devant le pape qui siège en consistoire. L'arrivant fait trois génuflexions, baise les pieds du pape, puis ses mains et sa bouche. On donne ensuite un grand festin.

Avant même les réjouissances, la venue des grands du monde laïque exige la mise en place d'un dispositif matériel assurant au visiteur et à sa suite un traitement digne de son rang. Lorsque Jean XXII accueille en 1319 la reine douairière de France Clémence de Hongrie, la veuve de Louis X, que l'on loge aux dominicains, c'est-à-dire chez le pape, il ne faut pas réquisitionner pour sa suite moins de douze hôtelleries et trois maisons particulières. Plus tard, douze maisons accueillent le comte Jean d'Armagnac et les siens. Il est vrai que le comte Jean est, par sa femme, le

petit-neveu de Clément V et que la curie est encore pleine de sa
parenté.

LA ROSE D'OR

Une fois par an, le quatrième dimanche de Carême, où l'on
chante *Laetare*, le pape attribue la rose d'or. On en viendra à
parler du « dimanche de la rose ». Mais, par-delà le geste rituel,
c'est un geste politique qui donne une valeur toute particulière à
la venue en Avignon des grands du monde laïque. Car la rose
d'or ne s'accorde pas par procureur.

Au XIᵉ siècle, c'était une véritable rose, que le pape bénissait et
offrait pendant la messe. Le geste était de pure courtoisie. Au
XIIᵉ siècle, il prend de l'importance, et d'abord du prix. C'est un
vase d'où sortent plusieurs roses d'orfèvrerie dont la plus élevée
contient en son cœur un carré de tissu imbibé du saint chrême
d'huile, de baume et de musc consacré le Jeudi saint précédent.
Le pape l'offre à une personnalité laïque – toujours noble – qu'il
ne saurait honorer autrement puisque les autres récompenses dont
il dispose – hors des fonctions réelles de recteur d'une province
ou de capitaine d'une ville – ne sauraient être données qu'à un
clerc. Il n'existe ni cardinaux ni chanoines laïques, et les bénéfices
en commende ne vont qu'à des clercs de rang adéquat. Le temps
n'est pas revenu des abbés laïques.

Au temps de la papauté d'Avignon, la rose d'or est avant tout
un chef-d'œuvre de joaillerie. Alors même que les finances ne
sont plus dans l'exil de Peñiscola ce qu'elles étaient à Avignon,
un orfèvre de Saragosse réalise en 1414, au prix de 230 florins,
la rose d'or que Benoît XIII offrira à l'ambassadeur de Jean II
d'Aragon, une rose d'or pesant treize onces et chargée de quatre
saphirs ordinaires et d'un saphir balai.

La remise de la rose souligne l'importance du geste politique.
Au moment où, portant la chape rouge et coiffé de la mitre précieuse, il va quitter sa résidence pour la chapelle où l'on va chanter la messe de *Laetare*, le camérier et le sacriste se présentent,
font la génuflexion et baisent la main du pape. L'un lui remet la
rose qu'un jeune clerc de la Chambre a sorti du Trésor, l'autre le

baume et le musc que vient d'apporter un chambellan. Le pape glisse le baume et le musc dans la rose qu'il garde dans sa main gauche pendant le cortège cependant que de la droite il bénit la foule. S'il ne prêche pas lui-même, il la tient pendant le sermon, puis pendant la messe. Il ne la laisse, la confiant alors au cardinal-diacre qui l'assiste à sa droite, que pour la récitation du *Confiteor* et pour s'agenouiller devant l'autel pendant l'Élévation. La messe achevée, le pape regagne sa résidence, ayant toujours en main la rose d'or. C'est parvenu dans sa chambre qu'il se tourne vers les nobles qui l'ont accompagné et offre la rose à l'un d'eux, naturellement choisi à l'avance et convenablement informé de cette distinction. Il accompagne le geste d'un propos où il loue la couleur, le parfum et l'aspect joyeux du présent. Le récipiendaire baise alors les pieds du pape, qui lui donne le baiser de paix. L'heureux élu s'en va ensuite chevauchant à travers la ville pour montrer sa rose d'or. Deux cardinaux-diacres parmi les plus anciens l'accompagnent.

Au fil des années, on offre la rose d'or à toutes sortes de personnalités. Au XIIIe siècle encore, on la réserve aux princes. Des souverains la reçoivent, et la curie s'agita beaucoup quand en 1358, étant à Rome, Urbain V choisit entre deux souverains présents dans la Ville éternelle et l'attribua à la reine Jeanne alors que, de l'avis général, elle revenait au roi de Chypre. Des cardinaux firent au pape leurs représentations : on n'avait jamais vu qu'une femme passât avant le roi de Chypre. Le pape avait déjà, en faisant à Marseille un cardinal, montré qu'il était le maître et qu'il avait de la repartie. L'ancien abbé de Saint-Victor fit observer aux cardinaux qu'on n'avait jamais, non plus, vu qu'un abbé de Marseille devienne pape. La rose d'or resta à la reine.

À partir de Clément V, les papes se ménagent, en l'offrant comme en 1312 à Enguerran de Marigny, la gratitude de gens influents. Mais une telle faveur à quelqu'un qui n'est pas de sang royal ne laisse pas d'étonner, et l'on juge que Marigny sort ainsi de son rang. Par la suite, le procédé n'étonne plus. Benoît XIII en use systématiquement envers les ambassadeurs, comme en 1406 pour le prieur de Toulouse de l'ordre de l'Hôpital, le comte Sclavus d'Asperch, pour l'heure ambassadeur du roi de Chypre. Au temps de son exil, il récompense ainsi les fidélités aragonaises : la rose d'or va en 1407 à un seigneur catalan, frère de l'ambassadeur d'Aragon, en 1408 au connétable d'Aragon, en 1413 à un Aragonais qui sera le représentant du roi au concile de Constance, en 1414 au grand justicier d'Aragon.

On l'aura noté, la rose aura été plus longtemps dans la main du pape que dans celle de la personnalité ainsi honorée. Mais on sait que le pape va l'attribuer, et il n'est pas certain que, à chaque fois, tout le monde sache à qui. Comme le précise le cérémonial, le pape donne la rose « au plus noble ou à qui il veut ». La noblesse qui suit le cortège est ici mise à sa place : elle est soumise au bon vouloir du pontife. Bien avant que leurs successeurs créent la noblesse pontificale, les papes d'Avignon ont inventé que des nobles lui soient redevables d'un honneur.

Fondations pieuses

Les papes se soucient tout naturellement de fonder des établissements religieux qui témoigneront de leur piété et soulignent sur le moment leur attachement à la nouvelle cité pontificale. Ils n'oublient cependant pas les villes et les églises qui font partie de leur propre histoire. Jean XXII multiplie ainsi les libéralités en Quercy, mais à Avignon il fonde dans l'église paroissiale Saint-Agricol un chapitre de chanoines et dans le Comtat il dote richement la chartreuse de Bonpas. Clément VI assume la restauration de l'abbatiale de la Chaise-Dieu, le monastère de sa jeunesse. Innocent VI dote fort convenablement la chartreuse qu'il crée à Villeneuve-lès-Avignon à l'ombre de ce palais proche de la vieille abbaye bénédictine de Saint-André qui était sa résidence de campagne quand il était cardinal, et c'est dans cette chartreuse qu'il choisit d'avoir sa sépulture, mais c'est à Toulouse – il n'a pas oublié ses jeunes années – qu'il crée un collège Saint-Martial, qu'il pourvoit d'une bibliothèque, et qu'il assure l'entretien de vingt pauvres étudiants en droit, notamment originaires du Limousin.

Urbain V pense d'abord à son pays d'origine. À Bédouès il édifie, jouxte sa maison familiale, une église collégiale aux allures de forteresse qu'il pourvoit de chanoines séculiers. À Quézac il rénove l'église pour y implanter un nouveau chapitre. Il prend en charge les transformations de la cathédrale de Mende. Il fait restaurer et fortifier son ancien monastère de Saint-Victor de Marseille et y prépare sa sépulture. En 1364, il fonde et fait construire aux frais du Saint-Siège – il en coûte quelque 150 000 florins – à Montpellier le prieuré des Saints-Benoît-et-Germain où l'on installe des moines de Saint-Victor qui devront naturellement chanter l'office mais aussi vaquer à l'étude des lettres. C'est ce monastère qui deviendra plus tard la cathédrale Saint-Pierre. À Montpellier encore, c'est pour douze étudiants en médecine qu'Urbain V fonde un collège. La faveur accordée à la ville qui lui est chère fait rêver le Languedoc, et l'abbé de Moissac Aimery de Peyrac répétera ce qu'on dit : si le pape avait vécu, il eût érigé à Montpellier ou un évêché ou une abbaye. Le transfert de l'évêché de Maguelonne à Montpellier ne se fera qu'en 1536.

Les collèges des grands centres universitaires ont leur fonction propre, qui est d'assurer le gîte et la subsistance aux étudiants des facultés de théologie ou de droit, donc à un petit nombre de jeunes clercs en cours de spécialisation. Encore faut-il atteindre ce niveau d'études, ce à quoi sont vouées les écoles de grammaire pratique qui végètent dans les petites villes et les villages, cependant que les facultés des arts, qui ne sont précisément établies que dans des villes universitaires, situent à un plus haut niveau leur enseignement de la grammaire spéculative, de la rhétorique ou de la dialectique. C'est pour remédier à cette insuffisante préparation aux études et pour favoriser le développement de l'université d'Avignon – non moins que le recrutement des candidats à l'université de Montpellier – que les papes Urbain V et Grégoire XI s'attachent à créer et à doter dans la région voisine – Comtat, Provence, Bas-Languedoc – quelques collèges de premier niveau capables d'accueillir de jeunes élèves en nombre suffisant. À Avignon et à Carpentras, mais aussi à Trets, à Saint-Germain-de-Calberte ou à Gigean, on enseignera ainsi pendant quelques années à des centaines d'enfants le rudiment, c'est-à-dire avant tout la grammaire latine et un peu de calcul. Ces fondations ne survivront pas au Schisme.

Les cardinaux rivalisent avec le pape pour fonder à leurs frais ou doter, à Avignon comme en bien des villes où ils ont des attaches ou des parentés, ces établissements de prière et de charité qui assurent la pérennité du souvenir. Landolfo Brancacci fait des legs substantiels à la cathédrale Notre-Dame-des-Doms où, à la veille de sa mort en 1312, il décide d'avoir sa sépulture. Guillaume Peyre de Godin fait reconstruire la chapelle des dominicains. Giovanni Colonna se montre particulièrement généreux pour les bénédictines de Saint-Laurent. Bertrand de Déaux fonde un chapitre dans la vieille église Saint-Didier, qu'il restaure mais qu'un incendie détruit peu après son décès en 1355. On la reconstruira et Déaux y sera enterré. Pierre des Prés transforme à ses frais l'église Saint-Pierre en collégiale et la pourvoit sur-le-champ d'un nouveau chœur et d'un cloître. Hors la ville, Arnaud de Via fonde et dote richement la collégiale de Villeneuve-lès-Avignon, où son architecte fait apparaître un type d'architecture gothique caractéristique de la France méridionale qui se retouvera quelques années plus tard à Saint-Pierre d'Avignon. Bertrand de Montfavet fonde une collégiale à Montfavet. Annibaldo da Ceccano établit près de Sorgues un couvent de célestins.

Avant de léguer à son ancienne abbaye de Cluny une notable partie de sa fortune, Androin de la Roche crée en 1362, pour les moines de Cluny qui viennent faire leurs études à l'Université d'Avignon, un collège Saint-Martial qu'Urbain V établit dans ce qui a été le palais de la reine Jeanne. Jean de la Grange et Guillaume d'Aigrefeuille le Jeune y auront leur sépulture. Ancien évêque d'Avignon, Anglic Grimoard fonde et construit en 1368 le monastère de Notre-Dame pour y transférer les bénédictines de Fours.

À Toulouse, où Innocent VI vient de fonder le collège Saint-Martial, le cardinal de Périgord fonde à son tour un collège Saint-Front pour vingt étudiants périgourdins. Mais il n'a pas moins doté, à Périgueux même, l'abbaye de Saint-Front d'une nouvelle chapelle et de douze chapelains.

Les prélats ne sont pas seuls à faire ainsi preuve de générosité. C'est un citoyen d'Avignon, le docteur ès lois Bernard Rascase, qui crée en 1354 l'hôpital de la Sainte-Trinité.

Les fondations ne sont pas seulement œuvres de bienfaisance. Elles apportent du prestige, perpétuent le nom du fondateur et assurent le renouvellement de l'élite nécessaire à l'Église et à la cour pontificale. Le souci des pauvres s'inscrit au contraire en premier lieu dans l'obligation de charité. Très tôt, les institutions charitables d'Avignon, et notamment les hôpitaux et les hospices, sont pour une bonne part financées par la Chambre apostolique. C'est pour satisfaire à cette obligation, dans le contexte social d'une ville qui commence de se développer, que Jean XXII crée la Pignotte, un bureau de secours aux pauvres qui n'est pas, comme les fondations, alimenté une fois pour toutes par une dotation en terres ou en argent mais que finance la Trésorerie pontificale sur les dépenses de fonctionnement des organismes de la curie.

Gérée par des aumôniers cisterciens, la Pignotte fournit aux pauvres des pitances, des vêtements, des remèdes. Sous les portiques de la cour, on sert du pain, de la viande, du poisson, des œufs, toutes denrées achetées en ville, voire sur les marchés de la région, mais aussi les fruits et légumes du jardin papal. On achète le pain chez les boulangers de la ville, et cet approvisionnement n'est pas une mince affaire. Sous Jean XXII, la Pignotte distribue 67 500 petits pains par semaine. Sous Grégoire XI, on distribue 232 349 pains par mois. Même si la taille du pain nous est inconnue et si nous ne savons combien de petits pains emporte chaque bénéficiaire, une partie de la population urbaine est ainsi nourrie par le pape. Il semble qu'un millier de pauvres soit compté comme ayant droit à la distribution de pain et de vin qui se fait chaque jour à la porte de la Pignotte. Dans le même temps, on fait porter une dizaine de milliers de pains aux couvents des ordres mendiants auxquels la population démunie sait très bien s'adresser, non moins qu'aux hospices et aux hôpitaux que, d'autre part, la Chambre apostolique subventionne régulièrement.

La générosité du pape ne s'arrête pas à la nourriture. À l'occasion des fêtes religieuses, on distribue des vêtements. La Chambre apostolique achète des livres pour les écoliers de l'Université, dote les filles pauvres, secourt les prisonniers.

Par principe religieux plus que par souci d'organisation, on invite chaque jour une partie de ces pauvres à prendre un repas à la Pignotte, ce qui s'appelle manger à la table du pape. Sous Grégoire XI, ce sont 355 pauvres qui viennent ainsi, à leur tour, pour un repas substantiel composé d'une bouillie de fèves et de pois, d'un quart de livre de fromage, d'une demi-livre de mouton ou d'un poisson, le tout arrosé d'un pot de vin.

Naturellement, cela concerne les temps normaux. Que s'aggrave l'insécurité et que des populations venues du Comtat ou de Provence se réfugient à Avignon, et la charge des pauvres devient considérable. Il faut enfin rappeler que les épidémies, et notamment la Peste noire, ont multiplié les malheureux et que, des soins aux malades à l'enterrement des morts, des papes comme Clément VI ne se sont pas dérobés à leur devoir. Sous Clément VI, la Pignotte distribue certains jours 32 000 pains.

Bien différente dans ses objectifs est l'œuvre des repenties qui, financée et gérée par les syndics de la ville, accueille depuis le milieu du siècle une quarantaine d'anciennes prostituées que l'on entend moins nourrir et loger par charité que protéger des tentations de rechute.

CHAPITRE XI

La vie de l'esprit

Le milieu

Si l'on peut parler du rayonnement intellectuel de la cour ponti-ficale, c'est d'abord parce que le magistère spirituel est affaire de science sacrée et de spéculation scolastique, autrement dit affaire d'intellectuels. Une part notable des curialistes, et non la moins en vue, doit son rang à une formation universitaire. Les affaires théologiques ou canoniques sont de celles qui retiennent l'atten-tion et qui, parfois, se traduisent par des affrontements propres à mettre en cause l'unité de l'Église. Beaucoup de clercs s'en tien-nent là. Pour conseiller le pontife dans les affaires de doctrine, on entretient à la curie un maître de théologie pris dans l'ordre, intellectuel par vocation, des frères prêcheurs. Et ce sont de pieuses lectures que fait au pape pendant son repas un sous-diacre spécialement affecté à cette fonction. Si le souci que montrent les papes à l'égard des universités et des collèges tient surtout au besoin pratique de la formation d'une élite et au désir charitable d'aider les étudiants pauvres, il n'est nullement exempt d'un inté-rêt sincère pour la réflexion de haut niveau dans les différents domaines qui concourent au maintien de l'orthodoxie dogmatique. Peut-être faut-il mettre de même au compte d'un souci d'efficacité apologétique plus que d'un intérêt littéraire le fait que Jean XXII, au moment où se multiplient les missions en Asie, crée à la curie même un enseignement des langues orientales. En bref, on ne saurait s'étonner que la vie intellectuelle ait à Avignon des bases religieuses. De même doit-on souligner la part essentielle des offices liturgiques dans le développement de la musique et celle du décor des églises et chapelles dans celui des arts plastiques.

Mais les activités intellectuelles et artistiques n'en ont pas moins leur place dans la vie de la curie hors de toute préoccupation fonctionnelle. La curie, c'est d'abord une cour, et la cour d'un souverain. Papes et cardinaux ont, diversement selon les personnalités, tenu les activités littéraires et artistiques, l'acquisition de livres et d'objets précieux ou l'appel à des peintres et à des chantres pour moyens de prestige et de plaisir. La cour pontificale se comporte là comme d'autres cours, et le bouillonnement des esprits dans le milieu avignonnais ne saurait être dissocié de ce qui se constate à Paris, en Toscane ou en Flandre.

UNE UNIVERSITÉ

Dès 1303, alors que rien ne laisse penser qu'Avignon sera la ville des papes, Boniface VIII se montre sensible à la sollicitation du comte de Provence Charles II d'Anjou qui, avant bien d'autres, s'est avisé qu'il ne fallait pas dépendre d'autrui pour la formation de ses élites. Le pape crée donc à Avignon une université, formée sur les écoles de théologie, de droit et de médecine qui attiraient déjà des étudiants au siècle précédent. Certes, on n'y trouve encore qu'une faculté des arts, c'est-à-dire un enseignement que nous dirions secondaire, et une faculté de droit canonique qui ne détonnera pas quand la ville sera devenue la résidence de papes que leur formation – pensons à Clément V, à Jean XXII ou à Urbain V – et le besoin de leur gouvernement portent plus vers le droit canonique que vers la théologie. Quelques grands juristes enseignent dans cette jeune université, parmi lesquels on remarque le futur Urbain V, Guillaume Grimoard. Plus tard, on y entendra briller le grand canoniste Gilles Bellemère, dont Clément VII fera son auditeur des lettres contredites et qui jouera un rôle majeur dans la première organisation de l'obédience d'Avignon après 1378. Réputé pour sa connaissance du droit des bénéfices, commentateur du *Décret* – son *Commentaire* fera encore autorité lorsqu'en 1550 on l'imprimera à Lyon – et des décrétales du *Corpus,* Bellemère joint à son œuvre d'universitaire le fruit de sa pratique quand il compile les décisions de l'Audience des causes. De même entend-on à Avignon dès 1373 et encore en 1383 les leçons de Bonifacio degli Ammanati, docteur en droit civil et cependant glossateur des décrétales dans sa *Lecture des Clémentines*. Cet Italien né à Avignon sera un avocat fiscal du pape, un protonotaire et un diplomate plusieurs fois chargé de missions avant que la pourpre cardinalice récompense ses services.

Ces quelques noms ne doivent pas tromper. Si l'on excepte des maîtres brillants mais portés à quitter rapidement leur enseignement pour les fonctions offertes par la curie, notamment par l'Audience des causes et par la Chancellerie, les régents dont on entend les leçons à Avignon ne sont pour la plupart que d'honnêtes juristes qui se feront ensuite avocats ou se procureront un bon bénéfice de curé paroissial. Les grands maîtres sont ailleurs. Ils sont à Montpellier et à Toulouse.

Attirés par les perspectives, souvent illusoires, de carrières à l'ombre du pape, les étudiants se pressent cependant à Avignon. En 1378-1379, on ne compte dans l'Université pas moins de 866 étudiants gradués venant de 148 diocèses différents, qui postulent un bénéfice ou une expectative (J. Verger). Autant dire que presque toute la chrétienté est représentée. À s'en tenir à ces chiffres, l'Université d'Avignon semblerait jouir d'un rayonnement qui, sans atteindre celui de Bologne, de Paris, d'Oxford ou de Prague, vaudrait bien celui de la plupart des universités déjà renommées.

Au vrai, elle s'en tient au droit – surtout au droit canonique – et trois étudiants sur quatre y sont des juristes, mais c'est toujours de Toulouse et de Montpellier, voire du complexe formé par Paris et Orléans, que viennent les canonistes et les légistes qui peuplent, à quelque niveau que ce soit, les organes du gouvernement, de l'administration et des finances du pape. Et c'est plus souvent à Montpellier, à Toulouse, voire – comme Urbain V et Albornoz – à Bologne, que papes et cardinaux choisissent de fonder les collèges qui perpétueront leur nom.

Le développement du droit civil dans une université qui semblerait vouée au droit canonique n'est que le reflet d'un phénomène général dans l'Occident du XIVe siècle : la formation utilitaire et quasi professionnelle l'emporte sur la fonction spéculative qui faisait la renommée des premières universités. Au temps de Clément VII, les juristes représentent à Toulouse 64 % et à Montpellier 85 % des étudiants pour lesquels sont présentées des suppliques. Avec 83 % d'étudiants en droit, la cité des papes ne fait donc pas exception (A. Gouron). Certes, les nouveaux docteurs sont désormais plus nombreux en droit civil qu'en droit canonique et, si l'on ignorait l'indifférence des nécessités professionnelles, on croirait à un paradoxe. Plus qu'à une compétence spécialisée, on est attentif à une formation intellectuelle de juriste et au maniement des concepts et du vocabulaire des juristes : les collecteurs de la fiscalité ecclésiastique sont aussi bien des civilistes que des canonistes. Aux débouchés offerts aux étudiants d'Avignon par la curie pontificale s'ajoutent, on ne peut l'oublier, ceux des administrations et juridictions temporelles de la région, celles du pape en son Comtat comme celles des principautés voisines – Savoie, Genève, Dauphiné, Saluces – qui n'ont pas encore leur propre centre de formation intellectuelle.

Le reste est secondaire. Base inévitable de toute construction universitaire, la faculté des arts ne compte en 1378 qu'un étudiant avignonnais sur dix. Elle ne progressera – un étudiant sur six – que dans les premiers temps du Schisme, profitant peut-être du déclin de ces enseignements dans les grandes universités du Midi de la France, mais cette fortune ne survivra pas au départ définitif des papes. Il est vrai que, ne proposant guère qu'un enseignement fondamental mais rudimentaire comme celui de la grammaire, elle ne saurait prétendre au rayonnement des grands centres où s'entretiennent les disciplines de la logique et la spéculation métaphysique. L'enseignement de la médecine n'apparaît jamais à Avignon que de manière sporadique. Quant à celui de la théologie, il est dispensé au Palais, et c'est après le départ des papes que l'on tentera de lui donner vie à l'Université en érigeant, en 1413, les écoles des ordres mendiants en une faculté de théologie qui ne fera jamais que vivoter.

L'ÉCOLE DU PALAIS

Fondée jadis par Innocent IV, une école de théologie est en effet intégrée dans la curie et elle en suivait jadis les déplacements entre Rome, Viterbe et Pérouse. Dès le temps de Boniface VIII, cette école ambulante prenait rang de *studium generale*, ce qui la mettait au même rang que les universités et lui permettait de conférer la licence. Ce statut a poussé l'école du Palais à de nouvelles ambitions. Pensant aux missions dont il forme le projet et se méprenant quelque peu sur la géographie linguistique de l'Asie de son temps, Clément V ouvre en 1312 l'école du Palais, désormais avignonnaise, sur l'enseignement de langues orientales telles que l'arabe, l'hébreu et le chaldéen. En 1323, on y étudie l'arménien. En 1342, on se contente du grec. Ces enseignements ne bénéficient malheureusement d'aucun suivi et leur succès reste limité. Même les leçons du moine Barlaam ne donneront à Pétrarque qu'un aperçu bien modeste du grec. Attesté dès le temps de Clément VI, l'enseignement du droit canonique ne paraît pas avoir dépassé au Palais le strict nécessaire pour conduire à de petites carrières. L'ambition reparaît quand, au temps d'Urbain V, l'école élargit son domaine au droit civil, mais cet enseignement ne prospère guère et cesse rapidement.

Provisoirement établie dans une maison particulière, puis au voisinage de l'Audience de Jean XXII et finalement dans une petite salle sous la Grande Audience de Clément VI, l'école n'a d'ailleurs pas les moyens matériels de ces élargissements. Malgré un titre solennel, l'enseignement de la théologie n'est assuré que par un unique maître, le plus souvent choisi parmi les frères prêcheurs, que l'on appelle le « maître de la curie », le « lecteur de la curie » et finalement, à partir de Clément VI, le « maître du Sacré Palais ». En fait, c'est le théologien du pape. La plupart des « maîtres » sont d'estimables théologiens, héritiers spirituels de Thomas d'Aquin – si l'on excepte le cistercien nommé par Benoît XII – et pratiquants habiles du raisonnement scolastique. Sages prédicateurs à la curie, notables dans leur ordre, ils ne jouissent pas d'une véritable réputation. Certains semblent n'avoir fréquenté aucune université. En pratique, le maître du Sacré Palais est d'abord en charge d'un enseignement destiné aux curialistes soucieux de parfaire leur formation de clerc, voire d'acquérir un grade capable de favoriser une carrière.

Même si deux papes – Benoît XII et Clément VI – ont été de remarquables théologiens, ce sont les deux droits qui conduisent le plus sûrement à la mitre. Autant dire que l'on n'attend pas de l'école du Palais ces débats de science sacrée dans lesquels on se complaît à la Sorbonne ou aux Jacobins, et qu'on se méfie de ces avancées de la spéculation dogmatique qui conduisent parfois au bord de l'hérésie. Si la première mission du maître du Sacré Palais demeure modeste, elle n'interdit pas le passage épisodique de maîtres prestigieux qu'invite le pape ou un cardinal. On entend donc à Avignon le juriste Laurent Jaudre qu'accueille Guillaume de la Jugie, ou le théologien Jean de Hesdin qui poursuit quelque temps dans l'entourage de Guy de Boulogne le commentaire sur Job commencé à Paris. Enseignant surtout à des gens de la curie, des clercs pourvus d'offices mais désireux de faire mieux, le théologien du pape n'est cependant pas là pour prendre des risques. D'ailleurs, l'enseignement n'est pas tout, et le maître du Sacré Palais a pour tâche de prononcer des sermons – les cardinaux n'en font pas moins – qui, pour sa notoriété, font parfois plus que ses leçons.

Et puis, il est le conseiller naturel du pape, disponible en permanence puisque sa fonction le rive au Palais. Si l'on organise de vastes consultations quand il s'agit d'un point essentiel de la doctrine, d'un risque sérieux d'hérésie ou des positions d'un maître célèbre, il est de la routine du Saint-Siège de devoir se prononcer sur un écrit ou une prédication. Or, premier conseiller du pape en matière de doctrine, le maître du Sacré Palais n'est pas nécessairement le plus compétent et certainement pas le plus influent. Un quart des cardinaux dont le parcours universitaire est connu sont des théologiens. Plusieurs se sont fait connaître, avant que vienne le temps de la pourpre, par leur enseignement ou par leurs ouvrages : les maîtres du Sacré Palais ne sont pas, à la curie, les seuls à avoir rédigé des exégèses de la Bible ou des commentaires sur les *Sentences.* En cas de besoin, comme lorsqu'il lui faut prendre position sur la pauvreté évangélique, Jean XXII consulte donc le Sacré Collège en même temps que bien d'autres théologiens présents à Avignon. Il est vrai qu'un cardinal parti pour une longue légation ne rend pas les services quotidiens que l'on peut attendre d'un curialiste. Cela renforcerait la position du maître s'il n'était lui-même employé à d'autres fins, comme quand le pape le charge d'une mission à Paris ou à Londres. Il est toutefois rare que le tout-venant des problèmes de doctrine ne puisse attendre quelques semaines.

Parmi les maîtres qui se succèdent, un seul fait exception à tous égards. Durand de Saint-Pourçain est un dominicain du couvent parisien des Jacobins. Il s'est fait connaître par un *Commentaire sur les Sentences* qui rompt avec le thomisme de rigueur dans son ordre. Refusant quelque réalité que ce soit aux universaux, c'est-à-dire aux concepts globalisants, il ne voit en eux que des dénominations et des constructions intellectuelles. Ce qui existe, ce n'est pas le concept d'arbre, ce sont les arbres, et c'est chaque arbre. Ce retour au nominalisme platonicien – l'universel n'est qu'un nom – illustré deux siècles plus tôt par Pierre Abélard annonce les vues que développera quelques années plus tard à Oxford, et au sein de l'ordre rival, Guillaume d'Ockam. Suspect au regard de son couvent, incertain au point de réitérer ses positions après les avoir rétractées, Durand de Saint-Pourçain quitte Paris et Clément V, fatigué de la superbe que l'on affiche chez les dominicains de la rue Saint-Jacques depuis le temps de Thomas d'Aquin, lui confie en 1313 l'enseignement de la théologie à la curie. Jean XXII n'est pas mécontent de rappeler ainsi qu'en matière de doctrine son autorité l'emporte sur celle des Jacobins.

Jean XXII se lasse vite d'un théologien demeuré incommode. Durand met la curie en porte à faux par rapport à l'ordre des prêcheurs alors même que le Saint-Siège a désormais grand besoin de lui pour faire face aux franciscains. Consulté par le pape en 1317, Jacques Fournier, le futur Benoît XII, ne trouve dans l'enseignement et l'œuvre de Durand pas moins de deux cent cinquante-cinq points de désaccord avec Thomas d'Aquin. Cela peut sembler gênant à l'heure où l'Église se prépare à canoniser celui-ci. Pour l'écarter de la curie, Jean XXII fait donc de Durand de Saint-Pourçain un évêque, d'abord de l'éphémère diocèse de Limoux, puis du Puy et enfin, en 1326, de Meaux. Néanmoins, alors que la rébellion des franciscains ébranle la papauté, Jean XXII le consulte à plusieurs reprises au sujet de la pauvreté évangélique. Mais Durand n'est pas seulement un philosophe en charge de la théologie : cet esprit original se rend précieux quand il se risque, au fort de l'affrontement avec Louis de Bavière, à composer contre les prétentions impériales un traité *De l'origine des pouvoirs et des juridictions.* Dans l'histoire de l'école du Palais, il aura bien été une exception.

LA BIBLIOTHÈQUE DU PALAIS

La bibliothèque laissée par ses prédécesseurs n'avait pas été le premier souci de Clément V. Déjà riche de 443 livres quand en 1295 Boniface VIII en avait fait faire l'inventaire, renforcée d'une centaine de livres au cours du pontificat, elle était demeurée à Pérouse. On avait songé à la déplacer vers Avignon, mais on avait vite mesuré le risque : Uguccione della Faggiuola avait manqué de peu de s'en emparer. On avait donc mis les livres du Saint-Siège en sûreté chez les franciscains d'Assise, où nul n'en usait. Il y avait là en 1311 quelque sept cents ouvrages, dont quelques-uns disparurent avec les années, comme on le constata en ébau-chant, en 1327 et en 1339, des inventaires, assez imprécis, du peu que l'on avait finalement transporté à Avignon.

Clément V apporta sa bibliothèque personnelle : on y trouvait des livres pieux et des ouvrages de droit. Il fit quelques acquisi-tions : des livres liturgiques pour sa chapelle, un évangéliaire enluminé pour son plaisir. C'était peu de chose.

Les choses changèrent quelque peu avec un Jean XXII convaincu que la multiplication des savants était « la santé de l'Univers ». Il élargit le champ et constitua un ensemble diversi-fié, conçu pour procurer au chef de l'Église les moyens d'une information et d'une réflexion personnelles. Pétrarque allait lui rendre cette justice, ce gros travailleur « désirait ardemment lire des livres ». Il en prit les moyens : il acheta, il emprunta, il paya des copistes. Grâce au droit de dépouilles, on commença de préle-ver dans la succession de bien des évêques les livres qui pouvaient enrichir la bibliothèque d'Avignon.

Dans cette première bibliothèque d'Avignon, nous trouvons d'abord les textes de base que sont les écrits des Pères de l'Église, les *Confessions* de saint Augustin et ses *Lettres*, ainsi que les *Commentaires* de saint Ambroise sur l'Évangile. Dans des traduc-tions latines, on y voit l'*Apologétique* d'un saint Grégoire de Nazianze qui garde le prestige de qui présida en 381 le concile de Constantinople où s'affina la définition du dogme, de même que le traité sur la *Foi orthodoxe de* saint Jean Damascène. S'il est vrai que les positions de Jean Damascène sur un culte des images que nul ne met plus en doute depuis longtemps ne sont plus d'actualité, son œuvre offre, à l'heure où l'on parle de nouveau de l'union des Églises, une mine de citations possibles dans une négociation avec Constantinople. S'y joignent naturellement les textes de référence que sont les règles monastiques en usage comme celles de saint Benoît et de saint Augustin. Bien sûr, alors que la règle des frères mineurs soulève les controverses que l'on sait, Jean XXII s'est fourni du texte de base, mais aussi des interprétations qu'en ont données Grégoire IX et Nicolas III. De moindre utilité immédiate, le pape a quand même acquis les règles, depuis longtemps négligées, de saint Macaire et de saint Basile.

À ces textes fondamentaux Jean XXII ajoute les contemporains : la *Somme théologique* de Thomas d'Aquin, les *Méditations* d'Anselme de Cantorbéry, le *Gouvernement des princes* de Gilles de Rome, les *Sentences* de Pierre d'Auvergne, le traité *De la Lumière* de Robert Grosseteste, la *Table de la Cité de Dieu* de Robert Kilwardby, les *Commentaires* de John Peckham.

Quelques ouvrages de littérature profane complètent l'ensemble : on voit là les discours de Cicéron, les *Tragédies* de Sénèque, l'*Histoire naturelle* de Pline l'Ancien, *l'Almagèce* de Ptolémée, l'*Art militaire* de Végèce, non moins que quelques traités d'arithmétique et de géométrie.

Comme il n'a pas le temps de tout lire, et qu'il n'est pas compétent en tout, Jean XXII se fait faire des tables et des résumés. Ainsi commande-t-il une synthèse de la *Somme* de Thomas d'Aquin et se fait-il composer par l'ancien inquisiteur de Toulouse Bernard Gui, qui lui sert parfois de nonce, un spicilège des vies de saints qui, sous le nom de *Fleurs des chroniques*, fera autorité et demeurera un classique de l'historiographie médiévale.

Amorcée sous Clément VI, la généralisation de la saisie des dépouilles devient alors la première source d'enrichissement de la bibliothèque papale. Alors que ce pape fait copier vingt-sept manuscrits, il reçoit, pris sur les dépouilles d'une quarantaine d'évêques et abbés, près de 1 400 livres. Cela n'interdit pas à

Clément VI de passer des commandes, qui sont celles d'un humaniste : il charge Pétrarque – qui sillonne l'Europe à la recherche pour lui-même de textes classiques – de compléter la collection des manuscrits de Cicéron et il fait traduire de l'hébreu le traité d'astronomie de Levi ben Gerson. Il emprunte, aussi, et il oubliera de rendre l'œuvre de Cicéron qui lui manquait et qu'a prêtée un évêque. Le canoniste qu'est Urbain V, lui, s'attache naturellement à enrichir la bibliothèque en ouvrages juridiques propres à alimenter les travaux d'une université où, depuis un demi-siècle, le droit est à l'honneur. Quand en 1369, par souci de la régularité administrative plus que de la commodité des recherches, on en fait un inventaire, la bibliothèque des papes est riche de deux mille livres. Seule dans tout l'Occident, la bibliothèque de la Sorbonne peut se targuer d'en compter autant.

Le nombre ne doit pas faire illusion. Les dépouilles procurent heureusement bien des textes rares que tel ou tel prélat avait chez lui mais, malgré le choix sélectif que fait souvent le collecteur, elles font également venir dans la bibliothèque du pape les livres que tout prélat se doit de posséder. De la *Bible* et des œuvres de saint Augustin au *Décret* de Gratien et aux *Sentences* de Pierre Lombard, bien des œuvres sont en de multiples exemplaires.

C'est Urbain V qui, de manière paradoxale si l'on pense qu'il tentera bientôt de rétablir à Rome le siège de saint Pierre, fait transférer à Avignon la bibliothèque d'Assise. Mais, parce qu'on parle bientôt du retour à Rome, un récolement d'ensemble s'impose, que dirige le cardinal Philippe Cabassole, l'ami de Pétrarque et de Boccace, et auquel se voue le bibliothécaire Raymond Dachon. Les préoccupations d'Urbain V en matière de bibliothèques sont cependant ailleurs, à Toulouse, à Montpellier et à Bologne : quand on fonde des collèges, il faut les pourvoir de livres.

Grégoire XI reprend à son compte l'intérêt de Clément VI pour la poésie moderne et la culture classique, et les dépouilles ne suffisent pas, qui procurent surtout des livres liturgiques et des livres d'heures. Le pape fait copier la plupart des œuvres de Pétrarque, qui meurt en 1374. Il fait traquer par son collecteur de Paris, Bernard Carit, des ouvrages de Cicéron qui lui manquent. Chanoine de Notre-Dame et archidiacre de Saint-Séverin, Carit est fort au courant de ce qui se trouve chez les libraires de la rue Saint-Jacques. Le pape se tourne aussi, tout naturellement, vers l'Italie et c'est à l'évêque de Verceil Giovanni Fieschi – dont Urbain VI fera plus tard un cardinal – qu'il demande de lui procurer l'*Histoire de Trogue Pompée* par Marcus Justinus. L'année suivante, il fait rédiger avec plus de méthode que naguère un nouvel inventaire de la bibliothèque.

Malgré ces quelques cas, que l'on remarque, la bibliothèque ne reflète toujours qu'un faible intérêt pour la littérature profane du temps. Il est de nombreuses gloses des *Décrétales* ou des *Sentences*, mais quelques chroniques universelles comme le *Miroir historial* de Vincent de Beauvais ou les *Fleurs des chroniques* de Bernard Gui semblent suffisantes pour l'histoire. Dante n'apparaît pas dans la bibliothèque, et Boccace n'y est représenté que par ses *Hommes illustres.* On y trouve toutefois le récit de Marco Polo.

Dès le temps de Clément VI, la bibliothèque est placée sous le gouvernement du confesseur du pape. Il surveille le travail des copistes, il fait relier, il veille sur les emprunts. Se succèdent dans la fonction Pierre de Besse, Pierre Geoffroi, Raymond Dachon et Pierre Ameilh, tous issus des ordres mendiants mais pourvus de confortables évêchés. C'est cependant un pénitencier, le dominicain Guillaume du Mas, qui travaillera en 1382 à « mettre en ordre » la Bibliothèque.

Au terme de sa constitution, à la veille du Grand Schisme, les livres du pape sont répartis entre plusieurs locaux, car y ont accès les cardinaux, les collaborateurs du pontife, les curialistes des juridictions ou des administrations qui trouvent là des instruments de travail. Les lecteurs venus d'ailleurs, tel naguère Pétrarque, semblent avoir été rares. La « Grande Librairie » de la tour du Trésor procure, avec près de 1 500 livres, une documentation considérable aux théologiens qui ont à se prononcer sur les doctrines enseignées, sur les ouvrages qui circulent, voire sur les hérésies qu'on signale à travers la chrétienté. Il y a les textes, mais aussi les traités, les gloses, les commentaires. On y trouve naturellement une riche documentation sur les pensées grecque, arménienne, juive et musulmane. Dans la tour de la Garde-Robe, le petit cabinet de travail proche de la chambre du pape abrite une sélection : une soixantaine de livres, qui fournissent à la lecture quotidienne du pontife. Plus tard, Benoît XIII constituera à son propre usage une bibliothèque plus fournie, qu'il logera dans la chambre du Cerf. On ne s'étonnera pas que ce grand juriste ait placé là les travaux les plus récents des juristes de son temps.

Un premier humanisme

Ne nous y trompons pas, comme le trésor d'objets précieux et comme le décor peint du palais et des églises, la bibliothèque est un élément du prestige d'un pape ou d'un cardinal. Si elle se fait remarquer par le nombre de volumes, sa composition reste assez traditionnelle. Il n'est pas à Avignon une bibliothèque digne de ce nom qui ne fasse place, et depuis longtemps, à Pline et à Cicéron, mais l'humanisme n'apparaît là qu'avec timidité. Sinon comme ambassadeur, Boccace y passe presque inaperçu et si, tombé amoureux de Laure de Noves lors d'une brève rencontre en 1327 dans une église d'Avignon, Pétrarque écrit en son honneur ses plus beaux poèmes, c'est lorsque, désespéré d'un amour platonique, il s'est retiré loin de la cour à la fontaine de Vaucluse, aux sources de la Sorgue. Il faut dire que la curie voit sans faveur cet ardent contempteur d'une papauté obstinée à demeurer loin de Rome. Les Français qui dominent la cour lui pardonnent mal d'avoir écrit *L'invective contre le Français* : il est inutile, aux yeux de Pétrarque, de chercher orateurs ou poètes hors de l'Italie. Il est vrai que la curie peuplée de Limousins ou de Quercynois n'est plus cette curie héritée de Boniface VIII où l'on voyait encore un Niccolò da Prato ou un Napoleone Orsini entretenir un entourage où l'on faisait quelque cas de la culture classique et Avignon n'est plus la ville où le jeune Francesco Petrarca – notre Pétrarque – trouvait dans les premières années du pontificat de Jean XXII un maître toscan pour le familiariser avec Cicéron. Les conversations poétiques qu'il a avec le Véronais Guglielmo da Pastrengo, venu plusieurs fois à Avignon à partir de 1336 comme ambassadeur de Mastino della Scala, et les relations épistolaires qui s'ensuivent sont, comme ses relations avec le Français Pierre Bersuire ou avec le seigneur de Mantoue Guido Gonzaga et son chancelier Giovanni Aghinolfi, fort propres à réchauffer le cœur de Pétrarque, non à entretenir à Avignon un foyer d'humanisme. Lorsque, dans le havre de tranquillité qu'il s'est ménagé à Vaucluse, Pétrarque se dit écrasé par le poids du courrier poétique qu'il reçoit de toutes parts, il n'est nulle trace que ce flot de lyrisme ait touché la cité des papes. Avignon est une ville où, à la faveur d'un carrefour diplomatique d'exception, peuvent surgir des occasions de commerce intellectuel. Il est vrai que le cardinal Giovanni Colonna accueille chez lui toutes sortes de gens portés vers l'humanisme, et qu'il charge ceux qui prennent congé de lui procurer, aussi bien en Allemagne, en Angleterre ou en Grèce qu'en Italie ou en Espagne, les textes de Cicéron qu'ils pourraient rencontrer. Mais Giovanni Colonna est un cas, et ce dernier vestige à Avignon de la tradition romaine au sein du Sacré Collège ne reflète guère les curiosités de tous les porteurs de la pourpre. Malgré ses diatribes contre la nouvelle Babylone, Pétrarque tire profit de ces occasions d'entretiens littéraires, mais cela ne fait pas de la cour pontificale un foyer d'humanisme.

La ville des papes est alors fort en arrière de Paris. C'est à Paris qu'un protégé de la reine Jeanne de Bourgogne, l'hospitalier Jean de Vignay, traduit vers 1320 l'*Art militaire* de Végèce dans une *Chose de la Chevalerie*. Même Pierre Bersuire, que l'on a connu à Avignon parmi les familiers du cardinal Pierre des Prés, préfère finalement le milieu parisien et c'est pour Jean le Bon qu'au milieu du siècle il commente les *Métamorphoses* d'Ovide et traduit les *Décades* de Tite Live. De même est-ce pour un Charles V soucieux de rattraper le retard de la France sur l'Italie que l'évêque Nicole Oresme multiplie les traductions. À la fois philosophe, mathématicien et observateur lucide de la vie politique, il rend accessible l'œuvre d'Aristote en adaptant l'*Éthique*, la *Politique* et l'*Économique* d'après des traductions latines. Il commente la *Géométrie* d'Euclide. Il compose un traité *De la Sphère*. Dans un livre *De la Monnaie* qui renoue pour une part avec les observations aristotéliciennes de Thomas d'Aquin, il développe une analyse précise des théories monétaires et des phénomènes de son temps. Une telle activité, qui se renouvelle du temps de Philippe VI à celui de Charles VI, ne s'observe guère à Avignon.

La cour pontificale, elle, n'est portée ni vers la philosophie, ni vers le lyrisme, ni vers le beau langage. Peuplée de juristes, d'administrateurs et de financiers, elle s'ouvre naturellement à la dialectique et à la théologie qui nourrissent l'argumentation dans les controverses dogmatiques, non moins qu'à la rhétorique qui a sa place dans l'arsenal des négociations et des polémiques politiques. La fondation de collèges, en tant qu'elle comporte des bourses pour les étudiants pauvres, est avant tout œuvre de piété. L'émergence de nombreuses universités ne doit pas induire en erreur : lorsque les papes secondent là l'initiative des princes, c'est parce que la société a besoin d'une élite, non pour développer l'étude des textes profanes. Alors que Stefano Colonna lui demande un ouvrage d'Apulée, le canoniste Simone da Brossano répond sévèrement que mieux vaut citer saint Paul et saint Augustin que Quintillien et qu'en définitive il convient de se méfier des auteurs classiques. Mais, on l'a dit, la théologie elle-même n'a qu'une place modeste dans l'organisation institutionnelle de la curie. Quant au mouvement quotidien des suppliques et des bulles, il appelle des scribes pour reproduire des modèles, non des amateurs de style. La vérification des bulles par l'auditeur n'a pour fin que d'assurer la conformité du texte à l'objet et aux décisions du pape, et l'Audience des lettres contredites n'a que le souci de la rectitude juridique. Elle n'en est pas moins présidée par un évêque, voire un archevêque, mais ce cas que l'on fait de l'auditeur dit surtout l'importance que la papauté d'Avignon accorde au respect des normes juridiques de son fonctionnement.

Même quand Clément VI ou Urbain V recrute pour sa correspondance personnelle et ses « lettres secrètes » des secrétaires italiens, ceux-ci s'en tiennent à leur rôle d'employés de chancellerie. Forts de leur expérience de scribes ou d'abréviateurs, ils ne montrent aucune prétention littéraire. Quand ils sortent de ce rôle, c'est à raison de leur connaissance des affaires italiennes. Encore Coluccio Salutati, tout traducteur de Plutarque qu'il soit, échoue-t-il, lors du séjour d'Urbain V à Rome, à obtenir quelque emploi à la curie. Secrétaire d'Urbain V avant le retour à Rome comme après celui-ci, Niccolò de' Romani devient sous Grégoire XI un conseiller politique fort écouté quand il s'agit des négociations et des opérations en Italie. S'il entretient facilement le pape, il ne paraît pas qu'il l'ait entretenu de beau langage. Et le beau motet *Rosa vernans caritatis* composé pour le pape vers 1375 peut bien mettre en jeu les thèmes mythologiques repris de l'Antiquité, il les emprunte au répertoire allégorique traditionnel et le propos de l'œuvre est surtout de plaider pour le retour à Rome, évoqué comme une reconquête de la Terre sainte.

La cour d'Avignon a manqué le passage de Boccace. Fils d'un homme d'affaires florentin, le jeune Giovanni di Boccacino suit son père quand celui-ci va diriger à Naples la filiale des Bardi. C'est là qu'il se tourne délibérément vers la poésie, qu'il fréquente les milieux intellectuels de la cour du roi Robert et qu'il fait la découverte de la littérature française. Mais lorsque la Commune de Florence l'envoie en 1354 sonder à Avignon le pape Innocent VI quant à l'attitude que prendrait le Saint-Siège lors de la venue de Charles IV en Italie, puis lorsque la même Commune le charge en 1365 de rassurer Urbain V quant à l'accueil qu'il recevrait s'il venait lui-même en Italie, les rencontres qu'il fait à la curie ne se traduisent que par quelques réunions littéraires et par des relations amicales comme celles qu'il continuera d'entretenir avec un Philippe Cabassole toujours porté vers les poètes. La curie, dans sa majorité, ne voit en Boccace qu'un envoyé florentin.

On ne peut citer qu'un cas d'humaniste véritable, celui du rhétoricien Francesco Bruni, notaire des prieurs à Florence puis ambassadeur de la Commune à Bologne avant de tenir à Avignon auprès d'Urbain V et de Grégoire XI une place de secrétaire et de familier, voire de conseiller pour les affaires de Toscane. Bruni voit le pape chaque jour et il partage parfois son repas, mais il ne cherche guère à convertir le pontife aux belles-lettres. En tout cas, il ne paraît pas avoir fait école.

Même si l'on peut parler d'un humanisme naissant, c'est donc plutôt comme un développement des classiques que se manifeste l'intérêt des papes et des prélats pour les Anciens. Les classiques sont dans toutes les bibliothèques, on trouve jusque dans le bureau de travail du camérier, dans la tour du Trésor, des textes de Tite Live, de Salluste, de Cicéron, de Pline l'Ancien, de Sénèque et de Flavius Josèphe, et la bibliothèque du pape comporte aussi Valère Maxime, Végèce, Suétone et Macrobe.

342 LES PAPES À AVIGNON

Seuls, sous Grégoire XI, des cardinaux italiens comme Piero Corsini ou Jacopo Orsini commencent de faire venir et de prendre pour secrétaires des compatriotes capables de rédiger avec une élégance digne de Cicéron. Le milieu français se garde cependant de suivre de tels exemples : il n'en voit pas l'intérêt. Paradoxalement, c'est quand le Grand Schisme aura coupé les liens entre Avignon et l'Italie que les intellectuels de la curie avignonnaise s'ouvriront vraiment à des relations avec le milieu humaniste de Florence aussi bien qu'avec celui des chancelleries parisiennes.

L'APPEL AUX ARTISTES

Avant Clément V, on comptait à Avignon des artisans mais point d'artistes dignes de ce que sont très vite les ambitions des papes et des cardinaux. Faute de trouver sur place à qui commander le décor des églises et des résidences, et avant même que Clément VI leur ouvre avec son palais un extraordinaire chantier, force est de faire venir des peintres. Jean XXII a d'abord confié à un franciscain de Toulouse la direction d'une équipe surtout recrutée dans la France méridionale. C'est alors que l'on orne de quelques fresques la chapelle Saint-Étienne du palais épiscopal où réside le pape, non moins que les chapelles de la cathédrale Notre-Dame-des-Doms. Mais c'est en Italie que l'on trouve les peintres les plus réputés, et les artistes commencent de participer à ce mouvement qui fait converger vers Avignon, durablement ou occasionnellement, des Italiens en tout genre. Il vient de Sienne, de Florence ou de Milan des marchands et des financiers. Il vient aussi des peintres, et les Siennois sont alors très demandés. Travaillent à Avignon dans les années 1320 Jean Lombart, Docho de Sienne et Paul de Sienne.

Quel que soit le parti pris d'austérité de Benoît XII, la construction d'un palais ne se conçoit pas sans un décor, et le pape y emploie des artistes italiens et français, voire anglais et catalans. Des fresques aux motifs assez simples ont ainsi leur place dans la chapelle Saint-Jean, mais aussi dans la chambre de Parement et la chambre de Jésus, dans la chambre pontificale de la tour du Pape et dans le bureau de la tour de l'Étude. Il ne s'agit encore que d'un décor de dévotion, et les images sacrées s'y combinent avec les scènes bibliques et celles de la vie des saints.

Les cardinaux ne sont pas en reste. C'est Stefaneschi qui fait venir en 1340 un Simone Martini – encore un Siennois – alors au faîte de sa gloire après qu'il a orné le Palais communal de Sienne et travaillé pour le roi Robert à Naples. Martini mourra quatre ans plus tard à Avignon. Le porche de Notre-Dame-des-Doms gardera longtemps ses deux grandes compositions, la *Vierge à l'Enfant entourée d'anges* et un *Saint Georges terrassant le dragon*. Mais c'est pour Napoleone Orsini que le même Martini peint un polyptyque de la *Passion* (auj. démembré : Louvre, Anvers et Berlin). Il n'aura pas travaillé pour le palais pontifical. Et les marchands savent très bien à qui proposer les missels et les livres d'heures enluminés, voire les tableaux de chevalet, qu'ils peuvent faire venir de toute l'Europe.

Clément VI est pape depuis un an quand, en 1343, arrive Matteo Giovanetti. Ce jeune prieur de San Martino de Viterbe fait très vite venir des artistes de Florence, de Sienne, de Lucques, d'Arezzo, mais il se chargera lui-même de bien des fresques. Le premier décor que lui confie le pape, c'est celui de son cabinet de travail dans la nouvelle tour dite de la Garde-Robe. Et là, ce ne sont plus des images pieuses. Les goûts princiers de Clément VI trouvent le plus délicat des interprètes en un Giovanetti que passionne la figuration de l'espace, et la chambre du Cerf en est la parfaite manifestation. Ce sont, dans le jardin fleuri et entre les arbres chargés de fruits comme en la compagnie d'animaux domestiques et d'oiseaux, les scènes de la vie aristocratique que sont toutes les chasses – la chasse au cerf ou au lapin, le lâcher du furet ou le vol du faucon – et même la pêche à l'épuisette dans le vivier du jardin où nagent brochets et canards, mais aussi la scène du bain et les jeux d'enfants courant dans l'herbe et grimpant aux arbres. Le décor de la chambre du pape fait écho avec ses grands rinceaux cependant que, dans les embrasures, on voit des cages d'oiseaux.

Le peintre intervient ensuite, entre 1344 et 1348, au Grand Tinel et au Consistoire, et il réalise le décor des chapelles Saint-Martial et Saint-Jean, un décor où il ne craint pas de peupler les scènes de véritables portraits au réalisme vigoureux. En 1352-

1353, c'est encore Giovanetti qui est chargé de la Grande Audience où un *Jugement dernier* et un *Couronnement de la Vierge* sont accompagnés de grandes figures – les prophètes, les sybilles – qui échappent, sur un fond de nuit étoilée, à l'encadrement architectural. Giovanetti travaillera encore pour Innocent VI et suivra plus tard Urbain V à Rome.

Maintenant, les artistes de toutes origines se pressent à Avignon où Riccone da Arezzo peint le plafond du Grand Tinel, mais ils sont aussi dans les résidences de charme qu'aménagent hors la ville les cardinaux, voire sur l'autre rive du Rhône comme en témoignent les fresques de la chartreuse de Villeneuve-lès-Avignon. De même se multiplient alors les œuvres de chevalet comme ce petit triptyque de la Crucifixion (Angers, Musée des Beaux-Arts) qu'un chanoine de Saint-Agricol commande vers 1380 pour sa chapelle privée à un peintre local sensible aux nouvelles recherches des Italiens sur la représentation de l'espace et sans doute influencé par les œuvres de Matteo Giovanetti.

Si Clément VI fait grand cas de l'esthétique architecturale et plus encore du décor peint, il ne porte pas la même passion à la sculpture. Certes, les sculpteurs ne sont pas absents des chantiers. On leur doit au palais les statues, les linteaux et les médaillons du portail de la grande chapelle, les chapiteaux à feuillage de la porte des Champeaux et quelques culots à la base des voûtes. C'est peu. Ils ont en revanche un domaine traditionnellement réservé : l'art funéraire.

Alors que Clément V est enterré en Gascogne et Clément VI à la Chaise-Dieu dans un monument dû au sculpteur Pierre Boye, Avignon garde les tombeaux des autres papes. La sépulture de Jean XXII ouvre naturellement la série. Un sculpteur que l'on a parfois identifié avec l'Anglais Hugues Wilfred conçoit en 1345 dans la cathédrale Notre-Dame-des-Doms cette tombe dont le gisant est environné d'un extraordinaire baldaquin de clochetons que peuple une soixantaine de statuettes de marbre blanc (mutilé à la Révolution et dénaturé depuis).

Peut-être faut-il dire que cette tombe monumentale, probablement inspirée de quelques expériences anglaises, bouleverse les habitudes. Au Vatican, les sépultures des papes demeuraient fidèles au type traditionnel et relativement modeste du coffre sépulcral chargé d'un gisant. C'est le même type qui assure à Saint-Denis la relative unité des sépultures royales. Il sera jusqu'au XVe siècle le modèle normal des grandes tombes royales et princières de tout l'Occident, celles de Westminster ou de Saint-Denis comme celles de Dijon ou d'Alcobaça. La sépulture des grands ne se distingue de celle du commun que par la qualité de la sculpture, le réalisme des gisants et l'accompagnement des statuettes qui font le décor latéral du coffre. Pour les papes, le changement de type est total.

Car on ne s'en tient pas là. Dans la cathédrale des Doms, l'artiste parisien Jean Lavernier réalise sur le même modèle la tombe de Benoît XII, une tombe dont ne subsistent que des morceaux hétéroclites. Et c'est dans ce même style que, assisté de Barthélemy Cavalier et de Thomas de Tournon, le maître d'œuvre Bertrand Nogayrol construit le tombeau d'Innocent VI à la chartreuse de Villeneuve. Quant au cénotaphe d'Urbain V – le véritable tombeau est à Saint-Victor de Marseille – qu'orne un gisant d'albâtre (auj. Petit Palais), il a sa place au prieuré clunisien de Saint-Martial dont ce pape a favorisé la création dans une ville dont les bénédictins étaient absents jusqu'à ce qu'Androin de la Roche se souvienne d'avoir été abbé de Cluny.

Il n'y a pas que les papes à justifier de pareilles commandes. Nombreux sont les prélats qui ont souhaité édifier à Avignon ou aux alentours le tombeau qui sera à la fois leur ultime demeure et l'affirmation de ce que fut leur fortune. Bien des sculpteurs français ajoutent ainsi la clientèle de la curie à celle des princes de la maison de France. Le tombeau de Jacques de Via est à la cathédrale, comme plus tard ceux de Jean de Cros et de Faidit d'Aigrefeuille. Celui de Guillaume de Laudun est aux Dominicains et celui de Bertrand de Déaux à Saint-Didier. Celui d'Arnaud de Via est à Villeneuve dans la collégiale Notre-Dame qu'il a fondée en 1333. Cavalier et son atelier sculptent pour la chartreuse de Bonpas celui de Philippe Cabassole dont subsistent des statuettes d'albâtre (auj. Palais des papes et Petit Palais). C'est encore à Bonpas que prendront place à la fin du siècle le tombeau d'Anglic Grimoard et ensuite celui de Martin de Salva. La chartreuse de Villeneuve accueille la tombe d'Audouin Aubert, le neveu d'Innocent VI. On verra à Saint-Martial les tombeaux d'Androin de la Roche, de Guillaume d'Aigrefeuille le Jeune, de Pierre de Cros et de Jean de la Grange.

C'est probablement un jeune sculpteur lyonnais, Jacques Morel, qui conçoit vers 1400 et peut-être dès 1390 la haute composition (connue par un dessin du XVIIe siècle, Bibl. Vaticane, fonds Barberini), du tombeau que se prépare Jean de la Grange, car le personnage entend bien laisser à la fois son image et le symbole de ce que fut sa place dans l'Église. Le parti général, extrêmement élaboré, emprunte à celui du tombeau que, s'inspirant lui-même d'exemples napolitains, Barthélemy Cavalier a composé vers 1375 pour Cabassole. Il rompt donc avec la tradition française des tombes horizontales faites d'un coffre et d'un gisant, parfois insérées dans un enfeu d'architecture, et il dépasse les audaces du tombeau de Jean XXII. Comme plusieurs autres à la même époque et notamment celui de Guillaume d'Aigrefeuille le Jeune dont subsistent quelques fragments dont la tête, mitrée (Petit Palais), le tombeau de Jean de la Grange est résolument vertical. À la base, le mort est représenté deux fois, un gisant de type classique le représentant revêtu de ses ornements épiscopaux, l'autre le montrant nu, dans ce type au réalisme anatomique du « transi » que l'on n'a encore vu qu'au tombeau du médecin de Charles VI mais qui fera bientôt fortune. Le tout forme la base d'une architecture que composent, sur quinze mètres de hauteur, six registres de pierre et d'albâtre où l'on admire aussi bien, dans une large frise l'ensemble des apôtres que, dans le grand style des tombeaux bourguignons, des scènes de l'Évangile et de la vie de la Vierge devant lesquelles apparaissent les illustres personnages qu'a côtoyés ou servis le cardinal. Lui font ainsi escorte, sous le ciseau de divers sculpteurs aux talents inégaux, le pape Clément VII, les rois Charles V et Charles VI, le duc d'Orléans et quelques autres (auj. Petit Palais). Jean de la Grange a évidemment, comme au contrefort – le « Beau Pilier » – de la cathédrale d'Amiens, sa place parmi eux.

Le cardinal Pierre de Luxembourg ayant été béatifié dès 1390, deux ans après sa mort, c'est pour y aménager son tombeau qu'est reconstruit aux frais du roi de France mais surtout du cardinal de Brogny le couvent des Célestins. Transporté en 1401 aux Célestins dans un monument de type traditionnel dû à Pierre Morel,

Clément VII sera le dernier pape à avoir sa tombe à Avignon (auj. tête au Petit Palais, martelée à la Révolution). Mais des tombes au gisant couché sur un coffre peuplé de statuettes souvent influencées par l'art toscan accueillent encore à la cathédrale Faidit d'Aigrefeuille et à Bonpas Martin de Salva.

Grégoire XI, lui, est le seul pape d'Avignon à reposer dans la Ville éternelle. Il ne pouvait guère en aller autrement. Celui qui a réalisé le retour à Rome n'aura qu'un médiocre monument élevé au XVIe siècle dans cette église Sainte-Marie-Nouvelle qui, entre le Forum et le Colisée, occupe une partie de ce qui fut le temple de Vénus et de Rome.

Ayant les moyens de faire venir les artistes, les papes et les cardinaux ne sont donc conditionnés dans leurs choix par aucune tradition et par aucun marché. Alors que l'Avignon des papes est, pour l'architecture, résolument tributaire des recherches de la France septentrionale, c'est-à-dire de l'art gothique que développent là un Pierre Dupuy et un Pierre Massonnier pour le premier palais, un Jean de Louvres pour le second, Benoît XII et Clément VI ne pensent qu'à l'Italie quand il s'agit de la couleur. Mais les Italiens n'ont pas place dans ce marché que sont les tombeaux. Et, pour fournir au besoin d'orfèvrerie profane et sacrée, se pressent à la cour des papes, en même temps que des Florentins et des Siennois comme Giovanni di Bartolo, des artistes venus de Paris, de Limoges, de Tournai ou de Montpellier. Il en va de même pour les enlumineurs qu'attirent à Avignon les commandes des papes et des prélats. On compte parmi eux des Italiens, mais on y remarque aussi vers 1370 le Languedocien Bernard de Toulouse. Nous allons voir que les choses sont encore différentes pour la musique, les centres cathédraux du Nord l'emportant alors en réputation. À tous égards, Avignon est bien pour les artistes un carrefour et un creuset où se mêlent les influences.

LA POLYPHONIE

C'est dans les livrées cardinalices que la musique prend d'abord une place nouvelle dans les éléments du train de vie. La

musique est alors en plein renouvellement, la polyphonie développée à Notre-Dame de Paris dès les années 1260 atteint son premier
épanouissement avec des œuvres à trois, voire quatre voix, et le
clerc champenois Philippe de Vitry compose vers 1320 un traité
de l'*Ars nova* qui ouvre la voie à de nouvelles recherches harmo-
niques et à une plus grande souplesse des lignes de chant.

Jean XXII, un temps, freine l'engouement de sa cour pour ces
nouveautés. En d'autres domaines, les gouvernants du Moyen
Âge ont souvent montré une méfiance, voire une hostilité à toute
innovation qui contredisait soit l'ordre du monde voulu par Dieu
soit le principe d'autorité sacralisant les écrits des Anciens et les
décisions entérinées par un long usage. Les réticences manifestées
par l'Église au XIe siècle devant le mouvement communal comme
au XIIIe devant l'aristotélisme et le thomisme naissant ont illustré
cette attitude. Le pape reste donc sensible à ce qu'écrivait trente
ans plus tôt l'évêque Guillaume Durand, auteur d'un *Rational des
offices divins* qui fixait pour longtemps la liturgie : les modulations déformaient le chant des textes sacrés et « rappelaient les
représentations théâtrales ». Pour le pape, la diversité des lignes
musicales et l'abus des notes brèves dans ces modulations ne peuvent que distraire l'esprit de l'essentiel, à savoir d'un texte que
servirait mieux la monodie aux notes égales du chant grégorien.
Dans le contexte des années 1320, les spéculations intellectuelles
des théoriciens de l'art nouveau, portés à définir une philosophie
de la musique, font craindre à Jean XXII un lien entre ce mouvement artistique et les agitations de l'ordre franciscain.

Pour la première fois depuis cinq siècles, l'autorité apostolique
se prononce donc sur la musique liturgique. En 1324, la décrétale
Docta sanctorum Patrum condamne, sinon l'art nouveau en
soi, du moins son introduction dans l'office divin : elle rompt
l'équilibre entre le texte proposé à la compréhension des chrétiens
et une musique qui devrait être non un agrément mais le moyen
de faire entendre ce texte et d'aider à le mémoriser. En bref,
polyphonie et modulations font qu'on ne comprend plus rien. Pensant à saint Augustin qui reconnaissait à tout signe une valeur
symbolique, Jean XXII en appelle aux Pères de l'Église contre le
mépris des notes anciennes. Et d'invoquer la théologie : le temps

n'appartient pas à l'homme et ne saurait donc se mesurer. Il entre enfin dans le détail.

> La docte autorité des saints Pères a décrété que dans les offices de la louange de Dieu, signe de la soumission que nous devons à Dieu, l'esprit de chacun reste vigilant et ne trébuche pas, et que la modeste gravité de ceux qui chantent s'exprime par une modulation sans heurts... Si l'on a ordonné de psalmodier dans l'Église de Dieu, c'est afin de stimuler la dévotion des fidèles... Le clergé et le peuple chantent une mélodie distincte et pure, sur une teneur choisie, en sorte que, unis par cette même pureté, ils portent attention à ce qu'ils font.
>
> S'appliquant à mesurer le temps, certains disciples d'une nouvelle école inventent des musiques nouvelles et les préfèrent aux anciennes. Ils chantent les mélodies de l'Église avec des notes demi-brèves, et les tronçonnent ainsi par ces notes trop courtes...
>
> Perdant de vue les textes fondamentaux de l'antiphonaire et du graduel, ils en viennent à ignorer ce sur quoi ils bâtissent... Ils enivrent les oreilles au lieu de les apaiser.

On ne saurait, dans une décrétale, se contenter de propos essentiellement techniques et d'allusions où la physique se mêle à la métaphysique. La conclusion du pape relève donc de la morale, et la démonstration conduit à la condamnation.

> Boèce a fort justement écrit que l'âme corrompue se délecte des modes les plus corrompus et que, à force de les entendre, elle s'amollit et se dissout. Nous croyons donc, avec nos frères [les cardinaux], que ces choses manquaient de règles. Aussi hâtons-nous de les interdire, de les chasser et d'en purger efficacement l'Église de Dieu. C'est pourquoi, ayant pris conseil de nos frères, nous ordonnons que désormais nul n'ose perpétrer de telles choses dans les offices... Si quelqu'un agit au contraire, il sera puni par l'autorité de ce canon de la suspension de sa charge pour huit jours.

La condamnation porte, on le voit bien, sur la polyphonie et la modulation, qui nuisent à la compréhension. Jean XXII n'a rien trouvé contre l'harmonie, et c'est là qu'il fait une légère concession à la musique nouvelle et à une conception non utilitaire de l'art.

Nous n'entendons pas empêcher que parfois, surtout aux jours de fête, on place sur le simple chant ecclésiastique quelques consonances qui en relèvent la mélodie, comme l'octave, la quinte, la quarte et les consonances du même ordre, en faisant toujours en sorte que l'intégrité du chant lui-même demeure inviolée et que rien ne soit ainsi changé au rythme de la musique.

À la chapelle du pape, la décrétale ne saurait être interprétée qu'à la lettre. Sous Jean XXII et encore sous Benoît XII qui en porte le nombre à douze, auxquels s'ajoutent le maître de la chapelle et deux clercs cérémoniaires, des chapelains y assurent jour et nuit l'office divin. Ils ont en charge le chant aussi bien que l'entretien des vases liturgiques. On ne saurait parler d'artistes.

Si la cour pontificale tarde à s'ouvrir à une musique moins fonctionnelle, les chapelles cardinalices n'attendent pas. Mais, alors que l'art nouveau triomphe aussi en Italie, c'est vers le Nord que se tournent des cardinaux pourtant, en majorité, originaires de la France méridionale. Ce que l'on souhaite à Avignon, c'est rehausser les manifestations de la vie liturgique. Mais, si l'on veut un art plaisant, il convient qu'il s'inscrive dans le cadre d'une chapelle. Bref, dans la demande, le motet l'emporte sur le madrigal ou la ballade. L'art principalement laïque qui occupe les cours de Naples, de Milan, de Bologne, de Vérone ou de Padoue convient mal. La musique de la cour pontificale, elle, sort des cathédrales.

On regarde alors vers les cathédrales où l'emporte l'art nouveau. À Liège, à Reims, à Tournai, à Amiens, à Noyon, il est des musiciens réputés. À Reims, le chanoine Guillaume de Machaut jouit d'une renommée forgée dans les entourages du roi de Bohême Jean de Luxembourg qu'il a suivi à travers toute l'Europe, mais aussi du futur Charles V, du roi de Navarre Charles le Mauvais et du jeune duc de Berry. Autant dire qu'Avignon n'est pas la seule attraction et qu'il faut aller chercher ces musiciens dont les cardinaux font leurs chantres, voire leur maître de chapelle, ce clerc qui est à la fois chanteur et organisateur de la vie musicale.

Rien d'étonnant à ce que nous trouvions à l'origine du mouvement un Colonna. À peine, en 1327, Giovanni Colonna a-t-il revêtu la pourpre qu'il recrute pour sa chapelle deux Flamands, Nicolas de Bouchout et le chantre de Saint-Donatien de Bruges, Louis Heyligen de Beeringen, que l'on appelle parfois Ludovico Santo et dont Pétrarque appréciera assez le talent pour, sans s'attarder au caractère inadéquat de la comparaison, le surnommer Socrate. Ils sont bientôt rejoints par le Hollandais Jean Guibrant et l'Ardennais Jean Punfier. Avoir ses musiciens devient rapidement une nécessité. Hélie Talleyrand a les siens, peut-être hérités de Colonna. L'austère Benoît XII se tient, semble-t-il, à l'écart de cette quête de prestige.

Les choses changent avec le fastueux Clément VI. Codifiées sous Jean XXII dans un cérémonial qui reflète la volonté du cardinal Jacopo Stefaneschi de demeurer fidèle aux usages romains, les cérémonies ont désormais pour cadre la grande chapelle du palais, laquelle permet une ampleur et une somptuosité qui dépassent les exigences du rite. La chapelle papale fait à son tour appel aux talents réputés des cathédrales du Nord. Le pape en a bénéficié dans sa vie antérieure, et il peuple résolument sa chapelle de chantres qu'il fait venir de Reims, de Noyon, d'Arras ou de Tournai, et c'est parmi les chantres de Chartres qu'il prend ses maîtres de chapelle. Mais il n'est plus question, comme c'était de règle pour leurs prédécesseurs, de faire coucher les chantres au dortoir. Maintenant, on embauche des artistes. Philippe de Vitry, qui connaissait Pierre Roger avant son élection, célèbre celle-ci en composant un motet.

> Pierre, Clément par tes actes comme par ton nom,
> À qui de naissance la droite qui donne
> N'a pas manqué...
> Que soit absent de ton règne Thyeste
> L'austère, et absentes les Thébaïdes
> Abusant de la passion fraternelle.
> Que soient une les Philippides déchirées...

Le musicien s'attendait à un pontificat de grandeur. Le pape ne sera pas ingrat : en 1351 Philippe de Vitry sera évêque de Meaux. En manifestant sa faveur au théoricien de l'art nouveau, Clément VI désavouera publiquement Jean XXII, et l'on entend maintenant à la chapelle pontificale comme à la cathédrale, voire à l'église des dominicains, les polyphonies à trois voix du *Gloria* de Philippe de Vitry, de Loys, de Suzay ou de Baude Cordier, du *Credo* de Tapissier, de Jacques Murrin ou de Perrinet Bonbarde et des nombreux hymnes que chacun compose pour la solennité des vêpres. Philippe de Vitry introduira dans son *Gloria* un poème en l'honneur d'un pape capable de comprendre ce qu'apporte à l'office la richesse des polyphonies. Un Italien nommé Defronsiaco se risque même à un *Kyrie* à quatre voix. Deux recueils de pièces liturgiques, conservés l'un à Apt et l'autre à Ivrea, ont gardé le souvenir de la diversité de la vie musicale à la cour de Clément VI et jusqu'au temps de Clément VII. La polyphonie a définitivement conquis le répertoire du chant d'Église à la messe comme aux vêpres pour lesquelles on multiplie les hymnes et les motets, ce qui n'interdit nullement le chant profane des rondeaux et des virelais, voire de motets au propos délibérément politique.

On ne se contente pas d'écrire de nouvelles pièces, on fait pour la musique ce que l'on fait pour la philosophie : on emprunte. On exécute à Avignon au moins une partie des messes dites de Tournai et de Toulouse.

Bien entendu, pour soutenir le chant, on construit des orgues. Même le couvent des Cordeliers a le sien, dont on fabrique en 1372 les tuyaux de plomb. Il est peu vraisemblable que les franciscains aient été les premiers et que la cathédrale n'ait fait que suivre les frères mineurs.

Désormais, nul ne se passerait plus d'un entourage de musiciens professionnels. Il devient un élément notable du train de vie qu'impose la pourpre. La polyphonie de l'art nouveau prend droit de cité dans les chapelles des livrées cardinalices. Veuve du neveu du pape qu'était Guillaume de Beaufort, Aliénor de Comminges prend comme clerc et chapelain, vers 1350, un Liégeois nommé Jean Cicogne que le cardinal Albornoz trouvera à Avignon en 1358 et emmènera en Italie. Pendant neuf ans, Cicogne suivra le légat avant de s'attacher à la reine Jeanne. Mais il aura rompu tout lien avec Avignon, et c'est en italien que, devenu Ciconia, il composera virelais et madrigaux.

Les cardinaux rivalisent maintenant pour la somptuosité de leurs chapelles. Annibaldo da Ceccano fait venir de Saint-Omer

Gilles Blanc, Pierre des Prés recrute le Liégeois Gilles Waspart, Pierre Bertrand de Colombiers embauche le Picard Jean Godin et Guillaume d'Aigrefeuille s'attache le Tournaisien Étienne le Stupéfait. Et l'on entend dans la chapelle de Guy de Boulogne un jeune chanteur de dix-huit ans, Thomas La Caille, qu'on retrouvera chez Robert de Genève et qui sera naturellement de la chapelle de Clément VII. Dans les années 1360, il n'est plus un cardinal pour se passer de musiciens flamands, picards ou champenois. Androin de la Roche en entretient neuf.

Une réserve s'impose cependant : pour la plupart – Cicogne mis à part – il ne s'agit là que d'exécutants. Rien ne permet de tenir l'entourage du pape et des cardinaux pour un véritable centre de création. Les musiciens du pape et des cardinaux sont gens modestes, qui ne refusent pas de rendre d'autres services, voire de solliciter dans d'autres offices du Palais des places de scribes, sans doute moins astreignantes au quotidien que les chapelles. Dans la hiérarchie de la cour d'Avignon, ces chantres viennent après ceux que l'on appelle chapelains commensaux et qui sont à la « grande chapelle » les acteurs des grandes cérémonies pontificales. Porteurs d'un titre plus que chargés d'une fonction, ce sont souvent des notables ou fils de notables des cours princières, et il leur arrive d'accéder à l'épiscopat. C'est rarement le cas des chantres.

La musique paraît avoir sa plus grande faveur au temps de Grégoire XI. Mais il s'agit toujours de donner plus de solennité aux offices liturgiques. Le prince qu'est de naissance Clément VII donnera aux musiciens leurs dernières occasions de briller à Avignon.

CHAPITRE XII

Un centre économique

UN MARCHÉ DE CONSOMMATION

Avant même qu'Avignon soit une place d'affaires, le palais, les livrées et plus généralement la ville constituent un marché de consommation auquel fournit une très large région. Certes, le voisinage immédiat n'est pas sans ressources : il fournit sans difficulté l'huile des oliveraies provençales, le sel du littoral de Provence ou de Languedoc, une bonne partie de la cire nécessaire à l'éclairage domestique et liturgique, les lainages grossiers que l'on distribue aux serviteurs ou à l'Aumônerie, et naturellement le plus gros de la viande et du poisson dont se nourrissent les courtisans.

Le voisinage, toutefois, ne saurait suffire. La paneterie fait venir du blé de Languedoc et de Bourgogne. Si, pour la table du pape ou des prélats, on ne se prive pas de commander en diverses régions du gibier de plume ou de poil, le plus gros de l'approvisionnement en poisson d'un palais où il y a beaucoup de bouches à nourrir aux frais du pape vient de Marseille et de Montpellier, encore qu'on achète parfois à Bordeaux des harengs de la mer du Nord et à La Rochelle des pièces de baleine. Au temps de Grégoire XI, on se fournit normalement de harengs à Boulogne et à Dieppe, de merlus à Quimper, de saumons à Tours. Les viviers de Bresse et les pêcheries du Léman procurent aux meilleures tables les carpes, les brochets, les tanches, les anguilles. Le fromage vient de Bourgogne, de Savoie ou du Velay, voire de Majorque.

Le vin de la proche région est évidemment sur bien des tables, et en particulier celui de Carpentras, mais le cellier du pape s'approvisionne en vins de Beaune et de Saint-Pourçain, en vins de Gascogne et de La Rochelle, voire en vin du Rhin, mais aussi en vins de Rivesaltes, de Lunel ou de Bédarrides.

Le voisinage ne manque pas de fruits, mais c'est sur les marchés approvisionnés par le grand commerce avec l'Orient, en premier lieu à Marseille et à Montpellier, que l'on achète, de même que les épices, les fruits exotiques que sont les dattes de Tunisie et les raisins de Grèce ou d'Espagne

N'oublions pas ces denrées communes sans lesquelles on n'entretient ni une cour ni une ville, la paille et le foin pour les chevaux et les mules, les bûches et les fagots pour les cheminées. On fait même venir, sans doute des mines exploitées dans la région d'Alès, le précieux charbon de terre.

Les pourvoyeurs sont sans cesse en route pour acheter et faire expédier. Dans les premières années de Jean XXII, ce sont des clercs ou des laïcs, voire des marchands, dépêchés pour un voyage. Ces premiers pourvoyeurs sont des hommes à tout faire, non des agents de la Chambre. On continuera de voir apparaître dans ce trafic d'étonnants personnages, comme ce porteur d'eau qui, pendant trois ans, fournit Clément VI en linge de table du Limousin. Dès le temps d'Urbain V, cependant, les pourvoyeurs sont des officiers que l'on spécialise dans ce genre d'activité et, surtout à partir de 1352, dans un secteur géographique. Certains sont à demeure, comme le chanoine Jean Rousset qui, issu de l'entourage du collecteur de Lyon, est en Bourgogne pendant trente-sept ans, du temps d'Innocent VI à celui de Clément VII, « l'homme de confiance » de la Chambre apostolique, et il fournit aussi bien le blé, le poisson et le vin que les draps et les toiles, quitte à se laisser accompagner pour les draps par un marchand drapier qu'on envoie d'Avignon afin de l'éclairer dans ses choix. Les pourvoyeurs visitent les lieux de production. Ils sont assidus aux foires, aux grands rassemblements du Lendit, de Flandre ou de Chalon comme aux innombrables foires qui proposent, à Pézenas, à Alès, à Villemagne, à Saint-Gilles, à Anduze et ailleurs les draps du Languedoc et les produits de l'agriculture et de l'élevage.

Mais c'est aux collecteurs et à leurs sous-collecteurs qu'il appartient souvent de trouver et plus souvent encore de payer les fournisseurs. Même s'ils s'en déchargent souvent en pratique sur leurs sous-collecteurs et s'ils savent se faire de quelques marchands locaux des collaborateurs presque permanents, cette activité passe vite pour normale dans leur fonction, qu'il s'agisse d'approvisionnements de qualité ou du tout-venant. Le collecteur du Puy, qui se charge déjà du vin de Saint-Pourçain, fait en outre tous les ans, en novembre ou décembre, un envoi de trente à quarante douzaines de fromages de Craponne. Celui de Toulouse procure par douzaines des poules et des oies, mais on le voit aussi acheter pour la cour pontificale des toiles, des coutres et des plumes qui serviront à la confection de ces courtepointes que l'on appelle alors des coutres-pointes. Il arrive à celui d'Elne d'envoyer du muscat et à celui d'Aragon de faire parvenir des confitures de sucre. On verra le collecteur de Bordeaux envoyer à Avignon des harengs, des merlans et des seiches, quitte à joindre quelques produits plus onéreux à ces chariot de pondéreux, car il faut rentabiliser le transport, et le collecteur de Tours se trouvera un jour fort en peine d'acheminer du poisson salé.

Cela, c'est l'approvisionnement quotidien de la table. Le décor et le vêtement appellent d'autres trafics. On achète des tapis que l'on dit espagnols et qui viennent en réalité du Maroc. Naturellement, nappes d'autel et nappes de table exigent, comme la literie, des aunes de toile fine de Reims, de Paris ou de Bourgogne, mais il faut aussi de la toile de Constance ou de l'étamine pour les torchons et pour les sacs. Les ornements liturgiques appellent évidemment les tissus précieux, les pièces brodées, les agrafes de joaillerie. Chasubles, chapes, mitres sont de soie brochée ou tissée de fils d'or, et les brodeurs les ont pourvues de symboles figurés et de scènes historiées. Il faut y joindre les tenues de chœur ou de Consistoire, les robes de pourpre des cardinaux, les aumusses de fourrure des chanoines. En 1315, quand on attend l'élection du successeur de Clément V, on prépare trois « mitres solennelles » et quinze mitres simples ou blanches. À son départ d'Avignon en 1376, Grégoire XI dispose très normalement d'une mitre précieuse ornée de perles et d'émaux, d'une mitre simple galonnée d'orfroi et de trois mitres blanches. Naturellement, le moindre prélat est au moins pourvu d'un anneau orné d'un joyau de prix et d'une ou plusieurs croix pectorales, et un cardinal ne saurait tenir sa livrée sans une orfèvrerie de table et sa chapelle sans les crucifix et les calices qui disent son rang. Et pour tout cela, il faut des meubles sculptés ou peints, des coffres à belles ferrures pour la vaisselle ou les livres, des crédences aussi, pour ce qu'on veut présenter.

Voilà qui entretient un commerce, car on achète sur tous les marchés de l'art et notamment sur celui qu'entretient à Paris la présence de nombreux princes. On n'achète pas moins à Florence, et les marchands établis à Avignon s'entendent à passer commande. « Que ces tableaux fassent le plus d'effet possible, et qu'ils soient de bons maîtres », écrira sans fard, en 1384, son facteur d'Avignon à la société pratésane de Francesco Datini à l'époque même où Pierre de Luxembourg commande à un atelier parisien son livre de prières. Et le même facteur de Datini rappellera sèchement en 1387 à sa compagnie son exigence de qualité : « Les choses grossières ne conviennent pas pour ici. » Mais ce marché fait également vivre, sur place, des ateliers d'art. Il est, en 1371, quarante-sept orfèvres – italiens et flamands pour le plus grand nombre – dans la seule paroisse Saint-Pierre. C'est à Avignon même qu'un orfèvre réalise, avant 1350, l'œuvre d'émail translucide qu'est la Coupe du Tournoi (Milan, Musée Poldi-Pezzoli) et c'est de même à Avignon que des enlumineurs ornent vers 1390 le missel de Clément VII, un recueil de textes pénitentiels pour Galeoto Tarlati di Pietramala (BnF, lat. 848 et 3351) et les *Commentaires sur saint Mathieu* de Trionfo (Avignon, Bibl. Calvet, 71). Mais c'est à Paris que Pierre de Luxembourg commande le superbe livre de prières qu'il s'offre à l'occasion de son élévation au cardinalat (Avignon, Bibl. Calvet, 207).

Le pape, les prélats et les clercs ne portent certes pas à toute heure les habits de leur fonction. Les représentations qu'en donnent les artistes sont à cet égard trompeuses, qui laisseraient croire qu'un pape vit avec la tiare en tête, engoncé dans sa chape de satin ou de velours brodée d'or et doublée en hiver d'hermine, et qu'un cardinal est toujours couvert de son chapeau rouge, vêtu de la robe et du manteau pourpre. Pour le vêtement du pape, on fait venir de Flandre et même de Cologne de l'écarlate et de Bruxelles du violet, d'Angleterre de la garance. Viennent aussi d'Angleterre, d'Écosse et d'Irlande de fines serges, de Venise et de Gênes du brocart d'or de Damas, des diaspres et des orfrois, de Milan de la serge légère, de Florence des soieries d'Orient, de Lucques des velours et des tissages d'or, de Vérone de la futaine. On trouve beaucoup de choses aux foires du Lendit ou de Chalon, et c'est là qu'on se procure le gris de Montivilliers, mais on va jusqu'à Chypre pour acheter des draps tartares aussi bien que du bocassin et des draps d'or de Damas. En faisant appel au grand négoce, on va parfois plus loin, et en 1347 Clément VI envoie à Damas un marchand de Montpellier, Robert de Caulhac, « faire fabriquer et tisser par les Sarrasins quarante draps d'or de diverses couleurs » qu'il rapporte par Beyrouth, Chypre et Aigues-Mortes (cité par Robert Delort). De Bruges viennent naturellement des peaux de martre de Russie. Jean XXII fourre ses robes de lièvre de Norvège et met de l'hermine à la garniture de son lit, Clément VI en garnit ses manteaux et ses capuchons, quand il ne se procure pas de la martre de Suède. Les dignitaires de la curie ne sont pas en reste. Le même pape offre du menu vair – de l'écureuil sibérien – à son entourage, à commencer par son neveu Pierre de Via.

Tout un monde s'inscrit à la suite. Le pape est tenu à des largesses envers ses curialistes. Vers 1346, Clément VI simplifiera les choses en substituant une somme d'argent aux largesses en nature dont bénéficiaient les chevaliers et les écuyers du pape, mais on maintiendra les distributions de draps aux moindres officiers, et subsisteront naturellement les aumônes faites aux habitués de la Pignotte, souvent pourvus de quelques aunes de brunette ou de blanchet produits en Bourgogne, en Normandie, en Gascogne ou, plus près, en Languedoc. Le pape n'offre pas moins des produits de consommation à des compatriotes qu'il veut honorer, et l'on voit une partie des lainages de luxe commandés par Jean XXII aller à des gens qui n'ont pas quitté Cahors ou Toulouse, comme plus tard Clément VI en fera parvenir à Limoges ou à Clermont, ce qui pose des problèmes d'approvisionnement et de transport auxquels les collecteurs sont priés de donner une solution. La Chambre apostolique achète donc à bien des fins. Ceux auxquels le pape n'offre pas de zibeline, de castor, de gris ou de menu vair, ni même des draps de Flandre ou de Brabant, n'en portent pas moins du gros vair ou de l'agneau, voire du simple lapin, ainsi que des lainages du Languedoc. Ceux qui ne peuvent avoir de la vaisselle d'or se contentent de l'argent, voire de l'étain.

Quelques inventaires après décès sont significatifs, comme celui d'un simple collecteur pontifical, Arnaud André, collecteur de Narbonne. André n'est pas un prélat, et sa collectorie n'est pas des plus fructueuses. C'est un clerc doté d'un archidiaconé, d'un prieuré, d'une prévôté et d'une paroisse, et pourvu d'une résidence principale à Avignon et de résidences secondaires à Montpellier, Béziers et Lastours. Dans son hôtel avignonnais, le lit est orné d'un drap de parement à animaux et feuillages, et il comporte un matelas de laine l'hiver, un de coton l'été, des oreillers dont deux de soie morée et deux de soie figurant des pampres, ainsi qu'une couverture et une grande coutre d'ouvrage de Toulouse. Le vêtement est diversifié. Le collecteur disposait de quatre vêtements complets – tunique, chaperon et manteau – dont deux d'écarlat rosat fourré de vair, un de rosat fourré de taffetas vert et un de camelot, c'est-à-dire de poil de chèvre, pour aller à cheval. S'y ajoutent quatre manteaux à chaperons assortis et dix tuniques parfois fourrées de gros vair. Outre les aubes et les chasubles, le vestiaire clérical comprend des rochets de dentelle et trois aumusses de soie brodées à la mode d'Allemagne. Pour se parer, le collecteur choisissait entre ses treize anneaux, dont un s'orne d'un saphir et un autre d'un camée. Pour modeste qu'elle soit à côté de celle des cardinaux, l'argenterie du collecteur comprend dans sa chapelle des crucifix, deux reliquaires, deux burettes d'argent, un calice et une patène d'argent doré, et dans le coffre de sa salle des gobelets, des hanaps, des couteaux, des cuillers, des fourchettes et des candélabres. Et l'on doit noter que, même si ce fonctionnaire du système fiscal n'avait rien d'un conseiller juridique, ce licencié en droit avait réuni dans son bureau une bibliothèque de soixante-dix-huit volumes.

Les pourvoyeurs venus d'Avignon avec des ordres d'achat précis et les collecteurs de Reims et de Paris toujours à l'affût ne cessent donc de prospecter les marchés. Sans doute la Chambre apostolique fait-elle ainsi l'économie du bénéfice que prennent les marchands sur ce qu'ils mettent en vente à Avignon. Surtout, on peut sur place embrasser la diversité des productions, discuter des prix et des qualités, passer commande et imposer des délais de livraison, et suivre de près l'évolution des modes et l'apparition des nouveaux produits ou des nouveaux arrivages. C'est ainsi que les collecteurs achètent à Bruges, à Arras, à Reims, à Troyes ou à Paris les peaux d'hermine et le menu vair, les draps d'Ypres ou ceux de Malines. Prudent, car il sait l'impatience de ses clients les plus huppés, le collecteur de Reims est assez avisé pour devancer la demande et pour constituer à tout hasard une réserve de toiles fines de Reims ou de Paris cependant qu'il passe commande à Arras de tapisseries de haute lisse qui prendront place aux murs du palais et de draps historiés dont on fera les dossiers des sièges et les ciels des lits.

Les grands chantiers de construction exigent un approvisionnement en matériaux. Du simple palais de Sorgues au palais pontifical, aux livrées et aux églises d'Avignon, du Comtat ou de Villeneuve, la présence pontificale fait naître et croître un marché de la pierre, du bois, des tuiles, du plâtre et du plomb – voire du verre et des carreaux vernissés – qui fait la fortune des producteurs, des marchands et des transporteurs. On fait venir du bois d'œuvre du Comtat, de Savoie et du Dauphiné, et un frère convers de Fontfroide s'en va prospecter pour Benoît XII les forêts afin d'y trouver des poutres de bonne taille. On exploite à Caromb, près de Carpentras, les carrières qui fournissent les dallages. Des marchands italiens et allemands sont en charge d'approvisionner en couleurs les ateliers des peintres.

Absents du marché au temps de Jean XXII, alors que des marchands avignonnais jouissent d'un monopole de fait et que le pape cantonne les banquiers dans leur rôle financier, et non moins absents au temps d'un Benoît XII qui décourage les appétits de luxe, les agents des grandes compagnies italiennes proposent ensuite, en tout temps et pour tous les niveaux de la clientèle, ce qu'ils ont reçu de Florence, de Gênes ou de Venise, donc d'Alexandrie, de Constantinople ou de Trébizonde, voire ce qu'ils se flattent de pouvoir faire venir rapidement. De moindres compagnies s'arrangent pour avoir leur part des trafics qui s'animent autour d'Avignon. Le marchand de Prato Francesco di Marco Datini a constitué dès 1363 une société pour toutes sortes d'affaires dont la principale sera finalement le commerce du sel de

Peccais – le meilleur de la région – dont il approvisionne la vallée du Rhône en établissant à Beaucaire, Orange, Pont-Saint-Esprit et même un temps Lyon les dépôts de la revente aux détaillants. Il lui arrive même d'acheter du sel au trésorier du pape : comme seigneur du Comtat Venaissin, le pape est propriétaire de cinq péages sur le Rhône, ces péages sont souvent payés en nature et il faut bien vendre le produit.

Il y a enfin le meuble et le décor. On achète des tapisseries de laine à Paris, à Reims et à Arras comme à Tournai. C'est à Paris que Clément VI commande les tapisseries vertes à roses rouges dont s'orne sa grande chapelle. Pour tendre les murs du palais, on fait venir en 1347 quarante draps d'or de Damas au décor de soie blanche, bleue, verte et violette.

Il faut bien voir ce que la cour pontificale apporte d'activités, donc de prospérité, à la ville d'Avignon. La ponction fiscale exercée sur le clergé de toute la chrétienté latine – par les impôts levés comme par le revenu des bénéfices dont vivent à Avignon les curialistes – sert bien évidemment au financement de la politique du Saint-Siège, de la guerre comme de la diplomatie, mais elle alimente aussi le train de vie de la cour, un train de vie qui nourrit un monde de petits commerçants, d'artisans et de compagnons. La boutique avignonnaise n'est même pas écartée du commerce de luxe : on se fournit volontiers chez le détaillant – il est accessible à tout moment – de ce qu'il a lui-même acheté au comptoir d'une compagnie financière. Des fourreurs et des drapiers aux ouvriers du bâtiment, des orfèvres aux serruriers, des aubergistes aux taverniers et des tâcherons de la peinture à ceux de la sculpture, l'argent des clercs contribuables est en partie distribué aux Avignonnais anciens et nouveaux. À seule fin d'éviter les confusions, et imitant en cela la plupart des souverains soucieux de limiter les débordements sociaux, Grégoire XI en viendra, en 1372, à interdire aux simples bourgeois l'usage de ces pelleteries de luxe que sont le vair, la martre et l'hermine. C'est bien dire qu'à Avignon le luxe n'est pas l'apanage des curialistes de haut rang. D'autres sont en état d'y prétendre.

La monnaie du pape

À Rome, le pape émet normalement les espèces qui signifient sa souveraineté et répondent au besoin économique des états pontificaux. Cette frappe ne cesse guère pendant toute la période d'Avignon. Outre l'atelier de Rome qui continuera, sont encore en activité jusqu'au temps de Benoît XII ceux de Macerata, de Montefiascone et de Parme. Naturellement, lorsque le Saint-Siège est réellement maître de la ville, les émissions de Bologne n'ont rien de négligeable.

Quand Clément V s'établit à Avignon, il ne trouve là qu'une seule monnaie, celle du comte de Provence. Elle sera, jusqu'au départ définitif de la papauté, fort usuelle à Avignon et dans le Comtat, et, autant que des espèces à l'effigie du Saint-Siège, la Trésorerie pontificale recevra jusqu'à la fin du Grand Schisme ces pièces que l'on appellera, au temps de la reine Jeanne, les « florins de la reine ».

Dès le temps de Clément V, cependant, et donc avant l'acquisition de la seigneurie temporelle d'Avignon, est en activité l'atelier monétaire propre au pape, celui du Comtat Venaissin à Sorgues. On y frappe de la monnaie d'argent, des deniers et des gros. Le relais sera pris en 1354 par l'atelier d'Avignon. Un maître de la Monnaie, le plus souvent un Toscan de Florence, de Lucques ou de Pistoia, le dirige avec l'assistance d'un garde, d'un prévôt et d'une trentaine de clercs et d'ouvriers. Lorsque le pape fait émettre une nouvelle espèce dont une bulle précise la taille au marc – le poids – et le titre, ainsi que l'effigie, on fait appel à un maître choisi pour cette fois-là, lequel recrute les graveurs capables de réaliser les flans. L'atelier se procure le métal et frappe les espèces.

Ces espèces sont d'abord à l'imitation de celles de France ou de Provence. Pour les besoins des petits paiements, on frappe des deniers à faible teneur d'argent fin et des oboles de billon, c'est-à-dire de cuivre. C'est encore à l'imitation du roi de France que Boniface VIII a fait frapper des gros d'argent fin, à la légende *Domini Bo Pape*. Sous Clément V, la légende des gros est un mélange des genres assez compréhensible : *Clemens papa quintus* sur une face, donc une légende de souveraineté, *Comitatus*

Venaissini sur l'autre, donc une légende de seigneurie. À l'avers, le pape assis porte la tiare qui est encore, sur la monnaie, à une seule couronne, ou plutôt à un seul ruban. Au revers, comme partout ailleurs, c'est une croix. Un double denier orné d'une tiare apparaîtra sous Urbain V, lequel profitera de son passage à Rome pour y faire émettre un double gros.

La monnaie d'or est connue en Italie depuis le milieu du XIIIᵉ siècle et en France depuis le temps de saint Louis. Si l'écu de 1266 voulu par Louis IX ne semble pas avoir vraiment circulé, les espèces d'or sont en France d'usage courant depuis les émissions du denier à la reine de Philippe III en 1284 et du petit royal de Philippe le Bel en 1290. Le monnayage de l'or n'entre cependant qu'en 1322 dans les ambitions de la papauté d'Avignon. Comme le roi d'Angleterre qui n'y viendra qu'en 1344, le pape tire sans doute les leçons des difficultés procurées à la France par un bimétallisme que ne soutient pas, comme à Florence ou à Venise, une balance favorable des échanges économiques avec un Orient où l'argent est surévalué. Quand on a beaucoup à exporter vers l'Orient, comme c'est le cas pour les grandes places italiennes, on peut faire revenir de l'or à bon marché. Quand on n'a pas grand-chose à exporter, ce qui est le cas de la France et encore plus celui du pape, on n'a que de l'or à haut prix.

Jean XXII se risque donc, en 1322, à émettre un florin. Celui-ci répond moins à un besoin économique qu'à un impératif politique : on se rappelle que la frappe de l'or était un privilège de l'empereur romain, et c'est en train de devenir une affirmation de souveraineté. Ce florin du pape, qui sera encore émis en 1384 pendant le Grand Schisme et qu'on ne cessera d'appeler florin de la Chambre, est une pure imitation du florin de Florence orné de la figure de saint Jean-Baptiste et de la fleur de lis, mais celle-ci est accostée des deux clés qui sont le symbole de la plénitude du pouvoir du souverain pontife.

Ce florin de type florentin est concurrencé dès 1354 par un florin de type proprement pontifical. La légende *Sanctus Petrus* en dit bien l'originalité. À la valeur de 25 sous quand le florin de la Chambre est coté 26, ce nouveau florin portera le nom de florin de la Sentence, nom qu'il doit à la sentence rendue par le pape quant au cours des différentes monnaies et notamment du florin du Dauphiné sur lequel s'aligne ce florin pontifical de 1354.

C'est Urbain V qui, en 1362, émet un florin renforcé, que le marché surcote immédiatement et qui disparaît vite au profit de contrefaçons régionales – Savoie, Orange, Arles – à moindre valeur intrinsèque. Ce nouveau florin de la Chambre sera encore frappé en 1382 grâce à l'or de Louis d'Anjou. En fait, les florins de la Chambre, désormais cotés 28 sous, sont surtout le support d'une monnaie de compte qui permet à la Trésorerie pontificale, au prix d'une élémentaire conversion, de tenir ses comptes dans la monnaie du pape.

C'est à l'imitation du florin de la reine que Grégoire XI crée en 1371 un florin plus léger, dit « florin courant ». Il est taillé à 74 pièces au marc – le titre n'est pas connu – et officiellement coté à 24 sous. Le camérier Pierre de Cros lui-même écrira en 1383 : « florins de la reine dits courants », ambiguïté qui interdit parfois de savoir si l'on parle de monnaie provençale ou de monnaie pontificale. Pour les changeurs, c'est même chose. La nouvelle espèce bénéficie d'ailleurs d'un rapport aux autres qui facilite les conversions et la rend tout à fait acceptable sur les marchés : cinq florins courants valent quatre francs et sept florins courants valent six florins de la Chambre.

En 1378, au moment où Grégoire XI gagne enfin l'Italie, trois espèces d'or pontificales sont donc en concurrence, sans parler des monnaies de France, d'Empire et d'Italie que l'autorité du pape ne parvient toujours pas à interdire à la curie. Pour la seule monnaie d'or, le livre de comptes de Datini montre que circulent à Avignon entre 1376 et 1379 le florin de France, le florin de la reine, le florin de Gênes, le ducat de Venise, le florin d'Allemagne, le franc de Provence, le franc de France, un franc « de l'abbé » et naturellement les espèces d'argent, parfois comptées en francs d'argent et en florins d'argent. La monnaie pontificale ne peut offrir, face à cette pléthore, que le florin traditionnel, le florin de la Chambre et le florin courant.

Tout au long du séjour à Avignon, se succèdent sur les uns et les autres de ces florins des figures du pape assis ou en buste, et des représentations d'une tiare qui s'éloigne rapidement du type de la simple mitre pour prendre, avec deux et même trois couronnes l'apparence d'une coiffure souveraine. On y voit normalement le nom du pape, avec son numéro d'ordre dans le nom, ainsi que souvent les noms des saints Pierre et Paul. C'est seulement au temps du Grand Schisme que les papes d'Avignon personnaliseront davantage leurs monnaies : sur un florin atypique, Clément VII fera représenter saint Clément et il mettra les armes de sa famille, la croix de Genève, sous la tiare du florin courant, avant que Benoît XIII place, entre les lettres *PP* qui supportent la tiare, le croissant de lune allusif à son nom, Pedro de Luna.

Sous Grégoire XI, on donne dans le triomphalisme avec une légende empruntée à l'acclamation carolingienne : *Regnat, Vincit, Imperat.* L'étonnante omission de *Christus* laisse des doutes quant au sujet réel de ces verbes : ce pourrait être le pape. Quoi qu'il en soit, le type à l'acclamation ne sera pas réitéré.

LES CHANGEURS

Par l'origine des revenus du pape et des cardinaux, par la diversité des relations d'affaires des curialistes et des compagnies établies à Avignon, par le passage de clercs venus de toute la chrétienté latine, la cité des papes ne peut être qu'une place de cosmopolitisme monétaire. Il arrive et il circule là des espèces provenant de toute l'Europe. Force est de recourir à des changeurs.

Souvent, les banquiers se chargent eux-mêmes du change et ils soldent la plupart de leurs affaires par compensation. Ce n'est pas le cas des versements effectués à la Trésorerie par les agents du fisc pontifical et par les contribuables ou leurs procureurs : ils font affluer des espèces très diverses, qui approvisionnent à terme la fonte du métal précieux dans les ateliers monétaires. Quand on en fait l'inventaire à la date du 15 juillet 1342, on trouve à la Trésorerie, outre les pièces d'orfèvrerie qui proviennent des dépouilles et qui représentent un poids d'or et d'argent non négligeable puisque souvent mobilisable, dix-neuf sacs dans lesquels les espèces d'or sont méthodiquement réparties selon les types. En ce moment de finances aisées, le détail mérite attention, sac par sac.

5 251 ducats
3 953 génois
5 103 florins de Florence
5 000 florins
3 000 florins
1 460 ducats
1 179 florins d'Orange et 89 florins de petit poids
4 119 florins
922 florins de petit poids
730 pavillons
648 doubles de France
430 deniers d'or à l'écu
168 anges nouveaux et 88 anciens
553 deniers au lion
197 et demi doubles d'Espagne
94 agnels d'or et 180 royaux
105 génois, 191 pites d'or, 6 couronnes, 2 masses, 8 parisis,
3 ducats
566 florins et 112 anges anciens
344 couronnes, 20 royaux, 27 carlins, 1 parisis, 1 lion
et 4 doubles de France

En janvier suivant, le même travail est effectué pour les espèces d'argent. Huit sacs contiennent des tournois de France et des monnaies provençales du roi Robert, mais aussi des oboles de Marseille et de Die. La moindre diversité s'explique aisément : nul ne fait un long voyage encombré de sacs d'argent. L'argent est normalement changé avant le transport, et l'on n'en apporte guère à la Trésorerie, si ce n'est en provenance de régions relativement proches.

La diversité monétaire n'est pas propre à la Trésorerie du pape. Les quatre cardinaux et les deux évêques qui, le 26 mai 1364, font l'inventaire des coffres du défunt cardinal Hugues Roger trouvent vingt-deux sacs de 5 000 florins de Florence chacun, cinq sacs de 4 500 ducats du Piémont, un sac de 5 000 florins du Piémont, un sac de 5 000 royaux de Jean le Bon, un sac de 2 000 florins d'Aragon et, en divers sacs et bourses, des pavillons de Philippe VI, des moutons de Jean le Bon, des florins provençaux de la reine

Jeanne et même cent florins de la Chambre. Il y a naturellement de la monnaie d'argent, des gros tournois du roi de France, des esterlins anglais, des gros de Savoie et, comme on pouvait s'y attendre, des gros du pape.

Le phénomène n'a rien de nouveau et Innocent IV, déjà, avait attribué à des opérateurs établis à Rome et généralement toscans un titre significatif, celui de changeurs de la Chambre. Mais il y a, tout simplement, les changeurs de la place. En 1327, on en compte à Avignon quarante-trois, c'est-à-dire quarante-trois « bancs » où l'on peut changer la monnaie d'une sorte en une autre. Le nombre – ils seront quarante-six en 1378 – variera peu.

Comme les changeurs de la Chambre, les manieurs d'argent établis à Avignon ne se contentent pas de pratiquer le change manuel, autrement dit l'échange d'espèces apportées en espèces localement nécessaires. Ils acceptent des dépôts, ils facilitent les transferts de fonds, ils prêtent en camouflant l'intérêt pour ne pas tomber sous le coup des sanctions canoniques. Le niveau de leurs interventions s'est élevé au temps de Boniface VIII. Quelques financiers toscans, les Mozzi et les Spini de Florence, les Chiarenti de Pistoia, ont alors tenu le rôle de trésoriers de l'Église. L'absence de la papauté a brutalement ruiné, avec Clément V, ces positions que certains avaient acquises à Rome. Clément V dut nommer, dès octobre 1305, un trésorier de l'Église. C'était un simple chanoine italien. La fonction allait demeurer aux mains des clercs.

LES COMPAGNIES FINANCIÈRES

À côté des changeurs, il y a les hommes d'affaires, les « marchands » qui sont des financiers autant que des négociants capables d'organiser l'approvisionnement de la cour pontificale en produits du grand commerce international. Plus qu'auprès des princes séculiers, les deux fonctions de commerce et de finance sont ici liées. Elles supposent le même crédit. Le système fiscal du pape n'offre pas pour les décimes et les annates les mêmes capacités de prise de ferme que les aides et les gabelles du monde séculier. Enfin et peut-être surtout, le mouvement d'argent du Saint-Siège est à sens unique.

Là comme ailleurs et notamment à Londres, les grandes sociétés italiennes sont en dure rivalité. Elles offrent des réseaux de filiales, de succursales et de facteurs qui couvrent l'Occident et qui, grâce au jeu des changes tirés d'une place sur une autre, permettent tous les mouvements d'argent au départ de Bruges, de Paris, de Londres, de Barcelone ou de Séville. Elles n'offrent pas moins un crédit qui permet d'anticiper les recettes fiscales et qui se traduit aussi bien par des apports de numéraire à la Trésorerie que par l'octroi à tel légat ou à tel nonce des moyens financiers dont il a besoin sur place pour sa mission. Même si la Chambre apostolique marque sa préférence pour l'approvisionnement direct sur les lieux de production ou d'importation, les succursales des grandes sociétés disposent dans leurs comptoirs avignonnais d'un choix immédiatement disponible. Elles procurent donc aussi bien les fourrures que les draps d'or, la cire que les albâtres, les armes que les tableaux et les pièces d'orfèvrerie. De surcroît, elles proposent des services de courrier grâce auxquels le pape n'est pas dans le cas d'envoyer un de ses courriers chaque fois qu'il a une lettre à faire porter à Paris. Riches des introductions et des informations politiques – le futur chroniqueur Matteo Villani est d'abord un facteur des Bonaccorsi à Avignon – qui sont les conditions du succès dans leurs affaires, les compagnies en font à l'occasion profiter la diplomatie pontificale. Rien de tout cela n'est gratuit, mais la rétribution d'une grande société n'est pas dans un paiement service par service : elle est, chez le pape comme chez les princes temporels, dans l'avantage que l'on donne à un marchand en lui réservant des affaires.

Entre les grandes sociétés et les simples marchands, la démarcation ne tient qu'à deux réalités : les types de commerce et les niveaux de crédit. Sauf dans les plus modestes boutiques, les hommes du Moyen Âge ignorent en effet le paiement comptant. Ce ne sont pas les financiers florentins qui procurent le bois de chauffage, ce sont des négociants des montagnes voisines. Entre les gros marchés emportés par les financiers et les simples courants de l'approvisionnement, il est cependant des trafics que ne prendrait pas à son compte un banquier dont la société rayonne sur l'Occident mais que prennent volontiers de plus modestes hommes d'affaires, français ou italiens, assez avisés pour se tailler une part dans la masse des fournitures nécessaires. La diversité des besoins laisse donc une place à qui sait qu'on n'habille pas les sergents du pape comme les cardinaux. À côté de l'hermine de Russie, de l'orfèvrerie de Paris et des poissons de l'Atlantique, la cour pontificale a besoin de drap brun, d'écuelles d'étain et de fromages frais. Et tout le monde a besoin de chandelles.

En 1305, Avignon n'a rien d'une place financière et Clément V se méfie des banquiers italiens qui ont servi la Chambre apostolique de ses prédécesseurs : l'effondrement de tant des grandes compagnies toscanes vient, autour de 1300 et jusque vers 1315, de saper la crédibilité du système bancaire. On a alors vu sombrer des sociétés que l'on croyait solides, comme les Riccardi, les Mozzi, les Franzesi, les Ammanati, les Frescobaldi, les Scali. La papauté a perdu 80 000 florins dès 1298 dans la faillite de la société siennoise des Bonsignori. Cela incite à la prudence un pape qui, peu familier de l'Italie, s'en tient plutôt aux méthodes en usage dans la Guyenne du Plantagenêt. Au reste, la nouvelle aisance des finances pontificales rend moins nécessaire le recours au crédit. Il n'est que d'acheminer les recettes. En 1306, le pape solde les comptes des Cerchi, des Spini et des Bardi et, comme pour la Trésorerie, il s'en remet aux seuls gens d'Église. Désormais, on transporte du numéraire, ou on le garde à l'abri dans quelque monastère. Ces années sont celles de l'attentisme. Dans tous les domaines, on ne sait pas très bien où l'on va.

L'installation de succursales par les sociétés italiennes ne tarde cependant pas. Les premiers développements de la fiscalité pontificale sous Clément V et surtout sous Jean XXII créent un besoin chez le pape et un marché pour les banquiers. Nul ne veut perdre à Avignon les positions acquises à Rome, et certains voient à Avignon une chance qu'ils n'avaient pas à Rome. Après tout, la curie à Avignon semble autrement stable qu'elle ne l'était entre Rome, Viterbe et Pérouse. De nouvelles occasions de profit naissent de la conjoncture, comme en particulier la perspective de transferts de Naples.

Tout va se jouer entre les sociétés toscanes, seules capables de constituer à travers l'Europe un réseau correspondant à celui des collecteurs de la Chambre apostolique. Génois et Vénitiens, plus portés vers le grand commerce maritime que vers la banque, ont plus souvent leurs correspondants sur les lointaines places commerciales que sur les métropoles ecclésiastiques du continent européen : le pape n'a que faire de Constantinople ou d'Alexandrie, mais il a de l'argent collecté à Reims, à Tours ou à Mayence. Il donne donc sa pratique aux Florentins, ou plutôt à un petit nombre de Florentins : à une époque où, avant la vague de faillites de 1342, on compte à Florence quatre-vingts sociétés dont vingt grandes, la Chambre apostolique n'en retient que cinq. Cette politique délibérée est sans doute à mettre au compte d'un besoin de clarté, donc de sécurité.

En cas de nécessité, on n'hésite cependant pas à élargir le cercle des appels à l'aide. Lorsqu'il faut faire parvenir d'urgence des fonds à Astorge de Durfort pour sa campagne de 1350 en Italie, on met à l'œuvre seize compagnies : aucune ne pourrait à elle seule mobiliser sur-le-champ tant d'argent en Italie, sachant qu'elle n'aurait en contrepartie que du numéraire à Avignon ou des assignations sur Paris ou Toulouse. Plus tard, pour alimenter dans les mêmes conditions la trésorerie de guerre du légat Albornoz, on emploiera vingt et une compagnies.

Même si elles s'entendent à jouer pour elles-mêmes des avantages de change et à se rémunérer ainsi leurs transferts, les compagnies trouvent à assurer le service bancaire du pape un avantage bancaire et un avantage commercial qui valent largement les intérêts de leurs prêts et les commissions de ces transferts. Leur situation de banquiers du pape leur procure d'abord la disponibilité temporaire des sommes levées par les collecteurs. En d'autres termes, les achats que font les Florentins sur la place de Bruges ou sur celle de Londres sont payés, non par des envois d'argent, mais par l'argent reçu pour le pape. Ensuite, le service et le crédit au pape assurent aux compagnies, surtout après 1342, de quasi-monopoles pour la fourniture à Avignon des produits les plus divers du négoce international ou régional. Toutes vendent au pape – pour son usage personnel ou pour les cadeaux qu'il fait – et à ses curialistes des draps de Flandre ou du Brabant, des fourrures de Russie, des épices, de la cire. Les Acciaiuoli fournissent au pape du coton pour ses matelas, les Malabayla procurent des perles et des pierres précieuses, les Palarcioni apportent des draps brochés d'or, les Alberti antichi font venir de Bruges des caisses d'arcs et de flèches.

Jean XXII a tiré les leçons de la crise des années 1300. Il s'abstient de tout engagement trop étroit. Il n'y a plus de « marchands de la Chambre », mais seulement des « marchands demeurant à la Cour romaine ». Et les affaires sont réparties entre plusieurs compagnies florentines, Jean XXII se gardant de tout ce qui ressemblerait à un monopole. Dans un premier temps, jusqu'à sa faillite en 1326, la société florentine des Scali tente de prendre place dans le mouvement. Très vite, et jusqu'en 1342, on ne voit plus dans le mouvement de Paris, de Londres ou de Bruges, d'Espagne ou naturellement d'Italie, que les très grandes sociétés florentines, celles des Bardi, des Peruzzi et des Acciaiuoli que lie une entente pour un partage égal qu'approuve le pape, mais aussi – imposées par la Chambre apostolique pour des opérations précises afin de diviser les risques qu'on entrevoit – celle des Bonaccorsi et déjà, à partir de 1336, celle des Alberti. Pour acheminer la recette des pays où les compagnies florentines sont mal implantées comme la Pologne, on recourt à des marchands locaux ou, le plus souvent, à des convoyeurs pris dans le clergé. Le collecteur de Pologne se confie à des marchands de Cracovie qui transfèrent sa recette aux Bardi de Bruges et celui de Hongrie passe par Cracovie quand il ne fait pas porter la sienne à Udine. Un Avignonnais, François Barral, concurrence les Bardi à Chypre où, comme les Florentins à Londres pour la laine anglaise, il utilise les recettes du fisc pontifical pour acheter des épices. Un Montpelliérain, Étienne Allègre, lui succédera à partir de 1358.

Si les banquiers l'emportent largement pour les transferts d'argent vers Avignon, il n'en va pas de même pour les sommes qu'envoie la Chambre apostolique pour financer ce qui sera, tout au long du siècle, la principale dépense hors de la curie : les guerres d'Italie. C'est en Lombardie, en Romagne et dans la Marche d'Ancône que la Trésorerie fait parvenir des sommes considérables. Or, si les banquiers transfèrent, de 1321 à 1334, un total de 1 200 000 florins, des clercs en convoient sous haute protection 1 280 000. La commodité commande ici : la distance n'est pas la même pour Piacenza ou Bologne et pour la lointaine

Macerata, résidence ordinaire du recteur de la Marche d'Ancône. Là comme ailleurs, les inconvénients du transport de numéraire sont cependant évidents : en 1328, le convoi pontifical est attaqué près de Pavie et le pape perd 30 000 florins dans l'échauffourée. Le recours aux banquiers y gagne en crédibilité.

Tout le marché est bouleversé par les faillites qui secouent Florence à partir de 1342. Elles procèdent dans un premier temps d'une vague de méfiance qui résulte à Naples d'une fâcheuse nouvelle : un rapprochement entre Florence et Louis de Bavière, que conforte une démarche de la Seigneurie auprès des seigneurs gibelins. Les Napolitains jugent alors prudent de retirer leur argent des banques florentines. À Florence même, une dizaine de banques de taille moyenne ferment rapidement leurs guichets. L'année suivante, une autre vague de retraits sanctionne un engagement excessif des grandes banques dans les affaires du roi d'Angleterre, engagement qui était le prix des monopoles de l'exportation des laines. Depuis 1312, Bardi et Peruzzi prennent en Angleterre la ferme des « coutumes » qui sont les taxes sur les exportations et constituent l'un des principaux revenus du roi. À toute occasion, ils se voient donc obligés de prêter au Trésor royal. À la nouvelle de l'échec d'Édouard III dans sa « croisade », cette campagne avortée de Flandre que les banques florentines ont en grande partie financée, la clientèle des banquiers comprend que les créances sur Londres ne seront pas honorées, et c'est à Florence même que l'on se précipite pour retirer les placements avant qu'il ne soit trop tard. Cette fois, la place ne peut conjurer le mouvement de défiance, puis de panique, qui s'est emparé de déposants qui constituaient l'essentiel du capital social. Les Peruzzi tombent en premier : ils ont trop investi – 500 000 florins – pour que l'on puisse penser qu'ils n'ont rien à perdre. Leur faillite entraîne celle des Acciaiuoli. En 1345, enfin, la plus grande forteresse bancaire d'Occident s'effondre : la faillite des Bardi – qui perdent 900 000 florins en Angleterre – secoue toute l'économie européenne.

Force est au pape de trouver de nouveaux banquiers. Dès 1341, la Chambre apostolique se méfie des Florentins. En même temps qu'elle renoue provisoirement avec une pratique des convois de numéraire que limitera Clément VI, elle fait appel à des Siennois, les Nicolucci, puis à une grande compagnie d'Asti, celle des

Malabayla qui établit un véritable monopole sur les transferts de Londres ou de Cracovie, mais aussi à ces Lucquois qui sont très présents à Paris, les Spifame et les Guinigi. On voit même s'introduire dans le mouvement des fonds pontificaux un marchand de Narbonne, Raymond Serralher, et de petites compagnies florentines comme celle des Bardi della Corona, qui disparaît du marché en 1351. Comme précédemment, les financiers locaux assurent le mouvement depuis le Portugal ou la Pologne. Quant à l'énorme mouvement d'argent qui finance les campagnes de Gil Albornoz en Italie, il faut bien le confier à un grand nombre de sociétés, car aucune n'est à même de transférer à elle seule d'Avignon vers Pérouse ou Florence, voire Bologne ou Ancône, de telles sommes : pour 531 600 florins envoyés au légat de 1353 à 1361, il n'aura pas fallu moins de 146 contrats différents.

Lorsque se rétablit le crédit des grands Florentins, on voit s'entremettre des affaires pontificales quelques jeunes sociétés, les Strozzi, les Guardi et les Soderini, avant que l'emporte la société des Alberti antichi, qui émerge en 1359 et que favorise en 1362 la faillite des Malabayla. Ces Alberti antichi, qui font se succéder en trente ans à la tête de la succursale d'Avignon les très influents Lamberto di Lapo Lamberteschi et Tommaso di Mone, jouissent dès 1365 d'un quasi-monopole de fait, puis de droit, qu'ils doivent à la confiance d'Urbain V et au choix que fait ce pape de ne plus diviser ses affaires bancaires. Ils assurent même les transferts du Portugal, qui échappaient jusque-là aux compagnies financières, et ceux de Pologne, qu'ils font passer par Venise, Bruges ou Paris. Après une crise interne de la société, qui conduit Urbain V à faire appel, en 1370, aux Guardi. Grégoire XI partage sa clientèle entre les Alberti antichi et les Guardi. La faillite des Guardi, en 1371, laisse les Alberti antichi maîtres de la situation. À ces activités financières les Alberti antichi joignent alors une fonction commerciale qui ne se réduit plus aux affaires traitées sur la place d'Avignon. Leurs facteurs sont de véritables pourvoyeurs, que l'on voit fréquenter les foires pour approvisionner la curie en draps de Gascogne et du Languedoc. La fonction passe enfin aux Alberti nuovi.

La brouille entre Florence et le Saint-Siège change brutalement les données. Le 31 mars 1376, à l'issue d'un procès par défaut,

Florence est condamnée, ce qui conduit à l'expulsion de tous les Florentins d'Avignon et du Comtat, à la confiscation de leurs biens, à l'annulation de leurs créances et à l'interdiction de pratiquer quelque commerce que ce soit. Solidaires de la papauté, la France, l'Angleterre, l'Écosse, l'Aragon, la Castille, le Portugal et la Navarre expulsent aussi les Florentins. Les autres Toscans profitent sur-le-champ des embarras de Florence. Un marchand de Pistoia, Andrea di Tici, prend une part, certes modeste, des transferts de Paris, de Londres, de Séville ou de Naples. Surtout, revient le temps des Lucquois. Les premiers à en profiter sont les Guinigi et les Interminelli, non sans que se manifestent de nouveau les Spifame. Ce seront bientôt les Rapondi. Le Grand Schisme d'Occident leur ouvrira, après 1378, de nouvelles possibilités.

CHAPITRE XIII

L'affrontement des puissances

Henri VII avait à peine quitté Rome que Clément V, le 14 mars 1312, promulguait une décrétale *Romani principes* que ses juristes avaient longuement préparée pendant la longue marche du roi des Romains vers son couronnement impérial. Sans toucher à la distinction du pouvoir spirituel et du pouvoir temporel qui avait soustendu toute la polémique doctrinale au temps de Boniface VIII, le pape mettait au clair les situations nées de l'introduction des liens féodo-vassaliques dans le système ecclésial. Rappelons d'un mot qu'à cette date trois royaumes, celui d'Angleterre, celui de Naples et celui d'Aragon, étaient tenus en fief du Saint-Siège, et que, s'il refusait au pape tout serment de fidélité, l'empereur ne lui était pas moins redevable de sa confirmation et de son couronnement. Cette confirmation n'était que la suite du pouvoir souverain qu'était censé exercer le pape sur le Saint Empire pendant la vacance du trône. L'allusion était claire : le pape fondait sa prérogative sur le droit de garde du seigneur qui incombait au seigneur sur le fief de son vassal mort en attendant que l'investiture fût donnée au nouveau vassal. Dans le cas de l'empereur, les choses se compliquaient par le fait que le successeur de Frédéric II tenait que l'héritage sicilien des Hohenstaufen était partie intégrante de l'Empire et que le roi de Sicile se trouvait en conséquence son vassal ou devait l'être.

Les choses étaient confuses quant aux principes. La confusion était aggravée par le caractère offensif que prenait inévitablement toute « descente » en Italie d'un nouvel empereur, les adversaires italiens du pouvoir pontifical – ceux qui se retrouvaient sous l'appellation de gibelins – étant portés à profiter de l'occasion. Or, quelque justification que l'on pût trouver dans l'arsenal des précédents carolingiens, le Saint Empire romain germanique apparaissait de plus en plus – et surtout depuis la mort de Frédéric II – comme un royaume germanique. Pendant que le pape tirait de la démarche de l'empereur qui venait se faire couronner une preuve de la supériorité pontificale, un double mouvement de réaction nationaliste pouvait s'observer : les Italiens ne voyaient pas pourquoi le pape était tenu de couronner un prince germanique et les Allemands s'interrogeaient sur le droit du pape à confirmer l'élu germanique d'un collège électoral germanique.

La décrétale, qui allait trouver place dans les *Clémentines*, précisait d'abord un point d'histoire : le serment prêté au pape devant le Consistoire par les ambassadeurs impériaux venus solliciter la confirmation pontificale était bel et bien un serment de fidélité. Boniface VIII n'avait fondé la supériorité papale que sur celle du spirituel et sur le pouvoir des clés. Clément V, en termes plus compréhensibles par la société laïque, fondait la subordination de l'empereur sur l'engagement contractuel qui résultait d'un serment librement prêté. Récuser la supériorité pontificale était, pour le canoniste Boniface VIII, un péché, une faute contre l'ordre voulu par Dieu. Pour le légiste Clément V, c'était une forfaiture, un manquement à la fidélité jurée.

La décrétale *Romani principes* laissait donc de côté les principes. Elle ne concernait que les relations entre les deux pouvoirs qui se disaient universels, celui du pape et celui de l'empereur. Elle laissait hors du champ tous les autres princes temporels, et notamment le roi de France. C'était fort habile.

Pour compléter l'offensive pontificale, une constitution *Pastoralis cura* vint annuler la condamnation portée le 26 avril 1313 par l'empereur contre le roi de Naples Robert d'Anjou. Bien sûr, l'argumentation du pape touchait en premier lieu la procédure : Robert ne pouvait être vassal de l'empereur puisqu'il l'était de l'Église. L'empereur aurait dû prier le pape de citer le roi à comparaître devant sa propre cour. D'ailleurs, précisait-on à l'encontre des prétentions impériales, le royaume de Naples était situé hors de l'Empire. C'était, une nouvelle fois, mettre en doute l'universalité de l'autorité impériale. Naturellement, on ne manquait pas de rappeler que le serment de vassalité prêté par Henri VII justifiait le droit du pape à juger en appel des sentences impériales.

La mort de Henri VII offrit une occasion que le juriste Clément V ne laissa pas passer. En tant que suzerain, il annonça qu'il exerçait son droit de garde sur l'Empire vacant et, le 14 mars 1314, il nomma le roi Robert d'Anjou vicaire général de l'Empire en Italie. Il ne manqua pas de casser la condamnation de 1313 en des termes qui ne laissaient place à aucune ambiguïté.

> Nous l'annulons en vertu de l'incontestable suprématie du Saint-Siège sur l'Empire, du droit qu'a le chef de l'Église d'administrer l'Empire pendant sa vacance et par la plénitude du pouvoir que le successeur de Pierre a reçue du Christ.

Reparaissait donc la théorie de la plénitude du pouvoir, autrement dit de la souveraineté universelle fondée sur la remise des clés. Innocent III n'aurait pas écrit autre chose. C'est dans ce contexte de la vieille rivalité des deux pouvoirs, celui du pape et celui de l'empereur, qu'il faut situer les invectives du Florentin Dante Alighieri aussi bien que la fortune des écrits de deux universitaires parisiens, adeptes d'un aristotélisme renouvelé de Thomas d'Aquin et d'Albert le Grand, voire d'Averroès.

DANTE

Exilé de Florence depuis 1302 pour avoir appartenu au parti des blancs qui, convaincus de la nécessité d'un accord avec les gibelins, passent au sein de l'ensemble guelfe pour hostiles au pape, Dante Alighieri se détache rapidement, par lassitude, de toute appartenance partisane, mais c'est sur Henri VII qu'il compte maintenant pour lui assurer une place dans le gouvernement de la ville. En 1304, alors qu'il commence la rédaction de *La Divine Comédie*, il fonde sur la Révélation la primauté de l'Empire et il justifie par les paroles évangéliques l'inaptitude de l'Église à toute fonction temporelle et à tout rôle politique. Déçu par le régime de la commune qui gouverne tant de cités italiennes et notamment Florence, le poète rejoint la pensée des gibelins et en appelle à une autorité suprême et unique, qui ne saurait être que celle de l'empereur. Encore faut-il que celui-ci ne se décharge pas de sa responsabilité, comme l'a fait Albert d'Autriche.

> *Vieni a veder la tua Roma che piagne,*
> *Vedova e sola, e di et notte chiama :*
> *« Cesare moi, per che non m'accompagne ? »*

> Viens voir ta Rome qui pleure,
> Veuve, seule, et qui t'appelle jour et nuit :
> « Mon César, pourquoi ne m'accompagnes-tu pas ? »

Probablement écrit en 1317-1318, donc après la « descente » de Henri VII et alors que l'empereur, en renonçant à attaquer Florence, n'a rétabli au pouvoir ni Dante ni ses amis, le traité *De la Monarchie* affirme l'indépendance des deux pouvoirs : reconnu comme universel, et détenteur d'une autorité voulue par Dieu mais déléguée par le peuple romain et non par l'Église, l'Empire est donc le meilleur garant de la paix, ce qui est dire du bien commun. La condition de la paix, pour Dante, c'est l'équilibre des pouvoirs. Et l'Église bouleverse l'ordre naturel quand elle se mêle du gouvernement temporel à la place de l'empereur. Tenant son autorité de Dieu seul, l'empereur ne doit au pape que le respect.

Dans la construction d'une philosophie politique qui ne tient qu'en partie aux circonstances et aux exemples fournis par l'actualité, Dante s'inscrit dans la postérité d'Averroès et des propositions qu'emprunte celui-ci à la *Politique* d'Aristote quant à l'unicité de l'intelligence et à l'éternité de l'espèce humaine. Mais il en déduit la nécessité naturelle de l'Empire comme organisation monarchique de la société, voire tout simplement comme mise en place de l'homme dans la communauté sociale qu'il appelle l'*Humana civilitas*.

Dante a gardé mauvais souvenir d'avoir été expulsé de Florence après le triomphe des noirs, cette aile radicale du parti guelfe qu'est venu renforcer, en 1301, Charles de Valois. Son hostilité aux Noirs se traduira, quelques années plus tard, par une condamnation sans appel, dans *La Divine Comédie*, de Philippe le Bel et de son frère, non moins que par celle du pauvre Célestin V, surtout coupable d'avoir été invoqué à titre posthume par ceux qui s'acharnaient à déclarer frauduleux l'avènement de Boniface VIII. Se mêlant de droit canonique et de théologie, deux disciplines qui ne sont pas vraiment son affaire, Dante envoie, on le sait, Célestin V en enfer pour crime d'avoir fait « le grand refus ». Rappelons que, s'il rencontre dans son *Paradis* Thomas d'Aquin, il le voit en compagnie de ce parangon du dualisme averroïste qu'est pour tous les théologiens Siger de Brabant, et c'est dans la bouche de Thomas d'Aquin qu'il place l'éloge de Siger.

Mêlant les condamnations en juxtaposant des motifs combien différents, Dante ne va pas jusqu'à approuver Boniface VIII. Il ne voit au conflit qu'une cause principale : en devenant une puissance temporelle, le Saint-Siège a trahi sa vocation. Il dénonce donc à la fois Boniface VIII et Clément V, mais tout procède pour lui de cette catastrophe qu'a été la Donation de Constantin : elle a poussé le pape à prendre la place de l'empereur et l'empereur à ne plus exercer son pouvoir. Et Constantin de mériter ainsi, malgré son rôle dans la conversion de l'Empire romain au christianisme, sa place dans l'*Enfer*.

> *Ahi, Costantin, di quanto mal fu matre*
> *Non la tua conversion, ma quella dote*
> *Che da te prese il primo ricco patre !*

> Ah, Constantin, de combien de maux fut la mère
> Non ta conversion, mais cette dot
> Que reçut de toi le premier riche père !

Le poète mêle habilement les points de vue, et c'est dans la bouche de saint Pierre qu'il met son plus féroce réquisitoire contre les papes qui sont plus princes temporels que vicaires de Jésus-Christ. Dante n'attaque donc ni l'Église ni la papauté mais une papauté qui dévie en voulant prendre la place de l'empereur. C'est toutefois le pape lui-même qu'il admoneste dans le *Purgatoire*, avant de reprocher aux empereurs allemands – en l'occurrence à

Albert d'Autriche – d'oublier leur devoir, autrement dit de ne pas venir se faire couronner à Rome. La bête rebelle, le cheval indompté, c'est évidemment l'Italie qui secoue le joug impérial.

> *Ahi, gente che dovresti essere devota*
> *E lasciar seder Cesar nelle sella*
> *Se bene intendi cio che Dio ti nota :*
> *Guarda com' esta fiera e fatta fella*
> *Per non esser corretta dagli sproni*
> *Poi che ponesti mano alla predella.*
> *O, Alberto Tedesco, che abbandoni*
> *Costei ch'e fatta indomita e selvaggia,*
> *Et dovresti inforcar li suoi arcioni,*
> *Giusto giudizio dalle stelle caggia*
> *Sopra il tuo sangue...*

> Ah, engeance qui devrais être dévouée
> Et laisser César siéger sur le trône
> Si tu entendais ce que Dieu t'ordonne :
> Regarde comme cette bête est maintenant rétive
> Parce qu'elle n'est pas corrigée par les éperons
> Depuis que tu mis la main à la bride.
> Oh, Albert l'Allemand, qui abandonnes
> Celle qui devient ainsi indomptée et sauvage,
> Et qui devrais enfourcher ses arçons,
> Qu'un juste châtiment tombe des étoiles
> Sur ton sang...

Ce que le poète appelle de ses vœux, c'est le rétablissement d'un équilibre voulu par Dieu, celui de deux pouvoirs dont chacun doit aider l'autre à accomplir sa mission. L'évocation du cheval qui ne sent pas les éperons n'a qu'un sens : à chacun sa place dans la Cité de Dieu. Si le pape veut jouer à l'empereur, « nul ne gouverne plus », diront ensemble Dante et Béatrice à la fin du *Paradis*. Dans cette vue de l'équilibre du monde, Dante n'est pas loin de saint Augustin, mais ce n'est pas l'augustinisme politique construit par un Innocent III ou un Boniface VIII, qui subordonnait toute œuvre au salut commun de l'humanité et toute action humaine au jugement du pouvoir spirituel. Or, et le Florentin le voit bien, plus le roi des Romains se borne à être le roi d'Allemagne, plus il laisse le pape libre de bouleverser cet équilibre.

LE *DEFENSOR PACIS*

L'affrontement de Jean XXII et de Louis de Bavière met les enjeux plus au clair, et les auteurs du *Defensor pacis* s'entendent à en tirer parti. Le Champenois Jean de Jandun a fait ses études au collège de Navarre et il sera connu, comme commentateur de la *Politique* d'Aristote, pour un excellent logicien. L'Italien Marsile de Padoue, bon théologien et solide exégète, a été en 1313 recteur de l'Université de Paris. Tous deux ont lu les légistes français et les civilistes italiens. Ils sont parfaitement au courant de la littérature politique qui court dans les milieux gibelins. Ils sont familiers de Cicéron. En juin 1324, dans une collaboration où la part de Marsile semble avoir été prépondérante, ils achèvent une œuvre, le *Defensor pacis*, avec, le titre le dit bien, le propos d'analyser les conditions de cette harmonie sociale, de cette paix que, dans la « communauté politique », on attend d'un ordre du monde voulu par Dieu. Une seule autorité leur paraît capable d'assurer la paix, celle d'un Empire étendu sur tous les pouvoirs temporels et indépendant du Saint-Siège. Ce n'est pas par hasard que le *Defensor pacis* est diffusé dans le temps où Louis de Bavière déclare ne tenir l'Empire que de Dieu puisque c'est la volonté divine que manifeste l'élection. L'aristotélisme chrétien de Marsile de Padoue comme de Guillaume d'Ockam donne à cette vue toute sa cohérence : on n'offense pas Dieu en disant qu'il a donné au monde son ordre naturel.

Cet ordre a ses raisons d'être, qui n'ont rien de doctrinal, de théologique ou de métaphysique : elles sont dans la réalité des besoins de la société. Il fallait donner aux hommes appelés à vivre ensemble les moyens du bien commun qu'ils ne pourraient réunir individuellement. L'État a donc pour fin d'organiser la vie des hommes en sorte qu'ils vivent le mieux possible. C'est dans l'État que l'Église est en charge du spirituel, lequel ne peut que concourir à l'idéal. Reste que la vie de l'esprit échappe à cette autorité de l'État et que l'on ne peut ignorer la double injonction du

Christ : si l'on doit « rendre à César ce qui est à César », on doit « rendre à Dieu ce qui est à Dieu ». Il faut comprendre saint Augustin : les deux cités sont aussi distinctes que le sont les deux Jérusalem. Elles ne se rencontrent que dans la vie de l'individu, lequel n'aura sa place dans la Jérusalem céleste que si la Jérusalem terrestre est en ordre. L'Église est donc, pour Marsile, autre chose qu'une autorité imposée. Elle est la communauté des fidèles, et c'est celle-ci qui fonde l'autorité spirituelle exercée par le pape et les évêques. Le troupeau est fait des brebis, non du seul berger. Les prélats qui constituent le Concile ne sont donc pas l'émanation d'une hiérarchie procédant du Siège apostolique mais les représentants des fidèles qui sont le Peuple de Dieu.

Le *Defensor pacis* met ainsi directement en cause la papauté, tenue pour une institution humaine et arbitraire, usurpatrice de l'autorité d'origine divine héritée de l'Empire romain par le Saint Empire romain germanique. « Rendre à Dieu » n'est pas rendre au pape. Ce n'est même pas au pape qu'il appartient de convoquer le Concile : la charge en revient à l'empereur en tant que, comme héritier du Peuple romain et mandataire du Peuple chrétien, il est le législateur universel. Si tout fonde ainsi le droit du Concile à déposer le pape, rien ne fonde un droit du pape à juger et à condamner. C'est la négation du pouvoir de juger « à raison du péché » dont Boniface VIII faisait un si grand cas contre Philippe le Bel et que l'ancien précepteur augustin de ce dernier, l'archevêque de Bourges Gilles de Rome, poussait à son extrême application en jouant du procès d'intention et en inventant le principe de précaution : le pape pouvait intervenir par anticipation s'il évitait ainsi qu'un chrétien vienne à tomber dans le péché. Marsile se trouve là fort embarrassé par le pouvoir de lier et de délier conféré à Pierre, et non à l'ensemble des apôtres, encore moins au Peuple chrétien. Il se sort mal de cet embarras : c'est Dieu qui absout, non le prêtre. La phrase « Tu es Pierre... » reste sans réponse.

On n'en est donc plus à l'indépendance, qui répondait aux thèses théocratiques d'Innocent III et de Boniface VIII et que pouvait justifier la construction augustinienne. C'est la loi civile qui l'emporte sur la loi divine, non parce que celle-ci vient de Dieu mais parce que l'institution ecclésiale n'est pas qualifiée

pour la dire. On en vient à l'asservissement du spirituel, conséquence naturelle de l'universalisme du pouvoir impérial.

L'ouvrage de Jean de Jandun et Marsile de Padoue doit son
succès immédiat aux circonstances et à l'usage qu'en font contre
le pape les propagandistes du pouvoir impérial qui sont au vrai
les partisans d'un élu contesté. Dans sa version de 1324 comme
dans une révision de 1327 – le *Defensor minor*, surtout rédigé
pour réfuter le point de vue insuffisamment impérialiste de Guillaume d'Ockam – on le lit à la cour impériale où ses auteurs ont
trouvé leur place, mais aussi dans les villes gibelines. Ses
outrances elles-mêmes, qui dissuadent bien des lecteurs d'adhérer
franchement aux thèses des auteurs, ne laissent pas passer inaperçu ce qui n'est cependant qu'un travail d'universitaires.

Parce que, originaire des terres impériales d'Italie, Marsile de
Padoue est le sujet de l'empereur, il fera sans peine une brillante
carrière. Louis de Bavière le retient comme médecin. Ses avis ne
seront pas étrangers à bien des orientations de la politique italienne. Il continuera d'écrire sur l'institution impériale, notamment un traité sur la *Translation de l'Empire* qui développe la
thèse de l'héritage romain. Bien que piètre juriste, il composera
un ouvrage sur la juridiction de l'empereur dans les affaires matrimoniales, pour lesquelles il justifie un empiétement impérial sur
la juridiction de l'Église. L'antipape Nicolas V fera de Marsile
un épisodique archevêque de Milan, cependant qu'il fera de Jean
de Jandun un évêque de Ferrare. L'un et l'autre mourront en 1328.
Jandun n'aura pas même le temps de gagner son siège.

Sans doute faut-il le souligner, le *Defensor pacis* reste une
œuvre majeure, mais c'est une œuvre isolée. Lors du conflit des
années 1300, les adversaires étaient eux-mêmes en lice. Les doctrines opposées étaient formulées dans les bulles pontificales
– *Clericis laicos* et *Unam sanctam* – d'une part, dans les discours
et les écrits des légistes de Philippe le Bel d'autre part. Les déclarations de principe participaient donc du conflit. Vingt ans plus
tard, il n'y a pas grand-chose à mettre au crédit de Jean XXII ou
de Louis de Bavière et de leurs conseillers.

Le *Defensor pacis* est en marge de l'action, nul n'en a sollicité
les auteurs et nul ne leur répondra vraiment, ni les canonistes qui
se contentent de gloser les canons conciliaires et les décrétales, ni

les théologiens qui tentent de construire des systèmes. Ainsi en est-il d'Agostino Trionfo, un ermite de saint Augustin originaire d'Ancône et formé à l'université de Paris dans les années qui suivirent le passage de Thomas d'Aquin. Revenu en Italie, il a bénéficié de la faveur de Charles II d'Anjou qui lui a confié l'éducation de son fils, le futur roi Robert. L'ermite est donc plus qu'octogénaire quand Jean XXII lui confie le soin de répliquer, sinon au *Defensor* qu'il n'a peut-être pas encore lu, du moins aux doctrines que va illustrer le *Defensor* et qui se répandent déjà dans tous les milieux. Entrepris en 1324, l'ouvrage de Trionfo est achevé quatre ans plus tard et c'est bien alors une réponse au *Defensor*. De peu antérieure à la version définitive du *Defensor pacis*, cette médiocre *Somme du pouvoir ecclésiastique* n'est qu'une glose laborieuse du « Rendez à Dieu... » et un vain rappel de la Donation de Constantin. Mais l'auteur s'égare quelque peu au-delà de son sujet et de ses compétences quand il élabore une grande construction ecclésiologique : le pape est le représentant de Dieu – ce qui dépasse le titre habituel de vicaire du Christ et fait de lui le supérieur des anges – mais c'est l'Église qui est infaillible et non le pape, en sorte que, si le pontife tombe dans l'hérésie, il appartient au Concile de le juger. Un traité composé pour défendre la mémoire de Boniface VIII pourrait être lui aussi et paradoxalement l'œuvre de Trionfo. Les contemporains n'en feront aucun cas. Un commentaire du même Trionfo sur l'Évangile de saint Mathieu sera en revanche assez considéré par Clément VII pour que celui-ci, vers 1390, en fasse faire une copie enluminée (Avignon, Bibl. Calvet, 71) afin de l'offrir au couvent des célestins.

À peine postérieur, le traité *De la douleur de l'Église* du franciscain portugais Alvaro Pelayo, canoniste formé à Bologne et l'un des pénitenciers de Jean XXII, est vers 1330 une vraie réfutation des idées de Jean de Jandun et Marsile de Padoue. Elle s'inscrit dans la droite ligne de l'hostilité que, vivant alors dans le couvent de Rome, Pelayo a manifestée contre les spirituels de l'ordre aussi bien que contre leur protecteur Louis de Bavière. Exploitant avec habileté le « Tu es Pierre... », il rappelle que le Christ a bien confié les clés à Pierre et à ses successeurs, non à la communauté des fidèles, et il définit l'empereur comme le

« vicaire du pape pour les affaires temporelles », ce qui confère à la confirmation de l'élection impériale par le couronnement cette signification politique que s'obstine à nier Louis de Bavière. Pelayo aura sa récompense : il sera évêque, *in partibus* en 1332 avec le siège de Coron en Morée, très réellement en 1333 avec l'évêché portugais de Silves.

C'est précisément à la confirmation pontificale qu'en 1338 s'attaque un Louis de Bavière que les électeurs germaniques n'ont aucune peine à suivre sur ce terrain : il leur plairait de voter souverainement, en premier et dernier ressort. L'empereur a donc l'habileté de tenir la confirmation et le couronnement pour autant d'atteintes à la dignité des électeurs, c'est-à-dire à celle de l'Empire qu'ils représentent. Le manifeste *Fidem catholicam* qu'il publie le 17 mai 1338 récuse toute nécessité d'une approbation par le pape de la décision de l'Empire. On y lit que le pape et l'empereur ont des pouvoirs différents mais de même rang. Aucun ne saurait s'instituer juge de l'autre. La déclaration peut étonner si l'on pense à l'acharnement mis par le même Louis de Bavière à obtenir sa confirmation et son couronnement.

Le Saint Empire n'a pas le monopole de tels propos. À l'assemblée de Vincennes en 1329, Pierre de Cugnières, un légiste qui a été le conseiller écouté du roi Charles IV et demeure celui de Philippe VI, argumente en faveur de l'absolue distinction des deux juridictions, temporelle et spirituelle, et proclame le droit des juges du roi – comme de ceux des barons – à se saisir des affaires qui, même si elles intéressent le clergé, ne concernent que le temporel. C'était bien ce que disait naguère Pierre Flote.

Il n'est, dans l'immédiat, à la vue politique du *Defensor pacis* qu'une suite digne d'intérêt : ce sont les ouvrages composés, après la mort de Jean XXII, par un Guillaume d'Ockam que pousse à l'hostilité contre le pouvoir pontifical sa fidélité à la cause des spirituels. Après un *Compendium* des erreurs du pape, qui clôt sa démonstration quant à l'affaire de l'ordre franciscain, Ockam passe à l'analyse des pouvoirs politiques. En 1338, un traité *Du pouvoir et des droits de l'Empire romain* met le débat au niveau des principes. En 1346, un violent pamphlet *Du pouvoir des empereurs et des pontifes* est surtout une réplique à l'attitude des électeurs d'Empire qui, à l'instigation du pape, viennent de déposer Louis de Bavière et d'élire un nouvel empereur, Charles de Luxembourg. Ce Charles IV est, aux yeux d'Ockam, trop ouvertement porté à l'accommodement avec le pouvoir pontifical. Le théoricien est ici déçu : il se bat pour une cause que déserte le principal intéressé.

Le premier tort de Guillaume d'Ockam est de se laisser égarer par la passion. S'écartant de la controverse doctrinale pour dresser le catalogue des crimes qu'il reproche au défunt pape, il s'attache aux ragots et aux caricatures. Jean XXII avait, selon ses fidèles, le pouvoir de changer la foi. Il pouvait changer les sacrements. Sa parole l'emportait sur l'Évangile. C'était trop en dire.

Si l'on excepte la nuit d'Anagni, le conflit des années 1300 ne comportait ni affrontements en armes ni manœuvres diplomatiques. Le nouveau conflit, parce qu'il se greffe sur les incertitudes d'une élection impériale et sur les grondements internes des villes italiennes, ne paraît pas trouver ses racines dans les principes philosophiques de l'organisation politique mais dans les rapports de force. Surtout, le contexte politique a changé. Le temps n'est plus où Alexandre III et Innocent III pouvaient se faire juges des comportements publics des souverains. Ne voir dans les princes temporels que les vicaires du pape relève en 1330 de l'anachronisme.

Et puis, il y a le Peuple. Même si l'on excepte les exubérances de Rienzo, le Peuple représente un pouvoir que l'on peut aussi bien voir comme d'origine naturelle que comme procédant d'une délégation divine. Bien des juristes, suivant Bartole et plus encore, ensuite, Baldo degli Ubaldi, voient dans le consentement du Peuple une source de juridiction, c'est-à-dire le droit de se gouverner en légiférant. Il convient donc de traiter les villes tenues par le Peuple comme de véritables états, où la volonté populaire exerce une autorité souveraine à la place de l'empereur. Les papes ne sauraient ignorer cette vue de l'ordre politique, et il convient de rappeler que Baldo a été le maître du futur Grégoire XI.

Quand les papes d'Avignon tentent d'imposer leur intervention dans les conflits des princes, ce n'est donc pas en tant que supérieurs mais en tant que médiateurs. Ils n'invoquent que le bien des chrétiens et la nécessité de la croisade. Ils ne mettent en œuvre que leur diplomatie. Lorsque viendra, à la fin du siècle, le temps du réformisme, c'est la centralisation de l'Église, la réserve des bénéfices, la fiscalité pontificale et la richesse de la papauté qui seront en cause, non la place du Siège apostolique sur l'échiquier politique de l'Europe.

LE SONGE DU VERGER

À plus long terme, les mêmes questions reparaissent quand s'enveniment les relations entre Charles V et la papauté. Sous l'influence des aristotéliciens qui, tel Nicole Oresme, l'entourent de leurs conseils, le roi a pris depuis 1370 plusieurs mandements qui contrarient l'action des juridictions ecclésiastiques. Grégoire XI a fini par protester et, en 1374, le scrupuleux Charles V charge un maître des requêtes de l'Hôtel, l'excellent juriste Évrart de Trémaugon, de compiler en un traité les textes qui font autorité en faveur du pape comme des souverains temporels. L'ouvrage est achevé en latin dans une première ébauche en 1376 et traduit en français en 1378 après plusieurs remaniements. Ainsi ce *Songe du Verger* s'adresse-t-il à d'autres que des clercs et c'est la forme laïque d'un songe qu'a choisie Trémaugon, non celle d'un ouvrage scolastique. Mais, sous les apparences du dialogue d'un clerc et d'un chevalier, champions de deux dames qui représentent les deux pouvoirs affrontés, c'est une véritable encyclopédie politique que construit le juriste du roi de France. La conclusion en est une affirmation sans concession de l'indépendance du pouvoir séculier.

L'auteur part du psaume 113. « Les cieux sont les cieux de Yahweh mais il a donné la terre aux fils de l'homme » peut s'entendre : « Dieu a donné le ciel des cieux aux ministres de Dieu et laissé la terre aux seigneurs séculiers ». Le *Songe* pose donc en principe que le roi de France est « vicaire de Dieu en la temporalité », et la conclusion sera favorable au chevalier, donc à la puissance temporelle. Ce faisant, l'auteur multiplie les arguments et l'on peut penser (M. Schnerb-Lièvre) que certaines questions ont été suggérées par Charles V lui-même, désireux de se former une opinion bien étayée. On doit noter que l'examen des sources des deux pouvoirs est antérieur au schisme de 1378 et que ce dernier ne fera que donner force au raisonnement du chevalier, un raisonnement qui ne sera pas oublié.

> Les cardinaux élisent le saint père de Rome, mais il est certain que les cardinaux n'ont pas la seigneurie en la temporalité. Donc le pape, lequel est élu par eux, ne peut être seigneur en la temporalité : nul ne peut transporter à autrui plus de droit qu'il n'a.
>
> Si vous me dites que le pape prend sa puissance de Jésus-Christ et non pas de ceux qui l'élisent ou d'autre homme humain, il s'ensuivrait que nul homme humain ne le pourrait déposer, car la déposition appartient à celui à qui appartient l'institution. Toutefois, nous voyons clairement que le pape peut être par homme humain déposé, comme pour le cas d'hérésie. Donc le pape prend sa puissance d'homme humain et non de Jésus-Christ.

On ne s'étonne pas de trouver, parmi les autorités recensées et citées, les théoriciens du pouvoir impérial que demeurent Marsile de Padoue et Guillaume d'Ockam, non moins que Pierre de Blois, le théologien qui défendait jadis la cause de Henri II Plantagenêt, le légiste Pierre de Cugnières et l'aristotélicien Nicole Oresme. L'autorité de saint Bernard est souvent invoquée. Mais les emprunts sont habilement adaptés au cas bien particulier de la royauté française : Trémaugon ne se prive pas d'invoquer l'héritage de Clovis, la sainte Ampoule de Reims et l'onction du sacre qui fait du Capétien ce qu'un juriste du siècle suivant caractérisera en qualifiant le roi de « première personne ecclésiastique du royaume ». Et d'assener à plusieurs reprises l'exemple des patriarches.

> Nous ne lisons pas que Noé fût onques prêtre, ni que le fût onques Moïse. Toutefois, il oignit visiblement Aaron, lequel il fit évêque, et il fit prêtres ses enfants, comme il est écrit au chapitre septième du *Lévitique*.

L'ouvrage aura un grand retentissement. Sept manuscrits du texte latin, dix-sept du texte français et un grand nombre d'éditions feront du *Songe*, jusqu'à la Révolution, l'un des textes fondateurs de la pensée gallicane.

LES ARMES DU PAPE

Pour qualifier l'usage politique que font les papes – voire leurs légats – de la gamme des sanctions spirituelles offerte par le droit canonique, un chroniqueur inventa cette image : « les armes papales ». De ces armes, deux seulement ont, depuis des siècles, fait leurs preuves quand il s'agit de faire céder un puissant de la société laïque : l'excommunication et l'interdit. L'excommunication frappe la personne du coupable. Celui-ci est exclu de l'Église, donc privé des sacrements. S'il meurt excommunié, il est privé de sépulture en terre sacrée : autant dire qu'on l'enterre en plein champ. Parmi les clercs, l'excommunication est à ce point banalisée qu'elle n'impressionne plus personne. Pour le moindre retard dans le paiement d'un terme d'annates ou de communs services, le clerc est excommunié, mais il est relevé de la peine quand il verse quelques sous et c'est la quittance qui, très simplement, comporte l'annulation de la sentence. De l'archevêque au curé rural, tous les clercs connaissent l'excommunication automatique. La peine est en revanche plus durement ressentie et plus durable quand elle est la conséquence d'une condamnation doctrinale. Les franciscains, et particulièrement les fraticelles, ont ainsi été souvent frappés d'une excommunication de la sorte, dont l'absolution ne saurait que suivre une rétractation publique. On connaît quelques cas célèbres, comme Guillaume d'Ockam. Mais l'arme peut n'être que d'un médiocre effet : à excommunier des clercs qui récusent l'autorité pontificale, le pape ne gagne pas grand-chose.

Chez les laïcs, l'excommunication est spectaculaire. On excommunie surtout les princes, tels qu'au XIIIᵉ siècle Jean sans Terre ou Frédéric II et au XIVᵉ Louis de Bavière, mais l'excommunication peut aussi frapper une collectivité, comme les villes flamandes. Le pape punit ainsi les rébellions spirituelles ou temporelles contre l'Église, comme lorsque en 1343 Clément VI agite la menace d'excommunication contre Édouard III qui a fait expulser d'Angleterre les procureurs des légats afin de les empêcher de remplir leur mission, mais on sanctionne de même des fautes canoniques comme la rupture d'un serment : enfreindre une paix jurée, renier une vassalité confirmée par un serment de fidélité, tout cela justifie l'excommunication, et les souverains ne sont pas toujours ceux qui en souffrent : ils savent s'en servir contre les rébellions. Philippe le Bel négocie le recours aux sanctions canoniques contre les Flamands qui n'exécutent pas le traité qu'ils ont juré et Philippe VI fait excommunier son vassal le comte Guillaume de Hollande qui le trahit au profit de l'Anglais.

La peine spirituelle, notons-le bien, n'est pas sans retombées purement temporelles : les hommes de l'excommunié se trouvent déliés de leur serment de fidélité. Autant dire que le prince ainsi frappé ne garde à ses côtés que ceux qui sont prêts à subir la même peine. Ces retombées ne touchent cependant qu'une faible partie de la population. Le bourgeois ou le paysan ne se sent pas moins sujet de son roi, et il ne souffre guère d'avoir un roi privé de sacrements. Au plus l'image de celui-ci en est-elle entachée.

Il en va différemment pour l'interdit, qui frappe un espace politique : un pays, une seigneurie ou un royaume. La vie cultuelle y est interrompue. On ne baptise plus, on ne marie plus, on porte les morts en terre sans prières. Les cloches ne sonnent plus, ni pour les offices ni pour l'*Angelus*, cette prière du soir individuelle dont la pratique commence de se répandre à la campagne comme en ville et dont Jean XXII a enrichi d'une indulgence la récitation. Les clochers muets et les tombes dans un champ, voilà qui suffit à mécontenter gravement le peuple, lequel tient pour responsable le prince dont les comportements lui valent pareille épreuve. L'interdit est donc le moyen d'un véritable chantage : il menace le prince d'une colère et d'une impopularité qui conduisent parfois à l'insurrection. C'est vraiment là que l'on peut parler d'arme papale : on y recourt le plus souvent dans l'intérêt même du pape, comme lorsque le légat Albornoz met en interdit le royaume de Naples pour contraindre la reine Jeanne à payer le cens qui reconnaît la suzeraineté de l'Église. Le fait que le pape en use éventuellement à la demande d'un pouvoir laïque contre un autre confère à la connivence pontificale un poids considérable.

L'interdit est la sanction la plus dramatique mais, par sa sévérité même, elle appelle des accommodements. Qu'un prêtre feigne de l'ignorer, et la vie cultuelle est assurée. On le voit bien quand l'interdit mis sur l'Écosse en 1306 à la suite de l'assassinat de John Comyn – tué à la hache sur les marches de l'autel des franciscains de Dumfries – par Robert Bruce reste lettre morte : les évêques écossais, très hostiles à la victime, restent fidèles à Bruce, qu'ils couronnent comme roi d'Écosse, et ne tiennent aucun compte de l'interdit. Devant un tel refus collectif, l'autorité pontificale publiquement bafouée ne peut que garder le silence. Et lorsque, en 1317, Jean XXII fulmine l'excommunication contre Bruce qui a renié ses anciens serments de fidélité à Édouard II et contre les Écossais de Bruce qui ont envahi l'Irlande pour en chasser les Anglais, il n'a pas plus de succès : le cardinal Gaucelme de Jean, chargé d'aller sur place préparer une réconciliation de l'Anglais et de l'Écossais, rentrera penaud à Avignon, s'étant de surcroît fait voler en route ses bagages.

Lorsqu'il ne s'agit pas de punir mais d'autoriser, l'arme du pape n'est pas moins efficace. C'est surtout en favorisant ou en gênant une politique matrimoniale que le pape fait sentir le poids de son appui. Or il est fréquent qu'un projet de mariage suppose l'octroi d'une dispense de l'empêchement pour consanguinité. C'est pour être agréable à la duchesse de Duras Agnès de Périgord, sœur du cardinal Hélie Talleyrand, qu'en 1343 Clément VI accorde la dispense grâce à laquelle Charles de Duras épouse Marie d'Anjou, sœur et héritière de la reine Jeanne de Naples (*voir tableau généalogique 5*). Trois ans plus tard, le même Clément VI peut, pour consanguinité, empêcher le mariage de la reine Jeanne avec Robert de Tarente. En 1356, c'est avec le pape que Philippe de Tarente négocie un mariage avec Marie d'Anjou, et l'on voit avec faveur à Avignon le projet de mariage entre la reine Jeanne et un frère du cardinal Guy de Boulogne. Si ce genre de négociation tient une grande place dans les relations de la papauté avec la cour de Naples, c'est en grande partie parce que les nombreuses branches de la maison d'Anjou tentent d'user du mariage pour capter l'héritage annoncé de la reine sans descendance. Mais Naples n'est pas le seul enjeu de pourparlers matrimoniaux qui appellent la connivence du pape ; c'est pour seconder les vues du roi de France qu'en 1364 Urbain V refuse à Édouard III la dispense qui permettrait à l'un de ses fils d'épouser l'héritière du comté de Flandre : celle-ci épousera finalement le duc Philippe de Bourgogne.

Il faut ranger de même parmi les armes papales les innombrables médiations entre les princes en conflit. Avec des chances de succès très diverses, les légats y usent à la fois de persuasion et de menace. Que le rétablissement de la paix soit la condition de la croisade peut bien être invoqué, il n'en demeure pas moins que le pape a beau jeu de multiplier les interventions au nom de la concorde entre les chrétiens, et le souci d'assurer la paix se révèle souvent un prétexte commode à des interventions pontificales dans les affaires intérieures des états. Depuis longtemps nul ne conteste plus au pape le droit d'imposer des trêves. Au plus les princes peuvent-ils trouver des arguments pour violer ces trêves en disant que l'adversaire ne les respecte pas. Philippe V élève cependant, en 1318, une protestation contre celle que Jean XXII voudrait procurer entre Bernard VI d'Armagnac et Marguerite de Foix : le pape n'a pas à se faire le juge des vassaux du roi.

Il est un domaine où l'autorité pontificale règne sans grand partage : les canonisations. Le pape fait examiner les mérites du défunt par des experts – généralement trois – qu'il choisit lui-même dans le Sacré Collège, et il s'en tient à un rapport que ceux-ci lui font en Consistoire secret, mais c'est lui, et lui seul, qui décide d'introduire la cause et qui prononce enfin la canonisation. Autant dire que le pape ne peut à lui seul faire un saint, mais qu'il peut très bien en refuser un. Sans doute parce qu'ils n'en ont pas abusé, les papes d'Avignon n'auront pas vu, avant le Grand Schisme, contester leur pouvoir en la matière : Jean XXII aura prononcé trois canonisations, et Clément VI et Urbain V chacun une.

Au vrai, si l'on tient compte des pressions exercées par les rois et par les ordres religieux, il semble bien qu'aucun de ces papes n'est soucieux de peupler les autels de nouveaux saints. Les dizaines de causes portées en vain devant le Saint-Siège montrent bien une volonté de ne pas galvauder la canonisation. Malgré la réputation que leur vaut leur œuvre universitaire, malgré le soutien du roi d'Aragon ou du roi d'Angleterre, et malgré quatre tentatives pour l'un et deux pour l'autre, ni le juriste Raymond de Peñafort ni le théologien Robert Grosseteste ne parviendront sur les autels. N'y parviendront pas plus, malgré la sollicitation du roi de France, les papes Grégoire X et Urbain V.

Faire un saint est une prérogative du pape. Il importe qu'elle ne soit pas à la discrétion des princes et des religieux, et qu'elle serve en revanche l'autorité pontificale. La canonisation de Célestin V est avant tout, en 1313, une satisfaction donnée au roi de France et un moyen d'éviter le procès contre la mémoire de Boniface VIII. L'évêque Louis d'Anjou n'aurait peut-être pas été canonisé en 1317 si Jean XXII n'avait dû, pour tenir sa position en Italie, se concilier les Angevins de Naples. Pour hautement justifiée qu'elle fût quant à la doctrine, la canonisation de Thomas d'Aquin en 1323 n'est pas moins une bonne manière faite à Naples, où a été instruite la cause, et elle s'inscrit dans le contexte brûlant de l'affaire de la pauvreté évangélique, alors que l'ordre des prêcheurs soutient la position modérée de Jean XXII contre le radicalisme des frères mineurs. Longtemps, les propositions faites en faveur de partisans de l'absolue pauvreté se heurteront au refus des papes pour la raison qu'ils ont ainsi oublié l'obéissance due au successeur de saint Pierre. Joachim de Flore n'aura pas plus de chance sous Clément VI.

Les recommandations des puissances séculières sont souvent écoutées, sinon toujours prises en compte. En 1347, la canonisation d'Yves Héloury de Kermartin est fortement soutenue par le duc de Bretagne. En 1371, la béatification du duc de Bretagne Charles de Blois – le beau-père de Louis d'Anjou – est un appui donné à la politique française contre le compétiteur Jean IV de Montfort. Encore n'ira-t-on pas jusqu'à le proclamer saint.

Le zèle pontifical pour les élévations sur les autels se trouvera ranimé par le Grand Schisme d'Occident, chaque pape ayant alors intérêt à rehausser la valeur spirituelle des âmes pieuses de son obédience et assurer le retentissement des ralliements. Quelle que soit leur réelle réputation de sainteté, l'intérêt porté – et dans des délais étonnamment brefs – par Rome à la princesse Brigitte de Suède ou à l'archevêque d'Armagh Richard Fitzralph et par Avignon au cardinal Pierre de Luxembourg relève surtout de l'art de cultiver les adhésions nationales. Clément VII n'est pas, en béatifiant Pierre de Luxembourg, insensible au fait que la demande est présentée par Pierre d'Ailly au nom du roi de France, mais aussi d'une Université de Paris qui continue de s'agiter. La violence avec laquelle Brigitte a dénoncé les infamies de la papauté d'Avignon est évidemment exploitée par Boniface IX, et les miracles sur la tombe du jeune cardinal de Luxembourg peuvent passer pour un signe de Dieu en faveur du pape qui l'a élevé à la pourpre. On observera cependant que ces deux saints ne sont présentés qu'à raison de leur vie édifiante. L'échec du roi d'Angleterre sera immédiat quand il tentera d'obtenir d'Urbain VI puis de Boniface IX la canonisation du peu recommandable Édouard II, dont le moins qu'on pouvait dire est qu'il n'est pas mort en confesseur de la foi.

La précipitation de certaines procédures étonne parfois ceux qui ont oublié quelques cas qui ne datent pas d'Avignon : on a, en 1232, canonisé saint Antoine de Padoue un an après sa mort. Mais les contemporains notent que les délais ne sont pas les mêmes pour tous. On n'attend que cinq ans pour ouvrir en 1369 le procès de Charles de Blois, deux ans pour ouvrir en 1389 celui de Pierre de Luxembourg : un duc et un cardinal. Cette promptitude n'est pas toujours efficace : ouverte en 1363 trois ans après sa mort et fortement appuyée par les Angevins, l'enquête sur Dauphine de Sabran n'aboutira pas. L'empressement des papes à donner satisfaction aux princes n'en donnera pas moins lieu à quelques remarques désobligeantes.

CHAPITRE XIV

Le pape entre les princes

LA PAIX

Clément V avait esquivé un choix difficile dans l'affaire de Flandre et il pouvait, surtout, croire résolu le problème de Guyenne. Il n'en était rien, et Jean XXII se trouva très vite confronté à la reprise d'un conflit qui fermait toute perspective d'une réalisation immédiate de la croisade. Les décimes qui se succédaient ancrèrent l'idée qu'une telle imposition était utile, non pour aller sur-le-champ en Terre sainte libérer le Saint-Sépulcre, mais pour permettre plus simplement aux princes chrétiens d'en finir avec leurs querelles avant de faire leur devoir de chrétien.

L'appartenance personnelle de Clément V au royaume de France et au duché d'Aquitaine n'avait rien d'ambigu et elle faisait de lui un bon connaisseur des affaires franco-anglaises. Cela n'aurait pas suffi : corollaire de son goût pour la temporisation, son esprit conciliateur fit merveille. Il avait su se tirer d'affaire à propos de Boniface VIII et du Temple, et la cour de France ne pouvait qu'être satisfaite des dispositions d'esprit qui régnaient à Avignon pendant les pontificats qui suivirent. Quant à l'Angleterre, les conflits relatifs à la collation des bénéfices insulaires n'allaient reprendre quelque actualité qu'au temps de Clément VI. Jusque-là, c'était le statu quo sur le front, fort animé au siècle précédent, des relations anglo-pontificales. Bien plus, dans la douloureuse affaire Comyn, Clément V avait, sans s'engager vraiment, soutenu la position anglaise.

John Comyn était l'un des grands du royaume d'Écosse. Neveu de John Balliol, il s'opposait au chef du parti rival de Balliol,

Robert Bruce. Dans les négociations difficiles avec l'empereur ou avec le Capétien comme avec le pape, Comyn avait été l'homme de confiance du roi d'Angleterre Édouard Ier. Face à Robert Bruce qui incarnait la volonté d'indépendance des Écossais, il représentait le parti du compromis avec l'Angleterre. Soucieux de se ménager l'appui anglais dans son affrontement avec Philippe le Bel, Boniface VIII s'était prononcé contre les Écossais et avait même intimé aux évêques d'Écosse l'ordre de se soumettre à Édouard Ier. La paix semblait faite en Écosse quand, en février 1306, les jalousies n'ayant pas cessé, Robert Bruce avait poignardé Comyn pendant un office religieux. On avait, un mois plus tard, couronné Bruce roi d'Écosse. La provocation doublait le meurtre et Clément V mit l'Écosse en interdit. Cela ne servit à rien, les évêques écossais ayant passé outre à la sentence, mais Édouard Ier sut gré au pape de sa réaction. L'alliance de Philippe le Bel et de Robert Bruce ne put faire dévier Clément V et, seule, la victoire définitive de Bruce à Bannockburn mit en 1314 un terme à l'affaire. Renonçant à toute sanction contre un roi d'Écosse désormais reconnu par toute l'Europe, Jean XXII s'inscrivit cependant dans la continuité des bonnes relations avec l'Angleterre.

Une remarque s'impose ici, qui est implicite dans ce récit et que reflète assez justement la composition du Sacré Collège et, plus largement, celle de la curie : si les papes sont particulièrement attentifs à ce qui se passe en France, en Angleterre et naturellement en Italie, ils ne semblent pas avoir marqué un réel intérêt ou souci pour les crises que connaissent les autres contrées de la chrétienté. Jusqu'à la prise de pouvoir personnelle d'Alphonse XI en 1325, la Castille est ravagée par des guerres civiles. Il en va de même après 1369 sous les Trastamare, cependant que se multiplient les affrontements de la Castille et de l'Aragon, puis du Portugal et de la Castille. Si l'on excepte quelques vaines tentatives de conciliation entre Pierre le Cruel et ses demi-frères, les papes ne proposent guère leur médiation. Il est vrai que, pour la croisade, on ne compte pas sur les princes espagnols, qui affrontent l'Islam sur leurs propres frontières.

Il en va de même pour l'Europe centrale. Rares et de faible portée sont les interventions pontificales en Allemagne, en

Bohême, en Hongrie ou en Pologne. Ne nous y trompons pas, c'est pour les affaires de Naples que, en 1349, Guy de Boulogne est en Hongrie. De même le Saint-Siège est-il absent des pays scandinaves. Bien plus, dans toute cette Europe germanique, slave et scandinave, l'autorité pontificale est fort mal assurée. On le voit quand Charles IV pousse les électeurs à faire de son fils Wenceslas un roi des Romains. Une coalition se forme autour du duc de Bavière et de l'archevêque de Mayence, Wenceslas est battu et fait prisonnier, Charles IV doit payer rançon et finalement acheter pour 120 000 florins les électeurs. C'est alors en vain que le pape proteste qu'on n'élit pas un roi du vivant de son père. Les électeurs passent outre et Wenceslas est couronné à Aix-la-Chapelle le 5 juillet 1376.

Jean de Cardaillac à travers l'Europe

On n'en est que plus porté à évoquer le rôle de Jean de Cardaillac, cet étonnant juriste qui prêche devant le pape comme devant les rois et qui parcourt l'Europe au service d'une diplomatie aux résultats incertains. Ce rejeton d'une famille de la petite noblesse du Quercy fort bien alliée – sa mère est une Lautrec – a étudié puis enseigné le droit civil à Toulouse. En 1351, il est évêque, mais en Galice, à Orense. L'année suivante Cardaillac est à Avignon où, malgré son titre modeste, sa réputation d'orateur lui vaut de prononcer successivement l'oraison funèbre de Clément VI et la harangue en l'honneur du nouveau pape Innocent VI. Celui-ci, rappelons-le, est un légiste, et un prédécesseur de Cardaillac dans son enseignement à Toulouse. En 1356, l'évêque d'Orense est en Castille au côté de Guillaume de la Jugie que le pape a chargé de procurer la paix entre Pierre le Cruel et les Trastamare. Il lui en coûtera, et en 1367 nous le trouvons en prison, à Burgos, victime d'un Pierre le Cruel qui ne lui pardonne pas d'avoir pris parti pour son compétiteur. Il sera libéré deux ans plus tard par Henri de Trastamare ainsi que, dira-t-il, par l'intercession de saint Thomas d'Aquin.

En 1361, Cardaillac est archevêque, mais c'est cette fois au Portugal, à Braga. Déjà, Cardaillac sert plusieurs maîtres. Il représente le roi de Castille auprès du pape comme auprès de l'empereur. En 1361, au Portugal, il prononce l'oraison funèbre, combien tardive, d'Inès de Castro dont le roi Pierre Ier fait transférer les restes à Alcobaça. En 1369, c'est pour le compte de Henri de Trastamare qu'il gagne Rome afin d'y entretenir Urbain V des affaires de la Castille.

Grégoire XI le fait en 1371 patriarche d'Alexandrie. Pour sa subsistance, car le prestigieux patriarcat est *in partibus*, on lui attribue l'administration de l'évêché de Rodez. Il enchaîne alors les missions en Europe centrale, où le pape le charge de faire la paix entre les princes et notamment entre l'empereur et ceux qu'inquiète la volonté d'expansion territoriale de la maison de Luxembourg. Qu'il s'agisse des affaires de Pologne ou de l'annexion du Brandebourg, Cardaillac s'entremet donc entre l'empereur Charles IV – et son fils Wenceslas, alors roi de Bohême – et le roi Louis de Hongrie ou les ducs de Bavière, quand il ne se mêle pas d'un litige entre la Hongrie et l'Autriche. Il ne met cependant pas moins son entregent au service des intérêts directs du pape quand il cherche à convaincre l'empereur de condamner Bernabò Visconti.

Mais Cardaillac demeure très présent à Toulouse. Le 7 octobre 1377, c'est là qu'il baptise le futur roi de Naples Louis II d'Anjou. En 1379, toujours patriarche, il troque Rodez pour l'archevêché d'Auch. À peine est-il pape qu'Urbain VI lui donne le 5 juillet 1378 la commende de l'archevêché de Toulouse que lui confirmera naturellement, le 8 novembre, un Clément VII auquel il se sera rallié après quelques semaines de réflexion.

On peut s'interroger sur le choix que font les papes en envoyant un Cardaillac auquel ils ne jugent pas nécessaire de conférer la pourpre. Les affaires de Castille et d'Aragon, comme les conflits internes de l'Empire germanique, ne paraissent pas justifier à leurs yeux l'envoi d'un légat. Même s'il est patriarche, un simple nonce suffit, alors que deux cardinaux sont constamment à l'œuvre entre France et Angleterre. Que les qualités de Cardaillac soient là bien employées est certain. Force est de noter que les papes qui les ont appréciées n'ont pas été jusqu'à récompenser ses services d'un chapeau rouge. Cardaillac finira ses jours à Toulouse où il fera figure de véritable archevêque. Il sera là, après tant de pérégrinations, une exception de prélat résidant en son évêché. Il ne se privera cependant pas de voyager et on l'entendra encore, à la Toussaint de 1383, prêcher à Paris devant le roi.

Une explication ne peut pas être écartée. S'il est vrai que les rois de France et d'Angleterre tirent argument d'une éventuelle croisade pour financer des entreprises liées à de pures revendications territoriales, on ne saurait dire que les papes, en se prêtant à cette pratique, n'ont pas une réelle volonté de voir un jour la chrétienté reconquérir Jérusalem. Et cette croisade, qui n'est pas autre chose que le combat pour les Lieux saints, ne saurait se faire sans ceux qui ont été les acteurs, combien maladroits mais sincères, des expéditions de jadis : les rois et les barons de France et d'Angleterre. Depuis Frédéric II et son expédition de 1227, l'Empire germanique ne s'implique plus vraiment dans les affaires de la Terre sainte. La lutte du Sacerdoce et de l'Empire a, comme les affrontements autour de la succession sicilienne du Hohenstaufen, multiplié les occasions d'acquérir l'indulgence de croisade ailleurs que contre l'islam. Au Nord, surtout soucieux du Groenland et de l'Islande, le roi Haakon de Norvège a fait commuer son vœu de croisade en un engagement contre les Estoniens. À Avignon, on sait bien qu'il est à l'Est des fronts de la chrétienté, mais ils sont pour les autres, et ils se confondent, en un sens comme en l'autre, avec des fronts d'expansion territoriale. Le paganisme qui résiste en Lituanie n'a rien pour inquiéter l'Occident. La nature et les objectifs du combat de la foi contre le paganisme sont obscurcis pour un Occident où trois siècles de récits et de littérature ont inventé les combats de Charlemagne contre les Sarrazins et son invraisemblable pèlerinage à Jérusalem, et complètement oublié que l'empereur combattait surtout les païens de l'Europe germanique et slave. Jusqu'à ce que l'Occident prenne conscience de la menace que pour l'ensemble de la chrétienté – et non pour le seul empereur schismatique de Byzance – représente l'avancée des Turcs sur le Danube et avant que s'organise à la fin du siècle la réaction qui sombrera devant Nicopolis, la croisade, c'est le voyage à Jérusalem. La paix pour la croisade, c'est la paix entre la France et l'Angleterre, et elle seule.

Le temps de Philippe VI

La France avait, depuis la mort de Philippe le Bel, vécu des moments difficiles. Les ligues féodales de 1314-1315 s'étaient dressées contre le roi, mais aussi contre les grands barons. On avait vu les princes et les hauts prélats résoudre à plusieurs reprises un problème dynastique, écartant en 1316 de la Couronne de France – mais non de celle de Navarre et de ses droits sur la Champagne qui lui venaient de sa mère – la fille de Louis X, puis faisant passer en 1322 l'oncle Charles IV avant les filles de Philippe V et en 1328 le cousin de Valois avant l'ensemble des filles des derniers Capétiens. Philippe de Valois était de même, et très légitimement, passé avant le cousin puîné qu'était le roi de Navarre, comte d'Évreux, mais celui-ci était l'époux de la fille de Louis X, et cela n'allait pas manquer de conforter les positions de la maison d'Évreux.

Ces choix avaient créé de durables ressentiments, donné matière à des polémiques, fondé d'inépuisables revendications. Aucun n'avait menacé la paix, donc l'espoir de croisade. Le Saint-Siège n'avait pas eu à s'en mêler. Quand en 1328, à l'assemblée de Vincennes, l'archevêque Jean de Marigny énonça que « les lis ne filent pas », il n'engageait ni l'Église ni le Saint-Siège. Il est permis de penser qu'à Avignon on n'avait même pas à regretter une suite de crises qui ne touchaient pas la société chrétienne et qui, perturbant les milieux dirigeants, interdisaient aux successeurs de Philippe le Bel d'exercer comme celui-ci une autorité préjudiciable à celle du pape.

Jean XXII avait d'ailleurs noué de longue date d'excellentes relations avec Philippe de Valois. Pour tenir l'Italie du Nord contre les avancées des gibelins, il avait ressenti le besoin d'un prince capable de seconder le roi de Naples qui tenait le Sud. Le fils de Charles de Valois était alors à la cour de son cousin Philippe V aussi encombrant que l'était son père : le roi avait encore un frère – le futur Charles IV – et, le comte Charles de Valois étant encore de ce monde, le jeune Valois n'avait pas sa place dans le jeu politique. Tout le monde fut heureux de le voir partir pour l'Italie comme sous-vicaire de l'Empire : Philippe V parce qu'il était fatigué de son cousin, Charles de Valois parce qu'il s'entendait mal avec son fils, celui-ci parce que cette mission en Italie lui donnait position et activité, le pape parce qu'il ne tenait ni à voir croître le pouvoir des gibelins ni à voir l'autorité de l'Angevin de Naples s'étendre abusivement au nord de Rome. En avril 1320, Philippe de Valois était à Avignon. Avec une petite armée où l'accompagnaient son frère Charles d'Alençon, le baron breton Olivier III de Clisson – qui sera bientôt un farouche adversaire du roi Philippe VI de Valois et finira exécuté en 1343 – et le connétable de Champagne Béraut de Mercœur, il mena en Italie une fort inutile campagne contre Matteo Ier Visconti avec lequel il jugea vite prudent de se réconcilier. L'affaire n'avait pas duré six mois, et personne n'y avait rien gagné. Lorsque Charles de Valois mourut en 1325, il laissa une succession chargée de dettes, et Philippe se trouva bien quand Jean XXII le délia des serments que lui avait abusivement imposés son père.

On ne s'étonna donc pas de voir si souvent le pape et le roi Philippe VI s'accorder, dans leur intérêt commun autant que dans celui d'une future croisade, pour maintenir la paix entre les princes. Ainsi calmèrent-ils en 1330 les appétits que manifestait sur le comté de Savoie le duc de Bretagne : le duc Jean III revendiquait là l'héritage de sa femme, et le roi de France ne tenait guère à voir la puissance bretonne s'établir de l'autre côté du royaume. De même le pape et le roi Valois s'entendirent-ils pour rétablir la paix entre la Savoie et le dauphiné de Viennois. En 1332, Jean XXII sollicitait même l'intervention de la reine Jeanne de Bourgogne pour qu'elle poussât son époux Philippe VI à réconcilier le roi de Bohême Jean de Luxembourg et le duc Jean III de Brabant : après avoir financé la coalition mise sur pied par Jean de Luxembourg contre le Brabant, le roi de France rendit en juin 1332 un arbitrage qu'acceptèrent les deux parties et qui satisfit le pape. En 1334, ce dernier favorisa d'une dispense le mariage du duc Raoul de Lorraine avec Marie de Blois, nièce du roi Philippe VI.

S'entendre avec l'Angleterre était, pour le pape, chose aisée tant que durait la paix. La guerre changea la donne. Entre les rois de France et d'Angleterre, les hostilités s'étaient en effet ranimées en 1324. Cette phase de la guerre de Cent Ans allait durer jusqu'à la fin du règne de Charles V, avec pour enjeu une notable partie de ce qui restait de l'héritage d'Aliénor. Mais, tout au long du conflit, les légats pontificaux allaient s'employer à tenter une pacification et, de ce fait, les papes d'Avignon apparaissent, avec une efficacité des plus limitées, comme des protagonistes du jeu diplomatique entre la France, l'Angleterre et l'Empire.

Jean XXII ne souhaitait pas voir le Plantagenêt étendre son influence et déséquilibrer ainsi une carte politique où l'autorité pontificale n'aurait eu qu'à souffrir d'une nouvelle hégémonie temporelle. Sans trop s'avancer, il se prit à œuvrer pour déjouer les entreprises de l'Anglais qui partait à la reconquête de l'empire continental perdu un siècle plus tôt par Jean sans Terre. Le fait que Jean XXII lui-même et ses successeurs fussent d'anciens sujets du roi de France allait ancrer dans les esprits anglais l'idée, souvent exacte, d'une partialité des papes d'Avignon.

Attaché à la paix par conviction plus que par calcul politique, mais ne perdant pas de vue la croisade dont la paix entre les princes restait la première condition, Benoît XII se voulut à son tour le médiateur des conflits européens. C'est donc tout naturellement qu'il dépêcha un légat – souvent Pierre Roger – chaque fois qu'il entrevit l'occasion de procurer une paix durable ou d'éviter au moins l'aggravation du conflit. Cela n'alla pas sans quelques incohérences qu'il prit pour du réalisme, comme lorsqu'en mars 1336 il releva Philippe VI d'un imprudent vœu de croisade, considérant qu'il eût été hasardeux pour le roi de France de gagner l'Orient avant d'avoir fait sa paix avec le Plantagenêt Édouard III. Or c'est la guerre qui éclata l'année suivante, non la paix qui s'installa, et Benoît XII n'avait certainement pas cherché à renforcer le roi d'Angleterre comme il le fit pourtant en contraignant l'empereur Louis de Bavière à une alliance anglaise dont le seul ciment était l'hostilité à la France.

Familier des deux adversaires qu'il avait bien connus quand il était chancelier de France, Clément VI ne renonça pas à en finir avec le conflit dans lequel il avait déjà tenu sa place comme l'homme du roi de France. À peine était-il élu qu'à la fin de mai 1342 il envoyait en Bretagne deux cardinaux, Pierre des Prés et Annibaldo Caetani di Ceccano. Profitant de ce que l'Anglais et le Français étaient aussi fatigués l'un que l'autre des conflits autour de la succession de Bretagne, les légats parvinrent tout juste et à grand-peine, à faire conclure le 19 janvier 1343 la trêve de Malestroit.

Même s'il se posait en médiateur, Clément VI ne reniait pas sa vieille fidélité à un Philippe VI dont il avait été si longtemps le conseiller et l'ambassadeur. S'il faut en croire Ptolémée de Lucques qui répétait ce que l'on disait à la curie, le Trésor pontifical était mis – don ou prêt – au service des Valois.

> À ce qu'on dit, il [le pape] prêta du Trésor de l'Église au seigneur roi de France et à Jean, duc de Normandie, pour leurs guerres. D'aucuns disent qu'il a donné autour de 80 000 florins d'or.

Meurtri par la défaite de Philippe VI à Crécy en 1346, Clément VI veilla lui-même sur la négociation de la trêve qui semblait nécessaire après le carnage, une négociation dont il chargea de nouveau Annibaldo Caetani qu'accompagna cette fois Étienne Aubert. Conclue en octobre 1347 après la prise de Calais par l'armée d'Édouard III, la trêve n'assura qu'une paix fragile dont il est juste de dire qu'elle devait beaucoup à l'affaiblissement des adversaires par la Peste noire. Elle n'en fut pas moins appréciée des populations dans cette région que, de Fécamp à Rouen en passant par Arras, Clément VI avait bien connue et dont il savait quelle misère y suivait les campagnes en armes.

LES FAUX PAS DE GUY DE BOULOGNE

Devenu le pape Innocent VI, Étienne Aubert ne pouvait manquer de s'entremettre. Le cardinal-évêque de Porto, Guy de Boulogne, était à Paris où, récemment revenu d'une mission en Europe centrale et en Italie dont nous reparlerons, il était venu tirer profit de l'alliance prestigieuse qui résultait pour lui du mariage de sa nièce Jeanne de Boulogne avec le duc de Normandie qui allait être le roi Jean le Bon. Jeanne était veuve du duc de Bourgogne, et son fils Philippe de Rouvre allait être le dernier duc de la première dynastie capétienne. Jean était veuf de Bonne de Luxembourg. Pour le cardinal, c'était un nouveau tissu de relations lignagères qui ne pouvait être négligé. Le pape en profita.

Il chargea Guy de Boulogne d'une médiation qui devait à la fois procurer la paix et accroître le prestige du Siège apostolique. Mais il convenait de ne pas trop engager le Saint-Siège. Le cardinal, qui n'était pas nommé légat, devait le préciser au roi d'Angleterre.

> Quand nous vînmes par-deçà, nous n'étions chargé de parler d'aucuns traités avec vous ou vos gens.

Il n'en avait pas moins mission de négocier avec le duc de Lancastre. À la conférence de Calais, en mars 1353, le légat – il l'était sans le titre, n'ayant qu'une mission de bons offices – suscita rapidement la méfiance des Anglais qui ne voyaient que trop ses liens avec les Valois. À vrai dire, Innocent VI ne lui avait pas facilité les choses en écrivant à Lancastre qu'il avait « une prédilection pour le royaume de France ». Boulogne ne parvint qu'à faire proroger la trêve pour six mois. Le pape jugea ce succès insuffisant et invita les deux rois à envoyer leurs ambassadeurs à Avignon, où il traiterait lui-même de l'affaire. C'était dessaisir Boulogne.

Celui-ci remporta un succès réel mais peu durable quand en février 1354, à Mantes, il présida à la temporaire réconciliation du roi de France et de son cousin le roi de Navarre Charles le Mauvais. Là encore, le cardinal jouait de ses relations : le roi de Navarre était son parent. L'apaisement entre France et Navarre privait l'Anglais d'une tête de pont commode sur le continent : comte d'Évreux, le roi de Navarre possédait en particulier Cherbourg. Toujours imbu de lui-même, le légat ne se priva pas de narguer Lancastre. « J'ai étoupé le pertuis », lui écrivit-il : il avait fermé la porte. Lancastre répliqua qu'il connaissait « d'autres pertuis ». Deux ans plus tard, il débarquera à Saint-Vaast-la-Hougue. En novembre 1354, lorsque les affaires tourneront à son désavantage, Charles le Mauvais trouvera naturel de se réfugier à Avignon. Il lui en coûtera de voir confisquées ses seigneuries de Normandie.

C'est encore Guy de Boulogne qui, désigné en un Conseil royal où les gens du roi de Navarre étaient très présents, présida à Guines en avril 1354 une ultime tentative de conciliation entre France et Angleterre. Malgré leur talent, les envoyés du roi de

France, le chancelier Pierre de la Forêt et Guillaume Bertrand, ainsi que l'ami du roi de Navarre qu'était Robert Le Coq, ne purent obtenir un accord pour une paix définitive qu'en acceptant la cession à Édouard III de l'Anjou, du Poitou, du Maine et du Limousin, donc la reconstitution de l'Aquitaine des premiers Plantagenêts agrandie de la Touraine et complétée du Ponthieu, de Guines et de Calais, cette cession s'aggravant de ce que l'ensemble serait délié de tout lien de sujétion et de vassalité envers le roi de France. En clair, Édouard III devenait souverain sur le continent. L'arbitrage pontifical donnait au roi de France une compensation : l'Anglais renonçait à ses droits sur la Couronne de France. La consolation était mince : pour que sa grand-mère Isabelle de France, la fille de Philippe le Bel, fût héritière, il eût fallu que toutes ses nièces, filles des trois derniers Capétiens, fussent mortes avant elle sans laisser d'héritier, mâle ou non. L'Anglais renonçait donc à un rêve, le Français à un tiers de son royaume. Et, comme Édouard gardait Calais, pris au lendemain de sa victoire de Crécy, il lui était aisé de revenir en France.

Réalisée par le cardinal de Boulogne, c'était la paix du pape. On convint d'en garder secrètes les clauses et de les publier lors de la ratification, laquelle devait intervenir dans l'année à Avignon. En réalité, rien n'était acquis, le roi Jean était mécontent et nul ne se faisait d'illusions : on reprendrait la discussion. La prolongation de la trêve favorisait toutefois le roi de France : une éventuelle reprise de la guerre ne le saisirait plus au dépourvu. Notons-le, deux ans plus tard, à Poitiers, l'armée du roi Jean allait être supérieure en nombre et en armement à celle du Prince Noir.

En novembre 1354, les ambassadeurs des deux rois arrivaient à Avignon. C'étaient le duc Pierre de Bourbon et le duc Henri de Lancastre. Charles le Mauvais était là, réfugié de luxe qu'on convia à la négociation où il n'avait rien à faire, ce que firent observer les Français. On avait parlé de la publication des accords de Guines et d'une ratification solennelle qui eût été le triomphe du pape. Trois mois passèrent en vain. Bourbon était assisté de quelques légistes, et non des moindres. Pierre de la Forêt était docteur en l'un et l'autre droits et on l'avait connu avocat du roi, puis chancelier de Normandie et enfin chancelier de France, toutes fonctions qui lui avaient conféré l'expérience des affaires.

Quant à Simon de Bucy, légiste et fils de légiste, il avait été procureur du roi avant d'être le premier président du Parlement. Ils brandirent d'entrée de jeu le grand principe qui suffisait à ruiner la négociation de Guines : le roi de France avait, dans le serment du sacre, juré de conserver intacte la Couronne de France. Il pouvait aliéner des terres du domaine royal. Aliéner une part de souveraineté eût été un parjure.

Guy de Boulogne leur rappela en pure perte qu'à Guines ils avaient accepté. Il leur était aisé de se déjuger : ils avaient fait une erreur, le roi ne pouvait les approuver. Les juristes du roi de France savaient jouer de la procédure : on peut toujours en appeler d'un juge à un juge mieux informé. Innocent VI crut sortir d'affaire en proposant de délier le roi de son serment. Délier l'oint du Seigneur de son serment du sacre ! Les Français crièrent au sacrilège.

La diplomatie de Guy de Boulogne faisait faillite. Il fallait renoncer au traité. On prolongea la trêve, mais seulement pour deux mois. Innocent VI n'avait plus qu'à changer de légat et à changer le style des médiations. Une situation de guerre s'annonçait. Le cardinal de Boulogne avait fait son temps et il était, à Paris, suspecté d'avoir desservi les intérêts de la Couronne de France. Qu'il accueillît dans sa livrée les rencontres à peine secrètes du roi de Navarre et du duc de Lancastre n'était pas pour dissuader les Français de penser qu'il les trahissait. On savait l'attachement que lui portaient des prélats aussi ouvertement navarrais que l'évêque du Mans Jean de Craon ou l'évêque de Laon Robert Le Coq. La postérité mettra en doute la rectitude de Guy de Boulogne (Raymond Cazelles) et on imaginera un plan de démembrement du royaume auquel ce fils d'un prince territorial aurait volontiers donné la main pour amoindrir un pouvoir royal qui s'érigeait contre le haut baronnage. Le légat d'Innocent VI n'a probablement eu qu'un propos délibéré, et c'était celui du pape : la paix. Mais à l'un comme à l'autre il importait peu que la paix fût payée d'une diminution de la Couronne. Le raisonnement d'Innocent VI quand à Avignon il tentait de convaincre les représentants de Jean le Bon, c'était celui du successeur de saint Pierre, non d'un prince temporel : si le royaume de France perdait l'Aquitaine, qu'y perdrait l'Église ?

Dire que le légat a mené une politique cohérente serait sans doute lui prêter plus de capacité qu'il n'en avait. Peut-être a-t-il été ballotté, a-t-il cru un peu légèrement qu'on l'écoutait. Trop confiant en lui-même, il a manqué de clairvoyance dans l'appréciation du crédit dont il disposait chez les souverains. Appeler « mon cousin » les rois et les princes l'a sans douter induit en présomption (*voir tableau généalogique 4*). Son « orgueil exacerbé » l'a fourvoyé (P. Jugie). Guy de Boulogne raisonnait en grand seigneur qui, entre les adversaires, choisissait ses alliés. Rappelons qu'à la même époque un grand baron normand comme Geoffroy d'Harcourt se reconnaissait le droit de prendre, entre le Valois et le Plantagenêt, le parti qu'il voulait. Le cardinal n'ignorait pas qu'à Paris on lui savait mauvais gré de ses arbitrages de Guines et que Jean le Bon ne ferait pas de lui son candidat à la tiare. La solide inimitié du roi Jean et de son fils aîné rapprochera le cardinal du roi quand celui-ci s'appellera Charles V. Pour la tiare, il sera trop tard.

LE CARDINAL DE PÉRIGORD

À partir de 1356, il revient au cardinal de Périgord, souvent associé – bien malgré lui, car les deux hommes se détestent – à son collègue Niccolò Capocci, de tenir dans la difficile médiation entre France et Angleterre le rôle qui fut celui de Pierre Roger et de Guy de Boulogne. Hélie Talleyrand est fils du comte de Périgord Hélie IX, l'un des rares barons français qui descendent d'un comte carolingien. D'abord évêque de Limoges en 1324, puis d'Auxerre en 1328, il est cardinal depuis 1331. Par ses alliances familiales, il a un pied dans chaque camp, et il tente d'en tirer quelque autorité auprès du Prince Noir qui – espérant faire sa jonction avec le duc Henri de Lancastre qui vient de Normandie – s'est fourvoyé en Touraine et voit avec crainte arriver l'armée du roi de France.

Si les circonstances ont changé, le propos du pape reste le même : la paix. Mais on n'en est plus à inventer en de longues conférences les clauses d'un traité qui mettrait fin au conflit, et Hélie Talleyrand en est conscient. Dans le temps où il va quand même tenter d'empêcher l'affrontement en armes, il sait que la négociation ne précède plus la bataille : elle la suivra.

Insistant sur ce que pense le pape de ces princes chrétiens qui se font la guerre et ravagent le pays pendant que les Turcs menacent Constantinople, Hélie Talleyrand rencontre le prince d'Aquitaine le 12 septembre à Montbazon et lui offre une médiation que le Plantagenêt affecte de dédaigner brutalement : il n'est pas, dit-il, habilité par le roi son père à négocier les conditions de la paix. Escortés par les lances que conduit un homme de confiance du pape, le chevalier de l'Hôpital Juan Fernandez de Heredia, et flanqués de Robert de Duras qui ne quitte pas son oncle Périgord, les cardinaux vont d'une armée à l'autre. Flotte à leur côté la bannière du pape. Le 18 au matin, c'est Jean le Bon qu'ils tentent sans succès de faire renoncer à la bataille alors même que le Prince Noir, dont les hommes sont épuisés et qui manque de tout ravitaillement, sent qu'elle est pour lui perdue d'avance et se tient prêt à reprendre la route de Bordeaux.

Ayant presque imposé une journée de trêve parce qu'on ne se bat pas le jour du Seigneur, Hélie Talleyrand la passe à négocier les concessions que ferait le Plantagenêt et que, pour l'honneur chevaleresque, les barons français refusent d'avance. Il y gagne l'inimitié de Jean le Bon, vite convaincu que le légat n'a imposé la trêve que pour permettre à l'armée du Prince Noir de refaire ses forces et de fortifier sa position. Il est juste de dire que Talleyrand n'est pas moins furieux contre le roi, qui l'a frustré de cette victoire diplomatique qu'eût été pour lui une fin négociée du conflit. Les sujets de mécontentement s'accumulent d'ailleurs de part et d'autre : indignés de voir les soldats anglo-gascons se comporter en pillards affamés et non en combattants, Heredia et Duras quittent la troupe des légats et rallient l'armée du roi de France. Le 19, cependant, la bataille qu'on appellera de Poitiers tourne à la confusion du roi de France. Au soir, Jean le Bon est prisonnier. On n'a eu que le temps de faire sortir de la bataille le dauphin.

Il ne reste aux deux cardinaux qu'à prêcher au vainqueur une modération qui n'est plus de mise. En octobre, Innocent VI lui-même en écrit plusieurs fois au Prince Noir. Talleyrand et Capocci vont à Bordeaux dire combien l'acharnement contre le vaincu – le roi de France, mais aussi le royaume – compromettrait la réconciliation qui, seule, permettrait de passer à ce qui demeure la grande préoccupation du pape, la croisade. Talleyrand doit même racheter pour 10 000 écus le prisonnier Heredia dont le Prince Noir voudrait faire tomber la tête pour crime d'avoir changé de camp. Dans le même temps, le cardinal fait valoir au roi Jean l'avantage qu'il trouverait à accepter enfin ce qu'il a refusé en 1351 à Avignon et en 1354 à Guines. Au moins obtient-il une trêve : c'est déjà quelque chose, car une défaite et la capture du roi de France n'interdisent nullement de poursuivre la guerre. Dans ses négociations de Bordeaux, Talleyrand a suggéré les conditions d'une paix : le Plantagenêt aurait l'Aquitaine entière, ainsi que Guines et Calais, et il aurait le tout en pleine propriété. C'en serait fini de la cause séculaire de désordre : le roi d'Angleterre ne serait plus, pour ses terres continentales, le vassal du roi de France.

Le cardinal de Périgord n'est pas homme à se reposer. En décembre, il est à Metz où l'empereur Charles IV tient sa Diète dans une ville impériale riche de sa tradition carolingienne. L'empereur a invité son neveu le dauphin Charles, maintenant lieutenant du royaume. C'est pour le cardinal l'occasion d'évoquer avec lui ces négociations qui, à Londres, devraient solder la défaite de Poitiers. Charles IV pensait jouer lui aussi les médiateurs. L'absence de l'Anglais le lui interdit. À défaut d'y remporter quelque succès politique, Hélie Talleyrand trouve à Metz l'occasion d'un rôle. Il célèbre la messe de Noël en présence de l'empereur et, au nom du pape, remet au chancelier de France Pierre de la Forêt son chapeau de cardinal. Lors du banquet, il est à la table de l'impératrice et du dauphin Charles. Il est au côté de l'empereur quand celui-ci promulgue la Bulle d'or dont nous reparlerons. Dans ces moments-là, Hélie Talleyrand de Périgord ne se prive pas de se voir déjà pape.

En juin 1357, Capocci et lui sont à Londres, où l'on négocie les accords qui doivent conduire à la libération de Jean le Bon. Pour en finir, ils organisent, la médiation qui permettra la brève mais utile réconciliation du dauphin Charles et du roi de Navarre, Charles le Mauvais, une réconciliation à laquelle œuvrera plus efficacement en 1364, après la défaite du Navarrais à Cocherel, le légat Gilles Aycelin de Montagut. Dans l'immédiat, elle renforce la position du dauphin.

Le cardinal de Périgord est maintenant fort mal vu à la cour de Westminster, où l'on regrette qu'il s'en tienne pour l'essentiel à ses propositions de Bordeaux. Le vainqueur aura l'Aquitaine en toute souveraineté, mais il ne sera pas roi de France. L'Anglais, qui gagnerait beaucoup à accepter, ne cesse de dénoncer la partialité du légat, ce qui compromet le crédit d'un pape dont on se rappelle qu'il a jadis été conseiller au Parlement de Philippe VI. Innocent VI pense alors se tirer d'affaire en changeant de légat. En 1358, Pierre de la Forêt arrive à Londres. Nul ne fera croire aux Anglais que l'ancien chancelier de Jean le Bon – ils l'ont vu à Guines – est tout à fait impartial. Qu'il soit accompagné du maître général des dominicains Simon de Langres et du doyen de Chichester William de Lynn ne suffit pas à brouiller les cartes : Innocent VI sert les intérêts de la maison de Valois.

L'INAPPLICABLE TRAITÉ

La médiation pontificale change à nouveau de visage. Dépêché pour arbitrer la négociation de Brétigny, l'abbé de Cluny Androin de la Roche n'y fait pas mieux que naguère en Italie. Mais il n'est pas moins porté que ses prédécesseurs à limiter les effets de la défaite française. C'est bien ce que dénonce un placard, recopié par le moine de Leicester Henry Knighton : se comparant au Crucifié, l'Anglais en appelle à la justice divine contre le parti pris du pape.

> Or est le pape devenu français
> Et Jésus devenu anglais.
> Or sera vu qui fera plus :
> Le pape ou Jésus ?

Certes, l'échange des serments se fait après les trois messes du Saint-Esprit que, mitre en tête, célèbre l'abbé de Cluny à Saint-Nicolas de Calais le 24 octobre 1360 en présence des deux rois. En refusant obstinément toute concession quant aux droits sur la Couronne de France, le dauphin Charles appuyé sur ses États généraux a contraint le vainqueur à réduire ses prétentions. Le Valois cède des territoires au Plantagenêt et le domaine royal est bel et bien amputé, mais il l'est moins que ce qu'espéraient les négociateurs anglais et le royaume de France, lui, est intact. Édouard III n'a pu se faire reconnaître aucun droit sur la Couronne. Même la possession de la Guyenne en toute souveraineté, qu'on lui reconnaissait en mai à Brétigny, a disparu du texte juré en octobre. L'Anglais assortit alors son serment de quelques menaces. Ni Innocent VI ni Hélie Talleyrand ne se font d'illusions : le traité est inapplicable, et son exécution créera toutes les contestations qu'il faudra pour revenir à la guerre.

À peine libéré de sa première captivité anglaise, Jean le Bon se soucie cependant de faire avec le pape le tour d'horizon politique que l'on colore à peine des couleurs de la piété. D'une part, on ne peut négliger le fait que les finances pontificales ont fortement contribué – 900 000 écus – à ce qui a déjà été payé de la rançon du roi. D'autre part, le roi de Chypre Pierre de Lusignan bat la campagne en Occident pour qu'on organise enfin la croisade que rend nécessaire le regain d'audace des Ottomans, car ceux-ci ont commencé de s'établir sur la rive européenne de la mer Noire. Or Lusignan se montre peu sensible à l'alibi que constituent les affaires de France et d'Angleterre. Ses ancêtres limousins sont lointains : Pierre est le dixième Lusignan à régner sur Chypre. Ce n'est pas à lui qu'il faut dire que la croisade sera retardée à cause de la Guyenne. En bref, la croisade pourrait bien avoir lieu et, en ce cas, le vaincu de Poitiers regagnerait quelque prestige à en prendre la tête. Peut-être y a-t-il à la venue du roi de France chez le pape une troisième raison : Jeanne de Naples vient à Avignon pour se justifier après l'assassinat de son mari, André de Hongrie, et elle pourrait être un parti intéressant pour un fils de France. Jean le Bon prend donc le chemin d'Avignon. Il apprendra en route la mort d'Innocent VI (12 septembre 1362) et c'est avec Urbain V qu'il s'entretiendra en novembre.

Dès que reprend la guerre, Urbain V multiplie les initiatives diplomatiques. Avant de mourir, en 1370, il charge deux cardinaux, Jean de Dormans qui fut le chancelier de Charles V et Simon Langham qui fut chancelier d'Angleterre, d'une mission qu'ils ne pourront accomplir, tant les deux rois s'emploient à la faire échouer. En 1372, Grégoire XI reprend l'initiative et les plénipotentiaires qu'il désigne sont deux hommes bien différents mais tous deux limousins : son frère le vicomte de Turenne Guillaume de Beaufort et l'évêque de Carpentras Guillaume de Lestranges, qui sera l'année suivante archevêque de Rouen. Certes, ils parviennent à organiser, à Bruges en janvier 1373, une conférence, mais celle-ci ne sert à rien. Charles V mène patiemment une reconquête de la Guyenne qu'il n'entend pas interrompre et qui est pratiquement achevée en 1375 alors que le Plantagenêt ne garde plus que deux territoires séparés, autour de Bordeaux et autour de Bayonne.

Grégoire XI ne se lasse pas. À la fin de 1373, il envoie de nouveau Lestranges, cette fois flanqué de l'archevêque de Ravenne Pileo da Prata, un personnage que nous retrouverons, passablement versatile, au temps du Schisme. Cette fois, l'Anglais est convaincu que seul un répit peut sauver Bordeaux, et Charles V est non moins conscient du mal qu'il aura à conquérir la capitale de la Guyenne. Après un an de tergiversations, la conférence de la paix s'ouvre, de nouveau à Bruges, le 27 mars 1375. Charles V y est représenté par son frère Philippe de Bourgogne qu'accompagne notamment Jean de la Grange. Pour Édouard III, son dernier fils le duc Jean de Lancastre est flanqué de l'évêque de Londres Simon Sudbery qui sera dans un mois archevêque de Cantorbéry. Les légats ne parviennent alors qu'à une trêve d'un an, mais celle-ci permet la tenue, de décembre 1375 à mars 1376, d'une troisième conférence de Bruges, puis en juillet 1376 d'une quatrième qui durera jusqu'en mai 1377. On y parle de partager la Guyenne, on se dispute au sujet de la souveraineté sur ce qui restera à l'Anglais, on s'affronte à propos de Calais. Naturellement, le désaccord demeure sur l'essentiel : le traité de Brétigny fait-il encore le droit, et une éventuelle paix sera-t-elle assise sur les bases territoriales de 1355, avant la défaite de Poitiers, ou sur celles de 1369, avant la reconquête française ?

En septembre, on se sépare et la guerre reprend, en Guyenne comme en Normandie et en Bretagne. L'armée de Thomas de Buckingham fait des ravages sur le continent. Grégoire XI n'a pas mieux réussi que ses prédécesseurs. Ce qui met enfin un terme à ce premier temps de la guerre de Cent Ans ne doit rien au pape. Une paix de raison – deuxième traité de Guérande, en 1381 – se fait entre la France et la Bretagne, Les insurrections populaires en France, en Flandre et en Angleterre suffisent à occuper les gouvernements des jeunes rois Richard II et Charles VI. Du Guesclin est mort. Louis d'Anjou rêve de Naples. Et la double élection de 1378 fait que, pour longtemps, aucun pape n'est en état de se poser en arbitre.

L'ÉGLISE D'ANGLETERRE

Bien plus que les retombées de l'affrontement avec le royaume de France qui procurèrent au Saint-Siège maintes raisons de proposer un arbitrage justifié par le souci de la croisade, les affaires bénéficiales et fiscales perturbaient les relations de l'Angleterre et de la papauté. Rien, là, n'est vraiment nouveau. Depuis les Constitutions de Clarendon (1164), l'Église d'Angleterre et ses bénéfices étaient un enjeu dans un conflit du pape et du roi commencé au temps de Thomas Becket et fort aggravé par les palinodies de Jean sans Terre. L'invention d'une fiscalité pontificale n'avait naturellement rien arrangé, le roi prenant le parti de son clergé contre des prélèvements financiers qui appauvrissaient le royaume mais qui contrariaient aussi l'exercice en Angleterre d'un droit de régale. Or, si les rois avaient toujours justifié la régale par le caractère royal des fondations d'églises, la papauté n'avait jamais vraiment admis cette vue des choses. Voyant se généraliser la réserve des collations, le clergé anglais avait connu un moment d'optimisme – c'était la fin de la mainmise royale – mais celui-ci avait été de brève durée. La désillusion était d'autant plus grave que l'on voyait prébendes et paroisses d'Angleterre passer à des clercs étrangers, voire à des cardinaux. Comme nul ne s'attendait à ce que ces étrangers assurassent le service divin, les fidèles épousaient la cause des clercs anglais.

Le roi, lui, ne pouvait qu'être meurtri. La régale, c'était la disposition des temporels des évêchés et monastères vacants et l'affectation au trésor royal des revenus échus pendant cette vacance, revenus dont on démontrait aisément que le futur évêque ou abbé n'y avait aucun droit. Une telle réserve royale ne s'accommodait évidemment pas des affirmations doctrinales du pape. En 1344, Clément VI crut devoir rappeler en termes simples qu'il avait « la pleine disposition de toutes les églises, dignités, offices et bénéfices ecclésiastiques » mais il n'insista pas : dès lors que le roi lui laissait la collation des bénéfices, le pape pouvait bien admettre la régale.

Mal supportée en Angleterre comme ailleurs, la fiscalité pontificale y était l'objet d'une contestation supplémentaire : trop souvent, les finances pontificales procuraient au roi de France une aisance financière qu'il utilisait pour financer la guerre contre l'Angleterre. En d'autres termes, sachant que le roi d'Angleterre avait, outre les subsides octroyés par le Parlement, le profit au moins partiel des décimes que lui cédait le pape, le clergé anglais avait le sentiment de payer aussi l'armée ennemie. Au temps de Clément VI, qui prêtait d'abondance à un roi de France dont il avait été le conseiller et le chancelier, le grief n'était pas vain.

Le mécontentement s'exprima vigoureusement au Parlement de 1343. Le roi fut approuvé quand il prohiba la réception en Angleterre de tout acte attentatoire aux droits du roi ou de ses sujets. Il en coûta à ses ambassadeurs, en septembre 1344, une sévère algarade au cours de laquelle Clément VI ne craignit pas de tenir pour peu de chose, au regard de ce qu'il lui fallait souffrir, les persécutions de jadis contre Becket. Quant à ce qu'avaient subi les procureurs chargés des bénéfices des cardinaux, ce n'était rien de moins que la Passion du Christ. Et de réitérer son affirmation.

> Sur chaque Église, le vicaire de Jésus-Christ a reçu de Dieu, et non d'un autre, un pouvoir éminent. Aucun roi temporel ne dispose des Églises et des prélats, si ce n'est par usurpation.

Ne voulant pas risquer l'excommunication, le roi et son Parlement s'accordèrent pour ne plus évoquer la décision de 1343 mais, trois ans plus tard, passant outre à la comparaison avec la Passion, le roi confisqua les bénéfices conférés à des étrangers. La mesure visait ouvertement les clercs et les prélats de la curie. Elle n'entamait pas moins la prétention pontificale à la réserve des bénéfices.

Le conflit couvait donc depuis longtemps quand, publié au Parlement le 9 février 1351, le « Statut des proviseurs » vint rappeler les affrontements du XIIᵉ siècle. On y rappelait le droit canonique : les bénéfices majeurs étaient pourvus par élection, les mineurs par le collateur ordinaire, autrement dit l'évêque ou l'abbé. Si le pape y mettait quelque empêchement par réserve au Siège apostolique et si les électeurs et les collateurs ne pouvaient exercer leur droit, il appartenait au roi, passé un délai de six mois, de se substituer à eux et de procéder à la collation du bénéfice. Sous couleur de défendre les prérogatives du clergé, le Statut organisait, avec le prétexte fourni par les réserves pontificales, la mainmise du roi sur tous les bénéfices. Ceux qui viendraient à l'encontre étaient menacés de prison. Avec toutes les conséquences politiques que l'on perçoit, le recrutement des évêques et des abbés était dans la main du roi. Quand on sait l'importance de la propriété foncière des abbayes anglaises, on mesure de quel levier le roi pouvait désormais disposer sans partage pour rémunérer les fidélités et mettre à contribution les temporels.

C'était aller un peu loin. Édouard III n'osa pas appliquer à la lettre le Statut. Celui-ci n'avait pour fin que de contraindre le pape à plus de modération dans ses exigences. La manœuvre échoua. Au plus put-on maintenir le séquestre des bénéfices détenus par des étrangers. Mais le roi gardait toute possibilité d'intervention dans les élections épiscopales et abbatiales. Il n'en demandait pas plus. Le pape, lui, avait perdu la main.

Deux ans plus tard, comme jadis dans la France de Philippe le Bel, le conflit se déplaçait. Innocent VI se plaçait sur le terrain des juridictions. La réplique fut immédiate. Le 23 septembre 1353, le Statut de *Praemunire* déniait toute compétence au pape.

Quiconque traduira les sujets du roi en cour étrangère pour des affaires dont la connaissance appartient aux cours royales ou cherchera par le même moyen à faire annuler les sentences de ces cours aura deux mois pour exposer le motif de son opposition. Passé ce temps, lui-même et ses complices, ses procureurs, avocats, avoués et notaires seront mis hors la protection du roi et leurs terres, marchandises et meubles seront confisqués au profit du roi. S'il est pris, il sera emprisonné jusqu'au paiement d'une amende fixée par le roi.

Édouard III eut mieux convaincu l'opinion s'il n'avait continué de solliciter humblement des expectatives pour ses fidèles. Le pape continua de nommer. Les électeurs canoniques renoncèrent à un combat qui lassait tout le monde. Le pape eût peut-être gagné sans une maladresse : non content d'assujettir le clergé anglais à sa fiscalité, Urbain V exigea le paiement du cens dû au pape en tant que suzerain du royaume, cens qui avait bien été accepté par Jean sans Terre mais que l'on avait fini par négliger. Comme fief tenu du Saint-Siège, l'Angleterre devait trente-trois années d'arrérages. Le Parlement de 1366 se souleva d'indignation, déclara nulle l'obligation souscrite un siècle et demi plus tôt sans l'accord des barons et des communes : le royaume d'Angleterre n'était plus tenu en fief du pape. Urbain V ne réagit pas. En 1365, un deuxième statut de *Praemunire* réaffirma le refus de tout recours aux tribunaux pontificaux contre les sentences de la justice royale. C'était nier la juridiction du pape sur les clercs anglais.

Il advint qu'en 1373 les deux parties se trouvèrent obligées de négocier. Édouard III venait d'interdire au clergé de payer le subside caritatif de 100 000 florins demandé par le pape pour faire face à ses dépenses militaires en Italie. Grégoire XI avait besoin d'argent et l'Anglais se trouvait dans le même besoin : en Guyenne, les armées de Charles V ne cessaient de progresser. Comprenant que les bénéficiers ne paieraient pas des deux côtés et arguant de ce que les affaires du pape en Italie ne concernaient en rien l'Église d'Angleterre, le roi se tailla une facile popularité en interdisant à ses clercs de payer quoi que ce fût. Puis il chargea un excellent théologien, dominicain de surcroît, l'évêque de Bangor Gervais Castel, d'aller à Avignon protester contre l'ensemble des exactions pontificales, de la réserve des bénéfices et des grâces expectatives aux empiétements des juridictions ecclésiastiques sur les prérogatives des seigneurs laïques et notamment du roi.

Grégoire XI comprit qu'il lui fallait faire quelques concessions. Il diminua le nombre de ses collations, réduisit ses exigences financières, reporta à plus tard les affaires en cours devant sa justice. Le roi laissa les collations papales s'opérer et les collecteurs pontificaux percevoir les annates. Des pourparlers

Avignon, le palais, vu du sud. Au fond, le Petit Palais.

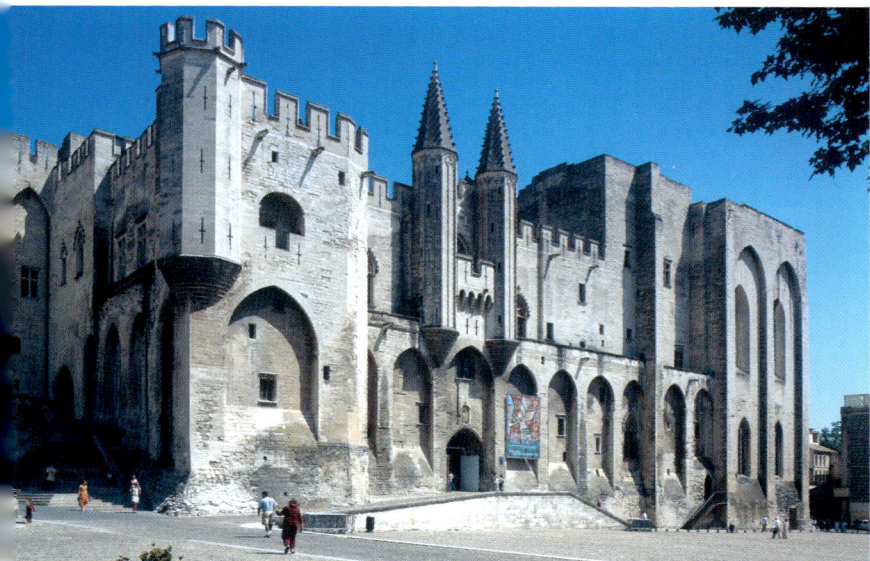

Avignon, le palais. Façade occidentale.

La Grande Audience.

Le Grand Tinel.

La chambre du Cerf. Matteo Giovanetti, *Le vivier.*

La chambre du Cerf.
Matteo Giovanetti,
La chasse au faucon.

Chapelle Saint-Martial. Matteo Giovanetti, *Scènes de la vie de saint Martial.*

Louis d'Orléans. Annonciation.

Tombeau
de Jean de la Grange
à Saint-Martial
(Petit Palais).

Photo RMN © René-Gabriel Ojéda.

Le gisant.

Photo RMN © René-Gabriel Ojéda.

Le transi.

Dessin du XVIIe siècle
(Bibliothèque Vaticane, fonds Barberini).

Tombe d'Innocent VI à la chartreuse de Villeneuve-lès-Avignon.

Cénotaphe d'Urbain V
à Saint-Martial (Petit Palais).

Tombe de Guillaume
d'Aigrefeuille le Jeune
à Saint-Martial.
Tête du gisant (Petit Palais).

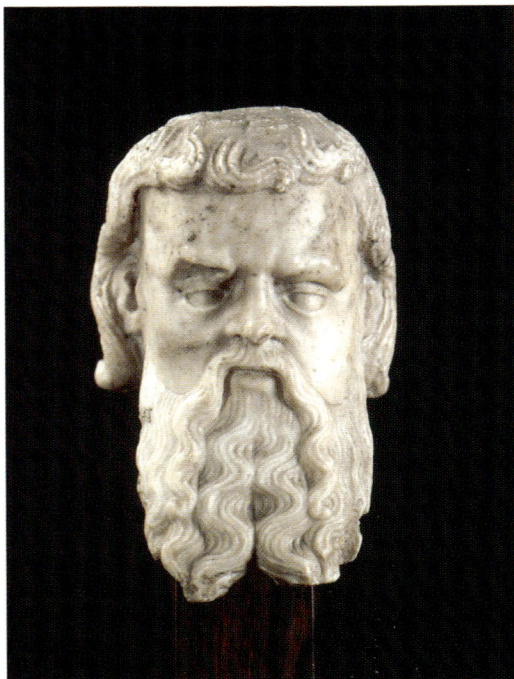

Tombe de Philippe Cabassole
à la chartreuse de Bonpas.
Fragment (Petit Palais).

Tombe de Clément VI à la Chaise-Dieu. Le gisant.

Tombe de Clément VI.
Fragment
(Le Puy-en-Velay, Musée Crozatier).

Florin de Jean XXII.

Florin de Clément VII.

Gros de Clément VI.
© Musée des Beaux-Arts de Lyon / Photo Paul Veysseyre.

Bulle de Boniface VIII.
© The Bridgeman Art Library / Lauros-Giraudon.

s'ouvrirent à Bruges entre les représentants du pape et ceux du roi. Ils aboutirent, le 1er septembre 1375, à des concessions mutuelles pour la liquidation des contentieux avérés. Rien n'était décidé pour l'avenir. Le clergé anglais jugea qu'il était dupé et fit un scandale au Parlement de 1376. L'affaire ancra chez les clercs l'idée que le pape avait cédé et qu'il n'était pas fondé, ainsi qu'il le fit l'année suivante, à se réserver de nouvelles collations et à exiger l'annate.

L'affrontement avait donc conduit à un malentendu et à une sorte de concordat non ratifié. On n'avait jamais mis à exécution les menaces dont étaient assortis les deux Statuts, mais on n'avait pas aboli ceux-ci. La situation demeurait donc instable, et le pape avait toujours tout à craindre de l'alliance du roi d'Angleterre et de son clergé.

LA SICILE

Il peut sembler paradoxal d'aborder par la Sicile les relations du Saint-Siège et de l'Aragon. Et cependant, depuis le lundi de Pâques 1282, tout était lié. Les « Vêpres siciliennes » sont avant tout une insurrection du peuple de Palerme, vite étendue à toute l'île, contre les abus de la domination angevine. Charles d'Anjou ne devait sa couronne de Sicile qu'à une papauté soucieuse de contrarier la puissance des gibelins portés au pouvoir par l'empereur Hohenstaufen Frédéric II en tant que fils de la dernière descendante des rois normands. Les héritiers de Frédéric II jouaient donc là une carte politique qu'ils étaient incapables d'aller jouer dans un royaume germanique où on les tenait pour des étrangers. Pour le pape, le risque était réel de voir la Sicile servir de base à une conquête de l'Italie méridionale par les gibelins alors que ceux-ci, déjà maîtres de la Lombardie, étendaient leur emprise sur la Marche d'Ancône, sur la Toscane et sur la Sardaigne. S'ils gardaient la Sicile et passaient sur le continent, les gibelins eussent, pour le plus grand profit de l'empereur, enserré les états pontificaux. Après plusieurs propositions sans suite, le pape français Clément IV avait offert la couronne de Sicile au frère de saint

Louis, Charles d'Anjou, et l'avait couronné en 1266. Le roi de Sicile était donc vassal du Siège apostolique.

Les empereurs allemands ne manifestaient plus la moindre revendication sur la Sicile. Celle-ci était venue par mariage aux Hohenstaufen, et ni Rodolphe de Habsbourg ni ses successeurs n'y avaient quelque droit. Henri VII de Luxembourg et Louis de Bavière allaient cependant en rêver, mais en vain. Le roi Pierre III d'Aragon, en revanche, avait tout pour intervenir dans cette Sicile bouleversée par l'insurrection de 1282 : sa femme, Constance, était petite-fille du Hohenstaufen Frédéric II. L'Aragonais débarqua en Sicile et, soutenu par la population, occupa sans mal l'île.

La guerre devenait inévitable entre la France et l'Aragon. Le pape français Martin IV la transforma en croisade et offrit maladroitement le trône d'Aragon à Charles de Valois qui, en 1285, échoua à le conquérir mais laissa son armée piller la ville d'Elne, au cœur de la partie continentale du royaume de Majorque que tenait un cadet de la maison d'Aragon.

On ne parla plus de la croisade d'Aragon, mais l'affaire de Sicile demeura comme une offense faite à la fois au pape, suzerain du royaume, et au roi de France dont le cousin Charles II d'Anjou se voyait menacé dans ce qui subsistait de son royaume, Naples et toute l'Italie méridionale.

Entre le Saint-Siège et les deux fils de Pierre III d'Aragon et de Constance qui se succédèrent en Aragon – Alphonse III de 1285 à 1291 et Jacques II de 1291 à 1327 – et leur frère Frédéric qui régna sur la Sicile jusqu'en 1337, le contentieux était trop lourd pour ne pas toucher à la fois les affaires d'Aragon et celles de Sicile. Charles II et son fils le roi Robert se sentaient donc portés vers le camp guelfe cependant que les papes, quels qu'ils fussent, ne pouvaient que tenir fermement leur alliance avec l'Angevin qui régnait à Naples. La chancellerie pontificale n'allait désormais appeler l'Aragonais de Palerme que « le roi de Trinacrie ».

On put croire l'affaire terminée quand Jacques II d'Aragon reconnut Charles II d'Anjou comme roi de Sicile. Frédéric refusa de s'incliner et en 1296 les Siciliens le suivirent. On vit donc contre l'Aragonais de Trinacrie l'étonnante alliance de Naples et de l'Aragon, avec la France en arrière-plan et la bénédiction du

pape. La paix sembla faite quand en 1302, par le traité de Caltabellotta, Frédéric reconnut Naples à l'Angevin. Il se contentait du
titre de roi de Trinacrie. Il épousait Éléonore, la fille de Charles II.
Rien n'était réglé : en 1314, l'Aragon revint à son alliance
naturelle et Frédéric en profita pour reprendre le titre de roi de
Sicile, ce dont la chancellerie pontificale ne devait jamais tenir
compte. À peine élu, Jean XXII faisait part de sa préoccupation :
rétablir la paix entre les rois Robert et Frédéric. Il n'avait même
pas à prétexter, comme en France, de son souci de la croisade :
il s'agissait là des droits du Saint-Siège et de la sécurité des états
pontificaux.

L'affrontement allait se perpétuer en Italie, avec ceci de particulier que la maison aragonaise de Sicile – Pierre II avait succédé
à son père Frédéric – trouvait maintenant sur son chemin le roi
d'Aragon. En 1344, Pierre IV d'Aragon occupait l'essentiel de
l'île. En 1356, la reine de Naples Jeanne d'Anjou prit position
dans l'île et occupa Messine et Palerme. Le fils de Jacques II de
Majorque, le jeune Jacques III, qui ne tenait plus Majorque, tenta
alors sa chance. En 1362, il épousa la reine Jeanne mais ne gagna
rien en Sicile et c'est Pierre IV d'Aragon qui fut en 1372 maître
de l'île entière. En 1373, Frédéric III épousait une princesse angevine et acceptait de tenir la Sicile en fief à la fois du roi angevin
de Naples et du pape. C'en était fini, dans l'île, de la présence
angevine, mais la menace aragonaise subsistait, et l'appui pontifical ne suffisait pas à garantir la survie de ce royaume de Sicile
que les papes avaient tant combattu. Lorsque mourut, en 1377,
Frédéric III, les conditions de la paix étaient enfin réunies : Frédéric IV avait épousé, quinze ans plus tôt, Constance d'Aragon. Les
deux branches de la maison d'Aragon s'accordèrent et rétablirent
l'unité d'un royaume alors étendu de la péninsule Ibérique et de
la Catalogne à la Sicile et au duché d'Athènes. En Italie, le conflit
entre les maisons d'Aragon et d'Anjou ne devait prendre fin qu'en
1442 avec l'entrée d'Alphonse V d'Aragon dans Naples et l'exil
définitif du roi René d'Anjou.

Même s'il pouvait de temps à autre se targuer d'une suzeraineté sur la Sicile, s'il gardait l'illusion d'une suzeraineté sur
l'Aragon et si le royaume de Naples était réellement tenu en fief
du Saint-Siège, le pape n'avait tenu dans cette histoire qu'une

place épisodique. Tout cela était passé devant lui. À aucun moment les papes d'Avignon n'avaient eu les moyens ou même la volonté de se poser sérieusement en médiateurs.

LE ROYAUME DE MAJORQUE

Le royaume de Majorque avait été formé en 1262 quand Jacques Ier d'Aragon avait détaché de son royaume, en faveur de son fils cadet Jacques, un ensemble disparate composé des Baléares, du Roussillon, de la Cerdagne et de la seigneurie de Montpellier. La capitale en était Perpignan où ce roi Jacques Ier de Majorque avait élevé un imposant palais, organisé un gouvernement central et tenu une cour particulièrement brillante. Mais en 1324, son fils le roi Sanche était mort sans enfants. L'héritier était son neveu Jacques II, mais cet enfant de neuf ans vit ses droits contestés par son cousin le roi d'Aragon, lequel y dépêcha son propre fils, le futur Alphonse IV.

Cette succession disputée n'aurait pas touché la papauté si le roi Pierre II n'avait en 1204 acheté la protection d'Innocent III en reconnaissant qu'il tenait le royaume d'Aragon en fief du Saint-Siège, ce qui lui valait le titre de « roi catholique ». Jean XXII s'en souvint et s'interposa pour défendre Jacques II et son tuteur auquel, à Majorque comme surtout en Roussillon, on reprochait des liens trop étroits avec la cour de France. L'Aragon soutint les mécontents. Le comte de Foix Gaston II se mêla du complot. Lorsque, en 1325, éclata en Roussillon une insurrection presque générale, le pape raisonna comme il le faisait à propos des conflits de la France et de l'Angleterre : pour sauver la paix, il imposa sa médiation. Très vite, cette intervention pontificale perdit toute apparence d'impartialité : les deux nonces, les évêques de Bazas et d'Agde, usèrent contre les populations en révolte de toutes les sanctions canoniques possibles, de l'excommunication à l'interdit. Pendant ce temps, le roi de France Charles IV maniait, contre Gaston de Foix et contre les populations de Roussillon, de Cerdagne et de Montpellier, la menace explicite d'une intervention armée. La collusion était patente.

On sembla s'accorder en septembre 1325. L'Aragon renonçait aux terres majorquaines, mais un mariage réglerait le problème : Jacques II épouserait une infante aragonaise. Aux yeux du roi d'Aragon, l'essentiel était d'éloigner la perspective d'une invasion française aux portes de l'Aragon, voire d'une annexion par la France du petit royaume ou tout au moins de ce qui, au nord des Pyrénées, semblait prolonger le Languedoc. Cette paix ne dura pas. Jacques II multiplia les maladresses. Il s'aliéna ses sujets par des dépenses inconsidérées. Il finit par se brouiller avec le roi de France Philippe VI en refusant de faire pour Montpellier l'hommage qu'il lui devait : or le seigneur de Montpellier était, de toute ancienneté, vassal de l'évêque de Maguelonne, lui-même vassal du roi de France. Une nouvelle médiation pontificale, à laquelle Benoît XII s'employa jusqu'à sa mort, évita le pire.

Un nouveau conflit surgit en août 1342 pour une affaire de monnaie qui n'était qu'un prétexte. Le roi d'Aragon Pierre IV le Cérémonieux cita son cousin de Majorque à comparaître devant les juges. Clément VI envoya en vain un nonce, l'archevêque d'Aix Armand de Narsès. Le 23 février 1343, la justice aragonaise prononça la confiscation du royaume de Majorque. Dépêché d'urgence, le légat Andrea Ghini de' Malpighi n'obtint rien et mourut pendant sa mission. Le cardinal Bernard d'Albia le remplaça, et ne parvint pas à fléchir Pierre IV. Une trêve, conclue le 1er mai 1344 devant Perpignan, laissa à Pierre IV toutes les places que son armée avait déjà occupées.

Les légats se succédaient. L'archevêque d'Aix ne put obtenir le renouvellement de la trêve. Bertrand de Déaux prit le relais. Le roi d'Aragon rompit en annonçant qu'il n'était plus le vassal du Saint-Siège. Son armée ne cessait de progresser en Roussillon. Le pape conseilla finalement à Jacques II de se soumettre. Le 15 juillet 1344, celui-ci se rendait et, le 22, Pierre IV prononçait l'annexion de ce qui avait été le royaume de Majorque. Jacques II se réfugia à Avignon. Pendant cinq ans, le roi de Majorque tint à l'ombre du Saint-Siège une cour fantôme.

En 1349, Jacques II jugea que le moment était venu de reconquérir Majorque. Pour réunir la finance nécessaire, il vendit au roi de France la seigneurie directe de Montpellier, dont il tira 120 000 écus, somme qu'il compléta par divers emprunts. Le pape et plusieurs cardinaux contribuèrent ainsi à une entreprise pour le moins hasardeuse. Le 25 octobre, à la tête d'une armée de mercenaires, Jacques II débarquait à Majorque. Les forces aragonaises répliquèrent. Jacques II périt dans le combat. Il laissait un fils, qui allait être pour la postérité le roi Jacques III mais qui, pris sur le champ de bataille, commença par passer treize ans dans une prison aragonaise où Pierre IV le tint enfermé dans une cage de fer. Quand le malheureux parvint à s'enfuir, ce fut pour aller épouser à Naples, en 1363, la reine Jeanne, laquelle ne fit aucun cas de ce nouveau mari.

La papauté n'en avait pas fini avec Majorque. Si Clément VI avait fait quelque cas d'un roi de Majorque qui pouvait passer pour utile, Innocent VI trouva plus d'avantages à s'entendre avec Pierre IV. À la Noël de 1355, le roi d'Aragon était à Avignon, où il contribua à la fête en adoubant quelques chevaliers de sa suite. Surtout, il fit au pape l'hommage qu'il devait pour la Sardaigne que Boniface VIII avait attribuée à son grand-père et dont celui-ci avait fait dès 1297 la conquête.

Jacques III rêvait toujours de son royaume de Majorque. Il alla servir le roi de Castille contre l'Aragon, puis organisa pour son propre compte en 1374 une invasion du Roussillon. Sa mort, l'année suivante, laissa pour héritière sa sœur Isabelle, laquelle n'était pas portée vers les entreprises militaires. Avec sagesse, elle préféra vendre une couronne de Majorque qu'elle ne portait pas à un prince qui rêvait d'une couronne royale : le duc Louis d'Anjou ne savait pas qu'il serait un jour l'héritier adopté de la reine de Naples.

Il fallait trouver un compromis entre le frère de Charles V et un roi d'Aragon qui vit en lui un nouvel usurpateur. Grégoire XI s'entremit. En 1376, il confia la négociation au cardinal Gilles Aycelin de Montagut. Ce fin diplomate eut beau multiplier les démarches, il se heurta pendant deux ans à un duc d'Anjou qui croyait tenir là sa dernière chance et à un Pierre IV qui se montrait intraitable quant à ses droits. C'est alors qu'en 1378 le Grand Schisme changea les données de l'affrontement.

LA REINE JEANNE

Robert d'Anjou était mort le 20 janvier 1343 après un règne de trente-quatre ans. Il avait vu mourir son fils. L'avaient également précédé dans la tombe ses frères, Philippe, prince de Tarente, et Jean, duc de Duras, c'est-à-dire de Durazzo. Nul n'était donc en situation de discuter le droit de Jeanne à succéder à son grand-père. Aimery de Châtelus venait d'arriver pour recevoir l'hommage que l'avènement d'un nouveau pape imposait au roi Robert. Il se déclara le baillistre de la jeune fille : il importait de la mettre à l'abri des mauvais coups qui pouvaient venir de sa famille (*voir tableau généalogique 5*).

Robert avait cru, en 1333, assurer la cohésion de la maison d'Anjou et protéger une succession féminine des aléas du mariage en donnant à Jeanne pour fiancé son cousin André de Hongrie, un Angevin lui aussi : André était le petit-fils de ce frère aîné du roi Robert qui avait en 1309 faite sienne la Couronne de saint Étienne. Jean XXII avait favorisé ces fiançailles. Si le pape craignait une conjonction des gibelins du Nord et du Sud pour enserrer les états pontificaux, il ne voyait pas moins le risque qu'eût fait courir à l'indépendance du Saint-Siège la réunion sur une même tête des deux couronnes angevines, celle de Naples et celle de Hongrie. En donnant à un Angevin de Hongrie un réel pouvoir à Naples et en ouvrant la voie à une future lignée angevine de rois de Naples, le mariage de Jeanne et d'André découragerait le roi de Hongrie de mettre la main sur Naples. Le propos était simple et il était lucide : si Jeanne épousait un autre prince, on pouvait s'attendre à une intervention hongroise. De surcroît, le pape n'avait aucun intérêt à voir s'établir à Naples un roi qui ne lui aurait pas dû sa couronne. Châtelus fit donc le nécessaire. Le roi Robert était mort depuis deux jours à peine que l'on célébra, le 22 janvier 1343, le mariage de Jeanne. Celle-ci dépêcha à Avignon Hugues des Baux afin de prêter en son nom et sans plus attendre le serment dû au pape pour le royaume.

La paix semblait donc assurée. Pendant que son frère Louis régnait sur la Hongrie, André allait gouverner Naples. Mais c'était Jeanne qui régnait, et comme héritière de son grand-père, elle était vassale du Saint-Siège. Clément VI se crut tranquille. Au plus pouvait-il se vexer parce que le défunt roi avait prévu la constitution d'une sorte de conseil de régence, ce qui était une mesure très provisoire mais qui faisait bon marché de ses droits de suzerain.

Tout le monde n'était pas satisfait. Ni les veuves de Philippe de Tarente et de Jean de Duras ni leurs fils, tous neveux du roi Robert, ne voyaient avec plaisir s'installer à Naples la branche hongroise de la famille. À Naples même, les maladresses du couple ne firent qu'encourager les résistances.

Dans l'arrangement de 1333, on avait habilement combiné un autre mariage : la jeune sœur de Jeanne, Marie d'Anjou, était promise au frère aîné du fiancé de Jeanne, Louis d'Anjou, qui allait être en 1342 le roi Louis de Hongrie. La paix semblait donc assurée entre les deux royaumes. C'était compter sans Agnès de Périgord, qui prit en main les ambitions de son fils Charles de Duras. Celui-ci n'était que le plus jeune fils du duc Jean, lequel n'était lui-même que le plus jeune des frères du roi Robert. Agnès le savait bien, Charles ne pouvait ni contester l'avènement de Jeanne ni même se poser en héritier. Pour passer, dans l'ordre successoral, avant ses cousins de Tarente, Charles de Duras n'avait qu'un moyen : épouser Marie, héritière potentielle de sa sœur. En cette même année 1343 où les événements se précipitaient, Charles de Duras enleva tout simplement sa cousine. Efficacement secondée par son frère le cardinal Hélie Talleyrand et par Hugues des Baux, la duchesse Agnès obtint de Clément VI une dispense de consanguinité en faveur de sa fille. Par prudence, elle se garda d'avouer au pape qui était le promis. Marie n'avait jamais vu son fiancé hongrois. Elle ne se fit pas prier pour épouser son cousin de Duras.

La branche de Tarente prit assez mal la chose. Or, si la veuve du duc de Duras était une Périgord, la veuve du prince de Tarente était une Courtenay. Et les Courtenay pesaient plus lourd, à l'échelle du monde chrétien, que les Tarente. Le dernier empereur de Constantinople, Baudouin II, était un Courtenay et, Charles de Valois ayant épousé sa petite-fille et héritière, le roi de France Philippe VI était fils d'une Courtenay. Mère des trois jeunes princes de Tarente, Catherine de Courtenay commença de manœuvrer et, faute de pouvoir attaquer en face les Duras, d'alimenter les rumeurs contre la reine Jeanne.

Ce qui était le premier succès des Duras fut d'ailleurs sans suite : Charles exécuté en 1348, c'est son propre fils, Robert, que l'entreprenant Hugues des Baux maria, presque sous la contrainte, en septembre 1350 à Marie d'Anjou. Une deuxième fois veuve, Marie épousera en 1356 Philippe de Tarente.

Pendant ce temps, le couple de Naples montrait sa fragilité. La reine n'accordait à son mari ni les faveurs conjugales qui eussent semblé normales ni le rôle politique qu'on avait espéré pour lui. En Hongrie, on s'inquiéta. La reine mère Élisabeth vint en juillet 1343 à Naples et semonça assez maladroitement la jeune mariée cependant qu'une ambassade allait à Avignon demander de sa part pour André le titre royal et le pouvoir y afférant. Clément VI ne tenait pas du tout à voir s'établir à Naples l'autorité de la cour de Hongrie. Il fit la sourde oreille mais en octobre il dépêcha le cardinal Aimery de Châtelus avec mission de gouverner le royaume. C'était négliger le fait que, pour jeune et fragile qu'elle fût, Jeanne avait quand même dix-huit ans et qu'elle était majeure. C'était aussi oublier qu'elle avait un mari.

Hugues des Baux, derechef envoyé à Avignon, avait vainement remontré au pape que Châtelus n'était pas l'homme qu'il fallait. Certes, c'était un diplomate estimable. Dans son rectorat de Romagne il avait acquis une bonne connaissance des affaires italiennes, mais il n'avait pu les dominer et il s'en était éloigné. Un quart de siècle avait passé. Châtelus avait été, dix années durant, archevêque de Ravenne, mais il avait dû laisser ce siège et se contenter, pendant dix autres années, de l'évêché de Chartres. En 1342, il avait été de la première promotion de cardinaux faite par Clément VI. Il n'était surtout pas à Naples l'homme de la situation. Il ne parvint pas à s'imposer, dut composer avec le conseil de régence, se fit des ennemis en révoquant les libéralités accordées par la reine à ses favoris. Hugues des Baux, d'ailleurs, profitait de sa nouvelle fonction de sénéchal de Provence pour demander sans relâche le rappel du légat. Châtelus dut, en 1345, regagner Avignon. Il y mourut en 1349.

À Avignon, Clément VI ne pouvait éviter de satisfaire, au moins en partie, les exigences de la cour de Hongrie. Il accepta un compromis pour le moins burlesque : André serait couronné roi « comme époux », mais n'aurait aucun droit à garder sa couronne si Jeanne mourait. Le royaume de Naples passerait à leurs héritiers et, s'il n'y avait pas d'héritier direct, il irait à Marie. C'était logique, mais une crise était à prévoir si le couple ne laissait pas d'enfant. Les bulles qui donnaient force à ces dispositions n'étaient pas encore parvenues à destination quand toutes les combinaisons s'effondrèrent : au soir du 18 septembre 1345, avec l'évidente complicité des familiers, le mari de la reine était étranglé à Aversa devant la porte de la chambre conjugale. Le corps fut jeté par la fenêtre.

Clément VI n'avait pas prévu cette fin. Faute de connaître les assassins, il ordonna une enquête dont il chargea le cardinal Bertrand de Déaux. Puis il condamna les coupables dans l'anonymat. Mais le frère du défunt était roi de Hongrie, et il fallait compter avec lui. Quand la cour de Hongrie notifia au pape qu'il devait donner l'investiture du royaume de Naples au roi Louis de Hongrie, Clément VI refusa. Il éconduisit de même les Hongrois qui osèrent lui demander d'interdire à Jeanne quelque remariage que ce fût. Pour sa part, Jeanne donna à la cour de Hongrie une médiocre satisfaction en donnant le nom de Charles-Martel au fils dont elle accoucha le soir de Noël : ç'avait été le nom du premier roi angevin de Hongrie, le grand-père du défunt André. L'enfant vécut deux ans.

La rumeur dénonçait, sinon la reine elle-même, du moins celui qui passait pour son amant. C'était Louis de Tarente. Loin de satisfaire sa famille, sa faveur y suscita la plus franche hostilité. Sa mère, Catherine de Courtenay, jugea qu'il ne lui accordait pas la place qu'elle espérait. Son frère Robert de Tarente pensait de même et leur cousin Charles de Duras était évidemment furieux. Même Hugues des Baux, qui avait jusque-là servi avec fidélité la diplomatie de la reine Jeanne, se retourna et entra dans le complot. Ils excitèrent le petit peuple napolitain, qui s'insurgea le 6 mars 1346 en exigeant la punition des assassins d'André et en vilipendant la reine, à la fois accusée d'adultère et de meurtre. Celle-ci sacrifia quelques fidèles qui pouvaient avoir trempé dans le meurtre et qui furent pendus par les soins d'Hugues des Baux. Louis fut prié de s'éloigner. Catherine de Courtenay en profita, s'installa à Naples et tenta de négocier le remariage de la reine Jeanne : il s'agissait cette fois de Robert de Tarente. Mais Robert et Jeanne étaient cousins et, comme naguère Agnès pour son fils Charles, Catherine ne pouvait se passer du pape.

Clément VI se trouva bien ennuyé quand Catherine lui demanda une dispense en faveur de son fils. Inquiet d'un renforcement de la maison de Hongrie, le roi de France appuyait cette démarche. Mais Louis de Hongrie entendait venger la mort de son frère et demandait la condamnation de Louis de Tarente, non moins que celle de Jeanne. Il agitait les pires menaces pour le cas où Jeanne épouserait Robert de Tarente.

Le pape ne pouvait à la fois condamner la reine et la remarier. Quand il apprit que Robert s'était installé à Naples et cohabitait avec la reine, il se fâcha. Au vrai, Robert s'était imposé. Quand il revint après une brève absence, Jeanne lui fit fermer la porte au nez. Bref, l'imbroglio que trouva Bertrand de Déaux à son arrivée au début de 1347 était pire que jamais.

En annonçant qu'elle allait épouser Louis de Tarente, au printemps de 1347, la reine Jeanne donna corps à la rumeur qui les donnait pour complices de l'assassinat d'André. Louis de Hongrie entra en colère. Malgré les admonestations du pape qui craignait plus que tout l'union des deux royaumes et qui n'osa pas mettre à exécution sa menace d'excommunication, le Hongrois arriva donc, à l'automne de 1347, à la tête de son armée. Il envahit le royaume de Naples, trouva Charles de Duras à Aversa et le fit décapiter. C'était un mouvement d'humeur, mais cela ne vengeait que médiocrement la mort d'André.

Le 15 janvier 1348, accompagnée de Louis de Tarente, Jeanne quittait Naples. Un capitaine marseillais, Jacques de Galbert, procura la galée. Les Marseillais firent bon accueil à leur comtesse mais, quand elle réunit à Aix les États de Provence pour leur demander de l'argent, ils s'improvisèrent porte-parole des Provençaux et exigèrent des réformes dont l'essentiel tenait en une proposition : la Provence n'était pas une partie du royaume napolitain. Cela signifiait une plus grande autonomie et, dans l'immédiat, le départ de tous les officiers que Robert et Jeanne avaient envoyés de Naples.

Jeanne avait naturellement révoqué Hugues des Baux de sa fonction de sénéchal. Il la précéda chez le pape et intrigua en faveur du Hongrois. Lorsque Jeanne arriva en mars à Avignon, Clément VI jugea cependant que mieux valait la recevoir : il eût été imprudent de la laisser chercher ailleurs un refuge et du secours. D'ailleurs, l'enquête n'avait nullement démontré la culpabilité de Jeanne dans l'assassinat d'André. Bien à contre-cœur, le pape autorisa le mariage. Il est vrai que les nouvelles qu'il recevait de Naples n'inclinaient pas Clément VI en faveur du roi de Hongrie. Celui-ci multipliait les mesures arbitraires et les brutalités. Pour tout dire, les Hongrois faisaient régner la ter-reur : on emprisonnait, on pillait, on décapitait. En quelques mois, Louis de Hongrie dressa contre lui et la noblesse et le menu peuple qui avaient applaudi son arrivée. Il comprit que l'insurrec-tion menaçait. À la fin de mai 1348, il quitta Naples et regagna la Hongrie, non sans laisser derrière lui quelques troupes. En août, Jeanne revenait. Elle avait financé cette nouvelle aventure en ven-dant la seigneurie d'Avignon à un Clément VI assez avisé pour saisir l'occasion.

On s'attendait cependant à ce que le roi de Hongrie revînt. Le pape lui avait en 1349 envoyé Guy de Boulogne à Buda pour tenter de l'en dissuader. Le roi Louis avait donné des assurances qu'il viola dès que, sûr d'avoir remporté un succès, le légat fut reparti. En avril 1350, la flotte du Hongrois traversait l'Adriatique et débarquait une petite armée dans la Pouille. Clément VI était le suzerain du royaume : il lui fallait intervenir. En juillet, il envoya sept galères à Naples. Cette escadre portait un nonce, le légiste Raymond Saquet, évêque de Thérouanne et futur arche-vêque de Lyon, mais surtout Hugues des Baux et ses troupes. Hugues s'empara du château, fomenta un mouvement populaire et obligea Louis de Tarente à rendre à sa femme un gouvernement qu'il avait confisqué. Puis le nonce engagea une négociation dont le résultat fut en septembre une concession réciproque : tout le monde quittait Naples. Louis de Hongrie alla à Rome en attendant de regagner Buda et Jeanne embarqua une nouvelle fois sur une galée marseillaise et alla passer quelque temps hors de sa capitale, à Gaète, où l'accompagna Louis de Tarente. Le pape devait en profiter pour compléter l'enquête sur l'assassinat d'André de

Hongrie. Si Jeanne était coupable, elle perdrait son royaume. Si elle était innocente, elle reviendrait et Louis de Hongrie abandonnerait toutes les places qu'il avait prises mais en serait dédommagé par une indemnité de 300 000 florins. Jeanne n'avait pas parlé de regagner sa Provence. Elle l'avait quittée en 1348, en pleine épidémie de peste. Elle ne devait jamais y revenir.

L'inévitable Hugues des Baux s'offrit à mener la négociation. Il gagna Gaète par mer. Louis de Tarente était las du comte d'Avellino, de ses bons offices et de ses volte-face. Le 7 octobre 1351, il monta par surprise sur la galée avec quelques hommes qui se chargèrent de l'égorger. Robert des Baux, le fils que son père avait marié à Marie d'Anjou, alla croupir en prison. Il y mourut dans l'été de 1353.

Les deux campagnes du roi de Hongrie inquiétèrent l'Europe : on comprit vite qu'il rêvait de constituer une nouvelle maison d'Anjou, à la fois forte – sinon de l'Anjou – de la Provence, de Naples et de la Hongrie. L'ensemble eût été disparate, mais guère plus que celui des principautés aragonaises ou celui, naguère, des Hohenstaufen. Malgré les protestations de Clément VI, Louis de Hongrie se préparait donc à faire fi des droits de la reine Jeanne.

La situation se retourna vite. Le pape autorisa la reine Jeanne à regagner Naples. Louis de Tarente négocia habilement le départ des garnisons hongroises. On ne parla plus de juger la reine. Louis de Hongrie libéra Louis et Robert de Duras et accepta que l'indemnité fût abaissée à 200 000 florins, puis qu'on le dispensât de la payer. Il jura que son propos avait été de venger son frère, non de conquérir un royaume. Le 27 mai 1352, Jeanne et Louis de Tarente étaient tous deux couronnés. En fait, Jeanne s'effaçait. Il était convenu que Louis ne demeurerait roi, si Jeanne mourait la première, que dans le cas où elle n'aurait pas d'héritiers directs. Or elle n'en avait pas. C'était tout simplement évincer les Duras, non moins que Robert de Tarente, le frère aîné de Louis. C'était aussi laisser l'incertitude planer sur l'avenir : le règlement successoral n'était qu'à court terme.

L'avènement d'Innocent VI changea la donne. Allié aux Duras par sa sœur, le cardinal de Périgord poussa le nouveau pape à rompre avec les Tarente. Albornoz fut chargé de faire sentir à Naples la suzeraineté du pontife romain. Une sentence mettant le royaume de Naples en interdit força Louis de Tarente et Jeanne à payer les arriérés du cens qu'elle devait à l'Église pour son royaume.

Jeanne reprit ses affaires en main. Quand, en 1362, mourut Louis de Tarente, elle s'imposa pour gouverner seule le royaume. L'année suivante, elle épousait le roi *in partibus* de Majorque Jacques III, un personnage à l'esprit faible auquel elle ne laissa pas une parcelle d'autorité. Après tant de secousses, le royaume de Naples retrouvait enfin un équilibre interne, ainsi qu'une capacité à tenir sa place sur l'échiquier européen. Le rétablissement de la paix entre Naples et la Trinacrie allait opportunément consolider en 1372 cet équilibre. Frédéric d'Aragon promit de payer au pape un cens annuel de 15 000 florins.

LE TEMPS DES DURAS

Tous les enfants qu'avait eus la reine Jeanne de ses maris étaient morts en bas âge. Le royaume de Naples semblait donc devoir passer à la lignée des ducs de Duras. Et là, venaient en première ligne deux héritières, l'une à remarier, l'autre à marier : Marie d'Anjou, sœur de la reine Jeanne, qui était veuve de Charles de Duras, et Jeanne, duchesse de Duras, la fille aînée de Charles et de Marie. Guy de Boulogne entrevit une alliance possible avec sa propre famille. Dès 1356, le cousin Philippe de Tarente étant venu négocier à Avignon la dispense qui lui permettrait d'épouser Marie d'Anjou, Guy de Boulogne était entré en pourparlers avec lui car il se proposait de marier la duchesse Jeanne à son frère Geoffroy de Boulogne. Les choses semblaient en bonne voie quand la mort de Philippe de Tarente compromit tout : le frère de Philippe, Louis de Tarente, se mit à poser des conditions que ne pouvait accepter le cardinal. Le projet avorta.

Toujours rival de Guy de Boulogne, le cardinal de Périgord n'était pas pour rien dans l'échec : il préférait pour la jeune Jeanne un mariage avec quelque prince bien implanté ailleurs, donc un mariage qui écarterait Jeanne de Naples et laisserait ainsi la place libre pour Charles de Duras. Neveu de l'ancien époux de Marie d'Anjou, le dernier mâle des Duras était pour l'heure réfugié chez ses cousins de Hongrie. En bref, le cardinal de Périgord voulait un royaume gouverné par un Duras, en l'occurrence ce Charles qui sera un jour Charles III. Le cardinal de Boulogne, lui, voulait un royaume gouverné au nom d'une Duras, la duchesse Jeanne, par un membre du lignage Boulogne-Genève. C'était tenir pour déjà vacant le trône de Naples. La reine Jeanne ne l'entendit pas ainsi et obtint du pape en 1365 qu'il rappelât à Avignon celui dont elle avait un temps fait son conseiller, l'archevêque Pierre Ameilh. Il devint archevêque d'Embrun et eut là une nouvelle mission politique : rétablir la paix entre la Provence rebelle au pouvoir angevin et le Dauphiné royal.

On parlait aussi de marier Jeanne de Duras au roi de Trinacrie Frédéric d'Aragon, mais Urbain V s'opposa en 1368 à un projet qui pouvait procurer à long terme la paix mais signifiait à court terme la mainmise des Aragonais sur Naples. Lorsque Jeanne se mariera, ce sera d'abord avec un neveu de Guy de Boulogne, Louis de Navarre, le frère de Charles le Mauvais. Il trouvera peu après la mort dans un combat et Jeanne épousera alors le comte Louis II d'Artois, un petit-fils du roi de France Philippe V.

C'est en 1370 que la reine Jeanne se soucia efficacement de sa succession. Elle reconnut alors comme héritier son cousin Charles de Duras. La mort de son époux Jacques III de Majorque changea cependant la donne. En 1375, Jeanne se mariait une quatrième fois. Comme la fois précédente, elle se choisit un mari fort propre à ne pas empiéter sur les prérogatives de sa femme : Othon de Brunswick était un homme de belle prestance, un excellent chevalier, mais un aventurier. Ce mariage irrita gravement Charles de Duras, qui voyait Jeanne prendre de moins en moins au sérieux ses droits d'héritier. Comme le roi Louis de Hongrie gardait à l'égard de la reine de Naples le solide ressentiment qu'il manifestait déjà trente ans plus tôt, Charles de Duras n'eut aucune peine à le décider : Duras et les Hongrois attaquèrent Naples.

Le Grand Schisme de 1378 allait mettre un terme aux aventures de la reine Jeanne. Comme elle avait favorisé la réunion près de son royaume, à Fondi, du conclave qui avait fait pape Clément VII, l'élu de Rome Urbain VI la réputa hérétique, l'excommunia et la déclara déchue. Face à Charles de Duras, qu'il investit du royaume le 1er juin 1381, Jeanne n'avait plus aucun recours au sein de la première maison d'Anjou, et elle restait sans un enfant de ses quatre mariages. Elle se tourna alors vers celui qui allait fonder la seconde maison d'Anjou, le frère de Charles V. Le 29 juin 1380, à l'instigation de Clément VII, elle adoptait le duc Louis d'Anjou. C'était, bien entendu, à charge de conquérir le royaume de Naples et le comté de Provence. Ce l'était d'autant plus que Charles de Duras tenait Jeanne captive et qu'il mettait la main sur le royaume. Le 22 mai 1382, Jeanne mourait dans sa prison des Apennins, étouffée sur ordre du roi Charles III. Entre Duras et Anjou, la guerre était inévitable. Le Schisme allait lui donner une couleur particulière.

CHAPITRE XV

L'Empire et l'Italie

L'ITALIE DE BERTRAND DU POUGET

C'est avec en tête un retour à Rome possible et en tout cas souhaitable que Jean XXII prend l'initiative en Italie. Cet homme d'ordre ne s'accommode pas d'un état pontifical où règne l'anarchie et où le Saint-Siège compte, pour sa sécurité, sur un vicaire pontifical surtout perçu à Rome et ailleurs – on l'a vu à Ferrare – comme le roi de Naples. Le pape ne prend son parti ni des affrontements des factions romaines ni des assauts menés contre le pouvoir pontifical et les états de l'Église par les principautés et les villes qui forment en Italie septentrionale et jusqu'en Toscane une véritable ligue gibeline plus hostile au pape qu'elle n'est réellement favorable à l'empereur. Car, face à la ville guelfe de Florence, se dresse en Toscane un pouvoir gibelin qui tient fermement Pise et Lucques, les deux places sans lesquelles la Toscane n'a pas d'accès à la mer. Quant à Bologne, la commune y fait fi de l'autorité pontificale. La Romagne est perdue pour le pape. Les gibelins savent compter sur l'appui que, par hostilité à l'Angevin de Naples, ne leur refuse pas le roi aragonais de Sicile, mais leur force est surtout dans la capacité politique et économique de leurs positions septentrionales, de Milan où règne Matteo Ier Visconti comme de Vérone où Cangrande della Scala tient la seigneurie.

Louis de Bavière a parfaitement compris que, par-delà le Visconti, c'est l'empereur que vise le pape. La chose est claire quand Jean XXII, se rappelant en bon juriste que le pape est vicaire impérial en Italie pendant la vacance de l'Empire, affecte de considérer l'Empire comme vacant tant que le roi des Romains n'a pas été couronné. Autant dire qu'il tient Louis de Bavière pour illégitime. À la place du frère du comte de Hollande que Louis a d'abord choisi comme subrogé vicaire, le pape désigne le roi de Naples. Vite intégrée dans le *Corpus juris canonici*, une décrétale *Si fratrum* met les choses au clair.

> Il a de tout temps été reconnu que, l'Empire étant vacant et aucun recours à une justice séculière n'étant possible en celui-ci, la juridiction, le gouvernement et la disposition de l'Empire sont dévolus au Souverain Pontife auquel, en la personne du bienheureux Pierre, Dieu a commis les droits de l'Empire céleste et terrestre.

On revient donc à certaines positions jadis défendues par Boniface VIII : le spirituel emporte le temporel. Jean XXII ne voit pas que les temps ont changé et qu'à la place d'un affrontement avec le pouvoir souverain du roi de France, il rencontre les prétentions politiques des cités gibelines. La querelle de Boniface avait pour champ clos la France et pour adversaires les légistes du Capétien. Celle de Jean XXII touche à l'Italie et les premiers adversaires sont Matteo Ier Visconti et Cangrande della Scala.

Jean XXII ne peut, dès lors, éviter le recours à la force. En d'autres termes, il ne suffit pas de pacifier l'état pontifical, il faut, en sortant du cadre strict de la défense de l'état pontifical, calmer les ambitions des voisins. En 1318, on joue encore des sanctions canoniques. L'excommunication frappe les « tyrans » que sont les seigneurs gibelins, et l'interdit touche durement les populations lombardes. Mais l'affaire tourne vite à l'épreuve de force : le roi Robert va, avec son armée, débloquer Gênes qu'assiège la ligue gibeline et où la Commune lui attribuera finalement la seigneurie.

En juillet 1320, le pape sait devoir intensifier la lutte. Il dépêche en Italie l'un de ses meilleurs serviteurs. Connu pour son caractère autoritaire, pour sa compétence d'administrateur, pour son audace de grand capitaine, le cardinal Bertrand du Pouget part donc à la tête d'une armée. Le propos est simple : prendre Milan et ruiner ainsi la principale position des gibelins. Mais le légat commence par se leurrer quand il exige de Matteo Visconti qu'il remette au roi de Naples le gouvernement de la ville : pour toute réponse, Visconti se borne à jeter en prison le chapelain chargé de la mission.

Dans le même temps, le pape nomme en Romagne un nouveau recteur, Aimery de Châtelus, un prélat qui n'a pour expérience des affaires italiennes que d'avoir été recteur de Campagne et Maremme, une province relativement tranquille. Ancien chapelain du pape et à ce titre familier de la curie, l'homme est de qualité, mais il comprendra vite que tous se liguent pour lui dénier quelque autorité. Les « tyrans » ne font aucun cas du nouveau recteur : les Malatesta sont maîtres chez eux à Rimini, et les Polenta le sont à Ravenne. Il faudrait les mettre tous à la raison, et l'armée de Bertrand du Pouget ne peut être partout. Jean XXII croit améliorer en 1322 la position du recteur en le nommant archevêque de Ravenne. Cela ne suffira pas à impressionner les tyrans.

GUELFES ET ANGEVINS

Le lien entre les Angevins et les guelfes noirs sembla se resserrer quand les Florentins prirent conscience de la menace immédiate que faisait planer sur eux l'ambition de Pise et de Lucques que gouvernait dès 1314 avec une efficace brutalité Uguccione della Faggiuola. À Montecatini, le 29 août 1315, Uguccione avait infligé à l'armée de Florence une cuisante défaite. Le remplacement du vieux condottiere par un jeune Lucquois aux appétits dévorants, Castruccio degli Antelminelli, que l'on appelait couramment Castruccio Castracani, renouvela à partir de 1316 la menace. Appartenant à une vieille famille gibeline, Castruccio en avait partagé en 1300 la disgrâce et l'exil. Il avait en France et en Angleterre gagné sa réputation de brillant capitaine. On l'avait vu combattre à Montecatini. En 1316 les Lucquois en firent leur seigneur. En 1320, Castruccio était seigneur à vie. Chacun comprit que le « tyran » Castracani était plus motivé par le désir de mettre la main sur la Toscane que par celui de servir l'empereur, et c'est plutôt l'empereur qui le servit en lui conférant le titre de vicaire impérial, qu'allait suivre en 1327 celui de duc. Quoi qu'il en fût, les gibelins étaient désormais maîtres de la

Toscane, cependant que Matteo Ier Visconti dominait Milan et Pavie, que Cangrande della Scala était le maître de Vérone, que Federigo de Montefeltro gouvernait Urbino et que les Este gardaient Ferrare. Suivant Matteo Visconti, tous ces seigneurs constituaient une véritable ligue capable de tenir tête au roi de Naples, mais surtout au Saint-Siège. Jean XXII le savait bien, les prochaines proies des gibelins devaient être Bologne et la Romagne.

Une mission confiée en 1317 à l'inquisiteur dominicain Bernard Gui et au franciscain Bertrand de la Tour se heurta à la mauvaise volonté de Matteo Visconti et de Cangrande della Scala qui excipa de sa qualité de vicaire impérial pour refuser au pape toute juridiction sur le clergé de Vérone. Chacun voulait en découdre et la Lombardie était ravagée par la guerre.

Florence ne pouvait plus compter sur le pape et sur son légat. Force fut de s'accommoder avec celui qui se posait en protecteur-né de tous les guelfes : en 1318, les prieurs se déchargèrent de leur responsabilité et nommèrent le roi de Naples « protecteur, gouverneur et recteur » de Florence pour quatre ans. L'expérience se révéla fâcheuse. Le roi Robert se comporta comme si l'essentiel était d'exploiter l'économie florentine, alors florissante. Ses exigences financières lassèrent la Seigneurie. Lorsqu'en 1320 le roi de France Philippe V envoya son cousin Philippe de Valois avec une armée pour mener avec l'armée napolitaine une offensive des noirs de Bologne, de Florence et de Sienne, l'entreprise ne fit qu'exacerber la détermination des villes gibelines qui firent appel à Visconti. Le 2 août, près de Verceil, l'armée milanaise l'emportait sans même devoir combattre : Philippe de Valois s'arrangea pour mettre l'échec au passif d'alliés dont il n'avait pas vu les troupes et à celui du pape dont il avait en vain espéré des subsides. Jean XXII se sortit d'affaire en remboursant au roi de France ce qu'avait coûté l'affaire. C'était un coup pour rien.

Dans le même temps, le pape embauchait un amiral catalan jusque-là au service du roi de Naples, Ramon de Cardona, qu'on chargea de conduire une croisade contre les Turcs mais dont l'objectif changea quand une flotte sicilienne vint faire le blocus de Gênes qu'assiégeaient par terre les gibelins de Milan et de Lucques. En septembre 1320, trompé par une habile manœuvre, Cardona perdit l'essentiel de son escadre, cependant que la flotte sicilienne devait se retirer, faute de réduire la résistance génoise. Toute cette agitation n'avait servi à rien, si ce n'est que Visconti avait désormais les mains libres pour prendre Verceil, puis Crémone.

Quand, en 1321, au lieu de renouveler le mandat du roi Robert qui se montrait un gouverneur abusivement cupide, les Florentins revinrent au vieux système et firent appel à un podestat, les gibelins purent croire rompue l'alliance de Florence et des Angevins. Face à Visconti, à Castruccio et à leurs alliés, Bertrand du Pouget était désarmé.

Jean XXII tenta alors une subtile négociation diplomatique qui tendait à un renversement des alliances. Le propos était tout simplement de dresser contre le roi des Romains Louis de Bavière, mais aussi contre son principal soutien en Italie, le Visconti, une alliance du roi de Naples et du compétiteur de Louis qu'avaient en 1314 évincé les électeurs, Frédéric d'Autriche. On pouvait profiter, de surcroît, des inquiétudes que suscitait dans bien des villes l'ambition croissante du maître de Milan. Bologne et Florence commençaient de le craindre sérieusement, et l'on pouvait en tirer parti.

Frédéric ne désespérait pas de voir confirmée par le pape son élection à l'Empire, et une alliance avec l'Angevin de Naples lui paraissait un bon moyen de prendre place sur l'échiquier italien et de se faire bien voir du pape en joignant le parti guelfe. Il chassait dans le même temps sur les terres gibelines en nouant des relations amicales avec Cangrande della Scala. Jean XXII attendait de Frédéric qu'il organisât une coalition à laquelle son frère le duc d'Autriche Léopold ne pouvait qu'adhérer. En avril 1322, c'était chose faite. Une armée autrichienne rejoignit en Lombardie celle du pape que commandait Ramon de Cardona et que renforcèrent les contingents de Bologne, de Florence et de Sienne. Le Habsbourg apparaissait dès lors, et de manière paradoxale, comme le champion de la cause guelfe. Bertrand du Pouget crut qu'il pouvait reprendre l'offensive.

Les Autrichiens ne dépassèrent pas Brescia. Matteo Visconti leur fit perdre du temps par de vaines négociations. Cangrande les attira à Vérone. Bertrand du Pouget n'eut qu'une consolation : la vengeance d'un mari trompé lui livra Piacenza, dont il fit son quartier général. Pour le reste, le pape ne pouvait que recourir à l'arme du pauvre : on multiplia les procédures canoniques à l'encontre des gibelins excommuniés, que leur persistance rendait hérétiques. Le procès contre Matteo Visconti occupa les esprits. La mort de Matteo (24 juin 1322) et l'avènement de son fils Galeazzo Ier furent exploités par Bertrand du Pouget qui constitua une coalition et Cardona prit plusieurs places de Lombardie.

LA DESCENTE DE LOUIS DE BAVIÈRE

Les espoirs du pape et de son légat s'écroulèrent brutalement : le 28 septembre 1322, à Mühldorf, Louis de Bavière remportait une victoire décisive sur Frédéric d'Autriche. En 1323, le roi des Romains marcha sur Milan et débloqua la ville, puis occupa Pavie. Cardona se retrouva prisonnier et Jean XXII ne trouva rien d'autre à faire que prier le futur empereur d'épargner la vie du captif. C'est en vain qu'au Consistoire Napoleone Orsini, Pietro Colonna et Jacopo Caetani tentèrent de fléchir le pape. Le 23 mars 1324, celui-ci fulminait l'excommunication contre Louis de Bavière. Le 14 juillet, il le déclara déposé. Autant de coups d'épée dans l'eau. En décembre, Galeazzo Visconti prit Monza. Dès lors, les choses étaient claires : l'Italie était le champ clos d'un conflit entre l'Empire et le Saint-Siège. Et Jean XXII avait manqué son entrée en scène. On raconta que le pape avait offert la couronne impériale au roi de France, ce qu'allait nier farouchement le dernier des Capétiens directs, Charles IV.

De plus en plus porté à critiquer Jean XXII, Napoleone Orsini l'accusa de se fourvoyer dans une guerre contre celui qui devait l'emporter car il était le plus fort. Comme le pape lui en faisait grief en le traitant de gibelin, le doyen du Sacré Collège répliqua durement, au risque de faire rire ceux qui connaissaient son goût pour les intrigues.

> Je ne suis ni gibelin ni guelfe, et je n'entends pas bien ce qu'on veut dire par gibelin ou guelfe. Ce que je veux, c'est une bonne paix et la concorde. Et ce sera à votre honneur et à celui de l'Église... Quoi

que vous dépensiez ou que vous ne dépensiez pas, vous avez tout perdu et vous allez tout perdre.

Le roi des Romains ne tenait plus son couronnement impérial que pour une formalité. Nécessaire comme entérinement de son élection, l'imposition du diadème impérial ne pouvait passer pour une confirmation de cette élection. Mais le doute n'était pas encore levé, et il ne le sera qu'en 1356 quand l'empereur Charles IV, en fixant par la Bulle d'or la liste des électeurs, privera définitivement le pape de toute capacité d'arbitrage entre les élus, donc de choix entre les candidats.

Louis de Bavière désigna ses représentants pour gouverner l'Italie. À la curie, Napoleone Orsini marquait des points : il déclara que la victoire du roi des Romains lui en donnait le droit et il fit publiquement reproche au pape de n'avoir jamais été capable de procurer autre chose que la guerre. Dans le même temps, l'intraitable cardinal apportait sa caution aux spirituels qui se dressaient contre le Saint-Siège. Suivant Cangrande della Scala, les seigneurs gibelins reconstituèrent l'ancienne ligue. Louis de Bavière manifesta alors qu'il ne craignait plus personne : il libéra un Frédéric d'Autriche qui jugea prudent de se montrer désormais un allié fidèle autant qu'inutile. Le Bavarois entreprit même un rapprochement avec le roi de Bohême, rapprochement qui n'alla pas bien loin : Jean de Luxembourg préféra se faire l'homme du roi de France.

Dans ce moment, rappelons-le, Jean de Jandun et Marsile de Padoue donnaient dans le *Defensor pacis* une formulation catégorique du droit impérial. Mais Louis de Bavière les avait devancés. Le 22 mai 1324, à Sachsenhausen, il reprenait la tactique que ses légistes avaient jadis conseillée à Philippe le Bel contre Boniface VIII : prenant prétexte de l'affaire de la pauvreté évangélique, le roi des Romains taxait le pape d'hérésie.

Florence, toutefois, n'avait guère le choix des protecteurs. À Altopascio, le 23 septembre 1325, Castruccio Castracane mettait en déroute l'armée florentine. Celle de Bologne était écrasée le 15 novembre à Zapolino. En décembre 1325, les Florentins firent appel au fils aîné du roi Robert, le duc Charles de Calabre, qu'ils nommèrent « régent, défenseur et protecteur » de la ville. Le titre avait changé, non ce que comprenaient les Angevins. Alors que les premiers signes de crise touchaient le monde des affaires, les Florentins s'indignèrent des exigences manifestées par un régent surtout soucieux de faste. Surtout, face à la nouvelle entreprise de Louis de Bavière, qui reparut dans la Péninsule en février 1327, ils ne virent pas quelle sécurité leur apportait leur régent. La mort de Charles de Calabre mit fin en 1328 à cette ultime présence angevine en Toscane. Charles laissait une fille, mais cette héritière avait deux ans. Elle sera un jour la reine Jeanne.

Malgré l'obstination de Bertrand du Pouget, la suite ne fut guère plus brillante. Quelques succès entretinrent une faible illusion. Cardona avait été remplacé par Hugues des Baux, un cadet de la grande famille provençale qui avait suivi Charles d'Anjou en Italie et y avait gagné en 1268 le comté d'Avellino. Avec son nouveau capitaine général, le légat rallia l'Émilie et la Romagne, occupa dans l'été de 1326 Modène, Parme et Reggio, et obtint en février 1327 la soumission de Bologne. Bologne, c'était, hors de Rome, une capitale possible pour l'état pontifical. Comme Bertrand du Pouget devait consacrer ses efforts à ces régions septentrionales de l'état pontifical et organiser avec vigueur une réforme complète du gouvernement de Bologne, le pape le déchargea du Patrimoine, qu'il confia à un second légat, Giovanni Caetani Orsini.

Le retour de Louis de Bavière ruina cette illusion. Comme jadis Henri VII, le roi des Romains venait chercher à Rome un couronnement impérial que, cette fois, le pape était hors d'état de refuser. Cette nouvelle « descente » eut l'effet habituel : elle ranima les sentiments gibelins de bien des villes et la combativité des gibelins déjà convaincus. C'est donc une Italie en pleine effervescence que traversa Louis de Bavière qui reçut d'abord à Milan le 31 mai 1327, des mains d'un évêque excommunié, la Couronne de fer des rois lombards. Dès ce moment, la descente prenait vilaine tournure. L'archevêque s'était absenté pour ne pas officier. Parce qu'il manifestait quelque esprit d'indépendance, Louis de Bavière fit arrêter Galeazzo Visconti. Se croyant tout permis, il nomma lui-même trois évêques. Sa popularité s'effondra même chez les gibelins les plus convaincus. Pour entrer dans Pise, il lui fallut assiéger la ville pendant un mois. Rome se rallia pour se venger d'Avignon mais, se méfiant autant de Robert d'Anjou que de Louis de Bavière, les Romains se donnèrent pour capitaine l'inusable Sciarra Colonna, lequel dirigea la résistance quand le prince de Morée Jean d'Anjou, frère du roi Robert, tenta de pénétrer dans la ville.

Le légat Giovanni Orsini avait donné ordre au clergé romain de quitter la ville. Pour la plupart, les clercs obtempérèrent et, peu soucieux de fréquenter des excommuniés, ceux qui restèrent se tinrent à l'écart. Faute de prélats, Louis de Bavière crut se tirer d'affaire en recourant aux laïcs. Il y perdit tout prestige. On vit donc un étonnant spectacle : le 17 janvier 1328, le roi des Romains recevait au Capitole une couronne que l'on trouva judicieux de faire placer sur son front par les syndics du peuple romain. En fait, c'est Sciarra Colonna qui fit le geste. Restait à procéder à l'onction. On trouva pour cela deux évêques, celui d'Aléria, Gherardo Orlandini, et celui de Castello, Jacopo Alberti. Ils se partagèrent la tâche. Parmi les assistants, deux hommes pouvaient mesurer toute la portée d'une telle manifestation : Marsile de Padoue et de Jean de Jandun étaient là.

Jean XXII ne tarda pas à réagir. Le 3 avril, il publia la déchéance de l'empereur. Seule, l'incapacité renouvelée des électeurs à s'entendre, fût-ce sur une ville et une date, empêcha l'élection d'un nouvel empereur.

LE SCHISME DE NICOLAS V

Louis de Bavière n'en resta pas là, et il perdit le sens de la mesure. Le 14 avril 1328, il déclarait Jean XXII déposé pour cause d'hérésie. Le 18 avril, sceptre et globe d'or en mains, il fit publier devant le peuple romain assemblé à Saint-Pierre un acte d'accusation rédigé pour l'essentiel par Marsile de Padoue. Giacomo Colonna répliqua en publiant l'excommunication de l'empereur. Le 23 avril, afin de flatter les Romains, l'empereur édictait que tout pape qui voudrait s'absenter de Rome devrait solliciter l'accord du peuple. Il entrait dans le détail : le pape ne devait pas s'éloigner à plus de deux jours de route.

Lorsqu'il parlait de la déchéance de Jean XXII, Louis de Bavière savait bien qu'aucun cardinal n'avait abandonné le pontife. Force était donc de se passer d'un conclave. Le 12 mai, après un simulacre d'élection par le clergé romain et une acclamation par le peuple qu'agitait l'évêque de Castello, l'empereur nomma donc froidement un nouveau pape, le franciscain Pietro Rainallucci da Corbara, un inconnu dont le nom avait été avancé par Michel de Césène et que l'on tira du couvent romain de l'Ara Caeli. L'élu reçut de l'empereur son nouveau nom : Nicolas V. On le couronna à Saint-Pierre le 22 mai. Il se dota sur-le-champ d'une administration copiée sur celle d'Avignon, mais aux effectifs embryonnaires. On y vit quand même un protonotaire et un maréchal de la Cour.

L'anti-pape trouva pour commencer quelques fidèles, surtout en Lombardie et en Toscane dans les villes de tradition gibeline. À Milan, la population chanta les louanges du nouveau pape, puis se tint tranquille. En Sicile, où l'hostilité aux Angevins de Naples poussait la population à des imprécations contre Jean XXII, c'est le roi Frédéric II qui se fâcha et, dûment admonesté par son neveu Alphonse IV d'Aragon qui intervenait là comme chef de la branche aînée, mit fin aux manifestations pour ne pas aggraver des relations déjà difficiles avec l'Église. Malgré les prédications enflammées des franciscains et la profusion de pamphlets comme ceux que rédigèrent Michel de Césène et Guillaume d'Ockam, la chrétienté latine demeura fidèle au pape d'Avignon. Sans doute les fidèles se seraient-ils montrés plus sensibles aux arguments des propagandistes de Nicolas V si ceux-ci n'avaient été depuis longtemps en rupture avec l'Église.

Faute d'être reconnu par un seul évêque, Nicolas V fit une fournée : seize clercs, pris parmi les franciscains ou les augustins, furent ainsi promus évêques. Quatre gagnèrent leur diocèse sans pouvoir s'y faire admettre. Nommé archevêque de Monreale, Jacopo Alberti ne parla même pas d'y aller. Le clergé diocésain se tenait à l'écart de l'aventure. L'échec était flagrant. L'obédience de Nicolas V se limitait en fait à des couvents de frères mendiants.

Nicolas V avait, le jour même de son couronnement, créé six cardinaux dont un abbé allemand qui mourut peu après, un dominicain qui était devenu évêque en Crète et quatre Italiens parmi lesquels l'évêque de Castello Jacopo Alberti qui venait de le couronner – il devint cardinal-évêque d'Ostie – et un inquisiteur augustin, Niccolò da Fabriano. Quelques jours plus tard, il conféra le chapeau à un franciscain de Viterbe.

Cette fabrication d'un pape déconsidéra Louis de Bavière. Face au mécontentement des Romains et à une insurrection ouvertement soutenue par le roi Robert, sachant de surcroît les troubles qui surgissaient dans son royaume germanique, l'empereur renonça à ses projets italiens et regagna l'Allemagne. Le 4 août 1328, il quitta Rome sous les huées, alla ravager le duché de Spolète et s'établit pour un temps à Pise. Il y tint sa cour et publia un nouvel acte d'accusation où il énonçait très longuement les erreurs de « l'hérétique notoire » qu'était le « pseudo-pape Jacques de Cahors se dit le pape Jean XXII ».

Tardivement soucieux de ne pas passer pour le fantoche qu'il était, Nicolas V tenta de se démarquer de l'empereur : il annonça qu'il ne suivait pas celui-ci dans son retour en Allemagne. C'était, il est vrai, suivre à la lettre les prescriptions du 23 avril, mais les Romains ne lui en eurent aucune reconnaissance et le chassèrent. Le malheureux Nicolas V se trouva bien aise, au début de janvier 1329, de rejoindre son protecteur à Pise.

Là, il tenta encore de faire bonne figure. Dans tous les domaines et en particulier dans les questions théologiques, il prit le contre-pied de Jean XXII. Le 20 janvier, à peine installé à Pise, il créa encore deux cardinaux, le Romain Pandolfo Capocci et le chanoine milanais Giovanni Visconti, le troisième fils de Matteo.

Nicolas V se risqua même à une manifestation spectaculaire. Le 19 février 1329, ayant convoqué le peuple et envoyé des soldats chercher à domicile les bonnes gens qui se dérobaient, il fit comparaître dans la cathédrale un mannequin de paille vêtu en pape et baptisé Jean XXII, le condamna pour hérésie, le déclara déchu et le livra au bras séculier, lequel s'empressa de mettre le feu au mannequin. Le public n'osa pas rire, mais la consternation se peignit sur les visages.

À cette date, Nicolas V n'avait même plus le soutien de ceux qui avaient le plus à se plaindre du pape d'Avignon, les franciscains. Apprenant que le seigneur de Milan, Azzo Visconti, se rapprochait de Bertrand du Pouget, Louis de Bavière comprit que la route du retour pourrait lui être fermée. Le 11 avril, il quitta précipitamment Pise et pensa aller renforcer les gibelins de Lombardie. Ceux-ci lui fermèrent leurs portes. L'empereur n'échoua pas moins quand il crut mettre la main sur Bologne en y fomentant un complot. Renforcé d'une armée florentine, Bertrand du Pouget conduisit une répression féroce, qui découragea les autres amateurs de conjuration mais qui lui valut d'être, trente ans plus tard, traité par Pétrarque de « nouvel Hannibal » venu s'emparer de l'Italie. Il ne restait alors à Louis de Bavière qu'à regagner l'Allemagne. Privée de chef et de raison d'agir, la ligue gibeline ne tarda pas à se dissoudre. Ce fut effectif en 1330.

Nicolas V demeurait seul à Pise. Bien pis, il devait se cacher. On le débusqua et on le livra aux gens de Jean XXII. Le pape avait promis la vie sauve à son malheureux concurrent, mais celui-ci fut contraint de renoncer au pontificat, ce qu'il fit le 25 juillet avant d'embarquer pour Nice où un notaire de la Chambre apostolique vint dresser acte de la renonciation. Livré à Jean XXII, le pape déchu comparut le 25 août, vêtu de la robe des franciscains et la corde au cou, devant le Consistoire et il renouvela son abdication. Le 6 septembre, il abjura publiquement ses erreurs. Consigné sous bonne garde dans le palais pontifical, Pietro da Corbara y mourra le 16 octobre 1333. En bonne partie grâce aux maladresses de son impérial adversaire, Jean XXII paraissait bien avoir finalement gagné la partie contre Louis de Bavière et tout ce qu'il représentait. Les grands perdants étaient en définitive les franciscains.

Naturellement, Jean XXII ne laissa la pourpre à aucun des pseudo-cardinaux de Nicolas V. Un seul se sortit honorablement d'affaire : il fallait ménager son neveu le seigneur de Milan. Le 15 septembre 1329, les procureurs de Giovanni Visconti se présentaient à Avignon pour une solennelle renonciation, mais en août 1331 Jean XXII faisait de l'ancien cardinal un évêque de Novare. Les autres créatures de Nicolas V n'eurent pas tous la chance de Giovanni Visconti. Jacopo Alberti suivit Louis de Bavière, se proclama légat du pape à Munich et y mourut sans avoir joué quelque rôle que ce fût. L'augustin renonça et se retira dans son couvent. Les autres se firent oublier.

Quant à Marsile de Padoue, la mort le frappa, le 10 septembre 1328, à peine avait-il été pourvu d'un archevêché de Milan que retrouva sans peine celui qu'avait révoqué Nicolas V, le franciscain Aicardo Antimiani. Lorsque disparut celui-ci, le siège resta vacant trois ans. À peine élu pape, Clément VI nomma, le 17 juillet 1342, un archevêque de Milan dont le retour n'étonna personne : c'était Giovanni Visconti. Il mourut douze ans plus tard sans avoir jamais retrouvé son chapeau rouge. Mais il avait été le maître de Milan, de Bologne et de Gênes.

Vues sur Bologne

C'est alors qu'il en finissait avec le schisme avorté de Nicolas V que se forma dans l'esprit de Jean XXII et dans celui de Bertrand du Pouget un plan qui, compte tenu des récents avatars du siège pontifical, n'avait rien d'étrange. Rome demeurant la ville de tous les pièges mais l'Italie étant quelque peu pacifiée, le pape songea sérieusement à aller s'établir à Bologne, qui faisait désormais figure de deuxième ville de l'état pontifical et où le légat avait édifié une solide forteresse, le château Galliera, qu'il était aisé d'aménager pour en faire la résidence du pape et de la curie. On se prépara donc à abandonner Avignon, le départ étant prévu pour 1332. Malgré l'autoritarisme du légat, qui réprimait durement toute tentative de conjuration contre le nouveau pouvoir, la bourgeoisie de Bologne vit bien l'avantage qu'elle pouvait tirer de la venue du pape. Prendre à la fois la place de Rome et celle d'Avignon, en faisant pièce par la même occasion à la domination commerciale de Florence, ne laissait pas la ville indifférente. Bertrand du Pouget rencontra donc bien des collaborations quand il entreprit de préparer l'installation matérielle de la curie : il fallait des palais, aussi bien pour les livrées cardinalices que pour les organes de gouvernement, et il y avait à loger tous les curialistes. Naturellement, toute la cour d'Avignon n'allait pas suivre le pape, et il y aurait des places à prendre.

L'échec de Nicolas V n'était pas le seul signe favorable à un retour en Italie qui pouvait préluder à un rétablissement à Rome. Pétrarque ne manqua pas de se réjouir : « Il verra Bologne, puis la noble Rome. » En Lombardie, Bertrand du Pouget menait habilement une politique propre à faire oublier la ligue gibeline. Les marquis d'Este devenaient vicaires pontificaux à Ferrare. Brouillé avec Louis de Bavière, Azzo Visconti était vicaire pontifical pour Milan. Quant au vieux Lodovico Gonzaga, qui avait pris le pouvoir à Mantoue et allait encore y régner plus de trente ans avec le titre de capitaine général, il savait se faire prudent. À Vérone, l'insupportable Cangrande della Scala, mort le 22 juillet 1329, avait pour successeurs ses neveux Alberto et Mastino della Scala, dont la première ambition était de ne pas irriter le légat.

Il ne restait plus grand-chose de ce qui avait longtemps cimenté l'union des gibelins, la fidélité à l'autorité impériale – plus qu'à la personne de l'empereur – et l'hostilité aux prétentions temporelles du Saint-Siège et de son allié angevin. Les conflits de ville à ville se nourrissaient désormais des ambitions territoriales, et on n'y entendait plus les références idéologiques d'antan. Après son piteux séjour à Rome, Louis de Bavière n'était plus un personnage essentiel de la vie politique italienne, et nul ne pensait plus que l'empereur pût être dans la Péninsule autre chose qu'un étranger de passage. La mort, le 13 janvier 1330, de Frédéric d'Autriche pouvait favoriser entre Jean XXII et Louis de Bavière un accord pour lequel le duc Othon d'Autriche, le roi de Bohême Jean de Luxembourg et l'archevêque-électeur de Trèves Baudouin de Lützelburg proposaient leurs bons offices. Quant à Azzo Visconti, il trouvait son compte à l'accommodement avec le pape et les Milanais lui savaient gré d'obtenir ainsi la levée des sanctions canoniques qui, depuis quinze ans, empoisonnaient la ville et gênaient ses relations commerciales. Certes, la paix n'était pas faite pour autant, mais les réticences à l'égard du Siège apostolique n'étaient plus qu'une accumulation de prétentions locales.

Comme naguère Louis de Bavière, Jean XXII compromit ses chances en voulant pousser trop loin son avantage. D'abord, il récusa toute idée de réconciliation avec Louis de Bavière qui ne serait pas assortie d'une renonciation absolue à l'Empire. Le pape se disait incapable de traiter avec un excommunié déchu de son titre impérial et couronné dans les conditions que l'on sait. Or, si l'on pouvait espérer que Louis demandât l'absolution, celle-ci impliquerait à ses yeux la reconnaissance de ce titre par le pape.

Ensuite, Jean XXII se proposait de bouleverser les structures politiques de la Péninsule. La première force du parti guelfe, donc du pape en Italie, demeurait le royaume de Naples, tenu en fief du Saint-Siège par un prince qui trouvait son avantage à une alliance sans laquelle il n'aurait pu jouer un tel rôle en Italie centrale et à Rome même. Il y avait cependant des limites aux avantages que pouvait tirer le pape du soutien napolitain. D'abord, l'appétit de pouvoir du roi Robert commençait de faire quelque ombrage au pouvoir pontifical, et l'Angevin se montrait trop heureux de tirer parti de l'absence de la papauté. Ensuite, Jean XXII appréciait modérément l'appui non déguisé que donnait Robert au mouvement, ouvertement hostile à l'Église, qu'entretenaient les spirituels.

Jean XXII comprit donc les profits que procurerait au Saint-Siège et au parti guelfe la création d'un royaume, solidement constitué et vassal du Siège apostolique, pour remplacer en Italie du Nord la poussière de villes et de seigneuries qui y formaient la masse de manœuvre politique des guelfes. Or un prince se présentait, que l'on avait déjà vu à l'œuvre dans la région et qui remâchait son amertume d'avoir été si rapidement éliminé de la compétition pour l'Empire : le fils de l'empereur Henri VII, Jean de Luxembourg, celui que l'on appellera Jean l'Aveugle quand, en 1340, la cécité l'aura frappé. Depuis 1310, il était roi de Bohême.

Certes, l'agitation nouvelle du roi de Bohême avait tout pour inquiéter le pape. Avant même d'y avoir quelque droit, Jean se mêlait de ce qui ne le regardait pas. Il entrait en relations avec Azzo Visconti et faisait implicitement de celui-ci le porte-parole de la Lombardie. Azzo se méfia et donna une réponse dilatoire. Jean proposa maladroitement au Milanais d'acheter la connivence de Louis de Bavière au prix d'un tribut. C'était vexatoire. Informé de toutes ces menées, Jean XXII cria à l'ingratitude et à la trahison. Le seul résultat de la manœuvre diplomatique de Jean de Luxembourg fut de resserrer les liens entre le pape et Azzo : ils se promirent un soutien mutuel en cas d'invasion germanique.

Pour prendre date, Jean répondit en décembre 1330 à l'appel au secours de Brescia qu'assiégeait, pour l'unir à Vérone, l'armée de Mastino della Scala. Reconnu comme leur seigneur par les

LES PAPES À AVIGNON

Brescians, il mit la main en 1331 sur les villes gibelines de Lombardie. Il occupa Bergame, Pavie, Verceil et Novare. Puis – et cela terrorisa Florence – il se tourna vers les confins de l'état pontifical : il fut à Parme, à Reggio, à Modène et, plus grave encore pour le pape, à Lucques. Aux portes de Florence, Lucques était depuis longtemps une place forte des gibelins. Qu'elle passât à un souverain qui pouvait être empereur changeait les dimensions de la menace. Nul ne se faisait d'illusions : l'hostilité du roi de Bohême aux gibelins ne tenait qu'au maintien de Louis de Bavière dans le jeu.

Malgré l'héritage gibelin qu'il aurait dû tenir de son père, le roi de Bohême ne pouvait cependant se trouver que dans le parti hostile à Louis de Bavière. S'il voulait donner quelque légitimité à ses conquêtes, il lui fallait donc l'alliance du pape. Il entreprit de convaincre Jean XXII qu'un royaume guelfe de l'Italie du Nord serait, de pair avec le royaume guelfe de l'Italie méridionale, la garantie définitive de la tranquillité de l'état pontifical et de l'indépendance séculière du Siège de saint Pierre. Le pape ne pouvait qu'être poussé à l'entente : ses rapides succès montraient qu'il fallait compter avec Jean, et celui-ci ne cessait de protester de ses bonnes intentions à l'égard du Saint-Siège. Jean envoya une ambassade à Avignon. Il négocia avec Bertrand du Pouget. Le 17 avril 1331, on tomba d'accord : le roi de Bohême rendait les villes de Parme, Reggio et Modène, et il les reprenait immédiatement en fief tenu du Saint-Siège. Ces heureuses dispositions ancrèrent dans l'esprit de Jean XXII l'idée d'un royaume guelfe, vassal de l'Église et capable à la fois de maintenir l'ordre entre la Romagne et l'Émilie, et d'équilibrer le poids politique du royaume de Naples en sorte que la protection de l'état pontifical ne se transformât pas en protectorat angevin.

C'était compter sans le goût immodéré qu'avaient de leur propre indépendance les villes et les seigneurs de l'Italie septentrionale. La force des particularismes municipaux était, notamment, sans équivalent dans le royaume de Naples, et ni Jean XXII, ni Bertrand du Pouget, ni Jean de Luxembourg n'avaient compris que ce qui était possible au Sud ne l'était pas au Nord. Depuis l'effondrement du royaume carolingien d'Italie, on avait pris des habitudes. On n'était plus au XIe siècle, au temps où les Normands fondaient le royaume de Sicile. Sans être déjà les princes qu'ils allaient être au siècle suivant, les « tyrans » des villes lombardes ou romagnoles ne ressemblaient pas à des féodaux ruraux, et les citoyens des villes prospères du XIVe siècle n'étaient pas des artisans d'avant la bourgeoisie.

Même si l'on se sentait guelfe face à un pouvoir impérial dont les apparitions provenaient du royaume germanique, on ne souhaitait pas pour autant se trouver au pouvoir d'un roi guelfe appuyé au Sud par toute la force angevine et par l'autorité pontificale, et au Nord par la force non négligeable du royaume de Bohême et par le réseau d'alliances de la maison de Luxembourg. Bref, les guelfes ne voulaient pas d'un maître. Ils s'en méfiaient d'autant plus que ce maître montrait un autoritarisme violent et multipliait les réformes qui, pour être justifiées, n'étaient pas moins ressenties comme autant de décisions arbitraires. Les craintes se trouvèrent justifiées quand on comprit que Jean de Luxembourg ne bornerait pas ses ambitions à l'Italie et qu'il ambitionnait la couronne impériale. Quand en 1332 il acheta le futur acquiescement du roi de France en lui cédant la seigneurie de Lucques et en lui promettant les droits impériaux sur l'ancien royaume d'Arles, les Italiens y virent clair. Ils s'insurgèrent contre le projet du pape. Les « tyrans » comme Azzo Visconti ou les marquis d'Este se sentirent menacés au même titre que les républiques urbaines comme Sienne ou Florence. Le roi de Naples, lui, voyait s'estomper sa qualité d'allié privilégié de son cousin le roi de France. Lors d'une réunion tenue à Ferrare en septembre, les guelfes et les anciens gibelins formèrent une ligue et se distribuèrent les rôles, autrement dit les villes à prendre. Brescia, Bergame, Modène et Pavie tombèrent les premières à l'automne.

Bertrand du Pouget fit face, mais il n'en avait pas les moyens. Jean de Luxembourg et lui formèrent cependant une armée largement financée par Bologne et en confièrent le commandement au comte Jean Ier d'Armagnac. Son mariage avec la fille du vicomte de Lomagne Bertrand de Got, le neveu de Clément V, avait poussé Armagnac à s'occuper des affaires qui avaient été celles de son beau-père quand il était recteur de la Marche d'Ancône. En avril 1333, cette armée échoua à prendre Ferrare. Armagnac fut fait prisonnier, il lui en coûta une forte rançon. Il regagna la

France, devint lieutenant du roi en Languedoc et occupa ses jours à la guerre contre le Prince Noir et à d'interminables conflits avec le comte de Foix. Quant à l'offensive contre la ligue guelfe, elle resta à la charge du seul légat car le roi de Bohême prit, en octobre 1333, le sage parti de regagner son véritable royaume. Naturellement, on ne pouvait plus compter sur le roi Robert qui ne voyait aucun intérêt à seconder une politique qui tendait à le confiner dans le Sud.

Bertrand du Pouget voulait la soumission pure et simple des ligueurs. Jean XXII comprit qu'on n'en sortirait que par une négociation et envoya un diplomate plus conciliant, Bertrand de Déaux, qui allait peut-être s'accorder avec Mastino della Scala lorsque Bertrand du Pouget ordonna une nouvelle campagne contre Ferrare. Obizzo d'Este répliqua en apportant son appui aux mécontents de Bologne qui s'organisaient autour de Taddeo Pepoli. Le 17 mars 1334, ceux-ci chassèrent de Bologne un Bertrand du Pouget tenu pour le serviteur des ambitions de la maison de Luxembourg. On brûla son palais, on massacra ses fidèles. Le légat ne dut la vie sauve qu'à une intervention des Florentins : ceux-ci tenaient à ménager le Saint-Siège.

Il n'était plus question d'établir à Bologne le Saint-Siège. La commune fut rétablie, le château Galliera rasé. Encore moins pouvait-on, dans une Italie en pleine ébullition, parler de nouveau d'un retour à Rome. Les deux grands projets du pape – le retour et le royaume guelfe du Nord – s'étaient effondrés. Chacun avait contribué à la ruine de l'autre. Et la faveur accordée au roi de Bohême avait privé le pape de son allié traditionnel, le roi de Naples. Tout était à reprendre.

LE TEMPS DES CONCESSIONS

Les derniers mois du pontificat de Jean XXII avaient vu se jouer une extraordinaire comédie diplomatique. Louis de Bavière commençait de craindre les effets réels de son excommunication. La menace d'une entente offensive du roi de France et du roi de Bohême se faisait d'autant plus précise que l'on parlait d'une implantation de ce dernier en Italie du Nord et qu'il achetait la connivence de la France en acceptant les empiètements de celle-ci sur les terres d'Empire et en se faisant l'homme lige de Philippe VI. Bref, Louis de Bavière risquait de tout perdre. Il décida de sauver au moins son duché de Bavière. Il annonça qu'il allait, sous condition d'absolution générale, abdiquer en faveur de son cousin Henri, duc de la Bavière inférieure.

Cherchant des électeurs, Henri ouvrit des négociations avec quelques cardinaux. Philippe VI finança la campagne. Le candidat lui donna en gage le royaume d'Arles. Cet accommodement fut pour beaucoup dans le rapide échec de la tentative. Il était évident que le futur empereur, s'il était élu, n'aurait jamais les moyens de rembourser, et que le royaume d'Arles passerait à la Couronne de France. Peu désireux de se trouver ainsi, comme comte de Provence et Forcalquier, le vassal et le sujet de son cousin Philippe VI, Robert d'Anjou se dressa contre celui-ci et fit au pape de sévères représentations. Puis, de concert avec Napoleone Orsini, il se chargea de convaincre Louis de Bavière d'en appeler à un concile. Orsini dépêcha à l'empereur le franciscain frère Gautier, un proche de Michel de Césène. Le message était simple : « se méfier du roi de Bohême et du duc Henri ». On oublia le concile, mais Louis fit savoir, le 24 juillet 1334, qu'il n'avait jamais songé à abdiquer. L'offensive avait fait long feu.

Le 4 décembre 1334, Jean XXII mourait. Son successeur Benoît XII n'était pas homme à se battre pour des positions politiques. Le pieux cistercien allait, par tempérament comme par conviction, négocier pendant huit ans sur tous les fronts une paix dont il mesurait mal qu'elle tenait aux structures mêmes de l'Italie. Réservant son intransigeance au seul Louis de Bavière en qui il voyait surtout un fauteur d'hérésie, le pape multiplia alors les concessions. Il en fit aux gibelins du Nord qui se détachèrent de l'empereur quand ils constatèrent que celui-ci n'était plus en état de secourir leurs ambitions et que le pape pouvait leur être plus utile dans une nécessaire consolidation de leurs conquêtes. Il n'en fit pas moins au roi de Sicile Frédéric d'Aragon qu'il préserva de l'hostilité du roi Robert. Naturellement, il leva l'excommunication qui frappait Henri de Bavière pour avoir aidé son cousin Louis.

La paix se fit sans peine avec les Della Scala, les Este et les Gonzaga. On vit même Benoît XII pris pour arbitre des conflits qui opposaient à Parme Mastino della Scala et la famille de l'évêque Ugolino Rossi. Réconciliés avec le Saint-Siège, ces seigneurs devinrent vicaires pontificaux dans leurs états. Avec Louis de Bavière, on frôla l'entente : en mars 1335, les ambassadeurs de l'empereur demandèrent les conditions d'un pardon qui impliquerait l'annulation de la déchéance. C'est avec Milan que les négociations furent les plus ardues : les contentieux étaient anciens et nombreux. Le pape théologien était gêné pour absoudre la mémoire de Matteo et Galeazzo Visconti, qui avaient été condamnés pour hérésie. On allait enfin s'entendre avec Azzo Visconti quand, le 16 août 1339, celui-ci mourut. On s'accorda enfin, en 1341, avec son oncle et successeur Lucchino, lequel, contre un cens annuel de 10 000 florins, fut reconnu comme vicaire pontifical.

Ce titre de vicaire de l'Église était d'autant plus substantiel que depuis la déposition de Louis de Bavière le pape n'avait cessé de s'attribuer les droits de l'Empire vacant. Mais le vicariat n'apportait pas seulement une autorité politique dont il était évident qu'elle devait plus à la puissance du « tyran » qu'à sa qualité de représentant du pape. Il signifiait aussi la reconnaissance des droits du pape hors de ses états propres, et il impliquait une soumission que scellait un serment de fidélité. Le perdant était l'Empire. Le pape crut y gagner autre chose quand il obtint des Della Scala la promesse d'un contingent permanent. Il fallait la naïveté de Benoît XII pour croire que deux cents cavaliers et trois cents fantassins garantissaient le maintien de l'ordre dans l'ensemble de la Lombardie, de la Marche d'Ancône et de la Romagne.

Le pontife ne se trompait guère quand il pensait que les comportements de ses officiers étaient pour quelque chose dans le mécontentement de populations qui n'étaient pas toutes mues par les querelles idéologiques autour de l'Empire. Bien des gens se plaignaient simplement des administrateurs, des agents du fisc, des juges. Depuis Clément V, on avait trop souvent nommé dans les provinces de l'état pontifical des recteurs qui, parents ou familiers du pape, ne voyaient là qu'un revenu et s'en remettaient du gouvernement à des officiers inférieurs eux-mêmes désireux de profiter du pouvoir. Le vertueux Benoît XII entendit y remédier. Il commença, en septembre 1335, par remplacer une partie des officiers. Écartant les laïcs, il ne nomma que des clercs dont l'honnêteté lui semblait garantie. En soi, la mesure était louable, mais le pape ne choisit que des Français, et l'hostilité de principe de bien des villes à l'autorité pontificale interdit aux nouveaux administrateurs de renoncer aux rudes procédés de leurs prédécesseurs. Les impôts ne rentraient pas, les insurrections se succédaient, l'insécurité régnait sur les routes et rendait aléatoire le ravitaillement. C'étaient autant de raisons pour répliquer durement à coups d'excommunications et d'opérations de police.

Le pape en vint ensuite aux réformes générales. Le 10 juillet 1336, il publia une série de dispositions qu'il jugeait propres à empêcher les abus. Les hautes fonctions de la justice étaient interdites aux parents des recteurs. Les juges rendraient publiquement des comptes. Naturellement, on ne ferait plus trafic d'emplois imaginaires et on ne confierait plus, pour s'approprier une partie de leur salaire, le commandement de troupes à des capitaines incapables. Tout cela était trop beau pour convaincre les Italiens.

Benoît XII fondait sa politique d'apaisement sur la bonne foi des protagonistes. Il se rendit compte trop tard qu'il était berné : chacun avait tiré profit de sa complaisance sans la moindre envie de lui rendre ses bonnes manières. Louis de Bavière organisa en Allemagne une ligue des princes contre la France, en fait contre le pape, et les négociations se poursuivirent en vain jusqu'à ce que, en août 1337, Louis de Bavière fît alliance avec le roi d'Angleterre Édouard III, faute d'avoir vu le pape, sensible aux demandes de temporisation de Philippe VI de Valois, prendre au sérieux les avances qu'il lui faisait.

En Italie, toutes les villes bougeaient et la féodalité s'agitait. C'est à Bologne que la déception était la plus vive. Le pape ne put éviter de reconnaître la mainmise de Taddeo Pepoli sur la ville et sur les deux provinces de Romagne et de la Marche. Quand en août 1337 Taddeo se proclama « conservateur de la paix et de la justice », on crut que ce titre modeste ménageait les droits de l'Église. Il n'en était rien. Pepoli établissait son autorité sans s'embarrasser du pape, et réduisait à néant les ambitions jadis nourries pour que Bologne devînt la tête des états de l'Église.

Benoît XII cita Pepoli à comparaître à Avignon, puis brandit l'excommunication. Pepoli tenta de céder pour éviter la mise en interdit, qui eût fait partir les étudiants et donc ébranlé le prestige de la grande ville universitaire. Craignant pour leur indépendance, les habitants refusèrent la moindre soumission. On en vint aux sanctions. Bologne ne pouvait plus que déférer. Pepoli devint « administrateur des droits et des biens de l'Église à Bologne », ce qui valait un vicariat.

Les concessions faites par l'Église étaient diversement appréciées par ceux qui lui avaient toujours été fidèles. Ils rappelaient la longue hostilité des Visconti et ne se privaient pas d'évoquer les violences de mars 1334. Les hommes de Pepoli n'avaient-ils pas torturé leurs prisonniers ? On avait même dépecé et donné aux chiens un proche du légat. Comme l'écrivit un chroniqueur, les anciens rebelles étaient absous à bon compte.

> Pour beaucoup, cela fut dur à voir. Que le vicariat ou l'honneur soient attribués par l'Église à ceux qui avaient fait tant d'injures à l'Église, cela était fait contre la liberté de l'Église.

Les faits se chargeaient donc d'amener Benoît XII au réalisme. Cet homme pacifique ne cessait de menacer, de se fâcher, de condamner. De même qu'il refusa toujours de reconnaître Louis de Bavière comme empereur, il réagit fortement quand, à la mort du roi Frédéric, son fils Pierre se proclama roi de Sicile sans la moindre investiture pontificale. Mais c'est de l'empereur que vint la plus dure des réactions. Le 17 mai 1338, par un manifeste *Fidem catholicam,* Louis de Bavière précisait qu'il tenait son autorité de ses électeurs et d'eux seuls. Il récusait par là tout besoin d'une confirmation pontificale. Pour achever de ruiner les prétentions du pontife romain, il proclama la supériorité du concile sur le pape. Ces principes furent adoptés le 16 juillet par une assemblée des électeurs. Les intellectuels s'en mêlèrent, et le jeune clerc Conrad de Megenberg composa une *Plainte de l'Église en Germanie* pour dire la tristesse des Allemands qui se sentaient au ban de la chrétienté. Il est vrai que la population allemande souffrait particulièrement de la mise en interdit qui suspendait le culte. Le 4 août, c'est une véritable doctrine de la souveraineté impériale née de l'élection que formula Louis de Bavière par la constitution *Licet juris.* Le 5 septembre, devant la Diète d'Empire réunie à Coblence, l'empereur parut accompagné de son nouvel allié Édouard III, qu'il désigna comme vicaire impérial. Nul ne put en douter, la manœuvre visait autant le Saint-Siège que le roi de France.

On n'en allait pas moins vers l'apaisement quand en août 1338 Louis de Bavière, décidément versatile, demanda de nouveau au pape les conditions de son pardon. En fait, l'empereur voulait que le pape s'entremît pour un accord avec la France. On touchait à la solution du conflit quand en 1341 la France acquiesça aux propositions impériales. À Vincennes, le 15 mars 1341, on fit la paix entre France et Empire. Louis de Bavière compromit au dernier moment les chances de concorde en usurpant les prérogatives de l'Église dans une affaire matrimoniale qui lui tenait à cœur : le mariage de son fils avec l'héritière du Tyrol. Il lui fallut de nouveau négocier avec la curie, où les agents du roi de France ne cessaient de contrarier ses avances.

Le retour à la force

Multiplier les concessions n'avait servi de rien. En 1343, Clément VI reprit la vieille arme pontificale : il menaça Louis de Bavière de destitution. Bien plus, il encouragea en sous-main le parti qui, parmi les électeurs allemands, commençait de manifester une réelle lassitude à l'égard de la maison de Bavière et penchait pour un recours à la maison de Luxembourg, en l'occurrence au margrave de Moravie Charles de Luxembourg, le fils de ce roi de Bohême Jean l'Aveugle qui allait périr en 1346 à la bataille de Crécy. Après les difficultés rencontrées avec les derniers empereurs, Henri VII et Louis de Bavière, le Saint-Siège reprenait la main. Sans revenir explicitement à des prétentions théocratiques renouvelées d'Innocent III, Clément VI tirait les conséquences de la plénitude de son pouvoir.

En dépêchant en Italie, dès son avènement, le cardinal Guillaume Court, Clément VI n'avait fait que contribuer à d'éphémères trêves avec les puissances gibelines. Tous ceux qui avaient

fait leur paix avec l'Église commençaient de relever la tête. Les
fils de Taddeo Pepoli renâclaient devant le cens de leur vicariat.
Malatesta occupait Ancône. Dans le contexte difficile de la crise
bancaire qui, atteignant son paroxysme en 1342-1343, avait
ébranlé la puissance financière de ce pilier des guelfes d'Italie
moyenne qu'était Florence, Clément VI reprit l'initiative d'un
rétablissement en force.

Un drame domestique lui permit d'intervenir dans les affaires
de Milan. Le 24 janvier 1349, Lucchino Visconti était assassiné
par sa femme, Isabelle de Fiesque, dont il se préparait à punir les
infidélités. Son frère Giovanni – l'ancienne créature de l'éphémère Nicolas V – était, on s'en souvient, archevêque de Milan. Il
prit le pouvoir et commença d'élargir sa seigneurie. Naturellement, il commença par Bologne, qu'il annexa en 1350. Gênes
devait suivre trois ans plus tard. Le pape ne pouvait qu'excommunier d'abord le Visconti, puis le reconnaître comme seigneur de
Bologne moyennant un cens annuel de 12 000 florins. Il en profita
pour entériner, avec un cens de 10 000 florins, la seigneurie des
Este à Ferrare. Toujours porté à prendre le parti contraire à celui
du pape, Pétrarque fit l'éloge de Giovanni Visconti, protecteur
des écrivains et des artistes.

En 1347, Clément VI avait envoyé en Romagne un nouveau
recteur : son neveu Astorge de Durfort. En 1350, il le mit à la
tête d'une armée hétéroclite. Durfort avait marqué quelques points
quand il s'aliéna ses troupes : celles-ci avaient compris que le
pape son oncle n'avait pas donné à Astorge l'argent pour les
payer. Il fit rire quand il donna à ses mercenaires allemands, pour
gage de leur solde, le malheureux Giovanni Pepoli qu'il avait
fait prisonnier après l'avoir attiré dans le piège d'une prétendue
négociation. Pepoli s'évada. On le retrouva, naturellement, chez
le Visconti.

On a épilogué sur cette entreprise mal financée par un pouvoir
qui trouvait pourtant sur d'autres terrains les moyens d'une politique de prestige. Une telle critique appelle deux observations.
L'une est que – du moins le pape le pensait-il – le faste de la
cour d'Avignon n'était pas sans faire impression sur les Italiens
eux-mêmes. L'autre est que, si la dépense d'Avignon pesait sur
les finances de l'Église, ce n'est pas en 1350 que celles-ci étaient

à leur plus haut point : les temporels des églises avaient, comme toute la matière contribuable, souffert de la Peste noire, des désertifications qui en avaient résulté, des difficultés de paiement dont excipaient – à juste titre ou non – les bénéficiers de tout niveau pour ne pas s'acquitter de leurs annates. En 1350, le pape n'était pas riche. Mieux aurait peut-être valu différer l'expédition elle-même.

C'est alors que le ridicule vint s'ajouter à l'échec. Giovanni Pepoli trouva habile de céder Bologne au pire ennemi de la papauté à la tête du parti gibelin : Giovanni Visconti. À vrai dire, l'archevêque de Milan n'avait célébré la messe qu'une seule fois et son train était celui d'un prince. Il ne cachait pas son ambition : être le maître de l'Italie du Nord, de Bologne et de Florence aussi bien que de Gênes. En 1350, il était donc seigneur de Bologne. Durfort ne put reprendre la ville. Une fois de plus, le pape perdait la face. On dauba en France et en Italie quand le fier Clément VI dut, pour maintenir la fiction de la seigneurie du Saint-Siège sur Bologne, y nommer Giovanni Visconti comme vicaire apostolique. En fait, le pape y gagnait le ralliement du Visconti, qui renonça à Florence. Ce fut, le 31 mars 1353, la paix de Sarzana. Florence en sut gré au pape. Le succès diplomatique l'emportait sur la déconvenue de Bologne.

Seule consolation réelle pour Clément VI, Louis de Bavière avait disparu de la scène. Les proclamations d'indépendance qu'il fondait sur le vote des électeurs allemands fâchaient bien des Italiens, peu portés à accepter l'autorité d'un empereur qui se disait romain mais ne s'appuyait que sur une légitimité germanique, cependant que sa politique expansionniste n'avait cessé d'indisposer les princes allemands. Toujours méfiants quand un empereur devenait trop puissant à titre personnel ou dynastique, ceux-ci avaient vu sans plaisir la maison de Bavière pousser ses avantages en Hainaut, en Hollande, en Brandebourg, en Tyrol. Suivant en cela une injonction du pape, cinq princes électeurs avaient déposé Louis de Bavière et, le 11 juillet 1346, avaient élu roi des Romains Charles de Luxembourg.

L'empereur Charles IV

On ne comptait plus les liens de Charles IV et de la France. Il était fils de ce roi de Bohême qui avait compté parmi les plus fidèles vassaux de Philippe VI et allait trouver la mort sur le champ de bataille de Crécy. Son parrain n'était autre que le roi de France Charles IV, le dernier des fils de Philippe le Bel, et c'est de lui qu'il tenait ce nom, Charles, qui avait remplacé son véritable nom de baptême, Wenceslas. Il avait épousé Blanche de Valois, la demi-sœur de Philippe VI. Sa sœur, Bonne de Luxembourg, était l'épouse du duc de Normandie, le futur Jean le Bon, et l'on pouvait penser qu'elle serait reine de France. L'alliance n'avait donc rien de discret. Et Charles, à peine élu roi des Romains, était à Crécy aux côtés de son père et de son beau-frère.

Charles avait connu Clément VI quand celui-ci s'appelait Pierre Roger. Il l'avait même, un temps, eu pour précepteur, en 1325, lors d'un séjour à la cour de France. Les deux hommes s'estimaient, même si l'on savait à Avignon que Philippe VI voyait avec déplaisir le pape organiser la déposition d'un roi. La bourgeoisie des villes allemandes, qui avait souffert de l'interdit lancé par le pape pour faire céder Louis de Bavière, ne manquait pas de dénoncer cette collusion du pape et du nouvel empereur et on se préparait à traiter Charles IV de « roi des curés ». Élu après une véritable chasse aux voix et grâce à celles de son père, du duc Rodolphe de Saxe et des trois électeurs ecclésiastiques, l'archevêque de Trèves, celui de Cologne et celui de Mayence que l'on venait tout juste de remplacer à cette fin, il allait lui falloir quelque temps pour se faire reconnaître de tout le royaume germanique. Francfort lui étant interdit, les électeurs s'étaient réunis en Autriche, à Rense. Aix-la-Chapelle ne l'étant pas moins, l'archevêque de Cologne avait laissé passer le temps et finalement procédé au sacre, le 26 novembre, dans son château de Bonn.

Louis de Bavière gardait ses fidèles, et Guillaume d'Ockam n'était pas le seul à mettre en doute la légalité de l'opération qui substituait un empereur à un autre. Henri VII, assurait-il, avait encouru des peines canoniques qui écartaient de la compétition ses descendants de la maison de Luxembourg, du moins pendant trois générations. Son petit-fils était donc inéligible. Personne ne prit l'argument au sérieux mais il se trouva assez de mécontents, quand l'apoplexie emporta Louis de Bavière le 11 octobre 1347, pour refuser de se rallier à Charles IV. Ces ultimes opposants eurent cependant quelque peine à se mettre d'accord et c'est seulement le 30 janvier 1349 que le comte Gunther de Schwarzburg fut élu roi des Romains, à Francfort, par trois électeurs seulement, l'archevêque de Mayence qui se déjugeait ainsi, le marquis de Brandebourg et le comte Palatin. Gunther se découragea vite et quand, le 14 juin, il mourut, peut-être empoisonné, on mit l'affaire au compte de Charles IV. Cela n'empêcha pas les opposants de se rallier enfin. Le 25 juillet, Charles IV pouvait se faire couronner à Aix, comme le voulait la tradition, devant la tombe de Charlemagne.

Le nouveau roi des Romains avait naturellement agréé l'année précédente l'acquisition par son ami le pape de cette ville d'Empire qu'était Avignon. Il fit comprendre qu'une descente en Italie n'était pas dans ses projets immédiats. Il avait assez à faire avec le nécessaire rétablissement de l'autorité impériale en Allemagne pour ne pas perdre temps et argent dans un couronnement qui ne lui apporterait rien de tangible. Il ne savait que trop combien son grand-père Henri VII s'était laissé piéger par les factions italiennes, et l'agitation qui régnait à Rome faisait trop ouvertement appel à lui pour qu'il ne se méfiât pas. Et l'idée qu'il se faisait du Saint Empire demeurait celle d'un partage raisonnable des responsabilités envers le peuple chrétien et d'un équilibre des deux pouvoirs, spirituel et temporel. Il fit donc savoir au pape qu'il ne mettait pas en cause son vicariat d'Empire en cas de vacance.

Celui qui devait être l'empereur Charles IV était, de toute manière, plus porté vers le camp guelfe et l'alliance angevine que vers des gibelins qui perdaient ainsi un soutien politique et des occasions d'agitation. Charles IV ne fit donc en Italie qu'une expédition tardive et sans autre prétention que l'achat de quelques fidélités, payées à bon marché de divers titres de vicaire impérial. Le 5 avril 1355, jour de Pâques, il recevait à Saint-Pierre la couronne impériale. Spécialement envoyé pour cela d'Avignon malgré les réclamations des cardinaux de Périgord et de Boulogne qui se jugeaient plus dignes de la mission mais auxquels on refusa de payer le voyage, le cardinal Pierre Bertrand de Colombiers officiait. L'empereur se garda de toute déclaration et quitta Rome le lendemain, comme il l'avait promis au pape qui ne tenait pas à le voir s'installer dans une Ville éternelle privée de son pontife. Les Romains avaient applaudi son arrivée. Ils critiquèrent son départ précipité, et le fait qu'il repartît avec beaucoup d'argent. On nota qu'il n'avait apporté aucune aide à Innocent VI. Pétrarque ne fut pas le moins sévère.

> Il se satisfait de son refuge national et du nom de cet Empire dont il embrasse les membres les plus éloignés sans se soucier de la tête.

La discrétion de Charles IV semblait un recul de la tradition impériale qui faisait de chaque descente et de chaque couronnement une épreuve de force et qui renforçait à chaque fois un parti gibelin champion de l'abaissement politique du Saint-Siège. Innocent VI aurait eu tort de triompher. Un an et demi plus tard, la Bulle d'or de 1356 fixait – elle fut la loi jusqu'à la Pragmatique Sanction de 1713 – les règles de procédure définitives pour l'élection impériale et fermait la liste des princes électeurs : le droit de vote sera indivisible en sorte que les partages successoraux n'en augmenteront pas le nombre. Charles IV réduisait ainsi à néant les motifs de contestation, limitait les risques de double élection et, partant, les occasions qu'avait le pape d'arbitrer l'élection impériale.

Innocent VI n'éleva aucune protestation. Sur place, Androin de la Roche n'avait pas bronché. Rien ne pouvait fonder le refus d'une décision prise, après une longue consultation de la Diète, afin d'éviter l'anarchie, de réduire le risque d'interminables conflits et, donc, d'assurer la paix dans l'Empire. Dans l'immédiat, tout le monde avait compris que, si le pape décidait de gagner Rome, Charles IV ne compliquerait pas les choses. D'autres s'en chargeaient.

LE RÊVE DE COLA DI RIENZO

Pendant ce temps, des événements surprenants attiraient l'attention sur Rome, et ils n'étaient pas de nature à encourager le pape au retour dans la Ville éternelle. L'origine en était dans les lectures d'un notaire frotté d'humanisme, ami de Pétrarque depuis leur rencontre à Avignon en 1343 et familier des historiens latins dont les bibliothèques romaines conservaient d'innombrables copies.

Des pouvoirs qui s'exerçaient dans la Rome des papes, celui de la Commune était le moins atteint par l'absence pontificale. Dans les affrontements que l'on sait, la noblesse romaine tenait fermement le Capitole, mais le peuple profitait de ces rivalités et manifestait de temps à autre par quelque insurrection le souvenir qu'il gardait de ses droits sur le gouvernement de la Ville. En 1305, le peuple avait nommé un capitaine. En 1313, une insurrection fit de Jacopo Arlotta de' Stefaneschi un recteur et capitaine du peuple, que vint flanquer un conseil de vingt-six membres. Heureux de voir battue en brèche la domination des grandes familles romaines, Clément V avait approuvé le nouveau régime, lequel ne survécut pas à un coup de force de la noblesse contre le Capitole. Le pape trouva judicieux de se décharger sur le roi Robert de sa responsabilité proprement romaine. En 1327, c'est paradoxalement Sciarra Colonna que le peuple mit à la tête d'une Commune gouvernée par un conseil de cinquante-deux membres populaires. Une nouvelle fois, soutenue par Louis de Bavière, la noblesse reprit le pouvoir. En 1332, les Romains pensèrent régler définitivement la question en faisant du pape le sénateur, le recteur et le capitaine de Rome. La réaction vint en 1339 : le pouvoir fut de nouveau pris par les grandes familles, Orsini et Colonna en tête. Benoît XII révoqua ce gouvernement et reprit les choses en main. L'avènement de Clément VI sembla donner aux barons romains une nouvelle chance. Ils dépêchèrent à Avignon une ambassade que conduisait Stefano Colonna. En 1343, pendant que l'ambassade aristocratique était chez le pape, une insurrection mettait en place à Rome un conseil de treize membres représentant les métiers. Le nouveau conseil se hâta d'envoyer une ambassade pour contrarier la précédente. À sa tête, un nommé Cola di Rienzo.

L'histoire semble recommencer, mais Cola di Rienzo ne ressemble ni à Arlotta ni à Sciarra Colonna. Ce notaire, dont le nom entier pourrait avoir été Niccolò di Lorenzo, est issu d'une famille modeste – son père était tavernier, sa mère lavandière et porteuse d'eau, et sa chance est d'avoir épousé la fille d'un notaire – mais il a beaucoup lu et en a acquis une fine culture religieuse autant que profane. La fréquentation des historiens anciens et une imagination féconde lui ont fait entrevoir et appeler de ses vœux une restauration de la grandeur politique de la Rome antique. Naturellement porté à haïr la noblesse, il voit en elle, en ses dissensions et en l'anarchie qu'entretiennent celles-ci les principales causes d'une décadence. Cola di Rienzo s'est donc vite posé en porte-parole d'un parti populaire qui s'oppose aussi bien aux Orsini qu'aux Colonna. Ses propos sont, à Avignon, sans fard : la noblesse est responsable de la décadence de Rome.

Tite Live lui a enseigné la grandeur de Rome. Cicéron lui a laissé voir la République, qui n'est ni la Rome des Césars ni celle des papes. Fin latiniste, bon juriste, Rienzo a déchiffré avec un talent qu'ont salué les témoins quelques inscriptions antiques et les initiales SPQR – *Senatus Populusque Romanus* – lui ont rappelé le rôle éminent du Peuple romain. C'est à celui-ci qu'en mai 1347 il promettra de restituer ce dont les siècles l'ont frustré. Car l'Empire dont il rêve est celui du Sénat. Il rejoint ici ce Pétrarque avec qui il s'est lié à Avignon et pour qui les hautes figures de Rome sont Scipion l'Africain, Caton le Censeur et les deux Brutus, le vainqueur de Tarquin et le meurtrier de César. Car Pétrarque ne place pas un seul empereur, non plus que César, parmi les vingt-trois personnages pas tous romains – on y trouve Pyrrhus, Alexandre et Hannibal – auxquels il consacre ses *Vies des hommes illustres.* Et le poète d'assurer que la décadence de Rome commence quand on hisse sur le trône des empereurs qui n'ont de romain que le nom. S'il a passé sa jeunesse à Anagni, Rienzo est né à Rome, dans le quartier de la Regola, et c'est dans le Trastevere que, notaire de la compagnie des notaires capitolins, il s'est installé avec les siens. Il est à lui seul un symbole du Peuple romain.

Le propos de Rienzo vise directement l'empereur – celui du Saint Empire, non l'Africain Septime Sévère – et secondairement les barons romains. Il ne met pas en cause le pouvoir pontifical : la place de celui-ci est marquée à la tête de l'Église, donc d'une entité à laquelle préexistait le Peuple romain. On retrouve là, sans qu'en soient tirées les mêmes conséquences, la théorie du pouvoir naturel fondée sur Aristote qu'ont si largement développée les légistes de Philippe le Bel et les auteurs du *Defensor pacis*.

Rienzo met d'ailleurs les choses au clair : il demande au pape de revenir à Rome. Et de rappeler au pontife qu'il est syndic, recteur, capitaine, défenseur et – contre la noblesse et le patriciat – protecteur du Peuple romain. L'échec prévisible de la mission, qui revient avec seulement l'annonce d'un renouvellement du jubilé déjà obtenu par Stefano Colonna, aura pour première conséquence de fortifier Rienzo dans l'idée qu'il se fait de sa vocation. Car il ne se sent pas moins inspiré et porté par le Saint-Esprit. Dans l'immédiat, il a agacé le pape, et celui-ci a maintenu à Rome le gouvernement des barons.

Longtemps, Rienzo fait rire la noblesse plutôt qu'il ne la fait trembler. Lorsqu'au début de 1347 il affiche à la porte de Saint-Georges-au-Vélabre une proclamation annonçant le retour « à l'antique et bon gouvernement », on voit encore en lui un original. Quand il fait broder quatre bannières en l'honneur de saint Georges, de la Paix, de la Liberté et de la Justice, nul n'y voit malice. Pendant qu'il complote avec quelques amis réunis sur l'Aventin et que l'on prépare là les décrets qui aboliront le gouvernement nobiliaire, les deux sénateurs Roberto Orsini et Pietro Colonna se croient tranquilles au Capitole.

C'est à la Pentecôte que l'affaire prend un cours sérieux, alors que Stefano Colonna et son armée aristocratique sont en expédition à Corneto. Rienzo a passé la nuit en prière. À Sant'Angelo in Pescheria, cette église qui s'est logée, au cœur de la Rome républicaine, dans le portique d'Octavie, il a entendu les messes du Saint-Esprit. Et ce 20 mai 1347, vêtu d'une toge à l'antique pour commenter la loi romaine et dénoncer les crimes de la noblesse, il offre au Peuple le gouvernement de Rome et de l'Empire. Il cite César, brandit les tablettes de bronze de la *Lex de imperio Vespasiani* – ce senatus-consulte qui conférait l'*imperium* à Vespasien – et annonce la *Renovatio romani imperii*. Emporté par sa passion, il ne voit pas la contradiction avec son propos républicain. La conclusion est que le Peuple lui confie le gouvernement. Le vicaire pontifical, l'évêque Raymond de Chamayrac, se tient pour assez content qu'on lui ait demandé un accord qu'il ne pouvait refuser. Quant à prendre l'avis du pape, il n'en a pas le temps. Clément VI sera informé, et Rienzo sera assez habile pour continuer à tenir le pape au courant des événements. Les relations cesseront quand un messager de Rienzo sera assommé aux portes d'Avignon.

Quand il regagne Rome, Stefano Colonna renonce à réagir. Au petit matin du 30 mai, ses amis populaires – c'est-à-dire la classe moyenne des artisans établis et des boutiquiers – rejoignent Rienzo. Précédés des quatre bannières, les conjurés marchent sur le Capitole. Le palais, qui n'est pas défendable, est envahi par une foule qui grossit de minute en minute. Les sénateurs s'enfuient. Rienzo harangue les Romains, les fait pleurer sur leur décadence. Dans l'enthousiasme, il fait approuver par acclamation les décrets réformateurs qui font de lui le maître absolu de la Ville. Proclamé « recteur de la Cité de Rome », il a désormais le droit de déclarer la guerre et de faire la paix, de publier les lois qu'il veut, de nommer sans contrôle à toutes les magistratures de la Commune. Symboliquement, il annonce qu'on va restaurer le Capitole. Les mesures d'ordre public contre l'ivresse ou contre les jeux de hasard ne sont pas moins symboliques : on restaure la vertu républicaine.

Bien évidemment, le pape n'a pas été consulté. Sans dire qu'il récuse la souveraineté pontificale et sans renoncer à prêcher le retour du Saint-Siège dans la Ville éternelle, Rienzo se pose en égal des recteurs qui sont les représentants du pape pour l'exercice du pouvoir temporel dans les provinces. Mais nul ne s'y trompe : c'est du Peuple que Rienzo et son gouvernement tiennent leur légitimité et c'est au nom du Peuple qu'il réforme la justice, les finances et la défense. Quand, trop heureuses que tout se soit passé sans effusion de sang et ne faisant qu'imiter en cela le vicaire papal qui n'en peut mais, les grandes familles aristocratiques reconnaissent le nouveau régime, nul ne se soucie de la sanction pontificale. Rome n'est plus la ville du pape. Rienzo est fondé à rappeler qu'il a demandé au pape de revenir. Ce n'est pas par la faute des Romains que la Ville est sans pape.

L'état pontifical commence de trembler sur ses bases quand Rienzo propose la formation d'une sorte de confédération des puissances péninsulaires, unies autour de Rome. Le projet s'étend à toute l'Italie mais, comme il y a peu à attendre des Angevins, des Visconti ou des Della Scala, la menace touche avant tout les provinces de l'Italie moyenne, de la Maremme à la Marche d'Ancône et à la Romagne. Les esprits s'enflamment.

La famille du Florentin Francesco Petrarca – notre Pétrarque – est, depuis le début du siècle, viscéralement attachée à la *parte bianca*, à ce parti des blancs qui regroupe les grandes familles de la noblesse florentine et ceux des bourgeois qu'a ulcérés l'intervention de Charles de Valois venu en 1301 au secours des prétentions temporelles de Boniface VIII. Le poète applaudit maintenant avec enthousiasme à ce regain du patriotisme italien que symbolise et que conforte l'entreprise de Rienzo. Installé à Avignon ou près d'Avignon depuis 1312 et familier du pape Clément VI, Pétrarque n'est pas pour rien dans la faveur dont bénéficiera quelque temps à la curie le nouveau maître de Rome.

Avec lucidité, Pétrarque est sensible au dommage moral et politique que causent à l'Italie les dissensions internes, les rivalités de villes, les querelles de partis, les prétentions de l'aristocratie, toutes hostilités qui, parce qu'elles conduisent à l'embauche de mercenaires, mettent trop souvent les étrangers en position d'arbitres. Son séjour à Parme, en 1345, l'a fait témoin des affrontements entre Este, Visconti et Coreggio. Maintenant, il renie son attachement aux Colonna qui n'ont cessé de le protéger. Prenant à son compte ce qui n'est qu'une tradition légendaire, il les traite même d'étrangers. « Plus que cette famille, écrit-il, me sont chères la République, Rome et l'Italie. » L'emploi du mot République est, en soi, une déclaration de guerre. L'émergence du Peuple sous la houlette de Rienzo fait entrevoir au poète, dans une affaire romaine qu'il ne voit que de loin, l'exemple à suivre pour l'affranchissement d'une Italie qui est un champ clos et dont chaque ville est un champ clos. À cela s'ajoute l'humiliation que représente à ses yeux l'absence du pape. C'est Pétrarque qui, en quatre sonnets – *La Flamme du Ciel, L'Avare Babylone, La Fontaine de douleur* et *L'Impie Babylone* – illustre le thème de l'exil et, comparant Avignon à Babylone, celui de la captivité.

Dans le tableau qu'il brosse à plusieurs reprises, Pétrarque mêle sa réprobation des papes et son aversion d'un monde que gouverne la finance. Et c'est l'ensemble de la société chrétienne qui se voit accusée. « Avec l'or, on brise barreaux et rochers, on adoucit le triste portier, on ouvre les portes du ciel. » Mais Avignon l'emporte en infamie.

> On n'y trouve ni pitié ni charité ni loyauté. Règnent là l'orgueil, l'envie, la luxure, l'avarice et leurs intrigues. Les pires individus y sont en faveur. Un bandit y est honoré s'il paie bien, et un juste est opprimé s'il est pauvre. La franchise s'appelle folie et la prudence est intrigue. On méprise Dieu, on adore l'argent, on foule aux pieds les lois, on ridiculise les bons, et cela au point qu'on se moque de tout le monde.

Le poète met naturellement à l'arrière-plan de son réquisitoire une Rome pontificale « pleine de hauts faits antiques » et parée de toutes les vertus. Rien n'y transparaît des raisons pour lesquelles le Siège de Pierre a ainsi délaissé la Ville éternelle. De la dénonciation politique, qu'il reprend en des lettres enflammées au Peuple romain, Pétrarque passe à la critique morale. Avignon est « asservie par le vin, le lit et la table ». Quel que soit le point de vue, la vision est unilatérale, et elle est aussi violente dans la description que dans la menace d'une destruction apocalyptique.

> Fontaine de douleur, demeure de colère,
> École d'erreurs et temple d'hérésie,
> Jadis Rome, aujourd'hui Babylone fausse et perverse
> Par qui l'on pleure et tellement soupire,
> Forge de tromperies, prison horrible,
> Où meurt le bien et où naît et croît le mal,
> Enfer des vivants, ce sera un grand miracle
> Si contre toi le Christ ne s'irrite à la fin.

Très vite, le vertige s'empare de Rienzo. Maintenant, il se proclame tribun. Le pape pouvait s'accommoder d'un recteur, moins d'un tribun dont le titre est clairement révolutionnaire. Même à Rome, on s'étonne quand, se hissant au niveau de Charlemagne, Cola di Rienzo s'intitule sérieusement « Nicolas, par la volonté de Jésus-Christ, chevalier sévère et clément du Saint-Esprit, libérateur de Rome, zélateur de l'Italie, grand ami du monde et auguste tribun ». Lorsqu'il écrit aux villes italiennes, il se dit « le sévère et le clément, tribun de la liberté, de la paix et de la justice, libérateur de la Sainte République romaine ». En août 1347, il organise son triomphe en des manifestations imprégnées de réminiscences antiques dans un décor archéologique. Le goût pour les triomphes à la façon de la Rome ancienne n'est pas tout à fait nouveau, et l'on a bien vu, en 1341, le Capitole réserver à Pétrarque, auteur de poèmes tels que le *Triomphe d'Amour*, un triomphe qui lui vaut d'être, comme il le souhaitait depuis longtemps, solennellement couronné de myrtes et de lauriers.

Rienzo se fait représenter en peinture au Capitole, à l'église Sant-Angelo *in Pescheria*, au palais du Latran, et c'est maintenant devant son portrait qu'il harangue la foule romaine. Le 1er août, le peuple est convoqué au Latran. Vêtu d'une tunique de soie blanche brodée d'or, Rienzo s'immerge en grande pompe dans le baptistère du Latran, se proclame lui-même chevalier et gagne ensuite la loggia de la basilique pour y recevoir l'épée et les éperons d'or. Le peuple, auquel on lit le décret qui lui rend ses droits anciens, est médusé.

Après avoir publié un décret qui stipule que Rome est le centre du monde et que le Peuple romain exerce sa juridiction sur le monde entier, le tribun fait frapper une monnaie dont la légende dit tout : la Ville est la tête du monde. Conséquence logique de cette proclamation, il cite l'empereur et tous les princes à comparaître au Latran devant le Peuple romain. Se tournant successivement vers les quatre points cardinaux, il rappelle solennellement : « Ceci est à moi ! ». L'élite politique le comprend, c'est dénoncer la « Donation de Constantin ». Ce qu'un empereur a indûment donné au pape revient au Peuple romain et à celui qui l'incarne.

Une part du discours de Rienzo n'a rien d'original. Il est des idées qui courent ainsi de ville en ville. L'apologie du « Bon gouvernement » qu'il ne cesse de faire et qui se retrouve dans le décor délibérément politique de Sant'Angelo pourrait bien se nourrir de la même idéologie – le bonheur par le triomphe du Peuple – qu'Ambrogio Lorenzetti vient d'illustrer à Sienne dans cet éloge du gouvernement bourgeois qu'est la fresque du Palais communal.

Le 2 août, la fête est au Capitole. On y voit des représentants de diverses villes italiennes, auxquels Rienzo remet des bannières et des anneaux d'or. La souveraineté de la Commune de Rome semble reconnue. L'apothéose vient deux semaines plus tard quand, le 15 août, devant Sainte-Marie-Majeure, le peuple ébloui assiste au couronnement de l'« Auguste tribun », un couronnement que l'on a mis en scène à l'instar des empereurs romains plus que de Charlemagne lui-même. C'est bien la succession d'Auguste que recueille ainsi celui qui ne faisait l'apologie que de la vertueuse Rome républicaine. Lui sont successivement placées sur la tête une couronne de feuilles de chêne par le prieur du Latran, une couronne de lierre par celui de Saint-Pierre, une couronne de myrte par celui de Saint-Paul-hors-les-Murs, une couronne de laurier par celui de Saint-Laurent, une couronne d'olivier par celui de Sainte-Marie-Majeure, une couronne d'argent assortie d'un sceptre par le prieur du Saint-Esprit. À chaque remise, une allocution fait son éloge. Le syndic du Peuple lui remet alors le globe d'argent qui figure le monde et l'archevêque de Naples met un terme au défilé en lui imposant une somptueuse couronne d'argent.

Cette fois, et sans tenir compte des enthousiasmes de Pétrarque, Clément VI se fâche. On lui rapporte que Rienzo veut s'entendre avec les Angevins de Hongrie pour renverser à Naples la reine Jeanne. Bien des Romains, d'abord agacés puis indignés, lui font savoir que Rienzo passe les bornes du ridicule. Le pape dépêche donc le cardinal Bertrand de Déaux comme « réformateur général de l'état pontifical ». On comprend qu'il a charge de mettre un terme à l'aventure. Cet excellent juriste a été auditeur des lettres contredites. Il n'a pas l'étoffe d'un gouvernant en des conditions difficiles, et il constate vite qu'il n'est pas en force. Après avoir supporté les insolences de Rienzo qui se présente devant lui vêtu d'une superbe armure et portant couronne d'argent, le légat quitte Rome et se retranche dans la forteresse de Montefiascone, qui fait piètrement figure de capitale du Patrimoine. Là, il entreprend d'organiser la réaction. Averti de la menace, le tribun fait arrêter les chefs des principales familles et notamment le vieux Stefano Colonna, les menace de mort dans un simulacre de procès qui, le 14 septembre, ne peut les forcer à avouer un complot, puis les fait relâcher, ce qui suffit à les convaincre que le temps travaille contre eux et qu'il est urgent de renverser le tribun. Faisant pour une fois front commun, Giordano Orsini et Stefano Colonna s'installent dans leurs châteaux, l'un à Marino, l'autre à Palestrina, et y préparent l'assaut contre Rome. Celui-ci a lieu le 20 novembre 1347 devant la porte Saint-Laurent.

Les barons que commande Giordano Orsini ont sous-estimé l'attachement du petit peuple romain à un régime qui le flatte par des rêves de grandeur : la milice de la Commune est prête à se faire tuer et on y voit même les femmes manier le couteau. Au soir de l'engagement, quatre-vingts nobles sont morts et Giordano Orsini est mourant. Quant à Stefano Colonna, que l'âge a retenu à Palestrina, il a perdu en l'affaire un fils et presque tous ses petits-fils. Comme les deux fils qui lui restent sont l'un cardinal et l'autre évêque, il ne peut plus compter pour la vengeance que sur le très jeune Stefanello. C'en est fini de l'influence politique des Colonna. Rienzo se vantera d'avoir eu, deux jours plus tôt, une vision : Boniface VIII lui est apparu pour le conforter. Il est vrai que, après l'affaire de la porte Saint-Laurent, Benedetto Caetani est vengé.

Ce même 20 novembre, Pétrarque consacre sa rupture avec Clément VI. Il prend la route de Rome. Il arrivera trop tard pour revoir son ami Rienzo, restera en Italie du Nord et mènera, de Parme à Mantoue et de Milan à Venise avant son installation durable à Padoue en 1368, une vie dominée par une passion patriotique à l'échelle de l'Italie. Mais il n'acceptera pas d'en démordre, Rienzo restera le héros de Rome.

> Il est ceint d'une gloire éternelle pour avoir osé vouloir le salut et la liberté de la République, et que soient établis à Rome le gouvernement de Rome et le pouvoir romain.

Les nobles demeurent assez nombreux pour réagir. S'être fait tailler en pièces par des bourgeois et des artisans suffit à les motiver. Après avoir longtemps tergiversé, le pape se range officiellement dans leur camp et condamne Rienzo avec une sévérité qui ne laisse pas indifférent le menu peuple. Le 15 décembre, les barons donnent un nouvel assaut, occupent le cirque Flaminius et marchent sur le Latran. Rienzo se réfugie au château Saint-Ange, où il se retrouve isolé. Il ne lui reste qu'à s'évader.

De nouveau Rienzo

Le légat Bertrand de Déaux regagna rapidement Rome et y prit le pouvoir. Il nomma deux sénateurs, Luca Savelli et Bertoldo Orsini. C'eût été le succès de l'aristocratie si elle avait su dominer sa victoire. Elle se contenta de rétablir les institutions antérieures et de revenir aux modes de gouvernement qui avaient suscité l'engouement du peuple pour Rienzo. L'aristocratie se divisait, et le peuple s'agitait. Même si Colonna et Orsini n'étaient plus en état de s'opposer, l'anarchie régnait de nouveau. La Peste noire, qui frappa Rome en 1348 et qui, comme ailleurs, toucha plus durement les milieux populaires qu'une aristocratie capable – comme les personnages du *Décaméron* – de se retrancher dans ses propriétés à la campagne, ne fit qu'aggraver la misère et le mécontentement. Au lendemain de Noël 1351, une nouvelle insurrection rétablit le pouvoir du peuple et un bon bourgeois connu pour sa sagesse, Giovanni Cerroni, fut nommé recteur. Le pape, que l'éloignement condamnait toujours à n'intervenir que tard, se contenta d'approuver. Mais Cerroni, bien que nommé sénateur et capitaine, n'était pas l'homme des situations difficiles. Il n'avait jamais commandé une armée : il se fit battre par les gibelins de Giovanni di Vico. Il perdit pied. En septembre 1352, il abandonna ses fonctions et quitta Rome. Les nobles revinrent. Une dernière insurrection, en septembre 1353, rétablit au bénéfice de Francesco Baroncelli le régime jadis instauré par Rienzo.

Craignant à juste titre d'être arrêté par les gens du pape, Rienzo s'était réfugié au cœur des Abruzzes dans un repaire de fraticelles où il n'avait fait que confirmer son esprit visionnaire. Il se persuada que le règne du Saint-Esprit approchait, donc que son heure était venue. Il lui fallait convaincre l'empereur Charles IV de seconder ses vues. En 1350, il était à Prague. Naturellement, il sollicitait d'être nommé vicaire impérial à Rome. Il se mit à rédiger un projet de gouvernement mondial. En 1352, Charles IV jugea prudent de le faire arrêter. Rienzo était dans la prison de l'archevêque quand Clément VI apprit la chose et demanda qu'on le lui envoyât à Avignon. Une commission fut chargée d'instruire ce qui ressemblait à un procès. Composée des trois cardinaux de Boulogne, de Périgord et de Déaux, elle ne pouvait qu'être défavorable à l'ancien tribun. En attendant un probable bûcher, on mit Rienzo à l'étroit dans la tour de Trouillas, à la pointe nord du palais pontifical. Vainement Pétrarque écrivit-il aux Romains une lettre enflammée pour les appeler à défendre celui qui avait eu le tort de dire que l'autorité de Rome résidait dans le Peuple romain. Et de rappeler qu'un citoyen romain ne pouvait être jugé qu'à Rome. La curie n'était pas prête à entendre le recours au droit du préteur. Rienzo ne relevait pas de la Rome républicaine mais de l'Inquisition pontificale.

Le cas de Rienzo ne peut être isolé d'un contexte où foisonnent des manifestations de surnaturel que l'Église tient naturellement pour suspectes. La Peste noire n'a, bien évidemment, fait qu'abonder les visions apocalyptiques. C'est en 1349 que Clément VI met le franciscain Jean de Roquetaillade dans une prison où l'auteur de tant de prédictions – fondées sur « l'esprit de compréhension » qu'il dit avoir reçu en don de Dieu – retrouve un clerc anglais tenu pour fou, mais le cardinal de Périgord ne craint pas de consulter en 1356 Roquetaillade avant même une libération que la Vierge elle-même a annoncée six mois plus tôt au franciscain. À Avignon, on a l'habitude, dans ces années-là, de voir des illuminés et de les mettre hors d'état de nuire.

À Rome, la situation était confuse, et une crise frumentaire venait aggraver les tendances à l'agitation. Sans s'occuper ni du pape ni de la noblesse, le Peuple avait élu deux sénateurs, qu'il avait naturellement choisis parmi les démagogues des grandes familles : Stefanello Colonna et Bertoldo Orsini. Innocent VI les excommunia. Mais il ne pouvait ignorer que ces nouveaux désordres s'accompagnaient de l'agitation de la noblesse et d'un soulèvement général de l'état pontifical auquel commençait de faire face le légat Gil Albornoz. Le pape pensa donc se servir de l'ancien tribun plutôt que le condamner. Homme de modération, le vieux pontife pensait que Rienzo avait, dans les épreuves et avec les années, gagné en sagesse et que l'on pouvait compter sur lui pour faire pièce aux barons. Il jugea habile de le nommer sénateur de Rome. Rienzo prit la route de l'Italie. Quelque peu réticent, Albornoz le tint pour sénateur mais lui interdit de quitter Pérouse. Rienzo avait encore quelques capacités de persuasion :

il trouva à emprunter de quoi embaucher des mercenaires. Le 1er août 1354, il fit dans Rome une entrée solennelle.

Le sénateur ne s'était pas bonifié. Il crut revenu le temps de sa toute-puissance et se comporta en dictateur. Les Romains avaient déjà fait l'expérience. Cette fois, ils ne suivirent pas. Menacé dans le Capitole par une émeute où la noblesse faisait cause commune avec les populaires, Rienzo fut trahi par un parent qui dénonça sa tentative de fuite. Ce 8 octobre 1354, les insurgés se saisirent de lui, le décapitèrent et le pendirent par les pieds au balcon du palais Colonna. On finit par brûler le corps et par jeter les cendres dans le Tibre.

Les admirateurs de Rienzo ne renonçaient pas pour autant. Lorsque Charles IV vint se faire couronner, Pétrarque lui demanda de rétablir l'Empire des temps anciens. Le nouvel empereur répondit en citant l'empereur Tibère : « L'Empire ? Vous ne voyez pas quel monstre c'est ? »

Le pape a été dramatiquement absent d'événements dont la rapide succession interdisait les réactions, sinon tardives et privées de véritables moyens. Clément VI charge de proposer des réformes une commission formée de quelques prélats qui ont été mêlés aux affaires romaines : Bertrand de Déaux, Guy de Boulogne, Guillaume Court, Bertrand du Pouget et Niccolò Capocci. La commission entend Pétrarque et ses récriminations contre la féodalité romaine et contre les étrangers indûment pourvus d'une charge de sénateur qui ne devrait échoir qu'à un Romain de naissance. Cela n'avance à rien. Au moins Innocent VI profite-t-il ensuite de l'effacement des grandes familles et de la lassitude du peuple pour imposer quelques réformes. Au lendemain de la mort de Rienzo, Albornoz avait nommé deux sénateurs. En 1358, il n'y a plus qu'un seul sénateur, et celui-ci est obligatoirement choisi parmi les notables d'une autre ville. Un conseil de sept réformateurs assiste le sénateur. Urbain V supprimera ce conseil en le remplaçant par trois conservateurs, mais il se réservera le droit de pourvoir à toutes les magistratures urbaines. En écartant définitivement du pouvoir municipal les lignages de barons qui l'ont si longtemps dominé, Rienzo aura finalement permis au pape de reprendre en main le gouvernement d'une ville qui lui échappait depuis plus d'un siècle.

Sur Rienzo les jugements de l'histoire relèvent de deux vues différentes. Pour les uns, qui suivent Clément VI, l'homme est un illuminé, un fanatique, un charlatan, un farceur. Se croyant investi d'une mission par Dieu et inspiré par le Saint-Esprit, l'illusionniste a conduit tout un peuple à la folie en agitant le miroir d'une irréelle grandeur historique. Pour les autres, qui suivent Pétrarque, c'est une tête politique particulièrement imaginative, anticipant d'un siècle sur l'entrée de l'humanisme dans le gouvernement des états. Sa rébellion contre le Saint-Siège procède de la prédication des spirituels de l'ordre franciscain qui n'a pas encore fini d'ébranler l'Église. Elle mérite donc d'être prise au sérieux. Mais, et Pétrarque insiste là-dessus, Rienzo s'est montré trop généreux envers les ennemis du Peuple.

> Il mérite tous les supplices, car ce qu'il voulait il ne le voulut pas avec la ténacité qu'exigeaient les circonstances.

On ne s'accorde que sur une chose : Rienzo n'est ni un sot ni un incapable. Sa culture classique est réelle, sa théologie n'est pas une simple façade et son talent n'est pas niable. Il mêle une mystique exacerbée qui séduit le bon peuple et justifie l'action à une rhétorique grandiloquente et un sens théâtral qui, pour un temps, sont un moyen efficace de mouvoir les foules. On ne saurait cependant négliger le fait que Rienzo entre en scène alors que les Romains sont exaspérés par l'instabilité politique qu'ils subissent depuis un demi-siècle, qu'ils sont las de voir le Capitole à l'encan, qu'ils sont humiliés par une absence papale qu'ils prennent pour du mépris et par les échos qui leur parviennent des splendeurs nouvelles de la cour d'Avignon. Rome rêve de grandeur, et la grandeur est ailleurs. La Ville éternelle est prête à se donner à qui lui promet le retour des Césars.

La légende et la littérature se saisiront du personnage. Rienzo deviendra l'un des symboles du combat mené par le Peuple pour conquérir une place dans le gouvernement de la cité. Le Romantisme en fera un héros de la liberté que louera Byron. D'aucuns voudront voir en lui un précurseur des mouvement sociaux. L'écrivain anglais Edward Bulwer Lytton, l'auteur des *Derniers jours de Pompei,* publiera un roman, *Le dernier des tribuns*, qui tombera en 1837 sous la main de Richard Wagner. Quitte à greffer sur l'histoire du tribun romain une intrigue amoureuse qui enrichit l'argument et permet de placer là un soprano, Wagner donnera dans *Rienzi* une vue assez nouvelle des péripéties du XIVe siècle jugées à l'aune des pulsions révolutionnaires du XIXe.

GIL ALBORNOZ

Le 30 juin 1353, Innocent VI avait désigné le cardinal castillan Gil Alvarez Carillon Albornoz comme légat et vicaire général dans tous les états de l'Église. Pendant douze ans, Albornoz avait été l'homme fort de l'Église d'Espagne et une tête politique avec laquelle il fallait compter en Castille. Il partit pour l'Italie le 13 août.

Diplômé de Toulouse comme tant d'autres, Gil Albornoz n'avait rien du clerc sorti du rang. Issue des rois de León et apparentée aux rois d'Aragon, sa famille était notable dans la noblesse de Cuenca. On fera l'éloge de son énergie, de sa subtilité politique, de ses capacités de chef de guerre, mais aussi de sa générosité de cœur et de son goût pour les lettres. Rapidement menée, une carrière brillante avait fait de lui, en 1338, un archevêque de Tolède, donc le premier prélat d'Espagne. Son prestige et son savoir-faire s'étaient employés au service du roi Alphonse XI. Albornoz avait soutenu la brillante reprise de la Reconquête qui avait conduit en 1340 à la victoire de Tarifa, puis en 1349 à celle de Gibraltar. La part qu'il y avait prise en personne avait laissé voir ses qualités de chef de guerre. Juriste – il était docteur en droit canonique – autant qu'homme d'Église animé d'un souci de paix, il avait été en 1348, comme chancelier du royaume, le rédacteur de l'*Ordenamiento de Alcala* qui donnait enfin à la Castille un véritable corpus législatif et harmonisait les statuts politiques des villes, désormais gouvernées par des magistrats – les *regidores* – nommés par le roi. Pour son diocèse, il avait aussi publié des statuts synodaux et des constitutions. Une querelle avec le nouveau roi Pierre Ier, en 1350, l'avait poussé à gagner Avignon, où Clément VI avait fait de lui un cardinal et un grand pénitencier. Mais depuis trois ans Albornoz cherchait à s'employer plus activement. Tout dans son action passée le désignait pour reconquérir l'Italie du pape, la pacifier et l'organiser. Car c'est bien d'une reconquête qu'il s'agissait. Un chroniqueur a rapporté l'arrivée du légat.

> Quand il parvint en Italie, il ne trouva pas dans toutes les terres et seigneuries de l'Église quelque lieu placé sous son gouvernement où il pût poser en sécurité sa tête, sinon, dans la province du Patrimoine, le lieu et le château de Montefiascone et dans le duché de Spolète le lieu de Montefalco.

D'emblée, Albornoz rompit avec la stratégie imposée à Bertrand du Pouget par un Jean XXII empêtré dans ses affrontements avec Louis de Bavière, donc avec les villes gibelines de l'Italie septentrionale. Prenant en compte le succès du récent jubilé, qui avait redoré en 1350 le blason pontifical dans la Ville éternelle, et profitant de l'assagissement provisoire des partis romains après les échauffements de l'affaire Rienzo, le nouveau légat se refusa à affronter sur-le-champ la puissance de Giovanni Visconti. Il fit même visite au maître de Milan, et l'on vit s'accorder en faveur de la paix ces deux prélats qui étaient, l'un et l'autre, surtout des hommes de gouvernement et des diplomates réalistes si ce n'est cyniques. Chacun savait ce qu'il gagnait à s'entendre avec l'ancien ennemi.

Le légat leva une armée de mercenaires en bonne partie recrutée sur place et où l'on voyait beaucoup de ces guerriers allemands qui avaient formé l'armée de ses prédécesseurs et menaçaient toujours de changer de camp si on les payait mal. Il y joignit les contingents envoyés par Florence, Sienne et Pérouse. Avec cette armée, il se porta sur le cœur de l'état pontifical. Autant dire qu'il abordait le « ventre mou de l'Italie », cette région faite de seigneuries urbaines et de principautés que le pape eût aimé voir comme des provinces de ses états mais qui étaient le champ non clos de toutes les ambitions, de toutes les influences et de toutes les cupidités, et où s'affrontaient à la fois les gouvernements affichés, les *condottieri* en mal de pouvoir et les compagnies de mercenaires portées au pillage.

On y trouvait en particulier les Malatesta. Déjà maîtres de Rimini, de Pesaro et de Fano, ils avaient établi en quelques années leur pouvoir sur Ancône, sur Sinigaglia, sur Ascoli. En 1354, après les avoir cités à comparaître à Avignon, Innocent VI les avait excommuniés. En 1355, à la tête d'une armée pontificale, Rodolfo da Camerino envahissait les terres de Galeotto Malatesta qui se retrouva prisonnier. Rimini tomba en juin 1355. Le reste s'effondra et Albornoz fut rapidement le maître de la Marche d'Ancône. Malatesta fut nommé pour dix ans vicaire de Rimini, Fano et Pesaro, mais le légat nomma un nouveau recteur de la Marche : son neveu Blasco Fernandez. Galeotto devait servir comme gonfalonier de l'armée pontificale.

En Ombrie, c'est une ville guelfe, Pérouse, qui imposait une relative hégémonie sur des villes comme Spolète, Assise ou Nocera. L'aidait en cela une papauté trop heureuse de voir la province échapper à l'influence gibeline. Or le Patrimoine était alors sous l'emprise d'un gibelin notoire, le préfet héréditaire de Rome Giovanni di Vico, qui avait pris le pouvoir à Viterbe en 1338 et qui, soumettant en 1352 Orvieto et en 1353 Corneto, et mettant ainsi fin à la vieille rivalité de ces villes, constituait une véritable principauté territoriale dont l'autorité s'étendait sur les villes gibelines d'alentour comme Narni, Terni et Rieti. Albornoz avait donc toutes les raisons d'attaquer Giovanni di Vico auquel il prit difficilement Viterbe et Orvieto. En lui rendant une partie de ses possessions, il fit ensuite passer le préfet dans le camp pontifical et, par le traité de Montefiascone, rétablit en juin 1354 sur l'essentiel – Viterbe, Corneto et Orvieto – la souveraineté du pape.

Il généralisa ensuite le procédé, et avec des résultats plus assurés que le système, assez comparable, des vicariats expérimenté en Italie septentrionale par les légats de Benoît XII : à l'assemblée de Montefiascone, en septembre 1354, Albornoz confirma à tous les vassaux du pape et à toutes les villes la possession de leurs terres et de leurs privilèges en échange d'un serment de fidélité qui était aussi l'engagement d'observer les constitutions qu'il leur imposait. C'est alors que Giovanni di Vico se vit reconnaître le vicariat de Corneto, ce que désapprouva le pape Innocent VI qui aurait préféré l'écrasement définitif du préfet de Rome. Le succès de son procédé étant cependant reconnu en

Italie, le légat en usa de même en 1355 dans le duché de Spolète et dans la Marche d'Ancône, et en 1357 en Romagne.

Ce succès avait deux causes. L'une était la manière forte à laquelle avait recouru Albornoz contre Giovanni di Vico. Les ruines, nombreuses, avaient fait réfléchir les populations. L'autre était une réponse intelligente aux besoins ressentis par les villes. Ce qu'Albornoz proposait lors de l'assemblée tenue au début de 1357 à Fano, dans la Marche, c'était le respect de la diversité des situations municipales, une nouvelle clarification du droit par la codification des dispositions anciennement acceptées et l'unification des principes qui rendrait obsolète le recours aux coutumes innombrables et contradictoires. Les mesures législatives qu'il promulgua alors, et qui fixèrent non seulement les règles d'administration mais aussi le droit civil et le droit pénal, allaient rester sous le nom de *Constitutions égidiennes* – Gil se dit en latin *Egidius* – et elles seront pour beaucoup dans la durable popularité du légat.

Il faut ajouter que le pape n'avait pas marchandé à Albornoz les moyens de sa politique. Dès l'automne de 1353, le légat reçut de la Chambre 20 000 florins. Les envois d'argent ne cessèrent plus, assurés par tous les banquiers et tous les transporteurs de fonds possibles, le nombre de ces intermédiaires étant la conséquence d'une insuffisance financière : aucun ne pouvait tout assurer.

Un homme était en droit de s'inquiéter : Bernabò Visconti, maître de Bologne. Quand Albornoz en arriva là, les choses changèrent. Visconti savait qu'il ne parviendrait pas à repousser durablement Albornoz et qu'il ne le duperait pas aisément à seule fin de gagner du temps. Lorsque le légat nomma un gouverneur à Bologne, Bernabò comprit que son vicariat n'avait plus aucune signification. En attaquant, au printemps de 1357, les deux places de Cesena et Forli que tenait Francesco Ordelaffi, le légat montrait son intention d'accentuer la mainmise pontificale sur la Romagne. Si Forli résista, Cesena tomba rapidement. Le seigneur de Faenza et d'Imola, Francesco de' Manfredi, anticipa sur une entreprise du légat : il fit sa soumission. Bernabò Visconti ne comptait plus guère d'alliés capables de l'aider à reprendre pied dans Bologne.

Pour se débarrasser d'Albornoz, Visconti le frappa dans le dos : c'est à la curie qu'il attaqua. Avec une mauvaise foi dont on s'étonne qu'elle ait trompé Innocent VI, les ambassadeurs du Milanais mêlèrent les deux affaires de Forli et de Bologne. Ils firent valoir le renfort que, s'il recouvrait Bologne, Visconti pouvait apporter à l'armée pontificale pour prendre Forli. À les entendre, c'est l'obstination d'Albornoz qui ruinait le Trésor pontifical en contraignant le pape à solder des troupes dont il aurait pu faire l'économie. C'est donc le rappel du légat qu'acheta finalement à prix d'or Bernabò Visconti.

Poussé par Guy de Boulogne, Innocent VI se déjugea dès février 1357. Pour remplacer le cardinal castillan il fit choix d'un moine français, l'abbé de Cluny Androin de la Roche. Envoyé l'année précédente à l'empereur Charles IV pour négocier une décime, l'abbé n'avait guère montré ses talents de diplomate et n'avait rien rapporté. On ne lui connaissait aucune expérience du gouvernement ou du commandement. Bien pis, il ignorait l'Italie.

Le pape n'était pas courageux. Il se contenta d'annoncer à Albornoz la venue de l'abbé, porteur d'instructions. Le légat devait, pour toute décision, attendre l'arrivée de celui qu'on ne lui présentait pas encore comme un successeur. Lorsque les deux hommes se rencontrèrent le 1er avril à Faenza, alors que l'abbé était déjà passé par Milan, la foudre tomba sur la tête d'Albornoz : les ordres étaient de remettre Bologne à Visconti. Mais Androin de la Roche était en théorie placé sous les ordres du légat. On ne met pas un cardinal sous les ordres d'un abbé, fût-il abbé de Cluny.

Albornoz avait une certaine idée de lui-même. Il refusa de changer de politique. Se voyant désavoué, il écrivit au pape qu'il souhaitait être relevé. Innocent VI se ridiculisa en lui demandant de rester au moins jusqu'à la prise de Forli. Albornoz refusa. Le pape eut l'audace de le prier de rester au moins jusqu'à ce que son successeur fût au fait des affaires italiennes. Albornoz était déjà sur le départ. Le pape nomma alors Androin de la Roche nonce apostolique. Mais à Fano, à la fin d'avril, les délégués des villes de l'état pontifical supplièrent Albornoz de rester. Le sommet du ridicule fut atteint quand Androin de la Roche formula la même demande.

Bernabò Visconti continuait d'abuser de la crédulité du pape. Comme celui-ci était inquiet des divagations des compagnies de routiers à travers la Provence et le Comtat Venaissin, le Milanais lui fit croire qu'il n'attendait que d'être tranquille du côté de Bologne pour venir sauver Avignon. Innocent VI réitéra alors l'ordre donné à Albornoz de céder aux demandes du Milanais. C'en était trop. Le cardinal rejoignit le nonce le 23 août 1357 à Bertinoro, entre Forli et Cesena, et lui remit sur-le-champ le gouvernement spirituel et temporel des états de l'Église. Puis il prit le chemin d'Avignon, non sans emmener avec lui Galeotto Malatesta et tout un groupe de nobles de Romagne et de la Marche. Le 24 octobre, il présenta à Innocent VI ses nouveaux alliés. On fêta la réconciliation. C'était surtout le triomphe de la méthode mise en œuvre par Albornoz : retourner les vaincus au lieu de les humilier.

Le pape comprit vite qu'il avait fait une erreur en chargeant Androin de la Roche d'une mission qui dépassait ses capacités politiques. Le nouveau maître des états de l'Église n'était ni diplomate ni énergique. Il mit dix mois à ne pas prendre Forli. Il ne put empêcher le ravage de la Marche d'Ancône par les mercenaires allemands qu'avait embauchés Ordelaffi. Le Patrimoine s'agitait. Le nonce ne sut qu'envoyer au pape un mémoire justificatif.

Innocent VI n'avait plus qu'à se déjuger une nouvelle fois. En octobre 1358 il renvoyait Albornoz en Italie où, le 23 décembre, Androin de la Roche lui rendit le commandement. Revenu piteusement à Avignon, l'abbé se vit confier en 1360 une autre mission diplomatique : faire la paix entre France et Angleterre. À Brétigny et à Calais, il représenta le pape mais ne put imposer un règlement durable du contentieux. De plus habiles n'auraient sans doute pas fait mieux.

Il était toujours abbé de Cluny. En septembre 1361, Innocent VI le fit cardinal, mais Androin ne se pressa pas de rentrer et, lorsqu'il parvint en curie, le pape était mourant. Il lui fallut attendre l'élection d'Urbain V – à laquelle il ne put participer, ayant encore « bouche close » – pour être installé dans le Consistoire par le nouveau pontife.

Le 4 juillet 1359, Forli était enfin tombé. Albornoz renoua alors avec sa politique favorite : il fit Ordelaffi vicaire, sinon de Forli, du moins de Forlimpopoli. Le 27 octobre 1360, les lieutenants de Bernabò Visconti l'ayant abandonné, le légat Albornoz laissa son neveu Blasco Fernandez faire dans Bologne une entrée triomphale. Mais Visconti ne s'avouait pas battu. Il tenta de contrarier à Avignon les vues du légat. Las de ses intrigues, Innocent VI éconduisit les envoyés du Milanais.

Il fallut le soutien, inattendu, de l'empereur à la cause pontificale pour que le seigneur de Milan renonçât à sa revanche. Charles IV de Luxembourg, on l'a dit, n'était pas Louis de Bavière. Il avait besoin du pape. Quand Visconti envoya, dans l'été de 1360, une armée pour reprendre Bologne, elle vit arriver une forte armée hongroise levée par l'empereur et dut renoncer à assiéger la ville. Innocent VI paya le prix de cette intervention : une bulle du 1er février 1361 reconnut, malgré ses assauts contre le roi Robert, la constante fidélité de Henri VII envers l'Église. Charles IV ne se contenta pas de cette sorte de réhabilitation de son grand-père : Innocent VI déclara que les décrétales *Romani principes* et *Pastoralis cura* n'étaient en rien dirigées contre l'Empire. On pouvait sourire d'une telle affirmation, qui n'entrait fort heureusement pas dans les détails, mais elle garantissait la paix.

Parti pour reprendre de force Bologne, Bernabò Visconti se fit écraser le 16 juin 1361 à Rosillo. L'année suivante, il rencontra l'alliance des Este et des Della Scala qu'avait habilement négociée Albornoz. Lorsque le nouveau pape Urbain V fulmina en novembre 1362 l'excommunication d'un Bernabò Visconti qui refusait de se soumettre aux arbitrages impériaux, Charles IV surenchérit et déchut Visconti de sa seigneurie. Urbain V n'en acheva pas moins de sauver Visconti de l'effondrement : la croisade appelait la paix en Occident. Bernabò comprit qu'à s'obstiner il risquait de tout perdre. Il promit de rendre ses conquêtes, à condition que ce fût à un nouveau légat. Le Milanais acceptait de céder au pape, non de s'humilier devant Albornoz.

Pour le Saint-Siège, tout semblait aller fort bien. Dans le Patrimoine, la mort de Giovanni di Vico avait mis fin, en septembre 1363, à une perpétuelle agitation. Urbain V jugea qu'il n'y avait plus aucun péril et qu'écraser définitivement Visconti devenait inopportun. Le 26 novembre 1363, il révoqua Albornoz que le seigneur de Milan tenait pour le principal obstacle à la paix. En février 1364, Bernabò Visconti était vicaire de l'Église à Bologne. Nommé légat à Naples, où le pape venait de nommer archevêque un Pierre Ameilh qui avait à peine eu le temps d'être archevêque de Vienne, Albornoz prit son temps pour rejoindre, et il lui arriva encore d'aider son successeur. À vrai dire, il n'avait aucune envie de repasser par Avignon où il savait que sa carrière politique lui valait bien des jaloux. Il n'ignorait pas qu'on l'accusait même de malversations financières. Quand il arriva à Naples en août 1365, les coteries l'y avaient précédé. On lui fit fête et on ne l'écouta pas. Il regagna le Patrimoine pour y organiser, avec toutes les puissances de l'Italie moyenne, la résistance aux compagnies de routiers qui ravageaient le pays. Il mourut à Viterbe le 23 août 1367.

Devant lui, Visconti voyait un nouveau légat : Androin de la Roche lui-même. Pour préparer une croisade dont il ne souciait guère, il reçut la promesse d'une indemnité de 500 000 florins payable en huit ans. Le légat obtenait en échange la restitution des places tenues par Bernabò en Romagne et dans les districts de Bologne et Modène. Il se disait d'autre part assuré de l'accord des Este, des Gonzaga et des Della Scala. On put croire à la paix générale. La faveur, malheureusement, tourna vite pour Androin de la Roche. Albornoz parti, il multiplia les erreurs. Surtout, il s'obstinait à ménager un Bernabò Visconti qui se jouait ouvertement de lui. Urbain V s'en avisa et le rappela dès 1368, nommant à sa place son propre frère le cardinal Anglic Grimoard. Mais Androin se crut en état de résister. Il refusa de quitter l'Italie. Urbain V n'obtint sa soumission qu'en le menaçant d'excommunication. L'ancien légat gagna Viterbe. C'est là qu'il mourut le 27 octobre 1369.

L'action déterminée de Gil Albornoz avait au moins assuré une certaine paix dans les états de l'Église et permis une restauration de l'autorité pontificale qui laissait à Urbain V le droit de préparer son retour dans une Ville éternelle où les turbulents barons avaient dû abandonner le gouvernement au Peuple et le maintien de l'ordre à ses milices.

Le système fondé sur les vicariats constituait pour la première fois un état hiérarchisé, sur le type bien connu de la féodalité. Le pape se trouvait au centre d'un réseau et au sommet d'une pyramide soudée par les liens particuliers établis entre le pape et chaque commune ou chaque seigneur. De ce fait, Grégoire XI, élu le 30 décembre 1370, ne pouvait persister dans une absence qui allait laisser se distendre ces liens dès lors que l'autorité dans l'état pontifical n'avait plus le visage d'un Albornoz. Comme tout suzerain féodal, le pape devait se montrer. Si l'on ne voyait pas le pape, les vicaires se feraient oublieux, les seigneurs redeviendraient des tyrans et les villes des républiques.

LES *OTTO SANTI*

La perspective d'un retour en Italie que Grégoire XI annonçait en Consistoire dès mai 1372 ne faisait pas que des heureux. En Toscane, les villes trop proches de l'état pontifical se prenaient à craindre une reprise des visées annexionnistes dont elles ne pouvaient qu'être les premières victimes. À Florence, on craignait une pure et simple annexion et on voyait à tout le moins menacées les perspectives d'hégémonie florentine sur la Toscane.

C'est alors que vola en éclats ce complexe politique qui se reconnaissait dans le parti guelfe que dominaient à Florence les éléments les plus dynamiques des milieux d'affaires, notamment les grands banquiers Ricci et leurs fidèles comme les Medici et les Acciaiuoli, ceux qui formaient une *Gente nuova*. Un fort parti formé de la vieille aristocratie bourgeoise et gouverné par les aristocrates de la draperie qu'étaient les Albizzi penchait, sinon pour un gibelinisme avoué, du moins pour une ferme résistance aux interventions du pape. Le parti guelfe était déjà privé de son pôle méridional puisqu'à Naples la reine Jeanne, qui se discréditait avec son troisième mari Othon de Brunswick, ne constituait plus une force comparable à ce que pouvait jadis apporter le roi Robert. Restait Florence. Et, à Florence, tous partis confondus, on avait de nouvelles raisons de mécontentement. On allait donc voir les guelfes eux-mêmes se dresser contre l'autorité pontificale.

Comme en bien d'autres occasions dans l'histoire, tout part d'une crise frumentaire. À partir de 1370, de mauvaises récoltes firent régner la famine en Italie centrale et particulièrement en Toscane. La récolte paraît avoir été meilleure dans les provinces voisines, celles de l'état pontifical. Or le représentant du pape, l'abbé de Marmoutier Géraud du Puy, multipliait les maladresses. D'abord recteur de Pérouse et receveur général de l'état pontifical, il était en 1372 vicaire général. Les Italiens avaient entendu parler de son énergie et de ses talents militaires. Le portrait que l'on faisait de lui avait tout pour confirmer les inquiétudes des Florentins. La mainmise des Français sur l'administration des états de l'Église était de moins en moins supportée par les Italiens, et quelques abus et quelques maladresses pouvaient suffire à allumer un incendie. Or Géraud du Puy s'était tout de suite rendu impopulaire. Cela commença lorsque, en 1373, il établit sur l'état pontifical un impôt difficilement supportable par une population que la disette ne cessait d'accabler. Spolète devait 10 000 florins, Orvieto 12 000 : plus que ces villes ne pouvaient supporter. Géraud du Puy trouva ensuite judicieux d'autoriser, dans l'été de 1374, des compagnies commerciales de Lucques et de Rome à exporter de Toscane des grains dont la population pensa qu'ils auraient plus heureusement approvisionné les boulangeries florentines.

Ce commerce des grains vers Marseille et Montpellier était traditionnel, et il était toléré en année de ravitaillement normal. En temps de disette, l'autoriser était une provocation. Bien pis, pour assurer le succès de l'opération et passant outre à la volonté conciliatrice du pape, le recteur alla jusqu'à interdire les transports de blé vers Florence. Il n'y avait là que les causes de sérieux mouvements populaires, mais ceux-ci vinrent à l'appui d'une crainte fortement ressentie à la Seigneurie : depuis le rétablissement politique dû à l'action d'Albornoz, l'état pontifical devenait une puissance et l'on craignait de voir le pape chercher à étendre sa domination sur la Toscane.

Le fait que, d'Avignon, Grégoire XI annonçât une croisade contre Bernabò Visconti montrait bien que le Saint-Siège passait à l'attaque. Pour tout dire, le pape ne répugnait pas à la guerre et il le fit savoir aux puissances italiennes.

Afin que personne ne puisse penser que je veux la paix avec eux, je vous avise qu'au premier Consistoire après Noël, c'est-à-dire le 7 janvier, notre intention irrévocable est de prêcher la croisade contre

Galeas et Bernabò, de les condamner pour hérésie et d'envoyer contre eux mille lances.

Une coalition se formait, dont le pape tirait les fils et qui pouvait bien faire intervenir, au moins en Lombardie, les deux voisins occidentaux du Milanais, le comte Amédée VI de Savoie, dont l'état s'étendait de la Saône au Pô, et son vieux rival le marquis de Montferrat Jean II Paléologue, le petit-fils de l'empereur Andronic. À la curie, nul n'osa contredire le pape. S'y étant risqué pour suggérer une trêve, Louis d'Anjou s'attira une verte réprimande : « Je fais ce que tu devrais faire si tu étais ce que tu devrais être. » Tout le monde se le tint pour dit. Et un ambassadeur du marquis d'Este d'observer que Grégoire XI manifestait un tel mécontentement quand on lui parlait de paix que chacun préférait se taire. Le pape alla jusqu'à chasser brutalement et devant toute la curie le plénipotentiaire de Galeas.

L'armée pontificale s'empara, en 1373, de quelques places du pourtour milanais comme Verceil et Pavie. Au Consistoire, quand on parla de trêve, les avis furent partagés. Trois cardinaux au moins, Gilles Aycelin de Montagut, Robert de Genève et Hugues de Saint-Martial, se disaient favorables à un rétablissement de la paix. Pierre d'Estaing et Jean de Blandiac pensaient au contraire que Visconti y gagnerait en puissance, et que cela se ferait au détriment de l'Église. Quant à Piero Corsini et à Francesco Tebaldeschi, ils rappelèrent que Visconti était condamné et qu'on ne traitait pas avec un hérétique. Lorsqu'en juin 1375 on conclut enfin cette trêve avec Visconti, elle fut fâcheusement interprétée à Florence : le pape semblait désormais libre d'agir en Toscane. Cette même année 1375, alors que Prato venait de se révolter contre la domination florentine, le bruit courut qu'il fallait voir là le doigt de Guillaume Noellet, le vicaire général à Bologne.

Il n'était guère difficile aux Florentins de faire partager leur crainte. Bologne suivit Florence. À l'automne de 1375, l'insurrection gagnait de ville en ville, et même dans l'état pontifical. Viterbe, Pérouse, Bologne, Forli, Faenza, Narni, Citta di Castello se soulevaient. Corneto, Orvieto et Todi s'agitaient. L'œuvre d'Albornoz semblait définitivement ruinée. Le 18 octobre, Francesco di Vico occupa Viterbe. Le 7 décembre 1375, Géraud du

Puy dut s'enfuir de Pérouse. Pendant que, le 20 mars 1376, Bologne se déclarait indépendante, Florence organisait un gouvernement de guerre que constituèrent les fidèles du parti des Ricci et qui emprunta à l'idéologie des fraticelles son hostilité à la curie pontificale, une hostilité naturellement élargie contre toute l'Église hiérarchique et contre l'autorité politique du pape. Ses huit membres, les « Huit de la guerre » qui étaient l'émanation de la *Gente nuova*, furent surnommés les Huit Saints. La guerre restera celle des Huit Saints, les *Otto Santi*.

Dans sa tentative pour constituer une ligue contre le Saint-Siège, Florence ne rencontrait pas les alliés qu'elle espérait. Les grandes républiques urbaines, Gênes et Venise, se récusèrent. Trop heureux de se rendre indispensable à ses anciens ennemis, Bernabò Visconti fit connaître sa sympathie et accepta en juillet 1375 un traité d'alliance, mais celle-ci n'était que défensive et le « tyran » de Milan ne s'engagea à rien de concret envers ses nouveaux amis florentins. L'empereur Charles IV tenait à ses bonnes relations avec le pape et il s'était toujours méfié des gibelins : il éconduisit l'ambassade florentine. Dans le même temps, il faisait un geste auquel Grégoire XI ne pouvait qu'être sensible. Faisant semblant d'oublier les dispositions de la Bulle d'or de 1356, il sollicitait l'agrément du pape à l'élection de son fils Wenceslas comme roi des Romains. Quant au roi de Hongrie Louis d'Anjou, il calqua son attitude sur celle de la reine de Naples, sa cousine Jeanne.

Le pape pouvait dès lors réagir avec brutalité. Le 31 mars 1376, il mit les villes rebelles en interdit. L'interdit, c'était la suspension de tous les sacrements, l'arme suprême qui touchait les populations et pouvait les dresser contre leurs gouvernements. Assuré des réticences des souverains envers tout mouvement insurrectionnel, Grégoire XI entreprit facilement d'étrangler l'économie florentine. Avignon comptait plusieurs centaines de familles florentines. Toutes durent s'en aller. Le pape écrivit à l'empereur et aux rois pour leur demander d'expulser les marchands florentins, de fermer leurs sociétés et de saisir leurs biens. Ce n'était pas pour peiner les concurrents génois et vénitiens. Quant à l'annulation de toutes les créances des Florentins, elle ne pouvait que satisfaire bien des emprunteurs. Elle ruinait les banquiers.

Le pape perdait évidemment en l'affaire ses indispensables financiers. On pouvait toujours emprunter aux princes – on reparlera des créances de Louis d'Anjou et de Jean Iᵉʳ de Castille – ou aux cardinaux, et l'on allait voir Robert de Genève vendre son argenterie, ses joyaux de famille et même sa mitre précieuse pour continuer à payer les compagnies qu'il avait emmenées en Italie. Mais trouver de l'argent est une chose, assurer les transferts de fonds en est une autre. Rares étaient les collecteurs capables d'apporter eux-mêmes l'or à Avignon. La fiscalité pontificale en Angleterre, en Scandinavie, en Hongrie ou au Portugal appelait le recours au change tiré, donc aux banquiers. Or on ne voyait sur le Rhône aucune compagnie en état de remplacer vraiment les Alberti antichi. Il n'y avait plus que des Lucquois comme ceux qui investissaient la place de Bruges dans le sillage de Dino Rapondi, l'homme d'affaires du duc Philippe de Bourgogne. Ce furent d'abord les Interminelli, puis les Guinigi qui profitèrent en novembre 1376 de l'escale de Grégoire XI à Livourne pour se faire attribuer le monopole des transferts. Ce recours aux petites compagnies lucquoises n'était qu'un palliatif, et il n'allait pas durer.

En 1376, Grégoire XI a chargé le cardinal Robert de Genève d'attirer en Italie – en débarrassant ainsi le Comtat Venaissin et la Provence – une armée de mercenaires aisément levée grâce à la trêve franco-anglaise qui laissait des compagnies entières sans embauche. L'une d'elles, et non la moindre, était celle d'un neveu du pape, Raymond Roger, comte de Beaufort et vicomte de Turenne. Nous retrouverons ce Raymond de Turenne quand il se dira mal payé de ses services et sèmera la désolation autour d'Avignon, en Provence et dans le Comtat. Une autre compagnie était celle des routiers anglais de John Hawkwood, lequel occupait Faenza et s'y proclamait seigneur avec l'intention de vendre la ville aux Este de Ferrare. Dans le même temps, Jean de Malestroit et son associé Sylvestre Budes – un cousin de Bertrand du Guesclin – menaient une troupe de mercenaires bretons.

Robert de Genève était un étonnant personnage. Fils du comte de Genève Amédée III et de Marie de Boulogne, la plus jeune sœur du cardinal Guy de Boulogne, il était par là le cousin du roi de France. Son éducation avait été celle d'un prince. Il était à dix-neuf ans évêque de Thérouanne, à vingt-six évêque de Cambrai. Grégoire XI l'avait fait cardinal à vingt-neuf, en 1371. Lorsque la mort de ses frères Amédée IV et Pierre fera de lui, en 1392, un comte de Genève, il sera déjà le pape Clément VII et laissera Genève à son jeune frère Humbert II. Bref, quand il arrive en Italie, c'est déjà un personnage.

Il fit très vite ses preuves. Avec une brutalité que ne pourront oublier les Italiens, il rétablit l'autorité pontificale dans les états de l'Église. Il affama Bologne en faisant ravager les campagnes voisines. À Cesena, où la population menaçait de lui faire un mauvais parti, il chargea Hawkwood et Budes d'un massacre tel que les cadavres comblèrent les fossés de la ville. Menacées de semblables répressions, les villes se rendirent l'une après l'autre et la ligue formée par Florence s'effondra d'elle-même, mais l'affaire de Cesena devait peser lourd dans l'hostilité des Italiens à l'idée d'un nouveau pape français, hostilité qui ne faiblit pas quand ce nouveau pape fut précisément Robert de Genève.

La trêve acceptée par Bologne en mars 1377 donna le signal de la débandade. Bernabò Visconti se rangea. Rodolfo da Camerino passa dans le camp du pape. Le dernier à céder fut en octobre Francesco di Vico qui, après avoir battu et pris Raymond de Turenne, ne put résister aux Bretons de Budes. Le seul succès des Florentins fut en mai 1377 le ralliement de John Hawkwood, qui pensa gagner ainsi un droit à mener une politique indépendante que ne lui permettait pas sa condition de soldat du pape. Il prit en main l'organisation de la défense de Florence au moment où la ville voyait approcher l'armée de Robert de Genève.

En un an, l'ordre était revenu. À Florence même, où les sanctions canoniques pesaient lourdement sur les affaires et où l'on voyait bien que les anciens alliés ménageaient leurs propres intérêts, la lassitude allait croissant. On commençait à murmurer contre les *Otto Santi* dont l'obstination conduisait la ville à la ruine. Bernabò Visconti saisit l'occasion de manifester son influence. Il offrit sa médiation. À Sarzana, sur la frontière de la Toscane, se réunirent à son initiative non seulement les négociateurs de Florence mais aussi ceux de l'empereur, de la reine Jeanne et des rois de France et de Hongrie. Le cardinal Jean de la Grange représentait le pape. Les Florentins n'avaient qu'à s'incliner. En juillet 1378, la paix de

Tivoli mit fin à la guerre des Huit Saints. Les Albizzi profitèrent de la conjoncture pour faire chasser les Ricci. Géraud du Puy devint cardinal. Les Italiens apprécièrent médiocrement cette récompense. Ils n'avaient plus envie de protester.

À tous égards, l'année 1378 est bien la fin d'une époque. Déjà ébranlée trente ans plus tôt par la faillite des grandes compagnies de la première génération, l'hégémonie bancaire et commerciale de Florence est une nouvelle fois compromise en Europe. Dans la ville, c'est le pouvoir de l'aristocratie d'affaires qui est entamé, et l'élection du démagogue Salvestro de' Medici comme gonfalonier de justice, le 1er mai 1378, conduit directement à l'insurrection des *Ciompi* qui voit se soulever les petits artisans et le prolétariat ouvrier de l'industrie textile. Florence en restera pour longtemps exsangue. De nouvelles têtes sont en balance pour la couronne de Naples, et cela alors que le roi de France Charles V reçoit à Paris, fait sans précédent, son oncle l'empereur Charles IV. La mort de ce dernier, qui survient le 29 novembre 1378 alors que l'on ne l'a pas revu en Italie depuis dix ans, sonne également la fin d'une relation privilégiée du Saint-Siège et du Saint Empire. Déjà élu du vivant de son père, Wenceslas lui succède. Mais Wenceslas est un médiocre, dépassé par les devoirs de sa charge, et les princes aussi bien que les villes vont largement profiter de cette faiblesse, évidente dès le temps de l'avènement. Au moment où la double élection d'avril-septembre 1378 condamne les deux papes à établir avec les rois et les princes territoriaux des relations absolument nouvelles, les équilibres européens s'établissent désormais sans l'empereur. De la Lombardie à la Toscane, la partie impériale de l'Italie a cessé d'être un champ clos.

CHAPITRE XVI

La croisade

Projets de croisade

Du temps de Boniface VIII à celui de Benoît XII, la croisade avait été cent fois invoquée, le plus souvent à l'appui d'exigences fiscales que fondait en principe le raisonnement d'Urbain II : dans une affaire menée par le Siège apostolique, il est juste que ceux qui ne se battent pas aident les autres à se battre. Alors qu'ils prenaient la croix à grands frais, les laïcs auraient mal accepté que la fortune des églises fût la seule à ne pas contribuer. Surnommée « la dîme saladine », la décime accordée à Philippe Auguste et à Richard Cœur de Lion avait été diversement acceptée, mais ce qui en avait été levé avait réellement servi à la troisième croisade.

On était encore sous le coup de la déception causée par les deux échecs de saint Louis quand Grégoire X avait posé les conditions d'une reconquête des Lieux saints. Le temps n'était plus des initiatives prises par tel ou tel prince. Ce serait une entreprise d'ensemble de la chrétienté occidentale, un « passage général » plus conforme à ce qu'avait défini pour la première croisade un Urbain II qui ne voyait l'affaire que conduite au nom du pape par les forces de tous les chrétiens. Un tel propos, cependant, était porteur de tous les atermoiements : devraient être réunies en une conjoncture rare toutes les conditions d'une entreprise commune. Autrement dit, avec la paix entre tous les princes, il faudrait un accord général sur le temps, l'organisation, le commandement et la stratégie.

Pour celle-ci, les données avaient changé depuis qu'Acre était tombée. S'il était du devoir des chrétiens de reconquérir les Lieux saints, une reconquête ne se situait pas dans le même type d'urgence qu'un secours. Quand Jérusalem était menacée, quand Acre était assiégée, temporiser était criminel. Quand ces places était perdues, on ne perdait rien à attendre pour les reprendre dans les meilleures conditions. Et, de surcroît, c'est ailleurs qu'apparaissaient les urgences : dans cette Asie mineure où ne cessaient de progresser les Ottomans. Or l'Asie mineure n'était pas Jérusalem, sa perte ne suscitait pas la même émotion que celle du tombeau du Christ et, bien pis, le bénéficiaire de toute entreprise chrétienne en Asie mineure serait l'empereur byzantin, donc un schismatique.

Une autre donnée était apparue : parce que la puissance turque commençait d'encercler la Méditerranée orientale – le choix fait par l'Hôpital de s'installer à Rhodes signifiait bien le déplacement du centre de gravité – et que les routes maritimes y étaient constamment menacées par la piraterie égyptienne et syrienne, les opérateurs économiques intéressés aux relations avec l'Asie voyaient désormais leur avantage à toute tentative faite pour réduire le péril. Autant dire que Florence, Venise et Gênes portaient un intérêt de nature très nouvelle à ce qu'on continuait de qualifier de croisade, même si la route d'Alexandrie n'était pas vraiment celle du Saint-Sépulcre.

La croisade, tout le monde en parlait. Il y avait ceux qui se proposaient réellement d'y combattre mais ne pouvaient eux-mêmes en être les organisateurs. Il y avait ceux qui escomptaient les avantages juridiques et sociaux que procurait l'état de croisé même avant quelque départ que ce fût. Il y avait ceux qui, dans un moment d'enthousiasme ou de détresse, faisaient vœu de se croiser et s'employaient ensuite à racheter leur vœu au prix d'un pèlerinage moins irréaliste ou d'une offrande plus vite faite. Pour le peuple chrétien, la croisade devenait un « exercice religieux ». Et des monastères anglais s'entendaient à participer avantageusement au mouvement d'argent lié à la préparation de cette croisade qui ne venait pas (Chr. Tyerman).

C'est encore d'une croisade effective à court terme qu'il s'agissait en 1307 lors des entrevues de Poitiers, quand les deux grands maîtres du Temple et de l'Hôpital proposaient chacun une stratégie différente mais semblablement fondée sur l'Arménie, sur une substantielle participation du royaume napolitain de Charles II d'Anjou et sur l'alliance escomptée du khan mongol Öljeitü. C'est alors, on l'a dit, que l'Hôpital fit de Rhodes la base de son action en Méditerranée et de ses projets pour la Terre sainte. Trois ans plus tard, Guillaume de Nogaret élaborait un nouveau plan de reconquête de l'Orient latin et proposait d'y affecter le revenu des biens du Temple, alors séquestrés, ainsi que d'une taxe sur la fortune de l'Hôpital. Lorsque, à la Pentecôte 1313, le roi de France fit chevaliers son fils le roi de Navarre et son gendre le roi d'Angleterre, et qu'ensemble ils inaugurèrent le nouveau Palais de l'île de la Cité, tout le monde se croisa. C'est Marigny, toujours pragmatique, qui conseilla d'attendre.

On écrivait beaucoup sur la croisade, en ces années-là, et on ne se privait pas de voir large. Le juriste Pierre Dubois, déjà cité, voyait dans la souveraineté universelle du Capétien le seul moyen de la reconquête. Le dominicain Raymond Étienne composait un *Avis directif pour le passage outre-mer* où il recommandait de soumettre au préalable les Serbes et les Grecs et de réaliser ainsi l'unité des chrétiens. Un autre dominicain, Guillaume Adam, exposait sa méthode pour « expulser les Sarrazins », laquelle ne supposait pas moins que la prise de Constantinople et l'envoi d'une escadre dans l'océan Indien. Or Constantinople était encore à l'empereur et passer de l'Atlantique ou de la Méditerranée dans l'océan Indien relevait encore du rêve.

Jean XXII crut cependant la croisade possible. En 1317-1319, il fit armer à Marseille et Montpellier. La décime accordée à son prédécesseur permettant la chose, il finança en 1320 – sur les 64 000 florins d'une décime levée en France pour la croisade et que lui rendait Philippe V – l'armement à Narbonne et à Marseille de dix galères qu'il expédia en Orient, persuadé que les armées des princes chrétiens suivraient. Personne ne bougea. En 1322, sachant la pression exercée par les Turcs sur le petit royaume chrétien d'Arménie, cette « Petite Arménie » qui subsistait en Asie mineure, le même Jean XXII assigna 30 000 florins au patriarche de Jérusalem pour qu'il mette sur pied une expédition de secours. Douze ans plus tard, peu avant sa mort, il envoya à Négrepont – l'Eubée des Anciens – une escadre de douze galères dont l'armement était financé à parts égales par le roi de France, l'ordre de l'Hôpital et le pape lui-même.

Les années passant, l'affectation des décimes au financement des nécessités des royaumes l'emporta sur le financement de la défense, puis de la reconquête de la Terre sainte. Papes et rois se trouvèrent d'accord pour juger qu'il convenait de mettre l'Occident chrétien en paix et en ordre avant de guerroyer contre les Infidèles. Mais il était évident que l'on ne ferait rien en Orient si le roi de France et le roi d'Angleterre n'y apportaient leur présence ou à tout le moins leur concours. Puisqu'il fallait gagner du temps, on négocia quelque peu avec le sultan. En 1326, c'est avec l'accord du pape Jean XXII que le roi de Chypre envoyait des ambassadeurs en Égypte. Deux ans plus tard, le pape ouvrait lui-même une négociation avec le sultan. Envoyé comme nonce, le patriarche de Jérusalem Raymond Béguin tenta vainement de persuader le Mamelouk de rendre bénévolement les Lieux saints aux chrétiens. Mais des négociants chrétiens purent alors entretenir des affaires en Égypte et un couvent de franciscains obtint droit de cité à Jérusalem. Même le saint homme qu'était Benoît XII limita ses œuvres en Orient à l'accord qu'il donna à l'alliance formée contre le sultan par Venise, l'Hôpital et Byzance et à l'envoi de quelques secours en nature à la Petite Arménie.

On parlait toujours de la croisade, et avec des intentions bien diverses. En février 1332, Philippe VI de Valois, qui avait d'abord songé à apporter son aide au roi de Castille, reporta son attention sur l'Orient et en écrivit au pape. Le 16 juillet 1333, le cardinal Pierre Roger était à Avignon et prononçait un discours sur la reconquête de la Terre sainte.

Le futur Clément VI était alors le conseiller de Philippe VI. Son propos fut de faire désigner le roi de France comme chef de la future croisade, non sans rappeler que le roi ne pouvait agir si le pape ne prenait l'initiative. La croisade ne devait, précisa-t-il, être décidée que par celui qui a la plénitude du pouvoir. Le pape ayant seul cette plénitude, c'était clairement imputer au pape, parce qu'il ne se décidait pas, le retard de la reconquête des Lieux saints. Le cardinal en profitait pour exciper du conflit entre le pape et l'empereur Louis de Bavière, ce qui était discréditer l'Anglais dont l'alliance avec un empereur rebelle retardait évidemment la croisade. « Que le pape décide, conclut-il, et nous le suivrons. » Bien que revêtu de la pourpre, Pierre Roger était l'homme du roi qu'il servait, non celui du pape qu'il gourmandait.

Clément VI avait trop côtoyé les princes temporels pour croire que les conflits européens allaient vers une solution globale et que l'on pouvait alors s'occuper de l'Orient. Devenu pape, il ne se refusa pas à prendre la croisade pour alibi de la pression fiscale, mais il ne prit plus les conflits de France ou d'Empire pour causes du perpétuel report de la croisade. Bien plus, revenant au propos politique d'un Urbain II qui voulait affirmer l'autorité pontificale – donc la réforme grégorienne – en prenant la tête d'une entreprise commune de la chrétienté, l'ambitieux Clément VI voyait dans la reprise du projet de croisade le moyen de redorer le blason d'une papauté qui avait été passablement secouée depuis le temps de Boniface VIII et qui subissait encore les assauts de Louis de Bavière. De Richard Cœur de Lion à saint Louis, les rois n'avaient guère fait la preuve de leur capacité à organiser la reconquête des Lieux saints. Lorsque, archevêque de Rouen, Pierre Roger avait poussé en 1333 le roi Philippe VI à prendre la tête d'une croisade, il n'avait remporté qu'un succès d'estime, même si le roi de France prenait la chose au sérieux et se faisait faire une description de la Terre sainte. Il appartenait au pape, pensait cependant Pierre Roger quand il devenait Clément VI, de prendre lui-même l'initiative. Le temps n'était plus des déclarations d'intention.

En 1344, on passa aux actes. Pour commencer, ayant formé une ligue avec Venise, Chypre et l'ordre de l'Hôpital, c'est-à-dire Rhodes, Clément VI déclara la guerre aux corsaires turcs qui menaçaient les communications maritimes de la chrétienté et écumaient en particulier la mer Égée. À l'arrière-plan du projet d'intervention militaire, on discernait une pensée politique : convaincre les Grecs schismatiques de rallier le camp latin. Une escadre de dix galères, dont quatre étaient aux frais du pape, fut concentrée à Négrepont. Le patriarche latin de Constantinople, qui n'était plus, depuis que les Grecs avaient reconquis le Bosphore en 1261, qu'un personnage de la curie romaine, prit le commandement au nom du pape. C'était Henri d'Ast, un éminent juriste, à la fois docteur en droit civil et en droit canonique, mais qu'on avait surtout connu chapelain du pape. Le 28 octobre 1344, l'armée des croisés prit Smyrne en Asie mineure. On put croire l'affaire en bonne voie. Le dauphin Humbert II de Viennois rejoignit en 1345 la croisade en Orient avec sa propre armée. D'autres arrivées étaient attendues. Malheureusement, les choses en restèrent là. Le patriarche mourut le 17 janvier 1345 pendant qu'il célébrait, près de Smyrne, une messe d'action de grâces. Surtout, on n'avait pas vu venir les autres princes, et Humbert II tergiversait.

Héritier de la très ancienne maison de la Tour du Pin, le dauphin de Viennois était un pauvre homme, qui avait perdu son fils unique et qui était accablé de dettes. Il se trouvait encombré de sa principauté et ne souhaitait qu'une chose, s'en défaire. Il en attendait assez d'argent pour finir ses jours en paix. Il avait proposé l'affaire à Benoît XII, et un autre pape se serait peut-être trouvé heureux d'établir sa domination au nord des Alpes sur une seigneurie autrement importante que le médiocre Comtat Venaissin. Benoît XII avait refusé ce qui eût encore éloigné le Saint-Siège de Rome. Humbert avait alors proposé son dauphiné au comte de Provence. Robert d'Anjou, assez accablé de charges financières en Italie, avait refusé à son tour. C'est alors que le dauphin Humbert avait trouvé un acquéreur en la personne du roi de France, trop heureux d'enjamber le Rhône et de mettre un pied en terre d'Empire. Le 23 avril 1343, avec l'accord de Clément VI, le roi Philippe VI achetait, pour 120 000 florins et une rente viagère de 10 000 livres, un dauphiné de Viennois qui devait être, à la mort de Humbert II, la seigneurie d'un fils du roi de France. On décida vite qu'il ne saurait s'agir que de l'aîné, en attente de la Couronne. On parlera dorénavant du Dauphiné, et bientôt du « dauphin de France ».

Le Viennois devait rester à Humbert jusqu'à sa mort. Mais le dauphin perdit sa femme et songea à convoler avec une princesse bien dotée, la fille du duc Pierre Ier de Bourbon. On pouvait craindre qu'il eût un fils et revînt sur la vente de 1343. Philippe VI se chargea donc de le faire renoncer au mariage et accepter une transformation du viager en une cession immédiate. Par un traité du 30 mars 1349, le dauphin Humbert s'engagea à se faire dominicain et, moyennant 200 000 florins et une rente de 18 000 livres, abandonna sur-le-champ ses droits à l'usufruit du Dauphiné. L'état de frère prêcheur ne convenait cependant guère à celui qui avait été un prince d'Empire et qui se trouvait ainsi fort bien doté. En 1350, il quitta son couvent et, le 3 janvier 1351, Clément VI le nomma patriarche d'Alexandrie. L'ancien dauphin fut ordonné prêtre, puis sacré évêque et le pape lui donna l'année suivante l'administration – ce qui veut dire le revenu – de l'archevêché de Reims. Il mourut donc, en 1355, patriarche. Clément VI avait beau n'être plus le conseiller du roi de France, il l'avait, en cette affaire, fort bien servi.

Naturellement, on oubliait de nouveau la croisade. Les Latins d'Orient s'entendirent finalement avec les Turcs : Smyrne allait revenir aux Turcs, lesquels accordèrent aux communautés latines quelques garanties. Pour l'Orient, le bilan de la croisade restait nul. Pour le pape, c'était l'échec du grand projet. Clément VI refusa d'entériner le traité. Son refus ne servit à rien.

Si le pape ne s'accommodait pas de l'alibi des conflits internes à la chrétienté, ceux qui servaient sa diplomatie n'en restaient pas moins convaincus que les deux choses étaient liées. Hélie Talleyrand de Périgord, Niccolò Capocci et Guy de Boulogne n'ont cessé de vouloir la croisade et de s'employer à la paix qui semblait en être la condition.

Soudain, la situation parut empirer. En 1354, les Ottomans franchissaient les Dardanelles et prenaient Kallipolis (Gallipoli), la place qui, sur la rive européenne, contrôlait le détroit des Dardanelles. Ils pénétraient alors profondément dans le continent. Andrinople tomba en 1362, Philippopoli (Plovdiv) en 1363. L'Occident commença de s'inquiéter : le Turc était en Europe et, à l'évidence, on ne pouvait compter sur Byzance pour résister. Le roi de Chypre, Pierre Ier de Lusignan, appela au secours. Une croisade, Urbain V le savait, supposait la paix en Occident. Le traité de Brétigny-Calais assurait au moins un répit dans l'affrontement de la France et de l'Angleterre. En Italie, Albornoz reçut l'ordre de ne pas poursuivre l'écrasement de Bernabò Visconti. Mais Urbain V était un naïf : personne ne bougea.

RHODES

L'ordre de l'Hôpital demeurait à Rhodes le gardien de la Méditerranée orientale. Une première crise, au temps de Jean XXII, avait ébranlé l'ordre, mais la ferme intervention du pape l'avait en définitive résolue. Tout était alors venu de l'attitude du grand maître Foulque de Villaret. Certes, l'ordre lui devait son installation à Rhodes, mais très vite les fêtes et la chasse l'occupèrent plus que la reconquête des Lieux saints. Les chevaliers grognaient. En 1311, puis en 1314, le chapitre général formula de sévères critiques contre le faste du grand maître. En 1317, ses chevaliers le déposèrent et le remplacèrent par Maurice de Pagnac. Villaret gardant des partisans, Jean XXII tenta une médiation, nomma un vicaire général, imposa quelques réformes propres à rétablir à la fois la discipline et l'équilibre financier, changea les responsables des prieurés et, en 1319, exila Villaret sur ses terres familiales. Il était temps : l'année suivante, Rhodes devait faire face à un assaut des Turcs. Renforcées de galères génoises, les galères de l'Hôpital dispersèrent l'escadre qui tentait d'aborder. Sans cesse harcelé, l'Hôpital allait assumer à Rhodes son rôle d'avant-poste de la chrétienté jusqu'à son repli sur Malte en 1523.

Une nouvelle crise éclata cependant après 1350. Elle tenait pour une part à la déconfiture des grandes compagnies bancaires florentines chez qui l'ordre était en compte : dans les banqueroutes de 1343-1346, les hospitaliers avaient perdu quelque 360 000 florins, et les envois de fonds des commanderies d'Europe ne suffisaient pas à combler le déficit. Bref, à Rhodes, on n'avait plus les moyens d'armer les escadres nécessaires à la lutte contre les Turcs, et l'autorité du grand maître Dieudonné de Gozon était battue en brèche. Un nouveau conflit entre Venise et Gênes interdisait de compter sur l'aide habituelle de puissances pourtant intéressées à la sécurité des routes maritimes en Méditerranée orientale. L'ordre se repliait sur la défense de Rhodes. À Avignon, on commençait à se demander si l'Hôpital avait été fondé pour cela. Aux lettres le pressant de reprendre l'offensive, le grand maître Pierre de Cornelhan, qui avait succédé à Gozon en 1353, affecta de ne pas répondre. Comme jadis à Jean XXII, il parut à Innocent VI qu'il devait intervenir.

Il fit pour cela appel à un personnage déjà fort actif à la curie, Juan Fernandez de Heredia. Deux fois veuf avant de faire, en 1328, profession à l'Hôpital, Heredia ressemblait plus à un grand seigneur qu'à un moine. À tous égards, l'homme était hors du commun. Il appartenait à la très bonne noblesse d'Aragon et avait reçu une éducation soignée. Tout au long de sa vie, il allait se montrer un parfait lettré et un humaniste, constituant une riche bibliothèque d'auteurs classiques, compilant lui-même une œuvre historiographique et traduisant les auteurs anciens, en particulier Plutarque. Naturellement, il avait la réputation d'un chevalier exemplaire : n'avait-il pas, en 1346 à Crécy, voyant le roi de France à terre et son cheval tué sous lui, osé se priver de son propre cheval pour offrir à Philippe VI le moyen de fuir un champ de bataille où il était en grand danger d'être fait prisonnier.

Ces qualités n'interdisaient pas à Juan Fernandez de Heredia de faire montre d'une ambition dévorante, et de s'en donner les moyens. Bénéficiant de la faveur de Clément VI, il avait obtenu en quelques années dans l'ordre les dignités les plus rémunératrices. En un temps où chacun cumulait les bénéfices, on ne s'étonnait pas de voir Heredia devenir en 1346 châtelain de la place aragonaise d'Amposta, en 1355 prieur de Castille, en 1356 prieur de Saint-Gilles, en 1359 prieur de León et en 1368 prieur de Catalogne. Le pape ne se priva pas d'en ajouter : en 1356, avec une petite troupe de bons chevaliers, Heredia accompagna le cardinal de Périgord quand celui-ci tenta d'imposer la médiation pontificale à la veille de la bataille de Poitiers, en 1358 il était à la tête d'une petite armée pontificale dans le Comtat et en 1361 il devenait gouverneur d'Avignon et du Comtat Venaissin. Nous le retrouverons au côté de Grégoire XI en route pour Rome.

Heredia vivait dans ses prieurés comme un prince et se souciait peu d'abonder le trésor de Rhodes. Gozon et le conseil protestaient. Au lieu de le sanctionner, Innocent VI imagina de se servir de lui pour rendre à l'ordre son efficacité. En 1355, il le dépêcha à Rhodes. Heredia fit son rapport : l'ordre souffrait de négligence, de paresse, et généralement d'un dramatique oubli de sa vocation.

Innocent VI crut trouver la solution en donnant ordre à l'Hôpital de transférer son siège sur le continent, à Smyrne. Un nouveau grand maître, Roger des Pins, gagna du temps en annonçant et en réalisant une réforme qui permit aux hospitaliers de prendre leur part dans la stratégie suggérée au pape par Heredia, décidément en charge des affaires d'Orient. Il s'agissait pour les Latins de reprendre pied en Morée – le Péloponnèse – et d'en faire, de pair avec Chypre et non sans l'aide de Venise, la base des opérations navales de la chrétienté en Méditerranée orientale.

En 1359, Innocent VI décida de prendre en main l'affaire. Il commença par tenter d'apaiser les esprits au sein même de l'ordre. Trois cardinaux, Hélie Talleyrand de Périgord, Raymond de Canilhac et Audoin Aubert, furent chargés d'une médiation entre Roger des Pins et l'incommode hospitalier que tout le monde appelait « le châtelain d'Amposta ». Il dépêcha de même à Chypre un nonce, le carme Pierre Thomas, qui semblait au fait des négociations à conduire. Originaire de Sarlat, il avait été l'un des familiers du cardinal de Périgord et avait appris là son rudiment de diplomatie. Il avait été chargé de diverses missions, notamment à Byzance. Il sut mobiliser le roi de Chypre Pierre Ier de Lusignan, lequel mit sur pied une armée et alla chercher en Europe les moyens d'un assaut contre les places turques du littoral. À partir de 1361, partis de Chypre ou de Rhodes, les assauts contre les côtes d'Égypte, de Syrie et de Cilicie signifièrent aux Turcs et aux Mamelouks que les chrétiens n'étaient plus sur la défensive. Alexandrie fut même un temps occupée et saccagée en octobre 1365.

Les choses changèrent avec l'avènement d'Urbain V. Heredia avait tout pour agacer un pape ennemi du faste et peu porté aux manifestations de puissance. L'Aragonais perdit toute influence, et il lui fallut renoncer à la plupart des dignités et des commanderies qui faisaient sa fortune. L'affaire de Morée ne se fit pas plus que celle de Smyrne.

Urbain V perdit son temps et l'argent de l'Église en vains projets de croisade. Un temps, il y fut encouragé par le roi Jean le Bon pendant le long séjour qu'il fit à Avignon de novembre 1362 à mai 1363 : le roi prit publiquement la croix et, en avril suivant, Urbain V le nomma capitaine général de l'expédition, non sans lui avoir accordé pour cela une décime pour six ans. Alors que le royaume de France était déchiré par la défaite, que l'on tergiversait autour de l'application du traité de Brétigny-Calais et que les contribuables payaient chèrement la rançon du roi, il y avait quelque naïveté à croire que le Valois était en état d'organiser une croisade. Quand il demandait cette décime, refusée en 1362 et accordée en 1363, c'était bel et bien pour aider au paiement de sa rançon. La Chambre apostolique y vit assez clair pour poser des conditions : la décime serait levée par des collecteurs nommés par les évêques, et le produit n'en serait versé au roi que si l'on passait réellement à la croisade. Lorsque Jean le Bon demanda une nouvelle décime, froidement justifiée par la lutte contre les compagnies, le pape lui donna le choix : la décime pour six ans et la croisade, ou une décime pour un an et les compagnies.

En fait, tout le projet s'effondrait. Jean le Bon ira mourir, le 8 avril 1364, à Londres où il aura repris sa place de prisonnier, non plus comme vaincu de Poitiers mais comme remplaçant de son fils Louis – le futur roi de Naples Louis d'Anjou – qui a profité d'un pèlerinage pour rejoindre sa jeune femme et renoncer à son rôle d'otage. Prendre la croix était un engagement personnel. Charles V ne sera tenu à rien.

Une autre déconvenue suivit quand, en 1365, Urbain V crut que, pour libérer les Lieux saints et dégager la Hongrie enserrée par les Ottomans, il suffirait de détourner vers l'Orient les compagnies qui ravageaient la vallée du Rhône. Là encore, ce fut beaucoup d'argent dépensé en vain. Et ce n'est pas l'appel au secours que vint lancer à partir de 1362 dans toutes les cours européennes et notamment à Avignon le roi de Chypre Pierre Ier qui pouvait ranimer le zèle de l'Occident. Il est vrai que le roi Pierre s'entendait à profiter de son séjour et qu'il faisait un peu trop la fête pour un homme qui disait son angoisse. Quand, le 17 janvier 1369, un parti de nobles chypriotes l'assassina, les affaires restèrent en suspens. À Chypre, l'anarchie l'emporta jusqu'à ce que les Génois aillent y remettre un peu d'ordre.

C'est de Gênes et de Venise que vint le signal de la pause. Se faire craindre du sultan était une bonne chose. Compromettre longtemps le commerce avec Alexandrie et, à travers Alexandrie, avec l'Arabie, l'Inde et les îles de l'océan Indien n'était pas raisonnable. En 1370, on fit la paix.

L'élection de Grégoire XI remit cependant, et pour un temps, la croisade à l'ordre du jour. Le pape parla de réunir toute la chrétienté à Thèbes pour préparer l'offensive contre le Turc. L'assemblée ne se réunit pas, mais l'année suivante Grégoire XI fit reparaître Heredia. Il avait été l'homme de confiance de l'oncle Clément VI. Il fut celui du neveu. Mais le pape se montrait de plus en plus soucieux de la réforme d'un ordre que l'on critiquait de toutes parts. En 1373, il prescrivait une enquête sur la fortune de l'Hôpital. Paradoxalement, c'est Grégoire XI qui fit retarder la croisade : la priorité était d'en finir avec Florence et de replacer le Siège apostolique à Rome. On ne pouvait tout faire à la fois.

Mais en 1374, le pape nommait Heredia lieutenant du grand maître. En 1376, Heredia commandait la flotte qui conduisait Grégoire XI à Rome. En 1377, après une élection de pure forme car c'était en fait le pape qui le désignait, il était grand maître. En attendant d'attaquer les Turcs, il obtint du pape la concession de la Morée à l'Hôpital. Encore fallait-il conquérir cette Morée qui appartenait en droit à Byzance mais qu'occupaient en fait les Albanais. En 1378, Heredia occupa Lépante. Malheureusement, Grégoire XI disparut alors, et son successeur à Rome Urbain VI ne songea pas à aider les Hospitaliers empêtrés dans une entreprise hasardeuse. Pris dans une embuscade par les Albanais, Heredia passa un an en prison et dut payer rançon.

Le grand maître gagna alors Rhodes et prit en main la restauration du système défensif. De même, grâce à un soutien financier du pape, fit-il renforcer les défenses de Smyrne. Mais lorsqu'il rejoignit Avignon en 1382, ce fut pour se trouver aux prises avec un Grand Schisme dans lequel il lui fallait sauver l'unité de l'ordre. Une nouvelle fois, l'Orient passait à l'arrière-plan des préoccupations de l'Hôpital.

L'ÉGLISE DE CHINE

L'intérêt porté par la chrétienté occidentale à l'Extrême-Orient doit tout à l'ouverture sur le monde extérieur voulue par le fils de

Gengis Khan, Kubilaï Khan, maître de l'ensemble de la Chine depuis 1279. Si l'expansion de l'empire mongol est d'abord le fruit de la volonté de puissance qui tient pour des vassaux le calife de Bagdad et la reine de Géorgie aussi bien que le prince de Novgorod ou le roi de Corée, la curiosité intellectuelle de Kubilaï est pour beaucoup dans les relations qui se nouent entre l'empire des Yuan et l'Occident chrétien, relations dont les moments forts sont les venues à Kambaluk (auj. Beijing) de religieux et de savants appelés à présenter leur religion et à s'entretenir à la cour impériale avec les savants chinois.

Évangéliser un empereur sur les intentions réelles duquel l'Occident se méprend – Kubilaï aimerait surtout convaincre les Occidentaux de leurs torts – entre naturellement dans les vues du pape comme dans celles des souverains européens. Alors que, sous les coups des Turcs, s'effondre ce qui fut l'Orient latin de Jérusalem et d'Acre, ces Mongols, tolérants à l'égard du christianisme et nécessairement affrontés aux Turcs dans leurs progrès territoriaux vers la Méditerranée, paraissent offrir l'alliance de revers qui permettrait la reprise de la croisade. Si l'Asie profonde devenait chrétienne, le Turc serait neutralisé. Les entreprises pontificales vers l'Orient, comme celles du roi de France, ne peuvent être ramenées au simple propos d'une évangélisation confiée à quelques missionnaires. Il s'agit bel et bien de convaincre, dans ses profondeurs, l'Orient des bonnes intentions de l'Occident chrétien et de s'en faire l'allié nécessaire. L'alliance de revers passe par la mission. L'Église de Chine en sera le fruit bienvenu.

Le pape et le roi de France sont les premiers à accomplir envers le Khan la démarche que celui-ci attend : on envoie des ambassadeurs assez avisés pour faire rapport. On va enfin savoir ce qu'il en est de cet étrange empire dont la géographie occidentale a quelque peine à se représenter l'extension. Les franciscains se mettent vite sur les rangs. En 1245, Innocent IV envoie Giovanni di Plan Carpino, un religieux d'origine aristocratique, riche d'une expérience personnelle des affaires du monde. Plan Carpino part accompagné d'un autre franciscain, Étienne de Bohême. La décision est à double effet : le pape est pris dans le plus grave des conflits avec l'Empire et il lui est même interdit de songer à rentrer à Rome, en sorte que prendre une initiative quant aux

relations de la chrétienté avec l'Asie a tout pour redorer le blason
pontifical. Huit ans plus tard, c'est pour des raisons comparables
qu'un Louis IX en délicatesse avec la papauté et toujours sensible
aux arguments des franciscains envoie le Flamand Guillaume de
Rubrouck, qu'il a connu à Acre.

Deux ou trois religieux en Asie, ce n'est pas encore l'évangélisation, et le mot serait abusif s'il faisait oublier la présence, fort
ancienne, des chrétiens nestoriens venus autour du VIIIe siècle de
l'Inde où l'on se targue d'avoir reçu l'Évangile de l'apôtre saint
Thomas lui-même. Tout juste les franciscains ont-ils à prendre
contact et à rendre rapport. Au plus attend-on qu'ils soient, dans
leur compte rendu, plus attentifs aux affaires religieuses que ne
le sont les marchands qui, tel Marco Polo qui va rentrer à Venise
après vingt ans d'absence, racontent volontiers leurs voyages en
gonflant les chiffres et en jouant avec le merveilleux de l'exo-
tisme. Lorsqu'en 1247 Plan Carpino rend compte au pape, celui-
ci le pousse à mettre au net ses souvenirs. Ils formeront un livre,
l'*Histoire des Mongols*. Revenu à Paris en 1255, Rubrouck éblouit
le milieu universitaire de la Montagne Sainte-Geneviève par le
pittoresque de ses récits. Lui aussi en tirera un ouvrage, l'*Itinéraire*. Il se fera gloire d'avoir, à Karakorum, participé à un vaste
colloque où se sont affrontés des théologiens musulmans, nestoriens, bouddhistes et polythéistes.

Avec une grande sagesse, tous s'en sont tenus à regarder. Plan
Carpino a parfaitement compris qu'à trop montrer au Khan – c'est
alors Guyuk – les crises internes de l'Europe on pourrait bien le
pousser à des idées de conquête. Le franciscain n'est pas dupe de
l'ouverture vers l'Occident : le Mongol qui s'informe du monde
n'a rien de désintéressé. La lettre qu'il rapporte au pape dit clairement le propos du Khan.

> Toi, le grand pape, avec les rois, venez ensemble en personne nous
> rendre hommage. Nous vous ferons alors entendre nos ordres. Venez
> nous offrir vos services et vos hommages. Nous connaîtrons alors
> votre soumission.

Saint Louis a droit à un traitement bien différent. La lettre du
gouverneur de l'Asie mineure que deux chrétiens de Mossoul lui

apportent pendant son séjour à Chypre en décembre 1248 laissent attendre la conversion du Khan, voire celle de tous ses sujets. Un temps, on rêve de nouveau à l'alliance de revers. Le Khan désavouera vite son gouverneur. Les trois dominicains envoyés alors par le roi de France pour conforter les Mongols dans leurs bonnes dispositions ne rapporteront qu'un ultimatum.

L'ambition de Nicolas IV est bien différente quand en 1289 il envoie en Chine Giovanni da Monte Corvino. Ce franciscain est un savant, probablement un médecin. C'est un homme d'expérience, qui a vécu à Byzance et connaît la Perse. Il parle le tartare. Il sait combien de difficultés l'attendent. Il va se faire discret. On reçoit de lui quelques lettres. On apprend qu'il a traversé la Perse, emprunté à partir d'Ormuz la route maritime, longuement séjourné en Inde et converti quelques Indiens. Puis c'est le silence. On n'en est que plus étonné quand, en 1307, alors que Clément V est à Poitiers, parvient une étonnante nouvelle : Monte Corvino, que l'on croyait mort, a fondé en Chine une Église. Il participe à des débats théologiques. Il prêche librement. Il baptise. La tâche est lourde. Il aimerait du renfort. Sur-le-champ, Clément V le nomme archevêque de Kambaluk, avec une juridiction étendue sur l'ensemble de l'empire mongol. Pour le seconder dans ce que le pape appelle « l'empire des Tartares », sept évêques lui sont adjoints, que l'on sacre avant leur départ. Monte Corvino aura toute liberté de dessiner leurs diocèses. Pour commencer, ils auront la charge paradoxale de sacrer leur archevêque. Trois autres compléteront en 1311 le collège des évêques en Chine, que la mort a sévèrement frappé. C'est l'un d'eux qui, enfin, sacre Monte Corvino. Le pape est parvenu à ses fins : l'Église de Chine s'intègre dans la succession apostolique.

Elle est, d'abord, prospère. Certes, les chiffres qui parviennent à la curie sont sujets à caution : on annonce la conversion de dix mille Tartares païens et de quinze à trente mille Alains du Caucase de rite grec. Cela n'en signifie pas moins qu'il est désormais en Chine un peuple chrétien et non une poignée de franciscains isolés. Surtout, les chrétiens ne sont pas vus comme un corps étranger. Évêque de Zayton, Peregrino da Castello le rapporte au pape : les prédications chrétiennes peuvent se tenir dans ce qu'il appelle « la mosquée des Sarrazins ».

En 1318, Jean XXII s'inquiète de n'avoir plus aucune nouvelle de Monte Corvino. Il dépêche un autre franciscain, Odoric de Pordenone, lequel rapporte quelques heureuses nouvelles mais aussi une demande de renfort. Monte Corvino dit sans ambages ce qu'est l'urgence : ceux qui ont créé l'Église de Chine sont maintenant de vieilles gens. En 1328, l'archevêque est encore en vie. En 1333, il est mort, et le pape lui donne un successeur, un religieux parisien, frère Nicolas, qui paraît n'être jamais parvenu.

Jean XXII ne se désintéresse pas de la lointaine Chine, mais il porte surtout son regard sur les confins immédiats de la chrétienté. Huit évêchés sont créés en Crimée et dans la région de la mer d'Azov. Pour la Perse et le Turkestan, il érige à Sultanyeh, au nord de l'Iran, un archevêché. De nouveaux missionnaires, dominicains cette fois car les franciscains sont de moins en moins en faveur à Avignon, sont envoyés en 1318 vers l'Azerbaïdjan, l'Arménie et l'Anatolie, en 1329 en Géorgie, au Turkestan et même en Inde. De même sont-ce huit dominicains qu'en 1316 on envoie en Éthiopie avec mission de créer dans ce pays copte des monastères latins. Le propos s'inscrit dans un contexte déjà connu : celui d'une alliance de revers contre l'Islam, voire contre Byzance. On a cessé de compter sur l'alliance du Mongol, mais on s'accroche à l'idée d'une alliance avec le légendaire Prêtre Jean que l'on commence de situer justement en Afrique orientale. Le pape n'a pas compris que la meilleure introduction au Prêtre Jean n'est pas d'aller concurrencer l'église copte.

Le Khan se plaint : il veut un archevêque. Benoît XII en nomme un. En 1338, conduite par un franciscain, une ambassade mongole vient rappeler la Chine au souvenir du pape. Celui-ci a bien compris que la vacance du siège de Kambaluk signifie la fin de la chrétienté chinoise. Il envoie, par précaution, quatre franciscains, tous sacrés évêques. Giovanni Marignoli mettra quatre ans à atteindre son archevêché. Épuisé, il reviendra après quatre ans et finira ses jours à Avignon. Comme les premiers missionnaires, il écrira le récit de son voyage. À l'évidence, il n'a conçu son rôle que comme celui d'un délégué temporaire, d'un observateur. L'exemple de Monte Corvino est oublié.

Plus qu'à l'évangélisation annoncée, qu'on ne saurait attendre de quelques missionnaires démunis de moyens et surtout de collaborateurs, tous ces envois de religieux contribuent à une meilleure connaissance de l'Orient par les gouvernants européens. Encore faut-il comprendre que l'information vient aussi rarement que lentement. Quelques lettres parvenues en deux ans et quelques récits de voyage rapportés après plusieurs années ne permettent aux papes que l'illusion d'une entreprise. Le seul fruit réel de ces ébauches de contact est l'abandon par l'Occident de l'idée qu'on se faisait au siècle précédent d'un empire mongol propre à fournir une alliance de revers contre les Turcs.

Toute cette construction ecclésiale et diplomatique, que l'on croit renforcée en 1362 par l'érection de nouveaux archevêchés, s'effondre quand en 1368 la nouvelle dynastie chinoise des Ming déclare importuns les religieux étrangers. C'est en vain que le pape nommera de temps à autre un nouvel archevêque. Aucun n'ira jusqu'à se mettre en route.

L'UNION DES ÉGLISES

Il y a trois siècles que le lien est brisé entre Rome et Constantinople. Il arrive que l'on se soucie d'un rapprochement où certains verraient une reconstitution de l'unité par la fusion des Églises et où d'autres se contenteraient d'une conjonction des interventions contre les progrès de la puissance turque. Les difficultés sont nombreuses. Elles tiennent au schisme, c'est-à-dire à l'impossible soumission d'une Église à l'autre, mais aussi à la foi, car l'évolution dogmatique, déjà en discordance avant le schisme de 1054, n'a fait qu'éloigner les deux chrétientés. Elles ne tiennent pas moins à l'histoire : l'Occident n'a pas oublié les obstacles mis à la plupart des croisades par l'empereur byzantin, cependant qu'à Byzance on n'oublie pas que les croisés se sont approprié la Terre sainte au lieu de la rendre à l'empereur. La plaie ouverte par le sac de 1204 demeure, bien entendu, béante. Ajoutons que la complexité des Églises d'Orient – complexité des structures ecclésiales, des formulations dogmatiques, des langues et de la liturgie – ne facilite pas la compréhension qu'en ont des chrétiens d'Occident habitués depuis Charlemagne à un certain monolithisme de fond et de forme.

De part et d'autre, on fait quelques approches. On semble aller plus loin quand, en 1356, Jean V Paléologue envoie à Avignon une ambassade qui propose l'union des Églises sous condition d'un subside pour la lutte contre les Turcs. Le contact est ensuite maintenu et les négociations reprennent après la perte d'Andrinople. En 1365, l'empereur Charles IV propose à Urbain V une opération dont les avantages seraient divers. On enverrait se battre contre les Turcs ces compagnies de routiers qui ravagent l'Occident et tout particulièrement la vallée du Rhône, le roi de Hongrie Louis d'Anjou offrirait à ces troupes le passage et le ravitaillement, une décime financerait le tout et Jean V ferait son affaire d'une union qui ressemblerait bien à un ralliement de Constantinople à Rome. Charles IV n'a, c'est évident, pas la moindre idée de ce que serait la réaction du patriarche.

Lorsque dans l'été de 1367 Urbain V tient sa cour à Viterbe en attendant de gagner Rome, il peut croire que l'union s'annonce. Entre alors en scène un étonnant personnage, le Comte Vert. Amédée VI, comte de Savoie, doit ce surnom à la couleur de la parure qu'il a portée lors d'un tournoi. Il a affermi la présence savoyarde sur les Alpes et mis fin à l'affrontement de la Savoie et du Dauphiné. Il a même joué les entremetteurs entre la France et Milan en organisant le mariage de Giangaleazzo Visconti, fils de Bernabò, et Isabelle de France, fille de Jean le Bon. Or la tante du Comte Vert, Anne de Savoie, a épousé l'empereur Andronic III Paléologue et elle a assuré une régence particulièrement difficile pendant la minorité de Jean V. En 1366, désireux de venir en aide à son cousin Jean V, le comte de Savoie part en croisade. Il reprend pour un temps aux Turcs la place de Gallipoli. Puis il libère l'empereur que retenaient les Bulgares et lui rend Gallipoli.

Quelques semaines plus tard, Amédée est à Viterbe. Il accompagne le patriarche grec de Constantinople Philothée Kokkinos, lequel tient des propos encourageants : l'empereur l'a chargé de promettre son adhésion à l'obédience du pape, et d'annoncer sa venue à Rome. L'empereur Jean V Paléologue, dont l'autorité en Orient a été longtemps contestée par Jean VI Cantacuzène et qui doit composer avec d'incommodes patriarches, joue alors le tout pour le tout. Il met à la mer quatre galères et vient à Rome. Là, il s'humilie en négociant, le 18 octobre 1369, le soutien du pape et son intervention auprès des souverains en échange d'une reconnaissance de l'autorité pontificale et d'une conversion au catholicisme latin.

Le malheureux empereur n'a même pas eu droit à un accueil quelque peu solennel : il a dû attendre à Rome l'arrivée du pape qui s'attardait à Viterbe et c'est devant cinq cardinaux et deux protonotaires que, dans le couvent du Santo Spirito, il prête serment de fidélité à l'Église romaine. Il lui faut encore patienter pour que, le dimanche suivant, 21 octobre, Urbain V l'accueille enfin sur les marches de Saint-Pierre et célèbre la messe en sa présence.

Moyennant quoi, Paléologue n'obtient rien. Le patriarche n'était favorable à la négociation – et à la convocation d'un concile œcuménique – que dans la mesure où il en attendait la reconnaissance de la doctrine grecque relative au Saint-Esprit. Le patriarche désavouera donc l'empereur en attendant que celui-ci soit renversé d'abord par son fils, puis par son petit-fils. Là encore, Urbain V a rêvé en croyant faite l'union des Églises. Le schisme trois fois séculaire se perpétue, et les Turcs ne cessent de progresser.

Les événements donneront raison aux prudents. Le roi de France trouvera les moyens de revenir sur les concessions de Brétigny. En 1369, sa Cour prononcera la commise de la Guyenne. L'Anglais débarquera en France. Pour le pape, il y aura à faire en Europe, et plutôt à Avignon qu'à Rome.

LA RECONQUÊTE

La « Reconquête » de la péninsule Ibérique sur les Arabo-Berbères qui l'ont occupée en 710-711 est commencée depuis qu'après son échec de 778 Charlemagne a créé cette « Marche d'Espagne » qui a donné naissance au comté de Catalogne et au royaume de Navarre. Les avancées territoriales des puissances chrétiennes ont constitué au IXe siècle le León, au Xe la Castille et l'Aragon, au XIe le Portugal. Les chrétiens ont atteint Valencia en 1094, Saragosse en 1118. La Reconquête a ensuite paru s'essouffler, cependant que les Almohades établissaient sur la partie demeurée musulmane un pouvoir fort et que l'Occident chrétien consacrait ses forces aux croisades en Terre sainte. La Reconquête a repris à l'instigation d'Innocent III qui réalise pour un temps l'unité d'action des trois royaumes de Castille, d'Aragon et de Navarre. La victoire chrétienne de Las Navas de Tolosa, en 1212, l'occupation de Cordoue en 1236 et celle de Séville en 1248 semblent en finir avec l'Espagne maure. Mais l'effort s'arrête là, quelques victoires comme celle de la Castille au Salado en 1340 ne sont pas exploitées et c'est en vain qu'Alphonse XI assiège Gibraltar en 1350.

Au temps des papes d'Avignon, les royaumes espagnols ne cessent de renouveler entre eux les occasions de conflit, et les autres puissances européennes jouent plus volontiers de ces affrontements ibériques en s'alliant aux uns ou aux autres qu'elles ne se soucient de ce qui leur paraît anecdotique, le royaume de Grenade. Certes, dès le temps de son avènement, Jean XXII exprime devant l'ambassadeur aragonais sa préoccupation du « fait de Grenade », mais il ne parle pas moins du « fait de Tunis ».

La plus lourde part de la Reconquête sur les Maures pèse évidemment sur la Castille, mais l'Aragon y a sa part. Le pape ne peut refuser aux rois une aide financière qui se traduit par la concession de multiples décimes : autant dire que c'est le clergé ibérique qui paie. Ces décimes auront été, de pontificat en pontificat, l'une des premières préoccupations des ambassadeurs qui, comme surtout ceux du roi d'Aragon, suivent avec obstination tous les déplacements de la cour pontificale et dont la correspondance riche d'observations en tout genre est si précieuse pour les historiens. Dès le début, les décimes pour la Reconquête sont des occasions de frictions. On entend même, en septembre 1309, les Aragonais proférer en plein Consistoire des menaces qui valent à l'un d'entre eux, un dominicain, d'être mis en résidence forcée à Perpignan avec interdiction de confesser et de prêcher.

Les troubles internes qui agitèrent à partir de 1309 l'Espagne musulmane auraient pu favoriser la reconquête chrétienne. Il n'en fut rien, et l'Islam ne cessa de marquer des points. Les forces de l'émir de Grenade occupèrent à partir de 1325 plusieurs places de la frontière, et celles des Mérinides de Fès prirent en 1333 Gibraltar que tenaient depuis 1308 les Castillans. En 1340, les mêmes

Mérinides, avec l'appui des Génois, envoyaient par le fond la flotte de Castille de l'amiral Jofre Tenorio, mais sur terre, près de Tarifa, l'armée castillane écrasait celle de l'émir et pouvait offrir au pape une part du butin. La bannière et les étendards pris à l'ennemi tapissèrent la voûte de la chapelle pontificale. Quatre ans plus tard, Algesiras tombait aux mains des chrétiens. L'émir sauva Grenade en payant un tribut.

Après un temps de calme que l'émir mit à profit pour réorganiser son royaume de Grenade, la Péninsule vécut après 1354 des heures difficiles. La rivalité s'exacerbait entre l'Aragon et la Castille, et l'émir savait en tirer parti. C'est avec l'aide des Castillans qu'il put en 1362 faire face à des conjurations et reprendre le pouvoir. Conclue en 1374, une trêve procura pour trente ans la paix entre les puissances chrétiennes et l'Islam, et les chrétiens ne profitèrent même pas des agitations qui troublèrent de nouveau l'Espagne musulmane après 1391. C'est seulement en 1407 que reprit la progression des Castillans, progression qui ne devait aboutir, on le sait, à la prise de Grenade qu'en 1492.

La papauté ne jouait, là encore, pendant ces temps incertains qu'un rôle fort effacé. Les papes accordaient des décimes, et c'est tout. La décime payée par le clergé de Castille ou d'Aragon pour financer les entreprises des rois de Castille ou d'Aragon ne coûtait rien au pape d'Avignon et elle ne suscitait évidemment aucune animosité en France ou en Angleterre. S'agissant du combat pour la foi, l'Occident chrétien regardait vers le Danube et rêvait de Jérusalem. Grenade lui importait peu. Pour les princes comme pour les papes, la Reconquête était affaire d'expansion territoriale, et les papes, s'ils ne cessaient de poursuivre une paix franco-anglaise propre, pensait-on, à favoriser la croisade, ne voyaient pas ce que pouvait gagner la cause chrétienne à la réduction d'un état musulman que l'on trouvait si souvent allié en Espagne même à des puissances chrétiennes. S'il était un ennemi musulman ailleurs que sur le Danube, il avait les traits des pirates barbaresques. C'est d'eux que l'on se plaignait à Marseille et à Barcelone comme à Gênes ou à Venise, voire à Florence et à Naples, et ils étaient l'affaire de l'ordre de l'Hôpital qui tenait Rhodes. Le royaume de Grenade n'embarrassait nullement les navires qui cinglaient vers Alexandrie, Caffa ou Trébizonde.

CHAPITRE XVII

Avignon et le Comtat Venaissin

FORMATION D'UNE PRINCIPAUTÉ

Longtemps, le comté de Venaissin – le *comtat* en provençal – a paru ballotté. Il était la terre que possédaient encore au-delà du Rhône, donc dans l'Empire, les comtes de Toulouse de cette maison de Saint-Gilles qui descendait en droite ligne d'un comte de Charles le Chauve. Le Comtat tenait son nom de la petite place fortifiée de Venasque où l'évêque de Carpentras trouvait parfois refuge. On l'avait ensuite dit « de Venaissin ». Il était le dernier vestige du marquisat de Provence constitué au XIᵉ siècle et définitivement reconnu en 1125 par partage entre les descendants du comte carolingien d'Arles. Deux héritières avaient épousé l'une le comte de Toulouse, l'autre le comte de Barcelone.

Entre le Rhône, la Durance et la mer, ce fut un comté que tinrent les cadets des comtes de Barcelone, depuis rois d'Aragon. Ce comté de Provence vint, lui aussi, à deux héritières. L'une, Marguerite de Provence, fut reine de France après avoir épousé Louis IX. L'autre, Béatrice, apporta la Provence – grossie du comté de Forcalquier – dans le patrimoine capétien en épousant, en 1246, le frère de Louis IX, Charles d'Anjou. On sait que Charles d'Anjou devint roi de Sicile et resta roi d'un royaume continental dit de Naples, en sorte que, tout au long du XIVᵉ siècle, la maison d'Anjou tient, pour son royaume de Naples comme pour son comté de Provence, une place de premier rang dans l'histoire de la papauté d'Avignon. D'un côté comme de l'autre des Alpes, l'Angevin est le voisin du pape.

On avait formé au nord de la Durance et avec quelques terres sur la rive droite du Rhône, un marquisat pour le comte de

Toulouse. Au XIIIe siècle, n'en subsistait que le petit comté de Venaissin. En 1229, par le traité de Paris, le comte de Toulouse Raymond VII, durement mis à mal par le pape et le roi de France pour ses complaisances envers les cathares, cédait au pape son comté provençal. Par accord entre le pape et le roi, le sénéchal de Beaucaire fut chargé de l'administrer.

Le Venaissin demeurait dans l'Empire. L'empereur s'en mêla. Or on négociait le mariage de la fille et héritière de Raymond VII avec le frère du roi de France, Alphonse de Poitiers, un mariage qui allait à terme faire passer le Languedoc dans le domaine royal capétien. Empereur et roi s'entendirent donc et, en 1234, le comte de Toulouse se vit reconnaître la possession de son comté de Venaissin. Le pape eut beau multiplier les protestations, il ne put empêcher Raymond VII, puis Alphonse de Poitiers, devenu comte de Toulouse, d'en demeurer les maîtres. Alphonse y plaça un sénéchal. À sa mort, en 1271, son neveu le roi Philippe III se tint pour héritier du Venaissin comme du reste. Mais ce qui intéressait surtout le Capétien, c'était évidemment Toulouse et le Languedoc. Très vite, Philippe III écouta donc les revendications du pape Grégoire X. Le 27 janvier 1274, le sénéchal remettait le Venaissin aux commissaires pontificaux.

Très officiellement, et en particulier sur les monnaies qu'il fait frapper à Carpentras pour le Comtat, le pape se dit *comes Venasini* puis *comes Venesini*. Ce titre de comte dit bien que le Comtat n'a rien d'une seigneurie ecclésiastique. Il relève d'ailleurs de plusieurs diocèses autour des évêchés de Carpentras, de Vaison et de Cavaillon, ainsi que de l'évêché d'Avignon dont le siège est, lui, hors du Comtat. Le titre de comte disparaît sous Clément VI quand il semble que les choses vont de soi.

Le Comtat Venaissin (*voir carte 4*), c'est un ensemble de terres et de seigneuries situées entre le Rhône et la Durance sur les pentes du Lubéron et du Ventoux mais aussi dans les petites plaines qu'irriguent le Rhône, l'Ouvèze, la Bentrix et la Sorgue. Si les limites du Comtat sont assez nettes au regard de la Provence, la Durance constituant une frontière, elles le sont moins au nord, face au Dauphiné où une féodalité mal soumise à l'autorité du dauphin de Viennois entretient bien des confusions. À l'ouest, la principauté d'Orange – principauté impériale mais sur laquelle s'étend la suzeraineté des Angevins de Provence – occupe une bonne partie de la rive gauche du Rhône, en sorte que, vu du fleuve, le Comtat est coupé en deux. Deux villes, Carpentras et Cavaillon, forment des sortes d'enclaves, car elles appartiennent à leurs évêques. Enfin, il n'y a pas à le rappeler longuement, Avignon – demeuré indivis dans le partage de 1125 – appartient jusqu'en 1348 au comté de Provence et ce depuis qu'en 1290 le roi de France a cédé à son cousin Charles II d'Anjou ce qui lui revenait encore par l'héritage des comtes de Toulouse.

Depuis l'acquisition de 1274, l'administration pontificale n'a cessé d'élargir la seigneurie, occupant des châteaux, soumettant des vassaux. Au début du XIVᵉ siècle, on y compte une soixantaine de petites villes et de villages. C'est Jean XXII qui, dès 1317, recommence d'élargir la principauté pontificale. Il négocie avec l'ordre de l'Hôpital, qui vient seulement de mettre la main sur l'essentiel de la fortune foncière du Temple à lui dévolue en 1312, et se fait offrir plusieurs seigneuries que possédait le Temple dans le bassin de l'Ouvèze. Il est permis de penser que les hospitaliers rémunèrent par ce don la bienveillance pontificale dans la liquidation de la fortune du Temple. Dans le même temps, le pape achète du dauphin Jean II la part qu'avait celui-ci dans la seigneurie de Valréas. En 1344, Clément VI agrandit encore son Comtat et complète sa mainmise sur Valréas par l'achat de la petite seigneurie de Visan qui fait presque, sur la rive de l'Aigues, la jonction entre les terres dauphinoises de Valréas et le Comtat proprement dit. De ce qui marque bien la volonté des papes de progresser vers le nord subsiste de nos jours encore cette étrange géographie administrative à laquelle nul n'a osé toucher lors de l'annexion du Comtat à la France en 1791 : l'enclave de Valréas qui appartient au département de Vaucluse malgré son environnement dans l'Isère. En revanche, l'annexion de 1791 a définitivement intégré dans le Vaucluse une ville d'Avignon que les papes n'avaient jamais jointe au Comtat.

Avec quelques villes comme Carpentras, Vaison ou Cavaillon, de nombreux habitats villageois et une bonne part de son territoire en vallées fertiles, le Comtat est une contrée peuplée. À l'époque où Jean XXII y installe durablement la papauté, il est fort de

75 000 à 100 000 habitants. Pour une plus grande superficie mais avec des zones montagneuses plus rudes, la Provence voisine n'a guère que quatre fois plus.

À peine la papauté est-elle établie à Avignon qu'elle marque sa présence dans le Comtat. Clément V a déjà pris l'habitude d'user des établissements religieux qui, comme le prieuré du Groseau, procurent un agréable séjour d'été. Jean XXII fait construire à Sorgues, au débouché du pont sur l'Ouvèze, en sorte qu'on parlera souvent du Pont-de-Sorgues : c'est un fort château de plan rectangulaire, pourvu de quatre grosses tours carrées et d'une porte renforcée d'une tour.

Les acquisitions territoriales ne vont pas sans un renforcement de l'autorité du pape sur le Comtat. Pour les habitants, le pape est un seigneur plus présent que n'était le comte de Provence. Les juges et les administrateurs pontificaux ne cessent de grignoter les droits et les prérogatives de la petite féodalité, ceux des évêques et ceux des communautés d'habitants. C'est en mettant la main, en 1320, sur la juridiction temporelle qu'avait l'évêque de Carpentras sur sa ville que Jean XXII peut faire de celle-ci la capitale du Comtat. Pernes-les-Fontaines cède enfin sa place de chef-lieu. Quand Avignon appartiendra au pape, la ville ne sera pas pour autant intégrée au Comtat. La seigneurie du pape sera donc faite de deux unités féodales distinctes : Avignon et le Comtat. Explicites sont les bulles qui nomment les recteurs.

> Dans le Comtat Venaissin, dans la cité d'Avignon et le comté de celle-ci, et dans le district et les parties qui leur sont adjacents, appartenant médiatement ou immédiatement à Nous et à l'Église romaine.

LES JUIFS

Deux cents familles comptant plus de mille personnes forment dans l'Avignon des papes une forte colonie juive. Divers témoignages attestent la présence à Avignon d'une telle colonie pendant le haut Moyen Âge et peut-être dès le IVe siècle. Les diverses vagues de persécution dont souffrent les juifs de France et, de manière moins systématique, ceux de Provence ont certainement contribué à renforcer ces effectifs, cependant que, comme ceux de la population chrétienne, ils subissaient les effets immédiats des épidémies. À côté de juifs établis à Avignon depuis long-temps, il en est donc beaucoup que caractérise une installation récente. Nombre de ceux-ci se distinguent par leurs noms, empruntés à leur ville d'origine. La protection accordée aux juifs par Clément VI pendant la Peste noire, alors que de toutes parts la rumeur les tient pour responsables du fléau, aura une conséquence inattendue : bien des juifs des régions voisines où les persécutions sont sévères – Provence, Dauphiné, Savoie – jugent prudent de venir s'établir dans le Comtat Venaissin. Bref, cette population juive va croissant, et elle renforce son rôle dans la vie locale. Elle forme le dixième de la population de Carpentras.

La protection pontificale n'a rien d'assuré. Alors que les juifs d'Avignon ne dépendent pas encore de lui puisque la ville ne lui appartient pas, Jean XXII a persécuté les communautés juives du Comtat. S'il ne s'est pas attaqué aux personnes, il a fait détruire des synagogues, comme à Carpentras et à Bedarrides. Là encore, Clément VI est le premier à se montrer tolérant quand il laisse l'évêque de Carpentras autoriser dès 1343 la reconstruction de la synagogue. Dès lors, les papes s'entendent à mêler leur obligation morale de charité à leur intérêt économique. Lorsqu'en 1358 les juifs prêtent serment de fidélité en même temps que les citoyens d'Avignon, Innocent VI les autorise à jurer sur l'Ancien Testa-ment et non comme les chrétiens sur les Évangiles. Urbain V va jusqu'à rappeler aux chrétiens qu'ils ne doivent pas forcer les juifs à la conversion et que leurs cimetières sont aussi inviolables que ceux des chrétiens.

Plus dure est la réaction antijuive de Benoît XIII, mais elle survient à un moment où il n'exerce plus aucune autorité sur le Comtat. Le fait qu'il prohibe la lecture du Talmud et qu'il inter-dise au juifs l'exercice de la médecine – on avait été heureux de trouver les médecins juifs pour soigner juifs et chrétiens pendant la Peste noire et on en comptait six à Avignon en 1374 – ne saurait être révélateur que d'un esprit acculé au radicalisme par la marginalité. De telles manifestations d'antisémitisme n'y chan-geront rien : au xve siècle encore, les juifs seront la majorité des médecins de l'hôpital Sainte-Marthe, et la communauté juive fera par tradition des présents de Noël au légat pontifical.

Les juifs sont justiciables de la cour temporelle et d'elle seule. Jusqu'à l'acquisition d'Avignon par le pape, ils étaient placés sous l'autorité du viguier qui représentait le comte de Provence. Dès le XIIIe siècle, la communauté s'est donc organisée, aussi bien pour assurer sa représentation devant les autorités seigneuriales et communales que pour gérer la solidarité envers les moins fortunés. Elle élit des syndics ou bayles pour défendre les intérêts communs et des receveurs pour l'exécution des obligations financières. Une Aumône des juifs finance à la fois le fonctionnement de la synagogue, les secours aux pauvres et l'exécution des clauses pieuses et charitables des testaments.

Les juifs doivent cependant négocier sans cesse à propos de leur principale activité, le prêt à intérêt. Les chrétiens, à qui la pratique de l'usure est interdite – « Prêtez-vous les uns aux autres sans rien attendre », Luc, VI 36-38 – mais qui ne peuvent se passer d'y recourir sont heureux que les juifs soient là pour combler cette lacune du dispositif économique. Encore faut-il que la réprobation du procédé n'entraîne pas une incertitude des créances : l'usurier juif ne peut s'accommoder de voir réduite à néant celle qu'il a sur un chrétien au motif que l'usure est interdite par le droit canonique. La constante négociation entre la communauté et le Saint-Siège et les multiples enquêtes auxquelles donne lieu cette négociation conduisent souvent à la consolidation de la créance en capital et à l'annulation de l'usure, c'est-à-dire des intérêts, mais il semble bien que nul ne se soit occupé de faire effectivement rembourser ces intérêts : on n'aurait plus trouvé de prêteurs.

Encore faut-il voir les limites de cette activité, qui demeure très en marge du grand trafic financier que pratiquent les Lombards, autrement dit les sociétés italiennes. L'usure que l'on va chercher à la boutique du juif, c'est un prêt de consommation à court terme pour des sommes ne dépassant guère dix florins et gagé par des biens mobiliers de faible valeur.

Les juifs ne sont pas seulement usuriers. D'abord, le prêt sur gages conduit naturellement au commerce diversifié : l'usurier doit bien mettre en vente les gages abandonnés par les débiteurs insolvables. S'ensuit un commerce de menu mobilier et de hardes. D'autres juifs s'adonnent à de petits commerces. Ils font du colportage, vendent de petites pièces de tissus, trafiquent de la bimbeloterie, pratiquent le courtage, toutes activités qui exigent peu de capitaux propres. Certains se haussent à l'importation et au commerce des draps, un trafic qui a donné son nom à la principale rue du quartier juif, la rue de la Calande. Hors d'Avignon, les juifs du Comtat se font parfois fermiers du fisc seigneurial.

La Juiverie où, par choix, vit le plus grand nombre forme, sur le territoire de la paroisse Saint-Pierre, un quartier animé à l'est de la vieille enceinte, à côté de la commanderie des hospitaliers. Une synagogue, deux écoles, une boucherie, un four et des étuves répondent aux nécessités culturelles et rituelles. Un cimetière juif a été aménagé près de la Pignotte, sur un terrain offert par l'évêque. Bien qu'ayant succédé au XIIIe siècle à une Juiverie encore moins étendue, l'exiguïté de cet enclos – moins d'un hectare – que ferment trois portes pousse cependant quelques-uns des plus aisés à chercher ailleurs, comme ils en ont parfaitement le droit, de l'espace et des résidences plus confortables.

Même si, dans la vie de la ville, les juifs tiennent une place notable, en relations constantes avec les chrétiens, ils n'en sont pas moins astreints aux obligations habituelles, comme le port quotidien de la rouelle et le paiement périodique d'un certain nombre de redevances, au reste assez modiques : chaque famille doit huit sous à l'évêque, neuf deniers au curé de Saint-Pierre. Les contributions financières de la communauté sont plus lourdes, et surtout plus incertaines : en cas de besoin, et notamment lorsqu'il faut assurer la défense de la ville, on impose les juifs, comme le font d'ailleurs tous les princes qui n'ont pas expulsé leurs juifs. La communauté prend souvent les devants : en 1386, les juifs offrent au pape, pour contribuer à l'effort de défense, 113 sommes et 4 mines de blé que la Chambre apostolique fera vendre sur le marché. La cohabitation des juifs et des chrétiens se paie aussi de quelques prestations en nature qui ne semblent pas avoir bouleversé les consciences. La communauté juive offre des langues de bœuf à l'évêque d'Avignon, de la literie à l'évêque de Carpentras, des tapisseries pour le décor des obsèques pontificales. Et, pendant le carnaval, le juif barbu pris par les étudiants a le choix entre se raser ou payer un « droit de barbe ».

Leurs prescriptions alimentaires limitent cependant, pour l'essentiel, la fréquentation de la population chrétienne aux seules activités professionnelles, mais les chrétiens eux-mêmes se voient interdire le recours aux médecins juifs – pourtant réputés – et, naturellement, tout commerce charnel avec un juif ou une juive.

Les rabbins avignonnais passent pour les tenants d'une interprétation rigide de la Loi, et cette attitude leur vaut au sein même de la communauté l'opposition de quelques philosophes plus ouverts à l'influence de la pensée grecque. Le plus connu, Levi ben Gerson, jouit d'une grande réputation comme théologien et métaphysicien, mais il est également apprécié comme physicien et comme astronome, et Clément VI se fait traduire son ouvrage de trigonométrie.

LE GOUVERNEMENT D'UNE SEIGNEURIE

À bien des égards, le gouvernement et l'administration du Comtat sont calqués sur ce qui s'est mis en place au fil des siècles dans les provinces de l'état pontifical d'Italie, mais ils s'inscrivent aussi dans la continuité des institutions antérieures à l'acquisition de 1274, autrement dit de l'administration du sénéchal du comte de Toulouse. La présence du pape ne change rien aux structures, non plus que le passage d'Avignon dans le patrimoine de l'Église. Les seuls changements qui résultent de ces deux circonstances concernent la fonction de recteur, que son rôle parfois stratégique fait confier à un proche du pape et l'on peut, en cas d'exception, joindre les deux entités territoriales que sont Avignon et le Comtat : recteur du Comtat depuis 1362, Cabassole est en outre recteur d'Avignon de 1367 à 1369 pendant le retour d'Urbain V à Rome.

La fonction est prestigieuse, et elle est fort bien rémunérée. On y voit donc, recteurs au temporel et au spirituel, des prélats comme l'archevêque Guillaume de Mandagout ou le patriarche Philippe Cabassole, mais aussi – ils ne sont alors que recteurs au temporel – des barons pris parmi les parents du pape, comme sous

Jean XXII son neveu Arnaud de Trian, sous Grégoire XI son frère Guillaume de Beaufort ou son beau-frère le comte de Valentinois Aymar de Poitiers, sous Benoît XIII ses neveux Antonio et Rodrigo de Luna. Les chevaliers cumulent souvent le rectorat avec la fonction épisodique de capitaine du Comtat.

Assisté ou suppléé, lorsqu'il s'absente, par un vice-recteur, le recteur est à la tête des juridictions et administrations seigneuriales, le Comtat étant divisé à partir de Benoît XII en trois judicatures – Carpentras, L'Isle-sur-Sorgue et Valréas – constituées des neuf anciennes baillies. Il nomme les viguiers, les châtelains, les bayles, les capitaines. Juge temporel au nom du pape, il a sa cour, qui juge directement ou en appel des tribunaux des viguiers et des châtelains. Cette cour est constituée d'un juge mage ou juge général, qui va tenir deux fois par an les assises de première instance dans les baillies, d'un procureur et avocat fiscal qui représente les intérêts du pape en tant que comte, d'un juge des appellations et, pour les affaires criminelles, d'un juge des causes majeures. À partir de 1335, c'est le juge de Carpentras qui assume la fonction de juge mage. Lorsque le recteur est un prélat, il tient une cour spéciale pour juger au spirituel.

Responsable de l'ordre public, le recteur est l'organisateur de la défense, donc le chef des garnisons, des sergents et des compagnies engagées pour constituer une armée. Il veille à l'entretien des fortifications et des enceintes urbaines, non moins qu'à l'approvisionnement des places en munitions. Il peut être assisté d'un capitaine général. Il est naturellement en charge des travaux publics, et on le voit s'occuper d'une voûte qui s'effondre dans une chapelle ou d'une cloche brisée qu'il faut refondre.

Il devrait disposer des finances. Très vite, cependant, celles-ci lui échappent. Le trésorier du Comtat, dont la fonction est créée par Jean XXII pour remédier au désordre introduit dans l'administration financière par un neveu de Clément V, est délibérément placé sous la dépendance immédiate du camérier et de la Chambre apostolique. Ce trésorier, qui est toujours un clerc, est donc dans le Comtat un personnage aussi important que le recteur.

Affermé pour l'essentiel, le revenu proprement seigneurial est modeste. Le « revenu ordinaire » – cens, rentes et péages – rapporte de 6 000 à 8 000 livres par an. Lorsque les adjudications atteindront en 1374 les 9 000 florins, on n'en pourra percevoir que les deux tiers. Au temps de la soustraction d'obédience, on n'atteindra pas les 700 florins. Hors des temps d'insécurité, les cinq péages sur le Rhône sont de bon rapport, encore qu'il faille réaliser en espèces ce que les agents pontificaux ont trop souvent dû accepter de percevoir en nature. On voit ainsi le trésorier du pape s'adonner à la vente du sel ainsi prélevé sur les cargaisons qui remontent vers Lyon.

Le « revenu extraordinaire » comprend ce qui n'est pas régulier. On y trouve naturellement le casuel : taxes de justice et de chancellerie, droits de mutation. L'essentiel est formé des impôts, tailles directes portant sur les nobles comme sur les communautés d'habitants et impôts indirects ou « gabelles » portant surtout sur le vin et le sel. À Avignon même, le pape perçoit des gabelles sur l'entrée ou le passage des marchandises. Le sel qui entre à Avignon paie trois florins par muid, celui qui remonte vers Orange sans déchargement à Avignon en paie deux, ce qui ne l'empêche pas de payer au prince d'Orange. Avant le Grand Schisme, même en y ajoutant quelques « tailles » qui sont des subsides plus ou moins justifiés par le financement de la défense du Comtat contre les compagnies de routiers, l'extraordinaire du Comtat n'atteint pas 1 500 livres. C'est sous Clément VII et Benoît XIII que les tailles s'alourdiront, atteignant et dépassant parfois les 10 000 florins par an. On est donc loin du revenu des gabelles perçues à Avignon, qui atteint sous Clément VII, on l'a dit, les 30 000 florins.

Soit en les percevant, soit en les affermant, le trésorier du Comtat assume les recettes. Surtout, grâce à des fonds envoyés par la Trésorerie d'Avignon et à des assignations sur les collectories voisines, il paie les travaux de mise en défense des villes et les soldes des garnisons. Autant dire que le Comtat coûte plus qu'il ne rapporte. Mais en bien des cas il revient à la Trésorerie du pape de payer, et l'argent perçu dans le Comtat est tout simplement versé par le trésorier du Comtat à celui du pape. La Chambre apostolique garde donc, même dans les moments de forte pression fiscale qui sont ceux d'une urgente défense contre les compagnies, tout le contrôle de l'usage des ressources financières du Comtat.

Il convient de rappeler ici une curiosité. Le poste « Guerre » que l'on trouve dans les livres-journaux de la Trésorerie pontificale d'Avignon – les *Introitus et exitus* – ne concerne en rien les onéreuses campagnes en Italie, non plus que l'embauche épisodique de compagnies pour la défense d'Avignon et du Comtat. En dépit de son appellation, il ne fait apparaître que les faibles dépenses des fortifications de Carpentras ou de la solde d'un capitaine pour la garnison : à la Trésorerie, « Guerre » signifie la défense permanente du Comtat. Les autres dépenses militaires, bien plus considérables, sont rubriquées « Extraordinaire et cire » !

Le recteur est directement placé sous l'autorité du pape. En pratique, il est de plus en plus sous la tutelle du camérier. C'est au temps de Grégoire XI et du camérier Pierre de Cros que ce processus de dégradation s'accélère. Le pape nomme lui-même les officiers du Comtat. Le camérier se mêle de tout. La chose devient patente quand en 1376 le pape part pour Rome. Au lieu de laisser, comme naguère Urbain V en chargeant Cabassole, le gouvernement du Comtat au recteur Guillaume de Beaufort, Grégoire XI désigne le cardinal Jean de Blandiac comme vicaire général d'Avignon et du Comtat. Lorsque revient à Avignon le pape élu à Fondi, c'est Pierre de Cros qui assume de fait les responsabilités du recteur. Son successeur Conzié fera de même, à la fois camérier du pape et vicaire général d'Avignon et du Comtat. Rodrigo de Luna ne sera – et cela conviendra mieux à son talent – qu'un chef de guerre, sans la réalité des charges administrative ou judiciaire.

LES PESTES

Apportée d'Asie par les voyageurs et propagée en Occident de port en port, la Peste noire touche Marseille en janvier 1348, Avignon quelques semaines plus tard. L'épidémie dure presque toute l'année. À Avignon comme dans les villes voisines, un habitant sur deux est emporté par le mal, et cela dans toutes les couches de la société. Même s'il semble que les notables plus capables de s'isoler, voire de se retrancher dans leurs maisons de la campagne voisine, soient moins touchés que les habitants modestes de la ville, on peut estimer à 15 et peut-être 20 % la mortalité parmi les curialistes. On enterre six cardinaux.

Une pareille hécatombe n'est pas sans poser des problèmes d'organisation. Bien des prêtres refusent d'approcher les malades. On fait venir à grands frais des paysans de la montagne provençale pour remplacer les fossoyeurs dans le cimetière que le pape ouvre précipitamment à Notre-Dame-des-Miracles, à l'extrême pointe sud-ouest de la ville hors l'enceinte. Comme dans toutes les villes d'Occident, le ravitaillement souffre de l'enfermement : comme les voyageurs propagent le mal, on ferme les portes et on reste chez soi. La Pignotte raréfie ses distributions aux pauvres. Un chroniqueur note que l'on meurt aussi parmi les chiens, les chats et les poulets.

Excessifs comme toujours au Moyen Âge, des chiffres sont avancés par les contemporains. Avec toutes les précautions qui s'imposent dans le traitement de ces chiffres et des densités urbaines, on peut estimer que la population d'Avignon, que la présence de la papauté a multipliée par six en trente ans, est ramenée par la Peste noire, en une année, de 30 ou 40 000 habitants à quelque 12 ou 20 000. Comme partout en Occident, mais plus encore dans une capitale dont les fonctions demeurent attractives pour les clercs de toute la chrétienté latine et où la clientèle des notables d'Église a repris le chemin de la cour pontificale, le peuplement citadin se reconstitue vite, aux dépens des régions qui fournissaient déjà les immigrants. La Peste noire, on le sait, a plus durement frappé, dans l'immédiat, les villes, mais ses effets de dépeuplement sur le moyen terme affectent durablement les campagnes voisines. Là comme ailleurs, les premières conséquences sont en ville la baisse des loyers et la hausse des salaires.

La population d'Avignon et du Comtat n'en a pas fini avec ces épidémies que les contemporains traitent indifféremment de peste et qui sont d'ailleurs, assez souvent, de véritables récurrences de la peste. Dans l'été de 1361, l'épidémie est particulièrement sévère. Il semble que 18 % des curialistes aient disparu en quelques semaines (B. Guillemain). Parmi les morts, on compte, en quelques mois, neuf cardinaux, qu'Innocent VI remplacera dès le mois de septembre. Sont également parmi les victimes le vice-chancelier, le camérier, le trésorier et une centaine de prélats. On aurait déploré en ville quelque 17 000 morts. Le médecin du pape, Raymond Chalmel, saisira l'occasion pour écrire un traité *De la Pestilence* où il analysera les données astrologiques de chaque épidémie. La conjonction de Saturne, de Jupiter et de Mars dans le Verseau aurait, en 1348, été déterminante. Et Chalmel de donner les recettes qui, avoue-t-il, sont moins efficaces sur les pauvres que sur les riches bien nourris : manger du poisson et des écrevisses, boire de l'eau frappée d'un fer rouge, appliquer sur les bubons un diamant ou, à défaut, un escargot.

En 1369, dans une curie qui séjourne à Viterbe, la peste tue cinq cardinaux. En 1374, c'est encore à Avignon qu'une peste tue cinq cardinaux et emporte un curialiste sur vingt. Ces chiffres, qu'il est aisé d'établir, disent ce que peut être l'hécatombe dans les rangs des Avignonnais moins répertoriés. Avec de moindres effets, la peste frappera encore en 1382 et en 1388, et peut-être en 1390.

Les épidémies, et particulièrement la première parce qu'elle prend le monde au dépourvu, perturbent gravement les esprits. Par la suite, ceux-ci s'habitueront, et l'on pleurera de la peste sans s'en étonner vraiment. Mais les bruits les plus étranges circulent. On parle de gens enterrés vivants par la précipitation de leurs proches. On compare, à chaque fois, l'attitude des uns et des autres, des laïcs comme des religieux.

Si l'on en ignore les causes, on constate le phénomène de la contagion. Bien des gens quittent la ville, ce qui les sauve parfois mais prive nombre de malades des soins qu'ils ne peuvent plus attendre d'une famille ou d'un entourage. C'est alors que Clément VI donne la mesure de l'idée qu'il se fait de lui-même. Il refuse de partir et continue de parcourir la ville. Il fait venir des médecins. Comme les cadavres empuantissent l'air et qu'on a peine à trouver des porteurs pour conduire les morts au cimetière, il fait donner deux gros d'argent par corps porté et il prend, pour les indigents, la dépense à sa charge. Faute de place dans le cimetière, le même pape achète hors la ville un champ pour que l'on y enterre les corps dans de longues fosses communes. Sur ce « Champ fleuri », près de l'église des Miracles, on élèvera dix ans plus tard une chapelle. Lors de la peste de 1374, Grégoire XI se montrera moins héroïque. Il se réfugiera à la campagne.

Les esprits s'échauffent. Rapidement, la rumeur trouve des coupables : les juifs. Il se trouvera des témoins pour les avoir vus versant des potions dans les puits et les fontaines. Le pape devra se fâcher.

Les flagellants, eux, sont à Avignon en fin de course. Né en Allemagne et en Flandre, le mouvement des « batteurs » – les gens qui se battent – atteint la ville des papes en 1349. Se recommandant d'une mission à eux directement confiée par Dieu, prêchant la pauvreté évangélique et y joignant de manière spectaculaire la mortification physique, ils ne peuvent que rappeler le mauvais souvenir des spirituels de l'ordre franciscain. Mais, au contraire des fraticelles, ces laïcs n'ont derrière eux ni haut clergé ni théologiens ni ordre religieux. Bien plus, l'Université de Paris réprouve sans ambiguïté leurs pratiques. Clément VI est donc à l'aise pour les condamner sans recourir au lourd appareil de consultation et de procédure jadis mis en œuvre par Jean XXII. Le mouvement finira par se dissoudre dans un relent d'hostilité à l'institution ecclésiale et, naturellement, d'antisémitisme. On connaîtra cependant quelques résurgences et Benoît XIII aura la surprise de voir à Savone en avril 1406 trois cents « battus » l'interpeller en place publique à la sortie de l'office du Jeudi saint. Sans doute n'étaient-ce là que des pénitents particulièrement démonstratifs.

Boccace apporte à la peur une réponse bien différente, celle du philosophe qui ne prend pas la menace au sérieux puisqu'il sait ne rien pouvoir à l'encontre. La scène qu'il campe dans le *Décaméron* est celle de jeunes aristocrates florentins claquemurés dans une villa champêtre et passant le temps en improvisant des contes le plus souvent galants, voire érotiques. Très vite, l'ouvrage est connu en France, bien qu'il soit écrit en italien, et les lecteurs le détachent complètement du prétexte épisodique que constituait la peste. Philippe de Mézières traduit en français l'un des contes, *Griselidis*, qu'il insère vers 1390 dans son *Livre de la vertu du sacrement de mariage et du réconfort des dames mariées* dont on tire dès 1395 une adaptation pour le théâtre. C'est seulement en 1411 que l'on dispose en français, dans la traduction qu'en fait

Laurent de Premierfait d'après la traduction latine que réalise pour lui un cordelier italien, de l'intégralité du *Décaméron*.

LES GRANDES COMPAGNIES

Les désordres qui désorganisent le royaume de France dès 1355, la défaite de Jean le Bon en 1356 et la paix tant bien que mal réalisée en 1360 ont laissé sans embauche bien des compagnies. La vallée du Rhône les attire par une succession de petites villes qu'ils rançonnent aisément et par une topographie montagneuse favorable aux embuscades et aux retraites. Proie facile alors que les conflits internes à la maison d'Anjou réduisent les capacités de défense et multiplient les appels à qui veut se battre, la Provence est ravagée. Les routiers pillent Draguignan, Saint-Maximin, Brignoles. Pour rétablir l'ordre, les États de Provence embauchent les compagnies du comte Jean d'Armagnac, un grand seigneur insaisissable qui a épousé une petite-nièce de Clément V, qui a servi en Italie le roi de Bohême Jean de Luxembourg, dont Philippe VI a fait son lieutenant en Languedoc, qui multiplie les querelles avec son voisin le comte de Foix et qui vient de se rallier au Prince Noir après l'avoir combattu dans l'armée française à Poitiers. Il faudra finalement verser des rançons aux uns et aux autres pour qu'ils aillent faire ailleurs les dégâts habituels.

En 1355, c'est Robert de Duras qui occupe les Baux. En mai 1357, entre en scène Arnaud de Cervole, ce capitaine de routiers que l'on appelle l'Archiprêtre parce qu'il a été tonsuré et que, sans avoir reçu les ordres, il a bel et bien obtenu un bénéfice. L'Archiprêtre n'est pas un bandit. Il a été l'un des capitaines de Jean le Bon et il s'est bravement battu à Poitiers, mais la guerre a pour un temps cessé, et il lui faut nourrir ses hommes. Il s'est entendu avec Raymond des Baux contre la reine Jeanne et son mari Louis de Tarente, et il en tire profit. Il occupe Cabrières, à une journée de marche d'Avignon. Il menace par deux fois Avignon. Le régent, futur Charles V, l'attire un temps vers Paris pour faire face à Étienne Marcel et aux Jacques, mais l'Archiprêtre revient, en septembre 1358, et Innocent VI se voit forcé de payer son retrait. La Chambre apostolique va, pour écarter la menace qui pèse sur le pont d'Avignon, jusqu'à louer des bateaux pour aider au passage des routiers sur la rive droite du Rhône. Il en coûte aux Avignonnais une gabelle d'un florin par bote de vin, impôt que l'on cherche à rendre indolore pour les taverniers – sinon pour les assoiffés – en diminuant les mesures : ils sont autorisés à tirer huit verres d'un pichet. On retrouvera l'Archiprêtre dans l'armée de Bertrand du Guesclin.

En décembre 1360, surgit la grande compagnie des « Tard Venus ». Dans la nuit du 28 au 29 décembre 1360, cette bande d'Anglais occupe Pont-Saint-Esprit et coupe ainsi la route du Rhône. À plusieurs reprises, ils tentent d'enlever Mondragon, où les gens du pape résistent quelque temps, puis se replient sur Avignon. Cette fois, Clément VI décrète la croisade et en donne le commandement au cardinal Pierre Bertrand. Il en coûte 33 000 florins pour faire partir les envahisseurs qui, envoyés contre Visconti, iront tout simplement ravager l'Italie et reviendront.

On croit le péril conjuré quand apparaît, aux ordres du comte Jean de Tancarville, l'armée du roi de France. Fâcheusement, à Brignais, près de Lyon, le 6 avril 1362, ce sont les routiers de la « Grande Compagnie » formée en Champagne et menée par le Castillan Henri de Trastamare qui écrasent l'armée royale. On relève parmi les morts le comte de la Marche Jacques de Bourbon et le comte Louis de Forez. Une deuxième armée française, conduite par le maréchal Arnoul d'Audrehem, arrivera trop tard, trois jours après le désastre. Au moins contribuera-t-elle à dégager la vallée du Rhône. Les routiers gagneront le Languedoc et la Grande Compagnie se disloquera. À Avignon, on respirera. Trastamare, lui, continue de s'agiter. Ce demi-frère du roi Pierre le Cruel à la légitimité contestée convoite ouvertement le trône de Castille. Il s'est pour cela allié à l'Aragon et cherche des appuis en France.

Survient alors Bertrand du Guesclin. Le futur connétable de France s'est illustré à la tête de l'armée de Charles V en écrasant à Cocherel le 16 mai 1364 les troupes du roi de Navarre Charles le Mauvais. Il s'est fait battre et faire prisonnier à Auray le 29 septembre, mais le roi a payé sur-le-champ sa rançon. Maintenant, il est chargé de conduire en Espagne, pour soutenir Henri de Trastamare, les routiers – en bonne partie bretons – que Charles V espère ainsi écarter définitivement de France. Dans un premier temps, l'affaire tourne mal. Du Guesclin est défait le 3 avril 1367 par les Anglo-Castillans de Pierre le Cruel et du Prince Noir. Mais ceux-ci se brouillent, et Pierre le Cruel s'aliène, par sa brutalité, la plupart de ses partisans. Du Guesclin rétablit donc en 1368 la situation et, après l'assassinat de Pierre le Cruel, assure en 1369 le trône de Castille à Henri de Trastamare. Celui-ci sera l'ancêtre commun des Rois Catholiques, Isabelle de Castille et Ferdinand d'Aragon.

À deux reprises, la route de Castille est passée par Avignon. En 1365, on se contente d'avoir peur. Aux ordres de Du Guesclin ou non, les routiers bretons ont mauvaise réputation. Urbain V se tire d'affaire en feignant de croire qu'il s'agit d'une sorte de croisade et en payant le rapide éloignement des importuns. Il n'en va pas de même au retour, car les routiers ne demeurent pas en Espagne comme l'avait escompté le gouvernement de Charles V. En février 1368, ils passent du Languedoc en Provence. Le 22 mai, ils occupent Tarascon. Désormais, ils ravagent le Comtat Venaissin. Une nouvelle fois, le pape leur verse rançon pour dégager Avignon. Une trêve conclue le 13 avril 1369 ne les disperse pas pour autant et, d'abord en Provence, puis en 1374 dans le Comtat, ils continuent leurs ravages. On les voit de nouveau sous les murs d'Avignon. Une rançon de 5 000 francs, en juillet 1375, ne les éloigne que quelques mois. Il faudra l'habileté du cardinal Robert de Genève pour en finir en reprenant la manœuvre manquée de Charles V : pourvu de 100 000 florins, le légat en fait une armée pontificale bien payée – ce qui est une façon de les acheter – et, en mai 1376, les emmène durablement en Italie.

De Clément VI à Urbain V qui traite les routiers de « fils d'iniquité », les papes ont mesuré l'inanité des ripostes que peut organiser le Siège apostolique. Ils ont compris que les princes ne viendront pas défendre en armes une seigneurie qui n'est pas à eux. Les routiers, eux, se soucient des excommunications comme d'une guigne. Les rançons n'apportent aucune solution durable à ce qui résulte d'un fait social : il est des hommes dont la guerre est le métier et qui sont maintenant sans embauche.

LA NOUVELLE ENCEINTE

C'est au lendemain des premières apparitions des routiers, et notamment de la compagnie de l'Archiprêtre, qu'émerge l'idée d'une nouvelle enceinte. L'ancienne muraille ne protégeait pas tout ce que la présence pontificale avait fait naître de maisons religieuses et charitables, de locaux administratifs et de résidences urbaines. Les bourgs qui se développaient hors les murs pouvaient être des proies faciles et des bases pour un assaut contre la ville. En 1357, Innocent VI décide de construire une nouvelle enceinte, qui doit être plus forte que la vieille muraille du XIIIe siècle et assez vaste pour englober les zones en cours d'urbanisation. On notera qu'au même moment, à Paris, Étienne Marcel lance pour les mêmes raisons le chantier d'une nouvelle enceinte qui ne sera achevée que sous Charles VI et que l'on appellera l'enceinte de Charles V.

Les travaux sont payés par une contribution des Avignonnais, une gabelle à laquelle même les clercs de la curie ne parviennent pas à échapper et qui pèsera sur la ville pendant plusieurs années. Comme pour toute gabelle, on recourt au système de la ferme : se sont portés adjudicataires l'Avignonnais Pierre de Jean, le Lucquois Francesco dal Poggio et les Florentins Ottomano di Maleficio et Bartolomeo degli Ademari. Ces fermiers sont de petits financiers, incapables de consentir les avances qu'eussent pu faire les grandes sociétés florentines d'antan. C'est l'époque où, faute d'avoir vraiment remplacé celles-ci, la papauté recourt à un grand nombre de sociétés petites et moyennes : elles sont vingt et une pour assurer le transfert des fonds qu'attend en Italie le légat Albornoz. Or à Avignon l'affaire presse, la sécurité n'attend pas et le revenu d'une gabelle n'a rien d'immédiat. La Chambre apostolique fait donc l'avance nécessaire au paiement des matériaux et de la main-d'œuvre. En définitive, pour remplacer les fermiers, le pape mettra en place, sous le contrôle des cardinaux Rinaldo Orsini et Raymond de Canilhac, une commission de financiers, que dirigera le Lucquois Giovanni di Cristoforo, cependant que deux Lombards très au fait des affaires à Avignon, Guglielmo Saliverti, de Milan, et Antonio Malabayla, d'Asti, seront chargés des paiements.

Innocent VI s'entoure alors d'ingénieurs que l'on va chercher à Gênes et à Genève comme à Constance. Des Savoyards construisent des pièces d'artillerie de jet, ces balistes et ces catapultes qui sont, il faut bien le dire, plus efficaces pour attaquer une ville en y semant la terreur que pour la défendre. Un « maître des artifices » nommé Clément le Lorrain donne des conseils en ce qui concerne l'artillerie à feu dont on commence d'user et les munitions qu'il convient de mettre en magasin. La meilleure défense demeure cependant l'enceinte. Avignon était jusque-là en état de se défendre contre un coup de main, non contre un acte de guerre. C'est maintenant un fort rempart qui enclôt la ville. Concourent à la protection d'Avignon des fossés et une muraille longue de 4 330 mètres, ouverte de neuf portes fortifiées et renforcée de ces trente-cinq tours et cinquante-cinq tourelles qui assurent la force de tir des défenseurs. La muraille est achevée vers 1370. Elle subsiste, on le sait, en grande partie.

Cette enceinte d'Innocent VI triple la superficie de la ville : 138 hectares. Elle étend largement, de part et d'autre des abords du pont, un front sur le fleuve qui n'était anciennement que l'aplomb du rocher des Doms. Elle englobe une trentaine de bourgs, notamment au sud-ouest les gros bourgs des Miliasses et de l'Estal, et à l'est le très grand Bourg neuf. Elle met à l'abri, avec l'hôpital des frères de la Pénitence, les couvents des ordres mendiants qui s'étaient établis là où il restait de l'espace à bon marché : les dominicains, les franciscains, les carmes, les augustins. L'Université et quelques livrées cardinalices sont de même prises dans le nouvel espace urbain.

Naturellement, on ne compte pas sur les citoyens d'Avignon pour assurer la défense. À frais partagés entre le pape et la ville, on recrute une garnison : des arbalétriers, des hommes d'armes, des sergents. Selon le moment, ils seront une centaine, parfois plus.

Les places fortes du Comtat ne sont pas oubliées. On y met des mercenaires, que l'on déplace en fonction de la menace. Le 1er janvier 1358, le pape nomme un capitaine général d'Avignon et du Comtat : c'est, on l'a dit, l'hospitalier Juan Fernandez de Heredia, promis à une longue carrière. Il dispose d'une petite armée : 200 hommes d'armes à cheval et 300 sergents à pied. En

1376, à la veille de devenir grand maître de l'ordre de l'Hôpital, il recrutera d'urgence pour le Comtat cent vingt-cinq nouveaux arbalétriers.

Si les princes ne s'engagent pas, les féodaux et les villes que menacent directement les routiers ne sauraient se tenir à l'écart. Clément VI parvient à les fédérer et à organiser une ligue. Urbain V, à son tour, prend acte de cette action concertée.

> De nombreux prélats, seigneurs et gouverneurs du dauphiné de Viennois et des comtés Venaissin, de Provence, de Forcalquier, de Valentinois et de Savoie et des régions voisines ont fait, contre les assauts et les hostilités des compagnies une collecte avec des laïcs pour la réparation et la fortification des cités, châteaux et lieux desdits dauphiné, comtés et régions.

Urbain V entend faire contribuer aussi les églises. La charge, si les clercs n'en prennent pas leur part, sera insupportable. Le 30 novembre 1363, il confie donc au patriarche de Jérusalem Philippe Cabassole la mission de taxer dans la région tous les archevêques, évêques, prélats des églises et des monastères et personnes ecclésiastiques, séculiers et réguliers, exempts et non exempts. Le pape aura le bénéfice de cette coopération : les routiers ne parviendront plus à passer le Rhône.

CHAPITRE XVIII

Le retour à Rome

LE RETOUR D'URBAIN V

Urbain V n'a pas fait mystère de son intention. Il y a déjà un an qu'il a commandé des travaux dans le palais du Vatican quand, en septembre 1366, il annonce son prochain départ. Il envoie alors des hommes de confiance à Viterbe, pour y préparer un héberge-ment de première destination, et à Rome, pour faire remettre en état les basiliques de Saint-Jean-de-Latran et de Saint-Paul-hors-les-Murs et le palais pontifical du Latran, tous édifices à ce point délabrés qu'il faut en refaire les toits. Pétrarque l'a écrit au pape, la Mère de toutes les églises est « ouverte aux vents et à la pluie ». Les envoyés du pape ont aussi à affecter aux cardinaux leurs futures livrées. La nouvelle, naturellement, fait le tour des cours : on le répète en Europe, la curie sera à Rome pour Pâques.

À Paris, Charles V prend très mal la chose. Il dépêche à Avi-gnon une ambassade, que conduit son cousin Louis d'Étampes et qui parvient en curie alors que l'on boucle les bagages. Un maître des requêtes de l'Hôtel, l'excellent juriste Anseau Choquart, fait alors devant le pape un assez inutile discours, désolant exemple d'une rhétorique encore appréciée à Paris chez les scolastiques mais qui fait long feu dans l'Avignon des premiers humanistes. Choquart évoque la réponse du Christ à la question de saint Pierre, *Quo vadis ?* À l'Apôtre qui quittait Rome par crainte de la persé-cution et qui voyait le Christ se dresser devant lui, Jésus aurait dit qu'il allait à Rome à sa place, « pour être crucifié une deuxième fois », propos cinglant qui aurait obligé saint Pierre à rebrousser chemin. Bien entendu, on retourne l'anecdote : c'est le

roi de France qui dissuade le pape d'aller à Rome se faire cruci-
fier. De surcroît, le plaidoyer porte à faux : Choquart fait avant
tout l'éloge du « très chrétien roi de France » et se hasarde à
assurer que « le pays de France est plus saint pays que le pays de
Rome », ce qui peut passer pour une provocation mais est à coup
sûr une faute contre la géographie politique : Avignon n'est pas
en France.

Apprenant les arguments de l'ambassadeur français, Pétrarque
se mettra en colère. Quand, en 1335, Benoît XII a parlé de gagner
Rome, le poète lui a adressé une longue lettre en vers où une
vieille femme en larmes figurait Rome délaissée. Il n'a, depuis,
cessé d'invectiver les papes attachés au séjour d'Avignon et de
chanter la supériorité du Tibre sur la Durance, n'hésitant pas à
traiter de « barbare » ce même Benoît XII qui renonçait en définitive à la Ville éternelle. Maintenant, il se lance dans un éloge
hyperbolique du pontife qui parle à son tour de rejoindre Rome.
À lire Pétrarque, on comprend que, avant même que soit effectif
le retour, la vertu règne enfin dans ce qui était l'infâme Babylone.
Et la gloire en revient à celui qui est « le vicaire du Soleil de
Justice ».

Les réticences ne sont évidemment pas moindres à Avignon
qu'à Paris. En grande majorité français, les curialistes n'ont
aucune envie d'aller changer de vie à Rome et d'y perdre assurément l'influence qu'ils doivent à leur origine et à leurs relations.
Si l'on excepte ceux qui ont accompli ou accompagné en Italie
des missions diplomatiques et les quelques dizaines d'Italiens qui
ont trouvé place à la curie, les gens qui entourent le pape à Avignon ignorent tout de Rome. Ce que l'on continue par principe à
appeler la « Cour de Rome » n'a, à quelques exceptions près, pas
jugé bon d'aller gagner en la Ville éternelle l'indulgence du jubilé
de 1350.

À ces causes très pratiques de réticence il convient d'ajouter
les réserves politiques. Les cardinaux ne voient aucun intérêt à
mécontenter le roi de France et débarquer en Italie serait braver
un Visconti que l'on sait hostile à tout renforcement en Italie de la
puissance pontificale. Bref, les cardinaux brandissent une menace
qu'ils croient efficace : ils parlent de refuser de suivre. Urbain V
n'est pas homme à en tenir compte. Le 30 avril 1367, il quitte

Avignon. Philippe Cabassole gouvernera Avignon et le Comtat, et ce sera après lui le trésorier Gaucelme de Deux.

À petites journées, le cortège pontifical gagne Marseille, qu'il atteint le 6 mai. La galée du grand maître de l'Hôpital, Raymond Bérenger, est à la disposition du pape, prête à appareiller. Faite de quelques galères louées à Gênes, à Pise, à Naples et même à Venise, une véritable escadre escortera la galée de l'Hôpital, à la fois par prudence et parce qu'il faut transporter une partie de la suite pontificale. Certains cardinaux ont cependant fait savoir qu'ils préfèrent la voie de terre. La plupart des curialistes n'ont pas le choix : tout le monde n'a pas place sur les navires.

C'est alors que le Sacré Collège tente une dernière fois de dissuader le pape. Ils ne partiront pas, lui disent en chœur les cardinaux. On les remplacera sans peine, réplique Urbain V. Des cardinaux, cela se fabrique. « Je peux en sortir de mon capuchon », aurait-il dit. Toujours est-il qu'il improvise à Marseille un Consistoire et qu'il confère un chapeau rouge destiné à montrer qu'il fait ce qu'il veut. Alors qu'en septembre précédent il a déjà créé trois cardinaux, dont son propre frère, le choix qu'il fait le 12 mai est significatif : le nouveau cardinal n'est autre que le protonotaire Guillaume d'Aigrefeuille le Jeune, un prélat de vingt-huit ans qui n'était jusque-là que doyen de Clermont et dont la principale vertu est d'être à la fois le neveu de Clément VI et celui du cardinal Guillaume d'Aigrefeuille dont on dit qu'il a été, après Dieu, le principal auteur de l'élection d'Urbain V. Au reste, le jeune homme est docteur en droit canonique, il est prêtre – ce que n'ont pas été tous les cardinaux au jour de leur élévation à la pourpre – et les contemporains n'auront que du bien à dire de ses comportements. Si l'on se souvient des propos tenus par Urbain V contre le népotisme et particulièrement contre celui de son prédécesseur, la nomination d'Aigrefeuille est toutefois une provocation. Comme le pape se moque d'eux, les cardinaux n'ont qu'à maugréer. La plupart embarquent.

Les cardinaux ne sont pas au bout de leurs étonnements. Parvenu à Rome, le pape rencontrera la reine Jeanne de Naples et lui fera le grand honneur de lui remettre la rose d'or, ce qui fera murmurer dans le Sacré Collège : on n'a jamais vu cela, la rose d'or à une reine alors qu'est présent un roi, celui de Chypre. « On n'a jamais vu, non plus, que l'abbé de Marseille soit pape », laisse tomber le pontife.

Le 19 mai, le vent se lève. On appareille. Le 19 au soir, la flotte relâche à Toulon. On est à Albenga le 22. Le 23, on fête l'Ascension à Gênes. On atteint Porto Venere le 28, Pise le 1er juin. Le 3 juin, le pape débarque à Corneto où, dans un port tendu de soieries, l'attend un Albornoz flanqué de toutes sortes de notables, laïcs et ecclésiastiques. Après un repos de quatre jours dans le couvent des franciscains, Urbain V gagne Viterbe, qu'il atteint le 9. Et c'est là qu'il décide de passer l'été. La décision est sage, mais elle révèle une certaine naïveté : la date choisie pour aller à Rome relevait d'une rare inconscience. Il y avait assez de gens à Avignon pour savoir que l'on étouffe l'été dans la Ville éternelle. Là encore, le saint homme n'a écouté aucun conseil.

Le 23 août, pendant le séjour à Viterbe, Gil Albornoz est mort. Urbain V comptait sur lui pour le seconder dans un environnement politique à tous égards nouveau. Il pleure donc son légat mais il nomme sur-le-champ comme vicaire général des états de l'Église son frère le cardinal Anglic Grimoard, ce qui est mettre en place un homme qui ne sait rien de la situation.

Les choses, d'ailleurs, commencent mal. Le 5 septembre, à la suite d'une querelle de valets dans la plus pure tradition des rixes autour d'une fontaine, Viterbe est secouée par une insurrection des bourgeois dressés contre cet entourage du pape et des cardinaux dont la morgue fait craindre une mainmise française sur l'état pontifical. Un cardinal doit se déguiser en moine, un autre cède son chapeau rouge aux émeutiers et leur paie une rançon. Pendant trois jours, pendant que la population force les portes de leurs résidences et les met à sac, cardinaux et curialistes de tout rang s'entassent dans le palais pontifical pour échapper au massacre. La fièvre retombera, les bourgeois déposeront leurs armes ainsi que les chaînes qu'ils ont tendues dans les rues. On pendra quand même quelques meneurs. L'affaire a été brève. Elle est un signe. Urbain V a cru qu'on le remercierait de revenir en Italie mais, aux yeux des Italiens, le retour du pape annonce une revanche. Les Français ne sont pas les bienvenus.

Le 16 octobre, Urbain V fait toutefois à Rome une entrée solennelle. On a sagement mis en scène le triomphe italien : pendant

que les Français se font discrets, on voit parader quelques grands
personnages de la Péninsule comme Amédée de Savoie, le
marquis de Ferrare Niccolò d'Este, l'ancien capitaine de l'armée
d'Innocent VI Rodolfo da Camerino et son ancien ennemi le seigneur de Rimini Galeotto Malatesta devenu gonfalonier du pape.
Pétrarque peut faire des bons mots et citer ironiquement le
psaume *In exitu Israel de Egypto* : la maison de Jacob sort « du
peuple barbare ». Le pape va, en effet, demeurer près de huit mois
dans sa ville épiscopale.

Après avoir prié à Saint-Pierre, il gagne le Latran et s'installe
dans un palais dont le triste état, malgré quelques récents travaux,
laissera vite regretter le palais d'Avignon. Les années suivantes,
aux approches de l'été, le pontife ira s'établir à Montefiascone
dans une résidence quelque peu remise en état. Et, le 31 octobre,
revenu à Rome, il célèbre la messe sur l'autel de la Confession
de Saint-Pierre où nul n'a officié depuis Boniface VIII. Avec sincérité, il déclare : « Que soit béni le nom de Dieu qui a voulu que
j'accomplisse mon vœu et ma volonté. » On notera qu'il a parlé
de sa volonté, non de celle de Dieu.

Urbain V fait alors l'ostension des chefs de saint Pierre et de
saint Paul. Jugeant que les reliquaires sont indignes de ces précieuses reliques, il en commande de nouveaux, qui seront d'or,
de vermeil et d'argent, et ornés de perles, de saphirs et d'émeraudes. C'est dans ces chefs-d'œuvre, dont on dira qu'ils ont coûté
quelque 30 000 florins, qu'en janvier 1370 on transférera très
solennellement les deux têtes. Le 2 mars, enfin, on portera les
insignes reliques à Saint-Jean-de-Latran, le pape tenant la tête de
saint Pierre, Niccolò Capocci la tête de saint Paul. Au Latran, le
cardinal de Beaufort, qui sera dans quelques mois le pape Grégoire XI, les placera au sommet d'un ciborium soutenu par quatre
colonnes de marbre.

On se rappelle que Charles IV de Luxembourg a reçu, en 1355,
sa couronne impériale avec la discrétion qu'imposaient les circonstances et la diplomatie. Il a, dix ans plus tard, fait visite à
Urbain V à Avignon et s'y est montré vêtu des ornements impériaux, diadème en tête et sceptre en main. Maintenant, il voit le
parti qu'il peut tirer de la venue du pontife à Rome. Il y rejoint
Urbain V le 21 octobre 1368. Reprenant les manifestations de

respect que la tradition prête au grand empereur Constantin à l'égard de Sylvestre Ier, Charles IV affecte de descendre de cheval devant le château Saint-Ange et d'aller à pied jusqu'à Saint-Pierre en tenant la bride de la monture du pape. L'empereur s'improvise ensuite servant de messe. Le jour de la Toussaint, à Saint-Pierre, il fait sacrer et couronner en grande pompe l'impératrice. Puis, avec la bénédiction de l'Église, il adoube des chevaliers, ce qui rappelle quelque peu qu'il est à Rome dans l'Empire. Lorsqu'en juin 1369 il repart enfin, il se fait accompagner jusqu'à Lucques par le cardinal Guy de Boulogne, qu'il constitue vicaire impérial pour l'Italie. Il sera parvenu à transformer sa gesticulation : respect n'est pas sujétion.

Sommairement fait cardinal, on l'a vu, pendant le séjour à Marseille, Guillaume d'Aigrefeuille le Jeune était cardinal-prêtre du titre de Sainte-Marie au Trastevere. À peine arrive-t-il à Rome que Urbain V le promeut cardinal-évêque de Sabine. Le même jour, Anglic Grimoard devient cardinal-évêque d'Albano. L'un et l'autre sont ainsi les principaux personnages du Sacré Collège. Malgré une invitation à s'exprimer en toute liberté au sein du Consistoire, c'est rappeler aux cardinaux ce que le pape a froidement dit à Marseille : ils ne sont que ses créatures. Ceux qui viennent d'être promus sont d'ailleurs sur-le-champ mis à pied d'œuvre et avec des missions de haute confiance : Aigrefeuille part pour Naples, Grimoard pour Bologne.

Les Italiens ont trop espéré du retour à Rome. La curie ne change guère. Sur les huit cardinaux créés à Montefiascone le 22 septembre 1368, on ne compte qu'un Italien, le Romain Francesco Tebaldeschi, prieur de Saint-Pierre. Il convient de mettre à part l'Anglais Simon Langham, dont le roi Édouard III a fait la carrière : il a été trésorier d'Angleterre, évêque d'Ely, chancelier d'Angleterre et enfin, en juillet 1366, archevêque de Cantorbéry. Les autres sont français et l'on remarque la promotion du chancelier de France Jean de Dormans et de l'évêque de Paris Étienne de Poissy que l'on a connu maître des requêtes de l'Hôtel du roi de France. Quant à l'archevêque de Naples, c'est un Quercynois, Bernard du Bousquet, et ce nouveau cardinal passe surtout pour un fidèle serviteur des Angevins. En élevant à la pourpre, deux ans plus tard, l'évêque de Florence Piero Corsini, le pape ne parviendra pas à corriger le fâcheux effet de ses choix de 1368. On a parlé de la Cour de Rome quand elle était à Avignon. On voit bien que, ramenée à Rome, elle reste la Cour d'Avignon.

Le pontificat d'Urbain V se solde par deux échecs, sur lesquels nous reviendrons. Il ne parvient pas à porter le projet de croisade au-delà des simples déclarations d'intention. Et la réinstallation à Rome n'a apporté que des complications dans la gestion des affaires italiennes. Car le pape rencontre à la fois, ajoutées à la déception des Romains, l'hostilité du maître de Milan Bernabò Visconti qui envoie ses mercenaires jusqu'en Toscane, l'inimitié de Francesco di Vico qui reprend à la tête des villes gibelines du Patrimoine les querelles de son père, et l'agitation de quelques villes qui, comme Pérouse, sont jalouses de leur indépendance. En avril 1369, alors qu'on ne souffre pas encore des chaleurs de l'été, le pape a gagné Viterbe. Il ne revient à Rome qu'à la mi-octobre. De nouveau, Viterbe fait figure de pseudo-capitale. Mais cinq cardinaux – Guillaume d'Aigrefeuille, Androin de la Roche, Étienne Aubert, Marco de Viterbe et Pierre de Banhac – y sont morts en septembre d'une peste qui, certes, frappe toute l'Europe mais qui perturbe gravement la curie. Cela, c'est pour l'Italie mais, pour peu qu'on regarde au-delà de l'horizon, la reprise de la guerre entre France et Angleterre suffirait à justifier un retour en arrière. Édouard III revendique de nouveau la Couronne de France et une armée anglaise ravage la Picardie et la Normandie pendant que Charles V prononce la confiscation de la Guyenne. D'aucuns se demandent si la place du pape n'est pas à Avignon.

Pétrarque s'est toujours montré réservé, quand ce n'est pas critique, à l'égard d'Avignon, une ville et une cour qu'il connaît depuis 1327. Ses assauts contre la moderne Babylone – « de toutes les villes que je connais, la plus puante » – ne le poussent pas à accepter le retour. Le poète n'a pas si longtemps dénoncé l'exil, la « captivité », pour voir le Siège apostolique ne faire à Rome qu'un simple passage. Il affronte donc avec violence le parti de la « prostituée de l'Apocalypse », c'est-à-dire du retour à Avignon, un parti qui se manifeste avec non moins de force et qu'illustre un autre poète, Jean de Hesdin. Connu comme commentateur du *Livre de Job*, ce théologien de Sorbonne est venu à la curie parmi les familiers du cardinal de Boulogne. Les

arguments qu'il avance maintenant sont plus réalistes que les citations de l'Écriture dont abuse Pétrarque : Jean de Hesdin réplique
tout simplement que la ville d'Avignon n'a rien d'une moderne
Babylone, que le séjour n'y ressemble guère à une captivité et
que les papes y ont vécu plus en paix depuis cinquante ans que
précédemment à Rome.

Urbain V presse le mouvement. Évitant toute discussion à la
curie et fuyant les adjurations des mystiques comme le franciscain
Pierre d'Aragon ou comme Brigitte de Suède dont il a volontiers
suivi les élans de piété, il profite de l'été pour quitter Rome sans
prendre congé. De Montefiascone où il est venu dès le 17 avril
passer de nouveau la saison chaude, il reprend en août 1370 le
chemin d'Avignon. À Viterbe, il fait connaître sa décision et en
donne des raisons passablement paradoxales : l'Italie est assez en
paix pour qu'il puisse s'en absenter, et le conflit entre la France
et l'Angleterre appelle son retour au-delà des Alpes. Le cardinal
Pierre d'Estaing, l'archevêque de Bourges qui vient à peine de
recevoir, le 7 juin, le chapeau rouge, est constitué vicaire pontifical dans le Patrimoine et les provinces voisines.

Le 5 septembre, Urbain V embarque à Corneto. La flotte, cette
fois, est procurée par la reine Jeanne de Naples, par le roi de
France et par les Provençaux. À l'évidence, ils n'ont pas été surpris. Le 26 septembre, on touche Marseille. Le 27, le pape
retrouve ce qui va de nouveau passer pour la cité des papes et il
y fait une entrée à grand spectacle mais sans gloire. Au vrai, il
est exténué. Le 18 décembre, on le porte chez son frère le cardinal
Anglic Grimoard, pour l'heure à Bologne. C'est donc dans la
livrée de son frère que, le 19, meurt Urbain V. On gardera le corps
jusqu'à la fin-mai à Notre-Dame-des-Doms, puis on lui donnera à
Saint-Victor de Marseille la sépulture qu'il a souhaitée.

Ce retour accompli, Pétrarque lancera en 1373 contre « celui
qui a maudit l'Italie » une assez violente invective. Brigitte de
Suède fulminera comme à l'accoutumée ses imprécations.
D'autres, plus terre à terre, feront remarquer que le voyage à
Rome a coûté fort cher et qu'Urbain V, dont la fiscalité a pressuré
les églises, laisse le Trésor pontifical exsangue. Il est vrai que,
désireux d'alléger la charge fiscale, il a réduit de moitié la « taxe
pour la décime » qui sert de base à l'imposition. Mais il a, pour

compenser, multiplié les impositions. Les contribuables savent compter.

LE RETOUR DE GRÉGOIRE XI

Dès son élection, Grégoire XI manifeste le désir qu'il a de reprendre le propos d'Urbain V. Mais, pour pieux qu'il soit, il est moins motivé, quand il parle de regagner Rome, par le retour à la tombe des Apôtres qu'il ne l'est par la nécessité de gouverner la défense de l'état pontifical. Lorsqu'il en écrit au roi d'Angleterre, il dit son désir de « visiter la Ville sainte où se trouve le principal siège de notre puissance ». Le mot est significatif. Le pape le sait puisqu'il était au côté de son prédécesseur pendant sa piteuse expédition, la situation en Italie est catastrophique. En 1369, Pérouse s'est révoltée contre Urbain V. En 1372, Bernabò Visconti tente de mettre la main sur la Romagne et attaque Bologne. Florence s'agite de nouveau. Certains mêlent dans leur réprobation les assauts temporels contre les états de l'Église, qui sont bien réels, et les prétentions à une mainmise sur le gouvernement spirituel de l'Église. C'est ainsi que la mystique Catherine Benincasa – sainte Catherine de Sienne – adresse à Bernabò une vigoureuse admonestation qui dépasse assurément les ambitions du maître de Milan mais – il faut entendre les allusions aux mauvais pasteurs – n'épargne guère le pape.

> Il est insensé celui qui s'oppose au Vicaire qui détient les clés du sang du Christ crucifié... Je vous en prie, pour l'amour du Christ crucifié, ne faites plus rien contre votre chef. Et ne vous laissez pas illusionner : le démon vous mettra sous les yeux, il vous a déjà mis, un semblant de vertu, c'est-à-dire un désir de faire justice vous-même contre les mauvais pasteurs à cause de leurs défauts. Ne vous fiez pas au démon, et ne cherchez pas à faire justice de ce qui n'est pas de votre ressort...
> Courbez la tête sous la puissante main de Dieu ! Aimez et craignez le Christ crucifié ! Blotissez-vous dans les plaies du Christ crucifié ! Préparez-vous à mourir pour le Christ crucifié !

À Rome, après le faux pas d'Urbain V venant et repartant, on s'énerve, et le risque d'un schisme apparaît quand certains font observer qu'un pape qui serait à Rome vaudrait mieux qu'un pape qu'on n'y voit jamais. Dès les années 1375, on entend dans la Ville éternelle ces arguments qui conduiront trois ans plus tard au Grand Schisme : un pape qui n'est pas à Rome n'est pas un pape. À la curie même, il en est pour rappeler que le pontife est d'abord évêque de Rome. Comme, à un évêque rencontré dans le palais pontifical, il reproche de n'être pas dans son église, Grégoire XI s'entend répondre : « Et vous-même, Saint Père, pourquoi n'allez-vous pas dans la vôtre ? »

Malheureusement, après le départ et la mort d'Albornoz, la situation en Italie ne s'est pas améliorée. L'effervescence est générale, et les rébellions sont nombreuses. Le pape se connaissait des ennemis, comme Milan et plus généralement les villes gibe-lines. D'autres surgissent, et la papauté se trouve affrontée aux villes toscanes et d'abord à Florence.

Grégoire XI a donc pour première tâche de rétablir l'ordre. Dans le même temps, il annonce en Consistoire son prochain retour à Rome. Même si les exhortations de Catherine de Sienne n'ont pas tenu dans la volonté pontificale le rôle décisif qu'elle ambitionnait et que certains lui ont attribué, la visite qu'elle lui fait à Avignon et les propos qu'elle lui tient confortent le pape dans cette disposition.

> Achevez ce que vous avez commencé ! Ne tardez pas, car le retard cause bien des malheurs et le démon s'ingénie à multiplier les empê-chements... Vicaire de Jésus, vous devez reprendre votre siège ! N'at-tendez pas le temps, car le temps n'attend pas !

Le pape entend d'autre part les interventions de la France. Il reçoit le frère de Charles V, le duc Louis d'Anjou, qui plaide en vain devant le Consistoire du 7 février 1375 pour le maintien du *statu quo*. Quand on sait ce que sera, quelques années plus tard, la part de Louis d'Anjou dans les entreprises pontificales en Italie, on peut sourire. La réticence n'est pas moins générale dans un Sacré Collège où Jacopo Orsini est assez seul de son avis en faveur du retour. Tout cela ne suffit pas à faire changer d'avis

Grégoire XI. Le duc d'Anjou n'a cependant pas manqué de recourir aux pires arguments.

> Par votre faute, l'Église pourra tomber en grande tribulation. Si vous mourez là-bas, comme c'est probable à entendre ce que disent vos maîtres physiciens, les Romains, qui sont gens étranges et traîtres, seront maîtres du Sacré Collège et feront de force un pape à leur convenance.

On ne peut s'empêcher de penser que Louis d'Anjou voit assez clairement ce que sera le conclave de 1378. C'est Orsini qui répond au duc d'Anjou avec un aplomb dont témoigne l'allusion perfide à la captivité de Jean le Bon et aux difficultés rencontrées après 1356 par le futur Charles V. Et, quand il parle du « royaume » du pape, Orsini pense évidemment aux états de l'Église, non à l'Église elle-même.

> A-t-on déjà vu un royaume bien gouverné en l'absence du prince ? S'il arrivait au roi de France de s'absenter de son royaume, par exemple pour aller en Grèce, ce royaume ne serait pas bien gouverné.

Le pape n'en démord donc pas, et il écrit à tous les rois pour leur faire connaître sa décision. On organise déjà le prochain séjour du pape et de la curie à Pérouse. On y constitue même une réserve de vivres. Encore faut-il rétablir la situation financière et préparer le retour autrement que n'a fait Urbain V. On taxe donc, et on emprunte. Un subside caritatif – sans la justification pieuse qu'exige une décime – de 100 000 florins est demandé au clergé, subside qui suscite de violentes réactions : Édouard III interdit aux clercs anglais de payer quoi que ce soit. On trouve des prêteurs : le roi de Navarre offre 30 000 florins, le duc de Bretagne Jean IV prête 32 000 francs sur la décime de son duché et Louis d'Anjou, qui réprouve l'entreprise mais peut difficilement faire moins, procure 60 000 francs en 1376 et 40 000 en 1377. Pour réunir les 50 000 florins qui compléteront et anticiperont la somme nécessaire, le camérier va jusqu'à engager les joyaux du trésor pontifical. Comme à l'accoutumée, on embauche des compagnies que l'on paiera plus tard : Clément VII endossera les dettes de son prédécesseur : 43 000 florins au Gascon Bernardon de la Salle et 30 000 à l'Anglais John Buch.

Disons tout de suite que la créance de Louis d'Anjou pèsera lourdement sur les finances de Clément VII, obligé en 1384 de contribuer au-delà de ses moyens à l'aventure napolitaine de celui qui sera devenu l'héritier de la reine Jeanne.

Ailleurs, Grégoire XI peut compter les succès ou, à défaut, les perspectives de tranquillité. Certes, il n'a pu empêcher l'empereur Charles IV de faire couronner à Aix-la-Chapelle, sans confirmation pontificale de l'élection, son propre fils Wenceslas comme roi des Romains. Mais le pape s'est efficacement employé à réconcilier Charles IV et le roi Louis de Hongrie, qui est un Angevin. Il a conduit à la paix le duc de Bavière et le comte de Savoie. En France, c'est grâce à l'entremise du pape et de ses légats – Jean de la Grange en premier lieu – qu'a été négociée le 1er juillet 1375 la trêve de Bruges aux termes de laquelle Charles V garde ses conquêtes des cinq dernières années, y compris La Réole, cependant que le duc Jean IV de Bretagne ne garde des siennes que Brest et Auray. Certes, Grégoire XI aurait préféré une paix à une trêve mais celle-ci, qui sera prolongée jusqu'en 1377, ne laisse aucune illusion à l'Anglais : même si la guerre reprend encore sur le front sporadique de Guyenne, tout le monde voit bien que Charles V a gagné et que le conflit va cesser faute d'objet.

Dès lors que le temps lui paraît propice, Grégoire XI n'est pas homme à temporiser plus longtemps. Le départ prévu pour 1374, puis pour juillet 1375 a encore été reporté d'un an, le pape ne voulant pas être éloigné des négociations de Bruges. « Si nous avions déjà résidé à Rome, écrit-il aux Romains, nous serions rentré ici. » La réalité est moins faite d'altruisme : le pape négocie avec le roi d'Angleterre, mais c'est à propos des provisions de bénéfices et des querelles de juridiction qui ne cessent pas entre les légats pontificaux et les prélats anglais, plus qu'au sujet des frontières de Guyenne.

En 1376, on passe aux actes. Le cardinal Robert de Genève est parti en avance, le 27 mai. Le 13 septembre 1376, la cour pontificale quitte Avignon. Le 18, elle est à Marseille. Treize cardinaux et un grand nombre d'évêques et d'abbés accompagnent le pape :

si la papauté doit s'établir à Rome, autant s'y trouver. De tous les cardinaux, celui qui veille le plus efficacement sur les intérêts du roi de France, Jean de la Grange, est du voyage. Il jouera dans la naissance du Grand Schisme d'Occident un rôle de premier plan qu'il n'aurait pu tenir s'il était resté à Avignon. Notons pour l'anecdote que, parmi ceux qui accompagnent le pape, on voit la dernière de ses « créatures », l'Aragonais Pedro Martinez de Luna, qui vient d'être fait cardinal-diacre et dont le nom – ainsi que les armes, frappées d'une lune – a poussé Grégoire XI à une mauvaise plaisanterie le jour où il lui remettait le chapeau rouge : « Veille à ce que ta lune ne souffre pas d'une éclipse ! ». On se souviendra du mot quand Pedro de Luna sera l'obstiné Benoît XIII, assiégé dans Avignon, et finalement réfugié sur son rocher de Peñiscola.

Le pape, toutefois, a retenu les leçons de la fâcheuse expérience d'une curie désorganisée par le départ d'Urbain V. Il évite de démembrer le gouvernement pontifical. Pour la plupart, les officiers de la curie demeurent à Avignon. Ensuite, on fera venir le tout à Rome. Du moins le pense-t-on. Jean de Blandiac est nommé vicaire général dans le Comtat. Avec lui, Anglic Grimoard, Gilles Aycelin de Montagut, Pierre de Monteruc, Guillaume de Chanac et Hugues de Saint-Martial restent donc, sur ordre, à Avignon. Pour l'instant, l'essentiel est de transporter dans la Ville éternelle l'autorité du Saint-Siège, à savoir la personne du pape, et de signifier à l'Italie que le souverain des états de l'Église est de nouveau à Rome. Les services suivront. Le pape évite aussi de laisser croire que les affaires de France ont cessé de le préoccuper : parmi les gens qu'il laisse à Avignon, les six cardinaux sont capables de faire face aux négociations avec les rois.

Bien des curialistes ont à Avignon des maisons. Les vendre serait faire bon marché d'un possible retour. On les met en location. En cas de besoin, il sera aisé de les récupérer. Mais on a pris des dispositions pour libérer les livrées des cardinaux qui s'en vont. Elles feront fort bien l'affaire de l'Université, et certaines deviendront des collèges.

L'escadre est à Marseille, qui attendait le pape. Forte de trente-deux navires dont six excellentes galères catalanes, elle est au commandement de Juan Fernandez de Heredia, grand maître de l'Hôpital depuis l'année précédente et fort heureux, plus que de rendre service, de marquer la place d'exception qui lui revient dans le destin de la papauté. Le 2 octobre, le pape embarque sur la galère d'Ancône.

Les témoins réticents devant le retour à Rome s'empresseront de colporter les funestes présages. Au départ d'Avignon, le cheval du pape se fait ombrageux, refuse de se laisser monter, n'accepte le pontife que de mauvaise grâce et fait tant de cabrioles que le pape doit changer de monture avant même de sortir de la ville. À peine est-on en mer que le temps se gâte. La navigation ne s'éloigne guère de la côte, et elle est cependant des plus pénibles. On met une semaine à atteindre Antibes, on perd plusieurs jours à Nice faute de pouvoir quitter le port, on croit sombrer en vue de Monaco, on n'atteint Gênes que le 18 octobre. Reprenant la mer le 29, la flotte est de nouveau bloquée par la tempête le soir même à Portofino, et le pape ne peut que tuer le temps en allant célébrer la messe chez les bénédictins de San Girolamo, à quelques lieues de la ville. On atteint Livourne le 7 novembre, mais c'est pour y attendre neuf jours que la mer permette de repartir.

Aux journées perdues par le fait des tempêtes s'ajoutent celles qui se perdent en mer faute de vent. Bref, on n'a pas prévu un tel temps de route, et les provisions se sont gâtées. Force a été de jeter à la mer des vivres pourris. Heureusement, arrivent à Livourne les offrandes des Pisans : des veaux, des moutons, du pain et du vin. Chaque cardinal aura droit à deux veaux, deux moutons, quatre sacs de pain, une bote de vin grec et une de vin claret.

On ne compte plus les malades. Le cardinal Pierre de la Jugie, ce cousin de Grégoire XI qui fut archevêque de Rouen et qui vient tout juste d'être élevé à la pourpre, est au plus mal. On le débarque. Il mourra à Pise quelques jours plus tard. Paradoxalement, c'est le pape, dont la complexion fragile n'est un secret pour personne, qui supporte le mieux les fatigues du voyage. Chez Grégoire XI, le moral l'emporte sur le physique.

Au large de Piombino, la tempête disperse la flotte. Le cardinal Jean de la Grange manque de peu de se noyer dans le naufrage de sa galère. Tout cela n'est pas bon signe.

À cause de cela et de bien d'autres périls qui survinrent en mer, beaucoup pensèrent et dirent que l'on allait à Rome contre la volonté de Dieu.

Corneto n'est atteint que le 6 décembre. Le pape n'est à Ostie que le 14 janvier 1377. Mais il n'entend pas céder aux éléments : c'est en bateau que, remontant le Tibre, il gagne Rome où il débarque enfin, devant Saint-Paul-hors-les-Murs, le 17 janvier. Le voyage a duré quatre mois. Raymond de Turenne est là, qui assure l'ordre avec ses hommes. Catherine de Sienne avait adjuré le pape de venir à Rome « la croix à la main » et non flanqué de soldats. Les Romains le voient entouré de deux mille cavaliers et Raymond Roger, comte de Beaufort et vicomte de Turenne, a beau être le neveu du pape, chacun sait qu'il est avant tout un chef de bande. Heureusement, c'est le grand maître de l'Hôpital qui porte la bannière pontificale mais, on le sait aussi, Heredia est plus un homme de guerre qu'un religieux. Bref, on multiplie les maladresses.

Accompagné de treize cardinaux, Grégoire XI pénètre enfin dans la Ville éternelle. Les Romains sont tellement heureux de voir le pape que, malgré les soldats, ils lui font une ovation. Au soir, le pontife traverse la place Saint-Pierre qu'illuminent des milliers de cierges. Pendant quatre mois, les cérémonies vont se succéder dans les basiliques.

Le pape et ses proches ont-ils vu que, dans ces mêmes temps, les crises se multipliaient autour d'eux et que les esprits étaient agités ? Il n'y paraît pas. Et cependant... Les révoltes qui éclatent ou que prépare alors l'accumulation des mécontentements forment la seule vague véritablement révolutionnaire qu'ait connue le Moyen Âge. Au printemps de 1378, le menu peuple florentin s'insurge et la révolte des *Ciompi* contre l'ordre établi par les milieux d'affaires se nourrit de prédications que n'auraient pas désavouées les fraticelles. Ailleurs, les crises couvent et, si les soubresauts sont pour les lendemains, les angoisses et les colères sont déjà là. En 1380, la révolte populaire secoue les centres économiques que sont Lübeck et Brunswick. En Angleterre, le prédicateur John Bull et l'ancien soldat Wat Tyler esquissent un programme de réformes sociales bien éloigné des réformes de l'organisation gouvernementale et administrative esquissées dans les précédentes agitations : en juin 1381, les « Travailleurs » occupent Londres aussi bien que Cambridge et mettent en danger le roi. En France, le rétablissement des impôts sur la consommation qui suit leur maladroite suppression par un Charles V mourant ne donne lieu à des insurrections urbaines (Béziers en 1381, Rouen et Paris en 1382) que sur le terreau des exaspérations antifiscales. En Flandre, la révolte de Gand (1382) est fille de la mévente et du chômage qu'ont engendrés l'inadaptation des politiques économiques et celle des structures industrielles.

Rien de tout cela, qui est apparemment postérieur, et pas même l'affaire des *Ciompi*, n'est directement lié à ce qui va se passer en 1378 autour du Siège apostolique. Les crises qui vont secouer la société en Europe ne sont pas de celles dont on entrevoit la venue dans le champ clos qu'est la curie. Mais le trouble des esprits et l'incertitude quant aux lendemains ne seront sans doute pas pour rien dans les comportements des notables comme dans ceux du petit peuple.

De son expédition à Rome, Urbain V était rentré à Avignon exténué. Après son voyage d'aller, Grégoire XI l'est à Rome, et il ne s'en remettra pas. Le 30 mai, après avoir célébré la Fête-Dieu à Sainte-Marie-Majeure, il quitte Rome pour aller passer l'été dans la relative fraîcheur d'Anagni. Il revient à Rome le 7 novembre, mais la situation politique de l'Italie est toujours aussi préoccupante. À quarante-sept ans seulement, sa santé est délabrée. Il meurt dans la nuit du 25 au 26 mars 1378. Il n'aura pas eu le temps d'asseoir et de consolider cette papauté de nouveau romaine dans les faits comme elle n'a jamais cessé de l'être dans les principes. Tout est en place pour le drame.

TROISIÈME PARTIE

Les papes d'Avignon

La fracture

LA RÉACTION ITALIENNE

Grégoire XI ne se faisait aucune illusion sur ce qui se passerait à sa mort. Les spéculations sur sa santé chancelante se doublaient des réactions locales à la politique de Robert de Genève. À Rome même, où la Commune prenait déjà contact avec certains cardinaux, le jeu des factions n'était plus celui d'antan mais il n'était pas moindre. Le pape avait encore en tête le propos très dur de Louis d'Anjou qui tentait naguère de le dissuader de son entreprise : les Romains « seront maîtres de tous les cardinaux ».

Alors qu'il se voyait mourant, le pontife modifia le 19 mars les conditions du prochain conclave : il leva l'obligation faite au Sacré Collège de se réunir dans la ville où était mort le pape. C'était dire que mieux vaudrait siéger hors de Rome. Le 26, Grégoire XI était mort. Les cardinaux comprirent qu'on ne les laisserait pas quitter la ville.

Sortant de son église titulaire de Sainte-Cécile-au-Trastevere, le cardinal Bertrand Lagier – un franciscain qui fut des premières créatures de Grégoire XI – se fait interpeller par les fidèles. Qu'il vote pour « un Romain, ou au moins un Italien ! ». Car Rome est veuve depuis soixante-huit ans. À beaucoup, élire un Italien semble – non sans quelque raison car nul n'a oublié Urbain V repartant subrepticement – le seul moyen d'être assuré contre un retour à Avignon, un nouveau retour qui passerait pour trahison. Il ne faut plus dire « la cour de Rome », dit-on avec colère à Lagier, mais « la cour d'Avignon ». Le cardinal pourrait faire remarquer que la curie est revenue à Rome et que le propos vient tard. Il préfère donner une leçon d'ecclésiologie. Il explique que le pontife est pape de toute la terre, et que le monde entier est son diocèse. Où que soit le pape, il est l'évêque de Rome. Les braves gens n'en croient pas un mot.

Dans Rome, on frôle à tout moment l'incident. Tout prend des proportions dramatiques, surtout quand la nature s'en mêle : la foudre tombe sur la cellule de Pedro de Luna, ce dont on reparlera quand il sera pape. Les cardinaux se sentent épiés dans leurs moindres gestes. On presse de questions un clerc castillan qui a vu Aigrefeuille et Malesset quand ils entraient dans le palais du Vatican où va se tenir le conclave plutôt que dans un Latran délabré : étaient-ils gais ou tristes ? L'Espagnol les a vus tristes. Aigrefeuille avait, précise-t-il, les larmes aux yeux.

> Gardez la maison, a-t-il dit à ses gens, et si on vous attaque, défendez-vous comme vous pourrez. Je vais au conclave pour une élection au service de Dieu et nous sommes dans les mains des Romains. S'il m'arrive quelque chose, priez pour le salut de mon âme.

Seize cardinaux entrent en conclave le 8 avril. Attendre les absents ne ferait que prolonger le péril. Ceux qui sont demeurés à Avignon avec Jean de Blandiac apprendront plus tard le choix de leurs collègues. Quant à interrompre les négociations de paix avec Florence, il n'en est pas question, et on se passera de Jean de la Grange. Le camérier Pierre de Cros prend cependant ses précautions : il fait venir à Rome les deux cents lances de Bernardon de la Salle et met le château Saint-Ange en état de défense. Autant dire qu'il s'attend au pire.

Les partis qui se forment ouvertement ne sont pas pour étonner. Avec à leur tête Jean de Cros, Guillaume d'Aigrefeuille le Jeune et Guy de Malesset, le parti limousin compte sept cardinaux. Le parti français en a cinq en y comptant Robert de Genève qui n'est qu'à moitié français et Pedro de Luna qui ne l'est pas mais se trouve ainsi une place dans le débat. Il est enfin quatre Italiens, dont les plus actifs vont être Simone da Brossano et Piero Corsini. La majorité des deux tiers est requise, et aucun parti ne compte onze voix.

Les candidats ne manquent pas. On évoque Jean de Cros, Pierre Flandrin, Guy de Malesset, Pierre de Sortenac, Simone da Brossano. Ces candidats vite cités et vite éliminés sont tous issus de la haute administration pontificale. Cros a été grand pénitencier, Sortenac auditeur des lettres contredites, Flandrin et Brossano référendaires. Deux, Cros et Malesset sont apparentés au défunt pape. Encore le sont-ils de loin. Aucun n'est issu de la clientèle rapprochée du roi de France. Aucun, surtout, si l'on excepte Brossano, n'a joué un rôle majeur dans la politique pontificale, aucun n'a assumé les grandes légations et aucun n'a exercé de responsabilité dans le gouvernement des états de l'Église et dans les relations avec les puissances italiennes. Quant à Brossano, c'est avant tout un grand légiste – docteur en l'un et l'autre droits – à qui son enseignement à Padoue et Bologne et ses commentaires des décrétales a valu une réputation durable. Grégoire XI en a fait un archevêque de Milan mais l'a immédiatement attiré à Avignon où on l'a vu référendaire avant que le pape ne lui confie diverses missions en Aragon et dans l'Empire. Cardinal, Brossano est un homme tranquille, qui ne demande qu'à reprendre ses études. Bien qu'Italien, il n'a été en charge d'aucune des missions relatives à Rome ou à Florence, et il a vite oublié qu'il avait été archevêque de Milan.

Nul ne pense alors à Robert de Genève. Absent de la curie depuis bientôt deux ans, le légat est arrivé à Rome le 13 mars, alors qu'on parlait déjà de la succession du pape mourant. Mais une autre succession se présente : le cardinal-évêque d'Ostie Pierre d'Estaing est mort en novembre précédent et le légat, toujours cardinal-prêtre du titre des Douze-Apôtres, peut espérer une promotion. Pour l'heure, ses ambitions s'arrêtent là.

D'entrée de jeu, les Limousins avancent la candidature de Malesset. Sinon, ils accepteraient Sortenac. Robert de Genève, lui, souhaite surtout qu'on sorte de l'engrenage que représente la famille Roger : après deux papes et bien des cardinaux, cela suffit. C'est alors que les gardiens du conclave font venir Aigrefeuille et lui disent les choses : si l'élu n'est pas un Romain ou du moins un Italien, ils sont tous en danger de mort. Autant dire qu'on ne les défendra pas. Il est vrai que l'on s'excite déjà beaucoup dans les tavernes. Les cloches du Capitole et celles de Saint-Pierre sonnent le tocsin.

Le Toscan Piero Corsini, qui a été auditeur des causes et jouit de la confiance de ses collègues, est chargé d'aller à la porte et, pendant que les cardinaux attendent dans la chapelle, de haranguer la foule qui gronde. Il y va, mais de mauvais gré. L'accompagnent Aigrefeuille et le pur Romain qu'est Jacopo Orsini. Là, Corsini commence par de dures réprimandes. Il n'accepte pas la menace.

> Maudits ! Que faites-vous ? Vous croyez que c'est comme cela qu'on fait un pape ? Vous mettez le feu à la Ville, et personne ne pourra l'éteindre avant qu'elle ne soit détruite !

La foule n'en démord pas : un Romain, ou un Italien ! On entend distinctement les menaces de mort. Les cardinaux reculent de quelques pas. Aigrefeuille saisit Corsini par le manteau.

> Allons, allons, Monseigneur, plutôt que de mourir, j'aime mieux élire un Italien ou un Romain, ou même le diable !

Pendant que les trois cardinaux rentrent dans la chapelle, leurs familiers cherchent en vain une issue qui permettrait au conclave de quitter les lieux. Corsini revient à la porte et invective de nouveau le peuple, mais il ne se tire finalement d'affaire qu'en faisant aux Romains la promesse qu'ils attendent : le lendemain, ils auront un pape romain ou italien. Cela ne suffit pas : le peuple n'entend pas attendre le lendemain. Aigrefeuille vient alors en renfort, et prend à son compte la promesse de Corsini.

UNE DIFFICILE ÉLECTION

Dans le conclave, nul n'ose discuter la promesse des deux cardinaux. Aigrefeuille a eu très peur, et il ne souhaite pas perdre de temps. Soutenu par Jean de Cros, il lance le nom de l'archevêque de Bari. Pedro de Luna se rallie. Corsini rappelle que d'autres sont possibles. C'est en vain. Il faut en sortir, et vite. On envoie

chercher l'archevêque. Le vieux Tebaldeschi voit clair : une élection dans ces conditions sera entachée d'irrégularité. Il obtient
qu'on vote de nouveau alors que la foule, où l'on colporte qu'un
pape romain vient d'être élu, s'est calmée. Le second vote donne
de nouveau Prignano élu, à une voix près, celle de Jacopo Orsini
qui n'aime pas les Napolitains. Au soir de ce 8 avril 1378, Bartolomeo Prignano devient le pape Urbain VI. Qu'il choisisse ce
nom, alors qu'il a été porté par trois papes français, laisse penser
qu'à ce moment encore Urbain VI est surtout soucieux d'apaiser
les esprits.

On racontera une étrange suggestion prêtée, selon les témoins,
à Orsini ou à Corsini : affubler un franciscain d'une chape et
d'une mitre, faire croire aux Romains qu'un des leurs est pape, et
se sauver. Jean de Cros s'y serait opposé, disant qu'il était mauvais de tromper les chrétiens. Mais Cros aurait proposé qu'on ne
tînt aucun compte de la foule. Qu'une telle histoire puisse trouver
audience en dit long sur le trouble des esprits après un tel
conclave.

Il est vrai que, le vacarme allant croissant alors qu'il faut
quelque temps pour faire venir Prignano et savoir s'il accepte,
quelques cardinaux font croire à la foule que le conclave a élu le
Romain Tebaldeschi, ce vieux cardinal auquel personne n'a pensé
donner la tiare et dont Robert de Genève a jugé qu'il est l'homme
de la supercherie. Avant que la fausse élection soit annoncée,
Pedro de Luna prend les précautions qui s'imposent : on a peur
que les Romains ne tuent l'Italien qui n'est pas un Romain. On
cloître donc Tebaldeschi dans la chambre de Grégoire XI.

C'est alors qu'arrive l'archevêque Prignano qui, prêt à faire son
hommage à celui qu'il prend pour le nouveau pape, apprend alors
de la bouche du faux élu qu'il est lui-même le pape. Avec prudence, Prignano demande une notification officielle des cardinaux. Mais ceux-ci sont allés se mettre en sécurité au château
Saint-Ange. L'archevêque de Bari ne sera vraiment convaincu et
n'acceptera son élection que le lendemain, 9 avril, quand la plupart des cardinaux l'auront assuré de la chose.

Sorti du conclave, Robert de Genève s'est empressé de quitter
Rome. Il loge à Zagarolo, à deux heures de Rome, chez son ami
l'évêque de Lisbonne Agapito Colonna, un bon Romain qui sera

bientôt l'un des fidèles d'Urbain VI. Le Sacré Collège envoie d'urgence un messager à Zagarolo, et le cardinal de Genève promet de regagner rapidement Rome. Il confirme alors son adhésion à l'élection d'Urbain VI. Le 11 avril, après la messe des Rameaux, il fait son hommage au nouveau pape et lui offre un précieux anneau. L'ordre paraît rétabli.

On ne s'interroge pas moins. À l'ambassadeur du roi de Castille Jean de Cros se croit obligé de préciser, la main sur le cœur, que nul ne songeait à Prignano en entrant au conclave. Les cardinaux n'ont, dit-il, évoqué ce nom que par crainte d'être massacrés. Lorsqu'on parle de couronner le nouveau pape, bien des cardinaux s'enferment dans le château Saint-Ange. Ils n'ont aucune envie de se montrer devant le peuple qui, quelques jours plut tôt, voulait les occire. Ils ont encore peur : certes, ils ont élu un Italien, mais non un Romain. Pour qu'ils aillent, ce 18 avril, célébrer Pâques au côté du nouveau pape, le sénateur et les délégués de la Commune doivent se porter garants de leur sécurité. C'est donc Aigrefeuille qui, en tant que doyen des cardinaux-prêtres, glisse en ce jour de Pâques l'anneau du Pécheur au doigt d'Urbain VI et lui demande de promulguer l'indulgence plénière traditionnelle lors d'un avènement. Dans son dos, certains murmurent.

Le lendemain, Aigrefeuille écrira aux cardinaux demeurés à Avignon que le Sacré Collège a librement, et à l'unanimité, voté pour l'archevêque de Bari. La lettre contient probablement un mensonge : mécontent de voter sous la menace, Jacopo Orsini se serait abstenu. C'est pourtant Orsini qui, après la messe pascale, en haut du grand degré de la basilique, impose comme doyen des cardinaux-diacres la tiare au nouveau pape. La foule acclame un pape italien. Dans la curie, tout le monde est conscient de l'ambiguïté des attitudes. On disputera plus tard pour savoir si les cardinaux ont fait bonne figure. On interrogera les témoins oculaires. Le doyen de Calahorra dira les avoir vus « joyeux et de bons visages ». L'auditeur des lettres contredites Gilles Bellemère, qui est un juriste sérieux, les a vus blêmes. Le prévôt de Valencia Gil Sanchez Muñoz les a vus tristes.

> Quant à la joie de ceux qui le couronnaient ou de ceux qui assis-
> taient, il n'y croit pas. Il a vu le contraire, et il a fait part à ses

familiers et à divers autres qui l'accompagnaient de ce que les cardinaux arrivaient là avec un visage très triste.

Les cardinaux se soucient également des princes. On rapportera
plus tard que, bien avant l'ouverture du schisme, le roi de France
a été averti du caractère illicite de l'élection. Du moins est-il sûr
qu'il est informé des réserves que l'on fait après celle-ci. Dans le
même temps, Urbain VI notifie son avènement aux souverains
d'Aragon et de Castille, négligeant délibérément ceux de Portugal
et de Navarre. Mais le cardinal Pierre de Vergne, grand juriste
qui a été auditeur des causes, racontera l'histoire de ce chevalier
espagnol dépêché aux souverains par les cardinaux et auquel on
recommande de ne pas soulever la question de la légitimité : on
va devoir tirer des rois ibériques quelque argent, et mieux vaut
s'en occuper avant qu'ils n'apprennent l'affaire. Quant à l'empereur, c'est son cousin Robert de Genève lui-même qui lui écrit.
Très vite, les propos dépassent cependant la simple interrogation. Pour italien qu'il soit, Brossano met en doute la légitimité
d'une élection acquise sous la pression du peuple. Bertrand Lagier
fait part de ses doutes à Aigrefeuille : Prignano n'est pas « vrai
pape ». Il rapportera plus tard la réponse d'Aigrefeuille : se garder
de dire cela, parce que toutes sortes de gens importants pourraient
se saisir de tels propos. On pourra en parler plus tard, ajoute
Aigrefeuille, mais pas maintenant. Oubliant qu'il a rédigé la lettre
du 19 avril, Aigrefeuille ne manque cependant pas, pendant le
dîner qu'il donne le jour de la Fête-Dieu, soit le 17 juin, de faire
part en privé de ses sentiments à Raoul de Gorse : il n'y a pas de
pape. Revenant sur l'indulgence dont la demande valait reconnaissance, il promet d'arracher les yeux au premier qui s'en
recommandera. Mais en public, comme on le presse de se prononcer, il maintient qu'Urbain VI est vrai pape. Quand Urbain VI,
qui entend, à juste titre, faire restaurer les églises « titres » des
cardinaux, fait afficher à la porte de Saint-Pierre que le cardinal
d'Aigrefeuille est chargé de veiller à l'opération, on peut penser
que la confiance est établie. Tout le monde le sait cependant à
Rome, la question est posée. Et Pedro Gomez Barroso, l'évêque
d'Evora, glisse à Aigrefeuille un avertissement : « Seigneur,
méfiez-vous d'un schisme. »

BARTOLOMEO PRIGNANO

Prignano n'est pas un inconnu à la curie. Ce Napolitain n'est plus un jeune homme. Il approche des soixante ans. Docteur dans les deux droits, il a longtemps été archevêque d'Acerenza, et Grégoire XI en a fait, l'année précédente, un archevêque de Bari. Mais le choix que fait le Sacré Collège de l'archevêque de Bari ne ressemble en rien à l'élection, en 1305, de l'archevêque de Bordeaux. Les électeurs de 1378 ne vont pas le chercher à Bari mais à la curie. Grégoire XI lui a, en février 1377, manifesté sa confiance en le faisant « vice-gérant » de la Chancellerie : le vice-chancelier en titre Pierre de Monteruc – ce Lillois qu'on a connu un an archevêque de Pampelune – a allégué son état de santé pour demeurer à Avignon et Charles V a demandé qu'il ne soit pas pour autant révoqué. Prignano est donc, de fait, le chef de la Chancellerie, c'est-à-dire l'un des hommes les plus importants du gouvernement pontifical. Il a des relations dans le monde séculier, et on le sait lié avec Charles de Duras. Ceux qui l'ont connu à cette époque font son éloge.

> L'archevêque de Bari était savant, capable, efficace et instruit depuis longtemps des causes et des affaires de la Cour de Rome, il était de longue date connu de tous les cardinaux et leur familier, et il était chapelain et familier du cardinal de Pampelune, vice-chancelier, qui est de la nation limousine.

L'élection de Prignano n'a donc rien qui puisse étonner, sinon le fait que l'on n'élit pas un Français. Que le conclave n'ait duré qu'une journée tient sans doute au désir des cardinaux d'en finir au plus vite mais, acquise au premier tour et confirmée par un second scrutin, l'élection n'est pas le fruit d'une longue incertitude. Nul ne peut s'attendre, à cette date, à l'insurrection de quelques cardinaux, et nul ne peut deviner que Monteruc, toujours à Avignon, sera en définitive jusqu'à sa mort en 1385 le vice-chancelier de Clément VII. Dans l'immédiat, Urbain VI désigne un nouveau « régent de la Chancellerie » en l'absence de Monteruc, et cette charge échoit précisément à un neveu de Monteruc, le Limousin Raoul de Gorse. Le 18 septembre, Gorse est cardinal et vice-chancelier en titre. Alors que les cardinaux rebelles sont déjà assemblés à Fondi, Urbain VI sait que Monteruc ne viendra jamais à Rome.

Ce n'est pas la première fois qu'un conclave fait appel à un prélat qui n'est pas cardinal. Mais élire le chef de la Chancellerie n'est pas élire comme en 1362 un moine. Les électeurs ont donc pu mesurer le risque qu'ils prenaient en élisant un curialiste qui les connaissait bien mais avait pu jalouser leur rang et leurs prérogatives, voire leur influence. Urbain VI ne se sent en rien solidaire du Sacré Collège, de son orgueil collectif et de ses intérêts politiques et financiers. Il manifestera très vite une volonté de réforme que les cardinaux, non sans raisons, prendront pour hostilité.

Jean de la Grange

Jean de la Grange est arrivé à Rome le 24 avril. Il n'est plus temps de jouer un rôle dans l'élection. Il est temps de souffler sur le feu qui couve. Or Jean de la Grange est alors au faîte de son influence.

Né vers 1325, originaire du Forez, ce bénédictin apparaît pour la première fois à la curie quand l'ordre de Cluny en fait son procureur. En 1358, il est abbé de Fécamp, l'une des abbayes les plus rémunératrices de France. On sait qu'elle avait été, trente ans plus tôt, au futur Clément VI. Surtout, il a trouvé place dans l'entourage de l'un des prélats les plus influents du moment, le cardinal Guy de Boulogne. C'est celui-ci qui l'emmène en Espagne lors de sa légation de 1359.

Dès lors, Jean de la Grange devient un personnage du monde politique. Il se pose en ardent défenseur d'une réforme institutionnelle du royaume et se trouve ainsi dans la clientèle du roi de Navarre Charles le Mauvais, mais il est assez habile pour ne pas souffrir de l'effondrement du parti de Navarre. Nous le retrouvons au Parlement, puis au Conseil de Charles V, où il prend en main à la fois les affaires ecclésiastiques et les questions financières. En 1370, il est président de la Cour des aides. Trois ans plus tard, il est évêque d'Amiens. En 1375, Grégoire XI le fait cardinal. Le « cardinal d'Amiens » est alors l'intermédiaire obligé dans toutes les relations entre le gouvernement de Charles V et celui de Grégoire XI. Comme légat du pape, il est le principal négociateur aux conférences de Bruges dont le fruit est une trêve entre la France et l'Angleterre. Lorsque l'on réunit à Sarzana la conférence dont on attend la paix entre le Saint-Siège et Florence, c'est Jean de la Grange qui conduit la délégation pontificale.

Retenu à Sarzana, il a manqué le 8 avril 1378 l'élection d'Urbain VI. Quand il rejoint le Sacré Collège, il entend les premiers regrets de cardinaux malheureux du choix qu'ils ont fait. Sans doute manifeste-t-il son mécontentement de ce que l'élu ne soit pas français, un mécontentement d'autant plus facile qu'il n'a pas été soumis à la pression qui, selon les autres, est seule cause de cette élection. Deux réactions se conjuguent donc, l'une contre la nationalité de l'élu, l'autre contre sa personne. Se faisant alors l'interprète des vœux du roi de France qui n'allaient certainement pas vers l'élection d'un Italien, Jean de la Grange retourne rapidement une partie de la curie et pousse à la révolte les quelques cardinaux qui vont, en septembre à Fondi, revenir sur leur choix d'avril.

La rébellion

À Rome, en ce printemps de 1378, le mécontentement gronde. Les plus sages attendent mais commencent de s'inquiéter. Montalais colporte la propension du nouveau pape à la boisson : Urbain VI souffre de douleurs d'estomac et les calme en buvant du vin, qu'il boit malheureusement sans manger. Et Lagier de rapporter le dire d'un médecin : le pape boit trop et il mourra vite, « à moins qu'il ne devienne idiot ». Ces ragots aux fondements incertains vont très vite venir en renfort d'une constatation, celle des propos et des comportements du pape.

Pour commencer, il insulte les prélats. Il multiplie les avanies. Il refuse l'anneau de Robert de Genève et nomme un autre cardinal-évêque d'Ostie – Bertrand Lagier, qui sera l'un des premiers à l'abandonner – non sans se justifier envers Robert de Genève en lui disant qu'il a écouté son petit doigt. À ceux qui sont là il reproche leur absence. Il les taxe de trahison. Il dénonce en

Consistoire le train de vie des cardinaux et les traite de simoniaques. Brossano ne bronche pas, et il se force à plaisanter en jouant sur les appellations réservées aux saints : il veut bien être « confesseur », non « martyr ». Jean de la Grange s'entend reprocher ses façons de vivre autant que sa politique en Toscane, mais il comprend vite que le pape lui en veut surtout d'être fort en cour à Paris. Ceux qui ont été recteurs ou vicaires généraux se voient accusés de corruption, de malversations, de violences. Il n'est qu'un cardinal pour ne pas baisser le nez, c'est Robert de Genève. « Vous voulez diminuer notre honneur, dit-il au nouveau pape, nous diminuerons le vôtre. »

Oubliant qu'il s'agit des finances du pape et non des deniers propres de son agent, Urbain VI rabroue un collecteur qui veut rendre ses comptes : « Que ton argent soit ta perdition ! » La curie ne résonne que des sautes d'humeur et des violences verbales du pape. Il a l'intention, dit-il, de « purifier l'Église et, pour commencer, réformer le Siège apostolique ». À titre d'exemple et avant même son couronnement, il casse toutes les grâces expectatives accordées par son prédécesseur. Beaucoup se sentent visés. Autour de lui, la peur s'installe. Urbain VI n'est pas élu depuis trois semaines que le prieur de la chartreuse de la Gorgona écrit à Catherine de Sienne, alors en Toscane.

> À ce qu'on dit, notre nouveau Saint Père est un homme terrible, et qui épouvante fort les gens par ses actes et par ses paroles.

Catherine n'en rejoindra pas moins la cour pontificale pour y prendre, dès que la chose sera nécessaire, la défense d'un pape avec lequel elle a cependant, quand il n'était qu'archevêque, entretenu les pires relations. À vrai dire, elle voit surtout l'occasion d'échanger un soutien qu'elle assortit de recommandations morales contre un engagement pontifical en faveur de la réforme. Bien des gens commencent cependant de s'interroger, et ce ne sont pas les moindres. Un mois après avoir voté pour Urbain VI, le bon juriste Pedro de Luna consulte le *Décret* pour voir ce qu'il en est de la légitimité pontificale mais, s'il consigne ses propres doutes par écrit, il s'en cache.

> Si le pape ou quelque Romain apprenait que moi ou quelque autre membre du Sacré Collège avons des doutes au sujet de son élection, aucun de nous n'en réchapperait.

La rumeur se répand avant même de prendre consistance, et ce qui demeure à Avignon de la curie sert de relais aux informations venues de Rome. En juin, l'Université de Paris décide assez normalement d'envoyer au nouveau pape le rôle de suppliques qu'elle aurait envoyé à Grégoire XI, mais les maîtres chargés d'aller le porter à Rome passent par Avignon et y recueillent de tels jugements que la plupart s'en tiennent là. Le seul qui pousse jusqu'à Rome ne tardera pas à rejoindre les cardinaux rebelles à Anagni. À Paris, l'Université décide de ne pas prendre position, ce qui est pour le moins inusité au lendemain d'une élection pontificale : d'ordinaire, une fois le pape élu, on ne se demande pas s'il y a lieu d'adopter une attitude. En septembre, Pierre Ameilh écrit d'Avignon au chancelier de Notre-Dame pour l'inciter à la circonspection. En octobre, la nation anglaise de l'Université, que l'on verra bientôt portée vers Urbain VI, se propose d'envoyer son rôle et précise : « Au cas où l'on enverrait un nouveau rôle soit à ce pape soit au futur ». À cette date, à Fondi, le futur a déjà un nom.

Confortant les prélats, quelques grands du monde laïque commencent de manifester leur hostilité à un pape qui les rudoie. Même le roi d'Angleterre Richard II, pourtant peu suspect d'hostilité envers un pape non français, se voit traiter d'hérétique parce qu'il dispose des bénéfices et il apprend que le nouveau pape refuse d'entériner le concordat conclu avec Grégoire XI. En Italie, Urbain VI maintient contre Florence les sentences qui ont sanctionné la guerre des *Otto Santi.* L'aristocratie romaine se fait insulter et Onorato Caetani apprend qu'on ne lui remboursera pas ce que lui devait le Saint-Siège, puis qu'il est révoqué de son rectorat de Campagne et Maremme. Les envoyés de la reine Jeanne, dont la mission n'était que de lui dire à quel point on était fier à Naples de l'élection d'un Napolitain, entendent en réponse quelques mots blessants qui pousseront le chancelier Nicola Spinelli à prôner devant la reine un changement de pontife. Or les Caetani sont maîtres d'Anagni, et Onorato est comte de Fondi, un vaste comté et une petite place proche de la frontière du royaume de Naples.

Nul ne s'attendait à cette brutalité. Connu de tous les curialistes et de tous les cardinaux, Prignano n'aurait pas été élu s'il avait déjà manifesté son penchant pour la violence verbale qui fait craindre d'autres types de violence. Rappelons-le ici, la pression de la foule s'exerçait en faveur d'un pape romain et les électeurs d'un Italien non romain s'inquiétaient d'une désillusion du peuple. On ne saurait donc dire que Prignano a été élu par des gens qui connaissaient ses défauts mais ne pouvaient faire autrement. À tant faire que d'élire un prélat qui n'était pas cardinal, les diocèses italiens et la curie elle-même offraient d'autres choix. Il est évident que, au lendemain de son couronnement, Urbain VI change de caractère ou de comportement.

On peut difficilement penser, sauf à invoquer une soudaine démence comme le feront ses ennemis, que le regard porté par l'homme sur son environnement change du jour au lendemain et que le pape se prenne à voir les choses différemment. La vraisemblance est qu'il a longtemps rongé son frein. À la curie, Prignano était utile, il n'était pas influent, et les cardinaux ne pouvaient manquer de lui faire sentir leur prééminence. Ce qu'exprime avec violence Urbain VI, c'est sans doute ce qu'il gardait pour lui. La vue critique de la curie, la vue réformatrice de l'Église, c'est ce qu'il peut dorénavant manifester. Maintenant, il est pape. C'est là l'essentielle nouveauté.

Les cardinaux eux-mêmes vivent donc dans l'inquiétude, étonnés qu'ils sont du retournement de l'élu contre ses électeurs. Les menaces de réforme commencent d'inquiéter. La place prise dans le gouvernement de l'Église par Catherine de Sienne n'est pas moins propre à susciter des interrogations. La sainte femme apostrophe les cardinaux, écrit aux rois et aux villes, convoque les candidats au martyre. Elle prône l'avènement des saints. Bref, elle fatigue. Le Sacré Collège se prend alors à conspirer. Encore une fois, Aigrefeuille et Malesset mènent l'insurrection, mais Jean de la Grange prend vite la tête. On s'assemble chez lui au Trastevere. Un ralliement n'est pas à négliger : le camérier Pierre de Cros rejoint les cardinaux. Certains se montrent cependant plus

réservés. Pierre de Vergne et Hugues de Montalais suspectent
Charles V et Louis d'Anjou d'être derrière l'affaire.

L'été romain s'annonce accablant. Les usages rendent vraisemblable un transfert vers plus de fraîcheur. Aux temps anciens,
chaque cardinal allait dans sa maison de campagne. Ce qui est
anormal, c'est le déplacement en corps d'une partie du Sacré Collège. Or Aigrefeuille et Malesset quittent Rome ensemble au
début de mai. Toutefois, Robert de Genève, Pedro de Luna et
Bertrand Lagier sont encore en juin près du pape alors que celui-
ci, qui va passer l'été à Tivoli, commence de sentir le danger et
modère ses procédés. Il tente, mais un peu tard, de mettre dans son
camp le roi de France et l'empereur. Au courrier qui atteint Paris
le 16 juin, porteur de la lettre annonçant l'élection d'Urbain VI, le
camérier a fort habilement joint un homme de confiance, le chevalier Pierre de Murles qui fut le gardien du conclave : il saura
éclairer de vive voix la cour de France sur les conditions de l'élection. Au reste, il n'est pas difficile de penser que celle-ci ne peut
ravir les Français.

Pendant ce temps, le groupe des rebelles se retrouve à Anagni.
Robert de Genève et Pedro de Luna arrivent le 24 juin. Les cardinaux sont maintenant treize. Ne restent à Rome que les trois cardinaux italiens et, bien sûr, les prélats qui espèrent recevoir la
pourpre.

Catherine de Sienne continue d'écrire et de prêcher, mais son
propos reflète maintenant l'appui que, dans la lignée des spirituels
de jadis, elle donne à un pape qui, en attaquant les cardinaux en
tant que symboles du système mis en place par les papes d'Avignon, manifeste sa volonté de réforme. Maintenant, elle passe
outre à la bienséance, et les cardinaux sont naturellement les premiers visés.

> Vous voulez déformer la vérité et dire que vous avez voté pour
> Urbain VI par peur. Il n'en est rien, et celui qui dit pareille chose –
> je parle sans garder la révérence car vous vous êtes privés du droit
> d'être révérés – ment sur sa propre tête.

À Anagni, le propos change. La cour de Naples est depuis longtemps au fait de la rébellion. On prévient l'empereur, qui était

assez mécontent de l'attitude d'Urbain VI envers son fils Wenceslas. On écrit à Charles V, qui répondra sans se compromettre. Le
théologien Nicolas de Saint-Saturnin est dépêché à Paris pour
fournir des explications. On avise Louis d'Anjou, alors lieutenant
général de son frère en Languedoc, qui fait savoir sans ambages
sa satisfaction devant l'attitude du Sacré Collège. En juillet, tout
le monde s'attend à un coup de théâtre.

Resté à Rome, Pierre de Cros prend ses précautions : il fait
partir pour Avignon une partie du trésor : du numéraire et des
objets précieux. Urbain VI n'est pas dupe et tente en vain de
faire arrêter le convoi par le seigneur génois de Menton Rainier
Grimaldi. Sur ordre de la reine Jeanne, le sénéchal de Provence
saura contrarier l'entreprise et le trésor atteindra Avignon.
Urbain VI se vengera en nommant un nouveau camérier et en
encourageant les Provençaux révoltés contre Jeanne.

Le 20 juillet, les cardinaux rebelles écrivent à leurs collègues
italiens et, coup terrible pour Urbain VI, ceux-ci – Brossano,
Orsini et Corsini – prennent la route d'Anagni. Certes, ce n'est
pas pour conspirer contre Urbain VI, mais le fait qu'ils se proposent de chercher, avec leurs collègues en rébellion, une solution
à la crise est en soi le début d'un désaveu du pape élu. Sachant
où le bât blesse, Urbain VI prépare déjà sa réplique : il charge un
juriste de Bologne, Giovanni da Legnano, de réfuter les contestations de sa légitimité dans une lettre adressée à celui qui pourrait
ne pas céder aux mêmes arguments que les Français, l'Aragonais
Pedro de Luna.

Lors d'une rencontre le 5 août, les trois Italiens évoquent l'idée
d'un concile, idée que les rebelles repoussent en arguant que seul
un pape légitime peut convoquer un concile. Les trois Italiens le
précisent bien, ils ne veulent pas se prononcer sur la légitimité.
Ils vont alors se tenir à l'écart du mouvement, ce qui n'empêchera
pas Brossano et Corsini d'écouter en 1381 Jean de la Grange et
d'abandonner alors Urbain VI.

On n'en est plus à s'interroger : il ne s'agit plus que de déposer
le pape. Le 2 août, les douze cardinaux mettent au net un exposé
de leur position rédigé par l'excellent juriste qu'est le cardinal
Pierre Flandrin qu'assistent naturellement Malesset, Sortenac et
Noellet. Le camérier Pierre de Cros organise le travail et procure

les témoins : les clercs de la Chambre apostolique. On appose les treize sceaux sur des exemplaires que l'on envoie à toute la chrétienté : on en retrouvera aussi bien aux Célestins d'Avignon qu'à Saint-Victor de Paris. Le premier destinataire en a été, comme bien l'on pense, le roi de France. Le 9, les mêmes cardinaux placardent à la porte de la cathédrale d'Anagni une dénonciation publique de l'élection d'Urbain VI. Seul Luna s'est abstenu. Il faut alors notifier la décision aux souverains ou aux universités. C'est fait dans les jours suivants, parfois avec une certaine violence : le pape déchu aurait été « un fou furieux ».

L'ÉLECTION DE FONDI

À la mi-septembre, les événements se précipitent. Le 15 août, le schisme est patent. Alors que, toujours hostile à la rébellion, le cardinal Tebaldeschi se meurt à Rome, les trois Italiens venus à Anagni rallient le camp des treize. Il n'y a plus un seul cardinal pour affirmer la légitimité d'Urbain VI. Celui-ci se venge, le 18, en créant vingt-cinq cardinaux, dont vingt Italiens. Sept sont des Napolitains dont il escompte le soutien contre la reine Jeanne. Le pape est donc de nouveau entouré d'un Sacré Collège, mais aucun de ses cardinaux n'a pris part à son élection. Soucieux de ménager un Charles V qui reste très réservé et que Catherine de Sienne harcèle de lettres enflammées contre la rébellion, il a créé deux cardinaux français. L'un est un cousin du roi de France : le patriarche de Jérusalem Philippe d'Alençon, qu'il nomme sur-le-champ archiprêtre de Saint-Pierre et qui sera deux ans plus tard vicaire général du Patrimoine et du duché de Spolète. L'autre est le juriste Renoul de Monteruc, qui sera vice-chancelier.

Les seize cardinaux qui formaient le Sacré Collège hérité de Grégoire XI se sont transférés à Fondi chez Onorato Caetani à qui Louis d'Anjou a recommandé ceux qui cherchent « à mettre un terme au long veuvage de l'Église », recommandation qui arrivera d'ailleurs quand l'affaire sera terminée. Le 20 septembre, les cardinaux se constituent en conclave et, les trois Italiens s'abstenant, ils élisent au premier tour, à l'unanimité des votants, Robert de Genève.

Celui qui devient Clément VII et que l'on couronne le 31 est en tout le contraire du premier élu. Robert de Genève appartient à ce réseau de solidarités et d'influences que constituent les familles princières, il est de ceux qui ont exercé dans le système pontifical des responsabilités politiques, il est bien pourvu de biens patrimoniaux et de bénéfices ecclésiastiques. Porté par une double dynastie, ecclésiastique et séculière, il se situe dans la lignée politique de son oncle Guy de Boulogne et, par sa mère, Mahaut de Boulogne, il est le cousin de Charles V, donc celui de l'empereur Charles IV. Cardinal à vingt-neuf ans, plusieurs fois légat, il est l'émanation même du système. Il est très exactement ce que dénonce depuis son élection Urbain VI. Il n'est pas homme à vouloir réformer la papauté. Avec lui, le Sacré Collège n'a rien à craindre.

Bien au contraire, Robert de Genève apporte une sécurité. Il ne suffit pas d'élire un autre pape, encore faut-il qu'il soit reconnu. Là serait peut-être l'explication d'une candidature unique et d'une élection aussi rapide. « Seul le cardinal de Genève disposait des appuis extérieurs nécessaires à faire reconnaître l'élection schismatique » (H. Bresc). Il y aurait eu préméditation.

Consulté en 1356 par le cardinal de Périgord sur son avenir personnel, le franciscain Jean de Roquetaillade a, dans un *Liber ostensor,* annoncé quelques catastrophes et, entre autres, le schisme. Il ne s'est trompé qu'en datant des années 1360-1366 l'ensemble de la crise. Mais le franciscain visionnaire n'a pas moins, dans son *Livre des secrets à venir*, prédit la venue de l'Antéchrist et sa défaite définitive en 1415, et chacun se rappelle que l'affaire de Nicolas V a jadis fait long feu. Hélie Talleyrand n'a donc tiré de la prédiction que l'annonce d'un rôle d'exception. En 1378, tout le monde s'attendait aux difficultés à naître du retour à Rome, mais nul n'a vu venir un schisme de trente ans, et un schisme qui, contrairement à celui de Nicolas V, divisera réellement la chrétienté en deux obédiences égales, donc capables de se pérenniser.

Pendant les événements du printemps et de l'été de 1378, nul ne pense donc qu'on va vers une nouvelle papauté d'Avignon. Personne ne parle de regagner Avignon. Les cardinaux entrés en rébellion ne souhaitent que changer le pape. L'idée qu'il puisse y avoir deux papes ne les effleure pas. Les comportements d'Urbain VI sont tels qu'il ne paraît pas possible que des cardinaux lui demeurent fidèles. Les cardinaux français et limousins semblent avoir oublié, sinon pour excuser leur premier vote, l'hostilité que leur manifestait il y a peu le peuple romain.

Ce qui fut la ville des papes n'est cependant pas oublié. Le 24 septembre, Clément VII écrit aux Avignonnais pour leur faire part de son élection. À cette date, on ne dispose pas encore de la matrice qui permettrait d'apposer à la lettre la bulle pontificale, mais on y pend « la bulle dont usent avant leur couronnement ceux qui sont élevés au sommet de l'apostolat ». Comme le pape a été couronné le jour même de son élection, force est d'admettre que le vice-chancelier avait quitté Rome en emportant les instruments d'un scellement. La précaution ainsi prise suffirait à prouver la préméditation.

À Avignon, il y a quelque flottement dans ce qui reste de la curie. Apprenant l'élection de Fondi par la lettre des cardinaux rebelles, Pierre de Monteruc et ses collègues s'interrogent. Qu'est-ce que cette lettre ? Qu'est-ce que cette affaire ? Pendant trois semaines, la curie demeure dans l'expectative. Envoyé par les cardinaux d'Anagni, Gilles Bellemère est déjà venu faire un récit fort orienté de l'élection de Prignano. Mais Monteruc ne peut oublier qu'il a eu Prignano comme familier, qu'il a fait placer les armes d'Urbain VI sur la porte du palais. Lorsque les quatre cardinaux français qui arrivent d'Italie lui font leur récit, il ne se tient pas pour assez informé : il écrit aux cardinaux italiens de Fondi pour connaître leur version des faits. Faute d'une réponse qui ne viendra jamais, il se range en définitive du côté de Clément VII. On ne saurait dire qu'il l'a fait à la légère et uniquement parce qu'il n'est pas allé à Rome.

Ce n'est pas la première fois qu'un pape est opposé à un autre. L'Église a connu d'autres schismes. C'est, il faut le souligner, la première fois qu'une contre-élection n'est pas le fruit d'un conflit politique entre un pape déjà installé et un empereur désireux de mettre sur le Siège de Pierre un pape à sa dévotion. Les schismes naissaient normalement du conflit pluriséculaire du Sacerdoce et de l'Empire. Ils étaient entretenus par le soutien que donnaient au premier pape des princes – souvent un roi de France prêt à lui offrir un refuge – par hostilité non au second mais à l'empereur. Pour la première fois, le schisme de 1378 procède d'une rébellion du Sacré Collège paradoxalement insurgé contre le pape qu'il vient d'élire. Les princes temporels, les clergés locaux et les universités ne sont pour rien dans l'éclosion du schisme, et c'est aux cardinaux qu'il appartient de les convaincre. Princes et clercs vont donc aborder la question – et avancer vers un choix – en fonction de leurs intérêts propres et de leurs alliances. Présent dans les esprits des prélats parce que le long séjour à Avignon et les rancœurs qu'il a exacerbées sont au premier rang des causes du déchirement, le passé ne le sera pas moins dans ceux des princes qui vont réagir à l'événement à raison de leurs héritages politiques.

LE RETOUR DES PRINCES TEMPORELS

À peine Clément VII était-il pape qu'il fallut se soucier de l'adhésion des princes. Cela supposait une diplomatie subtile dont le premier geste fut la création, annoncée à Fondi le 16 décembre 1378, de six nouveaux cardinaux. La répartition ne devait rien au hasard. Il y avait des fidèles de la reine Jeanne : l'archevêque d'Otrante Jacopo da Itro était, vingt ans plus tôt, l'un des collaborateurs d'Albornoz et l'archevêque de Cosenza Niccolò Brancacci siégeait au Conseil de la reine. Les rejoignaient deux religieux qui s'étaient distingués deux mois plus tôt en refusant la pourpre que leur offrait Urbain VI, le ministre général des franciscains Leonardo Rossi Giffoni et le frère prêcheur Nicolas de Saint-Saturnin, qui allait être maître du Sacré Palais, autrement dit théologien du pape. Pour la France, le fidèle Pierre Ameilh et l'évêque d'Autun Pierre-Raymond de Barrière étaient gratifiés du chapeau. Ameilh devait être, après Jean de Cros, grand pénitencier.

Ironie de l'histoire, Brancacci était parent de Prignano et l'avait précédé comme archevêque de Bari. C'était un excellent juriste que Clément VII allait charger de suppléer à son tour Monteruc à la tête de la Chancellerie, ce qu'avait fait, on s'en souvient, le même Prignano.

Avant même de décider d'un inévitable retour à Avignon, Clément VII devait convaincre les princes de sa légitimité et obtenir leur adhésion. Il en chargea quelques légats qu'il lui fut aisé de prendre dans le Sacré Collège réuni à Fondi et ainsi renforcé. Le premier fut Pedro de Luna, qui partit le 30 décembre pour l'Aragon où il jouissait d'une forte réputation que confortait le fait que sa nièce eût épousé l'un des fils du roi Pierre IV. Luna allait rester en Espagne jusqu'en décembre 1390, jouant de ses relations et de sa parenté, d'abord en Aragon, ensuite en Castille. Dans les deux cas, il ne pouvait récolter que de bonnes paroles. Aucun des deux rois n'avait l'intention de s'engager avant de savoir comment tournerait l'affaire. Nul n'avait oublié l'effondrement de Nicolas V.

Le grand pénitencier Jean de Cros eut à convaincre Charles V, ce qui était moins malaisé car la cour de France n'ignorerait pas les positions de la reine Jeanne, évidemment hostile à un Urbain VI dont les liens avec Charles de Duras étaient de notoriété publique. Malesset fut chargé de l'Angleterre et Aigrefeuillle de l'Allemagne. En fait, les trois cardinaux se retrouvèrent à Paris, où Cros arriva le 5 avril 1379 et les deux autres le 24. Charles V convoqua dans la grande salle du Louvre une assemblée de prélats, de barons et de maîtres de l'Université, devant laquelle Cros fit, en présence de ses collègues, un long récit des conclaves de Rome et de Fondi.

On a souvent prêté à Charles V un rôle initial dans la naissance du Grand Schisme. C'est ignorer les délais de route, qu'a précisément calculés R.-H. Bautier : d'une fois l'autre, quarante jours pour un aller et retour entre Rome ou Anagni et Paris. À aucun moment les échanges d'information entre Rome et Paris qui ont occupé l'été de 1378 n'ont pu déterminer à temps une réaction utile du roi. La seule chose que l'on peut mettre au crédit de Charles V, c'est la conscience qu'a certainement eue Jean de la Grange de parler dans le sens qu'eût souhaité le roi. Urbain VI était déjà déposé quand à Paris on commença de s'interroger.

Jean de Cros avait aussi à remettre leur chapeau rouge à Pierre-Raymond de Barrière et Pierre Ameilh, Charles V assista à la cérémonie. Bref, les rencontres continuèrent. Le 6 mai 1379,

Aigrefeuille et Malesset étaient devant le Parlement, le 7 à Vincennes devant le roi et son Conseil, mais aussi devant le roi de Navarre et Louis d'Anjou. Vingt-huit prélats et dix-huit maîtres de l'Université assistaient le roi. Celui-ci fit un discours remarqué.

> Si un Anglais – et il est notoire que cette nation m'est ennemie – avait été canoniquement élu pape, je le tiendrais pour mon père spirituel et je lui apporterais décemment la révérence et l'honneur qui lui seraient dus.

Jean de la Grange rejoignit ses collègues à Paris en juillet. Nul n'avait plus que lui la confiance de Charles V. Aigrefeuille gagna Metz, où il fut le 27 juin. Malesset, pendant ce temps, parcourait la Flandre. Il séjourna à Tournai, attendant le sauf-conduit qu'il avait sollicité du roi d'Angleterre et qui ne vint pas. Entre Cambrai et Valenciennes, il perdit cinq ans pendant que le légat d'Urbain VI, Pileo da Prata, parvenait à rallier les Flamands à la cause romaine. Disons tout de suite que l'ancien archevêque de Ravenne qui avait été des premières créatures d'Urbain VI allait se singulariser par sa versatilité : Prata se rallia en 1387 à Clément VII, puis revint en 1391 dans l'obédience romaine de Boniface IX.

Aigrefeuille se crut plus heureux : l'empereur Wenceslas, dont l'adhésion à Urbain VI était notoire, n'était pas pressé de le recevoir mais, en août 1379, le légat de Clément VII atteignit Freiburg. Sa mission s'arrêta fâcheusement là. Revenu à Metz, Aigrefeuille y demeura jusqu'en 1385, tentant vainement d'obtenir un ralliement des églises du Saint Empire. Il fut trop heureux d'échapper, en janvier 1380, aux hommes de main qui tentaient de l'enlever. Il ne jouera à nouveau un rôle de premier plan qu'en 1398 quand, devenu doyen du Sacré Collège, il sera des protagonistes de la soustraction d'obédience.

Dès les origines du schisme, les papes et leurs cardinaux doivent donc se préoccuper des princes temporels, et cela d'une manière et avec une intensité nouvelles. Cette irruption des souverains et de leurs proches est déjà décisive dans la constitution et la définition des obédiences. Elle le redeviendra quand on parlera de la voie de cession et quand il s'agira, par la soustraction d'obédience, d'organiser l'Église sans pape. Inévitable, cette prise de position des princes – et même de ceux qui manifestaient peu d'empressement à se prononcer – aura pour conséquence de radicaliser l'attitude du clergé. Du haut prélat au modeste bénéficier, le clerc ne saurait manifester une indépendance de jugement qui ferait de lui non seulement l'adhérent d'un pape mais un rebelle à l'autorité royale. On verra les rois solliciter pour leurs fidèles des bénéfices qui n'ont rien de vacant mais dont le titulaire a le tort de pencher pour un pape autre que celui du roi. Pour qui est soucieux de sa subsistance, le ralliement n'est pas libre. Jusqu'au temps des soustractions d'obédience, les clergés seront le plus souvent monolithiques dans leur reconnaissance d'un pape. Parce que les rois hésiteront et que les intellectuels s'en mêleront, les clergés seront moins unis quant aux moyens de sortir du schisme.

Il est cependant quelques cas de tolérance. Ils tiennent à d'autres champs d'intérêt. Si le duc Philippe de Bourgogne, qui sera après 1395 l'un des plus ardents adversaires de Benoît XIII, ne cherche guère à imposer l'adhésion à Clément VII dans le comté de Flandre, c'est qu'il est l'époux de l'héritière de Flandre : il ne saurait, sans prendre des risques, réviser brutalement la politique de son beau-père le comte Louis de Male et contester son adhésion à Urbain VI. De même ne souhaite-t-il pas aggraver les tensions entre la Flandre drapante et l'Angleterre fournisseur de laine. Philippe le Hardi aura donc deux attitudes, clémentiste à Paris comme en Bourgogne, indifférente en Flandre. Pour des raisons du même ordre, le roi d'Aragon qui se détermine finalement pour Clément VII ne va pas jusqu'à imposer cette vue à la Sicile où son neveu Martin règne pour avoir épousé Marie, la fille de l'urbaniste Frédéric IV.

Les raisons sont tout autres pour l'Hôpital. L'ordre a ses chevaliers et ses biens dans les deux obédiences et, pour indépendant des souverains qu'il soit, il est tributaire de ceux-ci dans bien des activités. Le grand maître a fait choix d'Avignon et le siège, Rhodes, est officiellement clémentiste. Mais le roi d'Angleterre a compris qu'il ne pouvait interdire aux chevaliers anglais de rejoindre à Rhodes leurs frères afin d'y prendre part au combat contre les Turcs. Richard II ira, en 1384, jusqu'à autoriser aussi l'envoi d'argent. On verra comment, après bien des tergiversations et malgré le grand maître Riccardo Carracciolo, la totalité de l'ordre se ralliera, sous l'autorité de Heredia, aux frères de Rhodes fidèles à Avignon.

CHAPITRE XX

La division

DE NOUVEAU AVIGNON

Fondi n'était qu'une petite ville et ne pouvait être le siège de la papauté, non plus que Sperlonga où Clément VII et son entourage s'étaient établis à la fin de mars 1379. Un entourage de familiers et de domestiques n'est pas un gouvernement avec ses organes administratifs et judiciaires. Clément VII pensa à Naples et s'y fourvoya : la population le traita d'Antéchrist. Il ne restait qu'Avignon. Le pape y arriva le 20 juin. Il était temps, et à tous égards. D'une part, le pontife était de santé fragile, et il pensait trouver à Avignon le calme qu'il n'avait pas trouvé à Naples. D'autre part, la remise en marche de la machine politique, administrative et financière appelait la réunion de la curie ébauchée à Fondi et de ce qui était demeuré à Avignon de la curie de Grégoire XI.

La ville que retrouvait Clément VII n'était plus tout à fait celle de ses prédécesseurs. Si les citoyens d'Avignon étaient toujours là, et souvent heureux de voir revenir ce qui faisait leur fortune, il manquait quelques éléments essentiels du milieu économique et de la population courtisane : les Florentins d'abord, puisque expulsés en 1376, les autres Italiens ensuite, puisque en majorité partisans d'Urbain VI. Clément VII aurait bien aimé les faire revenir, mais il ne suffisait pas d'autoriser, comme il le fit en novembre 1381, les Florentins à s'installer de nouveau : il en vint peu.

Revenir à Avignon est une chose, et ceux qui reviennent n'en sont pas partis depuis bien longtemps. L'installation ne leur procure aucune surprise. Il en va différemment dès lors que ce qui n'est plus la papauté à Avignon mais une papauté d'Avignon doit s'organiser sur une base divisée par deux. C'est évidemment quant aux finances que le problème se pose avec le plus d'acuité : comment faire vivre un gouvernement et une administration, entretenir des relations diplomatiques et assurer la sécurité en ne disposant que de la moitié des moyens dont l'insuffisance semblait criante quelques années plus tôt. Or, même si l'on écarte le temps où l'on verra trois papes, après 1409, il est jusque-là deux papautés avec les ressources d'une seule. Il faudra déployer des trésors d'ingéniosité, voire d'intelligence. Heureusement pour Clément VII, il est dans ces moments difficiles qui suivent le retour à Avignon quelques facteurs de succès. Les uns tiennent à l'héritage, les autres à deux hommes.

L'héritage paraît, au premier abord, aller à la papauté de Rome. Elle a la Ville éternelle, avec les tombeaux des Apôtres, et elle tient l'essentiel des états de l'Église. Encore doit-on noter qu'en temps normal les tombeaux rapportaient peu et qu'en tout temps les états coûtaient. L'héritage d'Avignon est autrement utile. Et d'abord, on y retrouve les archives. Pendant de nombreuses années, la papauté romaine va connaître la difficulté qu'il y a à gouverner sans mémoire. Les registres de la Chancellerie sont à Avignon, et c'est fâcheux pour Rome, mais on peut gouverner dans l'oubli des collations accordées et des dispenses déjà oubliées. Il n'en va pas de même du reste. Les livres des obligations des prélats pour leurs communs services, les listes de bénéfices taxés, les livres-journaux de la Trésorerie et les comptes des collecteurs sont aussi à Avignon, et c'est pour Rome dramatique. Urbain VI peut bien faire exécuter quelques copies de documents retrouvés à Rome, il lui manque et il lui manquera longtemps l'essentiel. Ce sont les services de Clément VII qui ont les moyens de travailler.

Dans l'héritage, il y a ensuite le personnel que l'on a maintenu – provisoirement, pensait-on – à Avignon. À Rome, on recrute, ce qui est de tous les temps, mais on recrute en masse, et il n'y a personne pour former les nouveaux administrateurs. Les services d'Avignon, au contraire, sont peuplés de ces gens qui s'y trouvaient déjà sous Grégoire XI, voire sous Urbain V, et qui savent à la fois de quoi on parle et qui fait quoi. À la Chambre apostolique, les clercs sont pour la plupart en fonction depuis dix ou quinze ans. Ils ont la mémoire des affaires et des hommes. Ils ont le savoir-faire. Ils sont au fait.

Les deux hommes qui vont être les artisans de la réorganisation d'une administration sont aussi différents que possible. Poussé à la curie par son frère le cardinal Jean de Cros, Pierre de Cros est un bénédictin, cousin de Clément VI et du cardinal Pierre Ier de Cros. Il est un pur produit du népotisme avignonnais. Gilles Belle-mère est le grand canoniste de l'ancienne curie. Il ne doit rien qu'à sa science.

Les camériers d'Avignon Pierre de Cros et François de Conzié – son successeur en 1383 – sont fort au fait des affaires et du personnel. Pierre de Cros est à la tête de l'administration finan-cière depuis 1371. Il a tôt fait de maintenir en place ceux qui servaient Grégoire XI. Ce n'est pas à Avignon que l'on devrait, comme à Rome, nommer camérier un archevêque de Brindisi, Marino del Giudice, qui n'a jamais touché aux affaires finan-cières, et la Chambre apostolique d'Avignon n'en est pas à igno-rer le nom de ses collecteurs comme c'est parfois le cas à Rome où il arrive, et pas seulement au début du schisme, que l'on écrive à des morts. Il n'est qu'un agent de la Chambre pour rester chez Urbain VI : le procureur fiscal Tommaso Visconti da Fisecchio, un officier de rang modeste. Pour Pierre de Cros, donc, la machine continue de fonctionner.

Parce qu'il dispose d'un personnel nombreux, le camérier d'Avignon ne doit pas, comme celui de Rome qui est confronté à la pénurie d'hommes compétents, mettre ses gens à contribution hors de propos et introduire le trouble dans les structures. Le tré-sorier romain Guglielmo della Vigna est en 1387 en Flandre pour tenter d'y récupérer la recette des sous-collecteurs qui opéraient pour un collecteur mort quatre ans plus tôt, puis en 1387 en Pologne pour une mission du même ordre et en 1391-1392 en Flandre et Hollande pour se substituer au collecteur dont on est sans nouvelles. Ces absences contraignent Urbain VI à dédoubler la fonction de trésorier. Pierre de Vernols, lui, tient à Avignon sa Trésorerie. Il la gouvernera de 1370 à 1389.

De même ne voit-on pas à Avignon des cas comme celui de Cosimo di Gentile Megliorato – le futur Innocent VII – qui est dans le même temps clerc de la Chambre apostolique, collecteur d'Angleterre et nonce à Florence. Et le camérier avignonnais n'en viendra jamais à désigner, pour être sûr qu'il y en ait au moins un, deux collecteurs indépendants l'un de l'autre dans la même collectorie, ce que l'obédience romaine pratique aussi bien pour la Flandre que pour la Pologne ou le Portugal. Il n'aura pas non plus à diviser les collectories en cours d'exercice, comme on le fait à Rome pour la Scandinavie, divisée en deux en 1391, en trois en 1395 et en quatre en 1402, pour la collectorie de Venise coupée en deux en 1382 et en trois en 1389, ou pour la collectorie de Guyenne dont la composition changera trois fois en 1397, 1400 et 1407. Le collecteur avignonnais, lui, est seul responsable de sa collectorie et, passé le remaniement de 1382, la carte des collectories ne change plus. Au moment de la reddition des comptes, et alors que les paiements en arrérage et les dettes des contribuables l'emportent largement sur les paiements immédiats d'annate ou de décime, cela simplifie les choses.

Il reste, dans une obédience qui n'est que la moitié de la chrétienté latine, à trouver de l'argent, autrement dit à exploiter les anciennes exigences fiscales et à inventer des expédients. François de Conzié, alors évêque de Grenoble et bientôt archevêque d'Arles, puis de Toulouse et enfin de Narbonne, a été auditeur des causes avant de prendre, en 1383, le gouvernement de la Chambre. À défaut de connaître les finances, il connaît la curie et ceux qu'on y voit.

Les deux obédiences sont, on va le voir, singulièrement différentes dans l'espace européen. Celle d'Urbain VI entoure celle d'Avignon. À certains égards, la papauté romaine y gagne une image flatteuse : elle va de la Scandinavie au Portugal et de l'Angleterre à la Sicile. Pour ce qui est du fonctionnement, c'est à Avignon que va l'avantage : l'obédience est géographiquement compacte, et les organes centraux ne sont pas séparés de leurs agents locaux par des terres adverses. Les correspondances comme les transferts de fonds seront plus aisés de Paris ou de Barcelone vers Avignon que de Lisbonne ou de Londres vers Rome. On verra le collecteur de Portugal obligé d'acheter à Bruges du change sur Rome. Et après avoir, en 1394, chargé le collecteur de Scandinavie d'organiser une extension tardive du jubilé de 1390, la Chambre apostolique apprendra un an plus tard que la collectorie est vacante depuis longtemps.

L'autre homme précieux, c'est Gilles Bellemère. Ce juriste auquel Clément VII a, un temps, confié la vice-gérance de la Chancellerie est surtout l'homme des négociations difficiles. Dès les lendemains de l'élection de Fondi, on l'a vu à Avignon, puis en Languedoc et enfin à Paris. En 1382, le pape l'envoie en Bretagne. Évêque de Lavaur, puis du Puy, il revient en 1392 comme évêque d'Avignon. Autant dire qu'il n'a guère quitté le service pontifical. En 1394, il a la difficile mission, qu'il partage avec le canoniste Pierre Blau, d'aller à Paris convaincre le gouvernement de Charles VI de la légitimité d'une élection, celle de Benoît XIII, que ce gouvernement a tenté d'empêcher, non par hostilité à l'homme mais en espérant que la mort de Clément VII suffirait à mettre un terme au Schisme. La roue tournera, et l'on trouvera Bellemère parmi les acteurs de la soustraction d'obédience. Il sera alors tenu pour l'un des adversaires les plus acharnés d'un Benoît XIII auquel il refusera même l'accès au palais épiscopal. Pour un Clément VII qui tente de maîtriser son obédience, Bellemère est précieux.

Après l'élection de Pedro de Luna, on voit la curie se peupler d'Aragonais. Frances Climent de Zapera, qui était le procureur et le camérier du cardinal de Luna non moins que le conseiller du roi Martin, devient clerc de la Chambre apostolique. Ximeno Dahe, cumule les offices d'auditeur de la Chambre et de lieutenant du recteur du Comtat. Pour l'essentiel, la curie demeure après l'avènement du pape aragonais ce qu'elle était sous son prédécesseur. C'est ensuite qu'elle changera.

La confusion

Au terme des différentes légations et négociations des premières années, comment se présentent, dans leur configuration politique et géographique, les deux obédiences qui, quoi qu'il en soit des soustractions d'obédience, s'affrontent jusqu'à ce qu'en 1409 le concile de Pise bouleverse la carte ?

Pour Avignon, et en passant ici sur bien des vicissitudes, les adhésions fondamentales sont celles de la France, de la Castille, de l'Aragon, de la Navarre et de l'Écosse. Pour Rome, ce sont celles de l'Italie, du Saint Empire, de l'Angleterre, du Portugal, de la Pologne et des royaumes scandinaves. Les liens politiques jouent parfois un rôle décisif dans ces adhésions. C'est le cas pour le Portugal, toujours lié à l'Angleterre. Ce l'est aussi pour la Pologne : Urbain VI a l'habileté de soutenir le parti du roi angevin Louis contre celui de sa vieille ennemie la reine Jeanne de Naples, qu'il continue de tenir pour coupable de la mort de son frère André. Lorsque Charles de Duras part à la conquête du royaume de Naples avec une armée fournie par le roi Louis et avec la bénédiction d'Urbain VI, puis son investiture, cette éviction de Jeanne ne peut que conforter l'adhésion de Louis en tant que roi de Hongrie et de Pologne à l'obédience romaine.

Les complexités de la situation en Irlande tiennent à la fois à l'histoire et aux héritages culturels et religieux. L'Irlande anglo-normande adhère évidemment à l'obédience d'Urbain VI. Mais les régions gaéliques s'y montrent réticentes, sans adhérer pour autant avec enthousiasme à l'obédience d'Avignon. Il en résulte une grande complexité dans l'espace. La province de Dublin est délibérément romaine, celle de Cashel l'est moins solidement et donnera même un temps la préférence à Avignon, celle de Tuam et celle d'Armagh manifestent au moins jusque vers 1385 une fidélité à Clément VII qui ne cessera vraiment qu'après 1390.

Sur les marges des obédiences, on voit des zones partagées, où les incertitudes et les conflits locaux sont le lot quotidien des clercs et parfois des laïcs : la Guyenne, la Flandre et la Bretagne en sont les meilleurs exemples. On voit, comme à Auch l'archevêque dominicain Pierre d'Anglade, des prélats désavoués par des fidèles qui refusent de se rallier à la cause urbaniste de leur suzerain le roi d'Angleterre. Fidèle d'Urbain VI et l'un de ses agents dans la péninsule Ibérique, Pierre d'Anglade peut à peine prendre possession de son archevêché, et le pape, pensant lui assurer un revenu, lui donnera en 1388 l'administration tout aussi illusoire d'un évêché de Tarbes où se maintient l'évêque clémentin. Anglade n'est pas au bout de ses malheurs : il se rend à Rome, est arrêté sur le retour et passe un an dans la prison d'Avignon.

La confusion ne règne pas moins sur les marges de l'Empire, où bien des adhésions sont conditionnées par l'attitude des princes. Les partisans de Clément VII sont relativement nombreux, et Emil Göller a pu dénombrer 3 400 clercs de langue allemande ayant adressé entre 1378 et 1394 leurs suppliques à Avignon. Ils sont en Rhénanie, notamment dans les diocèses de Constance, de Bâle et de Strasbourg, en Würtemberg et en Bade. Ils sont aussi en Autriche. Cette adhésion de clercs germaniques est surtout perceptible dans les premiers temps du Schisme. Avant 1380, les Allemands représentent 4,5 % des solliciteurs. Dix ans plus tard, ils ne sont plus que 1 %. Les affrontements n'en sont pas moins âpres. À Verdun, on reconnaît d'abord Urbain VI, mais deux évêques s'affrontent dès 1382 et c'est le fidèle de Clément VII qui l'emporte en sorte qu'en 1389 le diocèse en son entier adhère à l'obédience d'Avignon. À Bâle, l'évêque nommé par Rome, Guillaume de Cordemberg, ne parvient pas à s'imposer en 1393 contre le clémentin Conrad Mönch, et à Cologne l'archevêque Friedrich von Saarwerden, pourtant bien établi puisque nommé au temps d'Urbain V, ne peut se faire obéir de ses bourgeois. Cambrai et Tournai sont à Clément VII, Bruges penche vers Avignon quand Gand et Liège se veulent à Rome, et l'on voit Anvers se rallier à Clément VII en laissant à chaque prêtre le droit de choisir son pape.

Les barons ne sont pas plus sûrs que les prélats et les bourgeois. Giangaleazzo Visconti, alors comte de Vertus en Champagne comme mari d'Isabelle de France, n'ose pas se prononcer en 1392 pour Clément VII, et ce « pour doute de ses voisins et de ses sujets ». En 1399 encore, Richard II devra sévir contre ses sujets de Guyenne qui, en bonne part pour le narguer, ne veulent reconnaître que le pape d'Avignon.

Ce qui limite le désordre dans ces régions où se déchirent les évêques, c'est finalement une certaine indifférence des fidèles, une indifférence que l'on constate plus naturellement encore au cœur des obédiences mais qui ne porte ses fruits que sur les marges. Tout au long du siècle, les milieux dirigeants de l'Église et du monde temporel ont vécu les crises ecclésiales ou religieuses très loin d'un peuple chrétien assez incapable d'en comprendre les enjeux et d'en mesurer l'importance. Les querelles avec

l'Empire, les conflits internes de l'Italie, la rébellion des spirituels, tout cela n'a guère occupé, dans ce qui devient en 1378
l'obédience d'Avignon, que les esprits des prélats, des universitaires et des entourages princiers. Alors, le fossé demeure, et le
bon peuple continue de se tenir à distance d'un drame qui pour
être nouveau n'est pas le sien et au sujet duquel on ne lui demande
pas son avis. Même pour les chrétiens tant soit peu éclairés et
attentifs, « il convient de parler de scandale plutôt que de désarroi,
car très vite les options furent prises, de part et d'autre, avec la
certitude du bon choix » (Michel Mollat). Pour peu qu'il y ait un
curé dans la paroisse et que soient administrés les sacrements, le
chrétien moyen tient volontiers le schisme pour une affaire propre
aux grands de ce monde. Le schisme n'empêche ni de baptiser,
ni de marier, ni d'enterrer. Il gêne moins la vie cultuelle que ce
dont on a pris l'habitude depuis plusieurs générations, les cumuls
et les dispenses de résidence, la réserve des procurations et la
raréfaction des visites pastorales, le maintien en vacance de bénéfices *cum cura animarum*. Que deux papes se querellent n'a rien
pour bouleverser le simple paroissien qui a déjà entendu que, sans
l'excuse d'un schisme, des prélats se disputent l'évêché ou que
des curés soient en procès pour la paroisse. Pour beaucoup de
fidèles, passé le moment de l'émotion, il y a deux papes, et c'est
ainsi. Après tout, chaque chrétien n'en a qu'un.

Ceux que le schisme touche le plus vivement, ce sont ceux qui
voient au-delà de l'Église temporelle, théologiens comme Gerson
ou mystiques comme Catherine de Sienne. Et ce sont ceux qui,
par leur place dans la société ou par l'idée qu'ils se font d'eux-
mêmes, ont à prendre une position : les princes et leurs conseillers, les prélats et les docteurs. Bref, les gouvernants et les intellectuels. Pour cette élite, le schisme est à la fois un drame et un
cas à résoudre.

Et puis, comme toujours quand l'horizon se trouble, on entend
les illuminés. Il en est chez le pape de Rome. Ainsi un clerc
d'Ancône annonce-t-il qu'il veut rôtir et manger le pape d'Avignon. Sur les bords du Rhône, les visionnaires foisonnent. On
apprend les nouvelles révélations de Marie Robine. Martin d'Alpartil voit, une nuit, des anges et une lumière céleste envelopper
la tour de Plomb du palais pontifical, que l'on appellera pour cela

la tour des Anges. Un nommé Jean de Varenne adresse par lettre
à Benoît XIII les conseils du Christ. Même les morts ont la parole,
et l'on s'y perd quand se mêlent les annonces eschatologistes de
la fin des temps et les prédictions précises de la fin du schisme,
de même que l'on fait un tout prophétique de l'enthousiasme des
mystiques et de l'excitation des visionnaires. On relit donc avec
attention la prophétie d'Hildegarde de Bingen, les prémonitions
de Joachim de Flore retrouvent quelque actualité et les écrits de
Jean de Roquetaillade reviennent à la mode. Certes, le sage Gerson met en garde ses contemporains contre les manquements à la
répartition des fonctions dans la société chrétienne : l'universitaire
n'aime pas voir les ignorants se mettre en avant. Le véhément
prédicateur Vincente Ferrer – couramment appelé en français Vincent Ferrier – rappelle quand même que les institutions voulues
par Dieu l'emportent en autorité sur les auteurs ou les bénéficiaires de miracles. Quant à Pierre d'Ailly, il s'en tient prudemment à constater les dires relatifs non au temps présent mais à la
fin des temps.

> D'aucuns affirment que, selon une révélation faite à Joachim, il ne
> reste plus que quinze ans à attendre avant le règne de l'Antéchrist.

Le drame que vit l'Église n'est d'ailleurs pas le seul dont les
contemporains soient témoins ou victimes. Certes, il n'est pas
normal que deux papes se disputent. Mais est-il normal que le roi
de France soit fou, que la reine de Naples et le roi d'Angleterre
soient assassinés dans leur prison, que les pestes tuent périodiquement un bourgeois ou un villageois sur dix ou un sur trois, que
les villes doivent payer rançon pour n'être pas incendiées ou pillées par des hommes d'armes qui ne sont au service de personne ?
Pour bien des âmes simples, le schisme est une anomalie de plus.
Dire qu'il bouleverse à lui seul les consciences serait exagéré. On
ne saurait cependant mettre entièrement au compte de la fantaisie
lyrique les imprécations d'Eustache Deschamps contre le temps
présent. Le poète ne fait que dire en vers, en cette année 1394 où
le schisme se conforte de l'élection d'un nouveau pape à Avignon,
ce que répètent les bonnes gens : tout va mal.

Âge de plomb, temps pervers, ciel d'airain,
Terre sans fruit et stérile et brehaigne,
Peuple maudit, de toute douleur plain,
Il est bien droit que de vous tous me plaigne...
Hui est le temps de tribulation.

L'OBÉDIENCE DE ROME

Les grands traits de l'obédience romaine étaient assurés dès l'automne de 1378. L'adhésion de l'Italie à Urbain VI devait aller de soi et la reine Jeanne semblait, à Naples, la seule à s'y refuser. Alors qu'elle avait résisté aux admonestations de Catherine de Sienne, elle céda à une émeute et, au grand dam de Louis d'Anjou qui avait pourtant hésité, elle reconnut Urbain VI. En leur faisant la part belle dans ses promotions cardinalices, celui-ci ancra solidement la fidélité des Napolitains. Le premier élu de 1378 ne fut sérieusement contrarié que, à Milan, par Bernabò Visconti, puis son neveu Giangaleazzo. En bien des régions, la cause de Clément VII était toutefois servie par des seigneurs temporels comme Francesco di Vico à Viterbe et Montefiascone, Onorato Caetani à Anagni ou Guido da Polenta à Ravenne, et par des évêques comme à Terni Agostino da San Gemino. L'Italie ne parut définitivement urbaniste qu'à partir des années 1385.

Restaient cependant quelques pôles de résistance. À Bologne, l'Université reconnut pour un temps Clément VII, mais elle ne s'engagea pas vraiment et Baldo degli Ubaldi produisit en 1378 et en 1380 deux démonstrations de la légitimité d'Urbain VI. À Milan, Giangaleazzo était d'autant plus attaché au pape d'Avignon qu'il avait épousé la sœur de Charles V et qu'il mariait en 1387 sa fille Valentine au frère de Charles VI, ce duc de Touraine qui allait être Louis d'Orléans. Or, à cette date, Charles VI n'avait pas de fils et Valentine pouvait bien être un jour reine. À Naples, Louis d'Anjou ne comptait guère de partisans mais Urbain VI n'avait rien à attendre d'un Charles de Duras qui se montrait fort oublieux de sa vassalité. Le pape y fit en 1383 une malencontreuse intervention, s'y trouva presque prisonnier et dut, en 1385, mettre le royaume en interdit. Cela ne donna pas à Clément VII un fidèle de plus.

L'adhésion du Saint Empire fut rapidement acquise à Urbain VI. Alors que l'empereur Charles IV se mourait mais avait eu le temps de marquer fortement – notamment dans une lettre à la reine Jeanne – son hostilité à la rébellion des cardinaux, son fils Wenceslas publia sa décision le 18 octobre 1378. Malgré quelques soubresauts, le roi de Bohême, fortement influencé par l'archevêque de Prague, et l'électeur palatin allaient suivre. En juin 1379, le roi Louis de Hongrie, qui régnait aussi depuis 1370 sur la Pologne, se ralliait à Wenceslas : depuis le temps de Clément VI, ses relations avec la papauté d'Avignon avaient été détestables et son hostilité à la reine Jeanne ne faiblissait pas. Certes, le clergé allemand continua de discuter de la légitimité des papes – notamment par deux fois en 1379 à la Diète de Francfort – mais le choix était fait : le légat urbaniste Pileo da Prata avait convaincu les évêques indécis de Rhénanie et la Diète ne fit aucun cas du plaidoyer prononcé en faveur de Clément VII par l'évêque de Paris Aimery de Maignac. En Autriche, c'est une délibération du clergé qui poussa le duc et l'archevêque de Salzbourg, longtemps indécis, à se décider pour Urbain VI. Il n'empêche que l'on discutait sur le Rhin comme sur le Danube, que bien des évêques allemands se prononçaient pour Clément VII, qu'il fallait sévir contre les clémentins en Bavière comme en Bohême, et que tout cela ne confortait que médiocrement l'obédience d'Urbain VI.

Les Anglais ne pouvaient être que hostiles par principe à un pape que l'on réputait client du roi de France. De surcroît, ils étaient peu portés à prendre, contre un pape qui avait voulu réformer le Sacré Collège, le parti de cardinaux que les Anglais tenaient pour corrompus pour diverses raisons dont la principale était qu'ils occupaient des bénéfices en Angleterre. Le 20 octobre 1378, le Parlement de Gloucester conforta sans peine en faveur d'Urbain VI la détermination du gouvernement du jeune Richard II qui venait de monter sur le trône à l'âge de dix ans. L'Angleterre n'en dévia pas, même quand en 1383 le deuxième fils d'Édouard III, Jean que l'on appelait « de Gand » et qui était duc de Lancastre depuis la mort de son beau-père le duc Henri, laissa le pouvoir au roi son neveu. Bien plus, le 2 mai 1381, l'Angleterre répondait aux avances de l'empereur et concluait avec lui – et avec la Hongrie – une alliance d'autant plus aisément scellée qu'elle combinait une conviction urbaniste avec des intérêts séculiers.

En Flandre, Louis de Male était dans une position délicate. Pour une partie de son comté, il était le vassal du roi de France. Pour l'autre, il était sujet d'Empire. Il assembla son clergé et suivit l'opinion de la majorité. Il se trouvait bien de ne pas s'incliner devant le choix de Charles V. Mais le clergé resta longtemps divisé. Secondé par les évêques Jean Roland et Jean Lefèvre, le nonce Angelo da Spoleto ne cessait de démarcher pour Clément VII les églises de l'Artois à la Hollande. L'évêque nommé par Urbain VI à Liège ne l'emporta sur celui qu'avait nommé Clément VII qu'après de violents affrontements en ville. Quant au clergé de Hainaut et de Hollande, il se décida pour Urbain VI malgré les liens qu'entretenait avec la France un duc, Albert de Bavière, qui allait marier sa fille au futur duc Philippe de Bourgogne pendant que sa cousine Isabeau serait reine de France.

La position du Portugal demeura longtemps incertaine, et l'on put croire en 1380 que le ralliement de Ferdinand Ier à la cause avignonnaise mettait fin à l'interrogation. Mais l'alliance franco-castillane était trop évidemment dirigée contre l'Angleterre et le Portugal pour que les Portugais ne soient pas portés à renforcer leurs liens avec l'Angleterre. L'archevêque de Braga Lourenço Vicente sut convaincre les prélats. Un débarquement anglais, en juillet 1381, suffit à retourner le roi : le 19 août, le Portugal adhérait à l'obédience de Rome. En fait, Ferdinand n'était guère convaincu et bien des évêques tenaient pour Clément VII. Finalement, tout se joua dans une compétition pour la succession de Ferdinand Ier. Celui-ci ne laissait qu'une fille, mariée au roi de Castille Jean Ier, lequel crut se saisir aisément d'une nouvelle couronne. L'armée castillane envahit le Portugal. Les Portugais comprirent qu'il y allait de leur indépendance. Ils préférèrent un demi-frère de Ferdinand, un bâtard dont on avait fait un grand-prieur de l'ordre d'Avis et dont ils firent le roi Jean Ier. Vainqueur des Castillans le 14 août 1385 à Aljubarrota, appuyé peu après par un débarquement d'une armée anglaise que conduisait le duc Jean de Lancastre, Jean Ier d'Avis rangea le Portugal dans le camp anglais de la papauté romaine. L'année suivante, le traité de Windsor scella l'entente. Jean Ier épousa une fille de Lancastre, Philippa. L'attachement des Portugais à leur indépendance et leur hostilité à l'alliance franco-castillane avaient, plus que les considérations canoniques sur la double élection de 1378, déterminé leur ralliement à Urbain VI.

Les royaumes scandinaves n'avaient guère eu leur part dans les affaires de la papauté d'Avignon. L'attitude de leurs voisins, l'Angleterre, la Hollande et l'Allemagne, détermina leur adhésion au camp romain. Quelques partisans de Clément VII ne changèrent pas la position du Danemark et, malgré des relations discrètes avec Avignon, la reine Marguerite, qui régnait sur le Danemark après son père, sur la Norvège comme régente pour son fils et sur la Suède qu'elle conquit en 1387, assura fermement l'adhésion à l'obédience romaine, ce qui fut un facteur d'unité dans un ensemble politique dont les liens allaient être en 1397 renforcés par l'union de Kalmar.

LES RALLIEMENTS À AVIGNON

Pour Avignon, les choses traînaient en longueur. L'adhésion de Charles V et celle de Louis d'Anjou ne pouvaient tarder. Charles V le dira sans ambiguïté à son lit de mort, il s'est fié aux cardinaux, et il ne porte pas seul la responsabilité de son choix. Faute d'avoir pu empêcher la double élection, le roi aurait tenté, en reconnaissant Clément VII, d'empêcher la continuation du schisme. C'était assurément faire bon marché du reste de la chrétienté. Pour le roi de France comme pour beaucoup, le témoignage des cardinaux était décisif : ils avaient voté par peur et l'avaient dit.

> Si les cardinaux ne mentaient pas, mieux valait prévenir le schisme en prenant rapidement un parti. Si l'on en venait à dire qu'ils ont agi sous l'inspiration du démon, il faut savoir qu'aucune considération de parenté ni aucun sentiment hors de propos n'a dicté mon choix, mais seulement la déclaration des cardinaux et ensuite l'avis des prélats, des clercs et de mes conseillers.

Charles V ne se contenta pas de paroles. Il fit au pape l'avance de 20 000 florins, que complétèrent celle du comte de Caserte Lodovico della Rata, ambassadeur de la reine Jeanne auprès de Louis d'Anjou, et surtout le paiement par la reine Jeanne elle-même d'importants arriérés du cens qu'elle devait pour le royaume de Naples. Tout cela fut bien utile à une Trésorerie qui était à reconstituer : la Chambre était pour l'essentiel partie en Italie et ses membres allaient pour la plupart en revenir, mais la Trésorerie était bel et bien à Rome et l'on n'avait aucun espoir de récupérer ce que Pierre de Cros n'avait pas envoyé à Avignon avant même l'élection de Fondi.

L'adhésion des universitaires parisiens fut moins spontanée. Passé le temps de l'élémentaire prudence, il s'en trouva, comme le théologien Heinrich von Langenstein, futur conseiller de l'archiduc Albert d'Autriche, pour défendre la légitimité d'Urbain VI, mais c'est en vain que l'un des plus célèbres canonistes de Bologne, Giovanni da Legnano, leur envoya le traité *De la tristesse de l'Église* qu'il venait de composer en faveur du pape romain. Lui répondirent un traité de Nicolas de Saint-Saturnin et surtout une réfutation point par point que, sous le nom de *La Plainte des bons*, composa à la demande de Charles V l'abbé de Saint-Vaast Jean Lefèvre. Celui-ci, devenu évêque de Chartres et chancelier de Louis d'Anjou, allait être, en tenant un *Journal* fort bien documenté, l'un des plus utiles historiens du Schisme vu du côté français.

Les maîtres de l'Université se portaient volontiers vers l'idée d'un concile. Ils étaient naturellement absents d'un conclave et on les invitait rarement à un Consistoire, alors qu'ils pouvaient se faire entendre en un concile où, très sûrs d'eux, ils ne doutaient pas de se montrer les plus avisés. Pierre Ameilh développa dans un traité les arguments pour et surtout contre cette idée. Au rejet par les évêques français de l'idée même d'un concile, il était une raison de conjoncture qu'ils taisaient pour la plupart mais que Vincente Ferrer ne se priva pas d'évoquer en Aragon : sans compter les abbayes, il y avait en Italie 300 diocèses, contre 95 dans le royaume de France et 20 dans la Provence angevine, en sorte que tout concile serait dominé par les Italiens, en majorité adhérents d'Urbain VI.

L'adhésion de l'Écosse à Clément VII était assez naturelle. Elle procédait de la vieille alliance avec la France et de la détestation de l'Angleterre. Très vite, l'Écosse devint le refuge des quelques moines anglais réfractaires à la cause d'Urbain VI.

Plusieurs principautés occidentales de l'Empire refusèrent de suivre Wenceslas dans le camp de Rome. Clément VII n'avait pas à s'inquiéter quant à la Provence de la reine Jeanne. Le comte Amédée VI de Savoie était trop lié à la France et avait trop profité des avantages de la proximité avec Avignon pour faire un autre choix. Il en alla de même pour le vieux duc Wenceslas de Luxembourg, ce cadet auquel Charles IV avait laissé le duché à la mort de leur père le roi Jean de Bohême. Sa sœur, Bonne, avait été l'épouse de Jean le Bon et il demeura insensible aux arguments de son neveu l'empereur Wenceslas. Le duc de Lorraine et le duc de Juliers ne manquèrent pas non plus l'occasion de prendre quelques distances avec l'Empire. Après une année d'incertitude, le duc de Brabant décida son clergé à s'aligner sur la France. Quelques habiles concessions permirent de convaincre des évêques comme à Bâle, à Spire, à Brême ou à Lübeck.

Une bonne partie de l'Europe s'arrangea cependant pour ne pas prendre position, ou pour différer longuement le choix. Beaucoup s'arrangèrent pour ne pas s'engager à l'excès. À Chypre, le roi Pierre II de Lusignan ne se rangea qu'à la longue dans le camp d'Avignon. À Milan, Giangaleazzo Visconti était porté à prendre ses distances avec le seul pape capable de lui porter ombrage en Italie, celui de Rome. Il reconnut donc Clément VII mais se garda bien de lui apporter quelque aide que ce fût et maintint Milan dans une certaine neutralité. Tiraillé entre la France et l'Angleterre, le duc Jean IV de Bretagne dit en mars 1383 les choses avec sincérité.

> Si je savais positivement que Clément fût le vrai pape, je me déclarerais très volontiers pour lui. Si j'étais sûr, au contraire, qu'il ne fût qu'un intrus, je n'affecterais pour rien au monde, ni en paroles ni en actes, de me soumettre à lui et je me rangerais dans le parti opposé, quoi qu'il pût arriver. À vrai dire, je suis perplexe.

Restaient les trois royaumes d'Aragon, de Castille et de Navarre. Ayant eu fort peu part au gouvernement de la papauté d'Avignon, les Espagnols étaient assez étrangers à l'affrontement de 1378. Qu'il fût italien ou français, ils savaient que le nouveau pape ne serait pas espagnol. Ils avaient bien reçu l'élection de Prignano. Face au schisme, ils s'en tinrent d'abord à la prudence, ce qui voulait dire la neutralité. Ils voulaient s'informer et essayer de comprendre. D'Aragon comme de Castille, les envoyés des rois se pressèrent dans les deux curies afin de recueillir le plus possible de récits et de justifications.

Le roi Henri II de Castille – connu dix ans plus tôt à Avignon comme Henri de Trastamare – écouta d'abord l'archevêque de Tolède Pedro Tenorio et les évêques qu'il réunit dès décembre 1378 et pencha vers Urbain VI, mais il s'en tint là, différant toute décision car il espérait convaincre le roi de France d'abandonner Clément VII et d'ouvrir ainsi la voie à une réconciliation des chrétiens. Son fils Jean Ier, qui lui succéda en 1379, demeura à son tour dans l'expectative. Par prudence, dans les documents officiels, on évitait de citer les deux papes par leurs noms : on préférait écrire « le premier élu » et « le second élu ». Les deux papes envoyèrent donc en Castille des ambassadeurs. Pendant que Clément VII dépêchait l'évêque d'Amiens, le légiste Jean Roland, Charles V envoyait le juriste breton Évrart de Trémaugon, alors maître des requêtes de l'Hôtel. Leurs plaidoyers ne firent pas avancer les choses.

Le travail le plus sérieux était la quête d'informations et de témoignages que menaient dans l'entourage des deux papes les envoyés des deux rois d'Aragon et de Castille. À Avignon, le confesseur du roi Jean, le franciscain Fernando de Illescas, et le légiste Alvaro Menendez se montrèrent particulièrement actifs, et les Castillans purent interroger dix cardinaux ayant pris part aux deux conclaves ainsi que le camérier Pierre de Cros, l'archevêque de Naples et le ministre général des franciscains. À Rome, où l'on ne pouvait interroger que trois cardinaux récemment promus et qui n'avaient point été au conclave, les témoins furent surtout des clercs de la curie. Mais Urbain VI reçut lui-même les envoyés de Castille et borna maladroitement son propos à une longue dénonciation du rôle de Jean de la Grange.

Le 23 novembre 1380, Jean Ier réunit à Medina del Campo une assemblée de grands, de prélats et de canonistes qui, pendant six mois, examina les dossiers constitués par les enquêteurs à Rome et à Avignon. Les rapports furent méthodiquement consignés : il en résulta 104 articles, 35 annexes et 73 témoignages pour « le premier élu », 89 articles, 11 annexes, 107 témoignages et 14 additifs pour le second. L'assemblée entendit les représentants des deux partis. Devant le roi et son Conseil parlèrent pour Clément le cardinal Pedro de Luna, le juriste Bonifacio degli Ammanati, avocat fiscal du pape et frère de l'archevêque de Naples, le docteur en les deux droits Pierre de Thury, maître des requêtes de l'Hôtel du roi de France, et Gil Sanchez Muñoz. Prononçant pour Urbain un très long discours en dix-sept points, l'évêque de Faenza Francesco Uguccione da Urbino lança dès le 25 novembre l'idée selon laquelle la décision qui mettrait fin au schisme ne pouvait venir que d'un concile général : une assemblée de quelques prélats ne suffisait pas. Le propos fâcha inutilement les Castillans.

Alors qu'il était aragonais et qu'on l'appelait le « cardinal d'Aragon », Luna fut particulièrement efficace. Il eut l'habileté de prononcer en castillan sa grande harangue de la séance d'ouverture, dont il eut le soin de faire ensuite transcrire le texte en latin. Luna, son fidèle Bertran d'Agramont, et son successeur comme prévôt de Valencia, Gil Sanchez Muñoz jouèrent alors un rôle essentiel dans l'évolution de la Castille vers l'obédience d'Avignon.

Au début de 1381, Pierre de Thury et Évrart de Trémaugon reprenaient la route de la Castille. Une nouvelle fois, les partisans des deux papes rivalisèrent d'éloquence. Le 2 avril, devant le roi, Trémaugon fit des tumultes qui avaient accompagné l'élection d'Urbain VI un récit vif et coloré dont il tira naturellement la conclusion qu'une telle élection était viciée. Et de justifier le revirement des électeurs.

Chacun peut venir en son nom propre à l'encontre de sa propre action quand celle-ci concerne le péril de son âme ou peut l'amener.

La cour s'était transportée à Salamanque, Le 19 mai 1381, jour de la Pentecôte, Jean Ier fit connaître sa décision. La Castille reconnaissait Clément VII. Même s'il y eut des Castillans pour manifester quelques réserves, c'était un succès considérable. C'était le succès de Clément VII, mais c'était aussi celui de Pedro de Luna, et à certains égards c'en était un pour la France.

La diplomatie de Luna porta un effet tardif qui laissa fort étonnés les princes de l'obédience romaine. En octobre 1390, Henri III succédait sur le trône de Castille à son père Jean Ier, qui venait de mourir prématurément d'un accident. La curie d'Avignon s'attendit au pire : Henri III avait épousé Catherine, fille du duc Jean de Lancastre et sœur de la reine de Portugal. Le ralliement de Catherine de Lancastre à Clément VII fit l'effet d'un coup de tonnerre. Décidément, la Castille restait dans l'obédience d'Avignon.

Les orateurs de Medina del Campo n'auront que plus tard leur récompense. En 1385 Thury et Roland, et en 1397 Ammanati seront cardinaux à Avignon. Uguccione aura été archevêque de Bénévent, puis de Bordeaux, et il sera en 1405 cardinal à Rome. Luna sera le pape Benoît XIII, et l'on dira la pitoyable promotion qu'il assurera à Gil Sanchez Muñoz, devenu en 1424 dans l'exil de Peñiscola, sous le nom de Clément VIII, le successeur de son bienfaiteur.

En Aragon, le roi Pierre IV récusa la légation de Pedro de Luna. Il reçut même avec faveur, en 1379, Francesco Uguccione qu'Urbain VI avait chargé de lever les arriérés de la fiscalité pontificale. Naturellement, Uguccione ne se cantonnait pas dans son rôle d'inspecteur des collectories. De l'Aragon au Portugal en passant par la Navarre, il prêchait pour Urbain VI. Mais l'accueil royal n'était qu'un geste de pratique et Pierre IV reporta toute adhésion de principe. En septembre 1379, il proclama son « indifférence ». On retint le mot. Cela signifiait l'abstention de tout geste en faveur de l'un ou de l'autre : le roi ne reçut pas plus Agapito Colonna, légat d'Urbain VI, qu'il n'avait reçu Luna. Il en profita pour se réserver la collation de tous les bénéfices et pour prendre, par précaution, l'administration de la fiscalité pontificale. Parce qu'il soutenait la légitimité de l'élu de Fondi, Vincente Ferrer fut interdit de prédication. Il est vrai que ce domi-

nicain, qui enseignait la théologie à Valencia, était aussi l'auteur
d'un traité *Du schisme moderne* où l'on retrouvait la pensée et
bien des arguments de Pedro de Luna contre Urbain VI. Or, pour
le roi Pierre, tout le monde avait raison.

> Bien que la partie de l'intrus soit fausse, toutefois elle est grande-
> ment colorée et fondée par diverses écritures et raisons.

En fait, l'Aragon allait à la dérive. Pendant que l'oncle du roi,
qui s'était fait franciscain, prêchait pour Urbain VI, le prince héritier, le « primogénit » Jean, et son épouse Yolande de Bar entretenaient avec la curie d'Avignon et avec Pedro de Luna des
relations qui n'avaient rien d'ambigu. Une bonne partie du clergé
approuvait le primogénit, les évêques espérant en vain du roi une
réunion qui eût peut-être permis de prendre une position. Mais
Pierre IV n'entendait nullement suivre la Castille. À peine était-
il mort, le 5 janvier 1387, que Pedro de Luna reparut à Barcelone
et poussa Jean Ier à une décision qu'entérina une assemblée des
grands. Successeur d'Uguccione, Pierre d'Anglade fut un temps
arrêté. L'Aragon allait demeurer le plus ferme soutien du pape
d'Avignon.

En Navarre, le roi Charles II – le Charles le Mauvais des chroniqueurs – penchait plutôt pour Clément VII. Il ne souhaitait
cependant ni s'aligner sur Charles V auquel il continuait de vouer
une solide haine ni se brouiller avec Richard II auquel il voulait
fiancer sa fille. Il gagna du temps en déclarant officiellement sa
neutralité. L'avènement de son fils Charles III – Charles le Noble
– changea, en 1387, la donne : le nouveau roi était par sa mère le
petit-fils de Jean le Bon et il avait épousé Leonor de Castille. Là
encore, c'est Pedro de Luna qui, efficacement secondé par
l'évêque de Pampelune Martin de Salva, emporta la partie : en
février 1390, la Navarre reconnaissait Clément VII. Luna couronna Charles. En juillet, Salva était cardinal.

À l'éclatement de l'Église et à l'affaiblissement du pouvoir
pontifical qui en était le premier effet, il était deux conséquences
qui ne cessèrent de s'aggraver avec le temps. D'abord, les princes
temporels retrouvaient face à la papauté mais dans l'Église une
responsabilité qu'ils avaient perdue depuis longtemps. Même s'ils

n'avaient pas, comme le roi de France, eu leur part au drame de 1378, et même s'ils n'en profitaient pas comme pouvait le faire le duc d'Anjou en raison de ses intérêts italiens, ils se donnaient un rôle à l'égard de l'Église universelle comme tout simplement de leur Église propre. Et, confirmés qu'ils étaient dans ce rôle par le pape de leur obédience qui savait à quel point il manquait de soutiens matériels, diplomatiques et militaires, ils l'étaient aussi par l'opinion publique, qui n'aurait pas pardonné aux princes de demeurer indifférents à ce qui paraissait un viol de l'ordre du monde voulu par Dieu. Froissart l'écrivit avec force dans les années qui précédèrent la soustraction d'obédience.

> Les grands seigneurs terriens, de qui les biens de commencement viennent à l'Église, n'en faisaient encore que rire et jouer au temps que j'écrivis et chroniquai ces chroniques l'an de grâce 1390. Dont moult de peuple commun s'émerveillai comment les grands seigneurs tels que le roi de France, le roi d'Allemagne et les rois et princes chrétiens n'y pourvoyaient de remède et de conseil.

La seconde conséquence ne contredit pas Froissart. Si le peuple s'indignait de l'attitude des papes et de leurs cardinaux, il découvrait qu'il ne souffrait pas dans sa vie religieuse. La mise d'un royaume en interdit était un drame. L'incertitude quant au pape n'en était pas, dès lors qu'il était à la tête du diocèse un évêque et dans la paroisse un desservant. Au plus connaissait-on des difficultés dans quelques zones de confins où s'exerçaient en concurrence l'autorité d'un évêque nommé par Rome et celle d'un évêque nommé par Avignon. Ce n'était guère le cas que dans les régions réellement partagées entre le royaume de France et l'Empire – comme la Flandre – ou entre le Valois et le Plantagenêt, comme les marges de la Gascogne. Même là, les interdits de Richard II ne purent empêcher les pèlerins d'aller à Compostelle.

Les négociations pour obtenir les adhésions avaient appelé quelques retouches de la carte ecclésiastique. Ces concessions d'amour-propre ne coûtaient rien. L'évêché portugais de Lisbonne fut détaché en 1385 de la province castillane de Saragosse et devint archevêché ; il allait prendre le titre de patriarcat. Détaché en 1394 de la province castillane de Saragosse, l'évêché navarrais de Pampelune devint immédiat du Saint-Siège. La création d'un évêché à Vilna, en 1386, récompensa la conversion du païen Jagellon, grand-prince de Lituanie, qui venait d'épouser la reine Hedwige de Pologne, et assura leur adhésion à l'obédience romaine.

LES CARDINAUX

La perte de l'Italie a pour conséquence évidente que le pape d'Avignon ne dispose plus des évêchés péninsulaires. La plupart, qui sont presque toujours allés à des prélats italiens, ne constituent pas une perte dans les moyens de rémunération dont on dispose à Avignon. Il n'en va pas de même pour les évêchés suburbicaires, ces diocèses de la province ecclésiastique de Rome, dont les titulaires sont les cardinaux-évêques qui constituent la première classe du Sacré Collège. Or ces notables parmi les notables de la curie, n'assumaient pas personnellement leurs charges pastorales et pouvaient sans inconvénient, depuis l'installation à Avignon, résider loin de Rome et percevoir les revenus de leurs évêchés. Le Schisme met fin à cette possibilité. Renoncer à pourvoir, fût-ce en théorie, les évêchés de la province de Rome en y transférant des cardinaux-prêtres de l'obédience avignonnaise eût été reconnaître que le pape d'Avignon n'était plus l'évêque de Rome, archevêque du Latium. On appliqua donc aux évêchés suburbicaires la même pratique qu'aux titres des cardinaux prêtres : on traita les évêchés du Latium comme on traitait les patriarcats *in partibus* de Jérusalem, d'Antioche, d'Alexandrie et même de Constantinople. Dès les premiers temps du Schisme, Clément VII fit des cardinaux-évêques en leur attribuant des diocèses qui se trouvaient hors d'atteinte, de même qu'il conférait, sans les mêmes conséquences financières, des titres presbytéraux et des diaconies qui étaient au vrai des églises romaines. Mais le cardinal avignonnais était à Avignon et c'était le cardinal nommé par le pape romain qui percevait les revenus. On verra donc, pendant tout le Grand Schisme, les évêchés de la campagne romaine pourvus d'un titulaire de chaque côté des Alpes. Certains de ces sièges connaîtront cependant de longues vacances.

Du côté romain, la continuité est mal assurée. Dès le début, Urbain VI hésite à remplacer les cardinaux passés à Avignon. Pour Frascati, on attend 1384 pour tenir compte de la mort de Guillaume de Chanac et nommer alors Pileo da Prata, l'ancien archevêque de Ravenne créé cardinal-prêtre par Urbain VI dès le début de son pontificat. Mais Prata passe en 1387 à Avignon et Clément VII le reconnaît comme cardinal-prêtre cependant que l'évêché de Frascati demeure vacant. Prata le retrouve donc quand, en 1391, il revient à Rome. Il meurt vers 1400, mais c'est seulement en 1405 que Innocent VII le remplace par Enrico de' Minutuli. Mais en juillet 1409, Minutuli passe à l'évêché de Sabine où il remplace Francesco Carbone, pourtant mort depuis 1405.

Urbain VI attend de même 1388 pour transférer Philippe d'Alençon de Sabine à Ostie, évêché vacant depuis dix ans puisque Bertrand Lagier est à Avignon, et c'est deux ans après la mort d'Anglic Grimoard que Boniface IX le remplace en 1390 à Albano par Niccolò Brancacci. Plus étonnant encore est le cas de l'évêché de Porto. Le vieux Piero Corsini, ancien archevêque de Florence, fait cardinal par Urbain V en 1370 et devenu cardinal-évêque en 1374, a choisi dès 1378 l'obédience de Clément VII et il meurt en 1405 à Avignon. Or, non seulement Rome ne lui donne pas de concurrent mais un successeur ne lui sera donné à Porto, en la personne d'Antonio Caetani transféré de Palestrina, que par Alexandre V dans le grand mouvement de cardinaux qu'il organise, faute d'en créer de nouveaux, en juillet 1409. D'autres discontinuités s'observent, comme au siège de Palestrina, qui reste vacant de la mort de Francesco Moricotti en 1394 à l'arrivée d'Antonio Caetani en 1405, comme à celui de Sabine, vacant de 1388 à 1392, puis de 1405 à 1409, ou comme à celui de Frascati, vacant de 1400 à 1405.

Les papes de Rome marquent la même hésitation pour les diaconies. On ne donne qu'en 1397 un successeur au cardinal-diacre de Sainte-Agathe, Galeoto Tarlati di Pietramala, passé en 1387 à l'obédience d'Avignon où Clément VII s'est empressé de changer sa diaconie et lui donner celle de Saint-Georges-au-Vélabre.

Du côté d'Avignon, on n'hésite pas à pourvoir les évêchés inaccessibles, mais on ne se fait pas d'illusions sur l'intérêt de

pareilles promotions, qui ne peuvent avoir qu'une faible conséquence hiérarchique. Clément VII ne donne aucun successeur à
Albano au cardinal Anglic Grimoard, le frère d'Urbain V, mort
en 1388. Jean de Neufchâtel remplace en 1393 Bertrand Lagier
comme évêque d'Ostie, mais on attendra sept ans après sa mort
en 1398 pour le remplacer lui-même, en 1405, par le vice-chancelier Jean de Brogny qui sera l'un des plus fermes partisans de la
cession et l'un des artisans du concile de Pise avant de présider
le concile de Constance. Nul ne remplace Piero Corsini en 1405 :
c'est seulement en 1412 que Louis de Bar, que Benoît XIII avait
créé cardinal-diacre et que Alexandre V a élevé au rang de cardinal-prêtre, sera transféré par Jean XXIII à l'évêché de Porto pour
le récompenser de sa légation en Allemagne et en France où il est
allé expliquer l'action du concile de Pise. À l'évêché de Sabine,
immédiatement pourvu en 1379, en 1384 et en 1391, le siège
demeure vacant neuf ans, de 1396 à 1405. Quant à l'évêché de
Frascati, il a connu bien des vacances, de 1378 à 1383, de 1383
à 1385 et de 1388 à 1394, et c'est seulement à la mort de Jean de
la Grange en 1402 que Benoît XIII le pourvoit sur-le-champ en y
transférant Pierre Girard.

Ce jeu, particulièrement significatif quand il s'agit de cardinaux
ayant changé d'obédience, ne va pas sans quelques effets pittoresques. C'est ainsi qu'en 1387 Clément VII envoie à Pavie le
clerc de la Chambre Pierre Girard pour porter à Prata et Pietramala des chapeaux rouges tout neufs. Ils sont pourtant, tous deux,
cardinaux depuis dix ans.

Un mouvement s'imposera en 1409. La réunion au concile de
Pise des cardinaux des deux obédiences mettra côte à côte deux
titulaires pour deux évêchés suburbicaires (Frascati et Palestrina),
deux titres et une diaconie. Une semaine après son élection,
Alexandre V remettra en ordre le Sacré Collège.

CHAPITRE XXI

La voie de fait

L'ONÉREUSE ALLIANCE ANGEVINE

La « voie de fait », c'est le recours à la force, et c'est un euphémisme pour qualifier la guerre. Celle-ci commence naturellement là où les affrontements politiques l'appelaient, à Naples. Dès novembre 1378, Urbain VI prêche contre les dissidents une croisade que chacun interprète à sa manière, à Naples comme une incitation à pourfendre la reine Jeanne et son chancelier Spinelli, en Angleterre comme la justification d'une éventuelle tentative de reconquête des territoires acquis à Charles V depuis dix ans. Et, parce qu'il est évident que le nouvel empereur, Wenceslas, dont les faiblesses de caractère faisaient déjà le désespoir de son père Charles IV, n'est pas homme à se battre pour aller chercher le diadème à Rome, Urbain VI commence de songer à ce qu'il pourrait obtenir comme aide de la branche hongroise des Angevins s'il la poussait à Naples. Bref, on prépare la guerre, sans savoir laquelle.

À peine élu et encore convaincu qu'il peut l'emporter en Italie, Clément VII a pour sa part lancé une campagne en armes. Il charge son neveu Louis de Montjoie d'aller avec une petite armée occuper Rome. L'affaire se terminera lamentablement dans les déroutes de Carpineto en février et de Marino en avril 1379. Mais on tient prêtes, à tout hasard, trois galères – de Majorque, de Toulon et de Marseille – que, de novembre 1379 à l'été de 1380 on paie de cinq à six cents florins par mois chacune.

Louis d'Anjou reprend le propos. Le frère du roi de France est assez dépourvu d'intelligence politique, mais c'est un bon chef d'armée, qui a fait ses preuves en Aquitaine. Il aimerait bien une couronne, et Clément VII n'ignore pas son ambition. En avril 1379 déjà, alors qu'il est en quête d'un champion, le pape a donc évoqué la création d'un curieux royaume dit d'Adria, qui eût compris l'essentiel de l'état pontifical, Rome et le Latium exceptés. Pour ce royaume, Louis d'Anjou eût été le vassal du pape. C'était, pour le pape, se donner un bras séculier au prix d'une singulière aliénation. Naturellement, Clément VII ne voyait là qu'un moyen de se procurer l'armée grâce à laquelle il entrerait à Rome et en chasserait l'intrus.

Le duc d'Anjou n'avait pas alors les moyens de l'entreprise, et il l'avait fermement dit dans l'été de 1381 en réponse à de pressants appels du pape. Il en va différemment quand il s'agit de conquérir ce royaume de Naples que, le 29 juin 1380, la reine Jeanne lui a légué en l'adoptant. La captivité, puis la mort de Jeanne en mai 1382 laissent l'oncle de Charles VI libre de ses initiatives. Il a montré son énergie dans la répression des troubles qui ont secoué les villes de Languedoc mais il s'est rendu à ce point impopulaire que Charles V a dû, en mai 1380, le relever de sa lieutenance de Languedoc et le rappeler à Paris. Depuis la mort de son frère, Louis préside le Conseil de régence, ce qui l'occupe assez pour le dissuader de toute entreprise immédiate en Italie, mais le gouvernement du royaume de France ne peut que lui échapper dans quelques mois à la majorité de Charles VI. Acquérir pour lui-même un royaume n'est pas pour lui déplaire.

Á peine le duc Louis d'Anjou est-il investi du royaume de Naples – on parle même d'un royaume « d'Italie » qui comprendrait ceux de Naples et d'Adria et serait une catastrophe pour le pouvoir pontifical – que sa cause se trouve liée à celle de la papauté d'Avignon. Louis n'a qu'une envie : aller s'établir à Naples, où Charles de Duras tient la position par la grâce d'Urbain VI. Arrivé à Rome en novembre 1380, Charles a été désigné comme sénateur de la Ville, puis nommé par le pape gonfalonier de l'Église. Pour finir, Urbain VI l'a, en juin 1381, investi du royaume de Naples. Malgré une vaine défense d'Othon de Brunswick, Charles occupe Naples, fait Jeanne prisonnière et se fait reconnaître par les grands du royaume. Pour intervenir en Italie, il faut donc à Louis d'Anjou les appuis que la succession de

Jeanne – pour l'heure en prison – ne lui permet plus d'escompter, et il n'a dans la Péninsule aucun allié naturel. Mais à Avignon Clément VII, lui, souhaite évidemment trouver en Italie l'allié et l'armée qui lui ouvriront la voie vers Rome. Et, pour le trouver en Italie, il convient de l'aider à y aller. Les intérêts du pape et de l'Angevin sont donc bien liés.

La mainmise de Duras est un implacable règlement de comptes. Son principal conseiller, le cardinal Gentile da Sangro, conduit avec férocité la répression contre les anciens partisans de la reine Jeanne. Le 9 janvier 1382, il fait arrêter les deux cardinaux qui sont à Naples, les dégrade et fait brûler leurs chapeaux rouges dans l'église de Santa Chiara. Bien que créature d'Urbain VI, le vieux Jacopo da Itro mourra en prison vers 1387. Leonardo Giffoni, ce vieil ennemi de Prignano qui devait sa pourpre à Clément VII, sera transféré à Bénevent, puis à Aversa, d'où il parviendra à s'évader. Il jugera alors sage de gagner Avignon, où on l'accueillera comme cardinal. Il se fera construire à Villeneuve un superbe palais, que domine encore une forte tour.

Sangro n'aura guère fait progresser la cause du pape de Rome, les violences commises à Naples n'ayant pour effet à Avignon que d'attiser l'hostilité. On ne saurait dire que la voie de fait est commencée et qu'elle est entreprise à l'initiative d'Urbain VI. Ce que l'on constate, c'est la continuation des luttes pour Naples et l'affermissement des positions de l'Angevin de Hongrie, affermissement que ruine la mort du roi Louis, le 11 septembre 1382. Ses deux filles se partagent alors ses royaumes. Hedwige portera en 1386 la Pologne au grand-prince de Lituanie Jagellon, Marie portera l'année suivante la Hongrie au futur empereur Sigismond. Tout cela ne fait pas avancer la reconstitution de l'unité de l'Église.

Quant à Gentile da Sangro, il n'a rien gagné à ses excès de zèle. Révoqué de sa légation à Naples en août 1382, il sera en janvier 1385 l'une des victimes d'un Urbain VI porté à voir partout des complots mais fondé, cette fois, à le faire : six cardinaux, Gentile da Sangro, Giovanni de Amelia, Adam Easton, Lodovico Donati, Bartomomeo da Cucurno et le camérier Marino del Giudice – maintenu en fonction malgré la pourpre – seront jetés en prison à Nocera, puis à Barletta. À l'exception d'Easton que le roi d'Angleterre parviendra à faire libérer moyennant renonciation à la pourpre, ils seront exécutés à Gênes en décembre 1386. Par la grâce de Boniface IX, Easton sera de nouveau cardinal en décembre 1389. Le drame aura quelques conséquences heureuses pour Clément VII, la première étant de montrer que les écarts de comportement d'Urbain VI, qui avaient joué en 1378 le rôle que l'on sait, n'étaient pas épisodiques. De surcroît, le traitement réservé à des cardinaux ne peut que pousser quelques prélats à déserter le parti romain. De longtemps hostiles à leur pape, Pileo da Prata et Galeoto Tarlati di Pietramala passent en 1387 à Avignon. C'est un signe, mais ce sont aussi des compétences qui vont manquer à Rome. Pileo da Prata rendra quelques services à Clément VII dans les négociations avec Florence. Son hostilité était d'ordre personnel, et il ne reviendra à Rome qu'après la mort d'Urbain VI. Quant à Pietramala, il juge utile de montrer son nouveau zèle en écrivant aux Romains une lettre propre à alimenter les fureurs.

> Les Italiens doivent verser des larmes plus abondantes dans la mesure où le Tout-Puissant a permis que, non seulement les Italiens, mais les Romains, primats de l'Italie, soient les auteurs d'une si grande catastrophe.

Avec sagesse, Charles de Duras ne tente pas de se montrer en Provence. Mais Louis d'Anjou est loin d'y recueillir l'héritage des premiers Angevins. Il a été dix ans plus tôt le lieutenant en Languedoc de son frère Charles V, et il a dirigé à ce titre les opérations contre la Provence. Autant dire que la noblesse provençale et les États où les barons tiennent une large place ne sont pas prêts à accueillir favorablement l'héritier adopté de la reine Jeanne. Lorsque le duc d'Anjou parle, en 1382, de conquérir son royaume italien, les Marseillais sont à peu près les seuls à lui promettre leur appui : ce qui les intéresse, c'est la fourniture des galères nécessaires à l'expédition. Leur ralliement à la cause angevine n'a rien de gratuit.

C'est là qu'intervient le pape. Le 30 mai 1382, il donne à Louis d'Anjou l'investiture du royaume de Naples. Le duc Louis n'a aucune intention de traverser toute une Péninsule hostile pour gagner Naples avec une armée. Il ne saurait que viser directement Naples, quitte à en faire ensuite au bénéfice de Clément VII la base d'une reconquête des états de l'Église et en premier lieu de Rome. Il faut donc financer une armée et armer des galères, ce à quoi ne suffira pas la générosité des fidèles auxquels le pape promet des indulgences.

Or Louis d'Anjou n'a nullement oublié le prêt qu'il a consenti à Grégoire XI quand celui-ci préparait son retour à Rome. Sur les 100 000 francs avancés à Grégoire XI en 1376 et 1377, 40 000 francs ont été remboursés en 1378 et 1379, dont – ironie de l'histoire, car Louis d'Anjou cherchait à faire feu de tout bois – la moitié par Urbain VI depuis son élection. Le schisme a interrompu le remboursement et, au printemps de 1379, le duc d'Anjou a prêté 35 000 francs à Clément VII. C'est assez payé pour permettre au nouveau roi de Naples d'attendre du pape un soutien moral, politique et financier. L'usage que fera le roi Louis de ce moyen de pression sera cependant sans commune mesure avec le montant de la dette pontificale. Lorsque, en juin 1381, le comte de Caserte arrive à Avignon pour faire sanctionner par le pape les actes de la reine Jeanne en faveur de Louis d'Anjou, la dette n'est plus que de 90 000 francs.

Si les conseillers de Clément VII sont d'avis de financer l'entreprise, celle-ci suscite quelques inquiétudes chez les gens du duc. L'aventure leur paraît « périlleuse et doutable ». Et de poser une condition préalable : le financement. Après une dure négociation avec Pierre de Cros, ils obtiennent pour leur maître, le 11 mars 1382, une assignation de la totalité de ce que recevra en France la Chambre apostolique pendant trois ans. Pour sécuriser l'assignation, on imposera une décime sur le clergé français.

Les choses ne vont cependant pas de soi au Conseil du roi de France. En se consacrant à la conquête de son royaume italien et en prolongeant son séjour à Avignon, Louis d'Anjou a perdu à Paris l'influence qu'il avait quand, récemment encore, il présidait le Conseil de régence et tenait en main le gouvernement. Le 13 avril 1382, le duc Louis écrit d'Avignon à son frère le duc de Bourgogne : revenant fort piteux de Paris, le maréchal de la Cour Louis de Montjoie l'en a avisé, le Conseil a froidement repoussé les demandes d'aide présentées par Jean de Murol, qui est encore conseiller de la Chambre, et par Pierre de Chevreuse, qui fut l'un des généraux des finances de Charles V. Le duc d'Anjou écrit semblablement, le lendemain, à son neveu Charles VI pour lui rappeler qu'il lui a promis 200 000 francs pour l'affaire de Naples. Le 24, c'est le pape lui-même qui proteste quand il apprend que, afin de garder ses capacités de recrutement pour le cas d'une offensive anglaise, le Conseil – disons clairement : les ducs de Bourgogne et de Berry – vient de faire défense à tous les officiers royaux de laisser sortir de France des hommes d'armes.

Entre août 1382 et mai 1385, le trésorier des guerres de Louis d'Anjou, Nicolas de Mauregart, reçoit donc de la Chambre apostolique 250 000 florins, cependant que, pour armer des galères en Italie, le sénéchal de Provence Georges de Marle, qui est aussi maître d'hôtel du pape, en reçoit 50 000. L'engagement financier du pape est à la mesure du besoin : Louis d'Anjou est le seul bras séculier sur lequel puisse vraiment compter Clément VII pour mettre en œuvre la voie de fait.

Car, cette fois, il s'agit bien de la voie de fait. Clément VII bénit les bannières de Louis d'Anjou. En face, Urbain VI prêche la croisade et Charles de Duras prend la croix contre les ennemis de l'Église : on y compte, dûment excommuniés, le comte de Genève, frère du pape, le comte de Savoie et naturellement Jean de la Grange et Louis d'Anjou.

La mort de Jeanne en mai 1382 divise l'opinion : avec la bénédiction de Clément VII, un parti angevin dont le point fort est Marseille se groupe autour du sénéchal de Provence Foulque d'Agoult, cependant que se forme autour d'Aix un parti de Duras. Le roi Louis Ier bataille en Italie, mais on se bat en Provence pour ou contre lui. Le clerc de la Chambre apostolique Pierre Girard et Georges de Marle négocient avec les Marseillais qui procurent des galères et des troupes. Le ralliement de la Provence entière ne sera vraiment acquis qu'en 1386.

LES GALÈRES DU PAPE

On a prévu une expédition et financé force galères. Renforcée d'un contingent savoyard, l'armée angevine que commande

Enguerran de Coucy gagne finalement l'Italie méridionale par terre. On a donc payé pour rien les armateurs marseillais. En octobre 1382, l'armée est à six lieues de Naples. Elle n'atteindra pas la ville, et Louis Ier s'enlisera dans une vaine tentative de conquête de son royaume. Une expédition de secours, au printemps de 1383, ne fait qu'alourdir le coût d'une voie de fait ramenée à la conquête du royaume de Naples. On constitue une force de 120 arbalétriers, complétés par deux bombardes, et on arme pour les porter huit galères que procurent à haut prix les grands négociants marseillais Jean Casse et Estève de Brandis. Ce dernier a déjà l'expérience : il commandait déjà les galères du voyage de 1370 et il s'est fait remarquer dans les combats contre les pirates barbaresques. Surtout, il prend sa revanche, car le roi de France lui a retiré la direction du clos des galées de Rouen. C'est un armateur sérieux, et un excellent amiral.

Lorsqu'on passe à l'action au printemps de 1384, on garde finalement quatre de ces galères chargées chacune de deux bombardes. Entre-temps, on a trouvé d'autres ressources. D'abord, on négocie sur le marché de Gênes huit galères que devrait commander l'amiral Rainier Grimaldi ; même si l'on réduit ensuite à deux galères, la venue de Grimaldi en personne est une caution appréciée, tant est grande la réputation qu'il a acquise au service de Charles V. Surtout, on peut se tourner vers les armements ibériques. On loue la galiote d'un patron catalan, la galère d'un autre Catalan, la galiote d'un patron de Martigues, la très forte galère à vingt-neuf rangs de trois rameurs et deux bombardes qu'offre au prix fort un bourgeois de Tarragone. Enfin rallié à la cause avignonnaise, le roi Jean Ier de Castille fournit pour six mois six galères et 215 arbalétriers, ainsi que le biscuit, pour un service de six mois renouvelable. Mais c'est le pape qui paie, au prix de 1 200 francs par galère et par mois, ce pour quoi tous les revenus de la fiscalité pontificale – y compris la moitié des communs services qui reviennent aux cardinaux – sont assignés au roi de Castille, pour le compte duquel l'archevêque de Tolède Pedro Tenorio est institué receveur royal. Pour le roi, c'est un marché de dupes : la Castille rapportait peu au pape. L'année suivante, Clément VII doit imposer en Castille une décime : les annates et les communs services ne suffisent pas à payer les galères. Le bilan est éloquent : les galères de Castille auront coûté 43 000 francs au roi, et on en sera encore en 1390 à chercher comment solder la dette. Quant aux cardinaux, ils demanderont le remboursement de leurs communs services. En 1394, la Chambre apostolique devra encore plus de 1 000 florins à Piero Corsini. D'autres auront été moins compréhensifs : le Sénat de Venise a, au printemps de 1384, refusé de financer trois galères. Louis d'Anjou a, dans le même temps, vendu une partie de son orfèvrerie.

Tout cela n'aura pas suffi. Le pape en vient à se faire armateur sur le Rhône. À Valence, on met en chantier deux galères, confiées à deux marins majorquins, la *Saint-Georges* au patron Pere En Gayte que l'on a déjà engagé en 1379, l'*Étoile* au chevalier Guillem de Canet. Cette fois, la Chambre apostolique paie comptant : la construction, le gréement, la bombarde du navire et les armes des 75 arbalétriers à transporter, à savoir deux arbalètes par tireur et de cinq à dix caisses de carreaux d'arbalète par navire, mais aussi 30 bassinets, 70 cervelières et 17 cuirasses. Il y faudra 174 rameurs.

C'était constituer une assez forte escadre. Chaque navire portait de 64 à 138 personnes, comptées de 46 à 87 rameurs et de 15 à 40 arbalétriers, mais aussi le patron, le comte, le sous-comte, le scribe, le barbier, le rémouleur et le trompette. Au total, dix-sept galées et deux galiotes allaient porter 1 594 rameurs et plus de 600 arbalétriers. La charge financière était considérable. La plupart des patrons avaient obtenu une avance de trois mois. Il en coûtait au pape une centaine de milliers de florins, non comptés les 43 000 francs escomptés sur la décime par le roi de Castille.

L'affaire était, d'un point de vue politique, hors des conditions habituelles. On n'était pas dans un cadre clair, comme dans le conflit de la France et de l'Angleterre. Les recrutements du pape sortaient des liens tissés par les alliances et les réseaux de solidarité des états. Pour cette guerre qui n'était pas comme les autres, il fallut insérer dans les contrats d'étranges clauses. Pere En Gayte dut s'engager devant notaire à n'offenser aucun allié du roi Louis et notamment à ne pas chercher querelle aux Vénitiens s'ils n'étaient pas au service du pape de Rome et s'ils ne relâchaient pas dans les ports ennemis. Guillem de Canet eut défense de s'en prendre aux Vénitiens, aux Pisans et aux Catalans.

On avait prévu d'appareiller en mars, puis le 1ᵉʳ mai. On ne leva l'ancre qu'en juin. Le 21 septembre 1384, vaincu devant Bari, Louis d'Anjou mourait en laissant pour héritier un enfant de sept ans.

BILAN D'UN ÉCHEC

Louis laisse à sa veuve, Marie de Blois, et au jeune Louis II une situation qui peut sembler désespérée. Sans Clément VII, elle le serait. Mais Marie ne perd pas un jour. Le 28 septembre, quand le pape rentre à Avignon après avoir passé l'été à Châteauneuf, Louis II est déjà là, qui lui fait honneur. Et Jean Lefèvre, l'évêque de Chartres qui est ici le chancelier du jeune roi comme il l'était de son père, ne manque pas de rapporter le pittoresque de la scène.

> Ce jour le pape partit de Châteauneuf. Le roi fut au-devant de lui ainsi comme à mi-chemin. Et vinrent à l'entrée du Pont-de-Sorgues. Et le roi descendit à pied pour mener le pape par le frein. Et pour ce qu'il était trop petit, le sire de Vinay porta le roi entre ses bras, et le roi tenait la main au frein de la mule du pape. Ainsi vinrent jusqu'au château. La reine vint au-devant du pape à la porte du château. Et le pape et six cardinaux dînèrent aux frais de Madame. Après le dîner, le pape partit et alla en Avignon.

Marie de Blois est une maîtresse femme. Seigneurie par seigneurie et ville par ville, jouant ici des privilèges et là des subsides, elle conquiert la Provence. Décapité par l'assassinat de Charles de Duras en Hongrie le 6 février 1386, le parti de Duras s'effondre. Son ultime bastion, Aix, s'ouvrira enfin à Louis II en 1387. Seules demeureront hostiles aux Angevins les villes et seigneuries orientales des vigueries de Nice et de Puget-Théniers et de la baillie de Barcelonnette. Le comte de Savoie Amédée VII les occupera presque sans coup férir en 1388, poussant ainsi ses avantages pour s'ouvrir une route vers la Méditerranée.

La situation est moins brillante en Italie. De l'escadre de 1384 il ne reste rien. On a fait don de la *Saint-Georges* à Pere En Gayte, en déduction de ses gages. En 1385, Clément VII envoie trois galères, mais les six que l'on arme en 1389 ne partent pas. Lorsqu'on parle alors d'envoyer une armée réunie par Bernardon de la Salle, il faut un arbitrage du duc de Berry pour savoir qui, du pape ou de la reine Marie, paiera les 50 000 florins de la solde. Il faudra renoncer. On n'aura, ce faisant, cessé de courir après l'argent, et la reine Marie aura même vendu en 1388 l'hôtel parisien des rois angevins.

En 1393, lorsque le duc de Bourbon forme le projet d'intervenir à Naples pour le compte de son neveu Louis II, il en coûte au pape de verser comptant 27 000 francs au duc et 40 000 à Louis II, d'armer quinze galères à Marseille, Barcelone et Séville, de payer 23 000 francs pour l'envoi de blé au royaume de Naples et d'abandonner au duc de Bourbon le revenu total d'une décime sur la France. Pour une expédition à laquelle Bourbon finit par renoncer, c'est cher. Si Clément VII se lasse, Benoît XIII, lui, abandonne la partie. De son avènement à la soustraction d'obédience il ne dépense plus pour l'affaire de Naples que 9 000 florins. Pour cet Aragonais, les affaires de l'Angevin ne sont pas les siennes. Il devra s'en souvenir quand, en Provence comme en Anjou, les gens de Louis II profiteront de la soustraction d'obédience pour saisir les revenus de la Chambre apostolique. Après 1403, Benoît XIII jugera utile de se montrer plus généreux. Il offrira en trois ans près de 50 000 francs.

À l'expédition de Louis Ier d'Anjou, Clément VII n'a rien gagné. En trois ans, la papauté a dépensé 715 000 francs pour l'affaire de Naples. La suite n'a été qu'onéreuses déconvenues. En un quart de siècle, l'alliance angevine aura coûté à la papauté 1 230 000 francs. Cette charge aura contraint Clément VII et encore Benoît XIII à un alourdissement de la pression fiscale fort préjudiciable à leur popularité dans leur propre obédience. C'est seulement le petit-fils de Louis Ier, Louis III, qui entrera dans Naples en 1423.

Quant à la voie de fait, elle a bel et bien échoué. Le pape d'Avignon n'a pas entamé les positions d'Urbain VI, lequel n'a que la satisfaction de voir se retirer son adversaire. Lui non plus n'a pas progressé vers l'unité. Bien plus, s'il paraît inexpugnable à Rome, il n'y est pas seul : il lui faut compter avec Duras.

UNE CROISADE ANGLAISE

Dans le recours à la voie de fait, Urbain VI n'était pas en reste. Pendant que le pape d'Avignon comptait sur le roi de Naples, celui de Rome mettait ses espoirs dans le roi d'Angleterre. Or Richard II était tout prêt à se saisir de la cause pontificale pour justifier des initiatives qui s'inscrivaient dans une longue tradition d'hostilité. En Flandre, l'Anglais avait à faire pièce à une mainmise française qui devenait évidente alors que vieillissait le comte Louis de Male. N'avait-il pas marié sa fille et héritière au duc Philippe de Bourgogne, le frère de Charles V ?

En Castille, il ne s'agissait que de reprendre les affaires interrompues depuis l'effacement du Prince Noir et de soutenir une nouvelle fois les prétentions du duc de Lancastre Jean de Gand. Celui-ci avait épousé une fille du roi Pierre Ier et se serait volontiers consolé en Castille de n'avoir guère de chances de succéder en Angleterre à son neveu Richard II. Bien qu'il eût évoqué la voie de concile dans sa vaine intervention à Medina del Campo, Francesco Uguccione fut chargé de prêcher la croisade contre la Castille. L'Anglais s'accorda avec le Portugal. Finalement, la guerre entre Castille et Portugal allait durer vingt ans, mais le pape aura renoncé, dès la fin de 1387, à faire prêcher la croisade à Londres.

Pour la Flandre, le pape de Rome avait un allié, l'évêque de Norwich Hugues Despenser. En mars 1381, celui-ci prêchait la croisade contre les clémentins. Le propos était simpliste : envahir la Flandre, où le comte Louis de Male demeurait hésitant. La Flandre paraissait donc être le futur champ clos des deux obédiences. Le Parlement anglais discutait encore du financement de cette croisade quand le gouvernement de Charles VI, que dominait alors le duc de Bourgogne, lança une armée sur la Flandre. À vrai dire, il s'agissait moins de résoudre le schisme que de réduire l'insurrection des Gantois, laquelle n'avait aucun lien avec la crise de l'Église. Les Français furent vainqueurs, le 27 novembre 1382, à Roosebeke et l'on put croire que la victoire profitait à Clément VII. Les Flamands n'étaient pas prêts à s'incliner devant les ordres du roi de France. Louis de Male ne se décidait pas.

On n'en resta pas là. Roosebeke mettait en danger les exportations de la laine anglaise vers son premier client, l'industrie flamande. Disposer de la place bancaire de Bruges n'était pas moins nécessaire aux marchands insulaires. Le Parlement de Westminster comprit qu'il fallait mettre à la raison le comte Louis. Le 23 février 1383, il octroyait au roi le subside nécessaire. En avril, l'armée anglaise franchissait enfin la Manche. C'était bien la croisade, et l'archevêque de Cantorbéry ne se priva pas de prescrire des prières pour le succès de l'entreprise. Ce fut en vain. Chaque camp remporta quelques succès, dont aucun n'était décisif. Despenser ne put convaincre les barons anglais qu'il était un chef de guerre tout indiqué. Bien des Anglais s'étonnaient que l'on fît une croisade contre un comte de Flandre qui passait pour urbaniste et non contre un sectateur du pape d'Avignon. À Oxford, John Wycliff protesta contre le mélange des affaires de l'Église et des affaires du siècle. Les choses tournèrent mal quand l'armée parvint en Flandre. Le saccage de Gand, le 20 mai, laissa les Flamands interloqués : on les égorgeait au nom de leur pape. Quand, le 8 juin, Despenser mit le siège devant Ypres, Louis de Male appela au secours son gendre le duc de Bourgogne. L'armée française n'eut qu'à se montrer. Despenser fut très mal accueilli en Angleterre : l'affaire avait coûté cher et n'avait rien rapporté. La campagne de Flandre avait avorté. Là aussi, la voie de fait n'avait rien résolu.

Il en résulta une Flandre durablement divisée entre une majorité de clercs favorables au pape de Rome pour la principale raison qu'ils était hostiles à la tentative de mainmise du roi de France sur la Flandre, et une minorité favorable au pape d'Avignon mais souffrant quotidiennement de son état minoritaire. Quant aux milieux d'affaires flamands, ils ne balançaient guère. Sans la laine anglaise, les villes drapantes étaient asphyxiées – le chômage conduisant à la révolution – et le mouvement financier de Bruges ne pouvait négliger les profits des transferts vers Rome des produits de la fiscalité pontificale perçus dans tout le nord de l'Europe, alors que les collecteurs d'Avignon qui opéraient en France ou en Espagne ne faisaient guère appel aux banquiers italiens établis à Bruges.

L'attitude du comte Louis, lié au roi de France mais fidèle jusqu'à son lit de mort au pape de Rome, n'était pas pour clarifier la situation. Le clergé se sentit ballotté. Lorsqu'en 1384 Philippe de Bourgogne succéda à son beau-père, il ne tenta que mollement de convaincre le clergé de rejoindre l'obédience de Clément VII. Se faire reconnaître comme comte de Flandre était déjà assez difficile pour un duc Valois de Bourgogne. Philippe déclara clairement qu'il ne contraindrait personne. Il n'y aurait plus, en Flandre, de voie de fait.

> Il n'est pas de notre intention de vous faire tenir aucune chose contre vos consciences et le salut de vos âmes.

Le grand projet de Charles VI

On parla cependant du recours à la force quand, en 1389, Charles VI vint à Avignon alors que, au même moment, son ancien précepteur Philippe de Mézières plaçait, dans le *Songe du Vieil Pèlerin*, l'intervention en armes pour le rétablissement de l'unité en tête des préalables d'une nouvelle croisade.

Charles VI avait besoin de s'employer, et il lui fallait donner un sens à la reprise en main des affaires qu'avaient signifiée, en 1388, la mise à l'écart de ses oncles et le retour des vieux conseillers de Charles V, ceux que l'on allait surnommer les Marmousets, autrement dit les Barbons. En bref, il lui fallait un grand projet. Or le jeune roi avait entrepris à travers son royaume une tournée qui devait trouver son point culminant en Languedoc où l'on était bien aise de le voir mettre un terme à la catastrophique lieutenance de son oncle Jean de Berry. Quatre mois durant, flanqué de Louis d'Orléans et de Pierre de Bourbon, Charles VI parcourut donc la France, et c'est en descendant le Rhône pour gagner le Languedoc que, le 31 octobre 1389, il franchit le fleuve pour une visite à Clément VII. Le lendemain, fête de la Toussaint, ce fut une grande solennité : Louis II d'Anjou fit au pape son serment de fidélité pour la « Couronne de Sicile », le pape procéda à l'onction du nouveau roi et c'est Charles VI qui plaça la couronne sur le front de son cousin.

Charles VI poussa son avantage. Non seulement le roi de Naples semblait lui devoir, autant qu'à son suzerain le pape, ce royaume qui restait pourtant à conquérir, mais Clément VII ne pouvait espérer l'emporter sur son adversaire qu'avec l'appui diplomatique et militaire d'un roi de France qui venait de se rapprocher du seigneur de Milan. On se fit donc de bonnes manières. Le pape concéda au roi la collation de sept cent cinquante bénéfices, le roi promit son aide contre Raymond de Turenne. Pierre d'Ailly, qui accompagnait la cour, fit un panégyrique de Pierre de Luxembourg, ce cardinal qui venait à peine de mourir mais qui fournissait opportunément un saint dont l'obédience d'Avignon se trouvait fort bien. On parla surtout de l'Italie.

Une idée vint donc assez naturellement en 1390 à ce roi de France qui manquait d'expérience – il avait vingt-deux ans – et aux vieux conseillers qui étaient assez mal informés de la situation en Italie : il appartenait au roi de France de rétablir l'unité de l'Église, ce qui signifiait aller mettre à Rome sur le Siège de saint Pierre le seul pape légitime, Clément VII. La vue des choses restait simpliste : une démonstration en armes devait suffire. En bref, ce serait « le voyage de Rome ». Une fois l'unité rétablie par l'effondrement de « l'intrus » romain, on pourrait songer sérieusement à la croisade. Par la même occasion, on aurait soutenu Louis II d'Anjou. L'ordre étant rétabli en Provence, celui-ci prit en juillet 1390 la route de Naples.

On mit dans l'affaire les ducs de Bourgogne, de Berry et d'Orléans. Les deux oncles avaient été assez humiliés par leur mise à l'écart : ils ne pouvaient se dérober à une œuvre de piété, et s'absenter d'une entreprise royale eût donné raison aux Marmousets. On semonça les grands féodaux comme le comte de Saint-Pol et on fit appel à des alliés sûrs comme le comte de Savoie. Une armée de 12 000 lances devait s'assembler à Lyon le 15 mars 1391. On laissa de côté le duc de Bourbon, qui venait de se ridiculiser dans la pitoyable croisade de Mahdia dont on reparlera.

Nul ne doutait du succès : le faux pape allait se rendre. L'impopularité d'Urbain VI n'avait fait que croître, les sautes d'humeur qui avaient en bonne part provoqué la dissidence de Fondi n'avaient pas cessé, et on en était informé à Paris. Dans l'enthousiasme, on ne songea pas que la mort d'Urbain VI avait changé les données du problème et que, de toute façon, restait derrière Boniface IX une moitié de la chrétienté latine. Pas un instant Charles VI ne douta de l'immédiate soumission des Romains et des réactions favorables de son nouvel ami le roi d'Angleterre Richard II. Il ne s'interrogea pas davantage sur l'attitude des autres souverains et des princes d'Empire. Dans un premier temps, la curie d'Avignon se prit à croire au grand projet et on commença de préparer le déménagement. Certains avaient déjà l'expérience. Ceux qui avaient accompagné à Rome Grégoire XI, voire Urbain V, n'étaient pas tous morts.

Le coup de théâtre vint d'Angleterre. Richard II commençait d'éprouver les difficultés qui allaient bientôt lui être fatales. Dans l'hiver, il dut faire face à une montée en puissance du parti qui n'acceptait pas le renversement de la politique anglaise et la paix avec la France. L'Angleterre ne pouvait laisser le roi de France jouer dans l'Église un tel rôle et engranger en Italie des succès politiques inévitablement traduits en influence, sinon en acquisitions territoriales. Le mariage de Louis d'Orléans avec la fille du seigneur de Milan Giangaleazzo Visconti était déjà un signe. On pouvait s'attendre à ce que ce mariage ne soit pas une simple affaire familiale. Sur un autre plan, les relations du roi d'Angleterre et de son clergé étaient déjà assez difficiles pour que prêter la main à la victoire du pape d'Avignon s'apparentât à une tentative de suicide. Richard II tint compte des réactions de son entourage et fit savoir à Charles VI que, s'il entrait en Italie avec son armée, l'armée anglaise interviendrait en France. Cela n'avait rien d'un propos en l'air. Le souvenir du débarquement de 1383 et de la « croisade » anglaise en Flandre n'était pas effacé, non plus que celui de la terrible chevauchée du duc Jean de Lancastre qui, dix ans plus tôt, avait ravagé la France de Calais à Bordeaux.

Charles VI prit la menace au sérieux. Il ne pouvait dégarnir la France de sa chevalerie et de son artillerie, et il ne pouvait faire face dans le même temps aux dépenses de deux guerres. Or choisir de faire la guerre en Italie, c'était devoir la faire aussi en France. En mars 1391, il fit savoir à Clément VII que le projet d'un voyage à Rome était abandonné. Une fois de plus, la voie de fait tournait à l'impasse.

La diplomatie personnelle de Louis d'Orléans était déjà entrée en jeu : le 20 mars 1391, Giangaleazzo Visconti avait accordé à l'entreprise de son gendre un appui dûment marchandé : il en coûterait au pape de lui céder Bologne. Naturellement, on n'en parla plus mais, jadis lancée pour séduire Louis d'Anjou, l'idée d'un royaume d'Adria reparut deux ans plus tard.

C'est au printemps de 1393, que le gouvernement de Charles VI fit en effet resurgir le projet que l'on avait évoqué en 1379 au bénéfice de Louis d'Anjou alors qu'il n'était pas encore en campagne pour Naples : celui d'un royaume d'Adria. Cette fois, le bénéficiaire eût été le frère du roi, Louis d'Orléans, auquel son mariage avec Valentine Visconti donnait des ambitions nouvelles en Italie. Ce royaume d'Adria aurait été constitué par l'union de la Romagne, de la Marche d'Ancône et du duché de Spolète, ce qui était une part notable de l'état pontifical. Pour l'essentiel, ces provinces appartenaient à l'obédience de Rome : le royaume à créer était donc à conquérir, comme l'était le royaume de Naples de Louis II. Peu soucieux d'un nouvel engagement, Clément VII se méfia. Il consulta les cardinaux. Jean de la Grange objecta que le duc d'Orléans n'avait pas les moyens d'une telle aventure. Le pape chargea son trésorier, Antoine de Louvier, d'aller à Paris s'informer. Louvier devait exposer que l'on ne ferait rien à moins de deux mille lances et cinq cents arbalétriers, et préciser qu'il parlait « d'arbalétriers à cheval, non d'arbalétriers de galée ». En bref, le frère du roi de France pouvait-il disposer, sur trois ans, de plus d'un million de francs ? Le pape, lui, ne mettrait pas un sol en l'affaire. Comme une deuxième ambassade française venait assurer que le million serait aisément obtenu de l'impôt, le pape trouva un nouvel argument : le royaume dont on parlait serait pris sur les états de l'Église, alors que le patrimoine de saint Pierre était inaliénable.

Si l'on ne pouvait abandonner la cause angevine après avoir tant investi, il était inutile de s'encombrer d'une nouvelle affaire. Réaliste, Clément VII se chargea lui-même de calmer le jeu : on pouvait prévoir que Louis d'Orléans s'occuperait de mettre la main sur son royaume avant de penser à déloger de Rome Boniface IX. Or Clément VII vieillissait. Il avait passé cinquante ans, et il ne se voyait plus entrer dans Rome au prix de la nécessaire mais interminable conquête préalable de tout l'état pontifical.

Dans le même temps, l'empereur Wenceslas se faisait accorder par le pape de Rome une décime contre promesse d'une expédition contre les clémentins d'Italie. On leva tant bien que mal la décime dans quelques terres d'Empire, et on ne parla plus de l'expédition. Visconti, qui était le pivot de toute opération en Italie, demeurait incertain : en mai 1395, c'est de Wenceslas, fidèle de Boniface IX, que Giangaleazzo obtint – le payant 100 000 florins – le titre de duc de Milan que ni Clément VII ni ses soutiens français n'auraient pu lui conférer. Le beau-père de Louis d'Orléans semblait bien se ranger dans le camp romain. Et la création d'un nouveau royaume italien sur des terres d'Empire ne pouvait se faire sans au moins l'aval de l'empereur.

L'espoir d'un royaume d'Adria ne sera peut-être pas étranger à l'enthousiasme avec lequel, au temps de la soustraction d'obédience, Louis d'Orléans soutiendra la position de Benoît XIII, mais à ce moment le pape ne sera plus en état de créer un royaume. C'en sera fini depuis longtemps de la voie de fait.

La continuation du Schisme : Benoît XIII

Loin des curies, certains l'espéraient : la mort de l'un des « contendants » pouvait faciliter le retour à l'unité. Les entourages, eux, n'y étaient pas prêts. Se rallier au survivant, c'eût été reconnaître sa légitimité. Lorsque, le 15 octobre 1389, mourut un Urbain VI au faîte de l'impopularité, nul à Rome ne songea à faire l'unité autour de Clément VII. Le pape d'Avignon ne pouvait que demeurer « l'intrus ». Le 2 novembre, les quatorze cardinaux se donnèrent un nouveau pape. Pietro Tomacelli devint Boniface IX.

Celui-ci se crut capable de prendre l'initiative d'un rapprochement. Au moins pensait-il à renouer un semblant de dialogue. En avril 1392, il envoya à Paris deux chartreux porteurs d'une lettre pour le roi de France. Partis de Rome en avril, les chartreux s'attardèrent à Avignon, où Clément VII ne les prit guère au sérieux, et ils n'atteignirent Paris qu'en décembre. Le Conseil du roi savait déjà les réticences de Clément VII et jugea qu'il fallait faire une réponse polie mais ne s'engager à rien. On en resta là.

Clément VII semblait cependant marquer des points. Fort clémentin dans son duché, le duc Philippe de Bourgogne se décidait à l'être aussi – avec un succès il est vrai limité – dans son comté de Flandre : il fit arrêter les prédicateurs envoyés par Boniface IX. Mais c'est surtout, on l'a dit, en Angleterre que les choses changeaient. Charles VI malade, Louis d'Anjou mort et Jean de Berry porté au dilettantisme, Philippe de Bourgogne apparaissait comme le véritable maître du royaume de France, ce qu'il allait être jusqu'à ce que, les années passant, Louis d'Orléans prît place sur l'échiquier politique. Or, Richard II le voyait bien, la Flandre et l'Angleterre avaient des intérêts conjoints. L'un et l'autre avaient à sauver une économie en difficulté. On allait donc vers un accord entre la France et l'Angleterre, accord qui pouvait mettre un terme à une guerre que, de part et d'autre, on jugeait assez inutilement onéreuse. À Amiens en 1392, à Leulinghen en 1393, à Boulogne en 1394, les plénipotentiaires préparèrent le traité qui fut conclu en 1395 à Paris et qu'on solennisa lors de la rencontre des deux rois à Ardres le 27 octobre 1396. Non sans optimisme, on décréta une trêve pour trente ans. On sait ce qu'il en fut, mais l'échec allait tenir à des raisons de politique intérieure anglaise. Dans l'instant, la paix sembla assurée et Isabelle de France devint reine d'Angleterre. Or l'hostilité des Anglais à l'élu de Fondi se fondait en partie sur l'hostilité à la France. À Avignon, on se prit à espérer. On le pouvait d'autant plus que le Parlement de Westminster se faisait le porte-parole d'un clergé anglais accablé par la fiscalité romaine. L'annonce de nouvelles taxes suscitait une levée de boucliers. Dès 1390, Richard II le fit savoir sans ambages à Boniface IX.

> Le pontife romain a été envoyé par le Christ pour paître ses brebis, non pour les tondre, et pour aider ses frères et non pour les écraser.

Le 16 septembre 1394, Clément VII mourait. La nouvelle parvint à Paris le 22. Au Conseil royal, le patriarche d'Alexandrie Simon de Cramaud prit la parole. C'était un bel esprit, formé au droit canonique à Paris et au droit civil à Orléans, régent en droit

canonique mais aussi conseiller politique des princes et particulièrement de ce modéré qu'était le duc de Berry. Ce grand juriste
n'était pas seulement écouté à la cour. De fait sinon en droit, il
était, par son titre comme par sa personnalité, la tête du clergé
français. Intelligent et ambitieux, il se serait bien vu jouant un
rôle de premier plan dans l'Église. Patriarche *in partibus* et donc
sans revenu mais bien pourvu de bénéfices et en premier lieu d'un
évêché en administration, celui de Carcassonne qu'il ne devait
laisser que quinze ans plus tard pour l'archevêché de Reims, Cramaud n'avait rien d'un adepte de la réforme de l'Église. Pour tout
dire, ce carriériste bénéficiaire du système des cumuls (Kaminsky)
avait tout à perdre à un concile. Mais c'était un homme d'autorité.
Il fit décider l'envoi d'urgence d'un courrier – on en envoya deux,
à deux jours d'intervalle – afin de prier les cardinaux de surseoir à
toute élection. Les universitaires firent écho : « On ne rencontrera
jamais pareille occasion de mettre fin au schisme. »

C'était vrai, mais l'intervention était maladroite. Elle plaçait le
conclave sous la tutelle du roi de France et mettait les cardinaux
en position d'infériorité par rapport aux simples maîtres parisiens.
Pour fortes que fussent les relations entre Avignon et Paris, les
cardinaux faisaient plus de cas des humanistes que l'on rencontrait dans les chancelleries parisiennes que des maîtres d'une université dont la prétention exaspérait des prélats qui, le plus
souvent, avaient conquis leurs grades à Toulouse ou à Montpellier. Quant à Cramaud, qui n'allait être cardinal qu'en 1413, il
leur paraissait mal fondé à leur donner des leçons. C'est Piero
Corsini qui reçut le message royal. Il était décidément voué aux
situations délicates dans les élections pontificales. Le rôle qui
avait été le sien en 1378 faisait de lui un irremplaçable témoin de
l'histoire. Suivi par ses collègues, il tira de l'intervention royale
la conclusion qu'il y avait urgence à élire un pape.

À Rome aussi, on espéra que les cardinaux d'Avignon saisi-
raient l'occasion pour mettre fin au Schisme. La curie romaine
chargea donc de la mission un homme réputé pour sa sagesse, le
quinquagénaire Pierre Ameil, qui n'avait aucune parenté avec le
cardinal Pierre Ameilh, mort en 1389. À Avignon, on connaissait
ce savant augustin qui avait été le sacriste d'Urbain V puis le
bibliothécaire de Grégoire XI. De cet auteur d'un *Cérémonial*

romain et d'un récit en vers de son voyage vers Rome, Grégoire XI avait fait un évêque de Sinigaglia. Urbain VI l'avait promu archevêque de Tarente, puis patriarche de Grado, autrement dit de Venise. L'intervention de la curie romaine eût été mieux venue si les cardinaux de Rome n'étaient, les premiers, passés cinq ans plus tôt à côté de la même possibilité d'en finir avec le schisme.

À l'ouverture du conclave, le 26, les cardinaux avignonnais entendirent préserver les chances de l'Église : cette nouvelle élection ne devait pas briser tout espoir d'unité. Ils jurèrent que celui qui serait élu mettrait tout en œuvre pour rétablir celle-ci et ne refuserait pas, le cas échéant, de déposer le souverain pontificat. Le Sacré Collège s'érigeait en juge de la situation et des « voies » à adopter. C'était bien vague. Une seule chose était sûre : les cardinaux ne faisaient aucun cas de l'arbitrage des maîtres parisiens.

Le 28 septembre, le conclave élisait à l'unanimité Pedro de Luna. Comme il n'était, depuis vingt ans, que cardinal-diacre, il fut ordonné prêtre le 3 octobre, puis sacré et couronné le 11 sous le nom de Benoît XIII. Prévenue comme il se devait, la cour de France manifesta une joie de bon aloi. Gilles Bellemère et Pierre Blau allèrent à Paris faire part de l'engagement pris par les cardinaux. Du côté des Mathurins, l'élection fit grincer les dents. Le roi envoya Pierre d'Ailly demander au moins copie de l'engagement. La curie avignonnaise tergiversa pour la lui refuser. C'était lui dire que cela ne le regardait pas.

Pedro de Luna avait soixante-cinq ans. Pourvu d'un bon bénéfice en Aragon, celui de prévôt de l'église de Valencia, il avait enseigné le droit à Montpellier. Créé cardinal par Grégoire XI et demeuré relativement discret lors des deux élections de 1378, il avait été, pendant douze ans, l'infatigable agent des ralliements ibériques à la papauté d'Avignon. Il venait de mener une délicate mission en France et en Angleterre. Lors des conflits entretenus par les maîtres parisiens contre la fiscalité de Clément VII, il s'était montré pacificateur. Le clerc westphalien Dietrich von Niem, que sa fonction d'abréviateur à la Chancellerie romaine mettait à même de l'observer avant le Schisme, le décrit « de stature petite et gracile » mais fait l'éloge de son intelligence et de sa capacité à « bien concevoir les choses nouvelles ». Pedro de Luna avait eu bien des occasions de faire apprécier sa compétence et son habileté. En 1403 encore, dans l'entourage de Charles VI, on le jugera « homme d'une science éminente et de grande circonspection ». Bref, il passait pour un homme d'esprit ouvert, ce que prouvent ses relations avec les humanistes et la diversité de ses goûts littéraires. Dans ses déplacements des années 1403-1409, il emportera aussi bien des ouvrages d'histoire et de poésie que des traités de droit canonique. Modérément porté vers la théologie, il avait pris pour confesseur l'excellent théologien qu'était son compatriote, le fidèle Vincente Ferrer.

L'âge et les circonstances feront d'un juriste sûr de son droit un politique entêté. En 1394, Pedro de Luna avait la réputation d'un diplomate efficace et d'un politique habile. S'il avait manifesté quelques désaccords avec son prédécesseur, la papauté de Clément VII lui devait beaucoup. Si tant est que l'on donnât un successeur à l'élu de Fondi, le choix du « cardinal d'Aragon » semblait judicieux. Rien ne pouvait laisser penser qu'il serait bientôt l'un des plus célèbres entêtés de l'histoire.

L'insécurité sur le Rhône

Raymond Roger de Beaufort, vicomte de Turenne et comme tel l'un des plus grands seigneurs du Limousin, était le neveu de Grégoire XI et le petit-neveu de Clément VI. Fortement possessionné en Provence, il tenait en particulier Saint-Rémy et les Baux. Or il accumulait les griefs contre la papauté. D'abord, il s'estimait insuffisamment payé des services qu'il avait rendus au Saint-Siège dans ses guerres d'Italie. Ensuite, il se disait mal remboursé des prêts consentis sur leur fortune personnelle par les papes ses oncles au roi de France Charles V. Enfin, il se jugeait victime des ordonnances, prises par Louis Ier d'Anjou et, pour Louis II, par la reine mère Marie de Blois, qui révoquaient les aliénations territoriales concédées à leurs fidèles en Provence par les comtes de la première maison d'Anjou, celle qui avait pris fin avec la reine Jeanne. Quand il apprit que les revenus du Comtat Venaissin qui gageaient le paiement de ses gages avaient été subrepticement concédés à d'autres, il comprit qu'il ne serait payé de rien avant dix ans.

Son insurrection, au printemps de 1386, mit d'abord le feu à la Provence. Il envahit ensuite le Comtat et menaça Avignon. Clément VII s'enferma dans le palais, recruta des archers et fit inspecter son artillerie. En 1387, le pape recourut au procédé habituel : il paya. C'est ainsi qu'à l'ordinaire on se débarrassait des routiers. Clément VII se vit donc dans l'obligation de payer à la fois la solde des hommes de Turenne et celle des troupes qu'avait engagées contre lui la reine Marie. Mais, si la plupart des routiers ne cherchaient que l'argent, Turenne poursuivait une vindicte personnelle. En 1389, il reprit la guerre. Le pape se vit contraint de renforcer les garnisons du Comtat, d'engager sur-le-champ et à ses frais les hommes de son frère le comte Pierre de Genève, et de faire également construire de nouvelles pièces d'artillerie mécanique, en particulier des trébuchets.

Ayant occupé les places de la Durance et enlevé les Baux, Turenne ravagea le Comtat. Un nouveau traité lui procura de nouvelles finances, mais le pape prit à sa charge le transfert des routiers sur la rive droite du Rhône, autrement dit en France. On crut s'en être débarrassé.

Le comte d'Armagnac avait compliqué les choses. Son propos était d'emmener ses routiers gascons en Italie, et il ne voulait que traverser le Comtat et la Provence. Comme au temps de Du Guesclin, c'était une opération profitable puisqu'elle débarrassait la France de quelques compagnies. Malheureusement, Jean d'Armagnac entendait s'embaucher au service de Florence pour combattre Milan, et ce au moment où Charles VI resserrait avec Giangaleazzo Visconti une alliance dont la première victime devait être le pape de Rome. Autant dire que Clément VII n'était nullement disposé à l'aider. Jean d'Armagnac riposta à sa façon. Le 24 décembre 1390, il entrait dans Avignon. En avril 1391, le duc de Bourgogne vint au secours du pape. On négocia, on acheta des capitaines, on poussa les autres vers les Alpes.

La guerre recommençait avec Turenne, qui alla même saccager la principauté d'Orange. Cette fois, le pape comprit qu'il n'aurait pas la paix en l'achetant. Il recruta une nouvelle armée, qu'il confia à son neveu Humbert de Villars. Il fit appel à des renforts.

Le maréchal de Sancerre arriva avec une armée formée aux frais du roi de France. Les États de Provence votèrent la levée de troupes. On crut à plusieurs reprises la paix faite.

Au début de 1392, Charles VI s'en mêla de nouveau et dépêcha à Avignon des arbitres : Philippe de Moulins, Bureau de la Rivière et Jean d'Estouteville. La procédure était en soi humiliante pour le pape. Le temps n'était plus où les légats du pape arbitraient les conflits entre les princes. Le roi ne faisait rien pour farder la réalité : le pape était une « partie », comme l'étaient à ses côtés l'évêque de Valence Jean de Poitiers et le comte de Valentinois Louis de Poitiers, et comme l'était contre lui Raymond de Turenne.

> Considérant que notre Saint Père, en tant qu'il lui pouvait toucher et appartenir, s'était soumis et voulait soumettre en notre volonté, disposition et ordonnance de toutes les questions et débats qu'il pouvait avoir à faire l'une partie contre l'autre, et par vertu de nos lettres sur ce faites, nosdits conseillers et secrétaire se sont transportés par devers lesdites parties et ont vaqué et entendu audit fait par aucun temps, tant que sur aucun appointement qui a été pris par manière d'amis entre lesdites parties... nosdits conseillers et secrétaire sont retournés devers nous et nous ont fait relation de tout ce qu'ils ont fait et pu faire en cette partie, et aussi lesdites parties ont envoyé devers nous leurs messages afin que nous en vousissions ordonner comme bon nous semblerait...
>
> Lesdites parties se soumettront du haut et du bas, purement et absolument, à la volonté et ordonnance du roi de tous les débats et de toutes les demandes que l'une des parties pourrait faire contre l'autre...

Le pape, le comte et l'évêque acceptèrent les conditions du roi et, devant cinq cardinaux, le camérier François de Conzié jura pour le pape. Turenne refusa. On négocia de nouveau en 1395 et en 1397. Tout cela ne servit à rien. La soustraction d'obédience allait malheureusement offrir de nouvelles occasions au vicomte de Turenne. Il ne se fit pas prier pour apporter en 1398 son aide à l'armée envoyée contre le pape par le duc de Bourgogne. À la tête de cette armée, on trouvait Geoffroy Le Meingre, le frère du maréchal Jean II Le Meingre que l'on appelait, comme son père, Boucicaut.

Avec ses bandes de gens d'armes, et même quand ses tentatives étaient contrariées par les armées du pape, Turenne bloquait toutes les communications d'Avignon. Prélat ou marchand, nul ne gagnait plus la ville qu'à son corps défendant. La vie économique en souffrait évidemment : le produit des gabelles affermées n'était plus, dans les meilleures années, que la moitié de ce qu'on avait connu avant le Schisme. Benoît XIII, qui se savait indésirable en Italie, se serait bien passé d'être de surcroît paralysé sur le Rhône. La situation ne fit qu'empirer quand, le 5 septembre 1398, Geoffroy Le Meingre occupa le Comtat avant d'entrer le 22 dans Avignon. Les cardinaux alors insurgés saisirent l'occasion d'avoir un bras armé : ils le nommèrent capitaine d'Avignon. Cette fois, le pape était assiégé dans le palais. Le Meingre fit sur-le-champ une vaine tentative pour pénétrer dans le palais en passant par les égouts, puis se contenta, bien que révoqué dès la mi-novembre par les cardinaux, d'établir autour du palais un siège qui allait durer cinq ans.

C'est Marie de Blois qui conduisit la négociation décisive. Jean II Boucicaut avait fait un beau mariage : grâce aux oncles de Charles VI et notamment au duc Louis de Bourbon dont il était en tout le fidèle, ce deuxième Boucicaut avait épousé Antoinette, la fille et héritière du vicomte de Turenne. Quel que fût le comportement de ce dernier, la maison de Turenne restait considérable. Mais Boucicaut aurait volontiers accru sa fortune personnelle. Marie de Blois trouva habilement dans cette ambition le moyen de le dresser contre son beau-père. Elle promit au maréchal les seigneuries provençales du vicomte Raymond, à charge pour Boucicaut d'en chasser l'importun. Turenne perdit la partie et, assiégé dans la forteresse des Baux, il ne parvint à s'en échapper que pour se réfugier dans ses terres limousines. Les rives du Rhône avaient ainsi retrouvé la paix. Paradoxalement, après avoir gagné dans la croisade de Hongrie et dans le désastre de Nicopolis sa réputation de héros de la chevalerie chrétienne, Boucicaut revint devant Avignon en 1399 et passa avec Marie d'Anjou, le 7 juillet, le traité qui lui donna définitivement les fiefs de son beau-père. Il fut ensuite, pour Charles VI, gouverneur de Gênes.

Pendant ce temps, son frère Geoffroy continuait de servir la politique antipontificale du duc Philippe de Bourgogne et assiégeait Benoît XIII.

Un autre personnage avait disparu : Sylvestre Budes, ce cousin de Bertrand du Guesclin qui avait avant 1378 servi Grégoire XI en Italie et s'y était distingué par sa propension au pillage et au massacre. Revenu en France et se croyant protégé par le choix qu'il avait fait de rallier l'obédience de Clément VII, il multipliait les méfaits. En 1380, le bailli de Mâcon trouva un motif à le faire arrêter, puis exécuter.

CHAPITRE XXII

Survie d'une papauté

LA DISETTE D'ARGENT

Le grand problème posé aux deux obédiences se ramène à une division : comment faire vivre une papauté avec pour base financière la moitié de la chrétienté quand avec la chrétienté entière la papauté d'avant 1378 rencontrait des difficultés. Même si la papauté de Clément VII l'emporte en efficacité parce qu'elle a le plus clair des hommes et des archives de la Chambre apostolique de Grégoire XI, Rome et Avignon se partagent les contribuables, donc les annates, les décimes et les communs services. On ne peut parler du revenu de l'état pontifical : ce qu'en a Rome, qui pèse plus lourd que le Comtat, est fortement diminué par le non-paiement et le peu qu'on perçoit est totalement obéré par les charges de guerre. En revanche, c'est le pape de Rome qui a les cens dus par les vicaires apostoliques. Ferrare doit chaque année 10 000 florins, Bologne 5 000. Cela fait au total quelque 45 000 florins. Il est vrai que rares sont les vicaires qui paient réellement. La Chambre apostolique de Rome ne recevra rien de Bologne pendant vingt-cinq ans. De toute façon, le pape d'Avignon n'a pas l'équivalent.

Maintenant, à Avignon comme d'ailleurs à Rome, on peut parler de disette d'argent. Certes, le temps n'est plus des dépenses de prestige. On ne construit plus et, si le camérier François de Conzié se soucie de réviser le cérémonial du conclave et de préciser les prérogatives protocolaires du Sacré Collège, les fêtes se font rares dans le grandiose palais qui fut celui de Clément VI. Le train de vie des papes a changé, et Jean de Murol en donnera en 1397 un tableau pitoyable, sans doute excessif si l'on tient compte de ce qu'était avant 1378 le rôle en Italie du cardinal de Genève.

> Il est notoire que, en raison du schisme le seigneur Clément a, de son avènement à sa mort, vécu dans la pauvreté, les tribulations et les difficultés... À son avènement, il n'avait pas, en rassemblant tous ses biens et joyaux, de quoi se payer un manteau fourré d'hermine.

Les cardinaux ne sont pas à l'abri du besoin. C'est « en grande nécessité » que Murol, entrant au conclave de 1394, emprunte 200 francs à son confrère Jean de Brogny. Dans son testament de 1397, il fournit un inventaire significatif de ses trésors. On y trouve, outre un missel et des livres de droit canonique, plusieurs ensembles d'ornements liturgiques de soie blanche, de damas noir, de soie azur ou de soie rouge, quatre calices et patènes d'argent, des candélabres, des instruments de paix d'argent doré, deux petites croix, un écu aux armes du cardinal, plusieurs gobelet d'argent parfois doré, l'un aux armes émaillées et un autre au couvercle de verre, douze écuelles d'argent, de la vaisselle faite d'aiguières, de tasses et de gobelets d'argent le plus souvent doré, une chambre aux courtines et courtepointe brodées avec son matelas de coton, mais aussi des vêtements de ville comme un manteau et une cottehardie. Pour s'excuser de ne pas léguer davantage, Murol se plaint de son modeste train.

> Je ne laisse ni n'ai jamais eu de vases ou de joyaux d'or, sinon deux pièces que j'ai engagées aux usuriers et quelques anneaux qui ne valent pas deux cents francs.

Le Schisme en lui-même coûte cher. Les légations des années 1379-1385 ont été dispendieuses. Malesset, en particulier, a beaucoup dépensé en Flandre, tant pour subsister que pour acheter des partisans. Les tentatives de « voie de fait » en Italie n'ont pas été moins ruineuses. Les troupes de Louis de Montjoie en 1379, les galères de Louis d'Anjou en 1384, tout cela a épuisé le trésor pontifical. Il faut entretenir à Avignon bien des prélats pourvus d'évêchés ou d'abbayes auxquels le schisme leur interdit d'accéder. Quant au clergé contribuable, il profite des incertitudes pour temporiser : des annates aux décimes, les impôts rentrent mal chez les collecteurs, et les prélats s'entendent à payer en vingt ans leurs communs services.

Tout concourt à l'effondrement du revenu pontifical. Du modeste bénéficier pour ses annates aux prélats pour leurs communs services, les contribuables invoquent la désolation de leurs temporels – elle est réelle – et jouent la temporisation à la limite du scandale. Payer vingt florins par an pour mille que l'on devait en deux ans devient habituel chez les prélats. Dans les collectories, le déchet passe brutalement de 5 % à 30 ou 40 % des sommes dues par le clergé. À Reims, le collecteur compte que 20 % des décimes sont irrécupérables après quatre ans. Un sous-collecteur de Cahors note à l'intention de la Chambre apostolique que, passé dix ans, la récupération des sommes encore dues pour les annates et les décimes couvre à peine les frais et qu'il n'y a plus rien à espérer passé vingt ans.

Même ce qui semblait ne pas devoir changer, le revenu seigneurial du Comtat, supporte les fruits amers de l'insécurité et diminue de plus de moitié, et bientôt des trois quarts. Dès 1380, le trésorier du Comtat Bertrand Vincent doit marchander avec ses débiteurs et renoncer à percevoir 80 % des sommes que restent devoir des gens accablés par les guerres, la paralysie des affaires, voire les épidémies. Il ne résoudra le problème, en 1395, qu'en cessant de porter dans ses comptes les arrérages irrécupérables. En ne portant à recouvrer que ce qui l'est raisonnablement, il améliore le rendement qu'il lui faut afficher quand il rend ses comptes à la Chambre apostolique.

LA PRESSION FISCALE

Force est donc d'intensifier la pression. Les décimes se succèdent. On continue de percevoir les annates et de réserver les procurations. Le subside caritatif s'y ajoute. Au début du schisme, il compense, surtout dans les régions marginales de l'obédience, des recettes fiscales dramatiquement incertaines. Un collecteur occasionnel s'y rend alors et tente de lever quelque-chose. Lorsqu'il s'agit de solder l'entreprise angevine et que la Trésorerie s'endette de manière chronique, le subside caritatif offre, à partir de 1383, le double avantage de n'être pas contraint dans le cadre chronologique de la décime – une par an au plus – ou le cadre organique de l'annate – une fois par bénéfice et par bénéficier – tout en se prêtant à toutes sortes de négociations avec les princes et avec le clergé.

C'est ainsi que, en avril 1384, le clerc de la Chambre Antoine de Louvier va dans les provinces de Bourges, Tours, Lyon, Besançon, Vienne, Bordeaux, Rouen et Sens pour réunir le clergé, demander un subside et, si besoin est, l'imposer. On devine qu'un seul homme ne peut, dans un tel espace, mener qu'une négociation superficielle. Le 17 décembre, le pape annule la demande – sans parler de rien rendre – dans les provinces de Sens et Rouen, mais un autre nonce est chargé d'imposer un nouveau subside dans les provinces de Rouen, Sens et Reims. Tout cela est, on le voit, passablement désordonné, et attendre une recette substantielle relève de l'utopie. Le gouvernement de Charles VI se laisse cependant convaincre et accorde au nonce l'appui du bras séculier. Les sergents royaux manient donc la contrainte : ils saisissent et font vendre les meubles des bénéficiers, y compris leurs livres et leurs calices. On en voit même qui font démonter les tuiles du toit pour les vendre au profit du pape. L'Université finira par s'insurger. Le roi ne pouvant se laisser atteindre par l'impopularité du fisc papal, il retirera le bras séculier.

On continue cependant d'user du subside caritatif. Il reparaît tout naturellement dans l'arsenal financier de Benoît XIII après la restitution d'obédience, mais les difficultés politiques incitent à la modestie une Chambre apostolique qui cesse de fixer à chaque exigence un montant global : les nonces ont alors instruction de faire de leur mieux. En France, Adimari et Zagarriga ont en 1405 toute liberté d'imposer une décime ou un subside, ou les deux ; ils opteront pour la décime. En Aragon, Juan Lobera négocie les modalités de la contribution : l'évêque de Tortosa a le choix entre une galère armée, ou vingt hommes d'armes, ou 5 000 florins. En France comme en Castille, le clergé paie d'ailleurs fort peu. La Provence renâcle : l'archevêque d'Arles mettra trois ans à payer le subside qu'il a offert « spontanément ». Quant au Comtat

Venaissin, les États font savoir qu'ils ne jugent « pas nécessaire de faire quoi que ce soit ». C'est en Aragon que l'on rencontre le moins de réticences : de 1406 à 1408 encore, Frances Climent de Zapera lèvera 133 000 florins.

L'une des formes de pression est la concentration des exigences. Alors que leur temporel est chargé par le pape d'une rente égale à une année de revenu brut, charges non déduites, les évêques successifs du modeste diocèse de Lescar, qui vaut au plus mille florins par an de revenu net, doivent payer rapidement la totalité de leurs communs services : pourvu en novembre 1403, Pedro Adimari paie 300 florins le 5 décembre 1405 avant de quitter son siège, alors qu'il vient d'être transféré à Maguelonne, et Jean d'Alzen, qui est pourvu de Lescar le 20 novembre 1405, paie 300 florins le 15 janvier 1406. Le temporel de Lescar est, à l'évidence, écrasé. Ayant payé les services, Alzen refusera de payer la rente et la procédure intentée contre lui par la Chambre apostolique restera sans effet.

Contre de tels procédés, les protestations ne manquent pas, et elles auront leur part dans ces insurrections que seront les soustractions d'obédience. En 1385, le premier président Arnaud de Corbie vient à Avignon notifier à Clément VII l'ordonnance royale du 6 octobre qui dénonce les abus du droit de dépouille et le cumul de bénéfices par les cardinaux. En 1392, c'est l'Université qui proteste contre les décimes. Dans le même temps, le Religieux de Saint-Denis accuse, dans sa chronique, les cardinaux d'avoir accaparé les bénéfices.

> Fut la chose en ce point que nul homme de bien, tant de l'Université que autre, ne pouvait avoir bénéfices... Et c'était grand pitié de voir partir les écoliers de Paris et les régents, et s'en allaient comme gens égarés.

Les docteurs changent alors de registre. Passant des charges fiscales à la collation des bénéfices, c'est leur survie qu'ils défendent. Le 6 juin 1394, ils attirent l'attention du roi sur la destruction des libertés de l'Église de France. Le gallicanisme surgit.

LES EXPÉDIENTS

L'amenuisement des recettes fiscales devenues traditionnelles pousse à recourir de manière accentuée aux expédients déjà connus : les vacants, les emprunts. Disons tout de suite que la Chambre apostolique d'Avignon est, grâce à ses fortes structures, ses réseaux de collecteurs et le nombre des intermédiaires mobilisables, mais aussi – jusqu'à la première soustraction – grâce au soutien des princes, mieux armée pour cela que la Chambre de Rome. Mais celle-ci dispose d'un atout dont le pape d'Avignon est irrémédiablement privé, le jubilé. Le prestige de la tombe des Apôtres est intact, on l'a bien vu en 1350 quand le jubilé a pu se passer du pape. Avancé de dix ans – pour tenir compte de la brièveté de la vie humaine, dit-on pour ne pas dire que le besoin d'argent se fait pressant – le jubilé qu'édicte Urbain VI en 1389 pour l'année 1390 et qu'ouvre le nouveau pape Boniface IX est un succès. Le pape passe alors outre au lien de l'indulgence et du pèlerinage. À des conditions que, de manière significative, on charge le trésorier Guglielmo della Vigna d'aller fixer sur place, les fidèles pourront gagner l'indulgence sans venir à Rome : prière et offrandes remplaceront le voyage. On commence par la Flandre, ce qui contrarie les ambitions avignonnaises sur cette région déchirée entre les deux obédiences.

L'affaire est plus dommageable à Avignon quand en 1391 Boniface IX assure l'indulgence aux fidèles que le schisme gêne pour venir à Rome. Ce sont d'abord ceux d'Aragon, Castille, León, Navarre et Gascogne, puis les Lombards, les Siciliens et les Polonais, et enfin les Bavarois, les Rhénans et les Scandinaves. Certains ne sont que des gens gênés pour faire la route de Rome. D'autres sont vraiment adhérents du pape d'Avignon, et Boniface précise que l'indulgence leur est acquise pendant l'année qui suivra leur « réduction » à l'obédience romaine. Boniface IX n'osera pas réitérer le jubilé en 1400, mais Grégoire XII le réinventera en 1407 au bénéfice des Anglais. Reprenant l'idée d'une périodicité de trente-trois ans allusive aux années de la vie du Christ – idée qui a servi de justification en 1389 pour rompre avec le rythme cinquantenaire – Martin V n'aura guère de succès avec une année sainte en 1423.

Malgré les appels romains, la grande masse des fidèles de Clément VII n'a pas bénéficié du jubilé de 1390-1392. À vrai dire, la plupart l'ont tout simplement ignoré. Mais le souvenir de 1350 reste vif, et bien des chrétiens de l'obédience de Benoît XIII ne croient pas commettre une faute en gagnant Rome, au cours de l'année 1400, pour un jubilé que n'a proclamé aucun des deux papes. Ils sont nombreux, semble-t-il, à prendre la route, alors que la soustraction d'obédience évite à bien des Français une crise de conscience.

L'affaire ne se ramène cependant pas à la désobéissance à un pape auquel on a décidé de ne plus obéir. La France n'a pas pour autant adhéré à l'obédience de Rome – où 1400 n'est l'année d'aucun jubilé – et le gouvernement de Charles VI se fâche. Le 27 février 1400, ordre est donné au prévôt de Paris, aux baillis et aux sénéchaux de saisir le temporel des clercs qui iraient à Rome et de forcer les laïcs à rebrousser chemin. Les récalcitrants seront jetés en prison. C'est en vain. L'attrait de la tombe des Apôtres sera le plus fort, et les officiers royaux ne se montreront guère motivés pour guetter les pèlerins sur toutes les routes du royaume.

Pour Benoît XIII, l'affront est d'autant plus sévère que les offrandes vont à la Trésorerie de Rome. Le 15 mars 1400, sans observer qu'il n'a pas édicté de jubilé, Boniface IX se réserve la moitié des offrandes faites aux basiliques romaines. Le profit suffira, dès juin, à rembourser 8 000 florins à des banquiers florentins.

L'un des expédients grâce auxquels on parvient à rémunérer les services rendus à la curie d'Avignon, ce sont les vacants. Le nombre d'évêchés délibérément laissés vacants ne cesse d'augmenter à partir de 1378, soit au bénéfice du pape soit au bénéfice d'un prélat, le plus souvent un cardinal, qui le reçoit « en administration ». Mais on a vite constaté que seules les vacances prolongées sont réellement rémunératrices. Les vacances limitées au temps du remplacement d'un prélat mort ou parti pour un autre bénéfice sont inévitablement obérées par l'obligation de laisser à l'arrivant les moyens de vivre. Pour que la saisie du temporel laisse un profit à la Chambre apostolique, il faut qu'elle dépasse le temps des récoltes, des échéances et de la consommation annuelle. Or ces vacances prolongées présentent un évident risque de scandale, donc un inconvénient politique. À cet égard, l'image de la papauté avignonnaise aura souffert de la politique du camérier François de Conzié, administrateur implacable et assuré de son organisation, donc peu soucieux, comme l'était son prédécesseur Pierre de Cros dans le temps où il fallait convaincre et former une obédience, de ce que seront les réactions du clergé et des princes, et plus généralement de l'opinion. Il va de soi que l'on n'a pas de scrupules quand en 1383 la promotion de Faidit d'Aigrefeuille au cardinalat rend vacant le siège d'Avignon : l'administration en est confiée au camérier François de Conzié lui-même et on ne nommera un nouvel évêque, en l'occurrence Gilles Bellemère, qu'en 1392.

Pour pallier l'effet politique, on force sur les bénéfices que ne protège pas un souverain capable d'exiger une provision rapide. La France est de ce fait relativement épargnée : la régale aurait détourné vers le Trésor du roi les sommes venant des évêchés royaux laissés vacants, et saisir les vacants des autres évêchés aurait ligué contre le pape les évêques et le roi. Il faudra la crise financière des lendemains de la soustraction d'obédience pour que Benoît XIII laisse vacants sept évêchés du royaume. La plus longue vacance est alors celle de Béziers (6 ans). L'Espagne est moins épargnée, mais la Chambre a l'habileté de réserver un ou deux riches évêchés plutôt qu'un grand nombre de bénéfices moyens : sont laissés vacants les sièges de Saragosse (3 ans), puis de Séville (3 ans), puis de Tolède (4 ans) et enfin de Pampelune (4 ans). Surtout, de très longues vacances frappent les évêchés de Nice (8 ans), de Cavaillon (8 ans), de Grasse (5 ans) et – le pape y est chez lui – de Carpentras (9 ans).

Si l'on ne parle jamais de laisser vacants les abbayes et les prieurés, ni Cros ni Conzié ne se refusent à laisser vacants des bénéfices mineurs. En octobre 1384, Clément VII décrète que deux bénéfices mineurs seront laissés vacants dans chaque diocèse. Il appartiendra aux collecteurs de les choisir, et l'on a bien compris que le pape se prépare à saisir les revenus de quelques archidiaconés ou grosses paroisses urbaines plutôt que ceux de paroisses rurales ou de chapellenies. C'est, toutefois, trop demander aux collecteurs. Ils peuvent désigner des bénéfices, non les gérer. Aucun collecteur ne fait état, dans ses comptes, de tels vacants, et la Chambre apostolique paraît s'être fait une raison. Les seuls bénéfices mineurs qu'on laissera vacants sont ceux qu'avait, avant son avènement, Pedro de Luna. Devenu pape, il les garde.

Naturellement, on emprunte. Tant qu'ils ont espoir en la voie de fait, les princes ne refusent pas. Le duc d'Anjou est créancier de 135 000 francs mais il est directement intéressé au maintien de la papauté d'Avignon. Le duc de Bourgogne prête 30 000 francs en 1383. L'année suivante, le pape se tourne vers Olivier de Clisson et sollicite 20 000 francs ; le connétable s'en tiendra à 7 000. Le grand maître de l'Hôpital Juan Fernandez de Heredia ira jusqu'à 12 500. Très vite, tout ce monde se lasse. L'incertitude des lendemains conduit à la réticence des créanciers. Il en va de même de la plupart des clercs, et les seuls qui accepteront longtemps de prêter sont ceux qui, cardinaux ou hauts dignitaires à la curie, savent leur sort lié à celui du pape. Au début du Schisme, Jean de la Grange prête en plusieurs fois 7 000 florins, François de Conzié 3 000, Pierre de Cros 2 500, Faidit d'Aigrefeuille 2 000. Au long du pontificat de Clément VII, Jean de la Grange aura prêté 22 000 florins.

Comme ils n'ont généralement pas les sommes nécessaires, les prélats empruntent eux-mêmes aux banquiers, lesquels se désespèrent. Niccolò Brancacci ne parvient pas à rembourser 110 florins qu'il a empruntés, les marchands tiennent Guillaume d'Aigrefeuille pour insolvable et Jean de Murol explique, dans son testament, la modicité de ses legs pieux par les nombreux « prêts » qu'il a consentis aux papes. Au marchand de Prato Francesco Datini son associé d'Avignon Boninsegna di Matteo ne cache pas qu'on ne reverra jamais ce qu'on a prêté à Jean de la Grange.

> Je ne crois pas que nous obtenions quelque chose et je crains que ses dispositions aient empiré, car c'est un suppôt de l'enfer. Quant à lui réclamer de l'argent, ce serait en vain. Il ne paie personne. Il emprunte ce qu'il peut et à qui il peut, et il fait cela afin d'avoir de l'argent pour faire la guerre.

À côté de ces prêts lourds et à fonds perdus, il y a les petits expédients de trésorerie. Le plus souvent, il s'agit de quelques florins pour quelques jours, que prêtent les curialistes, les prélats de passage, les marchands en affaires avec le Palais. Le camérier François de Conzié aura, de 1384 à 1378, avancé cinquante-sept fois les sommes – autour de 300 florins – nécessaires à la vie de la Trésorerie. On ne compte plus les petits prêts des officiers de la curie, du sous-diacre du pape à son brodeur en passant par des écuyers et des sergents d'armes. La plupart ne sont plus inscrits *pro mutuo*, « pour prêt », mais tout simplement *pro subsidio*.

Naturellement, les légats et les nonces attendent longtemps le remboursement de leurs frais de mission, et c'est parfois à charge pour eux d'aller se faire payer à grand-peine par un lointain collecteur. La plupart des paiements assignés sur des collectories sont assortis de la clause : « sur les sommes dont vous disposez ou sur celles dont vous disposerez », ce qui signifie un terme de paiement bien incertain. En ces cas-là, c'est le bénéficiaire de l'assignation qui reste créancier. Il n'en va pas de même quand les collecteurs s'entendent prier d'avancer, en versant leur recette, une part de la recette à venir. Très vite, la Chambre apostolique cessera de tenir de telles avances pour ce qu'elles sont et les comptera comme versement normal du collecteur. On en arrive à ce que la Trésorerie n'a pas emprunté mais que le collecteur a prêté.

On va plus loin. En 1393 le nonce Jean Lavergne est tout simplement envoyé en Languedoc pour y exiger des sous-collecteurs des versements anticipés de leurs futures recettes : l'urgence, à l'évidence, interdit de s'encombrer du relais normal des collecteurs de Toulouse et Narbonne. En cette affaire, un administrateur sérieux comme Conzié se prend à rêver quand il précise que Lavergne devra contraindre les sous-collecteurs récalcitrants par le recours aux moyens canoniques et au bras séculier. Si l'on voit mal un clerc excommunié pour n'avoir pas prêté, on voit plus mal la justice du roi s'en mêler. De tout cela, les agents de la papauté se plaignent, non moins que les prélats.

Comme il est d'usage au Moyen Âge et même quand les finances sont bonnes, les fournisseurs vendent à crédit. Mais la Trésorerie pontificale pratique des délais inhabituels et abuse des transferts de dette. Ayant fait le compte de ce que la Chambre lui doit depuis septembre 1387 pour la fourniture de draps et pour un change tiré sur l'Italie en faveur d'un légat, le marchand lucquois Giovanni Caransoni voit sa créance – 9 220 florins – compensée en mars 1389 non par le versement en numéraire qu'il espérait mais par une assignation sur les recettes à venir de la gabelle d'Avignon. Encore une partie de sa créance vient-elle de ce qu'il a remboursé au changeur nîmois Antoine Scatisse un prêt de 1 250 florins consenti à la Chambre sept ans plus tôt.

Le recours au crédit devient fâcheusement le seul moyen de faire vivre la papauté quand, en mars 1382, Pierre de Cros est obligé, au terme des négociations avec Louis d'Anjou, de lui assigner la totalité de ses revenus fiscaux et seigneuriaux pour les trois années à venir. C'est dire que, pour le reste, on vivra sans argent. C'est un risque que les cardinaux refusent de prendre pour eux-mêmes : ils n'acceptent pas d'assigner au duc le revenu de leur moitié des communs services. Les comptes de la Trésorerie laissent voir que l'on garde quand même de quoi vivre.

Il n'est pas raisonnable de tout attendre du voisinage, à savoir de la curie et du passage. Très tôt, le pape envoie donc, avec des succès inégaux, des nonces chargés de trouver du crédit. Entre 1382 et 1384, vingt-quatre nonces vont ainsi en France et en Espagne récupérer les sommes déjà levées par les collecteurs et emprunter sur les futures recettes des collecteurs. L'un doit revenir de Languedoc avec 50 000 francs, l'autre de Castille avec 100 000, mais celui qui va à Lyon n'est taxé qu'à 1 000 francs. Quant au nonce envoyé à Paris, il devra suivre l'avis du collecteur. Cela dit, la curie connaît les limites de son crédit : en avril 1382, comme Pierre Girard, clerc de la Chambre apostolique a charge de procurer les 100 000 florins attendus par Louis d'Anjou, Georges de Marle lui avoue qu'on ne saurait les trouver qu'en France. Mais le ton est celui d'un appel au secours et d'une menace.

> Pour Dieu, envoyez toute la finance que vous pourrez, soit peu soit prou, car vous ne pourrez faire plus grand service. Et mettez en danger tous les collecteurs et autres qui voudront aider Notre Saint Père.

Il faut parfois revenir à la charge. En décembre 1404, Berenger Ribalta et Juan Lobera partent pour l'Aragon afin d'y emprunter 200 000 florins. Ribalta meurt, Lobera ne trouve pas la somme. En janvier 1406, Francesc Blanes va renforcer Lobera, avec semblable commission. On ne trouve toujours pas les prêteurs. La Trésorerie de Benoît XIII est aux abois : de 1404 à 1409, seize nonces partiront, surtout vers l'Aragon, avec des exigences déraisonnables : à chaque fois de 100 000 à 250 000 florins. Ils ne rapporteront rien.

LES BANQUIERS

Rien de tout cela ne dispense d'en passer par le banquier. Parfois, les compagnies prêtent sans intérêt afin de consolider leur position commerciale à Avignon et notamment à la curie. C'était le cas normal avant le Schisme. Ce l'est moins quand s'avère l'incertitude des lendemains et quand l'absence des Florentins restreint le choix. Pierre de Cros est donc en peine d'un banquier.

Le nom d'Andrea di Tici s'impose alors. Aux dimensions certes limitées de sa société, ce marchand de Pistoia a déjà eu l'expérience des finances pontificales et il a même établi à Avignon le siège social de sa compagnie. Il sera pendant cinq ans le principal banquier de la place. Avec lui, Clément VII trouve aussi du crédit chez un marchand d'Asti, Antonio dal Ponte, et même chez un Florentin, Aguinolfo de' Pazzi. Ce dernier prêtera, de 1379 à 1393, en dix-huit versements 25 000 florins qui s'ajoutent aux 15 000 que lui doivent les Angevins.

Les banquiers du pape exigent dorénavant un intérêt, que la Chambre apostolique ne se donne même plus la peine de déguiser, allant jusqu'à inscrire dans les comptes des sommes « pour l'usure ». Cela dit, c'est pour le remboursement du capital qu'ils manifestent de l'inquiétude. Le crédit du pape ne suffit plus à rassurer les créanciers. Ils prennent des gages. L'Astesan Antonio dal Ponte prend en 1379 de l'orfèvrerie, cependant qu'Andrea di Tici, pour fidèle qu'il soit, exige en gage une mitre précieuse et de la vaisselle d'argent alors qu'il a déjà, depuis deux ans, 80 marcs d'or en douze coupes et un candélabre. Les hommes d'affaires marseillais ne se méfient pas moins que les financiers italiens. Estève de Brandis et Jean Casse, deux des figures les plus marquantes du négoce de la cité phocéenne, dont les affaires touchent toute la Provence comme le Languedoc, qui trafiquent des revenus du roi de France et dont les galères sillonnent la Méditerranée, prennent en 1382, comme de simples usuriers, les joyaux du trésor pontifical pour le paiement des galères de Louis d'Anjou. Même Juan Fernandez de Heredia ne prête à Clément VII que contre remise d'un gage prestigieux, sa mitre précieuse. Heredia saluera quand même l'avènement d'un compatriote en rendant le gage à l'Aragonais Benoît XIII sans exiger pour autant le remboursement de son prêt.

Il faut parfois en passer par le gage immobilier. Quelques capitaines au service du pape font garantir leur solde par l'engagement d'une seigneurie du Comtat, voire d'une châtellenie prêtée à cette fin par la reine Jeanne. La Chambre apostolique hypothèque ainsi Moustier-Sainte-Marie en 1383 et Serres en 1386. Les Grimaldi ont de même Antibes en 1390 et le comte Pierre de Genève – le frère du pape – a Mornas. En février 1408, le maréchal Boucicaut exigera, pour un prêt de 40 000 francs, une hypothèque sur d'importants biens immobiliers appartenant à l'évêché d'Avignon et les quatre châteaux de Pernes, Châteauneuf, Bédarrides et Bollène.

Si Pierre de Cros cherche des prêteurs, il lui faut aussi trouver pour les transferts d'argent vers Avignon un financier capable de remplacer durablement les grandes compagnies florentines, évincées pour raison politique et peu convaincues par l'autorisation – obtenue en novembre 1381 de Clément VII par Pietro Corsini – qui leur est accordée de revenir sur les terres de l'Église et de succéder aux Guinigi, qu'écarte l'adhésion de Lucques à la cause urbaniste. Or, si le recours au crédit est une chose, où les hommes d'affaires n'interviennent pas seuls, le transfert des fonds en est une autre, où ils sont le seul moyen d'éviter le transport de numéraire, bien risqué en ces temps d'insécurité. Le transfert par change bancaire ne coûte guère plus que le voyage d'un transporteur. Avant tout transport, il faut bien aller chez le changeur local : à peine de devoir convoyer des chariots, on convertit les piécettes de la recette pour ne transporter que de l'or qui tient en un sac.

Le change bancaire fait l'économie du change manuel. En pratique, ne transportent du numéraire que, dans les moments de relative sécurité, les collecteurs des régions les plus proches ainsi que, quand ils viennent de loin en loin rendre leurs comptes, les collecteurs qui savent devoir verser un revenant-bon de faible encombrement.

D'un point de vue géographique, l'obédience d'Avignon n'exige pas les mêmes capacités de transfert que la papauté d'avant 1378. Il s'agit de faire venir les fonds de France et bientôt de Castille et d'Aragon, non plus de Scandinavie, d'Angleterre, du Portugal ou de Hongrie. Il faut cependant des compagnies ayant au moins un associé ou un correspondant à Paris, où tous les collecteurs du nord de la France viennent acheter du change. Or les Lucquois tiennent fermement la position sur la place de Paris et ceux qui n'ont pas, comme les Guinigi, d'ambition politique à Lucques ne se privent pas d'avoir pour client le pape d'Avignon. Une entente entre les familles les garantit des compétitions et des surenchères. Après quelques années où se maintiennent des marchands que l'on voyait déjà à Avignon au temps de Grégoire XI, comme Bartolomeo Spifame, Filippo Astareo ou Gherardo Burlamacchi qui s'est associé à Andrea di Tici, toutes gens dont on éprouve vite l'insuffisance financière, une compagnie s'impose : celle des Rapondi. Andrea di Tici ne disparaît toutefois que des affaires lourdes : il continuera de prendre à ferme quelques revenus dans le Comtat

Ayant pour l'essentiel rompu les liens avec Lucques, les Rapondi se sont réparti les rôles en famille : Dino Rapondi, l'aîné, siège à Bruges pendant que ses frères Jacopo et Pietro tiennent à Paris une place qui devient essentielle pour les envois de fonds des collecteurs de Paris, de Bourges, de Reims et de Tours. Dino, qui voyage beaucoup et que l'on voit souvent à Paris – où il est connu comme Sire Dine Raponde – vient donc en octobre 1381 à Avignon pour y négocier les raisons d'une installation permanente. Peu après, son frère Andrea crée dans la cité des papes une succursale où le remplacera en 1386 leur jeune frère Filippo. Lorsqu'en 1389 Filippo gagnera Bruges, on placera à Avignon son neveu Giovanni, puis leur associé Jacopo Rongui. Dès leurs débuts dans les affaires pontificales, les Rapondi ont eu l'habileté de s'associer un autre Lucquois, Giovanni Caransoni, qui servait déjà la Chambre apostolique en 1372 et qui, fort de ses relations à Paris aussi bien qu'à Gênes ou à Venise, sera à Avignon jusqu'en 1395 le plus utile des associés de Rapondi, sans se priver de prendre à son compte diverses opérations comme la recette d'une taille sur le Comtat ou la centralisation de la décime imposée pour le duc de Bourbon.

Ainsi, de 1382 à 1395, la compagnie des Rapondi a-t-elle acheminé vers Avignon 110 000 florins en numéraire et fait bien souvent à la Trésorerie l'avance de sommes que lui remboursent à Paris les collecteurs. Andrea Rapondi joue même les intermédiaires lorsque, comme procureur du trésorier de Louis d'Anjou Nicolas de Mauregart, il reçoit en France tous les revenus de la fiscalité pontificale assignés au roi de Naples et s'emploie à les faire acheminer en Italie par des Florentins.

Les marchands d'Asti n'ont pas renoncé pour autant. D'abord, ils ont une position solide parmi les changeurs de la place d'Avignon. Deux d'entre eux, Antonio dal Ponte et Catalano della Rocca, sont successivement changeurs de la Chambre apostolique. Catalano della Rocca saura développer ses affaires sans cesser de rendre les services qu'on attend d'un changeur, en particulier la négociation et la revente des pièces d'orfèvrerie que, les tirant de son trésor ou les prenant dans les dépouilles saisies, le pape se trouve bien de vendre sur le marché. C'est Catalano qui, lorsqu'en 1398 Benoît XIII est aux abois, va vendre à Paris le plus beau rubis du trésor pontifical et en obtient du duc de Berry un prix supérieur à ce qu'espérait le trésorier Pedro Adimari : Jean de Berry paie 5 100 francs dont 900 seront la commission de Catalano. Associée pour un temps à Catalano della Rocca, une autre compagnie astesane, celle de Francesco et Lucchino Scarampi, s'introduit dès leur reprise dans les relations financières avec l'Aragon, où les Rapondi n'ont pas cherché à se faire une place.

Pour subsister à Avignon, les Rapondi sont trop engagés dans les affaires financières du duc de Bourgogne quand celui-ci prend la tête du parti hostile au pape. Alors que s'annonce l'insurrection du clergé français, Bruges et Paris sont pour eux des places plus solides qu'Avignon et le crédit du duc de Bourgogne l'emporte sur celui de Benoît XIII. On ne s'étonnera pas de voir Andrea Rapondi se joindre à la délégation des Avignonnais venue à Paris demander au roi de prononcer la déchéance du pape.

Deux facteurs nouveaux apparaissent à ce moment dans le jeu bancaire. Louis d'Orléans, qui a pris parti pour le pape, épouse Valentine Visconti, laquelle a dans sa dot la place lombarde d'Asti. Afin d'éviter l'isolement, les Génois donnent en mars 1396 leur seigneurie au roi de France, ce qui les fait basculer dans l'obédience d'Avignon.

Les Rapondi sont donc pour quelque temps remplacés par des Astesans. Jacopo da Solario et Paolo Ricci n'avaient jusque-là qu'une place modeste dans le mouvement des fonds. Ils paient quelques changes tirés à Paris chez leur associé Simone Damiani. Le volume de leurs affaires n'en demeure pas moins touché par l'amenuisement de la fiscalité pontificale. Ils poursuivront des opérations de petite envergure jusqu'en 1405.

Lorsque l'essentiel des revenus de Benoît XIII vient d'Aragon, force est de changer les voies bancaires vers une curie désormais itinérante au long du littoral ligure et vers une Trésorerie demeurée à Avignon. La Chambre apostolique en revient donc aux Florentins, mais sur une carte nouvelle. La compagnie de Francesco de' Bardi et Francesco de' Medici devient en 1405 le banquier du pape Benoît XIII. Son correspondant à Barcelone Andrea de' Pazzi reçoit l'argent des nonces, et l'associé Lorenzo di Dinolzo assure à Avignon la ventilation des fonds et la réexpédition des changes vers Andrea de' Bardi à Gênes ou Jacopo Covoni à Savone. De 1405 à 1408, ils auront assuré vingt-huit changes pour un total de 86 500 florins. Quant aux nonces qui sillonnent ce qui subsiste de l'obédience, ils s'adressent souvent, dans les différentes places, aux associés du Florentin Andrea de' Pazzi, lui-même associé d'Averardo de' Bardi et de Francesco de' Medici.

Ceux-ci font alors montre d'une étonnante duplicité. Dans le temps où une société Bardi-Medici sert à Gênes Benoît XIII, la société formée par le fondateur Giovanni di Bicci de' Medici et le directeur général Benedetto de' Bardi – ceux-ci étant prudemment absents de Gênes – figure parmi les principaux banquiers de la papauté romaine de Grégoire XII et c'est à son compte personnel dans cette société que le légat Baldassare Cossa place l'argent qu'il détourne du trésor de Grégoire XII et qui servira à financer contre celui-ci le concile de Pise.

Pour changer de Barcelone sur Avignon, Benoît XIII n'a pas que les Florentins. Afin de coordonner la gestion des bénéfices qu'il a conservés en Aragon et de centraliser la recette de ses procureurs, il recourt à un banquier de Barcelone, Guilherm de Fenolhet. Sans doute lié au pape par des liens d'amitié, Fenolhet fait figure, à partir de 1398, de banquier privilégié, indépendant des collecteurs mais aux ordres du vice-camérier Pedro Adimari. Non seulement on connaît de lui soixante-quatorze lettres de change au bénéfice de la curie, mais il finance les missions diplomatiques du pape et l'affrètement de galères aussi bien que les troupes envoyées en 1399 pour tenter de débloquer Avignon. De 1404 à 1408, alors que l'essentiel des revenus de Benoît XIII vient d'Aragon, Fenolhet aura manié 130 000 florins.

LA CRISE MONÉTAIRE

Une crise d'instabilité monétaire accompagne le Grand Schisme. Clément VII et ses conseillers croient y faire face, en 1385, par un renforcement du florin courant avec une émission à 72 pièces au marc. Ce florin dit « clémentin » est coté à 23 sous, et c'est à ce cours qu'il sera pris pour tous les versements à la Trésorerie. On lui donne donc un cours supérieur de 1/24 au florin de la reine qui fait la loi sur les marchés de Provence, alors que sa valeur réelle n'est supérieure que de 1/36. On officialise ainsi, en la généralisant, la pratique déjà observée sous Urbain V, époque où le trésorier du pape et le recteur du Comtat n'acceptaient qu'à un cours sous-évalué les espèces autres que pontificales. En 1385, c'est ne tenir aucun compte du phénomène de marché que formulera au xvie siècle le financier londonien Gresham mais qu'entrevoient déjà les changeurs les plus perspicaces : la mauvaise monnaie chasse la bonne. À ce prix, les gens n'acceptent pas de se défaire de leurs espèces : tout le monde thésaurise en attendant un nouveau cours et la vie économique d'Avignon et du Comtat s'en trouve pour un temps paralysée. L'associé de Francesco Datini à Avignon ne mâche pas ses mots dans une lettre adressée à son siège de Prato : « la chose ne pourra pas durer, parce que cette monnaie n'est pas établie raisonnablement ». Quant aux florins de la Chambre, ceux qui en ont les font passer en Italie.

Les changeurs imposent en définitive leur point de vue et, en 1388, on dévalue la monnaie pontificale : on porte à 30 sous le cours du florin de la Chambre qui demeure la base de la monnaie de compte et à 25 sous celui du florin courant qui est celui des paiements. En 1393, on tente de rendre le système plus rationnel en l'alignant sur celui du roi de France : on émet des florins de la Chambre à 62 au marc pour une valeur de 30 sous, ce qui en fait l'équivalent de la livre tournois. L'opération simplifie les échanges et les comptabilités, et les marchands s'en réjouissent. Elle couvre une dévaluation qui contrarie les spéculations sur les monnaies anciennes encore en circulation, donc les fuites de métal précieux.

C'est alors que disparaît le florin de la Chambre en tant que pièce. Il demeurera comme monnaie de compte. On prend d'ailleurs l'habitude d'appeler « franc » ce qui reste en circulation. Frappé en 1395 à l'imitation de l'écu français de Charles VI, un écu du pape demeurera en usage jusqu'à la fin de la présence pontificale à Avignon.

En émettant des monnaies au nom du pape, la Chambre apostolique n'a pas pour unique propos d'affirmer une souveraineté temporelle et de faciliter la vie économique dans le Comtat et à Avignon. Comme toute autorité capable de frapper monnaie, le pape en a les profits. Le plus normal, c'est le seigneuriage. Il tient à la différence, qui ne saurait être considérable, entre le prix auquel l'atelier monétaire achète ou reçoit le métal précieux et le cours qui résulte du rapport entre la valeur intrinsèque de la pièce – le prix de ce métal précieux, qui tient au marché – et la valeur extrinsèque telle que définie par l'ordonnance d'émission et traduite par le cours officiel. En pratique, le pape se contente du remède trouvé à la sortie des « boîtes », c'est-à-dire de la différence entre la quantité de métal que voudrait la définition de l'espèce et la quantité réelle des échantillons pesés après l'émission.

Le principal gain du pape, c'est celui qui résulte des changes pratiqués en écriture pour la fiscalité. Marchands, collecteurs et prélats versent des espèces diverses : celles qu'ils ont reçues et celles qu'ils se sont procurées chez les changeurs locaux. Mais les dettes fiscales sont calculées en florins de la Chambre. En rendant le florin de 1393 obligatoire pour tous les paiements à la Trésorerie, Clément VII ne fait que rendre systématique ce gain de change à son bénéfice. Les livres-journaux de la Trésorerie mentionnent très clairement, après chaque versement fait en monnaie autre que pontificale, un complément « pour l'avantage » qui peut aller jusqu'à un sou par florin de la Chambre, soit 3,33 %.

La Trésorerie ne gagne pas moins quand une dévaluation comme celle de 1393 renforce les obligations souscrites par les prélats pour leurs communs services, obligations qui se chiffraient en florins de la Chambre. Le prélat qui devait 1 000 florins de la Chambre s'en acquittait jusque-là pour 933 livres 7 sous tournois en quelque monnaie que ce fût. Après la dévaluation, il lui faut payer 1 000 livres. La Trésorerie gagne ainsi un millier de florins par an. Comparé au budget de Grégoire XI, c'eût été insignifiant. Ce ne l'est pas dans le temps de Benoît XIII.

Pour personnaliser les espèces, qu'elles soient d'or ou d'argent, on n'y a fait figurer jusqu'au Grand Schisme que le nom du pape. C'est seulement avec un florin de Clément VII que s'ajoute sous la tiare un écu circulaire orné de la croix de Robert de Genève. Benoît XIII glissera le croissant de lune de Pedro de Luna entre les lettres *PP* qui supportent la tiare

CHAPITRE XXIII

En marge du schisme

HEREDIA

Le grand maître de l'ordre de l'Hôpital, Juan Fernandez de Heredia, était captif des Albanais lorsque la double élection de 1378 vint perturber la succession de son protecteur Grégoire XI et briser durablement l'unité de l'Église. Libéré en 1379, il avait gagné Rhodes et y avait manifesté son adhésion à Clément VII. Cet Aragonais ne pouvait souscrire à l'exigence d'un pape italien. À Rome, Urbain VI n'était pas davantage porté à se désintéresser de la Méditerranée orientale : il révoqua le grand maître, interdit aux hospitaliers d'entretenir quelque rapport que ce fût avec lui et fit élire un compatriote napolitain, le prieur de Capoue Riccardo Carracciolo. Les prieurés de Rome, de Barletta et de Messine se rallièrent au nouveau grand maître. Tous les autres, et notamment les Français et les Aragonais, se retrouvèrent avec Heredia pour manifester leur adhésion à Clément VII. Les chevaliers de Rhodes restaient fidèles à celui qui les avait commandés en Orient : Heredia garda la main sur le siège de l'ordre, restant ainsi maître du rôle que celui-ci pouvait jouer en tant qu'ordre militaire.

Il exploita la situation : intensifiant la réforme disciplinaire de l'ordre et satisfaisant ainsi aux injonctions naguère faites par Grégoire XI, il rétablit les finances, donc les moyens d'action en Méditerranée. Il en tira un prestige que ne pouvait avoir un Carracciolo réduit à gouverner des chevaliers cantonnés en Italie. Assez habile pour s'abstenir de toute hostilité envers ces hospitaliers italiens, Heredia se contenta de destituer les prieurs, ce qui était sans conséquence puisque l'Italie lui échappait.

La situation devint intenable quand les obédiences eurent fini de se fixer. L'Hôpital de Heredia paraissait dès lors trop exclusivement français et aragonais pour ne pas gêner les frères des autres « langues », autrement dit de ces royaumes et régions qui, comme l'Angleterre, l'Allemagne et la Guyenne, ressortissaient à la papauté romaine. Vers 1385, certains frères de ces langues parlèrent de rejoindre Carracciolo. C'était, en perspective, une coupure de l'ordre en deux parties sensiblement égales, à l'instar de ce qui affectait l'Église. Les hospitaliers comprirent que la scission les affaiblirait et qu'elle menacerait tout simplement la survie de l'ordre. À l'exception des Italiens, ils demeurèrent en grande majorité fidèles à Heredia. Dès lors, celui-ci affecta une certaine indifférence à une division de l'Église en laquelle il feignit de ne voir qu'une division de la papauté. Pour tout dire, les querelles des papes n'étaient pas les siennes.

À Rome, on avait compris. Quand en mai 1395 mourut Carracciolo, Boniface IX différa la désignation d'un successeur. Un conseil en tint la place. Heredia prenait de l'âge. Des deux côtés, on attendit. Et quand en mars 1396 mourut le grand maître aragonais, l'ordre entier se retrouva à Rhodes pour élire le prieur d'Aquitaine Philibert de Naillac, un chevalier loyal et courageux qui, pour l'heure, était avec le roi Sigismond de Hongrie à la croisade qui allait s'achever par le drame de Nicopolis. L'attitude ferme et la délicatesse diplomatique d'un Heredia connu pour son goût de l'autorité avaient permis cet étonnant succès : alors que le Schisme s'éternisait, l'ordre reconstituait son unité. Autant dire qu'il était indépendant.

Il en profita pour montrer que ses préoccupations étaient à Rhodes et en Orient, non à Rome ou à Avignon. C'était, de manière encore plus positive, poursuivre la politique de Heredia. Quel que fût le pape, il fallait défendre Rhodes, voire passer à l'offensive. Alors que l'Occident était accablé par la nouvelle de Nicopolis, la chevalerie chrétienne pouvait entendre ce langage. L'Hôpital lui rendait son honneur. De même l'ordre s'engageait-il dans une politique, nouvelle à tous égards, d'aide à Constantinople. On verra les hospitaliers dans toutes les entreprises de la chrétienté qui, dénommées ou non croisades, tenteront de répliquer à la progression de l'Islam.

Naillac tira de même profit de l'aggravation du Schisme pour mettre un terme à des pratiques préjudiciables à l'ordre. Alors que l'affrontement de trois papes rendait plus vraisemblable que jamais la menace implicite de défection, le grand maître signifia en 1411 à Jean XXIII – non sans protestations de respect – que le temps n'était plus où le Saint-Siège disposait des prieurés et des commanderies de l'Hôpital comme de simples bénéfices. Jean XXIII n'était pas en situation de discuter. La crise conciliaire ne laissa pas le choix à ses successeurs. L'ordre venait de reconquérir sur le pape la libre disposition de son temporel.

Les ultimes croisades

La croisade n'a pas cessé d'occuper les esprits des princes. On en parle en France comme en Hongrie. Encore en pleine santé juvénile, Charles VI voit là son grand projet. Philippe de Mézières, l'ancien précepteur du roi, qui a servi à Chypre sous Pierre de Lusignan, définit en 1389 dans un récit allégorique, *Le Songe du vieil pèlerin*, un idéal de gouvernement qui tient en trois points : la paix entre la France et l'Angleterre, la fin du schisme et la croisade.

L'occasion semble se présenter au début de 1390. Gênes demande l'aide du roi de France contre les pirates barbaresques qui, basés en Tunisie dans la presqu'île de Mahdia, ne cessent de harceler les navires marchands. Bien sûr, attaquer la Tunisie n'est sans doute pas la véritable priorité du monde chrétien, mais la croisade en Orient appelle une longue préparation, qu'on ne saurait escompter en ce temps de schisme. Ce qu'on appellera la « croisade de Barbarie » est donc une entreprise modeste et c'est une dépense raisonnable alors que la trêve laisse espérer la paix avec l'Angleterre de Richard II, mais la volonté de croisade du jeune roi y trouve son compte. Son oncle le duc de Bourbon, qui rappelle volontiers qu'il descend de saint Louis, prendra le commandement. Pour fortifier une réconciliation encore fragile, on verra en l'affaire des chevaliers anglais. Le combat contre l'Infidèle unira donc des fidèles des deux papes. On s'est juré d'oublier, au moins pour un temps, les affrontements du schisme. Comme il se doit, Gênes fournira les navires.

Tout le monde ne montre pas la même sagesse que naguère Heredia. Au moment d'appareiller pour Mahdia, les représentants des deux papes se disputent et finissent par donner leur bénédiction chacun de son côté. Chacun veut tirer profit de l'entreprise commune et n'y gagne rien. Mal préparée et menée par des chefs incompétents, la pseudo-croisade tourne court quand les Génois, lassés d'un siège qui dure en vain depuis deux mois, négocient le retrait. Les Tunisiens paient une indemnité et ils ont compris qu'il faut laisser en paix les navires génois. Mais en fait de croisade, c'est l'échec.

Quoi qu'il en soit des Barbaresques, c'est bien en Europe que la chrétienté est en danger. Byzance ayant en 1344 fait appel aux Ottomans contre les Serbes, les Turcs n'ont plus quitté l'Europe. Après avoir en 1354 pris Gallipoli sur la rive européenne des Dardanelles, ils ont réduit l'empire byzantin à Constantinople. La reprise de Gallipoli par le Comte Vert en 1366 n'a été qu'un maigre succès. Les forces du sultan Bayazid – notre Bajazet – ont en 1389 écrasé les Serbes à Kosovo et occupé toute la Bulgarie, puis une partie de la Valachie. Le Turc vient enfin de s'emparer, sur la rive droite du Danube, de la ville de Nicopolis.

C'est donc une croisade en bonne et due forme qui s'achemine au printemps de 1396 le long du Danube. Le roi de Hongrie en a pris l'initiative et le commandement. Une bonne partie de la chevalerie chrétienne l'a rejoint. On voit là le fils aîné du duc de Bourgogne, ce jeune Jean, alors comte de Nevers, qui va gagner là son surnom de Sans Peur. Parmi les Français, on distingue le comte de la Marche Jacques de Bourbon, l'amiral Jean de Vienne et le maréchal Jean II Boucicaut. Le duc Jean de Berry s'est vite désintéressé du projet de croisade et Louis d'Orléans, plus soucieux de ce qui se passe à Avignon que du Danube, s'est finalement décommandé. Français, Allemands, Anglais, Polonais, Italiens, on compte près de cent mille hommes. Notons-le, dans le schisme, ces gens-là appartiennent à l'une comme à l'autre des obédiences. La chrétienté réussit là ce qu'elle a manqué en 1390. Et elle y parvient sans les papes.

Sigismond prend position devant Nicopolis et en entreprend le siège quand survient Bayazid à la tête d'une armée d'environ cent mille hommes. Les forces sont égales. Le commandement ne l'est pas, et le sultan va montrer une intelligence tactique qui l'emportera sur la vaillance désordonnée des chevaliers chrétiens. De part et d'autre, au soir du 25 septembre 1396, on compte les morts par dizaines de milliers, et le nombre est augmenté par le massacre systématique des prisonniers jugés incapables de payer rançon, massacre qu'ordonne Bayazid pour venger ses propres soldats morts. Dès la première rencontre, la croisade se solde donc par une défaite, aussi humiliante que sanglante, de la fleur de la chevalerie chrétienne. L'échec n'est pas moins coûteux : pour payer les rançons, la Hongrie payera cent mille florins, Chypre vingt-huit mille, Gênes trente mille. De cette humiliation il restera plus que des traces. L'Occident n'oubliera pas, en particulier, que l'on n'a pas vu l'armée byzantine.

Certains voudront sauver l'honneur. Revenu de Nicopolis, Philippe de Naillac renforce Rhodes et défend courageusement Smyrne, qui tombera cependant en 1402 sous les coups de Tamerlan. Boucicaut, lui, reprendra le chemin de l'Orient et justifiera ainsi sa réputation de parfait héros de la chrétienté.

Bayazid a tiré parti de la tranquillité que lui procurait sa victoire de Nicopolis. Il a occupé les dernières places byzantines d'Asie mineure, pris Athènes, envahi le Péloponnèse. Maintenant, il enserre Constantinople. En 1399, Boucicaut prend la tête d'une entreprise commune de la France et de Venise. Son escadre passe le Bosphore et débarque une armée qui dégage la capitale de ce qu'il reste d'empire byzantin. Ce qui va sauver Byzance et procurer un répit d'un demi-siècle, c'est Tamerlan. Les Mongols sont déjà en Asie mineure. En 1402, à Ankara, Tamerlan défait les Ottomans et emmène Bayazid captif dans une cage de fer.

En 1403, Boucicaut revient, avec une escadre de l'Hôpital que commande Naillac en personne et une flotte génoise qu'il a aisément mise à contribution parce qu'il est alors gouverneur de Gênes pour le compte du roi de France. Le maréchal va donc ravager les côtes d'Égypte et de Syrie. Une armée égyptienne est écrasée devant Tripoli, Beyrouth et Tripoli sont enlevées et pillées, et l'affaire ne s'arrête que devant Saïda, où les chrétiens renoncent à attaquer un ennemi trop nombreux. Le traité signé le 27 octobre 1403 avec le sultan garantit aux chrétiens d'appréciables avantages commerciaux. La papauté en tirera profit en vendant dorénavant aux compagnies commerciales italiennes les licences autorisant les relations avec des Infidèles.

L'HUMANISME

Dans les domaines de l'art, le temps du Schisme s'inscrit d'abord dans la continuité. Avant d'être le Clément VII du Schisme, Robert de Genève a été le fils d'un prince, et son éducation a été celle d'un prince. Les nécessités de l'affirmation politique d'une papauté avignonnaise affrontée à celle de Rome lui font un devoir de tenir, malgré les difficultés financières, une cour de prestige. Le retour à Avignon ne saurait passer pour une retraite. Intellectuels et artistes y sont donc les bienvenus. Nous avons déjà vu ce qu'est jusqu'en 1394 le marché de l'art, et ce que reste même, grâce à quelques marchands, l'apport des peintres toscans au paraître de la cour pontificale cependant que la musique que font entendre à la chapelle de Clément VII des chantres que l'on continue de recruter à Laon ou à Beauvais rappelle avantageusement ce qu'on entendait sous Clément VI. Certes, Grégoire XI a marqué le caractère définitif de son départ – en libérant notamment les livrées cardinalices – et fait ainsi penser que c'en était fini de ce que la vie artistique devait à la présence pontificale, mais cette absence aura, du fait de la mort de Grégoire XI et de l'enchaînement rapide des événements de 1378, été trop brève pour rompre à Avignon la dynamique de l'art. C'est en revanche la dégradation des conditions politiques et très vite matérielles du maintien de Benoît XIII qui brise à partir de 1394 cette dynamique.

Il en va tout autrement de la vie intellectuelle qui s'anime au temps du Schisme. Les esprits sortent là de la continuité. Succédant au premier humanisme des temps de Jean le Bon et de Charles V, un mouvement intellectuel de grande ampleur prend naissance vers 1390 dans le milieu parisien des deux chancelleries du roi et du duc Louis d'Orléans. Il est alors le fait de laïcs aussi bien que de clercs comme Jean de Montreuil ou Pierre d'Ailly, et de poètes comme Christine de Pisan aussi bien que de théologiens comme Jean Gerson. Cette fois, on dépasse la culture classique nourrie de Cicéron et de Tite Live pour aller vers Lucrèce ou Juvénal.

Clément VII, d'ailleurs, ne se prive pas de mettre les lettrés à contribution, et c'est par des ballades, non par des graduels, qu'ils disent la grandeur de celui que son chapelain Mayhuet de Joan appelle la « fleur venue de Genève ». Œuvre d'un chapelain augustin nommé Gilles qui chante ailleurs les Français, « nobles, preux et vaillants », une ballade *Courtois et sage* où le nom du pape figure en acrostiche – les initiales forment son nom – dit la légitimité de l'élu de Fondi et annonce l'unité retrouvée de l'Église autour de Clément VII.

> Courtois et sage, et à tous doit plaisir
> Le droit seigneur que par élection
> Et non par force mais par commun sentir
> Mis est en siège de bénédiction.
> Et redonne à tous en union.
> Nul contredire ne le peut par droiture.
> Saint Père est, qui de tous a la cure.

Le propos politique n'est pas moindre dans l'œuvre de ce poète napolitain, Philippotto da Caserta, qui doit sans doute aux relations de la cour pontificale et du parti angevin de se trouver à Avignon dans les premières années du Schisme. Cultivant la flagornerie, il cache à peine le nom de Louis d'Anjou dans le refrain d'une ballade d'ailleurs composée pour la fête au cours de laquelle Clément VII bénit l'entreprise angevine contre Naples et il donne à une autre pour refrain un vers, « Par le souverain pape qui s'appelle Clément », plus conventionnel qu'inspiré. Philippotto est un théoricien, un amateur de jeux verbaux et de prouesses techniques dans la meilleure tradition de l'art « subtil », mais il contribue à maintenir à la cour de Clément VII cette présence italienne que la double élection de 1378, suivant la rupture avec Florence, a fragilisée après l'embellie connue dans les débuts de Grégoire XI.

Dans cette éclosion d'une nouvelle curiosité intellectuelle, la cour d'Avignon joue un rôle original : celui d'un relais entre Paris et Florence. La curie n'est pas le creuset d'un nouvel humanisme, c'est un foyer de rencontre. Mais bien des rencontres se prolongent par des correspondances et par des envois de livres. Notaire et secrétaire du duc de Berry, puis du roi, Gontier Col vient en mission à Avignon, chargé en 1395 par les oncles de Charles VI de convaincre Benoît XIII d'accepter de se retirer si l'adversaire romain en fait autant. Notaire et secrétaire du roi, Jean Charlin que l'on appelle Jean de Montreuil a parcouru l'Italie dans le sillage du chancelier Miles de Dormans et animé l'entourage humaniste du duc Louis d'Orléans. On le voit en 1403 à la curie. L'avènement de Benoît XIII et les débuts de la crise politique ne provoquent en la matière aucune rupture

Il est à Avignon entre 1390 et 1397, un personnage dont le rôle va se révéler essentiel : Laurent de Premierfait, qui laissera avant tout le souvenir d'un traducteur mais grâce auquel la France aura accédé, surtout après 1400, aux grandes œuvres de l'humanisme italien des décennies précédentes. Secrétaire à Avignon du cardinal Amédée de Saluces, non moins lié à l'élite intellectuelle du monde laïque de Paris, c'est pour un général des finances du roi de France qu'il traduit en 1400 les *Cas des hommes illustres* de Boccace. Il traduit Tite Live et Cicéron aussi bien que le *Décaméron* de Boccace. Il compose un commentaire de Térence. Entré au service d'un trésorier du roi, il offre ses livres au duc Jean de Berry. Mais il ne perd jamais le contact avec l'humanisme italien qu'il a découvert à Avignon et il entretient des relations suivies avec le groupe de fins lettrés formé autour d'Amédée de Saluces et perpétué à la Chancellerie pontificale, avec Jean Muret et Giovanni Moccia, tous deux secrétaires des papes Clément VII et Benoît XIII, ou avec le cardinal Galeoto Tarlati di Pietramala qui, passant en 1387 à l'obédience de Clément VII, apporte à la curie d'Avignon un peu d'air d'Italie. Le chancelier de Giangaleazzo Visconti, Antonio Loschi, dira de Premierfait qu'il est « le premier poète des Gaules ».

Recteur de l'Université de Paris en 1393, le théologien Nicolas de Clamanges entre en 1397 à la Chancellerie pontificale. Aussitôt choisi comme secrétaire par Benoît XIII, il est parfois son intermédiaire avec les milieux humanistes de Paris. Car Clamanges est, avec ses amis Jean Gerson et Gérard Machet, l'un des maîtres qui nourrissent, au collège de Navarre, la réflexion sur la réforme de l'Église, celle de la spiritualité et celle de l'enseignement scolastique. Nourrissant le goût du pape pour les auteurs classiques, il inspire largement les acquisitions de la bibliothèque pontificale. C'est lui qui, pour le pape, demande à Gontier Col de lui procurer les *Lettres* de Pline le Jeune. Mais le secrétaire se trouve vite en porte à faux quand la France se prononce pour la soustraction d'obédience. Certes, en 1398, Clamanges prend dans un exil volontaire à Langres ses distances avec la curie comme il a pris ses distances avec une cour parisienne en proie aux déchirements politiques, mais il retrouve en 1403 ses fonctions auprès de Benoît XIII et accompagne celui-ci dans ses pérégrinations à Marseille et en Italie, ce qui le fera tenir à Paris pour un traître. En janvier 1408, la cour de France lui imputera la rédaction de la bulle d'excommunication de Charles VI et il ne se sortira d'affaire qu'au prix d'une retraite de dix ans dans un monastère.

Il gardera toujours pour Benoît XIII une certaine admiration et l'écrira en 1414 : « Bien qu'il fût gravement accusé par certains, je continue de croire que ce fut un saint homme, et je n'en connais pas de plus dignes de louange. » Dix ans plus tard, alors qu'il n'a plus rien à attendre du défunt pape, Clamanges réitérera : « C'était un saint, et je ne connais pas de pontife, ni même d'homme au monde, qui lui fût égal. »

Quant à Guillaume Fillâtre, grand juriste et conseiller juridique de Louis d'Orléans, il accompagne celui-ci à Avignon pendant les événements de 1399 et sera, devant le concile gallican de 1406, le défenseur très actif de Benoît XIII. L'année suivante, le gouvernement royal que domine alors le duc d'Orléans lui confie la délicate mission de tenter de modifier la position du pape. Devenu cardinal, il jouera un rôle souvent décisif au concile de Constance.

On ne peut dissocier de ce nouvel humanisme l'évolution des dévotions spontanées dont est l'objet la Vierge et l'apparition de nouvelles questions dans la réflexion des universitaires, théologiens et autres. On s'attache, comme jamais auparavant, à la figure humaine de Marie et à l'humanité de la sainte Famille. Les épisodes de l'histoire de la Vierge – Annonciation, Visitation, Couronnement – se multiplient dans l'art et les *Ave Maria* qui reprennent la salutation de l'Ange se multiplient dans la prière individuelle. La mère du Christ prend les allures d'une charmante jeune femme plus que d'une « mère de Dieu » en majesté. Le poète Philippe de Mézières fait jouer à Avignon un mystère sur la Présentation de la Vierge au Temple. Le légiste Évrart de Trémaugon reprend dans le *Songe du Verger* le texte du traité consacré à la conception de la Vierge par le franciscain Pierre d'Auriole, archevêque d'Aix au temps de Jean XXII. Le canoniste Baldo degli Ubaldi, qui fut à Bologne le maître de Grégoire XI, s'attache à cette Assomption de Marie et à sa présence au Ciel « avec son corps » que l'Église n'a jamais encore définie comme un dogme mais qui a déjà sa place au calendrier liturgique.

Les théologiens ne sont pas en reste, alors que quelques grands noms comme Pierre d'Ailly et Jean Gerson donnent à la théologie une impulsion nouvelle que caractérise un lien très fort avec la pensée humaniste. Gerson demande au duc de Berry d'intervenir pour que l'on célèbre à Notre-Dame de Paris une fête annuelle en l'honneur du « saint mariage du juste Joseph et de Notre Dame ». Vincente Ferrer imagine un partage des pouvoirs entre le Christ qui juge et Marie qui intercède. C'est alors que l'appellation « Mère de miséricorde » prend place dans les litanies. Ce qui aboutira à la définition de la doctrine de l'Immaculée Conception par le concile de Bâle est déjà perceptible quand Pierre d'Ailly et Gilles Deschamps vont à Avignon pour soutenir, au nom de l'Université et contre Jean de Montgon, que Marie a été préservée du péché originel.

N'exagérons pas la profondeur de ce mouvement qui fait d'Avignon un pôle de l'humanisme de la fin du siècle. Quelques grands noms ne font qu'un milieu intellectuel assez étroit. Sur les soixante-dix-huit livres que possède à sa mort en 1386 le collecteur Arnaud André et que l'on inventorie dans son hôtel, voisin de la livrée de Pierre de Cros, il n'est guère que des ouvrages de droit, surtout canonique, auxquels s'ajoutent les *Commentaires sur les psaumes* d'Innocent III, les *Homélies* de saint Grégoire le Grand et l'*Arche de Noé moralisée* d'Hugues de Saint-Victor. Trois ouvrages d'histoire, un Salluste et le *Gouvernement des princes* de Gilles de Rome sont les seules ouvertures vers la pensée profane.

Les musiciens qui forment la chapelle de Clément VII – une chapelle où, sauf en carême, on entend un orgue – n'en sont plus à faire l'expérience de l'art nouveau. Ils sont plutôt tentés par les extravagances de cet art subtil qui triomphe alors dans bien des cours de l'Europe méridionale et notamment à celle de Barcelone. Le savoir-faire l'emporte souvent sur l'inspiration et la réputation du compositeur tient à ses prouesses techniques. Naturellement, l'avènement de Benoît XIII renforce cette tendance : alors qu'il était le cardinal Pedro de Luna, il s'était attaché les services de Jacob de Seleches, d'abord compositeur de la cour de Jean Ier d'Aragon. S'il ne semble pas que le musicien l'ait suivi à Avignon, le pape a gardé le souvenir de cet art subtil propre à enchanter l'aristocratie.

Malheureusement pour Avignon, la division de l'Europe place dans l'obédience de Rome quelques grands foyers de la musique sacrée comme Liège ou Utrecht, cependant que l'attraction de Paris s'exerce plus fortement que celle de la curie sur les églises demeurées dans l'obédience d'Avignon comme Laon ou Reims. Le rapide déclin de la cour d'Avignon à partir des événements de 1396 ne fait que sceller le désintérêt des artistes. Certains Flamands ou Hollandais, pourtant, trouveront sans peine une carrière à la cour de Bourgogne. Mais bien des musiciens de cette Europe du Nord qui a tant donné aux chapelles avignonnaises depuis les années 1330 préfèrent désormais faire carrière en Italie. Le bénéfice n'en va d'ailleurs pas à la cour pontificale de Rome. Pour toute une génération d'artistes comme d'ailleurs d'écrivains, Florence, Milan, Vérone ou Padoue sont autrement attractives.

La réforme

Le concept de réforme hante les hommes du XIVe siècle. On n'a parlé que de cela en France dans ces États généraux qui ont ponctué les relations de Jean le Bon et du futur Charles V avec leurs sujets et contribuables. L'exigence de réformes de structure s'est superposée aux attaques menées par Étienne Marcel et ses alliés contre les abus du gouvernement et de l'administration, et contre les spéculateurs en tout genre. Si elle ne mène pas alors le combat, l'Université n'est pas absente de la réflexion qui s'impose sur le fonctionnement de la chose publique. Charles V n'a cessé de modifier par des ordonnances le fonctionnement de la monarchie, en sorte que l'ordonnance réformatrice la plus célèbre, l'ordonnance « cabochienne » de 1413, ne sera pour l'essentiel que la reprise des ordonnances de Charles V.

La France connaît des mouvements révolutionnaires, celui des Maillotins de Paris et des Flamands en 1382, celui des Cabochiens en 1413. Florence est bouleversée en 1378 par la révolution des Ciompi. L'Angleterre a en 1381 sa révolte des Travailleurs, et Londres tremble quand les révoltés occupent la ville. Partout, la violence s'accompagne de l'expression de revendications idéologiques, morales et politiques, parfois théologiques. C'est en Angleterre la prédication de John Bull et de John Wycliff, le maître de Baillol College à Oxford. On va, avec Wycliff, comme plus tard avec le recteur de Prague Jan Hus, jusqu'à parler d'une réforme de la société.

Mais dans le même temps la réforme de l'Église s'impose à la réflexion de tous, clercs et laïcs, quand l'affaire des spirituels trouble les consciences, quand la Peste noire conduit à des déviations de la dévotion et de la morale, quand le développement de l'appareil séculier de la papauté avignonnaise s'accompagne d'un système fiscal dont les fins spirituelles n'apparaissent guère. Les chrétiens sont troublés par ces églises confiées à des enfants grâce à des dispenses, par ces évêques et ces curés autorisés à n'être point auprès de leurs ouailles, par ces bénéficiers qui ne parlent même pas la langue de leurs fidèles, par ces cardinaux qui mènent train de princes quand ils n'y comprennent pas leurs maîtresses et leurs bâtards. On ne parle plus, comme au XIᵉ siècle, de simonie et de nicolaïsme, mais on parle de népotisme, de clientélisme et de corruption.

La demande de réforme s'intègre parfois dans un mysticisme purificateur qui appelle d'abord à la perfection l'ensemble de la société chrétienne. Avant qu'éclate le scandale du Grand Schisme qu'elle annonce comme la punition inéluctable d'une Église pécheresse et qui lui donnera l'occasion de nouvelles interpellations, Catherine de Sienne construit une apologie du pouvoir pontifical qui s'exonère de toute démonstration et multiplie les affirmations péremptoires.

> Il est insensé celui qui s'éloigne ou s'oppose à ce vicaire qui détient les clés du Sang du Christ crucifié. Même si ce vicaire était un démon incarné, je ne devrais pas relever la tête contre lui, mais toujours m'humilier et demander le Sang par miséricorde... Parmi les choses qui sont punies et qui déplaisent souverainement à Dieu, il y a l'offense faite à ses oints, quelle que soit leur indignité.

Alors que le monde apprend la double élection de 1378, Catherine finit de dicter – elle a des secrétaires – un *Dialogue* qui est un exposé de la Rédemption et de ses préalables moraux, et elle y inclut une sévère condamnation de la corruption qui mine le corps mystique du Christ. Quant à Brigitte de Suède, qui a tant appelé de ses vœux le retour du Siège apostolique à Rome, elle ne veut voir dans l'arrivée de Grégoire XI que la première étape d'une purification de cette Église qu'elle compare à un lupanar, mettant avec quelque naïveté la dégradation au compte du séjour à Avignon mais comprenant avec lucidité que la réforme reste à faire.

Derrière des mots comme « réforme » ou « abus », les réalités sont nombreuses, et il convient de ne pas s'y tromper. Chacun juge abusif ce qui le lèse et veut réformer ce qu'il voit comme scandaleux. Les pensées réformatrices sont donc aussi diverses que le sont les intérêts et les hostilités. Certes, il y a la dénonciation moralisatrice des mœurs et des enrichissements, et celle de l'engagement des prélats dans les combats du siècle. Qu'un cardinal fasse la guerre pour le pape n'est cependant pas chose nouvelle, et qu'un prélat nourrisse ses bâtards sur le temporel de l'évêché n'étonne guère en un temps où les bâtards royaux sont pourvus de titres et de seigneuries. Mais il y a l'hostilité des clercs contre la fiscalité, celle des évêques contre les curialistes trop influents, celle des curés contre les évêques absents, celle des fidèles contre les curés dispensés, celle des universitaires contre les prélats, celle des maîtres mendiants contre les maîtres séculiers. Naturellement, la réforme n'est pas la même, vue par un théologien, par un canoniste, par un docteur en Sorbonne ou par un curé de campagne. Ajoutons au tableau les motifs personnels de mécontentement, les ambitions déçues et les jalousies recuites. N'oublions pas la grogne collective des groupes régionaux – gascon, limousin, languedocien – successivement évincés du trône de saint Pierre et des profits qu'en tiraient les collatéraux. Faisons la part de l'amertume des clergés nationaux – italien, anglais, allemand – pratiquement exclus de la sphère du pouvoir. On voit que, dans l'aspiration à la réforme, le désir de redistribution des avantages l'emporte souvent sur celui de leur suppression.

La « tunique sans couture déchirée » qu'est le Schisme ne fait qu'ajouter à ce besoin de réforme, mais le Schisme en accroît l'actualité et lui procure des occasions que n'eussent pas fournies les temps plus calmes. La revendication de réforme prend donc à la fin du siècle une tout autre couleur, touchant désormais les structures mêmes de l'Église. Wycliff reprend les vieilles querelles des franciscains sur la pauvreté évangélique et attaque déjà l'accès des clercs à la propriété, dénonçant la puissance séculière de la papauté comme contraire à la volonté divine. Grégoire XI a déjà condamné ses propositions. Wycliff n'en compose pas moins vers 1379 un traité *De l'office du Roi* qui dénie toute autorité temporelle au Saint-Siège et esquisse un projet d'organisation d'une théocratie royale.

L'Université de Paris tient sa partie dans la revendication d'une réforme que d'autres, et par d'autres moyens, ne manquent pas d'exprimer dans le camp romain. Catherine de Sienne harcèle aussi bien, jusqu'à sa mort en avril 1380, la papauté d'Urbain VI que les puissances séculières. Dans les années 1400, on entend à Prague Jan Hus qui exige une réforme radicale de l'Église mais l'étend à la société tout entière sans en demander pour autant le bouleversement. Pour les intellectuels comme pour les mystiques, la solution du Schisme passe par la réforme de l'Église. Dès 1379, les maîtres parisiens forment l'idée d'un concile général qui mettrait fin aux malheurs de l'Église. C'est bien au Schisme que l'on pense alors, mais c'est aussi à la réforme, car le Schisme apparaît comme la punition infligée par Dieu à une Église pécheresse. Il n'en est pas moins le fruit des crimes de l'Église. Un chroniqueur ne craint pas de mettre l'élection de Prignano au compte des besoins d'avancement et de promotion. On ne saurait dire que les mouvements romains de 1378 ne sont pas, pour une part, l'expression d'un malaise devant la confiscation des bénéfices et des dignités par les Français et du désir des Italiens d'être à leur tour servis.

Le propos, parfois, ne prend aucune couleur institutionnelle. Il ne s'agit pas de bouleverser les structures et de changer les organes du gouvernement, que ce soit celui de l'Église ou celui de l'État. Gerson et ses amis rêvent, écrit B. Guenée, « d'un État où les théologiens définiraient la vérité, où les juristes diraient et appliqueraient le droit. Par eux régnerait, dans cet État de droit et de vérité, une paix parfaite où l'homme, à la fois protégé de ses fautes et de ses péchés, tendrait tout entier vers son salut et Dieu ». On le voit, ce programme passablement irénique mais inspiré par une vue hiérarchique des choses est plus proche de la *Cité de Dieu* que de l'ordonnance cabochienne. Plus éloigné encore des structures de la société est le propos de Nicolas de Clamanges, qui prône avant tout la réforme personnelle, autrement dit la conversion du cœur.

L'aspiration à une profonde réforme s'intègre, pour bien des théologiens, dans un regain de la prédication eschatologique illustrée au XIIe siècle par Joachim de Flore et Hildegarde de Bingen, au XIIIe par François d'Assise, au XIVe par les spirituels et finalement par Wycliff en Angleterre, par Mathias de Janow en Bohême – avant Jan Hus – et en Aragon par Vincente Ferrer. Comme toujours en période de crise, les prédications apocalyptiques et les textes prophétiques se multiplient. Punition du péché des hommes plus que scandale, le Schisme prend place après la Peste noire dans la liste des « calamités ». La réponse des chrétiens en tant qu'individus est dans la pénitence. La réponse de l'Église – comme celle de l'État – est dans la réforme.

À certains moments, la pensée réformatrice se fait modeste et réaliste. Clamanges prêche d'exemple quand l'idéal qu'il propose n'est pas un retrait du monde mais un équilibre entre vie active et vie contemplative. Quand le curé parisien qu'est devenu Gerson, sans cesser d'être au collège de Navarre l'un des maîtres de la théologie scolastique, prononce en tant que chancelier de l'Université le discours d'ouverture d'un synode tenu à Reims en mars 1409, il ne parle guère de théologie, encore moins de métaphysique. Il demande que l'Église ouvre des écoles en sorte que cesse ce scandale que sont des curés ignares, incapables de prêcher sans proférer de graves erreurs. On devrait, dit Gerson, donner aux futurs curés le manuel pratique de catéchèse qu'est le *Breviloquium* de saint Bonaventure, ce franciscain contemporain de Thomas d'Aquin. Avant de disserter sur la théologie, le curé parisien voudrait qu'on l'enseignât convenablement aux paroissiens. Sur un autre plan, Gerson marque la nécessité d'une théologie active : les canonistes n'ont que trop fait passer les structures et le fonctionnement de l'Église avant l'objectif, qui est le Salut.

Ne parlait-on pas déjà en 1312, au concile de Vienne, de la nécessaire réforme ? Quatre-vingts ans plus tard, Gerson récuse la voie de fait et renvoie les deux papes dos à dos, les comparant à deux voleurs qui se sont introduits de nuit dans une même bergerie. Pour sortir du Schisme qui vient seulement de commencer, Gerson prône les voies sages de la prière et du jeûne. D'autres ne se contentent pas de tels remèdes. L'occasion fournie par le Schisme est trop belle pour qu'on la laisse échapper. Il ne faut cependant pas s'y tromper, la réforme que souhaitent bien des clercs – et les laïcs qui entendent les prédications – n'est pas exempte de convoitises, et c'est à d'autres défauts que conduiraient les changements demandés. Les nominations proprement scandaleuses, fruits de l'arbitraire et du népotisme, ne paraissent pas avoir été plus nombreuses que les élections qui, en un autre temps, résultaient de l'intrigue des candidats, de la vénalité des électeurs et de l'intervention des princes. Le clergé de France s'avisera, au temps de la soustraction d'obédience, des inconvénients de ces « libertés » si vantées quand elles n'étaient qu'une idée. Quant à la nécessité de réformes profondes, de réformes de structure, elle aura été largement éludée au profit de l'interrogation juridique quant à l'élection de 1378. La papauté aura peut-être été « le bouc émissaire des péchés de l'Église » (J. Le Goff).

La concomitance de l'appétit de réforme sur les deux plans politique et religieux aura pour bien des maîtres parisiens une conséquence dont on ne mesurera que plus tard la portée. Réformateurs par volonté de sauver l'Église, ils se rapprochent d'un duc de Bourgogne, Jean sans Peur, qui se veut réformateur dès lors qu'il est tenu à l'écart du gouvernement par le frère du roi malade qu'est Charles VI, le duc Louis d'Orléans. Après l'assassinat de ce dernier par les hommes du duc de Bourgogne, c'est un théologien, Jean Petit, qui prononce le 8 mars 1408 devant la cour de Charles VI l'*Apologie du tyrannicide*, et c'est l'Université en corps qui, en novembre 1411, se croit obligée de donner à Jean XXIII sa version des faits et de narrer les « crimes » des gens du parti d'Orléans – ceux qui l'on appellera bientôt les armagnacs – pour conclure que ces partisans qui ont « détruit les églises, violé les vierges et les veuves, volé les biens agricoles » et trucidé tant de gens se trouvent de ce fait excommuniés en vertu des bulles fulminées de 1364 à 1369 par Urbain V contre les compagnies de gens d'armes qui dévastaient le royaume. Le 12 juin 1412, Jean XXIII se contentera de confirmer l'une des bulles, sans dire si elle s'applique aux armagnacs. L'année suivante, devant le Parlement, l'Université ira jusqu'à requérir du roi, le 26 mai 1413, qu'il approuve l'ordonnance de réforme générale du royaume dite ordonnance cabochienne. Par la voix de Jean Courtecuisse, les maîtres rappelleront le 29 mai « la nécessité de pourvoir au gouvernement du royaume ». Le 2 août, en congrégation générale tenue aux Bernardins, ils donneront leur accord à des lettres patentes adressées « à tous loyaux sujets et bien veuillants de la prospérité de très chrétien roi et royaume de France » pour leur faire savoir qu'ils approuvent la paix de Pontoise et leur enjoindre de la respecter. Le 4, dans la cour de l'hôtel Saint-Paul, en présence du roi, du dauphin et du duc de Berry, et devant la cour et tous les gens du Parlement et de la Chambre des comptes, le théologien Ursin de Tallevende fera un bref mais éloquent discours en faveur du traité. Il ira jusqu'à requérir du roi qu'on libère les prisonniers faits par les Cabochiens. L'Université sortira, à l'évidence, une nouvelle fois de son rôle.

Mais, en prônant la modération après avoir si fortement pris parti contre les armagnacs, elle devient suspecte aux yeux des bourguignons radicaux. Gerson, qui a tant œuvré pour faire admettre la paix et qui condamne les violences des Cabochiens, doit se réfugier dans les hauteurs de Notre-Dame pendant qu'on pille sa maison. L'auteur du *Journal d'un bourgeois de Paris* –

probablement le chanoine Jean Chuffart – ne manque pas de reprocher aux maîtres leur incohérence.

> Comme si le diable les avait conseillés, ils proposèrent tout au contraire de ce qu'ils avaient auparavant conseillé par plusieurs fois, car leur première demande fut qu'on mît dehors tous les prisonniers qui de la trahison... étaient droit maîtres et ministres.

Le 4 août, les Cabochiens s'effondrent devant la réaction des modérés, mais l'Université ne s'en tient pas pour quitte. Le dauphin Louis – le premier des trois dauphins de Charles VI, avant Jean et le futur Charles VII – se croit tenu d'aller aux Bernardins remercier les maîtres de leurs bons offices. Quelques jours plus tard, Gerson se lance dans une nouvelle campagne, contre un Jean Petit qui n'est plus là, faisant de lui, non plus le modéré et le conciliateur qu'il tentait d'être, mais un adversaire déterminé de ceux qui ont naguère incarné l'appétit de réformes. Cela ne contredit pas le propos de Chuffart, mais les maîtres ont quelques raisons de changer d'avis : la modération n'a servi de rien, le traité de 1409 n'a pas procuré la paix civile et les violences cabochiennes ont compromis non seulement les fautifs mais aussi les honnêtes réformateurs qui se sont fâcheusement trouvés dans le même camp. On le sait, l'ordonnance dite cabochienne est fort sage, mais elle est condamnée par les circonstances qui ont entouré son élaboration.

Lorsque, un assassinat conduisant à un autre, celui du duc Jean sans Peur, le jeune duc de Bourgogne Philippe le Bon n'aura plus qu'une alliance avec l'Anglais pour éviter un dramatique isolement politique, les maîtres engagés par conviction réformatrice dans les combats du parti de Bourgogne se retrouveront, comme Pierre Cauchon devenu évêque, les serviteurs du roi Lancastre. Dans les années 1390, l'engrenage est en place. Personne n'en peut deviner l'aboutissement.

L'humanisme qui fleurit alors dans les chancelleries n'est pas moins présent dans les combats de la réforme. Ancien fidèle de Louis d'Orléans passé au duc de Bourgogne, le poète Eustache Deschamps écrit en 1393 une *Dolente et piteuse complainte de l'Église*. Nicolas de Clamanges compose vers 1401, pour proposer des solutions au Schisme, un assez grandiloquent traité *De la ruine et de la réparation de l'Église* qui est une violente dénonciation du gouvernement pontifical. Le même Clamanges n'en pourfend pas moins vers 1408 l'ensemble des responsables du Schisme dans une *Déploration de la calamité de l'Église par le Schisme*. Mais le pouvoir pontifical n'est pas seul en cause, et Heinrich von Langenstein, dans un virulent pamphlet appelé *Conseil de Paix*, s'en prend à de plus modestes.

> Les cloîtres des moniales ne sont-ils pas des lieux de prostitution ? Les monastères de chanoines consacrés à Dieu ne sont-ils pas des marchés publics et des auberges ? Les cathédrales ne sont-elles pas des cavernes de voleurs ?

Il faut, dans ce genre de propos, faire la part de la jalousie individuelle et corporative. Tel qui n'obtient pas un évêché juge indigne celui qui l'a obtenu. Le mouvement n'en est pas moins fondé et les dénonciations d'un homme aussi dénué d'ambitions ecclésiales que Jean Gerson sont particulièrement éloquentes.

Que souhaite-t-on réformer ? Catherine de Sienne a parfaitement défini les cibles : « l'orgueil, la débauche, l'avarice ». Mais ce sont là des objectifs assez généraux pour n'être pas réductibles à des mesures canoniques. Le propos des clercs réformateurs, universitaires ou non, se ramène en fait à quelques points sensibles : la réserve et la collation des bénéfices, les cumuls, les dispenses, la fiscalité. En Angleterre – depuis déjà deux siècles – et en France, cela s'appelle « les Libertés » et, dans l'un et l'autre pays, on se réfère pour cela aux « antiques coutumes », voire avec Gerson aux « antiques mœurs ». La polémique ne s'éloigne jamais vraiment de la vision augustinienne de la *Cité de Dieu*.

CHAPITRE XXIV

La débâcle

Rencontrant à Amiens, au début de 1392, le légat de Clément VII, le duc Jean de Lancastre a dévoilé une position anglaise empreinte de réalisme politique plus que de droit canonique : le roi n'est pas convaincu de la légitimité du pape romain, mais il ne peut se déjuger, et la paix ne saurait se faire au prix d'une capitulation de l'Angleterre devant la France.

> Quand sera faite la paix entre Angleterre et France, alors il sera nécessaire d'avoir un seul pape, et non avant. Le pape de Rome n'est pas le vrai pape, mais Clément n'est pas davantage élu correctement. Il faut que les deux résignent en faveur d'un troisième. Le roi d'Angleterre n'acceptera jamais que Clément reste pape et que Boniface soit condamné. Afin de traiter de la même manière les rois et les royaumes, il est nécessaire que soient annulées les deux élections.

Cette « voie de cession » est malheureusement condamnée, et pas seulement par l'intransigeance de Benoît XIII. À Rome, nul ne fait vraiment pression sur le pape pour qu'il se retire. En 1393, Lancastre se contente de menacer Pedro de Luna : si la paix se fait avec la France, « vous serez bien forcés d'en finir avec le schisme, sous peine d'être exterminés ». En finir, c'est évident, ce serait tout simplement en finir avec Clément VII. Ceux qui ont été les fidèles de Clément VII et même ceux qui ont été quelque temps ceux de Benoît XIII voient dans la cession le seul moyen de mettre fin au schisme, mais c'est un moyen qui équivaut à cette capitulation que nul n'est prêt à accepter. Si Benoît XIII cède, cela veut dire qu'il s'incline devant Boniface IX. Attendre une telle soumission relève de l'utopie, tout autant qu'espérer le ralliement de la France à la position anglaise. C'est en vain que de discrets intermédiaires portent à Paris en 1393 une étrange proposition : si Clément VII abdique le pontificat, on lui laissera son ancien rang de cardinal et il sera vicaire pontifical pour la France et les royaumes ibériques, fonction qui n'a jamais existé et qui ne saurait être créée sans l'accord des souverains.

En juin 1395, les ducs de Berry, de Bourgogne et d'Orléans sont à Avignon. Sur commission de Charles VI, ils interrogent les cardinaux. Et là, malgré la diversité des propos qu'on leur tient, ils notent qu'une idée l'emporte : seule, la voie de cession peut rendre à l'Église son unité. Giffoni va jusqu'à rédiger un traité sur la « voie de renonciation », traité dans lequel il propose la soustraction d'obédience. Vers la même époque, Pierre Ameil récuse la préférence donnée par certains à un concile. « Un concile général ne serait en rien utile pour en finir avec le schisme. »

C'est cependant vers la voie de cession qu'évoluent les esprits dès lors que la voie de fait a échoué et que la voie de concile suppose l'accord, sinon des deux papes, du moins d'une partie non négligeable des prélats de chaque obédience. En tête du mouvement, on trouve maintenant les maîtres de l'Université de Paris, lesquels ne songent même pas à ménager un équilibre entre les deux papes : les Français ne peuvent débarrasser l'Église que du pape d'Avignon et, l'unité ainsi rétablie, il sera temps de voir ce que l'on fera du pape de Rome. En 1393, le théologien Jean Petit – le futur apologiste du « tyrannicide » – commence de plaider pour une cession dont il sera bientôt l'un des artisans. Son acharnement contre Benoît XIII ne l'empêche cependant pas de tenir les deux papes pour coupables de perpétuer le schisme : comme, à partir de 1394, ce ne sont plus les élus de 1378, il est évident que l'affaire ne relève plus du droit canonique et qu'il ne s'agit plus de savoir lequel est légitime. C'est maintenant une question d'opportunité politique. Le pape d'Avignon est illégitime parce qu'il s'entête. Le propos de cession n'est en rien une reconnaissance du pape de Rome. Il est l'expression du réalisme. La même attitude se rencontre dans le camp romain : les maîtres de Cologne maintiennent leur fidélité à Boniface IX mais opinent qu'il ferait mieux de se retirer.

À s'en tenir au mot, la cession, c'est la démission. Il faudrait que les deux papes se retirent. Mais s'ils s'y refusent, la cession devrait leur être imposée. Face à l'obstination des pontifes, l'idée de cession change donc de contenu. En décembre 1392, Gerson déclare que le pape qui refuse de se démettre dans l'intérêt du « bien commun » de la chrétienté est en état de péché mortel. C'est à l'Église qu'il appartient de mettre en pareil cas les papes hors du jeu : on commence ici d'évoquer la soustraction. Il y faudra, certes, le concours du pouvoir temporel, et c'est bien ce qu'en octobre 1393 dit le théologien Gilles Deschamps devant le Conseil de Charles VI. Philippe de Bourgogne ne cache pas son adhésion à ce radicalisme gallican que l'entente entre les papes d'Avignon et les rois de France ont, depuis le concile de Vienne, mis en veilleuse. Et, le 6 juin 1394, l'Université déclare que le pape qui refuse d'accepter au moins l'une des voies vers l'union est par là schismatique et hérétique, non sans rappeler que l'hérésie peut être punie de mort. Survenant quinze ans après l'ouverture du schisme, l'accusation pourrait surprendre. Mais les maîtres n'ont jamais douté que Clément VII fût le véritable pape, et il n'y a pour eux qu'un fauteur de schisme : le pape romain. Désormais, tout pape qui ne concourt pas au rétablissement de l'unité est fauteur de schisme. On ne met pas en doute la légitimité du pape d'Avignon, on accuse l'un et l'autre papes de se complaire dans le schisme. En 1378, il y avait un intrus. En 1394, il y a deux pécheurs qui s'obstinent.

Ce qui a fait au xiiie siècle la réputation de l'Université de Paris, c'est la rencontre des grands métaphysiciens et des grands théologiens. Mais le temps d'Albert le Grand, de Siger de Brabant et de Thomas d'Aquin est passé. Le haut du pavé est tenu par les juristes, qu'ils soient de purs canonistes ou que, le droit civil n'ayant pas droit de cité à Paris, ils appartiennent à cette élite qui, en allant étudier les lois à Orléans avant de revenir à Paris, peuvent conquérir, tout comme les Toulousains et les Montpelliérains, un doctorat en les deux droits qui ouvre toutes les portes.

À cette primauté du droit, il est au moins deux raisons. L'une est le discrédit dans lequel les querelles corporatistes – les

séculiers contre les ordres mendiants – ont fait tomber l'enseignement de la théologie. Quelques théologiens réputés comme Nicolas
de Clamanges ou Pierre d'Ailly et ensuite Jean Gerson ne suffisent
pas à redorer le prestige de l'institution. L'autre est le nombre
de débouchés sociaux et professionnels que le développement de
l'administration et de la justice royales a créés depuis les années
1300. Un simple maître ès arts qui s'est limité à l'étude du *trivium*
– grammaire, rhétorique et dialectique – et d'un rudiment du *qua-
drivium* – arithmétique, géométrie, musique et astronomie – trouve
sans peine un emploi dans les bureaux royaux et dans les officines
privées. Un gradué en droit peut espérer une charge d'avocat, un
office au Parlement, voire un bénéfice ecclésiastique.

Or la question qui se pose à partir de 1378 n'a rien de théologique. Gerson n'attaque Clément VII que pour ses comportements : le pape d'Avignon préfère, assure le théologien, aller à la
chasse et faire la sieste. On entend bien que l'affaire ne met en
jeu ni le dogme ni l'orthodoxie doctrinale. Elle est de pur droit.
Qui est vraiment pape ? On ne met pas en cause l'orthodoxie des
papes – comme on l'a fait au temps déjà lointain de la Vision
béatifique ou de la pauvreté évangélique – mais seulement la
régularité de leur élection. La question trop simple – qui est le bon
pape, qui est le mauvais ? – a sans doute « masqué les véritables
problèmes de l'Église » (J. Le Goff). À juste titre, les maîtres
s'estiment qualifiés pour débattre de ce qui apparaît comme un
point de droit. Et, parce que la rivalité n'a rien de nouveau, les
maîtres de Toulouse prennent systématiquement le parti opposé à
celui des maîtres parisiens. Sur la Garonne comme sur la Seine,
il y a matière à réflexion juridique et les maîtres failliraient à leur
devoir, c'est-à-dire à l'idée qu'ils se font d'eux-mêmes, s'ils ne
prenaient pas part à un combat où leur prestige est vite en cause.
Non seulement ils donnent leur avis mais ils entendent qu'on en
tienne compte.

Pour un bon demi-siècle, les maîtres deviennent ainsi l'un des
éléments moteurs de tout débat ecclésial. Bien qu'elle ait été
reprise et christianisée au début du siècle par Pierre d'Auriole qui
a trouvé dans l'*Apocalypse* l'annonce de la fondation de l'Université de Paris par Charlemagne, les contemporains de Gerson ne
s'attardent plus à la vieille histoire, vulgarisée au XIIIe siècle par

Vincent de Beauvais dans son *Miroir historial* mais désormais trop peu chrétienne, du transfert à Paris d'une École de la Sagesse qui n'aurait été que l'École d'Athènes elle-même devenue dans l'Antiquité l'École de Rome. Ils vont, en 1406, proclamer que l'Université de Paris est « cette si ancienne mère, si bonne et si notable, qui vint de Paradis envoyée de par Dieu ». Mieux vaut venir du Paradis que d'Athènes. Les maîtres connaîtront leur apogée au concile de Bâle.

Les universitaires parisiens ne sont cependant pas préparés à se saisir d'une telle affaire. En 1378, ils sont aussi perplexes que les princes. Lorsque Charles VI reconnaît Clément VII, c'est lui qui fait pression sur l'Université pour qu'elle s'aligne sur la position royale. En mai 1379, c'est chose faite pour les nations française et normande, mais la picarde et l'anglaise tergiversent et la nation anglaise manifestera jusqu'en 1383 sa réticence. En juin 1381 encore, les étudiants chahutent fortement lors de la bénédiction du Lendit l'évêque de Paris Aimery de Maignac, coupable à leurs yeux de radicalisme clémentin. Surtout, les maîtres donnent avis qu'il n'y a aucun péché, ni d'hérésie ni de schisme, à mettre en doute la légitimité d'une élection pontificale.

Le gouvernement du jeune Charles VI – en fait le duc Louis d'Anjou, fidèle allié de Clément VII – met fin à la fronde en révoquant le chancelier de l'Université, un peu trop porté vers Urbain VI. Le 26 février 1383, l'Université vote enfin son ralliement à Clément VII. Les irréductibles iront enseigner ailleurs, en particulier à Prague et aussi à Heidelberg où l'université naît en 1385. Il est juste de dire que la création des universités de Prague en 1347, Cracovie en 1364 et Vienne en 1365 a déjà mis à mal, bien avant le Schisme, le recrutement des facultés parisiennes et leur rayonnement en Europe centrale et septentrionale. En 1403, sur près de 2 000 maîtres et étudiants, on comptera encore à Paris 150 originaires des pays d'Empire, mais ils seront surtout rhénans et comtois.

Autant dire que les maîtres parisiens vont demeurer vigilants, et qu'ils continueront de se poser en conscience de l'Église quand l'affaire perdra son tour juridique pour n'être plus que politique. Ils ne se trouveront pas moins empêtrés dans les liens que la revendication de réforme de l'Église et de réforme du royaume nouent entre eux et les factions qui se déchireront bientôt autour du pouvoir royal. Car le schisme figure au premier rang des causes et des conséquences de tous les maux qui appellent une réforme de l'Église, et l'exaspération que provoque l'alourdissement de la fiscalité pontificale se combine avec celle qui tient au schisme en tant que déchirure de la chrétienté.

En janvier 1394, avant même la mort de Clément VII, dans l'église des Mathurins qui accueille les assemblées générales d'une Université dépourvue de locaux propres, dix mille maîtres et étudiants passent au vote. Une forte majorité se dégage en faveur d'une cession imposée. Le mémoire que, le 6 juin, l'Université adresse au roi ne laisse plus de doute.

> Si l'un des contendants, ou l'un comme l'autre, refuse obstinément de s'engager dans l'une des voies susdites et n'en propose pas une ou plusieurs autres convenables, nous estimons qu'il faut le tenir pour schismatique, obstiné et par conséquent hérétique, qu'il faut ne plus le considérer comme pasteur mais bien comme pillard et tyran du troupeau du Christ, et par suite qu'il ne faut plus dorénavant obéir à ses ordres.

Le 30 juin, en présence du roi, les maîtres reprennent le ton de Nogaret et osent attaquer la personne même du pape. Le roi prendra un mois pour répondre en engageant l'Université à plus de retenue. Ulcérés, les maîtres se mettront en grève.

Plus tard, pour fustiger Benoît XIII, le cardinal de Brogny n'hésitera pas à créditer le défunt Clément VII d'une possible acceptation de la cession. Ce que l'on sait de Clément VII ne permet pas de croire sur ce point un simple propos de circonstance. Il n'en reste pas moins que l'élection de Benoît XIII porte en 1394 un coup terrible aux modérés qui espéraient une cession négociée. Les vingt et un cardinaux d'Avignon ont, en moins de deux semaines, brisé toutes les chances d'une solution autre qu'imposée. Maintenant, le sort de l'Église va se jouer dans un affrontement entre Benoît XIII et une cour de France en proie à la rivalité de deux princes, Bourgogne et son neveu Orléans. De cette rivalité les enjeux sont la domination du Conseil royal et la maîtrise des moyens financiers de gouvernement. Comme elle se traduit par une opposition en tous les domaines, on ne s'étonne pas qu'elle s'exprime en particulier dans celui, combien brûlant désormais, de la solution du schisme.

Quelques hommes vont jouer un rôle de premier plan dans l'affaire telle qu'elle se présente maintenant. L'un est Simon de Cramaud, que l'on a vu tenter de saisir, à la mort de Clément VII, l'occasion d'une cession qui n'eût pas été une capitulation. Un autre est l'aumônier du roi, Pierre d'Ailly, un théologien qui s'inscrit avec prudence dans la filiation intellectuelle de Guillaume d'Ockam. En 1395 il est évêque du Puy, deux ans plus tard évêque de Cambrai. Collègue et ami de Clamanges, il lui fait écho dans un traité *De la soustraction d'obédience* et c'est avec beaucoup d'ouverture d'esprit qu'il propose toutes sortes de solutions au schisme. Dans la vaste fresque de l'histoire de l'Église qu'il brossera au lendemain du concile de Constance et qu'il intitulera *Des persécutions de l'Église,* il n'hésitera pas à faire du Grand Schisme le sixième âge de cette histoire, le « préambule à la venue de l'Antéchrist » annoncée par l'Apocalypse. Mais il a, avant Gerson, été chancelier de l'Université de Paris, et il emploie son influence à prêcher aux maîtres une certaine modération. Pierre d'Ailly souhaite la cession. Il préférerait éviter le drame. Dans un traité *De la matière du concile général,* il se refuse à envisager le pire.

> Dieu le miséricordieux, qui seul sait faire sortir le bien du mal, peut permettre que ces malheurs soient l'occasion d'une réforme vers le mieux.

Apologiste d'un compromis que l'attitude de Benoît XIII va interdire, Pierre d'Ailly n'est pas seul. Quelques universitaires se font entendre, dont le rôle n'apparaît pas décisif mais qui sont remarqués des cours princières comme de la curie. Élie de Lestranges, le proviseur du collège de Navarre Gilles Deschamps, Jean Petit, Jean Courtecuisse sont du nombre. Jean Gerson, qui vient d'être élu chancelier de l'Université, met son influence au service de ce qui lui paraît le préalable de la réforme de l'Église. Or la pensée qu'il met en forme dans son traité *De la Réforme* est fort proche de celle de Pierre d'Ailly.

Quand, dans une affaire qui devient politique, les princes prennent parti, ils le font au regard de leurs intérêts. C'était le cas pour Louis d'Anjou au début du schisme. Ce l'est maintenant pour Philippe de Bourgogne, plus sensible que jamais aux inconvénients qui tiennent à l'absence d'unité religieuse de ses états et voyant bien ce que serait pour la Flandre une nouvelle rupture avec l'Angleterre. Ce l'est aussi pour Louis d'Orléans, frère du roi mais obligé de se démarquer de son oncle de Bourgogne s'il veut exister au Conseil royal. Quant au duc Jean de Berry, qui suit alors son frère Philippe, il ne tardera pas à se ranger dans le camp du pape, préférant la modération de Louis d'Orléans à la pugnacité de Philippe de Bourgogne.

VERS LA SOUSTRACTION

Le 2 février 1395, une assemblée aux allures de concile national se réunissait à Paris. Pendant deux semaines et sous la présidence de Simon de Cramaud, elle allait débattre de la crise de l'Église. On y vit les princes, mais aussi et surtout une centaine de prélats et de maîtres, ceux-ci étant pour la première fois tenus pour égaux, sinon selon le droit canonique et dans l'administration des sacrements, du moins selon le réalisme politique et dans l'expression de la pensée.

Quelques modérés se manifestèrent parmi les prélats. Leur tête était Élie de Lestranges qui tenta de faire adopter une résolution qui n'approuvait pas Benoît XIII mais ne le condamnait pas. Elle n'obtint que 19 voix et sombra dans l'oubli. Le 18 février, par 87 voix sur 99, l'assemblée recommandait la cession. On avait constaté l'échec de la voie de fait, et le gallicanisme renaissant ne tenait guère à une voie de concile, car celui-ci ne pouvait être qu'un concile général. Malgré quelques précautions de forme, l'assemblée réservait bel et bien au clergé français le privilège de parler au nom de l'Église universelle. Nul ne cachait ce qui était depuis longtemps la grande idée de Cramaud : en finir avec le schisme était de la responsabilité de la France. Certains s'en offusquèrent, comme en juillet le roi de Castille Henri III.

Restait à notifier la chose au pape. Le 22 mai, à Avignon, les envoyés du clergé français étaient devant Benoît XIII, et c'est Gilles Deschamps qui parlait. Mais il y avait là les trois ducs, Bourgogne, Berry et Orléans. Nul ne pouvait s'y tromper : le pape n'était pas confronté aux seuls clercs. Quelques jours plus tôt, Deschamps avait préconisé devant l'assemblée du clergé français la double cession : que les deux papes se retirent. Il entendait que Benoît XIII présentât enfin l'engagement préalable à son élection, ce que le pape avait naguère refusé à Pierre d'Ailly. Cette fois, le pape s'exécuta, mais il assortit cette concession d'une réserve de fond : l'engagement d'un cardinal ne contraignait nullement un pape. C'est, à peu de chose près, ce qu'avait dit Innocent VI. Benoît XIII le dit avec cynisme, il n'était plus « en l'état qu'il était quand lui et les autres cardinaux signèrent ». Autant dire que les cardinaux ne s'étaient engagé à rien puisque le futur pape ne pouvait y être tenu.

Le duc de Bourgogne passa alors à l'offensive. À Villeneuve où s'étaient établis les princes pour n'être pas chez le pape, il convoqua l'un après l'autre les cardinaux et leur fit entendre leur intérêt : leurs revenus étaient faits de bénéfices sis pour la plupart en France, et il leur en coûterait d'entrer en rébellion contre le roi de France. Ce faisant, le duc jouait aussi de la désillusion d'un Sacré Collège dont Benoît XIII ne faisait plus le moindre cas. Comme jadis contre Urbain VI, le mépris du pape pour ceux qui l'avaient élu se retournait contre lui. Il allait payer cher son autoritarisme.

C'est alors que se manifesta l'un des survivants – avec le pape et Malesset – des événements de 1378 : Jean de la Grange. Le cardinal d'Amiens avait vu son influence délibérément ébranlée par Benoît XIII, et il n'avait pas à le ménager. Surtout, son rôle dans l'affaire de Fondi lui laissait tout craindre d'un concile voué à la réconciliation des deux curies. Seuls résistèrent aux sollicitations des princes le Navarrais Martin de Salva, qui n'avait rien à perdre en France, et Pierre Blau, ce cousin d'Urbain V qui était l'année précédente le premier cardinal créé par Benoît XIII et qui demeurait encore quelque temps son fidèle. Le 1er juin, les autres cardinaux acceptèrent d'exiger solennellement l'abdication du pape et condamnèrent tout recours à la voie de concile. Les envoyés du roi de France ne manquèrent pas de souligner la clause de leur engagement dont ils avaient enfin le texte : l'élu devait accepter de mettre fin au schisme par toute voie qui semblerait la meilleure aux cardinaux.

Pedro de Luna avait souvent fait la preuve de sa capacité à convaincre des princes. Sûr de lui, Benoît XIII rencontra les ducs, l'un après l'autre. Il refusait de se démettre, mais il acceptait le principe de la convention, autrement dit d'une rencontre avec le pape adverse. Cela supposait l'accord de celui-ci, un accord que Cramaud alla vainement prêcher en septembre à la cour de Richard II. À Oxford, les maîtres tenaient pour Boniface IX et proposèrent la voie de concile.

Quand les ducs rentrèrent à Paris, le bon peuple fit des chansons. Les maîtres parlèrent de la réforme et annoncèrent la soustraction. Deschamps, le 9 juillet, prononça un véritable réquisitoire. Le 22 février 1396, l'Université réunie aux Mathurins interdisait à « toute faculté, nation, collège ou congrégation d'écoliers ou de gradués » d'adresser au pape quelque rôle de suppliques que ce fût. En attendant, l'Université en appelait au futur pape des décisions de l'actuel. On se gardait bien de dire d'où sortirait ce futur pape. À Avignon, les cardinaux restaient seuls face à un pape qui n'attendait que leur demande de pardon. Il leur fallut confirmer par lettre la position qu'ils avaient prise devant les princes.

Benoît XIII crut conforter ce qu'il prenait pour soutien. Les modérés Pierre d'Ailly et Élie de Lestranges furent évêques. Le roi de Castille eut une décime, ce qui ne l'empêcha pas de continuer à suivre, bon gré mal gré, le chemin tracé par la France. Le nouveau roi d'Aragon, Martin, fut le seul à prendre parti pour le pape : il en avait besoin en Corse et en Sardaigne. Comme on faisait feu de tout bois, Benoît XIII avait attribué une pension annuelle de soixante florins à la visionnaire Marie Robine qui, miraculeusement guérie après avoir prié sur la tombe du bienheureux Pierre de Luxembourg, en tirait autorité pour multiplier les révélations en faveur du pape d'Avignon.

À Paris, l'effervescence était permanente. À l'Université, le chancelier Gerson faisait la sourde oreille quand Benoît XIII lui donnait ordre d'admettre à l'enseignement un théologien qui n'avait pas l'âge réglementaire. Une assemblée réunie le 16 août 1396 et baptisée concile se sépara le 15 septembre, n'ayant rien fait que, comme le souhaitait Louis d'Orléans, reporter toute décision. Le duc en tira cependant argument pour tenter, sans succès, de convaincre le pape de se retirer de lui-même.

Dans le traité qu'il composa alors et qu'il intitula clairement *De la soustraction d'obédience*, Cramaud posa en principe qu'on ne ferait rien si l'on attendait toujours que fût assuré le parallélisme de l'action dans les deux obédiences.

> Il convient de travailler sans tarder avec l'un et avec l'autre. Si nous avons l'accord de l'un, nous aurons déjà la moitié de la paix, et tout le poids du schisme pèsera sur les épaules de celui qui aura refusé. Et il sera plus facile d'en réduire alors un que deux.

Le patriarche récusait donc désormais toute solution fondée sur le compromis. En appelant à l'autorité des grands canonistes, depuis Innocent IV et Hostiensis, Cramaud rappelait que la première obligation du vicaire du Christ était de préserver le *status* de l'Église et que le devoir d'obéissance des chrétiens cessait si le pape manquait à cette obligation par des actes qui perturbaient ce *status*. La force du scandale conduisait à récuser la « plénitude du pouvoir » jusque-là reconnue au pape. C'était reprendre le raisonnement de Nogaret citant Boniface VIII devant le Concile : un pape hérétique n'est plus pape. Dix ans plus tôt, le prédicateur hollandais Gérard Groote, l'un des précurseurs de la dévotion moderne, rapprochait les deux crimes de schisme et d'hérésie, ne voyant entre eux qu'une différence de nature. Cramaud allait plus loin : le schisme causait plus de dommages à l'Église que les déviations doctrinales. Et d'en appeler aux princes : ils doivent se retirer de l'obédience, « même si les autres ne le font pas ». Les autres suivront, non qu'ils y soient tenus mais parce qu'ils jugeront que c'est « bon, juste et canonique ». La casuistique ajoutait un argument : « s'excuser sur l'attentisme des autres, c'est s'excuser de sa faute sur la faute d'autrui ».

Le temps était venu de passer à l'action. Le 7 juillet 1397, devant le pape, des délégués du clergé de France, de Castille et même d'Angleterre lancèrent un ultimatum. Benoît XIII avait sept mois pour réaliser l'union. Sinon, ce serait la soustraction d'obédience. Gilles Deschamps et Jean Courtecuisse engageaient là toute l'Église de France. Le pape méprisa la menace et, entre septembre et décembre, créa six cardinaux dont quatre Aragonais, son fidèle Ammanati et l'inclassable Louis de Bar. Puis, il refusa le renouvellement de la décime qu'attendait le roi de France.

L'OFFENSIVE

Les sept mois étaient largement passés quand, le 29 mai 1398, s'ouvrit à Paris l'ultime assemblée. Aux trois ducs habituels s'étaient joints deux petits-fils de Jean le Bon, Louis II de Bourbon et Robert de Bar, le père du nouveau cardinal. Le comte de Savoie Amédée VIII se montra. Le roi de Navarre et le roi de Castille étaient représentés. Benoît XIII ne l'était pas, mais il avait ses fidèles, et l'évêque de Maguelonne Antoine de Louvier, jadis clerc de la Chambre apostolique de Clément VII, allait adresser à Avignon un copieux rapport. On compta cent un prélats. Cramaud, naturellement, présidait. Il sut déplacer l'accusation : par son acharnement, Benoît devenait hérétique. On ne pouvait le traiter de schismatique après avoir tant soutenu Avignon contre Rome. Cramaud n'hésitait pas : « l'intrus », c'était l'autre.

> Je tiens, de droit divin et de droit canon, que le pape Benoît est tenu à renoncer pour esquiver si grand esclandre, c'est à savoir si Boniface aussi renonce en tant qu'il possède de fait une partie du papat, car nous le tenons intrus.

L'abbé de Saint-Victor de Paris, le régent de théologie Pierre Leduc, évita soigneusement le piège : Benoît XIII était un pape légitime, mais il « se devrait plutôt démettre, céder et déposer hui que demain ». Bien des votants rappelèrent le serment prêté au conclave. L'abbé du Mont-Saint-Michel, le célèbre juriste Pierre Leroy, démontra le parjure, et conclut que, récusant l'Église et ses cardinaux, le pape se rendait « indigne de toute obéissance » et n'était plus pape. Avec franchise, on évoqua le grand grief : la réserve des bénéfices et la fiscalité. Mais Cramaud s'engageait à ce que la soustraction ne fût qu'un pas vers un concile restreint dans lequel il ne semblait pas faire place aux universitaires.

> Il me semble que pour avoir un pape on devrait assembler de chaque royaume certaine quantité de princes et de prélats ayant pouvoir de tous les autres, en petit nombre, et aviser un lieu pour assembler avec le collège des cardinaux d'Avignon et ceux de Rome, et les deux contendants veuillent ou non, et lors l'Église ainsi assemblée par représentation pourrait faire un pape juste et paisible, et faire renoncer ces deux contendants ou les punir comme schismatiques.

On aura noté une singularité : on déniait toute légitimité au pape de Rome mais on ne mettait en doute ni celle des cardinaux qu'il avait créés ni celle des prélats qu'il avait pourvus.

On entendit des réticences. L'archevêque de Tours Ameil du Breuil et l'archevêque de Reims Guy de Roye n'étaient pas les moindres de ces prélats qui se refusaient à suivre le mouvement, et chacun se rappelait qu'ils avaient été auditeurs des causes du Sacré Palais, donc qu'ils n'ignoraient rien du droit de l'Église. On les laissa à peine s'exprimer. La pression exercée par le duc de Bourgogne devint insoutenable. Beaucoup hésitaient cependant devant la mesure la plus radicale. Henri de Marle, président au Parlement, qui siégeait parmi les docteurs, eût préféré qu'on s'en prît d'abord à la fiscalité du pape et aux bénéfices qu'avaient en commende les cardinaux.

> Que incontinent et sans délai et sans trop grande solennité il fût sommé derechef pour avoir sa solution finale et, s'il ne répond pleinement ou veut mettre la besogne en plus grand délai, je suis d'opinion qu'on lui soustraie premièrement les profits et émoluments qu'il prend en ce royaume, et spécialement aux cardinaux aux mains desquels le schisme a été trop longtemps tenu, et spécialement quant aux abbayes et prieurés et aux revenus d'iceux qu'ils tiennent en ce royaume.

L'évêque de Paris Pierre d'Orgemont ne dit pas autre chose. Si le pape acceptait de se retirer, ce serait très bien. Sinon, il fallait le sommer d'accepter la voie de cession dans la mesure où son adversaire l'accepterait. Et on demanderait l'avis des cardinaux avant de prononcer la soustraction. Orgemont prévoyait cependant le cas où l'adversaire accepterait seul la cession : il conviendrait de procéder à la soustraction « particulière », autrement dit de lui retirer les revenus et les collations. Les autres voies, précisait l'évêque, étaient difficiles et même impossibles. Le propos visait, à l'évidence, la voie de concile.

Les universitaires combattaient moins la réserve des collations, dont ils ne refusaient pas de profiter, que l'arbitraire des collations et le poids de la fiscalité. Pierre Cauchon ne demanda que ce qu'on appellera plus tard la soustraction partielle : retirer au pape « les émoluments » qu'il recevait dans le royaume, et toute collation des bénéfices. Jean Milon, recteur de l'Université, mit les choses au clair.

> Considéré comment les grands profits et abondance d'argent pris par le pape sur l'Église de France et la distribution des bénéfices du tout à son plaisir sont nourrissement de ce schisme et cause d'ambition de dominer au papat, on ne doit souffrir et on doit empêcher que le pape ne reçoive lesdits profits ni ne confère bénéfices jusqu'à ce qu'il y ait union du papat, mais que l'Église soit tenue en ses franchises anciennes.

Plus modeste personnage, le théologien Jean Manchon laissait deviner le modèle qu'on lui avait donné à reproduire quand il mettait « l'ambition de dominer au papat » au compte du désir de « distribuer à son plaisir » les bénéfices. Le « nourrissement du schisme » figure dans bien des cédules. Ayant posé en principe que mieux valait « obéir à Dieu qu'aux hommes », c'est-à-dire au pape, Pierre Plaoul exprima sobrement la chose : il conseillait « de faire l'exécution de la voie de cession par la manière que l'Université de Paris a avisée et donnée par écrit ». Comme il est difficile de penser que l'on comptât parmi les votants, tous au moins bacheliers, une bonne moitié d'analphabètes ayant recours pour cela à un écrivain, il faut bien s'interroger sur ces nombreux bulletins de vote « écrits par un scribe professionnel à l'écriture stéréotypée » (Millet et Poulle) en qui il n'est pas interdit de voir le chanoine Jean Hue, lequel était secrétaire du roi. On guidait à la fois les esprits et les mains.

Il faut faire une place à part à Gilles Deschamps qui vote en tant que maître en théologie mais dont nul n'ignore qu'il est le conseiller du roi. Avec une prudence qui reflète les incertitudes du gouvernement royal et qu'inspire sa fidélité à Louis d'Orléans, il envisage toutes les « provisions » possibles, y compris les mesures de fait, mais il ne prend guère parti. Après une déclaration de pur gallicanisme, il réserve l'avenir et évoque les droits de l'Église universelle, autrement dit du concile. On voit ici apparaître les propos d'une mesure conservatoire – la mise à l'écart physique du pape – et d'une soustraction partielle, plus « colorable », autrement dit plus acceptable par les fidèles, que la soustraction totale. De ces propos, l'un sera rapidement mis en œuvre et l'autre le sera huit ans plus tard.

Si cette fois on n'a regard à la franchise de l'Église de France garder au regard du pape, jamais on n'y recouvrera, puisque la possession sera ainsi laissée au pape après qu'elle aura ainsi été publiquement et solennellement débattue et mise en délibération entre les prélats de France...

Afin que notre Saint Père ne prétende cette provision être faite en sa haine, mais seulement pour les raisons ci-dessus touchées, on devrait faire sur ce un statut général durant ce schisme, et qui vaudrait généralement toute fois qu'il y aurait schisme ainsi formé et induré comme est celui-ci...

Cette cessation générale, je l'entends jusqu'à ce qu'il soit notoire et de fait qu'il veuille pratiquer la voie de cession... et aussi au cas que par l'Église universelle il n'en serait pas autrement ordonné.

Si le pape ne soutenait en bonne patience lesdites provisions, mais s'il voulait faire procès et fulminât sentences au contraire, il me semble qu'on devrait le faire reclure en un lieu et là le faire garder étroitement sans qu'il pût envoyer nulles lettres dehors. Et dès maintenant, qui prendra aucune des provisions susdites, il faut tout ensemble pourvoir qu'il ne puisse partir à aller où il voudrait, car de ce il pourrait venir trop d'esclandres dans l'Église. Et cette manière de garder ainsi le pape étroitement en ce cas me semble très raisonnable, posé qu'on ne cessât pas du tout de son obéissance, ce qui par aventure serait plus colorable que la pleine cessation.

Pour mettre à exécution lesdites provisions et spécialement la cessation totale, il semblerait expédient, pour la faire plus sûrement, que, qui penserait les cardinaux être pour la plus grand part pour icelle, on les mandât hâtivement être à Lyon et là, de commun accord, on ferait la déclaration et les provisions sur ce à exécuter...

L'assemblée ne pouvait suivre un propos aussi compliqué. Les hésitants se méfiaient d'un scrutin que l'on disait libre mais où chacun justifiait par écrit son vote – soit en latin soit en français, et parfois longuement – et signait, le plus souvent de son nom, parfois de son titre comme Cramaud qui signait « *Patriarca* » chaque paragraphe.

Le légiste Jacques Bouju, lui aussi conseiller du roi mais plus sensible que Deschamps aux volontés du duc de Bourgogne, précisait en votant le dernier jour qu'il n'était pas de voie « plus convenable » que la soustraction totale. Quand on décompta un vote qui avait occupé trois semaines du 11 juin au 5 juillet, on trouva 247 voix sur 300 pour la soustraction. Le 27 juillet, une ordonnance royale que l'on avait préparée sans attendre le vote et qui devait tout à la volonté du duc de Bourgogne décréta que l'on n'obéirait plus au pape. Le lendemain, l'ordonnance était publiée devant une grande affluence de peuple. Il ne manquait que le duc d'Orléans. Jean de Berry, lui, était là, mais il se retira aussitôt après dans son apanage : il était las de cette affaire.

Suivant Jean de la Grange, dix-neuf cardinaux firent leur soustraction et, le 17 septembre, le notifièrent par lettre au roi de France dont ils ne faisaient que combler les vœux. Ils se retirèrent à Villeneuve, donc sur la rive française. Blau lui-même en était. Seuls les Aragonais, le Navarrais et Ammanati restèrent fidèles au pape. Celui-ci perdait son vice-chancelier, Brogny, qui emportait les matrices des bulles pontificales, et le camérier François de Conzié – il prit le titre de « camérier de la Sainte Église » – que suivirent toute la Chambre apostolique et toute la Trésorerie. Benoît XIII restait à Avignon, avec une curie qu'il lui fallut improviser en faisant appel aux Aragonais. Un chambellan, l'abbé de La Peña Pedro Adimari, prit la tête de ce qu'il restait d'administration financière avec le titre de « vice-gérant du camérier ».

Un fidèle allait faire défaut : plus par lassitude que par hostilité, Vincente Ferrer quitta le palais, se logea au couvent des dominicains, puis commença une vie de prédication spirituelle qui allait l'occuper pendant vingt ans et l'écarter des affaires ecclésiales sans l'empêcher de demeurer en relations épistolaires avec le pape qu'il avait tant servi. Nous le verrons, au temps de Peñiscola, changer d'avis.

Soustractions

Qui allait suivre la France ? Pendant que le recteur Jean Milon cultivait l'optimisme en se disant mû par « l'opinion des cardinaux et du roi de Castille avec la bonne disposition de ceux de l'autre obédience », l'archevêque Ameil du Breuil, dans une longue justification jointe à son vote, évoquait avec scepticisme les suites d'une soustraction française.

> Les Anglais ne sont pas par tous réputés catholiques comme le sont les Français, et ils ont eu en cette occasion quelques martyrs. Ils agissent légèrement en cette matière, les libertés de l'Église ayant été acquises au prix du sang des martyrs et grâce à la dévotion des princes.
> Pour ce qui est de savoir si ceux des autres obédiences sont dans le même sentiment que nous quant à la voie de cession, on ne sait rien de ceux d'Allemagne et de Hongrie, du roi d'Écosse, de Chypre, d'Italie et de nombreuses contrées. Bien que les Anglais et quelques autres se disent pour la voie de cession, ils entendent la chose, et le montrent par les faits et par la parole, que ladite cession soit libre et ils ne veulent nullement forcer leur pape par une soustraction ou tout autre moyen.

Tous en étaient conscients, ni le clergé français ni le roi de France ne pouvaient à eux seuls mettre fin au Schisme. Même les plus engagés dans le combat savaient bien que le clergé français ne se réduisait pas à l'Université de Paris. Et Richard II, pour ami qu'il fût désormais de Charles VI, ne faisait rien pour convaincre Boniface IX de se retirer. Il est vrai que les enjeux n'étaient pas les mêmes en France et dans une Angleterre où l'on avait renouvelé en 1390 le statut des proviseurs et en 1393 le statut de *Praemunire* : ferait-il soustraction que l'Anglais ne priverait pas le pape de grand-chose. Avec lucidité, Gilles Deschamps anticipait et entrevoyait cette « voie de convention » qui conduisait évidemment au concile.

> Ces provisions exécutées par-devers notre Saint Père, on devrait travailler partout pour qu'ainsi se fît, même en l'autre obédience au cas où celui de Rome ne ferait autrement son devoir. Ou, au plus

fort, qu'on assemblât par procureurs l'une et l'autre obédience pour
pourvoir au cas ainsi qu'il se devra faire pour avoir l'union.

Or la France allait se trouver fragilisée par l'effondrement de
sa toute récente alliance avec l'Angleterre : en septembre 1399,
Henri de Lancastre renversait Richard II et inaugurait une nouvelle politique antifrançaise, une politique plus ardente que celle
de naguère puisque le roi Henri IV ne se contentait pas de revendiquer les anciennes possessions des Plantagenêts et haussait ses
prétentions jusqu'à revendiquer la Couronne de France, ce dont
on n'avait guère parlé, jusque-là, qu'un demi-siècle plus tôt, dans
les négociations de Londres et de Brétigny. De ce côté, le gouvernement de Charles VI n'avait plus d'appui à attendre.

Alors que l'Église était déjà divisée par le Schisme, ce qui avait
été l'obédience d'Avignon l'était par la soustraction. La France
fut rapidement suivie par la Provence de Louis II d'Anjou et la
Castille de Henri III, mais Charles II de Navarre se montra incapable d'imposer la soustraction dans son royaume. Même Amédée
de Savoie, qui avait assisté au concile gallican, se garda d'une
décision qui eût gravement divisé son clergé. Malgré son alliance
avec la France, l'Écosse ne l'imita pas.

À la Diète de Francfort, les ambassadeurs français ne purent
convaincre personne. Dépêchés à Vienne pour tenter d'y
convaincre les universitaires, Leroy, Courtecuisse et Plaoul
retrouvèrent là leur ancien collègue Heinrich von Langenstein qui
avait si fermement défendu à Paris l'élection d'Urbain VI et qui
faisait désormais figure de père de la nouvelle université. Ils s'entendirent répondre que les maîtres de Vienne seraient favorables
à la cession si Boniface IX en décidait ainsi. Charles VI crut
pouvoir jouer de ses bonnes relations avec l'empereur Wenceslas.
On ménagea, à Reims en mars 1398, une rencontre entre les deux
souverains. Chacun tenta de persuader l'autre. À s'être prêté au
jeu, Wenceslas perdit le peu de popularité qui lui restait en Allemagne : en août 1400, la Diète le déposa.

Quelques satisfactions sur les marges occidentales de l'Empire
ne suffirent pas à faire avancer l'unité. Lorraine, Bar et Brabant
décidèrent la soustraction. Cambrai et Besançon firent de même.
Un réel succès fut remporté à Liège, où Cramaud était allé lui-

même, secondé par Plaoul, et où la ville décida de n'obéir ni à l'un ni à l'autre des contendants.

L'affaire n'allait pas de soi dans le Comtat Venaissin. Entre le pape et ses cinq cardinaux retranchés dans le palais et les dix-sept cardinaux de Villeneuve, les cœurs balancèrent. Le pape avait nommé recteur son neveu Antonio de Luna. Les cardinaux désignèrent un régent, Jean d'Alzen, dont ils firent ensuite un recteur surtout en charge de la défense, mais le camérier François de Conzié chargea un homme de confiance, Thomas de la Merlie, de mettre la main sur l'administration. Nommé trésorier du Comtat, La Merlie réunit les États, obtint leur soustraction et recruta des troupes, mais la population se montra hésitante. Les partisans du pape rallièrent Lagnes dont La Merlie dut négocier la reddition et Cabrières qu'il fallut enlever de force. De même dut-on attaquer Pont-de-Sorgues que tenaient des troupes catalanes fidèles à Benoît XIII. C'est seulement au printemps de 1399 que les cardinaux purent considérer le Comtat comme définitivement rallié.

L'ÉGLISE SANS PAPE

L'Église était sans pape. Encore fallait-il s'organiser. Le premier souci fut évidemment de faire vivre la curie : l'ordonnance royale avait supprimé d'un trait de plume toutes les impositions et toutes les réserves. Les collecteurs allaient devoir faire des miracles, et les curialistes vivre de leurs bénéfices.

Pour la collation des bénéfices, il suffisait de revenir au droit et aux anciennes pratiques. Les chanoines et les moines élisaient les évêques et les abbés, les collateurs ordinaires pourvoyaient aux bénéfices mineurs. Les évêques confirmaient les élections. À peine la soustraction était-elle publiée que les moines de Saint-Denis élirent un abbé, Philippe de Villette, que confirma dès le 12 août l'évêque de Paris Pierre d'Orgemont, l'un des fidèles les plus raisonnables du duc de Bourgogne.

Les évêques l'emportaient là sur les maîtres. On comprit que mieux vaudrait être un fidèle de l'ordinaire qu'être un gradué sur les listes de l'Université, listes qui arrivaient naguère au pape sous la forme de rôles de suppliques qui ne passaient pas par l'intermédiaire épiscopal. Entrevoyant la catastrophe, les maîtres en appelèrent au roi et, conscients de se battre pour leur survie, se mirent en grève pour les cours comme pour les sermons. Le duc de Bourgogne ne tenait pas au désordre et il avait en mémoire l'appui apporté par la corporation universitaire au parti de la cession, un appui qui pouvait être de nouveau utile. Une ordonnance de mars 1400 décréta une alternance dans l'attribution des bénéfices. Cette fois, les évêques se sentirent lésés.

Par-delà les affaires des clercs, il y avait celles des chrétiens. Il fallait d'urgence résoudre quelques problèmes majeurs comme celui des dispenses pour mariage ou des absolutions réservées. Pour les dispenses, la juridiction du Sacré Collège fut reconnue en droit, mais on se mit vite d'accord pour attribuer à l'ordinaire les dispenses dont l'urgence était avérée. C'était mettre les dispenses de consanguinité nécessaires pour tant de mariages aristocratiques à la discrétion du pouvoir royal, seul capable de juger de l'urgence politique d'un mariage. Quant aux absolutions, on les attribua à l'ordinaire sous réserve d'approbation par le futur pape. C'était rendre incertaine toute vie sociale : déterrerait-on du cimetière les excommuniés ainsi absous si le prochain pape ne confirmait pas ?

Enfin, il y avait les appels. À qui s'adresser pour contester une sentence d'officialité diocésaine ? On s'entendit pour porter ces appels devant le synode provincial, autrement dit devant une instance qui ne siégeait évidemment pas en permanence. C'était allonger la durée des contentieux.

La nécessaire organisation de l'Église de France sans pape mécontenta finalement tous ceux qui n'avaient pas vu que la soustraction mettait le roi en position de force. On avait écarté le pape pour le remplacer par le roi. Ne furent pas moins mécontents ceux qui n'obtinrent pas le bénéfice souhaité et qui, très naturellement, pensèrent qu'en un autre temps ils l'eussent obtenu. Or une bonne partie des gens influents, dans l'Église de France et l'Université comme dans les offices royaux, étaient demandeurs de bénéfices.

Le petit peuple, lui, n'attendait aucune dispense, ne courait pas après un bénéfice, ne payait ni l'annate ni la décime et n'avait aucun procès pour collation. L'affrontement des deux papes l'avait peu touché, puisqu'il avait un pape et un curé. Comme allait l'écrire Christine de Pisan en racontant l'histoire de Charles V, le peuple chrétien avait « tourné en accoutumance » la « détestable plaie » dont on ne parlait même plus. Quand il y avait deux papes, chaque chrétien n'en avait qu'un. Il était plus perturbé quand il n'avait plus de pape. On commença à s'interroger sur la légitimité du curé et sur la validité des sacrements.

LE PAPE ASSIÉGÉ

À peine les cardinaux avaient-ils fait sécession que Benoît XIII voyait poindre un risque physique : n'allait-on pas chercher à le faire prisonnier ? Quand en septembre 1398 on apprit l'arrivée d'une armée envoyée par le roi de France – en fait par le duc de Bourgogne – et commandée par Geoffroy Le Meingre, le pape se barricada. Nommé capitaine d'Avignon par les cardinaux le 16 septembre, le cardinal-évêque d'Ostie Jean de Neufchâtel fit une entrée fracassante, en armure, et prit possession de la ville. Il n'allait guère exercer son autorité : emporté par les fièvres, il mourut le 4 octobre. Geoffroy Le Meingre était arrivé fort à propos avec sa troupe. On le nomma capitaine.

Louis d'Orléans protesta, puis préféra temporiser et s'aligna pour un temps sur ses oncles. Quant au roi d'Aragon, il parla d'envoyer une flotte par le Rhône et prit son temps, conscient du risque de désordre qui résulterait d'un exil pontifical en Aragon. Il savait combien l'adhésion de l'Aragon avait été difficile et combien de clercs aragonais n'avaient été qu'à moitié convaincus par les arguments d'Avignon. Si la moitié de son royaume passait à Boniface IX, le roi Martin savait ne plus pouvoir maîtriser la situation. Vainement le chambellan du pape Pedro Zagarriga parcourut-il la Catalogne et la Provence pour y chercher des galères, puis pour financer l'envoi à Avignon d'espions chargés d'étudier « les dispositions de la ville » et de préparer l'évasion du pape.

Le pape resta assiégé pendant cinq ans. Il en fallait plus pour le faire céder. Il laissa pousser sa barbe et jura de ne la couper qu'après son complet rétablissement. Un chroniqueur rapportera que cette barbe lui donnait, avec les années, le visage d'Abraham. Mais il tenait bon. Les tentatives de coup de force de Geoffroy

Le Meingre contre le palais pontifical se soldaient par des échecs. Une tentative de négociation, en octobre 1398, tourna au drame car Le Meingre, ayant fait arrêter deux des délégués du pape, Martin de Salva et Bonifacio degli Ammanati, les garda cinq ans en prison et les relâcha dans un tel état qu'Ammanati, qui tentait de gagner l'Aragon et se faisait de nouveau arrêter, à Aigues-Mortes, mourut peu après d'épuisement. Revenu de la croisade de Nicopolis, le maréchal Jean II Boucicaut vint prendre le relais de son frère. Quand, en janvier 1399, Louis d'Orléans arriva en personne et assura le pape de son appui, la situation tourna au grotesque : le frère du roi soutenait un pape assiégé par le maréchal du roi. Gilles Deschamps accompagnait le duc, avec l'espoir de convaincre Benoît XIII qu'il lui fallait céder. Il fut éconduit.

L'intervention aragonaise n'arrangea rien. Finalement convaincu, le roi Martin avait envoyé quatorze galères. Elles arrivèrent sur le Rhône en décembre 1398. Comme, après un rapide affrontement avec les assiégeants, il ne se passait plus rien et comme les marins supportaient mal l'hiver provençal, l'escadre s'en retourna en mars.

De toute façon, les cardinaux avignonnais n'avaient aucune intention de se rallier à Benoît XIII. Ils savaient bien quel sort les attendrait si le pape reprenait le pouvoir. Ils récusèrent donc une médiation proposée en mars 1399 par le roi Martin. Le pape, naturellement, refusa tout net quand les envoyés des deux rois de France et d'Aragon lui proposèrent ensemble une sauvegarde contre la cession. Non sans bon sens, il fit observer que l'on n'en demandait pas autant à Boniface IX. Pensant que la lassitude des chrétiens jouait en sa faveur, il gagnait du temps. Quand on le menaça de couper l'approvisionnement du palais pontifical, il accepta tout ce qu'on demandait mais il convoqua sur-le-champ un notaire et fit consigner qu'on lui arrachait cet acquiescement par la force et qu'il était donc nul. En fin de compte, Boucicaut leva le siège, mais sa troupe continua de tenir les accès. C'était dire qu'on laissait passer la viande et le poisson mais qu'on arrêterait le pape s'il sortait. Il ne restait à Benoît XIII qu'à se tourner vers Louis d'Orléans. Le 25 mai 1400, il se soumettait à son protecteur.

Je soumets ma personne, mes gens, les biens de l'Église et le palais apostolique à la volonté du duc d'Orléans, selon le conseil des ducs et du roi de France.

Le 18 octobre, Charles VI accordait au pontife une protection qui était une assurance, mais combien humiliante. On garantissait la sûreté physique du pape et rien de plus. De le reconnaître comme chef de l'Église, ce qui paraissait être l'enjeu du conflit, il n'était pas même question.

La situation sembla changer quand Benoît XIII put compter sur l'appui de Louis II d'Anjou. Celui-ci n'avait rien tenté pour dégager l'assiégé d'Avignon mais Louis d'Orléans avait fini par le convaincre et son beau-père Martin d'Aragon faisait pression pour qu'il en vienne à une restitution d'obédience qui n'aurait eu aucun sens pour Naples mais pouvait être effective en Provence. Le 27 août 1402, Louis II était chez le pape et couchait au palais. On négocia alors durement l'aide financière que le pape apporterait à une reconquête de Naples. Oublieux de tout ce que Clément VII avait payé pour l'entreprise de son père, Louis II invoqua le prêt jadis fait à Grégoire XI et se fit concéder, à concurrence de 135 000 francs, les revenus de la fiscalité pontificale en Provence. Ayant ainsi vendu son ralliement au pape, Louis II déclara, le 29 août, la restitution d'obédience de la Provence. Benoît XIII y avait beaucoup gagné : sans cette restitution, il n'avait pas de fiscalité en Provence. Et il disposait désormais d'un éventuel refuge.

Tout cela ne faisait pas avancer l'union. À Rome, Boniface IX n'était guère mieux loti, retranché qu'il était à bien des reprises dans le château Saint-Ange pendant qu'Onorato Caetani et ses neveux Colonna menaient l'éternelle guerre de rues contre un pape auquel ils ne pardonnaient pas d'être un Napolitain. Ni la fidélité de Florence, ni celle de Venise, ni celle de Viterbe n'étaient fermes, et Milan se dérobait. Après la mort, en septembre 1402, de Giangaleozzo Visconti, il fallut reconquérir Bologne et Pérouse. Ce fut la tâche d'un légat appelé à jouer plus tard un autre rôle, le Napolitain Baldassare Cossa.

Quand il s'évada, dans la nuit du 11 au 12 mars 1403, avec la complicité des gens du duc d'Orléans qui lui firent franchir la Durance, Benoît XIII débarqua à Barbentane et se réfugia à

Châteaurenard. Il n'était qu'à trois lieues d'Avignon, mais il était en Provence et il savait bien que les troupes du roi de France n'iraient pas le déloger chez un Louis II d'Anjou d'autant plus présent en Provence qu'il avait été chassé de Naples. Onze cardinaux vinrent implorer le pardon du pontife. Treize restèrent dans la rébellion.

Sans s'aventurer à Avignon, Benoît XIII pouvait se montrer de nouveau dans le Comtat. Le 1er avril, le vice-chancelier Jean de Brogny lui livrait Pont-de-Sorgues et lui remettait la matrice de la bulle. On vit le pape à Bonpas, à Cavaillon. Le 5 mai, le peuple l'acclamait à son entrée dans Carpentras. Le 8 juin, il y tint un consistoire. Il passa l'été à Pont-de-Sorgues. Comme l'usage était d'éviter la chaleur d'Avignon, on put croire que les choses rentraient dans l'ordre et que le pape regagnerait le palais à l'automne. Il n'en fut rien. Le 8 novembre, il prenait ses quartiers d'hiver à Saint-Victor de Marseille. On ne devait plus revoir un pape à Avignon. Mais la ville et le Comtat étaient désormais dans la main du pape, et celui-ci mit en place des administrateurs pris parmi ses fidèles Aragonais : Antonio et Rodrigo de Luna se succédèrent comme recteurs, l'auditeur de la Chambre apostolique Ximeno Dahe fut procureur fiscal, le receveur de la Chambre Diego Navarrez devint trésorier du Comtat.

Ces événements n'étaient pas sans conséquences locales. Si l'Église s'organisait sans pape, la ville et la société reflétaient, dans le Comtat et à Avignon même, l'absence – isolement d'abord, exil ensuite – de celui autour duquel elles s'étaient modelées depuis bientôt un siècle. Les clercs de toute la chrétienté ne se pressaient plus à la curie. Les péripéties militaires n'avaient fait qu'ajouter à un bouleversement des habitudes qui se traduisit vite dans la topographie. Le palais n'était plus un centre de vie pour tout un monde d'Avignonnais et de visiteurs. Il n'était plus « le pivot central » (J. Rollo-Koster) d'Avignon. Il ne pouvait plus être l'instrument de pouvoir qu'en avait fait Benoît XII et le symbole de souveraineté qu'en avait fait Clément VI. Certes, la société chrétienne, les gouvernements temporels et le monde des clercs s'agitaient toujours autour d'Avignon, mais c'était sans relation avec la ville réelle. Même quand Louis d'Orléans ou Boucicaut s'en mêlaient sur place, le destin de la papauté d'Avignon se jouait ailleurs et notamment à Paris, en attendant Gênes et Savone. Rien ne se jouait plus sur le rocher des Doms. Les hommes d'affaires furent les premiers à en tirer les conséquences.

PALINODIES

Le clergé français avait attendu le rétablissement des « libertés » de l'Église gallicane. Il n'avait pas pensé que, gallicane, l'Église du royaume serait aux mains du roi. Non seulement le gouvernement de Charles VI disposait des bénéfices, mais il levait, en février 1399, une décime que l'assemblée du clergé réunie à cette fin ne put refuser. Le garde du sceau, l'évêque de Bayeux Nicolas du Bosc, eut l'audace de dire que le roi supportait de lourdes dépenses pour procurer l'union de l'Église. Certains crièrent à la persécution. Naturellement, ceux qui avaient marqué en 1398 leurs réticences devant la soustraction ne cachèrent même plus qu'ils gardaient à Benoît XIII leur fidélité. Dans sa chronique, longtemps dite *du Religieux de Saint-Denis*, le moine Michel Pintoin, institutionnellement attaché au roi mais observateur lucide des réalités du temps, se laisse aller à une longue plainte.

> Ainsi, le premier fruit de la soustraction fut d'exposer l'Église aux persécutions du bras séculier. On attribua généralement cette mesure aux conseils de Monseigneur le patriarche d'Alexandrie, maître Simon Cramaud, et de ceux de sa faction ; car ils ne cherchaient qu'à s'enrichir selon leur coutume, par des ambassades que j'appellerais volontiers illusoires. Aussi le patriarche encourut-il l'inimitié de plusieurs évêques et juristconsultes, qui le dénigraient par toutes sortes d'accusations et déclaraient publiquement que ni lui ni le Conseil du roi n'avaient le droit d'imposer une dîme à l'Église gallicane. Ces protestations légitimes furent inutiles. Il fallut payer.

On ne peut, note justement Bernard Guenée qui a attiré l'attention sur ce texte, penser « que les responsables de la politique gouvernementale, s'ils avaient lu ces lignes, en eussent été satisfaits ». Autant dire que la soustraction creusait un fossé non seulement entre les partis des princes, mais entre le roi et son clergé. La déception se mua en grogne.

Le Sacré Collège, qui n'avait fait sa soustraction que pour plaire au roi, commença de fléchir. À Toulouse, à Orléans, à Montpellier, les universités demandaient le retour à l'obédience. Dans l'Université de Paris, la nation normande fit de même. Bien plus, les maîtres de Toulouse confièrent à Louis d'Orléans, dès 1401, un mémoire qui restera comme « l'épître de Toulouse ». Le duc d'Orléans attendit le moment favorable. Le 17 mars 1402, il publia le texte en plein Parlement. C'était un terrible réquisitoire contre les fauteurs de la soustraction, attaquée dans sa procédure autant que dans le fond, contre les Parisiens et contre l'idée même des voies de cession ou de concile. Les Toulousains protestaient que, lors de l'assemblée de 1398, on n'avait pas entendu les partisans du pape, on avait insulté les adversaires de la soustraction, on les avait intimidés au point de leur imposer silence. Il est vrai que les Parisiens s'étaient crus seuls concernés par les affaires de l'Église. À Toulouse, où la tradition universitaire valait bien celle de Paris, on n'avait pas oublié l'outrage. Mais le mémoire décrivait longuement les inconvénients de la soustraction et, le temps passant, ces inconvénients n'étaient plus une hypothèse. Menés par Courtecuisse, les maîtres parisiens allèrent voir le roi et, le 15 avril, développèrent contre le pape l'argument du parjure.

C'est alors qu'intervinrent les ambassadeurs envoyés à Paris dès 1400 par le roi de Castille. L'évêque de Zamora porta la parole, réfutant par avance tout recours au concile général. Il invoqua d'abord l'impossibilité. Qui convoquerait le concile, du pape ou des rois ? Qui le composerait ? Où l'assemblerait-on ? Qui le présiderait ? L'évêque en vint ensuite au fond : de quel droit juger le pape ? Le roi Henri III était, après Louis II d'Anjou, le deuxième à revenir sur la soustraction. Louis d'Anjou n'avait plus qu'un comté, alors que Henri III avait un royaume. Le 29 avril et le 12 mai 1403, il déclara que son royaume revenait à l'obédience, autrement dit qu'il obéissait au pape.

Autour de Charles VI, on s'agitait. Les maîtres toulousains faisaient observer que l'on avait condamné le pape avant de le juger : n'avait-t-on pas attaqué sa personne ? Naturellement, les Parisiens ironisèrent : l'Université de Toulouse sortait d'un long sommeil, elle n'avait rien compris, et les gens sensés avaient d'ailleurs, dans un premier temps, pris leur mémoire pour une plaisanterie d'étudiants. Plus sérieusement, ils construisaient un dogme de l'infaillibilité royale : il y avait hérésie à se dresser contre le roi. Tout le monde savait que le duc de Bourgogne soutenait les Parisiens et que le duc d'Orléans poussait les Toulousains. Tout était en place pour la guerre civile qui allait éclater. Quant au duc Jean de Berry, soudainement conscient de ses prérogatives de lieutenant général en Languedoc, il se fâcha parce que les maîtres de Toulouse n'avaient pas pris la peine de le consulter. Il en fit jeter quelques-uns en prison. La violence venait au secours du mépris.

Des voix discordantes s'élevèrent parmi les Parisiens. Gerson, alors à Bruges où il avait obtenu l'office de doyen de la collégiale Saint-Donatien, écrivit à ses collègues pour leur faire observer qu'un concile se prononcerait peut-être pour la restitution d'obédience. Autrement dit, l'un des plus grands théologiens de son temps rappelait aux maîtres de Sorbonne qu'ils n'étaient pas à eux seuls l'Église universelle. À sortir un peu de Paris, Gerson avait sans doute perçu l'agacement des évêques. Revenu dans son université, il alla plus loin quatre ans plus tard, objectant qu'on ne saurait taxer un pape d'hérésie alors que la Faculté de théologie n'en avait pas même délibéré. Autre voix discordante, Nicolas de Clamanges fit remarquer que, par la soustraction, on avait perdu quatre ans pour l'union de l'Église. Il est vrai que la soustraction – Benoît XIII ou rien – ne remédiait en rien au schisme. Il y avait toujours à Rome un pape que l'Église de France ne songeait nullement à reconnaître.

Une délégation de cardinaux vint dire l'incertitude du Sacré Collège. On y voyait le vieux Guy de Malesset, étonnant survivant puisque, cardinal depuis 1375, il avait joué un rôle de premier plan dans la naissance du schisme. Le 25 mai 1403, c'est lui qui attaqua en plein hôtel Saint-Paul et devant le roi le principe même de la soustraction. Charles VI, dont le mal connaissait alors une nouvelle et courte rémission, répondit qu'il allait convoquer une assemblée de princes, de grands et de prélats pour en discuter. En 1398, avec les ducs dont le vote, bien qu'oral, avait été consigné par le notaire de l'assemblée, seuls les prélats et les maîtres avaient parlé et voté. Cette fois, on faisait intervenir les grands du monde laïque : leur nombre étant à la discrétion du roi, c'était donner la majorité au parti de Bourgogne et de Berry.

L'appui de Louis d'Orléans ne faisait pas défaut à Benoît XIII, mais il était de peu de poids. Certes, c'est à l'hôtel du duc d'Orléans que des universitaires vinrent se plaindre parce que, le jour de Pâques 1403, des gens du duc de Bourgogne avaient aux Jacobins arraché les tables du cierge pascal au motif qu'on y datait l'année, comme si de rien n'était, du pontificat de Benoît XIII. Or Louis d'Orléans se savait en danger : il voyait son rôle dans le gouvernement de Charles VI sérieusement attaqué par son oncle Philippe. Bien sûr, le premier enjeu du conflit restait la disposition des finances royales, mais on n'oubliait pas les enjeux liés au schisme. En avril 1403, le duc de Bourgogne profita d'une absence de Louis pour faire révoquer le décret qui faisait du frère du roi le régent éventuel du royaume en cas de mort du roi, voire en cas de captivité ou de maladie. Le duc d'Orléans était désormais minoritaire au Conseil.

Il se vengea en obtenant du roi le 28 mai 1403, presque par surprise mais en arguant des changements intervenus dans l'opinion publique, une ordonnance portant restitution d'obédience. On chanta le *Te Deum* et le subtil Pierre d'Ailly, toujours partisan du compromis, fit un sermon sur la paix retrouvée. L'unité, elle, n'avait en rien progressé. Au cours des dernières années, on s'était surtout soucié de savoir si la France se passait de Benoît XIII, et on avait quelque peu remisé le problème principal, qui était de mettre fin au schisme. À force de croire qu'elle était à elle seule l'Église universelle, l'Église de France avait fini par considérer que la première affaire était sa relation avec Avignon. On envoya à Benoît XIII une ambassade chargée de lui rappeler les promesses faites à son protecteur Louis d'Orléans. On attendait de lui qu'il renonçât. C'était trop espérer.

Le 4 juin, Gerson prononça devant l'Université un sermon à la gloire du pontife. Champion des modérés en cette affaire comme il devait l'être plus tard au temps des cabochiens et des armagnacs, ayant réprouvé jadis la voie de fait et naguère une soustraction qu'il savait sans issue, le chancelier de l'Université pouvait se targuer de n'avoir pas participé au vote de 1398 : il était à Bruges, prêchant d'exemple contre les bénéficiers absents de leur bénéfice. Maintenant, non sans naïveté, il annonçait des jours nouveaux. Benoît XIII, dit-il, avait trouvé dans l'épreuve la force de réformer l'Église et d'assurer la paix. C'était parler sans preuves. La caution de Gerson paraît avoir suffi à ses collègues pour conforter une démarche aussi étonnante que précipitée : en octobre, l'Université adressa à Benoît XIII plusieurs suppliques en faveur de plus de mille candidats à un bénéfice. Il fallait rattraper le retard. Le recteur écrivit de bonnes paroles au cardinal Amédée de Saluces, qui pouvait être un efficace intercesseur.

> Après l'agitation de cette obédience, il s'est fait, grâce au Seigneur, une grande tranquillité. Nous nous réjouissons, non que cela nous suffise, bien que nous ayons vu de tous les côtés le naufrage de nos frères, mais parce que cette réintégration et cette union permettront de traiter plus efficacement avec les autres de la paix commune...

A la mi-novembre, à Salon-de-Provence, Benoît XIII mettait son *Fiat* au bas des rôles. Il n'avait guère le choix. Nicolas de Clamanges avait envoyé sa supplique à part, pour six de ses protégés.

Après la restitution d'obédience, Benoît XIII aurait pu revenir à Avignon. L'ancien captif y avait de trop mauvais souvenirs, et il savait que le palais était une nasse. Il se contenta donc de revenir dans son Comtat. Il logea à Carpentras, puis à Sorgues dans le palais de Jean XXII. Il parcourut la Provence. Il résida deux fois et plusieurs mois à Saint-Victor de Marseille. C'est là que le toucha une ambassade de l'Université de Paris que conduisait Gerson. Il n'y avait plus, et il n'y aurait plus de pape à Avignon. La papauté d'Avignon n'avait pas disparu pour autant.

À peine rétabli, Benoît XIII voulut remettre les choses en ordre. Il affecta de nommer abbé de Saint-Denis un Philippe de Villette qu'avaient, cinq ans plus tôt, élu les moines. Le 9 mai 1404, il manifestait son retour en créant deux cardinaux. L'un était Michele de Salva, dont le frère, le cardinal Martin de Salva, était mort en octobre précédent après avoir été l'un des plus fidèles collaborateurs de Pedro de Luna et l'indéfectible partisan de Benoît XIII. L'autre était le chancelier du comte de Savoie, Antoine de Chalant, qui avait efficacement contribué à détourner son maître de la soustraction. En octobre, le pape pensa se prémunir contre une éventuelle contestation de sa légitimité et fit signer à Malesset une déclaration qui ne contredisait évidemment pas l'attitude de celui-ci vingt-cinq ans plus tôt mais qui préparait les remises en cause qui accompagneraient un éventuel recours à la voie de concile.

Tout cela appelait une réplique. Elle vint, naturellement, le 29 décembre 1403, du duc de Bourgogne. Le gouvernement de Charles VI maintenait dans leurs bénéfices ceux qui en avaient été pourvus par les voies ordinaires au temps de la soustraction – si le pape s'y opposait, c'était la guerre – et il interdisait au clergé de payer les impôts que Conzié, toujours camérier mais à nouveau du pape, et ses collecteurs tentaient de lever pour le temps passé en oubliant qu'ils avaient eux-mêmes fait soustraction.

La mort de Philippe de Bourgogne, le 27 avril 1404, troubla la politique royale. L'ordonnance de décembre fut annulée, puis remise en vigueur quand Jean sans Peur prit avec énergie la place laissée par son père. Cela n'empêcha pas des drames locaux, comme à Toulouse où deux archevêques allaient pendant quatre ans se disputer l'archevêché.

CHAPITRE XXV

La fin

LA VOIE DE CONVENTION

On avait jusque-là assez peu parlé de la voie de convention, autrement dit d'une rencontre directe des deux papes. Elle allait cependant occuper l'Église pendant plusieurs années. Les premières approches, en 1396, avaient été vaines et une mission à Rome de l'évêque de Tarazona Fernando Perez Calvillo n'avait fait que cimenter les positions, qui étaient un refus de part et d'autre. Quant à la soustraction, elle avait conduit Benoît XIII à se désintéresser de la convention et Boniface IX à espérer tout simplement l'effondrement de son adversaire.

Après l'élection de Benoît XIII, il était devenu évident qu'aucun des deux papes ne se retirerait et que seule la volonté commune de l'Église, qui ne pouvait être exprimée que par un concile, serait capable de les faire céder, ce qui pouvait signifier les déposer. Malgré les péripéties de la voie de cession, les esprits lucides comprirent vite et Pierre d'Ailly rédigea, sans s'engager outre mesure, à la fin de 1402 et donc en pleine soustraction, un petit traité *Du Concile général dans l'affaire du schisme* qui évoquait bel et bien le concile comme une voie possible. Prêchant à Tarascon devant le pape le 1er janvier 1404, Gerson, devenu curé de Saint-Jean-en-Grève à Paris, ne craignit pas de lui conseiller en public de prendre lui-même l'initiative d'un recours au concile plutôt que d'espérer éternellement la cession de l'autre pape. Benoît XIII y perdrait peut-être sa tiare, mais il y gagnerait, selon Gerson, la reconnaissance de l'Église. Il en fallait plus pour faire céder l'obstiné Aragonais.

À peine celui-ci avait-il retrouvé la plénitude de son autorité qu'il amorçait cependant une démarche vers la convention. Il allait se rendre en Italie. En novembre 1403, à Marseille, il avait décidé d'envoyer à Rome une ambassade qui, de sauf-conduit en sauf-conduit, n'atteignit la Ville éternelle qu'en septembre suivant. La démarche était vaine. À la veille de sa mort, Boniface IX était irascible. Il menaça les envoyés de Benoît XIII et, en fait de rencontre, parla de faire périr celui-ci en prison s'il pouvait s'en saisir. Le 1er octobre, Boniface IX mourait. On tint les gens venus d'Avignon pour responsables et ils passèrent une semaine dans la geôle du château Saint-Ange.

La mort de Boniface ouvrait une troisième fois la possibilité d'une fin rapide du schisme : il n'était que de ne pas lui élire un successeur. Une nouvelle fois, c'était une illusion : les cardinaux romains n'allaient pas reconnaître sans contrepartie la légitimité du pape d'Avignon. Le 17 octobre 1404, le conclave élisait encore un Napolitain, Cosimo di Gentile Megliorato, qui prit le nom d'Innocent VII. Successivement archevêque de Ravenne, puis évêque de Bologne, et cardinal depuis quinze ans, il avait été mêlé à toutes les affaires du précédent pontificat. Il avait même été, de 1379 à 1386, collecteur en Angleterre. On connaissait sa rectitude. À soixante-dix ans passés, il aspirait à la paix. Chez Benoît XIII, on crut que de telles dispositions rendraient Innocent VII réceptif aux propositions d'accommodement. En fait, elles donnèrent au nouveau pape romain un poids moral qui souda derrière lui son obédience. Il repoussa toutes les avances.

À son avènement, Innocent VII s'était déclaré prêt à travailler au rétablissement de l'unité, mais il y avait mis une condition : que le roi Ladislas fût reconnu par toute la chrétienté. Ladislas de Duras était le fils de ce Charles III de Duras qui n'avait régné à Naples que six ans. Roi sous la tutelle de sa mère depuis 1386, Ladislas avait d'abord dû se débarrasser de Louis II d'Anjou. Il était enfin, depuis 1399, maître de son royaume de Naples. Exiger que tout le monde le reconnût était prendre comme condition de l'unité ce qui ne pouvait en être qu'une conséquence. En février 1405, Benoît XIII renonça à échanger des ambassades et dénonça la dérobade de son adversaire. L'Université de Paris fut de même éconduite.

On sembla revenir à la voie de fait. Certes, Benoît XIII s'était rapproché de l'Italie en annonçant qu'il allait rencontrer l'autre pape. Il était à Nice. Boucicaut tenait Gênes. Louis II d'Anjou se préparait pour l'expédition. Louis d'Orléans faisait le siège de Charles VI pour que la France participât à l'expédition. Les Aragonais d'Aragon et de Sicile offraient leur aide. Tout cela laissait attendre une campagne armée plus qu'une négociation sereine. À Rome, les rumeurs circulaient : Louis d'Orléans allait profiter de l'occasion pour se faire couronner empereur. C'était invraisemblable, mais on en parla jusqu'à Strasbourg. D'autres bruits se répandaient en Italie où Venise, en particulier, voyait avec déplaisir s'annoncer une opération fort capable de renforcer les positions de Gênes. Car, le 16 mai 1405, Benoît XIII entrait à Gênes où le peuple le fêta.

Il était accompagné de six cardinaux. Les autres s'étaient excusés. On sentait déjà une fissure dans le dispositif. Malgré une prédication lénifiante de Pierre d'Ailly, tout le monde comprenait que l'obstiné Benoît XIII ne pensait plus à rencontrer l'autre pape mais à aller l'évincer par la force à Rome. Rares étaient ceux qu'un tel retour en arrière pouvait séduire.

On avait compris que l'efficacité du gouvernement pontifical tenait à l'implantation stable des services administratifs et judiciaires. Jamais la construction de Jean XXII n'aurait pu se concevoir quand toute la curie migrait continuellement entre Rome, Pérouse et Viterbe. Il n'était pas question, après l'évasion de Benoît XIII, de revenir à la curie itinérante d'avant 1309. Comme on allait le voir pour la royauté française au xve siècle, on imagina de distinguer la résidence du pape, lieu des décisions politiques, et le siège des institutions centrales, maintenu à Avignon où continuèrent de venir les officiers, les collecteurs, les justiciables, les plaignants, les procureurs. Les archives étaient là, et la Trésorerie aussi. Les chefs des grands organes – le camérier, le trésorier, le grand pénitencier, le vice-chancelier – ne pouvaient que suivre le pape, mais ils eurent à Avignon des lieutenants. Les procédures s'en trouvèrent compliquées et ralenties car, il ne faut pas se tromper quant à la proximité géographique, les Alpes séparaient la côte ligure du sillon rhodanien. Néanmoins, la machine administrative continua de fonctionner. Conzié empruntait à Gênes, son vice-gérant Pedro Adimari ordonnançait à Avignon le remboursement. Les collecteurs qui avaient coutume d'apporter du numéraire allaient toujours à Avignon, ceux qui, comme les Aragonais, usaient surtout de la voie bancaire achetèrent du change sur Gênes ou ensuite sur Savone. L'effondrement du système des suppliques allégea opportunément les affaires dans lesquelles le pape devait intervenir personnellement.

Innocent VII séjournait à Viterbe. Benoît XIII fit savoir que la rencontre aurait lieu à Pise. Mais les obstacles s'accumulaient. Charles VI refusait d'envoyer des troupes. Les cardinaux multipliaient les manifestations de réticence. Innocent VII ne bougeait pas. Une épidémie de peste, qui frappa soudainement Gênes, accéléra l'échec de l'entreprise. En octobre 1405, au lieu de marcher sur Pise, la curie quittait Gênes pour Savone. Autant dire qu'elle prenait le chemin du retour. Benoît XIII tint la France pour responsable, et envoya à Paris le fidèle Antoine de Chalant pour demander à nouveau de l'aide. Il ne s'agissait que d'envahir l'Italie. Chalant ne parlait même pas de négocier avec le pape de Rome. La cour lui réserva une accueil des plus frais. C'en était fini de la voie de convention.

Lors du conclave qui, le 30 novembre 1406, élut Grégoire XII pour succéder à un Innocent VII qui n'avait régné que deux ans, les cardinaux romains prêtèrent un serment qui revenait vers la cession : l'élu abdiquerait dès que Benoît XIII se retirerait ou mourrait. Mais on y mettait une condition irréaliste : le ralliement de tous les cardinaux d'Avignon. C'était parler pour ne rien dire. Comme le nouveau pape, le Vénitien Angelo Correr, avait réputation de saine théologie et de droiture, certains crurent l'unité en vue. À Paris, Gerson ne manqua pas de dire sa joie. Pour reprendre le propos tardif de saint Antonin, l'élu de 1406 était « innocent comme un agneau ou comme une pure colombe ».

Ne voyant toujours aucun intérêt à regagner Avignon, Benoît XIII s'était établi en août 1406 à Nice, puis à Marseille où il fit le 21 novembre une entrée solennelle. Précédé du Saint-Sacrement et accompagné comme il se devait des six chevaux blancs, il gagna Saint-Victor où il pria devant la tombe d'Urbain V. Le sénéchal de Provence Pierre d'Acigné représentait son maître et portait la traîne. Le pape accorda des indulgences. Cela ressemblait à un triomphe, mais à un petit triomphe. L'impression fut renforcée quand au début de décembre arrivèrent les cardinaux demeurés à Avignon. On observa qu'ils avaient quelque peu modifié leur tenue, portant un ample manteau pourpre en cloche dont le capuchon couvrait la tête, sous le chapeau rouge.

C'est pendant ce séjour à Marseille que Benoît XIII apprit les bonnes dispositions de Grégoire XII. Celui-ci proposait une rencontre et envoyait des plénipotentiaires pour en déterminer les conditions. On mesura mal à Marseille l'idée que se faisait de l'union un Grégoire XII dont les neveux faisaient le siège pour qu'il ne cédât pas : l'union, c'était le retrait de l'autre. Grégoire XII ne souhaitait rencontrer Benoît XIII que pour le convaincre de se retirer.

En avril 1407, l'affaire semblait cependant en bonne voie et Benoît XIII donnait son accord aux ambassadeurs de Grégoire XII. Le rendez-vous fut fixé pour la Toussaint. Sienne, Gênes et Florence se proposaient pour accueillir les deux papes. On préféra Savone, où l'on ne risquait pas la pression des autorités locales. La convention semblait l'emporter. L'ambassade du roi de France, que conduisait Cramaud et où l'on voyait tous les grands orateurs du concile gallican, arriva trop tard. Les maîtres parisiens ne concordaient d'ailleurs que par leur hostilité à la convention, dont le succès pouvait bien conduire à l'effondrement de la construction gallicane. Le roi eut cependant la satisfaction de voir choisie une ville génoise, donc soumise à la France. Il allait passer pour le protecteur de la rencontre et pour l'artisan de l'unité.

MENACES ET DÉROBADES

Aux abois quant à ses finances, Benoît XIII aggrava ses exigences fiscales. Le clergé se montrait de plus en plus déçu de la restitution d'obédience. Les maîtres parisiens en voulaient aux toulousains d'avoir poussé à ce qui ne semblait en rien une solution du schisme. Pierre Plaoul et Jean Petit attaquèrent ce texte devant le Parlement. Le 17 juillet 1406, la célèbre « épître de Toulouse » était brûlée par sentence du Parlement comme

« injurieuse... au déshonneur du roi, de son Conseil, de son royaume et de l'Université de Paris ». Et celle-ci de rappeler qu'elle était « fille du roi ». Jean sans Peur triomphait. Le versatile Berry se rangeait à son côté. Le 11 septembre, on publia l'ordonnance interdisant à tous les clercs de payer quoi que ce fût pour leurs bénéfices. Annates, communs services et procurations étaient supprimés. On ne touchait ni au magistère spirituel ni à la collation des bénéfices, mais c'était préparer une seconde soustraction. Pour l'heure, on ne laissait au pape que les revenus qu'il pouvait attendre d'Aragon.

Un concile gallican fut convoqué, qu'ouvrit en novembre 1406 le jeune prince Louis, le troisième fils de Charles VI, un enfant de dix ans que son père avait fait duc de Guyenne et que la mort de son frère Jean venait de faire dauphin. Il n'y avait là que trente-sept évêques et abbés, bien des prélats ayant préféré rester chez eux. Jean Jouvenel, avocat du roi au Parlement, prit la présidence, ce qui aurait étonné si l'on n'avait pris l'habitude des bizarreries. Dans ce concile dirigé par un père de famille, on entendit surtout les universitaires qui avaient déjà retenu l'attention neuf ans plus tôt. Depuis peu proviseur de l'Hôtel-Dieu, Gerson était toujours là, et on l'écoutait. Ses interventions devant le concile gallican allaient devenir deux traités sur la façon d'en finir avec le schisme.

S'il était docteur en droit canonique, le patriarche d'Alexandrie Simon de Cramaud n'appartenait plus à l'Université depuis la fin de ses études. Il n'en fit pas moins un éloge appuyé qui était, même si le chiffre qu'il donnait était exagéré, le moyen de justifier son influence.

> J'ai été au Conseil des papes, des rois, des ducs et des princes, mais je ne fus jamais en un lieu où je trouverais meilleure et plus saine conclusion que ce que j'ai fait en l'Université de Paris bien assemblée. Et ce n'est pas chose de quoi l'on doive s'émerveiller car, quand ils sont bien assemblés, ils se trouvent plus de mille maîtres et docteurs.

Très vite, le ton monta. Les discours enflammés se succédaient. Plaoul parla pendant deux jours. Cramaud et Leroy menèrent l'assaut contre le pape. Cramaud traita les deux papes de « renards dévots ». Guillaume Fillâtre assuma la défense, mais il eut la maladresse d'évoquer le droit des papes à déposer les rois, ce qui renvoyait au temps de Boniface VIII et irrita tout le monde, en sorte qu'il lui fallut ensuite s'en excuser. Jean Petit dénonça l'hypocrisie des plaidoyers pour la paix et l'union. L'archevêque Guy de Roye fit surtout remarquer qu'on perdait son temps et que participer à de telles assemblées constituait une charge financière. C'était dire que le concile gallican ne servait à rien puisque les décisions étaient déjà prises. Pierre d'Ailly fit montre de réalisme et ironisa aux dépens de Cramaud.

> Monseigneur le patriarche a touché que, quand on aura fait soustraction, on avisera à la manière d'obvier aux inconvénients qui en pourraient venir. C'est très bien dit. Quand la maison aura brûlé, on fera provision d'eau !

Bref, certains en avaient assez. Le 20 décembre, Jean Jouvenel mit fin aux discussions en adoptant la position radicale prônée par Leroy. C'était élever le débat au-dessus de la simple question de personne et des simples dénonciations de la fiscalité. La réforme de l'Église s'inscrivait maintenant en tête des préoccupations du clergé de France, et c'était un laïc, un avocat, qui le disait. Les prélats n'avaient qu'à se ranger derrière le roi. La conclusion de Jouvenel ne laissait aucun doute.

> L'Église a été jusqu'à présent mal gouvernée. Nous sommes ici pour y remédier.

La majorité des universitaires exigeait une soustraction totale, comme en 1398. Pierre d'Ailly fit préférer une sanction modérée qui fut votée le 4 janvier 1407. Le 18 février, on scella donc trois ordonnances royales portant une soustraction partielle qui privait le pape de sa fiscalité et du droit de collation. Lui restait l'autorité spirituelle, ce dont les universitaires virent le danger : comme le temps n'était pas aux définitions dogmatiques, cette autorité spirituelle signifiait la maîtrise des dispenses – donc un chantage possible sur les princes qui en étaient les premiers demandeurs –

et celle des excommunications « à raison du péché ». Si
Benoît XIII n'était affaibli, on risquait d'en revenir à Boniface VIII. Les ordonnances dûment scellées, on se garda de les
publier sur-le-champ.

En 1406, Charles VI avait tenté de donner à son Conseil une
composition équilibrée. La prédominance du duc d'Orléans y était
cependant perceptible : sur cinquante conseillers, vingt-cinq
étaient ses fidèles, le reste se partageant entre les hommes du duc
de Bourgogne et ceux qui s'en tenaient à une certaine neutralité.
Profitant d'une absence de Jean sans Peur, parti pour s'occuper
sur place des affaires de Flandre et pour négocier un traité de
commerce avec l'Angleterre, Louis d'Orléans poussa son avantage. Le 28 avril 1407, en présence de ses oncles Jean de Berry
et Louis de Bourbon, et de son cousin Louis II d'Anjou, Orléans
imposa une réorganisation du Conseil. Sur 14 évêques, on n'en
garda que 9, dont six du parti d'Orléans – en était, naturellement,
Cramaud – et un du parti de Bourgogne. Sur 38 laïcs, il n'en resta
que 17, dont 14 du parti d'Orléans. Pour le duc de Bourgogne,
c'était un désastre : la fin de toute politique favorable aux intérêts
de l'état bourguignon, et la fin de l'accès aux finances royales.

Voulant préserver les chances d'une solution moins violente, le
gouvernement que dominait maintenant Louis d'Orléans envoya
en mai à Benoît XIII une ambassade que conduisait Cramaud. Ce
fut en vain. Pendant qu'à Paris on tenait en réserve les ordonnances de soustraction, on préparait à Marseille la bulle qui
excommuniait Charles VI et mettait le royaume en interdit. Scellée le 19 mai, elle fut également tenue secrète.

L'assassinat, le 23 novembre, de Louis d'Orléans par les
hommes du duc de Bourgogne sonna le glas de la modération. Ce
qui n'était en France qu'un affrontement politique allait rapidement tourner à la guerre civile. Les universitaires se trouvaient,
par leurs engagements dans les affaires de l'Église, impliqués
dans un conflit qui n'avait plus rien à voir avec les enjeux habituels du combat gallican. Le schisme ne serait bientôt plus au
premier rang des préoccupations de la France.

Dans l'immédiat, et le roi ne donnant pas suite à ses promesses
de bonne justice contre les assassins, Jean sans Peur relevait la
tête. Le 12 janvier 1408, il menaçait d'une nouvelle soustraction

d'obédience si l'Église n'avait mis fin au schisme avant l'Ascension.

DE SAVONE À PISE

Savone se préparait. Charles VI et Martin d'Aragon rivalisaient pour proposer à Benoît XIII les galères nécessaires, la route littorale n'étant guère praticable pour un cortège pontifical. Le 24 septembre 1407, Benoît XIII était de nouveau à Savone. C'est de Grégoire XII que vinrent les premières temporisations.

Le voyage de Savone (*voir carte 6*) s'annonçait onéreux et la Trésorerie romaine était exsangue. Un subside caritatif imposé pour financer l'expédition ne rapporta rien. Les collecteurs les plus sollicités, ceux de Hongrie, de Bohême, de Pologne et de Danemark, avaient quelque peine à convaincre le clergé de ces lointains royaumes qu'aller de Sienne à Savone fût une telle charge. Le maintien de l'ordre dans l'état pontifical coûtait plus que jamais et le choix de Savone ne faisait qu'aggraver le tumulte car le roi de Hongrie Sigismond prenait fait et cause pour Venise où l'on ne voulait entendre parler ni de Gênes ni de Savone, cependant que le roi de Naples Ladislas trouvait là un prétexte pour attaquer Rome que défendait à grands frais Paolo Orsini.

La Chambre apostolique s'endettait donc gravement. Ne trouvant plus à emprunter sur son crédit, elle en était réduite aux usuriers. Dès 1405, Innocent VII avait engagé sa tiare en or massif ornée de trente-neuf saphirs, quarante-six balais, huit rubis, trente-six émeraudes, vingt-quatre grosses perles et d'innombrables petites. Depuis, le gage allait de banquier en banquier. Le nouveau camérier, le neveu du pape Antonio Correr, venait de la réengager, le 17 février 1407, au Florentin Matteo di Bartolomeo Tenaglia pour 6 000 florins que celui-ci s'engageait à payer à Paolo Orsini pour la solde de sa *condotta* de 500 lances.

Ce que Grégoire XII ne savait pas, c'est que, de surcroît, il était trahi. Légat à Bologne et en Romagne depuis 1403, le cardinal Baldassare Cossa y avait restauré les finances pontificales. Mais rien n'en allait à la Chambre apostolique de Rome. Il s'excusait, en avril 1407, de ne pouvoir payer la solde de Paolo Orsini. Mais au même moment, Cossa avait à son compte personnel chez Giovanni de' Medici près de 20 000 florins et il se préparait à en placer encore 17 700. À la veille du concile de Pise, en 1409, il aura à son compte près de 43 000 florins. Il retirera presque tout pour financer le concile. Le légat de Bologne constituait bel et bien, aux dépens du pape, le trésor de guerre qui financerait sa perte.

Quand Grégoire XII différait le voyage pour raison de trésorerie, ce n'était donc pas un vain prétexte. Mais tout concourait à le dissuader. À Rome même, les troubles ne cessaient pas. Appelés contre le peuple par les barons, le roi de Naples Ladislas et les Colonna attaquaient Rome et Paolo Orsini passait finalement au service de Ladislas. Grégoire XII avait trouvé refuge, comme d'habitude, au château Saint-Ange. Pendant ce temps, le roi de Hongrie Sigismond faisait pression sur Venise pour que la Sérénissime empêchât le Vénitien Grégoire XII de donner suite à un projet qui passait sans peine, sur le Grand Canal, pour un succès génois. Bref, le pape romain répondait sans fard aux envoyés de Benoît XIII qu'il n'avait ni l'argent pour aller à Savone par mer ni la sécurité pour y aller par terre. À vrai dire, cet octogénaire était fatigué. Il avait atteint Sienne en septembre 1407. C'est là que le rejoignit le fidèle Francesco Uguccione, qui échoua à le convaincre d'aller plus avant. Naturellement, il ne fallait plus parler au pape de l'engagement pris au conclave. On jeta en prison un frère carme qui, prêchant devant le pape, le rappelait publiquement.

Savone semblant hors de portée du pape romain, Benoît XIII accepta de faire une notable partie du chemin et gagna Portovenere, à mi-chemin de Gênes et de Pise. Il y fut le 3 janvier 1408. Grégoire XII était alors à Lucques. À Pâques 1408, on crut que les deux papes s'accordaient sur une rencontre à Pise.

L'exaspération gagnait le monde laïque. C'est en vain que l'on avait fait parvenir à Grégoire XII des sauf-conduits qui le plaçaient sous la protection du roi de France. Boucicaut arma huit galères et cingla vers Rome. Seule la tempête l'arrêta en chemin. Ladislas s'imposait désormais comme le défenseur de Grégoire XII : le 25 avril, il occupa Rome et fit savoir qu'il entendait bien assister à l'entrevue des deux papes. C'était nier la voie de

convention. On semblait revenu au temps de la voie de fait et il
pouvait être bon de préparer la mise sur pied d'une armée. Le
11 février 1408, Boucicaut avait obtenu de Benoît XIII l'absolution de son beau-père Raymond de Turenne que Clément VII avait
plusieurs fois frappé d'excommunication. Il était temps d'oublier
les méfaits dont avait souffert le Comtat. Un chef de bande pouvait être utile. Ameil du Breuil fut chargé de lui imposer une
pénitence.

Grégoire XII semblait frappé d'inertie. Ses cardinaux se lassèrent. Certains pensèrent qu'il était temps de traiter avec le Sacré
Collège avignonnais sans passer par les papes. Baldassare Cossa
et Pietro Philargès négocièrent pour cela l'appui de Florence.
Canoniste expérimenté et administrateur confirmé, Cossa savait
où il allait. Le franciscain crétois Philargès, parfois appelé Phila-
rète, était un théologien. Il avait étudié à Paris et à Oxford, puis
enseigné à Paris et à Pavie. À la sollicitation de son élève Giangaleazzo Visconti, il s'était fixé en Italie, où il avait été évêque de
Piacenza, de Vicenza, de Novare et enfin archevêque de Milan.
À plusieurs reprises chargé de légations délicates, il était riche
d'une bonne connaissance de l'épiscopat italien. Presque septuagénaire, il avait réputation de sagesse. Disons tout de suite que
Cossa et Philargès allaient être les deux « papes de Pise ». Ils
obtinrent enfin en août 1408 l'accord des Florentins à ce que le
concile se tînt à Pise. Grégoire XII répliqua en faisant, le 9 mai
1408 à Lucques, une fournée de quatre cardinaux dont deux
étaient ses neveux.

Le pape romain précipita les choses en apostrophant durement,
lors du Consistoire du 9 mai, ses propres cardinaux. Ils quittèrent
subrepticement Lucques. Peu après, ils se retrouvaient tous à Pise.
Benoît XIII était toujours à Portovenere, mais ce pape que l'on
allait dire obstiné dans son refus de céder se montrait non moins
obstiné dans son désir de n'être pas venu en Italie pour rien : il
avait envoyé jusqu'à Livourne toute une ambassade, menée par
les cardinaux Malesset et Blau. On y voyait les archevêques de
Rouen et de Toulouse. Les ambassadeurs de Benoît XIII étaient
chargés de négocier avec les gens de Grégoire XII. De Pise à
Livourne, il y a une heure de route. Poussé par ses cardinaux,

Benoît XIII fit une ultime concession. Il offrit d'aller jusqu'à Sarzana.

Les cardinaux d'Avignon ne se sentaient pas en sécurité à Livourne. Plusieurs regagnèrent Portovenere. Six autres, avec Blau, abandonnèrent la cause de Benoît XIII et, au début de juin, se joignirent à huit cardinaux romains qui avaient déjà abandonné Grégoire XII. Ainsi réunis, ces cardinaux dont aucun n'avait vécu les événements de 1378 annoncèrent que le temps des palinodies était passé et qu'ils allaient réaliser la voie de concile. Quand la nouvelle parvint à Paris, l'Université applaudit.

Grégoire XII ne cessait de tonner contre le projet de « conciliabule ». À Sienne, le 19 septembre 1408, croyant compenser ainsi les défections, il créa neuf autres cardinaux, dont un neveu. Il prit soin d'intégrer dans la promotion un Anglais, l'évêque de Lincoln, un Aragonais, l'ambassadeur du roi Martin, et un Allemand, l'évêque de Worms qui représentait à sa curie le roi des Romains Robert et qui refusa de recevoir la pourpre dans ces conditions.

LA SECONDE SOUSTRACTION

À Paris, le duc de Bourgogne Jean sans Peur tenait le pouvoir. Le 28 février 1408, il avait fait une entrée solennelle à laquelle ni son oncle Jean de Berry ni son cousin Louis II d'Anjou ne s'étaient opposés. Le 8 mars, devant une grande assemblée tenue à l'hôtel Saint-Paul, le théologien Jean Petit, qui était aussi le conseiller dûment pensionné de Jean sans Peur, prononçait sa célèbre « Justification de Monseigneur le duc de Bourgogne sur le fait de la mort du duc d'Orléans », long discours passé à la postérité sous le nom d'*Apologie du tyrannicide*.

Chaque tyran doit et peut être louablement et par mérite occis par quelconque son vassal ou sujet et par quelconque manière, même par aguettes et par flatteries et adulations, nonobstant quelque jurement ou confédération faite envers lui, sans attendre la sentence ou le mandement de quelque juge que ce soit.

C'était péremptoire, quitte à invoquer une douteuse jurisprudence : l'archange saint Michel avait ainsi occis Lucifer, Moïse avait tué l'Égyptien, Judith avait flatté Holopherne, Joab avait dépêché Abner. On ne se parjure pas en faisant le bien. Les assassins du duc d'Orléans étaient donc des justes, et ils avaient rendu service. Le théologien n'avait pas manqué, en l'accusant de lèse-majesté, d'évoquer le rôle de Louis d'Orléans comme défenseur d'un pape dont l'obstination perpétuait le schisme et offensait ainsi le bien de l'Église.

En avril 1408, on fit parvenir à Benoît XIII l'ultimatum du 12 janvier. Comme le roi de France dévoilait ses batteries, le pape fit de même. Il publia la bulle du 19 mai 1407. En mai, on apprit donc à Paris que le roi était excommunié et la France en interdit. Cette fois, on publia les ordonnances du 18 février 1407, autrement dit le rétablissement des libertés de l'Église gallicane.

Encore fallait-il l'adhésion du peuple. On convoqua la cour et l'Université, et Jean Courtecuisse fit un long discours pour maudire un pape coupable, pour avoir excommunié l'oint du Seigneur, de jeter le trouble dans l'ordre voulu par Dieu : « Que la douleur retombe sur sa tête ! » commença l'orateur. On ajouta un geste spectaculaire : la bulle fut lacérée en public. On avisa ensuite à réduire les résistances : les bénéfices des clercs favorables à Benoît XIII furent placés sous séquestre.

L'Église de France avait de nouveau à s'organiser. Ce fut la tâche d'un concile gallican qui se réunit le 11 août et où, à côté de trente-cinq évêques et abbés, on comptait les orateurs habituels de l'Université, que vinrent renforcer, à la fin de septembre, Simon de Cramaud et Pierre d'Ailly. L'avis des docteurs fut qu'il y avait péché à ne pas évincer le pape. Malgré quelques réticences que le chroniqueur Michel Pintoin attribue à des gens « circonspects », ce qui laisse penser qu'il y adhère, et malgré les fortes plaidoiries de l'archevêque Guy de Roye, toujours fidèle défenseur de Benoît XIII, la majorité de l'assemblée penchait pour une soustraction durable, autrement dit pour autre chose qu'un coup de semonce. Mais il fallait de toute manière traiter d'abord du cas personnel de Benoît XIII. Là encore, on chercha à frapper le peuple. Comme le pape avait envoyé deux observateurs, ils furent exhibés dans la cour du palais, sur une estrade, affublés d'ornements aux armes renversées du pape et d'écriteaux qui les disaient « déloyaux à l'Église et au roi ».

On entendait dans le clergé d'autres résistances, et la moindre n'était pas celle de l'Université de Toulouse, où Guy Flandrin ne désarmait pas, fortement soutenu par l'abbé de Saint-Sernin Aimery Nadal. Surtout, la décision française touchait peu l'étranger. Quelques puissances sensibles à l'influence politique du duc de Bourgogne firent à la suite leur soustraction. Ce fut le cas de Gênes dès juillet 1408, de la Navarre pour quelques mois en 1409. Dans l'ensemble de la chrétienté latine, la soustraction française parut n'apporter aucune solution au schisme. Le roi Martin proposa à Benoît XIII l'hospitalité de l'Aragon. La Castille ne bougea pas. La Navarre revint sur sa soustraction.

Convaincu qu'il perdait son temps et que Grégoire XII ne viendrait pas, Benoît XIII avait quitté Portovenere le 17 juin 1408. Se méfiant de Louis II d'Anjou, il évita Marseille et alla débarquer, le 2 juillet, à Collioure. L'idée de revenir à Avignon ne l'effleura même pas. Se fondant sur le principe jadis invoqué en faveur d'Avignon et selon lequel le Saint-Siège était là où était le pape, Benoît XIII refusait de se sentir en exil. Acceptant l'hospitalité de l'Aragon, il s'installa en août 1408 à Perpignan dans le palais des rois de Majorque. Là, il crut pouvoir reconstituer une cour pontificale et Conzié retrouva son goût de l'organisation et du protocole : de Villeneuve-lès-Avignon, en réponse à une demande pressante de l'archevêque de Tolède Pedro de Luna, il envoya un véritable mémoire sur les usages relatifs à l'installation du pape et des cardinaux. Conzié, qui ménageait le pape en exil sans pour autant le rejoindre, formulait là des règles adaptées à une situation qu'il voyait avec une lucidité dont Benoît XIII était incapable.

Avant même d'atteindre Perpignan, le pape avait annoncé qu'il convoquait un concile de son obédience, sans se rendre compte que celle-ci était déjà réduite de moitié. Quatre cardinaux l'avaient suivi depuis Portovenere : les Français Antoine de Chalant et Pierre Flandrin, le Catalan Berenger de Anglesola et le Génois Lodovico Fieschi, ce vieux prélat qui devait sa pourpre à Urbain VI et s'était rallié à Benoît XIII par hostilité à Innocent VII. En lui rendant visite, le roi de Navarre Charles III le confirma dans ses espoirs.

Le 22 septembre, Benoît XIII créa cinq cardinaux, dont un Aragonais, un Castilan, un Provençal et deux Français qui ne passèrent pas inaperçus : l'archevêque de Rouen Jean d'Armagnac et l'archevêque de Toulouse Pierre Ravat, qui s'étaient tous deux distingués à Livourne en rompant les négociations. Si celle de Ravat récompensait un fidèle soutien, l'élévation d'un Armagnac à la pourpre n'était pas seulement un geste de gratitude. L'archevêque de Rouen était le frère du comte Bernard d'Armagnac, l'homme fort du parti qui, décapité par l'assassinat du duc Louis d'Orléans, commençait de se reformer autour du jeune duc Charles. Bernard avait une fille, Bonne d'Armagnac, qu'il allait, quelques mois plus tard, marier à Charles d'Orléans, et l'on parlerait bientôt du parti des armagnacs. Benoît XIII avait bénéficié de l'appui de Louis d'Orléans. Il pouvait escompter celui du comte d'Armagnac. La pourpre de l'archevêque était donc un habile placement. Malheureusement, le nouveau cardinal ne survécut que deux semaines.

Le 15 novembre, Benoît XIII ouvrait le concile où l'on voyait quarante et un évêques, surtout espagnols. Conzié, qui n'avait plus beaucoup de finances à gérer, avait, avant de faire défection, donné par correspondance tous ses soins au cérémonial. Antoine de Chalant démontra longuement – il lui fallut dix séances – la légitimité du pape et la culpabilité de Grégoire XII. L'archevêque de Saragosse, Garcia Fernandez de Heredia, assura Benoît XIII de la fidélité de son épiscopat.

Comme bien l'on pense, la décision de la France n'avait entamé aucune des fidélités à Grégoire XII. De l'Angleterre à l'Empire, l'obédience de Rome demeurait ferme. Elle allait cependant s'étiolant : quand, le 6 juin 1409, Grégoire XII ouvrit à Cividale un concile de son obédience, il eut encore moins de participants que n'en avait eu son adversaire à Perpignan.

La voie de concile

D'une solution au Schisme par la voie de concile, on a déjà parlé d'abondance. À vrai dire, on a déjà entendu la thèse de la supériorité de l'Église, donc du Concile qui représente le corps ecclésial, sur le Siège apostolique qui n'en est que l'autorité. Elle procède pour une bonne part non des événements mais de la relecture de la *Politique* d'Aristote et de la formulation d'un droit naturel de l'État qui doit plus à Thomas d'Aquin et à ses successeurs qu'aux polémistes qui ont nourri les querelles avec l'Empire, avec Philippe le Bel ou avec les tenants de l'obédience romaine. Parce qu'il est une monarchie, les aristotéliciens qui entourent Charles V appliqueront sans peine au Saint-Siège le propos de Jean de Paris qui, au début du siècle, mettait déjà en place les acteurs du jeu politique.

> Le royaume est le régime de la multitude parfaite ordonnée au bien commun sous le gouvernement d'un seul.

Les trois cardinaux italiens évoquaient déjà le recours à un concile alors que, en août 1378, la rébellion du Sacré Collège n'avait pas encore conduit à une seconde élection. On en parlait aussi en 1379 dans les débats de l'Université de Paris, où le maître Conrad von Gelnhausen allait bientôt composer une *Épître de la Concorde* qui est le premier plaidoyer solidement étayé en faveur de la solution conciliaire. Conrad n'hésitait pas à poser en principe la supériorité de l'Église, donc du Concile, sur le Siège apostolique, et en tirait la conséquence : point n'était besoin que le concile fût convoqué par le pape. À son lit de mort, en août 1379, Jacopo Orsini disait encore son incertitude quant à la double élection et s'en remettait au jugement de l'Église et du Concile. En 1380, devant l'assemblée de Medina del Campo, l'un des représentants d'Urbain VI, Francesco Uguccione da Urbino, avait lui aussi évoqué cette manière de sortir de la crise.

> Si le présent schisme devait se terminer par une sentence arbitrale, ce ne pourrait être que par celle d'un concile général, et non par celle de quelques prélats en particulier.

Simone da Brossano et Piero Corsini avaient poursuivi quelque temps leur refus de choisir et leur attente d'un concile, au point que Pierre de Sortenac leur avait fait tenir, vers juin 1380, une réfutation de ce qui était déjà un projet conciliaire. Avant de

brosser un tableau des divisions de l'Europe et des conflits purement politiques qui empêchaient une concertation, Sortenac s'at-
tachait à ce qui rendait le concile impossible, évitant ainsi
l'essentiel : un concile aurait-il la légitimité nécessaire pour se
poser en arbitre et pour imposer son arbitrage ?

> Comme chaque roi se dit quasi-empereur en son royaume, chacun
> voudra réunir le concile en son royaume. Or le clergé d'un royaume
> n'ira pas dans un autre royaume, surtout s'ils sont ennemis, comme
> le montre l'exemple de la France et de l'Angleterre.
>
> Qui convoquera le concile ? Si l'on dit que cela revient à l'empe-
> reur, ce n'est pas possible puisqu'il n'y a pas aujourd'hui d'empereur.
> Et s'il y en avait un, il ne se ferait pas obéir des autres rois parce que
> chacun dit être son égal en son royaume.
>
> Qui présidera ce concile ? Qui en ordonnera les travaux ? Et, s'il
> n'y a pas de président, on ne saurait attendre quelque bien d'un tel
> concile où il y aura une telle multitude sans tête. Où est la multitude,
> là est la confusion...
>
> Il y a les rois et les princes qui se sont déjà déclarés, et les cardi-
> naux qui sont absents. Il faudra d'abord leur demander s'ils acceptent
> cette voie.
>
> On ne pourra rien savoir de plus que ce qu'on sait aujourd'hui. On
> ne sait rien de ce qui s'est dit au conclave, et les cardinaux sont les
> seuls à savoir la vérité. Alors, à quoi servira le concile ? À rien...
>
> L'opinion de tous concorde : si les cardinaux italiens se joignaient
> aux autres, la voie de concile ne serait ni utile ni efficace.

Malheureusement pour Clément VII, les deux cardinaux italiens dont l'adhésion eût été significative – ils avaient eu part à
la première élection de 1378 – n'apportèrent pas grand-chose à la
cause avignonnaise. Malgré les exhortations de leurs collègues et
celles du comte Amédée VI de Savoie qui les hébergeait à Nice,
ils firent longtemps la sourde oreille. Brossano attendit d'être à
l'article de la mort pour, le 26 août 1381 à Nice, se prononcer
clairement pour Clément VII. Pétri de contradictions, Corsini vint
en septembre à Avignon, se rallia officiellement en 1386 et attendit 1404 pour confirmer par écrit cette adhésion mais n'en fut
pas moins, en 1394, le premier artisan de l'élection qui assura la
continuation du schisme.

Charles V ne s'était pas montré moins prudent, penchant évidemment pour Clément VII mais ne s'engageant que peu à peu. À son lit de mort, le 16 septembre 1380, il maintint son choix devant notaire et devant témoins, mais il mit sa conscience à l'aise.

Si on me prouve que je me suis trompé, ce que je ne crois pas, mon intention est d'adopter l'opinion de notre sainte mère l'Église universelle. Je veux obéir en ce au concile général ou à tout autre concile ayant compétence pour décider. Que Dieu veuille ne pas me reprocher ce que, à mon insu, j'aurais pu faire à l'encontre de cette future décision.

L'Université ne pouvait que songer dès les débuts du schisme au concile. C'était évidemment la voie la plus appropriée pour que les maîtres tinssent une place que ne leur procurait pas la voie de fait et que ne leur laisseraient pas les deux adversaires si l'on en venait à la voie de convention. Le concile, c'était la parole donnée aux maîtres. C'est du côté des Mathurins qu'en 1381 un universitaire mit en vers une *Apologie du Concile général* en laquelle apparaît un propos qui aura plus tard son actualité : la mort d'un des deux papes ne suffirait pas à dire lequel était le vrai. Le poète ne disait pas s'il pensait à la mort naturelle, ou s'il voyait là une conséquence possible de la voie de fait.

À tous bons chrétiens du royaume de France
Salut en Jésus Christ et faire pourvoyance
Du général Conseil pour ôter la doutance
Du grand schisme qui met notre foi en balance.

Si à Dieu plaire voulez, tout temps soir et matin
Au général Conseil mettez et cœur et main
Pour enquérir lequel est vrai pape romain,
Ou VIIe Clément ou VIe Urbain.

Par guerre ou par conseil faut le schisme finer.
Le pape ne doit pas son droit examiner
Par mort, mais par raison se doit déterminer.
Christ attend, et ne veut pécheurs exterminer.

L'auteur de ce très long poème – 58 strophes – pose avec lucidité le problème que feront apparaître toutes les solutions envisagées, et qu'il faudra bien résoudre un jour. Par-delà ce qui touche
la personne du pape, il y a la légitimité de ses actes et celle de
ses créatures.

> Si le schisme plus dure, dont Jésus Christ nous garde
> Celui qui est faux pape fera par son faux art
> Fausses promotions, faux prélats de sa part,
> Foi, loi et sacrements seront mis à essart.

L'idée se trouvait désormais dans tous les écrits et tous les
discours de ceux qui, tel Nicolas de Clamanges, analysaient la
crise et cherchaient un moyen d'en sortir. Dans son testament,
Corsini précisait bien, en 1403, qu'il ne pouvait être question que
d'un concile œcuménique. Un concile de l'obédience n'aurait pas
suffi à procurer l'unité : on l'avait bien vu avec les conciles gallicans. On n'en parlait pas moins à la curie de Rome, et Innocent VII annonçait le 20 novembre 1405 un concile qui fut
plusieurs fois reporté et ne se réunit jamais. Limité à l'obédience
romaine, ce n'eût été qu'une réplique aux conciles gallicans, à
cela près que les assemblées parisiennes étaient dirigées contre le
pape alors qu'Innocent VII avait pour objet de « chercher les
moyens congrus et justes d'extirper le schisme ».

Sur la composition du concile, les positions étaient depuis longtemps claires. Aux termes du droit canonique et de la tradition,
en étaient membres tous les évêques et abbés, ainsi que les représentants des chapitres. Le cas des universitaires n'avait pas été
tranché par l'usage, faute d'universités dans le temps des premiers
grands conciles du Latran. Maintenant, nul ne songeait à les écarter, mais ils avaient, eux, la prétention de gouverner les travaux.
En juin 1394, les Parisiens éclairaient déjà leur revendication.

> Nombre de prélats sont, de nos jours, malheureusement illettrés,
> et certains sont excessivement attachés à l'un des partis. Il est donc
> souhaitable que, au concile général, on mêle aux prélats un nombre
> égal de maîtres et de docteurs en théologie et en droit.

Citer cette déclaration en 1407 eût été faire bon marché des prises de position, passablement partisanes, des maîtres parisiens, mais la place qu'ils avaient prise dans le débat interdisait de tenir les docteurs à l'écart du concile. En décembre 1407, les docteurs de Bologne apportèrent d'ailleurs, en l'appuyant sur saint Augustin, un argument nouveau à la voie de concile : l'obstination transformait le schisme en hérésie. Ce qui était le ressort de tant d'affrontements depuis près de trente ans – la légitimité des élus de 1378 – disparaissait donc du débat au profit d'un concept infiniment moins sujet à contestation : le drame de l'Église. Il convenait donc de refuser l'obéissance à un pape, quelle que fût la légitimité de sa présence sur le siège de Pierre.

À Florence, Baldassare Cossa et Pietro Philargès préparaient maintenant le concile qui devait se tenir à Pise. Le cardinal Antonio Caetani les rejoignit. Sa longue expérience de la curie faisait de ce canoniste – il allait devenir grand pénitencier – un homme précieux.

Les deux papes étaient affaiblis. Benoît XIII ne pouvait déjà plus compter que sur l'Aragon. Les défections à Grégoire XII se multipliaient. À la fin de 1408, Henri IV procédait en Angleterre contre Grégoire XII à une soustraction partielle comparable à celle de la France contre Benoît XIII. En janvier, le roi Wenceslas de Bohême abandonnait Grégoire XII. À l'instigation de son ancien archevêque, Philargès, Milan fit de même. La Pologne, le Portugal se retirèrent de l'obédience.

LE CONCILE DE PISE

Le 25 mars 1409, s'ouvrait à Pise le concile de la réconciliation. Ce n'était malheureusement que celle des quinze cardinaux rebelles : huit romains, sept avignonnais. Mais on allait compter quelque six cents prélats et maîtres. L'Église universelle était bien dans le concile. Les souverains étaient représentés, et notamment l'empereur et le roi de Pologne. Seul le roi de Naples Ladislas avait tenté, par la menace, d'empêcher la réunion.

Retenu à Paris par ses charges de chancelier et de curé, Gerson jugea cependant utile de faire connaître son opinion par un traité

De l'éviction du pape qui ne fut connu qu'après la fin du concile. Le prudent théologien n'allait pas jusqu'à placer le pape sous l'autorité du concile, mais il lui paraissait que, si les circonstances l'exigeaient, le concile pouvait et même devait se prononcer sans le pape, voire contre lui. Surtout, Gerson demeurait fidèle à sa vue des responsabilités, laquelle s'opposait en tout à celle d'une Christine de Pisan pour qui c'était un devoir pour le roi que de ramener dans le droit chemin les schismatiques : pour le théologien, les affaires de l'Église regardaient l'Église, et les laïcs n'en pouvaient être que les observateurs. Or le concile, c'était l'Église. Le roi de France n'était pas l'Église.

Présidée par Pierre d'Ailly, une assemblée du clergé de France avait envoyé à Pise ses délégués : on compta 163 originaires du royaume de France, mais il n'y avait que 60 évêques et abbés venus en personne cependant que 93 procureurs représentaient une cinquantaine d'évêques, une centaine d'abbés et 28 chapitres. Il y avait aussi dix ambassadeurs des universités (H. Millet). À eux seuls, les Français étaient donc un peu moins du tiers du concile, ce qui ne les mettait quand même pas sur le même pied que les Italiens. Les prélats anglais avaient, réunis sous la présidence de Francesco Uguccione, constitué de même une délégation remarquablement organisée.

On avait invité les papes. Grégoire XII avait décliné l'invitation et fulminé des sentences. Benoît XIII avait protesté, malgré le rappel de ses anciens propos favorables au concile, mais il avait envoyé des représentants qui, conduits par l'archevêque de Tarragone Pedro Zagarriga, n'arrivèrent à Pise que le 10 juin et regagnèrent Perpignan sans avoir rien dit. Quant à l'archevêque de Reims Guy de Roye, toujours favorable à Benoît XIII, il n'atteignit pas Pise : il fut tué en route, le 8 juin, dans une bagarre dont certains pensèrent qu'elle était un guet-apens.

Les Français s'adjugèrent la présidence du concile. On y porta d'abord l'ultime survivant des conclaves de 1378 qu'était Guy de Malesset. Arrivé à Pise le 26 avril, Simon de Cramaud lui succéda et fit décréter que le concile représentait « la totalité de l'Église ». On constitua une commission de théologiens qui, présidée par Pietro Philargès, conclut le 28 mai qu'il n'y avait qu'une seule solution au schisme : la double déposition. Philargès avait mené l'assaut, ne se refusant pas aux habituelles accusations d'hérésie et de sorcellerie qui avaient pourtant si souvent servi. Naturellement, les témoignages recueillis dans cette enquête de mai 1409 commencent tous de la même manière : un témoin a « entendu dire », un autre répète ce que l'on « dit communément », un troisième a « appris de plusieurs notables personnes ».

Le 5 juin, le concile votait la déposition des deux papes, tenus l'un et l'autre pour « hérétiques notoires », et la révocation des cardinaux récemment créés. Le 14, on se préoccupa d'élire le pape de l'unité. Le conclave se constitua. Avec Malesset, il y avait du côté avignonnais Pierre Blau, Jean de Brogny, Gérard du Puy, Pierre de Thury, Pedro Fernandez de Frias, Amédée de Saluces, Louis de Bar et Antoine de Chalant. Du côté romain, on voyait, avec Baldassare Cossa et Pietro Philargès, Enrico Minutuli, Niccolò Brancacci, Antonio Caetani, Angelo da Summaripa, Corrado Caracciolo, Francesco Uguccione, Giordano Orsini, Giovanni Meglorati, Antonio Calvi, Rinaldo Brancacci, Landolfo Marramaldi, Pietro Stefaneschi et cet Ottone Colonna qui allait être, huit ans plus tard, le pape de l'unité retrouvée, Martin V.

Les cardinaux avaient voulu ce concile. Ils firent le nécessaire pour que le clivage reflétant le schisme s'effaçât derrière les anciennes distinctions hiérarchiques et géographiques. Cossa orienta les votes vers un cardinal âgé, fort d'une longue expérience, respecté de tous et apprécié pour son activité des derniers temps. On peut penser que Cossa se voyait déjà gouvernant à la place du vieux pontife. Le 26, à l'unanimité, Philargès était donc élu. Il prit le nom d'Alexandre V. Le cardinal de Saluces le couronna le 7 juillet dans la cathédrale. Le clergé français fut récompensé. Dès le 2 juillet, Cramaud troquait un patriarcat d'Alexandrie honorifique mais sans revenu pour l'archevêché de Reims qu'il allait garder jusqu'à son élévation à la pourpre en 1413.

Comme jadis à Vienne, le concile qui se sépara le 7 août n'avait fait qu'évoquer ce que tout le monde attendait, la réforme de l'Église. On convint de se retrouver à ce sujet dans un délai de trois ans. Chacun feignit de croire que l'Église avait enfin un pape. En fait, et nul ne pouvait l'ignorer, elle en avait trois.

Benoît XIII ne se sentait pas en sécurité à Perpignan. Pénétrant en Aragon, il s'installa à Tarragone, puis à Saragosse où l'accueillit Garcia Fernandez de Heredia. C'est de là qu'il fulmina en vain des condamnations contre ceux qui l'avaient abandonné, en particulier ceux qui l'avaient accompagné à Perpignan et l'avaient trahi à la dernière minute. Avec l'Aragon, il était sûr de la Castille et de la Sicile aragonaise. Dans l'été de 1411, il s'établit entre Barcelone et Valencia en une position inexpugnable, sur le rocher de Peñiscola qui dominait la mer mais était malheureusement isolé du monde. Il pouvait bien se donner à lui-même l'impression qu'il gouvernait quand il conférait d'illusoires faveurs, mais son agitation sénile ne parvenait plus à convaincre personne.

Un temps, Grégoire XII sembla mieux loti. Quelques prélats – dont huit cardinaux – lui restaient fidèles et le rejoignirent à Aquilée, à l'extrême limite de l'état vénitien. Ils y ébauchèrent en juin 1409 un concile, mais il leur fallut se séparer quand Venise fit soustraction. Déguisé en marchand, le pape s'enfuit par mer. Le roi des Romains Robert restait son allié, mais lui-même échouait à s'imposer comme empereur, et il allait mourir le 18 mai 1410. Il n'avait été suivi dans cette adhésion que par son fils le futur comte palatin Louis et par la ville de Francfort. L'amitié du seigneur de Rimini Carlo Malatesta, qui se piquait d'érudition et de théologie, n'était pour l'heure d'aucune utilité. Grégoire XII pouvait en revanche compter sur la protection du roi de Naples Ladislas de Duras, lequel devait faire face à l'union du pape de Pise et d'un Louis II d'Anjou que ce pape venait de nommer gonfalonier de l'Église et, le 19 août, d'investir du royaume. Le parti pris par Ladislas n'avait donc rien de désintéressé. Il hébergea l'encombrant Grégoire XII à Gaète. Trois cardinaux s'y retrouvèrent. Le refuge s'effondra quand en 1412 Ladislas reconnut l'élu de Pise. C'est alors vers Carlo Malatesta que se tourna le pape aux abois. Il trouva un asile à Rimini.

De deux systèmes administratifs et financiers, il fallait en faire un, qui allait en fait être un troisième. Or, dans cette répartition des hommes et des compétences, les héritages étaient différents. En ce qui concernait les officiers locaux, des recteurs et des légats de l'état pontifical aux collecteurs de la Chambre apostolique, la chose était simple. Les officiers n'existaient qu'en tant que leur circonscription s'inscrivait dans l'une des obédiences. C'était moins simple pour les organismes centraux, ceux des trois curies. Là, les choix personnels se combinaient avec l'appartenance nationale ou régionale.

On voyait se rallier au pape de Pise des fidèles qui manquaient à Avignon : adhérèrent à l'obédience d'Alexandre V l'Angleterre, une grande partie de l'Allemagne avec la Bavière et Mayence, l'Autriche, la Bohême, la Savoie, Florence et Venise. Quelques résistances, en Irlande et en Écosse, restèrent sans conséquences. Le maintien des deux papes déposés en 1409 semblait donc, dans la plus grande partie de la chrétienté, n'être que très épisodique. Il n'en restait pas moins préoccupant.

Bien des Aragonais dont Benoît XIII avait peuplé sa curie le suivirent, du moins pour un temps. Ils étaient nombreux à Perpignan, et encore à Peñiscola. Les Français qui subsistaient à la curie de Benoît XIII trouvèrent normal de se rallier à l'élu de Pise. Fit exception le canoniste de Toulouse Guy Flandrin, probable rédacteur de la célèbre *Épître*, qui gagna Peñiscola. Benoît XIII remplaça Conzié par l'évêque de Majorque Luis de Prades, un prélat riche de ses alliances familiales mais vite utilisé à d'autres tâches qu'à la gestion de finances devenues modiques. Pour remplacer le trésorier Jean Lavergne, on avait dès 1404 fait appel au clerc de la Chambre Frances Climent de Zapera. Lui aussi se trouva souvent accaparé par les missions les plus diverses, Benoît XIII n'ayant plus à sa disposition la masse de nonces et de légats dont pouvaient jouer ses prédécesseurs. C'est finalement un lieutenant du trésorier, Julian de Loba, qui assuma la permanence à Peñiscola. Il se trouva vite l'homme à tout faire d'un semblant de curie.

Benoît XIII avait gardé les services des deux collecteurs en Castille. Ils levèrent encore des finances jusque vers 1412. Ils avaient déjà abandonné leur office quand le roi de Castille, en 1415, abandonna le pape de Peñiscola. En Aragon, Benoît XIII n'avait plus de collecteur. Il nomma quelques sous-collecteurs qui se dérobèrent rapidement.

La situation n'était pas plus brillante chez Grégoire XII. Benoît XIII, au moins, avait une part de l'héritage avignonnais. Les papes romains, eux, n'avaient guère pu, depuis 1378, constituer une administration stable. En 1409, ce fut la débandade. Grégoire XII fut même obligé de garder comme camérier son neveu Antonio Correr alors que l'élévation de celui-ci à la pourpre aurait dû l'écarter de cet office. Le trésorier Antonio Casini et la moitié des clercs de la Chambre étaient passés au parti du concile. On nomma un nouveau trésorier, Francesco Novelli, qui ignorait tout des finances pontificales. Quelques collecteurs subsistèrent à Ancône, à Pérouse, à Spolète. Le pape se donna l'illusion d'une activité en nommant pour Naples, pour l'Allemagne et pour la Pologne des collecteurs qu'il prit dans l'épiscopat local et qui n'accusèrent même pas réception de telles nominations. Collecteur de Venise depuis janvier 1407, l'évêque de Torcello Donato Greppa cumula en juin 1409 les collectories de Venise, de Milan, de Gênes, de Raguse, de Vintimille et de Crète. L'instabilité et l'imprécision avaient caractérisé à Rome depuis 1378 la gestion des collectories. Pour Grégoire XII, les choses ne pouvaient guère s'améliorer.

Au contraire de ses deux rivaux, Alexandre V n'avait pas d'héritage propre mais il était l'héritier du concile de Pise. À la veille du concile, Benoît XIII et Grégoire XII avaient leurs cardinaux et leurs officiers. Philargès n'avait aucune curie. Mais il se trouvait désormais pourvu de tous les gens dont la compétence s'était forgée dans l'une ou l'autre obédience. Le problème des deux autres papes était de pallier les vides. Celui d'Alexandre V était de choisir et de maîtriser une pléthore que colorait la diversité des origines. Cet amalgame habilement réalisé rétablit la confiance, mais en résulta une inflation des effectifs de la curie, inflation qui ne serait vraiment résorbée qu'après le concile de Constance, Martin V ayant la sagesse de ne pas pourvoir systématiquement les emplois vacants.

Alexandre V avait d'abord pour lui ce qui avait assuré en 1378 la survie de l'élu de Fondi : le camérier François de Conzié – il avait fini par abandonner Benoît XIII en octobre 1408, décapitant une Chambre réduite à ses clercs – et le trésorier romain, l'évêque de Sienne Antonio Casini. Mais Conzié arrivait sans ses clercs de la Chambre, fidèles à leur compatriote Benoît XIII, et il lui fallait s'accommoder des quatre clercs qui venaient de la curie de Grégoire XII. Surtout – grande différence avec la situation de Pierre de Cros en 1378 – Conzié manquait, dans l'instant, de ses archives, demeurées à Avignon. Pour commencer, le pape le chargea d'aller lui-même en France récupérer les arrérages et les disponibilités des collecteurs. Conzié s'établit ensuite à Avignon et y remit en marche la Chambre et la Trésorerie. Ni Alexandre V ni son successeur Jean XXIII n'avaient vraiment envie d'avoir à leur côté ce vieux témoin de l'obstination avignonnaise, mais ils ne souhaitaient pas se passer d'une compétence avérée depuis un quart de siècle. Conzié n'avait joué qu'un rôle discret dans les péripéties des dix dernières années. Il était un grand administrateur. C'est comme tel qu'il subsista, archevêque de Narbonne et toujours camérier de l'Église mais dirigeant de moins en moins une administration désormais peuplée d'Italiens.

À Rome, Alexandre V avait constitué dès 1409 une Chambre apostolique de proximité, qui fut rapidement la seule utile. La Trésorerie s'y était transférée et, en 1413 Antonio Casini prit le titre de « trésorier et régent de la Chambre ». En 1415, Martin V nomma un vice-camérier : ce fut un canoniste, neveu de François de Conzié, Louis Aleman. Ce prélat d'exception devait être, de 1438 à 1449, le véritable chef du concile de Bâle et le principal artisan du retour définitif à l'unité. Dans la curie de Martin V, il était le seul prélat français. Encore ce fils d'une famille noble du Bugey n'était-il pas sujet du roi de France. Les temps avaient bien changé.

Les collecteurs en fonction en France étaient des professionnels et ils étaient dévoués à Conzié. Ils ne firent pas défaut, et le principal apport de Conzié fut sans doute ce réseau solide d'agents locaux. En Italie, où ne restait qu'un seul des collecteurs de Grégoire XII, Casini trouva aisément à les remplacer : l'évêque de Sienne connaissait bien le clergé italien. En Allemagne et en Pologne, plusieurs collecteurs qui avaient servi Grégoire XII rallièrent sans réserve la papauté de Pise, et des recrutements locaux comblèrent les lacunes. On n'eut aucune peine à désigner un collecteur d'Angleterre, le Florentin Matteo Strozzi.

L'affaire du Comtat et d'Avignon fut plus difficilement réglée, car le neveu de Benoît XIII, Rodrigo de Luna, tenait fermement la position avec ses troupes catalanes. Non seulement il défendait Avignon et le palais, mais il occupait Oppède cependant que Bernardon de Serres gardait toujours avec ses Gascons la ville de Malaucène que Clément VII lui avait donnée en fief en 1394. En avril 1410, l'archevêque de Lyon Philippe de Thury – frère du cardinal Pierre de Thury que le pape venait de nommer légat à Avignon mais qui allait mourir à la fin de l'année – entrait enfin à Avignon à la tête de mille hommes d'armes. François de Conzié, en fonction comme camérier depuis 1383, devint en janvier 1411 vicaire général d'Avignon et du Comtat. Mais les Catalans de Luna résistaient à Avignon dans le palais et n'abandonnaient pas Oppède, où les habitants risquaient de mourir de faim. Le 29 septembre 1411, Conzié et Jean de Poitiers négocièrent avec Luna : celui-ci capitulerait s'il n'était secouru dans les cinquante jours. En attendant, on ravitaillerait la place. Le 22 novembre, les Catalans évacuaient et Conzié prenait possession d'Oppède et du palais. Quant à Malaucène, il ne fallut pas moins d'un siège et de quelques tirs d'artillerie pour que les Gascons – Bernardon était mort l'année précédente – acceptent de se retirer. De ces derniers épisodes du Schisme à Avignon ne restait qu'une grande désolation. Du temps de Raymond de Turenne à celui de Rodrigo de Luna en passant par celui de Boucicaut, les guerres avaient ruiné le Comtat.

Alexandre V demeurait en Italie. Il avait chargé Paolo Orsini d'occuper Rome mais, l'affaire terminée, il s'abstint de s'établir dans une Ville éternelle dont il connaissait l'instabilité. Il demeura quelque temps en Toscane, à Prato puis à Pistoia, et gagna finalement Bologne où le recteur, Baldassare Cossa, battait la campagne en Romagne et conduisait, ville après ville, la reconquête contre les Visconti. On pouvait assurer en ville la sécurité du pape. Seize cardinaux le rejoignirent.

À Pise comme ailleurs, on avait parlé de la réforme sans rien décider. Alexandre V ne s'y précipita pas. Il n'eut le temps que de perdre sa popularité chez les universitaires. Par une bulle *Super cathedram* du 18 février 1300, Boniface VIII avait restreint les prérogatives reconnues par ses prédécesseurs aux ordres mendiants – dominicains, franciscains, augustins et carmes – qui, déjà tenus à ne pas prêcher en présence de l'évêque s'ils n'étaient désignés par lui pour le faire, ne pouvaient plus prêcher sans l'autorisation de l'évêque, seul capable de dire si les besoins du diocèse justifiaient qu'on fît appel à eux. Intégrée par Clément V dans les décrétales, la bulle de Boniface VIII avait pour fin première de rappeler les religieux à la discipline, mais le pape espérait surtout, entre deux conflits avec Philippe le Bel, l'alliance de l'épiscopat français. Jean XXII avait étendu l'interdiction au droit de confesser. Pour les couvents, tout cela ne faisait que tarir de substantielles ressources : les prédications poussaient à des dons, et la confession comportait l'imposition d'une pénitence, souvent tarifée. Or, par une bulle *Regnans in excelsis* datée de Pise le 12 octobre 1409, Alexandre V rendit aux ordres mendiants le droit de prêcher et de confesser en tout lieu sans solliciter d'autorisation des évêques.

La vieille hostilité des maîtres séculiers contre les dominicains et les franciscains en fut brutalement réveillée. À Paris, on entendit tonner Gerson. Le curé de Saint-Jean-en-Grève trouva ses arguments dans l'Écriture, clama que l'Évangile valait mieux qu'une bulle et, s'abstenant cependant d'attaquer directement le pape tout en mettant au compte de l'âge l'affront fait aux maîtres, dénonça violemment l'avidité des frères. À la fin de novembre, l'Université de Paris en appelait à la solidarité des autres corporations universitaires. Le 5 mars 1410, Gerson en tête, la Faculté de théologie se fâcha contre la bulle.

> Elle est intolérable... Elle trouble l'état ecclésiastique car certains peuvent s'en servir comme instrument de malice et de persécution contre les prélats, les curés et le peuple... Il convient de s'opposer à de telles machinations, et notamment à celles des frères mendiants qui veulent ruiner le statut anciennement institué par le Christ pour les prélats et les curés... Que nul curé ou vicaire n'accepte donc un frère ainsi privilégié s'il n'a des lettres de son évêque...

Les maîtres ne s'en tenaient pas à une protestation. Ils mettaient en cause l'autorité pontificale. La référence au Sacré Collège rappelait ce gouvernement partagé que l'on avait vainement tenté d'imposer à Innocent VI, mais l'allusion à l'accord des théologiens était propre à faire réfléchir qui se souvenait des événements de 1396 et 1398.

> Nous ne croyons pas que la bulle dont nous avons reçu copie puisse procéder de la conscience de Notre Seigneur le Pape et de celle de gens compétents dans les lettres sacrées, ni d'une délibération du Sacré Collège des seigneurs cardinaux. Donc, en tant qu'elle est intolérable et qu'elle trouble l'état ecclésiastique, elle doit être rayée, cassée et annulée à perpétuité pour la confusion de ceux qui ont osé soit la penser, soit la suggérer, soit l'extorquer.

L'Université ne se refusa cependant pas d'envoyer au pape un rôle de suppliques pour ses membres. On chargea Pierre Plaoul, depuis peu évêque de Senlis, d'aller à Bologne négocier le *Fiat* pontifical. Alexandre V s'affaiblissait. Il s'abstint de poursuivre la querelle. Il déclara à Plaoul qu'il tenait les maîtres pour ses familiers et les assura de son affection. Il n'alla pas jusqu'à revenir sur sa décision. Le vieil homme mourut, le 4 mai 1410, à Bologne. L'avant-veille, au pont Molle, Ladislas avait dû céder devant la pression des Orsini et renoncer définitivement à Rome. Alexandre V fut naturellement enterré dans l'église de ses amis les franciscains de Bologne. Son pontificat avait duré dix mois.

Cossa était sur place, il savait manœuvrer et, depuis sept ans, il était chez lui à Bologne. Le 17 mai, il était élu. Comme il était cardinal-diacre, on l'ordonna prêtre le 24 dans la chapelle du palais, puis on le sacra évêque le 25 à San Petronio et on le couronna après la messe sur les marches de l'église. Avec ce Jean XXIII, la papauté issue du concile de Pise allait prendre une autre dimension. À quarante et un ans, celui qui avait si souvent mené les affaires, conduit la diplomatie ou la guerre et organisé l'action du Sacré Collège et de la curie faisait figure, depuis Pise, de maître véritable de l'Église. Nul ne s'étonna de son élection. Un sens politique aigu le poussa à quelques décisions qui furent bien accueillies : la convocation d'un concile pour s'occuper enfin de la réforme et la suspension du privilège des mendiants ne furent pas les moindres. Il fut moins heureux en envoyant à Paris l'archevêque de Pise Alamanno Adimari qui parla de lever une décime à laquelle tenta de s'opposer l'Université au nom des libertés de l'Église gallicane, décime que le roi accorda finalement, en février 1411, en insérant dans l'ordonnance une clause de non-préjudice. C'était un jeu de dupes : les libertés étaient sauves, mais elles ne servaient à rien. Et, non sans envoyer de nouvelles suppliques, les maîtres protestaient toujours contre la bulle d'Alexandre V dont le nouveau pape tardait à abroger définitivement les dispositions favorables aux mendiants.

> Il n'est, Très Saint Père, ni inaccoutumé ni jamais entendu que les décrets d'un pape antérieur soient corrigés, interprétés, voire annulés par ses successeurs. C'est même digne de louange, et parfois nécessaire.

Les maîtres n'eurent satisfaction que le 7 janvier 1412 par une bulle *In supremae dignitatis* qui ne suffit pas à désarmer leur hostilité à un pape qu'ils accusaient de conférer des bénéfices à des clercs ignares et qui s'obstinaient à se donner pour les meilleurs experts en matière de réforme. Bref, l'idée d'un concile satisfaisait les prélats qui étaient sûrs d'en être, non les universitaires qui n'avaient aucune certitude quant au rôle qu'ils pourraient y jouer. De surcroît, le concile était convoqué à Rome, où Jean XXIII avait fait, le 9 avril 1411, une entrée triomphale. et le choix de la Ville éternelle passait à Paris pour une victoire de l'ancien parti des papes romains.

Quinze nouveaux cardinaux vinrent, le 6 juin 1411, renforcer le Sacré Collège. En étaient, avec Alamanno Adimari et Gilles Deschamps, un Guillaume Fillâtre qui arriva à Rome un an plus tard et un Pierre d'Ailly qui, envoyé comme nonce en Allemagne, ne fut à Rome qu'en décembre 1412. Avec les anciens et malgré le refus des deux Anglais, cela faisait un Sacré Collège pléthorique. Après trois autres créations, dont en 1413 celle de Simon de Cramaud, il atteignit finalement vingt-cinq, et l'Université de Paris y trouva encore à redire. Il suffisait, dirent les maîtres, de douze cardinaux, et le pape devrait ne plus pourvoir au remplacement des défunts jusqu'à ce qu'on en revienne à ce chiffre. À l'évidence, les docteurs voyaient avec peine diminuer leur rôle dans le gouvernement de l'Église. Le pape ne promit rien mais calma les inquiétudes par quelques concessions fiscales.

Cela dit, Benoît XIII étant isolé à Peñiscola, il fallait en finir avec Grégoire XII dont les soutiens troublaient l'Italie : Ladislas de Duras tenait fermement le royaume de Naples et, en mai 1411, Carlo Malatesta occupait Bologne. Jean XXIII prit les choses en main. Pour financer une « croisade » contre Ladislas, il ordonna la levée d'une décime sur le clergé de France, de Savoie et du Portugal et fit lever des subsides en Allemagne, en Bohême et en Angleterre. Le 19 mai, avec les troupes que Florence l'avait aidé à lever, Louis II écrasa l'armée de Ladislas à Roccasecca, près du mont Cassin. Sur ce, le pape comprit que le temps de la voie de fait était passé. On négocia. Ladislas reconnut Jean XXIII, celui-ci reconnut Ladislas. Les perdants furent Grégoire XII et Louis d'Anjou.

Les exigences financières de Jean XXIII rendaient de plus en plus fragile sa position. Le 23 février 1412, une sorte de « concile gallican » s'assembla dans le palais du roi à Paris. Il y avait là des évêques et des abbés, les conseillers du roi et, comme toujours, les maîtres. Pierre Plaoul était au premier rang. L'Université s'arrangea pour sauver le profit qu'elle tirait de ses suppliques : sans s'opposer à la levée de l'impôt, pourvu que les modalités en fussent corrigées, le clergé français se dit hostile à une soustraction qui serait relative à la collation des bénéfices.

Le concile de Rome s'ouvrit à Saint-Pierre le 14 avril 1412. Il y avait peu de monde, mais la délégation de l'Université de Paris tenta d'imposer son plan de réforme, ce qui agaça les prélats. Une fois de plus, on reporta la réforme à plus tard. Le 3 mars, le concile suspendait ses travaux. Ladislas fit comprendre que mieux valait n'en plus parler. Ladislas avait mal pris l'élection d'un nouveau roi des Romains, le roi de Hongrie Sigismond de Luxembourg, le 21 juillet 1411. L'appui donné à Sigismond par Jean XXIII renforçait en Europe le poids de la papauté issue de Pise, et cela laissait penser que le pape serait mieux à même d'écarter la pesante tutelle du roi de Naples. Ladislas rompit donc la paix. En juin 1413, il occupa Rome, mit la ville à sac et emmena en otage le malheureux Landolfo Marramaldi, le dernier survivant des cardinaux créés par Urbain VI. Jean XXIII eut le temps de se réfugier à Florence, puis à Bologne. La mort de Ladislas, le 6 août 1414, suffit à rétablir le calme. Sa sœur Jeanne II, qui lui succéda, n'était pas en état de poursuivre la lutte. Jean XXIII préféra cependant demeurer à Bologne. Il est inutile de le souligner longuement, personne ne pensait plus à Avignon.

Le combat contre Naples mettait Jean XXIII face à un problème financier qu'il crut régler avec les vieux expédients : il annonça la vente d'indulgences pour ce qu'il appelait une croisade. C'était ne pas voir que les esprits avaient changé. Tous ceux qui avaient attendu du concile de Pise une réforme de l'Église saisirent l'occasion de s'agiter. Les universitaires s'indignèrent d'entendre qu'on allait quêter pour verser le sang chrétien. Leurs étudiants se contentèrent d'organiser des processions parodiques. Le mouvement de contestation fut particulièrement violent en Bohême où Jan Hus pouvait compter sur le soutien du roi. Porté par l'enthousiasme du petit peuple, il entreprit des campagnes de prédication qui dressèrent contre lui un haut clergé peu soucieux de la réforme.

C'est alors que l'on parla de reprendre le concile. On pensa à Bologne, à Gênes, à Pise. Sigismond imposa finalement Constance et c'est lui qui, le 30 octobre 1413, convoqua le concile universel. Il y invita Jean XXIII, mais aussi Grégoire XII et Benoît XIII. Le 28 octobre 1414, Jean XXIII était à Constance. Les deux autres firent la sourde oreille. Les uns après les autres, les prélats, les docteurs et les ambassadeurs des princes gagnèrent Constance, fort lentement et souvent après l'ouverture du concile qui se fit le 16 novembre. Sigismond arriva la veille de Noël. Gerson et ses collègues furent là le 21 février 1415.

L'AFFAIRE JEAN PETIT

L'interférence des affaires de l'Église et de celles de l'État était là flagrante : les universitaires envoyés de Paris avaient pour mission principale d'obtenir la condamnation de l'*Apologie du tyrannicide*, ce discours ultra-bourguignon par lequel, le 8 mars 1408, Jean Petit avait voulu disculper le duc de Bourgogne et ses hommes de l'assassinat de Louis d'Orléans. Cela n'avait évidemment rien à voir avec le schisme, non plus qu'avec la réforme. Le discours de Petit, que les Bourguignons avaient fait copier et distribuer d'abondance avait été, disait Gerson, « semence de rébellion et de sédition contre l'État ». À Paris, le 4 septembre 1413, donc un mois après l'effondrement d'un parti de Bourgogne déconsidéré par les excès des Cabochiens, Gerson avait dénoncé sept propositions tirées du texte de Petit – mort deux ans plus tôt – et demandé leur condamnation. C'était supposer un peu vite que l'Université serait unanime contre la pensée de Petit. Il n'en fut rien, on observa que la plupart des propos condamnables n'étaient pas textuellement dans le discours de Petit et il est vrai que Gerson avait saisi l'occasion pour faire le procès de quelques docteurs étrangers comme John Wycliff et Jan Hus. Bref, c'était renouveler le vieux combat contre les ordres mendiants. D'incidents de procédure en controverses d'exégèse, l'affaire s'enlisa. Gerson obtint finalement que, le 23 février 1414, l'évêque de Paris condamnât les propositions de Petit et fît brûler devant Notre-Dame les copies qu'on pouvait trouver.

Le roi et les maîtres ne purent que s'incliner quand le duc de Bourgogne, qui se sentait à juste titre visé par la dénonciation de l'assassinat, fit appel au concile. Gerson et ses collègues ne venaient donc à Constance que pour cela, et cela au risque de négliger ce qui était quand même l'enjeu essentiel du concile : le drame de l'Église. Pour sa part, le duc de Bourgogne avait chargé de ce qu'il tenait encore pour sa cause l'évêque d'Arras Martin Porée. C'était montrer que les princes en appelaient à l'arbitrage du concile. Il est vrai que, vu de Paris, le concile semblait l'affaire du clergé français et en premier lieu des maîtres parisiens. Les délégués de Cologne l'écrivirent sans fard, et comme si la chose était naturelle.

> L'Université de Paris est très au fait des affaires de l'Église et elle jouit d'une grande audience. Dans les affaires délicates, les docteurs et les maîtres de cette Université qui sont à Constance, et ils sont deux cents ou plus, ont l'usage de se réunir, et l'on conclut selon leur conseil.

Pourquoi, en 1413, Gerson et ses amis revenaient-ils – au point de laisser de côté le reste de l'actualité – sur une affaire vieille de cinq ans ? « Mieux vaut tard que jamais », dirent-ils. Surtout, alors que la mort de Jean Petit rendait inutile une querelle contre sa personne, il semblait que sa doctrine demeurait facteur de scandale. Elle formulait sans les justifier des exceptions aux préceptes bibliques : « Tu ne tueras pas ! » et « Tu ne parjureras pas ! », préceptes dont la stricte observation semblait la condition nécessaire de l'établissement d'un État de droit. Bien plus, la doctrine de Petit était d'autant plus pernicieuse que, formulée devant la cour et diffusée dans le peuple, elle sortait du cadre universitaire où les « disputes » en latin et dans les règles de la scolastique étaient tolérables dès lors qu'elles avaient pour arbitre un auditoire de gens avertis. Là était le scandale. Les propos de Petit étaient gravement fautifs non seulement par leur substance mais parce qu'entendus en français par des ignorants, « gens simples et comprenant mal ». Ils devaient donc, sans considération du temps passé et de la mort de leur auteur, être solennellement condamnés. « Le roi très chrétien avait bien pu pardonner le meurtre, la doctrine était impardonnable » (B. Guenée).

Le duc de Bourgogne avait, de Cambrai, accusé Gerson – que son père le duc Philippe avait eu quinze ans plus tôt pour aumônier – de tenir des « paroles tenant à dénigrement de sa bonne fame et renommée ». Gerson menaça le pape : quiconque pousserait le duc de Bourgogne à ne pas reconnaître sa faute serait condamnable comme hérétique. Mais le théologien mêlait les deux affaires qui occupaient son esprit : si celui qui approuvait Petit était le pape en personne, il y aurait lieu de le déposer. De politique qu'elle était, l'affaire revenait donc du côté ecclésiastique, mais avec pour évident arrière-plan la guerre entre le parti de Bourgogne et ceux qui avaient été les fidèles de Louis d'Orléans et que l'on commençait de qualifier d'armagnacs. L'Université ne pouvait sortir de son ambiguïté.

Bien plus, l'affaire entrait dans le complexe souvent paradoxal des affrontements dont le concile était le champ clos. Les ordres mendiants étaient visés dans une affaire qui ne les concernait pas. Ils répliquèrent, et défendirent par la même occasion les thèses de Jean Petit. Il en alla de même pour ceux qui, hongrois et polonais en particulier, se sentaient attaqués avec Hus. Le 6 juillet 1415, Jan Hus mourait sur le bûcher, mais cela ne pouvait satisfaire ceux qui pourfendaient le texte de Petit : Hus n'avait jamais fait l'apologie du tyrannicide. Lorsque le concile passa au vote, le 11 janvier 1416, la majorité se prononça contre Gerson au motif qu'il n'y avait pas là matière de foi susceptible de décision conciliaire. Un mauvais compromis l'emporta. La condamnation par l'évêque de Paris fut cassée et les neuf propositions furent condamnées. C'est le Parlement de Paris qui traduisit en interdisant de copier et de diffuser le discours de Petit.

LA FIN DU GRAND SCHISME

Le concile de Constance ne pouvait cependant que se poser d'abord la question des trois papes. Sigismond était d'avis de les récuser tous les trois. Jean XXIII s'engagea à abdiquer si les autres en faisaient autant. Grégoire XII fit savoir qu'il y était prêt. C'est alors que Jean XXIII quitta subrepticement Constance et se réfugia à Schaffhouse, puis à Fribourg. Les docteurs, suivant Gerson, eurent beau jeu de proclamer la supériorité du concile.

Le 29 mai, le concile votait la déposition des trois papes. On alla chercher Jean XXIII et on le mit en prison. Grégoire XII avait devancé la sentence en abdiquant. Il fut rétrogradé comme cardinal et, hors de toute ironie, fut traité en légat de la Marche d'Ancône. En fait, il se retira dignement à Recanati, où il allait mourir le 18 octobre 1417.

Les choses furent plus malaisées quant à Benoît XIII. Celui-ci bénéficiait à Peñiscola du soutien très déterminé du roi d'Aragon Ferdinand, lequel lui prêcha cependant le réalisme et la prudence quand le pape parla de s'embarquer pour la Sardaigne avec l'intention de gagner Rome. Après avoir dominé le concile, Sigismond se sentait des responsabilités : il se chargea d'aller convaincre Benoît XIII, laissant pour protecteur du concile l'électeur palatin, prié de cantonner les pères dans les problèmes de réforme et d'attendre son retour pour s'occuper de l'union. Le 19 août 1415, flanqué de seize pères du concile, l'empereur était à Perpignan. Le pape y arriva le 1er septembre.

La rencontre n'était pas de pure forme : étaient là des représentants du concile, des rois de France, d'Angleterre et de Navarre, et naturellement de l'Université de Paris. L'infant Alphonse d'Aragon – qui allait être Alphonse V le Magnanime – représentait son père. Bref, on ne liquidait pas l'obédience d'Avignon à la sauvette. Mais, quatre mois durant, Benoît XIII s'obstina. Le malentendu était total, et il rappelait les temps de la voie de convention, où chaque pape attendait de l'autre qu'il cédât. En venant à Perpignan, l'empereur pensait convaincre Benoît XIII de se retirer et le pape croyait obtenir de Sigismond qu'il le reconnaisse pour légitime puisque demeuré le seul. Après l'avoir longtemps défendu, Vincente Ferrer abandonna son pape et parla de l'Apocalypse. Lors d'une conférence tenue à Narbonne le 13 décembre et à laquelle le pape n'assista pas, les trois royaumes espagnols et le comté de Foix décidèrent de se retirer de l'obédience. N'y demeurait plus que l'Écosse. Le 6 janvier 1416, à Perpignan, Vincente Ferrer proclamait, en tant que « légat du Christ », mais au nom du roi Ferdinand, la soustraction de l'Aragon. Le surlendemain, il écrivait que mieux valait obéir à Dieu qu'au pape.

Benoît XIII gardait cependant quelques fidèles en Aragon, aussi bien dans le clergé que parmi les fidèles. On en trouvait aussi dans un Languedoc où l'influence des maîtres toulousains ne faisait pas accepter sans réserves une affaire où ceux de Paris tenaient un tel rôle. À Peñiscola, trois cardinaux – deux Aragonais et un Portugais – et quelques officiers formaient un entourage qui se voulait une curie. Les cardinaux n'abandonnèrent leur pape qu'en janvier 1418.

Les circonstances et les soutiens permettaient à Benoît XIII de garder une activité intellectuelle qui n'était pas seulement faite des pamphlets dont il submergeait les cours. Cet amateur de beaux livres était parvenu à faire transférer par ses fidèles, en 1411, une grande partie de la bibliothèque qu'il avait trouvée à Avignon, dont il avait – bien qu'absent d'Avignon – fait faire en 1407 un nouvel inventaire et qu'il avait, tout au long de son pontificat, personnellement veillé à enrichir. Il y avait naturellement joint sa propre bibliothèque : à la veille de son élection, Pedro de Luna possédait 195 livres. Pendant ses séjours à Marseille et à Savone, il avait prélevé dans la bibliothèque d'Avignon 392 livres qui formèrent une bibliothèque portative, rapidement enrichie pour atteindre 579 livres au temps du concile de Pise. On y trouvait naturellement la Bible et les *Sentences* de Pierre Lombard, le *Décret* et les *Décrétales* du *Corpus juris canonici*, saint Jérôme et saint Ambroise, saint Augustin et Isidore de Séville, des recueils de sermons, des traités de droit canonique et de droit civil. Mais Benoît XIII avait également emporté de l'histoire naturelle, de l'astronomie, de la médecine, de la poésie, de la grammaire, des chroniques. Suétone, Cicéron, Pline, Sénèque et Boèce accompagnaient le pape dans ses déplacements. Boccace et Pétrarque aussi, de même que, en traduction latine, l'*Iliade*.

L'ensemble de ces bibliothèques, et notamment celle qui vint directement d'Avignon, prit place à Peñiscola. On y inventoria plus d'un millier de livres. Homère y était en traduction latine. Plusieurs de ces livres portent encore, dans leurs marges ou entre les lignes, les annotations autographes qui témoignent de la lecture attentive qu'en faisait Benoît XIII. Cette bibliothèque ne fut dispersée qu'après sa mort. Gil Sanchez Muñoz en prit sa part, qui passa plus tard à ses héritiers, et il fit quelques générosités. Le légat Pierre de Foix saisit le reste en 1429 et en rapporta plusieurs chariots à Avignon. Quelques ouvrages allèrent enrichir à Toulouse la bibliothèque du collège de Foix. On les retrouvera dans les collections de Colbert. Sixte IV fit en 1481, aux dépens de la bibliothèque, quelques dons au collège avignonnais du Roure. Ce qui était demeuré à Avignon et ce qui y revenait ainsi ne sera transféré à Rome qu'entre 1566 et 1594.

Malgré les affrontements entre nations qui ne facilitèrent pas la tâche, le concile de Constance s'était saisi de la réforme dont on avait tant parlé. Il n'en avait pas moins à mettre fin à une vacance du Siège apostolique dont Sigismond, heureux de faire figure de chef de l'Église, semblait finalement s'accommoder. L'Église était une, ce qui paraissait l'essentiel. Elle n'en était pas moins sans pape. Le risque était grand que cette situation perdurât. Et l'unité ainsi retrouvée pouvait ne pas résister aux affrontements d'origine externe dont le concile était le théâtre : on parlait de Jean Petit, mais aussi d'Azincourt ou des prétentions impériales en Italie. Le Schisme avait exacerbé les appartenances nationales au sein de l'Église, et les clergés qui s'étaient vus séparés quand ils ne se côtoyaient pas n'étaient guère portés au rapprochement quand il leur fallait cohabiter.

On ne pouvait attendre indéfiniment que Benoît XIII mourût. En novembre 1416, on nomma une commission d'enquête sur les crimes du dernier des papes d'Avignon. Cité à comparaître, il ne vint naturellement pas et fulmina l'excommunication contre les envoyés du concile qui lui notifièrent la citation. On constitua un tribunal, dont Jean de Brogny fut président et Guillaume Fillâtre rapporteur. Le doute s'était emparé de certains pères : le concile avait-il la légitimité nécessaire pour juger un pape ? D'autres s'interrogeaient sur les accusations d'hérésie. On pouvait se demander s'il était juste de condamner Benoît et ne rien dire de Clément VII – la cour de France n'aurait pas accepté une remise en cause – ou des cardinaux qui avaient élu l'un et l'autre. On s'apercevait que le seul reproche valable – le parjure n'étant pas prouvé – était celui d'obstination, et l'obstination n'était ni une hérésie ni un péché catalogué. Et d'aucuns, comme les Castillans, se montraient sceptiques sur le fait que la condamnation du pape mît fin aux divisions de l'Église.

Le 26 juillet 1417, en présence de l'empereur Sigismond, Benoît XIII était cependant condamné à Constance comme parjure, hérétique et schismatique. On se souvenait du canoniste qui, en 1378, avait argumenté contre la première élection, et de l'électeur qui s'était, en 1394, engagé à la cession. Mais on était loin de l'unanimité : quand, le 3 septembre, on promulgua solennellement la sentence, les Espagnols s'absentèrent.

Encore fallait-il résoudre un problème : le concile pouvait-il élire un pape ? À Pise, bien que les circonstances fussent d'exception, seuls les cardinaux avaient voté. Cette fois, un nouvel embarras venait de ce que les cardinaux étaient en majorité ceux de Jean XXIII, et qu'ils savaient leur légitimité contestable. Après d'interminables discussions tenant au droit canonique mais surtout à l'opportunité politique, c'est Pierre d'Ailly qui poussa à la constitution d'un collège électoral formé par moitié des cardinaux et par moitié de pères conciliaires désignés par les cinq nations, l'italienne, la française, l'espagnole, l'allemande, l'anglaise.

Sigismond tenta de retarder l'élection en exigeant que l'on procédât d'abord à la réforme. Là encore, c'est Pierre d'Ailly qui emporta la décision : il convenait que, pour la réforme, l'Église eût un chef. Le 2 octobre, Sigismond s'inclina. Mais le décret *Frequens* posa, le 9 octobre, les principes de la réforme à venir : il limitait les droits du pape et faisait du concile un organe régulier du gouvernement de l'Église. Il prévoyait, en cas de schisme nouveau, la réunion automatique et immédiate du concile.

Le conclave ainsi constitué – vingt-trois cardinaux et autant de prélats et de docteurs – se réunit le 8 novembre 1417. On venait d'apprendre la mort de l'ancien pape Grégoire XII. Le conclave vota pendant trois jours. Le 11, à une forte majorité, Ottone Colonna était élu. C'était le retour à la tradition : un cardinal romain, issu de l'une des grandes familles qui avaient donné tant de pontifes à l'Église. Protonotaire puis cardinal-diacre, il avait fait toute sa carrière à la curie. La parenthèse se refermait. C'était le jour de la Saint-Martin. L'élu prit le nom de Martin V.

Épilogue

Quel fut le destin de ceux qui avaient joué un rôle de premier plan dans le gouvernement des trois papes ?

Le 23 juin 1419, l'ancien Jean XXIII devenait le cardinal Cossa. Il n'était autrefois que cardinal-diacre. On le fit cardinal-évêque de Frascati. Il mourut le 23 décembre suivant.

Benoît XIII ne quitta plus le rocher de Peñiscola. Celui qui n'était vraiment plus qu'un antipape mourut le 23 mai 1423, près d'un demi-siècle après son entrée au Sacré Collège. Il avait quatre-vingt-quatorze ans. Il avait posé en principe que, même si son élection était illégitime, il demeurait bel et bien cardinal et gardait son droit à élire. Quand, à la veille de sa mort, il créa des cardinaux, il ne trouva à nommer que les quelques fidèles qui logeaient à ses côtés : son secrétaire, son référendaire et son chapelain.

Sa longévité même lui fut imputée à crime. Benoît XIII pouvait infirmer l'axiome suivant lequel aucun pape ne dépasserait jamais les « années de Pierre », autrement dit les 25 ans du règne du premier pape. Si Benoît XIII les avait dépassés, c'est qu'il n'était pas vrai pape. Et Antonin de Florence de conclure, un quart de siècle plus tard, que Benoît, « en persévérant dans son obstination, dépassa pour sa damnation les années de Pierre ». C'était bien en revenir aux termes de la condamnation : plus que sa légitimité à Avignon on reprochait son obstination au pape de Peñiscola. Une fois Benoît XIII « éliminé de la série des papes légitimes, l'axiome des années de Pierre était sauvé » (A. Paravicini Bagliani). Pietro Orsini devait, en 1724, confirmer cette *damnatio memoriae* en reprenant pour lui le numéro treize.

À peine Benoît XIII était-il mort, le 23 mai 1423, que ces ultimes cardinaux de Peñiscola tentèrent de sauver leur illusoire papauté en élisant un nouveau pape. Pendant près de trois semaines, l'illusoire conclave se déchira, chacun votant pour soi et injuriant les autres. Le roi d'Aragon Alphonse V s'en mêla, non pour sauver l'Église mais parce que la prolongation du schisme n'était pas sans avantages pour lui. Il dépêcha aux trois cardinaux un homme de confiance, le neveu de Benoît XIII Rodrigo de Luna, lequel leur cria à travers la porte que Gil Sanchez Muñoz avait 20 000 florins. Le 10 juin vit donc l'élection de ce vieux serviteur de Benoît XIII – il approchait des quatre-vingts ans – auquel il avait jadis succédé dans son office de prévôt de Valencia. Témoin des événements de 1378, le Catalan Muñoz s'était employé à constituer en Espagne l'obédience de Clément VII. Il y avait été le collecteur de la fiscalité pontificale.

Ce Clément VIII que nul ne songea à reconnaître mais que toléra le roi Alphonse V ne put que s'incliner quand en 1429, après deux ans de négociations menées par Pierre de Foix – le dernier cardinal créé par Jean XXIII – que Martin V avait spécialement chargé d'en finir avec cette séquelle du schisme, l'Aragonais reconnut le pape Martin V. En août 1429, Muñoz abdiqua devant les ambassadeurs du roi, qui portèrent au légat l'acte d'abdication et la tiare dite de saint Sylvestre. Pierre de Foix alla faire dresser à Peñiscola l'inventaire des meubles, notamment des titres fondamentaux du Saint-Siège, des livres de la bibliothèque et des joyaux du trésor. Le tout allait reprendre place à Avignon en 1433. Fin diplomate, le légat offrit à Muñoz une compensation, l'évêché de Majorque où il mourut fort oublié en 1446.

Un quatrième cardinal avait été créé à Peñiscola, le Rouergat Jean Carrier. Cet assez obscur collecteur pontifical refusa de s'incliner devant son ancien collègue Muñoz. Naturellement, il tenait Martin V pour excommunié. Il fit donc à lui seul, le 12 novembre 1425, devant notaire le choix d'un pape, sans doute un Français nommé Bernard Garnier, jusque-là sacriste de Rodez et naguère sous-collecteur, qu'il fit connaître comme Benoît XIV sans donner son nom et que nul ne vit. À peine Clément VIII avait-il abdiqué que ses électeurs s'étaient défait de leurs prétendus chapeaux.

Comme l'écrivit dès 1381 l'auteur du poème que nous avons cité, une question pouvait se poser, qui concernait tout ce qui avait été la vie de l'Église dans les deux obédiences. Qu'en était-il des consécrations et des ordinations faites par l'un ou l'autre des papes ? Que valaient les sacrements administrés par les prêtres ainsi ordonnés ? À Pise comme à Constance, on eut la sagesse de ne pas poser ouvertement cette question. Il y avait eu deux, puis trois papes. Il n'y avait eu qu'une Église.

Si l'on excepte ces quatre cardinaux créés à Peñiscola, aucun des cardinaux créés par les papes du Schisme n'avait été privé de la pourpre.

Avignon et le Comtat restaient au pape. Jusqu'à sa mort en 1432, Conzié en garda le gouvernement. Celui-ci fut ensuite confié à un cardinal légat qui, ayant une juridiction spirituelle très théorique sur la France méridionale, put en certaines circonstances jouer sans en avoir le titre – qui aurait suscité des réactions gallicanes du roi comme du clergé – le rôle d'un légat en France. En ayant fini avec l'Aragon, Pierre de Foix devint en 1433 légat d'Avignon. La commende de l'archevêché d'Arles assura son train de vie et lui permit de tenir une cour brillante. Avignon fut à nouveau un foyer de vie artistique, en étroites relations avec la Provence de René d'Anjou. Les mécènes particuliers rivalisaient avec le légat, comme en témoignent les deux œuvres majeures commandées pour Villeneuve-lès-Avignon, la *Pietà* commandée par un clerc pour la collégiale Notre-Dame (auj. Louvre) et le *Couronnement de la Vierge* commandé par un bourgeois à Enguerran Quarton pour la chartreuse (auj. Musée de l'Hospice). Lorsque les papes – et notamment Eugène IV en 1442 – demandèrent à Pierre de Foix d'envoyer à Rome la tiare de saint Sylvestre et plus généralement ce qu'il avait saisi à Peñiscola, le légat fit la sourde oreille.

Après le cardinal de Foix, mort en 1464, les légats se succédèrent. Ces grands personnages étant souvent absents d'Avignon, ils furent doublés par des vice-légats, évêques ou archevêques, qui résidaient et gouvernaient réellement. Certains légats, tels le futur cardinal Charles de Bourbon ou Giuliano della Rovere, ce neveu de Sixte IV qui devait être le pape Jules II, se montrèrent fort actifs. En 1691, on ne donna pas de successeur au légat Pietro

Ottoboni. Il n'y eut plus que des vice-légats. On avait taillé pour eux de somptueux appartements dans ce qui, à l'est de la grande cour, avait entouré la tour des Anges et dans ce qu'Urbain VI avait ajouté le long du jardin de Benoît XII. Une chapelle avait été aménagée à leur intention dans l'ancienne tour de l'Étude. Le reste du palais continua de se dégrader.

L'histoire du Comtat prit fin le 13 septembre 1791 lorsque, avant de se séparer et après bien des hésitations, la Constituante répondit à la demande que formulait depuis plusieurs mois la population et qui donnait lieu à une véritable guerre civile. L'annexion d'Avignon et du Comtat fut finalement décrétée dans l'enthousiasme. L'ensemble allait conserver son identité en formant le 12 août 1793, après un démembrement et un rattachement temporaire aux départements voisins des Bouches-du-Rhône et de la Drôme, un nouveau département de Vaucluse dont le nom fut emprunté à la bourgade qu'illustraient la célèbre fontaine et le souvenir de Pétrarque. La ville d'Avignon n'avait jamais été la capitale du Comtat. Elle se trouva très naturellement choisie pour chef-lieu du département.

Ainsi, par le choix du nom, effaçait-on jusqu'au souvenir des papes. On avait commencé, en juin 1790, par expulser le vice-légat Filippo Casoni et par proclamer « la Nation avignonnaise libre et souveraine ». Pour faire bonne mesure, on fit du palais de Clément VI une prison et de celui de Benoît XII une caserne de gardes nationaux. Le pape n'avait évidemment pas reconnu l'annexion. La campagne de Bonaparte le contraignit à changer d'avis. Le 9 février 1797, par le traité de Tolentino, Pie VI s'inclinait. Les Puissances allaient cautionner en 1814 l'appartenance à la France de l'ancienne seigneurie pontificale. Le Saint-Siège ne jugea pas utile de protester.

Ironie de l'histoire, lorsqu'une insurrection républicaine chassa de Rome, en décembre 1848, le pape Pie IX, le Conseil général de Vaucluse lui offrit de venir résider à Avignon. Sans doute les petits-fils de ceux qui avaient secoué le joug du pape avaient-ils quelque regret de la grandeur passée. La proposition, qui aurait fait ressurgir une papauté d'Avignon, resta sans suite.

Conclusion

Ce qui retient d'abord l'attention quand on cite la papauté d'Avignon, c'est son caractère incongru. Jamais en treize siècles la tête de l'Église ou du moins de l'Église d'Occident ne s'était durablement éloignée de Rome ou du Latium. On a vu des papes en exil, et à plusieurs reprises en France, mais jamais ces papes n'ont érigé leurs refuges d'un moment en une sorte de siège, voire de capitale. Dans l'histoire de l'Église comme dans celle de l'Occident, Avignon demeure donc une exception. Et on ne peut manquer de souligner l'étonnante contradiction entre une implantation volontariste et solide de l'institution et de ses rouages sur la rive du Rhône et l'obsédante interrogation des pontifes et de leur entourage quant à un retour à Rome dont nul, même les plus réticents devant l'opportunité immédiate, n'ose mettre en doute dans le principe l'absolue nécessité. Parmi ceux qui refusent délibérément de gagner Rome, pas un ne songe à transférer à Avignon le Siège de Pierre. On se réfère à l'adage « Où est le pape, là est Rome », mais Avignon n'est pas une seconde Rome, et l'on n'envisage même pas de conférer à la nouvelle cité des papes les allures d'une ville sainte ou l'attraction d'un pèlerinage. Le pape se montre à la « fenêtre de l'Indulgence », mais c'est à Rome qu'il envoie les chrétiens mériter l'indulgence du jubilé. On le sait bien, la tombe des Apôtres ne saurait avoir de substitut. De cette contradiction, force est de s'accommoder.

Parce qu'ils sont « les papes d'Avignon » et parce qu'ils constituent, dans les classifications rapides, la galerie apparemment cohérente qui serait celle des papes français, on serait tenté d'oublier l'extraordinaire diversité de ces personnages qui, pendant plus d'un siècle, donnent ainsi à l'histoire européenne l'un de ses caractères originaux. La cohérence n'est pas dans les hommes, papes, cardinaux ou curialistes en charge, à des niveaux différents, du gouvernement de l'Église. On aura vu sur le Siège de Pierre un Clément V toujours prudent et souvent velléitaire, un Jean XXII impétueux, mué sur le tard de son âge en organisateur de la machine pontificale, un pieux Benoît XII porté à l'autoritarisme, voire à la violence, un Clément VI attaché au prestige sans s'arrêter au coût mais capable de bon sens, si ce n'est de courage, un Innocent VI qu'affaiblit la légèreté de son expérience antérieure, un Urbain V au faible entendement politique mais à la constante sérénité, un Grégoire XI capable de se battre sur tous les fronts. Après 1378, se suivent un Clément VII manœuvrier et souvent retors, puis un Benoît XIII convaincu de son droit et fort de ses talents de diplomate mais vite muré dans une certitude que conforte sa très sincère piété et obstiné dans le désastre de sa cause. S'il est une cohérence, elle est dans la construction d'un pouvoir solidement assis sur des institutions et non seulement proclamé comme celui de Boniface VIII. Elle n'est pas moins dans le rêve d'une paix entre les princes, une paix qui permettrait peut-être la croisade mais assurerait certainement la place du Siège apostolique dans les équilibres politiques de l'Occident.

Ces papes ont été très diversement élus. Après les interminables conclaves du début – onze mois pour Clément V, vingt-six mois pour Jean XXII – le Sacré Collège a compris le discrédit qui résulte d'une élection arrachée à la lassitude. Le conclave ne siégera plus guère que quelques jours, et il suffira d'une nuit pour élire Grégoire XI.

La papauté ne se réduit pas à la personne des pontifes. On a vu d'étonnants personnages traverser cette histoire, le plus souvent dans le sillage apparent du pape régnant mais en réalité acteurs à part entière d'une politique à laquelle ils impriment la marque de leur personnalité, de leurs convictions, de leurs alliances, de leurs intérêts. On a rencontré beaucoup de cardinaux, non parce qu'il faut être cardinal pour jouer un rôle mais parce que les protagonistes finissent presque tous par accéder à la pourpre. Il y a les faiseurs de pape, comme Napoleone Orsini ou Hélie Talleyrand de Périgord. Il y a ces véritables proconsuls auxquels les papes doivent bien déléguer l'autorité pour faire face aux distances et à l'urgence des situations en Italie, voire en France au temps de l'affrontement franco-anglais ou en Espagne au temps de l'indécision qui suit l'élection de Fondi. Parmi ces protagonistes de la politique pontificale hors de la curie, il faut évidemment nommer Bertrand du Pouget, Guy de Boulogne, Gil Albornoz, Piero Corsini, Jean de la Grange. Parmi ces princes de l'Église qui occupent ici ou là le devant de la scène, deux seulement, on doit le souligner, ont accédé au souverain pontificat. Même si un Orsini et un Périgord en ont rêvé, la tiare ne se posera que sur le front de Robert de Genève et sur celui de Pedro de Luna. On ne peut manquer d'observer que les circonstances d'exception conduisent, en 1378 comme en 1394, à l'élection d'hommes forts. En temps calme, les hommes à la forte personnalité sont restés cardinaux.

On a vu sur le Siège de Pierre des clercs séculiers, mais aussi des bénédictins – Clément VI et Urbain V – et un cistercien, Benoît XII. On y a vu des théologiens comme Benoît XII et Clément VI, des légistes comme Clément V et Innocent VI, des canonistes comme Urbain V, des docteurs en l'un et l'autre droits comme Jean XXII et Grégoire XI. Certains passent pour avoir été des professeurs réputés, comme Jean XXII, Clément VI, Innocent VI et Urbain V. On connaît trente-six sermons de Jean XXII, trente et un de Benoît XII, quarante-huit de Clément VI. Benoît XII fut inquisiteur, Clément VI siégea au Conseil du roi de France.

On juge mal de la piété des hommes. Certes, nul ne s'est étonné de celle des religieux élevés au souverain pontificat. On a en revanche remarqué celle d'un Grégoire XI qui devait pourtant le chapeau rouge, sinon la tiare, au fait qu'il était le neveu d'un pape.

Dans cette galerie des protagonistes, l'histoire fait place à ces grands commis que le goût du gouvernement des affaires a écartés pour longtemps ou à jamais du Sacré Collège mais qui ont assuré avec compétence le fonctionnement, à la curie et à travers toute la chrétienté latine, de l'énorme machine administrative et financière. Arnaud Aubert dans les temps calmes et François de Conzié dans les turbulences du Schisme auront été les modèles de ces hommes de bureau dont l'influence se dénote mieux dans le constant résultat de leur activité que dans les témoignages des contemporains.

Et puis, il est quelques personnages hors du commun, que les circonstances ont glissés dans l'histoire de la papauté. C'est ainsi que, à la faveur de la crise de l'ordre franciscain, se manifestent un Marsile de Padoue et un Guillaume d'Ockam, et qu'émergent au temps du Grand Schisme un Pierre d'Ailly, un Simon de Cramaud, un Juan Fernandez de Heredia, sans oublier un Jean Gerson, un Vincente Ferrer. On aura entendu et vu se mêler des affaires de l'Église une Catherine de Sienne comme un Pétrarque. Et la politique pontificale n'est pas moins marquée par la personnalité d'un Henri VII, d'un Robert de Naples, d'un Louis d'Anjou ou d'un Louis d'Orléans.

Peut-on, comme on l'a si souvent fait, parler d'une papauté française ? Bien des historiens n'y ont pas manqué, et souvent dans une fâcheuse imprécision des critères, et dans un oubli des papes français rencontrés depuis le XIᵉ siècle et des papes en France qu'ont multipliés au XIIᵉ et au XIIIᵉ les crises de l'Église.

Pour Dante, il n'est au Paradis qu'un seul pape français : Urbain II, le prédicateur de la première croisade. Mais, porté par le propos de sa *Divine Comédie*, Dante forme des jugements sur les hommes parce qu'il lui faut bien les situer en Enfer, au Purgatoire ou au Paradis. Les jugements du Florentin ne sont que ceux d'un poète fort impliqué dans les conflits internes de Florence mais assez mal informé de tout ce qui n'est pas florentin. D'ailleurs, Dante ne se prive pas de recomposer l'histoire. Pour lui Charles d'Anjou a « envoyé Thomas au ciel », ce qui est dire qu'il a assassiné Thomas d'Aquin, et l'on connaît le raccourci qu'il propose de l'affaire d'Anagni où sombra Boniface VIII, un récit où le Christ est « captif en son vicaire » et « occis entre larrons vivants », ce qui pourrait laisser croire que Nogaret et ses quatre sergents ont arrêté le pape et l'ont ensuite mis à mort. On pourrait dire le contraire de Pétrarque, trop impliqué dans la relation entre le Siège apostolique et la Ville éternelle pour porter des jugements sereins, mais Pétrarque s'en tient à des jugements de valeur.

Entre les deux poètes dont la papauté d'Avignon aura, au regard de la postérité, payé très cher l'inimitié, il est aussi une différence de ton. Dante accuse et juge. Passionné mais sans mauvaise foi, Pétrarque n'accuse pas, il vitupère, et l'excès n'est que dans les images et dans les mots. Dante ne s'attend pas à ce que son opinion compte pour quelque chose dans le déroulement des affaires autres que florentines. Pétrarque prétend à une influence. L'irritation de l'un tient aux dommages qu'il subit, celle de l'autre tient à ce qu'on ne l'écoute guère.

Disons-le clairement, la notion d'une appartenance nationale est souvent le fait d'une observation extérieure et rapide. Ce sont les autres qui traitent indifféremment les Latins de Terre sainte de « Francs » ou les marchands italiens établis à Paris ou à Londres de « Lombards », et les quatre nations de l'Université de Paris n'ont pas grand-chose de national au sens actuel du terme puisqu'on trouve, à côté d'une nation française, une nation normande et une nation picarde, cependant qu'une nation anglaise comprend les Allemands et les Flamands.

On ne saurait accepter un anachronisme comme celui que commet un érudit sérieux comme Léon Mirot quand il situe Avignon « au milieu des possessions du roi de France ». Il faut user avec prudence de l'appellation « français » pour un Bertrand de Got, sujet du Capétien mais dans une famille vassale du Plantagenêt. Napoleone Orsini ne s'y trompe pas, qui veut pour pape un Français après le Gascon. De même est-il abusif de dire français un Robert de Genève dont la famille est d'Empire et dont le comté est séparé de la France par la Savoie. Même pour les papes indéniablement français et pour leurs cardinaux, il serait imprudent de les concevoir comme un ensemble cohérent et – par sa culture et par ses préoccupations – proche de ceux qui gouvernent la France. Ce serait assurément le cas de Clément VI comme de quelques cardinaux. Ce ne pourrait l'être de la plupart des autres, et il n'est sans doute pas aventuré de dire que leur langue usuelle est la langue d'oc de Toulouse, de Cahors ou de Marseille, non celle d'oïl qui se parle à Vincennes ou à l'hôtel Saint-Paul. Geoffroi de Paris l'a déjà noté à propos de Clément V.

L'apostoile qui sut du droit
Clément Quint ainsi s'appela,
Et Gascon de la langue, là,
Que l'on appelle langue d'O.

Nombreux sont les contemporains, chroniqueurs ou autres, qui réduisent l'appellation « Français » aux originaires de la France du Nord, autrement dit de la France d'oil. Un Anglais accuse Jean XXII d'avoir privilégié le Quercy et la France. Un Lombard voit à la curie « les Provençaux, les Languedociens ou Gascons, les Espagnols et les Français ».

Pour bien des prélats de la curie, à commencer par les papes et les cardinaux, les liens d'origine, de parenté et de carrière avec la France sont indéniables. Quelques cas comme Napoleone Orsini, Gil Albornoz ou Pedro de Luna ne peuvent cacher la forte prédominance des sujets du roi de France dans le gouvernement et la diplomatie des papes. Encore doit-on se rappeler que pour plusieurs, et non des moindres, les relations familiales se jouent des frontières. De la maison de Périgord à celle de Boulogne, ce sont des parentés à travers toute l'Europe couronnée qui font la force de quelques personnages.

La cour pontificale ne passe pas moins pour peuplée de Français. L'affirmation doit être tempérée. La Provence, le Dauphiné, le Lyonnais, la comté de Bourgogne, la Lorraine, la Flandre et le Brabant fournissent une grande partie du personnel de la curie. Si la plupart de ces contrées appartiennent à la France d'aujourd'hui, il faut rappeler avec force qu'on aurait bien étonné leurs ressortissants en les prenant pour des Français. Il est vrai que le Quercy ou le Languedoc, après la Gascogne, procurent des cardinaux, mais ils ne fournissent pas ces milliers de curialistes qui font vivre au jour le jour la machine pontificale.

Restent les liens d'intérêt. On a souvent, et un peu vite, fait des papes d'Avignon les fidèles serviteurs de la monarchie française. Si l'on s'en tient aux faveurs individuelles, c'est indéniable. Les fidèles et les clients du roi de France ont été abondamment pourvus de bénéfices et honorés de privilèges, et cela justifie le sentiment qu'ont eu les contemporains, et en particulier les Italiens qui s'étaient de longue date habitués à pareil traitement. En outre, les légats pontificaux ont certainement ménagé la France dans leurs tentatives de médiation avec l'Angleterre. Encore faut-il se rappeler les reproches faits à Guy de Boulogne, durement taxé par la cour de France de connivence avec le roi de Navarre et de partialité en faveur de l'Anglais. À y regarder de plus près, les papes du XIVe siècle n'ont eu, dans leurs relations avec les puissances temporelles, dans leurs rapports avec l'Empire et dans leurs interventions en Italie, que le souci des intérêts du Saint-Siège. Les papes d'Avignon ont préservé leur indépendance et ils ont assuré la sauvegarde de leurs états.

Dans les affaires qui ont accaparé l'attention, on ne voit pas que les papes aient été aux ordres des rois de France. Certes, un Clément VI et un Innocent VI leur doivent beaucoup, pour leurs carrières antérieures, et ils se montrent l'un et l'autre toujours attentifs aux sollicitations du Valois et à ses intérêts. Attentif ne signifie pas soumis. Clément V n'aura cessé de se dérober dans l'affaire du Temple comme dans celle de Flandre, et les rois de France ont moins trempé dans celle des spirituels que l'empereur ou le roi de Naples. S'il est vrai que le roi de France et la papauté interviennent ensemble, du temps de saint Louis à celui de Philippe le Bel, dans l'histoire du royaume de Sicile offert à Charles d'Anjou comme dans celle du royaume d'Aragon offert à Charles de Valois, force est de constater qu'ensuite le roi Robert est vu à la curie comme un souverain italien et un protagoniste de la politique péninsulaire plus que comme un cousin du roi de France et que les péripéties du règne de la reine Jeanne ne sont guère perçues comme une part essentielle de la vie politique française.

Il en ira différemment au temps du Grand Schisme d'Occident. Dire que Clément VII et Louis d'Anjou ont partie liée parce que Louis d'Anjou est un prince des fleurs de lis serait abusif. Ce qui fait le lien, c'est la « voie de fait », autrement dit la perspective d'une intervention armée en Italie. Quand on recrute des galères à Marseille et en Castille, la cour de Paris n'y est pour rien. Il ne serait pas moins excessif de voir la main du pape dans l'alliance du roi de France et du Visconti. Ce qui reste indéniable, c'est le rôle décisif de la cour de France, des princes français et de l'Université de Paris dans le déroulement du Schisme. S'il en fallait un symbole, ce serait le tombeau de Jean de la Grange.

Édifié entre 1394 et 1402, le monument de Saint-Martial montre, aux côtés de ce cardinal qui fit tant pour l'élection de Clément VII, et statufiés là avec ce pape dont la présence n'a rien pour étonner, trois personnages qui n'appartiennent guère à la curie : Charles V, Charles VI et Louis d'Orléans.

Soyons clair. On ne saurait nier la relation constante entre la papauté du xive siècle et la France, entre les milieux dirigeants de Paris et ceux d'Avignon, non plus que le lien étroit entre les intérêts et l'action politique et diplomatique du roi de France et ceux des papes. On ne pourrait, de même, nier que les papes originaires de France ont fait la fortune de bien des clercs français. Mais parler d'une papauté française est sans doute excessif. Il est plus juste d'évoquer, comme l'a fait Duprè Theseider, la « coloration française » qui caractérise la papauté entre Clément V et Robert de Genève.

Cette coloration a été très normalement prise pour un bouleversement. Aux yeux des Anglais, des Italiens ou des Allemands, comme des Espagnols ou des Scandinaves, les papes d'Avignon ont été vus comme papes français. Depuis quelques siècles que les organes du gouvernement de l'Église étaient pour une bonne part aux mains du clergé italien, l'habitude s'en était prise et la chrétienté ne s'interrogeait pas. La présence à Rome des Italiens paraissait normale puisqu'ils y étaient chez eux. De surcroît, la diversité des pouvoirs politiques de la Péninsule excluait une mainmise abusive sur l'Église. À Milan comme à Naples, et à Venise comme à Gênes ou à Pise, les gouvernants rencontraient surtout la papauté dans sa puissance temporelle, et les relations étaient tissées d'ambitions territoriales et de rivalités pour le pouvoir citadin. Le retour périodique des prétentions impériales et l'émergence de la puissance angevine ne changeaient pas le fond de l'image que l'on avait en Europe du pouvoir pontifical.

Il en allait autrement si la papauté prenait les couleurs de la France, une France aux fortes structures unitaires et monarchiques. À une largeur de fleuve du royaume des fleurs de lis, les papes ne pouvaient avoir avec celui-ci les rapports qu'avaient entretenus au xiiie siècle les papes français Urbain IV ou Martin IV, normalement établis, dans l'état pontifical de l'Italie moyenne, en un environnement géographique et politique traditionnel.

L'installation à Avignon changeait la nature même des équilibres. En Angleterre, on se souciait moins du sort de Bologne ou de Lucques que de celui des églises anglaises. Si l'analyse historique récuse la vue trop simple d'une papauté française, c'est largement comme telle que la papauté d'Avignon a été perçue en son temps.

S'interroger sur les conséquences de ce séjour – ou de cette « captivité » – à Avignon est assez vain, ignorants que nous sommes de ce qu'eût été le devenir de l'Église et du monde si le pape avait tenu sa place au Latran. Il serait hasardeux de distinguer de ce qui est le fruit d'un siècle passé à Avignon ce que pourrait être le fruit d'un séjour d'un siècle à Rome.

De l'élection d'un pape gascon à l'effondrement d'un pape catalan, l'Église a vu la fin d'un certain nombre des certitudes qui la nourrissaient au siècle précédent. L'idée même de croisade, si souvent évoquée et invoquée, n'en finit pas de s'affaiblir avant de disparaître. D'autres pratiques se sont affirmées, comme cette appropriation de la papauté par des familles et des régions qui ne font là que prendre à leur compte ce qui paraissait normal quand il s'agissait de la société romaine. Plus que le népotisme qui n'est qu'une forme cléricale de la solidarité familiale qui appartient à l'éthique du monde chevaleresque, la papauté d'Avignon aura acclimaté un nouveau népotisme. Il est nouveau parce que le sens du phénomène s'est inversé. On avait vu des Colonna ou des Orsini devenir papes parce que Colonna ou Orsini. On voit maintenant des Got, des Duèse ou des Roger élevés à la pourpre cardinalice parce qu'un Got, un Duèse ou un Roger a été élu pape. Le népotisme sera longtemps l'une des faiblesses du Saint-Siège, et le scandale atteindra son apogée au temps des Borgia. Faut-il le rappeler, l'usage de conférer des titres aux proches parents du pape s'est perpétué jusqu'au xxᵉ siècle : les derniers à en profiter auront été les neveux de Pie XII.

L'Église a beaucoup changé en un siècle. Son gouvernement est devenu une énorme machine, où la distribution des dispenses et la collation des bénéfices occupent plus de place que la direction spirituelle, réservée au seul pontife mais en fait revendiquée par les théologiens des universités. Le rôle que le Grand Schisme permet aux maîtres – théologiens mais aussi juristes – d'assumer dans un intérêt qui se confond à leurs yeux avec celui de la chrétienté conduit directement à ce qui sera le trait dominant de l'histoire de l'Église dans la première moitié du XV⁰ siècle, le partage du magistère avec le Concile. Parmi les moteurs de cette émergence des maîtres, il y a l'appétit de réformes, un appétit qui se manifeste dans l'Église comme hors de celle-ci et dont l'actualité fera très vite autre chose qu'un phénomène ecclésial.

Pour la monarchie française, le fruit d'un siècle d'histoire – affrontements, compromissions et finalement pressions – sera un gallicanisme qui passe à ses débuts pour un triomphe de l'Église de France et la garantie de son indépendance, et qui tourne vite à la mainmise royale sur ce qui échappe désormais au pouvoir pontifical. Comme le voulait déjà Louis IX, bien avant Philippe le Bel, c'est d'une négociation directe des évêques et du roi que procède la politique ecclésiale en France.

Le peuple chrétien, lui, aura vécu différemment cet épisode séculaire. Peu sensible aux querelles théologiques – même à l'affaire des spirituels, pourtant présents dans les villes – et se moquant bien des affaires bénéficiales, il ne connaît vraiment qu'une chose : la continuation de la vie cultuelle dans les paroisses et dans les monastères. Il n'est étonné que si, avec le consentement du pape, le curé n'est jamais là. Avec les incertitudes qu'elle engendre quant à la légitimité et quant à l'autorité, la crise du Schisme laissera un long sentiment d'indifférence, non à la religion, mais au système hiérarchique qui gouverne l'Église. C'est dans la suite de ce détachement sans éclat qu'on peut situer l'apparition d'un nouveau type de sentiment religieux et de pratique, cette « dévotion moderne » qu'annonce la prédication du Hollandais Gérard Groote et la constitution des « frères de la Vie commune » par son disciple Florent Radewijn, une dévotion à la mesure de l'homme qui propose au chrétien, loin des effervescences du mysticisme autant que des froides spéculations d'école, une relation à Dieu plus personnelle et plus intérieure. Dix ans après la fin du Schisme, l'*Imitation de Jésus-Christ* sera l'aboutissement de cette réaction à l'accaparement des esprits par les problèmes ecclésiaux.

Si l'on se tourne vers la civilisation de l'Occident chrétien, force est de noter que l'on a manqué de peu l'occasion d'une mise en commun des expériences intellectuelles et artistiques. Un lien s'est établi, grâce au nœud de relations avignonnais, entre les effervescences italiennes et les recherches parisiennes. Avignon a manqué de peu d'être le creuset d'une Renaissance syncrétique. Le Grand Schisme, et plus encore la crise civile qui s'ouvre en France, auront ruiné cette chance. La Renaissance sera purement italienne, en attendant que la France se l'approprie.

Qu'aura été Avignon ? Un centre administratif et une résidence qui n'est pas la Ville éternelle et ne prétend même pas à prendre place parmi les hauts lieux spirituels de la chrétienté. Une tête de l'Église institutionnelle dont nul n'a jamais affirmé autre chose que le caractère provisoire. On n'aura jamais, et même sous Clément VI, cesser de parler de Rome et du retour à Rome. Mais Avignon aura été un extraordinaire relais des courants culturels, un lieu d'échange entre les hommes appelés à y fréquenter pour raisons d'Église mais heureux d'y profiter de la confluence des idées, des modes, des goûts.

Par l'effet même du développement du système gouvernemental et l'ampleur nouvelle de la curie, l'Avignon des papes est un extraordinaire marché de consommation, une place financière, une étape sur les routes économiques de l'Europe. Pour artificielle que soit la construction de cette place, elle aura, pendant un siècle, fortement contribué à un nouvel équilibre des mouvements commerciaux et financiers de ce côté-ci des Alpes. Par l'ampleur du besoin de faste et par la soudaineté de ce besoin auquel ne satisfait pas un patrimoine préexistant, le marché que constituent le palais des papes, les livrées cardinalices et les établissements bénéficiaires des largesses du pontife et des prélats aura largement contribué à une rencontre combien fructueuse des courants artistiques européens. Force est de mettre, quoi qu'il en ait coûté au clergé contribuable, les commandes des papes et des cardinaux, la confluence d'architectes français, de peintres italiens et de musiciens flamands à l'actif le plus heureux de la papauté d'Avignon.

Pratiquement achevée à la mort d'un Jean XXII que l'on avait pris pour un pape de transition mais consolidée par ses successeurs, l'œuvre de ces papes d'Avignon paraît considérable et relativement durable. C'est la construction d'un édifice politique cohérent, avec une véritable administration centrale, un système financier ramifié, une justice diversifiée et un réseau efficace de représentants locaux, légats et nonces. Parce qu'assurés d'une capacité de rémunération fondée sur la réserve des bénéfices, les papes n'auront jamais manqué, à tous les niveaux de compétence, de serviteurs d'autant plus fidèles que sachant leur sort lié à celui de la monarchie pontificale.

Il est à tous égards un symbole. Symbole de la centralisation, de la construction institutionnelle, de la volonté de prestige, du rayonnement intellectuel et de la convergence des talents, c'est le palais. Privé de son rôle, il demeure le témoin par excellence. Aux yeux de nos contemporains, il est à lui seul la papauté d'Avignon. Dans le temps de sa rapide construction et de son éphémère fonction politique, il aura, combinant les moyens du faste et ceux de la sécurité, répondu à cette gageure qu'était l'implantation d'une capitale en une cité plus riche d'histoire que de locaux disponibles.

L'édifice politique est cependant fragile, et ses faiblesses éclateront à la faveur d'une crise, le Grand Schisme, qui n'est en rien un simple épisode événementiel comme l'ont été au fil des siècles tant d'élections contestées et d'exils temporaires. Vient évidemment en tête l'accaparement du pouvoir et des profits par le clergé de quelques régions facilement identifiables par les mécontents. L'une des clés de voûte de la construction politique, c'est la connivence des princes, une connivence qui se paie en argent du clergé contribuable comme en services diplomatiques dont la justification par la croisade ne cache pas le caractère intéressé. Que faiblisse le soutien des princes et l'horizon s'assombrit.

On ne saurait donc sous-estimer le poids que fait peser sur la papauté d'Avignon l'imbrication des affaires temporelles – celles des princes – et des interventions pontificales qui sont la condition nécessaire de la place reconnue au pape sur l'échiquier européen. Des séquelles du conflit avec Boniface VIII et de l'affaire du Temple aux ambitions de Louis d'Anjou et à la rivalité des ducs de Bourgogne et d'Orléans en passant par les drames récurrents de la guerre de Cent Ans, la France est là au premier rang, et non seulement pour des raisons de proximité géographique. Le pape ne saurait se tenir à l'écart. Les affrontements dont la péninsule

Ibérique et son aire méditerranéenne sont le champ clos appellent, eux aussi, l'entrée du Saint-Siège dans un jeu politique dont les enjeux ne sont en rien ecclésiaux. Les conséquences en seront lourdes lorsque les papes rivaux se disputeront les obédiences espagnoles.

Les affaires d'Italie sont au contraire d'une extrême diversité et les situations sont d'autant plus mobiles que les intervenants sont nombreux et que les forces politiques ne sont pas toujours le fruit de la logique. Ces affaires tiennent naturellement à l'existence de l'état pontifical et au maintien de son unité. Mais elles sont aussi faites de l'impossible équilibre des autorités rivales, celle du pape, celle de l'empereur, celle du roi de Naples, non moins qu'à la volonté d'indépendance des républiques et des seigneuries urbaines. Le pape doit compter avec les Visconti, avec les Della Scala, avec Florence. Il lui faut faire part aux tensions internes de la première maison d'Anjou et aux vues hégémoniques de sa branche hongroise. Au temps du Schisme, les ambitions italiennes de Louis d'Orléans et les succès de Charles de Duras introduiront de nouvelles données dans la politique du pape d'Avignon comme de celui de Rome. Ponctuées par les « descentes » des rois des Romains en peine de leur diadème, par les mouvements insurrectionnels et par les assauts réciproques des guelfes et des gibelins, les affaires de l'Italie constituent une suite d'imbroglios où des légats parfois talentueux usent leurs propres forces, les illusions des papes et les finances de la papauté.

Si le pape se mêle de bien des affaires où l'Église pourrait n'être que médiocrement impliquée, il en va de même pour les affaires proprement religieuses dans lesquelles les princes temporels ne peuvent se retenir de prendre position. Si la position de l'empereur à l'égard de Guillaume d'Ockam et de Marsile de Padoue répond à des nécessités politiques et à des engagements doctrinaux, celle du roi Robert dans le combat des spirituels n'est que l'effet d'un choix personnel amplifié par la qualité de son auteur. Il n'est cependant pas sans toucher profondément les relations du Siège apostolique et d'un royaume vassal.

À l'arrière-plan du tout, il faut bien mettre un clergé qui rechigne mais supporte quand il ne s'entend pas à tirer avantage.

La chance des papes est que les irritations nationales ne s'additionnent pas : diversement fondées, elles se juxtaposent. Les combats du clergé anglais ne ressemblent, ni par les objectifs ni par les soutiens de la société laïque, à ce qui anime de temps à autre le clergé des autres principautés européennes. Et les tensions internes l'emportent le plus souvent : les séculiers s'en prennent aux ordres mendiants, les dominicains aux franciscains, les sans-grade aux gradués, le bas clergé aux prélats. Tout changera au temps du Grand Schisme, quand entrera sur la scène politique en corps le monde des maîtres, ces universitaires qui s'érigeront en pouvoir ecclésial et tiendront dans les conciles du XVe siècle la place que l'on sait.

Sources et bibliographie

Ni la liste des sources que voici ni la bibliographie qui suit ne sauraient être exhaustives. L'ampleur du sujet l'interdit. On n'a voulu que proposer au lecteur les moyens d'approfondir s'il le souhaite sa connaissance de tel ou tel aspect de l'histoire de la papauté pendant la période dite d'Avignon. Il faut le rappeler, ce livre n'est ni une histoire de l'Église ni une histoire de l'Europe ni une histoire de la littérature, de la théologie ou de l'art.

SOURCES

Sources historiographiques

MOLINIER (Auguste). *Les Sources de l'histoire de France*, tome IV. Paris, 1904.
BALUZE (Étienne). *Vitae paparum Avenionensium.* Paris, 1693. 3 vol. Nouvelle édition d'après les manuscrits par Guillaume Mollat. Paris, 1914-1927. 4 vol.

Principalement pour la période antérieure au Grand Schisme, Baluze a publié, avec de copieuses notes et des annexes documentaires enrichies par G. Mollat, des extraits des chroniques les plus intéressantes :

Jean de Saint-Victor, pour les pontificats de Clément V et Jean XXII.

Ptolémée de Lucques, clerc italien qui a fréquenté la curie et a fini évêque (pas de Lucques), pour les pontificats de Clément V à Grégoire XI.

Paulin de Venise, évêque de Pouzzoles, pénitencier de Jean XXII, pour les pontificats de Clément V et Jean XXII

Amalric Auger, prieur d'Espéra (dioc. Elne), pour les pontificats de Clément V et Jean XXII

Bernard Guy, pour les pontificats de Clément V et Jean XXII.

Henri de Diessenhoven, chanoine de Constance, pour les pontificats de Jean XXII et Benoît XII

Pierre de Herenthals, prieur du prieuré prémontré de Floreffe, près de Namur, pour les pontificats de Jean XXII à Clément VII.

Werner de Bonn, pour les pontificats de Benoît XII à Grégoire XI.

Aimery de Peyrac, abbé de Moissac, pour le pontificat d'Urbain V.

Pour la période du Grand Schisme, il faut citer :

ALPARTIL (Martin d'). *Chronica actitatorum temporibus domini Benedicti XIII*, éd. Franz Ehrle. Paderborn, 1906.

BOUCICAUT. *Le Livre des Faits du bon messire Jehan Le Maingre dit Bouciquaut, mareschal de France et gouverneur de Jennes*, éd. Denis Lalande. Paris-Genève, 1985.

BRUN (Robert). « Annales avignonnaises de 1382 à 1410, extraites des archives de Datini », dans *Mémoires de l'Institut historique de Provence*, 1935-1938.

LE FÈVRE (Jean). *Journal de Jean Le Fèvre, évêque de Chartres, chancelier des rois de Sicile Louis Ier et Louis II d'Anjou*, éd. Henri Moranvillé. Paris, 1890.

MANDEVILLE (Jean de). *Le Livre de Jehan de Mandeville. Une géographie au XIVe siècle*, éd. Christiane Deluz. Loiuvain-la-Neuve, 1988.

NIEM (Dietrich von). *De Scismate libri tres. 1378-1410*, éd. Georg Erler. Leipzig, 1890.

Sources documentaires

Faisant suite à la publication par les bénédictins des registres de Clément V (Rome, 1884-1892, 8 vol.), les lettres secrètes et curiales de Jean XXII à Grégoire XI, et notamment celles qui intéressent la France, ont été publiées par fascicules, de même qu'une partie des lettres communes, dans la collection in-4° de l'École française de Rome.

Jean XXII. Lettres secrètes et curiales relatives à la France, par Auguste Coulon et Suzanne Clémencet. 1900-1972. 6 vol.

Benoît XII. Lettres closes, patentes et curiales se rapportant à la France, par Georges Daumet. Paris, 1899-1920. 3 vol.

Benoît XII. Lettres closes et patentes intéressant les pays autres que la France, par Jean-Marie Vidal et Guillaume Mollat. Paris, 1913-1950. 2 vol.

Clément VI. Lettres closes, secrètes et curiales se rapportant à la France, par Eugène Déprez, Jean Glénisson et Guillaume Mollat. Paris, 1925-1961. 3 vol.

Clément VI. Lettres closes, patentes et curiales intéressant les pays autres que la France, par Eugène Déprez et Guillaume Mollat. Paris, 1960-1961. 3 vol.

Innocent VI. Lettres, closes, patentes et curiales se rapportant à la France, par Eugène Déprez. Paris, 1909.

Innocent VI. Lettres secrètes et curiales, par Pierre Gasnault, Marie-Hyacinthe Laurent et Nicole Gotteri. Paris, 1959-1976. 4 vol.

Urbain V. Lettres secrètes et curiales se rapportant à la France, par Paul Lecacheux et Guillaume Mollat. Paris, 1902-1955. 4 vol.

Grégoire XI. Lettres secrètes et curiales se rapportant à la France, par Léon Mirot, Henri Jassemin et Jeanne Vielliard. *Index* par Guillaume Mollat et Edmond-René Labande. Paris, 1935-1957. 7 vol.

Les lettres des papes d'Avignon et des suppliques adressées aux mêmes et intéressant les diocèses de Cambrai, Liège, Thérouanne et Tournai ont été publiées pour la plus grande partie depuis 1908 par l'Institut historique belge de Rome dans les *Analecta vaticano-belgica* par Arnold Fayen, Alphonse Fierens, Philipp van Isacker, Ursmer Berlière, Camille Tihon, Karl Hanquet, Hubert Nélis, Georges Despy, Marie-Jeanne Tits-Dieuaide et Jeannine Paye-Bourgeois.

On trouvera également dans les publications de la *Görresgesellschaft* un intéressant relevé des noms cités dans les registres et documents caméraux.

Les comptes de la Chambre apostolique ont été publiés
par la Görresgesellschaft.

GÖLLER (Emil). *Die Einnahmen der apostolischen Kammer unter Johann XXII.* Paderborn, 1910.

– *Die Einnahmen der apostolischen Kammer unter Benedikt XII.* Paderborn, 1911.

MOHLER (Ludwig). *Die Einnahmen der apostolischen Kammer unter Klemenz VI.* Paderborn, 1923.

HOBERG (Hermann). *Die Einnahmen der apostolischer Kammer unter Innozenz VI. Die Einnahmen des päpstlichen Thesaurars.* Paderborn, 1955-1972. 2 vol.

SCHÄFER (Karl Heinrich). *Die Ausgaben des apostolischen Kammer unter Johann XXII.* Paderborn, 1911.

– *Die Ausgaben der apostolischen Kammer unter Benedikt XII, Clemens VI und Innocenz VI.* Paderborn, 1914.

– *Die Ausgaben der apostolischen Kammer unter den Päpsten Urban V und Gregor XI.* Paderborn, 1937.

KIRSCH (Johann Peter). *Die Rückkehr der Päpste Urban V und Gregor XI von Avignon nach Rom.* Paderborn, 1900.

– *Die päpstlichen Annaten in Deuschland während des XIV Jahrhunderts.* Paderborn, 1903.

Autres sources documentaires

BARBICHE (Bernard). *Les Actes pontificaux originaux des Archives nationales de Paris.* Cité du Vatican, 1975-1982. 3 vol.

BRESC (Henri). *La Correspondance de Pierre Ameilh, archevêque de Naples, puis d'Embrun (1363-1369).* Paris, 1972.

COSTE (Jean). *Boniface VIII en procès. Articles d'accusation et dépositions des témoins (1303-1311).* Rome, 1995.

DENIFLE (Henri) et CHATELAIN (Émile). *Chartularium Universitatis Parisiensis.* Paris, 1889-1897. 4 vol.

– *Auctarium chartularii Universitatis Parisiensis.* Paris, 1889-1897. 4 vol.

DUFOURCQ (Norbert). *Le Livre de l'orgue français. Tome I. Les Sources.* Paris, 1971.

DUPUY (Pierre). *Histoire du différend d'entre le pape Boniface VIII et Philippe le Bel, roy de France.* Paris, 1655.

DYKMANS (Marc). *Le Cérémonial papal de la fin du Moyen Âge à la Renaissance.* Bruxelles-Rome, 1977-1985. 4 vol.

FINKE (Heinrich). *Acta Aragonensia.* Berlin-Leipzig, 1908-1923. 3 vol.

– *Pappstum und Untergang des Templerordens.* Münster, 1907. 2 vol.

FRIEDLANDER (Alan). *Processus Bernardi Deliciosi. The Trial of Fr. Bernard Déli-cieux. 3 september – 8 december 1319*. Philadelphie, 1996.

GAYET (Louis). *Le Grand Schisme d'Occident d'après les documents contempo-rains. Les origines*. Paris, 1899. 2 vol.

GLÉNISSON (Jean) et MOLLAT (Guillaume). *L'Administration des États de l'Église au XIVe siècle. Correspondance des légats et vicaires généraux. Gil Albornoz et Androin de la Roche. 1353-1367*. Paris, 1964.

GÖLLER (Emil). *Repertorium germanicum. Verzeichnis in den Registern und Kameralakten vorkommenden Personen, Kirchen und Orte*. Tome I, Cle-mens VII von Avignon. 1378-1394. Berlin, 1916.

GUILLEMAIN (Bernard). *Les Recettes et les dépenses de la Chambre apostolique pour la quatrième année du pontificat de Clément V (1308-1309)*. Paris, 1978.

HANQUET (Karl). *Documents relatifs au Grand Schisme*. Tome I. *Suppliques de Clément VII. 1378-1379*. Bruxelles-Rome, 1924.

HANQUET (Karl) et BERLIÈRE (Ursmer). *Documents relatifs au Grand Schisme*. Tome II. *Lettres de Clément VII ; 1378-1379*. Bruxelles-Rome, 1930.

HOBERG (Hermann). *Die Inventare des päpstlichen Schatzes in Avignon. 1314-1376*. Cité du Vatican, 1944.

– *Taxae pro communibus servitiis ex libris obligationum ab anno 1295 usque ad annum 1455 confectis*. Cité du Vatican, 1949.

LEGRAS (Anne-Marie) et FAVREAU (Robert). *L'Enquête pontificale de 1373 sur l'ordre des hospitaliers de Saint-Jean de Jérusalem*. Vol. I. *L'Enquête dans le prieuré de France*. Introd. d'Anthony Luttrell. Paris, 1987.

LOYE (Joseph de). *Les Archives de la Chambre apostolique au XIVe siècle*. Paris, 1899.

LUNT (William E.) et GRAVES (E. B.). *Accounts rendered by papal collectors in England. 1317-1378*. Philadelphie, 1968.

MAILLARD-LUYPAERT (Monique). *Lettres d'Innocent VII (1404-1406)*. Bruxelles-Rome, 1987.

MILLET (Hélène) et POULLE (Emmanuel). *Le Vote de la soustraction d'obédience en 1398*. Paris, 1988.

NÉLIS (Hubert). *Documents relatifs au Grand Schisme*. Tome III. *Suppliques et lettres de Clément VII. 1379-1394*. Bruxelles-Rome, 1934.

PALÈS-GOBILLIARD (Annette). *Le Livre des sentences de l'inquisiteur Bernard Gui. 1308-1323*. Paris, 2002.

PERROY (Édouard). *The Diplomatic Correspondence of Richard II*. Londres, 1933.

SAMARAN (Charles) et VAN MOË (Émile). *Auctarium chartularii Universitatis Pari-siensis*. Tomes III à V. Paris, 1935-1942. 3 vol.

SCHIMMELPFENNIG (Bernhard). *Die Zeremonienbücher der Römischen Kurie im Mit-telalter*. Tübingen, 1973.

STUBBS (William). *Select Charters and Other Illustrations of English Constitutio-nal History*. 9e éd. Oxford, 1948.

SULKOVA-KURAS (Irena) et KURAS (Stanislaw). *Bullarium Poloniae*. Rome, 1982-1985.

– *Lettres familières*, éd. Ugo Dotti, trad. André Longpré. Paris, 2002-2006. 7 vol.

TELLENBACH (Gerd). *Repertorium germanicum. Verzeichnis in den Registern und Kameralakten Urbans VI, Bonifaz IX, Innocenz VII und Gregor XII vorkommenden Personen, Kirchen und Orte. 1378-1415.* Berlin, 1933.

TITS-DIEUAIDE (Marie-Jeanne). *Documents relatifs au Grand Schisme. Lettres de Benoît XIII.* Tome II. *1395-1422.* Bruxelles-Rome. 1960.

VALLA (Lorenzo). *Sur la Donation de Constantin à lui faussement attribuée et mensongère,* trad. Jean-Baptiste Giard. Paris, 1993.

VILLAIN-GANDOSSI (Christiane). *Comptes du sel de Francesco di Marco Datini pour sa compagnie d'Avignon. 1376-1379.* Paris, 1969.

WILLIMAN (Daniel). *Records of the Papal Right of Spoil. 1316-1412.* Paris, 1974.

Textes littéraires ou doctrinaux

CATHERINE DE SIENNE. *Epistolario di santa Caterina da Siena,* éd. Eugenio Duprè Theseider. Rome, 1940.

– *The Letters of Catherine of Siena,* éd. Suzanne Noffke. Tempe, Arizona, 2000-2001. 2 vol.

CLAMANGES (Nicolas de). *Le Traité de la Ruine de l'Église,* éd. Alfred Coville. Paris, 1936.

CRAMAUD (Simon de). *De Substraccione obediencie,* éd. Howard Kaminsky. Cambridge, Mass., 1984.

DANTE ALIGHIERI. *Divina Comedia,* éd. Lodovico Magugliani. Milan, 1949.

– *La Divine Comédie, Le Purgatoire,* éd. et trad. Jacqueline Risset. Paris, 1988.

– *De Monarchia,* éd. Gustavo Vinay. Florence, 1950.

– *De Monarchia,* éd. Pier Giorgio Ricci. Milan, 1965.

– *De Monarchia,* éd. Richard Kay. Toronto, 1998.

– *Epistola a Cangrande,* éd. Enzo Cecchini. Florence, 1995.

– *Dante's Epistle to Cangrande,* éd. Robert Hollander. Ann Arbor, 1993.

DUBOIS (Pierre). *De Recuperatione Terrae Sanctae,* éd. Angelo Diotti. Florence, 1977.

GERSON (Jean). *Œuvres complètes,* éd. Palémon Glorieux. Tournai-Paris, 1960-1973. 10 vol.

GILLES DE ROME. *De Regimine principum libri III.* Rome, 1556. Réimpr. Francfort, 1968.

– *Giles of Rome's « On ecclesiastical Power ». A Medieval Theory of World Government,* éd. Robert W. Dyson. New York-Chichester, 2004.

JEAN DE PARIS. *On Royal and Papal Power,* éd. John A. Watt. Toronto, 1971.

LA PALU (Pierre de). *De Potestate Papae,* éd. Prosper Stella. Zürich, 1966.

MARSILE DE PADOUE. *Defensor Pacis,* éd. Richard Scholz. Hanovre, 1932.

– *Le Défenseur de la Paix de Marsile de Padoue,* trad. Jeannine Quillet. Paris, 1968.

MÉZIÈRES (Philippe de). *Philippe de Mézières, chancellor of Cyprus, Le Songe du Vieil Pelerin,* éd. George W. Coopland. Cambridge, 1969. 2 vol.

MONTREUIL (Jean de). *Opera. 2. L'œuvre historique et polémique,* éd. Nicole Grévy, Ezio Ornato et Gilbert Ouy. Turin, 1975.

OCKAM (Guillaume d'). *Breviloquium de potestate papae,* éd. Léon Baudry. Paris, 1937.
– *Opera politica,* éd. Hilary S. Offler. Manchester, 1940-1997, 4 vol.
PÉTRARQUE. *Le Familiari,* éd. Vittorio Rossi. Florence, 1934-1942, 4 vol.
– *Lettres familières,* éd. Ugo Dotti, trad. André Longpré. Paris, 2002-2006. 7 vol.
– *Opere,* éd. Giovanni Ponte. Milan, 1968.
– *The Revolution of Cola di Rienzo,* éd. Mario Emilio Cosenzo. Chicago, 1913. Nouv. éd., Ronald G. Musto. New York, 1986.
PEYRE DE GODIN (Guillaume). *The Theory of Papal Monarchy in the Fourteenth Century. Guillaume de Pierre Godin. Tractatus de causa immediata ecclesiastice potestatis,* éd. William D. McCready. Toronto, 1982.
ROQUETAILLADE (Jean de). *Johannes de Rupescissa, Liber secretorum eventuum,* éd. Robert E. Lerner et Christine Morerod-Fatteberg. Fribourg, 1993.
TRÉMAUGON (Évrart de). *Trois leçons sur les Décrétales,* éd. Marion Schnerb-Lièvre et Gérard Giordanengo. Paris, 1998.
– *Songe du Vergier (Le),* éd. Marion Schnerb-Lièvre. Paris, 1982. 2 vol.
– *Somnium viridarii,* éd. Marion Schnerb-Lièvre. Paris, 1993-1995. 2 vol.

TRAVAUX

Quelques milliers de livres et d'articles en toutes les langues ont, depuis le XVIIᵉ siècle mais surtout depuis l'ouverture des Archives vaticanes à la recherche en 1881, contribué à notre connaissance de la papauté d'Avignon. Une liste exhaustive serait aussi impossible qu'inutile. On n'a donc cité ci-après que fort peu d'articles, ceux-ci étant souvent publiés dans des périodiques d'accès difficile pour qui n'a pas accès à quelques bibliothèques spécialisées. La bibliographie qui suit est donc limitée aux seuls ouvrages qui peuvent être commodément utiles au lecteur de ce livre.

Le nombre de références procurées ici n'est pas proportionnel à l'importance des sujets mais à leur place dans ce livre. Ainsi en est-il pour l'histoire du catharisme, celle de la guerre de Cent Ans ou celle de la musique.

Il faut souligner l'utilité des notices procurées par les grands dictionnaires, le plus souvent inachevés, et notamment : *Allgemeine deutsche Biographie, Dictionnaire de biographie française, Dictionnaire d'archéologie chrétienne et de liturgie, Dictionnaire de droit canonique, Dictionnaire d'histoire et de géographie ecclésiastique, Dictionnaire de théologie catholique, Dictionary of national biography, Dizionario biografico degli Italiani, Dictionnaire de spiritualité.*

Histoire générale

AUTRAND (Françoise). *Charles VI.* Paris, 1986.
– *Charles V le Sage.* Paris, 1994.
– *Jean de Berry.* Paris, 2000.

Autrand (Françoise) dir. *Prosopographie et genèse de l'État moderne.* Paris, 1986.

Baratier (Édouard) et Reynaud (Félix). *Histoire du commerce de Marseille.* II. *De 1291 à 1480.* Paris, 1951.

Baratier (Édouard), Duby (Georges) et Hildesheimer (Ernest). *Atlas historique. Provence, Comtat, Orange, Nice, Monaco.* Paris, 1961.

Boüard (Michel de). *Les Origines des guerres d'Italie. La France et l'Italie au temps du Grand Schisme d'Occident.* Paris, 1936.

Busquet (Raoul). *Histoire de Provence, des origines à la Révolution française.* Monaco, 1954.

Cazelles (Raymond). *La Société politique et la crise de la royauté sous Philippe de Valois.* Paris, 1958.

– *Société politique, Noblesse et Couronne sous Jean le Bon et Charles V.* Paris, 1982.

Delachenal (Roland). *Histoire de Charles V.* Paris, 1909-1931. 5 vol.

Delumeau (Jean-Pierre) et Heullant-Donat (Isabelle). *L'Italie au Moyen Âge. v^e-xve siècle.* Paris, 2000.

Denifle (Henri). *La Guerre de Cent Ans et la désolation des églises, monastères et hôpitaux en France.* Paris, 1899.

Duparc (Pierre). *Le Comté de Genève. ixe-xve siècle.* Genève, 1955.

Favier (Jean). *Philippe le Bel.* Éd. revue, Paris, 1998.

Galazzo (Giuseppe) *Il Regno di Napoli. Il Mezzogiorno angioino e aragonese.* Naples, 1992.

Galazzo (Giuseppe) dir. *Storia d'Italia.* Vol. 7, tome 2. *Comuni e signorie nell'Italia nordorientale e centrale : Lazio, Umbria e Marche, Lucca,* par Girolamo Arnaldi, Pierre Toubert, Daniel Waley, Jean-Claude Maire-Vigueur et Raoul Manselli. Turin, 1987.

Guenée (Bernard). *Un meurtre, une société. L'assassinat du duc d'Orléans. 23 novembre 1407.* Paris, 1992.

– *L'Opinion publique à la fin du Moyen Âge d'après la « Chronique de Charles VI » du Religieux de Saint-Denis.* Paris, 2002.

Jarry (Eugène). *La Vie politique de Louis de France, duc d'Orléans.* Paris, 1889.

Kelly (Samantha). *The New Solomon. Robert de Naples (1309-1343) and Fourteenth-Century Kingship.* Leyde-Boston, 2003.

Lehoux (Françoise). *Jean de France, duc de Berri. Sa vie, son action politique. 1340-1416.* Paris, 1966-1968. 4 vol.

Léonard (Émile-G.). *Histoire de Jeanne Ire, reine de Naples, comtesse de Provence (1342-1382).* Monaco-Paris, 1932-1937. 3 vol.

– *Les Angevins de Naples.* Paris, 1954.

Morris (William A.) et Strayer (Joseph R.) dir. *English Government at Work. 1327-1336.* Cambridge, Mass., 1947.

Nordberg (Michael). *Les Ducs et la royauté. Études sur la rivalité des ducs d'Orléans et de Bourgogne. 1392-1407.* Stockholm, 1964.

Olivier-Martin (François). *L'Assemblée de Vincennes de 1329 et ses conséquences.* Rennes, 1909.

Pérez (Joseph). *Histoire de l'Espagne.* Paris, 1996.

QUILLET (Jeannine). *Charles V. Essai sur la pensée politique d'un règne.* Paris, 1986.

SAUL (Nigel). *Richard II.* New Haven-Londres, 1997.

STRAYER (Joseph Reese). *The Reign of Philip the Fair.* Princeton, 1980.

VALERI (Nino). *L'Italia nell'età dei principati dal 1343 al 1516.* Milan, 1949.

WALEY (Daniel). « Lo Stato papale dal periodo feudale a Martino V », dans *Storia d'Italia,* dir. Giuseppe Galasso, tome VII-2 (Turin, 1987), p. 231-322.

WERNER (Karl Ferdinand). « Les nations et le sentiment national dans l'Europe médiévale », dans *Revue historique,* CCXLIV, 1970, p. 285-304.

Histoire de l'Église

BARBER (Malcolm). *The Trial of the Templars.* Cambridge, 1978.

BARRACLOUGH (Geoffrey). *Papal Provisions. Aspect of Church History constitutional, legal and administrative in the later Middle Ages.* Oxford, 1935.

– *La Papauté au Moyen Âge,* trad. Mini Matignon. Paris, 1970.

BARRELL (Andrew D. M.). *The Papacy, Scotland and Northern England. 1342-1378.* Cambridge, 1995.

BERNARD (Jacques). « Le népotisme de Clément V et ses complaisances pour la Gascogne », dans *Annales du Midi,* LXI, 1949, p. 369-398.

CAILLET (Louis). *La Papauté d'Avignon et l'Église de France. La politique bénéficiale du pape Jean XXII en France. 1316-1334.* Paris, 1975.

Crises et réformes dans l'Église, de la Réforme grégorienne à la Préréforme. Paris, 1991.

DEMURGER (Alain). *Vie et mort de l'ordre du Temple.* Paris, 1985.

– *Chevaliers du Christ. Les ordres religieux militaires au Moyen Âge. XIe-XVIe siècle.* Paris, 2002.

DÉPREZ (Eugène). *Les Préliminaires de la guerre de Cent Ans. La Papauté, la France et l'Angleterre. 1328-1342.* Paris, 1902.

DIGARD (Georges). *Philippe le Bel et le Saint-Siège de 1285 à 1304.* Paris, 1936. 2 vol.

DUPRÈ THESEIDER (Eugenio). *I Papi di Avignone e la questione romana.* Florence, 1939.

– *Problemi del papato avignonese.* Bologne, 1961.

FRALE (Barbara). *L'ultima battaglia dei Templari.* Rome, 2001.

GALLAND (Bruno). *Les Papes d'Avignon et la Maison de Savoie. 1309-1409.* Rome, 1998.

GAUDEMET (Jean). *La Collation par le roi de France des bénéfices vacants en régale des origines à la fin du XIVe siècle.* Paris, 1935.

GENET (Jean-Philippe) et VINCENT (Bernard) dir. *État et Église dans la genèse de l'État moderne.* Madrid, 1986.

GUILLEMAIN (Bernard). *La Politique bénéficiale du pape Benoît XII. 1334-1342.* Paris, 1952.

– *La Cour pontificale d'Avignon (1309-1376). Étude d'une société.* Paris, 1962.

JUGIE (Pierre). « La papauté d'Avignon et le Languedoc, 1316-1342 », dans *Cahiers de Fanjeaux,* 26, 1991, p. 69-95.

KLOCZOWSKI (Jerzy). « Avignon et la Pologne à l'époque d'Urbain V et de Grégoire XI. 1362-1378 », dans *Genèse et débuts du Grand Schisme d'Occident*, p. 533-540.

– « Gouvernement central de l'Église et nations périphériques », dans *L'Église et les peuples chrétiens dans les pays de l'Europe du Centre-Est et du Nord* (Rome, 1990), p. 317-319.

LE BRAS (Gabriel). *Institutions ecclésiastiques de la Chrétienté médiévale. Première partie.* Paris, 1964. (*Histoire de l'Église*, 12).

LEVILLAIN (Philippe). *Dictionnaire historique de la papauté.* Paris, 1994.

LIZERAND (Georges). *Clément V et Philippe IV le Bel.* Paris, 1910.

LOEW (Jacques) et MESLIN (Michel) dir. *Histoire de l'Église par elle-même.* Paris, 1978.

MOLLAT (Guillaume). *Les Papes d'Avignon. 1305-1378.* 10ᵉ éd., Paris, 1965.

– *La Collation des bénéfices ecclésiastiques à l'époque des papes d'Avignon. 1306-1378.* Paris, 1921.

– « Papes d'Avignon », dans *Dictionnaire apologétique de la foi catholique* (Paris, 1921), col. 1553-1557.

– « Relations politiques de Grégoire XI avec les Siennois et les Florentins », dans *Mélanges d'archéologie et d'histoire publiés par l'École française de Rome*, LXVIII, 1956, p. 335-376.

MULDOON (James). *Popes, Lawyers and Infidels. The Church and the Non-Christian World. 1250-1550.* Philadelphie, 1979.

OZMENT (Steven). *The Age of Reform. 1250-1550. An intellectual and religious History of late Medieval and Reformation Europe.* New Haven-Londres, 1980.

PALMER (John J. N.). *England, France and Christendom. 1377-1399.* Londres, 1972.

POCQUET DU HAUT-JUSSÉ (Barthélemy). *Les Papes et les ducs de Bretagne. Essai sur les rapports du Saint-Siège avec un État.* Paris, 1928. 2 vol.

RENOUARD (Yves). *La Papauté à Avignon.* 3ᵉ éd. revue par Bernard Guillemain, Paris, 1969.

SCHMIDT (Tilmann). *Der Bonifaz-Prozess. Verfahren der Papstanklage in der Zeit Bonifaz' VIII und Clemens' V.* Cologne-Vienne, 1989.

SOUTHERN (Richard W.). *L'Église et la société dans l'Occident médiéval.* Paris, 1987.

TABACCO (Giovanni). *La Casa di Francia nell'azione politica di papa Giovanni XXII.* Rome, 1953.

WATT (John A.). *The Church and the Two Nations in Medieval Ireland.* Cambridge, 1970.

WRIGHT (John R.). *The Church and the English Crown. 1305-1334).* Toronto, 1980.

Institutions et fiscalité

BAIX (François). « Notes sur les clercs de la Chambre apostolique (XIIIᵉ-XIVᵉ siècles) », dans *Bulletin de l'Institut historique belge de Rome,* XXVII, 1952, p. 17-51.

BARBICHE (Bernard). « Les procureurs des rois de France à la cour pontificale d'Avignon », dans *Le Fonctionnement administratif...*, p. 81-112.

CAUSSE (Bernard). *Église, finance et royauté. La floraison des décimes dans la France du Moyen Âge.* Paris, 1988.

DELORT (Robert). « Note sur les achats de draps et d'étoffes effectués par la Chambre apostolique des papes d'Avignon (1216-1417) », dans *Mélanges d'archéologie et d'histoire publiés par l'École française de Rome*, 1962, p. 215-288.

DUVAL-ARNOULD (Louis). « Élaboration d'un document pontifical. Les travaux préparatoires à la constitution apostolique *Cum inter nonnullos* (12 novembre 1323) », dans *Le Fonctionnement administratif...*, p. 385-409.

FAVIER (Jean). « *Introitus et exitus* sous Clément VII et Benoît XIII », dans *Bullettino dell'Archivio paleografico italiano*, 1956-1957, p. 285-294.

– « Les voyages de Jacques d'Esparron, commissaire à la levée du subside en Provence (1405-1406) », dans *Mélanges d'archéologie et d'histoire publiés par l'École française de Rome*, 1958, p. 407-422.

– « Le niveau de vie d'un collecteur et d'un sous-collecteur apostoliques à la fin du XIVᵉ siècle », dans *Annales du Midi*, 1963, p. 31-48.

– « Temporels ecclésiastiques et taxation fiscale : le poids de la fiscalité pontificale au XIVᵉ siècle », dans *Journal des Savants*, 1964, p. 102-127.

– *Les Finances pontificales à l'époque du Grand Schisme d'Occident. 1378-1409.* Paris, 1966.

– « La Chambre apostolique aux lendemains du Concile de Pise », dans *Annali della Fondazione italiana per la storia amministrativa*, IV, 1967, p. 99-116.

– « Les galées de Louis d'Anjou », dans *Horizons marins, itinéraires spirituels (Vᵉ-XVIIIᵉ siècles), Mélanges offerts à Michel Mollat du Jourdin*, Paris, 1987, t. II, p. 137-146.

Fonctionnement administratif de la papauté d'Avignon (Le). Aux origines de l'État moderne. Actes de la table ronde organisée par l'École française de Rome... Rome, 1990.

GALLAND (Bruno). « Catastrophe naturelle et fiscalité pontificale. Les orages de 1382 en Mâconnais », dans *Annales de Bourgogne*, 1965, p. 25-42.

GILLES (Henri). « Les auditeurs de Rote au temps de Clément VII et de Benoît XIII (1378-1417). Notes biographiques », dans *Mélanges d'archéologie et d'histoire publiés par l'École française de Rome*, 67, 1955, p. 321-337.

HAYEZ (Anne-Marie). « Les fonctionnaires de la cour pontificale d'Urbain V. 1362-1370 », dans *Crises et réformes dans l'Église...*, p. 229-250.

HAYEZ (Michel). « La *moderatio* des bénéfices de cardinaux par Urbain V (1362-1370) », dans *Crises et réformes dans l'Église...*, p. 207-227.

LENTSCH (Roberte). « La localisation et l'organisation matérielle des services administratifs au Palais des papes », dans *Le Fonctionnement administratif...*, p. 293-312.

LESQUEN (G. de) et MOLLAT (Guillaume). *Mesures fiscales exercées par les papes d'Avignon à l'époque du Grand Schisme d'Occident.* Paris, 1903.

LUNT (William E.). *Papal Revenues in the Middle Ages.* Cambridge, Mass., 1934. 2 vol.

– *Financial Relations of the Papacy with England to 1327.* Cambridge, Mass., 1939.

MOREROD (Jean-Daniel). « Taxation décimale et frontières politiques en France aux XIIIᵉ et XIVᵉ siècles », dans *Le Fonctionnement administratif...*, p. 329-350.

RAMSAY OF BAMFF (Sir James Henry). *A History of the Revenues of the Kings of England. 1066-1399.* Oxford, 1925. 2 vol.

RENOUARD (Yves). « Comment les papes d'Avignon expédiaient leur courrier », dans *Revue historique,* CLXXX, 1937, p. 1-29.

SAMARAN (Charles) et MOLLAT (Guillaume). *La Fiscalité pontificale en France au XIVᵉ siècle.* Paris, 1905.

SPINELLI (Lorenzo). *La Vacanza della Sede apostolica dalle origini al Concilio Tridentino.* Milan, 1955.

VINKE (Johannes). *Der König von Aragon und die Camera apostolica in den Anfängen des Grossen Schismas.* Munster, 1938.

WEISS (Stefan). *Rechnungswesen und Buchhaltung des Avignoneser Papsttums(1316-1378).* Hanovre, 2003.

WILLIMAN (Daniel). *The Right of Spoil of the Pope of Avignon. 1316-1415.* Philadelphie, 1988.

Le Grand Schisme d'Occident

BAUTIER (Robert-Henri). « Aspects politiques du Grand Schisme », dans *Genèse et débuts du Grand Schisme d'Occident,* p. 457-481.

BLIEMETZRIEDER (Franz). *Literarische Polemik zur Beginn des grossen abendländlichen Schismas.* Vienne, 1910.

BRESC (Henri). « La genèse du Schisme : les partis cardinalices et leurs ambitions dynastiques », dans *Genèse et débuts du Grand Schisme d'Occident,* p. 45-57.

Cisma (Jornades sobre el) d'Occident a Catalunya, les Illes i el Pais Valencià. Repertori bibliogràfic. Barcelone, 1986.

DELARUELLE (Étienne), LABANDE (Edmond-René) et OURLIAC (Paul). *L'Église au temps du Grand Schisme et de la crise conciliaire (1378-1449).* Paris, 1962. 2 vol. (*Histoire de l'Église,* 14).

Genèse et débuts du Grand Schisme d'Occident. Colloque. Paris, 1980.

GLASFURD (A.). *The Antipope (P. de Luna, 1342-1423). A Study of Obstinacy.* Londres, 1965.

LANDI (Aldo). *Il papa deposto (Pisa, 1409). L'idea conciliare nel Grande Scisma.* Turin, 1985.

Midi (Le) et le Grand Schisme d'Occident. Toulouse, 2004. *(Cahiers de Fanjeaux,* 39).

MILLET (Hélène). « Les Français au concile de Pise (1409) », dans *Crises et réformes dans l'Église...,* p. 259-286.

MOLLAT (Guillaume). « Épisodes du siège du palais des papes au temps de Benoît XIII, 1398-1399 », dans *Revue d'histoire ecclésiastique,* 23, 1927, p. 489-501.

MOLLAT (Michel). « Vie et sentiment religieux au début du Grand Schisme », dans *Genèse et débuts du Grand Schisme d'Occident,* p. 295-303.

MONTAGNES (Bernard). « Saint Vincent Ferrier devant le Schisme », dans *Genèse et débuts du Grand Schisme d'Occident,* p. 607-613.

PERROY (Édouard). *L'Angleterre et le Grand Schisme d'Occident. Étude sur la politique religieuse de l'Angleterre sous Richard II (1378-1399).* Paris, 1933.

PREROVSKY (Olderico). *L'Elezione di Urbano VI e l'insorgere dello Scisma d'Occidente.* Rome, 1960.

SALEMBIER (Louis). *Le Grand Schisme d'Occident.* Paris, 2ᵉ éd. 1900.

SEIDLMAYER (Michael). *Die Anfänge des grossen abendländischen Schismas.* Münster, 1940.

SMITH (J. H.). *Great Schism. 1378. The desintegration of the Papacy.* Londres, 1970.

SUAREZ FERNANDEZ (Luis). *Castilla, el Cisma y la crisis conciliar (1378-1440).* Madrid, 1960.

TOUSSAERT (Jacques). *Le Sentiment religieux en Flandre à la fin du Moyen Âge.* Paris, 1963.

ULLMANN (Walter). *The Origins of the Great Schism. A Study in XIVth Century Ecclesiastical History.* Londres, 1948.

VALOIS (Noël). *La France et le Grand Schisme d'Occident.* Paris, 1896-1901. 4 vol.

WALSH (Katherine). « Ireland, the papal Curia and the Schism : a border case », dans *Genèse et débuts du Grand Schisme d'Occident,* p. 561-574.

Doctrine et spiritualité

BELLITTO (Christopher M.). *Nicolas de Clamanges. Spirituality, Personal Reform and Pastoral Renewal on th Eve of the Reformations.* Washington, 2001.

BIGNAMI-ODIER (Jeanne). *Études sur Jean de Roquetaillade (de Rupescissa).* Paris, 1952.

– « Jean de Roquetaillade, théologien, polémiste, alchimiste », dans *Histoire littéraire de la France,* XLI, 1981, p. 75-240.

CAROZZI (Claude). *La Fin des temps. Terreurs et prophéties au Moyen Âge.* Paris, 1982.

– *Apocalypse et salut dans le christianisme ancien et médiéval.* Paris, 1996.

CHIFFOLEAU (Jacques). *La Comptabilité de l'Au-delà. Les hommes, la mort et la religion dans la région d'Avignon à la fin du Moyen Âge.* Rome, 1980.

ÉPINEY-BURGARD (Georgette). *Gérard Grote (1340-1384) et les débuts de la Dévotion moderne.* Wiesbaden, 1970.

FOREST (André), VAN STEENBERGHEN (Fernand) et GANDILLAC (Maurice de). *Le Mouvement doctrinal du XIᵉ au XIVᵉ siècle.* Paris, 1951. (*Histoire de l'Église,* 13).

LERNER (Robert E.). « New Evidence for the Condemnation of Meister Eckhart », dans *Speculum,* 1997, 2, p. 347-366.

LOSSKY (Vladimir). *Théologie négative et connaissance de Dieu chez Maître Eckhart.* Paris, 1960.

REEVES (Marjorie E.). *The Influence of Prophecy in the Late Middle Ages. A Study of Joachimism.* Oxford, 1969.

Rocquain (Félix). *La Cour de Rome et l'esprit de réforme avant Luther.* Paris, 1893-1897. 3 vol.

Sahlin (Claire L.). *Birgitta of Sweden and the Voice of Prophecy.* Woodbridge-Rochester, 2001.

Schabel (Chris). *Theology at Paris. 1316-1345. Peter Auriol and the Problem of Divine Foreknowledge and Future Contingents.* Aldershot-Burlington, 2000.

Stirnimann (Heinrich) et Imbach (Ruedi) dir. *Eckardus Theutonicus, homo doctus et sanctus. Nachweise zum Prozess gegen Meister Eckhart.* Fribourg, 1992.

Tierney (Brian). *Foundation of the Conciliar Theory : The Contribution of Médieval Canonists from Gratian to the Great Schism.* Cambridge, 1955.

– *Origins of Papal Infallibility. 1150-1350.* Leyde, 1972.

Trusen (Winfried). *Der Prozess gegen Meister Eckhart.* Paderborn, 1988.

Vauchez (André). *La Sainteté en Occident aux derniers siècles du Moyen Âge d'après les procès de canonisation et les documents hagiographiques.* Rome, 1981.

– *Saints, prophètes et visionnaires. Le pouvoir surnaturel au Moyen Âge.* Paris, 1999.

Vauchez (André) dir. *Les Textes prophétiques et la prophétie en Occident (XIIᵉ-XVIᵉ siècle). Actes de la Table ronde de Chantilly (mai 1988).* Rome, 1990.

Vignaux (Paul). *Justification et prédestination au XIVᵉ siècle. Duns Scot, Pierre d'Auriole, Guillaume d'Occam, Grégoire de Rimini.* Paris, 1934.

Zum Brunn (Émilie) et De Libera (Alain). *Maître Eckhart. Métaphysique du verbe et théologie négative.* Paris, 1984.

L'affaire de la pauvreté

Biget (Jean-Louis). « Autour de Bernard Délicieux. Franciscanisme et société en Languedoc entre 1295 et 1330 », dans *Mouvements franciscains et société française, XIIᵉ-XXᵉ siècles,* dir. André Vauchez, Paris, 1984, p. 75-93.

Burr (David). *The Spiritual Franciscans. From Protest to Persecution in the Century after Saint Francis.* Pennsylvania University, 2001.

Fleming (John V.). *Introduction to the Franciscan Literature of the Middle Ages.* Chicago, 1977.

Halverson (James). « Franciscan Theology and Predestinarian Pluralism in Late-Medieval Thought », dans *Speculum,* 70, 1995, p. 1-26.

Hauréau (Barthélemy). « Hervé Nédelec, général des frères prêcheurs », dans *Histoire littéraire de la France,* XXXIV, 1914, p. 308-351.

Lagarde (Jacqueline de). « La participation de François de Meyronnes à la querelle de la pauvreté (1322-1324) », dans *École nationale des chartes, Positions des thèses...,* 1953, p. 51-54.

Lambert (Malcolm D.). *Franciscan Poverty. The Doctrine of the absolute Poverty of Christ and the Apostles in the Franciscan Order. 1210-1323.* Londres, 1961.

Lawrence (Clifford H.). *The Friars. The Impact of the Early Mendicant Movement on Western Society.* Londres-New York, 1994.

Leff (Gordon). *Heresy in the Later Middle Ages.* Manchester, 1967.

Manselli (Raoul). *Spirituels et béguins du Midi.* Toulouse, 1989.

NOLD (Patrick). *Pope John XXII and his franciscan Cardinal : Bertrand de la Tour and the apostolic poverty controversy.* New York, 2003.

SCHMITT (Jean-Claude). *Mort d'une hérésie. L'Église et les clercs face aux béguines et aux béghards du Rhin supérieur du XIVᵉ au XVᵉ siècle.* Paris-La Haye, 1978.

TABARRONI (Andrea). *Paupertas Christi et apostolorum. L'ideale francescano in discussione (1322-1324).* Rome, 1990.

VAUCHEZ (André) dir. *Mouvements franciscains et société française. XIIᵉ-XXᵉ siècles.* Paris, 1984.

Les cathares

BRENON (Anne). *Les Cathares. Vie et mort d'une Église chrétienne.* Paris, 1996.

DUVERNOY (Jean). *Le Catharisme : l'Histoire des cathares.* Toulouse, 1979.

– *La Religion des cathares.* Toulouse, 1989.

– *Cathares, vaudois et béguins. Dissidents du pays d'Oc.* Toulouse, 1994.

ROQUEBERT (Michel). *Les Cathares. De la chute de Montségur aux derniers bûchers. 1244-1329.* Paris, 1998.

– *Histoire des Cathares. Hérésie, Croisade, Inquisition, du XIᵉ au XIVᵉ siècle.* Paris, 1999.

Protagonistes

AMARGIER (Paul). *Pétrarque.* Aix-en-Provence, 1984.

– *Urbain V. Un homme, une vie.* Marseille, 1987.

BARON (François). *Le Cardinal Pierre de Foix.* Paris, 1920.

BROCHE (Gaston). *Sur Pétrarque, ses imprécations contre Avignon.* Avignon, 1913.

Cardenal (El) Albornoz y el Colegio de España. Bologne, 1972.

COLLIVA (Paolo). *Il Cardinale Albornoz. Lo Stato della Chiesa. Le Constitutiones Aegidianae.* Bologne, 1977.

DELARUELLE (Étienne). *Sainte Catherine de Sienne et la chrétienté de son temps.* Toulouse, 1947.

DENTON (Jeffrey). « Pope Clement V's Career as a royal Clerck », dans *English Historical Review,* LXXXIII, 1968, p. 303-314.

DU POUGET (Marc). « Un cardinal d'Avignon originaire de la région lyonnaise au temps du Grand Schisme : Pierre Girard », dans *Crises et réformes dans l'Église...,* p. 297-306.

DYKMANS (Marc). « Le cardinal Anibal de Ceccano (vers 1282-1350). Étude biographique et testament du 17 juin 1348 », dans *Bulletin de l'Institut historique belge de Rome,* 43, 1973, p. 145-344.

– « La conscience de Clément VII », dans *Genèse et débuts du Grand Schisme d'Occident,* p. 599-605.

ERLER (Adalbert). *Aegidius Albornoz als Gesetzgeber des Kirchenstaates.* Berlin, 1970.

EUBEL (Conrad). *Hierarchia catholica medii aevi*. Tome I. *1198-1431*. 2ᵉ éd., Münster, 1913. Rééd. anastatique, 1960.

FAWTIER (Robert) et CANET (Louis). *La Double Expérience de Catherine Benincasa*. 2ᵉ éd., Paris, 1948.

FILIPPINI (Francesco). *Il Cardinale Egidio Albornoz*. Bologne, 1933.

FOURNIER (Paul). « Durand de Saint-Purçain, théologien », dans *Histoire littéraire de la France*, XXXVII, 1938, p. 1-38.

– « Pierre de la Palu, théologien et canoniste », dans *Histoire littéraire de la France*, XXXVII, 1938, p. 39-84.

– « Guillaume Peyre de Godin, cardinal », dans *Histoire littéraire de la France*, XXXVII, 1938, p. 146-152.

– « Jacques Fournier [Benoît XII] », dans *Histoire littéraire de la France*, XXXVII, 1938, p. 174-208.

– « Pierre Roger [Clément VI] », dans *Histoire littéraire de la France*, XXXVII, 1938, p. 209-237.

GRENN (Louis). *Castuccio Castacani. A Study on the Origins and Character of a Fourteenth-Century Italian Despotism.* New York, 1986.

GUENÉE (Bernard). *Entre l'Église et l'État. Quatre vies de prélats français à la fin du Moyen Âge.* Paris, 1987.

HAYEZ (Anne-Marie). « La personnalité d'Urbain V d'après ses réponses aux suppliques », dans *Le Fonctionnement administratif...*, p. 7-31.

– « Clément VII et Avignon », dans *Genèse et débuts du Grand Schisme d'Occident*, p. 125-141.

HOLTZMANN (Robert). *Wilhelm von Nogaret, Rat und Grosssiegelbewahrer Philipps des Schönen von Frankreich.* Freiburg im Brisgau, 1898.

JUGIE (Pierre). « Le cardinal Gui de Boulogne (1316-1373). Biographie et étude d'une *familia* cardinalice », dans *École nationale des chartes, Positions des thèses...*, 1986, p. 83-92.

– « L'activité diplomatique du cardinal Gui de Boulogne en France au milieu du XIVᵉ siècle », dans *Bibliothèque de l'École des chartes*, 145-1, 1987, p. 99-127.

– « La légation en Hongrie et en Italie du cardinal Gui de Boulogne (1348-1350) », dans *Il Santo, Rivista antoniana di storia, Dottrina, Arte*, XXIX, 1989, p. 29-69.

– « Les *familiae* cardinalices au temps de la papauté d'Avignon : esquisse d'un bilan », dans *Le Fonctionnement administratif...*, p. 41-59.

– « Les cardinaux issus de l'administration royale française : typologie des carrières antérieures à l'accession au cardinalat. 1305-1378 », dans *Crises et réformes dans l'Église...*, p. 157-180.

KAMINSKI (Howard). *Simon de Cramaud and the Great Schism.* New Brunswick, 1983.

LABANDE (Léon-Honoré). « Pierre Blau, cardinal de Saint-Ange, son testament et son inventaire, 1407-1410 », dans *Annales du Midi*, VII, 1895, p. 167-211.

LALANDE (Denis). *Jean II Le Meingre dit Boucicaut (1366-1421). Étude d'une biographie héroïque.* Genève, 1988.

Lerch (Charles-Henri). « Le cardinal Jean de la Grange. Sa vie et son rôle politique jusqu'à la mort de Charles V », dans *École nationale des chartes, Positions des thèses...,* 1955, p. 59-62.

Maffei (Domenico). « Profilo di Bonifacio Ammanati, giurista e cardinale », dans *Genèse et débuts du Grand Schisme d'Occident,* p. 239-251.

Mann (Nicholas). *Petrarch.* Oxford-New York, 1984.

Mazzotta (Giuseppe). *The Worlds of Petrarch.* Durham-Londres, 1993.

Menache (Sophia). « Réflexions sur quelques papes français du bas Moyen Âge. Un problème d'origine », dans *Revue d'histoire ecclésiastique,* LXXXI, 1986, p. 117-130.

– « Clément V et le royaume de France. Un nouveau regard », dans *Revue d'histoire de l'Église de France,* LXXIV, 1988, p. 23-38.

– *Clement V.* Cambridge, 1998.

Morrall (John B.). *Gerson and the Great Schism.* Manchester, 1960.

Oakley (Francis). *The Political Thought of Pierre d'Ailly. The Volontarist Tradition.* New Haven, 1964.

Pascoe (Louis B.). « Pierre d'Ailly. Histoire, Schisme et Antéchrist », dans *Genèse et débuts du Grand Schisme d'Occident,* p. 615-622.

Posthumus Meijes (Guillaume H. M.). *Jean Gerson, Apostle of Unity. His Church Politics and Ecclesiology.* Leyde-Boston-Cologne, 1999.

Rey-Courtel (Anne-Lise). « La clientèle des cardinaux limousins en 1378 », dans *Mélanges d'archéologie et d'histoire publiés par l'École française de Rome,* 89-2, 1977, p. 889-944.

– « Les cardinaux du Midi pendant le Grand Schisme », dans *Cahiers de Fanjeaux,* 39, 2004, p. 49-108.

Salembier (Louis). *Le Cardinal Pierre d'Ailly, chancelier de l'Université de Paris, évêque du Puy et de Cambrai (1350-1420).* Paris, 1932.

Schnerb-Lièvre (Marion). « Évrart de Trémaugon », dans *Histoire littéraire de la France,* 42-2, 2002, p. 281-296.

Sol (Eugène). *Un des plus grands papes de l'histoire. Jean XXII. Jacques Duèse de Cahors.* Paris, 1948.

Stacul (Paolo). *Il Cardinale Pileo da Prata.* Rome, 1957.

Thibault (Paul R.). *Pope Gregory XI. The Failure of Tradition.* New York-Londres, 1986.

Valois (Noël). « Jean de Pouilly, théologien », dans *Histoire littéraire de la France,* XXXIV, 1914, p. 220-280.

– « Jacques Duèse, pape sous le nom de Jean XXII », dans *Histoire littéraire de la France,* XXXIII, 1906, p. 391-630.

Violet (Paul). « Pierre Auriol, frère mineur », dans *Histoire littéraire de la France,* XXXIII, 1906, p. 479-526.

– « Guillaume de Mandagout, canoniste », dans *Histoire littéraire de la France,* XXXIV, 1914, p. 1-61.

– « Bérenger Frédol, canoniste », dans *Histoire littéraire de la France,* XXXIV, 1914, p. 62-178.

Willemsen (Carl A.). *Kardinal Napoleon Orsini (1263-1342).* Berlin, 1927.

Doctrines et théories politiques

ADAMS (Marilyn McCord). *William Ockham.* Notre-Dame, Ind., 1987. 2 vol.

ADAMS (Marilyn McCord) et KRETZMANN (Norman). *William Ockham's Predestination, God's Foreknowledge and Future Contingents.* New York, 1969.

ARQUILLÈRE (Henri-Xavier). *L'Augustinisme politique. Essai sur la formation des théories politiques au Moyen Âge.* Paris, 1956.

BAUDRY (Léon). *Guillaume d'Occam. Sa vie, ses œuvres, ses idées sociales et politiques.* Paris, 1951. 2 vol.

BLYTHE (James M.). *Ideal Government and the Mixed Constitution in the Middle Ages.* Princeton, 1992.

BUISSON (Ludwig). *Potestas und Caritas. Die päpstliche Gewalt im Spätmittelalter.* Cologne, 1958.

CANNING (Joseph). *The Political Thought of Baldus de Ubaldis.* Cambridge, 1987.

CASSEL (Anthony K.). *The « Monarchia » Controversy. An historical Study with accompagnying translations of Dante Alighieri's « Monarchia », Guido Vernani's Refutation of the « Monarchia » composed by Dante and Pope John XXII's Bull « Si Fratrum ».* Washington, 2004.

COVILLE (Alfred). *Évrart de Trémaugon et le* Songe du Verger. Paris, 1933.

– *Recherches sur quelques écrivains du XIVᵉ et du XVᵉ siècles.* Paris, 1935.

– *Le Traité « De la ruine de l'Église » de Nicolas de Clamanges et la traduction française de 1564.* Paris, 1936.

– *Jean Petit. La question du tyrannicide.* Paris, 1932.

CSERENUS (Sandor). « Sigismond et la soustraction d'obéissance : une doctrine de politique internationale », dans *Crises et réformes dans l'Église...*, p. 315-334.

DUPRÈ THESEIDER (Eugenio). *L'Idea imperiale di Roma nella tradizione del Medioevo.* Milan, 1942.

FAWTIER (Robert). *Sainte Catherine de Sienne. Essai de critique des sources.* Paris, 1921-1930. 2 vol.

FOLZ (Robert). *L'Idée d'Empire en Occident du Vᵉ au XIVᵉ siècle.* Paris, 1953.

– « Le Saint Empire romain germanique », dans *Les Grands Empires* (Société Jean Bodin XXXI), Bruxelles, 1973, p. 309-355.

FORHAN (Kate Langdon). *The Political Theory of Christine de Pizan.* Aldershot-Burlington, 2002.

GAUDEMET (Jean). *Église et Cité. Histoire du droit canonique.* Paris, 1994.

JUNG (N.). *Un franciscain théoricien du pouvoir pontifical au XIVᵉ siècle : Alvaro Pelayo, évêque et pénitencier de Jean XXII.* Paris, 1931.

JUNGHANS (Helmar). *Ockham im Lichte der neueren Forschung.* Berlin, 1968.

KALUZA (Zénon). « Nicolas d'Autrécourt, ami de la vérité », dans *Histoire littéraire de la France,* XLII, 1995, p. 1-233.

KANTOROWICZ (Ernst H.). *Les Deux Corps du roi. Essai sur la théologie politique au Moyen Âge.* Paris, 1989.

KRYNEN (Jacques). *L'Empire du roi. Idées et croyances politiques en France. XIIIᵉ-XVᵉ siècle.* Paris, 1993.

LAGARDE (Georges de). *La Naissance de l'esprit laïc au déclin du Moyen Âge.* Paris-Louvain. 1958-1973. 5 vol.

– *Le Songe du verger et les origines du gallicanisme.* Thouars, 1934.

LECLERC (Dom Jean). *Jean de Paris et l'ecclésiologie du XIIIe siècle.* Paris, 1942.

LEFF (Gordon). *Bradwardine and the Pelagians.* Cambridge, 1957.

– *William of Ockham. The Metamorphosis of Scolastic Discourse.* Manchester, 1975.

MANCUSI-UNGARO (Donna). *Dante and the Empire.* New York-Berne-Francfort, 1987.

MARTIN (Victor). *Les Origines du Gallicanisme.* Paris, 1939. 2 vol.

MIETHKE (Jürgen). *Ockhams Weg zur Sozialphilosophie.* Berlin, 1969.

– *De Potestate Papae. Die päpstliche Amtskompetenz im Widerstreit der politischen Theorie von Thomas von Aquin bis Wilhelm von Ockham.* Tübingen, 2000.

MULDOON (James). *Empire and Order. The Concept of Empire. 800-1800.* New York, 1999.

MUSTO (Ronald G.). *Apocalypse in Rome. Cola di Rienzo and the Politics of the New Age.* Berkeley-Londres, 2003.

NEDERMAN (Cary J.). *Community and Consent. The Secular Political Theory of Marsiglio of Padoua's Defensor Pacis.* Lanham-Londres, 1995.

PACAUT (Marcel). *La Théocratie. L'Église et le pouvoir au Moyen Âge.* Paris, 1957.

PARAVICINI-BAGLIANI (Agostino). *Il Trono di Pietro. L'universalità del papato da Alessandro III a Bonifacio VIII.* Rome, 1996.

– *Le Corps du pape.* Paris, 1997.

PEGUES (Franklin J.). *The Lawyers of the last Capetians.* Princeton, 1962.

PENNINGTON (Kenneth). *The Prince and the Law. 1200-1600. Sovereignty and Rights in the Western Legal Tradition.* Berkeley-Oxford, 1993.

QUILLET (Bernadette). « Marsile de Padoue, auteur du *Defensor pacis* », dans *Histoire littéraire de la France,* 43, 2005, p. 55-82.

QUILLET (Jeannine). *La Philosophie politique de Marsile de Padoue.* Paris, 1970.

– *La Philosophie politique du Songe du Vergier. 1378. Sources doctrinales.* Paris, 1977.

RIVIÈRE (Jean). *Le Problème de l'Église et de l'État au temps de Philippe le Bel.* Louvain-Paris, 1926.

ROYER (Jean-Pierre). *L'Église et le royaume de France au XIVe siècle d'après le Songe du Vergier et la jurisprudence du Parlement.* Paris, 1969.

VIOLET (Paul). « Jean de Jandun et Marsile de Padoue, auteurs du *Defensor pacis* », dans *Histoire littéraire de la France,* XXXIII, 1906, p. 528-623.

WILKS (Michael). *The Problem of Sovereignty in the late Middle Ages. The papal Monarchy with Augustinus Triomphus and the Publicists.* Cambridge, 1963.

– *Wyclif. Political Ideas and* Practice, publ. par Anne Hudson. Oxford, 2000.

Avignon et le Comtat

Avignon, 1360-1410. Art et histoire. Catalogue. Avignon, 1978.

BRATIER (Édouard). *La Démographie provençale du XIIIe au XVIe siècle.* Paris, 1961.

BLUMENKRANZ (Bernhard) dir. *Histoire des Juifs en France.* Toulouse, 1972.

CHIFFOLEAU (Jacques). *Les Justices du pape. Délinquance et criminalité dans la région d'Avignon au XIVᵉ siècle.* Paris, 1984.

FAURE (Claude). *Étude sur l'administration et l'histoire du Comtat Venaissin du XIIIᵉ au XVᵉ siècle (1229-1417).* Paris-Avignon, 1909.

FOWLER (Kenneth). *Medieval Mercenaries. I. The Great Companies.* Oxford-Malden, 2001.

GAGNIÈRE (Sylvain) et GRANIER (Jacques). *Images du vieil Avignon.* Avignon, 1972.

GIRARD (Joseph). *Les États du Comtat Venaissin.* Avignon, 1906.

GIRARD (Joseph) et PANSIER (Paul). *La Cour temporelle d'Avignon aux XIVᵉ et XVᵉ siècles.* Paris-Avignon, 1909.

GROS-HAYEZ (Catherine). « Mutations et permanences sociales à Avignon, 1390-1430 », dans *École nationale des chartes, Positions des thèses...*, 1989, p. 96-103.

PANSIER (Paul). *Les Palais cardinalices d'Avignon aux XIVᵉ et XVᵉ siècles.* Avignon, 1926-1932. 3 vol.

PARAVICINI-BAGLIANI (Agostino). *La Vie quotidienne à la cour des papes.* Paris, 1995.

ROLLO-KOSTER (Joëlle). « The Politics of Body Parts : Contested Topographies in Late-Medieval Avignon », dans *Speculum*, 78-1, 2003, p. 66-98.

VERGER (Jacques). « L'Université d'Avignon au temps de Clément VII », dans *Genèse et débuts du Grand Schisme d'Occident,* p. 185-200.

ZACOUR (Norman P.). « Papal regulation of cardinals' households in the fourteenth century », dans *Speculum,* 50-3, 1975, p. 434-455.

Le palais des papes

COLOMBE (Gabriel). *Le Palais des papes d'Avignon.* 3ᵉ éd. Paris, 1939.

Congrès archéologiques de France. Avignon, 1909. LXXIII. Paris, 1910. 2 vol.

HECK (Christian). « La chapelle du consistoire et les crucifixions dans la peinture murale avignonnaise du XIVᵉ siècle », dans *Genèse et débuts du Grand Schisme d'Occident,* p. 431-443.

LABANDE (Léon-Honoré). *Le Palais des papes et les monuments d'Avignon au XIVᵉ siècle.* Aix-Marseille, 1925. 2 vol.

PANSIER (Paul). « Les sièges du Palais d'Avignon sous le pontificat de Benoît XIII », dans *Annales d'Avignon et du Comtat Venaissin,* IX, 1923, p. 5-186.

PIOLA CASELLI (Fausto). *La Costruzione del palazzo dei papi di Avignone. 1316-1367.* Milan, 1981.

– *Un Cantiere navale del Trecento.* Milan, 1984.

VINGTAIN (Dominique) et SAUVAGEOT (Claude). *Avignon. Le Palais des papes.* Saint-Léger-Vauban, 1998.

L'état pontifical

COLLIVA (Paolo). *Il Cardinale Albornoz. Lo Stato della Chiesa. Le Constitutiones Aegidianae*. Bologne, 1977.

ESCH (Arnold). *Bonifaz IX und der Kirchenstaat*. Tubingen, 1969.

GALLAND (Bruno). « Le rôle du comte de Savoie dans la "ligue" de Grégoire XI contre les Visconti (1372-1375) », dans *Mélanges de l'École française de Rome*, 105, 1993, p. 763-824.

PARTNER (Peter D.). *The Papal State under Martin V. The administration and government of the temporal power in the early fiftteenth century*. Londres, 1958.

REYDELLET-GUTTINGER (Chantal). *L'Administration pontificale dans le duché de Spolète (1305-1352)*. Florence, 1975.

Rome

BOÜARD (Alain de). *Le Régime politique et les institutions de Rome au Moyen Âge. 1252-1347*. Paris, 1920.

CAROCCI (Sandro). *Baroni di Roma. Dominazioni signorili e lignaggi artistocratici nel duecento e nel primo trecento*. Rome, 1993.

– « Baroni in città. Consideraziioni sull'insediamento e i diritti urbani della grande nobiltà », dans Étienne Hubert dir., *Rome aux XIIIᵉ et XIVᵉ siècles* (Rome, 1993), p. 137-173.

– *Il nepotismo nel Medioevo. Papi, cardinali e familie nobili*. Rome, 1999.

– *Itineranza pontificia. La mobilità della curia papale nel Lazio (secoli XII-XIII)*. Rome, 2003.

COLLINS (Amanda). *Greater than Emperor : Cola di Rienzo (ca. 1313-1354) and the World of Fourteenth-Century Rome*. Ann Arbor, 2002.

DUPRÈ THESEIDER (Eugenio). *Roma dal Comune di Popolo alla Signoria pontificia (1252-1377)*. Bologne, 1952.

GIARDINA (Andrea) et VAUCHEZ (André). *Rome. L'idée et le mythe*. Paris, 2000.

HOMO (Léon). *Rome médiévale. 476-1420*. Paris, 1934.

MAIRE-VIGUEUR (Jean-Claude). « Cola di Rienzo », dans *Dizionario biografico degli Italiani*, XXVI, 1982, p. 3-16.

PIUR (Paul). *Cola di Rienzo. Darstellung seines Lebens und seines deutschen Bildung*. Vienne, 1931.

RODOCANACHI (Emmanuel). *Histoire de Rome de 1354 à 1471. L'antagonisme entre les Romains et le Saint-Siège*. Paris, 1922.

Orient et Croisade

BRUNDAGE (James). *Medieval Canon Law and the Crusader*. Madison, Wisc., 1969.

DELAVILLE LE ROULX (Joseph). *Les Hospitaliers à Rhodes jusqu'à la mort de Philibert de Naillac (1310-1421)*. Paris, 1913.

GUÉRET-LAFERTÉ (Michèle). *Sur les routes de l'Empire mongol. Ordre et rhétorique des relations de voyage aux XIIIᵉ et XIVᵉ siècles*. Paris, 1994.

HOUSLEY (Norman). *The Italian Crusades. The Papal-Angevine Alliance and the Crusades against Christian Lay Powers. 1254-1343.* Oxford, 1982.
– « Pope Clement V and the Crusades of 1309-1310 », dans *Journal of Medieval History,* VIII, 1982, p. 29-43.
– *The Avignon Papacy and the Crusades. 1305-1378.* Oxford, 1986.
LEOPOLD (Antony). *How to Recover the Holy Land. The Crusade Proposals of the Late Thirteenth and Early Fourteenth Centuries.* Aldershot-Burlington, 2000.
LUTTRELL (Anthony T.). *The Hospitallers in Cyprus, Rhodes, Greece and the West. 1291-1440.* Londres, 1978.
– « Popes and Crusades : 1362-1394 », dans *Genèse et débuts du Grand Schisme d'Occident,* p. 575-585.
– *The Hospitaller State on Rhodes and its Western Provinces. 1306-1462.* Aldershot, 1999.
RICHARD (Jean). *La Papauté et les missions d'Orient au Moyen Âge. XIIIᵉ-XVᵉ siècles.* Rome, 1977.
– *Histoire des croisades.* Paris, 1996.
SETTON (Kenneth M.). *The Papacy and the Levant. 1204-1571.* Philadelphie, 1976-1984. 4 vol.
TYERMAN (Christopher). *England and the Crusades. 1095-1588.* Chicago-Londres, 1988.

Banque, monnaie

BLANCHET (Adrien) et DIEUDONNÉ (Adolphe). *Manuel de numismatique française.* Paris, 1912-1936. 4 vol.
BOMPAIRE (Marc) et BARRANDON (Jean-Noël). « Les imitations de florins dans la vallée du Rhône au XIVᵉ siècle », dans *Bibliothèque de l'École des chartes,* 147, 1989, p. 141-199.
DE ROOVER (Raymond). *The Rise and Decline of the Medici Bank. 1397-1494.* New York, 1966.
FAVIER (Jean). *De l'or et des épices. Naissance de l'homme d'affaires au Moyen Âge.* Paris, 1987.
RENOUARD (Yves). *Les Relations des papes d'Avignon et des compagnies commerciales et bancaires de 1316 à 1378.* Paris, 1941.
ROLLAND (Henri). *Monnaies des comtes de Provence. XIIᵉ-XVᵉ siècles.* Paris, 1956.

Vie intellectuelle, humanisme, universités

BOZZOLO (Carla) dir. *Un traducteur et un humaniste de l'époque de Charles VI : Laurent de Premierfait.* Paris, 2004.
CAILLET (Robert). *L'Université d'Avignon et sa faculté des droits au Moyen Âge. 1303- 1503.* Paris, 1907.
CECCHETTI (Dario). *Petrarca, Pietramala e Clamanges. Storia di une « querelle » inventata.* Paris, 1982.
– *Il primo umanesimo francese.* Turin, 1987.

Coville (Alfred). *La Vie intellectuelle dans les domaines d'Anjou-Provence de 1380 à 1435.* Paris, 1941.

De Ridder-Symoens (Hilde) dir. *A History of the University in Europe.* Vol. 1. *Universities in the Middle Ages.* Cambridge-New York, 1992.

Dotti (Ugo). *Pétrarque.* Paris, 1991.

Faucon (Maurice). *La Librairie des papes d'Avignon. Sa formation, sa composition, ses catalogues. 1316-1420.* Paris, 1886-1887. 2 vol.

Foster (Kenelm). *Petrarch, Poet and Humanist.* Édimbourg, 1987.

Gasnault (Pierre). « La Librairie pontificale à la veille du Grand Schisme », dans *Genèse et débuts du Grand Schisme d'Occident,* p. 277-289.

Gouron (André). « À l'origine d'un déclin : les universités méridionales au temps du Grand Schisme », dans *Genèse et débuts du Grand Schisme d'Occident,* p. 176-184.

Jullien de Pommerol (Marie-Henriette) et Monfrin (Jacques). *La Bibliothèque pontificale à Avignon et à Peñiscola pendant le Grand Schisme d'Occident et sa dispersion. Inventaires et concordances.* Rome, 1991. 2 vol.

Kibre (Pearl). *The Nations in the Mediaeval Universities.* Cambridge, Mass., 1948.

Leff (Gordon). *Paris and Oxford Universities in the Thirteenth and Fourteenth Centuries.* New York, 1968.

Le Goff (Jacques). « Universités et courants humanistes », dans *Genèse et débuts du Grand Schisme d'Occident,* p. 163-174.

Nardi (Bruno). *Dante e la cultura medievale.* Rome, 1990.

Ornato (Ezio). *Jean Muret et ses amis Nicolas de Clamanges et Jean de Montreuil. Contribution à l'étude des rapports entre les humanistes de Paris et ceux d'Avignon (1394-1420).* Genève-Paris, 1969.

Ouy (Gilbert). *L'Humanisme et les mutations politiques et sociales en France aux XIVᵉ et XVᵉ siècles.* Paris, 1973.

Rshdall (Hastings). *The Universities of Europe in the Middle Ages.* Nouv. éd. par Frederick M. Powicke et Alfred. B. Emden. Oxford, 1936. 3 vol.

Swanson (Robert N.). *Universities, Academics and the Great Schism.* Cambridge-Londres-New York, 1979.

Verger (Jacques). *Les Universités au Moyen Âge.* Paris, 1973.

– *Les Universités françaises au Moyen Âge.* Leyde, 1995.

– *Les Gens de savoir en Europe à la fin du Moyen Âge.* Paris, 1997.

Verger (Jacques), dir. *Histoire des Universités en France.* Toulouse, 1986.

Williman (Daniel). *Bibliothèques ecclésiastiques au temps de la papauté d'Avignon.* Paris, 1980.

Activité artistique

Outre ce qui concerne en particulier le palais et la ville d'Avignon.

Baron (Françoise), dir. *Les Fastes du Gothique. Le siècle de Charles V.* Catalogue. Paris, 1981.

Carqué (Bernd). *Stil und Erinnerung. Französische Hofkunst im Jahrhundert Karls V und im Zeitalter ihrer Deutung.* Göttingen, 2004.

Congrès archéologique de France, Avignon. Paris, 1909. 2 vol.

ERLANDE-BRANDENBURG (Alain). *L'Art gothique.* Paris, 1983.

GARDNER (Julian). *The Tomb and the Tiara. Curial tomb sculpture in Rome and Avignon in the later Middle Ages.* Oxford, 1992.

HUGLO (Michel) et PÉRÈS (Marcel) dir. *Aspects de la musique liturgique au Moyen Âge. Actes des colloques de Royaumont de 1986, 1987 et 1988.* Paris, 1991.

LACLOTTE (Michel). *L'École d'Avignon. La peinture en Provence aux XIVe et XVe siècles.* Paris, 1960.

McGEE MORGANSTERN (Anne). « The La Grange Tomb and Choir. A Monument of the Great Schism of the West », dans *Speculum,* 48, 1973, p. 52-69.

ROQUES (Marguerite). *Les Peintures murales du sud-est de la France.* Paris, 1961.

SCHIMMELPFENNIG (Bernhard). « Papal Coronations in Avignon », dans *Coronation. Medieval and Early Modern Monarchic Ritual,* dir. Janos M. Bak, Berkeley, 1990, p. 179-196.

– « Aspekte des päpstlichen Zeremoniells in Avignon », dans *Aspects de la musique liturgique au Moyen Âge. Actes des colloques de Royaumont de 1986, 1987 et 1988,* dir. Michel Huglo et Marcel Pérès, Paris, 1991, p. 229-243.

TOMASELLO (Andrew). *Music and Ritual at Papal Avignon. 1309-1403.* Ann Arbor, 1983.

Tableaux généalogiques

1. LE NÉPOTISME : LA FAMILLE DE GOT

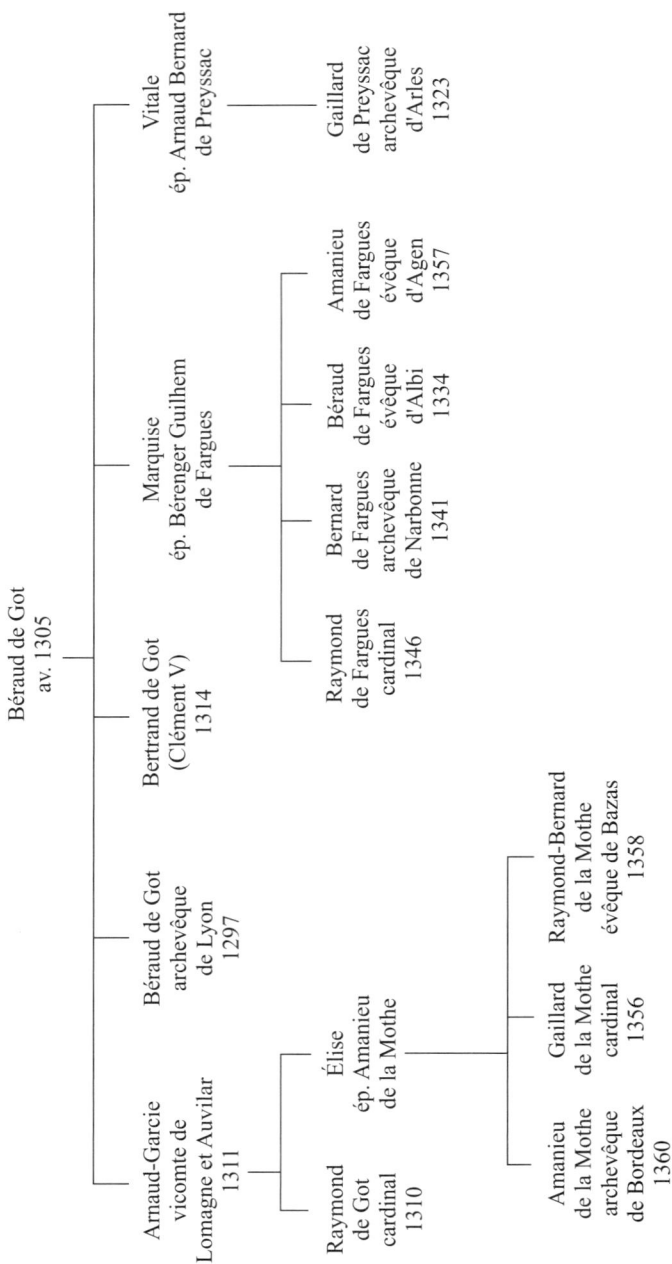

Béraud de Got
av. 1305

Arnaud-Garcie
vicomte de
Lomagne et Auvilar
1311

Béraud de Got
archevêque
de Lyon
1297

Bertrand de Got
(Clément V)
1314

Vitale
ép. Arnaud Bernard
de Preyssac

Gaillard
de Preyssac
archevêque
d'Arles
1323

Marquise
ép. Bérenger Guilhem
de Fargues

Raymond
de Fargues
cardinal
1346

Bernard
de Fargues
archevêque
de Narbonne
1341

Béraud
de Fargues
évêque
d'Albi
1334

Amanieu
de Fargues
évêque
d'Agen
1357

Raymond
de Got
cardinal
1310

Élise
ép. Amanieu
de la Mothe

Amanieu
de la Mothe
archevêque
de Bordeaux
1360

Gaillard
de la Mothe
cardinal
1356

Raymond-Bernard
de la Mothe
évêque de Bazas
1358

2. LE NÉPOTISME : LA FAMILLE DUÈSE

Arnaud Duèse
bourgeois de Cahors

Jacques Duèse
(Jean XXII)
1334

Pierre Duèse
consul de Cahors
1326

Huguette
ép. Guilhem de Trian
bourgeois de Cahors

Marie
ép. Pierre de Via

Arnaud
vicomte de Caraman

Arnaud de Trian
maréchal de justice
1334

Jacques de Via
cardinal
1317

Arnaud de Via
cardinal
1335

Pierre de Via

Jean Duèse
de Caraman
cardinal
1361

Arnaud de Via
vicomte de Villemur

Pierre de Via
évêque d'Albi
1337

Robert de Via
évêque de Lavaur
1383

Bertrand de Villemur
évêque de Fréjus
1385

Arnaud de Villemur
cardinal
1355

3. LE NÉPOTISME : LA FAMILLE ROGER

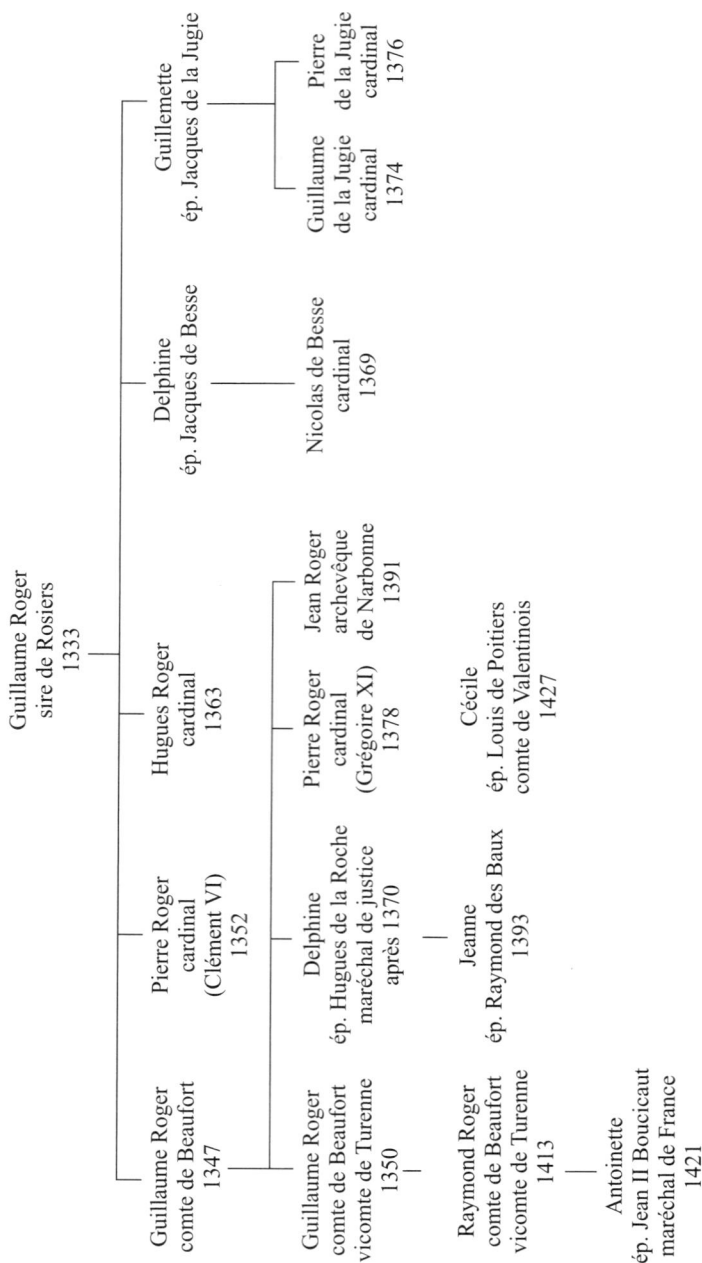

Guillaume Roger
sire de Rosiers
1333

- Guillaume Roger
  comte de Beaufort
  1347

- Pierre Roger
  cardinal
  (Clément VI)
  1352

  - Guillaume Roger
    comte de Beaufort
    vicomte de Turenne
    1350

    - Raymond Roger
      comte de Beaufort
      vicomte de Turenne
      1413

      - Antoinette
        ép. Jean II Boucicaut
        maréchal de France
        1421

  - Delphine
    ép. Hugues de la Roche
    maréchal de justice
    après 1370

    - Jeanne
      ép. Raymond des Baux
      1393

- Hugues Roger
  cardinal
  1363

  - Pierre Roger
    cardinal
    (Grégoire XI)
    1378

    - Cécile
      ép. Louis de Poitiers
      comte de Valentinois
      1427

  - Jean Roger
    archevêque
    de Narbonne
    1391

- Delphine
  ép. Jacques de Besse

  - Nicolas de Besse
    cardinal
    1369

- Guillemette
  ép. Jacques de la Jugie

  - Guillaume
    de la Jugie
    cardinal
    1374

  - Pierre
    de la Jugie
    cardinal
    1376

4. LES ALLIANCES DU CARDINAL DE BOULOGNE

Robert VI
comte de
Boulogne
et d'Auvergne
1314

Robert VII
comte de
Boulogne
et d'Auvergne
1326

Guy de Boulogne
cardinal
1373

Philippe III le Hardi
roi de France
1285

Philippe IV le Bel
roi de France
1314

Louis
comte d'Évreux
1319

Charles
comte de Valois
1325

Guillaume XII
comte de
Boulogne
1331

Marguerite
d'Évreux

Philippe
comte
d'Évreux
1343

Philippe VI
de Valois
roi de France
1350

Blanche
de Valois

Jeanne
de Boulogne
1361

Charles
roi de Navarre
1387

Jean II
roi de France
1364

Henri VII
de Luxembourg
empereur
1311

Jean l'Aveugle
roi de Bohême
1346

Charles IV
empereur
1378

Marguerite
de Luxembourg

Charles II
d'Anjou
roi de Naples
1309

Charles Martel
roi de
Hongrie
1296

Robert
roi de Naples
1343

Carobert
roi de
Hongrie
1342

Charles
duc de
Calabre
1328

Louis
roi de
Hongrie
1382

André
1345

Jeanne
reine de
Naples
1382

5. LA SUCCESSION DE NAPLES

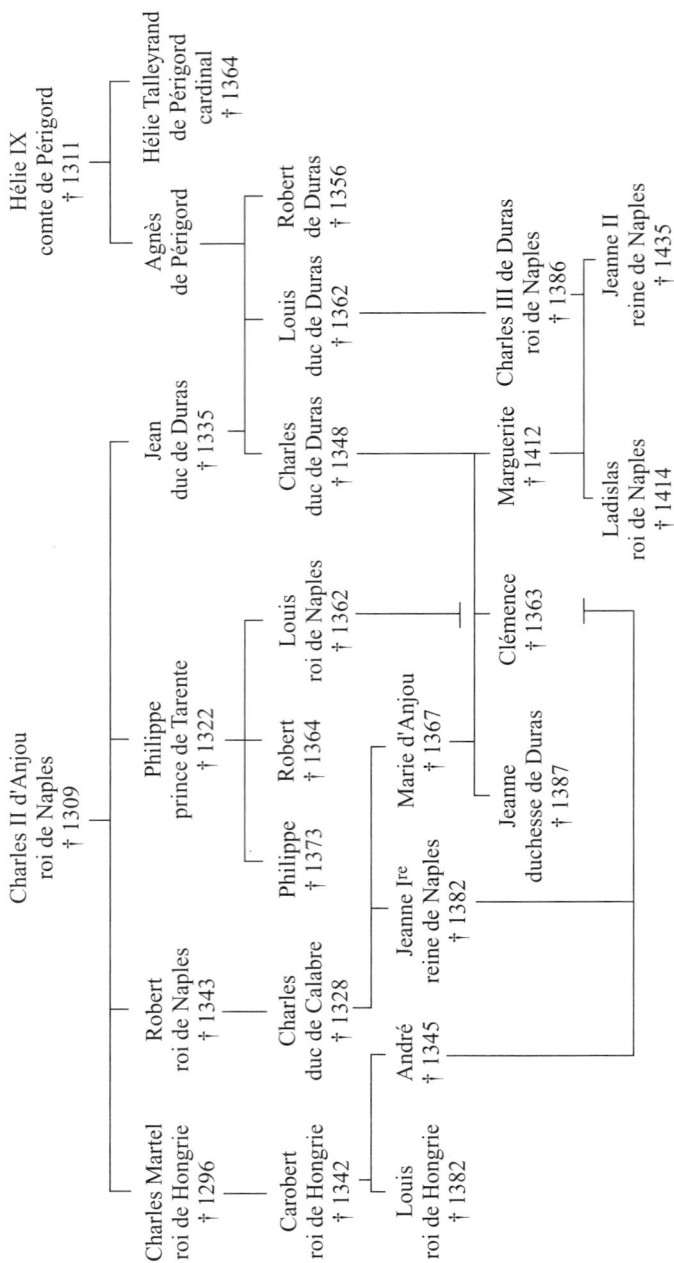

Charles II d'Anjou
roi de Naples
† 1309

Charles Martel
roi de Hongrie
† 1296

Robert
roi de Naples
† 1343

Philippe
prince de Tarente
† 1322

Jean
duc de Duras
† 1335

Hélie IX
comte de Périgord
† 1311

Hélie Talleyrand
de Périgord
cardinal
† 1364

Agnès
de Périgord

Carobert
roi de Hongrie
† 1342

Charles
duc de Calabre
† 1328

Philippe
† 1373

Robert
† 1364

Louis
roi de Naples
† 1362

Charles
duc de Duras
† 1348

Louis
duc de Duras
† 1362

Robert
de Duras
† 1356

Louis
roi de Hongrie
† 1382

André
† 1345

Jeanne Ire
reine de Naples
† 1382

Marie d'Anjou
† 1367

Clémence
† 1363

Marguerite
† 1412

Charles III de Duras
roi de Naples
† 1386

Jeanne
duchesse de Duras
† 1387

Ladislas
roi de Naples
† 1414

Jeanne II
reine de Naples
† 1435

Cartes et plans

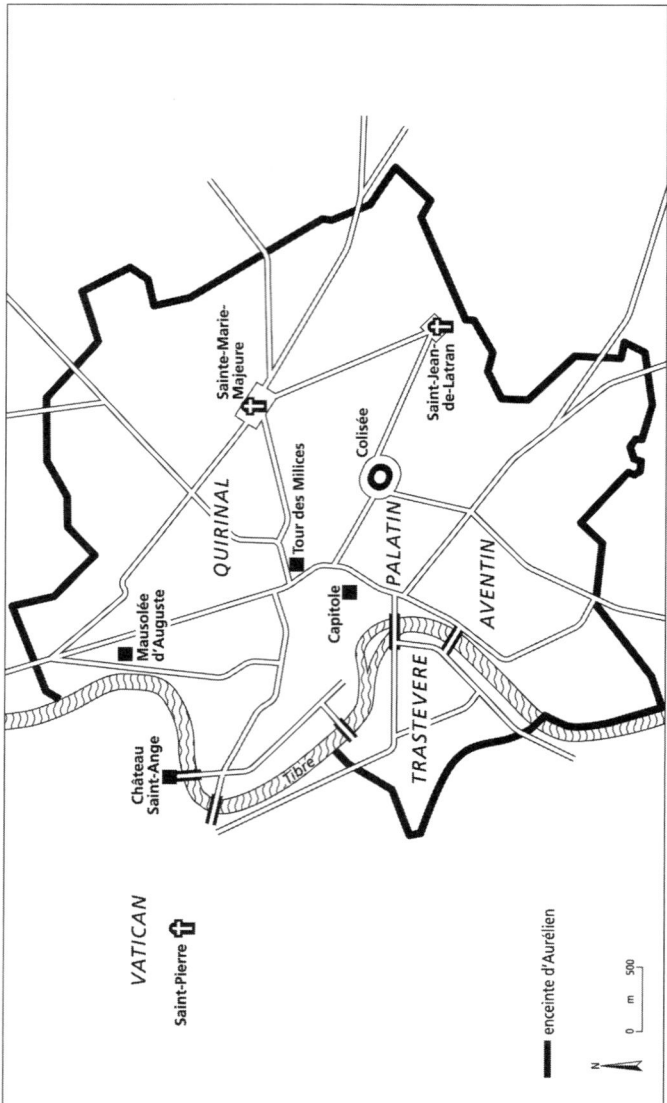

1. Rome en 1300

2. L'Italie au XIVᵉ siècle

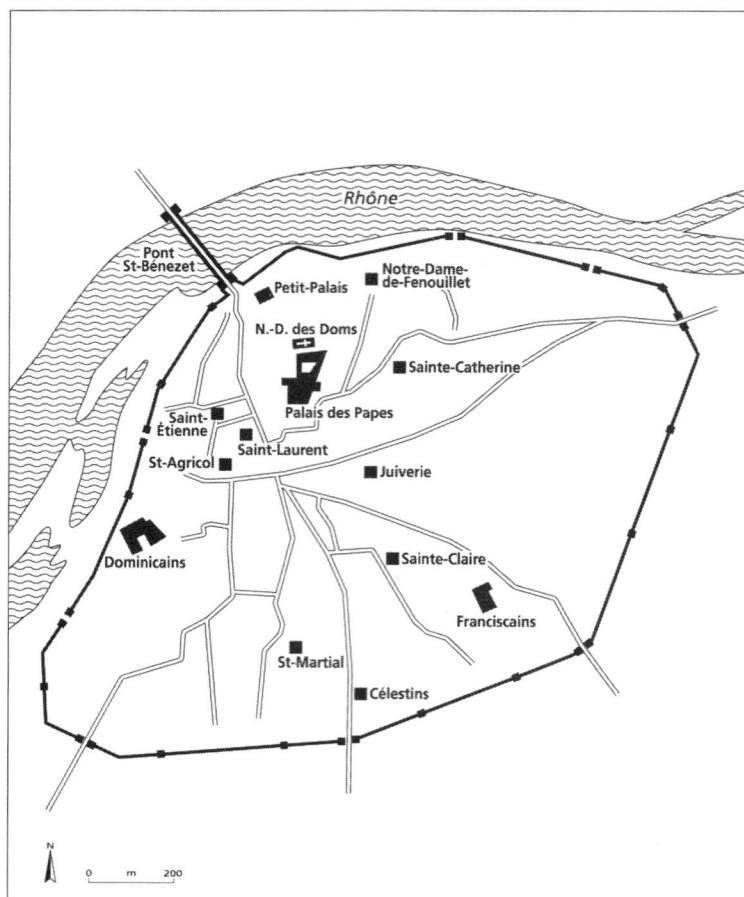

Rhône

Pont St-Bénezet

Petit-Palais

Notre-Dame-de-Fenouillet

N.-D. des Doms

Sainte-Catherine

Palais des Papes

Saint-Étienne

Saint-Laurent

St-Agricol

Juiverie

Dominicains

Sainte-Claire

Franciscains

St-Martial

Célestins

N

0   m   200

3. Avignon au temps des papes

Rhône

Valréas

Bollène

Vaison

Malaucène ● ● Groseau

● Orange

Carpentras

Bédarrides

● Sorgues

Vénasque

● Pernes

Villeneuve-
lès-Avignon

Avignon Châteauneuf   Vaucluse
● Bonpas

L'Isle-sur-Sorgue

Rhône   Châteaurenard   Cabrières

Lagnes

● Cavaillon   Oppède

Durance

N

0   km   5

4. Le Comtat Venaissin

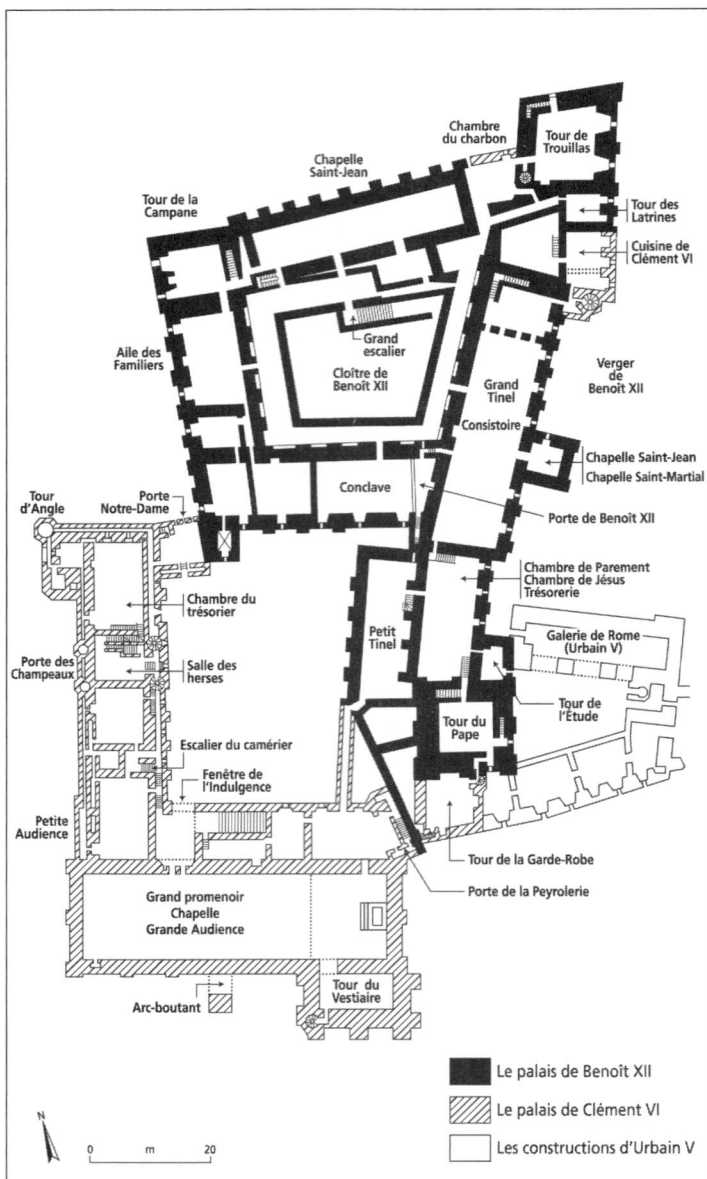

5. Le palais d'Avignon

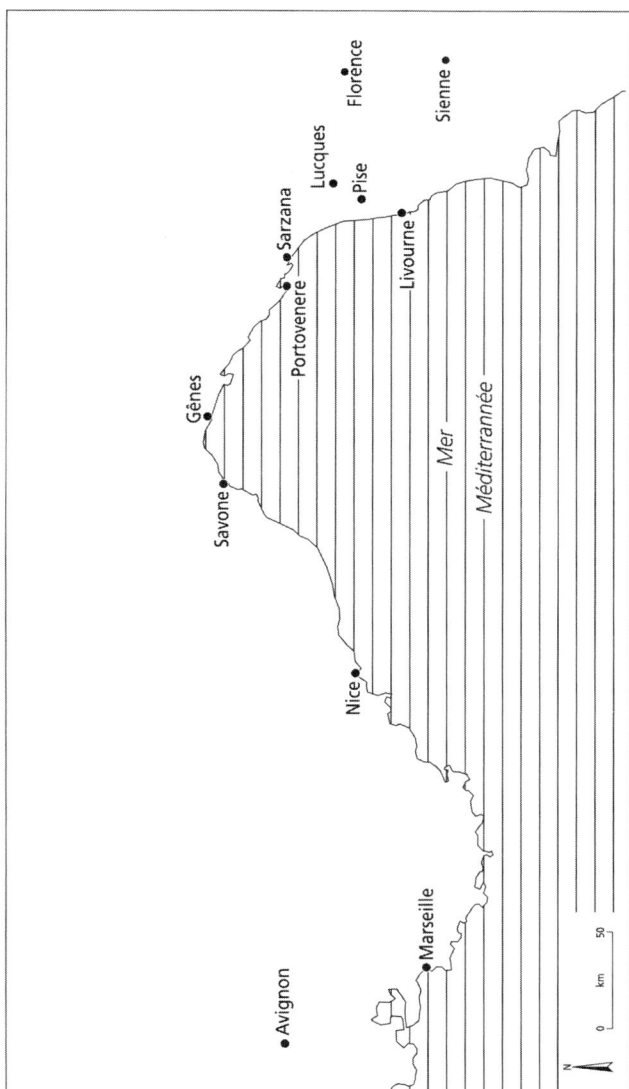

6. Les pérégrinations de Benoît XIII

Chronologie

1274	Acquisition du Comtat Venaissin.
	Concile de Lyon.
1282	Les Vêpres siciliennes.
1285-1314	Règne de Philippe le Bel.
1291	Chute d'Acre.
1294-1303	Pontificat de Boniface VIII.
1296	Bulle *Clericis laicos.*
1301	Charles de Valois en Italie.
1302	Bulle *Unam sanctam.*
	Traité de Caltabellotta entre Naples et Trinacrie.
	Concile de Rome.
1303	Création de l'Université d'Avignon.
	Attentat d'Anagni.
1303-1304	Pontificat de Benoît XI.
1304-1321	Dante, *La Divine Comédie.*
1305-1314	Pontificat de Clément V.
1305	Rencontres de Lyon.
1306	L'Écosse en interdit.
1307	Rencontre de Poitiers.
	Arrestation des templiers.
1308	Rencontre de Poitiers.
	Élection à l'Empire de Henri VII de Luxembourg.
1309	Installation à Avignon.
1309-1343	Règne de Robert d'Anjou à Naples.
1310	Supplice de templiers à Paris.
	L'ordre de l'Hôpital occupe Rhodes.
1311	Les Visconti maîtres de Milan.
1311-1312	Concile de Vienne.
1312	Suppression de l'ordre du Temple.
1312	Couronnement de Henri VII à Rome.
	Décrétale *Romani principes* sur le pouvoir pontifical.
1313	Bulle *Exivi de paradiso* sur la pauvreté.
	Canonisation de Célestin V.
1314	Mort des dignitaires du Temple.

	Publication des *Clémentines*.
	Élection à l'Empire de Louis de Bavière.
1316	Castruccio Castracani, seigneur de Lucques.
1316-1334	Pontificat de Jean XXII.
1317	Création de diocèses.
	Publication des *Extravagantes*.
	Bulle *Quarumdam exigit* contre les spirituels.
1317-1318	Dante, *De la Monarchie*.
1317-1320	Projets de croisade.
1318	Bulle *Gloriosam Ecclesiam* contre les fraticelles.
1319	Procès de Bernard Délicieux.
1319-1347	Gasbert de Laval, camérier.
1320	Acquisition de la seigneurie de Carpentras.
1320-1334	Bertrand du Pouget en Italie.
1322	Premier florin de la Chambre.
	Chapitre des franciscains à Pérouse.
1323	Canonisation de Thomas d'Aquin.
	Bulle *Cum inter nonnullos* condamnant les spirituels.
1323-1328	Expéditions de Louis de Bavière en Italie.
1324	Bulle *Docta sanctorum patrum* contre la polyphonie.
1324	Marsile de Padoue et Jean de Jandun, *Defensor pacis*.
	Premier séjour de Pétrarque à Avignon.
1328	Couronnement de Louis de Bavière à Rome.
1328-1329	Nicolas V, antipape.
1328-1350	Règne de Philippe VI de Valois.
1329	Condamnation des thèses de Maître Eckhart.
	Derniers supplices de cathares.
1331-1332	Sermons de Jean XXII sur la Vision béatifique.
1333	Reprise de Gibraltar par les Mérinides.
1334-1342	Pontificat de Benoît XII.
1335-1342	Construction du vieux palais.
1336	Bulle *Benedictus Deus* sur la Vision béatifique.
	Premières affaires des Alberti à Avignon.
1338	Ambassade mongole à Avignon.
1339	Réaction aristocratique à Rome.
1340-1344	Simone Martini à Avignon.
1342-1345	Faillites bancaires à Florence.
1342-1352	Pontificat de Clément VI.
1343	Mariage d'André de Hongrie et Jeanne de Naples.
	Réaction populaire à Rome.
1343-1367	Matteo Giovanetti à Avignon.
1344	Expédition en Asie mineure.
	Achat de la seigneurie de Visan.
	Érection de l'archevêché de Prague.
1345	Assassinat d'André de Hongrie.

1345-1360	Construction du nouveau palais.
1346	Élection à l'Empire de Charles IV de Luxembourg.
1347	Mort de Guillaume d'Ockam.
	Proclamations, triomphe et échec de Rienzo.
1347-1361	Étienne Cambarou, camérier.
1348	Achat d'Avignon.
	Louis de Hongrie à Naples, Jeanne à Avignon.
	La Peste noire.
	Création de l'Université de Prague.
	Mort de Michel de Césène.
1349	Mission de Guy de Boulogne à Buda.
	Les flagellants.
1350	Deuxième jubilé.
1350-1364	Règne de Jean II le Bon.
1351	Bulle *Licet in constitutione* sur la tenue du conclave.
	Statut des proviseurs en Angleterre.
1352-1362	Pontificat d'Innocent VI.
1353	Statut de *Praemunire*.
1353-1367	Gil Albornoz en Italie.
1354	Émission du florin de la Sentence.
	Arbitrages de Guy de Boulogne à Mantes et Guines.
	Retour à Rome et mort de Rienzo.
1355	Couronnement de Charles IV à Rome.
1356	Bataille de Poitiers.
	Ambassade de Jean V Paléologue à Avignon.
	Bulle d'or de Charles IV sur les élections impériales.
1357	Les cardinaux de Périgord et Capocci à Londres.
	Androin de la Roche en Italie.
1357-1358	Campagnes de l'Archiprêtre.
1357-1370	Construction de la nouvelle enceinte d'Avignon.
1358	Heredia gouverneur d'Avignon et du Comtat.
1360	Traités de Brétigny et Calais.
1360-1361	Les Tard Venus.
1361	Épidémie de peste.
1362	La Grande Compagnie.
	Faillite des Malabayla.
1362-1363	Séjour de Jean le Bon à Avignon.
1362-1370	Pontificat d'Urbain V.
1363	Société de Datini à Avignon.
1364	Mort du cardinal de Périgord.
1364-1380	Règne de Charles V.
1365	Mission de Boccace à Avignon.
1366	Croisade du Comte Vert.
1367	Urbain V à Rome.
1367-1369	Philippe Cabassole, vicaire général d'Avignon.
1368	Du Guesclin devant Avignon.

	Transfert à Toulouse du corps de Thomas d'Aquin.
1369-1379	Henri II de Trastamare, roi de Castille.
1370	Retour à Avignon.
1370-1378	Pontificat de Grégoire XI.
1371	Recensement des courtisans et citoyens d'Avignon.
	Création du florin courant.
1371-1383	Pierre de Cros, camérier.
1372	Géraud du Puy en Italie.
1372-1376	Conférences de Calais et de Bruges.
1373	Mort du cardinal Guy de Boulogne.
1374	Réduction générale des taxations fiscales.
	Mort de Pétrarque.
	Épidémie de peste.
1374-1376	Les routiers bretons devant Avignon.
1375	Érection de l'archevêché de Galicz.
1375-1378	La guerre des Huit Saints.
1375-1377	Conférences de Bruges.
1376	Robert de Genève en Italie.
1376-1378	Évrart de Trémaugon, *Le Songe du Verger*.
1377	Grégoire XI à Rome.
	Heredia grand maître de l'Hôpital.
1378	Double élection d'Urbain VI et de Clément VII.
1378-1390	Pedro de Luna en Aragon.
1379	Échec de Louis de Montjoie en Italie.
	Trois légats à Paris.
	Clément VII à Avignon.
1379-1385	Guillaume d'Aigrefeuille dans l'Empire.
1380	Avènement de Charles VI.
	Adoption de Louis d'Anjou par la reine Jeanne.
1381	Adhésion de la Castille à Clément VII.
	Installation des Rapondi à Avignon.
1381-1386	Charles de Duras, roi de Naples.
1382	Mort de la reine Jeanne.
	Échec de Louis Iᵉʳ d'Anjou en Italie.
	Épidémie de peste.
1383	François de Conzié, camérier.
1383	Investiture du royaume de Naples à Louis Iᵉʳ d'Anjou.
	Ralliement de l'Université de Paris à Clément VII.
	Croisade anglaise en Flandre.
1384	Échec et mort de Louis Iᵉʳ d'Anjou.
1385	Création de l'Université de Heidelberg.
1386	Fin du ralliement de la Provence à Louis II d'Anjou.
1386-1414	Ladislas de Duras, roi de Naples.
1386-1399	Insurrection de Raymond de Turenne.
1387	Adhésion de l'Aragon à Clément VII.

1389	Charles VI à Avignon.
1389-1404	Pontificat à Rome de Boniface IX.
1390	Adhésion de la Navarre à Clément VII.
	La croisade de Barbarie.
1390-1397	Laurent de Premierfait à Avignon.
1394	Premiers assauts de l'Université de Paris.
	Élection de Benoît XIII.
1395	Assemblée du clergé à Paris.
1396	Croisade de Nicopolis.
	Insurrection de l'Université de Paris.
1397-1398	Nicolas de Clamanges à Avignon.
1398	Soustraction d'obédience.
1398-1403	Le pape assiégé.
1402	Ralliement de Louis II d'Anjou.
	Publication de l'Épître de Toulouse.
1403	Évasion de Benoît XIII.
	Restitutions d'obédience.
	Expédition de Boucicaut en Égypte.
1403-1409	Baldassare Cossa légat à Bologne.
1404-1406	Pontificat à Rome d'Innocent VII.
1405	Benoît XIII à Gênes.
1406	Élection à Rome de Grégoire XII.
	L'Épitre de Toulouse brûlée par le Parlement.
1407	Soustraction partielle d'obédience en France.
	Assassinat de Louis d'Orléans.
	Benoît XIII à Savone.
1408	Benoît XIII à Portovenere.
	Ladislas à Rome.
	Publication de la seconde soustraction d'obédience.
	Benoît XIII à Perpignan.
1409	Concile de Pise.
	Élection à Pise d'Alexandre V.
	Bulle *Regnans in excelsis* sur les ordres mendiants.
1410	Élection à Bologne de Jean XXIII.
1411	Élection à l'Empire de Sigismond de Luxembourg.
1412	Concile de Rome.
1413-1414	Affaire Jean Petit.
1415-1417	Concile de Constance.
1415-1416	Assemblée de Perpignan.
1417	Élection de Martin V.
	Mort de Grégoire XII.
1419	Mort de Jean XXIII.
1423	Mort de Benoît XIII.

Index

La plupart des personnages cités dans cet ouvrage ont fréquemment changé de bénéfice et de fonction laïque ou ecclésiastique. Cet index ne pouvant être une prosopographie, on a notamment renoncé à y faire mention des évêchés ou des titres cardinalices qui constituent l'appellation souvent épisodique de bien des personnages. On s'est contenté d'indiquer les papes, les cardinaux et quelques dignitaires, et de distinguer les homonymes.

ABÉLARD (Pierre) : 280, 333.
ABLIS (Geoffroy d') : 271, 272.
Abruzzes (Italie) : 23, 28, 470.
ACCIAIUOLI (Famille) : 207, 257, 370-372, 482.
Acerenza (Italie) : 556.
ACIGNÉ (Pierre d'), sénéchal de Provence : 691.
Acre (auj. Akkro, Israël) : 49, 53, 54, 489, 490, 501, 502.
Ad conditorem canonum (Bulle) : 279.
Ad providam (Bulle) : 91.
ADAM (Guillaume) : 491.
ADEMARI (Bartolomeo degli) : 527.
ADIMARI (Alamanno), cardinal : 716, 717.
ADIMARI (Pedro), vice-camérier : 623, 624, 634, 636, 673, 691.
Adria (Royaume d') : 596, 610, 611.
Adriatique (Mer) : 23, 428.
ADRIEN V, pape : 25.
Afrique orientale : 504.
Agde (Hérault) : 420.
Agen (Lot-et-Garonne) : 39, 46, 65, 168, 174, 189.
AGHINOLFI (Giovanni) : 339.
AGOULT (Foulque d') : 600.
AGRAMONT (Bertran d') : 588.
AIGREFEUILLE (Aymar d') : 199
AIGREFEUILLE (Faidit d'), cardinal : 345, 347, 627, 628.
AIGREFEUILLE l'Ancien (Guillaume d'), cardinal : 146, 165, 173, 193, 353, 532, 536.

AIGREFEUILLE le Jeune (Guillaume d'), cardinal : 173, 252, 324, 346, 532, 535, 550-552, 554, 555, 561, 562, 568, 569, 628.
AIGREFEUILLE (Pierre d') : 146.
Aigues (Rivière) : 512.
Aigues-Mortes (Gard) : 65, 358, 679.
AILLY (Pierre d'), cardinal : 393, 580, 608, 614, 645, 648, 661, 664, 666, 667, 685, 688, 690, 694, 700, 708, 717, 725, 734.
Aix-en-Provence (Bouches-du-Rhône) : 65, 210, 421, 427, 600, 603, 648.
Aix-la-Chapelle (Aachen, Allemagne) : 397, 458, 459, 541.
Alatri (Italie) : 21.
Albano (Italie) : 155, 535, 593, 594.
Albenga (Italie) : 533.
ALBERT DE HABSBOURG, empereur : 63, 76, 378, 380.
ALBERT le GRAND : 377, 660.
ALBERT, archiduc d'Autriche : 585.
ALBERT, duc de Bavière : 583.
ALBERTI (Famille) : 207, 257, 371, 486.
ALBERTI (Jacopo), archevêque de Monreale : 441-444.
ALBERTI DEGLI ALBERTI (Jacopo di) : 208.
Albi (Tarn) : 163, 189.
ALBIA (Bernard d'), cardinal : 162, 172, 177, 421.
ALBIZZI (Famille) : 482, 488.
ALBORNOZ (Gil Alvarez Carillon), cardinal : 144-147, 156, 158, 162, 165, 173, 177,

329, 352, 370, 373, 429, 471, 472, 474-484, 495, 527, 533, 539, 567, 733, 736.
ALBORNOZ (Gomez) : 173.
Alcobaça (Portugal) : 345, 398.
ALEMAN (Louis), vice-camérier : 713.
Alençon (Comté d') : 74.
ALENÇON (Charles, comte d') : 401.
ALENÇON (Philippe d'), patriarche de Jérusalem : 564, 593.
Aléria (Haute-Corse) : 441.
Alès (Gard) : 355.
Alet (auj. Alet-les-Bains, Aude) : 188, 189.
ALEXANDRE III, pape : 25, 161, 167, 386.
ALEXANDRE IV, pape : 24, 25.
ALEXANDRE V, pape : 593, 594, 698, 707-709, 711-717.
ALEXANDRE LE GRAND : 462.
Alexandrie (Égypte) : 159, 163, 176, 250, 278, 360, 370, 398, 490, 495, 498, 499, 509, 592, 612, 682, 693, 709.
Algesiras (Espagne) : 509.
ALIÉNOR D'AQUITAINE, reine de France puis d'Angleterre : 402.
ALIGHIERI : voir Dante.
Aljubarrota (Portugal) : 583.
ALLÈGRE (Étienne) : 371.
Allemagne : 44, 83, 101 105, 158, 160, 200, 212, 217, 263, 270, 292, 298, 339, 359, 364, 381, 396, 443, 444, 453, 454, 457, 459, 523, 568, 584, 591, 594, 640, 652, 674, 675, 699, 711-713, 717, 718, 738.
ALPARTIL (Martin d') : 579.
ALPHONSE III, roi d'Aragon : 418.
ALPHONSE IV, roi d'Aragon : 420, 442.
ALPHONSE V LE MAGNANIME, roi d'Aragon : 419, 722, 723, 728.
ALPHONSE XI, roi de Castille : 318, 396, 474, 508.
ALPHONSE, comte de Poitiers : 511.
Alsace : 270.
Altopascio (Italie) : 439.
ALZEN (Jean d') : 624, 676.
AMEIL (Pierre), patriarche de Venise : 315, 613, 659.
AMEILH (Aymar), évêque de Marseille : 130, 169.
AMEILH (Pierre), cardinal : 158, 161, 162, 165, 248, 313, 337, 431, 481, 560, 567, 568, 585, 613.
AMELIA (Giovanni de), cardinal : 597.
Amiens (Somme) : 172, 177, 346, 350, 557, 587, 612, 658, 666.
AMMANATI (Famille) : 369.

AMMANATI (Bonifacio degli) : 329, 588, 589, 669, 673, 679.
Amposta (Espagne) : 497, 498.
Anagni (Italie) : 21, 25, 29, 34, 35, 38, 41, 42, 47-49, 52, 56, 57, 71, 86, 88, 219, 386, 462, 545, 560, 562-564, 566, 568, 581, 734.
Anatolie (Turquie) : 504.
Ancône (Italie) : 22, 23, 373, 384, 456, 476, 479, 543, 579, 712.
Ancône (Marche d') : 23, 50, 64, 371, 372, 417, 449, 452, 453, 465, 476, 477, 610, 722.
ANDRÉ (Arnaud), collecteur : 359, 648.
ANDRÉ DE HONGRIE : 411, 423, 425-429, 577, 784.
ANDREA (Jacopo di) : 256.
Andrinople (auj. Edirne, Turquie) : 495, 506.
ANDRONIC III PALÉOLOGUE, empereur byzantin : 484, 506.
Anduze (Gard) : 355.
ANGELO DA SPOLETO : 583.
Angers (Maine-et-Loire) : 93.
ANGLADE (Pierre d') : 577, 590.
ANGLESOLA (Bérenger de), cardinal : 701.
Angleterre : 31, 39, 40, 45, 49, 52, 66, 92, 95, 115, 133-135, 141, 144, 148, 150, 153, 154, 157, 158, 160, 161, 169, 178, 179, 181, 187, 191, 207, 227, 232, 236, 238, 243, 244, 247, 252, 257, 263, 284, 292, 294, 295, 319, 339, 357, 367, 372, 374, 375, 389, 392, 394-396, 398, 399, 401, 402, 404, 407, 409, 411, 413, 414, 416, 417, 420, 435, 453, 479, 486, 492, 495, 509, 535-538, 544, 558, 568-570, 575, 577, 582-584, 586, 595, 598, 602, 605, 606, 609, 612, 614, 633, 640, 641, 650, 652, 653, 657, 658, 665, 668, 674, 675, 689, 695, 699, 702, 704, 707, 708, 711, 713, 718, 722, 736-739.
Anjou : 49, 74, 167, 170, 276, 391, 405, 423, 429, 604. Voir aussi : Charles, Louis Jeanne, Robert.
ANJOU (Jean d'), duc de Duras ou Durazzo : 173, 784.
ANJOU (Jean d'), duc de Gravina : 101-103.
ANJOU (Jean d'), prince de Morée : 441.
ANJOU (Marie d') : 173, 391, 424-426, 429, 430, 784.
ANJOU (Saint Louis d'), évêque de Toulouse : 159, 276, 314, 393.
Ankara (Turquie) : 643.
ANNIBALDI (Famille) : 18-20.

ANSELME DE CANTORBÉRY : 335.

ANTELMINELLI (Castruccio degli) : voir Castracane.

Antequam essent clerici (Bulle) : 34, 96, 108.

Antibes (Alpes-Maritimes) : 543, 632.

ANTIMIANI (Aicardo) : 445.

Antioche (auj. Antakya, Turquie) : 176, 592.

ANTOINE DE PADOUE (Saint) : 316, 394.

ANTONIN DE FLORENCE (Saint) : 691, 727.

Anvers (Belgique) : 578.

Apennins (Italie) : 100, 432

Apt (Vaucluse) : 287, 352

APULÉE : 340

Aquilée (Italie) : 238, 710

AQUIN (Thomas d') : 8, 33, 133, 266-269, 280, 314, 331, 333, 335, 339, 377, 379, 384, 393, 397, 654, 660, 703, 734.

Aquitaine : 40, 45, 46, 49, 58, 61, 65, 90, 395, 405, 406, 408, 410, 596, 640.

Arabie : 500.

Aragon : 31, 58, 62, 70, 75, 78, 91, 95, 114, 144, 157-159, 162, 163, 167, 177, 189, 192, 193, 200, 233, 243, 244, 257, 294, 319, 322, 356, 366, 374, 375, 392, 396, 398, 417-421, 474, 507-510, 525, 551, 555, 568, 577, 585, 587-589, 590, 614, 615, 623-625, 631, 633, 635, 636, 653, 678, 679, 690, 691, 701, 707, 710, 711, 723. Voir aussi : Alphonse, Ferdinand, Jacques, Jean, Martin.

ARAGON (Don Juan, infant d') : 159.

Ardres (Pas-de-Calais) : 612.

Arezzo (Italie) : 25, 77, 101, 343.

ARISTOTE : 93, 268, 339, 378, 381, 463, 703.

Arles (Bouches-du-Rhône) : 65, 67, 68, 78, 79, 117, 211, 213, 219, 288, 289, 364, 449, 451, 510, 623, 729.

Grenoble (Isère) : 575.

Armagh (Irlande) : 282, 393, 577.

ARMAGNAC (Bernard VI, comte d') : 392, 702.

ARMAGNAC (Bonne d') : 702.

ARMAGNAC (Jean d'), archevêque de Rouen : 702.

ARMAGNAC (Jean Ier, comte d') : 449, 524, 616.

Arménie : 490, 491, 504.

Arménie (Petite) : 153, 491, 492.

ARNULFI (Famille) : 23.

ARRABLAY (Pierre d'), cardinal : 161.

Arras (Pas-de-Calais) : 133, 194, 195, 351, 360, 361, 403, 720.

ARTIS (Pierre d') : 249.

Artois : 583.

ARTOIS (Louis II, comte d') : 431.

ARTOIS (Mahaut, comtesse d') : 166.

ARTOIS (Robert, comte d') : 166.

Ascoli (Italie) : 21, 476.

Asie : 327, 331, 490, 501, 502, 520.

Asie Mineure : 92, 490, 491, 494, 502, 643.

ASPERCH (Sclavus, comte d') : 321.

Assise (Italie) : 61, 187, 334, 336, 476, 653.

AST (Henri d') : 493.

ASTAREO (Filippo) : 633.

Asti (Italie) : 83, 207, 372, 527, 631, 634, 635.

Athènes (Grèce) : 643, 662.

Athènes (Duché d') : 419.

Athis-sur-Orge (auj. Athis-Mons, Essonne) : 52, 84, 85, 107.

Atlantique (Océan) : 369, 491.

AUBERT (Arnaud), camérier : 220, 257, 733.

AUBERT (Audouin), cardinal : 146, 147, 345, 498.

AUBERT (Étienne) : voir Innocent VI.

AUBERT (Étienne) : 146.

Auch (Gers) : 188, 238, 249, 398, 577.

AUDREHEM (Arnoul d') : 525.

AUGER (Amalric) : 47.

AUGUSTE, empereur : 16, 18-20, 468.

AUGUSTIN (Saint) : 32, 33, 133, 262, 263, 268, 283, 334-336, 340, 348, 380, 382, 384, 707, 724.

Auray (Morbihan) : 525, 541.

AURÉLIEN, empereur : 15, 16.

AURIOLE (Pierre d') : 268, 648, 661.

Ausculta fili (Bulle) : 32.

AUTRÉCOURT (Nicolas d') : 265.

Autriche : 398, 458, 578, 582, 711.

Autun (Saône-et-Loire) : 194, 567.

Auvergne : 159, 164.

Auvillar (Tarn-et-Garonne) : 50, 169.

AUX (Arnaud d'), cardinal : 90, 211, 313.

Auxerre (Yonne) : 95, 146, 191, 407.

Avellino (Italie) : 429, 440.

AVERROÈS (Ibn al-Walid ibn Ruchd) : 93, 266, 377, 378.

Aversa (Italie) : 426, 427, 597.

AVICENNE (Ibn Sina) : 306.

AYCELIN (Gilles), cardinal : 45, 58, 62, 146, 168, 410, 422, 484, 542.

AYCELIN DE MONTAGUT (Gilles), cardinal : 161, 162, 165, 177.

Azerbaïdjan : 504.

Azincourt (Pas-de-Calais) : 724.

Azov (Mer d') : 504.

Babylone (Irak) : 339, 465, 466, 531, 536, 537.
Bade (Pays de, Allemagne) : 578.
Bagdad (Irak) : 501.
BAJAZET : voir Bayazid.
BALDUS : voir Ubaldi (Baldo degli).
Bâle (Suisse) : 11, 578, 586, 648, 662, 713.
Baléares (Iles) : 420.
BALLIOL (John), roi d'Écosse : 395.
BANAC (Pierre de), cardinal : 175, 536.
BANDINELLI (Rolando) : voir Alexandre III.
Bangor (Grande-Bretagne) : 416.
Bannockburn (Grande-Bretagne) : 396.
BAR (Louis de), cardinal : 594, 669, 709.
BAR (Robert, duc de) : 669.
BAR (Yolande de) : 590.
Barbentane (Bouches-du-Rhône) : 680.
Barcelone (Espagne) : 182, 222, 256, 368, 510, 575, 590, 604, 635, 636, 649, 710.
Barcelonnette (Alpes-de-Haute-Provence) : 603.
BARDI (Famille) : 104, 207, 341, 369, 371, 372.
BARDI (Averardo de') : 635.
BARDI (Benedetto de') : 635.
BARDI (Francisco de') : 635.
BARDI DELLA CORONA (Famille) : 373.
Bari (Italie) : 38, 552, 553, 554, 556, 567, 603.
BARI (Bernard de) : 294.
BARLAAM, moine ; 331.
Barletta (Italie) : 597, 639.
BARONCELLI (Francesco) : 470.
BARRAL (François) : 371.
BARRIÈRE (Pierre-Raymond de), cardinal : 313, 567, 568.
BARROSO (Pedro Gomez) : 555.
BARTOLE : 386.
BARTOLO (Giovanni di) : 17, 347.
BASILE (Saint) : 335.
BATALA (Raynald) : 301.
BAUDOUIN II DE COURTENAY, empereur : 75, 424.
Baux (Les) (auj. Les-Baux-de-Provence, Bouches-du-Rhône) : 524, 615, 616, 618.
BAUX (Cécile des) : 50.
BAUX (Hugues des) : 423-426, 428, 429, 440.
BAUX (Raymond des) : 524.
BAUX (Robert des) : 429.
Bavière : 294, 397, 398, 451, 455, 457, 541, 582, 625, 711.
BAYAZID, sultan : 642, 643.
Bayeux (Calvados) : 79, 148, 682.

Bayonne (Pyrénées-Atlantiques) : 49, 178, 188, 412.
Bazas (Gironde) : 46, 420.
Beaucaire (Gard) : 65, 361, 511.
BEAUFORT : voir Roger.
Beaune (Côte-d'Or) : 215, 219, 355.
Beauvais (Oise) : 172, 177, 644.
Bec-Hellouin (Le) (Eure) : 241.
BECKET (Thomas) : 413, 414.
Bédarrides (Vaucluse) : 355, 514, 632.
Bédouès (Lozère) : 322.
BÉGUIN (Raymond) : 492.
BÉLIBASTE (Guillaume) : 272.
BELLEMÈRE (Gilles) : 153, 196, 328, 554, 566, 574, 576, 614, 627.
BEN GERSON (Levi) : 336, 517.
Benedictus Deus (Bulle) : 128.
Benedictus Deus in donis suis (Bulle) : 286.
Bénévent (Italie) : 23, 50, 207, 279, 589, 597.
BÉNEZET (Saint) : 67.
BENINCASA (Catherine) : voir Catherine de Sienne.
BENOÎT (Saint) : 190, 262, 335.
BENOÎT XI, pape : 35-37, 48, 50, 77, 175, 191, 276.
BENOÎT XII, pape : 70, 126-132, 135, 138, 139, 141, 143, 150, 170, 176, 178, 179, 184, 193, 196, 203, 214, 231, 232, 235, 251, 260, 261, 262, 264, 265, 272, 276, 285, 286, 290, 292, 297-300, 302-306, 308-310, 315, 318, 331, 333, 342, 345, 347, 350, 351, 360, 362, 402, 421, 451-454, 461, 476, 489, 492, 494, 504, 518, 531, 615, 681, 730, 732, 733.
BENOÎT XIII, pape : 11, 34, 156, 172, 177, 184, 186, 201, 205, 248, 264, 310, 315, 320, 321, 338, 365, 514, 518, 519, 523, 542, 550, 552, 553, 559, 562-564, 568, 570, 576, 580, 588-590, 594, 604, 611, 614, 618, 619, 623, 626-628, 631, 632, 634-636, 638, 644, 646, 647, 649, 658, 659, 663-669, 673, 676, 678-682, 684-686, 688-692, 695-702, 707, 708, 710-714, 718, 719, 722-725, 727, 728, 732, 733, 736.
BENOÎT XIII, pape en 1724 : 727.
BENOÎT XIV, pape : 728.
Bentrix (Rivière) : 511.
BÉRENGER (Raymond), grand maître de l'Hôpital : 532.
Bergame (Italie) : 448, 449.
BERNARD (Saint) : 388.
BERNIER (Jean) : 217.

BERRY (Jean, duc de) : 166, 233, 350, 600, 604, 607, 608, 612, 613, 634, 642, 646, 648, 655, 659, 665, 666, 673, 684, 693, 695, 699.

BERSUIRE (Pierre) : 338, 339.

Bertinoro (Italie) : 23, 479.

BERTRAND (Guillaume) : 177, 405.

BERTRAND L'ANCIEN (Pierre), cardinal : 163, 169, 173, 179, 194, 313, 525.

BERTRAND DE COLOMBIERS (Pierre), cardinal : 169, 173, 194, 353, 459.

Besançon (Doubs) : 215, 243, 623, 675.

BESSE (Nicolas de), cardinal : 146, 169, 195, 782.

BESSE (Pierre de) : 337.

Béthune (Nord) : 85.

BEUZEVILLE (Guillaume de) : 241.

Beyrouth (Liban) : 358, 643.

Béziers (Hérault) ; 272, 276, 359, 545, 627.

BIREL (Jean), général des chartreux : 143.

Bitonto (Italie) : 100.

BLANC (Gilles) : 353.

BLANDIAC (Jean de), cardinal : 222, 484, 520, 542, 550.

BLANES (Fransesc) : 631.

Blanquefort (Gironde) : 50, 169.

BLANQUEFORT (Ide de) : 46.

BLAU (Pierre), cardinal : 313, 576, 614, 666, 673, 698, 699, 709.

Blois (Loir-et-Cher) : 164.

BLOIS (Charles de), duc de Bretagne : 393, 394.

BLOIS (Pierre de) : 388.

BOCCACE (Giovanni di Boccacino dit) : 265, 336-338, 341, 523, 646, 724.

BOCCASINI (Niccolò) : voir Benoît XI.

BOÈCE : 349, 724.

Bohême (Royaume de) : 189, 190, 200, 212, 397, 447, 449, 458, 582, 653, 696, 707, 711, 718, 719

Bollène (Vaucluse), 632.

Bologne (Italie) : 20, 22, 39, 43, 44, 64, 73, 76, 77, 80, 81, 139, 148, 186, 200, 207, 210, 226, 329, 336, 341, 350, 362, 371, 373, 384, 433, 436, 437, 439, 440, 444, 445, 449, 450, 453, 454, 456, 457, 477-481, 484, 485, 487, 535, 537, 538, 551, 563, 581, 585, 610, 620, 648, 680, 689, 696, 697, 707, 714, 716, 718, 719, 739.

Bologne (Comté de) : 23.

BONACCORSI (Famille) : 368, 371.

BONAGRAZIA DA BERGAMO : 275, 278, 280, 281, 284.

BONAVENTURE (Saint) : 268, 654.

BONBARDE (Perrinet) : 352.

BONIFACE VIII, pape : 8, 20, 21, 25, 28-41, 44-48, 51, 52, 57, 61, 62, 64, 69-72, 74, 76, 77, 84-87, 89, 90, 93, 96, 107, 116, 126, 135, 140, 156, 157, 175, 183, 189, 191, 204, 209, 210, 224, 225, 228, 243, 245, 315, 328, 331, 334, 338, 362, 367, 375, 376, 379, 380, 382, 384, 393-396, 422, 434, 439, 465, 469, 489, 493, 534, 668, 694, 695, 714, 715, 732, 734.

BONIFACE IX, pape : 394, 569, 593, 598, 609-612, 625, 626, 640, 658-660, 667, 669, 674, 675, 678-680, 688, 689, 742.

Bonn (Allemagne) : 458.

BONNET (Guillaume) : 79, 84, 86.

Bonpas (Vaucluse) : 322, 345, 347, 681.

BONSIGNORI (Famille) : 369.

Bordeaux (Gironde), Bordelais : 38-42, 45-47, 49, 50, 52, 61, 65, 114, 354, 356, 408-410, 412, 556, 589, 609, 623.

BORDES (Bertrand de), cardinal : 84, 211, 225.

BORGIA (Famille) : 739.

Bosphore : 493, 643.

BOUCHOUT (Nicolas de) : 351.

BOUCICAUT (Jean Iᵉʳ Le Meingre, dit) : 618, 632, 642, 643.

BOUCICAUT (Jean II Le Meingre, dit) : 618, 679, 681, 690, 697, 698, 714.

BOUJU (Jacques) : 673.

Boulbonne (Haute-Garonne) : 127, 290.

Boulogne-sur-Mer (Pas-de-Calais) : 159, 354, 612.

BOULOGNE (Maison de) : 736, 783.

BOULOGNE (Geoffroy de) : 430, 783.

BOULOGNE (Guy de), cardinal : 136, 146, 152, 156, 158, 159, 162, 164, 165, 174, 193, 291, 312, 313, 316, 332, 353, 391, 397, 403, 404, 405-407, 428, 430, 459, 470, 472, 478, 486, 495, 535, 536, 557, 565, 733, 737, 783.

BOULOGNE (Jeanne de) : 164, 403, 783.

BOULOGNE (Mahaut de) : 164, 565, 783.

BOULOGNE (Marie de) : 486, 783.

BOULOGNE (Robert III, comte de) : 159, 164, 783.

BOURBON (Charles de), cardinal : 729.

BOURBON (Jacques de), comte de la Marche : 525, 642.

BOURBON (Louis Iᵉʳ, duc de) : 134.

BOURBON (Louis II, duc de) : 166, 604, 618, 669.

BOURBON (Pierre Iᵉʳ, duc de) : 319, 405, 494, 607, 608, 634.

BOURBON (Robert, sire de) : 405.
Bourges (Cher) : 32, 40, 58, 211, 382, 537, 623, 633.
Bourgogne (Duché de) : 38, 78, 167, 296, 354-356, 358, 570, 649, 720, 721, 736.
BOURGOGNE (Charles le Téméraire, duc de) : 64.
BOURGOGNE (Eudes IV, duc de) : 134.
BOURGOGNE (Jean sans Peur, duc de) : 167, 642, 654-656, 659, 660, 663, 665, 666, 687, 693, 695, 696, 701, 719-721, 742.
BOURGOGNE (Philippe le Bon, duc de) : 391, 599, 600, 606-608, 612, 616, 617, 619, 628, 634, 670, 673, 676-678, 684, 685, 687, 721.
BOURGOGNE (Philippe le Hardi, duc de) : 412, 486, 570, 605.
BOURGOGNE (Philippe de Rouvre, duc de) : 164, 403.
BOURGUEROL (Sicard de) : 213, 218.
BOURRET (Étienne) : 267.
BOYE (Pierre) : 344.
Brabant (Duché de) : 164, 358, 370, 401, 675, 736.
BRABANT (Jean III, duc de) : 401, 586.
Bracciano (Lac de) : 20.
BRADWARDINE (Thomas) : 268.
Braga (Portugal) : 397, 583.
BRAGOSE (Guillaume) : 220.
BRANCACCI (Landolfo), cardinal : 324.
BRANCACCI (Niccolò), cardinal : 567, 593, 628, 709.
BRANCACCI (Rinaldo), cardinal : 709.
BRANCALEONE : 20, 24.
Brandebourg (Allemagne) : 398, 457, 459.
BRANDIS (Estève de) : 601, 632.
Brême (Allemagne) : 586.
Brescia (Italie) : 80, 99, 100, 437, 447, 449.
Bresse : 354.
Brest (Finistère) : 541.
Bretagne (Duché de) : 38, 172, 175, 177, 188, 255, 256, 393, 402, 412, 413, 576, 577.
BRETAGNE (Jean II, duc de) : 47.
BRETAGNE (Jean III, duc de) : 401.
BRETAGNE (Jean IV de Montfort, duc de) : 393, 540, 541, 586.
Brétigny (auj. Brétigny-sur-Orge, Essonne) : 410, 411, 479, 507, 675.
Brétigny (Traité de) : 144, 149, 160, 412, 495, 499.
BRIE (Simon de) : voir Martin IV.
BRIGITTE DE SUÈDE (Sainte) : 137, 140, 145, 153, 262, 263, 269, 315, 394, 537, 651.

Brignais (Rhône) : 525.
Brignoles (Var) : 524.
Brindisi (Italie) : 55, 574.
BROGNY (Jean de), cardinal : 346, 594, 621, 663, 673, 681, 709, 725.
BROSSANO (Simone da), cardinal : 200, 340, 550, 551, 555, 559, 563, 703, 704.
Bruges (Belgique) : 154, 221, 222, 256, 351, 358, 360, 370, 371, 373, 412, 417, 486, 541, 558, 575, 578, 606, 633, 634, 684, 685.
BRUNI (Francesco) : 341.
BRUNIQUEL (Raymond, vicomte de) : 117.
Brunswick (Allemagne) : 544.
BRUNSWICK (Othon de) : 431, 482, 596.
BRUTUS : 462.
Bruxelles (Belgique) : 357.
BUCH (John) : 541.
BUCKINGHAM (Thomas de) : 412.
BUCY (Simon de) : 406.
Buda (auj. Budapest, Hongrie) : 190, 428.
BUDES (Sylvestre) : 486, 487, 619.
BUDOS (Raimond Guilhem de) : 50.
Bugey (Ain) : 713.
Bulgarie : 506, 642.
BULL (John) : 544, 650.
BULWER LYTTON (Edward George) : 473.
BURCHARD DE WORMS : 209.
Burgos (Espagne) : 397.
BURLAMACCHI (Gherardo), marchand : 633.
BYRON (George Gordon, Lord) : 473.
Byzance : 22, 74, 92, 94, 153, 176, 335, 360, 370, 399, 408, 424, 490.493, 495, 498, 500, 503-506, 592, 640, 642, 643.

CABASSOLE (Philippe), cardinal : 162, 222, 223, 287, 310, 336, 341, 345, 346, 517, 520, 529, 532.
CABOCHE (Simon) : 650, 653, 655, 656, 685, 720.
Cabrières (Vaucluse) : 524, 676.
CAETANI (Famille) : 18, 21, 29, 30, 34, 38, 42, 51, 106, 167, 173, 224, 560.
CAETANI (Antonio), cardinal : 593, 707, 709.
CAETANI (Benedetto) : voir Boniface VIII.
CAETANI (Francesco), cardinal : 37, 42.
CAETANI (Onorato), comte de Fondi : 560, 564, 581, 680.
CAETANI (Pietro) : 20.
CAETANI DA CECCANO (Annibaldo), cardinal : 138, 162, 174, 180, 313, 324, 352, 402, 403.
CAETANI STEFANESCHI (Giacomo), cardinal : voir Stefaneschi.

Cahors (Lot) : 68, 114-117, 121, 169, 177, 358, 443, 622, 735.
Calabre (Italie) : 75, 76.
CALABRE (Charles d'Anjou, duc de) : 78, 100, 439, 440, 783, 784.
Calahorra (Espagne) : 554.
Calais (Pas-de-Calais) : 144, 154, 403-405, 409, 411 412, 479, 609.
Calais (Traité de) : 144, 149, 160, 412, 495, 499.
Caltabellotta (Italie) : 419.
CALVI (Antonio), cardinal : 709.
CALVILLO (Fernando Perez) : 688.
CAMBAROU (Étienne), camérier : 213, 288.
Cambrai (Nord) : 487, 569, 578, 664, 675, 721.
Cambridge (Grande-Bretagne) : 545.
CAMERINO (Rodolfo da) : 476, 487, 534.
CANET (Guillem de) : 602.
CANILHAC (Raymond de), cardinal : 146, 150, 222, 498, 527.
CANTELOUP (Arnaud de), cardinal : 50, 84, 211.
CANTELOUP (Arnaud de), archevêque de Bordeaux : 50, 52.
CANTELOUP (Thomas de) : 314.
Cantorbéry (Grande-Bretagne) : 177, 226, 238, 242, 263, 412, 535, 606.
CAPOCCI (Niccolò), cardinal : 162, 407, 409, 472, 495, 534.
CAPOCCI (Pandolfo), cardinal : 443.
Capoue (Italie) : 639.
Caraman (Haute-Garonne) : 170.
CARANSONI (Giovanni) : 630, 634.
CARBONE (Francesco), cardinal : 593.
Carcassonne (Aude) : 273, 613.
CARDAILLAC (Jean de) : 139, 161, 397, 398.
CARDINI (Tommaso) : 207.
CARDONA (Ramon de) : 436-438, 440.
CARIT (Bernard) : 336.
Caromb (Vaucluse) : 360.
Carpentras (Vaucluse) : 64, 107, 109-112, 323, 354, 360, 412, 510-514, 516, 518, 520, 627, 681, 686.
Carpineto (Italie) : 595.
CARRACCIOLO (Corrado), cardinal : 709.
CARRACCIOLO (Riccardo), grand maître de l'Hôpital : 571, 639, 640.
CARRIER (Jean), cardinal : 728.
CASACO (Thomas de), cardinal : 313.
CASERTA (Philippotto da) : 645.
Caserte (Italie) : 585.
CASERTE (Lodovico della Rata, comte de) : 585, 599.

Cashel (Irlande) : 577.
CASIMIR LE GRAND, roi de Pologne : 190.
CASINI (Antonio), trésorier : 712, 713.
CASONI (Filippo), vice-légat : 730.
CASSE (Jean) : 601, 632.
CASTEL (Gervais) : 416.
Castel Tedaldo (Italie) : 81.
Castello (Italie) : 441-443.
CASTELLO (Peregrino da) : 503.
Castille : 144, 158, 159, 162, 207, 243, 294, 374, 396-398, 422, 474, 497, 507-509, 525, 526, 550, 555, 568, 577, 587-591, 601, 602, 623, 625, 630, 633, 701, 710, 711, 725, 737. Voir aussi : Alphonse, Henri, Jean.
CASTRACANE (Castruccio degli Antelminelli) dit : 435, 437, 439.
Castres (Tarn) : 189.
Catalogne : 93, 100, 271, 419, 436, 497, 507, 601, 602, 678, 714, 728, 739.
Cathedra Petri (Bulle) : 135.
CATHERINE DE SIENNE (Sainte) : 153, 538, 539, 544, 559, 561, 562, 564, 579, 581, 651, 652, 657, 734.
CATHERINE DE SUÈDE (Sainte) : 262, 263, 269.
CATHERINE DE LANCASTRE, reine de Castille : 589.
CATON LE CENSEUR : 462.
Caucase : 503.
CAUCHON (Pierre) : 656, 671.
CAULHAC (Robert de) : 358.
Caux (Pays de) : 237.
Cavaillon (Vaucluse) : 223, 511, 512, 627, 681.
CAVALIER (Barthélemy) : 345, 346.
CÉLESTIN V, pape : 28, 29, 37, 40, 41, 57, 143, 276, 379, 393.
CERCHI (Famille) : 369.
Cerdagne : 420.
CERRONI (Giovanni) : 470.
CERVOLE (Arnaud de), dit l'Archiprêtre : 524, 527.
CÉSAR : 32, 378, 380, 382, 462, 463.
Cesena (Italie) : 477, 479, 487.
CÉSÈNE (Michel de) : 128, 275, 279, 281, 282, 284, 442, 451.
CHALANT (Antoine de), cardinal : 686, 691, 701, 702, 709.
CHALMEL (Raymond) : 522.
Chalon-sur-Saône (Saône-et-Loire) : 355, 358.
CHAMAYRAC (Raymond de) : 463.

Champagne : 54, 256, 296, 348, 381, 400, 401, 525, 578.

CHANAC (Guillaume de), cardinal : 161, 542, 593.

CHAPPES (Pierre de), cardinal : 129, 161, 163.

CHARLEMAGNE : 17, 22, 34, 54, 63, 78 : 263, 399, 459, 466, 468, 505, 507, 661.

CHARLES II LE CHAUVE, empereur : 510.

CHARLES IV DE LUXEMBOURG, empereur : 189, 190, 232, 243, 247, 288, 289, 302, 319, 341, 386, 397, 398, 409, 439, 455, 457-460, 470, 472, 478, 480, 485, 487, 488, 506, 534, 536, 541, 562, 565, 582, 586, 595, 783.

CHARLES IV, roi de France : 121, 133, 166, 385, 400, 420, 438, 458.

CHARLES V, roi de France : 8, 67, 69, 152, 154, 166, 171, 180, 247, 300, 312, 339, 346, 350, 387, 401, 407, 409, 411, 412, 416, 422, 432, 487, 488, 499, 507, 524-527, 530, 536, 537, 539-541, 545, 556-558, 562-565, 568, 569, 581, 583-585, 587, 590, 591, 595, 596, 598, 600, 601, 605, 607, 615, 644, 649, 650, 678, 703, 705, 738.

CHARLES VI, roi de France : 166, 167, 184, 252, 339, 346, 413, 527, 576, 580, 581, 596, 600, 605, 607-612, 615-618, 623, 624, 626, 637, 641, 646, 647, 655, 656, 659, 660, 662, 673-675, 678, 680, 682-685, 687, 690-693, 696, 700, 717, 720, 722, 738.

CHARLES VII, roi de France : 167, 656.

CHARLES Iᵉʳ D'ANJOU, roi de Naples : 20, 31, 67, 68, 83, 417, 440, 510, 734.

CHARLES II D'ANJOU, roi de Naples : 28, 30, 40, 43, 44, 52, 63-65, 68, 69, 72, 74-77, 113, 121, 161, 276, 328, 384, 418, 419, 491, 512, 783, 784.

CHARLES III DE DURAS, roi de Naples : 431, 432, 556, 568, 577, 581, 596, 598, 600, 603, 604, 689, 743, 784.

CHARLES II LE MAUVAIS, roi de Navarre : 318, 319, 350, 404-406, 409, 431, 525, 540, 557, 569, 570, 590, 675.

CHARLES III LE NOBLE, roi de Navarre : 59, 701, 722.

CHARLES-MARTEL, fils de Jeanne Iʳᵉ de Naples : 426

CHARLIN, Jean : voir Montreuil (Jean de).

CHARNAY (Geoffroy de) : 90.

Chartres (Eure-et-Loir) : 351, 425, 585, 603.

Chartres (Comté de) : 74.

CHASSAGNE (Pierre de) : 55, 177.

Châteauneuf-du-Pape (Vaucluse) : 70, 107, 316, 603, 632.

Châteaurenard (Bouches-du-Rhône) : 680, 681.

CHÂTELUS (Aimery de), cardinal : 162, 172, 423, 425, 435.

Cherbourg (Manche) : 404.

CHEVREUSE (Pierre de) : 600.

CHIARENTI (Famille) : 367.

Chichester (Grande-Bretagne) : 410.

Chine : 501, 503, 504.

CHOQUART (Anseau) : 530, 531.

CHUFFART (Jean) : 656.

Chypre : 55, 92, 151, 321, 358, 371, 411, 493, 498, 499, 503, 532, 586, 641, 643, 674. Voir aussi : Henri, Pierre.

CICÉRON : 335, 336, 338, 339, 341, 342, 381, 462, 645, 646, 724.

CICOGNE ou CICONIA (Jean) : 352, 353.

Cilicie (Asie Mineure) : 498.

Citta di Castello (Italie) : 484.

Cividale (Italie) : 702.

Civita Castellana (Italie) : 20.

Civitavecchia (Italie) : 23.

CLAMANGES (Nicolas de) : 646, 647, 653, 656, 657, 661, 664, 684, 686, 706.

CLÉMENCE DE HONGRIE, reine de France : 319.

CLÉMENT IV, pape : 25, 31, 228, 417.

CLÉMENT V, pape : 7, 16, 36, 38, 39, 41-52, 55-59, 61-65, 69-72, 76-86, 89-97, 99-110, 113-115, 121-123, 127, 150, 158, 159, 161, 164, 166, 168, 169, 174, 175, 178, 181, 187, 193, 200, 209-211, 213, 219, 221, 222, 224, 225, 227, 230, 231, 238, 245, 251, 260, 264, 270, 271-273, 275, 303, 311, 320, 321, 328, 331, 333, 334, 342, 344, 356, 362, 367, 369, 375-377, 395, 396, 449, 452, 461, 503, 513, 518, 524, 715, 732, 733, 735-738, 780.

CLÉMENT VI, pape : 67, 70, 132-142, 145, 146, 150-152, 161, 162, 168-170, 172, 173, 178-180, 183, 184, 189, 190, 193, 194, 196, 205, 208, 214, 215, 227, 231, 233, 239, 250-253, 264, 288, 297, 300, 302, 304-306, 308-311, 313, 318, 327, 331, 335-337, 340, 342-344, 347, 351, 352, 355, 358, 361, 372, 389, 391-393, 395, 397, 402, 403, 407, 414, 421-429, 445, 455-458, 461, 464, 465, 468, 469-472, 474, 492-494, 497, 500, 511, 512, 514, 517, 522, 523, 525, 526, 529, 532,

557, 582, 615, 620, 644, 681, 730, 732, 733, 735, 737, 741, 782.

CLÉMENT VII, pape : 159, 162, 164, 165, 213, 253, 264, 289, 291, 313, 328, 330, 346, 347, 352, 353, 355, 357, 365, 384, 393, 398, 431, 432, 484, 486, 487, 495, 519, 526, 540, 541, 549, 550, 551, 553-555, 556, 558, 559, 562, 564-570, 572-574, 576-578, 581-584, 586-590, 592-601, 603, 604, 607-612, 614-616, 620, 621, 624, 626, 628, 631, 632, 636, 638, 639, 644, 646, 649, 658-664, 669, 680, 698, 704, 705, 714, 725, 728, 733, 735, 737, 738.

CLÉMENT VIII, pape : 554, 588, 589, 724, 728, 732.

CLÉMENT LE LORRAIN : 528.

Clémentines (Les) : 97, 107, 210, 376.

Clericis laïcos (Bulle) : 31, 48, 86, 383.

Clermont (auj. Clermont-Ferrand, Puy-de-Dôme) : 143, 189, 358, 532.

CLISSON (Olivier de) : 312, 401, 628.

CLOVIS, roi des Francs : 388.

Cluny (Saône-et-Loire) : 238, 259, 324, 345, 410, 478, 479, 557.

Coblence (Allemagne) : 455.

Cocherel (Eure) : 409, 525.

COJORDAN (Jean de), chevalier : 249.

COJORDAN (Jean de), évêque d'Avignon : 130, 299.

COL (Gontier) : 646, 647.

COLBERT (Jean-Baptiste) : 724.

Collioure (Pyrénées-Orientales : 701.

Cologne (Allemagne) : 190, 222, 238, 270, 271, 306, 357, 458, 578, 659, 720.

COLONNA (Famille) : 18-21, 29, 30, 34, 37-40, 42, 51, 52, 101, 106, 118, 167, 173, 461, 462, 465, 469, 470, 697, 739.

COLONNA (Agapito) : 553, 589.

COLONNA (Giacomo dit Sciarra) : 30, 34, 35, 48, 86, 88, 441, 461.

COLONNA (Giacomo), cardinal : 30, 34-36, 41, 47, 50, 156, 441.

COLONNA (Gilles), dit Gilles de Rome : 32, 40, 58, 335, 382, 649.

COLONNA (Giovanni), cardinal : 314, 324, 339, 350, 351.

COLONNA (Ottone), cardinal : voir Martin V.

COLONNA (Pietro), cardinal : 30, 34-36, 41, 47, 50, 86, 156, 192, 438.

COLONNA (Pietro), sénateur de Rome : 463.

COLONNA (Stefanello) : 469, 471.

COLONNA (Stefano) : 24, 29, 30, 340, 461, 463, 464, 468, 469.

COMMINGES (Aliénor de) : 352.

COMMINGES (Bernard VII de) : 126, 159.

COMMINGES (Jean-Raymond de) : 117, 126, 139, 159.

Compiègne (Oise) : 172.

Compostelle (auj. Saint-Jacques-de-Compostelle, Espagne) : 591.

Comtat Venaissin : 50, 64, 70, 107, 109, 135, 140, 145, 186, 198, 214, 222, 223, 253, 288, 293, 296, 298, 313, 322, 323, 327, 330, 360-362, 374, 479, 486, 494, 497, 510-529, 532, 542, 576, 615, 616, 618, 620, 622-624, 632-634, 636, 637, 676, 686, 698, 714, 729, 730.

COMYN (John) : 390, 395, 396.

CONDÉ (Jean de) : 111.

Condom (Gers) : 189.

Constance (Allemagne) : 11, 33, 125, 247, 322, 356, 528, 578, 594, 647, 664, 712, 719, 720, 722, 724, 725, 729.

CONSTANCE D'ARAGON : 419.

CONSTANCE DE HOHENSTAUFEN : 418.

CONSTANTIN, empereur : 16, 17, 19, 22, 101, 317, 379, 384, 467, 535.

Constantinople : voir Byzance.

Constitutions de Clarendon : 413.

Constitutions égidiennes : 477.

CONTI (Famille) : 18-21.

CONZIÉ (François de) : 315, 520, 574, 575, 617, 620, 627-629, 673, 676, 687, 701, 702, 711-714, 729, 733.

CORBARA (Pietro Rainallucci da) : voir Nicolas V.

CORBIE (Arnaud de), : 165, 624.

CORDEMBERG (Guillaume de) : 578.

CORDIER (Baude) : 352.

Cordoue (Espagne) : 508.

Corée : 501.

COREGGIO (Famille) : 465.

CORNELHAN (Pierre de), grand maître de l'Hôpital : 496.

Corneto (Italie) : 219, 463, 476, 484, 533, 537, 544.

Coron (Grèce) : 385.

Corpus juris canonici : 97, 157, 210, 328, 434, 724.

Corpus juris civilis : 104.

CORRER (Angelo) : voir Grégoire XII

CORRER (Antonio), camérier : 696, 712.

Corse : 77, 667.

CORSINI (Famille) : 18.

CORSINI (Piero), cardinal : 265, 342, 484, 535, 550, 552, 553, 563, 593, 594, 602, 613, 632, 703, 704, 706, 733.

Cortona (Italie) : 101.
Cosenza (Italie) : 567.
Cossa (Baldassare) : voir Jean XXIII.
Coucy (Enguerran de) : 601.
Couserans (Ariège) : 213.
Court (Guillaume), cardinal : 162, 265, 455, 472.
Courtecuisse (Jean) : 655, 664, 669, 675, 683, 700.
Courtenay (Famille) : 75, 95, 424.
Courtenay (Catherine de), comtesse de Valois : 74, 94, 424, 426, 427.
Courtrai (Belgique) : 87.
Coutances (Manche) : 53.
Covoni (Jacopo) : 635.
Cracovie (Pologne) : 190, 371, 373, 662.
Cramaud (Simon de), cardinal : 612, 613, 664, 665, 667-669, 673, 675, 682, 692-695, 700, 708, 709, 717, 734.
Craon (Jean de) : 406.
Craponne-sur-Arzon (Haute-Loire) : 356.
Crécy (Crécy-en-Ponthieu, Somme) : 105, 403, 405, 455, 458, 497.
Creil (Oise) : 180.
Crémone (Italie) : 99, 437.
Crète : 443, 712.
Crimée : 279, 504.
Cristoforo (Giovanni di) : 527.
Cros (Jean de), cardinal : 313, 345, 550-554, 567, 568, 574.
Cros (Pierre de), cardinal : 211, 216, 313, 346, 364, 520, 550, 561, 563, 574, 585, 587, 599, 627, 630, 631, 632, 648, 713.
Cucurno (Bartolomeo da), cardinal : 597.
Cuenca (Espagne) : 474.
Cugnières (Pierre de) : 133, 385, 388.
Cum ad sacrosanctam (Constitution) : 182.
Cum inter nonnullos (Bulle) : 192, 281.
Curtea de Arges (Roumanie) : 189.

Dachon (Raymond) : 336, 337.
Dahe (Ximeno) : 576, 681.
Damas (Syrie) : 358, 361.
Damiani (Simone) : 635.
Dandolo (Francesco), doge de Venise : 81.
Danemark : 212, 319, 584, 696.
Dante Alighieri : 24, 58, 75, 264, 283, 337, 377-380, 734, 735.
Danube (Fleuve) : 399, 509, 582, 642.
Dardanelles (Détroit des) : 495, 642.
Datini (Francesco di Marco) : 357, 360, 364, 628, 636.
Dauphiné : 79, 250, 296, 330, 360, 364, 431, 494, 495, 506, 511, 514, 736.

Déaux (Bertrand de) : 162, 179, 324, 345, 421, 426, 427, 450, 468, 470, 472.
Décret : 32, 157, 210, 328, 559, 724.
Décrétales : 26, 337, 724.
Defensor minor : 383.
Defensor pacis : 133, 381-385, 439, 463.
Defronsiaco : 352.
Délicieux (Bernard) : 272, 276.
Deschamps (Eustache) : 580, 656.
Deschamps (Gilles), cardinal : 648, 660, 664, 666, 667, 669, 671, 673, 674, 679, 717.
Despenser (Hugues) : 605, 606.
Des Prés (Pierre), cardinal : 162, 199, 324, 339, 353, 402.
Deux (Gaucelme de) : 220, 532.
Die (Drôme) : 150, 366.
Dieppe (Seine-Maritime) : 354.
Dijon (Côte-d'Or) : 345.
Dinolzo (Lorenzo di) : 635.
Dissenhoven (Henri de) : 124, 299.
Docho de Sienne : 342.
Docta sanctorum Patrum (Décrétale) : 348.
Dodécanèse (Iles du) : 92.
Dominique (Saint) : 259, 262, 266, 267, 271.
Donati (Lodovico), cardinal : 597.
Doria (Quilico) : 258.
Dormans (Jean de), cardinal : 134, 161, 411, 535.
Dormans (Miles de) : 646.
Douai (Nord) : 85.
Doublel (Jean) : 237.
Draguignan (Var) : 524.
Dreux (Jean, comte de) : 71, 166.
Dublin (Irlande) : 577.
Dubois (Pierre) : 53, 54, 93, 491.
Du Bois (Pierre) : 237.
Du Bosc (Nicolas) : 682.
Du Bousquet (Bernard), cardinal : 535.
Du Breuil (Ameil) : 670, 674, 698.
Du Four (Vital), cardinal : 278-281.
Duèse (Famille) : 739, 781.
Duèse (Arnaud) : 170, 781.
Duèse (Jacques) : voir Jean XXII.
Duèse (Pierre) : 169, 170, 781.
Du Guesclin (Bertrand) : 151, 223, 413, 486, 525, 526, 616, 619.
Du Mas (Guillaume) : 337.
Dumfries (Grande-Bretagne) : 391.
Du Plessis (Geoffroy) : 41, 84, 86, 95.
Du Pré (Guillaume) : 148.
Du Puy (Géraud), cardinal : 162, 483-485, 488, 709.
Dupuy (Pierre) : 299, 347.

Durance (Rivière) : 67, 147, 510, 511, 531, 616, 680.
DURAND (Guillaume le Jeune) : 76, 348.
DURAND (Raymond) : 265.
DURAND DE SAINT-POURÇAIN : 128, 278, 281, 285, 333.
Duras (Lot-et-Garonne) : 50, 169, 173.
Duras (Maison de) : 164, 425, 429, 430, 784.
DURAS (Bertrand, seigneur de) : 784.
DURAS (Charles de), roi de Naples, voir Charles III.
DURAS (Charles, duc de) : 173, 391, 424-427, 430, 784.
DURAS (Jean, duc de) : 423, 424, 784.
DURAS (Jeanne, duchesse de) : 430, 431, 784.
DURAS (Robert de) : 173, 408, 425, 429, 524, 784.
DURFORT (Arnaud de) : 169.
DURFORT (Astorge de) : 370, 456, 457.

EASTON (Adam), cardinal : 597, 598.
Eauze (Gers) : 188.
EBERSTEIN (Berthold von) : 137.
ECKHART (Maître) : 270.
Écosse : 158, 162, 236, 256, 357, 374, 390, 391, 395, 396, 577, 586, 674, 675, 711, 723.
Édimbourg (Grande-Bretagne) : 294.
ÉDOUARD Ier, roi d'Angleterre : 38, 39, 45, 46, 48-50, 52, 158, 191, 396.
ÉDOUARD II, roi d'Angleterre : 49, 69, 88, 95, 252, 391, 394, 491, 492.
ÉDOUARD III, roi d'Angleterre : 133, 134, 136, 154, 158, 252, 319, 363, 372, 389, 391, 394, 402, 403, 405, 409-412, 414-417, 453, 455, 507, 535, 536, 540, 541, 582.
ÉDOUARD, prince de Galles, dit le Prince Noir : 405, 407-409, 450, 524, 526, 605.
Égée (Mer) : 493.
Égletons (Corrèze) : 132.
Égypte : 53, 490, 492, 498, 643.
ÉLÉONORE, fille de Charles II de Naples : 419.
ÉLISABETH, reine de Hongrie : 425.
Elne (Pyrénées-Orientales) : 356, 418.
Ely (Grande-Bretagne) : 535.
Embrun (Hautes-Alpes) : 161, 210, 215, 243, 431.
Émilie (Italie) : 440, 448.
Empire (Saint) : 17, 31, 43, 44, 59, 61, 63-65, 67, 69, 73, 76, 78, 79, 83, 84, 92, 98, 100, 103, 104, 159, 185, 190, 207, 232, 243, 247, 288, 292, 364, 375-378, 381, 382, 385, 398, 399, 402, 433, 434, 437, 438, 446, 451, 452, 455, 459, 460, 462, 480, 488, 493-495, 501, 510, 511, 535, 551, 566, 569, 577-579, 582, 583, 586, 591, 609, 611, 662, 675, 702, 703, 735, 737.
EN GAYTE (Pere) : 602, 603.
Espagne : 91, 144, 151, 245, 292, 295, 339, 355, 366, 371, 474, 507, 508, 509, 525, 526, 550, 557, 568, 606, 627, 630, 725, 728, 733, 736, 738, 743.
ESTAING (Pierre d'), cardinal : 484, 537, 551.
ESTE (Famille d') : 80, 82, 200, 436, 446, 449, 452, 456, 465, 480, 481, 486.
ESTE (Aldebrandino d') : 80.
ESTE (Azzo, marquis d') : 80.
ESTE (Francesco d') : 80, 81.
ESTE (Fresco d') : 80-82.
ESTE (Niccolò d'), marquis de Ferrare : 534.
ESTE (Obizzo d') : 450.
Estonie : 399.
ESTOUTEVILLE (Estaud d') : 241.
ESTOUTEVILLE (Jean d') : 617.
ÉTAMPES (Louis, comte d') : 530.
Éthiopie : 504.
ÉTIENNE (Saint) : 73, 423.
ÉTIENNE DE BOHÊME : 501.
ÉTIENNE V, roi de Hongrie : 73.
ÉTIENNE (Raymond), dominicain : 491.
EUGÈNE III, pape : 17.
EUGÈNE IV, pape : 729.
Europe : 43, 66, 73, 81, 82, 104, 105, 131, 137, 184, 187, 190, 222, 336, 343, 350, 365, 369, 387, 396-398, 403, 429, 488, 495, 496, 498, 502, 507, 530, 536, 545, 586, 606, 642, 649, 662, 704, 718, 736, 738, 741.
Evora (Espagne) : 555.
Évreux (Eure) : 172, 404.
ÉVREUX (Louis, comte d') : 45, 71, 75, 89, 166, 783.
Ex debito (Bulle) : 228.
Execrabilis (Bulle) : 260.
Exiit qui seminat (Bulle) : 275.
Exivi de paradiso (Bulle) : 273.
Extravagantes (Les) : 210, 281.

FABRIANO (Niccolò da) : 443.
Faenza (Italie) : 477, 478, 484, 486, 588.
FAGGIUOLA (Uguccione della) : 76, 334, 435.
FALGUIÈRES (Arnaud de) : 99, 100-103.
Fano (Italie) : 23, 475-478.

FARGUES (Bernard de) : 168.
FARGUES (Raymond-Guillaume de), cardinal : 124.
Fécamp (Seine-Maritime) : 133, 238, 241, 403, 557.
FENOLHET (Guilhem de) : 636.
FERDINAND, roi d'Aragon : 526, 722, 723.
FERDINAND Iᵉʳ, roi de Portugal : 583.
Ferentino (Italie) : 42.
FERNANDEZ (Blasco) : 476, 480.
Ferrare (Italie) : 23, 43, 64, 80, 81, 82, 106, 163, 383, 433, 436, 446, 449, 450, 456, 486, 620.
FERRARE (Gilles de), patriarche d'Alexandrie : 278.
FERRER (Vincente) : 580, 585, 589, 615, 648, 653, 673, 723, 734.
Fès (Maroc) : 508.
Fidem catholicam (Manifeste) : 385, 454.
FIESCHI (Famille) : 167.
FIESCHI (Giovanni), cardinal : 337.
FIESCHI (Lodovico), cardinal : 701.
FIESCHI (Luca), cardinal : 100, 102.
FIESCHI (Sinibaldi) : voir Innocent IV.
FIESQUE (Isabelle de) : 456.
FILLÂTRE (Guillaume), cardinal : 647, 694, 717, 725.
FITZRALPH (Richard) : 282, 393.
Flandre : 40, 52, 75, 84, 85, 95, 105, 107, 111, 164, 175, 243, 270, 291, 314, 328, 351, 355, 357, 358, 370, 372, 389, 390, 391, 395, 413, 523, 545, 570, 574, 575, 577, 583, 591, 605-607, 609, 612, 621, 625, 665, 695, 736, 737, 741.
FLANDRE (Louis de Male, comte de) : 570, 583, 605-607.
FLANDRE (Marie de) : 164.
FLANDRE (Robert de Béthune, comte de) : 52, 105.
FLANDRIN (Guy) : 701, 711.
FLANDRIN (Pierre), cardinal : 551, 560, 701.
Floreffe (Belgique) : 132.
Florence (Italie) : 15, 23, 40, 51, 73-77, 81, 83, 100, 103, 104, 137, 151, 163, 179, 206-209, 222, 263, 264, 278, 294, 297, 341-343, 347, 357, 358, 360, 362, 363, 366-368, 370-374, 377, 378, 380, 433, 435-437, 439, 445, 447, 449, 456, 457, 465, 475, 482-485, 487, 488, 490, 500, 509, 526, 538, 539, 544, 550, 551, 558, 560, 572, 575, 593, 598, 616, 626, 631, 634, 635, 645, 646, 649, 650, 680, 692, 698, 707, 711, 713, 718, 734, 743.
FLOTE (Pierre) : 31, 87, 385.

Foix (comté de) : 127, 271, 723.
FOIX (Brunissende de) : 173.
FOIX (Gaston II, comte de) : 420, 450, 524.
FOIX (Guillaume de) : 301.
FOIX (Marguerite de) : 392.
FOIX (Pierre de), cardinal : 724, 728, 729.
FOIX (Roger-Bernard III, comte de) : 271.
Foligno (Italie) : 283.
Fondi (Italie) : 431, 520, 557, 558, 560, 564, 566-568, 572, 576, 585, 589, 608, 612, 615, 645, 666, 712, 733.
Fontaine-de-Vaucluse (Vaucluse) : 339.
Fontfroide (Aude) : 127, 360.
Forcalquier (Alpes-de-Haute-Provence) : 67, 83, 451, 510, 529.
Forez : 557.
FOREZ (Jean, comte de) : 113.
FOREZ (Louis, comte de) : 525.
Forli (Italie) : 477-479, 484.
Forlimpopoli (Italie) : 480.
Fossanova (Italie) : 266, 267.
FOUCOIS (Guy) : voir Clément IV.
FOURNIER (Guillaume) : 170.
FOURNIER (Jacques) : voir Benoît XII.
Francfort (Allemagne) : 458, 459, 582, 675, 710.
FRANÇOIS D'ASSISE (Saint) : 259, 264, 266, 273-275, 280, 282.
FRANGIPANI (Famille) : 19.
FRANZESI (Famille) : 75, 369.
FRANZESI (Albizzo Guidi dei), dit Biche : 75.
FRANZESI (Musciatto Guidi dei), dit Mouche : 41, 75.
Frascati (Tusculum) : 155, 593, 594, 727.
FRÉAUVILLE (Nicolas de), cardinal : 47, 50, 86, 90, 111, 112.
FRÉDÉRIC II DE HOHENSTAUFEN, empereur : 22, 25, 63, 73, 77, 375, 376, 389, 399, 417, 418.
FRÉDÉRIC II D'ARAGON, roi de Sicile : 83, 100, 101, 103, 104, 226, 418, 419, 430, 431, 442, 451, 454.
FRÉDÉRIC III, roi de Sicile : 419.
FRÉDÉRIC IV, roi de Sicile : 419, 570.
FRÉDÉRIC DE HABSBOURG, duc d'Autriche : 105, 437-439, 446.
FRÉDOL (Bérenger), cardinal : 71, 86, 111, 173, 192, 278, 281.
FRÉDOL LE JEUNE (Bérenger), cardinal : 115, 173.
Fréjus (Var) : 121.
Frequens (Décret) : 33, 726.
FRESCOBALDI (Famille) : 369.
FRIAS (Pedro Fernandez de), cardinal : 709.

Fribourg (Suisse) : 722.
FROISSART (Jean) : 39, 310, 591.
Fumone (Italie) : 29.

GABRIELLI (Cante de') : 75.
Gaète (Italie) : 428, 429, 710.
GALBERT (Jacques de) : 427.
Galice (Espagne) : 397.
Galicz (Pologne) : 190.
Gand (Belgique) : 545, 578, 605, 606.
GARNIER (Bernard), cardinal : 728.
Garonne (Fleuve) : 661.
GARVES (Bernard de), cardinal : 115, 313.
Gascogne : 46, 49, 50, 52, 61, 65, 71, 106,
    108-111, 114, 118, 121, 124, 125, 157,
    158, 160, 168, 173, 175, 224, 292, 344,
    355, 358, 373, 591, 625, 652, 714, 736,
    739.
GELNHAUSEN (Conrad von) : 703.
Gênes (Italie) : 15, 23, 43, 66, 83, 99, 100,
    222, 243, 258, 296, 358, 360, 364, 370,
    434, 436, 445, 456, 457, 485, 490, 496,
    499, 528, 532, 533, 543, 598, 601, 618,
    634, 635, 641-643, 682, 690-692, 696,
    698, 701, 712, 719, 738.
Genève (Suisse) : 291, 330, 365, 528, 645.
GENÈVE (Pierre, comte de) : 159, 291, 487,
    616, 632.
GENÈVE (Robert de), cardinal : voir Clément
    VII.
GENGIS KHAN : 501.
GEOFFROI (Pierre) : 337.
GEOFFROI DE PARIS : 87, 735.
Géorgie : 501, 504.
GÉRAUD (Hugues) : 115, 116, 117, 125.
Germanie : 43, 98.
GERSON (Jean) : 579, 580, 645, 647, 648,
    653-657, 660, 661, 664, 667, 684-686,
    688, 691, 693, 707, 708, 715, 719-722,
    734.
Gévaudan : 114, 146.
Gibraltar : 474, 508.
GIFFONI (Leonardo Rossi), cardinal : 567,
    597, 659.
Gigean (Hérault) : 323.
GIOVANETTI (Matteo) : 306, 343, 344.
GIRARD (Pierre), cardinal : 213, 594, 600,
    630.
GIUDICE (Marino del), cardinal : 574, 597.
Glandèves (Alpes-Maritimes) : 188.
Gloriosam Ecclesiam (Bulle) : 277.
Gloucester (Grande-Bretagne) : 582.
Gniezno (Pologne) : 190.
GODIN (Jean) : 353.

GONNEVILLE (Geoffroy de) : 90.
GONZAGA (Famille de) : 452, 481.
GONZAGA (Guido) : 338.
GONZAGA (Ludovico) : 446.
GORSE (Raoul de), cardinal : 555, 556.
GOT (Famille de) : 51, 109, 164, 169, 225,
    739, 780.
GOT (Arnaud Garcie de) : 50, 114, 169, 780.
GOT (Béraud de) : 46, 780.
GOT (Béraud de), archevêque de Lyon : 46,
    780.
GOT (Bertrand de) : voir Clément V.
GOT (Bertrand de), neveu de Clément V :
    50, 107, 169, 449, 780.
GOT (Gaillard de) : 47, 780.
GOT (Marquise de) : 169, 780.
GOZON (Dieudonné de), grand maître de
    l'Hôpital : 496, 497.
Grasse (Alpes-Maritimes) : 627.
GRATIEN : 209, 210, 336.
Grayan (Grayan-et-L'Hôpital, Gironde) :
    46.
Grèce : 200, 339, 355, 491, 540.
GRÉGOIRE DE NAZIANCE (Saint) : 334.
GRÉGOIRE Ier LE GRAND, pape (Saint) : 17,
    317, 648.
GRÉGOIRE IX, pape : 25, 210, 335.
GRÉGOIRE X, pape : 24, 141, 143, 315, 393,
    489, 511.
GRÉGOIRE XI, pape : 9, 114, 146, 151-154,
    156, 158, 161, 162, 166, 168, 169, 172,
    177, 179, 184, 189, 196, 200, 212, 221,
    228, 229, 245-247, 252, 262, 264, 286,
    292, 293, 295, 308, 314, 316, 323, 326,
    327, 336, 340-342, 347, 353, 354, 356,
    361, 364, 365, 373, 386, 387, 398, 412,
    416, 417, 422, 482-487, 497, 500, 518,
    520, 523, 534, 538-545, 549, 551, 553,
    556-558, 560, 564, 572-574, 599, 609,
    613-615, 619, 620, 633, 638, 639, 644,
    645, 648, 651, 652, 680, 732, 733, 782.
GRÉGOIRE XII, pape : 211, 625, 635, 636,
    691, 692, 696-699, 701, 702, 707, 708,
    710, 712, 713, 718, 719, 722, 726.
Grenade (Espagne) : 95, 243, 508, 509.
Grenoble (Isère) : 575.
GREPPA (Donato) :712.
GRESHAM (Thomas) : 636.
GRIMALDI (Famille) : 632.
GRIMALDI (Rainier) : 563, 601.
GRIMOARD (Anglic), cardinal : 150, 151,
    168, 291, 299, 324, 345, 481, 533, 535,
    537, 542, 593, 594.
GRIMOARD (Guillaume) : voir Urbain V.

GRIMOARD (Guillaume) : 171.
Groenland : 399.
GROOTE (Gérard) : 668, 740.
Groseau (Vaucluse) : 70, 71, 107, 225, 513.
GROSSETESTE (Robert) : 335, 392.
Grosseto (Italie) : 23.
GUARDI (Famille) : 373.
Gubbio (Italie) : 75.
Guérande (Loire-Atlantique) : 172, 413.
GUI (Bernard) : 55, 271, 272, 335, 337, 436.
GUIBRANT (Jean) : 351.
GUICHARD, évêque de Troyes : 116.
GUILLAUME, comte de Hollande : 390, 434.
Guines (Pas-de-Calais) : 319, 404-407, 409, 410.
GUINIGI (Famille) : 373, 374, 486, 632, 633.
Guyenne : 38, 39, 48, 49, 154, 243, 369, 411, 412, 416, 507, 536, 541, 575, 577, 578, 640, 693.
Guyenne (Louis, duc de) : voir Orléans, Louis d'.
GUYUK KHAN : 502.

HAAKON, roi de Norvège : 399.
Hainaut : 457, 583.
Hambourg (Allemagne) : 294.
HARCOURT (Geoffroy d') : 407.
HAWKWOOD (John) : 151, 486, 487.
HEDWIGE, reine de Pologne : 592, 597.
Heidelberg (Allemagne) : 190, 662.
HEMINGBURGH (Walther de) : 97.
HENRI VI, empereur : 73.
HENRI VII DE LUXEMBOURG, empereur : 8, 63, 64, 72, 78, 79, 82-85, 88, 95, 98, 99, 101-105, 123, 375-378, 418, 440, 447, 455, 458, 459, 480, 734, 783.
HENRI II PLANTAGENÊT, roi d'Angleterre : 49, 388.
HENRI IV DE LANCASTRE, roi d'Angleterre : 656, 675, 707.
HENRI V DE LANCASTRE, roi d'Angleterre : 722.
HENRI VI DE LANCASTRE, roi d'Angleterre : 10.
HENRI II DE TRASTAMARE, roi de Castille : 397, 398, 422, 525, 526, 554, 587.
HENRI III, roi de Castille : 589, 665, 667, 669, 674, 675, 683.
HENRI II DE LUSIGNAN, roi de Chypre : 92.
HENRI, duc Bavière : 451.
HEREDIA (Garcia Fernandez de) : 702, 710.
HEREDIA (Juan Fernandez de), grand maître de l'Hôpital : 313, 408, 497, 498, 500,

528, 542, 544, 571, 628, 632, 639, 640, 642, 734.
Hereford (Angleterre) : 314.
HERENTHALS (Pierre de) : 132, 136, 140, 231.
HESDIN (Jean de) : 332, 536, 537.
HEYLIGEN DE BEERINGEN (Louis) : 351.
HILDEGARDE DE BINGEN : 580, 653.
HOHENSTAUFEN (Dynastie) : 77, 375, 418, 429.
Hollande : 351, 457, 574, 583, 584, 740.
Hongrie : 73, 162, 173, 200, 212, 243, 371, 397, 398, 423, 425-429, 431, 468, 486, 499, 577, 583, 603, 618, 633, 641, 643, 674, 696, 718. Voir aussi : André, Étienne, Louis.
HONORIUS III, pape : 16.
HOSTIENSIS, canoniste : 26, 668.
HUE (Jean) : 671.
HUS (Jan) : 160, 650, 652, 653, 719, 720, 721.

ILLESCAS (Fernando de) : 587.
Imola (Italie) : 23, 477.
In agro dominico (Bulle) : 270.
In supremae dignitatis (Bulle) : 717.
Inde : 502, 504.
Indien (Océan) : 491, 500.
INÈS DE CASTRO : 398.
INNOCENT II, pape : 25.
INNOCENT III, pape : 8, 17, 22, 25, 31, 181, 228, 271, 377, 380, 382, 386, 420, 455, 508, 648.
INNOCENT IV, pape : 8, 17, 24, 25, 26, 31, 245, 279, 330, 367, 501.
INNOCENT VI, pape : 143-145, 147, 150, 152, 161, 165, 168, 170, 172, 179, 183, 191, 215, 231, 235, 251, 252, 262, 264, 282, 288, 309, 312, 313, 318, 322, 324, 341, 344, 345, 355, 397, 403, 404, 406, 408, 410, 411, 415, 422, 429, 460, 471, 472, 474, 476, 478, 479, 480, 497, 498, 514, 521, 524, 527, 528, 534, 536, 666, 668, 716, 732, 733, 737.
INNOCENT VII, pape : 574, 593, 689, 691, 699, 701, 706, 707, 709.
INTERMINELLI (Famille) : 374, 486.
Iran : 504.
Irlande : 282, 357, 391, 577, 711.
ISABEAU DE BAVIÈRE, reine de France : 583.
ISABELLE, reine de Castille : 526.
ISABELLE DE FRANCE, reine d'Angleterre, épouse d'Édouard II : 49, 252.

ISABELLE DE FRANCE, reine d'Angleterre, épouse de Richard II : 252, 405, 612.
ISABELLE DE FRANCE, fille de Jean II le Bon : 506, 578.
ISABELLE, sœur de Jacques III de Majorque : 422.
Isère (département) : 512.
ISIDORE DE SÉVILLE : 724.
Islande : 399.
ITRO (Jacopo da), cardinal : 567, 597.
Ivrea (Italie) : 352.

JACOB : 534.
JACOMINI (Jean) : 301.
JACQUES Ier, roi d'Aragon : 420.
JACQUES Ier, roi d'Aragon : 58, 70, 77, 78, 91, 163, 243, 244, 418.
JACQUES II, roi d'Aragon : 114, 421.
JACQUES Ier, roi de Majorque : 420.
JACQUES II, roi de Majorque : 319, 419, 420, 421, 422.
JACQUES III, roi de Majorque : 419, 422, 430, 431.
JAGELLON, grand-prince de Lituanie : 592, 597, 707.
JANDUN (Jean de) : 381, 439, 441.
JANOW (Mathias de) : 653.
JAUDRE (Laurent) : 332.
Javols (Lot-et-Garonne) : 188.
JEAN DAMASCÈNE (Saint) : 335.
JEAN XXII, pape : 11, 34, 89, 94 : 95, 97, 110, 113-117, 121-126, 128, 130-132, 144, 156, 158, 159, 161, 167-169, 172, 174, 179, 181, 183, 184, 186-190, 192, 199-202, 205, 209, 210, 211, 213, 216, 219, 226-229, 231, 238, 243, 245-247, 251, 260-264, 267, 270, 272, 273, 275-281, 283-286, 290, 292, 297-305, 307, 311, 312, 314, 318, 319, 322, 326-328, 331-335, 338, 342, 344, 346, 348-351, 355, 358, 360, 363, 369, 371, 381, 383-386, 390-393, 395, 396, 400-402, 419, 420, 423, 433-438, 441-448, 450, 451, 475, 491, 492, 496, 497, 504, 508, 512-514, 518, 523, 686, 690, 715, 732, 733, 736, 741, 781.
JEAN XXIII, pape : 156, 594, 635, 641, 648, 655, 680, 696-698, 709, 713, 714, 716-719, 722, 725, 727, 728.
JEAN V PALÉOLOGUE, empereur : 149, 153, 506, 507.
JEAN VI CANTACUZÈNE, empereur : 506.
JEAN SANS TERRE, roi d'Angleterre : 389, 402, 413, 416.

JEAN Ier, roi d'Aragon : 649.
JEAN II, roi d'Aragon : 320.
JEAN DE LUXEMBOURG, DIT L'AVEUGLE, roi de Bohême : 99, 105, 189, 318, 350, 401, 439, 446-450, 455, 524, 586, 783.
JEAN Ier, roi de Castille : 486, 492, 583, 587, 588, 589, 590, 601, 602.
JEAN II, roi de Castille : 710.
JEAN Ier, roi de France : 112.
JEAN II LE BON, roi de France : 134, 139, 151, 164, 165, 170, 184, 244, 250, 302, 318, 319, 339, 366, 403, 405-411, 458, 498, 499, 506, 524, 540, 586, 590, 644, 649, 669, 783.
JEAN Ier D'AVIS, roi de Portugal : 583, 584.
JEAN (Gaucelme de), cardinal : 115, 117, 162, 177, 391.
JEAN (Pierre de) : 527.
JEAN (Le Prêtre) : 504.
JEAN DE PARIS : 33, 703.
JEAN, dauphin de France, fils de Charles VI : 656, 693.
JEANNE Ire D'ANJOU, reine de Naples : 162, 173, 198, 288, 319, 321, 324, 339, 352, 362, 366, 367, 390, 391, 401, 411, 419, 422, 424-432, 440, 468, 482, 485, 487, 524, 532, 537, 541, 560, 563, 564, 567, 568, 577, 580-582, 585, 586, 595-600, 615, 632, 737, 783, 784.
JEANNE II DE DURAS, reine de Naples : 718, 719.
JEANNE DE NAVARRE, reine de France et de Navarre : 90.
Jérusalem : 26, 54, 55, 93-95, 176, 177, 209, 223, 226, 259, 286, 382, 399, 490-492, 501, 509, 529, 592.
JOACHIM DE FLORE : 393, 580, 653.
JOAN (Mayhuet de) : 645.
JOINVILLE (Jean de) : 53, 54.
JORZ (Thomas), cardinal : 50.
JOUVENEL (Jean) : 693, 694.
JULES II, pape : 729.
JULIAN DE LOBA : 711.
JULIERS (Le duc de) : 586.

Kallipolis (auj. Gallipoli, Turquie) : 495, 506, 642.
Kalmar (Suède) : 584.
Kambaluk (auj. Beijing, Chine) : 501, 503, 504.
Karakorum (Mongolie) : 502.
KILWARDBY (Robert) : 335.
KNIGHTON (Henry) : 410.
KOKKINOS (Philothée) : 506.

Kosovo : 642.
Kubilaï Khan : 501.

Labourd (Pyrénées-Atlantiques) : 188.
La Caille (Thomas) : 353.
La Chaise-Dieu (Haute-Loire) : 132, 141, 322, 344.
La Chapelle-Taillefer (Pierre de), cardinal : 84.
Ladislas de Duras, roi de Naples : 689, 696, 697, 707, 710, 716, 718.
La Forêt (Pierre de), cardinal : 161, 405, 409, 410.
La Garde (Guillaume de) : 289.
Lagier (Bertrand), cardinal : 549, 555, 558, 562, 593, 594.
Lagnes (Vaucluse) : 676.
La Grange (Jean de), cardinal : 134, 156, 158, 161-165, 172, 177, 180, 312, 324, 412, 487, 541, 543, 550, 557-559, 561, 563, 568, 569, 587, 594, 600, 610, 628, 666, 673, 733, 737.
La Houssaye (Jean de) : 254.
Laistre (Richard de) : 238.
La Jugie (Guillaume de) : 162, 332, 397, 782.
La Jugie (Pierre de) : 543, 782.
La Mare (Guillaume de) : 266.
Lamberteschi (Lamberto di Lapo) : 373.
La Merlie (Thomas de) : 676.
Lancastre (Henri, duc de) : 319, 404-407, 582.
Lancastre (Jean de Gand), duc de : 412, 582-584, 589, 605, 609, 658.
Langenstein (Heinrich von) : 585, 657, 675.
Langham (Simon), cardinal : 150, 161, 411, 535.
Langres (Haute-Marne) : 294, 647.
Langres (Simon de) : 262, 410.
Languedoc : 67, 110, 151, 157, 163, 188, 217, 255, 271, 287, 323, 354, 355, 358, 359, 373, 421, 450, 511, 524-526, 563, 576, 596, 598, 607, 629, 630, 632, 652, 684, 723, 736.
Laon (Aisne) : 177, 260 : 406, 644, 649.
La Palu (Pierre de), patriarche d'Alexandrie : 163, 279, 286.
La Palu (Pierre de), neveu du patriarche : 163.
La Rivière (Bureau de) : 617.
La Roche (Androin de), cardinal : 150, 162, 165, 191, 312, 324, 345, 346, 353, 410, 460, 478, 479, 481, 536.
La Roche (Guy de) : 217, 256.

La Roche (Hugues de) : 199.
La Salle (Bernardon de) : 541, 550, 604.
Las Navas de Tolosa (Espagne) : 508.
Lastours (Aude) : 359.
Latium (Italie) : 18, 20, 23, 155, 592, 596, 731.
La Tour (Bertrand de), cardinal : 279, 436.
La Tour du Pin (Maison de) : 494.
Laudun (Guillaume de) : 345.
Laure de Noves : 338.
Lausanne (Suisse) : 64.
Lautrec (Bertrand de) : 170.
Laval (Gasbert de) : 213.
Lavaur (Tarn) : 189, 217, 576.
Lavergne (Jean) : 629, 711.
Lavernier (Jean) : 345.
Le Coq (Robert), 405, 406.
Leduc (Pierre) : 669.
Lefèvre (Jean) : 583, 585, 603.
Legnano (Giovanni da) : 563, 585.
Leicester (Grande-Bretagne) : 410.
Le Maire (Guillaume) : 93.
Léman (Lac) : 354.
Le Meingre (Geoffroy) : 617-619, 678, 679.
Le Meingre (Jean) : voir Boucicaut.
Lemoine (Jean), cardinal : 191.
Le Moine (Jean) : 37, 86.
Lemoine (Michel) : 276.
León (Espagne) : 474, 497, 507, 625.
Leonor de Castille, reine de Navarre : 590.
Léopold, duc d'Autriche : 437.
Lépante (auj. Naupacte, Grèce) : 500.
Le Pourri (Thomas) : 240, 294.
Leroy (Pierre), abbé du Mont-Saint-Michel : 669, 675, 693, 694.
Lescar (Pyrénées-Atlantiques) : 624.
Lestranges (Élie de) : 664, 665, 667.
Lestranges (Guillaume de) : 412.
Le Stupéfait (Étienne) : 353.
Leulinghen : 612.
Licet (Bulle) : 141.
Licet ecclesiarum (Décrétale) : 228.
Licet in constitutione (Décrétale) : 161, 162.
Licet juris (Constitution) : 455.
Lichfield (Grande-Bretagne) : 177.
Licodia (Italie) : 148.
Liège (Belgique) : 243, 296, 350, 352, 353, 578, 583, 649, 675.
Ligny (Nicolas de) : 100.
Lille (Nord) : 85, 294.
Limoges (Haute-Vienne) : 189, 195, 294, 347, 358, 407.
Limousin : 132, 143, 145, 146, 153, 157, 158, 165, 168-170, 175, 176, 220, 234,

302, 310, 322, 338, 355, 405, 411, 550, 551, 556, 566, 615, 618, 652.
Limoux (Aude) : 333.
Lincoln (Grande-Bretagne) : 177, 268, 699.
Lisbonne (Portugal) : 256, 258, 553, 575, 591.
Lisieux (Calvados) : 177.
L'Isle-sur-la-Sorgue (Vaucluse) : 518.
Litomysl (Pologne) : 189.
Lituanie : 190, 399.
Livourne (Italie) : 486, 543, 698, 699, 702.
Livran (Gironde) : 46.
LOBERA (Juan) : 623, 631.
LOBO (Jean) : 301.
Lodi (Italie) : 99.
Loire (Fleuve) : 256.
Lomagne (Gers) : 50, 169.
LOMBARD (Pierre) : 336, 724.
Lombardie : 22, 23, 36, 41, 73, 98, 99, 253, 271, 289, 296, 371, 417, 434, 436-438, 442, 444, 446-449, 452, 484, 488, 515, 625, 735, 736.
LOMBART (Jean) : 342.
Lombez (Gers) : 76, 189.
Londres (Grande-Bretagne) : 37, 40, 50, 148, 165, 177, 182, 208, 222, 256, 332, 345, 368, 370-374, 409-412, 499, 545, 575, 605, 650, 675, 735.
Longueville (Seine-Maritime) : 237.
LORENZETTI (Ambrogio) : 467.
Lorraine : 296, 675, 736.
LORRAINE (Raoul, duc de) : 401, 586.
LORRIS (Robert de) : 244.
LOTARIO DI SEGNI (Giovanni) : voir Innocent III.
LOUIS DE BAVIÈRE, empereur : 8, 34, 105, 114, 124, 131, 132, 140, 179, 192, 232, 281, 284, 333, 372, 381, 383-386, 389, 402, 418, 433, 434, 437-444, 446-448, 450-455, 457, 458-461, 475, 480, 492, 493.
LOUIS VI, roi de France : 166.
LOUIS VIII, roi de France : 67.
LOUIS IX, roi de France : 25, 30, 31, 53, 54, 63, 68, 72, 300, 306, 363, 417, 418, 489, 493, 502, 510, 641, 737, 740.
LOUIS X, roi de France : 90, 112, 113, 166 : 319, 400, 491.
LOUIS XI, roi de France : 167.
LOUIS D'ANJOU, roi de Hongrie : 162, 189, 398, 423, 424, 426-429, 431, 485, 487, 506, 541, 577, 582, 597, 783, 784.
LOUIS Iᵉʳ D'ANJOU, roi de Naples : 152, 161, 364, 393, 413, 422, 484, 485, 499, 539-

541, 549, 562-564, 569, 581, 584, 585, 596, 598, 599, 600-604, 610, 612, 615, 621, 628, 630, 632, 634, 645, 662, 665, 734, 737, 742.
LOUIS II D'ANJOU, roi de Naples : 398, 603, 604, 607, 608, 610, 615, 675, 680, 681, 683, 689, 690, 695, 701, 710, 718.
LOUIS III D'ANJOU, roi de Naples : 604.
LOUIS, dauphin de France, fils de Charles VI : 656, 693.
LOUIS, comte palatin : 459, 710.
LOUVIER (Antoine de) : 610, 623, 669.
LOUVRES (Jean de) : 305, 306, 308, 309, 347.
Lübeck (Allemagne) : 222, 544, 586.
Lubéron : 511.
Luçon (Vendée) : 189.
Lucques (Italie) : 73, 76, 81, 83, 279, 343, 358, 362, 373, 374, 433, 435, 436, 448, 449, 483, 486, 527, 535, 630, 632-634, 697, 698, 739.
LULL (Raymond) : 93.
LUNA (Antonio de) : 518, 676, 681.
LUNA (Pedro de), cardinal : voir Benoît XIII.
LUNA (Rodrigo de) : 518, 520, 681, 714, 728.
Lunel (Hérault) : 355.
Lusignan (Vienne) : 42.
LUTHER (Martin) : 160.
LÜTZENBURG (Baudouin de), archevêque-électeur de Trèves : 446.
Luxembourg : 63.
LUXEMBOURG (Maison de) : 159, 398, 449, 450, 455, 458. Voir aussi : Charles, Jean, Wenceslas.
LUXEMBOURG (Béatrice de) : 78, 79, 83, 100-103.
LUXEMBOURG (Bonne de) : 403, 458, 586.
LUXEMBOURG (Pierre de), cardinal : 346, 357, 393, 394, 608, 667.
LUXEMBOURG (Wenceslas, duc de) : 586.
LYNN (William de) : 410.
Lyon (Rhône) : 24, 39, 42, 45, 47, 49, 52, 54, 62, 63, 78, 89, 92, 111-113, 125, 181, 215, 217, 243, 253, 259, 263, 266, 328, 346, 355, 361, 428, 519, 525, 608, 623, 630, 672, 714.

Macerata (Italie) : 362, 372.
MACHAUT (Guillaume de) : 350.
MACHET (Gérard) : 647.
Mâcon (Saône-et-Loire) : 89, 619.
Maghreb : 93.
Maguelonne (Hérault) : 117, 323, 421, 624, 669.

Mahdia (Tunisie) : 608, 641, 642.
MAIGNAC (Aimery de) : 582, 662.
Maillezais (Vendée) : 189.
Main (Rivière) : 232.
Maine (Comté du) : 49 : 74, 170, 405.
Majorque : 162, 243, 276, 278, 318, 354, 418, 420-422, 596, 701, 711, 728.
MALABAYLA (Famille) : 207, 370, 373.
MALABAYLA (Antonio) : 527.
MALATESTA (Famille) : 21, 435, 456, 475.
MALATESTA (Carlo) : 710, 718.
MALATESTA (Galeotto) : 476, 479, 534.
Malaucène (Vaucluse) : 70, 316, 714.
MALEFICIO (Ottomano di) : 527.
MALESSET (Guy de), cardinal : 550, 551, 561-563, 568, 569, 621, 666, 684, 687, 698, 708, 709.
Malestroit (Morbihan) : 403.
MALESTROIT (Jean de) : 255, 486.
Malines (Belgique) : 360.
MALPIGHI (Andrea Ghini de') : 421.
Malte : 496.
Manche (Mer) : 606.
MANCHON (Jean) : 671.
MANDAGOUT (Guillaume de), cardinal : 110, 111, 136, 210, 517.
MANFREDI (Francesco de') : 477.
Mans (Le) (Sarthe) : 406.
Mantes (auj. Mantes-la-Jolie, Yvelines) : 404.
Mantoue (Italie) : 43, 163, 338, 446, 469.
MARCEL (Étienne) : 182, 524, 527, 649.
Maremme (Italie) : 23, 50, 435, 465, 560.
MARGUERITE DE FRANCE, reine d'Angleterre : 49.
MARGUERITE, reine de Danemark, Norvège et Suède : 584.
MARGUERITE DE PROVENCE, reine de France : 510.
MARIE DE BLOIS, reine de Naples : 401, 603, 615, 616, 618.
MARIE DE HONGRIE : 73, 597, 604.
MARIE, fille de Frédéric IV, roi de Sicile : 570.
MARIGNOLI (Giovanni) : 504.
MARIGNY (Enguerran de) : 36, 47, 62, 83, 85, 86, 89, 91, 92, 105, 107, 111, 112, 116, 167, 179, 230, 252, 321, 491.
MARIGNY (Jean de) : 400.
MARIGNY (Philippe de) : 62, 90, 111, 133.
Marino (Italie) : 469, 595.
MARLE (Georges de) : 600, 630.
MARLE (Henri de) : 670.
Maroc : 356.

MARRAMALDI (Landolfo), cardinal : 709, 718.
Marseille (Bouches-du-Rhône) : 38, 65, 66, 122, 130, 136, 146, 147, 211, 321, 323, 345, 354, 355, 366, 427, 428, 483, 491, 509, 520, 533, 535, 537, 541, 542, 595, 598, 600, 604, 647, 681, 686, 689, 691, 692, 701, 723, 735, 737.
Martigues (Bouches-du-Rhône) : 601.
MARTIN IV, pape : 25, 31, 75, 418, 738.
MARTIN V, pape : 156, 317, 625, 709, 712, 713, 726, 728.
MARTIN, roi d'Aragon : 570, 576, 667, 669, 678-680, 696, 701.
MARTINI (Simone) : 314, 343.
MASSELLO (Bertrand de) : 258.
MASSONNIER (Pierre) : 347.
MATTEO (Boninsegna di) : 628.
Maumont (Corrèze) : 132.
MAUREGART (Nicolas de) : 600, 634.
MAUREL (Géraud) : 220, 258.
Mayence (Allemagne) : 271, 370, 397, 458, 459, 711.
Meaux (Seine-et-Marne) : 333, 351.
MEDICI (Famille) : 482.
MEDICI (Francesco de') : 635.
MEDICI (Giovanni di Bicci de') : 635, 697.
MEDICI (Salvestro de') : 488.
Medina del Campo (Espagne) : 588, 589, 605, 703.
Méditerranée (Mer) : 55, 77, 81, 108, 144, 490, 491, 496, 498, 501, 603, 632, 639, 743.
MEGENBERG (Conrad de) : 454.
MEGLIORATO (Cosimo di Gentile) : voir Innocent VII.
Mende (Lozère) : 76, 188, 323.
MENENDEZ (Alvaro) : 587.
Menton (Alpes-Maritimes) : 563.
MERCŒUR (Béraut de) : 401.
Messine (Italie) : 419, 639.
Metz (Moselle) : 243, 247, 257, 409, 569.
MEUDON (Jean de) : 172.
MEYRONNES (François de), cardinal : 278.
MÉZIÈRES (Philippe de) : 314, 523, 607, 641, 648.
MICHEL PALÉOLOGUE, empereur : 94.
Milan (Italie) : 15, 23, 43, 66, 73, 98, 99, 106, 154, 157, 163, 179, 212, 342, 350, 358, 383, 433, 434, 436-438, 440, 442-447, 452, 456, 457, 469, 475, 478, 480, 485, 506, 527, 536, 538, 539, 551, 581, 586, 608, 609, 611, 616, 649, 680, 698, 707, 712, 738.

MILON (Jean) : 671, 674.
MING (Dynastie des) : 505.
MINUTULI (Enrico de') : cardinal, 593, 709.
Mirebeau (Vienne) : 283.
Mirepoix (Gers), 127, 189, 300.
MOCCIA (Giovanni) : 646
Modène (Italie) : 23, 43, 99, 440, 448, 449, 481.
MOLAY (Jacques de), grand maître du Temple : 53, 55, 90.
Monaco : 66, 543.
MÖNCH (Conrad) : 578.
Mondragon (Vaucluse) : 525.
MONE (Tommaso di) : 373.
Mons-en-Pévèle (Nord) : 52.
Montagnac (Héraut) : 65.
MONTALAIS (Hugues de), cardinal : 177, 313, 562.
Montauban (Tarn-et-Garonne) : 189.
Montbazon (Indre-et-Loire) : 408.
Mont Cassin (Italie) : 190, 213, 718.
MONTE CORVINO (Giovanni da) : 503, 504.
Montecatini (Italie) : 435.
Montefalco (Italie) : 475.
MONTEFELTRO (Famille) : 21.
MONTEFELTRO (Federigo de) : 436.
Montefiascone (Italie) : 226, 257, 362, 468, 475, 476, 534, 535, 537, 581.
MONTERUC (Pierre de), cardinal : 146, 199, 542, 556, 557, 564, 566, 567.
Monteux (Vaucluse) : 107.
Montfavet (Vaucluse) : 324.
MONTFAVET (Bertrand de), cardinal : 134, 324.
MONTFERRAT (Jean II Paléologue, marquis de) : 484.
MONTGON (Jean de) : 648.
MONTJOIE (Louis de) : 595, 599, 621.
Montpellier (Hérault) : 24, 65, 121, 146, 148, 171, 256, 323, 329, 330, 336, 347, 354, 355, 358, 359, 371, 420, 421, 483, 491, 613, 614, 660, 683.
MONTREUIL (Jean de) : 645, 646.
Mont-Saint-Michel (Manche) : 669.
Monza (Italie) : 438.
Morée (auj. Péloponnèse, Grèce) : 385, 441, 498, 500, 643.
MOREL (Jacques) : 346.
MOREL (Pierre) : 346.
MORICOTTI (Francesco) : 593.
Mornas (Vaucluse) : 632.
MORRONE (Pietro del) : voir Célestin V.
Mortain (Manche) : 172.
MORTIERS (Pierre de) : 249.

Mossoul (Irak) : 502.
MOULINS (Philippe de) : 617.
MOULINS (Regnaut de) : 194.
Moustiers-Sainte-Marie (Alpes-de-Haute-Provence) : 632.
MOZZI (Famille) : 367, 369.
Mühldorf (Allemagne) : 105, 438.
Multorum querela (Bulle) : 271.
Munich (Allemagne) : 282, 444.
MUÑOZ (Gil Sanchez) : voir Clément VIII.
MURET (Jean) : 646.
MURLES (Pierre de) : 562.
MUROL (Jean de), cardinal : 212, 291, 313, 599, 620, 621, 628.
MURRIN (Jacques) : 352.

NADAL (Aimery : 701.
NANGIS (Guillaume de) : 169.
Nantes (Loire-Atlantique) : 256.
Naples (Italie) : 15, 21, 23-25, 66, 69, 72, 73, 76-78, 82, 83, 95, 100, 104, 123, 138, 147, 157, 161, 162, 163, 165, 169, 170, 173, 174, 182, 191, 208, 222, 223, 226, 243, 267, 276, 278, 288, 300, 312, 314, 319, 341, 343, 350, 369, 372, 374, 391, 393, 397, 398, 401, 413, 418, 419, 422-425, 427-429, 431, 433, 434, 436, 442, 449, 450, 468, 481, 482, 485, 488, 509, 510, 532, 535, 560-562, 572, 577, 581, 587, 588, 595-597, 599-601, 604, 608, 610, 634, 645, 680, 681, 712, 718, 719, 737, 738, 743.
Naples (Royaume de) : 20, 21, 23, 72, 76, 103, 173, 375, 376, 390, 426, 430, 432, 447, 448, 577, 585, 596, 598, 601, 604, 610, 689, 718. Voir aussi Charles, Jeanne, Louis, Robert.
Narbonne (Aude) : 58, 168, 189, 211, 213, 213, 216, 238, 255, 277, 359, 373, 491, 575, 629, 713, 723.
Narni (Italie) : 23, 476, 484.
NARSÈS (Armand de) : 421.
Navarre : 144, 162, 164, 374, 400, 404, 507, 508, 555, 577, 587, 589, 590, 701, 722, 737. Voir aussi Charles, Jeanne.
NAVARRE (Louis de) : 431.
NAVARREZ (Diego) : 681.
Nazareth (Israël) : 264.
Ne Romani (Constitution) : 109.
Négrepont (auj. Eubée, Grèce) : 491, 493.
NEUFCHÂTEL (Jean de) : 594, 678.
Nevers (Nièvre) : 195.
NEVERS (Louis, comte de) : 105, 291.

Nice (Alpes-Maritimes) : 66, 212, 444, 543, 603, 627, 690, 691, 704.

NICOLAS III, pape : 20 : 275, 335.

NICOLAS IV, pape : 21, 25, 28, 174, 236, 503.

NICOLAS V, pape : 7, 10, 212, 281, 285, 383, 442, 444, 445, 456, 565, 568.

NICOLUCCI (Famille) : 372.

Nicopolis (auj. Nikopol, Bulgarie) : 399, 618, 640, 642, 643, 679.

NIEM (Dietrich von) : 614.

Nîmes (Gard) : 65, 630.

Nocera (Italie) : 476, 597.

NOELLET (Guillaume), cardinal : 200, 484, 563.

NOGARET (Guillaume de) : 31, 33, 35, 36, 38, 48, 52, 56-58, 71, 84-90, 126, 491, 663, 668, 734.

NOGAYROL (Bertrand) : 345.

Noire (Mer) : 411.

Nord (Mer du) : 66, 354.

Normandie : 46, 49, 53, 90, 115, 133, 134, 168, 241, 256, 358, 404, 405, 407, 412, 536.

NORMANDIE (Richard Ier, duc de) : 133.

NORMANDIE (Richard II, duc de) : 133.

Norvège : 212, 243, 358, 584.

Norwich (Grande-Bretagne) : 605.

NOUVEL (Arnaud), cardinal : 90, 127.

Novare (Italie) : 444, 448, 698.

NOVELLI (Francesco) : 712.

Novgorod (auj. Veliki Novgorod, Russie) : 501.

Noyon (Oise) : 143, 172, 188, 350, 351.

OCKAM (Guillaume d') : 128, 140, 268, 269, 280-282, 284, 333, 381, 383, 385, 386, 388, 389, 442, 458, 664, 734, 743.

OGER (Jean) : 215, 216.

OLIEU (Pierre-Jean), dit Olivi : 128, 273, 275, 279.

ÖLJEITÜ KHAN : 491.

Olmütz (auj. Olomouc, République tchèque) : 189.

Ombrie (Italie) : 37, 476.

Oppède (Vaucluse) : 714.

Orange (Vaucluse) : 361, 364, 366, 511, 519, 616.

ORDELAFFI (Francesco) : 477, 479.

Orense (Espagne) : 397.

ORESME (Nicole) : 339, 387, 388.

ORGEMONT (Pierre d') : 670, 676.

ORLANDINI (Gherardo) : 441.

Orléans (Loiret) : 39, 84, 177, 195, 329, 612, 660, 683.

ORLÉANS (Charles, duc d') : 702.

ORLÉANS (Louis, duc d') : 12, 40, 167, 312, 346, 581, 607-612, 635, 642, 644, 646, 647, 655, 656, 659, 663, 665, 666, 668, 672, 673, 678-681, 683-685, 690, 695, 699, 700, 702, 719, 721, 734, 738, 742, 743.

Ormuz (Détroit d') : 503.

ORSINI (Famille) : 19-21, 34, 39, 51, 118, 167, 173, 461, 462, 470, 716, 739.

ORSINI (Bertoldo) : 470, 471.

ORSINI (Giordano), cardinal : 468, 469, 709.

ORSINI (Giovanni Caetani), cardinal : 440.

ORSINI (Giovanni Gaetano) : voir Nicolas III.

ORSINI (Giovanni), cardinal : 265, 266, 278, 441.

ORSINI (Jacopo), cardinal : 173, 342, 539, 540, 552-554, 563, 703.

ORSINI (Matteo Rosso), cardinal : 19, 34, 35, 37, 38, 42, 173.

ORSINI (Matteo), cardinal : 173, 313.

ORSINI (Napoleone), cardinal : 19, 34, 35, 37-39, 42, 44, 47, 50, 77, 86 10l, 110, 111, 113, 114, 124, 127, 156, 162, 163, 173, 179, 285, 291, 313, 338, 343, 438, 439, 451, 733, 735, 736.

ORSINI (Paolo) : 696, 697, 714.

ORSINI (Pietro) : voir Benoît XIII, pape en 1724.

ORSINI (Rinaldo), cardinal : 173, 179, 527.

ORSINI (Roberto) : 463.

Orthez (Pyrénées-Atlantiques) : 178.

Orvieto (Italie) : 24, 25, 30, 106, 476, 483, 484.

Ostie (Italie) : 143, 155, 317, 443, 544, 551, 558, 593, 594, 678.

OT (Guiral) : 284.

OTHON, duc d'Autriche : 446.

Otrante (Italie) : 567.

OTTOBONI (Pietro) : 729, 730.

Ouvèze (Rivière) : 511, 512, 513.

Oxford (Grande-Bretagne) : 93, 148, 268, 280, 329, 333, 606, 650, 667, 698.

Padoue (Italie) : 81, 100, 200, 316, 350, 469, 551, 649.

PADOUE (Marsile de) : 282, 381-384, 388, 439, 441, 445, 734, 743.

PAGNAC (Maurice de), grand maître de l'Hôpital : 496.

PAIRAUD (Hugues de) : 55, 90.

PALARCIONI (Famille) : 371.
PALATIN (L'électeur) : 582
Palerme (Italie) : 73, 294, 417-419.
Palestrina (Italie) : 19-21, 29, 111, 155, 226, 469, 593, 594.
Pamiers (Ariège) : 32, 84, 127, 189, 272.
Pampelune (Espagne) : 556, 590, 592, 627.
Paris : 9, 15, 33, 37, 39, 40, 56, 58, 62, 67, 75, 93, 123, 127, 132, 134, 141, 146, 148, 161, 165, 168, 172, 177, 178, 187, 195, 207, 209, 222, 249, 255, 256, 260, 266-268, 282, 284, 286, 293-295, 298, 300, 312, 328, 329, 332, 333, 336, 339, 345, 347, 348, 356, 357, 359-361, 369, 370, 371, 373, 374, 381, 384, 394, 399, 403, 406, 407, 488, 502, 511, 523, 524, 527, 530, 531, 535, 545, 559, 560, 562-564, 568-570, 575, 576, 582, 585, 596, 599, 608, 610-614, 624, 626, 630, 633-635, 646, 647, 649, 650, 652, 654, 659-662, 664, 665, 667, 669-671, 674-676, 682-684, 686, 688, 689, 691-693, 695, 698-700, 703, 706, 707, 715-720, 722, 723, 735, 737, 738, 741.
PARIS (Étienne de) : 220.
Parme (Italie) : 99, 362, 440, 448, 452, 465, 469.
PASCAL II, pape : 25.
Pastoralis cura (Bulle) : 104, 376, 480.
PASTRENGO (Guglielmo da) : 338.
PATRASSO (Leonardo), cardinal : 100.
PAUL DE SIENNE : 342.
Pavie (Italie) : 372, 436, 438, 448, 449, 484, 594, 698.
PAZZI (Aguinolfo de') : 631.
PAZZI (Andrea de') : 635.
PÉBRAC (Bertrand de) : 249.
Peccais (Gard) : 361.
PECKHAM (John) : 335.
Pecs (Kosovo) : 190.
PELAYO (Alvaro) : 26, 184, 384, 385.
PELLEGRUE (Arnaud de), cardinal : 81, 111, 115, 193, 278.
PEÑAFORT (Raymond de) : 210, 392.
Peñiscola (Espagne) : 320, 542, 589, 673, 710, 711, 718, 722-724, 727-729.
PÉPIN LE BREF, roi des Francs : 22, 78.
PEPOLI (Giovanni) : 456, 457.
PEPOLI (Taddeo) : 450, 453, 454, 456.
PÉRIGORD (Maison de) : 736.
PÉRIGORD (Agnès de), duchesse de Duras : 173, 391, 424, 427, 784.
PÉRIGORD (Hélie Talleyrand de), cardinal : 126, 143, 146, 156, 158, 159, 162, 164, 165, 172, 173, 175, 177, 193, 299, 312, 324, 351, 391, 407-411, 424, 429-431, 459, 470, 471, 495, 497, 498, 565, 733, 784.
PÉRIGORD (Hélie VII, comte de) : 159, 173.
PÉRIGORD (Hélie IX, comte de) : 407, 784.
Périgueux (Dordogne) : 68, 189, 249, 324.
Pernes-les-Fontaines (Vaucluse) : 64, 513, 632.
Pérouse (Italie) : 8, 23, 25, 26, 36-38, 41, 45, 47, 52, 64, 69, 83, 151-153, 186, 191, 219, 279, 331- 369, 373, 471, 475, 476, 483-485, 536, 538, 540, 680, 690, 712.
Perpignan (Pyrénées-Orientales) : 420, 421, 701, 702, 708, 710, 711, 723.
Perse : 503, 504.
PERUZZI (Famille) : 104, 207, 371, 372.
Pesaro (Italie) : 23, 226, 475, 476.
PETIT (Jean) : 655, 656, 659, 664, 692, 694, 699, 719-722, 724.
PÉTRARQUE (Francesco Petrarca) : 24, 26, 66, 132, 140, 144, 149, 175, 265, 297, 314, 331, 334, 336-339, 351, 444, 445, 456, 460-462, 465-469, 471, 472, 530, 531, 534, 536, 537, 724, 730, 734, 735.
PEYRAC (Aimery de) : 323.
PEYRE DE GODIN (Guilhem), cardinal : 162, 178, 179, 324.
Pézenas (Hérault) : 65, 355.
PHILARGÈS (Pietro), cardinal : voir Alexandre V.
PHILIBERT DE NAILLAC, grand maître de l'Hôpital : 640, 641, 643.
PHILIPPA, fille de Jean de Lancastre : 584, 589.
PHILIPPE Ier, roi de France : 243.
PHILIPPE II AUGUSTE, roi de France : 30, 300, 489.
PHILIPPE III, roi de France : 64, 75, 363, 511, 783.
PHILIPPE IV LE BEL, roi de France : 30, 32, 35, 36, 38-41, 44-50, 52-57, 59, 61-63, 68-72, 74, 78, 79, 82-92, 94, 95, 102-105, 107, 110-112, 116, 166, 179, 182, 252, 272, 318, 363, 379, 382, 383, 390, 393, 396, 400, 405, 415, 434, 439, 458, 463, 491, 703, 715, 737, 740, 783.
PHILIPPE V, roi de France : 8, 95, 105, 112, 113, 123, 129, 166, 169, 182, 244, 276, 318, 392, 400, 431, 436 : 491.
PHILIPPE VI, roi de France : 133, 134, 142, 143, 158, 179, 243, 252, 260, 284, 318, 339, 366, 385, 390, 400-403, 410, 421,

424, 436, 451, 453, 492-494, 497, 524, 783.

PHILIPPE D'ÉVREUX, roi de Navarre : 318, 400.

Philippopoli (auj. Plovdiv, Bulgarie) : 495.

Piacenza (Italie) : 83, 371, 437, 698.

Picardie : 353, 536.

PIE V, pape : 267.

PIE VI, pape : 730.

PIE IX, pape : 730.

PIE XII, pape : 739.

Piémont : 296, 366.

PIERLEONI (Famille) : 19.

PIERRE II, roi d'Aragon : 103, 319, 419, 420.

PIERRE III, roi d'Aragon : 75, 418.

PIERRE IV LE CÉRÉMONIEUX, roi d'Aragon : 419, 421, 422, 568, 589, 590.

PIERRE Ier LE CRUEL, roi de Castille : 396, 397, 474, 525, 526, 605.

PIERRE Ier DE LUSIGNAN, roi de Chypre : 151, 319, 321, 322, 411, 495, 498, 499.

PIERRE II DE LUSIGNAN, roi de Chypre : 586, 641.

PIERRE Ier, roi de Portugal : 398.

PIERRE II, roi de Sicile : 454.

PIERRE D'ARAGON : 537.

PIERRE D'AUVERGNE : 335.

PIETRAMALA (Galeoto Tarlati di), cardinal : 357, 593, 594, 598, 646.

PINS (Roger des), grand maître de l'Hôpital : 498.

PINTOIN (Michel) : 624, 682, 700.

Piombino (Italie) : 543.

PISAN (Christine de) : 645, 678, 708.

Pise (Italie) : 23, 66, 73, 77, 78, 101, 103, 151, 433, 435, 440, 443, 444, 532, 533, 543, 576, 594, 602, 691, 697, 698, 708, 711-714, 716, 719, 723, 725, 729, 738.

PISE (Simon de) : 105, 291.

Pistoia (Italie) : 74, 76, 362, 367, 374, 631, 714.

PLAISIANS (Guillaume de) : 57-60, 71, 88, 89, 126, 192.

PLAN CARPINO (Giovanni di), franciscain : 501, 502.

PLAOUL (Pierre) : 671, 675, 676, 692, 693, 716, 718.

Pô (Fleuve) : 80, 81, 484.

POGGIO (Francesco dal) : 527.

POISSON (Jean) : 130.

POISSON (Pierre) : 300.

POISSY (Étienne de), cardinal : 535.

Poitiers (Vienne) : 52, 57, 58, 61, 65, 70, 105, 144, 189, 192, 224, 244, 405, 408,

409, 411, 412, 490, 497, 499, 503, 524, 714.

POITIERS (Aymar de), comte de Valentinois : 518.

POITIERS (Jean de) : 617.

POITIERS (Louis de), comte de Valentinois : 617, 782.

Poitou : 42, 52, 405.

POLENTA (Famille) : 435.

POLENTA (Guido da) : 581.

POLO (Marco) : 337, 502.

Pologne : 189, 190, 212, 371, 373, 397, 398, 574, 575, 577, 582, 592, 597, 625, 696, 707, 712, 713.

PONTE (Antonio dal) : 631, 634.

Ponthieu (Comté de) : 405.

PONTIGNY (Robert de) : 37.

Pontoise (Val-d'Oise) : 655.

Pont-Saint-Esprit (Gard) : 361, 525.

PORDEDONE (Odoric de) : 504.

PORÉE (Martin) : 720.

Port-Maurice : 66.

Porto (Portugal) : 155, 403, 593, 594.

Portovenere (Italie) : 533, 697, 698, 699, 701.

Portofino (Italie) : 543.

Portugal : 91, 158, 162, 258, 373, 374, 397, 398, 486, 507, 555, 575, 577, 583, 589, 605, 633, 707, 718, 723.

POUGET (Bertrand du), cardinal : 115, 117, 124, 156, 162, 299, 306, 313, 434, 435, 437, 438, 440, 444-446, 448-450, 472, 475, 733.

Pouilles : 173, 428.

POUILLY (Jean de) : 261.

Pouzzoles (Italie) : 94.

PRADES (Luis de) : 711.

Praemunire (Statut de) : 415-417, 674.

Prague (République tchèque) : 99, 189, 190, 329, 470, 582, 650, 652, 662.

PRATA (Pileo da), cardinal : 412, 569, 582, 593, 594, 598.

Prato (Italie) : 357, 360, 484, 628, 637, 714.

PRATO (Niccolò Albertini da), cardinal : 77, 100, 102, 338.

PREMIERFAIT (Laurent de) : 524, 646.

PRESSAC (Galhard de) : 117.

PRIGNANO (Bartolomeo) : voir Urbain VI.

Provence (Comté de) : 50, 65, 68, 69, 78, 79, 83, 91, 100, 121, 123, 174, 178, 188, 189, 275, 276, 287, 288, 296, 319, 323, 327, 354, 362, 364, 425, 427, 429, 431, 432, 451, 479, 486, 494, 510-515, 521, 524, 526, 529, 537, 563, 585, 586, 598,

600, 603, 604, 608, 615, 616, 617, 623, 632, 636, 675, 678, 680, 681, 686, 729, 736.
PROVENCE (Béatrice de), épouse de Charles d'Anjou : 510.
PTOLÉMÉE : 335.
PTOLÉMÉE DE LUCQUES : 87, 131, 153, 403.
Puget-Théniers (Alpes-Maritimes) : 603.
PUNFIER (Jean) : 351.
Puy (Le) (auj. Puy-en-Velay, Haute-Loire) : 148, 333, 356, 576, 664.
Pyrénées : 421.

QUARTON (Enguerran) : 729.
Quarumdam exigit (Bulle) : 275.
Quercy : 113, 115, 125, 158, 168, 169, 279, 292, 322, 338, 397, 535, 736.
Quézac (Lozère) : 322.
Quimper (Finistère) : 354.
QUINTILLIEN : 340.

RADEWIJN (Florent) : 740.
Raguse (Italie) : 712.
RAPONDI (Famille) : 374, 633-635.
RAPONDI (Andrea) : 633-635.
RAPONDI (Dino) : 486, 633.
RAPONDI (Filippo) : 633.
RAPONDI (Giovanni) : 633.
RAPONDI (Jacopo) : 633.
RAPONDI (Pietro) : 633.
RASCASE (Bernard) : 324.
RAVAT (Pierre) : 702.
Ravenne (Italie) : 23, 186, 412, 425, 435, 569, 581, 593, 689.
Recanati (Italie) : 722.
Redemptor noster (Bulle) : 261.
Reggio Emilia (Italie) : 440, 448.
Regnans in excelsis (Bulle) : 715.
Reims (Marne) : 150, 177, 216, 250, 350, 351, 356, 359, 360, 361, 370, 388, 495, 613, 622, 623, 633, 649, 653, 670, 675, 708.
RENÉ D'ANJOU, roi de Naples : 419, 729.
Rennes Ille-et-Vilaine) : 254.
Rense (Allemagne) : 458.
Réole (La) (Gironde) : 541.
Rex gloriae virtutum (Bulle) : 86.
Rhin (Fleuve) : 137, 355, 582.
Rhodes : 55, 92, 490, 491, 493, 496-498, 500, 509, 570, 571, 639, 640, 643.
Rhône (Fleuve) : 7, 9, 44, 65, 67-70, 78, 79, 101, 104, 108, 123, 147, 149, 151, 219, 287, 344, 486, 494, 499, 506, 510-512,

519, 524, 525, 529, 579, 602, 607, 616, 618, 678, 679, 731.
RIBALTA (Bérenger) : 631.
RICCARDI (Famille) : 369.
RICCI (Famille) : 482, 485, 488.
RICCI (Paolo) : 635.
RICHARD Iᵉʳ CŒUR DE LION, roi d'Angleterre : 489, 493.
RICHARD II, roi d'Angleterre : 252, 413, 560, 569-571, 578, 580, 582, 590, 591, 598, 605, 609, 612, 641, 667, 674, 675.
RIENZO (Cola di) : 135, 140, 144, 386, 461-472, 475.
Rieti (Italie) : 23, 476.
Rieux (Haute-Garonne) : 189.
Riez (Alpes-de-Haute-Provence) : 117.
Rimini (Italie) : 21, 23, 43, 435, 475, 476, 534, 710.
RIMINI (Grégoire de) : 269.
Rivesaltes (Pyrénées-Orientales) : 355.
ROBERT, roi des Romains : 699, 707, 710.
ROBERT BRUCE, roi d'Écosse : 391, 396.
ROBERT II LE PIEUX, roi de France : 166.
ROBERT D'ANJOU, roi de Naples : 64, 72, 75-79, 82, 83, 91, 95, 100-104, 106, 110, 113, 123, 173, 226, 243, 244, 276, 278, 281, 300, 314, 319, 341, 343, 366, 376, 377, 384, 418, 419, 423, 434, 436, 437, 439, 441, 443, 447, 449-451, 461, 480, 482, 494, 505, 734, 737, 743, 783, 784.
ROBINE (Marie) : 579, 667.
ROCCA (Antonio della) : 634.
Roccasecca (Italie) : 718.
Rochelle (La) (Charente-Maritime) : 354, 355.
Rodez (Aveyron) : 68, 177, 189, 398, 728.
RODOLPHE DE HABSBOURG, empereur : 418.
ROGER (Famille) : 165, 551, 739, 782.
ROGER (Guillaume), comte de Beaufort : 152, 170, 352, 518, 520, 782.
ROGER (Guillaume), vicomte de Turenne : 412, 615-618, 782.
ROGER (Guillaume), seigneur de Rosières : 132, 782.
ROGER (Hugues), cardinal : 146, 176, 177, 199, 366, 782.
ROGER (Pierre) : voir Clément VI.
ROGER (Pierre) : voir Grégoire XI.
ROGER (Raymond), vicomte de Turenne : 255, 486, 487, 544, 608, 698, 714, 782.
ROGER DE BEAUFORT (Pierre), cardinal : 152, 153, 782.
ROLAND (Jean) : 172, 583, 587, 589.
ROLLAND (Guillaume) : 199.

Romagne : 20, 21, 23, 24, 100, 106, 186, 371, 425, 433, 435, 436, 440, 448, 449, 452, 453, 456, 465, 477, 479, 481, 538, 610, 696, 714.
ROMANI (Niccolò de') : 340.
Romani principes (Décrétale) : 375, 376, 480.
Rome (Italie) : 7-11, 15-27, 30, 34, 36-45, 50, 51, 62-64, 66, 72, 73, 79, 82, 83, 93, 98-104, 106-108, 113, 118, 123-126, 130, 131, 135, 136, 139, 140, 149-151, 153-155, 163, 173-175, 185-187, 193, 198, 205, 211, 212, 219-222, 225, 228, 238, 247, 250, 257, 258, 263, 267-269, 288, 295, 297, 299, 310-312, 315-317, 321, 331, 336, 338, 340, 341, 344, 347, 362, 363, 367-369, 375, 378, 380, 384, 388, 393, 398, 401, 428, 431, 433, 440, 441, 443, 445-447, 450, 459-468, 470, 471, 472, 475, 476, 481, 483, 494, 497, 500, 501, 506, 507, 517, 520, 530-539, 541,- 545, 549-551, 553-555, 557, 560, 562-566, 568, 573-575, 577-579, 583, 585-589, 59-593, 595-599, 602, 604-608, 610, 611, 613, 614, 616, 620, 625, 626, 639, 640, 644, 649, 651, 658, 659, 662, 669, 670, 674, 680, 684, 688-691, 696, 697, 702, 706, 712-714, 716-718, 722, 724, 729-731, 738, 739, 741, 743.
RONGUI (Jacopo) : 633.
Roosebeke (Belgique) : 605, 606.
Roquemaure (Gard) : 108.
ROQUETAILLADE (Jean de) : 265, 471, 565, 580.
Rosillo (Italie) : 480.
ROSSI (Ugolino) : 452.
Rouen (Seine-Maritime) : 133, 134, 168, 177, 238, 260, 403, 412, 493, 543, 545, 601, 623, 698, 702.
Roure (Vaucluse) : 724.
ROUSSET (Jean) : 355.
Roussillon : 420-422.
ROYE (Guy de) : 670, 694, 700, 708.
RUBROUCK (Guillaume de) : 502.
Russie : 358, 369, 370.

SAARWERDEN (Friedrich von) : 578.
Sabine (Italie) : 23, 155, 535, 593, 594.
SABRAN (Dauphine de) : 394.
SABRAN (Elzéar de) : 314.
Sachsenhausen (Allemagne) : 439.
Saïda (Liban) : 643.
Saint-Bertrand-de-Comminges (Haute-Garonne) : 46.

Saint-Brieuc (Côtes-d'Armor) : 177.
Saint-Denis (Seine-Saint-Denis) : 95, 345, 676, 686.
SAINTE-MAURE (Guillaume de) : 260.
Saintes (Charente-Maritime) : 177.
Saint-Flour (Cantal) : 189.
Saint-Germain-de-Calberte (Lozère) : 323.
Saint-Gilles (Gard) : 355, 497, 510.
Saint-Jean-d'Angély (Charente-Maritime) : 46, 146.
Saint-Malo (Ille-et-Vilaine) : 188.
SAINT-MARTIAL (Hugues de), cardinal : 484, 542.
Saint-Maximin (Var) : 524.
SAINT-MICHEL (Arnaud de) : 265.
Saint-Omer (Pas-de-Calais) : 352.
Saint-Papoul (Aude) : 189.
SAINT-POL (Mahaut de) : 75.
SAINT-POL, comte de : 608.
Saint-Pons-de-Thomières (Hérault) : 189.
Saint-Pourçain (Allier) : 355, 356.
Saint-Rémy (auj. Saint-Rémy-de-Provence, Bouches-du-Rhône) : 615.
SAINT-SATURNIN (Nicolas de), cardinal : 563, 567, 585.
Saint-Vaast-la-Hougue (Manche) : 404, 585.
SAINT-VICTOR (Hugues de) : 648.
SAISSET (Bernard) : 32, 84, 127.
Salado (Espagne) : 508.
Salamanque (Espagne) : 93, 589.
Salerne (Italie) : 279, 280.
SALIVERTI (Guglielmo) : 527.
Salon-de-Provence (Bouches-du-Rhône) : 686.
Saluces (Italie) : 330.
SALUCES (Amédée de), cardinal : 313, 646, 686, 709.
SALUTATI (Coluccio) : 340.
SALVA (Martin de), cardinal : 345, 347, 590, 666, 679, 686.
SALVA (Michele de), cardinal : 686.
Salzbourg (Autriche) : 238, 582.
SAN GEMINO (Agostino de) : 581.
SANCERRE (Maréchal de) : 617.
SANCHE, roi d'Aragon : 420.
Sancta romana (Bulle) : 38, 277.
SANGRO (Gentile da), cardinal : 597.
Saône (Rivière) : 484.
SAQUET (Raymond) : 428.
Saragosse (Espagne) : 189, 320, 507, 591, 627, 702, 710.
Sardaigne : 77, 243, 244, 417, 422, 667, 722.

Sarlat (Dordogne) : 121, 189, 280, 294, 498.
Sarzana (Italie) : 457, 487, 558, 699.
SASSOFERRATO (Bartolo da) : 104.
SAVELLI (Famille) : 18, 19.
SAVELLI (Luca) : 470.
Savoie (Comté de) : 79, 159, 163, 249, 330, 354, 360, 364, 367, 401, 506, 514, 528, 529, 711, 718, 735.
SAVOIE (Amédée III, comte de) : 159, 164, 486.
SAVOIE (Amédée IV, comte de) : 487.
SAVOIE (Amédée VI, comte de), dit le Comte Vert : 176, 484, 506, 534, 541, 586, 600, 642.
SAVOIE (Amédée VII, comte de) : 608, 704.
SAVOIE (Amédée VIII, comte de) : 669, 675, 686.
SAVOIE (Humbert II, comte de) : 487.
SAVOIE (Louis de) : 83, 101, 102, 194.
Savone (Italie) : 523, 635, 682, 691, 696, 723.
SAXE (Rodolphe, duc de) : 458.
SCALA (Famille Della) ou Scaliger : 73, 452, 465, 480, 481, 743.
SCALA (Alberto della) ou Scaliger : 446.
SCALA (Cangrande della) ou Scaliger : 433, 434, 436, 437, 439, 446.
SCALA (Mastino della) ou Scaliger : 338, 446, 447, 450, 452.
SCALI (Famille) : 369, 371.
Scandinavie : 158, 160, 226, 263, 397, 486, 575, 577, 584, 625, 633, 738.
SCARAMPI (Francesco) : 634.
SCARAMPI (Lucchino) : 634.
SCARPERIA (Piero di Gieri da) : 207.
SCATISSE (Antoine) : 630.
Schaffhouse (Suisse) : 722.
SCHWARZBURG (Gunther de) : 459.
SCIPION L'AFRICAIN : 462.
SEGNI (Ugolino di) : voir Grégoire IX.
Seine (Fleuve) : 661.
SELECHES (Jacob de) : 649.
SÉNÈQUE : 335, 341, 724.
Senlis (Oise) : 180, 716.
Sens (Yonne) : 62, 90, 111, 133, 236, 623.
Sentences : 50, 332, 337.
Serbie : 491.
SERRALHER (Raymond) : 373.
Serres : 632.
SERRES (Bernardon de) : 714.
Séville (Espagne) : 294, 368, 374, 508, 604.
Sexte : 191, 210.
Si fratrum (Décrétale) : 434.

Sicile : 72, 73, 75, 77, 83, 100, 103, 104, 148, 223, 226, 375, 417-419, 430, 433, 436, 449, 510, 570, 575, 607, 625, 690, 710, 737.
Sienne (Italie) : 15, 23, 74, 81, 83, 104, 157, 300, 314, 342, 343, 347, 372, 436, 437, 449, 467, 475, 692, 696, 697, 699, 712, 713.
SIGER DE BRABANT : 379, 660.
SIGISMOND, empereur : 597, 640, 642, 643, 696, 697, 718, 719, 722-725.
Silésie : 148.
Silves (Portugal) : 385.
Sinigaglia (Italie) : 476.
SIXTE IV, pape : 724, 729.
Smyrne (auj. Izmir, Turquie) : 494, 495, 498, 500.
SODERINI (Famille) : 373.
SOLARIO (Jacopo da) : 635.
Sollicitudo pastoralis (Constitution) : 144.
Sorgue (Rivière) : 65, 67, 70, 312, 313, 338, 511.
Sorgues (auj. Pont-de-Sorgues, Vaucluse) : 64, 138, 286, 297, 313, 316, 324, 360, 362, 513, 603, 676, 681, 686.
Soriano (Italie) : 25.
SORTENAC (Pierre de), cardinal : 551, 563, 703, 704.
Sperlonga (Italie) : 572.
SPIFAME (Famille) : 373, 374.
SPIFAME (Bartolomeo), marchand : 633.
SPINELLI (Nicola) : 560, 595.
SPINI (Famille) : 367, 369.
Spire (auj. Speyer, Allemagne) : 586.
Spolète (Duché de) : 23, 36, 50, 443, 475-477, 564, 610.
Spolète (Italie) : 22, 23, 37, 77, 483, 712.
Statut des provorseurs : 415, 674.
STEFANESCHI (Jacopo Arlotta de') : 461.
STEFANESCHI (Jacopo Caetani), cardinal : 42, 72, 78, 79, 124, 126, 157, 183, 192, 314, 315, 317, 343, 351, 438.
STEFANESCHI (Pietro Caetani), cardinal : 709.
Strasbourg (Bas-Rhin) : 271, 578, 690.
STROZZI (Famille) : 373.
STROZZI (Matteo) : 713.
SUDBERY (Simon) : 412.
Suède : 212, 358, 584.
SUGER : 47.
SUIZY (Étienne de), cardinal : 50, 71, 161.
Sultanyeh (Iran) : 504.
SUMMARIPA (Angelo da), cardinal : 709.
Super cathedram (Bulle) : 714.
SUZAY : 352.

SYLVESTRE Ier, pape : 22, 535, 728, 729.
Syrie : 53, 498, 643.

TALLEVENDE (Ursin de), théologien : 655.
TALLEYRAND : voir Périgord (Hélie Talleyrand de).
TAMERLAN : 643.
TANCARVILLE (Jean, comte de) : 525.
Tarascon (Bouches-du-Rhône) : 526, 688.
Tarazona (Espagne) : 688.
Tarbes (Hautes-Pyrénées) : 577.
Tarentaise : 215, 243.
Tarente (Italie) : 614.
TARENTE (Louis de) (Duras) : 147, 173, 426-430, 524, 784.
TARENTE (Philippe, prince de) : 391, 423, 424, 425, 430, 784.
TARENTE (Robert de) : 391, 426, 427, 429, 784.
Tarifa (Espagne) : 318, 474, 509.
Tarragone (Espagne) : 159, 189, 601, 708, 710.
TEBALDESCHI (Francesco), cardinal : 484, 535, 553, 564.
TEMPIER (Étienne) : 266.
TENAGLIA (Matteo di Bartolomeo) : 696.
TENORIO (Jofre) : 509.
TENORIO (Pedro) : 587, 601.
Terni (Italie) : 476, 581.
Terracina (Italie) : 22, 23, 226.
TERRIEN (Guy) : 278.
TESTE (Guillaume), cardinal : 115, 278, 291.
Thèbes (auj. Thívai, Grèce) : 500.
Thérouanne (Pas-de-Calais) : 177, 428, 487.
THOMAS (Pierre) : 498.
THURY (Philippe de) : 588, 589, 709, 714.
THURY (Pierre de), cardinal : 313, 714.
Tibre (Fleuve) : 15, 19, 219, 472, 531, 544.
TICI (Andrea di) : 374, 631, 633.
TITE LIVE : 265, 339, 341, 462, 645, 646.
Tivoli (Italie) : 20, 103, 488, 562.
Todi (Italie) : 23, 25, 484.
Tolède (Espagne) : 159, 474, 587, 601, 701.
TOMACELLI (Pietro) : voir Boniface IX.
Torcello (Italie) : 712.
TORRE (Guido della) : 99.
Tortosa (Espagne) : 623.
Toscane : 23, 41, 44, 64, 73, 75, 77, 78, 99-101, 110, 148, 149, 221, 296, 328, 341, 367, 369, 374, 417, 433, 435, 436, 440, 442, 482-484, 487, 488, 536, 539, 559, 714.
Toul (Meurthe-et-Moselle) : 243, 257.
Toulon (Var) : 533, 595.

Toulouse (Haute-Garonne) : 58, 65, 84, 116, 117, 126, 143, 146, 148, 161, 163, 171, 178, 188, 189, 211, 213, 238, 266, 267, 276, 294, 314, 321, 322, 324, 329, 330, 335, 336, 342, 352, 356, 358, 359, 370, 397, 398, 474, 510-512, 517, 575, 613, 629, 660, 661, 683, 684, 687, 692, 698, 701, 702, 711, 723, 724, 735.
TOULOUSE (Bernard de) : 347.
TOULOUSE (Raymond VII, comte de) : 117, 511.
Touraine : 256, 405, 407, 569.
Tournai (Belgique) : 347, 350-353, 361, 578.
TOURNON (Thomas de) : 345.
Tours (Indre-et-Loire) : 57, 58, 88, 89, 217, 224, 233, 255, 256, 354, 356, 370, 623, 633, 670.
TRAJAN, empereur : 19, 20.
TRASTAMARE (Maison de) : 396, 397. Voir aussi Henri.
Trébizonde (auj. Trabzon, Turquie) : 360, 509.
Tréguier (Côtes-d'Armor) : 177, 314.
TRÉMAUGON (Évrart de) : 387, 388, 587, 588, 648.
Trets (Bouches-du-Rhône) : 323.
Trèves (Trier, Allemagne) : 63, 446, 458.
TRIAN (Arnaud de) : 169, 170, 199, 518, 781.
Trinacrie : voir Sicile.
TRIONFO (Agostino) : 26, 357, 384.
Tripoli (Liban) : 643.
Troyes (Aube) : 116, 240, 294, 360.
Tuam (Irlande) : 577.
Tulle (Corrèze) : 146, 189.
Tunis, Tunisie : 355, 508, 641, 642.
TURENNE (Maison de) : 618. Voir Roger.
TURENNE (Antoinette de) : 618.
TURENNE (Raymond de) : voir Roger.
Turin (Italie) : 98.
Turkestan : 504.
Tuscie : 23.
TYLER (Wat) : 544.
Tyrol : 455, 457.
Tyrrhénienne (Mer) : 23.

UBALDI (Baldo degli) : 26, 152, 386, 581, 648.
Ubi periculum (Constitution) : 37.
UCCELLO (Paolo) : 151.
Udine (Italie) : 371.
UGUCCIONE DA URBINO (Francesco), cardinal : 588-590, 605, 697, 703, 708, 709.

Unam sanctam (Bulle) : 32, 39, 48, 86, 88, 96, 108, 383.

Unigenitus Dei filius (Bulle) : 136.

URBAIN II, pape : 31, 53, 93, 489, 493, 734.

URBAIN IV, pape : 31, 738.

URBAIN V, pape : 17, 25, 137, 146-154, 168, 170, 171, 179, 184, 190, 193, 197, 200, 201, 219-223, 228, 231, 233-235, 245-247, 252, 263, 266, 267, 289, 290, 292, 295, 299, 301, 309, 310, 316, 319, 321-324, 328, 329, 331, 336, 340, 341, 344, 345, 355, 363, 364, 373, 391-393, 398, 411, 416, 431, 472, 479, 480, 481, 495, 498, 499, 506, 507, 514, 517, 520, 526, 529-540, 542, 545, 549, 555, 573, 578, 593, 594, 609, 613, 636, 655, 666, 691, 732, 733.

URBAIN VI, pape : 180 : 190, 315, 337, 394, 398, 431, 500, 553-570, 572-575, 577, 578, 581-590, 593, 595, 596-600, 604, 605, 608, 611, 614, 625, 639, 652, 662, 666, 701, 703, 705, 718, 730.

Urbino (Italie) : 21, 43, 436.

Utrecht (Pays-Bas) : 148, 296, 649.

Uzeste (Gironde) : 46, 109.

Vabres (Aveyron) : 189, 249.

Vadstena (auj. Västergötland, Suède) : 263.

Vaison (Vaison-la-Romaine, Vaucluse) : 511, 512.

Valachie (Roumanie) : 189, 642.

Valence (Drôme) : 150, 602, 617.

Valencia (Espagne) : 91, 222, 507, 554, 588, 590, 614, 710, 728.

Valenciennes (Nord) : 569.

VALÈRE MAXIME : 341.

VALLA (Lorenzo) : 22.

VALOIS (Blanche de), épouse de l'empereur Charles IV : 409, 458.

VALOIS (Charles, comte de) : 31, 45, 47, 63, 68, 74-76, 91, 94, 102, 166, 252, 378, 379, 400, 401, 418, 424, 465, 737, 783.

Valréas (Vaucluse) : 512, 518.

VARENNE (Jean de) : 580.

Vaucluse : voir Fontaine-de-Vaucluse.

Vaucluse (département) : 512, 730.

VÉGÈCE : 335, 339, 341.

Velay : 354.

Vendôme (Loir-et-Cher) : 226.

Venise (Italie) : 15, 23, 43, 64, 80, 81, 87, 106, 163, 200, 222, 357, 360, 363, 364, 370, 373, 469, 485, 490, 492, 493, 496, 498, 499, 502, 509, 575, 602, 614, 634, 643, 680, 690, 696, 697, 710-712, 738.

VENISE (Paulin de) : 94.

Ventoux (Le mont) : 70, 511.

Verceil (Vercelli, Italie) : 98, 337, 436, 437, 448, 484.

Verdun (Meuse) : 243, 578.

VERGNE (Pierre de), cardinal : 555, 562.

Vermand (Aisne) : 188.

VERNOLS (Philippe de), trésorier : 574.

Vérone (Italie) : 73, 338, 350, 358, 433, 436, 437, 446, 447, 649.

Vertus (Marne) : 578.

VESPASIEN, empereur : 463.

VIA (Arnaud de), cardinal : 299, 313, 324, 345, 781.

VIA (Jacques de), cardinal : 115, 116, 122, 345, 781.

VIA (Pierre de) : 169, 358, 781.

VICENTE (Lourenço) : 583.

Vicenza (Italie) : 698.

VICO (Francesco di) : 484, 487, 536, 581.

VICO (Giovanni di) : 470, 476, 477, 480.

Vienne (Autriche) : 190, 662, 675.

Vienne (Isère) : 41, 44, 62, 64, 83, 88, 89, 91, 93, 96, 107, 108, 122, 158, 181, 182, 193, 200, 210, 215, 219, 225, 243, 260, 263, 270, 273, 481, 623, 654, 660, 709.

VIENNE (Jean de) : 642.

VIENNOIS (Humbert II, dauphin de) : 134, 135, 250, 494.

VIENNOIS (Jean II, dauphin de) : 512.

VIGNA (Guglielmo della) : 574, 625.

VIGNAY (Jean de) : 339.

Villandraut (Gironde) : 46, 51.

VILLANI (Giovanni) : 46, 51, 122, 125, 136, 278, 368.

VILLANI (Matteo) : 136, 137.

VILLANOVA (Vidal de) : 192, 243, 244.

VILLARET (Foulque de), grand maître de l'Hôpital : 55, 92, 94, 496.

VILLARS (Humbert de) : 616.

Villemagne (Hérault) : 355.

Villeneuve-lès-Avignon (Gard) : 141, 313, 322, 324, 344, 345, 360, 597, 666, 673, 701, 729.

VILLETTE (Philippe de) : 676, 686.

Vilna (auj. Vilnus, Lituanie) : 190, 592.

VINAY (Le sire de) : 603.

Vincennes (Val-de-Marne) : 133, 284, 300, 385, 400, 455, 569, 735.

VINCENT (Bertrand) : 622.

VINCENT DE BEAUVAIS : 337, 662.

Vintimille (Ventimiglia, Italie) : 712.

VIRNEBURG (Heinrich von) : 270.

Visan (Vaucluse) : 135, 512.

VISCONTI (Famille) : 73, 106, 140, 154, 454, 465, 714, 743.
VISCONTI (Azzo) : 83, 443, 446, 447, 449, 452.
VISCONTI (Bernabò) : 139, 150, 151, 179, 398, 477, 478-481, 483-485, 487, 495, 506, 525, 531536, 538, 581.
VISCONTI (Galeas) : 484.
VISCONTI (Galeazzo) : 438, 440, 452.
VISCONTI (Giangaleazzo) : 506, 578, 581, 586, 609-611, 616, 646, 680, 698.
VISCONTI (Giovanni) : 443-445, 456, 457, 475.
VISCONTI (Lucchino) : 452, 456.
VISCONTI (Matteo) : 99, 401, 433-438, 443, 452.
VISCONTI (Valentine), duchesse d'Orléans : 581, 610, 635.
VISCONTI DA FISECCHIO (Tommaso) : 574.
Viterbe (Italie) : 8, 23, 25-27, 37, 52, 64, 101, 106, 151, 186, 219, 331, 343, 369, 443, 476, 481, 484, 506, 507, 522, 530, 533, 536, 537, 581, 680, 690, 691.
VITERBE (Marco de), cardinal : 536.
VITRY (Philippe de) : 348, 351, 352.
VODRON (Élie de) : 212.
Vox clamantis (Bulle) : 89.

WAGNER (Richard) : 473, 474.
WALDEMAR IV, roi de Danemark : 319.
WASPART (Gilles) : 353.
WENCESLAS DE LUXEMBOURG, empereur : 397, 398, 485, 488, 541, 563, 569, 582, 586, 595, 611, 675, 707.
Wendling (Grande-Bretagne) : 294.
WERNER DE BONN : 138.
Westphalie : 614.
WILFRED (Hugues) : 344.
Winchester (Grande-Bretagne) : 238.
Windsor (Grande-Bretagne) : 584.
WINTERBURN (Walter), cardinal : 191.
Worms (Allemagne) : 699.
Würtemberg (province) : 578.
Würtzburg (Allemagne) : 232.
WYCLIFF (John) : 606, 650, 652, 653, 720.

York (Grande-Bretagne) : 148, 177, 238, 242.
Ypres (Belgique) : 360, 606.
YUAN (Dynastie des) : 501.
YVES DE CHARTRES : 209.
YVES HÉLOURY DE KERMARTIN (Saint) : 314, 393.

ZACHARIE, pape : 317.
Zagarolo (Italie) : 553, 554.
ZAGARRIGA (Pedro) : 623, 678, 708.
Zamora (Espagne) : 683.
ZAPERA (Frances Climent de) : 576, 624, 711.
Zapolino (Italie) : 439.

Table des matières

Introduction 7
Note 12

PREMIÈRE PARTIE

De Rome à Avignon

CHAPITRE PREMIER. La Ville éternelle 15
    La Rome de 1300 15
    Des familles et des partis 18
    Les états de l'Église 22
    Le pape hors de Rome 24

CHAPITRE II. Turbulences 28
    Boniface VIII 28
    L'Église et l'État 31
    Benoît XI et Pérouse 35
    Bertrand de Got 38
    Aller à Rome ? 42
    Le Gascon et le Capétien 45
    Conversations à Lyon 47
    Les appétits d'une famille 49
    Le Temple et la croisade 52
    L'offensive du roi 55

CHAPITRE III. Le concile de Vienne 61
    Un concile « par-deçà » ? 61
    Avignon 65
    En attendant le concile 70
    Guelfes et gibelins 72
    Les blancs et les noirs 74
    Un royaume d'Arles 78
    L'affaire de Ferrare 80

Perspectives de couronnement impérial 82
L'indispensable compromis 84
La suppression du Temple 88
Bilan du concile 93

CHAPITRE IV. Un avenir incertain 98
Henri VII en Italie 98
Un couronnement difficile 102
Séquelles 105
La fin de Clément V 106
L'interminable conclave 109
Tuer le pape ? 114

DEUXIÈME PARTIE

Les papes à Avignon

CHAPITRE V. Conclaves et pontifes 121
Jean XXII 121
Benoît XII 126
Clément VI 132
Innocent VI 141
Urbain V 145
Grégoire XI 152

CHAPITRE VI. Le Sacré Collège 155
Les cardinaux 155
Partis, clans et réseaux 163
Un nouveau népotisme 166
Les revenus de la pourpre 174

CHAPITRE VII. Construction d'un pouvoir 181
Une monarchie centralisée 181
Une nouvelle carte 188
Le Consistoire 191
La justice du pape 195
La Chancellerie 199
Les bulles 203
Le courrier du pape 205
Le droit : les décrétales 208
La Chambre apostolique 210
Nonces et collecteurs 215
Le dédoublement de 1367 219

CHAPITRE VIII. Les moyens du gouvernement 224
L'héritage de Clément V 224
La réserve des bénéfices 227
Suppliques et expectatives 233
La fiscalité : la taxation des bénéfices 236
Le casuel : annates et communs services 238
Le marchandage pour la décime 242
Le détournement des procurations 245
Les confiscations : dépouilles et vacants 247
Bilans 251
Le mouvement des fonds 253

CHAPITRE IX. Les crises de l'Église 259
La réforme des ordres 259
Les papes et la théologie 263
Le catharisme 271
Les spirituels 273
La révolte des franciscains 279
La « Vision béatifique » 283

CHAPITRE X. Une capitale 288
L'acquisition d'Avignon 288
Curialistes et courtisans 290
L'austère palais de Benoît XII 298
Le fastueux palais de Clément VI 304
Les livrées 311
Fêtes 314
La rose d'or 320
Fondations pieuses 322
Les pauvres du pape 325

CHAPITRE XI. La vie de l'esprit 327
Le milieu 327
Une université 328
L'école du Palais 330
La bibliothèque du Palais 334
Un premier humanisme 338
L'appel aux artistes 342
La polyphonie 347

CHAPITRE XII. Un centre économique 354
Un marché de consommation 354
La monnaie du pape 362
Les changeurs 365
Les compagnies financières 367

CHAPITRE XIII. L'affrontement des puissances 375
   La décrétale *Romani principes* 375
   Dante 377
   Le *Defensor pacis* 381
   Le Songe du Verger 387
   Les armes du pape 389

CHAPITRE XIV. Le pape entre les princes 395
   La paix 395
   Jean de Cardaillac à travers l'Europe 397
   Le temps de Philippe VI 400
   Les faux pas de Guy de Boulogne 403
   Le cardinal de Périgord 407
   L'inapplicable traité 410
   L'Église d'Angleterre 413
   La Sicile 417
   Le royaume de Majorque 420
   La reine Jeanne 423
   Le temps des Duras 430

CHAPITRE XV. L'Empire et l'Italie 433
   L'Italie de Bertrand du Pouget 433
   Guelfes et Angevins 435
   La descente de Louis de Bavière 438
   Le schisme de Nicolas V 441
   Vues sur Bologne 445
   Le temps des concessions 450
   Le retour à la force 455
   L'empereur Charles IV 458
   Le rêve de Cola di Rienzo 460
   De nouveau Rienzo 470
   Gil Albornoz 474
   Les *Otto Santi* 482

CHAPITRE XVI. La croisade 489
   Projets de croisade 489
   Rhodes 496
   L'Église de Chine 500
   L'union des Églises 505
   La Reconquête 507

CHAPITRE XVII. Avignon et le Comtat Venaissin 510
   Formation d'une principauté 510
   Les juifs 513
   Le gouvernement d'une seigneurie 517

Les pestes 520
Les grandes compagnies 524
La nouvelle enceinte 527

CHAPITRE XVIII. Le retour à Rome 530
Le retour d'Urbain V 530
Le retour de Grégoire XI 538

TROISIÈME PARTIE

Les papes d'Avignon

CHAPITRE XIX. La fracture 549
La réaction italienne 549
Une difficile élection 552
Bartolomeo Prignano 556
Jean de la Grange 557
La rébellion 558
L'élection de Fondi 564
Le retour des princes temporels 567

CHAPITRE XX. La division 572
De nouveau Avignon 572
La confusion 576
L'obédience de Rome 581
Les ralliements à Avignon 584
Les cardinaux 592

CHAPITRE XXI. La voie de fait 595
L'onéreuse alliance angevine 595
Les galères du pape 600
Bilan d'un échec 603
Une croisade anglaise 605
Le grand projet de Charles VI 607
La continuation du Schisme : Benoît XIII 611
L'insécurité sur le Rhône 615

CHAPITRE XXII. Survie d'une papauté 620
La disette d'argent 620
La pression fiscale 622
Les expédients 625
Les banquiers 631
La crise monétaire 636

CHAPITRE XXIII. En marge du schisme 639
   Heredia 639
   Les ultimes croisades 641
   L'humanisme 644
   La réforme 649

CHAPITRE XXIV. La débâcle 658
   La voie de cession 658
   Vers la soustraction 665
   L'offensive 669
   Soustractions 674
   L'Église sans pape 676
   Le pape assiégé 678
   Palinodies 682

CHAPITRE XXV. La fin 688
   La voie de convention 688
   Menaces et dérobades 692
   De Savone à Pise 696
   La seconde soustraction 699
   La voie de concile 702
   Le concile de Pise 707
   Trois papes 710
   L'affaire Jean Petit 719
   La fin du Grand Schisme 722

ÉPILOGUE 727

CONCLUSION 731

SOURCES ET BIBLIOGRAPHIE 745

TABLEAUX GÉNÉALOGIQUES 769
   1. Le népotisme : la famille de Got 770
   2. Le népotisme : la famille Duèse 771
   3. Le népotisme : la famille Roger 772
   4. Les alliances du cardinal de Boulogne 773
   5. La succession de Naples 774

CARTES ET PLANS 775
   1. Rome en 1300 776
   2. L'Italie au XIVe siècle 777
   3. Avignon au temps des papes 778
   4. Le Comtat Venaissin 779
   5. Le Palais d'Avignon 780
   6. Les pérégrinations de Benoît XIII 781

CHRONOLOGIE 783

INDEX 789

Aubin Imprimeur
LIGUGÉ, POITIERS

Achevé d'imprimer en août 2006
N° d'impression L 72030
Dépôt légal septembre 2006
N° d'édition : 74723
Imprimé en France
ISBN : 2-213-632524-7
35-65-2724-9 / 01